# 江苏省志

# 文化艺术志

江苏省地方志编纂委员会 编

JIANGSU

SHENGZHI 1978~2008

凤凰出版社

图书在版编目（CIP）数据

江苏省志 : 1978～2008. 文化艺术志 / 江苏省地方志编纂委员会编. -- 南京 : 凤凰出版社, 2020.12
ISBN 978-7-5506-3293-6

Ⅰ. ①江… Ⅱ. ①江… Ⅲ. ①江苏－地方志②文化艺术－概况－江苏－1978-2008 Ⅳ. ①K295.3②G127.53

中国版本图书馆CIP数据核字(2020)第219802号

**江苏省志(1978～2008)·文化艺术志**

| | |
|---|---|
| 编　　者 | 江苏省地方志编纂委员会 |
| 出版统筹 | 卞惠兴　常宁文 |
| 责任编辑 | 尤丹丹 |
| 责任校对 | 张　堃 |
| 责任监制 | 程明娇 |
| 出版发行 | 凤凰出版社(原江苏古籍出版社)<br>发行部电话 025-83223462 |
| 出版社地址 | 南京市中央路165号,邮编:210009 |
| 出版社网址 | http://www.fhcbs.com |
| 照　　排 | 南京凯建文化发展有限公司 |
| 印　　刷 | 南京爱德印刷有限公司 |
| 开　　本 | 889 mm×1194 mm　1/16 |
| 印　　张 | 28 |
| 字　　数 | 847千字 |
| 版　　次 | 2020年12月第1版 |
| 印　　次 | 2020年12月第1次印刷 |
| 标准书号 | ISBN 978-7-5506-3293-6 |
| 定　　价 | 200.00元(精) |

1　滑稽戏《快活的黄帽子》　苏州市滑稽剧团演出（1991年获中宣部第一届“五个一工程”奖、1992年获文化部第二届文华新剧目奖）

2. 京剧《宝烛记》　江苏省京剧院演出（1991年获文化部第一届文华新剧目奖）

3. 昆剧《血冤》　江苏省昆剧院演出（1991年获文化部第一届文华新剧目奖）

4. 歌剧《木棉花开了》　江苏省歌舞剧院演出（1991年获文化部第一届文华新剧目奖）

1. 话剧《甲申纪事》　江苏人民艺术剧院演出（1992年获中宣部第二届“五个一工程”奖、1993年获文化部第三届文华新剧目奖）

2. 京剧《青蛇传》　江苏省京剧院演出（1993年获文化部第三届文华新剧目奖）

3. 京剧《醒醉记》　南京市京剧团演出（1994年获中宣部第四届“五个一工程”奖）

4. 淮剧《鸡毛蒜皮》　盐城市淮剧团演出（1995年获中宣部第五届“五个一工程”奖、1996年获文化部第六届文华新剧目奖）

5. 话剧《热线电话》　江苏人民艺术剧院演出（1995年获文化部第五届文华新剧目奖）

1. 歌舞《太湖鱼米乡》 无锡市歌舞团演出（1997年获文化部第七届文华新剧目奖）
2. 话剧《城市女儿》 江苏人民艺术剧院演出（1997年获文化部第七届文华新剧目奖）
3. 滑稽戏《一二三，起步走》 苏州市滑稽剧团演出（1996年获中宣部第六届“五个一工程”奖、1997年获文化部第七届文华大奖）
4. 歌剧《孙武》 江苏省歌舞剧院演出（1998年获文化部第八届文华新剧目奖）

1

2

3

4

1. 昆剧《桃花扇》　江苏省昆剧院演出（1998年获文化部第八届文华新剧目奖）
2. 儿童剧《琼花仙子》　扬州市木偶剧团演出（1998年获文化部第八届文华新剧目奖）
3. 京剧《骆驼祥子》　江苏省京剧院演出（1999年获中宣部第七届"五个一工程"奖、2000年获文化部第九届文华大奖）
4. 话剧《大江奔流》　南京市话剧团演出（1999年获中宣部第七届"五个一工程"奖、1998年获文化部第八届文华新剧目特别奖）

1. 歌舞《好一朵茉莉花》　江苏省歌舞剧院　常州市歌舞团演出（2000年获文化部第九届文华新剧目奖）

2. 话剧《世纪彩虹》　江苏人民艺术剧院演出（2000年获文化部第九届文华新剧目奖）

3. 舞剧《阿炳》　无锡市歌舞团演出（2001年获中宣部第八届“五个一工程”奖、2000年获文化部第九届文华大奖）

4. 话剧《秦淮人家》　南京市话剧团演出（2001年获中宣部第八届“五个一工程”奖、2000年获文化部第九届文华新剧目奖）

5. 滑稽戏《我要做好孩子》　常州市滑稽剧团演出（2001年获中宣部第八届“五个一工程”奖、2000年获文化部第九届文华新剧目奖）

1. 锡剧《珍珠塔》　江苏省锡剧团演出（2002年获文化部第十届文华新剧目奖）

2. 儿童剧《少年华罗庚》　金坛市锡剧团（华罗庚艺术团）演出（2002年获文化部第十届文华新剧目奖）

3. 舞剧《干将与莫邪》　苏州市歌舞团演出（2003年获中宣部第九届“五个一工程”奖、2000年获文化部第九届文华新剧目奖）

4. 音乐剧《快乐推销员》　镇江市艺术剧院演出（2004年获文化部第十一届文华新剧目奖）

5. 话剧《平头百姓》　南京市话剧团演出（2004年获文化部第十一届文华大奖）

6. 苏州评弹《大脚皇后》　苏州市评弹团演出（2004年获文化部第十一届文华新剧目奖）

1

1. 舞剧《红河谷》　无锡市歌舞团演出（2006年获中宣部第十届“五个一工程”优秀作品奖、2007年获文化部第十二届文华大奖）

2. 昆剧《西施》　苏州市昆剧院演出（2007年获文化部第十二届文华新剧目奖）

3. 话剧《沦陷》　南京市话剧团演出（2007年获文化部第十二届文华新剧目奖）

4. 滑稽戏《青春跑道》　苏州市滑稽剧团演出（2007年获文化部第十二届文华大奖）

2

3

4

1. 中国画《光明万年》　钱松喦（1984年获第六届全国美展荣誉奖）
2. 中国画《黄山白龙潭》　刘海粟（1984年获第六届全国美展荣誉奖）
3. 插图《聊斋》　徐乐乐（1989年获第七届全国美展金奖）
4. 连环画《罗伦赶考》　高云（1984年获第六届全国美展金奖）

1. 粉画《渔村》　卢卫星（1999年获第九届全国美展金奖）

2. 漆画《夏华秋实》　朱道平　苏凌（2004年获第十届全国美展金奖）

3. 篆刻　罗荣（2002年获首届中国书法兰亭奖·创作奖）

4. 篆书《李白诗二首》　仇高驰（2002年获首届中国书法兰亭奖·创作奖）

5. 楷书《醉翁亭记（局部）》　查理达（2002年获首届中国书法兰亭奖·创作奖）

1

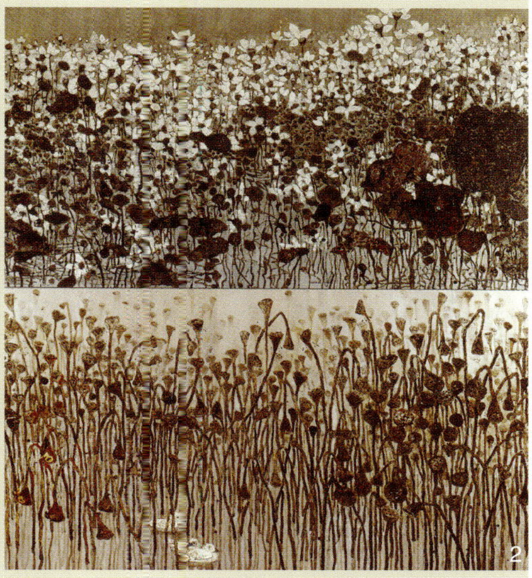

2

3

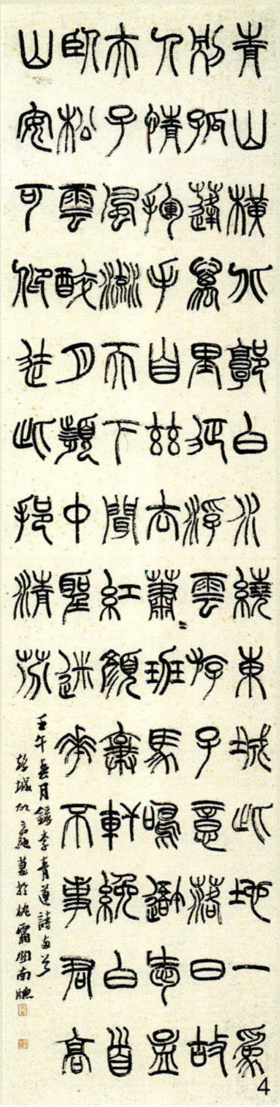

4

5

1. 2008年江苏省作家协会第三届紫金山文学奖颁奖典礼

2. 江苏作家获全国奖的部分作品

3. 江苏作家获奖证书与奖杯

1. 广场舞《海安花鼓》　南通市（2000年获第十届“群星奖”金奖）

2. 舞蹈《织》　苏州市（2000年获第十届“群星奖”金奖）

3. 小品《半句话》　无锡市（2001年获第十一届“群星奖”金奖）

4. 小锡剧《阿二骂钱》　无锡市（2001年获第十一届“群星奖”金奖）

5. 锡剧小戏《吴二赖讨田》　张家港市文化馆（2007年获第十四届“群星奖”大奖和创作奖）

1. 2000年9月28日至10月13日，第六届中国艺术节在南京举行
2. 2000年第六届中国艺术节期间，江苏举办系列群众文化活动
3. 2005年10月12日，第十届全国运动会在南京开幕，大型文艺表演《时代交响》体现中国气派和江苏文化特色
4. 2005年10月23日，第十届全国运动会闭幕式大型文艺表演在南京奥体中心体育馆举行

1. 1991年12月14日至17日，江苏省第二届音乐舞蹈节在南京举行

2. 2002年12月3日至8日，第四届江苏省曲艺节在常熟举办

3. 2006年9月23日，第四届中国曲艺牡丹奖颁奖系列活动在南京五台山体育馆举行

4. 2006年11月8日，中国音乐家协会、江苏省文学艺术界联合会举办的“中国江苏二胡之乡民族音乐节”在南京紫金大戏院隆重举行，奠定了江苏二胡之乡的地位

5. 2007年10月26日，第六届中国音乐金钟奖民乐比赛开幕式在南京人民大会堂举行

6. 2008年10月16日至26日，第31届世界戏剧节在南京举行

1

2

3

4

5

6

1. 2004年11月16日，江苏省文学艺术界联合会第七次代表大会在南京人民大会堂召开

2. 1997年12月9日，江苏省作家协会第五次代表大会代表合影

3. 1997年12月23日，林散之百年诞辰书法作品展览、江苏省国画院建院40周年作品展在北京中国美术馆开幕

4. 2007年11月10日，2007·中国百家金陵画展（中国画）在江苏省美术馆隆重开幕

1. 2001年9月28日，江苏艺术剧院·江苏省演艺集团挂牌成立。2008年9月17日，江苏省演艺集团被文化部命名为第三批国家文化产业示范基地

2. 2004年11月10日，常州中华恐龙园被文化部命名为第一批国家文化产业示范基地

3. 2006年11月25日，江苏省戏剧学校建校50周年庆典

4. 2007年中国扬州世界名城博览会开幕式晚会

5. 2008年新年“三下乡”文艺演出

1. 2003年起，江苏建设沪宁沿线地区音像管理示范区

2. 江苏各级文化行政部门聘请“五老”（老干部、老战士、老专家、老教师、老模范）担任网吧义务监督员

3. 2005年1月9日至11日，江浙沪两省一市第十二届演出业务洽谈会在无锡举行

4. 2006年4月11日至13日，全国音像市场管理江苏经验交流会在常熟召开

1. 2002年8月至9月，南京市越剧团应邀赴台湾、香港演出。在香港新光剧院演出时，剧场早早就“全院满座”

2. 2004年1月，南京民乐团在奥地利维也纳金色大厅举办“金陵寻梦——猴年中国新年音乐会”

3. 2004年10月，中国江苏当代版画展在法国上塞纳省举办

4. 2004年，欧盟出资在徐州文化艺术学校开展音乐教育两年，这是欧盟对中国音乐教育的首次资助。图为外籍教师在给学生上课

5. 2002年7月，江苏传统戏剧艺术团赴台湾参加两岸戏曲大展暨艺术研讨会演出交流

6. 1994年5月，印度歌舞团来江苏访问演出

1

2

3

4

5

6

1. 2001年6月18日，苏州图书馆新馆建成开放
2. 2005年10月28日，金陵图书馆新馆建设奠基
3. 2006年11月6日，江苏省美术馆新馆开工奠基
4. 2007年12月8日，南京图书馆新馆正式开放

## 江苏省地方志编纂委员会(2019年2月～　)

**主　任**　吴政隆

**副主任**　樊金龙　许仲梓　周继业　陈建刚

**委　员**　(排名以发文顺序为准)

杨根平　王　林　徐　莹　杨　峰　周春发　王立平
焦建俊　李国华　朱光远　邢光龙　陈向阳　李侃桢
葛道凯　王　秦　谢志成　吕德明　储永宏　戴元湖
刘　聪　周　岚　陆永泉　陈　杰　杨时云　马明龙
杨志纯　谭　颖　费少云　缪志红　王汉春　左健伟
夏锦文　刘德海　蓝绍敏　黄　钦　庄兆林　丁　纯
李亚平　徐惠民　方　伟　蔡丽新　曹路宝　夏心旻
张叶飞　史立军　王　昊

**办公室主任**　左健伟

## 《江苏省志(1978～2008)》总纂、副总纂

**总　纂**　吴政隆(2017.5～　)
罗志军(2008.9～2010.12)
李学勇(2010.12～2015.12)
石泰峰(2015.12～2017.4)

**副总纂**　顾介康　李一宁　李　敏　余春芳　何国平　周桂根
周世康　费伟康　张晓铃　刘福林　钱伯华　姚百义
左健伟

# 江苏省地方志编纂委员会(2008年7月～2019年1月)

## 1. 2008年7月～

**主　任**　罗志军
**副主任**　赵克志　柏苏宁　张桃林　陈宝田　樊金龙　方未艾
**委　员**　（排名以发文顺序为准）
姚晓东　薛　和　唐　建　刘立仁　傅沿江　郭广银
孙学玉　周和平　吴乐勇　崔广怀　韩　杰　蒋宏坤
曹新平　王伟成　阎　立　丁大卫　徐一平　王燕文
刘捍东　姚建华　毛伟明　王吉生　沈　健　朱克江
吴洪彪　潘永和　赵永贤　陈震宁　周　岚　游庆仲
吕振霖　吴沛良　朱　民　章剑华　郭兴华　王　华
张卫东　徐毅英　廖　进　宋林飞

## 2. 2009年9月～

**主　任**　罗志军
**副主任**　赵克志　柏苏宁　曹卫星　陈宝田　樊金龙　方未艾
**委　员**　（排名以发文顺序为准）
姚晓东　薛　和　唐　建　刘立仁　傅沿江　郭广银
章剑华　周和平　吴乐勇　崔广怀　韩　杰　张敬华
王伟成　阎　立　丁大卫　徐一平　谢正义　刘捍东
姚建华　毛伟明　陈震宁　沈　健　朱克江　吴洪彪
潘永和　吴可立　周　岚　游庆仲　吕振霖　吴沛良
朱　民　郭兴华　王　华　张卫东　徐毅英　廖　进
宋林飞

## 3. 2011年5月～

**主　任**　李学勇
**副主任**　柏苏宁　曹卫星　陈宝田　樊金龙　方未艾
**委　员**　（排名以发文顺序为准）
姚晓东　唐　建　李一宁　刘国中　傅沿江　王　奇

### 6. 2014年10月～

**主　任**　李学勇

**副主任**　赵　鹏　曹卫星　范燕青　张敬华

**委　员**　（排名以发文顺序为准）

康旭平　陈为民　李一宁　吴洪彪　赵铁海　王　奇
梁　勇　周和平　石为斌　崔广怀　谢　波　汪　泉
朱　民　费高云　周乃翔　张国华　赵晓江　曲福田
王荣平　朱民阳　朱晓明　陆志鹏　王天琦　陈震宁
徐一平　沈　健　曹苏民　侯学元　徐　宁　谭　颖
周　岚　游庆仲　吴沛良　李亚平　马明龙　徐耀新
王咏红　费少云　夏心旻　周　琪　刘德海　王庆五
方未艾

### 7. 2016年12月～

**主　任**　石泰峰

**副主任**　黄莉新　赵　鹏　张敬华　范燕青　王　奇　漆冠山

**委　员**　（排名以发文顺序为准）

康旭平　王　林　谢润盛　吴洪彪　赵铁海　胡金波
周　琪　周和平　朱光远　张亚青　谢　波　汪　泉
周铁根　费高云　曲福田　韩立明　项雪龙　惠建林
戴　源　张爱军　朱晓明　史立军　王天琦　赵建军
徐一平　沈　健　王　秦　侯学元　沈益锋　谭　颖
李侃桢　周　岚　游庆仲　吴沛良　李亚平　马明龙
徐耀新　王咏红　费少云　焦建俊　徐　莹　秦景安
刘德海　王庆五

# 总序

江苏省省长　吴政隆

在全省上下深入学习贯彻党的十九大精神，奋力推动高质量发展、加快建设“强富美高”新江苏的重要时刻，二轮《江苏省志(1978～2008)》各分(专)志陆续编成出版，这是我省地方志事业取得的重要成果，极大地丰富了江苏历史文化宝库，对于促进文化强省建设、提升江苏文化软实力具有重要意义。

地方志是中华优秀传统文化的瑰宝，编修地方志为中华文明代代相传、血脉相承发挥了不可替代的作用。江苏地区编修地方志已有2000多年的历史，素有“方志之乡”的美誉。在首轮《江苏省志》圆满完成的基础上，省政府于2008年启动二轮省志续修工程。二轮省志由60本分(专)志组成，约4800万字，时间贯穿30多年，内容覆盖政治、经济、文化、社会、军事、自然等各个领域，系统记录江苏改革开放和现代化建设的历史进程和辉煌成就，生动展示各行各业具有时代特征、中国特色、江苏特点的发展战略和创新举措，是我们了解历史变迁、把握省情地情、借鉴治理经验、推动科学发展的重要载体。

地方志作为横陈百科、包罗万象、流传千载的资料性文献，担负记录历史、传承文明、服务当代、启引未来的重任，具有特定的编纂体例和方法。二轮省志编修是一项系统工程，组织严密，规模宏大，由省各有关部门、团体、高等院校、科研院所、各市县以及中央驻苏机构、解放军驻苏部队等共同承担编写任务，汇聚各方智慧合力完成。10年来，全省广大修志人员以高度的政治责任感和历史使命感，坚持正确的政治方向和质量第一的原则，秉笔直书、辛勤耕耘，努力打造具有较高学术水平和重要文化价值、社会价值的精品佳志，为推动文化传承创新、服务经济社会发展付出了心血和汗水。

盛世修志，志在于用。党的十九大确立了习近平新时代中国特色社会主义思想的历史地位，吹响了决胜全面建成小康社会、夺取新时代中国特色社会主义伟大胜利的前进号角，习近平总书记对江苏工作作出一系列重要指示，为我们指明了前进方向，提供了根本遵循。省委十三届三次全会对深入学习宣传贯彻党的十九大精神作出全面部署，明确要求扎实推动“六个高质量”发展，接续推进“两聚一高”新实践，加快建设“强富美高”新江苏。新时代、新使命、新征程，对志书成果开发利用提出了新的更高要求，也提供了更广阔的舞台。我们要坚持以习近平新时代中国特色社会主义思想为指导，认真落实中央和省委关于地方志工作的部署要求，始终坚持正确的政治方向，抓好历史文化记录和保护，编纂好特色专业志书，传承好江苏符号和江苏印记，在做特、做优、做活地方志工作上下功夫、出成果。要紧紧围绕经济社会发展新目标、当今时代文化发展新趋势、人民精神文化生活新期待，大力开发利用志书资源，积极拓展读志、传志、用志渠道，鉴往知来、承先启后，抢抓机遇、开拓创新，充分发挥地方志存史、育人、资政的独特作用，以新时代新作为谱写地方志事业高质量发展新篇章，为“强富美高”新江苏建设作出新的更大贡献。

# 凡例

一、本志总名《江苏省志（1978～2008）》。按大类排列，编以序号。定名为《江苏省志（1978～2008）·××志》。

二、本志上限为1978年，下限断至2008年年底。各分志上限如与首轮志书下限有交叉的，可从简记述；专志下限为2008年年底，上限不限。

三、本志记述江苏省境域内自然、政治、经济、文化、社会等各个方面情况。

四、本志坚持“横分门类，纵述史实”的传统格局。各分（专）志一般采用章、节、目的结构层次。

五、本志采用述、记、志、传、图、表、录并用的综合体裁。以志为主。

六、本志内容以资料为主，用记述体表述，不作主观评论，寓观点于资料中。概述与章下无题序可作适当归纳议论。

七、本志“人物”分志集中记载省内有重大影响的人物，其他分志不再设人物章节。入志人物的收录标准另定。

八、本志设“中共”和“人民团体”分志，有关党、团和妇联、工会等组织及其活动的内容，其他分志不需设专门章节记述。

九、本志资料，录自档案、口碑资料和历史文献的，为节省篇幅，除特别重要、珍贵的资料须注明出处外，一般不再注明出处。统计数字，以江苏省统计局的统计数据为主。

十、本志数字、计量单位及语言等的使用，按《〈江苏省志（1978～2008）〉行文细则》的规定表述。

# 总目 *

## 一、卷首
1 总述 大事记

## 二、生态卷
2 资源
3 环境

## 三、经济卷
4 发展改革
5 农林
6 海洋渔业
7 水利
8 煤炭 电力
9 轻工 纺织
10 冶金 机械
11 石油 化工
12 建材 建筑
13 电子信息
14 邮电
15 交通运输
16 城乡建设
17 国内贸易
18 对外贸易
19 旅游 餐饮
20 海关 检验检疫
21 财政 税务
22 央行 银行 证券 保险
23 工商 价格
24 质量技术监督 食品药品监管

## 四、政治卷
25 中共
26 人大
27 政府
28 政协
29 民主党派 工商联
30 人民团体
31 纪检 监察
32 审计
33 外事 港澳台侨事务
34 机构编制 人事管理
35 审判 检察
36 公安 司法
37 军事 民防

## 五、文化卷
38 科学技术
39 社会科学
40 教育
41 文化艺术
42 出版 报业
43 广播影视
44 卫生
45 体育

## 六、社会卷
46 民政
47 劳动保障
48 人口 人民生活
49 人物

## 七、卷末
50 附录

## 八、专志
1 江苏建置志
2 江苏名城名镇名村志
3 江苏江河湖泊志
4 江苏开发区志
5 江苏民营经济志
6 江苏吴文化志
7 江苏文化遗产志
8 江苏著述志
9 江苏工艺美术志
10 江苏老字号志

* 该总目自2019年10月起施行。

# 《江苏省志(1978～2008)·文化艺术志》编纂委员会

## 1. 2013年10月～2017年7月

**主　任**　徐耀新
**副主任**　秦基春　叶飚荣　王　朔　赵京利
**委　员**　嵇亚林　韩显红　苏启大　徐循华　束有春　冯锦文
　　　　　吴小平　张晓雁　何　勇　晁岱健　沙夕九

**主　编**　徐耀新
**副主编**　秦基春　晁岱健

## 2. 2017年8月～2018年3月

**主　任**　徐耀新
**副主任**　方标军　刘旭东　王　朔　杜小甦
**委　员**　吴晓林　裴　旭　龚　良　刘爱华　马　宁　嵇亚林
　　　　　徐循华　李　川　何　勇　孙士泽　官天涛　张　农
　　　　　杨树发　王　健　孙　蓓　丛业立　郭　平　杨　晨
　　　　　张　超　唐　健　周　韫　张　倩

**主　编**　徐耀新
**副主编**　方标军　嵇亚林(执行)

## 3. 2018年4月～

**主　任**　杨志纯
**副主任**　方标军　刘旭东　王　朔　杜小甦
**委　员**　吴晓林　裴　旭　龚　良　刘爱华　马　宁　嵇亚林
　　　　　徐循华　李　川　何　勇　孙士泽　官天涛　张　农
　　　　　杨树发　李明珍　孙　蓓　王　健　郭　平　杨　晨
　　　　　张　超　唐　健　周　韫　张　倩

**主　编**　杨志纯
**副主编**　方标军　嵇亚林(执行)

# 《江苏省志（1978～2008）·文化艺术志》编纂委员会办公室及编辑部

## 1. 2013年10月～2017年7月

**办公室主任** 嵇亚林

**办公室副主任兼编辑部主任** 晁岱健

**编　辑** 李　丹　张晓钟

## 2. 2017年8月～2018年3月

**办公室主任** 李　川

**办公室副主任兼编辑部主任** 张　超

**编　辑** 李　丹　张晓钟　陈娟娟　郭　婧　徐亚慧　李　想　栾开印　邢欣欣　宋长善　周　宇

## 3. 2018年4月～

**办公室主任** 李　川

**办公室副主任兼编辑部主任** 张　超

**编　辑** 张晓钟　陈娟娟　郭　婧　徐亚慧　李　想　栾开印　邢欣欣　宋长善　周　宇　付宛灵

**本分志责任副总纂** 周世康

**本分志责任协纂** 李　文

# 目　　录

# 序

《江苏省志(1978～2008)·文化艺术志》历经七载的艰苦努力终于编纂完成,这是利在当代、福泽子孙的大事,为当今乃至后人了解、研究江苏文化艺术发展的历史,留下具有重要价值的文献资料,可喜可贺。

此次二轮修志的时间跨度为1978年至2008年,正是我国实行改革开放的30年。全面、准确、客观地记载30年间江苏文化艺术事业发展的历史进程、地缘特色和时代风貌,使志书既能存史资政、教化后人,又能传播信息,服务社会,这对编纂人员来说,使命光荣,责任重大。本轮修志始于2013年,由当时的省文化厅牵头,省文联、省作协、省演艺集团共同参与。全书共设11章,包含文化艺术机构、舞台艺术、美术、文学、群众文化、公共图书馆、艺术职业教育、文化科技与文化产业、文化市场、文艺研究与期刊、对外及对港澳台文化交流等,政治观点正确,体例严谨,结构完整,内容全面,文表呼应,脉络清晰,史实准确。全面反映了全省文化艺术事业的发展历程,展示了江苏改革开放30年丰硕的文艺创作成果,具有较高的存史价值、社会价值。

文化是人民的精神家园,对于人民的审美趣味、生活观念、价值判断有着长久而深刻的影响。江苏文化总体上南秀北雄、吴楚分明。江苏自古人文荟萃,文化底蕴深厚,吴文化、金陵文化、楚汉文化、淮扬文化等地域文化异彩纷呈,“小桥流水人家”足以展现“梦里江南”画卷,“大风起兮云飞扬”足以展现豪迈汉风,大运河、古典园林、明城墙、昆曲、苏州评弹等至今仍承载着过往的辉煌。改革开放的春风,加速了不同文化在江苏地区的交汇、碰撞、融合、升华,形成了江苏文化多元性、开放性、包容性的显著特点,赋予了江苏文化海纳百川、有容乃大、开放灵活、富有活力的时代特征。

改革开放以后江苏文化艺术事业发展的30年,特别是经过“九五”“十五”文化大省建设,以及“十一五”向文化强省迈进的过程,江苏文化从封闭、单一中艰难启程,不断走向开放、繁荣、多元发展之路。文艺创作成果日益丰硕,涌现出一批群众喜爱的优秀作品,在历届全国“五个一工程”奖、“文华奖”“梅花奖”和五年一度的全国美展等评比中,取得了令人瞩目的成就。公共文化投入不断增加,一批有影响的公共文化设施相继建成,全省公共图书馆、文化馆国家一级馆数量均为全国第一,全省市县博物馆、纪念馆、美术馆、图书馆、文化馆,乡镇(社区)文化站和村文化室等公共文化服务设施,正在逐步实现全覆盖。文化产业发展步伐加快,各级政府在政策层面上加大对文化产业的扶持,一批具有江苏优势的文化产业群基本形成,并呈现出快速发展的良好势头。对外文化交流渠道逐渐拓宽，许多大型国际文化活动的规模、影响和品牌效应逐步提升，已成为在世界上广泛传播中华文化的重要载体，形成全省经济与文化共生互动的新格局。

这本志书是集体智慧的结晶。在编写过程中，省地方志办公室给予了悉心指导，许多专家学者和文化界的老领导、老艺术家提出了不少好的意见和建议，参与组织和文字编纂人员知难而进，博采翔集，反复修改，以踏实的作风认真完成了这部宏篇巨著。在这里，谨向所有为《江苏省志（1978～2008）·文化艺术志》作出努力和贡献的同志表示谢意和敬意。

杨志纯

# 概　述

1978年至2008年，正是中共十一届三中全会确定实行改革开放，江苏文化艺术事业恢复发展走向繁荣的30年。特别是经过第九个五年计划和第十个五年计划（以下简称“九五”“十五”）的文化大省建设，以及第十一个五年计划向文化强省迈进的战略部署与实践，江苏文化发展取得重要阶段性成果，有效改变了文化建设与经济发展不相适应的局面，初步形成了经济与文化共生互动的新格局。文艺创作日益繁荣，成果丰硕，涌现出一大批群众喜爱的优秀作品。公共文化投入不断增加，一批重点公共文化设施相继建成，文化惠民工程扎实推进。文化产业发展步伐加快，江苏优势文化产业群基本形成，并呈现出快速发展的良好势头。文化艺术人才队伍建设得到加强，一批在全国有影响的文艺家脱颖而出。

## 一、江苏文化建设的三十年

1978年至2008年，江苏文化发展大致经历了“拨乱反正”“调整发展”“建设文化大省”和“建设文化强省”四个阶段。

### （一）拨乱反正阶段（1978～1982年）

“无产阶级文化大革命”（以下简称“文化大革命”）结束后，江苏文化艺术界，通过揭批“文艺黑线专政论”，积极参加“实践是检验真理的唯一标准”大讨论，有力地推动了广大文化艺术工作者的思想解放，摆脱了“左”的羁绊，实现了文化领域的拨乱反正。

1977年12月，江苏省昆剧院在南京恢复上演《十五贯》，这是“文化大革命”结束后江苏首次恢复上演传统剧目。为此，《新华日报》发表社论《祝贺昆剧〈十五贯〉重新上演》，《人民日报》等报刊也作了醒目报道。此后，一些原来被封禁的作品，纷纷重见天日，京剧《李慧娘》《红娘》、锡剧《双推磨》《珍珠塔》等重新上演，受到广大群众的欢迎。与此同时，各种新创剧目不断涌现。到1978年底，江苏10多个地方剧种得以恢复上演，演出剧目47个。1978年，文化部举办全国戏剧调演，江苏参加演出的淮剧《金色的教鞭》《双送鞋》、锡剧《老戏迷改戏》《三亲家》、扬剧《最听话的丫头》、黄梅戏《送鹅》被文化部列为首批向全国推荐的优秀剧目。1982年1月5日，江苏省文化局制定了《关于繁荣我省戏剧剧目创作的若干规定》，明确提出加强和改善戏剧剧目创作的领导，保障作者的权益，进一步繁荣和发展江苏戏剧剧目创作。8月2日，旨在奖励新创作的剧本和演出，表彰成绩突出的戏剧创作人员和演出团体，江苏省文化局、江苏省剧协制定了《江苏省戏剧百花奖条例》。同年，扬剧《三把刀》、京剧《宝烛记》、锡剧《三夫人》、话剧《无情世界有情人》、淮剧《奇婚记》、滑稽戏《小小得月楼》、锡剧《红楼夜审》获江苏省戏剧百花奖优秀演出奖。

这一时期江苏的诗歌在全国影响也很大。赵恺的《我爱》、王辽生的《探求》、朱红的《寻觅》，获1979～1980年全国优秀新诗奖。同期，以方之的《内奸》和高晓声的《李顺大造屋》为开端，标志着江苏小说创作开始了一个新的时代。方之的《内奸》、张弦的《记忆》、陆文夫的《献身》、高晓声的《李顺大造屋》获1979年全国优秀短篇小说奖；张弦的《被爱情遗忘的角落》、陆文夫的《小贩世家》、高晓声《陈奂生上城》获1980年全国优秀短篇小说奖；赵本夫的《卖驴》获1981年全国优秀短篇小说奖；胡石言的《漆黑的羽毛》获1982年全国优秀短篇小说奖；朱苏进的《射天狼》获1981～1982年全国优秀中篇小说奖。这一时期，江苏小说创作数量空前增加，艺术水准也大大超过了“文化大革命”前17年的水平。

1977年江苏省戏剧学校恢复建制，设京剧、昆剧、锡剧、扬剧、编导、舞台美术、歌舞话剧等专业。这一时期，无锡、苏州、常州、盐城、徐州、扬州、淮阴等地区陆续恢复建立艺术学校或艺训班，为评弹、锡剧、京剧、扬剧、淮剧、淮海戏等剧种培养和输送人才。1980年，江苏省文化干部学校在徐州复办，1984年改为“江苏省文化学校”，重点培养有学历的文化干部及在职干部培训，1986年迁至南京。1980年，“文化大革命”期间停办的《江苏戏剧》复刊，1985年起更名为《剧影月报》。

1977年江苏省国画院恢复建制，任命钱松喦为院长，亚明、宋文治为副院长。这一时期，全院书画家热情高涨，佳作迭出，画展不断。1978年至1980年，开办了“江苏省国画院第二期学员班”，从社会招收11名学员，毕业后留在画院，成为画院的新生力量。扬州、苏州、镇江、南通、南京、徐州、无锡等地纷纷恢复或创建画院、书画院。1977年江苏省美术馆恢复建制，徐天敏任馆长。美术馆的主要任务为收藏、保管、研究、陈列各类优秀美术作品，举办各种临时性美术展览及其造型艺术展览，同时负有美术创作和对外文化交流的任务。

这一时期江苏的群众文化工作，同样获得了新生。1978年，全省有市、县文化馆110个，公办文化站932个，民办文化站1 161个。1980年，江苏省群众艺术馆恢复建制，苏南地区开始兴建农村集镇文化中心。沙洲县（今张家港市）兆丰乡文化中心，在全国首创“亦工亦艺，以工养文”的经验，1979年9月文化部代部长周巍峙视察沙州县兆丰宣传队的演出和生产后给予了充分肯定。1981年，中共中央发出《关于关心人民群众文化生活的指示》，第二年江苏省人民政府召开全省农村文化先进集体、先进工作者表彰大会，有力推动了农村群众文化事业的发展。

这一时期，江苏图书馆事业进入全面、快速发展时期，各级公共图书馆全面开展工作。1980年，南京市人民图书馆（后更名为金陵图书馆）成立。

1979年6月23日，江苏省文化局党组结束了对“文化大革命”中立案审查的632件复查工作，除13件维持以前的审干结论外，文化系统的错案得以纠正，假案得以平反，冤案得以昭雪。在批判“左”的路线，给文化人平反的同时，1 598名下放农村和改行的艺术工作者陆续归队，一些著名演员的工资、职称得到初步恢复和调整。1979年，中国文学艺术界联合会召开了第四次全国代表大会。这是粉碎“江青反革命集团”之后文艺界举行的第一次盛会，极大地鼓舞了文艺界进一步解放思想、拨乱反正的勇气和信心，标志着新时期中国社会主义文艺的伟大转折。1980年，江苏省文学艺术工作者第四次代表大会在南京召开，李进任主席，陈白尘为名誉主席。

这一阶段，不仅实事求是地为蒙受冤屈的文艺作品和遭到迫害的文化工作者落实政策，恢复名誉，也从组织体系、机构建设和文艺思想上进一步拨乱反正。1977年至1979年9月，全省先后有77个被砍、改、并的剧团得到恢复和重建。到1982年底，江苏全省文化事业机构已增加至7 599个，比1975年增加2 000多个。其中艺术创作、研究机构从1个增加到39个，艺术教育机构从1个增加到18个，博物馆、图书馆、群众文化事业机构均有所增加。

**（二）调整发展阶段（1982～1996年）**

20世纪80年代初，江苏以农村改革为突破口，尤其是乡镇企业异军突起，推动江苏经济实现“由农到工”的历史性跨越。这一阶段，江苏文化事业也以改革的精神，走上新的建设和发展道路，各个领域取得显著成就，为江苏赢得了荣誉。

这一时期，广大文艺工作者思想解放，不断焕发出艺术青春，文艺百花园中群芳竞秀，争奇斗妍，呈现出一派欣欣向荣的景象。江苏有才华的编剧、导演、演员、音乐和舞美设计人员，重新得以施展抱负。文艺创作在题材、形式、风格多样化，努力反映时代主旋律的思想指导下，佳作纷纷涌现。传统戏、新编历史剧和现代戏“三并举”的方针得到全面贯彻。全省每年举办规模不等的戏剧调演、会演或戏剧节。据1987年底统计，活跃在全省的剧团有101个，从业人员6 294人，戏剧剧种有昆剧、苏剧、锡剧、扬剧、淮剧、淮海戏、柳琴戏、江苏梆子、京剧、话剧、滑稽戏、越剧、木偶剧、海门山歌剧、丹剧、沪剧、吕剧、黄梅戏、泗州戏等20多个。1984～1995年，全省共有6台剧目获得中共中央宣传部精神文明建设“五个一工程”入选作品奖；在文化部1～5届文华奖评比中，江苏有8台剧目获文华新剧目奖，张继青等15人获中国戏剧梅花奖。

1984年1月，中共江苏省委作出决定，将中国作家协会江苏分会从文联机构中分出，按厅局级单位独立建制。1992年6月，原“中国作家协会江苏分会”更名为“江苏省作家协会”。这一时期，在文学创作方面，现实主义得到了深化，陆续出现的小说、报告文学把人们的思考引向社会生活的诸多方面，真实地揭示了人民普遍关心的问题，反映了人民的愿望，显示了向上的力量和生活发展的趋势，涌现出一批优秀文学作品。陆文夫的《美食家》获1983～1984年全国优秀中篇小说奖，周梅森的《军歌》获1985～1986年全国优秀中篇小说奖，叶兆言的《追月楼》获《人民日报》与《小说选刊》主办的1987～1988年全国优秀中篇小说奖。

20世纪80年代中期，歌舞娱乐场所逐步红火起来。1978年，全省仅有歌舞、歌剧、舞剧团体4个，至1987年增加到12个，演职人员共1 249人。此外，还有以演出歌舞为主的市、县文工团。这一时期江苏有多项音乐舞蹈节目在全国和华东区的音乐舞蹈比赛中获奖，如舞蹈《再见吧！妈妈》《担鲜藕》《鸬鹚号子》、歌剧《木棉花开了》、大型歌舞《江南好》《太湖鱼米乡》等。此时的群众业余音乐活动也十分活跃。全省各地建有各种业余音乐艺术团，坚持参加工厂、矿山、机关、学校的文艺演出活动和各地重大音乐活动。南京小红花艺术团作为全国首创的少儿艺术团体，以活泼清新的面貌多年演出歌舞节目于省内外，并走出国门，产生了广泛影响。1986年2月，江苏省文化厅演出管理站成立，负责管理全省演出经营活动，加强全省剧(书)场的管理和建设。至1987年底，全省有文化部门管辖的演出场所共135个，其中全民所有制机构130个，集体所有制机构5个。此外，各地体育馆时常经营歌舞等艺术表演；全省工矿企业和机关、事业单位的放映场所，有些也临时充当艺术表演的场所。

这个时期江苏美术界出现了百花齐放、人才辈出的局面。中国画、油画、版画、水彩画等画种的老中青艺术家们，努力探索艺术作品的多样化和个性化，创作出不少既有民族传统特色又富有时代新意的佳作，在历次全国美展和国际性美展中频频获奖。高云的连环画《罗伦赶考》获第六届全国美展金奖，徐乐乐的插图《聊斋》获第七届全国美展金奖。1984年无锡市美术馆成立。1985年前后，徐悲鸿纪念馆、傅抱石纪念馆、李可染旧居、吕凤子纪念室、钱松嵒藏画室等也先后建立。各市纷纷成立画院，至1987年底，已有13个。

江苏省文学艺术界联合会、江苏省戏剧家协会、江苏省音乐家协会、江苏省舞蹈家协会、江苏省电视艺术家协会等参加了有关厅局和单位共同举办的各种地方戏剧节、"首届音舞节""中国首届曲艺节""青年戏剧演员大赛""省优秀电视剧、电视文艺评奖"、"1989·中国潮"大型文艺晚会、"上海马戏团演出"活动等。江苏省曲艺家协会、江苏省民间艺术家协会、江苏省杂技家协会、江苏省戏剧家协会还独立举办了"省首届舞台美术展览""省首届'紫金杯'民间艺术展""首届魔术大赛""省首届相声邀请赛"等等。20世纪80年代，省文联共接待海外文艺团体、开展对外文艺交流活动60余次，接待海外艺术家720多人，有13名艺术家出国访问。

1984年，江苏有省市群众艺术馆10个，市、县(市、区)文化馆109个，乡镇街道文化站2 285个。至1985年，全省建成集镇文化中心1 327个(其中文艺工厂840个)，占农村乡镇总数的60%多。

1990年开始，江苏在全国率先开展创建群众文化先进县(市、区)、乡(镇)活动。1991年，常熟市、无锡县被文化部、人事部联合命名表彰为全国文化工作先进地区。1993年，张家港市、江阴市、邳州市被文化部命名为全国文化先进县(市)。1994年5月，文化部在江苏召开全国争创文化先进县(市、区)、乡镇经验交流和表彰大会，又有武进县、建湖县以及南京市的秦淮区、下关区和苏州市的金阊区被命名为全国文化先进县区，江苏省文化厅也受到文化部的表彰。这一时期，基层文化发展迅速，具有地域文化特色的文化艺术活动，如庙会、元宵灯会、会船等民间传统文化艺术活动以及新型文化艺术节日益丰富起来。至1996年，江苏又新增吴江市、昆山市等8个全国文化先进县(市)，苏州市、江阴市、南京市秦淮区被文化部命名为全国文化模范地区。

1979年，文化部、国家民委、中国文联联合启动了国家重点艺术科研项目"中国民族民间文艺集成志书"的编纂工作。1983年，"十部文艺集成志书·江苏卷"的征集编纂工作开始启动。全省有1 000多名专职编纂人员陆续参加集成志书工作，有1万多名专家、学者、干部和群众参加该工作的资料普查、搜集、整理以及文艺的记述和研究。为了加强对"十部文艺集成志书·江苏卷"编纂工作的统一规划与领导，经省委同意，1986年10月，江苏省艺术科学规划领导小组成立，领导小组办公室设在江苏省文化艺术研究所。至1996年，《中国戏曲志·江苏卷》《中国曲艺志·江苏卷》《中国民族民间舞蹈集成·江苏卷》《中国戏曲音乐集成·江苏卷》《中国曲艺音乐集成·江苏卷》《中国民族民间器乐曲集成·江苏卷》《中国民间歌曲集成·江苏卷》《中国民间故事集成·江苏卷》《中国歌谣集成·江苏卷》《中国民间谚语集成·江苏卷》等十部文艺集成志书编纂完成。

这一时期以知识、信息、娱乐、休闲为主要特征的文化产业市场得到较快发展。根据中央办公厅、国务院办公厅有关通知，关于各省、市、自治区成立在党委和政府领导下的社会文化管理委员会的要求，1990 年 12 月，经江苏省政府批准成立江苏省文化市场管理办公室。按照中央提出的"开放搞活、扶持疏导、面向群众、供求两益"的方针和"保护合法的，抵制庸俗的，扶持健康的，允许无害的，取缔非法的，打击反动、淫秽的"要求，全省逐步建立健全了文化市场管理体制，对文化市场实行综合治理，积极推进文化市场健康发展。

**（三）文化大省建设阶段（1996～2006 年）**

1996 年 10 月，中共江苏省委召开九届五次全会，贯彻中共中央关于"两手抓、两手都要硬"的方针，提出"把江苏建设成为与经济发展相适应的文化大省"的奋斗目标。同年底，中共江苏省委、省人民政府首次召开全省文化工作会议，在全国率先提出建设"文化大省"，明确了"九五"期间文化大省建设的目标任务，出台了《关于进一步繁荣文化的若干意见》《关于进一步加快文化建设若干经济政策的规定》，正式启动了江苏文化大省建设的重点工程。

2001 年，建设社会主义先进文化成为全国各地的热门话题和实际目标。中共江苏省委、省人民政府召开第二次全省文化工作会议，对新形势下的江苏文化大省建设作出具体部署。两次全省文化工作会议的召开，尤其是中共十六大的胜利召开，极大地推动了全省文化事业建设的进程，也标志着江苏文化艺术事业进入了全面繁荣的建设时期。

江苏省政府设立了"宣传文化发展基金""优秀剧（节）目创作演出专项资金"，保证了重点项目、重点工程的顺利建设。在艺术生产方面，全省每年都滚动生产、创作出 50 台以上的新戏，滑稽戏《一二三，起步走》、民族舞剧《红河谷》入选国家舞台艺术精品工程精品剧目，京剧《骆驼祥子》、舞剧《阿炳》、话剧《平头百姓》、淮剧《太阳花》、滑稽戏《青春跑道》获精品提名剧目，歌曲《我梦见了周爷爷》和《你的故乡》获江苏省第三届精神文明建设"五个一工程"奖。这期间江苏又有 8 台剧目获得全国精神文明建设"五个一工程"入选作品奖；有 22 台剧目获文化部第 6 至 11 届文华奖评比"新剧目奖"，5 台获得"文华大奖"和"文华新剧目特别奖"；20 人获"中国戏剧梅花奖"；评弹 MTV《永远的江南》也获得全国"五个一工程"奖、文华奖，并被收入"新中国建国 50 年 500 部优秀艺术作品"和高等艺术院校教材。陈辽的论文《论二十年来文艺健康发展的历史经验》、黄蓓佳的长篇小说《今天我是升旗手》、祁智的长篇儿童小说《芝麻开门》获全国"五个一工程"奖。毕飞宇的《玉米》获第三届鲁迅文学奖优秀中篇小说奖，魏微的《大老郑的女人》获第三届鲁迅文学奖优秀短篇小说奖。卢卫星的粉画《渔村》获第九届全国美展金奖；在第十届全国美展中，江苏书画家一展风采，朱道平、苏凌的漆画《夏华秋实》获金奖，同时收获银奖 8 件、铜奖 23 件、优秀奖 12 件，其中漆画、年画、连环画、宣传画、漫画、插图的入选、获奖数均列全国第一，版画在历届全国美展中均居前列的基础上，获奖总数又位居全国第一。在全国"群星奖"比赛中，江苏同样名列全国前茅。

江苏经常承办国家级重大文化艺术活动，同时利用区域文化资源优势，着力打造文化活动品牌，不仅带动了全省艺术创作与生产的繁荣，也为丰富人民群众的精神文化生活提供了更多的选择。

2000 年 9 月 28 日至 10 月 13 日，第六届中国艺术节在江苏举办。这届艺术节以"继往开来、繁荣创新"为主题，以"艺术的盛会，人民的节日"为宗旨，设立南京主会场和苏州、无锡、常州、扬州 4 个分会场，先后展演 105 台不同品种、不同风格的优秀节剧目。同时，举办了 600 多场次群众文化活动，50 多个中外民间民俗艺术展览。艺术节上江苏共 10 台参评剧目，有 6 台获得艺术节大奖，4 台获得优秀剧目奖，获奖数列全国各省市之首。这届艺术节首次设立主、分会场，扩大了群众参与面；首次引入竞争机制，促进了艺术创作水平的提高；首次采用政府运作和市场运作相结合的办节方式，探索了全新的投入机制和办节思路；首次开设了中国艺术节专用网址，成功举办了"网上艺术节"。这届艺术节被称为千年更替、世纪之交、规模空前的艺术盛会。第六届中国艺术节在江苏成功举办，体现了江苏艺术创作的整体实力和文艺事业良好的发展势头，展示了江苏文化大省建设的重要成果和崭新风貌。

2005年，第十届全国运动会在江苏举行，十运会开、闭幕式的文艺演出是展示江苏综合实力、体现文化底蕴的一次难得机遇。十运会开、闭幕式文艺演出突破传统，大胆创新，以新颖别致的创意、气势恢宏的场面、美不胜收的声光，体现了中国气派和江苏文化特色，得到国际奥委会主席罗格和国家体育总局的高度评价。中共江苏省委、省人民政府给省文化厅记集体一等功，给省文化厅党组书记、厅长章剑华记个人一等功。

1995年，江苏省文联与江阴市联合举办"纪念刘天华先生诞辰100周年"音乐会。1997年，省文联和中国曲艺家协会联合举办了"NCA中国曲艺荟萃新曲目雅集"。同年，省文联又举办"江苏省首届电视交响戏曲音乐会"，采用电视、交响等手段，组织近百名艺术家演唱、演奏了京昆和江苏地方剧种的唱腔、唱段，以推动戏曲改革。1999年，江苏省作家协会设立紫金山文学奖，该奖是江苏省最具权威的综合性文学奖项，2000年进行了首届紫金山文学奖的评选，共有7项33部文学作品、6部文学评论、6名文学编辑获此殊荣。

2001年，江苏省音乐家协会承办的"世纪回响"大型音乐会，集中展示江苏音乐人才辈出以及对中国现当代音乐事业的巨大贡献。2002年，江苏省音乐家协会举办"江苏——二胡之乡"大型音乐会，通过演出、展览、研讨等集中展示了二胡在江苏的百年历史，在中国民族乐坛确立了江苏"二胡之乡"的历史地位，影响直至海外，并被列入2002年度江苏文化十大新闻。

在这期间江苏还主承办了具有国际影响力的第28届世界遗产大会、第31届世界戏剧节、中国南京世界历史文化名城博览会、第9届亚洲艺术节等活动，大大增强了江苏在全国和世界的知名度。中国百家金陵画展、"傅抱石奖·南京水墨三年展""林散之奖·南京书法三年展"，代表了江苏当代书画艺术的前沿水平。既注重品牌活动的塑造，又注重文化活动的创新，是江苏各地的又一特点。南京文化艺术节、无锡吴文化节、中国徐州马可艺术节、扬州"烟花三月"国际经贸旅游节等大型品牌文化活动的开展，凸现了地区品位、宣传了地区特色，发挥了文化在地区建设中的独特作用。

在中共江苏省委提出建设文化大省目标之后，全省各级党委、政府将大力发展文化艺术事业列入重要议事日程，不断加大对文化事业的投入。"九五"期间，全省文化事业固定资产投资达到9.03亿元，比"八五"增长了161%。为筹备第六届中国艺术节，省市两级投入演出场馆建设改造资金达7亿元。江苏省文化馆新馆、南京图书馆新馆、南京博物院一期工程、扬州博物馆与扬州雕版印刷博物馆、镇江博物馆新馆、南通博物苑新馆、宿迁市文化艺术中心、无锡图书馆新馆、徐州市图书馆新馆、盐城市图书馆二期工程、连云港博物馆新馆、常州文化馆新馆等也在此期间先后建成并投入使用。一批博物馆、图书馆、纪念馆已成为当地的标志性建筑，体现了城市性格，提升了文化品位。1997年至1999年，省财政拨出专款3 750万元解决全省375个乡镇无房、危房文化站建设问题。

2002年9月，江苏省政府在南京召开全省基层文化建设工作会议，出台了《关于进一步加强基层文化建设的意见》，并设立了老区、经济欠发达地区基层文化设施建设专项经费。从2002年起，每年由省财政拨出1 000万元，扶持苏中、苏北地区新建和扩建各级图书馆、文化馆、文化活动中心137个，其中新建项目超过80个。各市、县配套资金达31 199万元，各项目单位自筹资金11 704.38万元，各级政府投入的资金总量超过4亿元。省政府还拨出2 730万元专款，解决了欠发达地区30个无房、危房文化馆、图书馆问题。到2005年底，全省已实现了"县县有文化馆、图书馆"的目标。

"十五"期间，江苏采取一系列措施，着力推进一批重点文化建设工程：国家和省舞台艺术精品工程，省政府每年投入500万元用于江苏省舞台艺术的精品生产与演出；投入1 900万元建设江苏省文化信息资源共享工程；每年400万元用于江苏省民族民间文化保护工程；每年1 000多万元用于农村公共文化服务体系建设与乡镇文化站标准化建设试点工程；投入100多万元用于文化市场管理示范区工程建设。另外，傅抱石、林散之奖美术展以及全省文化系统开展的文化理论创新工程等，均取得了显著成绩。

1997年7月31日，江苏省第八届人民代表大会常务委员会第二十九次会议对1993年制定的《江苏省传统工艺美术保护暂行条例》进行修正，正式出台《江苏省传统工艺美术保护条例》。该《条例》对传统工艺美术产品的生产经营保护、人才培养和保护、技艺保护和开发、管理部门职责以及奖惩措施等都作出明确的规定。2004年文化部、财政部联合发出《关于实施中国民族民间文化保护工程的通知》后，省文化厅、省财政厅先后下发了《关于江苏省实施民族民间文化保护工程的通知》《江苏省民族民间文化保护工程实施方案》《江苏省民族民间文化保护工程专项资金使用管理办法》等政策性文件。成立了省保护工程领导小组、省级保护工程中心和专家咨询机构。全省13个省辖市的保护工程组织领导工作机构、专家咨询机构和市级中心亦相继建立，形成了省、市两级工作网络。

在1996～2005年的10年间，江苏坚持“一手抓繁荣，一手抓管理”的工作方针，积极培育和繁荣文化市场，为全省的率先发展、科学发展、和谐发展作出了重要贡献。在吸引社会资本投入方面，到2005年底，全省有演出经营机构90家，其中社会资本投资设立的有62家，占68%，投资额占注册总资本的86%。全省演出经营单位4 000多家，歌舞娱乐场所4 800多家，网吧6 000多家，音像经营单位8 000多家。全省有文化企业24 700个，其中民营、私营文化企业20 056个，占81.2%，从业人员12万。在加强文化市场管理方面，2002年以来，组织开展了大规模的收缴非法音像制品、网吧专项整治、打击色情淫秽演出等专项行动，取得积极成效。2003年初，建设沪宁沿线音像管理示范区被列为省文化厅重点工程。经过两年的精心打造，正版音像制品销售网络初步形成，连锁经营、超市经营、电子商务、物流配送等现代流通方式引领市场，有力遏制了盗版音像市场。2004年8月全省网吧监管系统建成并投入使用，34.8万台计算机终端安装了“净网先锋”监控软件，遏制了未成年人上网、超时经营、非法网络游戏等。聘请1.2万名“老干部、老战士、老教师、老专家、老模范”，担任网吧义务监督员，使未成年人进入网吧现象大幅度减少。2005年8月，全国文化市场知识产权保护工作会议在江苏举行，省文化厅作了题为《探索音像市场管理新思路　塑造保护知识产权新形象》的经验介绍。在加强法制建设方面，继《江苏省文化娱乐市场管理条例》之后，2003年初，又颁布实施了《江苏省音像市场管理条例》，为文化产业的发展提供公平、公正、公开的市场竞争环境。

这一时期，欧、美、亚、非、大洋洲等各国文化代表团来访络绎不绝，美术、音乐、舞蹈、杂技、魔术、戏剧等各艺术门类团体纷至沓来，演出、展览、展映等文化交流活动精彩纷呈。到2005年底，与江苏有文化交流关系的国家和地区已超过130个；同期有63个国家和港澳特区、台湾地区的755批团组和个人共11 043人次来访交流。“中法文化年”等活动产生了广泛热烈的影响。这一时期全省各地艺术团体出访、举办展览、文化艺术考察等活动也日益增多。

2001年，中共江苏省委、省政府在全国率先进行了政事分开、管办分离的文化管理体制改革，将省文化厅所属的省京剧院、省歌舞剧院、省昆剧院、省锡剧团、省扬剧团、江苏人民艺术剧院、省人民剧场、省演出公司合并组建成江苏省演艺集团有限公司，与江苏艺术剧院实行“两块牌子，一套班子”的管理模式。

在此后的几年间，省文化厅对部分直属文化事业单位进行了撤销、整合，经营性文化事业单位进行转企改制。省戏校和省文化学校合并，清理撤销了省东风剧场、省艺术发展总公司、省文化厅招待所、省文化传播中心、省舞台音响技术检测中心；省电影发行放映公司整体划归省国有资产经营（控股）有限公司；周恩来纪念馆划归淮安市管理；2005年省艺术研究所与省艺术档案馆进行整合，成立江苏省文化艺术研究院。各地也以中共十六大、十六届四中全会精神为指针，贯彻落实全省文化工作会议精神，加大文化体制改革的力度。如南京市关闭和撤销了一批“空壳”企业，对保留的企业加大了体制改革和治理整顿的力度，顺利完成了所属企业的改制任务；苏州市对滑稽剧团、评弹团、歌舞团、苏州昆剧院等按照“一团一策”的方针进行改革，大大提高了院团活力；无锡市根据管办分离、政事分开的原则，进一步明晰政府文化部门的职能，2005年12月成立了无锡市文化艺术管理中心。

**（四）文化强省建设阶段（2006～　）**

2006年9月，中共江苏省委、省政府又一次召开全省文化工作会议，对大力发展先进文化，加快建设“文化江苏”作出了全面部署。2007年11月25日，省委根据中共十七大的新要求、发展阶段的新变化、人民群众的新期待，召开了中共江苏省委十一届三次全会，正式将“文化强省”作为新阶段江苏文化建设的目标。

这期间，中共江苏省委、省政府出台了《江苏省“十一五”文化发展规划》《省政府关于加快文化事业和产业发展若干经济政策的通知》和《江苏省文化体制改革试点工作方案》等文件，对“十一五”期间文化建设的任务进行了工程化、项目化。

2007年1月，全省文化体制改革工作会议在南京召开，会议的主要任务是深入贯彻落实中央和省委关于文化体制改革工作的一系列重大决策部署，动员组织实施《江苏省文化体制改革试点工作方案》。深化公益性文化事业单位内部机制改革，推进经营性文化事业单位转企改制。培育和规范文化市场，形成统一、开放、竞争、有序的现代文化市场体系。推进管理体制改革，转变政府职能，实行政企分开、政资分开、政事分开、政府与市场中介组织分开，使政府部门实现从办文化向管文化转变，从行政管理为主向综合运用经济、行政、法律等手段管理转变，建立党委领导、政府管理、行业自律、企事业单位依法运营的文化管理体制。确定南京、苏州、无锡、常州、淮安、宿迁6市和省新华发行集团、演艺集团、凤凰出版传媒集团、省社会科学院等90家文化单位作为改革试点。

这一时期江苏文化产业发展得到高度重视。2006年起，省政府设立了文化产业引导资金，每年安排1亿元，用于引导全省文化产业发展。2007年，省委、省政府按照中央提出的“加大力度、加快进度、取得实质性进展”的要求，根据不同文化单位的性质和特点，加强分类指导，深化各项改革，增强了文化产业发展的动力和活力。

这一时期，江苏省的艺术事业进一步发展。在2007年的第23届中国戏剧梅花奖评选中，江苏3人获此殊荣；在2006年的第4届、2008年的第5届中国曲艺牡丹奖评选中，江苏分别获得6个单项奖的大奖，涵盖了“牡丹奖”所设全部奖项。在全国“五个一工程”奖、文华奖评选中，江苏文艺家也取得了较好成绩。2007年，范小青《城乡简史》获第四届鲁迅文学奖短篇小说奖。同年，黄蓓佳的儿童长篇小说《亲亲我的妈妈》、王一梅的童话《木偶的森林》、范小青的长篇小说《城市表情》获中宣部第十届“五个一工程”奖，韩青辰的《飞翔，哪怕翅膀断了心》获第七届全国优秀儿童文学奖。滑稽戏《一二三，起步走》《青春跑道》、舞剧《红河谷》等三台剧目入选国家舞台艺术精品工程“十大精品剧目”。舞剧《红河谷》、儿童剧《青春跑道》获文华大奖。歌曲《走江苏爱江苏》《梅兰芳》、电视剧《人间正道是沧桑》《江塘集中营》、舞蹈《梅园梅》、长篇扬州评话《王少堂》、中篇苏州弹词《风雨黄昏》等一批精品力作在全国产生了较大影响。

这一阶段，一大批中青年已成为文化系统人才队伍中的中坚力量，为发展繁荣江苏文化事业发挥积极作用。到2008年底，全省艺术专业人才5 874人，其中一、二级艺术家3 475人，占艺术专业人才的60.7%；文博专业人才为1 376人，其中研究馆员、副研究馆员占文博专业人才的11.7%；图书专业人才1 487人，其中研究馆员、副研究馆员占图书专业人才的15.7%；群众文化专业人才1 626人，其中研究馆员、副研究馆员占群文专业人才的11.7%。全省文化系统艺术专业一级艺术家400人、图文博专业研究馆员103人；一、二级作家107人，享受国务院政府特贴的专业文化艺术人才81人；省突出贡献中、青年专家9人；文化部优秀专家9人；省“333工程”三层次培养对象7人；宣传文化系统“五个一批”培养对象4人。江苏在文物纸张纤维保护、青铜器保护技术及舞台技术，特别是音响技术和声光测试仪器等方面的研究上，达到了全国领先水平。2007年创建了江苏省文化科技项目申报评审平台，使大量具有江苏地域特色的课题得到研究。

## 二、江苏文化建设的战略演变

文化建设与经济社会发展水平相关，也与人们对文化发展规律和作用的认识有关。1978年以后，江苏经济持续高速增长，江苏始终坚持“两手抓、两手都要硬”，在加强物质文明建设的同时，建设高度的社会主义精神文明。20世纪90年代中期，江苏人均GDP达到1 000美元，进入经济社会发展重要转折期，针对文化事业投入较少、欠账较多的问题，江苏及时提出建设文化大省的战略目标。进入21世纪后，文化软实力的发展被摆上突出地位，中共江苏省委、省政府根据江苏经济社会发展的新形势，在认真总结十年文化大省建设经验的基础上，作出了由文化大省向文化强省迈进的战略部署。

### （一）建设高度的社会主义精神文明

以中共十一届三中全会为起点，中国进入了社会主义事业发展的新时期。在改革开放和社会主义现代化建设的生动实践中，中共第二代领导集体科学地总结以往文化建设的经验教训，对文艺“为人民大众服务，为政治服务”的方向进行了调整。1981年5月16日，江苏省文化局在《“六五”规划提要、“七五”规划的初步设想》中指出，在调整时期，文化部门的任务仍然是继续贯彻执行党对文艺工作的基本方针，正确贯彻执行“百花齐放、百家争鸣”的方针，坚持文艺要为人民、为社会主义服务，首先是为工农兵，为“四化”建设服务的方向。1982年，江苏省文化局制定了《关于繁荣我省戏剧剧目创作的若干规定》，要求省属剧团剧目创作必须坚持四项基本原则，坚定不移地贯彻执行“双百”方针和“两条腿走路”即“三并举”（传统戏、新编历史剧和现代戏）的文艺政策。

1996年之前江苏的文化建设是以“社会主义精神文明建设”的概念来表述的。江苏作为经济比较发达的省份，各级党政部门把精神文明建设作为推动物质文明建设的保证措施，作为创造良好投资环境的重要内容，列入工作目标，尤其是苏南地区，社会事业和精神文明建设得到长足发展。在精神文明方面抓思想、道德风尚、文化、民主与法制、社会公共事业“五大建设”，抓文化基础设施和硬件建设，抓行之有效的精神文明建设活动。这既与当时人们对人类文化的认识有关，将整个人类社会文化以“文明”的概念分为物质文明和精神文明，认为社会主义文化建设就是一种精神文明建设，同时也与当时我国计划经济体制要求的所有社会领域建设都要高度集中的意识形态观念有关。

**（二）建设与经济发展相适应的文化大省**

1996年，中共十四届六中全会通过的《关于加强社会主义精神文明建设若干重要问题的决议》，以马列主义、毛泽东思想和邓小平建设有中国特色社会主义理论为指导，明确提出了精神文明建设的指导思想、目标任务、基本方针和重要措施，对社会主义精神文明建设特别是思想道德和文化建设作出了全面部署。中共江苏省委、省政府以贯彻落实中共十四届六中全会精神为契机，在全国率先提出了“把江苏建设成为与经济发展相适应的文化大省”的战略目标。当时，江苏作为经济大省，在文化基础设施、人均文化消费等领域落后于全国平均水平，在全国有重大影响的精品力作不多，文化体制改革进展不快，文化事业的投入欠账较多，文化建设在精神文明建设中成为一个薄弱环节，不能适应经济、社会发展的需要。这时提出建设文化大省的目标十分及时，为迅速改变文化建设相对落后、与经济发展水平不相适应的局面，加快江苏文化艺术事业的全面繁荣吹响了进军号。

“把江苏建设成为与经济发展相适应的文化大省”的战略目标，就是推出一批融思想性、艺术性、观赏性于一体的文化精品；造就一批有较高知名度的各类优秀文化专业人才；建设一批具有先进水平的文化设施；全面活跃城乡群众文化；建立充满生机和活力的文化体制；建立繁荣健康有序的文化市场。江苏的这一战略决策，表现了从传统意识形态的“社会主义精神文明建设”向文化新发展观的“有中国特色社会主义文化建设”的转型，开始把文化作为一种战略因素纳入江苏经济社会发展的整体规划中。

1997年9月，中共十五大报告提出建设有中国特色社会主义经济纲领、政治纲领的同时，提出了建设有中国特色社会主义的文化纲领。江苏文化大省建设，正是在对自身优秀文化传统的认识中，顺应现代化发展的趋势而提出的文化发展战略。文化建设和文化发展不但是经济、政治和社会发展的成果，而且在构建和谐社会中起着极其重要的作用，是经济、政治和社会发展的灯塔、坐标和推进力。

2001年5月，中共江苏省委、省政府召开的第二次全省文化工作会议，进一步对新形势下的江苏文化大省建设作出部署，印发了《江苏省2001—2010年文化大省建设规划纲要》，出台了《江苏省人民政府关于加快文化大省建设的若干经济政策的意见》，提出江苏文化大省建设至2010年的发展目标。这一时期文化大省建设实施的战略主要是：精品带动战略，择优扶强战略，城市辐射战略，特色文化战略，人才高地战略。随后，省委、省政府组建了省广电、报业、出版、演艺等文化产业集团，使江苏文化产业资源得到有效整合和优化，同时也促进了民间和社会资本进入江苏文化产业领域，培育了江苏文化新兴产业群，为江苏文化产业的发展奠定了基础。

**（三）建设文化综合实力位居全国前列的文化强省**

2003年，中共十六届三中全会提出“坚持以人为本，树立全面、协调、可持续的发展观，促进经济社会和人的全面发展”；强调“按照统筹城乡发展、统筹区域发展、统筹经济社会发展、统筹人与自然和谐发展、统筹国内发展和对外开放的要求”，推进改革和发展。2006年，中共十六届六中全会通过了《中共中央关于构建社会主义和谐社会若干重大问题的决定》。在中共的历史上，这是第一次明确提出把“提高构建社会主义和谐社会的能力”作为党执政能力的一个重要方面。而此时整个江苏的政治、经济和社会文化生活等方面，均发生了一系列重大而深刻的变化。江苏提出的率先全面建设小康社会，率先基本实现现代化，弘扬创业、创新、创优精神，全面推进法制江苏、平安江苏、文化江苏、诚信江苏、绿色江苏建设，构成了新世纪江苏文化建设新的社会背景。

2006年，中共江苏省委、省政府为贯彻落实中央关于发展社会主义先进文化的新部署，提出了“使江苏成为文化综合实力位居全国前列的文化强省”的新目标，出台《关于发展先进文化建设文化江苏的决定》，对“文化强省”作如下表述：“通过集中力量实施若干重点文化建设工程和项目，大力发展先进思想文化，发展公益性文化事业，发展经营性文化产业，发展文学艺术生产，全面提升社会主义先进文化的引领能力、服务能力、竞争能力、创新能力，使江苏成为发展理念科学、公民素质领先、文化产品丰富、文化人才荟萃、文化设施配套、文化服务完备、文化产业发达、文化市场有序、文化体制先进、文化综合实力位居全国前列的文化强省，让全省人民共享先进文化的发展成果。”与江苏“富民强省”“两个率先”目标相适应，努力建设文化强省，是适应经济社会发展进入新阶段增强江苏综合实力、应对经济全球化和知识经济挑战的必然要求，是代表先进文化前进方向，繁荣中国特色社会主义文化，促进经济、政治、文化全面协调发展的战略举措，是全面提高江苏人民整体素质，建设江苏人才高地，满足人民群众日益增长的精神文化需求的迫切需要。这是在文化大省建设基础上的一次全面提升和跨越，是一项内容丰富、涵盖面广、目标明确的重大战略举措。

2007年，中共十七大进一步发出“推动文化大发展大繁荣”“兴起社会主义文化建设新高潮”的时代号召，中国文化建设步入了历史新起点。同年11月10日，江苏省委召开常委（扩大）会议，认真研究贯彻落实中共十七大精神的具体部署，积极谋划又好又快推进“全面达小康、建设新江苏”的新思路、新举措，第一次把建设文化强省的目标定位在“文化事业强、文化产业强、文化人才队伍强”上。11月25日，省委召开了十一届三次全会，进一步丰富充实“全面达小康、建设新江苏”的目标内涵，完善全面小康综合指标体系，提出了“六个更加”的目标追求，即更加注重增强发展协调性、更加注重提高自主创新能力、更加注重改善民生、更加注重扩大人民民主、更加注重文化建设、更加注重建设生态文明。把文化建设的目标锁定在“坚持先进文化前进方向，推动文化大发展大繁荣。社会主义核心价值体系深入人心，‘三创’精神充分弘扬，全民文明素质明显提高，文化强省建设取得重大进展，基本实现文化事业强、文化产业强、文化人才队伍强的目标，形成覆盖城乡的公共文化服务体系，文化产业成为国民经济的一大支柱产业，区域优秀传统文化和民间特色工艺得到弘扬复兴，文化软实力显著增强”。至此，以“三强”为标志的文化强省建设，开始进入一个快速发展的新时期。

## 三、江苏文化建设的主要成就

1978～2008年的30年间，江苏文化逐步走上开放、繁荣、多元发展之路，特别是在文化大省和文化强省建设过程中，江苏文化建设抓住机遇，加快发展，充分发挥自身优势，努力探索创新发展、科学发展的新途径，有效推动了江苏文化事业实现大发展、大跨越。

**（一）公民道德素质不断提高**

思想道德建设和精神文明创建活动，在江苏日益深入人心，效果更加明显，人民精神风貌昂扬向上，新的精神价值观正在形成。“创业、创新、创优”是社会主义核心价值体系建设在江苏的生动实践，突出体现了民族精神和时代精神的本质要求。“三创”精神的形成，为新时期江苏全力推进“两个率先”，构建和谐社会提供了思想指导和实践坐标，也是打造构建文化江苏的价值观基础。“三创”精神，已深深熔铸于江苏发展的凝聚力、创造力和竞争力之中，成为江苏发展的强大动力。对推动解放思想、解放人才、解放科技生产力，激发全社会创造活力，使全体劳动者成为最活跃的先进生产力要素，进一步增添全省上下励精图治创事业的勇气、开拓创新闯新路的锐气、敢于超越争一流的志气，把江苏人的积极性、创造性充分调动起来发挥了巨大的推动作用。

**（二）文艺精品总量迅速增加**

在第一至十一届中宣部“五个一工程”奖中，江苏共有21部剧目受到表彰。在第一至十二届文华奖评选中，江苏有39个剧（节）目获奖，其中6台剧目获文华大奖。从2003年至2007年，有8台剧目入选国家舞台艺术精品工程，其中儿童剧《一二三，起步走》、民族舞剧《红河谷》分别入选2003～2004年度、2004～2005年度全国十大精品剧目。这些都是经过群众检验、得到社会认可的优秀作品，代表了江苏文艺创作的最新成就。在全国“梅花奖”评比中，共有35人38次榜上有名，位居全国前列。文学苏军实力雄厚，诗歌、小说、报告文学、儿童文学创作成果丰硕。“傅抱石奖·中国画双年展”“林散之奖·书法双年展”、中国百家金陵画展、“春天的故事·江苏省纪念改革开放三十周年美术书法作品大展”等重大书画艺术活动在全国具有一定影响，集中体现了江苏老中青书画艺术家的强大实力。

**（三）公共文化设施建设力度持续加大**

一批有影响的文化设施相继建成，为新时期文化事业的发展创造了较高的现实基础。南京图书馆新馆、江苏省美术馆新馆、江苏国际图书中心、凤凰国际书城、江苏广电城、侵华日军南京大屠杀遇难同胞纪念馆扩建工程等一批重点项目先后建成。地方各级政府加大对文化建设的投入，新建、改建和扩建了一批图书馆、文化馆、博物馆、文化中心、文化公园等，有的成为当地标志性建筑。其中投资亿元以上的大型文化设施建设项目有：南京市金陵图书馆新馆、苏州市美术馆新馆、苏州市文化馆新馆、苏州市名人馆、苏州评弹学校新校园、苏州市演艺中心、徐州市美术馆、徐州市音乐厅、徐州淮海战役纪念馆新馆、盐城中国海盐博物馆、盐城市文化艺术中心、宿迁市文化艺术中心、太仓市文化艺术中心、太仓市图博中心、张家港市文化中心、盐城市盐都区文化艺术中心等。一座座新建文化场所拔地而起，成为城市文化的重要标志，从整体上增强了江苏公共文化设施的实力。2007～2008年省财政先后投入9 180万元，全省446个签约建设的乡镇综合文化站全部达到500平方米以上建设标准。全省公共图书馆、文化馆国家一级馆数量均为全国第一。

**（四）公共文化服务能力和水平有效提高**

构建完善的公共文化服务体系，保障人民群众基本文化权益，是文化建设的重要任务。江苏各级财政对公共文化服务体系建设提供了有力保证。2006～2008年，江苏省文化事业费财政总投入为62.67亿元，省本级三年文化事业费财政投入6.53亿元，年平均增长率为36.31%，高于财政一般预算收入年平均增长率12.23个百分点；13个省辖市三年文化事业费财政投入53.58亿元，年平均增长率为26.91%。到2008年底，江苏省有乡镇综合文化站1 294个，建筑面积111.6万平方米，无论是新建还是改扩建的文化站，其设施标准都得到普遍提高。全省文化站工作人员有3 746人，年运转和活动经费2.9亿元，年举办各类农村群众文化活动3.8万余场次。全省市县博物馆、纪念馆、美术馆、图书馆、文化馆，乡镇（社区）文化站和村文化室等公共文化服务设施，正在逐步实现全覆盖。省、市两级财政逐年增加文化（物）事业专项业务补助资金，扶持公益性文化事业深入发展，支持文艺创作生产全面繁荣。全省2008年主要专项业务经费达4.77亿元，比“十五”期末增长了1.33倍。据统计，2007年全省各级公共图书馆总藏书量3 490.7万册，比1982年增加了2.2倍，建有江苏省文化资源共享工程省级中心基层服务点370个，公共文化服务的自动化、数字化、网络化能力显著提高。2006～2008年，为省内经济薄弱地区农村送科普图书181万册、送戏7 670场，改善了这部分地区农民“看书、看戏、看电影”难的落后状况。全省博物馆普遍实行免费开放后，各博物馆强化公共文化服务意识，不断推出优秀展览，观众人数大幅上升，博物馆的社会关注度大幅提升，博物馆对观众的影响力与日俱增。省政府已先后5次表彰了67个省群众文化先进县（市、区）。在全国文化先进县评比中，江苏共有34个全国文化先进县、5个全国先进（模范）地区（县）、4个全国边境文化长廊，总数在全国名列第一；另有13个国家级农村儿童文化园，65个全国民间艺术之乡，同样在全国名列前茅。

**（五）文化产业强势崛起**

2006年，江苏相继出台了《江苏“十一五”文化发展规划》《关于加快文化事业和产业发展若干经济政策的通知》《江苏省文化产业引导资金使用管理办法》《关于加快动漫产业发展的若干意见》等政策和措施，在政策层面上加强对文化产业的扶持。省政府设立了文化产业引导资金，用于引导全省文化产业发展。同时，鼓励社会资本进入文化产业领域，非公有制经济创造的文化产业增加值已占全省的一半以上，就业人数占2/3，成为发展文化产业的一支生力军。江苏拥有南京、苏州、无锡、常州4个国家级动画产业基地，7个国家级文化产业示范基地和18个省级文化产业示范基地。2008年，江苏文化产业增长速度达36.2%，比全省GDP增长速度高出23.7个百分点，比第三产业增长速度高出23.6个百分点。2008年文化产业增加值达800亿元，占全省GDP的比重为2.6%。

**（六）对外及对港澳台文化交流活动不断拓展**

1978～2008年，江苏与有关国家27个省州、188个市县结成友好文化交流关系，遍及世界各地。在这期间，江苏对外及对港澳台文化交流往来团5 300余批、6.4万余人次。在文化对外交流中，昆曲青春版和精华版《牡丹亭》《长生殿》《1699桃花扇》以及歌舞《江南好》、杂技《太空遐想》、民乐《锦绣江苏》、儿童歌舞《七彩童年》、国画《水墨江苏》、民间工艺展《生活的艺术》等一大批表演艺术、造型艺术、民间艺术展览等独具民族风格、江苏特色和中国气派的项目已成为江苏的文化名片。对外文化交流渠道逐渐拓宽。通过举办各类大型文化活动，从深度和广度上拓展活动的影响力。“春节品牌”“阿拉伯艺术节——南京分会场”“亚洲艺术节”无锡太湖国际民乐节、常州国际动漫艺术周等大型国际文化活动的规模、影响和品牌效应逐步提升，已成为在世界上广泛传播中华文化的重要载体。

## 四、江苏文化建设的经验

1978～2008年，江苏文化建设发生的历史性变化，令人鼓舞、催人奋进。中共江苏省委、省政府认真贯彻落实中央关于文化建设的决策部署，紧密结合江苏实际，深入解放思想，大胆探索实践，创造性地开展工作，不断探索具有时代特征、中国特色、江苏特点的发展路子。全省文化建设的巨大变化和创新实践，为推动文化大发展大繁荣奠定了坚实的基础和提供了宝贵的经验。

**（一）坚持先进文化的前进方向，以科学发展观统领文化建设**

文化越来越成为民族凝聚力和创造力的重要源泉，越来越成为衡量综合国力的重要因素，丰富精神文化生活越来越成为广大人民群众的热切期望。江苏各级党委、政府和文化主管部门，始终坚持全面贯彻党的思想路线，坚持社会主义先进文化前进方向，把科学发展观贯穿到文化建设的全过程，切实用科学发展观统领文化建设，指导各项文化工作。中共江苏省委、省政府把加强文化建设作为推动科学发展、促进社会和谐、实现“两个率先”的重大任务，纳入经济社会发展规划，纳入全面建设小康社会目标内涵，纳入科学发展评价考核体系。努力针对不同时期对文化建设的新要求，满足人民群众对丰富文化生活的新期待。

**（二）坚持重在建设，突出文化工程和创新**

坚持全面发展与重点突破的工作机制，在做好整体工作的基础上，着重抓重点文化工程和项目，集中人力、物力和财力，持之以恒办实事、办大事，是江苏文化实践的一条基本经验。广大文化工作者立足于改革开放和现代化建设的实践，审时度势，紧抓机遇，及时找准文化事业发展的突破口，采取切实可行的工作思路和具体措施，求突破、求创新。长期坚持实施的有艺术精品工程、文艺人才培养工程、文化产业扶持工程、重点文化设施建设工程、农村文化建设工程以及文化信息资源共享、“三送”等，都按照工程项目的要求，做到有计划、有进度、有质量、有实效，使纷繁复杂的文化工作有条不紊，文化事业不断出现新亮点、新气象。江苏在文化先进县(市区)乡镇建设、音像市场管理示范区建设、公共文化场馆向全社会免费开放、乡镇文化站标准化建设工程改革试点、面向全国招收京剧表演专业免费生等众多文化领域，为全国文化事业的改革创新发展提供了示范和借鉴。

**（三）坚持深化文化体制改革，不断释放文化发展活力**

江苏始终保持解放思想、积极探索的精神状态，把中央要求与自身实际相结合，根据不同文化单位具体情况制订改革方案和配套政策，走出一条具有江苏特点的文化体制改革和发展的路子，以创新精神推动文化发展繁荣。多年来，全省在推行改革的实践过程中，针对文化自身的规律和特点，坚持做到统筹兼顾，循序渐进。2006年，中共江苏省委、省政府把推进文化体制改革作为促进文化发展繁荣的根本动力，提出了9个方面43条政策措施，确立了鲜明的改革导向、政策导向和工作导向。在实践中，积极探索文化体制改革和发展的新路子。坚持文化事业和文化产业“两手抓”，坚持政府投入与体制改革“两到位”，坚持公益性文化事业与经营性文化产业“两分开”，坚持促进繁荣与加强管理“两结合”，以科学有效的管理推动文化大发展大繁荣。在推进改革的进程中，充分考虑文化领域各个单位的具体情况，坚持区别对待、分类指导，先行试点、逐步推开。坚持以改革的深化促进文化繁荣，以文化发展的成果检验改革成效，努力实现“出活力、出人才、出效益、出成果”。

**（四）坚持以人为本，构建公共文化服务体系，保障人民群众的基本文化权益**

江苏各级政府坚持以大型公共文化设施为骨干，以社区和乡镇文化设施为基础，优先安排关系到人民群众切身利益的文化设施建设。不断完善公共文化设施网络布局，构建覆盖全省、惠及全民的公共文化服务体系。积极运用现代科技手段，创新公共文化服务方式，提升、扩大和延伸公共文化服务功能。不断探索公共文化服务运行机制，政府投入由养人向养事业、养项目转变，公共文化产品实行政府采购制度，提高公共服务效益。积极引导、支持民办公益性文化机构的发展，有效促进了公共文化服务机构的多元化、社会化。利用各种有效形式，搭建公益性文化活动平台，特别是面向城市低收入居民、农民工和其他特殊群体免费或低价演出，极大地丰富了基层群众的精神文化生活。实践证明，在任何时候、任何情况下，只有坚持面向基层、面向群众，加强和改善公共文化服务，才能更好地保障公民基本文化权益，体现社会主义优越性。

**（五）坚持发展文化产业，积极转变文化发展方式，推动文化全面协调健康发展**

江苏文化产业发展在中共江苏省委、省政府的高度重视和大力推动下，取得重大突破。1996年至2006年的10年间先后召开三次全省文化工作会议，均把发展文化产业作为新的经济增长点，纳入经济社会发展的总体规划和综合指标体系中。加大资源整合力度，重点培育骨干文化企业做大做强。鼓励有条件的文化企业跨地区、跨行业、跨所有制联合重组，支持企业上市融资，实现低成本扩张，以骨干企业的发展推动文化产业的壮大。大力发展新兴文化产业，运用高新技术创新文化生产和传播方式，培育新的文化业态。实施重大文化产业项目战略，加快文化产业基地和区域性特色文化产业群建设，发挥文化产业的集聚效应。不断推进投资主体多元化，形成以公有制为主体、多种所有制共同发展的文化产业格局。在充分发挥国有资本主导作用的同时，鼓励和支持非公有资本以多种形式进入政策许可的文化产业领域，促进文化市场主体和投入主体多元化。

**（六）坚持完善保障文化发展的政策措施**

江苏重视贯彻落实中央关于文化建设的一系列政策措施，制定出台配套政策，支持文化体制改革，促进文化事业和文化产业发展。既立足当前，又着眼长远；既体现总体要求，又彰显个性特色；既突出重点，又整体推进。尤其是在提出建设文化大省之后，首次明确规定“各级政府每年对文化事业拨款的增长幅度要高于当年财政预算增长幅度的1至2个百分点”，出台了开征文化事业建设费、设立专项资金制度、鼓励对文化事业的捐赠等政策，拓宽了政策范围、丰富了政策的内容。2001年，再次出台文件，要求各级政府进一步加大文化事业投入，做到“两个高于”：财政文化事业支出增幅高于一般预算支出增幅，“十一五”时期文化事业投入占财政支出比重高于“十五”时期。2006年之后，江苏在文化事业和文化产业发展方面的政策力度明显加大。江苏“十一五”文化经济政策，不仅继承了“九五”“十五”政策的精华，而且在贯彻中央近年来一系列文化经济政策基础上，体现江苏经济社会发展的新要求等方面有了新突破。对转企改制的文化事业单位，原财政拨款基数不但没有减少，而且有所增加。在“十一五”期间，每年安排1亿元，用于扶持对文化产业发展具有引领和示范带动作用的重大产业项目。此外，江苏坚持尊重知识、尊重人才，遵循文化发展规律，通过设立“紫金文化奖”“五星工程奖”、文化精品专项奖励资金等政策，奖励有突出贡献的优秀文化人才，引导广大文化工作者，创作出更多受群众欢迎的优秀文艺作品。

# 第一章　文化艺术机构

从1978年到2008年，江苏省文化厅走过了30年的历程。在文化建设过程中，随着省文化厅职能范围的不断调整，机构设置也不断变化。在中共江苏省委、省人民政府正确领导和文化部精心指导下，全省文化行政部门全力推进江苏省文化艺术事业发展，艺术生产、公共文化、文化市场、文化产业、文物保护、对外和对港澳台文化工作等各项事业取得长足进步和发展。

各级文化局是地方政府主管本辖区文化艺术工作的部门。江苏省有南京市、无锡市、徐州市、常州市、苏州市、南通市、连云港市、淮安市、盐城市、扬州市、镇江市、泰州市、宿迁市13个省辖市文化局，其中泰州市和宿迁市1996年撤县建市。与各省辖市文化行政管理机构相对应，全省各县（市、区）均设立文化局。县级以下设有乡镇（街道）文化站，村文化中心或文化室，是基层文化机构。截至2008年底，全省已有建制文化局122个，乡镇文化站1 049个。

江苏省文学艺术界联合会是中共江苏省委领导的，由省级文艺家协会、省辖市文联、产业（行业）文联组成的人民团体，是党和政府联系文艺界的桥梁和纽带，是繁荣发展社会主义文艺的重要力量。30年里，省文联全面贯彻"民主、团结、鼓劲、繁荣"的指导思想，充分利用自身文艺门类齐全、文艺人才荟萃、联络协调形式多样、工作方法灵活等人民团体的优势，团结带领全省广大文艺工作者，在文艺事业和文联建设方面取得了辉煌成就。

与江苏省文学艺术界联合会相对应，全省13个省辖市都相继恢复和成立市级文学艺术界联合会，隶属于当地党委领导，同时又是省文联团体会员。各省辖市文联，根据本地文学艺术事业发展的实际情况，分别成立各文艺家协会，并与省级各文艺家协会相对应。省辖市的文联，各县（市、区）文联为其团体会员。大型企业（行业）文学艺术工作者联合会，符合规定条件，在提出申请并经本会委员会和主席团批准后，可成为其团体会员。

江苏省作家协会（原中国作家协会江苏分会）是中共江苏省委领导下的专业性人民团体，中国作家协会团体会员，厅局级建制事业单位。30年里，省作协团结了一大批全国著名的作家，形成了一支由老中青作家构成的、在全国有重要影响的文学创作队伍。专业作家和广大业余作家努力创作、发表和出版了一大批反映时代、反映现实、反思历史的优秀作品，并在"五个一工程"奖、国家图书奖、鲁迅文学奖等多种全国性的文学评比中获奖。

与江苏省作家协会相对应，全省13个省辖市都相继成立市级作家协会，隶属于市文联，同时又是省作协团体会员。

## 第一节 江苏省文化厅

江苏省文化厅的前身是江苏省革命委员会文化局。1980年1月，改称江苏省文化局。1983年10月，改称江苏省文化厅。

### 一、机 构

**（一）内设机构**

1978年，江苏省革命委员会文化局的内部机构设置为：办公室、政治处（机关党委）、计财处、艺术处、电影处、文物处、文化处、演出团体创作工作室。

1983年，江苏省文化厅的内部机构设置为：办公室、机关党委、计财处、人事处、艺术处、文化处、电影处、文物处、外事处、保卫处、纪检组。

1985年3月，设立科教处。1990年2月，设立审计处。1991年1月，设立文化市场管理处和图书处，撤销保卫处和电影处。1993年6月，设立经营管理处。

1996年1月，江苏省人民政府办公厅印发《江苏省文化厅（江苏省文物管理局）职能配置内设机构和人员编制方案》的通知，保留省文化厅，挂省文物管理局牌子，为省政府工作机构。省文化厅（省文物局）内设机构为：办公室、计划财务处（审计处）、人事处、科教处、艺术处、文化市场管理处、社会文化处、外事处、文物处、机关党委，按有关规定设纪检组（监察室）。1997年12月，省文化厅办公室增挂“政策法规处”牌子。

2000年9月，江苏省人民政府办公厅印发《江苏省文化厅（省文物局）职能配置内设机构和人员编制规定》的通知，省文化厅（省文物局）内设机构为：办公室（法规处）、计划财务处、人事处、艺术处、文化市场管理处（对外文化交流处）、社会文化处、文物处、科教与产业处、机关党委、老干部处、纪检组（监察室）。

2004年9月，江苏省人民政府办公厅印发《江苏省文物局职能配置内设机构和人员编制规定》的通知，组建江苏省文物局，为江苏省文化厅管理的副厅级事业局，与江苏省文物管理委员会办公室两块牌子一套班子，撤销省文化厅文物处。省文物局机关事业编制25名（由省文物管理委员会办公室划转，参照国家公务员制度管理），其内设机构为：综合管理处、文物保护处、博物馆处、法规处（执法督察处）。

2007年9月，江苏省文化厅社会文化处增挂“非物质文化遗产处”的牌子。2008年1月，省文化厅办公室增挂“文化信息处”的牌子，省文化厅艺术处增挂“大型文化活动管理处”的牌子。

2008年底，江苏省文化厅内设机构有：办公室（法规处、文化信息处）、计划财务处、人事处、艺术处（大型活动管理处）、文化市场管理处（对外文化交流处）、社会文化处、科教与产业处、机关党委、老干部处、纪检监察室。

**（二）直属单位**

“文化大革命”后，省级文化部门的直属事业单位逐步恢复重建。至1978年，直属江苏省文化局的文化（物）事业单位21个，包括南京博物院、南京图书馆、江苏省国画院、江苏省美术馆、江苏省戏剧学校、江苏省昆剧院、江苏省京剧院、江苏省锡剧团、江苏省扬剧团、江苏省话剧团、江苏省歌舞团、江苏省曲艺团、江苏电影制片厂（后称南京电影制片厂）等。

1979年3月，成立江苏省文化局创作工作室，同年更名为江苏省文化局剧目工作室，1984年更名为江苏省文化厅剧目工作室。

1980年1月，《江苏戏曲》复刊，成立编辑部。1980年11月更名为江苏省文化厅《江苏戏剧》编辑部，1985年7月更名为江苏省文化厅《剧影月报》编辑部。

1980年7月，恢复江苏省群众艺术馆。2002年4月，江苏省群众艺术馆更名为江苏省文化馆。2007年8月，江苏省文化馆增挂“江苏省非物质文化遗产保护中心”的牌子。

1981年12月，成立江苏省文物商店。1993年4月，江苏省文物商店更名为“江苏省文物总店”。

1982年6月，江苏省编制委员会批准成立江苏省文化局戏剧研究所，与江苏省文化局剧目工作室合一套班子。1984年11月，挂牌成立江苏省文化厅戏剧研究所。1985年12月，戏剧研究所与剧目工作室分设，更名为江苏省文化艺术研究所。1984年11月，成立江苏省文化厅艺术资料档案馆。

1985年12月，更名为江苏省文化艺术资料档案馆。2005年4月，江苏省文化艺术研究所和江苏省文化艺术资料档案馆合并，组建江苏省文化艺术研究院，同时加挂“江苏省文化艺术资料档案馆”的牌子。

1986年2月，成立江苏省文化厅演出管理站，隶属于艺术处。1988年7月，江苏省文化厅演出管理站增挂“江苏演出公司”牌子。1990年12月，江苏省文化厅演出管理站与江苏演出公司分设。1992年3月，江苏演出公司更名为江苏省演出公司。1993年6月，江苏省文化厅演出管理站更名为江苏省演出管理中心。2001年7月，江苏省演出管理中心更名为江苏省文化传播中心。2005年8月，撤销江苏省文化传播中心。

1986年7月，筹建江苏儿童影视制作中心，与南京电影制片厂为一套机构两块牌子，不另增加人员编制。1994年7月，成立蒲公英儿童电影制作中心南京基地，与南京电影制片厂为一套机构两块牌子。

1986年12月，江苏省编制委员会同意傅抱石纪念馆为科级单位，隶属于艺术处。

1986年12月，建立江苏省艺术辅导服务部，与江苏省群众艺术馆合署办公，为一套机构两块牌子的县处级事业单位，人员编制在省群众艺术馆30名的基础上增至100名。1988年7月，撤销江苏省艺术辅导服务部，收回70名事业编制，改由省直各院、团分别建立艺术辅导部。

1987年6月，撤销江苏省文化服务公司，该公司所承担的电影器材业务管理工作划入江苏省电影发行放映公司。

1987年6月，成立江苏省群众艺术馆文化服务部，为科级事业单位，人员编制18名。2001年7月，江苏省群艺馆文化服务部更名为江苏省社会艺术教育培训中心。

1988年4月，设立江苏省文化厅大楼管理服务部。1999年1月，江苏省文化厅大楼管理服务部更名为江苏省文化大厦管理中心。

1989年7月，江苏省话剧团更名为江苏人民艺术剧院。

1990年8月，成立江苏省文化厅音像出版社。1992年5月，更名为江苏文化音像出版社。2000年7月，划归江苏省歌舞剧院管理。

1991年1月，成立周恩来纪念馆。2004年12月，将原由江苏省文化厅管理的周恩来纪念馆调整由淮安市管理。

1991年12月，设立《影剧文摘报》编辑部。1998年2月，撤销《影剧文摘报》编辑部，其10名事业编制并入《剧影月报》编辑部。

1992年7月，江苏省文化厅文化市场管理处增挂“江苏省文化市场管理办公室”牌子。1993年6月，江苏省文化市场管理办公室与江苏省文化厅文化市场管理处分设。1997年6月，江苏省文化市场管理办公室参照国家公务员制度管理。

1992年11月，成立江苏省文化艺术发展公司。

1996年8月，成立江苏大剧院工程建设指挥部。

1997年1月，成立江苏杂技培训中心，与盐城市杂技团两块牌子一套班子。

1997年4月，江苏省人民政府同意南京博物院、南京图书馆、江苏省国画院为相当于副厅级全民事业单位。

1997年6月，江苏省文物管理委员会办公室参照国家公务员制度管理。

1997年11月，成立江苏省戏剧学校天目湖分校，不另列人员编制。

1999年5月，成立江苏省舞台电子音响技术检测中心。2005年1月，撤销江苏省舞台电子音响技术检测中心。

2001年7月至8月，成立江苏艺术剧院。将江苏省文化厅所属江苏省京剧院、江苏省歌舞剧院、江苏省昆剧院、江苏省锡剧团、江苏省扬剧团、江苏人民艺术剧院、江苏省人民剧场、江苏省演出公司合并组建江苏艺术剧院，相当于副厅级事业单位。组建江苏省演艺集团有限公司，与江苏艺术剧院两块牌子一套班子。江苏省人民政府授权经营国有资产范围为江苏省歌舞剧院、江苏省京剧院、江苏人民艺术剧院、江苏省昆剧院、江苏省锡剧团、江苏省扬剧团、江苏省人民剧场、江苏省演出公司等单位国有资产。

2004年1月，撤销江苏省文化厅招待所。

2004年7月，将江苏省电影发行放映公司整体移交给江苏省国有资产经营(控股)有限公司。清理注销江苏省文化艺术公司。

2005年5月，成立江苏省文化厅艺术中心、会议中心、报刊中心。2008 年 5 月，撤销江苏省文化厅艺术中心、会议中心、报刊中心。

2005 年 6 月，撤销江苏省东风剧场。

2008 年底，江苏省文化厅所属副厅级事业单位包括江苏省文物局（江苏省文物管理委员会办公室）、南京图书馆、江苏省国画院、南京博物院 4 个；所属其他事业单位包括江苏省文化市场管理办公室、江苏省美术馆、江苏省戏剧学校、江苏省文化馆（江苏省非物质文化遗产保护中心）、江苏省文化艺术研究院（江苏省文化艺术资料档案馆）、江苏省文化厅剧目工作室、江苏省文化厅《剧影月报》编辑部、江苏省文化学校、江苏省文物总店、傅抱石纪念馆、江苏省文化大厦管理中心、江苏省社会艺术教育培训中心、江苏省文化厅幼儿园、江苏省文化活动中心、江苏大剧院工程建设指挥部计 15 个。

## 二、人　员

1984 年 3 月，江苏省编制委员会核定江苏省文化厅机关编制为 65 人（苏编〔1984〕46 号文件）。1996 年 1 月，省文化厅（省文物局）机关行政编制为 70 名，另核行政附属编制 10 名。领导职数为：厅长 1 名，副厅长 4 名；正副处长 21 名（苏政办发〔1996〕28 号）。2000 年 9 月，省文化厅（省文物局）机关行政编制为 44 名，另核行政附属编制 12 名。领导职数为：厅长 1 名，副厅长 4 名；正副处长 17 名（苏政发〔2000〕116 号）。

**表 1－1　1978～2008 年江苏省文化厅领导成员**

| 机构名称 | 职　务 | 姓　名 | 任职时间 |
|---|---|---|---|
| 江苏省革命委员会文化局 | 局长、党组书记 | 李　进 | 1977.9～1979.3 |
| | 副局长 | 汤　池 | 1977.9～1983.9 |
| | 副局长 | 孙奇华 | 1977.9～1983.9 |
| | 副局长 | 周　邨 | 1977.9～1979.3 |
| | 副局长 | 郭铁松 | 1978.7～1983.9 |
| | 副局长 | 金　毅 | 1978.7～1983.9 |
| | 顾　问 | 郑山尊 | 1978.9～1981.9 |
| 江苏省革命委员会文化局（1980 年 1 月改为江苏省文化局） | 局长、党组书记 | 周　邨 | 1979.3～1981.9 |
| | 副局长 | 汤　池 | 1977.9～1983.9 |
| | 副局长 | 孙奇华 | 1977.9～1983.9 |
| | 副局长 | 郭铁松 | 1978.7～1983.9 |
| | 副局长 | 金　毅 | 1978.7～1983.9 |
| | 顾　问 | 郑山尊 | 1978.9～1981.9 |
| 江苏省文化局 | 局长、党组书记 | 陈　超 | 1981.9～1983.9 |
| | 副局长 | 汤　池 | 1977.9～1983.9 |
| | 副局长 | 孙奇华 | 1977.9～1983.9 |
| | 副局长 | 郭铁松 | 1978.7～1983.9 |
| | 副局长 | 金　毅 | 1978.7～1983.9 |
| | 副局长 | 曹德进 | 1981.9～1987.12 |
| | 副局长 | 张　辉 | 1981.9～1990.7 |
| 江苏省文化局（1983 年 10 月改为江苏省文化厅） | 局长、党组书记 | 王庆汉 | 1983.9～1985.8 |
| | 副局长 | 顾明道 | 1983.9～1990.7 |
| | 副局长 | 王　鸿 | 1983.9～1989.10 |
| | 副局长 | 曹德进 | 1981.9～1987.12 |
| | 副局长 | 张　辉 | 1981.9～1990.7 |
| | 顾　问 | 汤　池 | 1983.9～1989.10 |

续表

| 机构名称 | 职　务 | 姓　名 | 任职时间 |
| --- | --- | --- | --- |
| 江苏省文化厅 | 厅长、党组书记 | 马莹伯 | 1985.8～1989.10 |
| | 副厅长 | 王　鸿 | 1983.9～1989.10 |
| | 副厅长 | 曹德进 | 1981.9～1987.12 |
| | 副厅长 | 张　辉 | 1981.9～1990.7 |
| | 副厅长 | 吴鹓筠(女) | 1985.12～1989.2 |
| | 副厅长 | 杜有生 | 1985.12～1990.9 |
| | 副厅长 | 陈希明 | 1987.11～1992.10 |
| | 顾　问 | 汤　池 | 1983.9～1989.10 |
| 江苏省文化厅 | 厅长、党组书记 | 王　鸿 | 1989.10～1993.6 |
| | 副厅长 | 张　辉 | 1981.9～1990.7 |
| | 副厅长 | 杜有生 | 1985.12～1990.9 |
| | 副厅长 | 陈希明 | 1987.11～1992.10 |
| | 副厅长 | 季根章 | 1990.7～1996.3 |
| | 副厅长 | 刘俊鸿 | 1990.7～2003.6 |
| 江苏省文化厅 | 厅长、党组书记 | 潘震宙 | 1993.6～1996.3 |
| | 副厅长 | 季根章 | 1990.7～1996.3 |
| | 副厅长 | 刘俊鸿 | 1990.7～2003.6 |
| | 副厅长 | 尹　明(女) | 1993.8～2006.12 |
| | 副厅长 | 许洪祥 | 1994.8～1996.12 |
| | 副厅长 | 顾　欣 | 1995.5～2001.9 |
| 江苏省文化厅 | 厅长、党组书记 | 季根章 | 1996.3～2003.4 |
| | 副厅长 | 刘俊鸿 | 1990.7～2003.6 |
| | 副厅长 | 尹　明(女) | 1993.8～2006.12 |
| | 副厅长 | 赵绪成 | 1996.10～2003.6 |
| | 副厅长 | 顾　欣 | 1995.5～2001.9 |
| | 副厅长 | 王慧芬(女) | 1998.8～2008.2 |
| | 纪检组组长 | 沈季姚(女) | 1997.2～1998.8 |
| | 纪检组组长 | 王世华 | 2001.6～ |
| 江苏省文化厅 | 厅长、党组书记 | 章剑华 | 2003.4～ |
| | 副厅长 | 刘俊鸿 | 1990.7～2003.6 |
| | 巡视员 | | 2003.6～2004.12 |
| | 副厅长 | 赵绪成 | 1996.10～2003.6 |
| | 巡视员 | | 2003.6～2003.12 |
| | 副厅长 | 尹　明(女) | 1993.8～2006.12 |
| | 巡视员 | | 2006.12～2007.8 |
| | 副厅长 | 王慧芬(女) | 1998.8～2008.2 |
| | 副厅长 | 高　云 | 2004.11～ |
| | 副厅长 | 马　宁 | 2005.7～ |
| | 纪检组组长 | 王世华 | 2001.6～ |
| | 助理巡视员、机关党委书记 | 肖恒杰 | 2003.6～2004.12 |

## 三、职　责

1996年1月，江苏省文化厅加强对各项文化事业的宏观管理与调控，从偏重管理直属单位和文化系统，转向管理全省社会文化事业；从偏重“办文化”逐步过渡到“管文化”；从主要依靠行政手段管理，转向依靠法律、经济、行政手段相结合的综合管理，加强调查研究，制订和完善文化事业发展规划和政策措施，加强对文化市场、文学事业、文化艺术研究和文化科技的管理，增强协调、指导、监督、检查、服务的职能；逐步弱化行政管理部门直接办文化、组织文艺调演、汇演、比赛、评奖等活动及具体事务；弱化对直属单位的直接管理，逐步下放人、财、物的管理权限，将具体承办文化活动、对外文化交流等事务性工作，下放给有关单位（苏政办发〔1996〕28号）。

2000年9月，江苏省文化厅划出的职能有：将市、县设立营业性文艺表演团体的审批管理职能，交给省辖市人民政府；将市、县电影放映经营审批管理职能，交给省辖市人民政府。划入的职能有音像制品的进口管理以及批发、零售、出租、发映管理职能；承担国家文物局下放的审批文物商店的有关工作（苏政发〔2000〕116号）。

2004年9月，组建江苏省文物局，受江苏省人民政府委托，履行全省文物保护的行政管理职能（苏政办发〔2004〕92号）。

2008年，江苏省文化厅主要职责是：贯彻执行国家关于文化艺术工作的方针、政策和法规，起草全省文化艺术工作的方针、政策、法规、措施并监督实施。研究拟定全省文化艺术事业发展战略和发展规划；指导文化管理体制改革。管理全省文化艺术事业，指导艺术创作与生产，扶持代表性、示范性、实验性文化艺术品种，推动各门类艺术的发展；归口管理全省性重大文化活动。研究拟定文化产业规范和政策，指导、协调文化产业发展；规划、指导全省重点文化设施建设。归口管理全省文化市场，会同有关部门拟定文化市场的发展规划，研究文化市场发展态势，指导文化市场稽查工作。管理全省社会文化事业，拟定全省社会文化事业发展规划并组织实施；指导各类社会文化事业的建设与发展，指导、协调全省性重大社会文化活动。管理全省图书馆事业，指导图书文献资源的建设、开发和利用；组织推动图书馆标准化、现代化建设。研究拟定文化艺术人才发展规划并组织实施；指导文化艺术科技研究和开发工作。归口管理全省对外文化工作和对我国香港、澳门特别行政区及台湾地区的文化艺术交流工作。承办省政府交办的其他事项。

# 第二节　江苏省文学艺术界联合会

“文化大革命”期间，江苏省文学艺术界联合会所属各协会被迫停止一切活动。1979年4月，中共江苏省委正式批准省文联和各协会恢复建制和机构。

## 一、机　构

1980年4月12日至18日，江苏省文学艺术界联合会第四次代表大会在南京举行，出席会议代表983人，是历年来规模最大、人数最多的一次文艺界代表大会。会议选举产生了由202名委员组成的省文联第四届委员会，选举产生了主席团。会议期间，各协会分别召开了会员代表大会，选举了各协会的理事，组成新的领导机构。中国电影家协会江苏分会、中国杂技艺术家协会江苏分会在此期间成立。

1992年9月23日至27日，江苏省文学艺术界联合会第五次代表大会在南京召开，全省文艺界553名代表出席了会议。中共江苏省委书记沈达人作了题为《投身时代 献身人民 为繁荣社会主义文艺而奋斗》的讲话，李进作了省文联第四届委员会会务工作报告。会议推举产生67名委员组成省文联第五届委员会，选举产生了主席团。

1997年12月6日至9日，江苏省文学艺术界联合会第六次代表大会在南京召开，全省文艺界609名代表出席了会议。中共江苏省委书记陈焕友作了题为《高举邓小平理论伟大旗帜 繁荣和发展我省社会主义文艺事业》的讲话，姚志强作了省文联第五届委员会会务工作报告。会议产生了78名委员组成省文联第六届委员会，选举产生了主席团。

2004年11月15日至18日，江苏省文学艺术界联合会第七次代表大会在南京召开。来自全省各地及部队的701名代表，组成27个代表团，代表全省13个艺术门类的文艺家协会会员，出席了第七次文代会。中共江苏省委书记李源潮作了题为《走在发展先进文化的前列》的讲话，杨承志作了省文联第六届委员会会务工作报告。会议产生了95名委员组成省文联第七届委员会，选举产生了主席团。

2004年，中共江苏省委决定，设立江苏省文学艺术界联合会书记处，作为省文联的日常工作机构，在省文联党组和主席团的领导下开展工作。

1990年，根据《江苏省文联1991年机构编制计划方案报告》(苏文联党组〔1990〕第22号)，列为处级工作部门有：办公室(下设人事秘书、行政、财务三个科)、组织联络部、理论工作室、图书编辑部。省文联所属处级协会及部门有：江苏省美术家协会、江苏省戏剧家协会、江苏省音乐家协会、江苏省摄影家协会、江苏省书法家协会、江苏省电影家协会、江苏省电视家协会、江苏省曲艺家协会、江苏省舞蹈家协会、江苏省杂技家协会、江苏省民间文艺家协会、《江苏音乐》月刊、《乡土》月刊、江苏省美术基金会。

1998年，根据《中共江苏省委办公厅关于印发江苏省文学艺术界联合会机关机构改革方案的通知》(苏办〔1998〕12号)精神，省文联机关设5个职能部门：办公室、组织联络部、事业发展部、创作研究部、人事部(机关党委)。所属文艺家协会11个：江苏省戏剧家协会、江苏省电影家协会、江苏省音乐家协会、江苏省美术家协会、江苏省曲艺家协会、江苏省舞蹈家协会、江苏省民间文艺家协会、江苏省摄影家协会、江苏省书法家协会、江苏省杂技艺术家协会、江苏省电视艺术家协会。

1999年，根据江苏省机构编制委员会《关于同意建立"江苏省文联创作研究中心"等问题的批复》(苏编〔1999〕10号)精神，建立江苏文联创作研究中心。

2001年5月，召开江苏省文艺评论家协会第一次代表大会，宣布成立江苏省文艺评论家协会。2001年，成立江苏省文联书画研究中心(苏编办〔2001〕46号)。2001年，成立江苏省艺术人才培训中心(苏编办〔2001〕69号)。

2002年，《江苏音乐》更名为"歌迷大世界杂志社"(苏编办〔2002〕185号)。

2005年，根据《中共江苏省委办公厅关于印发〈江苏省文学艺术界联合会机关主要职责内设机构和人员编制规定〉的通知》(苏办〔2005〕22号)精神，省文联内设机构为5个职能部门：办公室、人事部(机关党委)、组织联络部、事业部、创作研究部。

2006年4月，召开江苏省动漫艺术家协会第一次代表大会，成立江苏省动漫艺术家协会。2006年4月，成立江苏省文艺维权中心；2007年成立文艺家权益保障委员会及各专业委员会，并经省政府版权管理部门授权，开展文艺著作权保护，依法维护文艺工作者的合法权益。

2008年底，江苏省文学艺术界联合会内设机构为6个职能部门：办公室、人事部、机关党委、组织联络部、事业部、创作研究部；13个协会：江苏省戏剧家协会、江苏省电影家协会、江苏省音乐家协会、江苏省美术家协会、江苏省曲艺家协会、江苏省舞蹈家协会、江苏省民间文艺家协会、江苏省摄影家协会、江苏省书法家协会、江苏省杂技家协会、江苏省电视艺术家协会、江苏省文艺评论家协会、江苏省动漫艺术家协会；10个单位：江苏省文联创作研究中心、江苏省文化交流中心、江苏省艺术人才培训中心、江苏省书画研究中心、江苏省文联维权中心、大型活动部、文企联谊会、文化艺术促进会、歌迷大世界杂志社、乡土杂志社。

## 二、人　员

**表1-2　1978～2008年江苏省文学艺术界联合会主席团领导成员**

| 届　别 | 任职时间 | 职　务 | 姓　名 |
|---|---|---|---|
| 第三届<br>江苏省文联委员会 | 1978.12～1980.4 | 主　席 | 李　进 |
| | | 副主席 | 陈瘦竹 |

| 届　别 | 任职时间 | 职　务 | 姓　名 |
| --- | --- | --- | --- |
| 第三届<br>江苏省文联委员会 | 1978.12～1980.4 | 副主席 | 陈　洪 |
| | | | 周　邨 |
| | | | 钱静人 |
| 第四届<br>江苏省文联委员会 | 1980.4～1992.9 | 名誉主席 | 陈白尘 |
| | | 主　席 | 李　进 |
| | | 副主席 | 艾　煊 |
| | | | 刘海粟 |
| | | | 陈　洪 |
| | | | 陈瘦竹 |
| | | | 沈亚威 |
| | | | 周　邨 |
| | | | 海　笑 |
| | | | 钱静人 |
| 第五届<br>江苏省文联委员会 | 1992.9～1997.12 | 主　席 | 王光炜 |
| | | 副主席 | 王　鸿 |
| | | | 方全林 |
| | | | 陆文夫 |
| | | | 张继青(女) |
| | | | 陈鹏年 |
| | | | 赵绪成 |
| | | | 潘振声 |
| | | | 潘震宙 |
| 第六届<br>江苏省文联委员会 | 1997.12～2004.11 | 主　席 | 顾　浩 |
| | | 副主席 | 姚志强 |
| | | | 杨承志(女) |
| | | | 王臻中 |
| | | | 赵绪成 |
| | | | 苏子龙 |
| | | | 朱福熙 |
| | | | 高五一 |
| | | | 张继青(女) |
| | | | 杨乃珍(女) |
| | | | 尉天池 |
| | | | 朱昌耀 |
| 第七届<br>江苏省文联委员会 | 2004.11～ | 主　席 | 顾　浩 |
| | | 副主席 | 冯健亲 |
| | | | 杨承志(女,至2008.1) |
| | | | 王慧芬(女,2008.2增补) |
| | | | 高以俭 |
| | | | 赵绪成 |
| | | | 凡　兵 |

续表

| 届别 | 任职时间 | 职务 | 姓名 |
| --- | --- | --- | --- |
| 第七届<br>江苏省文联委员会 | 2004.11～ | 副主席 | 周明贵 |
| | | | 朱昌耀 |
| | | | 言恭达 |
| | | | 陈霖苍(至 2006.12) |
| | | | 顾　芗(女) |
| | | | 宋玉麟 |
| | | | 陶思炎 |

**表 1－3　1978～2008 年江苏省文学艺术界联合会历任党组书记、副书记、书记处书记**

| 姓名 | 职务 | 任职时间 |
| --- | --- | --- |
| 王　平 | 副书记 | 1980.3～1983.12 |
| 李　进 | 书　记 | 1987.10～1991.9 |
| 赵绪成 | 副书记 | 1990.2～1994.12 |
| 王光炜 | 书　记 | 1991.9～1996.9 |
| 姚志强 | 副书记 | 1992.11～1997.7 |
| 王建邦 | 书　记 | 1996.9～1997.7 |
| 姚志强 | 书　记 | 1997.7～2004.8 |
| 高以俭 | 副书记 | 1997.11～2007.12 |
| 杨承志(女 兼) | 书记、书记处第一书记 | 2004.8～2008.1 |
| 高以俭 | 书记处书记 | 2004.11～2007.12 |
| 言恭达 | 书记处书记 | 2004.11～ |
| 王慧芬(女) | 书记、书记处第一书记 | 2008.1～ |
| 杨企鹏 | 书记处书记 | 2008.1～ |

**表 1－4　1978～2008 年江苏省各文艺家协会历届主席、副主席**

| 协会 | 届别 | 换届时间 | 主席 | 副主席 |
| --- | --- | --- | --- | --- |
| 江苏省戏剧家协会 | 二 | 1980.4 | 周　邨 | 王　平、吴白匋、杨正吾、张　辉、张继青(女)、姚　澄(女)、郑山尊、高秀英(女)、梁　冰、新艳秋(女)、漠　雁 |
| | 三 | 1989.3 | 王　鸿 | 刘　川、宋长荣、张　辉、张继青(女)、梁　冰、谢光宁、漠　雁、谭慕平 |
| | 四 | 1998.9 | 刘俊鸿 | 石小梅(女)、汪人达、宋长荣、姚　远、赵家捷、顾　芗(女)、徐昆庆、倪同芳(女)、袁振奇、黄孝慈(女)、梁国英(女)、董　健 |
| 江苏省电影家协会 | 一 | 1980.4 | 王　平 | 江　浩、白　文、李　乐、廖生才 |
| | 二 | 1987.2 | 江　浩 | 王馥荔(女)、张　弦、杨清丰、江　深、房友良、蔡震中 |
| | 三 | 1994.7 | 张　弦 | 江　深、邱中义、杨清丰、房友良、陶泽如、蔡震中 |
| | 四 | 2000.12 | 杨承志(女) | 江奇涛、陈国富、徐　耿、陶泽如、曹　霖 |
| 江苏省音乐家协会 | 二 | 1980 | 黄友葵(女) | 陈　洪、沈亚威、石　林、张　锐、何　仿、雪　飞(女) |
| | 三 | 1985 | 黄友葵(女) | 陈　洪、沈亚威、何　仿、龙　飞、陈鹏年、徐振民、庄　汉 |
| | 四 | 1994 | 陈鹏年 | 石中光、庄　汉、陈稼华、顾　欣、俞子正、裴德义 |
| | 五 | 2007 | 朱昌耀 | 方　鸣、有德乡、何　山、吴小平、邹建平、裴德义 |
| 江苏省美术家协会 | 二 | 1980.4 | 亚　明 | 宋文治、李剑晨、陈　其、陈大羽、吴俊发、张文俊、徐天敏、秦宣夫、曹　汶、谢孝思、谢海燕 |
| | 三 | 1993.11 | 徐天敏 | 冯健亲、朱　葵、朱道平、张华清、张新予、范保文、赵文元、徐明华、程大利、喻继高 |
| | 四 | 2008.6 | 宋玉麟 | 尹　石、朱道平、吴为山、陈　坚、陈世宁、周京新、胡宁娜(女)、高　云、徐惠泉、李向伟 |

续表

| 协会 | 届别 | 换届时间 | 主　席 | 副主席 |
|---|---|---|---|---|
| 江苏省曲艺家协会 | 二 | 1980.4 | 周　良 | 王筱堂、杨乃珍（女）、曹啸君、魏含英 |
| | 三 | 1989 | 周　良 | 王丽堂（女）、杨乃珍（女）、金声伯、曲永庆、邱肖鹏 |
| | 四 | 1994.12 | 许洪祥 | 吴星飞、王丽堂（女）、杨乃珍（女）、金声伯、陈亦兵、徐国成、刘蔚兰（女） |
| | 五 | 2001.12 | 杨乃珍（女） | 芦　明、刘金鳌、刘蔚兰（女）、杨鲁平、金丽生、黄霞芬（女）、韩兰成 |
| 江苏省舞蹈家协会 | 二 | 1980 | 黎　明 | 徐兵克、鲍如莲（女）、黄素嘉（女）、王　恭、丁　沂（女） |
| | 三 | 1985.12 | 黎　明 | 黄素嘉（女）、王　恭、殷亚昭（女）、丁　沂（女）、崔珊庆、尉迟剑明、付德荣、何　楚（女）、曾　勇 |
| | 四 | 1993.11 | 殷亚昭（女） | 刘英姿（女）、马家钦（女）、刘仲宝、廖荷珍（女）、郑　闯、苏时进、黄素嘉（女）、何　楚（女） |
| | 五 | 2000.4 | 黄素嘉（女） | 马家钦（女）、应志琪（女）、刘英姿（女）、刘仲宝、张晓苏、王爱国、束中发 |
| 江苏省民间文艺家协会 | 二 | 1980 | 钱静人 | 章品镇、钱南扬、马春阳、郭维庚 |
| | 三 | 1985 | 马春阳 | 郭维庚、周正良、张自强、车锡伦、华士明 |
| | 四 | 1994 | 华士明 | 车锡伦、张子强、欧　扬、高国藩、陶思炎、康新民 |
| | 五 | 2001 | 陶思炎 | 康新民、曹永森、蔡　焜、金恩渠 |
| 江苏省摄影家协会 | 三 | 1980.4 | 樊发源 | 丁　峻、陈　哲、郝世保、章石羽 |
| | 四 | 1986.3 | 樊发源 | 陈　哲、丁　峻、顾东升、许家声、曲超宏、晓　庄（女） |
| | 五 | 1993.11 | 顾东升 | 丁　峻、陈　哲、许家声、晓　庄（女）、汤德胜、赵浏兰（女） |
| | 六 | 2000.3 | 刘向东 | 于惠通、王广林、许家声、汤德胜、沈　遥、郑云峰、赵浏兰（女）、顾祚维 |
| | 七 | 2008.11 | 沈　遥 | 于先云、于惠通、汤德胜、许益民、李培林、范钦尧、赵浏兰（女）、梁玉飞 |
| 江苏省书法家协会 | 一 | 1980.4 | 武中奇 | 陈大羽、萧　娴（女）、费新我、徐静渔 |
| | 二 | 1986.3 | 武中奇 | 陈大羽、徐静渔、尉天池、张　杰 |
| | 三 | 1998.9 | 尉天池 | 王冰石、孙晓云（女）、李大鹏、徐利明、阙长山、言恭达（至2001.3） |
| 江苏省杂技家协会 | 一 | 1980.6 | 卢　毅 | 卜金宽、卢之本、朱向勤 |
| | 二 | 1986.8 | 卢　毅 | 卜金宽、钱建平 |
| | 三 | 1994.7 | 王金辰 | 卜金宽、陈美玉（女）、宋森林、梁同岐、陈晨曦、郑　荣 |
| | 四 | 2000.8 | 梁同岐 | 沙雪芬（女）、朱伏生、周蔚海、曹志龙 |
| | 五 | 2008.10 | 费广生 | 沙雪芬（女）、朱伏生、曹志龙、吴其凯 |
| 江苏省电视艺术家协会 | 一 | 1986 | 丁　群 | 陈小杭、陈方树、房友良、徐慧征（女） |
| | 二 | 1995.2 | 周顺生 | 苏子龙、凡　兵、陈小杭、虞志敏（女）、周福龙、周围先、胡正言、罗冠群 |
| | 三 | 2001.12 | 章剑华（至2004.10）周　莉（女，自2004.10） | 周　莉（女，至2004.10）、凡　兵、陈小杭、邵钧林、杨增泰、徐丽玲（女）、梁　戈、虞志敏（女）、瞿长林、陈梦娟（女，至2006.2）、黄　信（至2007.2） |
| 江苏省文艺评论家协会 | 一 | 2001.5 | 董　健 | 丁　帆、马鸿增、汪人元、陈小兵、陆建华、黄毓璜 |
| 江苏省动漫艺术家协会 | 一 | 2006.4 | 冯健亲 | 徐维豪、郭秀君（女）、凌　青、吕　江、李栋宁、张怀杰、严克勤、蒋献国 |

## 三、职　责

江苏省文学艺术界联合会的主要职责是：

对各团体会员具有联络、协调、服务、指导职能。团结动员广大文艺工作者积极投身改革和建设的各项事业，通过组织学习、深入生活、文艺创作、文艺评奖、成果展示、志愿服务、惠民活动、理论研究、文艺批评、人才培训、对外交流和权益保障等项工作，充分发挥对文艺工作者的组织、引导、服务、维权作用，加强对团体会员的指导。

积极发展基层文联组织。推动县（市）、区全面建立文联组织，鼓励有条件的乡镇、街道和产业(行业)单位建立文联组织。

通过各团体会员加强全省文艺界的团结；加强同各省、自治区、直辖市文联的联系与合作；增进与香港特别行政区、澳门特别行政区、台湾地区及海外侨胞中的文艺团体和文艺界人士的联谊与交流，为弘扬中华民族优秀文化和实现祖国统一大业贡献力量；积极开展国际文化交流活动，加强友好往来，扩大江苏文化对外影响力，推动中华文化走向世界，维护国家利益和文化安全，努力对世界文化的进步与发展作出贡献。

积极加强文艺界与社会各界的联系。加强与政府有关部门的密切合作，根据政府和社会需要提供文艺服务和文艺产品。根据国家法律和有关政策，支持发展文化产业。

积极推进文艺志愿者组织和文艺志愿者队伍建设，引导文艺志愿者自觉遵守《中国文艺工作者职业道德公约》，广泛开展文艺志愿服务，积极组织开展文艺惠民活动。

反映团体会员和文艺家的意见、建议和要求，依法维护其合法权益。重点做好名誉权、著作权和社会保障权等文艺工作者基本权利的维权工作。

组织引导广大文艺工作者自觉做到爱国、为民、崇德、尚艺，争当德艺双馨的人民艺术家。

实施文艺人才工程，发现、培养和推出文艺人才，表彰奖励优秀文艺工作者，不断推出新人新作、名人名作，加快壮大文艺家队伍。

根据社会主义精神文明建设的特点和规律，适应社会主义市场经济发展的要求，推进文艺体制改革，发挥自身在组织、人才和资源上的优势，为繁荣社会主义文艺服务。

根据文学艺术特点，适应时代发展要求，拓展工作职能。通过规范行为、业务培训、成果评价、职称评审、资质论证等，依法开展行业管理、行业服务和行业自律。

## 第三节 江苏省作家协会

“文化大革命”结束以后，经过一段时间的筹备，中国作家协会江苏分会于1978年召开理事扩大会议，宣布恢复活动。1984年1月，中共江苏省委决定，将作协从文联机构中分出，按厅局级单位建制，与文联平行，以发展繁荣社会主义文学事业，开创江苏文学新局面。根据国务院颁发的社团登记法有关条款规定，1992年6月10日，原“中国作家协会江苏分会”更名为“江苏省作家协会”。

### 一、机 构

江苏省作家代表大会每5年举行一次，选举产生理事会。在作家代表大会闭会期间，由理事会负责执行作家代表大会的决议。书记处为江苏省作家协会的常设机构，负责处理协会的日常工作。

1980年4月19日至23日，中国作协江苏分会在南京举行第二次会员代表大会。江苏省文学艺术界联合会党组副书记、作家艾煊在会上作了《中国作家协会江苏分会关于恢复活动以来的工作情况报告》。4月23日，大会通过了经过修改的《中国作家协会江苏分会章程》，并选举了新的领导机构。出席这次大会的代表有130人，53人列席。大会选举了中国作家协会江苏分会第二届理事会理事45人，常务理事17人。理事会选举产生第二届作协江苏分会主席团。

5月6日，第二届理事会召开了第一次常务理事会，初步确定建立文学创作工作委员会、文艺理论研究委员会(下设理论研究组、古典文学研究组、新文学研究组、鲁迅研究组、江苏作品作家研究组)、青年文学委员会、外国文学工作委员会、儿童文学创作研究委员会、文学编辑委员会和军事文学研究组等工作机构，并分工有关同志进行筹备工作。

1986年1月28日至2月1日，江苏省作家协会第三次会员代表大会在南京召开，这是第一次全体会员大会，共有453位作家、评论家、文学编辑和文学组织工作者参加。艾煊在题为《回顾与展望》的报告中，回顾了中共十一届三中全会以来江苏老、中、青三代作家的创作情况以及文学批评、文学编辑等各方面所取得的成绩。根据大会议程，全体会员讨论并通过了《中国作家协会江苏分会章程》(修改草案)。大会选举了作协江苏分会第三届理事会理事61名，常务理事25名。理事会选举产生第三届作协江苏分会主席团，下设书记处，并聘请16名顾问。

1992年9月23日至27日，江苏省作家协会第四次会员代表大会在南京召开。开幕式上，中共江苏省委书记沈达人作了重要讲话。赵本夫受第三届理事会委托作会务工作报告，回顾了江苏文学六年中所走过的历程。经大会主席团确认，产生了省作协第四届理事会理事48人，经理事会聘请省作协第四届顾问16人，名誉理事12人。9月26日，理事会选举产生省作协第四届主席团。大会通过了修改后的《江苏省作家协会章程》。

1997年12月6日至9日，江苏省作家协会第五次会员代表大会在南京召开。开幕式上，中共江苏省委书记陈焕友发表了重要讲话。省作协党组书记王臻中受省作协第四届理事会的委托，向大会作了题为《走在建设文化大省的前列开创江苏文学繁荣的新世纪》的工作报告。12月9日，全体代表一致通过了修改后的《江苏省作家协会章程》。选举产生了省作协第五届理事会理事55名。五届一次理事会选举产生省作协第五届主席团，通过了《关于设置名誉职务的决定》，推举产生了名誉主席1名、顾问16名、名誉理事24名，原则通过了《江苏省作家协会1998—2003年五年发展规划》。

2004年11月15日至18日，江苏省作家协会第六次会员代表大会在南京召开。中共江苏省委书记李源潮在开幕式上发表了重要讲话。省委宣传部副部长、省作协党组书记杨承志受省作协第五届理事会委托作了《以人为本，开拓创新，努力攀登新世纪文学高峰》的工作报告。经选举，共有83人当选为新一届作协理事。新一届理事会第一次会议按选举程序选举产生了主席团。主席团下设书记处，负责处理省作协的日常事务。

江苏省作家协会下设办公室、人事部、联络部等三个职能部门，以及创作室、创作理论研究室、江苏省文学创作中心等事业单位。省作协主管和主办的报刊有《钟山》杂志、《雨花》杂志、《扬子江》诗刊、《扬子江》评论、《江苏作家》等。1999年，为推动和繁荣全省文学创作，省作协开始设立“紫金山文学奖”。2005年与省文联联合主办网站“江苏文学艺术网”。

为加强学术研讨和交流，江苏省作家协会设有小说工作委员会、诗歌工作委员会、散文工作委员会、报告文学工作委员会、儿童文学工作委员会、影视文学工作委员会、评论工作委员会、外国文学工作委员会和青年创作指导委员会9个专业委员会，分别负责各文学门类的学术交流和研讨活动及有关方面的组织联络活动。

## 二、人　员

**表1-5　1978～2008年江苏省作家协会主席团领导成员**

| 届　别 | 任职时间 | 职　务 | 姓　名 |
|---|---|---|---|
| 第二届中国作家协会江苏分会会员代表大会 | 1980.4～1986.1 | 主　席 | 艾　煊 |
| | | 副主席 | 孙　望 |
| | | | 胡石言 |
| | | | 海　笑 |
| | | | 高晓声 |
| | | | 顾尔镡 |
| 第三届中国作家协会江苏分会（1992年6月10日更名为江苏省作家协会）会员代表大会 | 1986.1～1992.9 | 名誉主席 | 陈白尘 |
| | | 主　席 | 艾　煊 |
| | | 副主席 | 陆文夫 |
| | | | 胡石言 |
| | | | 赵本夫 |
| | | | 海　笑 |
| | | | 高晓声 |
| | | | 顾尔镡 |

续表

| 届别 | 任职时间 | 职务 | 姓名 |
| --- | --- | --- | --- |
| 第四届江苏省作家协会会员代表大会 | 1992.9～1997.12 | 主席 | 陆文夫 |
| | | 副主席 | 朱苏进 |
| | | | 范小青(女) |
| | | | 赵本夫 |
| | | | 俞胶东 |
| | | | 海笑 |
| | | | 高晓声 |
| 第五届江苏省作家协会会员代表大会 | 1997.12～2004.11 | 名誉主席 | 陆文夫 |
| | | 主席 | 王臻中 |
| | | 副主席 | 赵本夫 |
| | | | 范小青(女) |
| | | | 朱苏进 |
| | | | 黄蓓佳(女) |
| | | | 赵恺 |
| 第六届江苏省作家协会会员代表大会 | 2004.11～ | 名誉主席 | 陆文夫 |
| | | 主席 | 王臻中 |
| | | 副主席 | 杨承志(女) |
| | | | 赵本夫 |
| | | | 范小青(女) |
| 第六届江苏省作家协会会员代表大会 | 2004.11～ | 副主席 | 朱苏进 |
| | | | 黄蓓佳(女) |
| | | | 赵恺 |
| | | | 苏童 |
| | | | 叶兆言 |
| 第六届江苏省作家协会会员代表大会 | 2004.11～ | 副主席 | 周梅森 |
| | | | 储福金 |
| | | | 毕飞宇 |
| | | | 丁帆 |

**表 1-6　1978～2008 年江苏省作家协会历任党组成员**

| 任别 | 任职时间 | 职务 | 姓名 |
| --- | --- | --- | --- |
| 第一任(临时) | 1984.1～1985.11 | 书记 | 艾煊 |
| | | 副书记 | 高介子 |
| | | 副书记 | 海笑 |
| | | 党组成员 | 顾尔镡 |
| | | 党组成员 | 胡石言 |
| | | 党组成员 | 章品镇 |
| 第二任 | 1985.11～1990.5 | 书记 | 海笑 |
| | | 副书记 | 俞胶东 |
| | | 党组成员 | 周桐淦 |
| | | 党组成员 | 成正和 |
| | | 党组成员 | 刘坪 |

续表

| 任　别 | 任职时间 | 职　务 | 姓　名 |
|---|---|---|---|
| 第三任 | 1990.6～1993.6 | 书　记 | 潘震宙 |
| | | 副书记 | 葛韶华 |
| | | 副书记 | 俞胶东 |
| | | 党组成员 | 赵本夫 |
| | | 党组成员 | 周桐淦 |
| | | 党组成员 | 成正和 |
| 第四任 | 1993.6～1996.9 | 书　记 | 王光炜 |
| | | 副书记 | 葛韶华 |
| | | 副书记 | 俞胶东 |
| | | 党组成员 | 赵本夫 |
| | | 党组成员 | 周桐淦 |
| | | 党组成员 | 成正和 |
| 第五任 | 1996.9～1997.7 | 书　记 | 王建邦 |
| | | 副书记 | 葛韶华 |
| | | 副书记 | 俞胶东 |
| | | 党组成员 | 赵本夫 |
| | | 党组成员 | 周桐淦 |
| | | 党组成员 | 成正和 |
| 第六任 | 1997.7～2001.12 | 书　记 | 王臻中 |
| | | 副书记 | 唐金月 |
| | | 党组成员 | 赵本夫 |
| | | 党组成员 | 周桐淦 |
| | | 党组成员 | 成正和 |
| 第七任 | 2002.1～2008.1（2004 年经省委同意设立书记处） | 书　记 | 杨承志(女) |
| | | 副书记 | 唐金月 |
| | | 副书记 | 赵本夫 |
| | | 党组成员 | 张王飞 |
| | | 党组成员 | 成正和 |
| | | 书记处第一书记 | 杨承志(女) |
| | | 书记处书记 | 赵本夫 |
| | | 书记处书记 | 张王飞 |
| | | 副厅级干事 | 成正和 |
| | 2008.1～ | 副书记(主持) | 范小青(女) |

## 三、职　责

江苏省作家协会的主要职责是：

组织作家学习马列主义、毛泽东思想、邓小平理论和“三个代表”重要思想，学习中国共产党的方针政策，努力提高文学队伍的思想道德修养、科学文化素养、文学艺术学养。

坚持文学创作的正确方向，鼓励作家贴近实际，贴近生活，贴近群众；树立精品意识，实施精品战略；提倡题材、体裁、形式的多样化和多种艺术风格、流派的充分发展；继承和发扬中华民族优秀文学传统和革命文学传统，汲取世界各民族文学的长处，在内容和形式上积极探索和创新，不断提高作品思想水平和艺术水平。

采取项目扶持、作品奖励等多种形式，提高文学创作的产出水准；发现和培养文学创作、评论和编辑、翻译的新生力量，关心青年作家的成长；以多种方式对文学创作人员提供帮助，并对优秀的创作人才给予表彰和奖励，受委托承担面向社会对文学从业人员进行文学评奖、文学创作专业职称资格评审及文学资质的考核与评定等职权。

加强文学理论建设和文学评论工作，提倡和鼓励不同学术观点和学派的自由讨论；开展健康、科学的文学批评，切实加强对创作思想的引导。

努力办好省作协所属的文学报刊，不断提高质量，增强导向性、思想性和艺术性。探寻时代和社会发展对文学的新要求，进一步拓展文学发展的舞台和空间。

依据宪法和法律的规定，支持、维护会员的民主权利和合法的经济权益，保障会员从事正当文学活动的自由。

加强与社会各界的联系，增进与政府有关部门的合作，通过各种方式密切与各团体会员、广大个人会员的沟通，为会员从事创作、评论和其他文学活动创造良好的环境和氛围，提供必要的条件和服务，真正成为全省文学工作者之家。

按照积极参与、遵循规律、优势互补、共同促进的原则，积极开展与媒体、企业等社会各界的合作，积极促进文学产业的发展，营造有利于协会健康发展的社会氛围和市场环境，发挥文学在社会进步和经济发展中的积极作用。

增进同香港、澳门特别行政区和台湾地区作家以及海外华人作家的联系；推进中外文学交流，增进同世界各国作家的友谊。维护祖国统一，维护世界和平，促进社会进步。

# 第二章 舞台艺术



1978～2008年，江苏舞台艺术形成了千帆竞发、万木争春的景象。京剧、昆剧、锡剧、扬剧、淮剧、滑稽戏、淮海戏、柳琴戏、梆子戏、吕剧、苏剧、丹剧、越剧、黄梅戏、话剧、歌剧、音乐剧、舞剧等戏剧种类，和音乐、舞蹈、曲艺、木偶、杂技等艺术门类创作成果丰硕，涌现出一批群众喜爱的优秀作品，一批在全国有影响的艺术家脱颖而出。

1977年，江苏省文化局在常州召开全省创作会。此后，江苏迅速恢复创作演出机构，开展艺术创作生产，舞台艺术逐步展露出百花争艳的兴旺景象。江苏省戏剧学校恢复建制，设京剧、昆剧、锡剧、扬剧、编导、舞台美术、歌舞话剧等专业。到1978年底，江苏恢复十多个地方剧种专业团体，演出剧目47个。至1979年9月，全省有77个剧团得到恢复和重建。

全省各地创作出一批优秀剧节目。1977年，江苏省话剧团创作演出话剧《峥嵘岁月》，展现人民群众和“江青反革命集团”斗争的现实生活，是江苏第一部揭批“江青反革命集团”的大型话剧。江苏省专业文艺团体创作节（剧）目会演于1977年10月至11月（第一轮歌舞会演）和11月至12月（第二轮戏剧会演）举行，创作演出了11台159个歌舞、音乐、曲艺节目和22台50个大、小剧目，涌现出江苏省淮剧团的《金色的教鞭》《双送鞋》、苏州市锡剧团的《老戏迷改戏》、江浦县扬剧团的《最听话的丫头》、盱眙县黄梅戏剧团的《送鹅》、江苏省淮剧团的《打碗记》、阜宁县淮剧团的《一字值千金》、南京市越剧团的《报童之歌》等一批新戏。其中前5台新创小戏被文化部列为首批向全国推荐的优秀剧目，并调到北京演出。

1977年12月，江苏省昆剧院在南京恢复上演昆剧《十五贯》，这是“文化大革命”结束后江苏首次恢复上演传统剧目。此后，京剧《李慧娘》《红娘》、昆剧《牡丹亭》、锡剧《双推磨》《珍珠塔》等重排、上演。20世纪80年代初，出现了“三娘”（京剧《李慧娘》《红娘》、昆剧《牡丹亭》）闹京华的热烈场面，在全国产生了较大的影响。

1982年1月5日，江苏省文化局制定了《关于繁荣我省戏剧剧目创作的若干规定》，要求剧目创作必须坚持四项基本原则，坚定不移地贯彻执行“双百”方针（“百花齐放，百家争鸣”方针）和“三并举”（传统戏、新编历史剧和现代戏）的文艺政策。1982年8月2日，江苏省文化局、中国戏剧家协会江苏分会制定了《江苏省戏剧百花奖条例》，江苏舞台艺术开始出现题材丰富、形象生动、风格多样的欣欣向荣局面。扬剧《三把刀》、京剧《宝烛记》、锡剧《三夫人》、话剧《无情世界有情人》、淮剧《奇婚记》、滑稽戏《小小得月楼》、锡剧《红楼夜审》获江苏省戏剧百花奖优秀演出奖。1984年，国家首次评选戏剧“梅花奖”，江苏省的张继青名列榜首。截至2008年，江苏共有38人次获“梅花奖”。

此后，江苏省文化局通过举办全省性的戏剧节和剧种节，推动新剧目创作，促进演出繁荣。据2008年底统计，全省专业艺术表演团体共计119个，从业人员5 579人。

20世纪80年代中期，歌舞娱乐逐步获得发展。江苏有多项音乐舞蹈节目在全国和华东区的音乐舞蹈比赛中获奖，如舞蹈《再见吧！妈妈》《担鲜藕》《鸬鹚号子》、歌剧《木棉花开了》、大型歌舞《江南好》《太湖鱼米》等节目。南京小红花艺术团成为全国首创的少儿艺术团体，蜚声省内外，并走出国门。

1995年，中共江苏省委、省人民政府先后出台《关于进一步繁荣文化的若干意见》《关于进一步加快文化建设若干经济政策的规定》等文件，正式启动江苏文化大省建设的重点工程。1996年以后，省政府陆续设立“宣传文化发展基金”“优秀剧（节）目创作演出专项资金”，实施“舞台艺术精品工程”，每年投入500万元用于江苏省舞台艺术的精品生产与演出，保证了重点项目、重点工程的顺利建设，全省每年都滚动生产创作50台以上的新戏。2004年，“江苏省艺术创作源头工程”全面启动，每年创新和加工剧本近100部，并将优秀剧本向基层剧团推荐排演。省委、省政府提出的建设“文化大省”“文化强省”目标，有力地推动了江苏舞台艺术事业的发展。

2000年9月28日至10月13日，由文化部和江苏省人民政府主办的第六届中国艺术节在江苏举行，设有南京主会场和苏州、无锡、常州、扬州4个分会场，先后展演104台不同品种、不同风格的优秀剧节目，举办600多场群众文化活动，50余个中外艺术与民间民俗展览，40多次下基层演出活动。第六届中国艺术节充分体现“艺术的盛会，人民的节日”这一宗旨。江苏共有10台剧目参演，6台剧目获得艺术节大奖，4台获得优秀剧目奖。

2001年9月，组建江苏省演艺集团，与江苏艺术剧院实行“两块牌子，一套班子”。将原江苏省文化厅所属的江苏省京剧院、江苏省歌舞剧院、江苏省昆剧院、江苏省锡剧团、江苏省扬剧团、江苏人民艺术剧院、江苏省人民剧场、江苏省演出公司等单位整合为国有独资单位，率先在全国进行企业化运作。2004年8月19日，中共江苏省委办公厅、省人民政府办公厅发布《关于印发省演艺集团深化改革的实施意见》，同年，江苏省演艺集团被确定为全国文化体制改革试点单位。在此后的几年间，全省各地也在不断推进文艺院团改革，苏州市对滑稽剧团、评弹团、苏州昆剧院等按照“一团一策”的改革方针实施改革；无锡市组建无锡市演艺集团有限公司。

2003年，为多出优秀艺术作品，推进全省艺术事业的发展，努力实现“把江苏建设成为与经济发展相适应的文化大省”的战略目标，江苏省文化厅、江苏省财政厅决定从2003年开始，配合“国家舞台艺术精品工程”的实施，在全省范围内实施“江苏省舞台艺术精品工程”。这对于促进各地艺术创作、繁荣全省文艺舞台起到了积极的推动作用，推荐选拔出了一批思想性、艺术性、观赏性俱佳的舞台艺术作品。

2005年，江苏省文化厅精心组织策划十运会开、闭幕式，充分展现江苏舞台艺术鲜明特色和高超水准。2008年，江苏省文化厅组织昆剧、淮海戏、海安花鼓等项目参加2008北京奥运会开幕式、奥运文化节、奥运城市文化广场及文化之都的交流展演。

另外，为了加强江苏文化艺术人才队伍的建设，自2004年起，江苏省文化厅开始实施江苏文化艺术人才培养工程。2005～2007年，江苏省文化厅与南京大学联合举办戏剧编剧与导演研究生进修班，通过培训班教育，使江苏戏剧、编剧与导演人才队伍迅速壮大，为江苏文化事业的发展提供人才保障。

改革开放以来，江苏舞台艺术得到蓬勃发展，在全国多项重大艺术活动中，舞台艺术作品获得了好成绩。截至2008年，滑稽戏《快活的黄帽子》等14台剧目获得中共中央宣传部精神文明建设“五个一工程”奖。儿童剧《一二三，起步走》、京剧《骆驼祥子》、舞剧《阿炳》、话剧《平头百姓》、舞剧《红河谷》、儿童剧《青春跑道》6台剧目获文化部文华大奖，京剧《宝烛记》等26台剧目获文化部文华新剧目奖。张继青等35人38人次获中国戏剧梅花奖。儿童剧《一二三，起步走》等8台剧目入选国家舞台艺术精品工程，其中儿童剧《一二三，起步走》《青春跑道》、民族舞剧《红河谷》，分别入选2003～2004年度、2007～2008年度、2004～2005年度十大精品剧目。

## 第一节　机构

1977年江苏省文化局召开全省创作会之后，为了快速开展艺术创作生产活动，江苏各地逐渐恢复创作演出机构。到1978年底，江苏恢复上演锡剧、扬剧、苏剧、昆剧、淮剧、淮海剧、柳琴剧、梆子剧、丹剧、越剧、沪剧、吕剧、泗州戏等十多个地方剧种。至1979年9月，全省先后有77个被砍、改、并的剧团得到恢复和重建。为进一步激发全省的创作活力，扩大创作力量，挖掘创作素材，提高创作水平，20世纪七八十年代全省各地纷纷恢复或成立剧目创作机构。这些文艺院团和创作机构成为每年演出创作活动中的主要力量。

据2008年底统计，全省专业艺术表演团体共计119个，从业人员5 579人，全省剧团财政拨款共计26 876.9万元。其中有116个事业性质的艺术表演团体：6个剧团全年无财政拨款；110个剧团有财政拨款合计20 733.7万元。另有3个企业性质的艺术表演团体：1个剧团有上级补助1.2万元；2个剧团有财政拨款合计6 143.2万元，占全省剧团财政拨款的23％。

### 一、文艺院团

#### （一）省级文艺院团

**江苏省演艺集团**　2001年9月成立，至2008年集团公司已发展成为拥有在职员工1 047人，11个院团（涵盖12个艺术种类），1个舞美中心，1个演艺学院，5个剧场，3家全资公司，5家控股公司，5家参股公司的大型综合性表演艺术团体，拥有17位中国戏剧梅花奖获得者、21位文华奖的个人奖项获得者，以及27位享受政府特殊津贴的艺术家。2004年8月20日，江苏省演艺集团整体转企改制，正式以市场主体身份参与竞争，所属11个院团一次性整体转企改制，实行全员身份置换，按照建立现代企业制度的要求，完善法人治理结构，改革内部用人机制、分配机制。改革后出品的昆剧《1699·桃花扇》、歌舞音画《茉莉花》先后获得“国家文化出口重点项目”称号。

**表2-1　2001～2008年江苏省演艺集团领导班子成员**

| 姓　名 | 职　务 | 任职时间 |
|---|---|---|
| 杨企鹏 | 书　记 | 2001.9～2008 |
| 顾　欣 | 总经理 | 2001.10～2008 |
| 朱昌耀 | 副总经理、副书记 | 2002.1～2008.11 |
| | 书　记 | 2008.11～ |
| 吴世辉 | 副总经理 | 2002.1～2004 |
| 刘金星 | 副总经理 | 2006.3～2008 |

**江苏省演艺集团京剧院**　前身为1953年由苏南大众京剧团和苏北实验京剧团合并成立的江苏省京剧团。1981年9月，与江苏省戏剧学校实验京剧团合并，更名为江苏省京剧院，下设三个演出团。2001年9月，并入江苏省演艺集团，改称为江苏省演艺集团京剧院。30年间，剧院逐步恢复演出传统剧目约百出，创作排演现代戏《琵琶泪》《姐妹花》、新编历史剧《宝烛记》《荣辱鉴》《红菱艳》《青蛇传》《西施归越》等。1982年，《宝烛记》获首届江苏省戏剧百花奖优秀演出奖。1986年，《荣辱鉴》获江苏省新剧目观摩演出优秀剧本奖。1988年，《红菱艳》获文化部全国京剧新剧目汇演优秀京剧新剧目奖，次年赴北京参加第二届中国艺术节演出。1992年，《青蛇传》获全国京剧青年团（队）新剧目汇演优秀剧目奖，同年，获第三届文华新剧目奖，1995年，获第三届江苏省文学艺术奖。1995年，《西施归越》获首届中国京剧艺术节“程长庚铜奖”。新编现代京剧《骆驼祥子》先后获第二届中国京剧艺术节金奖、第六届中国戏剧节优秀剧目奖、第七届中宣部精神文明建设“五个一工程”奖、第六届中国艺术节大奖、第九届文华奖文华大奖，2002年，被文化部列为“精品艺术工程”剧目。2001年，历史剧《天下归心》获第三届中国京剧艺术节优秀剧目奖。2008年，现代京剧《飘逸的红纱巾》获第五届中国京剧艺术节现代戏金奖。

1978～2008年领导班子成员有王培基、赵沅、陈坤、谭慕平、王琴生、许菊生、姜云昌、徐夫祥、王德寿、徐效长、朱军、高舜英、许应、黄玉琪、邵恺洁、周广乾、曹大刚、方锦森、吴世辉、陈霖苍、陈泰祥、徐全心、严阵、蔡万军、盛海宁等。

**江苏省演艺集团昆剧院**　前身为1956年在苏州创建的江苏省苏昆剧团。1977年11月由江苏省苏昆剧团驻宁人员在南京建立江苏省昆剧院，2001年9月并入江苏省演艺集团，改称为江苏省演艺集团昆剧院。剧院下设演出团、创作研究室和办公室，演出团又分设演员队、乐队和舞台工作队。剧院艺术人员由20世纪50年代从艺的“继”字辈演员和江苏省戏剧学校1967届、1985届、2004届昆剧班毕业生组成。1977年12月恢复公演《十五贯》，这是“文化大革命”后江苏最早恢复上演的传统剧目。20世纪70至90年代，排演整理或新编大型剧目：《西施》《李慧娘》《墙头马上》《关汉卿》《吕后篡国》《李太白与杨贵妃》《鉴湖女侠》《邬飞霞刺梁》《朱买臣休妻》《牡丹亭》《拾画记》《玉簪记》《阎惜娇》《血冤》《焚香记》《唐伯虎传奇》《还魂记》《白罗衫》《桃花扇》《绣襦记》《看钱奴》等。抢救并恢复演出近百出传统折子戏，有《痴诉点香》《打虎游街》《千里送京娘》《活捉张三郎》《太白醉写》《相梁刺梁》《游园惊梦》《拾画叫画》《惊变埋玉》《迎像哭像》《痴梦》《刺虎》《题曲》《跪池》《狗洞》《花荡》《琴挑》《偷诗》《游殿》《写状》《题曲》等。《牡丹亭》《桃花扇》《朱买臣休妻》《血冤》《白罗衫》《玉簪记》《焚香记》《看钱奴》《绣襦记》《窦娥冤》《小孙屠》《绿牡丹》《1699·桃花扇》等大型剧目成为剧院保留剧目，其中《血冤》《桃花扇》获文化部颁发的文华新剧目奖；新编历史剧《1699·桃花扇》获文化部文华大奖特别奖和中宣部精神文明建设“五个一工程”奖。剧院应邀赴西德、日本、法国、西班牙、新加坡、韩国、芬兰等国和中国香港、台湾地区作交流访问演出。20世纪80年代，剧院分成两个演出团：以“继”字辈为主的一团和以中青年演员为主的二团。

1978～2008年领导班子成员有金毅、郑云翔、谭慕平、张佩生、孔凡中、邵恺洁、朱昌耀、葛德祥、柯军等。

**江苏省演艺集团锡剧团**　前身为1953年3月在南京成立的江苏省锡剧团，成员除原苏南文学艺术界联合会实验常锡剧团的人员外，增加一部分原苏南文工团的团员，1954年7月，原无锡县锡剧团40余人编入该团。2001年9月并入江苏省演艺集团，改称江苏省演艺集团锡剧团。1978～2008年，剧团挖掘、整理、创作、演出剧目共计200余出，其中代表性剧目有传统锡剧《双推磨》《庵堂认母》《庵堂相会》《拔兰花》《珍珠塔》《双珠凤》《玉蜻蜓》《玲珑女》《寻儿记》《生死牌》《浪子情缘》《清风亭》《风流状元》《白罗衫》《状元打更》《草命天子》和现代锡剧《走上新路》《红色的种子》《海岛女民兵》《沙家浜》《红色恋人》《桃花村》等。创作上演的新版传统锡剧《珍珠塔》获第十届文华新剧目奖、第七届中国戏剧节曹禺金奖。

1978～2008年领导班子成员有杨正吾、李存杰、张辉、周强、李乐观、汪人达、顾树屏、蒋昌涌、殷新华、沐仁和、成进森、倪同芳、司志林、于维民、周东亮、王群、陆铁生、张金华等。

**江苏省演艺集团扬剧团**　前身为1953年成立的江苏省扬剧团。2001年9月并入江苏省演艺集团，改称为江苏省演艺集团扬剧团。1978～2008年，剧团挖掘、整理、改编、创作一大批传统剧目、新历史剧目和现代戏剧目，如《百岁挂帅》《三女审子》《恩仇记》《白蛇传》《鸿雁传书》《断太后》《罗帕记》《马娘娘》《包公告状》《双轿记》《巡按还乡》《三把刀》《牛仔女皇》《我想有个家》《母亲河》《王昭君》等。其中，《王昭君》获第二届江苏省戏剧节优秀剧目奖，第二届全国少数民族文艺会演创作、演出、舞美三大金奖及两项优秀演员奖。《三把刀》《王昭君》分别被摄制成戏曲电视剧，并获得中国电视金鹰奖最佳戏曲片奖和江苏省精神文明建设“五个一工程”奖。

1978～2008年领导班子成员有金毅、辛瑞华、曹声、周广乾、唐林、袁振奇、缪勇、徐秀芳等。

**江苏省演艺集团话剧院**　前身为1953年在南京成立的江苏省话剧团。1959年12月与江苏省歌舞团合并成立江苏省歌舞话剧院，1961年9月恢复成立江苏省话剧团，1989年9月更名为江苏人民艺术剧院，2001年9月并入江苏省演艺集团，改称为江苏省演艺集团话剧院。1978～2008年，剧院移植、改编和创作演出的剧目有《峥嵘岁月》《江山恋》《阿Q正传》《下里巴人》《路在你我之间》《甲申纪事》《热线电话》《城市女儿》《开庭之前》《世纪彩虹》《人在屋檐下》《打开窗户说亮话》《啊，娘亲》《青春万岁》《理想主义三部曲》《今天我是升旗手》《左手温暖右手》等。其中，《下里巴人》获得1982年江苏省百花奖优秀创作奖、优秀演出奖。1988年12月，根据奥尼尔原作改编的话剧《琼斯皇》赴北京参加首届中国戏剧节并获得优秀演出奖。1989年3月，与南京市话剧团联合演出的《天上飞的鸭子》获全省新剧目观摩演出“演出奖”。1993年12月，创作上演的《热线电话》获首届江苏省戏剧节优秀剧目奖。1995年2月，《甲申纪事》剧组获江苏省文学艺术奖集体奖；3月，《热线电话》获文化部第五届文华新剧目奖，受到江苏省人民政府的表彰；7月，《开庭之前》和《热线电话》同时获江苏省优秀现代戏演出百场奖。1996年11月，《开庭之前》获第二届江苏省精神文明建设“五个一工程”提名奖。《城市女儿》于1997年5月，获第三届江苏省戏剧节优秀剧目奖；同年9月，获文化部第七届文华奖文华新剧目奖；1998年9月，获江苏省精神文明“五个一工程”入选作品奖。2000年5月，四幕话剧《世纪彩虹》获文化部第九届文华奖文华新剧目奖。2004年1月，《人在屋檐下》获省第四届戏剧节优秀演出奖。

1978～2008年领导班子成员有朱军、张辉、王昶、管和琼、汪人达、张桐、高英、诸才龙、杨宁、蔡伟、彭林刚等。

**江苏省演艺集团歌剧舞剧院** 前身为1956年12月成立的江苏省歌舞团。1991年更名为江苏省歌舞剧院，2001年9月并入江苏省演艺集团，改称江苏省演艺集团歌剧舞剧院。1978～2008年间，剧院创作和演出的节目有民间歌舞《拔根芦柴花》《渔篮花鼓》《段龙》等，大型民族舞剧《青春》《江海烽火》《红楼梦》《晚霞》《五姑娘》等，歌剧《春江飞燕》《不准出生的人》《金孔雀》《野蔷薇》《天涯歌女》《天朝风云》《椰岛之恋》《月亮花》《江姐》《悲怆的黎明》等；排演世界著名歌剧《茶花女》等，大型歌舞《党的女儿》等，儿童剧《白雪公主与七色光》等。其中，1979年，舞蹈《送夫参军》入选庆祝中华人民共和国成立30周年献礼演出，获文化部颁发的创作一等奖；1987年，舞蹈《小东西》获首届江苏省音乐舞蹈节创作一等奖；1990年，歌剧《弄臣》获首届江苏省文学艺术奖；1991年，歌剧《木棉花开了》获全国首届文华新剧目奖；1995年，舞蹈《江潮·绿雨》获第三届江苏省音乐舞蹈节创作一等奖；1998年，歌剧《孙武》获文化部第八届文华新剧目奖；歌曲《可爱的紫荆花》《我的中国》和歌剧《孙武》获第三届江苏省精神文明建设“五个一工程”入选作品奖；1999年，歌曲《永远的江南》获第七届中宣部精神文明建设“五个一工程”入选作品奖，民间歌舞《好一朵茉莉花》和舞剧《早春二月》分别获得第四届江苏省音乐舞蹈节剧目大奖和优秀剧目奖；2000年，大型民间歌舞《好一朵茉莉花》、歌曲《登上雨花台》《人人都说江南好》《春梦太湖》获第四届江苏省精神文明建设“五个一工程”入选作品奖，其中大型民间歌舞《好一朵茉莉花》参演第六届中国艺术节开幕式，获第六届中国艺术节大奖、文化部第九届文华新剧目奖；2001年，群舞《路漫漫》获第三届江苏省舞蹈比赛舞蹈创作金奖及舞蹈表演金奖，双人舞《月圆了》获舞蹈创作银奖及舞蹈表演金奖；2003年，舞剧《早春二月》获第三届全国舞剧观摩演出优秀剧目奖；2007年，《好一朵茉莉花》入选2006～2007年度江苏省舞台艺术精品工程；爱之旅合唱团获由中共江苏省委宣传部、江苏省文化厅和江苏省文学艺术界联合会主办的江苏省纪念改革开放30年合唱比赛特别奖。

1978～2008年领导班子成员有朱军、田夫、韩树本、雷飞、李厚永、顾欣、范佩英、朱昌耀、崔新、郑楚琪、张晓苏、周金星等。

**江苏省演艺集团交响乐团** 前身为1979年组建的江苏省歌舞团管弦乐队。1987年1月，在江苏省歌舞团管弦乐队的基础上成立江苏省歌舞剧院管弦乐团。1995年7月，江苏省歌舞剧院管弦乐团与原江苏省歌剧团乐队合并，重组建制为江苏省歌剧舞剧院交响乐团。2001年9月并入江苏省演艺集团，改称江苏省演艺集团交响乐团，是江苏省内编制完整的职业交响乐团、大型音乐表演团体。获全国歌剧观摩演出优秀演奏奖、江苏省音乐舞蹈节演奏一等奖和演奏金奖。乐团既可以担当大型晚会的主台，亦可举办音乐、歌曲大型音乐会演出，还能以重奏、独奏和室内乐音乐会的中、小型演出，如“女子弦乐四重奏”“铜管五重奏”“笛·弦重奏”“辣妹重奏”“女子乐队”等组合品牌，还可以承担歌剧、舞剧、戏曲、民乐、通俗歌曲和流行音乐等多种艺术门类的伴奏演出。

1979～2008年领导班子成员有顾欣、沈幼潜、闵乐康、吕军等。

**江苏省演艺集团民族乐团** 前身为20世纪50年代成立的江苏省歌舞团民族乐队，后改为江苏省歌舞剧院民族乐团。2001年9月并入江苏省演艺集团，改称江苏省演艺集团民族乐团。该团保留一批在全省、全国获奖和久演不衰的民族器乐作品，如《姑苏情》《苏南小调》《竹歌》《杨柳青青》《江南春色》《枫桥夜泊》《烽火台》《梅花吟》《栖霞钟鼓》《八段景》《春江花月夜》等。该团既擅长演奏委婉秀丽的江南音乐，也能演奏广东音乐和北方音乐，先后与海内外数十位著名作曲家、指挥家、演奏家和音乐团体成功合作。第六届金钟奖决赛中，该团担任决赛选手现场伴奏任务。该团“江南丝竹”小组经过几代人传承，能够体现原汁原味传统民族音乐，还推出具有现代气息的“新丝竹女子新民乐组合”。

2001～2008年主要负责人王爱康。

**江苏省演艺集团评弹团** 前身为1960年5月成立的江苏省曲艺团。1992年底并入江苏省歌舞剧院，2001年9月与江苏省歌舞剧院一起并入江苏省演艺集团，改称江苏省演艺集团评弹团。该团汇集一批江苏地区优秀的曲艺演员，在演出一批传统长篇书目的同时，创作排演一批优秀新书目，如中篇弹词《多彩人生》《金钗奇缘》《龙凤呈祥》，短篇弹词《生死球》《郑板桥断案》《萧何月下追韩信》《包公探监》《洛神赋》等。主要曲种为苏州评弹。1982年8月，全国曲艺优秀节目汇演中弹词开篇《小小雨花石》获创作一等奖。1997年9月，第二届江苏省曲艺节中苏州弹词小组演唱的《地平线下的太阳》、苏州弹词《智斩安德海·咸丰临终》、弹词开篇《广陵春》获优秀节目奖和优秀创作奖。1999年11月，第三届江苏省曲艺节中弹词开篇《江东门祭》、苏州弹词《吴汉“杀”妻》节目获金奖。2000年9月，评弹音画《唐宋古韵——忆江南》获第六届中国艺术节苏州评弹比赛优秀创作奖。

1978～2008年领导班子成员有钟兆靖、韩碧、陈坤、张棣华、曹啸君、张庆鸿、陈惠英、程彤德、黄霞芬、姜永春、孙寿华等。

**江苏省演艺集团木偶剧团** 2002年成立。2003年，该团赴广州参加全国第二届木偶皮影决赛，获得金狮奖4个奖项，其中《板桥作画》节目参加颁奖暨闭幕式演出。2007年，该团获得文化部文化遗产日奖。团长许虹获得由联合国教科文民间艺术国际组织颁发的“最佳文化传承大奖”“组委会最高荣誉大奖”和“世界青年大会特别荣誉奖”等。该团还参加2004中国名城会和世界旅游峰会、第二届非物质文化遗产精品展演、第31届世界戏剧节等活动。

2002～2008年主要负责人许虹。

### （二）市级文艺院团

**南京市歌舞团** 1960年成立。1978～2008年，该团创作出一批富有浓郁江南特色的歌舞节目，如《茉莉花》《梅香鱼跃》等。1998年，舞蹈《听雨》获第四届全国舞蹈比赛优秀表演奖、第二届江苏省舞蹈比赛金奖；1998年，相声《带你游香港》在中国曲艺牡丹奖“首届相声大赛”中获三等奖；2005年，该团主演由南京市政府打造的南京文化名片大型音舞诗画《神韵金陵》；2006年，受文化部委托组成中国艺术团赴朝鲜参加“四月之春”国际艺术节，舞蹈《鼓乐声声》《康定情》等获奖。

1978～2008年主要领导人有杨宛香、李雪先、马国富、朱大龙、何楚、吴治中、费广生、吴颉等。

**南京市话剧团** 1960年成立。1989年，承办由中国戏剧家协会和南京市文化局联合主办的首届中国（南京）小剧场戏剧节，参演单位有全国10个院团，上演剧目13台。1978～2008年，创作演出了大型话剧《大江奔流》《秦淮人家》《平头百姓》《沦陷》等130余台剧目。其中，话剧《大江奔流》获文化部第八届文华新剧目特别奖、第七届中宣部精神文明建设“五个一工程”入选作品奖；话剧《秦淮人家》获文化部第九届文华新剧目奖、第六届中国艺术节大奖、第八届中宣部精神文明建设“五个一工程”入选作品奖；话剧《平头百姓》获文化部2002年全国话剧新剧目交流演出优秀剧目奖、文化部第十届文华新剧目奖、第七届中国艺术节第十一届文华大奖，并评选为2003～2004年度江苏省舞台艺术精品工程入选剧目、2004～2005年度国家舞台艺术精品工程提名剧目，2006年参加上海国际艺术节，主演获第十七届上海白玉兰戏剧表演艺术奖主角奖；2007年创作排演话剧《山泉》获得中宣部精神文明建设“五个一工程”入选作品奖；话剧《沦陷》被评为2005～2006年度文化部舞台艺术精品工程优秀剧本奖、2006～2007年度江苏省舞台艺术精品工程入选剧目和百年全国话剧优秀剧目展演一等奖，并入选第八届中国艺术节，获第五届江苏省戏剧节优秀剧目一等奖。

1978～2008年主要领导人有陈圣与、郝刚、赵家捷、王庆昌、宋云祥、颜钢等。

**南京市京剧团** 1962年成立。1978～2008年，该团移植、排演《玉堂春》《王宝钏》《四郎探母》《龙凤呈祥》《三请樊梨花》《挡马》《白蛇传》《广泰庄》《挑滑车》《扈家庄》《杨家将》《霸王别姬》《虹桥赠珠》《打渔杀家》《秦香莲》《改容战父》《穆柯寨》《狸猫换太子》等剧目。1993年创作的新编历史传奇剧《醒醉记》获得首届江苏省戏剧节优秀剧目奖，1994年，获得中宣部精神文明建设“五个一工程”

奖、第四届中国戏剧节优秀演出奖、第十届全国戏曲电视剧评比一等奖。创作演出的新编历史剧《胭脂河》获得第三届江苏省戏剧节优秀剧目奖、第三届中国京剧艺术节金奖。

1978～2008年主要领导人有王伯鸣、黄文虎、杨国梁、吴劼、张建强、蔡继伟等。

**南京市越剧团** 前身为1956年2月成立的上海云华越剧团。1978～2008年，该团先后创作、移植、改编、演出传统剧目《柳毅传书》《南冠草》《孙安动本》《莫愁女》《秦淮梦》《双玉蝉》《秀才遇仙记》《梨园天子》《侯门之女》《李清照》等，以及现代剧目《报童之歌》《江姐》《蝶恋花》《八女投江》等，多次在全国、省、市会演和赛事中获得大奖。《秦淮梦》《哑女恨》《侯门之女》《汉宫怨》等被拍摄成戏曲电视剧，连续四次获中国电视剧“飞天奖”戏曲电视剧一、二等奖。2001年，该团创作的大型越剧《李清照》获第七届中国戏剧节优秀剧目奖。2003年改版的《柳毅传书》获第四届江苏省戏剧节优秀剧目奖，入选2004～2005年度江苏省舞台艺术精品工程精品剧目。

1978～2008年主要领导人有商芳臣、王庆昌、吴家祥、潘迎宪等。

**南京市杂技团** 1957年成立。1978～2008年，在国内国际杂技比赛中屡获殊荣。其中，《手技》《顶碗》获“法兰西共和国总统奖”；《顶碗》《皮条》获文化部“新苗杯”杂技比赛金奖；《转碟》获第四届吴桥国际杂技比赛“金狮奖”。2000年，第五届“金狮奖”全国杂技大赛中《群钗嬉春——抖空竹》《绿影婆娑——转碟》夺得两枚金牌；2002年，全国第四届青少年“金狮奖”杂技大赛中《雪静梅绽——高椅》获金奖；2003年，引进编排《顶上芭蕾》《空中飞杠》《花坛》《草帽》节目，其中《顶上芭蕾》《花坛》获朝鲜第二十四届“四月之春”国际艺术节金奖，《顶上芭蕾》赴英国为英国女王演出，成为该团品牌节目。该团首创《高车踢碗》《椅子劈砖》《转碟》《花坛》等节目中的高难度杂技表演。

1978～2008年主要领导人有卢毅、梁同岐、费广生等。

**南京市民乐团** 1994年成立。该团被国家文化部确定为“对外文化交流重点院团”。2004年春节期间，该团应邀赴维也纳金色大厅举办《金陵寻梦——猴年春节中国民族音乐会》。2005年5月，大型中国民族交响曲《和平颂》，作为全国“纪念中国人民抗日战争暨世界反法西斯战争胜利60周年文艺演出”开幕式，在北京人民大会堂献演。2007年11月，该团应美国“中国和平统一促进联合会”邀请，由江苏省人民政府侨务办公室派遣，为“2007美国华盛顿全球中国和平统一高峰论坛”闭幕式演出并在波士顿、纽约等地巡回演出。

1994～2008年主要领导人裴德义等。

**无锡市锡剧院** 前身为1951年成立的无锡市锡剧团。1958年改称无锡市锡剧院，下设锡剧团、小梅花青年锡剧团。1978～2008年，该院创作演出22台剧目，包括《当家人》《二泉映月（原名《瞎子阿炳》）》《情系高原》等10台现代戏和《青蛇》《江南雨》等12台古装戏；移植演出剧目18部，包括《狸猫换太子》《皇后改嫁》和《孔繁森》等；创作6出、移植22出折子戏。《珍珠塔》《龙泉情》《双玉蝉》《骊宫秘史》等4部剧目被摄制为戏曲电视片。1989年，《珍珠塔》获中国首届“金唱片”奖。《当家人》《危城传奇》《鬼断家私》《骗婚记》《杏花吟》《二泉映月》《梅开何家湾》《醉御史》、新版《珍珠塔》《江南雨》等先后参加江苏省锡剧节并获多个奖项。

1978～2008年主要领导人有谢枫、邵亨利、梅兰珍、孙洪、吉维明、华之亮、陈海金、殷盘大、钱浩良、王建伟等。

**无锡市越剧团** 1956年成立。先后编创排演《越剧流派轻歌舞》《玉姑峰》《汉宫怨》等十多部剧目，其中现代戏《弥留》获1992年江苏省精神文明建设“五个一工程”奖。1988年10月，无锡市越剧团五名参赛演员在中央电视台全国越剧青年演员电视大奖赛中获奖。1994年10月，无锡市越剧团保留建制，演职人员全部分流到其他文化单位，剧团停演。

1978～1994年主要领导人有张少栋、吴非、王丽华、杨剑秋、周镜吾、刘月芬、曹竹宝、殷盘大、陈海金、钱浩良等。

**无锡市滑稽剧团** 1956年成立。先后创作演出《我肯嫁给他》《团团转》《毛脚媳妇》《自作聪明》《真是害煞人》《是谁惹的祸》《祝枝山选女婿》《阳光少年》等90多部剧目，以现代题材居多，另有小品、独脚戏80多个。

1978～2008年主要领导人有韩明珍、杨天飞、强凡君、唐荣德、冯浩津、沈斌、钱浩良、徐礼夫、许建新、肖炜、吴明龙、张建平等。

**无锡市歌舞剧院** 前身为1958年成立的无锡市歌舞团。2008年11月更名为无锡市歌舞剧院，同时增挂“江苏民族舞剧院”牌子。该团创作演出系列舞蹈《金龙银湖》、双人舞《苏三起解》、三人舞《我的兄弟姐妹》《鸬鹚号子》等，1992年后致力于创作大型剧节目，大型歌舞《江南好》、舞蹈诗《太湖鱼米乡》、民族舞剧《阿炳》、民族舞剧《红河谷》、大型原创舞剧《澳门新娘》、民族舞剧《西施》等多次获奖。其中，《阿炳》《红河谷》获文化部文华大奖、中国艺术节大奖和中宣部精神文明建设“五个一工程”奖。《阿炳》获2003～2004年度国家舞台艺术精品工程提名剧目，《红河谷》获2004～2005年度国家舞台艺术精品工程十大精品剧目、第三届全国少数民族文艺会演大奖和第四届全国歌剧舞剧音乐剧优秀剧目展演舞剧类一等奖。2007年，创作演出的民族舞剧《西施》获第六届江苏省音乐舞蹈节大奖，获2007～2008年度江苏省舞台艺术精品工程精品剧目并入围2007～2008年度国家舞台艺术精品工程初选剧目。

1978～2008年主要领导人有韩明珍、张杰、殷盘大、强凡君、刘仲宝等。

**无锡市评弹团** 前身为1960年成立的无锡市曲艺团。1979年更名为无锡市评弹团。1978～2008年，先后创作演出《电厂风云》《一张门票》《井冈兰》《二泉映月》《悲欢离合》《上海三大亨》《智斩安德海》《大宋兵马图》等书目。1994年10月，该团获首届江苏省曲艺节优秀演员奖、创作奖和节目奖。1995年10月，弹词开篇《北京的胡同·苏州的桥》获第二届中国曲艺牡丹奖。弹词开篇《太湖春晓》获中国曲艺家协会、江苏省文学艺术界联合会主办的“中国曲艺荟萃·曲唱雅集(南方片)”一等奖。1991年后，与无锡市歌舞团实行“两块牌子、一套班子”管理体制。

1978～2008年主要领导人有韩明珍、王浩东、李旭光、盛观娥、黄佑海、周慧中等。

**无锡市沪剧团** 1956年成立。1978～1982年，先后移植、改编创作《泪血樱花》《霓虹灯的哨兵》《阿香的命运》《蔡锷与小凤仙》《一个明星的遭遇》等剧目。1982年7月18日，该剧团撤销。

1978～1982年主要领导人有唐荣德、周顺定等。

**江苏省梆子剧团** 1950年成立。其前身一为创建于1948年的丰县五区剧团，二为长期活动于徐州市区的“兴隆班”。1958年定名为徐州专区实验豫剧团，1959年4月由江苏省文化局正式定名为江苏省梆子剧团。

1978年后，创作《银杏坡》《心事》《四方楼》《闹洞房》《新台啼血》《情梦》《山村小院》等新剧目。1986年，新编历史剧《新台啼血》参加江苏省新创作剧目观摩演出，获剧本、导演、表演、舞美等多项奖。1991年4月，该团晋京演出古装戏《李瓶儿》和张虹、陈秀兰折子戏专场。同年11月二次晋京演出《樊梨花》，同时参加亚洲国际戏剧研讨会演出。1996年12月2日，大型神话剧《华山情仇》参加全国梆子戏剧种新剧目交流演出，获优秀演出奖。2000年，燕凌折子戏专场被中国第六届艺术节选为展演剧目，《华山情仇》获江苏省精神文明建设“五个一工程”奖。2002年，《又一村》获中国电视剧“飞天奖”(戏曲类)，《胭脂》获江苏省金凤凰奖。2003年，小喜剧《闹重阳》获中国戏剧家协会主办的“中国滨洲·博兴小戏艺术节”优秀剧目金奖。2007年，《三断胭脂案》获第五届江苏省戏剧节优秀剧目奖。2008年，大型现代戏《桃花庄》获第31届世界戏剧节创新剧目奖。梆子戏《分家》在中国滨州第五届国际小戏艺术节中，获优秀表演奖及推荐剧目奖。

1978～2008年主要领导人有傅保信、江明浦、尚德秀、肖忠银、杨少云、及巨涛、张文艺、任有胜等。

**江苏省柳琴剧团** 前身为1953年成立的徐州市柳琴一团、二团。1956年，徐州市柳琴一团、二团合并为徐州市柳琴实验剧团，1958年更名为江苏省柳琴剧团。1978～2008年，该团创作和演出《三赐御匾》《瓜棚风月》《彭祖》《梅雨情》《相逢在每一天》《解忧公主》《枣花》《水远路长》《孽海花》等剧目，分别在江苏省新创作剧目观摩演出、江苏省戏剧节、苏鲁豫皖柳琴·泗洲·淮海戏剧节以及首届中国·徐州柳琴戏艺术节中获奖。2002年7月，《走娘家》在全国地方戏曲精品折子戏评比展演暨戏曲青年演员大奖赛中获演员一等奖，后被文化部邀请晋京汇报演出，2005年参加中国戏剧家协会全国小戏小品大赛获优秀剧目金奖。2003年，《马孤驴换妻》在首届中国滨州·博兴国际小戏艺术节中获剧目金奖。2005年，《枣花》获第四届江苏省戏剧节优秀剧目奖，获评江苏省2003～2004年度舞台艺术精品工程剧目入围剧目。2008年，《水远路长》获评2007～2008年度江苏省舞台艺术精品工程精品剧目，获第七届江苏省精神文明建设“五个一工程”奖。1995年以来，剧团出访日本、奥地利、德国等国家。

1978～2008年主要领导人有段世显、童教明、杨德勋、孙柏桦、武爱苹等。

**徐州市歌舞团** 1971年1月成立。前身为1958年成立的徐州市文工团。1983年3月与徐州地区文工团合并，仍称徐州市歌舞团。1978～2008年，该团以舞剧、音乐歌舞、儿童剧、曲艺、综艺节目见长，创作音乐舞蹈史诗《汉风乐舞》、舞蹈《盘鼓舞》、音乐舞蹈诗画《运河四季歌》、大型文艺晚会《热土雄风》、革命历史题材舞剧《淮海雪》等。1982年，徐州琴书《悦来饭店》在全国曲艺优秀曲目观摩演出中获创作二等奖、表演一等奖；1986年，徐州琴书《王二还家》获全国曲艺新曲目比赛表演奖；徐州琴书《西瓜情》《摸骨记》《水漫金山》《关盼盼》《霸王渡》在江苏省曲艺节中获奖。2006年，徐州琴书《刘邦还乡》获第五届江苏省曲艺节优秀节目奖、优秀创作奖等奖项。

1978～2008年主要领导人有孟庆金、孙文斌、杨柏能、樊振宝、崔珊庆、褚铁鹰、曹曙林等。

**徐州市话剧团** 1963年成立。前身为1958年成立的徐州市文工团。1978～1989年，创作演出《秋海棠》《艳阳天》《一双绣花鞋》《高山下的花环》《将军的末日》等30多部剧目。1985年，《老孟这一家》获“乌金奖”大戏二等奖。1989年剧团撤销。

1978～1989年主要领导人有王广林、韩景中、胡全新等。

**徐州市京剧团** 前身为1949年12月成立的徐州市人民剧社(京剧)，由流散在徐州的京剧艺人和票友组成。1953年9月改名为徐州市人民京剧团。1959年6月改为徐州市京剧团。1960年，从江苏省京剧团调来全国“四小名旦”之一许翰英任团长。1979年，为培养接班人，提高剧团艺术水平，先后派青年演员分别到江苏省戏剧学校、江苏省京剧团、山东省戏校学习。1988年，一批江苏省戏剧学校毕业生分配到京剧团，如梅派青衣李雪梅、尚派旦角李水莲、文武老旦张大环等，均在全国及省、市戏曲汇演中夺金摘银，并从南方调来青年琴师陈庆兼任作曲、唱腔设计。1995年年底，徐州市京剧团与徐州文化艺术学校合并，大部分京剧演员均在戏剧科任教。1999年，李雪梅应上海昆剧团邀请，参加《牡丹亭》的排练演出，获第十七届中国戏剧梅花奖。

1978～2008年主要领导人有张昭、赵碧玲、袁成海、吕葛民、雷建功、张启民、王效忠、赵彭城、邵建伟等。

**徐州市曲艺团** 1961年成立。1970年12月并入徐州市歌舞团为曲艺队。1978年8月重新成立曲艺团，集体性质，编制45人。1980年10月，撤销建制，并入歌舞团为曲艺队。所擅曲种有徐州琴书、徐州坠子、徐州快书、相声、徐州大鼓、评词、渔鼓、西河大鼓、快板书、对口词及皮影。1982年12月，徐州市曲艺团撤销，曲艺演员并入徐州市歌舞团，组成曲艺队。

1978～1982年主要领导人有杜守任、叶永怀等。

**常州市滑稽剧团** 1955年成立。前身是1937年秋由独脚戏艺人杨天笑、赵宝山在上海组建的天宝剧团，是滑稽戏形成过程中创立最早的艺术表演团体之一。1970年1月解散，1979年1月恢复建制，1979年3月复名。

20世纪80年代开始，常州市滑稽剧团创作、演出《挖空心思》《两厢情愿》《乐在其中》《土裁缝与洋小姐》《多情的“小和尚”》《难得糊涂》《诸葛亮与小皮匠》《龙子龙孙》《我要做好孩子》《阿拉美丽苑》《一见钟情》《中意不中意》《三十七计》《不要板面孔》《新潮冲击波》等剧目。《乐在其中》于1986年年底获江苏省新剧目观摩演出优秀演出奖，1987年7月，获首届江苏省滑稽节优秀演出奖，1990年1月，获江苏省戏剧“紫金奖”演出奖。《二个男人一颗心》于1990年，获江苏省新剧目观摩演出优秀演出奖，1993年，获首届江苏戏剧节优秀剧目奖、中宣部精神文明建设“五个一工程”提名作品奖，1994年，获江苏精神文明建设“五个一工程”入选作品奖。1997年，《龙子龙孙》获第二届江苏省滑稽戏优秀剧目奖。《我要做好孩子》于2000年获第三届江苏省戏剧节优秀剧目奖、第四届江苏省精神文明建设“五个一工程”奖、第六届中国艺术节优秀剧目奖；2001年，获文化部第九届文华新剧目奖、第八届中宣部精神文明建设“五个一工程”入选作品奖。2004年,《阿拉美丽苑》获中国戏曲现代戏优秀保留剧目展演优秀演出奖。2006年,《钱粮师爷》获第四届江苏省滑稽戏艺术节优秀演出奖;滑稽戏《红线》获中国检察院系统文学艺术"金鼎奖"。

1979～2008年主要领导人有盛洪庄、张永生、殷延平等。

**常州市锡剧团** 前身为1950年7月成立的常锡文戏新华剧团,后更名为常州市新华实验锡剧团。1953年5月改称常州市实验锡剧团。1956年2月更名常州市锡剧团。1959年5月与溧阳县锡剧团合并,成立全民所有制性质的常州专区锡剧院,不久移址镇江,改称镇江专区锡剧院。1961年3月,镇江专区将锡剧院分批移交常州,恢复常州市锡剧团原名。1989年10月,由常州市戏剧学校毕业生组建常州市青年锡剧团。1991年8月,常州市锡剧团、常州市京剧团归常州市青年锡剧团管理。2001年6月,常州市青年锡剧团复称常州市锡剧团。剧院创作、改编、移植演出剧目上百台。1980年,《紫罗兰》获江苏省戏曲现代戏观摩演出剧本二等奖、演出二等奖。1982年,《红楼夜审》获首届江苏省"百花奖"。1984年,《攀弓带》获首届江苏省锡剧节演出一等奖。1986年,《母子星》和《双莲记》分别获第二届江苏省锡剧节剧本第二、三等奖。《欢喜店》获第三届江苏省锡剧节获剧本创作奖、优秀演出奖等奖项,江苏省新剧目观摩演出剧本二等奖,江苏省文化厅优秀现代戏演出百场奖。1993年,《血色杜鹃》获第四届江苏省锡剧节优秀演出奖、编剧奖等;1994年,该剧更名为《杜鹃红》并获首届江苏省戏剧节"晨风杯"剧目奖;1996年,获第二届江苏省精神文明建设"五个一工程"奖。1999年,大型现代锡剧《七步桥》获第五届江苏省锡剧节优秀剧目奖、优秀演出奖,同年,获第三届江苏省戏剧节新剧目奖。2002年,《老铳》获第六届江苏省锡剧艺术节优秀演出奖;2003年,获第五届江苏省精神文明建设"五个一工程"奖。2006年,《烟村三月》获第七届江苏省锡剧艺术节优秀剧目一等奖,入选江苏省2005～2006年度舞台艺术精品工程,2007年,获第五届江苏省戏剧节优秀剧目一等奖。

1978～2008年主要领导人有张鹏志、张永生、闻土林、陆奇、吴国祥、许玉芳、曹铭生、姚煊生、余杰、汤亚娟、徐铭、居亦琴、许建荣、王东、孙薇、庄锡连、谢庆等。

**常州市歌舞团** 1978年3月成立。前身是常州市文工团。1978～2008年,该团创作演出一批歌舞节目。1998年,常州市歌舞团与江苏省歌舞剧院合作创作演出大型民间歌舞《好一朵茉莉花》,于2000年,获第四届江苏省音乐舞蹈节剧目奖,同年参加第六届中国艺术节开幕式,获得第六届艺术节大奖、文化部第九届文华新剧目奖、中宣部精神文明建设"五个一工程"奖。2000年,歌舞《江南风》获得江苏省精神文明建设"五个一工程"奖。2001年,歌曲《清晨,我从田野走过》获中宣部第八届精神文明建设"五个一工程"奖。2007年,原创舞剧《格桑花·茉莉花》在第六届江苏省音乐舞蹈节中获得"优秀节目奖"。

1978～2008年主要领导人有蒋祥芳、张鹏志、余杰、张浩荣、许建荣、吴云娟、丁志法、闵建敏等。

**常州市评弹团** 1958年成立。1978～2008年,该团整理、改编、创作、演出一批书目。1988年,评话《常州白泰官》参加江苏省评弹中青年演员汇书比赛获演出奖。1999年11月,苏州弹词《十美图·盘夫》和苏州评话《常州白泰官·闹德州》在第三届江苏省曲艺节获节目奖。2002年6月,参加第二届中国曲艺牡丹奖评选,长篇评话《常州白泰官》获表演奖。2006年10月,参加江苏省艺术节,新编弹词《心绣》《晚饭前》获优秀节目奖和优秀表演奖。2008年,常州市评弹团周玉峰撰写的论文《"常州道情"缺失探》,获第五届中国曲艺牡丹奖理论奖。

1978～2008年主要领导人有王菊英、周玉峰、姚煊生、夏雪慧等。

**苏州昆剧院** 前身为在上海成立的民锋苏剧团,1956年10月在苏州更名为江苏省苏昆剧团,是苏剧、昆剧兼演的艺术表演团体。"文化大革命"期间,剧团被迫撤销,改建成"苏州市红色文工团"。1972年10月,恢复"江苏省苏昆剧团"建制。1977年11月,原驻南京的人员调回南京,建立江苏省昆剧院,留苏州人员组建成"江苏省苏剧团"。1982年2月1日,江苏省苏剧团恢复江苏省苏昆剧团名称,仍为驻苏州的省级演出团体。2001年11月更名为苏州昆剧院和苏州苏剧团。1978～2008年,该院相继培养出"继""承""弘""扬"四代优秀昆剧演员百余人,坚持纯正的昆剧风貌,在全国昆剧院团中独树一帜。擅长演出的剧目有《牡丹亭》

《长生殿》《烂柯山》《白兔记》《荆钗记》《十五贯》《满床笏》《琵琶记》《窦娥冤》等昆剧大戏和近200多出昆剧传统折子戏。

1978～2008年主要领导人有景庭、史昌田、顾笃璜、蔡永良、褚铭、陈炳生、吴光华、蔡少华等。

**苏州市滑稽剧团** 1950年成立。1978年以后，剧团创作《苏州两公差》《钱笃笤求雨》《小山东到上海》等剧目和《满意不满意》《小小得月楼》《三十层楼上》等电影。《快活的黄帽子》《一二三，起步走》《青春跑道》《笑着和明天握手》等大型滑稽戏先后入选国家艺术基金资助项目，两次获文化部优秀保留剧目大奖，三次获国家舞台艺术精品工程“十大精品剧目”，四次获中国戏剧节优秀剧目奖，四次获文化部文华大奖、文华优秀剧目奖，五次获中宣部精神文明建设“五个一工程”奖；《今夜情》《今夜更有情》《面试》《回家过年》等一批滑稽小品屡获国家级比赛奖项。该团是文化部首批“全国地方戏创作演出重点院团”。

1978～2008年主要领导人有方笑笑、张瑞昌、叶霞珍、廖伏、许祖荫、王祥生、成从武、陈学锋、顾芗、徐春宏等。

**苏州市歌舞团** 前身为1970年成立的苏州市红色文工团。1978年改名为苏州市歌舞团。1978～2008年，该团创作演出一批新节目，其中大型舞剧《干将与莫邪》于1997年获全国舞剧节观摩演出剧目奖；1998年，获第三届江苏省精神文明建设“五个一工程”入选作品奖；1999年10月，应邀赴南京参加庆祝中华人民共和国成立50周年江苏省优秀剧(节)目展演；1999年12月，获第四届江苏省音乐舞蹈节剧目大奖；2000年，获文化部第九届文华新剧目奖；同年，获第六届中国艺术节大奖；2003年，获中宣部精神文明建设“五个一工程”优秀剧目奖。

1978～2008年主要领导人有徐明丹、张捷、顾昌麒、沈苏斐、陆凯、陈炳生、周沛然、夏晓明、谢寿宪等。

**苏州市锡剧团** 前身为1950年8月成立的上海联合常锡剧团，1953年改名吴县锡剧团，1959年4月上调苏州专区，9月，江阴县锡剧团部分演职人员调入该团，成立苏州专区锡剧团。1972年与吴江、常熟锡剧团合并，改称苏州地区锡剧团。1983年3月，地、市合并，更名为苏州市锡剧团。1984年，该剧团排演的新编古装戏《后珍珠塔》获首届江苏省锡剧节剧本二等奖、演出二等奖等。1978～2008年，创作演出大量剧目，代表作有《唐伯虎点秋香》，新编传统戏《珍珠塔》，新编历史戏《屈原》《小刀会》《司马迁》《九品廉吏》，现代戏《祥林嫂》《太湖怒涛》《农家宝》《孔繁森》《李荣法》等。曾多次获得全国、华东地区以及省、市级奖项和荣誉。2006年，苏剧被评为国家级非物质文化遗产，苏州市锡剧团作为苏剧传承单位，陆续传承《春香闹学》《断桥》《岳雷招亲》《出猎》《醉归》等精品折子戏。折子戏《出猎》《断桥》《岳雷招亲》在文化部全国民间滩簧戏曲节上获得优秀奖、组织奖。

1978～2008年主要领导人有王祥生、孙荣茑、蔡永良、王云、金建农、吴忠海、张欣、周佩然、周明华、龚平、那建国等。

**苏州市京剧团** 1959年4月成立。1960年与昆山、吴江、常熟三县京剧团合并，定名苏州专区京剧团，下分一、二两团。1961年8月，苏州市成为省辖市，苏州专区京剧一、二团改称苏州专区京剧团和苏州市京剧团。“文化大革命”中，苏州市京剧团部分演员和其他剧种调入的演员，组成文艺革命委员会京剧连。1978年恢复建制。1983年，地、市合并，苏州市京剧团改称苏州市京剧一团，苏州地区京剧团改称苏州市京剧二团。1984年7月，两团合并为苏州市京剧团。

1979年1月，现代京剧《血冤记》获江苏省京剧创作剧目会演大会优秀演出奖。1981年春，胡芝风主演的《李慧娘》由上海电影制片厂拍摄成彩色戏曲片，获文化部“最佳戏曲电影片奖”，8月应香港联谊公司特邀赴香港演出，翌年10月，应意大利威尼斯市邀请赴意大利演出。1983年，京剧二团创作的《挡御驾》获江苏省新剧目调演剧本创作奖。1986年2月28日该团撤销。

**苏州市评弹团** 1951年成立。前身为新评弹实验工作团。1956年改名为苏州市人民评弹团。1960年苏州地区评弹团并入，改名为苏州市人民评弹一团。“文化大革命”期间改为苏州文艺革委会评弹三连。1971年恢复剧团，改称苏州市评弹团。苏州市评弹团隶属苏州市文化广电新闻出版局，挂苏州评弹学校实验演出团牌子，为市属事业单位。

1978～2008年，苏州市评弹团创作演出长篇书目《九龙口》《明珠案》《武则天》《三个侍卫官》《芙蓉锦鸡图》《皇太极》《王府情仇》，中篇书目《遗产风波》《苦人儿》《雨过天青》《大脚皇后》《风雨黄昏》等。《遗产风波》于1982年获文化部全国曲艺创作二等奖、优秀表演奖。《苦人儿》于1994年获首届江苏省曲艺节节目奖。《雨过天青》于1999年获第三届江苏省曲艺节金奖。《大脚皇后》于2002年获第四届江苏省曲艺节优秀节目奖；2003年，获第二届中国苏州评弹节优秀节目奖；2004年，获文化部第十一届文化新剧目奖、文华剧作奖、文华集体表演奖；2005年，入选江苏省舞台艺术精品剧目；2006年，获第四届中国曲艺牡丹奖节目奖。《风雨黄昏》于2007年获江苏省文学艺术界联合会、江苏省曲艺家协会第二届江苏曲艺芦花奖节目奖；2008年，获中国文学艺术界联合会、中国曲艺家协会第五届中国曲艺牡丹奖节目奖。

1978～2008年主要领导人有曹汉昌、李冰、费瑾初、毕康年、龚华声、陈学峰、孙惕等。

**南通市歌舞团**　前身为1959年成立的南通市歌舞话剧团。1979年8月，歌舞、话剧分开，成立南通市歌舞团。1981年，舞蹈《赶花灯》在“华东六省一市首届舞蹈会演”中获创作三等奖、表演三等奖。1994年11月，独舞《女儿行》在首届江苏省青年舞蹈比赛中获新节目奖。1995年12月，舞蹈《救裴》参加江苏省舞蹈比赛获表演奖、舞美设计奖。1997年6月，三人舞《魂》参加江苏省舞蹈比赛获表演铜奖，舞蹈《刀》获优秀表演奖、舞美设计奖。1999年12月，舞蹈《锄箫女》获第四届江苏省音乐舞蹈节优秀节目奖。女子群舞《锄箫女》参加江苏省文化厅和常州市文化局联合举办的舞蹈比赛，获舞蹈创作银奖、舞蹈表演铜奖。舞剧《南黄海古谣》于1997年获全国舞剧比赛剧目奖和优秀表演奖；1998年9月，获江苏省精神文明建设“五个一工程”入选作品奖。2001年7月，三人舞《月到黎明》参加第三届江苏省舞蹈比赛，获舞蹈创作铜奖、舞蹈表演奖。

1979～2008年主要领导人有廖文均、王恭、黄燕、吴幼益、王振宇、董忠、张汉如、张述等。

**南通市话剧团**　前身为1959年成立的南通市歌舞话剧团。1979年8月，歌舞、话剧分开，成立南通市话剧团。1983年后，南通市话剧团改编、创作、演出许多剧目。如话剧《大青屋》《老杨局长》分获第二届江苏省精神文明建设“五个一工程”入选作品奖、第二届江苏省戏剧节优秀演出奖；话剧《走近“莫文隋”》《青春放飞》分获第三届、第四届江苏省精神文明建设“五个一工程”入选作品奖；话剧《冠军梦》获第四届江苏省戏剧节新剧目奖。

1979～2008年主要领导人有季歇生、滕杰、钱态、陆剑雄等。

**南通市京剧团**　前身为1958年成立的南通专区京剧院，1983年改称南通市京剧团。1984年，《夜探八达岭》参加江苏省青年演员新剧目调演并获奖。1986年，《曹顶》获江苏省新剧目观摩演出创作奖。1991年3月，参加江苏省纪念徽班进京200周年振兴京剧研讨会观摩演出，《端午门》获优秀剧本奖，《水淹七军》获剧本奖。

1978～2008年主要领导人有陆觉明、李炎、孙斌、周汉寅等。

**南通市越剧团**　1955年6月成立，由原上海市新华越剧团和苏州青春越剧团（称南通市越剧一团、二团）合并组建而成。新编古装越剧《沈寿》被江苏电视台摄制成电视片，于1986年获第六届全国戏曲电视剧二等奖、“飞天奖”提名奖。1988年，古装越剧《贞娘恨》参加江苏省新剧目调演获优秀演出奖，并由南通市越剧团和南通电视台联合摄制成越剧电视片，获全国电视优秀艺术片奖。1995年，创作演出现代越剧《孔繁森》连演260多场。该团还创作演出新编历史越剧《恩仇父子》《北汉宫怨》《通州画怪》《宫墙柳》及《活捉张三郎》《救裴》《哭灵》等小戏，移植演出越剧《庄周试妻》《豆腐郎》《乔老爷传奇》《求骗记》，现代越剧《江姐》等。

1978～2008年主要领导人有筱白玉麟、杨谷、梁戈、周汉寅等。

**连云港市淮海剧团**　1962年成立。1986年后因戏曲演出跌入低谷，剧团排演歌舞节目，一度以“连云港市淮海艺术团”名义外出巡回演出。1995年12月，排练剧目《红尘悲歌》参加首届江苏省淮海戏节，获优秀剧目奖。大型现代戏《代代乡长》获1998年江苏省第二届淮海戏节优秀剧目奖、1999年第三届江苏省戏剧节编剧奖、2004年第五届江苏省精神文明建设“五个一工程”奖。

1978～2008年主要领导人有白玉山、程鹏、骆铭南、高从超、李昕、唐洪奎、刘守标、刘中文等。

**连云港市京剧团**　1958年成立。1984年1月，新编历史剧《审骨辨忠》参加全省青年演员创作剧目调演,获剧本奖和舞台艺术奖。剧团先后在淮阴、镇江、无锡、苏州、南京等地献演麒派戏。1988年11月,拍摄江苏省第一部京剧电视片《古城春梦》,并在全国第四届戏曲电视大赛中获"攀枝花"奖。

1978～2008年主要领导人有武强来、苏依林、夏兴志等。

**连云港市话剧团** 前身为1964年成立的连云港市淮海剧团职工话剧队。1984年,《最后一杯苦酒》和《野蔷薇》参加连云港市首届专业剧团创作剧(节)目调演,《野蔷薇》半年内演出53场,受到江苏省文化厅表彰。1991年1月,剧团创排反映计划生育的大型话剧《天下第一难》参加全省新剧目观摩演出,获优秀表演奖。1997年,新创作大型话剧《生命的长堤》获第三届江苏省精神文明建设"五个一工程"奖。《车站浪漫曲》于1999年获第三届江苏省戏剧节优秀剧目奖,并参加庆祝中华人民共和国成立50周年优秀剧目展演;2000年,参加第六届中国艺术节展演,获第四届江苏省精神文明建设"五个一工程"奖。2002年6月,该团和连云港市群众艺术馆整合,实行"两块牌子、一套班子",话剧演出中止。

1978～2008年主要领导人有高丛超、尚德柱、化敏等。

**连云港市歌舞剧院** 前身为1964年成立的连云港市淮海艺术团,1987年改为连云港市歌舞团,2002年8月22日更名为连云港市歌舞剧院。1999年,组织创作大型舞蹈诗《云港云》参加第四届江苏省音乐舞蹈节,获优秀剧目奖。2002年,新组建女子民乐团,演奏员从10余人发展到40多人,年均演出60多场次,成为连云港市对外宣传文化品牌。

1978～2008年主要领导人有骆名楠、刘中文、李昕、高丛超等。

**江苏省淮海剧团** 1956年成立。前身为革命战争年代的淮海区第三中心县委大众淮海剧团和沭阳县艺人小组部分艺人组建而成的淮阴专区大众淮海剧团。2008年6月,淮海戏被国务院公布为第二批国家级非物质文化遗产,剧团应邀晋京参加中国非物质文化遗产展演。1978～2008年,该团创作、整理、改编和移植一批演出的剧目,其中整理改编剧目有《皮秀英》《三拜堂》《樊梨花》《催租》《借靴》《赶集》《回娘家》等,创作演出剧目有《十里香》《生死怨》《儿女情》《果园风情》《豆腐宴》《永恒的彩霞》《老县长的第二春》《永远的红手印》等。该团多次参加全国性的艺术活动和历届江苏省戏剧节演出,两次获得中国戏剧奖小戏小品奖,还获江苏省精神文明建设"五个一工程"奖和优秀剧目奖等。该团曾晋京汇报演出、赴韩国等国家进行文化交流演出。

1978～2008年主要领导人有周涛、杨秀英、侍启钧、孙学今、沈尔瑞、范道全、赵德平、张万铨、鲍鹤云等。

**江苏省长荣京剧院** 前身为1960年成立的淮阴专区京剧团。1983年,更名为淮阴市京剧团,2003年,更名为江苏省长荣京剧院,宋长荣任名誉院长。该团建立后,两次进中南海怀仁堂汇报演出。1978～2008年,排演20余出传统经典剧目《红娘》《红楼二尤》《金玉奴》《柜中缘》《乌龙院》等,先后被拍成电影、电视。创编剧目10多部,在国家和省市级汇演、大赛中获奖。新编古装戏《桃花酒店》由中央电视台拍成电视剧播放,获广电部"星光奖"一等奖。《鸳鸯帕》获全国戏曲电视片金纸奖荣誉奖。儿童剧《闪闪的红星》由中央电视台多次播放,并获江苏省精神文明建设"五个一工程"奖和第四届中国京剧节儿童题材京剧特别奖。2008年,现代京剧《扁担谣》获得第31届世界戏剧节创新剧目奖。该院设有"小长荣培养工程"。

1978～2008年主要领导人有王继绪、章树桐、宋长荣、汪习武、张长德、王一昉等。

**淮安市淮剧团** 前身为1951年7月成立的清江市京江淮剧团。1955年京江淮剧团更名为清江市淮剧团。1958年,淮阴县淮剧团并入清江市淮剧团,改称为淮阴市淮剧团。1964年,清江市与淮阴县分治,复改名清江市淮剧团。"文化大革命"期间,剧团停演。1983年3月,地区机构改革,清江市淮剧团改为淮阴市淮剧团。2000年9月,成立淮阴市艺术团,实行淮剧演出和综艺歌舞表演"两条腿走路"的发展模式。2001年2月,更名为淮安市淮剧团。

1978～2008年,剧团整理、改编、创作一批新剧目,其中有传统剧目《宝玉哭灵》《秦香莲斩夫》《白虎堂》、新编历史剧《斩韩信》等。1986年11月,创作排演的大型现代戏《情与法》获得首届江苏省淮剧节演出一等奖。大型现代戏《未了情》《高原雪魂——孔繁森》《庄家少爷》，以及新编历史剧《充军行》、新编淮剧《吴承恩》、音乐剧《开国总理周恩来》《石头城的记忆》等均获得省级以上重大艺术赛事奖项。

1978～2008年主要领导人有周兴和、廖寿儒、孙学今、荣光辉、陈万宏等。

**江苏省淮剧团** 前身为1953年成立的盐城专区实验淮剧团。1956年12月7日，更名为江苏省淮剧团。1978年以来，剧团先后排演《金水桥》《舍妻审妻》《赠塔》《一家人》《打碗记》《奇婚记》《太阳花》《青豆与红豆》《一江春水向东流》《唢呐声声》《王玉莲》《祥林嫂》等剧目，在国家和省重大艺术活动中获得多个奖项，有6台大戏、1台小戏入选江苏省舞台艺术精品工程精品剧目，其中《太阳花》入选国家舞台艺术精品工程精品提名剧目。

1978～2008年主要领导人有崔开明、刘少峰、周鼎轩、陈为琛、吕辅国、倪碧清、沈书殿、盛美开等。

**盐城市歌舞团** 前身为1942年成立的盐阜文工团，后改为盐城专区(地区)文工团。1983年4月起启用“盐城市歌舞团”名称。2001年7月，原创舞蹈《桃花吟》获第三届江苏省舞蹈比赛舞蹈表演铜奖、舞蹈创作铜奖。2003年12月，三人舞《金鼓银锣扇花花》、女声独唱《美丽的黄海滩涂》、女声独唱《心中的故乡》、女生独唱《乡歌乡曲实难忘》获第五届江苏省音乐舞蹈节优秀节目奖。2007年，歌曲《昭君出塞》《中华民歌》，舞蹈《边关魂》获第六届江苏省音乐舞蹈节优秀节目奖。

1978～2008年主要领导人有陈肇彦、沈增辉、王正涛、王咸俊、严克祺、施志扬、沈树殿、盛美开、曹利卫等。

**盐城市京剧团** 前身为1960年7月由盐城市京剧团、射阳县京剧团、大丰县京剧团合并而成的盐城专区京剧团。1983年更名为盐城市京剧团。1978～2008年间，剧团先后复排《长坂坡》《杀四门》《玉堂春》《宇宙锋》等剧目。1992年，该剧团保留建制，演出经营停止。

1978～1992年主要领导人有季云飞、孙德林、杨钦、宋泽夫、唐修华等。

**盐城市杂技团** 前身为1954年5月由“双福”“江河”“新民”“胜利”“得胜”“大众”“新生”“人民”8家马戏班子合并组建的建湖县杂技团。1957年，该团又分为建湖县杂技一团、建湖县杂技二团，分别单独组队演出。1959年10月，两团重新合并，又更名为“盐城专区杂技团”。1983年，再次更名为“盐城市杂技团”。1984年，《对手顶碗》获第一届全国杂技竞赛一等奖、华东区杂技比赛一等奖。1995年，集体节目《春江花月》获全国第四届杂技大赛银狮奖。2001年，《软钢丝》获华东少儿杂技比赛金奖、首届江苏省少儿杂技大赛金奖。至2008年底，盐城市杂技团超百人，先后编排杂技《希望》、魔术《万紫千红》、杂技《彩练当空——皮条》《雏燕展翅——转毯》等。

1978～2008年主要领导人有王锡楼、金立甲、严加定、孙良友、周蔚海等。

**盐城市淮剧团** 前身为1957年成立的盐城县淮剧团。1983年春，改名为盐城市淮剧团。1988年，《丹凤眼》获首届江苏省淮剧节演出一等奖。1992年，《是是非非》获第二届江苏省淮剧节优秀剧本奖；1993年，获首届江苏省戏剧节获剧目奖；1994年，获江苏省精神文明建设“五个一工程”入选作品奖。1995年，《鸡毛蒜皮》获全国现代戏交流演出优秀演出奖，1996年，获中宣部精神文明建设“五个一工程”入选作品奖、文化部文华新剧目奖等。《来顺组长》获第三届江苏省戏剧节优秀剧目奖、第四届江苏省精神文明建设“五个一工程”入选作品奖、首届江苏省舞台艺术精品工程(2003～2004年度)精品剧目奖、第六届江苏省精神文明建设“五个一工程”入选作品奖。剧团坚持立足农村，服务基层，每年在农村演出达百场以上。

1978～2008年主要领导人有李建军、朱华鹏、李毅春、蒋宏贵、程明新、王猛、王书龙等。

**扬州市歌舞团** 前身为1959年成立的扬州专区文工团。1984年8月，更名为扬州市歌舞团。1978年，恢复上演歌剧《小二黑结婚》《刘三姐》，排练上演话剧《于无声处》，同时创作一台歌舞参加全省会演。1982年，按歌剧、话剧组成两个演出队，并建立经济责任制。1986年，《撒趟子撩在外》和《黄黄子》获华东六省一市民歌大赛金奖。1987年，《栀子花、茉莉花》获华东六省一市民歌比赛演唱金奖。1991年，《江北的云》获第二届江苏省音乐舞蹈节(专业组)声乐作品一等奖和演唱一等奖。1998年，《水乡歌谣》在第四届全国舞蹈大赛获创作二等奖、表演三等奖。1999年，《拔根芦柴花》获第四届江苏省音乐舞蹈节演出剧目奖，演员获金奖。2005年，《九九艳阳天》获第二届江苏省新人新作歌舞大赛舞蹈表演三等奖和舞蹈创作二等奖。2007年，《九九艳阳天》参加第七届全国舞蹈大赛获文华舞蹈节目创作优秀奖，《芦花谣》获第六届江苏省音乐舞蹈节优秀节目奖。

1978～2008年主要领导人有张其礼、祝志涛、任光锦、赵开发、李寿宁、戈弘、赵小平、李存山、周寿泉、陈年生、钱艺春等。

**扬州市扬剧团** 前身为1960年成立的扬州地区扬剧团。1983年，扬州地区撤地建市，随即更名为扬州市扬剧团，系国家级非物质文化遗产扬剧的保护责任单位。1978～2008年间，先后创作演出《皮九辣子》《真假二十四小时》《县长与老板》《杨开慧》《冲天鸟》《布嫂》《帕米尔赤子》等现代戏。其中《皮九辣子》参加第二届中国艺术节演出，获江苏省新剧目调演优秀演出奖；《真假二十四小时》《县长与老板》分别被评为第六届、第七届江苏省精神文明建设“五个一工程”奖、2006～2007年度江苏省舞台艺术精品工程精品剧目。剧团还排演一批新编古装戏，其中有《血冤》《刽子手断臂》、新编古装传奇剧《女县令》、新编历史剧《柔福公主》、大型史诗扬剧《史可法》等。截至2008年，剧团中有国家级非物质文化遗产传承人两人，省级传承人两人。

1978～2008年主要领导人有方开荃、吴荣福、孙新、陈卫、陈连生、李政成等。

**扬州市木偶剧团** 前身为1957年成立的泰兴木偶京剧团。1973年7月，更名为扬州地区木偶剧团。1984年4月，又更名为扬州市木偶剧团。1991年建立艺术造型制作中心。大型木偶剧《嫦娥奔月》《琼花仙子》《三个和尚新传》《白雪公主》等成为剧团代表剧目。1997年，《琼花仙子》获得国家第八届文华新剧目奖。2006年，《白雪公主》获得第五届江苏省戏剧节优秀剧目一等奖、第六届江苏省精神文明建设“五个一工程”奖入选作品奖、江苏省舞台艺术精品工程精品剧目奖。扬州杖头木偶戏被列入省级、国家级非物质文化遗产保护项目。2007年，《琼花仙子》获得江苏省舞台艺术精品工程提名奖。1977～2008年，该团前后七批次招收85名演职人员。

1978～2008年主要领导人有聂洪余、周卫国、唐宝林、康乐、沈业民、陈年生等。

**扬州市曲艺团** 1960年4月成立。1970年9月，并入扬州市文工团曲艺队，1978年1月复团。曲艺团大力培养人才、举办书会，整理传统书目，编创一批新书目，包括《市长访贤》《喜盈门》《挺进苏北》《广陵禁烟记》《一代儒将陈毅》《王少堂》、扬州弹词《歌吹古扬州》《西湖瘦》《扬州之歌》、扬州清曲《扬州月》《扬州小巷》等一批优秀书（曲）目，在省内外艺术赛事和重大演艺活动中多次获得表彰和奖励。

1978～2008年主要领导人有陈利江、张其礼、康乐、钱照魁、董学芳、柏俊祥、沈业民、惠兆龙、周寿泉、姜庆玲等。

**扬州市京剧团** 前身为1959年由扬州及周边的江都、高邮、兴化、泰兴、泰州、宝应6个县（市）京剧团等整编组成的扬州地区京剧团。1983年实行市管县体制，剧团改名为扬州市京剧团。1978年以后，剧团排演《穆桂英挂帅》《凤还巢》《霸王别姬》《廉锦枫》《天女散花》《红灯记》《沙家浜》《杜鹃山》《磐石湾》《海港》《智取威虎山》《万水千山》《龙江颂》等剧目，新编、创作和移植《杨门女将》《满江红》《双阳公主》《黑旋风》《三打白骨精》《宏碧缘》《七侠五义》等剧目。1995年后，全团实行人员分流，停止商业性演出，保留建制。

1978～1995年主要领导人有陈帮达、邓炎培、孙新、朱金才、郑晓苏等。

**镇江市扬剧团** 前身为1950年12月成立的金星扬剧团，该团以联合扬剧团为基础，加上海清扬剧团部分人员组成。1955年改名镇江扬剧团。20世纪80年代前中期，剧团演职员计有60余人。该团继承和发扬金派艺术，在唱腔和表演中不断地进行艺术探索和创新，创作演出剧目《看灯记》《金山情曲》《二度梅》《情网血》《方卿羞姑》《铁面情》《雁归何方》等，分别在江苏省戏剧节、江苏省扬剧节，以及上海广播电视大奖赛等艺术活动中获得奖项。1996年9月，并入镇江市艺术剧院。

1978～1996年主要领导人有张宝桢、李荣坤、庄百石、姚恭林等。

**镇江市越剧团** 前身为1950年在上海组建的出新越剧二团。1955年在镇江登记，改称为镇江出新越剧团，后更名为镇江市越剧团。1979年，创作演出《泪洒相思地》《青楼奇女》《罗衫血泪》等传统戏。1990年6月，镇江市越剧团增挂“镇江市商业青年越剧团”牌子，仍为一套班子。1996 年 9 月，并入镇江市艺术剧院。

1978～1996 年主要领导人有汤嘉杰、沙德丰、常久胜、张敏等。

**镇江市歌舞团** 前身为 1979 年成立的镇江市文工团。1988 年，正式更名为镇江市歌舞团。1983～1986 年，主要以歌舞、小品、戏剧唱段等舞台表演形式服务于基层。1989 年，成立中国镇江保险歌舞团，以文艺形式宣传保险事业。1996 年 9 月，并入镇江市艺术剧院。

1979～1996 年主要领导人有张仲华、吴家荦、毛新年、马家俊、周文明、刘振兴、马家俊等。

**镇江市曲艺团** 1960 年 9 月成立。有扬州评话、苏州弹词、苏州评话、上海滑稽、相声、单弦、京韵大鼓、梅花大鼓、竹板书等 9 个曲种。“文化大革命”期间曲艺团撤销，多数人下放农村，少数转业改行。1972 年，在镇江市文工团建制内设曲艺组，扬州评话与苏州评弹恢复演出。1979 年 8 月，该团恢复建制。常演书目有扬州评话《水浒》《三国》《西汉》《绿牡丹》《八窍珠》，苏州评弹《双珠凤》《香罗带》《玉蜻蜓》《张汶祥刺马》《落金扇》《杨乃武与小白菜》《何文秀》《海瑞》；创作、改编扬州评话《出山》《红色家谱》《京江怒涛》《智闯虎穴》、苏州评弹《抢潮记》《羊城暗哨》《51 号兵站》《雷锋》《红岩》《江上明灯》、长篇弹词《翠蝶奇缘》《飞燕传》等 30 余部。

1979～2008 年主要领导人王筱堂。

**镇江市京剧团** 前身为 1951 年 7 月成立的镇江市群励京剧团，1955 年 5 月，在镇江登记，同年 9 月，批准为镇江市京剧团，集体所有制。1959 年底，改为地方国营剧团。1960 年夏，镇江市京剧团与溧阳京剧团、扬中京剧团合并，改名镇江专区京剧团，有演职员工 230 人，分一、二两团演出。1962 年下半年，专区京剧团精简大部分人员后，又改为镇江市京剧团，为集体所有制，共 70 人。1969 年底，部分演员下放农村劳动。1971 年，市京剧团又改为镇江地区京剧团，包括地区文艺学校学员在内，共 180 人。1978 年，恢复演出《逼上梁山》《十五贯》《梁红玉》等传统戏。1983 年，复名镇江市京剧团。1983～1984 年，剧团改革演出模式，先后与北京京剧院荀派小组、童芷苓等京剧表演艺术家合作在镇江演出。由于京剧演出市场衰微，1985～1986 年剧团基本停演。1987 年 4 月，镇江市京剧团被撤销。

1978～1987 年主要领导人有陈沂、李勇、汤咸、张鹤、张仲华、马家俊等。

**镇江市艺术剧院** 1996 年 9 月成立。剧院以综艺歌舞为主要演出样式，并致力于音乐剧创作演出。1999～2004 年，创作打磨的音乐剧《快乐推销员》获 2000 年江苏省精神文明建设“五个一工程”奖、第四届江苏省音乐舞蹈节优秀剧目奖、第十一届文华新剧目奖，入选 2003～2004 年度江苏省舞台艺术精品剧目。2003 年，艺术剧院和润扬大桥建设指挥部合作，增挂“润扬大桥艺术团”牌子。

1996～2008 年主要领导人有刘振兴、姚恭林、唐正戎、马家俊、胡江苏、陈擎、汤文彪、杜鹃梅、王剑、罗戎平等。

**泰州市淮剧团** 前身为 1956 年成立的上海合义淮剧团。1954 年，因在无锡演出，按规定登记后为无锡市合义淮剧团。1956 年，迁至泰州，更名为泰州市淮剧团。1998 年，《板桥应试》获第三届江苏省淮剧节优秀剧目奖；1999 年，获第三届江苏省戏剧节优秀剧目奖；同年，获江苏省精神文明建设“五个一工程”奖。2002 年 11 月，《祥林嫂》获第四届江苏省淮剧节多项奖励，后参加第五届上海国际艺术节和第四届江苏省戏剧节，2003 年 12 月晋京演出。2005 年 6 月，剧团创作演出以优秀共产党员张云泉为原型的大型纪实淮剧《信访局长》，2006 年，获第五届江苏省淮剧节优秀剧目奖。

1978～2008 年主要领导人有陈德林、蒋立刚、韦锡锋等。

**宿迁市艺术团** 1986 年成立。1988 年宿迁县改为县级宿迁市，该团改名为宿迁市艺术团。1996 年，成立地级宿迁市，该团 1997 年划归新建宿城区，仍为宿迁市艺术团。2003 年，改制为民营团体。

1986～2008 年主要领导人有杨邦彦、罗前进等。

### （三）县（区）级文艺院团

**锡山市锡剧团** 前身为无锡县玉祁公社小红花宣传队，1979 年改为无锡县锡剧团学馆，1986 年，更名为无锡县锡剧团，1995 年 6 月，撤县建市后改称为锡山市锡剧团。1978～2008 年，该团创作上演《玫瑰梦》《桃女情》《陈阿尖》《血泪缘》《歧路》《月亮弯弯》《至德泰伯》《陈培德招亲》等剧目。2000 年

12月,撤市设区后,该团被分割为锡山区锡剧团、惠山区锡剧团,剧目演出暂停。

**无锡县评弹团** 1974年成立,前身为无锡县评弹队。1978～2008年,创作演出书目《情深似海》《闯王平叛》《夺印》《铁人垛》等50余部。1991年停演,保留建制。

**江阴市锡剧团** 前身为1956年成立的江阴县少年锡剧团,1965年,改名为江阴县锡剧团,1987年4月,更名为江阴市锡剧团。1978～2008年,创作上演剧目有《野菊花》《三过磅》《阿二接妻》《寂寞红豆魂》《天涯情仇》《双碑记》等。

**江阴县越剧团** 1956年成立。1978～2008年,演出《玉堂春》《三笑》《血手印》《辕门斩女》《楼台会》《盘夫》等传统剧目。1982年6月,该团解散。

**江阴市评弹团** 1958年成立。1978年后恢复演出,创作上演《三国》《杨家将》《包公》《武松》等节目。

**宜兴市锡剧团(宜兴市评弹团)** 前身为1954年成立的宜兴县锡剧团和1960年成立的宜兴县评弹团。1988年,宜兴撤县建市,宜兴县锡剧团更名为宜兴市锡剧团,宜兴市评弹团更名为宜兴市评弹团。1978～2008年,创作上演《周处》《合同官司》《姐妹恨》《陶朱公传奇》《杏花泪》《凤鸦颂》《奇缘》《三看御妹》《爱河滔滔》《牛六宝哭田》《磬山夜雨》《星光灿烂》等剧目和一批小戏,常演书目有《三国》《周侗访十老》《英烈》《林则徐》和长篇弹词《珍珠塔》《大闹九江府》《林子文》《孟丽君》《合同记》等。1991年,演员分流,保留建制。2005年12月,宜兴市锡剧团与宜兴市评弹团合并,实施"两块牌子、一套班子"管理体制。

**丰县梆子剧团** 1951年5月成立。1978～2008年,经常演出的传统剧目有《十五贯》《赵氏孤儿》《三岔口》等,现代戏有《沙家浜》《红灯记》《朝阳沟》等。1982年,剧团创作排演的《买羊记》被拍摄成电视,由江苏电视台、山东电视台相继播出。1986年10月,剧团被撤销。

**丰县小凤凰梆子剧团** 前身是1983年成立的丰县戏曲学校。1986年10月,丰县戏曲学校以"丰县小凤凰豫剧团"名义首次晋京演出,之后便定名为丰县小凤凰梆子剧团。1989年,《抬花轿》和《五世请缨》获得"香玉杯"艺术奖。1994年,现代戏《双拥情》获江苏省精神文明建设"五个一工程"奖,电视戏曲片《苹果飘香的时候》获中国电视金鹰奖优秀剧目奖。

**沛县梆子剧团** 1951年成立。1978～2008年,剧团创作生产《微山湖畔》《白露花》《青春泪》《飞来的闺女》《蓬莱女》《刘邦》等剧目,改编《岳云》《巧娘》《宇宙锋》《白蛇传》《借妻》《清官册》《反云南》等10余部大中型剧目,排演《家家都有难念的经》《认亲》《退证》《迷途血泪》《三打白骨精》《阎家准》《龙凤面》等剧目。1980年,现代戏《青春泪》在江苏省现代戏观摩演出中获创作和演出二等奖,1985年,获江苏省文化厅颁发的创作演出百场奖。

**邳州市柳琴剧团** 前身为1953年成立的邳县柳琴剧团。1993年1月,柳琴剧团成立歌舞队、柳琴队和铜管乐队。1994年4月重新组成戏曲演出队和铜管乐队。演出剧目有《运河滔滔》《步步高》《春秀》《红桃图》《孟姜女哭长城》《泪洒相思地》《双玉蝉》《秦玉莲》等。1998年,《王继天》获江苏省精神文明建设"五个一工程"奖入选作品奖。

**睢宁县梆子剧团** 前身为徐州专区实验豫剧团第二演出队,1958年5月13日从徐州调至睢宁,定名为睢宁县红光梆子剧团。"文化大革命"期间,与睢宁县青年柳琴剧团合并为睢宁县文工团。1978年底,睢宁县文工团解体,睢宁县梆子剧团恢复建制。该团经常演出的梆子传统戏有《十五贯》《白蛇传》《孟姜女》《小红袍》《秦香莲》《白奶奶醉酒》《赵氏孤儿》《哑女告状》《吕布戏貂蝉》《巧县官》《抬花轿》《寻儿记》等,创作剧目《九死一生》《烽山烈火》《岠山红旗》《姑娘的秘密》《流水口》《护花神传奇》《罗经理探亲》《公主夺夫》《铁面女财神》等。1989年5月,剧团被撤销。

**睢宁县杂技团** 1960年2月成立。1983年更名为徐州市杂技团。1984年,徐州市杂技团在上海参加中日青年大联欢演出。1989年,杂技团撤销,部分演职员并入睢宁县柳琴剧团。常演传统节目《刀山》《马术》《蹬技》《车技》《浪桥飞人》《顶竿咬花》《顶碗》《柔术》等。

**睢宁县柳琴剧团** 1955年成立。1960年6月,更名为睢宁县青年柳琴剧团,"文化大革命"初期,与睢宁县红光梆子剧团合并为睢宁县文工团。1978年底,文工团解体,睢宁县柳琴剧团恢复建制。剧团经常演出的传统剧目有《姐妹易嫁》《程咬金招亲》《失刑斩》《春草闯堂》《泪洒相思地》《何巧娘》《十五贯》《孟姜女》《王华登基》《雷保童投亲》等，现代戏有《有白塔之谜》《红叶林》《战士的母亲》《清官能断家务事》《残雪》《爱河滔滔》《夕阳泪》《魂系桃花山》《呼唤》《今生无悔》《风雨基石》《三汊河》《鸟语花香》，以及专题文艺节目《春醉戏马台》《千秋丰碑》《百年梦圆》等。

**新沂市柳琴剧团** 1955年10月成立。前身为1954年季良奎的“拉魂腔”戏班。1958年，成立新沂县文工团，该团更名为文工团柳琴队。1959年8月，文工团解体，该团恢复为新沂县柳琴剧团。“文化大革命”后期，该团与新沂县吕剧团、新沂县文工队合并为新沂县文工团。1973年，再次恢复为新沂县柳琴剧团。1990年，新沂撤县建市，更名为新沂市柳琴剧团。1978～2008年，先后创作上演古装、现代剧目60余台，移植上演剧目近百台，如《龙泉夜雨》《不见硝烟的战场》等。《大地儿女》被拍成戏曲电视剧，获第20届中国电视剧“飞天奖”戏曲电视连续剧二等奖、第十六届江苏省优秀电视文艺“金凤凰”奖、全国戏曲电视剧展播金奖。2008年，《买牛腿》获第八届江苏省“五星工程奖”金奖，《失眠》获第五届江苏省小戏小品大赛入围节目奖。

**铜山县吕剧团** 1960年成立。1969年11月，铜山县吕剧团、铜山县梆子剧团合并为铜山县革命委员会毛泽东思想文艺宣传队，1972年12月，恢复铜山县吕剧团建制。常年演出剧目有《今年》《王小赶脚》《李二嫂改嫁》《蔡文姬》《搬窑》《光绪与珍妃》《三关排宴》《借年》《井台会》《龙凤面》《墙头记》《姐妹易嫁》《御河桥》《红楼梦》《李二嫂改嫁》《朝阳沟》《红霞》《喜事风波》《一杆秤》等。1980年，剧团被撤销。

**铜山县梆子剧团** 1950年成立。1969年11月，该团与铜山县吕剧团合并，改称为铜山县革命委员会毛泽东思想文艺宣传队，1972年12月，恢复铜山县梆子剧团建制。常演剧目有《秦香莲》《穆柯寨》《十五贯》《白蛇传》《朝阳沟》《人欢马叫》《孔雀岭》《桃李梅》《蝴蝶杯》《对花枪》等。1982年，《灵芝》参加江苏省戏曲创作剧目调演获演出奖。1985年，《塞上芳草》获江苏省文化厅、中国戏剧家协会江苏分会颁发的创作剧目演出百场奖。1992年，剧团被撤销。

**常州市武进区锡剧团** 前身为1946年初成立的武进县友联锡剧团。1953年初，经县政府批准，武进县友联锡剧团改名为武进县锡剧团。1969年年底，武进县锡剧团宣布解散，演职人员大部分转业或下放。1970年3月，武进县革命委员会决定，以留守人员为基本队伍成立武进县革命委员会战斗文工团，后更名为武进县文工团。1975年8月，武进县文工团撤销，恢复武进县锡剧团，性质为县财政差额补助集体事业单位，团址设在常州关河路。1983年，剧团为充分调动演职人员的积极性，在管理体制和分配制度上作改革。1995年6月，武进撤县设市，剧团更名为武进市锡剧团。2002年4月，武进撤市设区，剧团更名为常州市武进区锡剧团。2003年5月，锡剧团与中天钢铁集团公司联姻，组建中天艺术团，锡剧团与中天艺术团实行“两块牌子、一套班子”。2007年12月，锡剧团团部从常州市永宁路搬迁至武进湖塘延政路武进文化艺术中心内。30年间，改编、创演许多优秀剧目，如《母女会》《巧巧借猪》《望海》《常陵义女（原名《金银案》）》《访瓜园》《莲花朵朵》《鸭绒被》《青丝泪》《风流母女》《今日出梅》《孔繁森》《窦娥冤》《浣纱谣》等，其中《浣纱谣》获第七届江苏省锡剧艺术节优秀剧目一等奖，并于2007年参加第五届江苏省戏剧节演出。

**金坛市锡剧团** 前身为1952年成立的金坛县群力锡剧团（民营戏班）。1955年常州市群星锡剧团（民营戏班）加入。1969年11月更名为金坛县京剧团改演样板戏，引进一批常州市京剧团演员。1973年又改名为金坛县锡剧团，恢复演出锡剧。1979年4月锡剧团筹集资金办戏校，定名为金坛县锡剧团戏校，1983年春结业，所有学员留团。2002年8月在全省率先实施体制改革，由差额拨款的集体事业编制转制国有企业，同时组建华罗庚艺术团，保留金坛市锡剧团。

代表性剧目有《火焰山》《蝴蝶杯》《孙悟空大破波月洞》《金玉奴》《何文秀》《少年华罗庚》《飞吧，大雁》《永远的雪梅》等，其中《十里河塘》获首届江苏省锡剧节剧本三等奖、表演奖等奖项；《颠倒姻缘》获第三届江苏省锡剧节剧本创作三等奖、演出奖等奖项；《少年华罗庚》获第五届江苏省锡剧节优秀剧目奖、第四届江苏省精神文明建设“五个一工程”入选作品二等奖、第三届江苏省戏剧节优秀剧目奖、文化部第十届文华新剧目奖等多个奖项。

**溧阳市锡剧团** 前身为1947年成立的民间职业国华剧团。该团1952年7月参加苏南区集训后，于同年11月在溧登记，改名为溧阳县国华锡剧团，1955年重新登记，定名为溧阳县锡剧团。1959年10月，该团和常州市锡剧团合并。1960年10月，在常州专区的安排下，从金坛县锡剧团3个演出团体和常州专区锡剧院中分别抽调45名和23名演职员支援溧阳，于同年10月重组溧阳县锡剧团。1970年11月撤销锡剧团，同年12月成立京剧团。1978年12月撤销京剧团。1979年4月恢复重组溧阳县锡剧团。1990年12月8日，撤县设市，更名为溧阳市锡剧团。剧目《狠心奶奶糊涂娘》《爱心献给你》《放飞》等在江苏省锡剧艺术节中获得奖项。

溧阳市锡剧团为专业文艺表演团体全民事业机构，差额拨款单位，领导和管理溧阳市大众影剧院和溧阳市文化艺术中心影剧院。

**苏州市吴中区评弹团** 1973年成立。1978～2008年，该团创作上演《香山侍郎》《洞庭碧螺春》《吴中清风》《法治吴中》《好山好水》《暴式昭担柴》《吴宫遗恨》《孙武与胜玉》《九品巡检》等作品。该团参加国家级、省级以上艺术竞赛，先后获得国家级一等奖13个，二等奖21个；省级一等奖23个，二等奖16个。为中央、省部级领导同志进行专场演出并赴美、英、法、德、澳大利亚、新西兰、日本及我国香港和台湾地区进行文化交流演出。

**常熟市锡剧团** 前身于1955年由常熟县友爱锡剧团和常熟县合众锡剧团合并而成。1958年更名为常熟县锡剧团。1970年以后，更名为常熟县文工团，主要演出歌舞、音乐、曲艺、杂技、“样板戏”片段，并排练和保留部分小、中型锡剧及折子戏。1978年底，文工团正式改名为常熟县锡剧团。1983年，常熟撤县改市，更名为常熟市锡剧团。1978～2008年，该团挖掘、整理、移植、创作演出剧目150余部，如《龙凤合同》《常青藤》《多情的芦荡》《谢方正进京》《杨乃武出狱》《常德盛》《快乐木马》等，分别参加江苏省锡剧节、江苏省新剧目观摩演出、江苏省戏剧节、中国艺术节、中国戏剧节和中国儿童戏剧节演出，获集体奖28项，单项奖64项。

**张家港市锡剧团** 前身为1964年成立的沙洲县锡剧团。“文化大革命”期间剧团解体。1971年重新招生建团，称为沙洲县小京班，后改名为沙洲县文工团。1979年恢复建立沙洲县锡剧团。1986年更名为张家港市锡剧团。2006年，张家港市锡剧团、张家港市评弹团合并为张家港市艺术团，挂“张家港市评弹团”和“张家港市锡剧团”两块牌子，对外经营演出。1978～2008年，剧团创作演出一批新剧目，其中《不是父亲的父亲》《要塞新雷》《让婚记》《小镇风流》《桃花井》《天雨花》《金殿拒婚》《秦香莲后传》《唐伯虎点秋香》《桐江雨》《恨爱都是情》《江村人家》《生日》《审母宰父》《巧云》《龙凤仇》《半把剪刀》《吴二赖讨田》等获省级以上奖项。

**张家港市评弹团** 前身为1965年成立的沙洲县人民评弹团。1985年沙洲县撤县建市，沙洲县评弹团更名为张家港市评弹团。2006年，张家港市评弹团与张家港市锡剧团合并为“张家港市艺术团”，挂“张家港市评弹团”和“张家港市锡剧团”两块牌子，对外经营演出。1978～2008年，创作演出的书目主要有短篇《刀对鞘》《飞夺泸定桥》《强渡乌江》《闹月宫》《一串河豚子》《惊变》《三闯红灯》《二称师母》《网恋》《良心》等，长篇《西游记》《我爱明珠张家港》《一封信》《火烧巡抚衙》等，折子《堂楼吐真情》《夜访洪承畴》《文宣别书房》等。

**启东市越剧团** 前身于1954年由红星越剧团、三庆越剧团两个民间团体合并而成。1958年正式命名为启东县越剧团。1967年“文化大革命”期间，剧团被迫撤销，1979年3月经县委研究决定重新恢复。1981年启东撤县建市，启东县越剧团改为启东市越剧团。代表剧目有传统剧目《宝莲灯》《梁山伯与祝英台》《血手印》《三看御妹》《西林公主》《虹桥赠妹》《十一郎》《碧玉簪》《祝枝山嫁女》《五女拜寿》《桐江传奇》《皇帝告状》《血溅洞房》《三救郎》《豆腐郎》《真假驸马》《春江月》《野山菊》《审母》《鬼判》《李娃传》；现代剧目《孔洛娘打赌》；传统折子戏《铡美案》《孙悟空三打白骨精》《算命》《孟姜女过关》《爱歌》《惜别离》；越剧歌舞《神仙乐》《八仙过海》等。

**启东评弹团** 1956年4月成立。1965年改为启东评弹文工团，1979年10月恢复启东评弹团。该团1965年参加全国群英会，受到周总理亲切接见。1979年在王洪涤团长的带领下，创作现代长篇3部，短篇16个，开篇17个，获省级奖项三次，个人获省劳模，启东评弹团成为苏浙沪二省一市评弹六个理事团之一。王晓东为第三任团长，在他的带领下经过二次改革，参加国际艺术节两次，获银奖和铜奖；参加亚洲艺术节、百城春节联欢晚会，获国家级奖 9 次，省级奖 6 次，向中央领导汇报演出 4 次。

**海门山歌艺术剧院** 1958 年 8 月 5 日成立。属于差额拨款事业单位。代表性演出剧目有《淘米记》《枫叶红了的时候》《余丽娜之死》《唐伯虎与沈九娘》《俩媳妇》《献给妈妈的歌》，另有《青龙角》参加首届江苏省戏剧节获剧目奖，海门山歌小戏《采桃》在 2005 年中国戏剧家协会举办的首届中国戏剧奖小戏小品奖评选中获小戏类优秀入选剧目。

2005 年海门山歌剧被国家文化部乡土艺术协会授予“中国民族文化优秀品牌”称号。2008 年，海门山歌被列为“国家非物质文化遗产”。

**通州歌舞团(通剧团)** 前身为 1970 年 5 月成立的南通县文工团。1993 年 1 月撤销南通县设立通州市，更名为通州市歌舞团。2008 年成立通州通剧团，与歌舞团合署办公，更名南通市通州歌舞团(通剧团)。1978～2008 年间，代表性演出剧目有歌剧《褚老虎看鱼》；大型黄梅戏《喜脉案》《桐花泪》《鬼断家私》《赌祸》《税官》；大型歌舞剧《铁军雄风》；小品《狗子与花妹》《买荫凉》《金珠轶事》；通剧小戏《儿行千里》；黄梅小戏《三记耳光》《补裤》；舞蹈《放社火》《荷花盘子舞》，女子群舞《果果情》等。

**如东县少年杂技团(南通市少年杂技团)** 1957 年成立，由如东县兵房镇邱家班与如东县古坝镇卢家班、南通肖家班(1961 年并入)三家民间杂技团合并成立。1984 年 7 月经南通市文化局批准增挂南通市杂技团牌子。杂技团分别于 1965 年、1970 年、1974 年招收三批学员。1988 年 4 月经县政府批准，创办全省第一所杂技艺术学校，艺校和杂技团一套班子两块牌子。1998 年经县机构编制委员会批准县杂技艺术学校为独立建制的全民所有制事业单位，隶属县文化局。2004 年 8 月如东县杂技团与如东县杂技艺术学校合并，组建为如东县少年杂技团，挂如东县杂技艺校牌子。2004 年 9 月，如东县少年杂技团增挂南通市少年杂技团牌子。代表性节目《顶椅分砖》《顶碗》，在 1993 年第二届全国新苗杯杂技大赛分别获铜奖；1995 年《顶碗》参加第四届全国杂技比赛华东区预选赛获二等奖，《踩球顶椅分砖》获三等奖；1999 年《根深叶茂花繁——顶碗》获首届江苏省杂技比赛金奖；2007 年杂技剧《海上升明月》获江苏省 2005～2006 年度舞台精品工程提名剧目奖。

**如东县黄海剧团** 1945 年秋成立。代表性演出剧目有《夜下黑》《雨的重庆》《反法西斯胜利万岁》《长江血》《我是一个共产党员》《鸡毛飞上天》《老婆要往天上飞》等。20 世纪 70 年代陈美参加省文艺汇演获优秀奖，相声《结婚前后》由江苏人民广播电台录音播放，《我是船工新一代》获江苏省职工文艺调演创作、演出奖等。2003 年 12 月 10 日，南通市精神文明建设指导委员会授予黄海剧团“南通市精神文明建设先进集体”荣誉称号。

**如皋县京剧团** 前身为 1955 年 6 月成立的如皋县新乐京剧团。1958 年 2 月大丰县新洋农场京剧团并入，4 月改名为如皋县京剧团。1958 年 11 月，南通专署决定成立南通京剧院，原更俗京剧团和各县京剧团编为该院一、二、三、四、五团，如皋为第四团，仍由如皋县文教局领导。1959 年 10 月，四团调南通与一团(原更俗京剧团)合并，归南通专署文教局直接领导。1970 年 3 月，在县杂技木偶团基础上重建县京剧团。1978 年 12 月，江苏省文化厅举办全省京剧创作剧目会演，剧团选送《家常事》《断瓜》《归来》参演。1980 年 12 月，省里举办“全省 1980 戏曲现代戏观摩演出”，京剧《经理不在家》参演。该团曾上演《公社红旗飘》《沙家浜》《红灯记》《奇袭白虎团》《龙江颂》《皋南长缨》《林冲夜奔》《闹天宫》《秦香莲》《柳荫记》《凤还巢》《玉堂春》《恩仇记》等剧。该团于 1984 年 5 月 14 日由县文化主管部门宣布撤销。

**如皋县艺术团** 1980 成立。上演《拉郎配》《花田错》《孝顺儿子》《王老虎抢亲》等节目。该团于 1981 年 8 月解散。

**如皋市木偶艺术团** 1954 年 11 月如皋县木偶京剧团正式建立，原为新艺木偶团。1968 年 9 月，与杂技团合并，建立杂技木偶团革命委员会。1978 年 5 月，恢复如皋县木偶京剧团。1982 年 5 月，全团达 50 多人，分成两个队进行演出。1984 年，两队合并，精简部分人员。1988 年 12 月，南通市举办新剧目观摩演出，木偶团上演《龟兔赛跑》《小熊请假》等木偶小戏专场，获演出奖。1989 年 10 月，全团赴南京参加第二届艺术节(华东·南京)，演出大型神话剧《红螺女》。1990 年此节目应邀参加北京第十一届亚运会艺术节。1991 年 6 月撤县建市，如皋县木偶京剧团更名为如皋市木偶艺术团。1999 年 5 月 2 日,受国家文化部委派,赴罗马尼亚阿拉德市参加第四届欧洲木偶艺术节。6 月,《大禹治水》参加在南京举行的第三届江苏戏剧节,获新剧目奖、优秀表演奖等奖项。2007 年,如皋杖头木偶戏被列入江苏省级、南通市级非物质文化遗产保护名录。

演出剧目有《三打白骨精》《渡江侦察记》《三姐下凡》《嫦娥奔月》《火焰山》《不讲卫生的小猪》《馋嘴鸭》《小企鹅学本领》《阿凡提的故事》《孙悟空大闹盘丝洞》《小鸡历险记》《东郭先生》等。

**海安市歌舞剧团** 前身为 1965 年成立的海安县文工团,系原江苏省文化局为学习内蒙古乌兰牧骑在海安成立的一支由 12 名事业干部组成的文工队。1987 年更名为海安县歌舞剧团。1992 年,大型歌剧《青枫叶,红枫叶》参加南通市专业剧团会演获优秀剧目奖及多个单项奖。1993 年原创舞蹈《喜船》《恋歌》参加第四届江苏省音乐舞蹈节获得"四金二银三铜"的成绩。在各届江苏省"五星工程"奖比赛中剧团也有演员参与作品比赛并获得大奖。

30 年间,先后创作、移植、演出大型现代京剧《沙家浜》,大型话剧、喜剧《风华正茂》《八一风暴》《让青春更美丽》《魂牵万里月》《救救她》《枫树湾》《报童之歌》《枫叶红了的时候》《三约湖心亭》《大年三十》等,编排、演出 20 多台音乐、舞蹈、曲艺、小戏。参加省、市调(会)演和各类专业赛事并获奖。

**赣榆县京剧团** 1950 年成立。1978~2008 年间,先后排演大型现代京剧《山乡平叛》、新编故事剧《梦中魁元》等。经常演出剧目有现代京剧《家庭公案》《平原作战》《沙家浜》,传统剧目《群英会》《四郎探母》等。曾在省、市调演及新剧目调演中获奖。1995 年,大型历史京剧《徐福》获江苏省"加佳杯"戏曲调演 7 个奖项。2001 年后,剧团以歌舞综艺节目演出为主。2004~2008 年,参与中国·赣榆徐福海洋文化节演出活动。

**东海县吕剧团** 1960 年成立。1996 年 11 月,现代吕剧《红丝带》获第二届江苏省精神文明建设"五个一工程"奖。1997 年 8 月,根据现代吕剧《红丝带》改编拍摄的电视剧《五九看柳》获第十五届中国电视金鹰奖、中国电视剧展播进取奖。2002 年 10 月,《春打六九头》被中央电视台拍摄成 4 集电视戏曲片。小品《戳喜窗》获中国曹禺戏剧文学奖。2000 年后,东海县吕剧团年平均演出 200 多场次。

**灌南县淮海剧团** 1958 年成立。1978~2008 年间,先后改编和创作演出《三拜堂》《骂鸡》《皮秀英四告》《姐妹花》《海脐湾》《荷塘月》等大戏以及《画缘》《三亲家》《一盆清水》等小戏,参加省、市级戏剧调演并获奖。该团重视戏剧小品的创作和演出。

**灌云县淮海剧团** 1951 年成立。1987 年 4 月,该团实行承包责任制。1989 年剧团暂停演出,期间大部分演职员调出剧团。1992 年剧团恢复演出,先后参加第一、二届江苏省淮海戏艺术节。2005 年 9 月,剧团停止演出,保留剧团建制。

**淮安市淮剧二团** 前身为 1956 年成立的淮安县文工团。1959 年,淮安县淮剧艺训班学员并入该团。1969 年剧团撤销,1972 年恢复建制。1987 年 12 月,淮安撤县建市,该团更名为淮安市淮剧团。2001 年 2 月,剧团又更名为淮安市淮剧二团。1978~2008 年,整理、改编并创作演出一批新剧目。1978 年创作演出现代戏《新旅战歌》,参加江苏省戏曲汇演。另外,传统戏《胭脂》《孟母教子》《包公铡国舅》《关天培》、现代戏《借犁铧》等 8 个剧目在省、市调演中获奖。该团创作排演的大型现代戏《蓝盾情》、古装戏《梦窦娥》在第二届江苏省淮剧艺术节中获奖。

**淮安市歌舞二团** 前身为 1958 年 6 月成立的淮阴县红旗淮海剧团,1964 年改为淮阴县文工团,1985 年增挂"淮阴歌舞团"牌子,2004 年更名为淮安市歌舞二团。1979~2008 年间,先后排演《珍珠塔》《双玉蝉》《思仇记》《泪洒相思地》等近 20 部古装戏,以及现代戏《喜上加喜》《蝶恋花》《人生》等。1991~1994 年,因市场等原因停演。1995 年,以黄梅戏、歌舞并举恢复演出,与经纪人合作开拓市场,开展"送戏下乡",同时实行聘用制。2003 年 8 月起,演出实行承包制公开招标,中标者负责全团全年演出不少于 200 场。

**涟水县淮剧团** 前身为 1955 年成立的涟水县淮海淮剧团。1956 年 8 月更名为涟水县淮剧团。1978~2008 年间,剧团整理、改编并创作演出一批剧目。1985 年 11 月,现代戏《血洒迎春花》获得江苏省现代戏演出百场奖。1989 年 7 月,现代戏《月儿弯弯何时圆》获得中国戏剧文学学会江苏分会优秀创作奖。1992年，现代戏《桑园情》获得第二届江苏省淮剧节演出二等奖。1998年，大型现代戏《法官曹思奎》获第三届江苏省淮剧节剧目奖。2002年，大型古装戏《恩娶义嫁》获省第四届淮剧节演出一等奖、优秀剧目奖。

**盱眙县黄梅戏剧团** 1958年成立。1978～2008年间，剧团整理、改编并创作演出一批剧目。1991年创作排演的现代戏《情牵果园》获江苏省文化厅优秀剧目演出百场奖和江苏省精神文明建设“五个一工程”奖；新编黄梅戏《祥林嫂》在1995年全国第二届黄梅戏艺术节期间，获文化部颁发的优秀演出奖。《水漫泗州》《铁山寺传奇》《送鹅》获省、市级奖项。2008年底现代黄梅戏《梦雪》获得金黄梅奖。

**滨海县淮剧团** 前身于1954年由“淮光”“九成”两个剧团合并而成。1969年3月撤销，“文化大革命”后复建。1983年剧团演职员有40余人。1986年，《哆来咪》获首届江苏省淮剧节剧本二等奖。1992年，《还春记》获第二届江苏省淮剧节剧本奖。《三秀才》获第三届江苏省淮剧节优秀剧目奖和第四届江苏省精神文明建设“五个一工程”入选作品奖。《三请石爷》获中国首届国际小戏艺术节多个奖项。《芦花湾》在第二届江苏省小戏艺术节、第五届淮剧节中获奖。

**建湖县淮剧团** 前身于1954年7月由吴济良为主的新艺淮剧团和以陈如香为主的胜利淮剧团合并组成。1968年，剧团撤销，1974年重新恢复。1982年，《卖蟹》参加江苏省1982年新剧目调演并获优秀演出奖。1985年，《公公做媒》获江苏省优秀现代戏演出百场奖。1986年，《如何不如何》获首届江苏省淮剧节演出一等奖。1992年，《贾干事下乡》获第二届江苏省淮剧节优秀剧本奖、优秀演出奖。1998年10月，《野狼谷》获第三届江苏省淮剧节剧目奖。2002年11月，《陆秀夫》获第四届江苏省淮剧艺术节剧目奖。《剃头匠与理发师》获2005年第三届江苏省戏剧文学奖三等奖、2006年第五届江苏省淮剧艺术节优秀剧目一等奖，入选2007～2008年度江苏省舞台艺术精品工程精品剧目。《良心》获第四届江苏省小戏小品大赛二等奖。

**阜宁县淮剧团** 前身为由许金藻、陈玉庚的“双凤班”改组建成的艺工淮剧团，1954年11月改名为阜宁县淮剧团。1981年，《一字值千金》赴京参加全国现代戏汇报演出，获文化部嘉奖。1982年，《花好月圆》获江苏省小戏调演一等奖。1986年，《剖腹记》参加首届江苏省淮剧节获多个奖项。1992年，《悠悠珍珠情》获第二届江苏省淮剧节优秀演出奖。1993年后，剧团处境日益困难，暂停演出，1996年再度恢复演出。1998年，《钦差行》获第三届江苏省淮剧节剧目奖、编剧奖等奖项。2000年，《画像》晋京参加全国部分省市农村题材小戏调演。2004年，《好人马大哥》获第四届江苏省淮剧节优秀演出奖。2007年，《聋舅妈做媒》参加第二届中国戏剧奖·小戏小品奖暨第二届全国小戏小品大赛，获优秀节目入选奖和观众最喜爱的剧目奖。

**射阳县淮剧团** 1955年3月成立，以宝成淮剧团为基础改组建成。同年9月，“新胜”“光华”两个淮剧团并入。1978～2008年间，改编和创作演出《布谷声声》《新竹吐翠》《将军泪》《难咽的苦果》《渔人和网》《段金芳》《合同记》《牙痕记》《三姐下凡》《活捉张三郎》《分裙记》《宫墙柳》《珍珠塔》《宝砚记》等几十部大型现代及传统淮剧。1986年，《将军泪》获首届江苏省淮剧节剧本二等奖。1990年，《难咽的苦果》先后获省新剧目观摩演出优秀演出奖、优秀剧本奖等，江苏省戏剧紫金奖，江苏省人民政府文学艺术奖，全国现代戏会演新剧目奖，1991年赴扬州参加全国戏曲现代戏观摩演出获新剧目奖、优秀青年演员奖。1992年，《风雨故人来》获第二届江苏省淮剧节优秀演出奖。

**射阳县杂技团** 前身为1957年建湖县十八团中的“新艺”“新胜”杂技团和福建省福州的艺兴马戏团合并成立的射阳县杂技团。1988年10月，参加江苏省杂技出新、创新节目调演，《三层咬花》获一等奖，《双蹬技》获二等奖，《走钢丝》获三等奖。同年11月，《双蹬技》参加全国“新苗杯”杂技大赛获银奖。1990年11月，《三层咬花》参加全国第三届杂技比赛华东区预选赛获演出奖。1999年，参加江苏省杂技比赛，《手技》获金奖，《高车踢碗》获银奖，《溜冰》《对手顶碗》《魔术》获铜奖。2001年，参加江苏省青少年杂技比赛，《头顶技巧》获金奖，《晃管弹碗》获银奖，《荷姑与娃童》获优秀节目奖。

**东台市锡剧团** 1956年6月成立，由原常州市民艺锡剧团调到东台组成。1969年4月宣布解散。

1979 年 10 月重新恢复成立。1987 年，东台县撤县设市，剧团改名为东台市锡剧团。《纱巾记》《倩女奇冤》参加第一、二届江苏省锡剧节。1993 年 6 月，因市场萎缩，演出艰难而宣告停办。

**大丰市锡剧团** 1956 年 6 月成立。由原无锡市新艺锡剧团调到大丰组成。“文化大革命”期间，与县文化工作队合并。1983 年开始恢复演出。1990 年以来，先后上演《古井沉冤》《今日出梅》《手足情仇》《桥头情》《洞房情缘》等大型剧目。1996 年，大丰县撤县设市，剧团改名为大丰市锡剧团。2002 年，《猫恋》获第六届江苏省戏剧节一等奖。

**响水县淮海剧团** 1979 年成立。1983 年，大型现代戏《痴哥与傻妹》在上海《新剧作》第一期发表，后被沪剧、黄梅戏剧团移植。1985 年，《花大姑说媒》获文化部全国农村小戏调演一等奖。至 2008 年底，该团有演职员 60 余人。

**阜宁县杂技团** 1957 年成立。1981 年，《双层散梯》获首届全国杂技比赛铜奖。1986 年，《手技》在法国巴黎第九届世界《明日》杂技马戏比赛中，获法兰西共和国总统奖。《晃板顶技》获第二届全国杂技比赛铜奖，1990 年，《双层散梯》获江苏省青少年杂技比赛一等奖。2001 年，在省青少年杂技比赛中获两银两铜。2007 年 1 月，参加第六届亚洲冬季运动会开幕式演出。《晃板顶技》是该团重点保留节目之一。

**江都市扬剧团** 1952 年成立。1958 年分为江都县扬剧一团和二团，1960 年两团合并。1962 年，江都县文艺学校培养的一批青年演员进团，重新分成江都县扬剧一、二团。1965 年 11 月，又合并为江都县扬剧团。20 世纪 90 年代，江都县撤县建市，该团更名为江都市扬剧团。2000 年以后，剧团创作《许晓轩》《孙仁和》《江上青》《陈巧云》等一批现代戏。

**高邮市扬剧团** 前身为 1961 年成立的高邮县少年扬剧团。1962 年更名为高邮县青年扬剧团，1971 年更名为高邮县文工团，1976 年定名为高邮县扬剧团。1991 年高邮撤县建市，剧团更名为高邮市扬剧团。创演《毛惜惜》《细柳营》《巧寡妇》《雁归何方》等一批新编古装戏和《夜幕下的罪恶》《白衣圣人》等现代戏。其中，《夜幕下的罪恶》获第二届江苏省扬剧节优秀剧本奖、表演奖等，《白衣圣人》获 1999 年江苏省精神文明建设“五个一工程”奖。

**仪征市扬剧团** 1955 年成立。由著名京剧表演艺术家周信芳的学生、扬剧表演艺术家武麟童领衔。1992 年 3 月起，由于戏剧市场萎缩，剧团停止商业演出活动，1994 年 6 月，仪征市政府同意剧团“保留建制、养老留干、疏散人员”。随着团办企业经营逐年困难，大部分职工待岗或离团。1999 年，恢复艺术生产，2002 年，《贡茶奇案》获第三届江苏省扬剧艺术节优秀剧目奖；2003 年，获第四届江苏省戏剧节优秀演出奖。

**宝应县淮剧团** 1958 年成立。1959 年底宝应县湖西地区新建金湖县，淮剧团划归金湖。1960 年春，宝应县以原宝应县淮剧团留下的骨干，吸收部分业余文艺骨干另行组建新的淮剧团。1962 年夏，盐城鲁迅艺校 20 名戏剧表演班毕业生充实演出队伍。1978～2008 年期间，剧团移植和改编一些现代戏和传统剧目，其中有《小陈庄 · 风云》《艳阳天》《南海长城》《阴阳沟》《红灯记》《沙家浜》《智取威虎山》《杜鹃山》《龙江颂》《三女抢板》《春草闯堂》《珍珠塔》《李十娘》《吴汉三杀》《寻儿记》《九更天》《祝枝山嫁女》《春江月》《义和团》等。《悠悠柳河情》获第四届江苏省淮剧艺术节优秀演出奖，《湖畔风雨情》获第六届江苏省淮剧艺术节剧目奖。

**丹阳市戏剧总团** 1952 年成立丹阳县锡剧团，1958 年成立丹阳县丹剧团。1969 年，两团合并，称丹阳县文工团。1978 年，分为丹阳县锡剧团与丹阳县丹剧团。1987 年，丹阳撤县设市，1994 年，两团再次合并，称丹阳市戏剧总团，演出形式以丹剧为主，兼有锡剧、歌舞、曲艺等。1978～2008 年期间，两团排演传统戏《岳贡缘》等，创作演出现代戏《特别党员》《破壁记》《野塘婚礼》《他乡遗恨》《梦醒惊雷》《大哥你好》《称婆婆》等。1990 年，《野塘婚礼》获 1989～1990 年度江苏省新剧目观摩演出优秀剧本奖；1992 年 6 月，获文化部“天下第一团”优秀剧目展演剧目奖和演员奖，获“天下第一团”称号。《大哥你好》获 1997 年第二届江苏省戏剧节优秀演出奖、1996～1997 年度第三届江苏省精神文明建设“五个一工程”入选作品三等奖，该剧由江苏电视台拍摄成电视戏曲片，获中国大众电视戏曲片金鹰奖三等奖和中国电视片系列展播二等奖。2002 年 10 月，丹剧小戏《称婆婆》被文化部选调晋京参加庆祝中共十六大召开献礼演出。

**泰兴县歌剧团** 前身为1974年成立的泰兴县文工团。1979年更名为泰兴县歌剧团。1978～2008年间，剧团先后创作和移植排演《黄桥烧饼歌》《洪湖赤卫队》《江姐》《骄杨》《王老虎抢亲》《芳草心》《月儿何时圆》等一批优秀剧节目。其中，《抛秧号子》获江苏省精神文明建设“五个一工程”奖；《我的亲爹》获中国曹禺戏剧奖·小品小戏奖剧目二等奖；《祝你健康》获江苏省小戏小品大赛一等奖，小歌剧《凤莲戏夫》获三等奖。

**兴化市淮剧团** 前身为1955年成立的兴化江淮淮剧团。1970年与兴化杂技团合并组建为兴化县文工团。1983年，剧团重新恢复，后命名为兴化县淮剧团。1987年，兴化撤县建市后，更名为兴化市淮剧团。1978～2008年，先后创作演出一批优秀剧目，如大型现代淮剧《烛泪》《血泪姻缘》《小镇税官》《高原血魂孔繁森》《留一盏灯》《沈正彬》《父子请客》《谈情说爱》，以及大型历史剧《赤色玉麒麟》等。2008年，《板桥放粮》获第五届江苏省小戏小品大赛优秀剧目一等奖。

**靖江市锡剧团** 1953成立。1978～2008年间，演出剧目有《追鱼》《吴越春秋》《孙悟空三打白骨精》《杨门女将》《乱世风情》《有话跟我说》等。

**沭阳县淮海剧团** 1950年成立。1978～2008年间，剧团恢复排演古装戏《皮秀英四告》《樊梨花》《梁祝》《小刀会》《孟丽君》《五女拜寿》《换魂记》《恩仇记》等，移植、创作、演出现代戏《霓虹灯下的哨兵》《江姐》《审椅子》《西安事变》等。1985年11月，《韩余娟》获江苏省文化厅演出百场奖。1995年12月，《勋章在匣》获首届江苏省淮海戏剧节剧目奖。1997年6月，《孙明芝》获第二届江苏省戏剧节新剧目奖。1998年12月，《月牙楼》获第二届江苏省淮海戏艺术节优秀演出奖，2000年7月，获第四届江苏省精神文明建设“五个一工程”入选作品奖。2003年4月，《牡丹情》获第三届江苏省淮海戏艺术节优秀演出奖。

**泗洪县泗州戏剧团** 1953年7月成立。2003年4月，《湖畔人家》参加江苏省淮海戏剧节获新剧目奖。2007年7月，《青阳红霞》在第五届江苏省戏剧节中获优秀剧目二等奖。

**泗阳县淮海剧团** 1955年成立。传统剧目有《追鱼》《红白仙娘》《梁山伯与祝英台》《云中落绣鞋》《皮秀英四告》《三拜堂》《血丝玉镯》等，现代戏有《军嫂情》《情系海天》《母子情恨》《董正英》《乡村好人》等。大型革命历史传奇剧《陈毅三会韩德勤》获得江苏省委宣传部颁发的演出百场奖。

## 二、创作机构

### （一）省级创作机构

**江苏省文化厅剧目工作室** 1979年3月，江苏省文化局创作工作室成立，同年改名为江苏省文化局剧目工作室。1984年更名为江苏省文化厅剧目工作室。内设组织辅导、戏剧创作、理论研究、录像、秘书5个组和《江苏戏剧丛刊》编辑部。

省剧目工作室作为全省戏剧创作的职能管理部门，主要负责组织全省创作，协助各地讨论和加工剧目。每年主持召开全省创作会议和新剧本讨论会，协助全省性调演和会演的组织工作，对基础较好的剧目重点辅导，扶植优秀剧目，推介新戏。在省内外和全国的几项重大艺术活动中，推出一批有影响的剧目，如《打碗记》《一字值千金》《我肯嫁给他》《奇婚记》《皮九辣子》《多情的小和尚》《大脚皇后》《少年华罗庚》《快乐推销员》《一二三，起步走》《青春跑道》《平头百姓》《秦淮人家》《世纪彩虹》《红菱艳》《骆驼祥子》《鸡毛蒜皮》《十品村官》《红河谷》《琼花仙子》等。1985年起，省剧目工作室所主办的专业性内部刊物《江苏戏剧丛刊》，成为培养新人的园地。1992年9月，因组织辅导剧目生产成绩优异，被江苏省人民政府授予第二届江苏省文学艺术奖。2003年开始，省剧目工作室组织江苏省戏剧文学奖评选。2004年9月，开始负责实施“江苏省艺术创作源头工程”。曾三次获江苏省文化厅集体二等功。

1979～2008年领导班子成员有杨正吾、王鸿、管和琼、雪立、谢柯、李培健、方洪友、汪人元、陈晶等。

### （二）市级创作机构

**南京市艺术创作室** 1963年春成立。1966年“文化大革命”开始后解体。1969年南京市革命委员会设文教局，下设创作组，承担剧目工作。1973年文教局撤销，创作组解散。同时，文化局恢复“文化大革命”前建制，剧目工作划入艺术科。1979年文化局正式恢复设置剧目工作室，1986年剧目工作室单独建制，更名为“南京市艺术创作室”，1990年艺术创作室对外增挂“南京市艺术研究室”牌子，2003年更名为南京市文化局艺术创作室（南京市艺术研究所）。

剧目工作室自设置之初至恢复之后的20世纪80年代中期，在戏曲方面做了大量工作，既对外地来宁上演的剧目进行严格的审查管理，也为市属剧目组织创作剧目上演，对市属剧团自行创作的剧目，或予指导、扶持，或把关审定。先后组织创作及指导、扶持并上演的剧目有市越剧团的《铁骨红心》《林道静在农村》《剑岭红灯》《报童之歌》《巫山燕》《秦淮梦》《侯门之女》《南园梦》等；南京市京剧团的《姑娘你爱谁》《火烧东王府》《红花荡》《杀子判》等；以及话剧《卫星上的交响乐》《天上飞的鸭子》《大江奔流》《秦淮人家》等。进入21世纪后创作并上演的作品有小剧场话剧《402房间》《米莉和她的朋友》等；创作的京剧《徐福东渡》获第二十届全国田汉戏剧文学优秀剧本。

1978～2008年主要领导人有张兰生、胡亚东、赵家捷、樊小林、焦蕴华、张仲杰、周群等。

**无锡市文化局剧目工作室（无锡市文化艺术研究保护所）** 1978年成立。1992年10月，无锡市文化局剧目工作室与1984年成立的无锡市锡剧研究室合并成为无锡市艺术创作研究所，主要从事剧目创作和文艺研究。2005年，无锡市艺术创作研究所更名为无锡市文化艺术研究保护所，增加非物质文化遗产保护职能。至2008年，30年间创作上演的剧目有《宰相嫁妾》《弥留》《醉御史》《龙脉案》《冒官记》《骗婚记》《少年热线》《阴错阳差》《是谁惹的祸》《岳家小将》《贞娘恨》《大秦挽歌》等。

1978～2008年主要领导人有祁云、钱惠荣、汤旭、王志超、吴翼民、邹伟。

**徐州市剧目工作室（徐州市文化艺术研究所）** 前身为1981年成立的徐州地区文化局剧目工作室。1983年与徐州市文化局剧目创作组合并成为徐州市文化局剧目工作室，并与徐州市戏曲研究室联合办公。1988年，两家单位合并，成立徐州市文化艺术研究所，对外增挂徐州市剧目工作室牌子。主要职能为艺术创作与辅导、艺术研究、艺术书籍的编辑出版、艺术档案馆资料的征集与保护等。1978年起，创作、改编剧目多次获国家级和省级奖项，如《大燕和小燕》《新台啼血》《老孟这一家》《三赐御匾》《李瓶儿》《张凤娟审夫》《彭祖》《梦断燕子楼》《相逢在每一天》《解忧公主》《太上皇推磨》《远山飞虹》《淮海雪》《水远路长》《三断胭脂案》《桃花庄》等。自2004年起，文化艺术研究所负责马可纪念馆、马可音乐艺术研究会、徐州艺术馆和徐州戏剧文学学会管理工作。

1978～2008年主要领导人有滕为、肖祖宽、马良书、陈忠益、赵彭城、及巨涛、于道钦、苗艺明、杨德勋、陈晓棠、杨宏新等。

**常州市剧目工作室（常州市艺术研究所）** 常州市剧目工作室于1964年成立，为常州市文化局业务科室之一，分管剧目创作和演出剧目的审定工作。1973年更名为剧目创作组，分管戏剧、美术创作和摄影工作。1978年改称剧目创作办公室。1980年复称剧目工作室。1985年，剧目工作室另挂“常州市戏曲研究所”牌子，1989年7月，常州市戏曲研究所更名为常州市文化艺术研究所，与常州市剧目工作室合署办公。1978～2008年，制订并实施全市专业戏剧创作规划，组织专业编剧从事剧本创作，指导专业剧团的剧目创作、加工、修改工作。创作指导的剧目多次获得国家级和省级比赛奖项，如《土裁缝与洋小姐》《风流母女》《多情的小和尚》《欢喜店》《两个男人一颗心》《诸葛亮与小皮匠》《血色杜鹃》《高楼下的小屋》《龙子龙孙》《电话红娘》《芦花吟》《我要做好孩子》《七步桥》《阿拉美丽苑》《钱粮师爷》等。

1978～2008年主要领导人有郝赫、夏芦庆、蒋柏连、陶琴、陈敏嘉、许建荣、张戬炜等。

**苏州市文艺创作中心** 前身为苏州市文艺创作室和苏州市文化局剧目工作室。1978年10月27日，建立苏州市文艺创作室；1980年9月22日，建立苏州市文化局剧目工作室；2003年3月，苏州市文艺创作室更名为苏州市文艺创作中心，并增挂苏州市文化广播电视管理局剧目工作室牌子。1978～2008年，创作中心所创作的文艺作品有滑稽戏《小小得月楼》《店堂里的笑声》《钱笃笤求雨》，苏剧《欢喜冤家》《都市寻梦》《花魁记》《镯镂鉴》《童心无忌》《洞庭碧螺春》，锡剧《钱半仙嫁女》《暖锅为媒》《银子浜》，中篇弹词《大脚皇后》《雷雨》《钦差二爷》《钱粮师爷》，长篇弹词《赛金花》，短篇弹词《茉莉花开》《擦皮鞋》《南唐绝恋》《桥》等。

1978～2008年主要领导人有祁连庆、褚铭、金煦、吕庆余、陈其行、顾晓宇、徐白云等。

**南通市文化局剧目工作室** 1978年建立。1983年与南通地区文化局创作组合并，更名为南通市剧目工作室。主要工作职能为：开展艺术创作，促进艺术繁荣，组织全市艺术创作、研究及学术书刊编辑、艺术咨询服务、艺术创作表演人才培养等。1986年4月始，先后编辑出版内部刊物《南通剧稿》《剧目工作信息》。创作发表或排练上演的剧目有京剧《梁祝新传》《曹顶》《醉翁计》《相思螺》，话剧《大江东去》《世纪对话》《真情》，越剧《沈寿》《通州画怪》，通剧《花子街》《儿行千里》，黄梅戏《三记耳光》《补裤》；话剧剧本有《大青屋》《老杨局长》《走近"莫文隋"》《青春放飞》等；电影有《愁眉笑脸》；歌曲有《中国足球》《信用社为中国农村架金桥》《濠河里的春天》《跟随黄河》；小品《礁岛三棵菜》《一夫当关》《买阴凉》等。

1978～2008年主要领导人有顾晓群、张玉、叶庆霖、张汉江等。

**连云港市剧目工作室** 前身为1976年成立的连云港市文化局创作组。1980年5月，改为连云港市文化局下属负责组织和指导全市戏剧创作、艺术研究的事业单位。1984年，按照《关于实行编剧职务聘任合同的试行条例》逐步实施，1988年6月28日，连云港市剧目工作室试行编剧合同制。2007年，增挂"连云港市艺术研究所"牌子，工作中心逐渐转为非物质文化遗产保护研究。2005年前，以组织剧目创作演出和艺术研究为主要任务，自1984年起参与组织创作各类戏剧作品280余部，参与举办六届连云港市新剧（节）目调演，60余台剧（节）目被专业剧团搬上舞台。现代戏曲《弹花歌》获中国戏剧文学奖铜奖，剧本《万紫千红总是春》获江苏省戏剧文学奖提名奖。淮海戏《红尘悲歌》《代代乡长》《左邻右舍》，话剧《生命的长堤》《车站浪漫曲》，大型舞蹈诗《云港云》等一大批剧作获江苏省精神文明建设"五个一工程"奖等省级以上奖项。

1978～2008年主要领导人有周维先、完恩全、朱秋华、仲跻敏、刘守标等。

**淮安市剧目工作室** 1983年成立。2003年12月，淮安市剧目工作室和淮安市文化艺术研究室合并，更名为淮安市文学艺术院，系淮安市文化广播出版局下属事业单位。剧目工作室作为淮安市文学艺术院的重点职能科室，其职责和任务是繁荣戏剧创作，辅导全市专业、业余作者的创作，为市属剧团提供戏剧文本，协助艺术部门搞好剧目生产。创作的主要剧目有《果园风情》《骆马湖传奇》《情牵果园》《草包村长》《开国总理周恩来》《永恒的彩霞》《吴承恩》《人生双行线》《清江浦上河图》《好支书李元龙》《韩信》《梁红玉》等。

1978～2008年主要领导人有阮立林、刘新、薛友彬、刘宝林等。

**盐城市剧目工作室** 1963年组建，初为盐城专员公署文教卫生处剧目工作组，后改为盐城地区文教局创作组、创作科；1984年1月，盐城市文化局创作科改为盐城市文化局剧目工作室，为事业单位；2002年7月，盐城市戏剧艺术研究所并入盐城市文化局剧目工作室。成立至今，盐城市剧目工作室致力于开展戏剧创作和研究工作。代表作品有《金色的教鞭》《双送鞋》《打碗记》《人生在世》《黄海潮》《疯秀才外传》《鹤乡泪》《潇洒跑一回》《相亲》《蓝齐格格》《荒唐王爷》《鹧鸪天》《姊妹泪》《布衣青天》《假意真情》《婚恋呼拉圈》《马路变奏曲》《千古一丐》《天路谣》等。至2008年，盐城市剧目工作室拥有专业编剧八名，其中正高级专业技术职称两人，副高级两人，中级两人。

1978～2008年主要领导人有刘云、王沂、姜邦彦、王传学、孙茂廷等。

**扬州市文化局剧目工作室** 前身是1973年成立的扬州地区文化局创作组，1983年实行市管县新体制，原扬州市文化局创作组与扬州地区文化局创作组合并，成立了扬州市文化局剧目工作室。1978～2008年，剧目工作室创作搬上舞台并产生重要影响的作品有木偶剧《琼花仙子》、扬剧《皮九辣子》《史可法》、评话《广陵禁烟记》《挺进苏北》《一代儒将陈毅》《王少堂》等，获得文化部"文华奖"、木偶"金狮奖"、中国曲艺牡丹奖、江苏省精神文明建设"五个一工程"奖等，入选江苏省舞台艺术精品工程。在扬州、泰州两市未分设之前，在所属泰州、姜堰、江都、宝应四县（市）设有剧目工作室，兴化、泰兴、靖江、高邮、仪征、邗江六县（市）设有创作组。各室（组）有专职编剧一至三人不等。1996年扬州、泰州两市分设后，扬州所属江都、高邮、宝应、仪征、邗江等县（市、区）保留剧目室或创作组。

1978～2008年主要领导人有王鸿、周育体、陈允谦、胡小元等。

**镇江市艺术创作研究中心（镇江市艺术剧院）** 前身于1983年3月由镇江地区和镇江市两个剧目工作室合并成立。先后创作、改编了一批优秀新剧目，包括京剧、扬剧、锡剧、越剧、丹剧多个剧种。剧目工作室编辑印发了《剧目选编》共7辑。1995年9月，剧目工作室更名为镇江市艺术创作研究中心。1996年9月，镇江市艺术剧院成立，艺术创作研究中心和艺术剧院合署办公，一套班子、两块牌子。

1983～2008年主要领导人有谈进、杨雪怀、贺毅武、马家俊等。

**泰州市剧目工作室** 前身为1973成立的泰州市文化局专业戏曲创作组，1997年更名为泰州市剧目工作室。30年间，剧目工作室先后创作大型戏曲《没处到任》《新婚礼葬》《妻子的心》《小燕南归》《冀州记》《板桥应试》《信访局长》和儿童歌舞剧《拇指姑娘》等。其中，《没处到任》列入《中国戏曲志·江苏卷》和《淮剧志》。获奖作品有《冀州记》《油菜花开》《板桥应试》等。

1997～2008年主要领导人吴双林。

**宿迁市剧目工作室** 1997年2月成立。1997～2008年，剧目室共组织全市地方戏曲、小戏小品、曲艺汇演两届，创办《宿迁剧目》季刊，出版14期。组织全市创作各类剧目160余个。获奖作品有《孙明芝》《月牙楼》《青阳红霞》等。

1997～2008年主要领导人张贵益。

**（三）县（区）级创作机构**

**盐城市盐都区剧目工作室** 1988年12月在原盐城县文教局文艺创作组的基础上成立，时称盐城市郊区文化局剧目工作室。1996年因区划调整改称盐都县文化局剧目工作室。2004年3月，撤销盐都县设立盐都区，改称盐都区剧目工作室。1978～2008年间，创作多部获奖戏剧作品，如《儿女债》《张榜记》《丹凤眼》《鸡毛蒜皮》《是是非非》《来顺组长》《凡人三章》《特殊来客》《彩霞满天》《十品村官》《烟村三月》《秋天的思念》《小雨天》《工会主席》《马代表进城》等。

**建湖县剧目工作室** 1995年成立。自1998年起，多部作品获省部级以上奖项，如《如何不如何》《贾干事下乡》《多管一方》《村官"偷"羊》《冤斩马谡》《冤家路宽》《春到农家》《剃头匠与理发师》《新厂长戒酒》等。

**阜宁县剧目工作室** 1964年成立，隶属阜宁县文广新局。创作多部获奖优秀作品，如《一字值千金》《剖腹记》《悠悠珍珠情》《乡长手》《福哥甜妹》《青豆与红豆》《老马干事》《柳曲娘》《乡村土律师》《一掌情生》等。

**射阳县剧目工作室** 前身为1984年成立的射阳县文教局创作组，1986年正式成立剧目工作室。30年间，工作室将多部优秀剧目搬上舞台，如《奇婚记》《将军泪》《难咽的苦果》《未了情》《风雨故人情》《祥林嫂》《一江春水向东流》等。

**响水县剧目工作室** 1985年成立。以地方剧种淮海戏为主，创作出一批具有地域文化特色的剧目。获奖作品有《花大姑说媒》《南归记》《楚狂人》《送花》《村官崔大炮》《吴二赖讨田》等。

**滨海县剧目工作室** 1984年成立。30年间，创作出多部获奖剧目，如《骨肉恨》《哆来咪》《还春记》《三秀才》《芦花湾》等。

**东台市剧目工作室** 前身为1978年成立的盐城市东台县文教局创作组。1984年成立东台县剧目工作室，1987年，因东台撤县设市，改为东台市剧目工作室。创作以锡剧为主，涵盖电视剧本、广播剧本等多种形式，创作优秀获奖剧本，如《纱巾记》《倩女奇冤》《戈公振》《太阳花》《莲花落》《清清泰东河》《招聘》《风波》《半月湖》等。

**大丰市剧目工作室** 初为大丰县文化局创作组，1984年12月成立。1985年改为事业机构，1996年，因大丰撤县设市，更名为大丰市剧目工作室。大丰市剧目工作室组建以来，创作出一批优秀剧本。获奖作品有《漂流的岸》《路魂》《异域情殇》《公子扶苏》《大路朝天》《老九剪彩》《金色的翅膀》《人争一口气》《临时爸爸》《森林里的故事》《真情如歌》《秋月春花》《流浪的眼泪》《门神》《跳跳历险记》《珍妃》《花开花谢总是歌》《真假二十四小时》《稀世珍宝》《人民代表金喇叭》《提鸡拎兔去买药》等。

## 三、其他机构

**江苏省演出公司** 1985年成立。2001年并入江苏省演艺集团，是具有独立法人资质的国家一类演出经纪机构。公司内设国际演出部、国内演出部、策划推广部、演出广告部和行政事业部等。江苏省演出公司组织或参与举办中外各类演出活动超千场，包括中国第六届艺术节、首届南京市梅花节、高淳老街民俗文化节、中国沭阳花木节大型文艺晚会等政府重大节庆活动；张学友、黎明、刘德华、萧亚轩、费翔、周杰伦、黄金组合 F4 等大型演唱会；世界三大轻音乐乐团之一詹姆斯·拉斯特乐团、理查德·克莱德钢琴演奏会；奥地利国家铜管乐团、奥地利维也纳轻音乐团、德国杜塞多夫交响乐团、德国卡尔斯鲁厄大型管乐团、朝鲜国立大型交响乐团等国际性音乐会；俄罗斯红军歌舞团、加拿大温尼伯皇家芭蕾舞团、英国百老汇歌舞团、俄罗斯小白桦歌舞团、俄罗斯国立模范歌舞团、美国好莱坞格雷格大型魔术、美国现代通俗舞蹈团、旅美华人歌唱家音乐会等演出活动。

**江苏文化音像出版社**　成立于 1992 年，隶属于江苏省演艺集团。出版社设有编辑部、制作部、发行部等业务部门。出版发行的音像制品品质优良，向全国各省、市、自治区和港、澳、台地区以及东南亚国家发行。建社以来出版发行的音像制品有音带、像带、CD、VCD、LD 五大类千余品种。

## 第二节　剧(节)目

20 世纪 70 年代末至 80 年代，舞台演出机构和创作机构的陆续恢复重建，促进了江苏舞台剧(节)目的发展和繁荣。至 2008 年，江苏的戏剧、音乐、舞蹈、曲艺、木偶、杂技、魔术等多种舞台艺术门类得到全面发展。江苏舞台艺术创作坚持中共的文艺“为人民服务、为社会主义服务”方向和“百花齐放、百家争鸣”方针，提倡创作现实题材优秀作品，以实施国家和省舞台艺术精品工程为龙头，按照“全面发动、重点推进、不断提高、滚动发展”的工作方针，积极拓宽思路，科学规划、扎实工作，加强剧(节)目的论证、修改、加工，提高剧(节)目艺术水准，扩大影响，力求以精品创作带动江苏舞台艺术生产全面繁荣。

### 一、戏　剧

#### (一) 话　剧

**《阿 Q 正传》**

创作演出：江苏省话剧团

编剧：陈白尘

导演：周特生

主要演员：张辉、陈志仁、韩振华

创作时间：1981 年

该剧根据鲁迅同名作品改编，以辛亥革命前后的中国农村为背景。剧述未庄流浪雇农阿 Q，悲惨的地位使他备受凌辱，而他却自轻自贱，自欺自慰，用精神上的胜利来掩盖实际上的失败和被奴役的地位。剧本获文化部、中国戏剧家协会 1980～1981 年优秀剧本奖。

**《红红的雨花石》**

创作演出：江苏省话剧团

编剧：肖仁

导演：邹济潮、肖仁、蒋建陵

主要演员：滕爱弦、耿耿、张沂、张建霞

创作时间：1981 年

该剧讲述了一个穷人家的孩子在旧社会受尽苦难，最后在中共地下党员孙大叔的指引下，踏着革命烈士的足迹，终于光荣地成为了一名新四军战士。1982 年，获全国儿童剧观摩演出会演(南方片)创作奖、优秀演出奖。

**《甲申纪事》**

创作演出：江苏人民艺术剧院

编剧：汪人达

导演：汪人达

主要演员：陈志仁、蔡伟、马昌钰、施京明

创作时间：1992 年

公元 1644 年 2 月，李自成农民起义军东渡黄河，挺兵山西，遭宁武关名将周遇吉据险顽抗，义军受阻，幸得灾民、百姓献粮投军，一举攻克宁武，进军北京。崇祯帝走投无路，吊死煤山。进城后，义军上下沉溺于胜利的欢乐，违纪祸民，敲诈勒索、贪污腐化，致使百姓对义军由拥戴转为仇恨。义军将领李岩屡屡据此上谏，反遭诬陷被诛。其时山海关总兵吴三桂勾结清军入关，李自成率兵御敌不支，退回北京后焚火烧宫，匆匆撤离。仅四十天，局势如此逆转，一场轰轰烈烈的农民革命失败了。李自成亡命湖南夹山普济寺，遁入空门为僧，追忆一生，终明白一条真理：得民心者得天下，失民心者失天下。该剧获文化部第三届文华新剧目奖、文华剧作奖、文华表演奖，第二届中宣部精神文明建设“五个一工程”入选作品奖。

《热线电话》

创作演出:江苏人民艺术剧院

编剧:王承刚、蔡伟

导演:蔡伟、王承刚

主要演员:张九妹、郝光、施京明、王胜英

创作时间:1993 年

该剧讲述了某一档电台节目情感栏目的两位主持人苏琴、江远在工作及生活上遇见的问题以及情感纠葛,体现了有声世界无声世界里人们之间的联系和沟通。该剧于 1993 年获首届江苏省戏剧节优秀剧目奖;获第四届中宣部精神文明建设“五个一工程”提名奖;1995 年,获文化部第五届文华新剧目奖、文华剧作奖、文华表演奖等。

《老杨局长》

创作演出:南通市话剧团

编剧:高龙民

导演:李智明

主要演员:秦志高、朱红芳、侯昌萍、赵玉岚

创作时间:1996 年

该剧表现的是一个信访局长的真实故事。南通市信访局长杨锦平面对人民群众的信访、来访,总是以认真负责的态度处理,赢得了人们的尊敬与爱戴。该剧于 1997 年 6 月获第二届江苏省戏剧节优秀演出奖、编剧奖等。

《大江奔流》

创作演出:南京市话剧团

编剧:赵家捷

导演:郝刚

创作时间:1996 年

该剧取材于 1995 年震惊全国的无锡非法集资案。剧中主人公程之光的原型是当时负责这个案件侦破工作的省委副书记兼纪委书记曹克明。剧情中牵涉到复杂的背景情况,抓捕案犯的过程更是扣人心弦、险象环生。剧中政法干警在中纪委以及北京市公安局的领导和协助下,凭借大智大勇,出色地完成了任务。该剧自上演以来,演出近 300 场,获文化部第八届文华新剧目特别奖、第七届中宣部精神文明建设“五个一工程”入选作品奖。

《城市女儿》

创作演出:江苏人民艺术剧院

编剧:熊国栋

导演:熊国栋

主要演员:高英、张建霞、李青青、马军勤、杨德贞

创作时间:1997 年

该剧表现常年工作在地面和地下的下水道工人们,以其一心为民和吃苦耐劳的精神,克服重重困难,为城市的整洁、安全,默默作出无私的奉献。该剧以散文式的舞台语汇,通过发生在以万永芳为代表的下水道女工身上的一系列平凡生动的故事,形象地揭示了她们生活中的酸甜苦辣,展现她们对待工作、家庭、婚姻等问题的崇高精神境界和质朴感人的思想情操。该剧获文化部第七届文华奖文华新剧目奖、文华表演奖;1998 年,获江苏省精神文明建设“五个一工程”入选作品奖。

《车站浪漫曲》

创作演出:连云港市话剧团

编剧:张扬

导演:吴晓江、王晓鹰

主演:化敏、张晓华、刘海英

创作时间:1999 年

该剧反映连云港市精神文明建设典型——新浦长途汽车总站长途服务组学雷锋的事迹。1999 年在第三届江苏省戏剧节上获优秀剧目奖,参加庆祝中华人民共和国成立 50 周年优秀剧目展演,2000 年被选拔参加第六届中国艺术节展演,获江苏省精神文明建设“五个一工程”奖。

《寻找“莫文隋”》

创作演出:南通市话剧团

编剧:顾晓群、熊国栋

导演:熊国栋、李智明

主要演员:杨宁、白素琴

创作时间:1999 年

该剧根据全国精神文明先进典型“莫文隋”群体事迹创作。讲述了一名大学生父母双亡,生活失去依靠、面临辍学的时候,一个叫“莫文隋”的人每个月悄悄地寄来生活补助费,“莫文隋”即“莫问谁”。为了寻找“莫文隋”,电台开辟了寻找热线,于是一个又一个的“莫文隋”被找到了:离休干部、下岗工人、个体工商户、青年学生,他们都不是叱咤风云的英雄,而是普普通通的百姓。该剧获第三届江苏省精神文明建设“五个一工程”入选作品奖。

《世纪彩虹》

创作演出：江苏人民艺术剧院

编剧：王立信

导演：韩毅君

主要演员：蔡伟、郝光、马昌钰、张九妹等

创作时间：1999 年

该剧讲述造桥工人石松生、桥梁工程师黄乐水、桥工处干部周铁林，年轻时在战火中结成生死之交，从 20 世纪 50 年代初的鸭绿江大桥到武汉长江大桥、再到 60 年代的南京长江大桥，直至 90 年代江阴长江大桥，他们一次次经历了自然的、社会的、人生的惊涛骇浪。但在所遭遇的荣辱和沉浮面前，他们把桥看得比生命更重要，体现出新中国的建设者们的高尚情操、献身精神和人格魅力。2000 年，该剧获文化部第九届文华奖文华新剧目奖、文华表演奖；获第六届中国艺术节优秀剧目奖；获第四届江苏省精神文明建设“五个一工程”入选作品奖。

《秦淮人家》

创作演出：南京市话剧团

编剧：赵家捷、杨智

导演：郝刚

创作时间：1999 年

该剧讲述在秦淮河畔的一座老河房里，住着建筑师许经年一家和他的房客。他们生在、长在秦淮，也爱在秦淮，与秦淮结下了不解之缘。以许经年为代表的建设者，为秦淮倾注了毕生的精力，演绎了 50 年的人生况味。该剧获文化部第九届文华新剧目奖、第六届中国艺术节大奖、第八届中宣部精神文明建设“五个一工程”入选作品奖。

《平头百姓》

创作演出：南京市话剧团

编剧：王立信

导演：李建平

主要演员：于东江、张燕燕、王传海、马小宁等

创作时间：2002 年

在六朝古都，生活着一群平头百姓，面对转型期的阵痛，他们总是以乐观向上的态度对待所遇到的艰难和酸楚，努力以诚实的劳动改变自己的境遇。他们并不因身处逆境人微言轻，便放弃作为一个公民的社会责任，而是勇于向邪恶挑战，与权贵抗争，当需要的时候，甚至不惜牺牲生命，显示了他们高尚的人格力量和尊严。该剧于 2002 年在全国话剧新剧目交流演出中获优秀剧目奖；获 2003～2004 年度江苏省舞台艺术精品工程入选剧目；2004 年，获文化部第十一届文华大奖；获国家舞台艺术精品工程 2004～2005 年度“精品提名剧目”；2007 年，获第六届江苏省精神文明建设“五个一工程”荣誉奖。

《沦陷》

创作演出：南京市话剧团

编剧：姚远

导演：胡宗琪

导演：李仲鸣

主要演员：王传海、赵飞、葛石柱、惠娟艳、常小川、李珺、杨彦，谈锐、崔钟、于东江、马小宁、董炳舜

创作时间：2006 年

1937 年 12 月的南京，政府逃亡、军队战败，整个城市里只剩下一群无路可逃的民众，他们无助地目睹着这里发生的一切：城市被焚烧，文明被践踏，生命被屠戮……于是，一座城市和这样一个数字——300 000，一同被载入了史册。该剧于 2007 年，在纪念中国话剧诞辰 100 周年暨第五届全国话剧优秀剧目展演中获一等奖；获第五届江苏省戏剧节优秀剧目一等奖；获文化部第十二届文华新剧目奖；入选 2006～2007 年度江苏省舞台艺术精品工程。

### （二）京　剧

《宝烛记》

创作演出：江苏省京剧院

编剧：马少波

导演：石玉昆

主要演员：沈小梅、赵云鹤、赵道英、王新侬等

创作时间：1982 年

唐太宗李世民的皇后长孙氏，史称一代贤后，位高不乱法，任贤唯大公。她得知初即位的丈夫封其胞兄无忌为相时，鉴于历史教训及无忌拙于政事，劝谏另选贤能，太宗不听，长孙后只得劝兄辞相，而其嫂以长公主之尊从中作梗，其族叔长孙顺德又违法受贿。长孙皇后趁狩猎之机婉言奉劝长公主，终于釜底抽薪。无忌请辞，并谏房玄龄接任相位。长孙皇后积劳成疾，医药无效。乳娘因夫罪行贿，长孙顺德枉法案发后，散布流言，藉以开脱死罪。太宗惧失内助，竟受流言所惑，欲赦天下死囚

为皇后祈福。房玄龄力排众议,长孙后恳切劝谏,终使太宗收回成命。1991 年,获首届文华新剧目奖,沈小梅获文华表演奖;1992 年,获第二届江苏省文学艺术奖。

《**荣辱鉴**》

创作演出:江苏省京剧院

编剧:金恩渠

导演:石玉昆

主要演员:沈小梅、赵云鹤

创作时间:1987 年

五世功勋的将军府中,竟出了一个临阵脱逃的逆子石为山,这在功威远播的将军府中引起了轩然大波。耿直中正、视荣誉为生命的老将军石天成,爱子心切、铸成大错的石老夫人,以及新婚三月就送夫出征,对丈夫抱着极大希望的少夫人谭素心,围绕石为山逃阵事件,展开了极为错综复杂的矛盾冲突。但是,如何处理这关系到皇家威仪、石府功过的逃阵事件,远远不是将军府所能决定的。荣和辱、爱与恨的冲突,导致了石府家破人亡的悲惨结局。该剧于 1986 年获江苏省新剧目观摩演出优秀演出奖。

《**红菱艳**》

创作演出:江苏省京剧院

编剧:冯玉铮

导演:石玉昆

主要演员:黄孝慈

创作时间:1988 年

该剧表现明朝兵部尚书之子刘夜兰避难逃往苏州乳娘家,不久与乳娘之女——采菱姑娘邬菱姐相爱,后为地保察觉,告密于追捕差官。差官见姑娘貌美,欲献于权奸。恰遇皇帝巡幸江南,邬菱姐陈述冤情,公子得救。邬、刘二人即将成婚之时,又出婚变。邬菱姐为维护人的尊严,做出了新的抉择。1988 年,参加文化部举办的“全国京剧新剧目汇演”获优秀京剧新剧目奖,黄孝慈获优秀表演奖;1990 年 1 月,获江苏戏剧紫金奖。

《**青蛇传**》

作者:江苏省京剧院

编剧:高舜英

导演:石玉昆

主要演员:艾金梅、范以程、吴碧华

创作时间:1992 年

该剧表现小青在白素贞被镇雷峰塔后,满怀仇恨回昆仑修道,最终不惜自舍人身还蛇形,施法力毁塔救出白素贞的故事。1992 年 12 月,参加在天津举行的全国京剧青年团(队)新剧目汇演,获优秀剧目奖。1993 年 4 月,获第三届文华新剧目奖和首届江苏省戏剧节荣誉奖。1995 年 7 月,获第三届江苏省文学艺术奖。

《**醒醉记**》

创作演出:南京市京剧团

编剧:马彬

导演:张建强

主要演员:万连宝、张建强

创作时间:1993 年

唐贞观初年,太宗李世民在一片颂扬声中渐生骄奢之心,竟将气势恢宏的前隋洛阳故宫赐女儿以作陪嫁。皇后多方劝谏,李世民拒不收回圣命。皇后请亲家房玄龄进谏,并送他壮胆药酒。房玄龄不能违拗,犯颜直谏,被李世民软禁宫苑。皇后假托李世民御赐毒酒逼玄龄进食,房玄龄痛饮大醉。宿将尉迟恭误认为李世民逼死房玄龄,入宫痛斥,公主也向李世民索要公爹,李世民也为误伤股肱悔恨万分。恰当此时房玄龄酒醒,皇后说明真相,李世民收回圣命,广开言路君臣同庆。该剧先后获首届江苏省戏剧节优秀剧目奖、江苏省精神文明建设“五个一工程”入选奖、第五届中宣部精神文明建设“五个一工程”奖、中国第四届戏剧节优秀演出奖。

《**西施归越**》

创作演出:江苏省京剧院

编剧:罗怀臻

导演:薛沐、吴继静

主要演员:李亦洁、严阵、李为群、董源、吴碧华、高飞

创作时间:1995 年

春秋时节,战事无度,为吴灭国的越王勾践,遣送西施入吴。数年后,勾践复国亡吴,迎还西施归越。西施带回了吴王夫差的“遗腹”。一面是忍受了数载屈辱的复国“功臣”;一面是怀带了吴国亡君骨血的女人。昔日恋人范蠡的冷漠、儿时浣纱姐妹的疏远、生身母亲的埋怨,还有越王勾践的猜忌与鄙视……西施走投无路,孤立无援。绝境中诞生的婴儿,唤醒了西施的爱怜,她决意为无辜的自己和更为无辜的新生儿作一次果敢的抗争。1995 年,

获首届中国京剧节"程长庚铜奖"、江苏省戏剧节优秀剧目奖。

《骆驼祥子》

创作演出:江苏省京剧院

编剧:钟文农

导演:石玉昆

主要言员:陈霖苍、黄孝慈等

创作时间:1998 年

根据老舍的小说《骆驼祥子》改编、创作。故事发生在 20 世纪 20 年代军阀混战的北平,主人公祥子是一个善良勤劳的人力车夫,他的人生理想仅仅是一辆车、一碗饭、一个家。他自苦自贱,苦熬苦攒,买车丢车,丢车买车,三起三落,历尽坎坷。在旧社会黑暗势力的压榨下,祥子落得家破人亡,沦落街头,起码的生存权利被剥夺了。剧作力求保持老舍先生原著风貌,又充分动用京剧唱、念、做、打的艺术手法,以鼓书说唱串联全剧。该剧获第二届中国京剧艺术节金奖、第三届江苏省戏剧节优秀剧目奖、第六届中国戏剧节优秀剧目奖、第七届中宣部精神文明建设"五个一工程"奖、第六届中国艺术节大奖、第九届文化部文华大奖、中国戏曲现代戏突出成就奖,入选文化部国家舞台艺术精品工程 2002～2003 年度精品提名剧目等。

《胭脂河》

创作演出:南京市京剧团

编剧:李晓宁、张建强、续正泰

导演:续正泰

主要演员:张克、王善平

创作时间:1999 年

明洪武年间,朱元璋下令开凿胭脂河,正当工程即将完工之际,掌管钱粮的司计于世安突然被人杀害,其女于素秋到溧水县衙告状。不料,她在县衙竟遇到了杀父的"仇人"之一——知县高子谦的儿子高廉。于素秋转而去求助胭脂河工程督办、凤山侯李莽。其实李莽才是这桩凶杀案的主谋。该剧围绕此桩命案,塑造了高子谦刚直不阿、正气凛然的形象。1999 年 6 月,该剧获第三届江苏省戏剧节优秀剧目奖。2001 年 12 月,获第三届中国京剧节金奖。

《天下归心》

创作演出:江苏省京剧院

编剧:陈亚先

总导演:徐晓钟

导演:陈霖苍

主要演员:陈霖苍、李洁等

创作时间:2001 年

该剧讲述了曹操与他的患难之交陈宫的故事。曹操与陈宫,一个是卓越的政治家,一个是理想主义者;一个向往对方的雄才大略,一个敬重对方的高尚人格……但二人对如何治理乱世、使天下归心,又有着水火不容的分歧……剧本截取曹操政治生涯中最为辉煌和悲怆的几个断面,借助"吕家庄""白门楼""华容道""铜雀台""始建殿"等关目,在大开大阖中演绎了两个人物的性格发展,展示了他们剪不断、理还乱的性格扭结。2001 年,获第三届中国京剧艺术节优秀剧目奖。

《闪闪的红星》

创作演出:江苏省长荣京剧院

编剧:郭彦民

导演:周世琮

主要演员:陈娟、张坤、黄艳玲、姚崇文、强生、王亚

创作时间:2004 年

该剧根据同名小说《闪闪的红星》改编,讲述了 20 世纪 30 年代中国革命的红色摇篮江西,一个叫柳溪的山村里,一个暂时还处在大土豪胡汉三统治下的几十户贫苦人家所发生的故事。以一位年仅八岁的孩子——潘冬子为人物中心安排情节,设置矛盾,体现了主人公在中国共产党和前辈的教育、帮助下,逐渐成熟起来的过程。2001 年底,中央电视台将该剧拍成电视戏曲片。2003 年 10 月,获第四届江苏省戏剧节新剧目奖;2004 年 12 月,获文化部第四届中国京剧节"儿童题材京剧特别奖"。

《主仆奇冤》

创作演出:江苏省长荣京剧院

编剧:夏永泉

导演:李仲鸣

主要演员:姚中文、刘维青、陈婷、于志强、佟启新、杜九红

创作时间:2005 年

清末余杭县令之子刘子同,强暴毕秀姑,毒害秀姑新婚之夫葛小大。刘知县依仗权势制造伪证,硬将"通奸害夫"的罪名栽赃在杨乃武和毕秀姑身上,无辜的主仆二人被定成死罪。全剧始终贯穿一

个“冤”字，经过堂审、诱逼、厅审、醉狱等9场戏，既再现了当时的历史背景，又实现了从故事“杨乃武与小白菜”到京剧《主仆奇冤》的戏剧化视角的转变，表现了主仆二人的冤情，揭露了当时官场的黑暗。该剧于2007年入选江苏省舞台艺术精品工程，获第五届江苏省戏剧节优秀剧目奖。

**《飘逸的红纱巾》**

创作演出：江苏省演艺集团京剧院

编剧：蒋晓勤、姚远、邓海南、高舜英

导演：郭晓男，郭学文

主要演员：李亦洁、严阵、董源、盛海宁、李为群

创作时间：2008年

以抗战作为历史背景，着重表现了一名留洋归国的热血女青年方斐毅然投身革命，在经历各种考验和磨砺中逐步走向成熟，成长为一名革命文艺战士，直至献身革命的感人经历。作品揭示了青春不仅是美、是爱，更是理想和忘我的主题。全剧充满抒情浪漫的情怀，闪动着凄美与壮丽的色彩。该剧于2008年获第五届中国京剧艺术节现代戏金奖。

（三）**昆　剧**

**《白罗衫》**

创作演出：江苏省昆剧院

编剧：张弘

导演：周世琮

主要演员：石小梅、赵坚

创作时间：1988年

主人公徐继祖在寻访白罗衫的过程中，终于弄清了自己的身世，原来他所谓的父亲徐能，是个既对他有十八年养育之恩，又与他有十八年杀父之仇的江洋大盗。面对着严酷的现实，徐继祖为前来探望他的徐能摆下了丰盛的酒宴，宴席上抒发其复杂的感情。该剧是国家昆曲艺术抢救、保护和扶持工程资助项目。

**《桃花扇》**

创作演出：江苏省昆剧院

编剧：张弘、王海清

导演：周世琮

主要演员：石小梅、胡锦芳、林继凡、黄小午、张寄蝶、赵坚、柯军、顾湘

创作时间：1991年

明朝末年，复社文人侯方域侨寓金陵，与秦淮名妓李香君结为风尘知己。阉党余孽阮大铖企图拉拢侯方域，挽回臭名，东山再起，设下圈套，陷害侯方域，致使侯、李劳燕分飞，天各一方。侯方域面对国破家亡的现实，政治抱负彻底破灭，遂归隐栖霞。人格的差异，使这对恋人失去了最后相见一面的机遇。桃花扇断送了南明，也断送了侯、李的爱情。该剧获第二届江苏省戏剧节优秀剧目奖、第三届江苏省精神文明建设“五个一工程”入选作品奖、第八届文华奖文华新剧目奖、第六届中国艺术节优秀剧目奖、首届中国昆剧艺术节暨优秀古典名剧展演优秀展演奖。

**《血冤》**

创作演出：江苏省昆剧院

编剧：刘葆元、汪琴

导演：周世琮

主要演员：胡锦芳、林继凡、黄小午、顾芗

创作时间：1995年

古代河南某地洗玉匠人刘庆昌，自湖广销货回家途中，身染重病，在破庙托卖糖葫芦的老人赵庆给其妻子带信。不料赵在途中遇到刘的妹夫郎中吴诚道。吴赶到破庙，见刘携带银两，遂起歹念，刘拼命搏斗，被吴用银针扎“风府”穴，立时失声。待刘回家后，吴又趁人不备，用砒霜将刘害死。刘妹翠娥捕风捉影，怀疑其嫂韩素娘通奸杀夫，于是将韩拉上公堂，吴又买通了县衙师爷肖仁，将韩定为通奸谋夫十恶大罪，打入死牢。后来，刘翠娥查明了真凶就是自己的丈夫，悔恨交加，赶往巡抚衙门，说明真相，不料此时韩素娘已被处决。翠娥悲痛至极，触公案而死，巡抚彭威见情，自知铸成大错，遂将吴诚道、肖仁斩首。该剧获第一届文华奖“文华新剧目奖”，第二届江苏省文学艺术奖。

**《牡丹亭》（精华版）**　创作演出：江苏省昆剧院

原著：汤显祖

编剧：张弘

导演：姚传芗、周特生、范继信

主要演员：石小梅、孔爱萍

创作时间：1999年

南安太守杜宝之女杜丽娘，偕侍女春香游园，不觉困倦而寐，梦见与一位秀才柳梦梅两厢情好，缠绵欢会。次日，丽娘重回园中寻找雨迹云踪，不觉情伤意倦，相思成疾，日趋憔悴，在自描其容后，满怀着对爱情的憧憬而逝。丽娘的魂魄在幽冥飘

荡，阴司胡判官念其为情而亡，吩咐花神护其肉身，以待他日返阳团聚。岭南学子柳梦梅在赴考途中为寻访梦中情人，来到南安，因病住进杜府旧址。一日漫游废园，拾得杜丽娘春容一帧，对画轴痴情叫唤，惊动了杜丽娘的幽魂。深夜杜丽娘来至观中与柳梦梅相会，并告知自己尚是鬼身。柳梦梅掘坟开棺，杜丽娘魂还人间，两人冲破阴阳之隔，永偕好合。该剧获第六届江苏省精神文明建设"五个一工程"奖，入选2005～2006年度江苏省舞台艺术精品工程精品剧目。

**《牡丹亭》(青春版)**　创作演出：苏州昆剧院

原著：汤显祖

编剧：白先勇

导演：汪世瑜

主要演员：俞玖林、沈丰英

创作时间：2002年

由著名作家白先勇主持制作，两岸三地艺术家携手打造，以"永恒的青春、永恒的美"为主题，根据21世纪的审美观，保持昆曲的抽象写意、以简驭繁的美学传统，利用现代剧场的种种概念，使传世经典以青春靓丽的形式出现在人们面前，再现一段跨越生死的爱情故事。该剧于2004年4月开始在世界巡演，获第五届江苏省戏剧节优秀剧目一等奖、第十届中国戏剧节特别荣誉奖、第四届中国昆剧艺术节优秀剧目奖、第十四届文华优秀剧目奖，入选国家舞台艺术精品工程年度资助剧目、文化部2007～2008年度优秀出口文化产品和服务项目。江苏省文化厅为剧组记集体三等功，江苏省人民政府为剧组记集体一等功。

**《长生殿》(上、中、下)**　创作演出：苏州昆剧院

原著：洪昇

编剧：顾笃璜

导演：顾笃璜

主要演员：王芳、赵文林

创作时间：2004年

该剧是一部描写唐明皇与杨贵妃坚贞爱情的巨作，也是昆剧中流传最广泛、影响最深远的优秀传统名剧之一。《长生殿》原本共50出，此次整理改编，选取原著中23出，连缀成篇，力图体现原著精华和意旨。其中，《定情》《絮阁》《惊变》《埋玉》《迎像》《哭像》等折是在昆剧舞台流传且为观众所熟悉的，而《冥追》《神诉》《尸解》《重圆》等出，则是第一次搬上现代舞台。该剧入选2005～2006年度江苏省舞台艺术精品工程精品剧目。

**《西施》**

创作演出：苏州昆剧院

原著：梁辰鱼

编剧：郭启宏(特邀)

导演：杨小青(特邀)

主要演员：王芳、吴双、黄小午、钱振荣

创作时间：2006年

吴越之战，越王勾践兵败，乞降于吴，受尽磨难。越王为复国，用范蠡之计，卧薪尝胆。又向吴王夫差敬献美女西施，用美人计离间吴王与相国伍员君臣关系。范蠡被迫割断和西施的浣纱之情，弱女子西施更是怀着复杂感情无奈周旋于吴王身边。最后吴国败亡，吴王自刎。西施面对吴越非正义之战所带来的尸横遍野，面对勾践的绝情断义和范蠡的一腔悲愤，仰天长叹，一片茫然。该剧获第三届中国昆剧艺术节优秀剧目奖、第六届江苏省精神文明建设"五个一工程"荣誉奖、第十届中宣部精神文明建设"五个一工程"入选作品奖、文化部第十二届文华剧目奖，江苏省文化厅为剧组记集体二等功、江苏省人民政府为剧组记集体二等功。

**《1699·桃花扇》**

创作演出：江苏省演艺集团昆剧院

编剧：田沁鑫、方彤、老象

导演：田沁鑫

主要演员：施夏明、单雯、张争耀

创作时间：2006年

该剧通过明末复社文人侯方域与秦淮名妓李香君的爱情故事反映了南明一代兴亡。侯方域在南京旧院结识李香君，共订婚约，阉党余孽阮大铖暗送妆奁，以拉拢侯方域，结交复社。香君识破阮大铖的圈套，坚决退还妆奁。阮大铖诬告侯方域暗中勾结左良玉背叛朝廷，迫使他逃离南京。崇祯自缢后，马士英、阮大铖在南京拥立福王，重新得势，强迫香君改嫁党羽田仰，香君誓死不从，血溅定情诗扇。友人杨龙友将扇上血迹点染成折枝桃花，名桃花扇。清兵南下，南明灭亡，几经波折，侯、李重逢，但国已破，何以为家？桃花扇损裂，侯、李出家入道。该剧于2007年获全国第十届中宣部精神文明建设"五个一工程"奖；2008年，获第31届世界戏剧节优秀剧目奖；2008年入选文化部2007～2008

年度优秀出口文化产品和服务项目。

**(四)锡　剧**

《**红楼夜审**》

创作演出:常州市锡剧团

编剧:张乾大、张振、孙中、史曼倩

导演:史曼倩

主要演员:吴雅童、吴小英

创作时间:1982年

升官知县江梦升将女儿嫁与巡抚之子卜仁,江梦升之女江燕燕夜宿兴隆店,遭前来与他相亲的卜仁调戏,路见不平的胡文龙出手相拦,卜仁家奴失手打死卜仁,家奴去至知县公堂告状,并诬陷胡文龙是凶手。知县江梦升为了功名利禄,便将胡定为死罪,又要女儿过门为夫守节。而江燕燕却不知此时凶犯就是恩公,为了弄清真相在红楼上夜审胡文龙,才得知真情,放走恩公。江燕燕以身替恩公赴死。法场上胡文龙带来太湖英雄救走小姐。昏官江梦升落了个鸡飞蛋打。该剧获首届江苏省戏剧百花奖优秀演出奖,并由南京电影制片厂拍摄成戏曲艺术片。

《**巧云**》

创作演出:张家港市锡剧团

编剧:郭宗泰

导演:许应、吉思

主演:朱美珍、杨文良、高惠法

创作时间:1990年

乡办新港化工厂倾尽全力生产新农药"坐果灵5号",引来外商洽谈合资,订货会盛况空前。正当群情振奋之际,化工专家江海桥当众斥责新港厂厂长张金龙欺世盗名,声明新农药绝非"坐果灵5号",致使订货会不欢而散,外商洽谈中断。痛心疾首的张金龙,把上当受骗严重失职的妻子巧云开除出厂。这对满怀事业心勇于开拓的夫妻,在工厂和家庭的双重危机中,苦苦地寻求转机,顽强地负重奋进。1993年,该剧获第一届江苏省戏剧节优秀剧目奖。

《**快活的泥腿子**》

创作演出:苏州市锡剧团

编剧:陆伦章

导演:陈坚、王云

主演:张唐兵、徐鸣、张美华、王春楼、潘才良、夏红霞

创作时间:1992年

莫厘村村办厂厂长田亮亮追到上海虹桥机场,和国营"康乃馨"时装公司抢生意,新加坡金鼎集团董事长希望田亮亮在三天之内拿出合资意向书。田亮亮抓住机遇挖来了"康乃馨"的技术骨干吴迪,在乡党委的支持下,果断地兼并了经营不善的乡办服装厂。一出"儿子吃老子"的喜剧,闹出一场风波,啼笑皆非又发人深思。该剧于1993年获首届江苏省戏剧节优秀剧目奖。

《**天涯情仇**》

创作演出:江阴市锡剧团

编剧:毛德彦、张左一

导演:田夫

主要演员:徐惠、程雪梅、缪进荣、周兴龙、郑晓阳

创作时间:1993年

该剧是一个以16世纪中叶倭寇骚扰我国东南沿海及我国人民抗倭斗争的历史为背景,把民间传说和江阴史书记载的史实加以提炼加工而成的故事,演绎了一场夫妻团圆、母女相见、兄妹相知的悲喜剧,唱出了"一代人报两代恩,两代仇化一代情"的睦邻友好之歌。1993年6月,获第四届江苏省锡剧节优秀演出奖;获首届江苏省戏剧节优秀剧目奖。

《**杜鹃红**》

创作演出:常州市青年锡剧团

编剧:陈明虎

导演:许应

主要演员:万建焕、张惠芳、王胜标、孙薇、吴小童、许志良

创作时间:1993年

井冈山樟树坪领头人梁大山为了老区脱贫致富,到上海购买造纸机器,结果买回的是一套淘汰的设备,当他再返回上海索赔时,意外地遇到了在井冈山插队的前妻倩文,更没想到坑害他的竟是亲生女儿杜蕾。于是,在母女、父女、夫妻、情人之间展开了波澜迭起的思想和情感冲撞,在是与非、恩与怨、情与理的错综复杂的矛盾纠葛中,反映出在经济改革中人们不同的社会价值观念、行为准则和道德取向。该剧于1996年获第二届江苏省精神文明建设"五个一工程"奖。

《**瞎子阿炳**》(**又名《二泉映月》**)　创作演出:无锡市锡剧院

编剧：张弘、梅天放、赵仿佛、吴兆芬（1999年版）

导演：梅天放、张弘、梁大成（1995年版）、卢昂（1999年版）

主要演员：小王彬彬、袁梦娅、潘华等

创作时间：1995年

该剧反映了世界名曲《二泉映月》的作者、民间音乐家华彦钧（阿炳）与华清和、阿云、彩娣等人的亲情、爱情、友情，通过琴约、琴哗、琴情、琴痴、琴辩、琴心、琴决、琴归等感情线索，描绘了阿炳一颗痴迷音乐艺术的赤子之心，勾勒了他在苦难中挣扎、奋斗的传奇人生，折射出他对民间音乐的智慧光芒。该剧于1995年获第六届上海白玉兰戏剧表演艺术奖；1996年，获第二届江苏省精神文明建设“五个一工程”入选作品奖。

**《珍珠塔》**

创作演出：江苏省锡剧团

编剧：谢鸣、成进森

导演：俞克平

主要演员：周东亮、倪同芳、卞雁敏、周树林、董云华、张翠华

创作时间：1997年

河南方卿家道中落，奉母命投亲借贷。因遭势利姑母羞辱，负气而归。表姐翠娥贤淑善良，敬佩方卿穷不失志的骨气，假托点心，暗将稀世之宝珍珠塔赠与方卿带回。风雪归途之中，方卿遭劫险些丧命。三年后，方卿高中头名状元，乔扮江湖艺人，二次来到陈府，将藏有金印的点心回赠表姐。势利成性的姑母仍冷眼相待，方卿借唱道情予以讽喻。该剧于2001年获第七届中国戏剧节优秀剧目奖；2002年，获文化部第十届文华新剧目奖；2003年，获江苏省精神文明建设“五个一工程”奖；2005年入选2004～2005年江苏省舞台艺术精品工程精品剧目。

**《爱河滔滔》**

创作演出：宜兴市锡剧团

编剧：严朴勤、邓耀清、刘志林

导演：刘志林

主要演员：唐振华、孙小香、杨丽芳、储梅珏

创作时间：1997年

表现富庶江南人家、优秀教师与企业家用不同爱的方式教育子女的故事。该剧获第二届江苏省戏剧节优秀剧目奖；第三届江苏省精神文明建设“五个一工程”奖。

**《少年华罗庚》**

创作演出：金坛市锡剧团

编剧：毛德春

导演：俞克平

执行导演：孔祥瑜

创作时间：1998年

小小年纪的华罗庚，看到大教授苏家驹关于代数五次方程式解法的论文后，竟越看越怀疑，还一头扎了进去。于是，他上课“不务正业”，差点遭开除；回家做生意因为一心看“天书”几乎店关门；病床上写论文“驳难”苏教授，险些断送师生情……历经磨难，捷报传来，他的《苏家驹代数五次方程式的解法不能成立之理由》发表了，从此华罗庚走进清华园，最终攀登上了数学科学的高峰。该剧获文化部第十届文华新剧目奖、2000年全国儿童剧优秀剧目展演优秀剧目奖、第四届江苏省精神文明建设“五个一工程”入选作品奖。

**《沈万三搭朱元璋》**

创造演出：苏州市锡剧团

编剧：黄国杰、陈其行

导演：童薇薇、孙野

主演：王春楼、秦兴、张唐兵、钱克、张美华、杨旻华、徐鸣、杨龙华、夏红霞、徐敏霞

创作时间：1999年

刘伯温陪同朱元璋出宫微服私访，碰到了沈万三偕夫人九娘一行，双方各不让道。刘伯温提议沈万三同朝廷分修城墙，沈万三一听同皇上比赛修筑城墙，正是耀富扬名的大好机会，便满口答应。朱皇帝不想让沈万三占先，以违犯“海禁”为名动了杀机。刘伯温感到大事不好，同沈万三夫妻编出了一个聚宝盆致富的故事，朱元璋将信将疑，给了沈万三一文制钱，要求每天对合起利，存放一个月，有心测试真假。沈万三回家细算，才知道这“驴打滚”的一文钱，将使沈家倾家荡产……该剧于1999年获第三届江苏省戏剧节优秀剧目奖。

**《大桥情》**

创作演出：江阴市锡剧团

编剧：张左一、毛德彦

导演：陈明正、杨关兴

主要演员：徐惠、许国生、缪玉华、周林华、缪进荣等

创作时间：1999 年

新一代桥梁专家黄梦桥，立志在家乡南江市建造一座世界瞩目的长江悬索大桥。黄梦桥肩负重任、风尘仆仆地回到南江，与高中时期的同窗知己、现任南江大龙湾船厂总经理龙一飞、北江市的办公室副主任焦北鸣重逢西山。在大桥选址定位、移村让田、拆迁搬厂等现实问题中产生了一连串的思想冲突和情爱婚姻纠葛。该剧展示了当代知识分子、企业家和大江两岸百姓，在振兴中华创造美好未来的现代化建设中重塑人生的“自我意识”和爱国奉献、崇尚求实的精神风貌。1999 年，获第五届江苏省锡剧节优秀演出奖；第三届江苏省戏剧节新剧目奖；第六届中国艺术节展演演出贡献奖。

**《老铳》**

创作演出：常州市锡剧团

编剧：罗日铣

导演：童薇薇、刘平鸽

主要演员：万建焕、孙薇、李舒娴、周军、居亦琴、吴小童、吴佳伟、赵文彬、黄彪

创作时间：2002 年

一位猎人的离乡出走，只是宣告了一段故事的结束；而一位猎人的突然到来，却牵扯出一串故事的开始。狼面对人，自有狼的种种心态；人面对狼，更有人的种种心态。有“狼”在，就有这“老铳”在；有人在，就有这故事在。该剧于 2002 年获第六届江苏省锡剧节优秀演出奖；2003 年，获第五届江苏省精神文明建设“五个一工程”奖。

**《青蛇》**

创作演出：无锡市锡剧院

编剧：刘鹏春

导演：石玉昆

主要演员：李舒娴、陈云霞、蔡瑜、冯佼、朱宏敏、殷晓刚、谷好好

创作时间：2002 年

根据香港作家李碧华同名小说改编。该剧充分发挥了锡剧唱腔的歌唱性特色，并融入舞蹈、武打、魔术、杂技等各种舞台表演形态，采用声电光影技术增强舞台视觉感染力，追求好看、好听的艺术效果。该剧列为 2004～2005 年度江苏省舞台艺术精品工程精品提名剧目。

**《杨乃武出狱》**

创作演出：常熟市锡剧团

编剧：金曾豪

导演：俞克平

主要演员：王卫星、金冬梅、俞新跃、韩桂芬等

创作时间：2002 年

清代四大奇案之一“杨乃武与小白菜”的主角杨乃武出狱后，意志消沉，并遭恶势力迫害，在《申报》女记者秋山红的帮助和鼓励下，重新挺起胸膛为生存和正义而奋斗。该剧从看似陈旧的题材中捕捉到了新的立意，生动反映了封建时代底层知识分子的生存和情感状态。该剧获 2002 年第六届江苏省锡剧艺术节优秀演出奖，2003 年第四届江苏省戏剧节优秀演出奖，2007 年文化部第十二届文华优秀编剧奖、剧目奖。

**《江南雨》**

创作演出：无锡市锡剧院

编剧：刘云程、周保民、刘红焰

导演：曹祖庚

主要演员：黄静慧、潘佩琼、蔡瑜、姜雪峰

创作时间：2005 年

该剧讲述江南女性在近现代社会变迁中，挣脱旧婚姻枷锁，追求自由生活的生命历程。2007 年 12 月参加第十届中国戏剧节获优秀剧目奖。入选 2007～2008 年度江苏省舞台艺术精品工程。

**《浣纱谣》**

创作演出：常州武进区锡剧团

编剧：姚金成

导演：卢浩

主要演员：沈惠兰、曾丽军

创作时间：2005 年

根据明代梁辰鱼的传奇《浣纱记》改编。作品以现代文化的视角，对“中国古代第一美人”西施的经典故事进行了新的解读与开掘，分为“迎施”“教艺”“入吴”“采莲”“赦归”“思越”“伐吴”“归湖”八场。剧中，西施牺牲了与范蠡的爱情，为救越国大义入吴，助勾践与范蠡实施复国之计，夫差身死国灭，西施却被勾践软禁于太湖边的云叠山，归国不能，还乡不成，后范蠡打扮成渔民，两人逃出勾践魔掌，泛舟五湖，归隐田园。该剧获第七届江苏省锡剧节优秀演出奖、第五届江苏省戏剧节优秀剧目奖，2008 年入选江苏省舞台艺术精品工程。

**《烟村三月》**

创作演出：常州市锡剧团

编剧:陈明

导演:蒋宏贵

主要演员:万建焕、孙薇、陈鹰

创作时间:2005 年

评弹艺人田茂林常年在外说书,偶然结识了一个名叫小雨的书迷。其时,田家儿媳玉兰在烟村办起一爿茶馆,田茂林为辅佐儿媳“剪书”回家,小雨却悄悄尾随来到烟村。适逢茶馆开张之际,小雨饿昏在茶馆内,众皆惊。精明的玉兰决定留下小雨,此举赢得了乡邻的一片赞誉。但没想到,小雨是个“艾滋”遗孤,茶馆因此歇业,烟村人心惶然。从此,平和的家庭秩序被打乱,正常的人际关系发生了裂变,是留下小雨,还是将其送走?人们的心灵在两难的选择中发生着道德和情感的碰撞。最终,小雨走上了新的人生之路。该剧于 2006 年获第七届江苏省锡剧艺术节优秀剧目一等奖;入选江苏省 2005～2006 年度舞台艺术精品工程剧目;2007 年,获第五届江苏省戏剧节优秀剧目一等奖。

《工会主席》

创作演出:无锡市锡剧院

编剧:陈明

导演:蒋宏贵

主要演员:许沁萍、徐志铭等

创作时间:2008 年

环球电子公司工会主席许沁萍和总经理徐志铭夫妇离异。他们的分手,只是各自性格的差异所致。经过时光淘洗、冷静反思,更为了瘫痪的女儿圆圆,两人决定复婚。适逢公司 20 周年庆典,由总经理助理汪静引发出一场“搜身事件”。面对突如其来的变故,许沁萍和徐志铭再一次陷入新的情感危机。面对前夫的固执、员工的误解、汪静的挑唆、女儿的责怪,许沁萍陷入了进退维谷的两难境地:是维护员工们的合法权益?还是保全家庭完整?许沁萍选择了一条艰难的维权之路。剧中塑造了一个可信、可爱、可敬的工会主席的鲜活形象。该剧于 2008 年获第 31 届世界戏剧节创新剧目奖。

### (五) 扬　剧

《马娘娘》

创作演出:江苏省扬剧团

编剧:杨正吾

导演:蒋剑奎

主要演员:杭麟童、朱余燕、蒋剑峰、沈家林、刘荣燕

创作时间:1981 年

该剧取材于南京民间传说,表现大明开国皇后马娘娘深入民间、体恤民情、辨奸平冤、惩恶扬善的故事。演出后深受领导、专家和广大观众好评。该剧获 1984 年江苏省庆祝新中国 35 周年戏剧调演获优秀剧目奖、江苏省戏剧百花奖等。

《三把刀》

创作演出:江苏省扬剧团

编剧:石来鸿、袁振奇、石增祥

导演:孔繁钟

主要演员:杨国柱、朱余兰、杨晓苇、李明英、耿典夫、李华

创作时间:1982 年

此剧为轻喜剧风格,讲述了中共十一届三中全会后,在以“三把刀”驰名中外的历史名城里,一群从事传统服务行业的年轻人的故事,他们积极进取、爱岗敬业,并勇于向世俗偏见挑战,展现了新时期新一代的青春风采。公演后立即在观众中引起强烈反响。该剧于 1982 年获江苏省直属院团新剧目汇演编剧、导演、表演等奖项,同年,获首届江苏省戏剧百花奖。1983 年江苏电视台改编拍摄为四集戏曲电视剧《琼花飘香》,获中国电视金鹰奖提名奖。

《牛仔女皇》

创作演出:江苏省扬剧团

编剧:袁振奇、陈锋、石增祥

导演:周特生

主要演员:徐秀芳、杨晓苇、缪勇、候长荣

创作时间:1988 年

该剧讲述李雯高考落榜,跻身营销牛仔服装的个体户行列,面对激烈的市场竞争,备尝成败悲欢,而且承受着传统观念的重压,深陷重重纠葛。但她在风浪中砥砺前行,终于成为一名胸怀宏图的企业家。这个大时代的小人物形象,为我们留下一幅改革开放新潮初起时的真实而鲜活的剪影。该剧获首届江苏省扬剧节优秀剧本奖、优秀演出奖。

《我想有个家》

创作演出:江苏省扬剧团

编剧:火焰

导演:石玉昆

主要演员:缪勇、徐秀芳、袁晓君、侯长荣

创作时间:1988 年

该剧讲述优秀推销员查礼,信守正直和真诚,恋爱却屡遭失败。热心友人介绍的漂亮女工那碧秋一次又一次捉弄了他。一位失恋的大学毕业生舒婉兰由感激而生爱,正当议定婚事之时,舒婉兰旧日恋人从国外归来,查礼为成人之美,再次饮下爱情的苦酒。在滚滚红尘中人们呼唤着真诚和理解,好人查礼终于意外地获得真诚的爱。该剧获首届江苏省戏剧节优秀剧目奖;第二届江苏省扬剧节优秀演出奖。

**《皮九辣子》**

创作演出:扬州市扬剧团

编剧:刘鹏春

导演:邱龙泉

主要演员:姜峻峰、汪琴

创作时间:1989 年

解放前为逃避流氓地痞的勒索,皮九冒充伪警察,"文化大革命"中被打成现行反革命。中共十一届三中全会以后,皮九获释,他四处上访。一次,偶然在县城小浴室遇体察民情的县委彭书记,终于申诉有门,问题得到解决,皮九并不以此满足,大敲政府的竹杠,人称"上访专业户"。新上任的女乡长,晓之以理,动之以情,又发挥其所长,安排他为乡办企业回收欠款,上访专业户变成要债专业户,皮九得以安居乐业。县里某局李局长为了自己亲属经商,借了乡办厂八千元,皮九与不正之风小作较量,收回了欠款。不想李局长恼羞成怒,借故给乡里施加压力。皮九愤然再度上访,去省城找上调的彭书记告状。女乡长百感交集,送皮九上路。该剧获首届江苏省扬剧节导演奖。后入选第二届中国艺术节。

**《铁面情》**(原名**《包公泪》**) 创作演出:镇江市扬剧团

原著:崔东升

整理:崔万林、东忠、李彬

导演:崔万林

创作时间:1992 年

该剧讲述包公办案铁面无私,忍痛批捕犯法的妻子,又顶着抗旨的巨大压力,决心依法惩办罪犯王其祖,为民除害。该剧获第二届江苏省扬剧节优秀演出奖、江苏省精神文明建设"五个一工程"奖。

**《王昭君》**

创作演出:江苏省扬剧团

编剧:袁振奇

导演:石玉昆、范继信、孔凡中、俞克平

主要演员:徐秀芳、侯长荣、缪勇、杨国柱、吴蕙明

创作时间:1997 年

该剧以现代人的视角重新审视"昭君和亲"这一历史事件,对戏剧矛盾的定位和戏剧情节的组构作出新的处理,力求真实可信地表现王昭君从不自觉到自觉肩负起和亲重任的心路历程,并从她与匈奴单于追寻相知真爱的感情发展中,折射出中华民族成员间由隔阂对抗到团结融合这一不可抗拒的历史进程。1997 年该剧获第二届江苏省戏剧节优秀剧目奖。1999 年 6 月江苏电视台摄制为四集戏曲电视剧,获第十四届中国电视金鹰奖最佳戏曲片奖。2000 年 5 月,获第六届中国艺术节展演奖。2001 年 9 月,获国家民委、文化部等联合举办的第二届全国少数民族文艺会演创作、演出金奖。

**《真假二十四小时》**

创作演出:扬州市扬剧团

编剧:徐新华

导演:王友理

主要演员:李政成、陈隽、龚莉莉、葛瑞莲、张卓南、周斌

创作时间:2006 年

章程、王阳、李李三同事友谊笃诚,号称"三剑客"。章程即将去省委党校学习,王阳、李李准备饯行,并祝愿他早日荣升副局长。偶然的契因,使得调皮的李李提出打赌——三人在二十四小时之内不说一句假话。于是真话假话?真心假心?二十四小时之内,"三剑客"和周局长、吴妹、机关打杂的"聋哑"赵老头,上演了一出啼笑皆非、拷问灵魂的活剧。该剧入选 2006~2007 年江苏省舞台艺术精品工程精品剧目。

**《丹凤湖畔》**

创作演出:江苏省演艺集团扬剧团

编剧:陈明

导演:李利宏

主要演员:缪勇、徐秀芳、侯长荣、胡顺坤、诸葛秀兰

创作时间:2007 年

该剧讲述在水乡丹凤湖村，并非一娘所生却情同手足的兄弟俩，在村官竞选中，演绎了一个发人深省的故事。通过死鱼之谜、寿宴风波、泛舟对酒、查封酒坛、兄弟对阵、夫妻夜话、大坝抢险等戏剧情节，展示了当下农村真实的生活场景，揭示了加强农村基层政权建设是建设社会主义新农村的重要课题。该剧入选2008年江苏省舞台艺术精品工程。

**《县长与老板》**

创作演出：扬州市扬剧团

编剧：徐新华

导演：王友理

主要演员：李政成、张卓南、葛瑞莲、赵紫君

创作时间：2008年

21世纪初期，新上任的县长余启礼刚刚到任就遇到了一个棘手的难题，国营企业安康县机械厂数年前就陷入困境，历届政府想尽办法却回天无力。当地最大的民营企业天成集团扩大经营急需生产车间，意欲并购机械厂。于是，在县长与老板之间展开了数番激烈的较量。在余启礼这个共产党员、人民公仆经受各种考验的过程中，林天成受到触动。该剧获第七届江苏省精神文明建设“五个一工程”奖。

**（六）淮　剧**

**《恩娶义嫁》**

创作演出：涟水县淮剧团

编剧：张生荣、陈旭

导演：戴宝元

主要演员：冯秀、蔡山河

创作时间：1981年

该剧表现富商张俊生为报渔民李厚道父女救命之恩，托人说媒将李厚道之女李桂英迎娶进门与长子张富结为伉俪。张钱氏嫌贫爱富，百般折磨桂英，次子张贵性格憨厚，心地善良，看嫂子受苦受罪，非常同情，想方设法暗中相助。桂英的表妹吴翠兰到张家探姐，得知内情，义嫁张贵，洞房之夜，性格泼辣而善良的翠兰将婆婆痛训一场。病中的婆婆在桂英的细心照料下，深感内疚和悔恨，终于两家并成了一家。该剧于2002年获第四届江苏省淮剧节获演出一等奖、优秀剧目奖。

**《打碗记》**

创作演出：江苏省淮剧团

编剧：姜邦彦、乐民

导演：朱品孝

主要演员：华美琴、梁国英、刘少峰

创作时间：1980年

陈奶奶解放前逃荒要饭，将两个孩子抚养成人，解放后又忙着侍候儿孙操劳家务，谁知自己年老多病，落得个“老大不问，老二心狠，两家派饭，你推他顶，多吃一顿，咒骂不停”的可悲处境。无奈，陈奶奶投河自尽，被未过门的孙媳妇白玲救起。白玲在粗瓷碗上做文章，巧妙地教育了公公婆婆及陈奶奶的不肖子孙，一家人重归于好。该剧于1980年获江苏省戏曲现代观摩演出大会演出一等奖；1981年，获全国戏曲现代戏汇报演出优秀奖。

**《一字值千金》**

创作演出：阜宁县淮剧团

编剧：吕庆云

导演：吕乐

主要演员：梁伟平、石麟童

创作时间：1980年

气象员叶发章因科研需要持计划供应证到木材公司购买杉木。保管员金守祥为讨好领导，定要见到局长亲笔信才肯发货。恰好，局长的名字也叫叶发章。由此，发生了一场喜剧性的冲突。此剧针砭时弊，引起一定反响。该剧曾参加江苏省新剧目会演，获剧本一等奖。1981年，参加全国戏曲现代戏汇报演出并获奖。

**《奇婚记》**

创作演出：江苏省淮剧团

编剧：徐恒斌、宋泽夫、贺寿光

导演：徐企平、夏鹰、朱品孝

主要演员：刘少峰、梁国英等

创作时间：1984年

一个12岁小姑娘，竟托婚给一个近40岁的老光棍。同室八年，这一对“夫妻”竟无半点夫妻之情；年轻的“婶娘”竟与本家“侄儿”谈情说爱，誓结生死同心。畸形的年头，奇事不断。当中酸甜苦辣令人回味深思。该剧于1985年获全国戏曲观摩演出大会演出一等奖、江苏省庆祝新中国成立35周年戏剧调演优秀演出奖、第三届江苏省戏剧百花奖优秀奖。

**《鸡毛蒜皮》**

创作演出：盐城市淮剧团

编剧：陈明、冯国才

导演：蒋宏贵

主要演员：石麟童、朱桂香、梁霄鹏、徐红珠等

创作时间：1989 年

故事发生在 20 世纪 80 年代改革开放后的苏北里下河农村，勤劳致富的养鸡专业户三寡妇是远近闻名的“母老虎”，与她同住一个大院的是阴阳先生“二阴阳”。两家常为一点鸡毛蒜皮的小事吵闹得鸡飞狗跳。村民小组长尤三想尽办法，调解两家矛盾。但他的热心介入，却使两家误会迭出，自己也被卷了进去。凭着老共产党员一颗赤诚的心，尤三最终巧妙地使两个冤家对头重归于好。该剧于 1990 年获江苏省新剧目观摩演出优秀演出奖；1995 年，获全国新剧目交流观摩演出优秀演出奖；1996 年，获文化部第六届文华新剧目奖；同年 9 月，获全国第五届精神文明建设“五个一工程”入选作品奖。

**《难咽的苦果》**

创作演出：射阳县淮剧团

编剧：徐恒斌

导演：刘静杰、夏鹰、杨亚殿

主要演员：曹恒松、李栋林、吴金干等

创作时间：1989 年

农民梅道竹在生日之际被舅兄金占侯带进赌场，误入歧途而一发不可收拾。妻子金占秀身带重病雨夜寻夫，劝夫迷途知返，不幸身亡。夫闻噩耗已是家破人亡，真可谓“难咽的苦果”。该剧于 1990 年获江苏省新节目调演七个奖项；1991 年，获全国现代戏观摩演出剧本一等奖、新节目奖。1991 年被中央电视台拍摄成戏曲艺术片。

**《是是非非》**

创作演出：盐城市淮剧团

编剧：冯国才、陈明

导演：蒋宏贵

主要演员：王宗珍、朱桂香、梁霄鹏、王书龙、何春华、程红、蔡彪

创作时间：1991 年

村民小组长尤三老了，由三婆娘的女儿小芸担任组长。尤三从“官”变“民”，但却比当“官”还要忙，还要累，由此产生了新的话题：为阻止捕捉青蛙，引出了秧苗事件；为帮助田根找对象，错投避孕药，导致一对有情人产生误会；为反对“二阴阳”大办寿宴，使得两亲家反目。凡此种种，风波迭起，老夫妻争吵不休，尤三被逼出走……通篇俗人俗事，俗情俗理，笑声中会让人对尤三这位老共产党员肃然起敬。该剧获第二届江苏省淮剧节优秀演出奖、首届江苏省戏剧节优秀剧目奖、江苏省 1992～1993 年度精神文明建设“五个一工程”入选作品奖。

**《太阳花》**

创作演出：江苏省淮剧团

编剧：卢冬红

导演：梁国英、邱小祥、陈明旷、陈澄、王萍

主要演员：刘少峰、梁国英等

创作时间：1994 年

主人公方大姑年轻守寡，把满腔希望寄托在两个儿子方剑豪和方剑雄身上。老大方剑豪赌博败家，方大姑自责教子不严，方剑豪悔恨交加，挥刀斩去一指，立誓重新做人，毅然参加抗日队伍，不幸牺牲在敌人的屠刀之下。方大姑寄予希望的二儿子方剑雄，却沦落为汉奸。面对民族恨，母子情，面对全村父老乡亲的安危和方家断子绝孙的矛盾，方大姑亲手毒死了汉奸儿子，拯救了麒麟村的全体村民。该剧获第二届江苏省精神文明建设“五个一工程”奖、华东六省一市第十届“田汉戏剧奖”一等奖、第二届江苏省戏剧节荣誉奖、第六届中国艺术节展演贡献奖。

**《青豆与红豆》**

创作演出：江苏省淮剧团

编剧：吴启鹏、邱锡俊

导演：朱品孝、王咸俊

主演：吕辅国、许萍、梁国英

创作时间：1997 年

淮河岸边有一座小豆庄，小豆庄里住着鳏寡多年的青豆和红豆。人到中年，情爱愈深，鳏寡联姻，引起一段富有喜剧性的冲突。该剧以青豆与红豆之间深沉的爱情发展过程为主线索，反映了当代农村新旧思想之间的碰撞与冲突。该剧采用轻喜剧风格，舞美上追求大写意手法，淳朴清新的淮剧音乐突出了农村乡土气息，展示了一幅生动的民俗风情画。该剧于 1997 年获第二届江苏省戏剧节优秀剧目奖；1998 年，获第三届江苏省精神文明建设“五个一工程”奖。

**《路魂》**

创作演出：江苏省淮剧团

编剧:徐新华

导演:王咸俊、朱品孝

主要演员:梁国英、王宗珍、邱小祥

创作时间:1998 年

筑路队老队长唐振山因 20 年前的旧创,不愿女儿苦丫再嫁给筑路工,苦丫却对队长赵甜汉情有独钟。竞标归来的赵甜汉突然宣布已同城里姑娘于凤英结婚,苦丫负气嫁给了一直暗恋她的田大壮。不久田大壮在一次事故中不幸坠楼身亡。随着剧情的一步步展开,随着两代筑路人的情感取舍,展示了当代筑路人那种苦乐皆有梦、生死也从容的美好情怀和奉献精神。该剧于 1998 年获第三届江苏省淮剧艺术节优秀剧目奖;1999 年,获第三届江苏省戏剧节新剧目奖、优秀编剧奖、优秀表演奖等。

《**板桥应试**》

创作演出:泰州市淮剧团

编剧:沙黑

导演:范继信

主要演员:陈德林、黄素萍、林杰、李加虎等

创作时间:1998 年

该剧以郑板桥考中进士,未能得官,怅然南归为素材,表现徘徊于仕途与山水之间的郑板桥最终在利禄诱惑面前,不屈膝弯腰,毅然放弃任命为官的机会,慨然归去。该剧获 1998 年第三届江苏省淮剧节优秀剧目奖、1999 年第三届江苏省戏剧节优秀剧目奖、2000 年第四届江苏省精神文明建设"五个一工程"入选作品"演出百场奖"、2003 年江苏省精神文明建设"五个一工程"入选作品"演出超二百场奖"等。

《**来顺组长**》

创作演出:盐城市淮剧团

编剧:陈明

导演:蒋宏贵

主要演员:王书龙、朱桂香、徐红珠、何春华、梁霄鹏、王花兰

创作时间:1998 年

20 世纪 90 年代末的苏北,又是一年正月十五,男人们又要远行了。众妇女七嘴八舌围着年过花甲的老支委讨要前几年被人骗走的集资款。从小遭父母遗弃的孤儿田来顺挺身而出,替老支委解围,独自进城讨债,结果钱没讨到却讨回来一群让女人们避之唯恐不及的狐狸。田来顺留在村里当上了组长,带领一群妇女伺候一群狐狸,于是风波迭起。剧中着力塑造了以田来顺为首的新时期新农村新一代农民的群像。全剧用抒情喜剧的手法,描绘了一幅充满浓浓的乡情、亲情、友情与爱情的苏北农村的风俗画卷。该剧获第三届江苏省戏剧节优秀剧目奖、第四届江苏省精神文明建设"五个一工程"入选作品奖、首届江苏省舞台艺术精品工程精品剧目奖。

《**三秀才**》

创作演出:滨海县淮剧团

编剧:徐建时

导演:王友理

主要演员:曹阳、李素萍、崇蓉、张闯等

创作时间:1999 年

该剧讲述了一个濒临破产、领导班子涣散的供销社,职工主动推选会写材料的"三秀才"为民办经理,实行企业改制,从而扭亏为盈,企业兴旺的故事。通过要债筹款、夫妻误解、酒醉桥头等喜剧展示,充分体现解放思想体制改革的优越性。该剧获第三届江苏省戏剧节优秀剧目奖、第四届江苏省精神文明建设"五个一工程"奖、"五个一工程"入选作品"演出百场奖"、第六届中国艺术节展演贡献奖。

《**马前泼水**》

创作演出:泰州市淮剧团

编剧:顾少春

导演:范继信

主要演员:陈德林、黄素萍、李金枝、杨非、王幼楼、周海霞

创作时间:2001 年

该剧讲述的是家住浙江烂柯山下的书生朱买臣久考不中,难以入仕,妻崔氏不耐清贫,逼夫休妻,带着儿子宝儿改嫁张富户。朱买臣绝望之余,再次踏上应试之旅。崔氏婚进张门,虽衣食无忧,却寄人篱下,宝儿更被张富户折磨而死。冬去春来,朱买臣金榜题名,衣锦还乡。崔氏沦为乞丐,长街之上,拦住朱买臣高头大马,哀求前夫收留;朱买臣犹豫之时,忽闻宝儿丧命,满腹悲愤,并在马前泼水,"若将泼水收起,方可破镜重圆!"崔氏如惊如恐如疯如狂,拦水捧水收水……然而,泼水难收,破镜难圆。最后,绝望的崔氏跳江自杀。2003 年,该剧获第五届江苏省精神文明建设"五个一工程"入选

作品奖。

**《祥林嫂》**

创作演出:泰州市淮剧团

编剧:袁连城

导演:王友理

主要演员:陈澄、韦锡锋、谭步权等

创作时间:2002年

该剧表现山里女子祥林嫂新婚丧夫,婆婆逼她改嫁,罪名曰"克夫"。祥林嫂拼死不从。逃婚途中,幸遇猎户贺老六,将她带出大山,带进鲁府。虽为佣人,但大户人家的安宁生活,使祥林嫂心头吹起了阵阵春风。谁知,又遭逼嫁,绑入洞房,祥林嫂欲以死相拼,却不料买她的新郎正是恩人贺老六。大山深处,祥林嫂终于过上了平安幸福的日子。却不料,春天的狼叼走儿子阿毛,天灾人祸逼死丈夫老六,祥林嫂二进鲁府。为了免却死后分尸之苦,祥林嫂倾其血汗工钱,捐门槛,买平安,到头来还是被扫地出门。该剧于2002年获第四届江苏省淮剧节优秀剧目奖;2004年,获第四届江苏省戏剧节优秀剧目奖;2004年,获全国现代戏优秀剧目展演优秀演出奖。

**《蓝齐格格》**

创作演出:江苏省淮剧团

编剧:孙茂廷

导演:王友理

主要演员:梁国英、陈明旷、邱小祥、刘正阳、王萍、朱红芳

创作时间:2002年

蓝齐格格是康熙皇帝最心爱的女儿。她爱上了李光地,可康熙却要她作准噶尔汗葛尔丹的王妃。葛尔丹号称草原狼,他野心勃勃,早有侵犯大清的意图。蓝齐发誓除了李光地谁也不嫁。李光地深明大义,违心欺骗蓝齐格格,迫使蓝齐格格对其绝望,嫁到准噶尔。谁知一到草原,她就被直性、豪爽的葛尔丹以及热情奔放的准噶尔人民感动,爱上了他们。八年后,葛尔丹不听妻子的劝阻,毅然发动了侵犯大清的战争。康熙为了国家的统一,起兵征讨。一边是父皇,一边是夫汗,手心手背都是肉,蓝齐格格被卷入国家、人伦、亲情与爱情的漩涡中。该剧于2002年获第四届江苏省淮剧艺术节优秀剧目奖;2003年,获第四届江苏省戏剧节优秀演出奖。

**《吴承恩》**

创作演出:淮安市淮剧团

编剧:胡永忠

导演:王友理

主要演员:李春栋、荣光辉、蔡山河、陈丽娜、吴金权、潘如钢、陈红民

创作时间:2005年

该剧撷取吴承恩人生中的科考、落第、拔贡、为官、著书等一路坎坷经历,展示这位诞生在淮安土地上的文学大家的多舛命运和独特性格,勾描出他由对科场的失望、人世的悲凉,到"跳出"世俗之外,倾心著就《西游记》的心路历程,揭示了其"文章中天下"的崇高人生信念。该剧获第五届江苏省淮剧艺术节优秀剧目一等奖、第五届江苏省戏剧节优秀剧目一等奖。2007年1月入选江苏省舞台艺术精品工程精品。

**新版淮剧《太阳花》**

创作演出:江苏省淮剧团

编剧:卢冬红

导演:余笑予、王咸俊

主要演员:陈澄、陈明旷、邱小祥、陈芳、王萍

创作时间:2005年

主人公方大姑年轻守寡,把满腔希望寄托在两个儿子方剑豪和方剑雄身上。老大方剑豪赌博败家,方大姑自责教子不严,方剑豪悔恨交加,挥刀斩去一指,立誓重新做人,毅然参加抗日队伍,不幸牺牲在敌人的屠刀之下。方大姑寄予希望的二儿子方剑雄,却沦落为汉奸。面对民族恨,母子情,面对全村父老乡亲的安危和方家断子绝孙的矛盾,方大姑亲手毒死了汉奸儿子,拯救了麒麟村的全体村民。全剧热情讴歌了在反侵略战争的艰苦斗争中,闪现在中国普通民众身上的民族精神和崇高美德。该剧于2005年入选江苏省舞台艺术精品工程精品剧目;2006年,获全国地方戏优秀剧目展演二等奖;2007年,入选国家舞台艺术精品工程提名剧目。

**《一江春水向东流》**

创作演出:江苏省淮剧团

编剧:卞怀远、袁连成

导演:王咸俊

主要演员:陈明旷、陈澄、陈芳、徐海华

创作时间:2006年

该剧改编于同名中国经典电影。通过张忠良

这个人物的蜕变过程，通过“一个男人和三个女人”的感情波澜，给人们留下的是关于人生、关于选择、关于命运、关于成功的深层思索空间。该剧于2006年获第五届江苏省淮剧艺术节优秀剧目一等奖；2007年，入选江苏省舞台艺术精品工程精品剧目。

**《今夜星辰》（原名《秋天的思念》）** 创作演出：盐城市淮剧团

编剧：陈明、邓小秋

导演：佚名

主要演员：徐红珠、王书龙、朱桂香、程红

创作时间：2006年

该剧以纪实手法，用“维扬三登门、愧拜保洁工、奇遇湖荡边、除夕人不归、梦回大运河”等情节，再现了优秀共产党员汤稚鸣的人生片段，再现了汤稚鸣和伯乐达集团风雨同舟、荣辱与共，将一个村办企业发展成为全球最大的氖灯生产基地的创业历程。2006年，该剧获第五届江苏省淮剧艺术节优秀剧目一等奖。

**《剃头匠与理发师》**

创作演出：建湖县淮剧团

编剧：杜学连、赵海龙

导演：王友理

主要演员：戴建民、李志芬、凌炳高、何敏星、李坚、夏伟、刘方

创作时间：2006年

1937年秋，入侵中国的日本鬼子由北向南推进，省城沦陷。肖美凤为躲兵灾，只身来到偏僻的仁水县城，开了一爿“肖凤理发店”。不料此举得罪了仁水县城的“罗祖会”会长马老五，因此产生了一系列摩擦和纠葛。不久日本鬼子打到了仁水县城，在共同的敌人面前，两个平平凡凡的手艺人抛弃前嫌，相互救助，共同对敌，反映了普普通通的中国老百姓正直、善良的品质和爱国主义精神。该剧获第五届江苏省戏剧节优秀剧目一等奖、第七届江苏省精神文明建设“五个一工程”奖，入选江苏省2007～2008年度舞台艺术精品工程优秀剧目。

**《十品村官》**

创作演出：盐城市淮剧团

编剧：陈明

导演：蒋宏贵

主要演员：王书龙、朱桂香、徐红珠、何春华等

创作时间：2007年

当代农村青年田来顺外出为集体讨要集资款，却讨回了一群狐狸，引发出一场风波，他从最初的不得已到逐步转变为主动选择农村产业结构的变换，克服困难，承受误解，办起养狐场，最终成为集体致富的带头人。该剧参加中国戏曲现代戏优秀保留剧目展演，获中国戏曲现代戏突出贡献奖，先后入选文化部向全国基层剧团推荐的优秀剧目和首届江苏省舞台艺术精品工程精品剧目。2002年11月，晋京参加庆“中共十六大”全国优秀剧目展演。

**《诺言》**

创作演出：泰州市淮剧团

编剧：徐新华、双泉、骆华

导演：王友理

主要演员：韦锡锋、李加虎、陈德林、谭步权、黄素萍、陈芳、李素萍、李金枝、郭乃峰

创作时间：2008年

在上甘岭战役的炮火硝烟中，刘永安与战友张立久于危难时刻许下了生死诺言。张立久牺牲后，为了那个口头相许的生死之约，刘永安放弃了去东北提干的机会，惜别双目失明的母亲和望穿秋水的未婚妻杨凤英，只身奔赴千里之外一贫如洗的张立久家，为战友赡养母亲，照顾弟妹。刘永安不仅使张家重获温馨，也令张立久的大妹张杏芳心生慕情，刘永安坦言自己在老家已有未婚妻。杨凤英带着刘母的遗嘱投奔刘永安，当见到病榻上的张母和一大家子需要照顾的弟妹时，善良的杨凤英向刘永安编织了一个善意的谎言。从此，刘永安、张杏芳、杨凤英改写了人生的轨道，用他们的一生谱写下这世间独一无二的戏剧人生。

**《唢呐声声》**

创作演出：江苏省淮剧团

编剧：袁连成、曹阳

导演：谢平安、王咸俊

主要演员：陈明旷、陈澄

创作时间：2008年

八路军战士小唢呐，奉命去北山国军后方医院送信。以连长柳叶为首的国军女兵却极力嘲讽。日机骤然而至，国军后方医院成为一片焦土，仅活下柳叶与七个女兵。小唢呐怨恨之余，欲走又回。小唢呐与妹妹苦枝重逢，兄妹携手追赶部队，谁知国军女兵们遭遇日寇毒气，全都双目失明，小唢呐毅然将国军女兵带出了深山。国军记

者玉观音爱上了小唢呐，国军女兵们也“看见了一个不一样的兵”。该剧获第31届世界戏剧节创新剧目奖、第七届江苏省精神文明建设“五个一工程”奖。

**《马代表进城》**

创作演出：盐城市淮剧团

编剧：都文

导演：蒋宏贵

主要演员：黄礼锦、王书龙、徐红珠、程红、李阜生、黄道静、宋道林、王雷

创作时间：2008年

该剧讲述了马家村县人民代表大会代表马记茬，带着乡亲们的重托，进城向企业家李高明追讨承诺过修建马家村小学的30万捐款，在城里巧遇五年前曾经帮助过的同村妹子秋雨，于是两人定下巧计，在县长的大力支持下，终于要到了捐赠款，最终秋雨也成了马代表的心上人。此剧以马代表进城为民办事的种种遭遇为背景，批判了社会上的不正之风，充分体现了“人民选我当代表、我当代表为人民”的根本宗旨。该剧获第31届世界戏剧节创新剧目奖。

**（七）淮海戏**

**《果园风情》**

创作演出：江苏省淮海剧团

编剧：张德法、刘传鸳

导演：梁小鸳

主要演员：马西铭、苗爱华、吴玲、徐棣琴

创作时间：1987年

“冷漠才子”华良玉被老同学李金菊挤掉了“位置”，壮志难酬，应聘来到黄河故道“万元户”江大板家当果树技术员。江家两个女儿对其一见钟情。大女儿素芳粗粗拉拉，二女儿素芹工于心计，可到头来华良玉爱上了李金菊。1987年，该剧获江苏省新剧目调演优秀演出奖。

**《豆腐宴》**

创作演出：江苏省淮海剧团

编剧：黄庭洪、廖寿儒

导演：廖寿儒、曹亚芳

主要演员：魏佳宁、吴玲

创作时间：1998年

苏北一个古老的小镇上，豆腐生产历史悠久，每一条老巷里都仿佛浸润着浓浓的豆腐文化。镇上的光棍汉豆腐麻大叔，出生于一个豆腐世家，不仅豆腐做得好，而且有一手祖传的绝活——摆豆腐宴。镇上的寡妇刘婶经营着十里香酒店，她和豆腐麻年轻的时候就有情有义，因为种种原因没有能够走到一起，但彼此心里一直惦记着对方。有感于生意场上新的竞争压力，刘婶想把豆腐麻招聘到自己的店里掌大勺，推出特色菜、招牌菜。倔强的豆腐麻和精明能干的刘婶两个人因为思想观念上的不同而产生了一次次的误会、磕碰。“豆勺子”和“菜勺子”碰撞的结果，反而让他们的心更加贴近了。该剧获1998年第二届江苏省淮海艺术节优秀剧目奖、1998～1999年度第四届江苏省精神文明建设“五个一工程”入选作品奖、1999年第三届江苏省戏剧节优秀剧目奖，入选2004～2005年度江苏省舞台艺术精品工程精品提名剧目。

**《临时爸爸》**

创作演出：江苏省淮海剧团

编剧：韦伟

导演：周世琮、杜九红

主要演员：熊化冰、许亚玲、唐冬梅

创作时间：2003年

失去父亲的一对孪生姐弟黄琪琪和黄强强渴望得到父爱，去劳务市场招聘爸爸。下岗待业的技术员向培里去省城寻子，被黄琪琪和黄强强招聘为临时爸爸。黄琪琪和黄强强两个少年富于幻想、积极向上，却经常出没游戏厅、痴迷上网，成绩急剧下降。向培里与黄琪琪和黄强强结下了深厚的情谊，帮助他们取得了明显的进步，也引发了许多令人啼笑皆非和震撼心灵的故事。该剧于2003年获江苏省淮海戏艺术节优秀剧目奖；2007年，获江苏省精神文明建设“五个一工程”奖。

**《皮秀英》**

创作演出：江苏省淮海剧团

编剧：廖寿儒

导演：王友理、魏佳宁

主要演员：吴玲、祁树荣

创作时间：2007年

皮秀英携小叔李贤贵为其岳丈黄彦忠祝寿，不料黄彦忠嫌贫爱富，图赖婚姻，皮秀英据理力争，被逐出寿堂。怀恨在心的黄彦忠趁府内丫鬟被害之机，栽赃嫁祸其婿李贤贵，并贿赂知县，将李打入监牢，婆婆也受惊吓不幸身亡。皮秀英悲恨交加，认

理不屈，恳邀其兄皮盾伴同，欲进京告状并寻夫。殊料杀人真凶正是皮盾，恐命案暴露，竟欲杀妹灭口。皮秀英大难不死，独自进京，挡道鸣冤，冒死闯入王府告状。不曾想，王爷就是皮秀英苦寻多年的夫君李贤明。在公主的帮助下，夫妻相认，阖家团圆，惩恶扬善，昭雪冤情。该剧于2007年获第五届江苏省戏剧节优秀剧目一等奖；同年10月，获中国（枣庄）柳琴戏艺术周非物质文化遗产保护奖。

**（八）滑稽戏**

**《我肯嫁给她》**

创作演出：无锡市滑稽剧团

编剧：洪晖、杨欣

导演：杨天飞、高仲欣

主要演员：汤国民、高仲欣、孙颖初、钱吟梅、邢莉琴等

创作时间：1980年

青年刘浪才因扒窃而被劳动教养二年，"狗熊"想继续拖他下水。另一方面，在社会力量的热情支持下，他被安排在锡惠装卸机械厂工作。团干部张小玲做他的师傅。小刘进厂后，埋头工作，当上了革新能手。师傅小玲在与小刘频繁接触中逐步有了感情，建立了爱情。小玲父亲是个知识分子，在感情上不能接受女儿爱上一个做过扒手的青年，一定要把自己选定的革新能手介绍给女儿。后来真相大白，原来老张选定的革新能手就是女儿的对象刘浪才。该剧在1982年由文化部、中国戏剧家协会联合举办的1980～1981年度全国优秀剧本评奖活动中获奖。该剧被20余个省、市的百余个剧团移植排演，由上海电视台录摄为电视剧，北京宝文堂书店出版连环画。

**《小小得月楼》**

创作演出：苏州市滑稽剧团

编剧：褚铭、魏固、陈继尔

导演：李尚奎、陈继尔

主要演员：陆辰生、许娟娟、顾芗、郑进生等

创作时间：1982年

故事讲述了改革开放初发生在苏州的一系列故事：苏州是旅游胜地，可午餐时间游客总是排了很长队却没有饭吃。得月楼饭店的团支部书记毛头看到这种情况，与憨憨等年轻人商量在旅游点开办"小小得月楼"。老杨想着儿子提出的意见，看着这群年轻人，有的毛手毛脚，有的常迟到早退，有的粗心、忙着谈恋爱，不相信他们能把事情做好。但杨毛头立下军令状，老杨勉强答应。开始，这些年轻人还真有点不适应，但时间久了，他们不仅把饭菜及时送到游客手上，还把失传的苏州名菜"甫里鸭"烧了出来，受到了游客的赞扬。该剧于1983年获江苏省新剧目汇报演出优秀创作奖；1984年，获首届江苏省戏剧百花奖演出百场奖。

**《土裁缝与洋小姐》**

创作演出：常州市滑稽剧团

编剧：张宇清

导演：陆凡林、龚一飞

主要演员：殷延平、张克勤、杨梅

创作时间：1985年

歌舞团大院服装制作部门里，工作人员为了服装改革，新老两代人用不同的眼光看事物，产生了激烈矛盾；舞蹈明星爱上了年轻聪明的小裁缝，引起了观念更新中的误会和联想；20世纪80年代的新型服装样式冲击了20世纪60年代的陈旧设计，又引起了一场闹剧。1986年，该剧获江苏省新剧目观摩演出优秀演出奖。

**《多情的小和尚》**

创作演出：常州市滑稽剧团

编剧：张宇清

导演：陆凡林

主要演员：张克勤等

创作时间：1987年

该剧反映了个体户生活，不是为他们歌功颂德，也不是替他们指点迷津；无力纠正人们对"做生意人"的偏见，更不赞成他们搞歪门邪道；既惊讶他们赚钱的速度，又略微同情他们做买卖的苦楚。1998年，该剧参加第二届中国艺术节（华东·南京）演出。

**《快活的黄帽子》**

创作演出：苏州市滑稽剧团

编剧：陆伦章

导演：王辉荃、陈继尔

主要演员：章卫刚、郑进生、顾芗等

创作时间：1990年

搬家是一个新兴行业。黄帽子们天天为别人搬家，为他人送去美好和温馨，可自己却带着爱情的挫折、人生的烦恼，在流动中把希望寻找。一连

串的出乎意料，每一次都是新感觉。小人物的人格升华了。他们在平凡的岗位上找到了希望，希望并不遥远。他们发现了自己，发现了每一个足迹都令人骄傲。该剧于1991年获首届中宣部精神文明建设“五个一工程”奖、文化部第二届文华新剧目奖；2003年，获第五届江苏省精神文明建设“五个一工程”奖。

**《诸葛亮与小皮匠》**

创作演出：常州市滑稽剧团

编剧：张宇清

导演：杜友渔

主要演员：殷延平、丁凤英

创作时间：1992年

江南小巷里，有一家烟纸店、一个皮匠摊，小院子里挤着三户人家：人民教师诸葛文、大学毕业生梁亮、小皮匠夫妇。邻里打趣说：鸽子弄一号，住的是诸葛亮与小皮匠。两户知识分子和一户个体户在一方天地里，知识层次悬殊、经济收入不能对比，一些平平常常的故事发生于其中。该剧获首届江苏戏剧节优秀剧目奖、第三届中宣部精神文明建设“五个一工程”提名作品奖、1994年江苏省精神文明建设“五个一工程”入选作品奖。

**《小城故事多》**

创作演出：苏州市滑稽剧团

编剧：陆伦章、陈继尔

导演：王辉荃、陈继尔

主要演员：章卫刚、唐惜寸、董敏、顾月娥、龚涛、顾芗、王晓凤等

创作时间：1992年

该剧反映了儿童教育中的社会问题。忙忙碌碌的家长们八仙过海，各显神通，用各种各样的方法“关心”着他们的下一代，而结果，令人捧腹又催人泪下。被扭曲了心灵的孩子们自编自演，炮制了一出荒唐奇案。新一代的民警冯健健和青年教师王蕙把花前月下的约会都变成了“综合治理”的研讨会，把他们一颗赤诚的爱心献给了21世纪的希望工程。该剧于1995年获文化部“演出超千场奖”；同年7月，获江苏省文化厅超千场嘉奖；1996年，获中共江苏省委宣传部第二届江苏省精神文明建设“五个一工程”入选作品奖。

**《一二三，起步走》**

创作演出：苏州市滑稽剧团

编剧：方洪友（剧作指导）、王辉荃

导演：王辉荃、陈继尔

主要演员：顾芗、张克勤、卞振华、王小萍、张昇、朱雪燕等

创演时间：1996年

山村女孩安小花陪老师来苏州联系城乡联合办学事宜，由于同龄人小男孩孙发发的恶作剧，老师发病住院。小花为解决老师住院费用的燃眉之急，毅然做钟点工赚钱，谁知来到的正是孙发发的家。从此，她与孙发发以及这个城市的一批长辈、同龄人相遇，师生之间、父母子女之间、城市乡村几代人之间产生了思想、行为、道德上的碰撞。几经周折，他们对在人生的道路上应该怎样“一二三，起步走”产生了新的理解和追求。该剧于1996年获全国儿童剧评比演出一等奖；1997年，获第六届中宣部精神文明建设“五个一工程”奖、文化部第七届文华大奖、第五届中国戏剧节优秀剧目奖、中国曹禺戏剧奖优秀剧目奖、江苏省精神文明建设“五个一工程”特别奖；2000年，获第六届中国艺术节大奖、文化部“演出超千场奖”、江苏省人民政府给予记集体一等功；2005年入选国家舞台艺术精品工程（2003～2004年度）“十大精品剧目”。

**《今夜情》**

创作演出：苏州市滑稽剧团

编剧：陆伦章、王辉荃

导演：王辉荃、陈继尔

主演：顾芗、张克勤

创作时间：1997年

刑警妻子四妹，除夕夜盼望丈夫某市公安刑警队长双喜归来吃年夜饭共庆团圆，夫妻俩情意绵绵甜蜜地沉浸在融融的良宵之夜，一场小小的波折，表现了民警们负重奋进的高贵品格，奏响了一曲《难忘今宵》的凯歌。1997年，该节目获文化部第七届文华新节目奖。

**《今夜更有情》**

创作演出：苏州市滑稽剧团

编导：王辉荃

主演：顾芗、张克勤、陆辰生

创作时间：1999年

大年三十傍晚，下岗工人张立强、顾秀娟，摆水果，炒热菜，等着副市长——老陆的到来。市长到普通人家的普通家访，体现了人民公仆的优良传

统。该节目获文化部第九届文华新节目奖；文化部金狮奖第三届全国小品比赛一等奖；江苏省委宣传部、组织部、纪检委举办的“江苏省反腐倡廉文艺调演”特别荣誉奖。江苏省文化厅为剧组记集体三等功。

《**我要做好孩子**》

创作演出：常州市滑稽剧团

编剧：张宇清

导演：姚明德

主要演员：殷延平、周雷

创作时间：1999 年

小学六年级学生金铃，是一个学习成绩中等，但机敏、善良、正直的女孩子。为了做一个让家长、老师满意的“好孩子”，她作了种种努力，并为保留心中那一份天真、纯洁，和家长、老师作了许多“抗争”。最后，她和同学们一起充满信心地走进升学考试的考场。该剧于 2000 年获第四届江苏省精神文明建设“五个一工程”优秀剧目奖、第六届中国艺术节优秀剧目奖；2001 年，获文化部第九届“文华新剧目奖”、全国第八届精神文明建设“五个一工程”入选作品奖；2002 年，获第三届江苏省滑稽戏艺术节优秀剧目奖；2003 年，获第四届江苏省戏剧节优秀剧目奖；2004 年，获第五届江苏省精神文明建设“五个一工程”演出五百场奖、中国戏曲现代戏优秀保留剧目展演优秀演出奖；入选 2004～2005 年省舞台艺术精品工程；2007 年，获第六届江苏省精神文明建设“五个一工程”入选作品奖。

《**阿拉美丽苑**》

创作演出：常州市滑稽剧团

编剧：孔祥瑜

导演：孔祥瑜

主要演员：王利民、张怡、洪英、王利民、唐寅、张洁

创作时间：2002 年

为了提升城市文明形象，有关部门投入大量资金，把一个 20 世纪 80 年代初建成的老新村，改造成了一个生活基础设施齐全、居住环境优美的“美丽苑”社区。然而居住环境改变了，居民们旧有的生活习惯却没有改变。区里决定改组社区领导班子，派出了以唐笑笑为首的实践“三个代表”思想创建社区文明工作组深入到社区，唐笑笑临时代理居委会主任一职，开展整治。功夫不负有心人，经过多方努力，克服种种困难，“美丽苑”又露出了美丽的面貌。在整治过程中体察到居民们所面临的实际困难，作为一名代理居委会主任、一名普普通通的共产党员，是走还是留？唐笑笑最终做出了或许是自己人生中最艰难的抉择：留下来竞选新一届居委会主任。该剧于 2003 年获第四届江苏戏剧节优秀剧目奖；2004 年，获中国戏曲现代戏优秀保留剧目展演优秀演出奖；2004～2005 年入选江苏省舞台艺术精品工程；2007 年，获第六届江苏省精神文明建设“五个一工程”入选作品奖。

《**青春跑道**》

创作演出：苏州市滑稽剧团

编剧：陆伦章

导演：蔡向亮

主要演员：顾芗、张克勤、浦家、朱雪燕、王小萍、张昇、卞振华、牛苗苗

创作时间：2003 年

“五一”长假前，百年名校古城础园中学请来了心理学博士马丽亚担任高一(5)班的假日辅导员。马丽亚别出心裁地布置了一道调查题，不料被大男生陶伟巧妙利用，反把老师装进了套子，并牵扯出一段曲折的往事。往事重叠了两代中学生的心路花雨，交织着两代中学生的真爱解读。在师生一系列妙趣横生的碰撞中，马丽亚与学生平等交流，给了学生一双发现世界的眼睛，引导中学生跨越了因青春躁动而产生的心理障碍，看到了无穷大的天空和蔚蓝的大海。该剧于 2003 年获第九届中宣部精神文明建设“五个一工程”奖；2003 年，获首届江苏省戏剧文学一等奖；2003 年，获江苏省精神文明建设“五个一工程”奖；2005 年，获第五届全国优秀儿童剧展演优秀剧目一等奖；2006 年，获首届中国戏剧奖曹禺剧本奖；2006 年，获第四届江苏省滑稽戏艺术节荣誉奖；2006 年，获第六届上海优秀儿童剧展演优秀剧目奖；2007 年，获文化部第十二届文华大奖；2007 年，获第十届中国戏剧节优秀剧目奖；入选 2007～2008 年度国家舞台艺术精品工程“十大精品剧目”。

《**笑着和明天握手**》

创作演出：苏州市滑稽剧团

编剧：陆伦章

导演组：高仲欣、顾芗、张克勤、陈继尔

执行导演:高仲欣、张克勤

主要演员:顾芗、张克勤、卞振华、浦雨竹、王小萍、章伟刚、张昇、朱雪燕等

创作时间:2003 年

市委书记凌雪华的心连接着百姓的喜怒哀乐:农民的养老保险、拆迁户的安置……在发展与障碍之间,在情、理、法之间,于是便有了矛盾、有了冲突,负重与拼搏,贯穿着女书记一生信守的筑路精神。2007 年,该剧获第十届中宣部精神文明建设"五个一工程"入选作品奖。

**《亲亲一家人》**

创作演出:无锡市滑稽剧团

编剧:陆伦章

导演:俞克平

主要演员:蔡九华、李宝发、陈敏、华滨

创作时间:2006 年

该剧原名《大家来唱太湖美》。以"八荣八耻"为主线,剧中涉及了"包二奶""收红包""打白条"等当今社会的敏感问题,让观众在笑声中受教育,在泪水中被感染。2007 年,该剧获第五届江苏省戏剧节优秀剧目奖;入选 2007～2008 年度江苏省舞台艺术精品工程。

**《钱笃笤求雨》**

创作演出:苏州市滑稽剧团

编导:王辉荃

改编:褚铭

原整理改编:李效尔、陈继尔

复排导演:孔祥瑜、高仲欣、陈继尔

主要演员:顾芗、张克勤等

创作时间:2007 年

该剧取材于姑苏民间传说"描金凤"中的一段故事。钱子敬以笃招卜课走江湖为生,与后妻许四娘和女儿钱玉翠相依为命。时值姑苏城久旱不雨,五谷不结,百姓怨声载道。皇上出游江南,得悉灾情,亲至盘门"长跪求天",并降旨张榜,招仙求雨。钱子敬途经盘门,误揭皇榜,被迫登台求雨。正逢生死关头,瞬间降下甘霖。皇上大喜,传旨封赏晋京。钱子敬一步登天,祸中得福,封为护国军师,受命再度"御前笃招"辨忠良,险遭风波。许四娘闯殿,智挽凶祸。钱借辞退隐,重返故里。2007 年,该剧获第六届江苏省精神文明建设"五个一工程"入选作品奖。

**《湖滨新闻》**

创作演出:无锡市滑稽剧团

编剧:陆伦章

导演:俞克平

副导演:陈敏

主要演员:陈敏、华金瑞、张璇等

创作时间:2007 年

来自扬州的大学毕业生麦歌到无锡寻找 25 年前的救命恩人,在湖滨遭遇孕妇卜小小投水自尽。电视台"湖滨新闻"栏目记者草梅跟踪报道这一事件。社居委主任乐文琴上门探视,悉心照料。在社会舆论的压力和良心谴责下,失踪的男人季德龙终于现身出租屋,与前妻乐文琴劈面相逢,冤家重聚首。想不到湖滨新闻把离异 8 年的亲生父母牵扯进来。随着报道的深入,神经内科主任医生惠福泉又走进草梅的家庭,道出了季德龙失踪、负心的真相:身患脑肿瘤,破产负债,生不如死。惠福泉力邀乐文琴联手作业,在手术中用亲情呼唤,拯救季德龙闯过生死门。2007 年,该剧获第五届江苏省戏剧节优秀剧目一等奖。

**(九)江苏梆子戏**

**《华山情仇》**

创作演出:江苏省梆子剧团

编剧:张寅福

导演:张文艺

主要演员:燕凌、王福科、张雪霞、杜庆英、靖芳、朱齐光、马天石

创作时间:1996 年

二郎神奉天君之命,威震华山,残害生灵。二郎神之妹三圣母与凡人刘彦昌结为夫妻,所生一子名唤沉香。二郎神怒斥其妹私下凡尘,冒犯天规,并将其压在华山之下。沉香被二郎神抚养成人。十五年后,沉香于"圣母殿"巧遇其父,得知真情,怒斥舅父,劈山救母。1996 年,该剧参加全国梆子戏剧种新剧目交流演出,获优秀演出奖。

**《三断胭脂案》**

创作演出:江苏梆子剧院有限公司

原著:孙甦

改编:周长钟

导演:卢浩、谢景良

主要演员:燕凌、王福科、刘强、靳可军、葛爱、吴燕、武强、张乾

创作时间:2000 年

少女胭脂与鄂秋隼一见钟情,为成人之美,宿介索得胭脂绣鞋欲送与鄂秋隼说明胭脂相思之苦。不想,绣鞋丢失,被浪荡公子毛大捡去,毛大持绣鞋夜闯胭脂家中行奸未遂,杀死牛医卞三。东昌知府吴南岱发现疑点,得知知县误判,二审却又将凶犯定于宿介,致使宿介无辜蒙冤。学台施云山现场勘察,发现银钗,揭出谜底。吴南岱最终知错再审,捉住真凶。该剧获第五届江苏省戏剧节优秀剧目一等奖。

**《桃花庄》**

创作演出:江苏省梆子剧团

编剧:李海涛

导演:王友理、谢景良

主要演员:王福科、燕凌、靳可军、葛爱、刘强、赵素霞等

创作时间:2008 年

《桃花庄》是一部反映苏北新农村建设的现代戏,讲述的是桃花庄老村支书雷振汉在带领群众致富的过程中,通过遭遇落选、得知绝症、重叙旧情、再认亲子等情节,塑造一位新时期普通共产党人的光辉形象。该剧在第 31 届世界戏剧节中获创新剧目奖。

**(十)柳琴戏**

**《小燕和大燕》(原名《双飞燕》)** 创作演出:江苏省柳琴剧团

编剧:李大任

导演:杨德勋、张忠引

主要演员:刘凤美、刘玉君

创作时间:1978 年

苏北农村"万家店"的老万婆有两个女儿,1976年秋,姐姐大燕经媒婆介绍与邻村青年秦大海定亲。老万婆和大燕向秦家索要大量彩礼。老秦头为了儿子婚事上山运石料,不慎翻进沟里住进医院。老万婆感到重礼无望,母女俩顿生退婚之意。"造反"起家的干部张金来趁机以甜言厚礼诱骗大燕和自己成了亲。妹妹小燕对秦大海家非常同情,毅然到秦大海家登门求婚,秦大海感动不已,立志互相恩爱,永不变心。张金来对小燕心怀鬼胎,想方设法从中破坏小燕和秦大海的感情,但始终未能得逞。"江青反革命集团"被打倒了,张金来受到法律的制裁。大燕母女至此后悔莫及,大燕便和张金来离了婚,小燕和大海结成终身伴侣,开始了新的生活。1979 年,该剧参加庆祝中华人民共和国成立 30 周年献礼演出,获文化部创作、演出二等奖。剧本由江苏人民出版社于 1978 年出版单行本。1980 年,江苏省电影制片厂将该剧拍摄成彩色戏曲片。1982 年 7 月中国电影出版社出版同名电影连环画。

**《枣花》**

创作演出:江苏省柳琴剧团

编剧:冯遵安

导演:谢平安、李雪梅

主要演员:王晓红、孟浩、朱树龙

创作时间:2003 年

20 世纪 20 年代中期,苏北不老河畔,大石娶了个百里挑一的姑娘叫枣花。新婚夜,大石揣着枣花赠予的盘缠,投奔了黄埔军校。五年后,与大石同时离家的顺子负伤归田。此时大石已成为红军高级指挥员,他托顺子捎信,要枣花随军。此时,婆婆抱病身亡,小叔子二石丧命兵灾,弟媳椒子难产,枣花不愿大石孤独,亦不愿李家覆舟。两难之中,她把目光转向柳絮,割舍了梦寐以求的爱。不久,大石与柳絮同时被捕,大石就义,柳絮狱中生下一男孩。枣花探监,把孩子接到不老河,担当起做娘的责任。抗战胜利在望,柳絮与新四军官兵扶大石灵柩归乡,枣花含泪还孤。世纪之交,地方政府筹建烈士陵园,大石墓要迁往新区。耄耋枣花又舍弃"同穴"之梦,把美好的愿望寄托在天庭化蝶的遐想之中。该剧获江苏省 2003～2004 年度舞台艺术精品工程提名奖、第四届江苏省戏剧节优秀剧目奖。

**《水远路长》**

创作演出:江苏省柳琴剧团

编剧:隋缘、永新

导演:李雪梅、张敬森

主要演员:孟浩、朱树龙、刘林

创作时间:2007 年

该剧以轻喜剧的形式讲述了一位农村青年带领乡亲们共同创业致富的故事,揭示了时代变革中新农民的所思、所想,反映了当前社会主义新农村建设和构建和谐社会的时代主题。入选 2007～2008 年度江苏省舞台艺术精品工程精品剧目、获第七届江苏省精神文明建设"五个一工程"奖。

### （十一）越　剧

《报童之歌》

创作演出：南京市越剧团

编剧：谢光宁、王庆昌

导演：王庆昌

主要演员：陈志伟、袁小云

创作时间：1977 年

1941 年的重庆，望春、亮娃姐弟的妈妈被日寇飞机炸死，爸爸因反内战而被反共顽固派杀害。亮娃和一群穷苦孩子在周恩来关怀下参加了报童队伍，为发行《新华日报》而与反共顽固派进行了机智的斗争，望春也成为“新华军”的一员。1979 年赴京参加国庆 30 周年献礼演出，获文化部颁发的创作演出二等奖。

《柳毅传书》

创作演出：南京市越剧团

编剧：计大为、叶至诚

改编：张弘、计大为、谢光宁

导演：陈明正、韩林根（执行）、伊天夫、陈露依

主要演员：竺小招、陶琪、盛月芳、沈秋萍等

创作时间：2003 年

取材于唐代李朝威的小说《柳毅传》。秀才柳毅进京赴试，途经泾河遇一牧羊女悲啼。询之，始知乃洞庭龙君公主三娘，远嫁泾河，因遭丈夫所辱，被贬于此。柳毅顿生侠义之心，决意舍弃功名，为三娘传书洞庭。柳毅历尽艰险，传书成功，三娘得救。庆功宴上，三娘叔父钱塘君欲牵红绳，招柳毅为婿，柳却为古训所困，坚拒不允。三娘愈加敬爱，惜别湖滨。柳毅归家，见邻家三姑貌与三娘酷似，思念三娘之心更殷。三姑感其情真，欣然露真，即为三娘化身也，凡仙遂成眷属。该剧获第四届江苏省戏剧节优秀剧目奖、2006 年中国越剧节剧目金奖、全国地方戏优秀剧目评比展演剧目奖、2007 年第十届中国戏剧节剧目奖、2007 年第六届江苏省精神文明建设“五个一工程”优秀作品奖，入选 2004～2005 年度江苏省舞台艺术精品工程。

《李清照》

创作演出：南京市越剧团

编剧：罗怀臻

导演：曹其敬、韩林根

主要演员：陶琪、杨凤英

创作时间：2000 年

李清照与年轻学者赵明诚吟诗诵词，结为知音。婚后，夫妻志同道合，相敬如宾，沉浸在诗词创作和《金石录》编撰之中。十年后，赵明诚赴任离家，夫妻聚少离多。金人入侵中原，李清照经历了国破家焚、离乡背井、丈夫病死异乡、古董尽数被骗等一连串的苦痛与灾难。直到晚年，李清照仍不能回到魂牵梦萦的故乡。人生的大不幸与社会的大动荡，更加提升了作为乱世女词人李清照的词格和人格，她为后人留下了一首首千古传诵不绝的精美辞章。2001 年，该剧获第七届中国戏剧节优秀剧目奖。

《云之锦》

创作演出：南京市越剧团

编剧：谢光宁

导演：卢浩

副导演：陶琪

主要演员：陶琪、沈美娟、陈娜君等

创作时间：2007 年

2007 年，南京云锦启动“人类非物质文化遗产”申遗活动，大型越剧《云之锦》就是整个活动的项目之一，通过一场高水平的演出，演绎了一个感人的云锦故事，让观众了解了云锦织造工艺的精致与中华云锦的华美。该剧 2008 年 11 月应邀赴台湾参加“两岸城市艺术节——南京市文化艺术周”的交流活动。

### （十二）歌　剧

《木棉花开了》

创作演出：江苏省歌舞剧院

编剧：王鸿

导演：张远文

主要演员：顾欣、刘福生、袁晓虹、杨丽娟、杨惠荣

创作时间：1990 年

以部队歌舞团歌唱演员胡上青和护士卢艳及记者冯亭之间的爱情纠葛为线索，讴歌了当代年轻军人的奉献精神和高尚情操。该剧于 1990 年获首届全国歌剧观摩演出优秀演出奖；1991 年，获全国首届文华新剧目奖。

《孙武》

创作演出：江苏省歌舞剧院

编剧：戴晓权、艾芊

导演：徐康

主要演员：顾欣、殷桂兰

创作时间：1995 年

该剧铺叙了著名军事家、哲学家孙武辉煌而又惨烈的一生，演绎出现代人对历史、对战争与和平的深邃思考。该剧于 1996 年获第二届江苏省戏剧节荣誉奖；同年 7 月，获全国歌剧观摩演出剧目奖；1998 年，获文化部第八届文华奖文华新剧目奖。

**（十三）音乐剧**

**《快乐推销员》**

创作演出：镇江市艺术剧院

编剧：张明媛

导演：方红林、信洪海、周文明

主要演员：姚炜、严闻

创作时间：1999 年

该剧为江苏第一部原创音乐剧。即将大学毕业的小罗随推销员老罗学习推销产品，因市场竞争激烈，产品推销困难重重。年轻美丽的常慧是舞蹈学校的学生，某天在回家的路上遭遇歹徒，被汽车撞伤了腿，坐在轮椅上终日忧郁。常慧的母亲在报上刊登广告，为女儿寻找快乐。常母作为该市城建开发公司的总经理，正是老罗推销产品千方百计追逐的客户。于是，老罗指派小罗接近常慧“推销”快乐，进而达到推销产品的目的。小罗出自内心的关爱，使常慧重新燃起对生活的热爱。该剧于 2000 年获江苏省精神文明建设“五个一工程”奖；入选 2003～2004 年度江苏省舞台艺术精品剧目；2004 年，获文化部第十一届文华新剧目奖。

**《水漫金山》**

创作演出：镇江市艺术剧院

编剧：张明媛、李叙彬

导演：王晓鹰、信洪海、岳彩富、周文明

主要演员：许伟、林耿贤

创作时间：2007 年

该剧以家喻户晓的《白蛇传》为基本依托，以音乐剧的形式架构故事，突出了白娘子在镇江西津渡保和堂为民除病、在金山斗法海时不忍伤害百姓而宁愿自殇的情节和场面，彰显出“大爱”的题旨。该剧入选 2007～2008 年度江苏省舞台艺术精品工程优秀剧目。

**（十四）舞　剧**

**《天朝风云》**

创作演出：江苏省演艺集团歌舞剧院

编剧：田夫、陈维仁

导演：田夫、田野、徐康

主要演员：申健、袁晓虹、李侃、黄荣斌

创作时间：1983 年

全剧分七场，第一场“追倭”，第二场“届辨”，第三场“议箭”，第四场“试探”，第五场“救援”，第六场“抢子”，第七场“焚烧”。1986 年，该剧获全国歌剧交流演出创作奖和优秀演出奖。

**《五姑娘》**

创作演出：江苏省演艺集团歌舞剧院

编剧：马家钦

导演：马家钦

主要演员：张晓苏、袁桂萍、侯璇英、吴蓓、李莎、丁必武

创作时间：1992 年

五姑娘和阿天深深相爱、陶醉在如胶似漆的幽会之中。谁料暗中迷恋长工的阿嫂，撮弄五姑娘的兄长地主杨金大，把他们活活拆散。阿嫂百般诱惑，妄想逼阿天委身于己，但被杨金大发现。恼羞成怒的地主火烧磨坊，阿天绝处逢生，逃离火场去寻找五姑娘。这时五姑娘也逃出了虎口，来磨坊会情哥。但她只在磨坊的余烬中发现了烧残的衣衫，误认为阿天已死，悲愤难抑，投湖自杀。1992 年，该剧获全国舞剧观摩演出优秀剧目奖。

**《早春二月》**

创作演出：江苏省演艺集团歌舞剧院

编剧：戴晓权、于春燕、束中发

导演：于春燕

主要演员：刘辉、许开华、袁桂萍、储燕、顾蓉

创作时间：1999 年

根据作家柔石小说《二月》改编。舞剧通过春的向往、夏的炽热、秋的萧瑟、冬的冷酷来体现人物的命运，并用丰富的舞蹈语汇表现人物复杂的内心世界和感情纠葛，使剧中人物更富有典型性。该剧于 1999 年获第三届全国舞剧观摩演出优秀剧目奖；同年 12 月，获第四届江苏省音乐舞蹈节优秀剧目奖。

**《干将与莫邪》**

创作演出：苏州市歌舞团

总编导：马家钦

编剧：马家钦、戴晓泉、孙满义

作曲：方鸣、郭晓峰

编导：马家钦、余霄

剑舞编导：张军

创作时间：1997 年

剑为兵器可扬国威，剑为礼器可扬国魂。2500 年前春秋战国时期吴国铸剑名匠干将与莫邪的传奇故事流传至今、经久不衰，成为吴文化中的瑰宝。舞剧《干将与莫邪》正是取材于这段催人泪下、回肠荡气的民间传说。干将与莫邪那种为国兴衰而不屈不挠、舍身铸剑、无私奉献的精神，一直哺育和激励着勤劳智慧的世代姑苏儿女。这种精神也是今天这个新时代所崇尚和必需的。该剧获全国第二届舞剧观摩赛剧目奖、第四届江苏省音乐舞蹈节舞剧大奖、中国第六届艺术节大奖、文化部第九届文华新剧目奖、中宣部精神文明建设“五个一工程”优秀作品奖、第五届江苏省精神文明建设“五个一工程”入选作品荣誉奖。江苏省人民政府为剧组记集体一等功，江苏省文化厅为剧组记集体二等功。

**《红河谷》**

创作演出：无锡歌舞剧院（江苏民族舞剧院）

总编导：门文元、高度、刘仲宝、杨民麟

执行导演：高度

编剧：门文元、高度、刘仲宝、杨民麟、陈欲航、陈闯（执笔）

主要演员：刘岩、万马尖措、孙晓娟、刘世宁、周格特力加

创作时间：2004 年

该剧根据电影《红河谷》改编，以民族舞为主体表现形式，结合运用电影、芭蕾、多媒体等艺术表现方法，演绎汉藏人民团结一心捍卫家园的英雄主义精神。该剧获文化部第十二届文华大奖、全国第十届精神文明建设“五个一工程”优秀奖、第三届全国少数民族文艺会演大奖、第四届全国歌剧、舞剧、音乐剧优秀剧目展演舞剧类一等奖；入选 2004～2005 年度国家舞台艺术精品工程十大精品剧目。后被拍摄为舞剧电影艺术片。

**《格桑花·茉莉花》**

创作演出：常州市歌舞剧院

编剧、编舞：晓泉、沙滩、日月、万玛尖措；李薇、孙跃颉、万玛尖措、池鹏、拉巴卓玛

导演：陈利华、拉巴卓玛、胡亮、万玛尖措

主要演员：骆文博、拉巴扎西、拉巴卓玛、黄茜茜、黄旭、王雨等

创作时间：2007 年

该剧取材于江南一所声名远播的西藏民族中学。一群以格桑花为代表的藏族子弟，告别故土和亲人，来到遥远的江南求学，由于文化背景和生活习俗的不同，一度产生了烦躁、苦闷的情绪，以茉莉为代表的汉族老师，努力抚慰孩子们的心灵，耐心教给他们知识和做人的道理，使孩子们迅速成长起来。该剧获第六届江苏省音乐舞蹈节优秀剧目奖、第四届全国少数民族文艺会演剧目金奖，入选 2007～2008 年度江苏省舞台艺术精品工程。

**《西施》**

创作演出：无锡市歌舞剧院

总编导：门文元、高度、刘仲宝、杨民麟；

编剧：刘仲宝、门文元、杨民麟、陈闯（执笔）

执行导演：高度

编导：孙跃颉、袁媛、王醒

主要演员：张娅姝、汤成龙、曾明、刘峰、季蓓等

创作时间：2007 年

吴越春秋时期，西施因貌美而卷入了战争。从此，她的命运、她的遭遇，成了千年不断的话题，化作了永恒的传奇。全剧以吴越争霸为背景、以西施与范蠡的大义大爱为主线，演绎流传千古的神奇历史故事，凸显深厚的江南文化底蕴，从而揭示出：国泰民安，社会和谐，是人类共同的理想和追求。该剧入选 2007～2008 年度江苏省舞台艺术精品工程精品剧目、国家舞台艺术精品工程年度资助剧目；2007 年，获第六届江苏省音乐舞蹈节优秀剧目奖。

**《阿炳》**

创作演出：无锡市歌舞团

编剧：陈闯

编导：门文元、刘仲宝

编导：张弋、杨威、贾秀金、尤进华、王言平

主要演员：刘峰、张娅姝、米夏、刘鑫等

创作时间：1999 年

该剧展示了中国民间音乐家阿炳（华彦钧）的坎坷命运和人生感悟。该剧于 1999 年获第四届江苏省音乐舞蹈节剧目大奖；同年，获江苏省精神文明建设“五个一工程”奖、第二届中国舞蹈荷花奖银奖；2000 年，获文化部第九届文华大奖、第六届中国艺术节大奖；2001 年，获第八届中宣部精神文明建设“五个一工程”奖。

## 二、音　乐

《江北的云》

体裁:歌曲

作词:王鸿

作曲:王汉华

演唱:庄志琴

创作时间:1991 年

2001 年 5 月,该歌曲获首届中国音乐金钟奖优秀作品奖。

《天山风情》

体裁:二胡与交响乐队

作曲:王建民

创作时间:1993 年

该曲是一首富有新疆音乐风味的二胡独奏曲,将新疆音乐中特有的增二度音程和 7/8 拍子的舞蹈性节奏,融汇到极富动感的旋律之中,表现了祖国边疆美丽、富饶的自然风光和人们幸福愉快的生活情景。2001 年,该曲获首届全国"金钟奖"器乐、交响合唱作品铜奖。

《箜篌引》

体裁:古筝曲

作曲:庄曜

创作时间:1999 年

本曲取材唐代李贺的《李凭箜篌引》,该诗写的是梨园子弟李凭在都城长安弹奏箜篌时产生的泣鬼神、动天地的演奏效果,作曲家在奇幻瑰丽、光怪陆离的诗作中融入自己的奇思妙想,将其转化为意境抽象、扑朔迷离的音乐。2005 年,该曲获第五届中国音乐金钟奖古筝作品铜奖。

《拔根芦柴花》

体裁:大型音乐舞蹈诗

创作演出:扬州市歌舞团

编剧:梁剑平

导演:梁剑平

主要演员:李惠、沈玲、邹珺、黄河

创作时间:1999 年

该剧反映了扬州里下河地区的民情民风,讴歌了扬州人民热爱生活、积极向上的精神风貌。在新中国成立 50 周年之际,在扬州友好会馆首映。1999 年,该剧获第四届江苏省音乐舞蹈节剧目奖。

《登上雨花台》

体裁:歌曲

作词:戴晓权

作曲:薛彪

创作时间:2001 年

该男声独唱歌曲以雨花台这一革命历史题材为主要内容,深情缅怀为建立新中国而牺牲的先烈。2001 年,该歌曲获第八届中宣部精神文明建设"五个一工程"奖。

《清晨,我们从田野走过》

体裁:歌曲

作词:陈嘉敏

作曲:王星南

创作时间:2001 年

该歌曲节奏轻松、活泼,旋律舒展、奔放,富有俄罗斯风情。2001 年,该歌曲获第八届中宣部精神文明建设"五个一工程"奖。

《水做的故乡》

体裁:歌曲

作词:晓白、宁生

作曲:吴旋

演唱:蔡红虹

创作时间:2001 年

该歌曲描绘了江南的水色之景,表达了对故乡的热爱之情。2001 年,该歌曲获第八届中宣部精神文明建设"五个一工程"奖。

《第二二胡狂想曲》

体裁:二胡曲

作曲:王建民

创作时间:2001 年

该乐曲由极富民族特色的湖南花鼓戏音调和湖南民歌的旋法特点,结合近现代作曲技法,加以创造性的融合、提炼、展开而成,具有浓郁的民族风格和鲜明的时代气息,表现出一种坚韧不拔、乐观进取的民族精神,抒发了在前进道路上不畏艰难、一如既往的豪迈气概。2003 年,该乐曲获第三届中国音乐金钟奖二胡作品银奖。

《又是烟花三月天》

体裁:歌曲

作词:刘金鳌

作曲:王汉华

演唱:龚莉莉

创作时间:2002 年

该歌曲为扬州烟花三月经贸旅游节而创作。2003 年,该歌曲获江苏省精神文明建设"五个一工程"奖。

**《高原情愫》**

体裁:小提琴曲

作曲:庄曜

创作时间:2003 年

该乐曲植根于民族民间音调,融合西方现代作曲技法,既继承传统又新颖时尚,以简介凝练的音乐语言抒发了作者对祖国高原、对大好河山的热爱与畅想之情。2003 年,该乐曲获第三届中国音乐金钟奖小提琴作品铜奖。

**《青春与世界联网》**

体裁:歌曲

作词:李潮润

作曲:杜小甦

演唱:青春组合

创作时间:2003 年

该歌曲充满现代律动的旋律,抒发着年轻人的青春气息,以及迈向新世纪新时代的壮志豪情。该歌曲于 2004 年获第四届中国音乐金钟奖声乐作品大奖、中国广播文艺奖之中国原创歌曲奖十大金曲奖;2007 年,获第十届中宣部精神文明建设"五个一工程"奖。

**《盼团圆》**

体裁:歌曲

作词:朱小松

作曲:龙飞

创作时间:2003 年

该歌曲抒发了眷念台湾同胞、期盼两岸一统的殷殷之情。2003 年,该歌曲获第三届中国音乐金钟奖作品奖(声乐作品)。

**《梅兰芳》**

体裁:歌曲

作词:刘鹏春

作曲:吴小平

创作时间:2004 年

该歌曲为纪念京剧大师梅兰芳先生诞辰 100 周年所创作,作品借鉴西方科学理论创作方法,又渗透了传统京剧戏曲的音乐元素,充满浓郁的戏曲韵味和民族特色。2007 年,该歌曲获第六届中国音乐金钟奖优秀奖(声乐作品)。

**《走江苏、爱江苏》**

体裁:歌曲

作词:张枚同

作曲:姜兴龙

创作时间:2004 年

该歌曲以深情优美的曲调歌颂了江苏的美丽风光。2004 年,该歌曲获第四届中国音乐金钟奖作品奖(齐唱、二声部作品)。

**《竹乡谣》**

体裁:歌曲

作词:吴凯

作曲:王立

创作时间:2004 年

该歌曲旋律优美、风格鲜明,是一首歌颂江南之美的乡曲。2004 年,该歌曲获第四届中国音乐金钟奖作品奖(齐唱、二声部作品)。

**《和平颂》**

体裁:大型民族交响乐

创作演出:南京民族乐团

作曲:赵季平

创作时间:2005 年

2005 年,作为全国纪念中国人民抗日战争暨世界反法西斯战争胜利 60 周年文艺演出开幕式在北京人民大会堂献演。在中日邦交正常化 35 周年、中日文化体育交流年之际,应邀与日本华乐团在东京共同举办"友好颂"演出。2007 年 11 月乐团应邀为"2007 美国华盛顿全球中国和平统一高峰论坛"闭幕式演出并在波士顿、纽约、新泽西、芝加哥和华盛顿等地进行巡回演出。该乐曲获 2005～2006 年度江苏省舞台艺术精品工程精品提名剧目。

## 三、舞　蹈

**《鸬鹚号子》**

创作演出:无锡市歌舞剧院

编导:尤进华

主要演员:刘仲宝、朱培清、赵荣禧

创作时间:1982 年

鸬鹚,又称鱼鹰,是一种捕鱼的水鸟。舞蹈通过水乡渔家"点篙驾轻舟,出没风波里"的捕鱼场面,表现了"渔家自有渔家乐"的无限情趣。1982

年，该节目获首届华东六省一市舞蹈会演创作一等奖。

**《捉蟹》**

创作演出：无锡市歌舞剧院

编导：尤进华

主要演员：刘仲宝

创作时间：1984 年

波涌千堆雪，浪拍万里天，风吹白帆舞翩翩，渔歌洒在云水间。幽默风趣的老渔翁，湖光山影一网收，情如潮，梦也甜。1984 年，该节目获第二届华东六省一市舞蹈会演创作一等奖。

**《江南好》**

创作演出：无锡市歌舞剧院

总导演：刘仲宝

编导：尤进华、杨民麟、王言平、贾秀金等

创作时间：1992 年

以《鸬鹚号子》《捉蟹》《车水乐》《金蝶飞舞》等 15 个声乐、器乐、舞蹈、歌舞节目，有机组合成“太湖春色”“吴地风情”“劳动欢歌”三个篇章，凸显“美在江南，情溢江南，春满江南”的主题。该节目于 1992 年获首届江苏省精神文明建设“五个一工程”荣誉奖；1993 年，获文化部第三届文华新剧目奖。

**《太湖鱼米乡》**

创作演出：无锡市歌舞团

总编导：刘仲宝

编导：尤进华、杨民麟、王言平、贾秀金

文学台本：陈闯

作词：陈闯、严文明

创作时间：1995 年

由“杨柳春”“渔夫梦”“芦花情”“太阳雨”“稻穗娘”“金秋鼓”等 6 个篇章和序幕、尾声组成，展示了太湖儿女强烈的生命意识和生存意识。该节目于 1995 年获第二届江苏省精神文明建设“五个一工程”入选作品奖；1997 年，获文化部第七届文华新剧目奖；入选 2005～2006 年度江苏省舞台艺术精品工程剧目。

**《水上童谣》**

创作演出：扬州市歌舞团

编导：谢克

主要演员：王佳维

创作时间：1998 年

1998 年，该节目获第四届全国舞蹈比赛创作二等奖、表演三等奖。

**《好一朵茉莉花》**

创作演出：江苏省歌舞剧院、常州市歌舞团

编导：顾欣

编剧：戴晓权

主要演员：杨宁、孙岚、周媛媛、于青、褚云霞、张其萍、方鹂鹂

创作时间：1999 年

该舞蹈选取富有江苏特色、极具代表性的优秀民族民间音乐舞蹈素材，经创作加工、整理提高，以“茉莉花”为题，集中展现了江苏独特的山水自然与人文景观、深厚的文化底蕴和悠久的文化传统，反映了江苏人民热爱生活、奋发进取的时代风貌。该节目于 2000 年获第六届中国艺术节大奖、文化部第九届文华新剧目奖、第四届江苏省精神文明建设“五个一工程”入选作品奖；入选 2006～2007 年度江苏省舞台艺术精品工程精品剧目。

**《荷塘语丝》**

创作演出：扬州文化艺术学校

编导：肖燕英

作曲：吴小平

主要演员：扬州文化艺术学校 1998 级中国舞表演班全体女生

创作时间：2003 年

2003 年，该节目获中国青少年艺术大赛第七届“桃李杯”舞蹈比赛表演三等奖、创作优秀奖。

**《踩文蛤》**

创作演出：南通艺术剧院

编导：喜启明

作曲：黎立

主要演员：顾菊萍等

创作时间：2004 年

舞蹈表现在长江入海口东海与黄海交界的广袤滩涂上，生长着一种被称为“天下第一鲜”的文蛤。一群海女和着海浪的阵阵节拍，在沙滩上欢快地踩踏，舞姿翩跹。劳动的欢快，连同收获的阵阵喜悦，伴着海风雪浪，在夕阳下构成了一幅充满意韵的美丽画面。该节目于 2005 年获首届江苏省新人新作歌舞大赛舞蹈表演二等奖和舞蹈创作二等奖、第三届 CCTV 电视舞蹈大赛决赛优秀演出奖；2006 年，获朝鲜平壤第 24 届“四月之春”国际艺术节金奖。

《芦花谣》

创作演出:扬州市歌舞团

编导:苏时进

主要演员:张蓉蓉

创作时间:2005 年

该舞蹈以“芦花”这一随处可见、平淡无奇的植物来象征和讴歌广大劳动人民在困难面前所表现出来的坚强意志和坚定信心,歌颂其顽强的生命力。2007 年,该舞蹈获第六届江苏省音乐舞蹈节优秀节目奖。

《九九艳阳天》

创作演出:扬州市歌舞团

编导:苏时进

主要演员:周晨、陈彦妃

创作时间:2006 年

该舞蹈根据同名歌曲演绎改编,2006 年,获第二届江苏省新人新作歌舞大赛舞蹈表演三等奖、舞蹈创作二等奖;2007 年,获第七届全国舞蹈比赛舞蹈节目创作优秀奖。

《绣娘》

创作演出:南通艺术剧院

编导:符薇薇、柯童

作曲:吴小平

主要演员:柯童、顾越美、赵辉霞等

创作时间:2007 年

该舞蹈表现一群绣女通过手持绣花针翩翩起舞,针随身动,线随人舞,出神入化的表演,形象地刻画了绣娘的勤劳和娇媚。该节目获第六届江苏省音乐舞蹈节优秀节目奖、优秀表演奖。

## 四、曲　艺

《常州白泰官》

体裁:常州评话

创作演出:常州市评弹团

作者:周玉峰

主要演员:周玉峰

创作时间:20 世纪 6、70 年代

该书目主要表现白泰官身怀绝技,智勇双全,同情弱势百姓,嫉恶如仇,不趋权贵,淡泊名利,好管人间不平事,有着大无畏的豪气以及凛凛的侠士气概。2002 年,该节目获第二届中国曲艺牡丹奖表演奖。

《智斩安德海》

体裁:苏州弹词

创作演出:无锡市评弹团

作者:吴迪君

主要演员:赵丽芳、吴迪君

创作时间:1978 年

该书目以山东巡抚丁宝桢“三斩”慈禧宠宦安德海为主线,展现风云变幻的晚清宫廷矛盾和复杂多变的人物性格。1984 年,该书目获浙江省曲艺会演长篇创作奖;1994 年 10,选回《左帅弹劾》获首届江苏省曲艺节创作奖和优秀演员奖。

《歌吹古扬州》

体裁:扬州弹词

创作单位:扬州市曲艺团

作词:刘立人

作曲:李仁珍

主要演员:李仁珍

创作时间:1980 年

该书目分五部分,分别介绍古城扬州的风景、历史任务、土特名产和古代的国际交往。1980 年首演,在《曲艺》(第 12 期)发表。1982 年江苏人民广播电台录音播放。1985 年上海有声读物公司录音,收入《李仁珍唱段选(1)》盒带,并以《歌吹古扬州》为此盒命名。1990 年,该书目获全国曲艺(鼓曲、唱曲部分)大赛表演一等奖、创作三等奖。

《陈毅拜客》

体裁:扬州评话

创作演出:扬州市曲艺团

作者:夏耘、姜仪烓

主要演员:惠兆龙

创作时间:1980 年

该书目讲述新四军江南指挥部总指挥陈毅率部挺进苏北、开辟以黄桥为中心的抗日民主根据地的故事。当时的江苏省人民政府主席韩德勤不断挑起反共摩擦,陈毅亲自到海安拜访国民党爱国人士、前江苏省政府主席韩紫石,请他出山调停国共纷争,团结抗日。1982 年,该节目获全国曲艺观摩演出(南方片)创作一等奖、表演一等奖。

《遗产风波》

体裁:中篇弹词

创作演出:苏州市评弹团

作者：邱肖鹏、周锦标、杨作铭

主要演员：魏含玉、侯小莉、赵慧兰

创作时间：1982 年

该书目取材于苏州姑娘杜芸芸的真实故事。1982 年，该书目获文化部全国曲艺观摩演出创作二等奖、优秀表演奖。

**《九龙口》**

体裁：苏州评弹

创作演出：苏州市评弹团

作者：邱肖鹏、郁小庭、傅菊蓉

主要演员：魏含玉、侯小莉

创作时间：1982 年

20 世纪 80 年代初，广州海关缉私科科长文大粱在侦破麝香走私案中险遭走私集团谋害，为走私集团传送密令的竟是他原来的恋爱对象林亚琼，走私集团为灭口，欲谋害林亚琼，因被发觉未成。林亚琼在事实教育下觉悟，协助海关抓获了走私集团头目。该书目获 1983 年江苏省新剧目演出剧本奖、1982 年中华人民共和国成立 35 周年征文一等奖。

**《挺进苏北》**

体裁：扬州评话

创作演出：扬州市曲艺团

作者：夏耘、姜锋、许凤仪、朱福炷

主要演员：惠兆龙

创作时间：1982 年

该书目讲述 1938 年新四军江南指挥部总指挥陈毅按中共中央军事委员会命令率部挺进苏北、开辟苏北抗日根据地的故事。1982 年由中国曲艺出版社出版。1984 年在中央人民广播电台和江苏人民广播电台连播。1985 年，该书目被中国曲艺家协会江苏分会授予长篇优秀创作奖；2004 年，获第三届中国曲艺牡丹奖表演奖。

**《广陵禁烟记》**

体裁：扬州评话

创作演出：扬州市曲艺团

作者：李真

主要演员：杨明坤

创作时间：1984 年

该书目讲述“七・七事变”前扬州一场禁烟事件。新任江都县长麻震江相信蒋介石“新生活运动”的骗局，在扬州认真禁烟。家住扬州的国民党中央委员汪伯龄假意支持，借麻震江之手除掉上海青帮贩毒集团在当地的代理人班兴，独霸扬州毒品市场。扬州中学师生孙志文等在共产党领导下发动各界群众开展声势浩大的示威斗争。该书为章回体，全书十八回，24 万字，1984 年 2 月，由中国曲艺出版社出版。1986 年，该书选段《吞钩》获文化部全国曲艺新曲（书）目比赛创作、表演一等奖。

**《啼笑因缘》**

体裁：苏州评弹

创作演出：苏州市评弹团

作者：姚荫梅、蒋云仙

主要演员：盛小云

创作时间：1993 年

该书目根据张恨水同名长篇小说改编，表现旅居北京的杭州青年樊家树与天桥卖唱姑娘沈凤喜的恋爱悲剧，反映了北洋军阀统治时期黑暗、动乱的一个社会侧面。其中《遇凤》一折获 2000 年第六届中国艺术节优秀节目奖。

**《巧手吟》**

体裁：苏州评弹

创作单位：江苏省演艺集团评弹团

作词：陈一兵

作曲：薛彪

演唱：黄霞芬

创作时间：1995 年

该书目为新编苏州弹词开篇。通过表达少女的心灵手巧，塑造了江南女子婀娜玲珑的可爱形象，获 1997 年文化部第七届文华新节目奖。

**《秦淮月》**

体裁：苏州评弹

创作单位：江苏省演艺集团评弹团

作词：郁小庭

作曲：郁小庭

演唱：杨乃珍

创作时间：1997 年

该书目为新编苏州弹词开篇，讲述旧时秦淮烟笼娼优，今日秦淮繁华连市、游人如织，翻天覆地的景象变化，获 1997 年文化部第七届文华新节目奖。

**《永远的江南》**

体裁：苏州评弹

创作单位：江苏省演艺集团评弹团

作词：秦逸、戴晓权

作曲：吴旋、黄霞芬

演唱：黄霞芬

创作时间：1997 年

该曲生动形象地描写了改革开放初期江南一片生机勃勃、繁荣昌盛的富裕景象。1998 年，获江苏省精神文明建设“五个一工程”奖；1999 年，获第七届中宣部精神文明建设“五个一工程”奖；2000 年，获文化部文华新节目奖。

**《搬家乐》**

体裁：苏州评弹

创作演出：苏州评弹学校

作者：邢晏春词、陈勇曲

主要演员：邢晏芝、邢晏春、王月香、丁雪君、景文梅、朱丽安

创作时间：1998 年

作品通过老街坊百姓们乔迁新居过程中发生的小故事，反映了改革开放给人们生活质量带来的快速提升，以及思想观念的深刻变化。2000 年，获文化部第九届文华新节目奖、文华表演奖。

**《扬州月》**

体裁：扬州清曲

作词：曹廷昌

作曲：戈弘

主要演员：刘芋君

创作时间：1998 年

作品以月亮作明眸，俯视月色浸染的扬州城，分别聚焦在蜀冈、瘦西湖、个园及流光溢彩的不夜城，赞颂了扬州古代文化与现代文明交相辉映之美，渲染出“酒不醉人人自醉，扬州月下醉扬州”的迷人情境。先后获省级以上多个奖项。

**《姑苏水巷》**

体裁：苏州评弹

创作演出：苏州市评弹团

作者：朱寅全词、潘益麟曲

主演：盛小云

创作时间：1999 年

该书目为苏州弹词开篇。以一声叫卖和幽幽水巷、碧波轻舟为引领，十分形象地勾勒出了一幅小桥流水人家、船头老翁垂钓、书场琵琶声声的生动画面，赞美了古城苏州、诗意江南的万种风情。1999 年，该书目获江苏省曲艺节创作银奖；2000 年，获文化部第九届文华新节目奖。

**《倾杯·石城春望》**

体裁：苏州评弹

创作演出：苏州市评弹团

作者：顾浩词、刘大强曲

主要演员：盛小云

创作时间：2000 年

该书目为苏州弹词。以诗人特有的情怀和笔触，描写出诗意盎然的美好春天，更写出了改革开放的大好时代。2000 年，获首届中国曲艺牡丹奖文学奖。

**《四郎尽忠》**

体裁：苏州评弹

创作演出：苏州市评弹团

改编：姚荫梅、蒋云仙

主要演员：金丽生、赵慧兰

创作时间：2000 年

该书目为短篇弹词。杨四郎投降番帮，被招为驸马。十多年虽养尊处优，但内心却非常痛苦。后在铁镜公主帮助下，为大宋立下汗马功劳。宋皇封其为十六州大都督之职并准其带妻儿荣返天波府。佘太君虽思念儿子，但为保全声誉，忍痛将四郎拒之门外，四郎绝望，撞死在天波府大门之上。2000 年，该书目获第六届中国艺术节节目奖、首届中国曲艺牡丹奖表演奖。

**《大脚皇后》**

体裁：苏州评弹

创作演出：苏州市评弹团

改编：傅菊荣、赵开生

主要演员：盛小云、袁小良、施斌、吴静、张丽华等

创作时间：2000 年

该书目为中篇苏州弹词。朱元璋坐天下后，以皇后大脚为耻，甚至要杀敢言“大脚皇后”的书生。于是，马皇后以自己的大脚为“谏本”，巧妙地使朱皇帝喜欢并重用了敢说真话的书生。2002 年，该节目获第四届江苏省曲艺节优秀表演奖；2003 年，获第二届中国苏州评弹节优秀节目奖；2004 年，获文化部第十一届文华新剧目奖、文华剧作奖、文华表演奖；2005 年，入选江苏省舞台艺术精品工程；2006 年，获第四届中国曲艺牡丹奖节目奖。

**《无丝夫人》**

体裁：苏州评弹

创作演出:常州市曲艺团

作者:周玉峰

主要演员:周希明、凌涛、廉勤荣、吴琪良、钮惠清、赵美华、倪雅静、蔡玉、刘芳、沈伟伟

创作时间:2003 年

该书目为中篇苏州弹词。安徽合肥香花墩,特产"无丝藕",无丝谐音无私。包拯之侄包勉,为巴结国舅,强抢民女,酿成命案,激起民愤,包拯大义灭亲,果断将其捉拿归案。依法审理中,发现此案复杂。包夫人不负众望,以自己的胆识和智慧,果断处理。几经较量,终于查明真相,将所有罪犯绳之以法。太后为包夫人义举折服,敕封她为"无丝夫人"。该书目获第二届中国评弹艺术节优秀节目奖和创作奖。

**《千里寻宝》**

体裁:苏州评弹

创作演出:常熟市评弹团

作者:金曾豪、陆建华

主要演员:陆建华、沈琳莉

创作时间:2003 年

该书目歌颂了全国优秀共产党员、劳动模范常德盛的先进事迹,形式新颖,主题鲜明,紧扣时代脉搏,反映了共产党人贯彻实践"三个代表"重要思想的心迹。该作品获第二届中国苏州评弹艺术节优秀节目奖、优秀创作奖、优秀表演奖;第三届中国曲艺牡丹奖文学奖。

**《扬州小巷》**

体裁:扬州清曲

创作演出:扬州市曲艺研究所

作词:曹廷昌

作曲:戈弘

主要演员:刘芓君

创作时间:2004 年

该作品反映了扬州历史文化独特风情,集中展现了古城小巷具有代表性的物像和人文要素。2006 年,该节目获江苏省文学艺术界联合会、江苏省曲艺家协会芦花奖节目奖;第五届江苏省曲艺节优秀节目奖、优秀创作奖等。

**《一代儒将陈毅》**

体裁:扬州评话

创作演出:扬州市曲艺团

作者:殷伯达

主要演员:刘兰芳

创作时间:2005 年

该书目为新创长篇扬州评话,讲述 1934 年红军主力长征,陈毅带伤留下来与项英一起领导南方游击战争,在赣南山林中坚持三年游击战。1937 年全面抗战开始,陈毅出山,改编南方游击队为新四军,率部挺进江南抗日前线。2006 年,该书目获第四届中国曲艺牡丹奖文学奖。2008 年,选段《一代儒将陈毅 · 较量》获第六届中国曲艺节优秀节目奖。

**《风雨黄昏》**

体裁:苏州评弹

创作演出:苏州市评弹团

作者:吴静

主要演员:盛小云、施斌、吴静、张丽华等

创作时间:2006 年

该书目为中篇苏州弹词。一个老教授与他的保姆间的黄昏恋遭遇子女反对,最后由于保姆的子女即老教授的学生的支持,两位老人才终成眷属。2006 年,该书目获文化部第三届中国苏州评弹艺术节节目金奖、创作金奖;2007 年,获江苏省文学艺术界联合会、江苏省曲艺家协会第二届江苏曲艺芦花奖节目奖;2008 年,获中国文学艺术界联合会、中国曲艺家协会第五届中国曲艺牡丹奖节目奖。

**《王少堂》**

体裁:扬州评话

创作演出:扬州市曲艺团

作者:李真、徐德明

主要演员:王丽堂

创作时间:2008 年

该书目为新创长篇扬州评话,为章回体,全书十回,共 36 万字,塑造了一位孜孜布"道"求"道"的评话大师形象。2008 年,该书目获第五届中国曲艺牡丹奖文学奖。

## 五、木　偶

**《嫦娥奔月》**

体裁:木偶剧

创作演出:扬州市木偶剧团

编导:常骥良

作曲：沈利群

主要操纵演员：华美霞、张宏亮、薛家余、刘凌云、蒋海龙

主要配音演员：王芸、吴金凤、薛家余

创作时间：1981年

根据同名锡剧改编，表现嫦娥为了上天打造射除妖日的神箭，舍下新婚丈夫后羿毅然吞丹奔月，拯救百姓的美好情感。1981年，该剧获文化部全国木偶皮影戏观摩优秀演出奖。

**《琼花仙子》**

体裁：木偶剧

创作演出：扬州市木偶剧团

编剧：陈允谦、胡小元

导演：焦锋

主要操作演员：许虹、华美霞、肖学明、张宏亮、王芸

创作时间：1995年

生长在银河边上的琼花仙子应扬州水神五泉之邀，从天际来到扬州，与专爱吃幼童的麻胡子展开殊死搏斗，为保卫扬州百姓的美好生活不惜献出生命。该剧获第八届文华奖文华新剧目奖。

**《三个和尚新传》**

体裁：木偶剧

创作演出：扬州市木偶剧团

编剧：刘觅莹

导演：俞克平、蒋海龙

作曲：吴小平

主要操作演员：刘凌云、张照、李亚

创作时间：2003年

该剧以三个和尚的故事为原型，集中体现了团结开拓的精神以及人与大自然和谐共存的主题。2003年，获第二届全国木偶皮影"金狮奖"剧目金奖、表演奖。

**《白雪公主》**

体裁：木偶剧

创作演出：扬州市木偶剧团

编剧：仇英俊

导演：钟浩、方林

主要演员：骆燕、李亚萍、梁苏荣、张照、王江

创作时间：2006年

该剧是根据格林童话改编的大型人偶童话剧，通过幽默风趣的舞台表现，全新演绎经典的童话故事。白雪公主的美丽、善良、纯真引起了继母王后的嫉妒和愤恨，身处逆境的白雪公主在憨态可掬的七个小矮人和快乐善良的森林动物们的帮助下，一次次化险为夷，让她更充满对美好生活的向往。2007年，该剧获第五届江苏省戏剧节优秀剧目一等奖；第六届江苏省精神文明建设"五个一工程"奖。2008年，入选江苏省舞台艺术精品工程精品剧目。

## 六、杂　技

**《对手顶碗》**

体裁：杂技

创作演出：盐城市杂技团

编导：稽粉红、卜金宽、杨同根

主要演员：王玉干、唐建

创作时间：1984年

该节目由两名演员表演，一名演员用头或脚顶碗，另一名演员做底座承托，两人互相配合，表演出各式各样的舞蹈造型和高难技巧。1984年，该节目获第一届全国杂技大赛鼓励奖；1987年，获第二届全国杂技大赛华东区一等奖；1988年，获第二届全国杂技大赛三等奖。

**《手技》**

体裁：杂技

创作演出：南京市杂技团

编导：李祝岗

主要演员：孙晓静、王静、孙亚玲、曹蕾等

创作时间：1986年

旧称"杂拌子"。原为杂技团的串场节目，后发展为正式的手技节目，并将节目水平推上新的高度，由抛接三至四只物体发展为"抛接十只圈"和"抛接七只羽球拍"、三人"对手抛接十八只圈"等。1987年，该节目获法国第九届"明日"杂技最高奖——法兰西共和国总统奖。

**《顶碗》**

体裁：杂技

创作演出：南京市杂技团

编导：卢鸣

主要演员：何佳、化勇

创作时间：1988年

该节目为以倒立为主的传统节目。原为单人

顶碗，后发展为对手顶碗，演员头顶大小瓷碗，运用腰腿和拿顶完成各种造型。主要动作有“膝上顶上顶”“倒立顶上顶蹬梯下梯”“脚上顶下梯”，编排巧妙，节奏舒缓，颇具抒情色彩。该节目获法国巴黎国际杂技比赛最高奖——法兰西共和国总统奖、“新苗杯”全国杂技比赛金奖。

《皮条》

体裁：杂技

创作演出：南京市杂技团

编导：谢玉清、乐振忠

主要演员：沈思源、李川、曹斌、陈珂阳、李培都、张恒、李清波、郑文轩、郑明轩、帮晓雯

创作时间：1988 年

节目演员以腕力和臂力在皮条上翻转起伏，做出各种造型，姿态奔放豪迈，表演充满活力，主要动作有“三把后平”“双咬人”“对手甩人”等。该节目获第五届全国杂技比赛华东赛区二等奖。

《椅子劈砖》

体裁：杂技

创作演出：南京市杂技团

编导：冯彪

主要演员：张惺毅

创作时间：1990 年

该节目是以展示平衡技巧的难度较大的杂技节目，为南京杂技团首创。演员在六把相叠的高椅上表演各种造型，后在高椅上加叠一凳，在凳上再叠加两排八块木砖，演员在木砖上拿顶造型，双手劈开木砖，身体自由下落在板凳上。1986 年，该节目获第一届华东地区杂技比赛二等奖；1990 年，获中国第三届杂技比赛华东地区预选赛优秀表演奖。

《转碟》

体裁：杂技

创作演出：南京市杂技团

编导：唐莹、应志琪、杨昭信

主要演员：李玲、单瑾、付丽泉、王菲、柏杨、安雯、郑媛

创作时间：1993 年

该节目主要动作有“对手转碟头顶脚蹬两只大盘”“三人转碟对传大盘”“三人转碟双层头顶叼花”“大球站人转碟头上单手顶翻下”“转碟脚蹬大盘乌龙绞柱”“四人转碟三层头顶叼花”等。该节目获第三届全国杂技比赛“银狮奖”、中国吴桥第四届国际杂技艺术节“金狮奖”、第五届全国杂技比赛“金狮奖”、瑞典“公主杯”国际杂技大赛银奖。

《春江花月》

体裁：杂技

创作演出：盐城市杂技团

编导：李祝岗

主要演员：孙晓静、王静、孙亚玲、曹蕾等

创作时间：1995 年

该节目根据演员腰软肢柔的特长，通过身段设计与造型设计，安排演员在音乐舞蹈中分别就位，最后分为四层咬花定格，以展现优美的肢体功夫。1994 年，该节目获文化部第三届全国杂技大赛“银狮奖”、第四届全国杂技大赛华东区一等奖；1995 年，获第四届全国杂技大赛“银狮奖”。

《空竹》

体裁：杂技

创作演出：南京市杂技团

编导：尹国明、陈美霞、应志琪、杨昭信

主要演员：付丽泉、单瑾、王艺贤、胡小文、郑媛

创作时间：1997 年

该节目原为单纯的炫技性节目，后在编排时融入大量的形体技巧和舞蹈语汇，配以新颖的服装、奇幻的灯光、美妙的音响，演员通过富有动感的排列变化和追逐嬉戏，完成“双铃串腰对抛接”“单铃腾空两前桥抛接”等高难度动作，其中“抛接五铃”“双抛铃后空翻肩过肩接”“抛铃转体 1800 度接”等为独创动作。该节目获第五届全国杂技比赛“金狮奖”、第 25 届蒙特卡洛国际杂技比赛“金小丑”特别奖、第四届全国青少年杂技比赛华东区预选赛获金奖、第四届全国青少年杂技比赛节目“银狮奖”。

《地圈》

体裁：杂技

创作演出：南京市杂技团

编导：周冬鸣

主要演员：姜浩、胡毅等

创作时间：2000 年

该节目以行驶在海上的巨轮为场景，通过一群年轻的水手在海上战风斗浪的作业，反映了他们对美好生活的憧憬和追求。演员们运用杂技的筋斗和钻圈的高难度技巧，完成“后空翻直体 360 度过 5 圈”“直体后空翻过 6 圈”“后空翻直体 720 度过 5 圈”等高难度动作，其中“圆场小翻过 5 个转动圈”

"前空翻踹腿过叠起转动5圈"等动作为首创动作。该节目获第五届全国杂技比赛"金狮奖"、第四届全青少年杂技比赛"银狮奖"。

**《高椅》**

体裁:杂技

创作演出:南京市杂技团

编导:尹国明、陈美霞

主要演员:王夕雨

创作时间:2002年

该节目将单手顶与椅子劈砖的高椅结合,主要技术动作有:在4把相叠的椅子上完成"左手倒把跳"和"右手倒把跳"各两次;在8把相叠的椅子上完成双手顶和元宝造型;在10把相叠、高12米的椅子上插一米多高的把,当椅子连同把一齐转动时,完成把上"单手顶吊起"加自转。该节目获第四届全国青少年杂技比赛"金狮奖"和演员表演奖。

**《花坛》**

体裁:杂技

创作演出:南京市杂技团

编导:尹国明

主要演员:张恒、陆恒、郁达峰、孔令洲

创作时间:2004年

节目演员运用头、颈、手、脚等将瓷坛任意抛、接、传、顶,加入许多跟斗技巧,其中"三小坛后提篮""三大缸后提篮""大缸360度头上过口""抛接花坛两层窜毛"等技术动作为首创。该节目获第六届全国杂技比赛铜奖;第24届"四月之春"国际艺术节金奖。

**《海上升明月》**

体裁:杂技剧

创作演出:如东县杂技团

创作时间:2005年

该剧将数十个传统杂技节目贯穿于民间传说故事中,讲述了美人鱼珍珠与渔夫海生的动人爱情故事,用现代科技和舞台技术包装传统杂技,使情景、杂技、舞蹈等艺术形式融为一体,营造全方位的表演空间。2007年,该节目获江苏省精神文明建设"五个一工程"提名奖;入选2005~2006年度江苏省舞台精品工程提名剧目。

**《顶上芭蕾》**

体裁:杂技

创作演出:南京市杂技团

编导:费广生

主要演员:化勇、陈雯、温晓艳

创作时间:2006年

该节目将芭蕾独特的脚尖站立造型和其他形体语汇融于杂技技巧表演之中,形成杂技新的品种。演员先后在底座演员的肩上、头顶完成"单站肩阿拉贝斯转体360度""双站肩阿拉贝斯""双人空翻下肩"等高难动作。2003年,该节目获朝鲜第24届"四月之春"国际艺术节金奖。

**《小马倌——绳技》**

体裁:杂技

创作演出:南京市杂技团

编导:王晓乐

创作时间:2006年

该节目表现十个活泼的男孩手舞着圈绳、翻腾跳跃、在草原上套马嬉戏的场景,技巧难度高,动作新颖,节奏欢快。该节目获2006年文化部全国青少年杂技比赛金奖、2008年俄罗斯第七届莫斯科国际青少年马戏比赛金奖。

## 七、魔　术

**《火箭穿人》**

体裁:大型魔术

创作演出:连云港市其魔魔术艺术团

主创:汪奇魔、蒋一兵

创作时间:1999年

2000年,该节目获中国杂技金菊奖第一届全国魔术比赛银奖。

**《大型魔术——马去羊来道吉祥》**

体裁:大型魔术

创作演出:连云港市其魔魔术艺术团

主创:汪奇魔、周干

创作时间:2002年

2002年,该节目获中国杂技金菊奖第二届全国魔术比赛舞台类金奖。

**《纸牌》**

体裁:魔术

主创:张加宏

创作时间:2002

2002年,该节目获中国杂技金菊奖第二届全国魔术比赛近景魔术铜奖。

《**魔术**》

体裁:魔术

主创:杨兰、李德善

创作时间:2002

2002年,该节目获中国杂技金菊奖第二届全国魔术比赛舞台魔术特别奖。

《**宠物乐园**》

体裁:魔术

主创:汪小魔

创作时间:2006

2007年,该节目获第六届中国杂技金菊奖第四次全国魔术比赛优秀奖。

## 第三节　艺术活动

30年间,江苏通过举办全省性的戏剧节和剧种节,推动新剧目创作,促进演出繁荣。1984年10月,在无锡创办江苏省锡剧节;1986年11月,在盐城创办江苏省淮剧节;1988年9月,在扬州创办江苏省扬剧节;1989年7月,在常州创办江苏省滑稽戏节;1993年6月,在南京创办江苏省戏剧节。

通过举办全省性和参与全国性的重大艺术活动,推动出人出作品。实施国家和省舞台艺术精品工程,以组织戏剧节、音乐舞蹈节等省级艺术赛事为平台,促进艺术精品生产,推动专业艺术队伍的建设。以参加第八届中国艺术节、第十届中国戏剧节、第七届全国舞蹈比赛等全国性艺术活动为抓手,推动一批作品的加工和提高,全省舞台艺术呈现普遍繁荣的局面。

### 一、参加全国性艺术活动

#### (一) 中国艺术节

中国艺术节是国家艺术节,由中华人民共和国文化部主办。作为高水平的综合性艺术活动,其宗旨是:贯彻中共的文艺"为人民服务,为社会主义服务"的方向和"百花齐放,百家争鸣"的方针,荟萃艺术精品,弘扬民族文化,振奋民族精神,集中检阅一段时期内文艺事业取得的新成果,推动社会主义文艺事业的发展与繁荣,满足广大人民群众对文化生活的需求,促进社会主义物质文明和精神文明建设,促进承办地区科技、经贸、旅游等各项事业的发展,开展对外文化交流,扩大中国艺术在国际上的地位和影响。

第一届中国艺术节于1987年9月5日至24日在北京举行,突出了"丰富多彩,健康欢乐、团结进取"的主题,展现了中国民族音乐的气势、风采和魅力。武进县锡剧团《风流母女》代表江苏省参加由上海市文化局承办的第一届中国艺术节(华东·上海片区)演出。

第二届中国艺术节于1989年9月在北京举行,并在多地设分会场,作为新中国成立40周年庆祝活动的重要内容,以展示中国年轻一代艺术工作者的成就为侧重点。苏州的群众舞蹈《碧水红菱》、扬州市扬剧团《皮九辣子》、如皋木偶剧团木偶神话剧《红螺女》等作品参加北京主会场演出。10月,常州市滑稽剧团《多情的小和尚》参加中国第二届艺术节(华东·南京)演出。

第三届中国艺术节于1992年2月18日至3月3日在昆明举行,按照"团结、繁荣、进步"的原则,融思想性、艺术性、民族性、群众性为一体,以少数民族文化艺术活动为主,将舞台演出和群众性的广场文艺活动相结合,将大规模的文艺活动与经贸、旅游活动相结合。扬州市扬剧团《皮九辣子》等作品参加昆明主会场演出。

第四届中国艺术节于1994年8月18日至28日在兰州举行,以"团结、改革、繁荣"和"荟萃艺术精品,弘扬民族文化"为主题,集中展现了文艺事业的丰硕成果。昆剧《夕鹤》导演范继信获第四届中国艺术节优秀导演奖。

第五届中国艺术节于1997年10月25日至11月5日在成都举行,以"欢庆十五大,迎接新世纪"为主题。扬州木偶剧团应文化部邀请参加演出。

第六届中国艺术节于2000年9月在南京举行。详情参见"主办全国性艺术活动·第六届中国艺术节"条目。

第七届中国艺术节于2004年9月10日至26日在杭州举行,以"发展先进文化,振奋民族精神"为主题。这一届艺术节首次同时同地对文化部专业艺术"文华奖"与社会文化"群星奖"进行评奖。南京市话剧团《平头百姓》获文华大奖,苏州市评弹团《大脚皇后》、镇江市艺术剧院《快乐推销员》获文华新剧目奖。

第八届中国艺术节于2007年11月5日至20日在湖北省举行,以"繁荣先进文化、建设和谐文化"为主题,武汉市为主会场,宜昌市、黄石市、襄樊市、荆门市为分会场。苏州市滑稽剧团儿童剧《青春跑道》、无锡市歌舞团舞剧《红河谷》获文华大奖;南京市话剧团话剧《沦陷》、苏州昆剧院《西施》获文华新剧目奖。

### (二)中国京剧艺术节

中国京剧艺术节是中国京剧界精品荟萃、名角云集的国家级艺术盛会。它由国家文化部、广播电影电视部、中国京剧艺术基金会联合发起,并与地方政府共同主办。其宗旨是展示优秀京剧作品,汇集尖子人才,交流艺术经验,吸引群众参与,促进京剧繁荣。艺术节的内容除对参选的新老剧目进行评选外,还举办京剧研讨会及现场演出,为京剧艺术的传播和发展做出了贡献。

第一届中国京剧艺术节于1995年11月17日至24日在天津举行。江苏省京剧院《西施归越》获铜奖。

第二届中国京剧艺术节于1998年12月30日至1999年1月10日在北京举行。江苏省京剧院《骆驼祥子》获金奖第一名,被评论界誉为"京剧现代戏里程碑式的作品"。

第三届中国京剧艺术节于2001年12月2日至16日在南京举行。详情参见"主办全国性艺术活动·第三届中国京剧艺术节"条目。

第四届中国京剧艺术节于2004年12月3日至15日在上海市举行。这一届艺术节首次推出儿童京剧展演,江苏省长荣京剧院《闪闪的红星》参演。

第五届中国京剧艺术节于2008年10月20日至11月8日在济南市、青岛市、淄博市举行。江苏省京剧院《飘逸的红纱巾》获一等奖,江苏省长荣京剧院《扁担谣》获二等奖。

### (三)国家舞台艺术精品工程

国家舞台艺术精品工程包括舞台表演各艺术品种的大型剧目,是文化部、财政部共同实施的一项旨在扶持舞台艺术发展的重大建设项目。工程自2002年启动以来,推出了一批精品剧目和一批优秀作品,凝聚和培育了一大批艺术人才,丰富了人民群众的精神生活。实施国家舞台艺术精品工程,鼓励创作反映现实生活和表现时代精神的优秀作品,发动艺术表演团体和艺术家,坚持不懈地创作一批优秀舞台艺术新剧目;同时,挑选一批改革开放以来具有较大影响、基础较好、尚有潜力的舞台艺术作品,进一步修改、加工和提高,打磨出一批优秀的精品剧目。

2002~2003年度,江苏省演艺集团京剧院的《骆驼祥子》、苏州市滑稽剧团的《一二三,起步走》获国家舞台艺术精品工程提名奖。

2003~2004年度,苏州市滑稽剧团的《一二三,起步走》被评为国家舞台艺术精品工程十大精品剧目,无锡市歌舞团的《阿炳》获国家舞台艺术精品工程提名剧目。

2004~2005年度,无锡市歌舞团的《红河谷》入选国家舞台艺术精品工程十大精品剧目,南京市话剧团的《平头百姓》《沦陷》分别入围国家舞台艺术精品工程提名剧目和国家舞台艺术精品工程优秀剧本。

2006~2007年度,苏州市滑稽剧团的《青春跑道》、江苏省淮剧团的《太阳花》获国家舞台艺术精品工程提名剧目。

2007~2008年度,苏州市滑稽剧团的《青春跑道》获国家舞台艺术精品工程重点资助项目,无锡市歌舞团的《西施》获国家舞台艺术精品工程年度资助剧目。

## 二、主承办全国性艺术活动

### (一)全国戏曲现代戏观摩演出

全国戏曲现代戏观摩演出由文化部主办,江苏省文化厅、扬州市人民政府承办,于1991年5月21日至30日在扬州举行。全国16个省(市区)21个剧团演出19台戏25个剧目(其中小戏6个),分属京、楚、豫、沪、川、秦、吉、花鼓戏、滑稽戏等17个剧种。楚剧《虎将军》(湖北)、京剧《高高的炼塔》(吉林)、豫剧《儿大不由爹》(河南)、花鼓戏《桃花汛》(湖南)、沪剧《明月照母心》(上海)、滑稽戏《快乐的黄帽子》(江苏)等,3 000多名戏剧工作者参演。其间,举行中国戏曲现代戏研究会第九届年会,5月23日举行该研究会成立十周年纪念大会。苏州滑稽剧团的滑稽戏《快乐的黄帽子》获优秀剧目奖,射阳县淮剧团的淮剧《难咽的苦果》获新剧目奖、优秀青年演员奖,扬州市扬剧团的扬剧《皮九辣子》参加展演。

(二) **第六届中国艺术节**

第六届中国艺术节由文化部主办，江苏省人民政府承办，于2000年9月在南京举行，设苏州、无锡、常州、扬州四个分会场。国内31个省市自治区和香港特别行政区及台湾地区都有剧节目参演，共105台舞台艺术演出，其中参评剧目62台，祝贺演出剧目30台，国外及港台地区展示交流剧目8台，群众文艺5台。参演剧目的门类包括戏曲、话剧、舞剧、歌剧、儿童剧、杂技、魔术、木偶剧、歌舞等。最终，第六届中国艺术节共评出中国艺术节大奖26个，优秀剧目奖28个，优秀演出奖8个。

江苏省共有10台剧目参加评奖演出，其中6台获中国艺术节大奖：江苏省京剧院的《骆驼祥子》(戏曲类)、南京市话剧团的《秦淮人家》(话剧类)、苏州市滑稽剧团的《一二三，起步走》(儿童剧、曲艺、木偶、杂技类)、江苏省歌舞剧院的《好一朵茉莉花》(歌剧、音乐、舞蹈类)、无锡市歌舞团的《阿炳》(舞剧类)、苏州市歌舞团《干将与莫邪》(舞剧类)，4台获优秀剧目奖。此外江苏省还有27台参加祝贺演出。

这届艺术节采取多种形式，努力使文艺演出深入基层，力求让更多的群众参与，以充分体现“人民的节日”的办节宗旨。艺术节在105台演出剧(节)目中，直接安排16台剧(节)目在高校、部队、企业等基层场馆演出，还专门安排5台群众文艺演出，组织7台剧(节)目深入到场馆以外的工厂、农村、城市广场和部队演出。同时，艺术节依托主、分会场在城市的现有群众文化设施、市民广场、公园等，组织众多的群众文艺演出和与艺术节相关的娱乐活动。据统计，艺术节的场馆演出加上到基层群众中的演出，合计观众达50多万人次。

艺术节期间，各分会场举办与主会场相呼应的大型文化艺术活动。苏州市举办丝绸旅游节，无锡市举办太湖旅游节，常州市举办首届艺术节，扬州市举办首届文化旅游节等。艺术节期间，安排经贸活动，举办江苏名品精品交易会、南京金秋恳谈会、文化科技博览会、工艺品展销会、特色商品展销会等，还举办全国雕刻艺术大奖赛、全国刺绣艺术大奖赛、“金狮奖”全国苏州评弹比赛暨观摩交流演出、国际工艺美术发展高层论坛等活动。

此外，艺术节中还推出8个(多个)展览：国际中国画大展、国际书法大展、江苏历代书画名家精品展、非洲艺术大展、摄影展、丹麦现代设计艺术展、中国工艺美术精品展、首届江苏国际艺术品博览会。祝贺大展是海内外甲骨文书法艺术大展。同时，全省各级纪念馆、博物馆也组织各类有一定特色的馆藏精品展览和陈列活动。

另外，省财政投资2亿元作为艺术节场馆建设改造经费，第六届中国艺术节场馆准备工作历时近两年，完成了江苏省人民政府确定的30个场馆的建设改造任务。新建成的南京文化艺术中心、紫金大戏院、南艺音乐厅、无锡市人民大会堂等一批演出场所，为保证第六届中国艺术节剧目演出创造了良好的硬件基础。

(三) **中国昆剧艺术节**

第一届中国昆剧艺术节由国家文化部、江苏省人民政府、苏州市人民政府主办，文化部振兴昆剧指导委员会、江苏省文化厅、苏州市文化局、昆山市人民政府承办，中国昆剧研究会以及有关资助单位协办，于2000年3月31日至4月6日在苏州市和昆山市举行。全国6家昆剧团全部参演，江苏省昆剧院《桃花扇》《看钱奴》，江苏省苏昆剧团《荆钗记》《长生殿》获优秀古典名剧展演奖，江苏省苏昆剧团《花魁记》获特别演出奖。

第二届中国昆剧艺术节由文化部、江苏省人民政府主办，文化部艺术司、江苏省委宣传部、江苏省文化厅、苏州市政府承办，2003年11月15日至22日在苏州昆山市举行。全国六大昆剧院团和浙江永嘉昆曲传习所、中国戏曲学院参演，江苏省演艺集团昆剧院《窦娥冤》获文化部表彰。

第三届中国昆剧艺术节由文化部和江苏省人民政府主办，江苏省委宣传部、江苏省文化厅、江苏省文学艺术界联合会、苏州市政府承办，于2006年7月5日至13日在昆山举行。苏州昆剧院《西施》获优秀剧目奖，江苏省演艺集团《小孙屠》获剧目奖。

(四) **中国苏州评弹艺术节**

第一届中国苏州评弹艺术节由国家文化部、江苏省人民政府主办，于2001年10月15日至20日在苏州举行。盛小云获优秀表演奖。

第二届中国苏州评弹艺术节由国家文化部、江苏省人民政府主办，于2003年11月15日至22日在苏州举行。江苏省演艺集团的评弹剧目《生死球》《新钗头凤》获优秀剧目奖、优秀创作奖、优秀表演奖等，常州市评弹团的中篇苏州弹词《无丝夫人》获优秀节目奖和创作奖。

第三届中国苏州评弹艺术节由国家文化部、江苏省人民政府主办，于2006年7月5日至13日在苏州举行。苏州市代表队的《风雨黄昏》《田阿桐》《良心》《茉莉花开》获节目奖金奖。

**（五）第三届中国京剧艺术节**

第三届中国京剧艺术节由国家文化部主办，南京市人民政府承办，于2001年12月2日至16日在南京市举行。本届京剧艺术节主要有京剧优秀剧目演出和评奖、京剧艺术发展战略研讨、京剧艺术展等活动。先后有5万多人次票友、戏迷观看演出，近10万人次参观京剧艺术系列展览，参加京剧走进社区、走进家庭、走进景区、走进校园等群众文艺活动。

在为期15天的艺术节期间，来自全国各地的24台剧目参加了演出。上海京剧院的《贞观盛事》、天津京剧院的《华子良》、南京市京剧团的《胭脂河》、北京京剧院梅兰芳京剧团的《洛神赋》以及中国京剧院的《瘦马御史》获得金奖。另外，天津青年京剧团的《金山寺、断桥、雷峰塔》和湖北省京剧院的《膏药章》获优秀保留剧目创新奖；黑龙江省京剧院的《完颜金娜》等13个剧目获优秀剧目奖；甘肃省京剧团的《西域星光》等4个剧目获剧目奖。

这届艺术节还首次颁发了荣誉改编、优秀编剧、优秀导演、优秀音乐、优秀舞台美术、荣誉表演、优秀表演以及表演等单项奖。中央电视台等14家单位和潘寒操等4名个人获京剧艺术节金菊奖。

**（六）第十届全国运动会开、闭幕文艺表演**

2005年10月12日至23日，由国务院批准、国家体育总局主办、江苏省人民政府承办的中华人民共和国第十届全国运动会开、闭幕式在南京举行。这次全运会是中国第一次采用申办形式确定承办单位的综合性大型运动会，是2008年奥运会前一次最大规模、最高水平的赛事。江苏文艺工作者在开、闭幕式文艺演出中，突破传统、大胆创新，演出高潮迭起、亮点纷呈，以新颖别致的创意、气势恢宏的场面、美轮美奂的声光，充分展现了中国气派和江苏文化特色。

开幕式在南京奥林匹克体育中心举行文艺表演。参加演出活动的演员由专业和业余两支共8 000多人的队伍组成，专业组来自全国40家文艺团体，业余组来自在宁的部队、学校等单位。大型文艺表演《时代交响》由上篇《铸造辉煌》、中篇《锦绣江苏》、下篇《力量神州》以及尾声《和谐交响》组成，体现了中国之魂、江苏之美、体育之势和发展之道。

闭幕式文艺表演主题为“欢庆与祝福”，参加演出的一千多名演员大多来自江苏省专业团体，表演共分六个部分：序歌《江河湖海的祝福》、第一篇章《江——生命之源》、第二篇章《河——文明画卷》、第三篇章《湖——美丽家园》、第四篇章《海——蓝色畅想》、尾声《欢庆与祝福》。整台晚会以江河湖海为载体，形象地展现九州大地的风采神韵，凸现欢庆十运、祝福奥运的主题。

**（七）中国曲艺牡丹奖**

第四届中国曲艺牡丹奖由中国文学艺术界联合会、中国曲艺家协会、中共江苏省委宣传部、江苏省文学艺术界联合会主办，江苏省文学艺术界联合会、江苏省曲艺家协会承办，于2006年9月23日在南京五台山体育馆举行。江苏在这届中国曲艺牡丹奖获六个奖项，分别是周良获终身成就奖，苏州中篇弹词《大脚皇后》获节目奖，邢晏芝获表演奖，长篇扬州评话《一代儒将陈毅》获文学奖，施斌获新人奖，徐德明、李真《从王派〈水浒〉看扬州评话的艺术形态特征》获理论奖。

第五届中国曲艺牡丹奖颁奖晚会由中国文学艺术界联合会、中国曲艺家协会、中共江苏省委宣传部、江苏省文学艺术界联合会主办，江苏省文学艺术界联合会、江苏省曲艺家协会承办，于2008年10月15日在南京五台山体育馆举行。江苏省共获本届中国曲艺牡丹奖六个奖项，分别是杨乃珍获终身成就奖，现代中篇苏州弹词《风雨黄昏》获节目奖，长篇扬州评话《王少堂》获文学奖，陆建华获表演奖，周玉峰《常州道情缺失探》获理论奖，刘芋君获新人奖。

**（八）第九届亚洲艺术节**

第九届亚洲艺术节由文化部、江苏省人民政府主办，南通市承办，2007年9月20日至24日在南通举行。这一届亚洲艺术节以“展示灿烂文化、扩宽人文交流、增进人民友谊、满足大众需求”为宗旨，举办中日韩文化部长论坛，并签署《南通宣言》；举行第九届亚洲艺术节大型纪念雕塑《和·融》揭幕仪式；中日韩三国艺术表演团体，分别参加开闭幕式文艺演出、巡街表演、中日韩书道展、珠算展以及非物质文化遗产演出、话剧演出和综艺表演等交流展示活动。

**（九）第31届世界戏剧节**

2008年10月16至26日，第31届世界戏剧节在江苏省南京市举行，是中国加入世界戏剧家协会后首次主办的世界戏剧节，也是国际剧协成立60年第一次在中国举办戏剧节，具有开创性意义，来自五大洲16个国家和地区的26台参演剧目、10台展演剧目以及1台祝贺演出齐聚南京。国外共有14台剧目参与演出。江苏创作的10台优秀剧目在戏剧节上展演，包括江苏省梆子剧团大型现代戏《桃花庄》、江苏省长荣京剧院现代京剧《扁担谣》、无锡市锡剧院《工会主席》、江苏省淮剧团《唢呐声声》、盐城市淮剧团《马代表进城》等。

## 三、晋京演出活动

1978～2008年期间，江苏文艺院团对剧目精心遴选，反复打磨提升，使故事更加凝练，主题更加突出，并不断在音乐、舞美创作和导演手法上作出新的探索。一批优秀剧目获得晋京演出的机会，促进了院团演出水平的提高和剧团的发展，同时也促进了江苏戏曲在全国平台的展示、交流和推广。

1978年文化部在北京举办全国戏剧调演。江苏5台新创作小戏参加演出，分别是江苏省淮剧团《金色的教鞭》《双送鞋》，苏州市锡剧团《老戏迷改戏》，江浦县扬剧团《最听话的丫头》，盱眙县黄梅戏剧团《送鹅》。

1979年1月，江苏省柳琴剧团《小燕和大燕》晋京参加庆祝中华人民共和国成立30周年献礼演出，获文化部创作、演出二等奖。2002年，《走娘家》被文化部邀请晋京汇报演出。2004年12月，应中国戏剧家协会邀请，江苏省柳琴剧团《枣花》晋京演出。

1980年10月，淮阴京剧团在北京广和剧场上演《红娘》《金玉奴》等剧，并进中南海汇报演出，受到中央领导人接见。1985年3月，淮阴京剧团赴北京演出，在民族文化宫上演荀派名剧《霍小玉》《鱼藻宫》《香罗带》《红楼二尤》《金玉奴》《勘玉钏》《花田八错》《红娘》八出戏，并再次进中南海怀仁堂向中央领导人汇报演出。2005年5月29日至30日，江苏省长荣京剧院（原淮阴京剧团）的儿童京剧《闪闪的红星》被文化部等五部委评为优秀儿童剧，参加优秀少儿京剧晋京展演及巡演活动，在全国政协礼堂演出。

1981年，江苏省淮剧团《打碗记》、阜宁县淮剧团《一字值千金》应邀晋京参加文化部主办的“1981年戏曲现代戏汇报演出”活动，受到文化部表彰。

1986年10月，丰县小凤凰梆子剧团的梆子戏《接公公》晋京，在北京长安大剧院、中央直属机关礼堂、航天部第三研究院礼堂演出。1988年6月，丰县小凤凰梆子剧团晋京在长安大戏院演出《五世请缨》，在吉祥剧院、中南海中央办公厅警卫局礼堂演出《包青天》，在人民大会堂小礼堂演出新编传统喜剧《双坐轿》。1992年4月22日至5月6日，丰县小凤凰梆子剧团《双拥情》《破洪州》《老山羊》《三哭殿》《枫叶媒》晋京，分别在中直机关、中央军委、文化部、中国戏剧家协会、中南海警卫局礼堂、北京卫戍区礼堂、北京吉祥剧院演出。其中《双拥情》参加“纪念毛主席《在延安文艺座谈会上的讲话》发表50周年”活动。

1988年10月，常州市滑稽剧团的大型滑稽戏《土裁缝与洋小姐》和《多情的“小和尚”》晋京于长安大戏院和工人俱乐部演出，并应中顾委邀请进中南海演出。

1990年，南通市京剧团整理的徽剧传统剧目《端午门》《水淹七军》奉调进京，参加文化部举办的“全国纪念徽班进京二百周年，振兴京剧观摩研讨会”，在中南海为中央领导人演出。其中《端午门》在北京吉祥戏院演出。

1991年4月，应中国戏剧家协会艺术委员会邀请，江苏省梆子剧团《李瓶儿》晋京演出，并演出张虹、陈秀兰主演的两场折子戏。同年11月二次晋京演出《樊梨花》。2001年，应文化部艺术司、中国戏剧家协会的邀请，江苏省梆子剧团携《华山情仇》和燕凌折子戏专场晋京演出。

1994年11月，应文化部之邀，南京市京剧团《醒醉记》晋京汇报演出。

1995年，江苏省淮剧团《太阳花》晋京演出，中国戏剧家协会召开《太阳花》晋京演出座谈会，21名首都戏剧界专家对该剧思想性和艺术品位给予评价。

1998年，南京市越剧团的陶琪折子戏专场和大型越剧《侯门之女》晋京演出。

2000年，阜宁县淮剧团《画像》晋京参加全国部分省市农村题材小戏调演。

2001年9月，江苏省扬剧团《王昭君》参加国家民委、文化部、江苏广电总局等联合举办的第二届全国少数民族文艺会演，获得创作、演出、舞美三大金奖，徐秀芳、候长荣获优秀演员奖。

2002年11月，盐城市淮剧团《十品村官》晋京参加庆“中共十六大”全国优秀剧目展演。

2002年10月，丹阳市戏剧总团的丹剧小戏《称婆婆》被文化部选调进京参加庆祝中共“十六大”召开献礼演出。

2003年12月，泰州市淮剧团《祥林嫂》剧组晋京演出。在京演出期间，中国文学艺术界联合会和中国戏剧家协会召集全国戏剧专家，举行淮剧《祥林嫂》专题研讨会。

## 四、江苏省重要艺术活动

### （一）江苏省专业文艺团体创作剧目会演

1978年10月27日至11月12日，江苏省专业文艺团体创作剧目会演在南京举行。来自11个专区、市的8个剧种的980名代表参加会演，演出17台大、小型剧目共37个。其间，文化部政策研究室召开座谈会，讨论“文艺如何为新时期总任务服务”和“文艺与民主”等问题。

### （二）江苏省新剧目调演

文化部于1978年在北京举办了全国戏剧调演活动，为了响应中央振兴戏曲的号召，江苏省文化局于1980年在南京举办新剧目调演活动，调动了江苏省内甚至省外地方剧种的创作和演出热情，为此后举办江苏省各剧种的戏剧节打下良好的基础。

1980年江苏省新剧目调演活动中，苏州市锡剧团《司马迁》等剧目参加调演。

1982年，江苏省柳琴剧团的《宝山相亲》、泰州市淮剧团的《没处到任》、泰兴县歌剧团的《她会回来》和《春风得意》、阜宁县业余剧团的《花好月圆》、滨海县业余剧团的《回娘家》、建湖县淮剧团的《卖蟹》、苏州市滑稽剧团的《小小得月楼》等剧目参加调演。

1983年，江苏省苏昆剧团的苏剧《五姑娘》、江苏省话剧团的《路在你我之间》、苏州市京剧二团的《挡御驾》、江苏省昆剧院的《唐伯虎传奇》等剧目参加调演。

1984年，常州市滑稽剧团的《乐在其中》、张家港市锡剧团的《不是父亲的父亲》等剧目参加调演。

1985年，江苏省柳琴剧团的《瓜棚风月》等剧目参加调演。

1986年，南通市京剧团的《曹顶》、扬州市扬剧团的《盛世女丐》《新婚礼葬》、江都县扬剧团的《江畔儿女行》、常州市滑稽剧团的《土裁缝与洋小姐》、江苏省淮海剧团的《果园风情》等剧参加调演。

1988年，扬州市扬剧团的扬剧《皮九辣子》（又名《上访专业户》）、江苏省昆剧院的昆剧《白罗衫》、常州市锡剧团的锡剧《欢喜店》等剧目参加调演。

1990年，泰州市扬剧团的《三喜盈门》、连云港市话剧团的《天下第一难》、常州市锡剧团的《两个男人一颗心》、盱眙县黄梅剧团的《情牵果园》、江苏省苏昆剧团的《风筝树·相思河》、江苏省昆剧院的《桃花扇》等剧目参加调演。

### （三）江苏省锡剧节（江苏省锡剧艺术节）

20世纪70年代末80年代初，作为江苏主要地方剧种，锡剧演出活动范围缩小，年轻观众减少，处于由城市退守农村的被动状态。为了扭转这种衰落的局面，朝着开创“大鼓劲、大团结、大繁荣”的新局面大步迈进，把锡剧推向新的黄金时代，使之适应时代的潮流，满足人民群众新的审美要求，符合建设社会主义精神文明的需要，江苏省文化厅于1984年10月20日至11月11日在无锡举办首届江苏省锡剧节，截至2008年共举办七届，自第六届起江苏省锡剧节改称为江苏省锡剧艺术节。

参加首届江苏省锡剧节的剧团有24个，演员有1 300余人，演出89场，观众达到15万人次。其中，《当家人》《不是父亲的父亲》《阿二接妻》《周处》获剧本一等奖；无锡市锡剧团《当家人》、宜兴县锡剧团《周处》、无锡县青年锡剧团《青蛇传》、江苏省锡剧团《热血贝》、上海市嘉定县锡剧团《春兰》、常州市锡剧团《攀弓带》获演出一等奖。

1986年11月2日至17日，第二届江苏省锡剧节在常州举行，省内外15个剧团，800余名演职人员参加，共上演16台剧目，演出31场，观众达15万人次。其中，张左一的《寂寞红豆》、轻羽的《天堂闲梦》、马中原和刘兴中的《风流母女》获剧本一等奖；常州市锡剧团的《母子星》《双莲记》、江阴县锡剧团的《寂寞红豆魂》、苏州市锡剧团的《天堂闲梦》、靖江县锡剧团的《易心传奇》、武进县锡剧团的《风流母女》获优秀演出奖。

1988年11月21日至26日，第三届江苏省锡剧节在苏州举行。常州市锡剧团的《欢喜店》获剧本创作奖一等奖；常州市锡剧团的《欢喜店》、无锡市锡剧团的《骗婚记》、江苏省锡剧团的《水乡女人》、靖江县锡剧团的《乱世风流》、苏州市锡剧团的《碧血小草》、张家港锡剧团的《恨爱都是情》、丹阳县锡剧团的《鳗鱼情》获优秀演出奖。

1993 年 6 月 19 日至 24 日，第四届江苏省锡剧节在无锡举行。江阴市锡剧团的《天涯情仇》、常州市锡剧团的《血色杜鹃》、无锡县锡剧团的《至德泰伯》、无锡市锡剧团的《瞎子阿炳》、江苏省锡剧团的《南归记》、张家港市锡剧团的《巧云》、苏州市锡剧团的《风流泥腿子》获优秀演出奖；毛德彦的《天涯情仇》、陈明虎的《血色杜鹃》、刘志林等人的《至德泰伯》、郭宗泰和吴一桂的《巧云》、张弘等人的《瞎子阿炳》获编剧奖。

1999 年 4 月 8 日至 16 日，第五届江苏省锡剧节在常州举行。常州市青年锡剧团的《七步桥》、江苏省锡剧团的《七月雨》、金坛市锡剧团的《少年华罗庚》、苏州市锡剧团的《沈万三搭朱元璋》获优秀剧目奖；《少年华罗庚》编剧毛德春、《谢方正进京》编剧金曾豪获优秀编剧奖。

2001 年 11 月 5 日至 14 日，第六届江苏省锡剧艺术节开始与江苏省滑稽戏艺术节联合举行。南京市江宁区锡剧团的《八品县令》、无锡市锡剧院的《珍珠塔》获优秀剧目奖。

2006 年 3 月 15 日至 23 日，第七届江苏省锡剧艺术节暨第四届江苏省滑稽戏艺术节在无锡举行，共 14 台剧目参演。其中，常州武进区锡剧团的《浣纱谣》、江阴市锡剧团的《霞客行》、常州市锡剧团的《烟村三月》、张家港市锡剧团的《荒唐王爷》、常熟市锡剧团的《常德盛》获优秀剧目一等奖。

**（四）柳琴戏剧节**

第一届柳琴戏剧节由山东省临沂地区文化局、山东省枣庄市文化局、江苏省淮阴市文化局和徐州市文化局联合主办，于 1986 年 11 月 5 日至 11 日在徐州举行。本届柳琴戏剧节有山东省临沂地区柳琴剧团、枣庄市柳琴剧团、藤县柳琴剧团、江苏省淮海剧团、泗洪县泗州戏剧团、江苏省柳琴剧团、睢宁县柳琴剧团和徐州市戏剧学校等八个单位参加演出。演出《彩石峪》《匡衡进京》《乌江悲歌》《回娘家》《三赐御匾》《梁红玉审西宫》等六个新创作剧目和《秦香莲》《小姑贤》《状元打更》《铜台会》等传统剧目的折子戏。

**（五）江苏省淮剧节**

为繁荣文艺，推动淮剧艺术的发展，使淮剧具备向更高艺术平台冲刺的潜质和基础，江苏省文化厅于 1986 年 11 月 25 日至 12 月 5 日在盐城举办第一届江苏省淮剧节开始，截至 2008 年共举办了五届，为淮剧的发展奠定了良好的基础。

第一届江苏省淮剧节在盐城举行。来自上海、南京、淮阴、扬州、盐城所属的 16 个淮剧团（戏校）1 000 多名文艺工作者参加，集中上演 16 部大戏。其中，王沂的《白痴皇帝》、成进森和王亚飞的《剖腹记》获剧本一等奖；泰州市淮剧团的《新婚礼葬》、江苏省淮剧团的《白痴皇帝》、阜宁县淮剧团的《剖腹记》、盐城市淮剧团的《丹凤眼》、淮阴市淮剧团的《情与法》、射阳县淮剧团的《将军泪》、建湖县淮剧团的《如何不如何》获得演出一等奖。

1992 年 10 月 31 日至 11 月 8 日，第二届江苏省淮剧节在盐城举行。江苏、上海 14 个淮剧团、800 多名淮剧工作者，演出 16 台新创剧目，其中 13 台剧目参与评奖。淮阴市淮剧团的《未了情》、江苏省淮剧团的《黄海潮》、盐城市淮剧团的《是是非非》、泰州市淮剧团的《黄河故道》、宝应县淮剧团的《杨柳湾》、建湖县淮剧团的《贾干事下乡》、江苏省淮剧团的《深宫求子》获优秀剧本奖；江苏省淮剧团的《黄海潮》《深宫求子》《王益民》、盐城市淮剧团的《是是非非》、淮阴市淮剧团的《未了情》、泰州市淮剧团的《黄河故道》、滨海县淮剧团的《还春记》、建湖县淮剧团的《贾干事下乡》、淮安市淮剧团《梅花泪》、阜宁县淮剧团《悠悠珍珠情》、宝应县淮剧团《杨柳湾》、涟水县淮剧团《桑园情》、射阳县淮剧团《风雨故人情》获优秀演出奖。

1998 年 10 月 26 日至 11 月 1 日，第三届江苏省淮剧节在盐城举行。共评出优秀剧目奖、剧目奖、优秀编剧奖、编剧奖、优秀导演奖等 19 个奖项。其中，江苏省淮剧团的《路魂》、宝应县淮剧团的《养蛇女》、盐城市淮剧团的《来顺组长》、淮阳市淮剧团的《高原雪魂——孔繁森》、滨海县淮剧团的《三秀才》、泰州市淮剧团的《板桥纪事》获优秀剧目奖。

2002 年 11 月 18 日至 25 日，第四届江苏省淮剧节在泰州举行。共有 12 台剧目参加评奖演出，评选出优秀剧目奖 4 台、优秀演出奖 5 台、剧目奖 3 台，优秀编剧奖等单项奖若干名。其中泰州市淮剧团的《祥林嫂》、涟水县淮剧团的《恩娶义嫁》、江苏省淮剧团的《蓝齐格格》、盐城市淮剧团的《凡人三章》获优秀剧目奖;盐城市淮剧团的《春月奇情》、兴化市淮剧团的《留一盏灯》、滨海县淮剧团的《咚咚哐》、淮安市淮剧团的《庄家少爷》、宝应县淮剧团的《悠悠柳河情》获优秀演出奖。

2006年1月12日至19日,第五届江苏省淮剧艺术节在盐城举行,本届艺术节共有11个剧团、12台剧目参评演出,评选出优秀剧目一二等奖11台、优秀小戏一二等奖3台,优秀编剧奖等单项奖若干名。其中,江苏省淮剧团的《一江春水向东流》、泰州市淮剧团的《信访局长》、建湖县淮剧团的《剃头匠与理发师》、淮安市淮剧团的《吴承恩》、盐城市淮剧团的《秋天的思念》获优秀剧目一等奖;宝应县淮剧团的《红绸舞起来》获优秀小戏一等奖。

**(六) 江苏省音乐舞蹈节**

江苏省音乐舞蹈节是省内声乐、器乐、舞蹈创作与表演的成果展示与竞赛活动,旨在弘扬民族优秀的传统文化、繁荣地方的音乐舞蹈艺术,发现和培养新一代艺术人才,进一步促进文化艺术的繁荣发展。节目种类涉及民歌、民乐、交响乐、通俗音乐、舞蹈、舞剧和大型舞蹈诗、仿古乐舞等。截至2008年共举办了六届。

1987年12月9日至19日,第一届江苏省音乐舞蹈节在南京举行。舞蹈节目37个,器乐节目42个,声乐节目48个,前后共演出34场,观众达3万人次。其中,苏州市歌舞团的三人舞《喜苗》等4个节目获舞蹈编导一等奖,肖琳加等3人获表演一等奖,苏州市歌舞团获集体表演一等奖,南京市歌舞团获优秀舞美综合奖。俞子正等3人获独唱一等奖,南京市歌舞剧院的《枫桥夜泊》等4个节目获声乐作品一等奖。

1991年12月14日至17日,举行第二届江苏省音乐舞蹈节。专业艺术表演团体共演出207个节目,业余代表队(含少儿)共演出197个节目。其中无锡市歌舞团的《网船恋》获一等奖。

1995年11月至12月,在南京举行第三届"云仙杯"江苏省音乐舞蹈节。来自全省11个市及省直院团的专业艺术表演团体和群众文艺(含少儿)代表队,近1 300名选手参加舞蹈节,共演出12台、25场歌舞剧(节)目,召开4场学术研讨会。其中,无锡市歌舞团的舞蹈诗《太湖鱼米乡》获优秀剧目大奖,南通市歌舞团的古风民俗音舞诗画《海谣四首》获优秀剧目奖,徐州市歌舞团以大型仿古音乐舞蹈《汉风乐舞》获优秀演出奖。

2000年12月9日至19日,在南京举行第四届江苏省音乐舞蹈节,2 500多名艺术工作者演出18台、19场、142个新节目。其中,无锡市歌舞剧团的大型舞剧《阿炳》,苏州市歌舞剧团的大型舞剧《干将与莫邪》,江苏省歌剧院、常州市歌舞剧团的大型民间歌舞《好一朵茉莉花》获剧目大奖;江苏省歌舞剧院的《早春二月》,镇江市艺术剧院的《快乐推销员》,连云港市歌舞团的《云港云》获优秀剧目奖。

2003年12月15至19日,第五届江苏省音乐舞蹈节在常州举行,全省共申报266个节(剧)目,经过初选,13个市及江苏艺术剧院的23个单位共145个节(剧)目组成9台节目参加比赛。其中,常州市歌舞团的二胡独奏《荷香月满》、南京师范大学音乐学院的女声独唱《月亮颂》等57个节目获优秀节目奖;徐州市歌舞团《淮海雪》获特别剧目奖。

2007年11月23至12月2日,第六届江苏省音乐舞蹈节在连云港举办,全省选送剧、节目215个,入围决赛作品155个。其中,连云港歌舞剧院的民乐合奏《边寨风情》等54个节目获优秀节目奖。

**(七) 江苏省扬剧节**

1988年9月20日至30日,第一届江苏省扬剧节由江苏省文化厅主办,在扬州举行。扬州市扬剧团的《皮九辣子》、高邮县扬剧团的《巧寡妇》、江苏省扬剧团的《牛仔女皇》、安徽天长县扬剧团的《训草人》和《小桥风波》获优秀演出奖;《皮九辣子》《牛仔女皇》获优秀剧本奖。

1993年10月15日至19日,第二届江苏省扬剧节在扬州举行。江苏省扬剧团的《巡按还乡》和《我想有个家》、镇江市扬剧团的《铁面情》、扬州市扬剧团的《刽子手断臂》、高邮市扬剧团的《夜幕下的罪恶》获优秀演出奖。

2002年12月16日至12月21日,第三届江苏省扬剧节在扬州举行。共有8台剧目参加评奖演出,其中,扬州市扬剧团的《史可法》、仪征市扬剧团的《贡茶奇案》获优秀剧目奖;汪琴艺术团的《好人高仁林》、高邮市扬剧团爱华演出组的《雁归何方》、江苏省地方戏曲剧院扬剧团的《马娘娘》、扬州市扬剧团的《柔福公主》获优秀演出奖。

**(八) 江苏省滑稽戏节**

1989年7月25日至29日,首届江苏省滑稽戏节由江苏省文化厅主办在常州举行。常州市滑稽剧团的《多情的"小和尚"》《望夫成龙》《热闹的黄昏》，苏州市滑稽剧团的《店堂里的笑声》《钱笃笤求雨》中"营救许婚"一折、《钱笃笤求雨》中"学教礼节"一折获优秀演出奖。

1996年10月17日至19日，第二届江苏省滑稽戏节由江苏省文化厅主办，在无锡举行。无锡市滑稽剧团的《少年热线》、常州市滑稽剧团的《龙子龙孙》、苏州市滑稽剧团的《牵挂你的人是我》获优秀剧目奖。

2001年11月5日至14日，第三届江苏省滑稽戏艺术节开始与江苏省锡剧艺术节联合举行。苏州市滑稽剧团的《钱笃笤求雨》、常州市滑稽剧团的《阿拉美丽苑》获优秀剧目奖。

2006年3月15日至23日，第七届江苏省锡剧节暨第四届江苏省滑稽戏艺术节在无锡举行，共14台剧目参演。其中，无锡俱进文化艺术有限公司的《阿福嫂到上海》、无锡市滑稽剧团及无锡市李桂英文化艺术公司的《祝枝山选女婿》获优秀剧目一等奖。

**（九）江苏省戏剧节**

江苏省戏剧节是江苏省展示优秀剧目和表演人才的重要平台，包括京剧、话剧、锡剧、扬剧、淮剧、淮海戏、山歌剧、越剧等剧种，为发展江苏地方剧种、繁荣舞台艺术发挥重要作用。

1993年6月8日至22日，首届江苏省戏剧节在南京举办，有17台剧目参赛。其中，盐城市淮剧团的《是是非非》、常州市滑稽剧团的《诸葛亮与小皮匠》、江阴市锡剧团的《天涯情仇》、江苏人民艺术剧院的《热线电话》、南京市京剧团的《醒醉记》、张家港市锡剧团的《巧云》、苏州市锡剧团的《快活的泥腿子》、江苏省扬剧团的《我想有个家》获得优秀剧目奖。

1997年5月23日至6月2日，第二届江苏省戏剧节在南京举办，19台剧目参加演出，其中江苏省淮剧团的《青豆与红豆》、扬州市木偶剧团的《琼花仙子》、江苏省扬剧团的《王昭君》、江苏省人民艺术剧院的《城市女儿》、南京市话剧团的《大江奔流》、宜兴市锡剧团的《爱河滔滔》、江苏省昆剧院的《桃花扇》获优秀剧目奖。

1999年6月7日至22日，第三届江苏省戏剧节在南京举办。共有29台剧目入选参演，其中，江苏省京剧院的《骆驼祥子》、盐城市淮剧团的《来顺组长》、江苏人民艺术剧院的《世纪彩虹》、泰州市淮剧团的《板桥应试》、滨海县淮剧团的《三秀才》、连云港市话剧团的《车站浪漫曲》、常州市滑稽剧团的《我要做好孩子》、金坛市锡剧团的《少年华罗庚》、江苏省淮海剧团的《豆腐宴》、南京市京剧团的《胭脂河》、南通市话剧团的《寻找"莫文隋"》、苏州市锡剧团的《沈万三搭朱元璋》获优秀剧目奖。

2003年10月28日至11月3日，第四届江苏省戏剧节在南京举办，19台新剧目亮相舞台。其中，苏州市滑稽剧团的《钱笃笤求雨》、南京市话剧团的《平头百姓》、江苏省柳琴剧团的《枣花》、常州市滑稽剧团的《阿拉美丽苑》、南京市越剧团的《柳毅传书》、泰州市淮剧团的《祥林嫂》、江苏省淮海剧团的《临时爸爸》获得优秀剧目奖。

2007年6月21日至7月5日，第五届江苏省戏剧节举行。21台剧目入选并参加评比演出。其中，南京市话剧团的《沦陷》、常州市武进锡剧团的《浣纱谣》、扬州市扬剧团的《真假二十四小时》、苏州市滑稽剧团的《钱笃笤求雨》、淮安市淮剧团的《吴承恩》、建湖县淮剧团的《剃头匠与理发师》、扬州市木偶剧团的《白雪公主》、江苏省梆子剧团的《三断胭脂案》、苏州昆剧院的《牡丹亭》、江苏省淮海剧团的《皮秀英》、常州市锡剧团的《烟村三月》、无锡市滑稽剧团和无锡市歌舞团的《湖滨新闻》获优秀剧目一等奖。

**（十）江苏省曲艺节**

江苏省曲艺节是江苏曲艺艺术成果集中展示和学习交流的平台，涵盖弹词、评话、琴书、相声、小品、清曲等曲艺形式，推动了江苏曲艺事业繁荣发展。

1994年10月7日至9日，首届江苏省曲艺节在徐州举行。相声《油瓶倒了之后》、徐州琴书《西瓜情》、山东快书《武松赶会》和《大路新歌》、苏州评话《驯虎记》、扬州评话《陈毅检查》、苏州短篇弹词《苦人儿》，苏州弹词小组的《同志，你爱不爱》《江南三月三》《相女婿》获优秀节目奖。

1997年9月10日至9月13日，第二届江苏省曲艺节在常州举行。江苏省评弹团的《地平线下的太阳》《智斩安德海·咸丰临终》《广陵春》，扬州市曲艺团的《唱扬州》，徐州市歌舞团曲艺队的《水漫金山》,苏州市评弹团的《英雄谱》《禁烟记·深夜探监》,吴县市评弹团和苏州市评弹团的《王府情仇·吐露真情》获优秀节目奖。

1997年11月8日至12日,第三届江苏省曲艺节在苏州举行。苏州市评弹团的《雨过天青》和《包公·天波府比武》、扬州市曲艺团的《红盾情》、苏州评弹学校的《百样机》、江苏省歌舞剧院评弹团的《江东门祭》和《吴汉"杀"妻》获得节目奖金奖。

2002年12月3日至8日,第四届江苏省曲艺节在常熟举行。苏州市评弹团的《大脚皇后》《西厢记·闹柬》《西厢记·回柬》、吴中区评弹团的《香山侍郎》、常州市评弹团的《钦差二爷》、常熟市评弹团的《杨乃武回乡》、江苏省地方戏曲剧院评弹团的《秦淮轶事·金钗奇缘》《生死球》《包公·探监》、苏州市评弹学校的《龙凤斗·夫妻相会》、扬州市曲艺团的《啼笑因缘·雪地会凤》《扬州月》《陈毅传·陈毅进山》、徐州市歌舞团曲艺队的《霸王渡》获优秀节目奖。

2006年11月1日至5日,第五届江苏省曲艺节在常熟市举行。常熟市评弹团的《铁琴铜剑楼》、常州市评弹团的《晚饭前》、江苏省评弹团的《郑板桥断案》、苏州市评弹团的《聚宝盆》和《一念之差》、徐州市歌舞团曲艺队的《刘邦还乡》、扬州市曲艺团的《扬州小巷》、苏州评弹学校的《苏州小娘唔》获优秀节目奖。

**(十一) 江苏省淮海戏艺术节**

淮海戏艺术节是展现江苏地方特色文化的重要舞台,对创新淮海戏剧目、培养表演人才、提升演出水准、激活观演市场等方面起到推动作用。

1995年12月18日至21日,第一届江苏省淮海戏节在连云港举行。共有5家剧团、7台剧目参加评奖演出。其中,江苏省淮海剧团的《小镇有口甜水井》和《节妇吟》、连云港市淮海剧团的《红尘悲歌》、泗阳县淮海剧团的《陈毅三会韩德勤》获得优秀剧目奖。

1998年12月21日至25日,第二届江苏省淮海戏节在淮阴市举办。共有6个剧团、6台剧目参加评选。其中,江苏省淮海剧团的《豆腐宴》、连云港市淮海剧团的《代代乡长》获得优秀剧目奖;灌南县淮海剧团的《姐妹花》、沭阳县淮海剧团的《月牙楼》获优秀演出奖。

2003年4月14日至18日,第三届江苏省淮海戏艺术节在宿迁举办。来自宿迁、淮安、连云港市的6个淮海戏艺术表演团体分别上演6台题材各异、风格多样的舞台剧目。其中,省淮海剧团的《临时爸爸》获得优秀剧目奖;沭阳县淮海剧团的《牡丹情》、泗阳县淮海剧团的《军嫂情》、连云港市淮海剧团的《明月芦花》获得优秀演出奖。

**(十二) 江苏省舞台艺术精品工程**

为促进全省文艺事业的发展,努力实现中共江苏省委、省人民政府提出的"把江苏建设成为与经济发展相适应的文化大省"的战略目标,江苏省文化厅、江苏省财政厅决定从2003年开始,配合"国家舞台艺术精品工程"的实施,在全省范围内实施"江苏省舞台艺术精品工程"。这对于促进各地艺术创作、繁荣全省文艺舞台起到了积极的推动作用,推荐选拔出了一批思想性、艺术性、观赏性俱佳的舞台艺术作品。

获2003～2004年度江苏省舞台艺术精品工程精品剧目的有:南京市话剧团的《平头百姓》、苏州市评弹团的《大脚皇后》、盐城市淮剧团的《十品村官》、镇江市艺术剧院的《快乐推销员》。

获2004～2005年度江苏省舞台艺术精品工程精品剧目的有:江苏省淮剧团的《太阳花》、江苏省演艺集团锡剧团的《珍珠塔》、南京市越剧团的《柳毅传书》、常州市滑稽剧团的《阿拉美丽苑》、苏州市滑稽剧团的《青春跑道》。

获2005～2006年度江苏省舞台艺术精品工程精品剧目的有:江苏省演艺集团昆剧院的《牡丹亭》、无锡市歌舞团的《太湖鱼米乡》、淮安市淮剧团的《吴承恩》、苏州昆剧院的《长生殿》、常州市锡剧团的《烟村三月》。

获2006～2007年度江苏省舞台艺术精品工程精品剧目的有:南京市话剧团的《沦陷》、扬州市扬剧团的《真假二十四小时》、常州武进区锡剧团的《浣纱记》、江苏省演艺集团歌剧舞剧院的《好一朵茉莉花》、江苏省淮剧团的《一江春水向东流》。

获2007～2008年度江苏省舞台艺术精品工程精品剧目的有:无锡市歌舞团的《西施》、苏州昆剧院的青春版《牡丹亭》、江苏省柳琴剧团的《水远路长》、扬州市木偶剧团的《白雪公主》、江苏省演艺集团京剧院的《西施归越》。

**(十三) 江苏省新人新作歌舞大赛**

江苏省新人新作歌舞大赛是繁荣江苏专业舞

台艺术创作、推出优秀艺术人才的重要举措，为江苏优秀青年艺术人才脱颖而出搭建了良好平台。

2005年1月4日至1月6日，第一届江苏省新人新作歌舞大赛在南京举行。此次大赛全省共申报110个节目，有48个节目参加决赛。共评出声乐表演奖、声乐创作奖、舞蹈表演奖、舞蹈创作奖等奖项。其中，江苏省演艺集团的女声独唱《梅兰芳》获声乐表演一等奖及声乐创作一等奖。

2006年5月27日至30日，第二届江苏省新人新作歌舞大赛在南京举行，由江苏省文化厅与台湾大自然文化艺术基金会主办。此次大赛全省共申报作品近200件，入围作品58件，共评出声乐舞蹈创作等级奖11个，声乐舞蹈演唱和表演等级奖13个，以及声乐舞蹈创作和表演优秀奖30个。其中，无锡市歌舞团的双人舞《回家》获舞蹈表演奖一等奖；江苏省演艺集团歌剧舞剧院的女声独唱《问江南》获声乐演唱奖一等奖。

**（十四）江苏曲艺芦花奖**

2005年，由江苏省文学艺术界联合会主办、江苏省曲艺家协会承办的首届江苏曲艺芦花奖评选活动在全省展开，共有110个节目参加了选拔。最终，共评选出荣誉奖6个、节目奖1个、表演奖4个、文学奖2个、新人奖1个、理论奖2个。在此基础上，选出苏州中篇弹词《大脚皇后》等16个节目基础好、演员实力强、艺术个性鲜明的作品参评第四届中国曲艺牡丹奖。

**（十五）"莲花奖"青年演员比赛**

2007年，由江苏省文学艺术界联合会、江苏省演艺集团主办，江苏省舞蹈家协会、南京艺术学院舞蹈学院承办的首届江苏省"莲花奖"青年舞蹈演员大赛在南京举行。赛程5天，有156位参赛者。

**（十六）江苏省纪念中国话剧诞辰100周年系列活动**

2007年5月22日，由中共江苏省委宣传部、江苏省文化厅、江苏省教育厅、江苏省文学艺术界联合会和南京大学主办的"江苏省纪念中国话剧诞辰100周年系列活动"在南京大学开幕。先后举办"话剧与启蒙"高层论坛，组织《黄土谣》等精品剧目展演，复排陈白尘的经典作品《升官图》，展演优秀剧目《青春跑道》和新创话剧《沦陷》《河上芦花情》等一批剧目，同时举办"话剧进校园暨大学生话剧展演"活动，40多所大学排演了《热血》《人民公敌事件》《青春红肩章》《死无葬身之地》《丑小鸭》等60多台剧节目，此外还专门创作排演了闭幕式专题晚会的话剧节目，形成一个以纪念推动建设的话剧热潮。

**（十七）面向全国征集京剧现代戏剧本活动**

为了落实《江苏省"十一五"文化发展规划》，立足文艺发展前沿，努力推出一批体现时代精神、符合人民群众精神文化需要和审美需求的优秀作品，2007年江苏省文化厅面向全国征集京剧现代戏剧本，实施文化精品战略，加大对重大精神产品创作生产的投入，重视发挥文学对戏剧艺术发展的基础性作用。

这次活动历时半年，共收到全国26个省市和台湾地区的246件作品，其中江苏应征作品82件。来稿中，现实题材作品约占75%，其中有关注社会焦点的，如"三农"问题、民生问题、环保问题等；有反映新时期党群关系、构建和谐社会的；也有直面现实、揭露和抨击腐败现象等社会矛盾的。此外，还有革命战争题材、改编文学名著和反映历史人物的作品。江苏省文化厅组织专家对应征作品进行了评审，评出等级奖、优秀奖和提名奖，《桃花庄》《扁担纵横》等15件作品获奖。

**表2-2　中共中央宣传部精神文明建设"五个一工程"奖（戏剧·歌曲）**

| 届次/年份 | 获奖作品 | 获奖单位/获奖者 | 备注 |
|---|---|---|---|
| 第一届（1991年） | 大型现代滑稽戏《快活的黄帽子》 | 苏州市滑稽剧团 | — |
| 第二届（1992年） | 新编历史话剧《甲申纪事》 | 江苏人民艺术剧院 | — |
| 第三届（1993年） | 滑稽戏《诸葛亮与小皮匠》 | 常州市滑稽剧团 | 提名奖 |
| 第四届（1994年） | 新编历史剧《醒醉记》 | 南京市京剧团 | — |
| | 话剧《热线电话》 | 江苏人民艺术剧院 | 提名奖 |
| 第五届（1995年） | 淮剧《鸡毛蒜皮》 | 盐城市淮剧团 | — |

续表

| 届次/年份 | 获奖作品 | 获奖单位/获奖者 | 备注 |
| --- | --- | --- | --- |
| 第六届(1996年) | 儿童滑稽戏《一二三，起步走》 | 苏州市滑稽剧团 | — |
| 第七届(1997～1998年) | 京剧《骆驼祥子》 | 江苏省京剧院 | — |
| | 话剧《大江奔流》 | 南京市话剧团 | — |
| | 歌曲《好收成》 | 江苏 | — |
| | 歌曲《永远的江南》 | 江苏省歌舞剧院戴晓权作词，江苏省音像出版社吴旋作曲 | — |
| 第八届(1999～2000年) | 话剧《秦淮人家》 | 南京市话剧团 | — |
| | 舞剧《阿炳》 | 无锡市歌舞团 | — |
| | 歌曲《清晨，我们从田野走过》 | 陈嘉敏作词，王星南作曲 | — |
| | 歌曲《水做的故乡》 | 晓白和宁生作词，吴旋作曲 | — |
| | 歌曲《登上雨花台》 | 江苏省歌舞剧院，戴晓权作词，薛彪作曲 | — |
| 第九届(2001～2002年) | 舞剧《干将与莫邪》 | 苏州市歌舞团 | — |
| 第十届(2003～2006年) | 舞剧《红河谷》 | 无锡市歌舞团 | — |
| | 话剧《平头百姓》 | 南京市话剧团 | 入选作品奖 |
| | 昆剧《1699·桃花扇》 | 江苏省演艺集团昆剧院 | 入选作品奖 |
| | 歌曲《青春与世界联网》 | 李潮润作词，杜小甦作曲 | 入选作品奖 |

**表2-3　文化部文华奖江苏历届获奖名录**

| 届次/年份 | 获奖类别 | 获奖作品 | 获奖单位/获奖者 |
| --- | --- | --- | --- |
| 第一届(1991年) | 文华新剧目奖 | 京剧《宝烛记》 | 江苏省京剧院 |
| | | 昆剧《血冤》 | 江苏省昆剧院 |
| | | 歌剧《木棉花开了》 | 江苏省歌舞剧院 |
| | 文华剧作奖 | 京剧《宝烛记》 | 马少波 |
| | 文华表演奖 | 京剧《宝烛记》中饰长孙无双 | 沈小梅 |
| | | 昆剧《血冤》中饰刘翠娥 | 胡锦芳 |
| | | 歌剧《木棉花开了》中饰胡上青 | 顾　欣 |
| | | 歌剧《木棉花开了》中饰卢艳 | 袁晓红 |
| 第二届(1992年) | 文华新剧目奖 | 滑稽戏《快活的黄帽子》 | 苏州市滑稽剧团 |
| | 文华表演奖 | 滑稽剧《快活的黄帽子》中饰黄毛 | 顾　芗 |
| 第三届(1993年) | 文华新剧目奖 | 戏曲《青蛇传》 | 江苏省京剧院青年团 |
| | | 话剧《甲申纪事》 | 江苏人民艺术剧院 |
| | 文华新节目奖 | 歌舞《江南好》 | 无锡市歌舞团 |
| | 文华剧作奖 | 话剧《甲申纪事》 | 汪人达 |
| | 文华编导奖 | 歌舞《江南好》 | 李学忠、周培武、陶　春、刘仲宝 |
| | 文华舞台美术设计奖 | 京剧《青蛇传》 | 姚呈远 |
| | 文华表演奖 | 京剧《青蛇传》中饰小青 | 艾金梅 |
| | | 话剧《甲申纪事》中饰李岩 | 马昌钰 |
| 第四届(1994年) | (空缺) | | |
| 第五届(1995年) | 文华新剧目奖 | 话剧《热线电话》 | 江苏人民艺术剧院 |
| | 文华剧作奖 | 话剧《热线电话》 | 王承刚、蔡　伟 |

续表

| 届次/年份 | 获奖类别 | 获奖作品 | 获奖单位/获奖者 |
| --- | --- | --- | --- |
| 第五届（1995年） | 文华表演奖 | 话剧《热线电话》中饰苏琴 | 张九妹 |
| | | 话剧《热线电话》中饰江远 | 郝　光 |
| 第六届（1996年） | 文华新剧目奖 | 戏曲《鸡毛蒜皮》 | 江苏省盐城市淮剧团 |
| | 文华剧作奖 | 淮剧《鸡毛蒜皮》 | 陈　明、冯国才 |
| | 文华舞台美术设计奖 | 淮剧《鸡毛蒜皮》舞美设计 | 姚呈远 |
| | | 淮剧《鸡毛蒜皮》灯光设计 | 朱维生 |
| | 文华表演奖 | 淮剧《鸡毛蒜皮》中饰尤三 | 石麟童 |
| 第七届（1997年） | 文华大奖 | 儿童剧《一二三，起步走》 | 苏州市滑稽剧团 |
| | 文华新剧目奖 | 话剧《城市女儿》 | 江苏人民艺术剧院 |
| | | 歌舞《太湖鱼米乡》 | 无锡市歌舞团 |
| | 文华新节目奖 | 话剧小戏小品《今夜情》 | 苏州市滑稽剧团 |
| | | 曲艺《巧手吟》 | 江苏省歌舞剧院评弹团 |
| | | 曲艺《秦淮月》 | 江苏省歌舞剧院评弹团 |
| | 文华组织奖 | — | 江苏省文化厅 |
| | 文华剧作奖 | 儿童剧《一二三，起步走》 | 方洪友、王辉荃 |
| | | 小品《今夜情》 | 陆伦章、王辉荃 |
| | 文华表演奖 | 话剧《城市女儿》中饰万永芳 | 高　英 |
| | | 儿童剧《一二三，起步走》中饰孙发发 | 张克勤 |
| | | 儿童剧《一二三，起步走》中饰安小花 | 顾　芗 |
| | | 评弹《巧手吟》 | 黄霞芬 |
| | | 评弹《秦淮月》 | 杨乃珍 |
| 第八届（1998年） | 文华新剧目奖 | 戏曲《桃花扇》 | 江苏省昆剧院 |
| | | 歌剧《孙武》 | 江苏省歌舞剧院 |
| | | 儿童剧《琼花仙子》 | 扬州市木偶剧团 |
| | 文华新剧目特别奖 | 话剧《大江奔流》 | 南京市话剧团 |
| | 文华导演奖 | 昆剧《桃花扇》 | 周世琮 |
| | | 儿童剧《琼花仙子》 | 焦　锋 |
| | 文华音乐创作奖 | 儿童剧《琼花仙子》 | 孟卫东、黄蜀青 |
| | 文华表演奖 | 戏曲《桃花扇》中饰侯方域 | 石小梅 |
| | | 儿童剧《琼花仙子》中饰琼花仙子 | 许　虹 |
| | | 歌剧《孙武》中饰孙武 | 顾　欣 |
| 第九届（2000年） | 文华大奖 | 戏曲《骆驼祥子》 | 江苏省京剧院 |
| | | 舞剧《阿炳》 | 无锡市歌舞团 |
| | 文华新剧目奖 | 话剧《世纪彩虹》 | 江苏人民艺术剧院 |
| | | 话剧《秦淮人家》 | 南京市话剧团 |
| | | 歌舞《好一朵茉莉花》 | 江苏省歌舞剧院、常州市歌舞团 |
| | | 舞剧《干将与莫邪》 | 苏州市歌舞团 |
| | | 儿童剧《我要做好孩子》 | 常州市滑稽剧团 |
| | 文华剧作奖 | 戏曲《骆驼祥子》 | 钟文农 |
| | 文华导演奖 | 戏曲《骆驼祥子》 | 石玉昆 |
| | | 歌舞《好一朵茉莉花》 | 徐　康、束中发、张晓苏、杨丽娟 |
| | 文华编导奖 | 舞剧《阿炳》 | 门文元、刘仲宝、张　弋、杨　威、贾秀全、尤进华、王言平、杨民麟 |

| 届次/年份 | 获奖类别 | 获奖作品 | 获奖单位/获奖者 |
| --- | --- | --- | --- |
| 第九届（2000年） | 文华编导奖 | 舞剧《干将与莫邪》 | 马家钦 |
| | 文华音乐创作奖 | 舞剧《阿炳》 | 刘廷禹 |
| | 文华舞台美术奖 | 歌舞《好一朵茉莉花》 | 王立庆、肖　和、张　钰 |
| | | 舞剧《阿炳》 | 周本义、张知二 |
| | 文华表演奖 | 戏曲《骆驼祥子》中饰祥子 | 陈霖苍 |
| | | 戏曲《骆驼祥子》中饰虎妞 | 黄孝慈 |
| | | 话剧《世纪彩虹》中饰石松生 | 蔡　伟 |
| | | 话剧《秦淮人家》中饰秋月 | 张燕燕 |
| | | 儿童剧《我要做好孩子》中饰金亦鸣 | 殷延平 |
| | | 儿童剧《我要做好孩子》中饰金铃 | 周　蕾 |
| | | 舞剧《阿炳》中饰阿炳 | 刘　震 |
| | | 舞剧《阿炳》中饰母亲 | 李　青 |
| | | 舞剧《干将与莫邪》中饰干将 | 胡淮北 |
| | | 舞剧《干将与莫邪》中饰莫邪 | 山　翀 |
| | 文华新节目奖 | 喜剧小品《今夜更有情》 | 苏州市滑稽剧团 |
| | | 苏州评弹《永远的江南》 | 江苏省歌舞剧院 |
| | | 苏州弹词《姑苏水巷》 | 苏州市评弹团 |
| | | 苏州评弹《搬家乐》 | 苏州评弹学校 |
| | 文华新节目创作奖 | 苏州评弹《搬家乐》 | 邢晏春 |
| | | 苏州评弹《永远的江南》 | 秦　逸、戴晓权 |
| | 文华新节目表演奖 | 苏州评弹《永远的江南》 | 黄霞芬 |
| | | 苏州评弹《搬家乐》 | 邢晏芝 |
| 第十届（2002年） | 文华新剧目奖 | 戏曲《珍珠塔》 | 江苏省演艺集团锡剧团 |
| | | 儿童剧《少年华罗庚》 | 金坛市锡剧团 |
| | 文华音乐创作奖 | 戏曲《珍珠塔》音乐设计 | 冯石明、吴忠良 |
| | | 戏曲《珍珠塔》配器 | 何华平、朱贵钰、吴小平 |
| | 文华表演奖 | 戏曲《珍珠塔》中饰方卿 | 周东亮 |
| 第十一届（2004年） | 文华大奖 | 话剧《平头百姓》 | 南京市话剧团 |
| | 文华新剧目奖 | 音乐剧《快乐推销员》 | 镇江市艺术剧院 |
| | | 曲艺《大脚皇后》 | 苏州市评弹团 |
| | 文华剧作奖 | 话剧《平头百姓》 | 王立信 |
| | | 曲艺《大脚皇后》 | 傅菊蓉、赵开生 |
| | 文华导演奖 | 话剧《平头百姓》 | 李建平 |
| | 文华编导奖 | 音乐剧《快乐推销员》 | 信洪海、徐国富、朱元淦 |
| | 文华舞台美术奖 | 话剧《平头百姓》 | 徐海珊 |
| | 文华表演奖 | 话剧《平头百姓》中饰张明华 | 于东江 |
| | | 话剧《平头百姓》中饰李惠琳 | 张燕燕 |
| | | 曲艺《大脚皇后》 | 演出集体 |
| 第十二届（2007年） | 文华大奖 | 舞剧《红河谷》 | 无锡市歌舞团 |
| | | 儿童剧《青春跑道》 | 苏州市滑稽剧团 |
| | 文华新剧目奖 | 戏曲《西施》 | 苏州昆剧院 |
| | | 话剧《沦陷》 | 南京市话剧团 |

续表

| 届次/年份 | 获奖类别 | 获奖作品 | 获奖单位/获奖者 |
| --- | --- | --- | --- |
| 第十二届<br>（2007年） | 文华剧作奖 | 儿童剧《青春跑道》 | 陆伦章 |
| | | 话剧《沦陷》 | 姚　远 |
| | 文华导演奖 | 儿童剧《青春跑道》 | 蔡向亮 |
| | | 话剧《沦陷》 | 胡宗琪 |
| | 文华舞台美术（舞美设计）奖 | 儿童剧《青春跑道》 | 徐　鸣、徐福德 |
| | | 舞剧《红河谷》 | 张继文 |
| | 文华舞台美术（灯光设计）奖 | 儿童剧《青春跑道》 | 周正平、叶　音 |
| | | 话剧《沦陷》 | 刘建中 |
| | 文华舞台美术（服装设计）奖 | 舞剧《红河谷》 | 宋　立 |
| | 文华表演奖 | 儿童剧《青春跑道》中饰马丽亚 | 顾　芗 |
| | | 儿童剧《青春跑道》中饰陶坚强 | 张克勤 |
| | | 舞剧《红河谷》中饰丹珠 | 刘　岩 |
| | | 舞剧《红河谷》中饰格桑 | 万玛尖措 |
| | | 昆剧《西施》中饰西施 | 王　芳 |
| | | 昆剧《西施》中饰夫差 | 吴　双 |
| | | 话剧《沦陷》中饰史孝庭 | 王传海 |
| | 文华编导奖 | 舞剧《红河谷》 | 门文元、高　度、刘仲宝、杨民麟 |
| | 文华音乐创作奖 | 舞剧《红河谷》 | 刘廷禹 |

**表 2－4　中国戏剧梅花奖江苏省历届获奖名录**

| 届次/年份 | 获奖者 | 届次/年份 | 获奖者 |
| --- | --- | --- | --- |
| 第一届<br>（1984年） | 张继青 | 第四届<br>（1987年） | 张寄蝶 |
| 第五届<br>（1988年） | 石小梅 | 第六届<br>（1989年） | 张克勤 |
| 第七届<br>（1990年） | 黄孝慈 | 第八届<br>（1991年） | 林继凡、胡锦芳 |
| 第九届<br>（1992年） | 张　虹、黄小午、顾　欣、顾　芗 | 第十届<br>（1993年） | 倪同芳 |
| 第十一届<br>（1994年） | 朱　茵 | 第十二届<br>（1995年） | 张九妹、王　芳 |
| 第十三届<br>（1996年） | 王建伟、梁国英 | 第十五届<br>（1998年） | 顾　芗 |
| 第十六届<br>（1999年） | 黄孝慈、陈霖苍、陶　琪 | 第十七届<br>（2000年） | 李雪梅 |
| 第十八届<br>（2001年） | 李　洁、燕　凌、殷延平 | 第十九届<br>（2002年） | 艾金梅、周东亮、徐秀芳、陈云霞 |
| 第二十届<br>（2003年） | 王书龙 | 第二十一届<br>（2004年） | 陈　澄、李政成 |
| 第二十二届<br>（2005年） | 王　芳、柯　军、王晓红 | 第二十三届<br>（2007年） | 沈丰英、俞玖林、魏佳宁 |

### 表 2－5　中国音乐金钟奖江苏历届获奖名录

| 届次/年份 | 获奖类别 | 获奖作品 | 获奖者 |
|---|---|---|---|
| 第一届（2001 年） | “突出贡献老一辈音乐家”终身荣誉勋章 | — | 张　锐、陈　洪、沈亚威 |
| | 器乐、交响合唱作品铜奖 | 二胡与交响乐队《天山风情》 | 王建民 |
| | 声乐作品铜奖 | 《甜甜大家园》 | 郑　南 作词<br>田　歌 作曲 |
| 第二届（2002 年） | 组织奖 | — | 朱新华 |
| 第三届（2003 年） | 作品奖小提琴作品铜奖 | 《高原情愫》 | 庄　曜 |
| | 作品奖二胡作品银奖 | 《第二二胡狂想曲》 | 王建民 |
| | 作品奖声乐作品 | 《喀什噶尔女郎》 | 郑　南 作词<br>田　歌 作曲 |
| | | 《盼团圆》 | 朱小松 作词<br>龙　飞 作曲 |
| | 表演奖二胡比赛银奖 | — | 欧景星 |
| 第四届（2004 年） | 作品奖齐唱、二声部作品 | 《走江苏、爱江苏》 | 张枚同 作词<br>姜兴龙 作曲 |
| | | 《青春与世界联网》 | 李朝润 作词<br>杜小甦 作曲 |
| | | 《竹乡谣》 | 吴　凯 作词<br>王　立 作曲 |
| | 表演奖琵琶比赛金奖 | — | 杨婷婷 |
| | 表演奖琵琶比赛铜奖 | — | 童　莹 |
| 第五届（2005 年） | 作品奖古筝作品铜奖 | 《箜篌引》 | 庄　曜 |
| | 表演奖古筝金奖 | — | 任　洁 |
| | 表演奖古筝优秀奖 | — | 蔡珊珊 |
| 第六届（2007 年） | 表演奖声乐（民族）优秀奖 | — | 张其萍 |
| | 优秀奖声乐作品 | 《梅兰芳》 | 刘鹏春 作词<br>吴小平 作曲 |
| | | 《相思红豆》 | 刘卫星 作词<br>黄　磊 作曲 |
| 第六届（2007 年） | 钢琴比赛优秀奖 | — | 刘　南、黄　勰 |
| | 小提琴比赛优秀奖 | — | 周地平 |
| | 古筝比赛铜奖 | — | 蔡珊珊 |
| | 二胡比赛优秀奖 | — | 蔡　超、召　唤 |
| | 流行音乐比赛银奖 | — | 陆　川、赵媛媛 |

**说明：**“金钟奖”终身荣誉勋章、组织奖、表演奖、乐器比赛奖等，只表彰个人，不涉及作品。

### 表 2－6　中国曲艺牡丹奖江苏历届获奖名录

| 届次/年份 | 获奖类别 | 获奖作品 | 获奖者 |
|---|---|---|---|
| 第一届（2000 年） | 表演奖 | 苏州弹词《四郎尽忠》 | 金丽生、赵慧兰 |
| | | 苏州弹词开篇《倾杯・石城春望》 | 盛小云 |
| | 文学奖 | 苏州弹词开篇《倾怀・石城春望》 | 顾　浩 |
| 第二届（2002 年） | 表演奖 | 苏州评话《谢荷花》 | 周玉峰 |
| | | 弹词开篇《广陵春》 | 黄霞芬 |

续表

| 届次/年份 | 获奖类别 | 获奖作品 | 获奖者 |
|---|---|---|---|
| 第三届（2004年） | 文学奖 | 苏州弹词《千里寻宝》 | 金曾豪、陆建华 |
| | 曲艺表演奖 | 苏州评弹《最后的条件》 | 吴　静 |
| | | 扬州评话《挺进苏北》 | 惠兆龙 |
| | 理论奖 | 《苏州评弹文学论》 | 夏玉才 |
| 第四届（2006年） | 节目奖 | 苏州弹词《大脚皇后》 | — |
| | 表演奖 | — | 邢晏芝 |
| | 文学奖 | 扬州评话《一代儒将——陈毅》 | 殷伯达 |
| | 新人奖 | — | 施　斌 |
| | 理论奖 | 《从王派〈水浒〉看扬州评话的艺术形态特征》 | 徐德明、李　真 |
| | 终身成就奖 | — | 周　良 |
| 第五届（2008年） | 节目奖 | 中篇苏州弹词《风雨黄昏》 | — |
| | 文学奖 | 扬州评话《王少堂》 | 李　真、徐德明 |
| | 表演奖 | — | 陆建华 |
| | 新人奖 | — | 刘芋君 |
| | 终身成就奖 | — | 杨乃珍 |
| | 理论奖 | 《常州道情缺失探》 | 周玉峰 |

**说明：**“牡丹奖”中的表演奖、新人奖、终身成就奖等，只表彰个人，不涉及作品；节目奖等专项奖只表彰作品，不表彰个人。

**表 2－7　中国舞蹈荷花奖江苏历届获奖名录**

| 届次/年份 | 获奖类别 | 获奖作品 | 获奖单位 |
|---|---|---|---|
| 第一届（1998年） | （空缺） | | |
| 第二届（2000年） | 舞蹈银奖 | 舞剧《阿炳》 | 无锡市歌舞团 |
| 第三届（2002年） | （空缺） | | |
| 第四届（2004年） | （空缺） | | |
| 第五届（2005年） | 最佳灯光设计奖 | 《红河谷》 | 无锡市歌舞团 |

**表 2－8　中国杂技金菊奖全国魔术比赛江苏历届获奖名录**

| 届次/年份 | 获奖类别 | 获奖作品 | 获奖单位/获奖者 |
|---|---|---|---|
| 第一届（2000年） | 银　奖 | 《大型魔术》 | 连云港其魔魔术杂技团 |
| | 道具奖 | 《大型魔术》 | 连云港其魔魔术杂技团 |
| 第二届（2002年） | 金　奖 | 《大型魔术——马去羊来道吉祥》 | 连云港其魔魔术杂技团 |
| | 近景魔术铜奖 | 《纸牌》 | 张加宏 |
| | 舞台魔术特别奖 | 《魔术》 | 杨　兰、李德善 |

**表 2－9　江苏省戏剧节获奖剧目名录**

| 届次/年份 | 获奖类别 | 获奖作品 | 获奖单位 |
|---|---|---|---|
| 第一届（1993年） | 优秀剧目奖 | 《是是非非》 | 盐城市淮剧团 |
| | | 《诸葛亮与小皮匠》 | 常州市滑稽剧团 |
| | | 《天涯情仇》 | 江阴市锡剧团 |

续表

| 届次/年份 | 获奖类别 | 获奖作品 | 获奖单位 |
|---|---|---|---|
| 第一届（1993年） | 优秀剧目奖 | 《热线电话》 | 江苏人民艺术剧院 |
| | | 《醒醉记》 | 南京市京剧团 |
| | | 《巧云》 | 张家港市锡剧团 |
| | | 《快活的泥腿子》 | 苏州市锡剧团 |
| | | 《我想有个家》 | 江苏省扬剧团 |
| | 剧目奖 | 《红色杜鹃》 | 常州市青年锡剧团 |
| | | 《巡按还乡》 | 江苏省扬剧团 |
| | | 《快乐的苦恼》 | 江苏省淮海剧团 |
| | | 《青龙角》 | 江苏省山歌剧团 |
| | | 《玲珑女》 | 江苏省锡剧团 |
| | | 《洞房文武错》 | 南京市越剧团 |
| | | 《铁面情》 | 镇江市扬剧团 |
| | | 《黄河故道》 | 泰州市淮剧团 |
| 第二届（1997年） | 优秀剧目奖 | 《青豆与红豆》 | 江苏省淮剧团 |
| | | 《琼花仙子》 | 扬州市木偶剧团 |
| | | 《王昭君》 | 江苏省扬剧团 |
| | | 《城市女儿》 | 江苏省人民艺术剧院 |
| | | 《大江奔流》 | 南京市话剧团 |
| | | 《爱河滔滔》 | 宜兴市锡剧团 |
| | | 《桃花扇》 | 江苏省昆剧院 |
| | 新剧目奖 | 《草包村长》 | 江苏省淮海剧团 |
| | | 《心的承诺》 | 盐城市淮剧团 |
| | | 《孙明芝》 | 沭阳县淮海剧团 |
| | | 《少年热线》 | 无锡市滑稽剧团 |
| | | 《相逢在每一天》 | 江苏省柳琴剧团 |
| 第三届（1999年） | 优秀剧目奖 | 《骆驼祥子》 | 江苏省京剧院 |
| | | 《来顺组长》 | 盐城市淮剧团 |
| | | 《世纪彩虹》 | 江苏人民艺术剧院 |
| | | 《板桥应试》 | 泰州市淮剧团 |
| | | 《三秀才》 | 滨海县淮剧团 |
| | | 《车站浪漫曲》 | 连云港市话剧团 |
| | | 《我要做好孩子》 | 常州市滑稽剧团 |
| | | 《少年华罗庚》 | 金坛市锡剧团 |
| | | 《豆腐宴》 | 江苏省淮海剧团 |
| | | 《胭脂河》 | 南京市京剧团 |
| | | 《寻找莫文隋》 | 南通市话剧团 |
| | | 《沈万三搭朱元璋》 | 苏州市锡剧团 |
| | 新剧目奖 | 《七月雨》 | 江苏省锡剧团 |
| | | 《春在秦淮两岸边》 | 南京市话剧团 |
| | | 《路魂》 | 江苏省淮剧团 |
| | | 《代代乡长》 | 连云港市淮海剧团 |

续表

| 届次/年份 | 获奖类别 | 获奖作品 | 获奖单位 |
|---|---|---|---|
| 第三届（1999年） | 新剧目奖 | 《谢方正进京》 | 常熟市锡剧团 |
| | | 《窦娥冤》 | 武进市锡剧团 |
| | | 《大桥情》 | 江阴市锡剧团 |
| | | 《月牙楼》 | 沭阳县淮海剧团 |
| | | 《磬山夜雨》 | 宜兴市锡剧团 |
| | | 《星河情》 | 张家港市锡剧团 |
| | | 《解忧公主》 | 江苏省柳琴剧团 |
| | | 《布嫂》 | 扬州市扬剧团 |
| | | 《况钟》 | 江苏省苏昆剧团 |
| | | 《大禹治水》 | 如皋市木偶艺术团 |
| | | 《看钱奴》 | 江苏省昆剧院 |
| | | 《七步桥》 | 常州市青年锡剧团 |
| | | 《又一村》 | 江苏省梆子剧团、铜山房亭艺术团 |
| 第四届（2003年） | 优秀剧目奖 | 《钱笃笤求雨》 | 苏州市滑稽剧团 |
| | | 《平头百姓》 | 南京市话剧团 |
| | | 《枣花》 | 江苏省柳琴剧团 |
| | | 《阿拉美丽苑》 | 常州市滑稽剧团 |
| | | 《柳毅传书》 | 南京市越剧团 |
| | | 《祥林嫂》 | 泰州市淮剧团 |
| | | 《临时爸爸》 | 江苏省淮海剧团 |
| | 新剧目奖 | 《暖锅为媒》 | 苏州市锡剧团 |
| | | 《闪闪的红星》 | 江苏省长荣京剧院 |
| | | 《明月芦花》 | 连云港市淮海剧团 |
| | | 《情系海天》 | 泗阳县淮海剧团 |
| | | 《冠军梦》 | 南通艺术剧院 |
| 第五届（2007年） | 优秀剧目一等奖 | 《沦陷》 | 南京市话剧团 |
| | | 《浣纱谣》 | 常州市武进锡剧团 |
| | | 《真假二十四小时》 | 扬州市扬剧团 |
| | | 《钱笃笤求雨》 | 苏州市滑稽剧团 |
| | | 《吴承恩》 | 淮安市淮剧团 |
| | | 《剃头匠与理发师》 | 建湖县淮剧团 |
| | | 《白雪公主》 | 扬州市木偶剧团 |
| | | 《三断胭脂案》 | 江苏省梆子剧团 |
| | | 《牡丹亭》 | 苏州昆剧院 |
| | | 《皮秀英》 | 江苏省淮海剧团 |
| | | 《烟村三月》 | 常州市锡剧团 |
| | | 《湖滨新闻》 | 无锡市滑稽剧团、无锡市歌舞团 |
| | 优秀剧目二等奖 | 《水远路长》 | 江苏省柳琴剧团 |
| | | 《小孙屠》 | 江苏省演艺集团昆剧院 |
| | | 《荒唐王爷》 | 张家港市艺术团 |
| | | 《霞客行》 | 江阴市锡剧团 |

续表

| 届次/年份 | 获奖类别 | 获奖作品 | 获奖单位 |
| --- | --- | --- | --- |
| 第五届（2007年） | 优秀剧目二等奖 | 《红色恋人》 | 江苏省演艺集团锡剧团 |
| | | 《今夜星辰》 | 盐城市淮剧团 |
| | | 《信访局长》 | 泰州市淮剧团 |
| | | 《主仆奇冤》 | 江苏省长荣京剧院 |
| | | 《青阳红霞》 | 泗洪县泗州戏剧团、泗洪县歌舞团 |

**表2-10　江苏省戏剧文学奖历届获奖剧本名录**

| 届次/年份 | 获奖类别 | 获奖作品 | 获奖者/单位 |
| --- | --- | --- | --- |
| 第一届（2003年） | 一等奖 | 现代戏《青春跑道》 | 陆伦章（苏州市文学艺术界联合会） |
| | 二等奖 | 古装戏《杨乃武出狱》 | 金曾豪（常熟市锡剧团） |
| | | 新编历史剧《蓝齐格格》 | 孙茂廷（盐城市剧目工作室） |
| | 三等奖 | 现代戏《枣花》 | 冯遵安（邳州市铁富镇文化中心） |
| | | 现代戏《港城寻梦》 | 褚　铭（苏州市剧目工作室） |
| | 提名奖 | 现代戏《老马干事》 | 邱锡俊（阜宁县剧目工作室） |
| | | 现代戏《油菜花开》 | 沙　黑（泰兴市剧目工作室） |
| | | 现代戏《星光灿烂》 | 邓耀清、於松生（宜兴市锡剧团） |
| | | 现代戏《临时爸爸》 | 韦　伟（大丰县文学艺术界联合会） |
| | | 古装戏《柳曲娘》 | 邱锡俊（阜宁县剧目工作室） |
| 第二届（2004年） | 一等奖 | 话剧《平头百姓》 | 王立信（江苏艺术剧院/南京市话剧团） |
| | 二等奖 | 滑稽戏《阿拉美丽苑》 | 孔祥瑜（常州市剧目工作室） |
| | | 戏曲《荒唐王爷》 | 孙茂廷（盐城市剧目工作室） |
| | 三等奖 | 戏曲《板桥上任》 | 沙　黑（泰州市剧目工作室） |
| | | 戏曲《乡村土律师》 | 邱锡俊（阜宁县剧目工作室） |
| | 提名奖 | 戏曲《清江浦上河图》 | 胡永忠、薛友彬（淮安市剧目工作室） |
| | | 戏曲《属镂鉴》 | 褚　铭（苏州市艺术创作中心） |
| | | 滑稽戏《一个也不能少》 | 李振家（常州市剧目工作室） |
| | | 戏曲《村官“偷”羊》 | 金学桂（建湖县剧目工作室） |
| | | 戏曲《潇洒跑一回》 | 曹　瀛（盐城市戏剧艺术研究所） |
| 第三届（2005年） | 一等奖 | （空缺） | |
| | 二等奖 | 戏曲《段老夫子》 | 谢乃强（金坛市剧目工作室） |
| | 三等奖 | 话剧《少年阿丹》 | 高龙民（南通市剧目工作室） |
| | | 戏曲《过路钦差》 | 周玉峰（常州市剧目工作室） |
| | | 戏曲《剃头匠与理发师》 | 赵海龙、杜学连（建湖县剧目工作室） |
| | 提名奖 | 话剧《长桥酒家》 | 高龙民（南通市剧目工作室） |
| | | 戏曲《冯梦龙》 | 刘　焱（江苏人民出版社） |
| | | 戏曲《鹧鸪天》 | 孙茂廷（盐城市剧目工作室） |
| | | 儿童歌舞剧《拇指姑娘》 | 沙　黑（泰州市剧目工作室） |
| | | 童话寓言剧《跳跳历险记》 | 徐新华（大丰市剧目工作室） |
| | | 戏曲《农家媳妇》 | 李　炯（涟水县文化局） |
| 第四届（2006年） | 一等奖 | 戏曲《烟村三月》 | 陈　明（盐城市盐都区文广局） |
| | 二等奖 | 戏曲《吴承恩》 | 胡永忠（淮安市文学艺术院） |

续表

| 届次/年份 | 获奖类别 | 获奖作品 | 获奖者/单位 |
| --- | --- | --- | --- |
| 第四届（2006年） | 三等奖 | 戏曲《姊妹泪》 | 杨　蓉（盐城市文化局剧目工作室） |
| | | 音乐剧《白蛇传》 | 李叙彬（镇江市文化局） |
| | | 儿童科幻剧《迷路的孩子》 | 孔祥瑜（常州市文化局剧目工作室） |
| | | 戏曲《大明廉政风》 | 胡学纯（《剧影月报》编辑部） |
| | 提名奖 | 戏曲《连心桥》 | 杨鹤高（沭阳县文化局剧目工作室） |
| | | 戏曲《布衣青天》 | 周寒夜（盐城市文化局剧目工作室） |
| | | 话剧《万紫千红总是春》 | 刘晶林（连云港市文学艺术界联合会） |
| | | 话剧《青春契约》 | 顾晓群（南通市文化局剧目工作室） |
| | | 话剧《文天祥》 | 高龙民（南通市文学艺术界联合会） |
| | | 戏曲《赵武前传》 | 王盛云（徐州市文化艺术研究所） |
| 第五届（2007年） | 一等奖 | （空缺） | |
| | 二等奖 | 话剧《农民王德成》 | 韩　勇（江苏省演艺集团话剧团） |
| | | 戏曲《真假二十四小时》 | 徐新华（大丰市文化局剧目工作室） |
| | | 滑稽戏《大家来唱“太湖美”》 | 陆伦章（无锡市滑稽剧团） |
| | 三等奖 | 轻喜剧《姑嫂桥塊一条街》 | 孔祥瑜（常州市文化局剧目工作室） |
| | | 戏曲《流芳园》 | 袁　缨（江苏省文化厅剧目工作室） |
| | 提名奖 | 话剧《晚节》 | 陈维仁（江苏省文化厅《剧影月报》编辑部） |
| | | 儿童剧《美丽行动》 | 方　晚（南京师范大学新闻传播学院） |
| | | 戏曲《淮阴侯韩信》 | 刘　云（淮安市文学艺术院） |
| | 小品奖 | 《脚步声声》 | 庄铁生（江阴市文化局） |
| | | 《呼拉圈》 | 周林海（江阴市文化局） |
| | | 《等》 | 陶　然（镇江市文化馆） |
| | 小品提名奖 | 《人要有个好心情》 | 马德华（徐州市文化艺术研究所） |
| | | 《回家吃饭》 | 叶林生（金坛市文化局剧目工作室） |
| 第六届（2008年） | 一等奖 | （空缺） | |
| | 二等奖 | 话剧《太阳东升西落》 | 曹敬辉（邳州市港上镇） |
| | | 戏曲《千古一丐》 | 张　娟（盐城市文化局剧目工作室） |
| | 三等奖 | 小剧场话剧《三十而立》 | 南野田（常州市文广局剧目工作室） |
| | | 话剧《天路谣》 | 徐新华（盐城市文化局剧目工作室） |
| | | 戏曲《人大代表金喇叭》 | 姜　华（大丰市文化局剧目工作室） |
| | 提名奖 | 戏曲《鲁迅与秋白》 | 辛　仁（江苏省文化厅） |
| | | 戏曲《水远路长》 | 隋　缘、永　新（徐州市文化艺术研究所） |
| | | 滑稽戏《五月端阳》 | 张戬伟（常州市文化广电新闻出版局） |
| | | 戏曲《征婚记》 | 庄恒越、殷兆祥（泗阳县文化局剧目工作室） |
| | 小品奖 | 《回家过年》 | 夏海滨（江苏省文化馆） |
| | | 《我的地盘我作主》 | 韩献忠（金坛市朱林镇） |
| | 小品提名奖 | 《局长的茶杯》 | 马德华（徐州市文化艺术研究所） |
| | | 《走出迷宫》 | 杨跃庭（徐州市文化艺术研究所） |

# 第三章　美　术



1978～2008年是江苏美术从拨乱反正到全面繁荣的30年。一批老艺术家平反昭雪后，积极投身美术创作。赴湖南省学习、写生，到了长沙、韶山、湘潭等地区，行程四千多里，画了手稿五百多幅。作品在江苏、湖南、吉林巡回展出。这些作品反映了社会主义建设的新进展，在贯彻百花齐放、推陈出新的文艺方针上作出了可喜的尝试。

1978年，江苏省国画院举办了第二期学员班，12人进入学员班学习。这是江苏省国画院继1961年第一期学员班培养30名艺术家和艺术工作者之后再次招生，教学注重中国书画艺术创作规律，学员班班主任是画家陈修范、傅二石。画家赵绪成、盖茂森等带领学员远赴甘肃敦煌莫高窟参观、考察、临摹历代壁画珍品，深入川藏少数民族地区体验生活、写生创作。学员毕业后都留在画院工作，成为画院创作队伍的新生力量。

1979年，江苏省国画院应香港集古斋邀请，在香港举办"江苏省国画院部分画家山水画展"，展出160幅山水画新作。江苏省美术馆于1977年4月正式恢复建制时，举办了"庆祝中华人民共和国成立30周年江苏省美术作品展览""阿尔及利亚绘画展览""华东地区六省一市肖像画展览""珂勒惠支版画展"等中外展览。

扬州、苏州、镇江等地的画院（馆）相继恢复，南通、南京、无锡、徐州等地的画院相继建立，为地方美术创作与人才培养提供了阵地。

20世纪80年代开始，江苏美术国际艺术交流明显增多。江苏省美术馆举办了涉外国际展览，如加拿大水彩风景画展、南斯拉夫现代绘画（现实主义新形式作品）展览、中日联合书法展览、英国"莎士比亚时代"展览、西德表现主义版画展览、加拿大安大略省版画展、中日篆刻交流展览等。

将外国美术"引进来"的同时，江苏美术开始尝试"走出去"。1980年4月中旬，在名古屋市博物馆举办"中华人民共和国现代美术展·江苏省国画院书画展"。画展期间，由亚明、武中奇、宋文治、魏紫熙、秦剑铭组成的江苏省国画院书画代表团，进行了中日美术交流活动。1987年，"傅抱石画展"与"江苏省国画院画展"分别在日本东京、大阪举行，为中日文化交流架起友好的桥梁。

全省书法篆刻展、水彩画展、少儿美术展、漫画展、摄影展、水印木刻展、连环画展、人物画展、版画展、农民画展、花鸟画展、油画展等各个美术门类的展览活动相继举办，为各个画种的创作与展示提供了平台。除了省内活动，还相继承办了多场全国性的美术活动，如第三届全国人像摄影艺术展览、第六届全国美术作品展览·中国画展、第七届全国美术作品展览·油画展、全国书法邀请展等展览活动，美术活动呈现稳定、开放、多元特征。

开放与多元的环境也为青年美术人才提供各种平台，诸如全国青年摄影艺术展览、江苏青年艺术周大型综合艺术展览、江苏省中青年中国画展、华东六省一市青年油画巡回展、江苏省青年美术家协会首届作品展览、江苏省首届青年文化节等。高等院校美术专业人才培养逐步完善，恢复高考后的第一批美术专业毕业生开始走向社会。

随着中国改革开放的大门打开，西方各种美术思潮相继涌入，激起了青年一代的反思，最具代表性的是南京艺术学院在读研究生李小山的"中国画穷途末路论"。1985年7月，《江苏画刊》编辑部邀请江苏的丁涛、左庄伟、许祖良、张学成、陈传席、董欣宾、程大利等中青年画家和美术史研究工作者等33人，在镇江举办了“当代中国画之我见”理论研讨会。

20世纪90年代，江苏举办全国大型美术活动次数逐渐增多，完成从“承办”到“主办”的角色转变。1996年，在江苏省美术馆举办“爱我江苏画展”，接待澳大利亚文化艺术访华团来院参观交流。1997年在北京中国美术馆举办林散之百年诞辰书法作品展、江苏省国画院建院40周年书画作品展览，在北京华侨大厦举办“林散之书法艺术座谈会——纪念林散之先生百年诞辰”及“江苏省国画院建院40周年书画作品展座谈会”。1998年，由江苏省文化厅主办，江苏省国画院和江苏省美术馆承办的首届江苏美术节推出中国画、书法以及版画、粉画、雕塑、水彩画、江苏省国际儿童书画展，并举办各种学术研讨会，获奖作品到徐州、苏州和常州等地巡展。进入21世纪后，现代都市水墨引起人们关注，2003年的“现代都市水墨画展”系列工程，2005年的“现代金陵水墨画传媒展”相继在江苏举办。

为全面落实江苏建设文化大省、文化强省的战略目标，江苏美术界制定了一系列政策措施。自2005年起，中国美术家协会、中共江苏省委宣传部、江苏省文化厅、江苏省文联共同主办的“中国百家金陵画展（中国画、油画、版画）”影响全国美术界，对中国美术事业的繁荣与发展作出了重要贡献。

江苏省美术家协会理论委员会的成立，促进了各类研讨会的召开。召开金陵画派学术研讨会、龚贤艺术研究座谈会、郑板桥艺术国际研讨会，为傅抱石、李可染、陈之佛、钱松喦等艺术家举办专题研讨会，举办了第一至五届《中国百家金陵画展》论文研讨会以及就美术发展趋势所组织的国际学术研讨会。马鸿增《新金陵画派五十年》获中国美术奖理论评论奖。

在全国重要展览上获奖逐渐增多。第六届全国美术作品展览中，钱松喦的《光明万年》、刘海粟的《黄山白龙潭》获荣誉奖，高云的连环画《罗伦赶考》获金奖。此外，江苏还获得银奖6件、铜奖7件，总计16件；第七届全国美术作品展览中，徐乐乐的插图《聊斋》获金奖。此外，江苏还获得银奖6件、铜奖11件，总计18件；第九届全国美术作品展览中，卢卫星粉画《渔村》获金奖。此外，江苏还获得银奖2件、铜奖11件、优秀奖12件，总计26件。第十届全国美术作品展览中，苏凌、朱道平漆画《夏华秋实》获金奖。此外，江苏还获得银奖9件、铜奖23件、优秀奖12件，共计45件。第一届书法兰亭奖理论奖获得者有黄惇、华人德、孙洵、穆棣、金学智，获创作奖的有仇高驰、查理达、罗荣，第二届书法兰亭奖创作奖一等奖获得者是陈海良，获教育奖一等奖的是华人德。此外，中国书法家协会还举办了四年一届的书法篆刻作品展，江苏的瓦翁、戚庆隆、孙晓云、言恭达、管骏、黄惇、徐利明、刘灿铭、李守银等人都获奖。

2004年12月，江苏省美术馆新馆建设工程项目正式立项；2006年11月，正式开工建设；2008年12月，主体建筑封顶。新馆占地1.06万平方米。

经过30年的发展，江苏美术呈现出思想内涵丰富、时代风格鲜明、技法表现多元的新格局。全省画院、美术馆相继增加，专业人才不断引进，硬件设施不断完善；各级专业性美术学会相继恢复成立。江苏与国内、国际上的艺术展示与交流日益增多，画家们的艺术创作能力和公众的审美标准显著提升。

## 第一节 美术机构

1978年以来，江苏省各地的美术机构相继恢复和建立，为江苏的美术创作和人才培养提供了阵地。

### 一、江苏省国画院

江苏省国画院是专门从事中国书画创作、研究，隶属江苏省文化厅的国家公益事业单位，是1957年最早筹备成立的北京、上海、江苏三大画院之一。其间举办了“两万三千里写生”和“山河新貌画展”，新金陵画派令世人瞩目。“无产阶级文化大革命”期间暂停运转，1977年重新恢复建制。1987年搬迁新址：南京市虎踞路175－1号古典园林式的“四明山庄”。1997年升格为副厅级单位，下设艺术委员会、山水画创作研究所、人物画创作研究所、花鸟画研究所、艺术理论研究所、书法研究院、美术馆、傅抱石纪念馆、艺委会办公室和行政办公室。

中共十一届三中全会以来，江苏省国画院在时代大潮的感召下，1977年至1984年，举办了“敦煌写生展”“湖南写生展”、香港“金陵八家展”、名古屋“江苏省国画院书画展”“北京画院、江苏省国画院书画联展”等，并在第六届全国美术作品展览中获得突出成绩。1984年提出“以发挥院、所、个人三个创作积极性的办院方针”，推动画院的新发展。1985年举办了“中国画发展研讨会”，推出了“在东、西方文化大背景下画我们自己的画”的艺术思想和实践。1987年5月江苏省国画院建院30周年画展暨“四明山庄”落成活动隆重举办；同年赴日本举办“傅抱石画展暨江苏省国画院作品展”。1989年举办“江苏省国画院三行画展”，1992年举办全院创作研讨会，提出了“突出艺术个性，弘扬主旋律”的创作理念，进一步推动了创作的健康发展。1994年举办“爱我江苏画展”，出版书法集一部，1995年举办了“全国书法特邀展”。1997年在中国美术馆举办“江苏省国画院建院四十周年书画作品展”暨“林散之百年诞辰书法展”，学术座谈会同时举行。1998年，由江苏省文化厅主办，江苏省国画院、江苏省美术馆承办的江苏省首届美术节开幕，被写进20世纪中国美术大事记。2000年由文化部主办，江苏省人民政府承办的第六届中国艺术节首次将美术列入，共举办国际大展九个。2001～2003年，由江苏省文化厅主办，江苏省国画院承办了“国际现代都市水墨画展”，这是中国画史上具有里程碑意义的创新工程。2005年，由江苏省人民政府主办，江苏省文化厅、江苏省国画院等承办的“傅抱石奖·南京水墨画传媒三年展”和“林散之奖·南京书法传媒三年展”，出版画集、书法集两部，文艺颁奖晚会两个，特聘全世界书画家700多名，开拓了中国书画的新天地，形成了江苏水墨的崭新局面。2006年，画院首次在全国范围内公开招聘从事山水、人物、花鸟画创作的优秀专业画家5名，此举引起全国美术界广泛关注，加强了画院的创作力量，扩大了影响力。2006年12月江苏省国画院被中共江苏省委、省人民政府列为公益性文化事业单位，成为江苏省文化体制改革试点单位之一，以宋玉麟为院长的院领导班子研讨制定了一系列改革措施，包括收入分配制度改革和院藏作品典藏制度改革等等，有效推动了画院体制改革的深入。2007年11月在江苏省国画院成功举办了“江苏省国画院建院50周年庆典暨向江苏省慈善总会捐赠书画作品仪式”，在画院美术馆和省美术馆分别举办了“丹青回眸”和“盛世笔墨”两个画展，并出版《江苏省国画院建院五十周年纪念文献集》，对画院50年的发展历程及历史资料进行了较为详尽的梳理和整合。2008年，画院会同浙江画院举办了“大师风范——陆俨少画展”，会同重庆画院举办了“传神写心·人物画作品展”；同年还举办了“江苏省国画院第二期学员班30周年作品展”以及“似水流年·高马得先生艺术回顾展”。

改革开放30年里，江苏省国画院一直都在自觉、主动地担当起推动文化大发展大繁荣的历史责任，坚持“二为方针”和“双百方针”，传承创新，创作了大量思想性、艺术性、观赏性俱佳的优秀作品，涌现出众多优秀画家，培养了一大批中青年优秀人才，带动形成了新金陵画派等风格鲜明的艺术流派，为江苏中国画未来发展的走向奠定坚实的基础。

表 3-1 1978～2008 年江苏省国画院历任院长一览表

| 姓 名 | 职 务 | 任职时间 |
| --- | --- | --- |
| 钱松喦 | 院 长 | 1978～1984 |
| 亚 明 | 副院长 | 1978～1984 |
| 宋文治 | 副院长 | 1978～1984 |
| 武中奇 | 副院长 | 1979～1984 |
| 赵绪成 | 院 长 | 1984～2006 |
| 喻继高 | 副院长 | 1984～1997 |
| 吴宏远 | 副院长 | 1990～2001 |
| 胡宁娜 | 副院长 | 2002～ |
| 刘 云 | 副院长 | 2003～ |
| 薛 亮 | 副院长 | 2008～ |
| 管 骏 | 副院长 | 2008～ |
| 宋玉麟 | 副院长 | 1984～2001 |
| | 院 长 | 2006～2008 |

## 二、江苏省美术馆

江苏省美术馆为省级公共文化事业单位，是具有典藏、研究、陈列展览、公共教育、交流和服务六项功能的文化机构，担负着进行艺术精品收藏、开展学术研究、举办长期陈列、策划学术展览、对公众进行审美教育和引导、开展对外艺术交流和提供多项文化服务的任务。江苏省美术馆下设馆长办公室、党总支办公室、展览部、学术编辑部、典藏部、培训部、公共关系部、行政部、设备部、保卫部、艺委会办公室、江苏版画院、江苏油雕院、江苏书画工作室、艺术服务部。江苏版画院、江苏油画雕塑院、江苏书画工作室担负着进行专业美术创作和研究，协助美术馆开展相关学术活动以及全省各地基层美术指导工作等职责。1992 年江苏版画院举行成立大会，除了专业的版画家之外，还聚集了众多业余版画人员，对全省版画创作研究、展览交流等学术活动，起到了组织、指导作用。1993 年江苏油画雕塑院成立，除了院内的艺术家外，还有一批特聘画师，建立起一支实力雄厚的江苏油画、雕塑专业队伍。2005 年，书画工作室复建。至此，江苏省美术馆已建立起江苏地区综合性的艺术创作机构——江苏版画院、江苏油画雕塑院、书画工作室（简称“两院一室”）。江苏省美术馆的艺术创作队伍从建立到不断发展壮大，一直是江苏艺术创作的一支重要力量。从 1984 年第六届全国美展至 2004 年第十届全国美展，以及其他全国性展览中，艺术家们都有作品入选、获奖，成绩显著。

江苏省美术馆的前身是 1936 年建成的“国立美术陈列馆”，是中国第一个国立美术馆。1956 年 6 月江苏省美术陈列馆筹备处成立，1960 年更名为江苏省美术馆，沿用至今。江苏省美术馆于“文化大革命”期间暂时解散，1977 年 4 月江苏省文化局宣布恢复江苏省美术馆。

复馆以来，江苏省美术馆借鉴国外美术馆和国内外博物馆的经验，在国内率先开始了对“美术馆学”的研究，明确了美术馆的性质与任务。1986 年 5 月，文化部艺术局在南京主持召开了首届全国美术馆工作会议，制定了《美术馆工作暂行条例》，使全国各地的美术馆建设有章可循。

2004 年 12 月江苏省美术馆新馆工程项目正式立项，2006 年 11 月，新馆正式开工建设，是江苏省“十一五”期间十大社会事业建设重点项目之一。新馆选址位于长江路文化街区，与总统府、南京图书馆新馆相毗邻，占地 1.06 万平方米，建筑面积近 3 万平方米。

2006 年为庆祝建馆 70 周年，举办馆庆系列活动，包括江苏省美术馆新馆设计方案揭幕暨新馆奠基仪式；纪念建馆 70 周年馆庆暨新馆建设论坛；举办“走过 70——江苏省美术馆馆史文献展”“辉映 70——中国油画名家精品展”“经典 70——典藏新金陵画派精品展”。同年，江苏省美术馆成为中国博物馆协会、中国美术馆学会副会长单位。

2008 年 1 月率先在全国实施全面免费开放，前来美术馆参观的观众人数呈现上升趋势。2008 年全年举办各类美术展览 70～90 个，免费开放后年接待观众 20 万人次。

江苏省美术馆重点收藏江苏地域在近现代美术史上的画派名家的优秀作品，初步形成了明清书画、近现代中国画、近现代书法、中国新兴版画、全国水彩画、江苏水印版画、国外版画等十个专题系列，至 2008 年底藏品已达 10 753 件，居全国美术馆前列。

江苏省美术馆成功承办多届全国美展分画种展区作品展、江苏当代国画优秀作品展、中国百家金陵画展等重大展览和纪念傅抱石诞辰 100 周年、纪念徐悲鸿诞辰 110 周年、纪念刘海粟、陈之佛诞辰 110 周年、纪念吕凤子诞辰 120 周年等大师纪念作品展、陆俨少画展、高马得艺术回顾展等，先后举办了陈丹青1968～1999素描油画展、杨飞云绘画艺术展、武中奇百年艺术人生书法篆刻展、靳尚谊艺术回顾展、彦涵艺术研究展、吴为山雕塑艺术展、张文俊中国画展等艺术名家展览，和以色列“希伯来书法艺术——犹太书稿和礼仪用品展”、非洲艺术大展、丹麦现代艺术设计大展、日本民俗风情展、“织物上的文化——贝克湖壁毯展”“意大利绘画400年——贝利尼博物馆藏品展”等国外展，策划了现代艺术大师系列展(钱松喦、林散之、萧娴、亚明、何海霞)、李剑晨奖水彩画双年展、江苏艺术沙龙邀请展等学术展览以及馆藏作品陈列展览。

自改革开放30年来，江苏省美术馆作为“展示美、创造美、传播美”的文化空间，始终坚持以“经典性”与“当代性”并重的学术宗旨和“面向社会、服务大众”的服务宗旨突出该馆的个性化特色。

1978～2008年江苏省美术馆领导班子成员有：徐天敏、吴俊发、马鸿增、商志华、朱葵、杨企远、郑伟建、孙晓云、宋玉麟、廖鹏、高云、张兴来、赵治平。

## 三、市、县画院及美术馆

1978～2008年这一时期成立的各地市、县画院数量据不完全统计有30余所，美术馆10余所。画院的建立拉近了群众与艺术的距离，为艺术家提供创作机会，开拓了江苏书画新局面。

**南京书画院**　南京书画院成立于1979年，院址从成立之初的鼓楼检阅台迁到玄武湖翠洲，下设花鸟研究所、山水研究所、人物研究所、版画研究所和书法研究所。创建之初，聘请林散之为院长，曹汶、陈大羽、尉天池为副院长，聘请萧娴、杨建侯、赵良翰、张正吟等为画师。

1979～2008年南京书画院主要领导人有：林散之、朱道平。

**无锡市书画院**　无锡市书画院成立于1979年12月，院址在无锡市崇安区长大弄8号，后迁址黄石弄4号，20世纪90年代末又迁址县前西街79号。无锡市书画院是从事绘画、书法创作与研究的专业机构，其专业人员由“院内专职”与“院外聘请”两部分组成，2000年后以院内专职人员为主。1989年，在第七届全国美术作品展中，无锡书画家获银奖1件、铜奖2件，此后至2004年第十届全国美术作品展，每届均有作品入选展出，先后入选第三届、第六届全国书法篆刻展和全国专题性大展。

1979～2008年无锡市书画院主要领导人有：吴荣康、华士清、王洋。

**无锡市美术馆**　无锡市美术馆于1984年建成，馆址在无锡市城中公园内，由刘海粟题写馆名，建筑总面积1 200平方米，展厅面积450平方米。该馆以组织举办各类艺术展览为主要任务，兼顾收藏、研究和人才培养。与无锡市文化馆合署管理。2000年12月，与无锡市文化馆一起迁址西水墩，有展厅200多平方米。开馆以来，先后组织举办200多个美术展览。藏有吴冠中、亚明、王式廓、方召麟、黄养辉等名家作品100余件。

1984～2008年无锡市美术馆(文化馆)主要领导人有：任海根、朱仲达、沈斌、曹竹宝、许益民、陈宏华。

**徐州书画院**　徐州书画院创建于1979年，院址位于云龙山东麓原东岳庙旧址上。1979年8月，徐州市国画馆成立，1980年3月，正式挂牌。1980年9月18日，更名为徐州国画院，2003年8月8日，更名为徐州书画院。1982年7月2日，徐州市人民政府决定于云龙山东岳庙旧址兴建国画院，总面积747平方米。截至2008年底，徐州书画院有职工15人，其中业务人员13人，行政人员2人。创办“书画徐州年展”，成为徐州文化方面重要品牌之一。

1979～2008年徐州书画院主要领导人有：张之仁、王广林、欧阳龙、乔俊声、马奉信、高洪啸。

**常州画院**　常州画院建立于1980年5月，原名为常州书画院，隶属于常州市文联。1982年3月，由常州市文化局归口管理，确立为全民所有制事业单位，经费来源为市财政拨款，编制暂定6名。1983年11月，常州书画院实行体制改革，将书画创作员分为专职创作员和兼职创作员。2007年11月，常州书画院更名为常州画院，隶属于常州市文广新局，性质与经费来源均不变。至2008年12月，常州画院共有在编人员9名，退休人员及特聘画师、名誉画师44名。常州画院建立之初，设立于米市河市文化局、文联办公大楼内；80年代中期，迁至瞿秋白纪念馆内，与瞿秋白纪念馆合署办公；80年代末至90年代初，迁至红梅公园红梅阁；1996

年，在武青路红梅公园原苗圃建立常州书画院新址，占地 2 041 平方米，建筑面积 1 384 平方米；2007 年 1 月，画院正式迁入丹青路 28 号红梅公园东门内，新址占地 2 700 平方米，建筑面积 2 400 平方米，拥有 500 多平方米的画院展厅（美术馆）、100 多平方米的会议室、设有专职画师创作室、公共创作室等设施。常州画院下设办公室、学术研究部、对外交流部（院美术馆）；艺委会下设人物画、山水画、花鸟画、书法及理论研究 5 个创作研究室。历年来共有 32 件作品在国家级重要美术展览中获奖、入选。

1980～2008 年常州画院主要领导人有：刘海粟、钱小山、魏华邦、阙长山、余敬德、江可群。

**常州刘海粟美术馆** 常州刘海粟美术馆坐落在常州市鼓楼区双桂坊 52 号，1991 年底奠基，1992 年 2 月正式动工兴建，1992 年 8 月竣工。筹备期间，刘海粟提出指导性意见，亲笔题写了馆名和“沧海一粟”等题词。1998 年 4 月续建海粟大师园陵和静远堂等建筑，总面积约 3 000 平方米，其中园陵面积 400 平方米。主体建筑高四层，内有大小展厅 4 个，大小会议室两个并设有刘海粟生平事迹陈列室、画家书房、刘海粟艺术研究中心、文史资料室、精品库、外宾接待室等。2004 年增挂常州美术馆牌子。美术馆为常州市文广新局直属单位，编制内共 13 人，下设办公室、展览部、研究部、保卫部、收藏部、交流服务部和团支部等部门和组织。先后荣获江苏省文化系统先进集体、2001～2002 年度文化工作先进集体等各种荣誉。该馆具有现代美术馆和名人纪念馆双重功能，是兼容展览、收藏、交流、研究和普及美育的多功能艺术中心。

1992～2008 年常州刘海粟美术馆主要领导人有：张德俊、赵治平、周俊炜、叶鹏飞。

**常州市武进书画院** 常州市武进书画院于 1989 年 10 月成立，坐落于武进区延政中大道 29 号凤凰谷 C 座，是隶属于常州市武进区文化局全额拨款的全民事业单位。后增挂恽南田美术馆、武进区藏书票馆两块牌子。书画院建筑共 6 层，建筑面积 3 000 平方米。现有编制 5 人，实有 5 人，岗位设置有院长、创作员。

**吴青霞艺术院** 吴青霞艺术院于 2000 年 6 月正式落成开馆，位于常州市长江路 207－1 号，与著名人文景观唐荆川公园隔街相望。该院是从属于常州市文化广电新闻出版局的全额拨款事业单位，单位规格正科级，编制 5 名。院内有吴青霞艺术精品室，藏有吴青霞先生各个创作时期的绘画精品 70 余幅，收藏齐白石、徐悲鸿、傅抱石、刘海粟、吕凤子等近现代大师名家作品 200 余件。艺术院集展览、收藏、创作、研究、交流等功能于一体，拥有 3 个全封闭、设置齐备的展厅，可举办各种艺术展览；另设有会议室、画室若干个，可供文化艺术交流活动之需。建院以来，先后举办了“从创世开始——沙依・吉诺特摄影展”“首届吴青霞艺术研讨会暨《篆香映霞——吴青霞作品藏品集》展”“虞山怪才——常熟美术馆藏唐滔作品展”等展览。

2000～2008 年常州吴青霞艺术院主要领导人有：李平秋、高慰。

**苏州国画院** 苏州国画院前身为 1960 年成立的苏州国画馆，1982 年，苏州国画馆更名为苏州国画院。最早选址在怡园“湛露堂”，1978 年迁址拙政园“远香楼”，1985 年迁入位于苏州市姑苏区庆元坊 12 号听枫园内至今。该院是美术创作和研究的公益性事业单位性质的学术机构，隶属于苏州市文化广电新闻出版局。2007 年、2008 年先后在中国美术馆、江苏省美术馆举办“新吴门画派・苏州国画院晋京中国画作品展览”“新吴门画派——苏州国画院中国画作品展览（南京展）”。

1978～2008 年苏州国画院主要领导人有：张辛稼、吴敩木、孙君良、周矩敏。

**宋文治艺术馆** 1989 年 12 月正式落成开放。艺术馆坐落在太仓市县府东街，占地 1428 平方米，建筑面积 536 平方米，一楼展室介绍宋文治生平事迹和馆藏美术作品；二楼展示宋文治捐赠的国画作品及古陶器。艺术馆共有馆藏书画艺术品 196 件，其中宋文治捐赠的创作于 20 世纪 70～90 年代的作品 59 件，明清名家书画作品 31 件，宋文治之子宋玉麟及其弟子捐赠创作的书画作品 11 件，宋文治弟子、宋文治艺术馆首任馆长邢少兰捐赠创作的国画作品 30 件。此外，艺术馆还收藏了宋文治及宋玉麟捐赠的古陶器 110 件，宋文治生前获得的证书、奖状等。馆藏宋文治作品囊括了宋文治各个时期的精品佳作，其中有 20 世纪 60 年代创作的《山川巨变》《新安江上》、70 年代创作的《太湖清晓》《春到江南》、80 年代创作的《春风又绿江南岸》。

**常熟市书画院** 常熟市书画院创建于 1986

年，坐落于虞山东南麓书台公园内，内设山水画研究所、人物画研究所及书法、国画、油画 3 个工作室，现有专职画师 8 人，兼职及特聘画师 40 多人。该院先后举办“传承虞山派——常熟市书画院作品展”“金纺杯”名家书画作品邀请展和“传承虞山派——常熟市书画院画师八人展”等一系列精品展览，并赴俄罗斯、马来西亚马六甲州和台湾展开交流。

**常熟美术馆（庞薰琹美术馆）** 庞薰琹美术馆建成于 1991 年 6 月，馆址为江苏省常熟市西门大街 117 号，占地 3 500 平方米，建筑面积 1 600 平方米，展厅面积 800 平方米，馆藏庞薰琹作品 470 余件及相关文献资料。常熟美术馆与庞薰琹美术馆实行一套班子管理。馆址为江苏省常熟市西门大街 117 号，建成于 2005 年 10 月，建筑面积 8 500 平方米，分为 9 个展厅，面积 3 500 平方米，展线 700 米，内设多功能报告厅、艺术书店、图书阅览室、书画艺术培训室等，现馆藏刘海粟、李苦禅、郎静山、吴作人等人与本地书画家精品 1 750 件。该馆集典藏保管、陈列展示、研究交流、公共教育和公共服务等功能于一体，先后举办毕加索、达利、安迪·沃霍尔等国际大师作品展，并推介馆藏作品至英国、比利时、西班牙等国交流。

**昆山书画院** 昆山书画院成立于 1987 年 2 月，馆址在昆山县少年之家，1988 年 5 月迁至昆山县总工会，1992 年在柴王弄毕厅（省级文保单位）建成办公新址，占地面积 1 507 平方米，建筑面积 940 平方米。该院隶属于昆山市文联，有专职、兼职画师 35 名。编辑出版《昆山书画院作品集》《昆山书画院丛刊》《水墨玉峰书画作品集》《周玉菁刻竹治印》等图书。

**昆仑堂美术馆** 昆仑堂美术馆位于昆山市政府广场南侧科博中心三楼，是昆山市人民政府为珍藏和展示旅日华侨朱福元先生夫妇捐赠的历代名家书画而建造。该馆于 2001 年 11 月建成，建筑面积 1 100 平方米，以收藏、展示、研究、交流、教育、服务为工作内容，努力为弘扬民族传统文化作出贡献。现有在编人员 8 人，设办公室、书画研究部、展览部。历任馆长分别为陆家衡和俞建良。馆内藏自唐、宋、元、明、清及近现代书画作品。该馆先后举办馆藏唐宋元明清书画特展、海上画派书画作品展、墨林昆冈·昆山近四百年名家书画作品展、馆藏扇面书画展、“不贪为宝”王一亭书画艺术展、馆藏吴门书画名家作品展、异代风流——馆藏历代人物画特展、林泉高致——馆藏历代山水画特展、馆藏历代书法特展等展览。编辑《昆仑堂》期刊，编辑出版《昆仑堂美术馆》《昆仑堂藏书画集》（上、下册）《翰珍——昆仑堂美术馆藏画赏读》《墨林昆冈·昆山近四百年书画家作品集》《当代著名书画收藏家——朱福元》《昆仑堂美术馆藏书画·人物卷》《昆仑堂十年论文集》等图书。

**昆山市侯北人美术馆** 侯北人美术馆于 2004 年 11 月 30 日建成开馆，隶属于昆山市文联，位于昆山市西街 38 号（琅环公园内），占地面积 2 827 平方米，建筑面积 2 086 平方米。内设一楼、二楼两个展厅。一楼为永久性陈列美籍华裔著名画家侯北人捐赠的毕生创作的绘画精品和珍藏的张大千、傅抱石等名家名作 300 件。二楼不定期举办各类展览。该馆以陈列美籍华裔著名画家侯北人的作品为特色，以收藏、研究近现代绘画为方向，集收藏、研究、陈列、展览与交流为一体。

**南通书法国画研究院** 南通书法国画研究院成立于 1978 年 7 月，同年 9 月，南通书法国画研究院在人民路 19 号正式对外办公，有专职画师 9 人，特约画师 4 人，装裱工 2 人。1980 年创作组分为人物、山水、花鸟 3 个组。1983 年 11 月，研究院新楼开工，建设地址为南通市崇川区文峰路 3 号，1985 年 2 月落成，总面积 518 平方米，设有创作室、装裱陈列室、资料室、画库、材料库、会议室、办公室、接待室、总务会计室及生活等用房。院内设人物、山水、花鸟、书法理论四个创作室。

1978～2008 年南通书法国画研究院主要领导人有：吴沐初、康平、沈启鹏、侯德剑。

**启东版画院** 启东版画院正式成立于 1985 年 4 月 4 日，与启东县文化馆合署办公，隶属于启东县文化局，是中国第一家由政府所属的专业版画创作院。1991 年，成为独立的文化事业法人单位。2000 年，迁入位于紫薇公园内的版画院新楼。

**个簃艺术馆** 个簃艺术馆坐落在南通市文峰塔院，1987 年 11 月，“个簃艺术馆”举行奠基仪式，1989 年 10 月建成并对外开放。市政府先后聘任沙孟海、程十发任名誉馆长。个簃艺术馆占地面积 2 000 平方米，建筑面积 887 平方米，为二层仿古建筑群，主楼一层为展览厅，二层为“王个簃艺术陈列室”，右侧附楼为“王个簃先生生平业绩图片陈列室”和“王个簃艺术研究会”。

1987～2008年南通个簃艺术馆主要领导人有：王青蓝、高龙民、施作雄、董成伟、康荣。

**通州市书画院** 1992年8月成立南通县书画院，为县文化局直属全民事业单位，编制3人，特聘通州籍著名画家高冠华、张之仁、曹用平为名誉院长。1993年2月，南通县撤县设市，更名为通州市书画院，办公地址在通州市北山路23号，面积为100平方米。2003年起，书画院和文化馆合署办公，办公地址在人民路183号，使用面积500平方米。

**连云港市美术馆（书画院）** 1984年，连云港市政府批准成立连云港市书画院。2007年，连云港市编委批准成立连云港市美术馆，为全额拨款单位，保留连云港市书画院牌子，原编制转入连云港市美术馆。1991年，连云港市书画院院舍落成，为建筑面积500余平方米的仿古庭院建筑，2003年8月与原博物馆一起拆迁，2008年底迁至朝阳东路66号连云港市文化艺术中心一楼，建筑面积1 200平方米，其中展厅面积800平方米，画库、接待室、办公室等400平方米。该院是以收藏、研究、公共教育、展示艺术家作品为主要职责的公益性文化事业单位，内设中国画研究室、美术理论书法研究室、办公室3个部门。

1984～2008年连云港市美术馆（书画院）主要领导人有：石仁勇、吴宜恩、古强。

**淮安市书画院** 淮安市书画院位于淮安市翔宇南道15号，成立于1985年10月。至2008年有职工14人，建筑面积450平方米，是从事书画创作、研究、收藏和交流的专业机构，下设办公室、书法研究室、绘画研究室，涵盖油画、国画、书法（篆刻）三大类。先后编辑出版《戚庆隆楷书》《淮安书画名家作品集》丛书。

1985～2008年淮安市书画院主要领导人有：吴夕兴、戚庆隆、栾剑。

**楚州画院** 楚州画院于1993年6月11日成立，为股级全民事业单位，隶属淮安区文化局，办公场地设在淮安市淮安区文广新局院内。以农民画为品牌代表，在河下古镇湖嘴大街设立了两间农民画展馆，在发源地博里镇文化站设有农民画展览长廊。

**涟水县书画院** 涟水县书画院成立于1992年10月7日，为涟水县文广新局下属的股级全额拨款事业单位，编制3人，办公地点在涟水县大剧院二楼。主要职责是书画创作、收藏和书画人才的培养与交流。

**清河中国画院** 成立于1986年11月10日，隶属于原淮阴市清河区文化局，办公场地在原清河区文化馆内，为全额拨款事业单位，由专、兼职画家组成，专职画家2人，兼职画家近30名。2005年并入清河区文化馆，一套班子两块牌子。1986年，举办金陵画派展览；2008年，举办“江苏省花鸟画名家邀请展”并出版画集。

**盐城市书画院** 1984年12月，盐城市编制委员会批复成立盐城市书画院，事业编制10人，其中书法专业3人，国画专业3人，艺术理论专业1人，行政管理人员3人，全额拨款事业单位。经过三年筹建，1987年建成。位于盐城市儒学街29号（宋曹故居内），占地面积569平方米，建筑面积418.7平方米。该院为盐城市文化局直属事业单位，是从事书画创作、研究、收藏和交流的专业机构。2008年，实有工作人员9人，其中专职画师8人，专业涵盖油画、国画、书法（篆刻）、雕塑四大类。该院先后举办“学海无涯——进修书画家特邀展”“喜庆十九大 翰墨抒丹心”盐城市优秀书画作品展、迎国庆中秋笔会等展览活动，与咸阳画院结成合作关系。

1984～2008年盐城市书画院主要领导人有：臧科、徐益群、孟怀良。

**东台市书画院** 东台市书画院成立于1996年12月6日，位于东台市东台镇金海西路23号，隶属东台市文化局，是全额拨款事业单位，承担各类美术作品收藏、陈列、展览、研究、交流等具体工作。专职画家共2名。

**盐都画院** 2001年3月在盐都区文化馆的基础上成立，位于盐都区盐城路盐渎明城西首，隶属于盐都区文化局，与盐都区文化馆两块牌子一套班子，依托文化馆阵地开展各项活动。区政府单独划拨经费给画院，用于举办展览等活动。

**扬州国画院** 扬州国画院创建于1960年，原址东关街逸圃，1977年迁至盐阜西路19号，2003年搬至长征路15号内。为国有事业单位，2005年编制24人，实有人员12人，其中一级画师2人，二级画师6人。2006年，经扬州市政府同意，面向全国公开招聘5名青年画家。

1978～2008年扬州国画院主要领导人有：李亚如、杨麒、唐雨堤。

**扬州市美术馆（扬州市文联美术馆）** 扬州市美术馆于2003年2月正式对外开放，位于扬州市广陵区文昌中路360号琼花观内，用于展示扬州本地以及外地艺术家的美术、书法、摄影等艺术作品。2007年10月，扬州市编办正式发文核定扬州美术馆为全额拨款事业单位，编制2名。2008年7月，包括扬州市美术馆在内的扬州文化艺术中心奠基新建。2003年至2008年，于每年春节期间连续举办六届“扬州市迎春书画展”。

**仪征画院** 1999年4月29日，仪征市编制委员会批复，仪征画院在仪征市文化馆挂牌成立，位于仪征市人民街135－16号，不增加编制，画院院长由文化馆支部书记兼任。画院承担了仪征市烈士陵园思齐堂的展示陈列设计、历史画创作和制作安装等工作。

**镇江画院** 1957年，创建镇江国画室。1963年更名为镇江市国画馆，为全民事业单位，专业国画创作机构，馆址借用北固山甘露寺。1971年，镇江市国画馆停办，画家分配到工厂工作。1978年镇江市国画馆恢复，1982年2月，镇江市国画馆更名为镇江中国画院。2007年12月，镇江中国画院搬迁下山，更名为“镇江画院”。

1978～2008年镇江画院主要领导人有：朱庚成、丁观加、李苇成、车长森、杨雷。

**丹阳正则画院** 丹阳正则画院创办于1982年，是丹阳市政府为纪念吕凤子将“丹阳书画院”改名而来。画院隶属于丹阳市文化局，为全民事业单位，编制4人。坐落于丹阳市画院路40号，占地1 000平方米，为二层仿古建筑，一层为多功能展厅，二层设画院办公室、画室和吕凤子纪念室。画院自1982年成立以来，共举办“纪念吕凤子诞辰100周年书画展”“纪念吕凤子诞辰110周年图片展览”和“纪念顾莲村诞辰100周年暨正则画院成立25周年”等各种书画展览，1996年编纂《吕凤子画鉴》。

**宿迁市画院** 宿迁市画院成立于1996年，2008年隶属于宿迁市文化广电新闻出版局，为财政差额拨款事业单位，编制3人。位于三台山晒米台内。画院总面积5 680平方米，拥有书画家个人创作室、集体创作室、培训室、大讲堂、会议室、贵宾室、展厅等办公场所。编纂出版《楚风墨韵——宿迁市画院精选作品集》等书籍。

**泰州书画院** 1982年7月，建立泰州市国画书法研究院。1984年1月正式成立泰州市书画院，办公地点泰州崇儒祠内。1997年，泰州市书画院更名为“泰州书画院”，为全民事业单位，隶属泰州市文化局，核定事业编制5名。泰州书画院内设机构有办公室、创作研究部、计财部、特聘画师工作部、艺术培训中心。

**泰兴市书画院** 泰兴市书画院成立于1998年12月，位于泰兴市府前街2号，全额拨款事业单位。书画院隶属于泰兴市文化局，核定编制3人，其中2人为专业创作人员。

**兴化市郑板桥书画院** 兴化市郑板桥书画院隶属于兴化市文化局，成立于1993年，位于兴化市楚水路47号，是开展书画创作、研究、交流、培训、服务等相关活动的专业机构。在职人员2人。

**宿迁市美术馆** 宿迁市美术馆位于宿迁市世纪大道92号市文化艺术中心一楼，隶属于宿迁市文化广电新闻出版局。2006年8月，原宿迁市文化馆、宿迁市剧目创作室合并，成立宿迁市文化艺术中心，同时对外挂宿迁市文化馆、宿迁市图书馆、宿迁市博物馆、宿迁市美术馆牌子，编制9人，为正科级事业单位。展厅总面积460平方米，可容纳100～120幅作品展出，包括书法、美术、摄影、工艺作品展览等。

## 第二节　美术活动

1978年以来，江苏省举办了大量高质量的美术作品展览。推动了各艺术门类创作，培养了美术新人，形成全省美术繁荣的局面。

### 一、参与及承办全国性的美术作品展览

#### （一）全国美术作品展览

全国美术作品展览（简称全国美展）由文化部和中国美术家协会共同主办，每五年举办一次。1978～2008年间在江苏共展览4次，其中1984年9月29日至10月14日在江苏省美术馆展览的是

第六届全国美术作品展览·中国画展；1989年7月1日至23日，江苏省美术馆展出第七届全国美术作品展览·油画展；1994年10月28日，由文化部和中国美协联合主办，省文化厅、省美协、美术馆承办的第八届全国美术作品展览江苏作品展在省美术馆开幕，展出中国画、油画、版画、雕塑、漆画、壁画、连环画等作品170件。1999年9月，第九届全国美术作品展览·水彩画、粉画展在江苏省美术馆展出。2004年9月28日至10月12日，第十届全国美术作品展览·综合展区作品展在江苏省美术馆展出。

**（二）第六届中国艺术节系列美术展**

第六届中国艺术节由文化部主办，江苏省人民政府承办，第六届中国艺术节系列美术展于2000年9月在南京举行，设苏州、无锡、常州、扬州四个分会场。第六届中国艺术节共举办系列展览八个，包括七个国际性的展览，一个国家级的展览、一个省级展览。分别是国际中国画大展、国际书法大展、江苏历代书画名家精品展、非洲艺术大展、'99聚焦中国——外国摄影家眼中的中国展、丹麦潮——丹麦现代艺术设计大展、海内外甲骨文书法艺术大展、中国工艺美术精品展、江苏首届国际艺术品博览展。

为了体现“艺术的盛会，人民的节日”的办节宗旨，第六届中国艺术节同时举办了“迎接第六届中国艺术节江苏省群众美术书法摄影作品预选展暨第二届群众美术活动周”和“江宁杯”聚焦第六届中国艺术节全国纪实摄影大赛。江苏省群众美术书法摄影作品预选展分设江苏省群众美术书法摄影展、江苏省老人书画展和江苏省少年儿童书画展3个展项。共收到各市推荐报送的作品1 194件，遴选出700余件作品展出。评出群众美术作品金奖5个、银奖10个、铜奖28个；书法金奖4个、银奖9个、铜奖18个；摄影金奖4个、银奖8个、铜奖17个；少儿美术金奖4个、银奖20个、铜奖30个；书法金奖5个、银奖15个、铜奖33个；老人美术金奖4个、银奖10个、铜奖25个；书法金奖3个、银奖8个、铜奖16个、荣誉奖3个。“江宁杯”聚焦第六届中国艺术节全国纪实摄影大赛评选出金奖2名、银奖4名、铜奖8名、佳作奖10名，入选作品136幅。

**（三）中国百家金陵画展**

中国百家金陵画展由中国美术家协会、中共江苏省委宣传部、江苏省文化厅、江苏省文学艺术界联合会共同主办，创办于2005年，旨在高扬现实主义艺术精神，彰显中国美术，贴近时代，感悟生活，关注民生，热爱自然，追求真善美相统一的审美理想。中国百家金陵画展以中国画、油画为展览画种，单年展出中国画100幅，双年展出油画100幅，每年评出金奖十幅。1978～2008年间江苏共主办两届中国画展览和两届油画展览。2005年12月25日，由中国美术家协会、中共江苏省委宣传部、省文化厅、省文联联合举办的中国百家金陵画展（中国画）在南京博物院开幕。2006年10月15日，2006·中国百家金陵画展（油画）在南京博物院开幕，展出的100幅作品，是从全国2 300多件作品中精选出来的。2007年11月19日，2007·中国百家金陵画展（国画）在江苏省美术馆开幕。2008年10月25日，2008·中国百家金陵画展（油画）在江苏省美术馆开幕。

**（四）各类专题专项国家性展览**

**全国人像摄影艺术展览**　全国人像摄影艺术展由中国人像摄影学会和中国摄影家协会共同主办，每三年举办一次，是中国摄影界的三大影展之一。1978～2008年间在江苏共举办两届，1980年12月18日至1981年1月7日在江苏省美术馆举办第三届全国人像摄影艺术展览；1984年3月20日至4月1日在江苏省美术馆举办第四届全国人像摄影艺术展览。

**江苏水印木刻展**　1980年6月，由中国美术家协会和中国美术家协会江苏分会联合主办，江苏水印木刻展在北京中国美术馆展出。

**全国青年摄影艺术展览**　1983年1月26日至2月6日，由中国摄影家协会、中国摄影家协会江苏分会、江苏省美术馆主办，全国青年摄影艺术展览在江苏省美术馆展出。

**全国水彩、粉画作品选展**　1987年3月5日至22日，由中国美术家协会、中国美术家协会江苏分会、江苏省美术馆主办，全国水彩、粉画作品选展在江苏省美术馆展出。

**全国书法邀请展**　1987年11月3日至21日，由江苏省美术馆主办，全国书法邀请展在江苏省美术馆展出。

**全国首届篆刻艺术展**　1988年9月25日至10月4日，由中国书法家协会主办，全国首届篆刻艺术展在江苏省美术馆展出。

**全国漆画展** 1992年9月24日至10月4日，由中国漆画研究会、南京艺术学院主办，全国漆画展在江苏省美术馆举行。

**中华人民共和国第五届年画展览** 1993年11月22日至28日，由文化部、新闻出版署、中国美术家协会、中国出版工作者协会、江苏美术出版社主办，江苏省美术馆承办，中华人民共和国第五届年画展览在江苏省美术馆展出。

**第十三届全国版画作品展览** 1996年10月26日，由中国美术家协会、中国版画家协会、江苏省文化厅共同主办的第十三届全国版画展在省美术馆开幕。江苏有32件作品参展，获1个金奖、3个银奖、3个铜奖，参展作品数和获奖作品数均位居全国前列。

**纪念林散之百年诞辰书法展** 1997年12月23日至28日，由文化部和江苏省人民政府主办，江苏省文化厅承办，江苏省国画院和江浦县人民政府协办，在北京中国美术馆举行。纪念林散之百年诞辰书法展展出林散之遗作80余件，在林散之书法研讨会上，三十余位著名学者、书法家相继发言，高度评价了林散之先生对艺术的贡献，这次展览对弘扬民族文化和社会主义精神文明建设产生积极而深远的影响。

**中日甲骨文展** 1998年7月23日至28日，由中国甲骨文研究会、日本书画会主办，中日甲骨文展在江苏省美术馆展出。

**2000当代艺术节国际交流展** 2000年5月26日至30日，由德中文化交流协会主办，2000当代艺术节国际交流展在江苏省美术馆展出。

**第八届全国中青年书法篆刻家作品展** 2001年2月16日至20日，由中国书法家协会主办，《中国书法》杂志社、江苏省书法家协会、南京王朝文化艺术公司承办，第八届全国中青年书法篆刻家作品展在江苏省美术馆展出。

**全国第一届现代刻字艺术名家作品邀请展** 2001年6月9日，由中国书法家协会刻字研究会主办、无锡市文联承办，全国第一届现代刻字艺术名家作品邀请展在无锡市博物馆展出。

**中国日本国际版画交流展** 2002年12月25日至31日，由文化部中外文化交流中心、江苏省文化厅和日本京都版画实行委员会主办，中国日本国际版画交流展在江苏省美术馆展出。

**首届全国粉画展** 2003年，中国美术家协会艺术委员会、苏州市人民政府主办，中国美协水彩艺术委员会、江苏省美术家协会协办，苏州市文学艺术界联合会、苏州市美术家协会承办，首届全国粉画展在国家博物馆展出。共收到稿件100余件，评出入选作品154件，获奖作品46件，特展作品28件。

**盛世宏图——中国画与环境艺术特别邀请展** 2004年4月10日上午，由中国美协中国画艺术委员会、江苏省国画院、人民日报文艺部主办的“盛世宏图——中国画与环境艺术特别邀请展”在江苏省国画院美术馆开幕，共展出27位省内外知名画家的50件巨幅作品。

**全国“和平·繁荣”雕塑巡回展·南京展** 2005年7月，由中国美协主办，江苏省美术家协会承办，“全国‘和平·繁荣’雕塑巡回展·南京展”在江苏省美术馆展出。共展出雕塑作品60余件，是从全国征集作品中遴选出来的，旨在纪念中国人民抗日战争胜利60周年暨世界反法西斯战争胜利60周年。

**文心铸魂——吴为山雕塑艺术展** 2006年11月6日至15日，中国民主同盟中央委员会、中共江苏省委宣传部、中国美术馆、中国美术家协会、江苏省文化厅、全国城市雕塑建设指导委员会、南京大学、江苏省文学艺术联合会、中国雕塑学会主办，“文心铸魂——吴为山雕塑艺术展”在江苏省美术馆展出。参展的80余件作品中既有高达16米的老子像的局部(4米)，也有长不过6厘米、现在已经家喻户晓的《睡童》。

**中国美术馆第二届当代名家书法提名展** 2008年7月17日至30日，由中国美术馆，陕西省美术博物馆、江苏省美术馆、广东美术馆共同主办，中国美术馆第二届当代名家书法提名展在江苏省美术馆展出。中国美术馆首届当代名家书法提名展于2005年11月1日至20日在中国美术馆举办。该展览在全国范围内共征集作品418件，最终确定36位书法家共计144幅作品入展。在参展的36位书法家中，中青年书法家所占比重较大。其中，20世纪五六十年代出生的23人，占64%；七十年代出生的2人，占6%。

**第七届全国刻字艺术展暨第十二届国际刻字艺术交流大展** 2008年10月28日至11月2日，

中国书法家协会、中国书协刻字研究会、江苏省书法家协会、中共无锡市委宣传部联合主办，江苏省书协刻字委员会、无锡市广电集团、无锡市文联、无锡市国画院承办，第七届全国刻字艺术展暨第十二届国际刻字艺术交流大展在无锡博物馆展出，共展出来自全国的450余件及日本、韩国、新加坡、马来西亚的113件作品。全国刻字艺术展1991年开始举办，第七届来稿4 800余件，与前一届相比增加了1 700多件。作品总体具有鲜明的中国气派和时代特色，地域风格愈加清晰，新人新作和一些重大题材"北京奥运""汶川地震"等占了相当比重。从来稿量看，刻字创作大省主要有山东、江苏、福建、黑龙江、河南、河北、天津等。

## 二、全省性美术展览

**（一）华东地区六省一市美术作品系列展览**

1979年2月20日至3月11日，由中国美协福建分会、江西文化工作室、浙江省文化局美术展览办公室、中国美协上海分会、安徽分会、山东分会主办的华东地区六省一市肖像画展览在江苏省美术馆举行。1982年2月20日至3月8日，由美术家协会江苏分会、江苏省美术馆主办的华东六省一市水彩水粉画展览在江苏省美术馆展出。1986年4月25日至5月2日，由华东六省一市美术家协会、电影公司主办的华东六省一市电影宣传画创作联展在江苏省美术馆展出。1986年8月30日至9月7日，由中国美术家协会福建、浙江、江苏、山东、江西、上海、安徽分会，江苏省美术馆主办的华东六省一市青年油画巡回展在江苏省美术馆展出。1987年5月1日至7日，由中国美术家协会上海、山东、江苏、安徽、浙江、福建分会、江苏省美术馆主办的华东六省一市扇面册页展览在江苏省美术馆展出。

**（二）首届江苏省美术节**

1998年11月1日至18日，由江苏省文化厅主办，江苏省国画院、江苏省美术馆承办的首届江苏省美术节在江苏省美术馆举行。包括中国画大展、中国书法大展、油画大展、版画大展、雕塑大展、水彩水粉画大展和江苏国际少儿书画展等，入选的923件作品选自全省各地报送的1 747件作品。美术节以"三突出"作为指导思想：突出时代性、多样化、创造性精品创作。

**（三）现代·都市水墨画展**

2004年1月18日至2月8日，由江苏省文化厅主办、江苏省国画院和江苏省美术馆承办的"现代·都市水墨画展"在江苏省美术馆举办。开幕式融合装置艺术，还与江苏省春节联欢会互动进行，展览推出1 100多幅作品，江苏省美术馆三层展厅全部用来陈列这些作品，省国画院美术馆分会场同期推出部分展品。"现代·都市水墨画展"是江苏文化界的一项重点工程，提倡现代观念、现代题材、现代语言、现代画风、鼓励画家积极探索，为中国画的发展注入新的活力。

**（四）傅抱石奖·南京水墨画传媒三年展**

2004年11月1日至10日，由江苏省政府主办、江苏省文化厅、江苏省国画院等单位承办的"傅抱石奖·南京水墨画传媒三年展"在江苏省美术馆举办。活动包括：开幕式、高层论坛、江苏卫视直播颁奖晚会等，是江苏近年来规格高、创意新、影响大、以中外艺术家为主体的大型水墨画作品展示和交流活动。近200幅带有时代印记的作品，在当代多元化水墨艺术发展史上必将留下浓重的一笔，也将为再铸江苏美术事业的辉煌起到积极的推进作用。同时，其"多元激荡"主题中蕴含的导向性和学术前瞻性，为理论家们提出了新的挑战性话题。

**（五）林散之奖·南京书法传媒三年展**

2004年12月1日，由江苏省政府主办、江苏省文化厅、江苏省国画院等单位承办的"林散之奖·南京书法传媒三年展"在江苏省美术馆开幕。12本大型画册《首届"林散之奖·南京书法传媒三年展"作品集》也于开幕式举行了首发式。下午，在江苏省国画院会议室举行三年展高层论坛，全国著名书法家、书法理论家与获奖作者共聚一堂，就中国书法的发展方向及举办此次大展的意义进行了深入的探讨。

**（六）其命唯新——民间珍藏傅抱石作品展暨傅抱石纪念馆百年诞辰书法篆刻展**

2004年8月25日至9月6日，由文化部、江苏省人民政府主办，江苏省文化厅、江苏省国画院承办的"其命唯新——民间珍藏傅抱石作品展暨傅抱石纪念馆百年诞辰书法篆刻展"在江苏省美术馆举行。展出傅抱石作品130件。展品分别由南京、广东、香港、美国、新加坡的藏家提供，并出版图录。

**（七）庆祝国庆举办的美术作品展览**

1979年9月30日至10月28日，由美术家协会江苏分会、江苏省美术馆主办的庆祝中华人民共和国成立30周年江苏省美术作品展览在江苏省美术馆举办。

1989年10月1日至15日，由江苏省文化厅、南京军区政治部文化部、南京市文化局主办，庆祝建国40周年暨第二届中国艺术节（华东·南京）1989年江苏省美术作品展览，在江苏省美术馆展出。

1999年9月28日，受文化部委托，省文化厅与省美术馆举办庆祝建国50周年第九届全国水彩、水粉展览、庆祝中华人民共和国成立50周年江苏省美术作品展览。

**（八）江苏省美术家协会新人美术作品展**

该展览是省美协为推介新人新作而设立的，为勇于探索的优秀中青年美术家展示才华提供场所。该展览从2006年创办，至2008年共举办两次。首届新人美术作品展于2006年12月14日至17日，在江苏省美术馆展出。2008年，第二届新人美术作品展览在江苏省美术馆展出。

**（九）20世纪80年代江苏省美术作品专项系列展览**

1982年10月23日至11月7日，江苏省漫画展在江苏省美术馆展出。1983年1月18日至2月4日，江苏水印木刻展在江苏省美术馆展出。1983年2月13日至27日，江苏省年画、连环画、宣传画展览在江苏省美术馆展出。1985年3月21日至4月4日，江苏省版画展览在江苏省美术馆展出。1986年8月30日至9月7日，江苏省水彩、水粉、粉画展览在江苏省美术馆展出。1989年5月20日至23日，江苏省油画展在江苏省美术馆展出。

**（十）江苏省国画院建院周年展**

1987年5月26日上午，江苏省国画院在新落成的院址——四明山庄举办江苏省国画院建院三十周年暨“四明山庄”落成纪念活动，下午召开学术研讨会，同时举办画院30年作品回顾展，并在南京市工人文化宫举办山水画家江南行、人物画家陇西行、花鸟画家南国行的“三行画展”。

1997年11月28日，江苏省国画院建院40周年庆典活动的重头戏——“江苏省国画院书画作品展”“江苏省国画院珍藏书画展”在江苏省美术馆举行。江苏省国画院书画作品展展出了画院老中青三代书画家的近160幅力作，江苏省国画院珍藏书画展展出80件展品，同时还举行了建院40周年庆祝暨学术研讨会。

2007年11月20日，在画院美术馆举办江苏省国画院建院50周年庆典。省国画院分别在画院美术馆和江苏省美术馆举办了“丹青回眸”和“盛世笔墨”书画展，展出院藏的老一辈书画家20世纪80年代之前创作的作品和画院全体书画家历年创作的代表性作品。开幕式庆典之后举行了捐赠仪式，江苏省国画院向江苏省慈善总会捐赠了由江苏省国画院画家创作的53件精美的书画作品。作为江苏省国画院成立50周年的配套活动之一，文化学者余秋雨也于院庆期间应邀做了《中华文化的民族性与时代性》的演讲。

**（十一）江苏省国画院第二期学员班周年作品展**

1998年9月2日至6日，由江苏省国画院主办、可一画廊友情协办的“春华秋实——江苏省国画院第二期学员班20周年作品展”在江苏省美术馆举行。此次画展汇集了这批学员近几年的代表作，学员班的高成才率，也为当代教育领域提供了很好的经验和研究的课题。

2008年9月20日，在江苏省美术馆举办纪念改革开放30周年·江苏省国画院第二期学员班30周年作品展。早在20世纪60年代初，傅抱石院长就在画院创办了第一期学员班，孕育全省乃至全国的一批优秀青年画家，1978年，画院开办第二期学员班。12名学员参加，他们目前有一批是画院创作和学术研究的中坚力量，还有人旅居海外，已经在国外具有一定知名度，为扩大中国画艺术在海内外影响做出了积极贡献。

**（十二）其他各类专题专项省级美术作品展览**

**芙蓉国里尽朝晖——江苏省国画院赴湖南写生展览**　1977年11月，江苏省国画院部分同志遵照中共江苏省委指示，赴湖南省学习、写生，到了长沙、韶山、湘潭等地区，行程4 000多里，画了写生书稿500多幅，1978年3月3日起由江苏省革命委员会文化局主办的“芙蓉国里尽朝晖——江苏省国画院赴湖南写生展览”在南京长江路江苏省美术馆展出，展出作品314幅。1978年4月14日至5月3日在湖南省美术馆展出作品165幅。9月16赴吉林，展出165件作品。

**阿尔及利亚绘画展览**　1978年6月9日至23日，由对外友协江苏分会主办的阿尔及利亚绘画展览在江苏省美术馆举行。

**江苏省摄影艺术展** 由江苏省文化厅、中国摄影家协会江苏分会主办的江苏省摄影艺术展是全省综合性摄影艺术展览，旨在选拔精品力作，推荐新生力量，为江苏省摄影出精品出人才和可持续发展奠定扎实基础。1978～2008年间，成功举办了九届摄影艺术展，有许多中青年摄影艺术家通过这个展览崭露头角。这个展览对于培养新秀、鼓励探索、活跃创作起到积极作用。

**江苏省国画院已故画家作品展览** 1978年4月5日，由南京博物院、省国画院联合举办的江苏省国画院已故画家作品展览在南京博物院展出。展出傅抱石、陈之佛、余彤甫等10位画师的175件作品。

**珂勒惠支版画展** 1979年12月10日至23日，由江苏省文化局主办的珂勒惠支版画展在江苏省美术馆举行。

**江苏省科普美术作品展览** 1980年3月25日，由省文化局、省科协、中国美术家协会江苏分会联合主办的江苏省科普美术作品展览在省美术馆开幕，展出国画、油画、水粉画、连环画等各种不同形式的作品180件。

**中华人民共和国现代美术展·江苏省国画院书画展览** 1980年4月，由日本名古屋博物馆和中日新闻社邀请的江苏省国画院书画展览在日本名古屋市美术馆展出。共展出作品100幅，其中国画70幅，书法30幅。同时展出已故画家傅抱石和陈之佛的遗作。画展期间，江苏派出省国画院书画代表团，由亚明任团长，宋文治和武中奇任副团长，参加开幕式并访问日本。

**加拿大水彩风景画展** 1980年7月10日至25日，由江苏省文化局主办，加拿大水彩风景画展在江苏省美术馆举行。

**南斯拉夫现代绘画(现实主义新形式作品)展览** 1981年1月30日至2月13日，由江苏省文化局主办，南斯拉夫现代绘画(现实主义新形式作品)展览在江苏省美术馆展出。

**江苏省盲人聋哑人书画工艺美术展览** 1981年时值“国际残疾人年”，4月22日，江苏省盲人聋哑人书画工艺美术展览在省美术馆开幕，展出书画、摄影、工艺美术作品近500件。

**江苏省少年儿童美术作品展览** 1981年5月，由共青团江苏省委、江苏省妇女联合会、江苏省教育厅、江苏省文化局、中国美美术家协会江苏分会和江苏省美术馆联合主办，江苏省第三届少年儿童美术作品展览在江苏省美术馆展出。

1982年4月20日至30日，江苏省第四届少年儿童美术作品展览在江苏省美术馆展出。

**江苏省水彩画展览** 1981年8月6日至23日，由美协江苏分会、江苏省水彩画学会、江苏省美术馆主办，江苏省第二届水彩画展览在江苏省美术馆展出。1984年6月30日至7月10日，江苏省第三届水彩画展在江苏省美术馆展出。1990年7月10日至29日，江苏省第四届水彩画展在江苏省美术馆展出。1997年10月，江苏省第五届水彩画展在江苏省美术馆展出。

**中日联合书法展览** 1981年5月11日至22日，由江苏省文化局、江苏省人民对外友好协会、美协江苏分会主办，中日联合书法展览在江苏省美术馆展出。

**英国“莎士比亚时代”展览** 1981年5月20日至6月2日，由江苏省文化局、江苏省人民对外友好协会、美协江苏分会主办，英国“莎士比亚时代”展览在江苏省美术馆展出。

**庆祝中国共产党成立60周年江苏省书法篆刻展览** 1981年9月1日至15日，由书协江苏分会、江苏省美术馆主办的，庆祝中国共产党成立60周年江苏省书法篆刻展览在江苏省美术馆展出。

**西德表现主义版画展览** 1981年12月23日至1982年1月15日，由江苏省美术馆主办，西德表现主义版画展览在江苏省美术馆展出。

**江苏省漫画展览** 1981年10月23日，首届江苏省漫画展览在省美术馆开幕，共展出60多位作者的作品180多件。

**庆祝刘海粟教授从事艺术教育和美术创作70周年展览** 1982年12月26日至1983年1月9日，由江苏省高教局、江苏省文化局、江苏省文学艺术界联合会、中国美术家协会江苏分会、南京艺术学院、江苏省美术馆主办，庆祝刘海粟教授从事艺术教育和美术创作70周年展览在江苏省美术馆展出并召开学术研讨会。

**江苏省人物画观摩会** 1983年10月14日至16日，由中国美术家协会江苏分会主办，江苏省人物画观摩会在江苏省美术馆展出。

**江苏省首届少年儿童版画展览** 1985年6月

1日至9日，由江苏省文化厅、共青团江苏省委员会、江苏省教育厅、中国美术家协会江苏分会、江苏省妇女联合会、江苏省少年儿童文化艺术协调委员会主办，江苏省首届少年儿童版画展览在江苏省美术馆展出。

**江苏青年艺术周大型综合艺术展览** 1985年10月15日至25日，由江苏青年艺术周筹备办公室主办，江苏青年艺术周大型综合艺术展览在江苏省美术馆展出。

**江苏省中青年中国画展** 1986年5月4日至18日，由江苏省文化厅、江苏省青年联合会、中国美术家协会江苏分会、江苏省美术馆主办，江苏省中青年中国画展在江苏省美术馆展出。

**南京民间美术展览** 1986年12月13日至21日，由南京市群众艺术馆主办，南京民间美术展览在江苏省美术馆展出。

**江苏省青年美术家协会首届作品展览** 1987年1月15日至2月1日，由江苏省青年联合会、江苏省青年美术家协会主办，江苏省青年美术家协会首届作品展览在江苏省美术馆展出。

**剧坛集萃——江苏省戏剧艺术剧照展** 1987年2月17日至27日，由江苏省文化厅、江苏省文化艺术资料档案馆主办，“剧坛集萃——江苏省戏剧艺术剧照展”在江苏省美术馆展出。

**江苏省花鸟画展** 1987年4月3日至16日，江苏省第二届花鸟画展在江苏省美术馆展出。由中国美术家协会江苏分会、江苏省美术馆、江苏省花鸟画研究会主办。1988年12月30日至1989年1月12日，江苏省第三届花鸟画展在江苏省美术馆展出。

**江苏省首届青年文化节·文化艺术品博览会** 1987年12月25日至1988年1月3日，由江苏省文化厅、江苏省保险公司、江苏省美术家协会、江苏省美术馆等主办，江苏省首届青年文化节·文化艺术品博览会在江苏省美术馆展出。

**加拿大安大略省版画展（五人）** 1988年10月30日至11月8日，由江苏省文化厅主办，加拿大安大略省版画展（五人）在江苏省美术馆展出。

**中日篆刻交流展览** 1988年11月6日至12日，江苏省人民对外友好协会、中国书法家协会江苏分会主办，中日篆刻交流展览在江苏省美术馆展出。

**江苏省农村摄影艺术展览** 1988年11月25日至12月3日，由江苏省文化厅、江苏省农业银行、江苏省水利厅、江苏省保险公司、致富报社、江苏省农垦联合总公司、江苏省农林厅、江苏省乡镇企业管理局、江苏电视台、中国影协江苏分会主办，江苏省农村摄影艺术展览在江苏省美术馆展出。

**江苏省工笔花鸟画展** 1990年7月7日至24日，由中国美术家协会江苏省分会、江苏省花鸟画研究会、苏州市美术家协会联合主办，江苏省工笔花鸟画展在江苏省美术馆展出。

**江苏省首届水印版画艺术节暨江苏水印版画系列展览** 1990年12月14日至1991年1月2日，由江苏省文化厅、中国美术家协会江苏分会、江苏省版画家协会主办，在江苏省美术馆展出。艺术节期间，1 300余幅作品，11个不同类型的水印版画系列，分别在省美术馆、南京博物院、十竹斋等处同时展出。

**江苏省首届壁画展览** 1990年11月20日至27日，由江苏省文化厅、中国美术家协会江苏分会、江苏省建筑联合会、江苏省壁画研究会主办，江苏省装饰企业协会、中外合作常泰建筑装潢工程有限公司协办，江苏省首届壁画展览在江苏省美术馆展出。

**中日书法大联展** 1990年8月5日至14日，江苏省人民对外友好协会、爱知县日中友好协会、中部日本书道会、中日新闻社主办，中日书法大联展在江苏省美术馆举行。

**日本现代摄影展** 1991年2月9日至18日，由江苏省文化厅、江苏省美术馆主办，日本现代摄影展在江苏省美术馆展出。

**江苏省庆祝中国共产党成立70周年美术作品展览** 1991年6月27日至7月8日，由江苏省文化厅、江苏省文联、中国美术家协会江苏分会主办，江苏省庆祝中国共产党成立70周年美术作品展览在江苏省美术馆展出。

**江苏赈灾书画义卖展览** 1991年9月6日至9日，由江苏省文化厅、科技日报社主办，江苏赈灾书画义卖展览在江苏省美术馆展出。展出400多位书画家的500多幅作品。

**江苏山水画写生作品展** 1992年1月31日至2月18日，由江苏省文化厅、江苏省美术馆主办的江苏山水画写生作品展在江苏省美术馆展出。

**江苏省少年儿童书法展览** 1992年6月9日至17日，由江苏省文化厅、江苏省教育委员会、江苏省妇女联合会、中国美术家协会江苏分会、江苏省书协、江苏省少儿文化艺术协调委员会主办，江苏省少年儿童书法展览在江苏省美术馆展出。

**江苏版画院作品展** 1992年2月18日至27日，由江苏省美术馆、江苏版画院主办，江苏版画院作品展在江苏省美术馆展出。1993年7月17日至25日，由江苏省美术馆、江苏版画院联合主办，江苏省版画作品展暨江苏版画院二届院展在江苏省美术馆展出。

**江苏油画雕塑院首次作品汇报展** 1993年6月2日至5日，由江苏省美术馆、江苏油画雕塑院联合主办，江苏油画雕塑院首次作品汇报展在江苏省美术馆展出。

**’93中国画大展** 1993年9月21日至24日，由江苏省文化厅、江苏省美术馆、南京市医药公司联合主办，江苏省美术馆具体承办，’93中国画大展在江苏省美术馆展出。

**斯洛文尼亚14＋1画展** 1994年1月8日至15日，由江苏省文化厅和江苏省美术馆共同主办，斯洛文尼亚14＋1画展在江苏省美术馆展出。

**江苏民间艺术之乡作品联展** 1994年5月1日至15日，由江苏省文化厅主办，江苏省群众艺术馆承办，江苏民间艺术之乡作品联展在江苏省美术馆展出。

**江苏省书法展** 1994年9月20日至25日，由江苏省文学艺术界联合会和江苏省书法家协会联合主办，江苏省书法展在江苏省美术馆展出。

**纪念傅抱石诞辰90周年作品特展** 1994年10月5日，纪念傅抱石诞辰90周年作品特展在南京博物院开幕，共展出南京博物院和南京傅抱石纪念馆收藏的傅抱石国画精品120多幅。

**江苏省少年儿童美术书法作品展** 1995年6月1日，由江苏省文化厅主办，江苏省少年儿童美术书法作品展在江苏省美术馆展出。

**徐悲鸿诞辰100周年纪念画展** 1995年7月24日，由江苏省文化厅、江苏省教委、江苏省文学艺术界联合会共同主办，江苏省美术馆承办的徐悲鸿诞辰100周年纪念画展在江苏省美术馆隆重开幕，共展出徐悲鸿的中国画、油画、素描和书法作品120幅以及反映徐悲鸿生前艺术活动的珍贵历史照片25幅。

**江苏省花鸟画研究会作品展** 1996年1月12日至15日，由江苏省花鸟画研究会、江苏省美术馆、江苏省美术家协会联合主办，江苏省花鸟画研究会作品展采取巡展的形式先后在苏州、盐城展出。

**“爱我江苏”大型书画展** 1996年1月，“爱我江苏”大型书画展在江苏省美术馆举办。展出的上百幅作品，是江苏省国画院画家们历时两年，分批分次赴江苏各地参观考察后的成果。既是对传统的继承和光大，又是一次画院整体实力的亮相，开幕式上，省国画院还向一批特聘画师颁发了聘书。

**全国特邀书法作品展** 1996年4月25日至5月1日，由江苏省国画院和江苏省美术馆联合主办，全国特邀书法作品展在江苏省美术馆展出。

**江苏省青年美展** 1996年5月4日，由江苏省美协和江苏省美术馆联合主办，江苏省青年美展在江苏省美术馆展出。

**江苏首届雕塑作品展览** 1996年5月10日至19日，由江苏省美术家协会雕塑艺术委员会、江苏省美术馆、江苏省油画雕塑院联合主办，江苏首届雕塑作品展览在江苏省美术馆展出。

**台湾现代水墨画联展** 1996年9月11日至16日，江苏省美术馆策划主办，台湾现代水墨画联展在江苏省美术馆展出。

**庆97香港回归江苏省中国画（人物、花鸟）展览** 1997年6月，由江苏省美术家协会和江苏省花鸟画研究会共同举办，庆97香港回归江苏省中国画（人物、花鸟）展览在江苏省美术馆展出。

**江苏青年艺术作品展** 1997年6月6日至11日，由共青团江苏省委、江苏省青年联合会主办，江苏青年艺术作品展在江苏省美术馆展出。

**全省儿童艺术节美术作品展** 1997年8月9日至13日，由江苏省文化厅、江苏省教委、江苏省广电厅、江苏省新闻出版局、江苏省妇女联合会、共青团江苏省委和江苏省少儿文化艺术协调委员会主办，全省儿童艺术节美术作品展在江苏省美术馆展出。

**德国女画家格特劳德画展** 1997年9月4日至25日，由江苏省文化厅主办，德国女画家格特劳德画展在江苏省美术馆展出。

**江苏省第四届体育美展** 1997年，由江苏省体育委员会、江苏省美术家协会主办,江苏省第四届体育美展在江苏省美术馆展出。

**皖赣千里行七人写生汇报展** 1997年9月,由江苏省文学艺术界联合会、江苏省美术家协会主办,皖赣千里行七人写生汇报展在江苏省美术馆展出。

**“册页画展”暨“花鸟画理论研讨会”** 1997年12月,由江苏省美协和省花鸟画研究会共同主办,“册页画展”暨“花鸟画理论研讨会”在江苏省美术馆展出。

**江苏省国画院书画作品展、江苏省国画院珍藏书画展、林散之百年诞辰书法展** 1997年12月23日,江苏省国画院在北京中国美术馆举办江苏省国画院书画作品展、江苏省国画院珍藏书画展、林散之百年诞辰书法展。展览期间,在北京中国画研究院举行江苏省国画院40周年学术探讨会,并出版《江苏省国画院建院四十周年纪念集》和《江苏省当代书画精品选》。

**迎接新世纪江苏油画大展** 1999年4月2日至10日,由江苏省文联主办,江苏省美术家协会承办,迎接新世纪江苏油画大展在江苏省美术馆展出。

**海峡两岸中国水墨画联展** 1999年6月23日至30日,由江苏省文化联谊会和江苏美术馆共同主办,海峡两岸中国水墨画联展在江苏省美术馆展出。

**世界屋脊行·江苏美术作品展** 1999年12月28日至2000年1月4日,江苏省美术馆策划主办,“世界屋脊行·江苏美术作品展”在江苏省美术馆展出。

**江苏省国画院美术馆落成暨院藏历代书画珍品展** 2000年4月28日,江苏省国画院美术馆落成暨院藏历代书画珍品展在江苏省国画院四明山庄举行。美术馆建筑面积1 000余平方米,分设东西两个展区,5个展厅,展线达240多米,展出了历代书画大家的精品近百幅,以及当代草圣林散之书法近百幅。

**江苏省首届国际艺术博览会** 2000年9月29日至10月7日,由第六届中国艺术节组委会主办,江苏弘业国际集团工艺品进出口股份有限公司、江苏艺丰堂艺术精品有限公司承办,江苏省首届国际艺术博览会在江苏省美术馆举行。

**“传统与创新”十一人绘画展** 2000年12月16日至20日,由南京艺术学院、南京师范大学和江苏省美术家协会主办,“传统与创新”十一人绘画展在江苏省美术馆展出。

**2000年江苏美术家“走近西部”画展** 2000年12月,由省文联和省美协主办,江苏美术家“走近西部”画展在江苏省美术馆展出。

**日本民俗风情展——偶人、挂历、摄影** 2001年2月8日至14日,由江苏省文化厅、江苏省外事办公室、江苏省美术馆、日本国驻上海总领事馆和日本国际交流基金会联合主办,“日本民俗风情展——偶人、挂历、摄影”在江苏省美术馆展出。

**中国江苏省与韩国大郡市美术作品交流展** 2001年9月26日至28日,由江苏省文学艺术界联合会主办,中国江苏省与韩国大郡市美术作品交流展在江苏省美术馆展出。

**当代江苏画派名家作品展** 2001年12月12日至14日,由江苏省文学艺术界联合会主办,当代江苏画派名家作品展在江苏省美术馆开幕。

**第二届海峡两岸甲骨文书法联展** 2002年4月26日上午,第二届海峡两岸甲骨文书法联展在江苏省国画院美术馆开幕。四个展厅内共展出200多幅书法、篆刻作品,还有来自甲骨文出土地河南安阳的50余片甲骨实物,展览期间,两岸学者、书法家举办了甲骨文论坛和笔会等活动。

**江苏省·爱知县书画友好交流展** 2002年8月1日至20日,为纪念中日邦交正常化30周年,由江苏省人民对外友好协会、爱知县日本中国友好协会主办,江苏省国画院协办的“江苏省·爱知县书画友好交流展”在江苏省国画院美术馆举办。

**中日儿童画交流展** 2002年8月24日,由江苏省文学艺术界联合会、日本爱知文化协会共同举办的中日儿童画交流展开幕式在江苏省国画院美术馆举行。江苏省文联和爱知县艺协各自精选出105件儿童美术作品,展示了新世纪江苏和爱知两地儿童绘画艺术的不同风貌,促进了两国儿童之间的友谊,开创了两地的交流与合作。

**“李剑晨奖”水彩画双年展** 2002年7月5日至15日,由江苏省文化厅主办,首届“李剑晨奖”水彩画双年展在江苏省美术馆展出。2004年12月26日至2005年1月9日,第二届“李剑晨奖”水彩画双年展由江苏省文化厅和中国美术家协会水彩画艺术委员会主办，在江苏省美术馆展出。2006年12月8日至12日，由江苏省美术家协会主办的第三届“李剑晨奖”水彩画双年展在江苏省美术馆展出。

**江苏当代国画优秀作品展** 2002年9月26日上午，由政协江苏省委员会、全国政协书画室主办，中共江苏省委宣传部、江苏省美术家协会、江苏省国画院、江苏省美术馆、南京艺术学院美术学院、南京师范大学美术学院协办的江苏当代国画优秀作品展在江苏省美术馆举行。并于2002年10月28日至11月1日移师北京展出。9月26日下午，“江苏当代国画优秀作品展”研讨会在江苏省国画院举行，画展对于弘扬中华民族优秀文化，推介国画新人，促进人才培养起到积极作用。

**中国水彩画名家邀请展** 2002年10月28日至31日，由江苏省水彩画研究会主办，中国水彩画名家邀请展在江苏省美术馆展出。

**江苏省首届雨露杯少儿书画大赛** 2002年11月30日上午，由江苏省文化厅、江苏省国画院，江心洲镇人民政府、江苏四明山庄书画艺术中心主办的江苏省首届雨露杯少儿书画大赛在画院美术馆开幕。大赛共收到江苏省、安徽省、山东省近5 000幅作品，包括书法、国画、卡通、版画、水彩等，最终遴选出作品500幅，并制作成精美画册。

**台湾中华书道学会会员作品展** 2002年7月25日至27日上午，台湾中华书道学会会员一行19人在江苏省国画院美术馆举办台湾中华书道学会会员作品展。展览由江苏省国画院和台湾中华书道学会主办，中华书道学会理事长朱恒清先生在开幕式上致辞。该展对促进两岸文化交流起到积极作用。

**魏紫熙逝世周年纪念展** 2003年4月10日至15日，魏紫熙逝世周年纪念展在省国画院美术馆举行。魏紫熙先生是新金陵画派的主要代表人物之一，他的作品以扎实的传统功力和浓郁的笔墨韵味，极具时代新貌的独特风格而声誉卓著，画展展出魏紫熙先生山水和人物画40余件，还首次展出了12张花鸟画作品和部分书法作品。

**“战胜非典·与你同行”——江苏省书画家作品捐赠仪式** 2003年6月，由中共江苏省委宣传部、江苏省文学艺术界联合会、江苏省文化厅主办，江苏省美协、书协、南京艺术学院、江苏省美术馆承办，“战胜非典·与你同行”——江苏省书画家作品捐赠仪式在江苏省美术馆举行。

**20世纪“新金陵画派”代表画家作品展** 2003年9月30日至10月28日，由江苏省文化厅主办，江苏省国画院、江苏省美术馆承办，20世纪“新金陵画派”代表画家作品展在江苏省美术馆隆重展出。

**花非花现代花鸟展** 2003年11月21日至28日，“花非花现代花鸟展”在江苏省国画院美术馆展出。六位画家展出70余幅现代花鸟画作品，这些画家是近年来饮誉画坛的专业画家，在创新的主题下，他们落笔大胆，显示了艺术家的真性情。

**“融进都市”人物画展** 2003年10月25日至30日，“融进都市”人物画展在省国画院美术馆展出。全省15位画家的58幅都市人物画作品参展，他们探讨当代都市人生活各个方面的创新之作引起广泛关注。

**江苏省名家书法篆刻作品展** 2003年12月24日至26日，由江苏省文学艺术界联合会、江苏省书法家协会主办，在江苏省美术馆展出。

**纪念徐悲鸿诞辰110周年系列活动** 2005年10月26日，中共江苏省委宣传部、江苏省文化厅、江苏省文学艺术界联合会主办的纪念徐悲鸿诞辰110周年系列活动在江苏省美术馆举行开幕仪式。

**扬州、苏州、徐州中国画联展** 2005年11月22日至26日，由江苏省文化厅与扬州市人民政府主办，扬州、苏州、徐州中国画联展在扬州八怪纪念馆举行。

**江苏省花鸟画大展** 2005年11月24日至27日，由江苏省文化厅主办，江苏省花鸟画大展在江苏省美术馆展出。

**江苏艺术沙龙邀请展** 2005年11月25日至27日，由江苏省文化厅、江苏省美术馆和江苏油画雕塑院主办，江苏艺术沙龙邀请展在江苏省美术馆展出。

**现代金陵书法传媒展** 2005年12月1日，由江苏文化厅主办，江苏省国画院、江苏省书法研究院承办的现代金陵书法传媒展在省国画院美术馆开幕，展出全国67名书法家的136幅作品。

**现代金陵水墨画传媒展** 2005年12月10日至20日，江苏省文化厅、江苏省国画院主办，现代金陵水墨画传媒展在江苏省国画院美术馆展出。

展出国内外画家的100余件作品，展出作品面貌多样，显示出以江苏为主的中国当代水墨画创作多元创新的时代特征。

**2005年当代中国画作品特展** 2005年12月15日至19日，由中国美术家协会江苏创作中心主办，2005年当代中国画作品特展在江苏省美术馆展出。

**意大利绘画400年贝利尼博物馆藏品展** 2006年7月28日至8月28日，由中共江苏省委宣传部、江苏省文化厅、意大利贝里尼博物馆联合主办，意大利绘画400年贝利尼博物馆藏品展在江苏省美术馆展出。

**金陵·现代水墨——江苏省国画院公开招聘画家特展** 2006年9月28日，“金陵·现代水墨——江苏省国画院公开招聘画家特展”在江苏省国画院美术馆举行，15位画家出席开幕式。他们是从200名报名者中遴选出来的优秀者。江苏省国画院在全国范围内公开招聘画家，这在全国专业画院中尚属首次，此项工作揭开了国画院用人制度改革的序幕，也是我省落实中央有关文化体制改革精神的一次重要行动。

**江苏省工笔画展** 2006年9月29日至10月9日，由江苏省文化厅、江苏省教育厅和江苏省文学艺术界联合会主办，在江苏省美术馆展出。

**纪念红军长征胜利70周年书画展** 2006年10月12日，由江苏省文学艺术界联合会、中国新四军研究会主办的“纪念红军长征胜利70周年书画展”在南京太平天国纪念馆隆重举行。中央军委原副主席、国防部原部长迟浩田上将参观了展览。

**江南如画——风景油画展** 2006年12月28日至2007年1月7日，由江苏省文化厅主办的“江南如画——风景油画展”在江苏省美术馆展出。

**江苏省第一届刻字艺术展** 2007年6月16日至18日，由江苏省书法家协会主办，江苏省第一届刻字艺术展在江苏省美术馆展出。

**2007江苏省中国画(人物画)展览** 2007年9月7日至11日，江苏省美术家协会主办，2007江苏省中国画(人物画)展览在江苏省美术馆展出。

**纪念米芾逝世900周年——当代中国书画名家作品邀请展暨米芾书画艺术名家讲坛** 2007年10月，由江苏省文学艺术界联合会主办、江苏省美术家协会承办，纪念米芾逝世900周年——当代中国书画名家作品邀请展暨米芾书画艺术名家讲坛在镇江市博物馆和丹徒新城会议中心举行。

**江苏书画艺术展** 2007年10月18日下午，江苏书画艺术展在澳门高美士街旅游中心开幕举行。这是第五届澳门妈祖文化旅游节的系列活动之一，也是历届妈祖文化旅游节中首次加入书画展览。作为第五届澳门妈祖文化旅游节的承办单位之一，江苏省国画院担负着这次书画艺术展的作品组织和运送、企划以及宣传、布展、撤展等工作，展览集结了以江苏省国画院为主的数位江苏省内著名书画家创作的精品力作43幅。

**中日水墨画交流展** 2007年10月13日至16日，由江苏省归国华侨联合会、日本醉墨会主办，中日水墨画交流展在江苏省美术馆展出。

**江浙沪三地油画联展** 2007年12月6日，由上海市美术家协会、江苏省美术家协会和浙江省美术家协会共同主办，江浙沪三地油画联展在上海徐汇区土山湾美术馆展出。

**2007“美在新江苏”壁画大赛暨江苏省第四届壁画展** 2008年1月8日，由江苏省文学艺术界联合会、江苏省美术家协会主办，江苏省漆壁画艺术委员会、江苏省建筑壁画学会承办，在江苏省美术馆展出。

**2008江苏省水彩画作品邀请展** 2008年，由江苏省美术家协会、无锡市文学艺术界联合会联合主办的2008江苏省水彩画作品邀请展在太湖之滨无锡市程及美术馆展出。

**大师风范——陆俨少画展** 2008年7月10日至14日，由江苏省国画院、上海中国画院、浙江画院、江苏美术馆和陆俨少艺术院联合主办的“大师风范——陆俨少画展”在江苏省美术馆举行，展出陆俨少先生三个时期的作品140幅，有体现传统功力的早年精品，也有体现生活气息的巨制佳作和他极具个人面貌的“陆家山水”的代表作，完整、全面地体现了陆俨少一生的创作历程。

**时代与经典——2008当代中国画学术邀请展** 2008年10月8日至14日，由江苏美术馆主办的“时代与经典——2008当代中国画学术邀请展”在江苏省美术馆展出。

**似水流年——高马得先生艺术回顾展** 2008年10月16日，由江苏省文化厅主办、江苏省国画院承办的“似水流年——高马得先生艺术回顾展”

在江苏省美术馆举行。高马得是我国著名戏曲人物画家，展览荟萃了他一生近300幅精品，其中既有高马得20世纪40年代创作的《苗夷情歌》，也有50年代创作的漫画，还有大量乡村生活和舞台戏曲的速写。

**传神写心——马振声、朱理存、周顺恺、王世明作品展** 2008年12月3日至7日，由江苏省国画院、重庆国画院主办的“传神写心——马振声、朱理存、周顺恺、王世明作品展”在江苏省美术馆举行。此次展览是省国画院与重庆画院一项重要的学术交流活动，四位画家的作品在全国均有重要影响，作品在南京展出，给省国画院和江苏美术工作者提供了一次学习和借鉴的机会，通过画家间的观摩和学术上的相互交流，对我省人物画创作起到促进作用。

**新江苏·新风貌——纪念改革开放30周年专题写生展览** 2008年12月25日至3月18日，由中共江苏省委宣传部、江苏省文化厅主办，江苏省国画院、江苏省美术馆承办的“新江苏·新风貌——纪念改革开放30周年专题写生展览”在江苏省美术馆举行，展出的32幅大型书画作品，是江苏省国画院画家秦剑铭等跑遍江苏13个省辖市，用了15个月时间精心创作而成，作品描绘了改革开放30年来江苏的发展变化和崭新风貌，展示了江苏人民创业、创新、创优的精神面貌。

**表3-2 全国美术作品展览江苏历届获奖名录**

| 届次/年份 | 获奖类别 | 获奖作品 | 获奖作者 |
|---|---|---|---|
| 第六届（1984年） | 荣誉奖 | 国画《光明万年》 | 钱松喦 |
| | 荣誉奖 | 国画《黄山白龙潭》 | 刘海粟 |
| | 金质奖 | 连环画《罗伦赶考》 | 高　云 |
| | 银质奖 | 国画《苗岭深处》 | 余晓星 |
| | 银质奖 | 国画《水浒组画》 | 周京新 |
| | 银质奖 | 国画《秋水无声》 | 常　进 |
| | 银质奖 | 宣传组画《我爱国旗，我爱黄河，我爱长江》 | 钱大经、冯忆南等 |
| | 银质奖 | 漫画《诸葛亮剥葱图》 | 柯　明 |
| | 银质奖 | 漫画《他的自行车找不到了》 | 原小明、朱新建 |
| | 铜质奖 | 国画《孟良崮》 | 亚　明 |
| | 铜质奖 | 国画《支前》 | 范　扬 |
| | 铜质奖 | 版画《家乡的风帆》 | 杨明义 |
| | 铜质奖 | 版画《炎夏乐章》 | 陆蕴辉、丁立松 |
| | 铜质奖 | 漆画《春满钟山》 | 冯健亲 |
| | 铜质奖 | 插画《西行漫记》 | 王　舸 |
| | 铜质奖 | 宣传画《打开致富的大门》 | 朱成梁 |
| 第七届（1989年） | 金奖 | 插图《聊斋》 | 徐乐乐 |
| | 银奖 | 连环画《康熙跪师》 | 于友善 |
| | 银奖 | 国画《扬州八怪》 | 周京新 |
| | 银奖 | 国画《魂系马嵬》 | 何家英（天津）、高　云 |
| | 银奖 | 版画《春华》 | 杨春华 |
| | 银奖 | 漆画《塔尔寺印象》 | 伏　新 |
| | 银奖 | 插图《诗歌》 | 冷冰川 |
| | 铜奖 | 版画《桌》 | 陈　琦 |
| | 铜奖 | 中国画《春雨江南》 | 华士清 |
| | 铜奖 | 中国画《梨花春艳》 | 喻继高 |
| | 铜奖 | 连环画《长生殿》 | 高　云 |
| | 铜奖 | 年画《洞房细语》 | 曹忠平 |

续表

| 届次/年份 | 获奖类别 | 获奖作品 | 获奖作者 |
|---|---|---|---|
| 第七届(1989年) | 铜奖 | 宣传画《抢救千年古运河》 | 梁　元 |
| | 铜奖 | 漆画《先秦轶事》 | 王　琥 |
| | 铜奖 | 油画《早春》 | 苏天赐 |
| | 铜奖 | 儿童美术画《凤凰台》 | 黄培中 |
| | 铜奖 | 插图《通向未来的路》 | 刘小林 |
| | 铜奖 | 连环画《霍小玉》 | 干　水(北京)、高　云 |
| 第八届(1994年) | 优秀作品奖 | 国画《无题》2幅 | 赵绪成 |
| | 优秀作品奖 | 国画《南方的花房》 | 常　进 |
| | 优秀作品奖 | 国画《清风赏花图》 | 胡宁娜 |
| | 优秀作品奖 | 国画《霜叶红于二月花》 | 王野翔 |
| | 优秀作品奖 | 油画《冬至,第一场雪》 | 庄　重 |
| | 优秀作品奖 | 连环画《儒林外史》10幅 | 于友善 |
| | 优秀作品奖 | 丙烯画《天窗》 | 顾宝新 |
| | 优秀作品奖 | 漆画《花季》 | 崔　进 |
| | 优秀作品奖 | 漆画《弦叙》 | 周矩敏、谢　震 |
| 第九届(1999年) | 金奖 | 粉画《渔村》 | 卢卫星 |
| | 银奖 | 雕塑《希望》 | 徐诚一 |
| | 银奖 | 国画《九九春运图》 | 于友善 |
| | 铜奖 | 水彩、粉画《暖阳》 | 莫　雄 |
| | 铜奖 | 水彩、粉画《99之夏》 | 金　田 |
| | 铜奖 | 艺术设计《冯骥才名篇文库》 | 速泰熙 |
| | 铜奖 | 版画《故乡的阳光》 | 徐　建 |
| | 铜奖 | 版画《和平风雅颂》 | 王轶琼 |
| | 铜奖 | 版画《水中的鱼》 | 陈　琦 |
| | 铜奖 | 版画《1936・民族的希望》 | 金小平 |
| | 铜奖 | 油画《温暖的阳光》 | 姚　莨 |
| | 铜奖 | 漆画《钟馗出巡》 | 高　震 |
| | 铜奖 | 国画《荷风》 | 石　晓 |
| | 铜奖 | 国画《脊梁》 | 尚　可 |
| 第十届(2004年) | 金奖 | 漆画《夏华秋实》 | 苏　凌、朱道平 |
| | 银奖 | 国画《掠影》 | 喻　慧 |
| | 银奖 | 国画《百合》 | 庄道静、咸　宜 |
| | 银奖 | 壁画《郑和下西洋》 | 冯健亲、邬烈炎、黄培中、张承志 |
| | 银奖 | 漆画《万众一心》 | 尚　可、陈世宁、张承志、许朝晖 |
| | 银奖 | 连环画《秦淮世家》 | 胡博综、胡　莨 |
| | 银奖 | 连环画《西游记》 | 顾宝新 |
| | 银奖 | 宣传画《不让一个孩子掉队》 | 曹　方 |
| | 银奖 | 插图《乡村歌谣》 | 李汉玉 |
| | 银奖 | 艺术设计《弹簧淋浴空间》 | 张　剑 |
| | 铜奖 | 国画《幽篁集禽图》 | 王　法 |
| | 铜奖 | 国画《耕读人家》 | 张　明 |

续表

| 届次/年份 | 获奖类别 | 获奖作品 | 获奖作者 |
| --- | --- | --- | --- |
| 第十届（2004年） | 铜奖 | 国画《羽琳琅》 | 周京新 |
| | 铜奖 | 油画《信号台》 | 张新权 |
| | 铜奖 | 版画《初春的风景》 | 万子亮 |
| | 铜奖 | 版画《中国香》 | 王轶琼 |
| | 铜奖 | 版画《山丹丹》 | 陈　超 |
| | 铜奖 | 版画《清风·明月》 | 凌君武 |
| | 铜奖 | 水彩《都市随想》 | 陆庆龙 |
| | 铜奖 | 漆画《中国红》 | 周伐耕、王　加 |
| | 铜奖 | 漆画《花与花布》 | 李小康 |
| | 铜奖 | 漆画《雪域祥云》 | 吴可人 |
| | 铜奖 | 漆画《夏天》 | 谢　震 |
| | 铜奖 | 年画《春暖万家》 | 成砺志 |
| | 铜奖 | 年画《姑苏如画》 | 方国新、徐华华 |
| | 铜奖 | 连环画《东方迷梦》 | 卢　波、李静婷 |
| | 铜奖 | 漫画《教学相长》 | 叶　霆 |
| | 铜奖 | 连环画《天地震风尘》 | 黄向群、姚震宇 |
| | 铜奖 | 漫画《卡通时代》 | 司徒炘、司徒宁 |
| | 铜奖 | 宣传画《木头人》 | 陈冰青 |
| | 铜奖 | 插图《木马史诗》 | 周一清 |
| | 铜奖 | 插图《红玫瑰与白玫瑰》 | 章燕紫 |
| | 铜奖 | 雕塑《一路走好》 | 周阿成 |

**表3-3　中国书法“兰亭奖”江苏历届获奖名录**

| 届次/年份 | 获奖类别 | 获奖作品 | 获奖作者 |
| --- | --- | --- | --- |
| 首届（2002年） | 理论奖 | 《中国古代印论史》（著作） | 黄　惇 |
| | 理论奖 | 《中国书法史·两汉卷》（著作） | 华人德 |
| | 理论奖 | 《民国书法史》（著作） | 孙　洵 |
| | 理论奖 | 《韭花帖系列考》（著作） | 穆　棣 |
| | 理论奖 | 《中国书法美学》上下卷 | 金学智 |
| | 编辑出版奖 | 《兰亭论集》 | 苏州大学出版社 |
| | 创作奖 | 篆书《李白诗二首》 | 仇高驰 |
| | 创作奖 | 楷书《醉翁亭记》 | 查理达 |
| | 创作奖 | 篆刻《罗荣印迹》 | 罗　荣 |
| 第二届（2006年） | 创作奖一等奖 | 草书温庭筠《河传》 | 陈海良 |
| | 创作奖二等奖 | 《宣和书谱二则》 | 宇文家林 |
| | | 《黄山谷论书》 | 李双阳 |
| | | 册页 董其昌《画禅室随笔》节抄 | 李　啸 |
| | | 小楷《孙过庭书谱》节抄 | 孙　冲 |
| | 创作奖三等奖 | 李益《喜见外弟又言别》 | 殷旭明 |
| | | 行书《柳影 藕花 联》 | 朱　敏 |
| | | 《历代名人诗抄》 | 李啸东 |

续表

| 届次/年份 | 获奖类别 | 获奖作品 | 获奖作者 |
| --- | --- | --- | --- |
| 第二届（2006年） | 理论奖二等奖 | 《楚墨书学论集》 | 盛东涛 |
| | | 《名帖考》 | 穆　棣 |
| | 理论奖三等奖 | 《隶书探源》 | 张士东 |
| | | 《〈瘗鹤铭〉研究》 | 罗勇来 |
| | | 《中国书法全集(92)先秦玺印》及文章一组 | 徐　畅 |
| | | 《张怀瓘书学著作考论》 | 薛龙春 |
| | 教育奖一等奖 | — | 华人德 |
| | 教育奖二等奖 | — | 张锡庚 |
| | 编辑出版奖三等奖 | — | 季伏昆 |

**表3-4　中国摄影“金像奖”江苏历届获得者名录**

| 届次/年份 | 获奖类别 | 获奖作品 | 获奖作者 |
| --- | --- | --- | --- |
| 第一届（1989年） | 中国摄影金像奖 | 《沙漠骄子》 | 王旭东 |
| 第三届（1996年） | 中国摄影金像奖 | 《痛苦的谭咏麟》 | 于惠通 |
| 第八届（2007年） | 中国摄影金像奖创作奖 | 《真情挡不住》 | 王铁君 |

**表3-5　“中国百家金陵画展”江苏历年获金奖作品名录**

| 年　份 | 获奖类别 | 获奖作品 | 获奖作者 |
| --- | --- | --- | --- |
| 2005年 | 金奖 | 中国画《岁月如梭》 | 王野翔 |
| | 金奖 | 中国画《慵》 | 卞雅清 |
| | 金奖 | 中国画《江南天阔》 | 孙　宽 |
| 2006年 | 金奖 | 油画《青春驿站》 | 孙仕荣 |
| | 金奖 | 油画《家园》 | 李华英 |
| | 金奖 | 油画《赶海归来》 | 李建民 |
| | 金奖 | 油画《灯光》 | 吴晓洵 |
| 2007年 | 金奖 | 中国画《红河魂》 | 杨运高 |
| | 金奖 | 中国画《野塘逸趣》 | 贾俊春 |
| | 金奖 | 中国画《共和之光》 | 贺　成、贺兰山 |
| 2008年 | 金奖 | 油画《80后》 | 陈少立 |
| | 金奖 | 油画《享受阳光》 | 姚　莨 |
| | 金奖 | 油画《2008·回家》 | 章文浩 |

# 第四章 文 学

从1978年到2008年30年间，江苏的文学队伍得到了空前迅速的发展壮大，优秀作家不断涌现。江苏文学创作一直坚持遵循现实主义，提倡面向社会、面向现实、面向人生，创作出了一大批反映时代精神、内容丰富、思想精深、艺术精湛的精品力作，众多优秀作品获得国内外文学大奖，深受广大读者的好评。

1979年3月，江苏省文学创作会议召开。会上，宣布“定‘探求者’为反党小集团、右派小集团，是属于错案，应予纠正”，同时宣布撤销当年对艾煊、叶至诚、方之、高晓声、陆文夫、梅汝恺、曾华的处理决定。同年4月，《雨花》编辑部刊发《“探求”无罪，有错必纠》的文章，为因“探求者”被错划为右派的作家重返文坛。

新时期以来，江苏的诗歌创作发表量大，在诗坛的影响也大，获得全国奖项的作品较多。赵恺的诗歌《我爱》、王辽生的诗歌《探求》、朱红的组诗《寻觅》，获1979～1980年全国优秀新诗奖。除了一批老诗人仍然葆有创作的活力，同时涌现出一大批有实力的中青年诗人，艺术上日臻成熟，形成了浓郁的地方特色。

文学的解放首先是作家个性的解放，体现于散文创作，往往是作家的自我介入。像苏叶和忆明珠等人的一些作品，都有很强的自我色彩。有的虽然是写他人他事，作者介入的不是自己的事，而是自己的情。作者已不是冷漠的旁观者，而是抒情的主体、是非得失的裁判。艾煊的《兰之恋》、高风的《新枝绿且艳》等，都是以强烈的主体感，打破以往散文创作雷同化、僵化的格局，显示出新时期散文的多姿多彩。融入散文中的作家主体，一定要写真实的自我，这样的作品才能打动读者，博得读者的共鸣，所以忆明珠说自己的散文集《墨色花小集》是“心的独语”。新时期江苏散文获得全国奖的有：陈白尘的《云梦断忆》、忆明珠的《荷上珠小集》、艾煊的《烟水江南绿》、夏坚勇的《湮没的辉煌》和斯妤的《两种生活》等。

以方之的《内奸》和高晓声的《李顺大造屋》为开端，江苏小说开启了一个新的时代，也是江苏小说的丰收期，从陆文夫的《小贩世家》和高晓声的《陈奂生上城》，到陆文夫的中篇《美食家》，形成了江苏小说创作的盛况，在艺术水准上也大大超过了“文化大革命”前17年的水平。从陆文夫、高晓声、方之、张弦、胡石言到赵本夫、范小青、朱苏进、黄蓓佳、苏童、叶兆言、周梅森、储福金再到毕飞宇、鲁敏、叶弥等，一代又一代的江苏作家在小说创作上取得了骄人的成绩。在此期间，江苏作家的小说获得全国性奖项的短篇小说有方之的《内奸》、陆文夫的《献身》《清高》《围墙》《小贩世家》、高晓声的《李顺大造屋》《陈奂生上城》、张弦的《记忆》《被爱情遗忘的角落》、赵本夫的《卖驴》、胡石言的《漆黑的羽毛》《秋雪湖之恋》、毕飞宇的《哺乳期的女人》、范小青的《城乡简史》、苏童的《茨菰》、鲁敏的《伴宴》等，中篇小说有陆文夫的《美食家》、朱苏进的《射天狼》《凝眸》、周梅森的《军歌》、叶兆言的《追月楼》、毕飞宇的《玉米》，长篇小说有范小青的《城市表情》、周梅森的《人间正道》《中国制造》，王玉彬、王苏红的《惊蛰》等。

报告文学的成果以改革开放以后的新时期最为丰硕。这些作品题材多样，风格各异，有的以弘扬时代主旋律为主旨，鞭挞和揭露社会现实中的丑恶现象，如任斌武的《无声的浩歌》、凤章的《法兮归来》《路的呼喊》、杨旭的《检察官汤铁头》；有的讴歌改革开放的辉煌成就，再现经济发展过程中的创业艰辛与拼搏精神，其中有杨守松的《昆山之路》、凤章的《张家港人》、杨旭的《大江东去》等。军事题材的纪实文学也成为这一时期的亮点，部队作家徐志耕、张嵩山、江深等人的作品，或以翔实的材料披露战争年代鲜为人知的故事，或以饱满的激情抒写当代军人的风采，为报告文学这一文体注入了新的活力；葛逊等的《开埠——中国南京路150年》以上海南京路作为解读近现代中国的标本，视角独特，是新时期报告文学的重要收获。此外，大量的人物传记作品也丰富和充实了这一时期的报告文学领域，主要有庞瑞垠的《早年周恩来》、陆建华的《汪曾祺传》、黄慧英的《拉贝传》等，由江苏省作家协会主编的报告文学集《大爱搏云天》以真实、广阔、生动和迅速的特征记录了汶川大地震发生之后江苏人民援救灾区的感人事迹。

30年间，江苏儿童文学作家辛勤创作，连续获得全国优秀儿童文学奖，儿童文学创作呈现出繁荣局面。老一辈作家海笑、张彦平、赵沛、肖建亨、黄天戈、戴石明等，时有优秀作品问世；同时出现了颜煦之、程玮、黄蓓佳、刘健屏、金曾豪、范锡林、丁阿虎等一大批具有较大影响的中青年儿童文学作家。作品体裁、题材和创作手法也不断扩展更新，尤其是儿童小说的创作更是硕果累累，如程玮的《来自异国的孩子》《少女的红发卡》、肖建亨的《肖建亨科幻小说选》、金曾豪的《青春口哨》《苍狼》、刘健屏的《我要我的雕刻刀》、薛屹峰的《天地无情》、黄蓓佳的《我要做好孩子》《亲亲我的妈妈》《今天我是升旗手》《你是我的宝贝》、祁智的《芝麻开门》、王巨成的《穿过忧伤的花季》、徐玲的《流动的花朵》等，王一梅的低幼童话《书本里的蚂蚁》《鼹鼠的月亮河》《有爱心的小蓝鸟》《木偶的森林》、韩青辰的纪实儿童文学《飞翔，哪怕翅膀断了心》、金曾豪的散文《蓝调江南》等都是这一时期江苏儿童文学的重要收获。

为推动和繁荣全省文学创作，1997年经中共江苏省委书记办公会议研究，决定设立江苏省紫金山文学奖，这是江苏最高的、最具影响力的综合性文学大奖，旨在奖励江苏各门类优秀文学作品，奖励优秀文学评论著作和文集，奖励优秀翻译作品，奖励优秀文学编辑和文学新人。第一届和第二届是每五年评选一次，从第三届改为每三年评选一次。第一届紫金山文学奖自1999年11月开始启动，于2000年共评出文学创作、文学评论、文学编辑等3类39部作品和6名文学编辑。第二届紫金山文学奖于2005年评出，并同时授予获全国文学奖的作品为紫金山文学奖荣誉奖。有42部作品和4人获第二届紫金山文学奖，16部作品和2个杂志社获第二届紫金山文学奖荣誉奖。第三届紫金山文学奖于2008年评选出获奖作品46部、文学编辑4名和文学新人2名，同时授予5部作品和1个杂志社紫金山文学奖荣誉奖。

## 第一节 诗歌

1978～2008年间，江苏诗歌创作既有古体诗，又有现代诗；既有表现家国情怀的叙事长诗，又有抒发个人性情的短篇诗歌。总体呈现出数量多、质量高、影响大、类型广的特点，营造了良好、健康的生态格局。抒情的、温婉的、浪漫的、绚丽的诗歌作品，共同组成了江苏30年间多姿多彩的诗歌风格样式和形态。这一时期，诗歌成集出版成为一股风潮，尤其是在20世纪90年代更是达到了出版的高峰。进入21世纪，江苏的诗人们越来越多地呈现出“日常诗学”的写作趋向，钟情于艺术自身品位的经营和提升，沉稳内在地多方寻找诗歌艺术的可能性。

**《杏花春雨江南》** 诗集，沙白著，百花文艺出版社1979年出版。该诗集收抒情短诗64首，共分4辑：第一辑“江南人家”，写于20世纪50年代后期至60年代初，反映了江南农村的劳动生活；第二辑“车水号子”；第三辑“吴歌新唱”，是作者在家乡苏北沿江地区农村的生活感受和那里农民的生活；第四辑“大海涛声”，反映了舟山、嵊泗一带的渔民生活。

**《春风啊，带去我的问候吧》** 诗集，忆明珠著，江苏人民出版社1979年10月出版。该诗集共3个部分，收录作者1951年至1978年的诗作30首，多抒发热爱祖国大地、歌颂劳动人民的感情，以真率诚挚、绵邈缱绻见长，如《春雨》《唱给蕃瓜花的歌》等。诗人也有另一类悲愤慨叹的诗作，如《狠张营歌》《跪石人辞》等。

**《大江东去》** 诗集，沙白著，上海文艺出版社1980年出版。该诗集收政治抒情长诗9首。其中代表作《大江东去》借大江汇合千河万溪奔向大海的气势，抒发了人民革命“不到大海不回头”的气概。

**《雪花》** 诗集，王辽生著，江苏人民出版社1983年出版。诗集收录短诗60余首，除补入少量20世纪50年代诗作如《兵士的心》等外，均为作者平反复出后的作品。该集收录了作者这一时期的几首重要的获奖诗作，其中，《探求》获1979～1980年全国优秀新诗奖，《你是湖么》于1982年获江苏省首届雨花文学奖一等奖，《新居》获《诗刊》1981～1982年优秀作品奖。

**《我爱》** 诗集，赵恺著，江苏人民出版社1983年出版。其中《我爱》一诗发表于《诗刊》1980年第11期，获1979～1980年全国优秀新诗奖。《第五十七个黎明》获《诗刊》1981～1982年优秀作品奖。

**《南国小夜曲》** 诗集，沙白著，黑龙江人民出版社1983年出版。该诗集为小诗、短诗的结集，分“南国诗情”“江南秋意”“黄山野花”“京华短句及其他”4辑，多描写吟咏自然风景，亦有抒发作者对改革开放的感受之作。

**《梅雨潭的新绿》** 诗集，赵瑞蕻著，江苏人民出版社1983年3月出版。该诗集是从作者50年间所创作的诗作中精选55首，分为3辑：“遗忘了的歌曲”“为你再唱起歌来”“国际友谊之歌”。

**《爱的旅程》** 诗集，陈咏华著，山西人民出版社1983年3月出版。该诗集收录诗作60首，获山西省1986年优秀图书奖。

**《晁衡师唐》** 长篇历史叙事诗，姚江滨著，陕西人民出版社1985年出版。全书共44章，叙述了日本晁衡（阿倍仲麻吕）渡海遣唐、求学长安、长期仕唐的故事。

**《沉吟集》** 诗集，忆明珠著，四川文艺出版社1986年5月出版。诗集收诗50余首，是诗人复出后至20世纪80年代中期诗作的结集。在诗人歌唱的声音中多了一份思考，是诗情与哲理统一于具体的作品，诗风明快清新。

**《剪影者的世界》** 诗集，朱红著，作家出版社1988年出版。该诗集收录了作者1958～1985年间不同时期的部分诗作，共分四部分：“苦涩的蜜”“人生浮雕”“河山行吟”“爱的纪事”。组诗《寻觅》获1979～1980年全国优秀新诗奖。

**《孙友田煤矿抒情诗选》** 诗集，孙友田著，中国文联出版公司1988年出版。诗集是作者30余年来煤矿抒情诗作的精选本，收诗101首。后记是一首230多行的叙事诗。诗人以“我是煤，我要燃烧”的激情，展示了煤矿工人的奉献精神和豪迈气概，树立起了新中国矿工的崭新形象。

**《纸梯》** 诗集，车前子著，上海人民出版社1990年出版。该诗集收录诗作近百首。其作品富于想象，怪诞而不失温情，对生活以及人类接受生活变化的能力作了诗化的记录。

《**老吉它**》 诗集，姜桦著，百花文艺出版社1990年11月出版。该诗集收录诗作70余首。平静的乡村生活和青春爱情成为诗人创作的背景，分为3辑："麦地上的歌者""莲荷心事""海之忧患"。

《**沈祖棻程千帆新诗集**》 诗集，沈祖棻、程千帆著，武汉大学出版社1992年8月出版。沈祖棻是民国时期最受称誉的女词人，在小说创作、古典文学研究上均有建树，她的新诗与林徽因的新诗被誉为双璧。1940年曾由重庆独立出版社出版新诗集《微波辞》。这本诗集除收录《微波辞》外，另有《集外》诗35首。程千帆的诗作多作于20世纪30年代，他是1934年成立的新诗社团"土星笔会"的主将，诗作多发表于同人刊物《诗帆》，诗集收录51首，另有诗论3篇。集后附有二诗人小传。

《**海边的诗**》 诗集，刘国华著，江苏文艺出版社1992年出版。诗集收录了作者从解放初到改革开放几十年间发表在各报刊的诗歌100多首。

《**白色的石头**》 诗集，韩东著，上海文艺出版社1992年出版。诗集收录《有关大雁塔》《你见过大海》《海啊，海》《大地上》《信》《棉田上的云朵》等抒情短诗71首。其中《有关大雁塔》是韩东的诗歌代表作，发表于1983年。

《**深情**》 诗集，刘欣著，中国文联出版公司1993年2月出版。1996年获第三届全国煤矿文学作品乌金奖一等奖。诗集收录诗作123首，分5辑："朝圣""深情""洗礼""旅途""追求"。

《**诗的随想录**》 诗集，赵瑞蕻著，南京大学出版社1995年5月出版。副标题"八行新诗习作150首"，诗集系作者1986～1988年间尝试以八行诗体抒写晚年的所见、所感、所思，以及对最推崇、最受影响的诗人、诗作的感受，宣扬爱国主义、国际人民友谊和文化交流，批判社会上的腐败丑恶现象。在内容和新诗形式方面作了有成就的探索。

《**丁芒诗词曲选**》 诗集，丁芒著，中州古籍出版社1995年出版。该诗集系作者20世纪80年代后期至90年代初期的作品选集，收录470余首，大体反映了作者在旧体诗方面的耕耘与创造的实践。

《**海芦魂**》 长篇叙事诗，沈彦著，江苏文艺出版社1995年出版。这是一部歌颂新四军华中敌后抗战的长诗，由《从军谣》《补天歌》《招魂曲》三部曲组成，共8 400行。

《**宋词诗词集**》 诗集，宋词著，中州古籍出版社1995年12月出版。收诗词260余首，分3集：《粉黛集》为少年时代周旋于歌场舞榭、观赏戏曲、与戏曲表演艺术家交往之吟咏，《风雨集》是历经劫难、毁家蒙祸、饱受摧残的纪年史诗，《余情集》为忆旧寻梦、述怀抒情之作。

《**孙中山**》 抒情长诗，吴野著，江苏文艺出版社1996年10月出版。全书共49章，近7 000行，以庄严凝重的笔调，展开了对孙中山生平业绩、思想情操、学说建树及其影响的回顾和讴歌。

《**人生第五季**》 诗与诗评集，叶庆瑞著，冯亦同评，南京出版社1997年出版。该诗集分为"三个人的世界""冷色都市""跨越死亡""战争启示录""黑白历史""守望失乐园"等辑，收诗100首。每首诗后均有冯亦同的短评，以帮助读者理解和欣赏。

《**枯草上的盐**》 诗集，朱朱著，人民文学出版社2000年出版。诗集包括59首单篇诗和"枯草上的盐""小镇巴洛克"两部组诗，代表着朱朱诗歌风格的初步确立。

《**巴颜喀拉有舞**》 诗集，冯光辉著，中国文联出版社2001年10月出版。诗集分短诗卷和长诗卷，精编了作者于1988年独自闯荡青藏高原的诗歌作品。

《**爸爸在天上看我**》 诗集，韩东著，河北教育出版社2002年出版。诗集收录作者自写诗以来到诗集出版期间的诗歌两百首，能窥视到20世纪80年代诗歌运动的实际成果，也能感受到90年代个人写作的坚实步履。

《**月亮河**》 散文诗集，陈广德著，华艺出版社2003年9月出版。该集获中国作协《诗刊》社2003年优秀诗集奖。诗集收录作品162篇(章)，分为6辑："桥与船""春江水""月亮河""处女地""浅尝席""敲打录"。

《**必须弯腰拔草到午后**》 诗集，小海著，河北教育出版社2003年出版。其中《村庄》《田园》和《北凌河》等系列组诗曾在诗坛引起广泛的影响。明晰朴素的语言、流畅的节奏，这些像是自然生成的乐谱，构成了小海的村庄田园主旋律。

《**子川诗抄**》 诗集，子川著，远方出版社2004年出版。诗集于2005年获江苏省第二届紫金山文学奖诗歌奖。诗集收录作者1995～2004年的代表作。

**《皮箱》** 诗集，朱朱著，广西师范大学出版社2005年出版。诗集分为4辑，共收录诗人创作的25首诗歌。

**《易歌》** 诗集，颜景标著，作家出版社2005年1月出版。诗集于2008年获江苏省第三届紫金山文学奖。该诗集收录诗人2004年创作的66首诗作，分为“上经”和“下经”两辑，各32首。

**《顾浩词选》** 词集，顾浩著，江苏文艺出版社2006年9月出版。从顾浩创作的328首新古体词中，挑选出100首，按词的内容，分为“高歌盛世”“深情缅怀”“扬清激浊”“系心亲友”“登临览胜”“阅读风物”“挥毫异域”“遣兴励志”等8个专辑。

**《紫金花》** 诗集，冯亦同著，大众文艺出版社2007年9月出版。诗集于2008年获江苏省第三届紫金山文学奖。这是作者第三本诗集，收录1994年以来的长短诗、组诗百余首，分“雪落金陵”“行吟的云”“图像抒情诗”“重读长征”4辑。

**《十年灯》** 诗集，胡弦著，长征出版社2007年出版。诗集是作者1996～2006年十年间的诗歌精选，大多在《人民文学》《诗刊》发表过。

**《照亮生命的色彩》** 长篇叙事诗，刘茂雪著，海风出版社2008年10月出版。诗人从人物内心情感角度，全景式记录了汶川大地震这一重大历史事件，分为“汶川的黑色时刻”“飘扬的红色旗帜”“生命的绿色长城”“飞翔的白色翅膀”“温馨的黄色丝带”等5个章节。

**《汶川大地震纪实：从那一刻起，我的心……》** 诗报告，包殿贵著，中华诗词出版社2008年12月出版。以“诗报告”的形式推出了全方位、全景式记录这场抗震救灾伟大战斗的数千行长诗。

**表4－1 1978～2008年江苏其他诗集出版情况一览表**

| 作品 | 作者 | 出版、发表时间及出版单位 |
|---|---|---|
| 《东渡使者》 | 姚江滨 | 百花文艺出版社1980年3月出版 |
| 《油海情》 | 徐志宏 | 青海人民出版社1980年11月出版 |
| 《枫露抄》 | 丁　芒 | 黑龙江人民出版社1983年9月出版 |
| 《迟熟的高粱》 | 文　丙、王德安 | 江苏人民出版社1983年12月出版 |
| 《失眠的星空》 | 陈绍龙 | 山东文艺出版社1984年出版 |
| 《乡土集》 | 阎志民 | 江苏人民出版社1984年11月出版 |
| 《春神的诉辞》 | 程乐坤 | 江苏人民出版社1984年11月出版 |
| 《机器与雕像》 | 邓海南 | 上海文艺出版社1985年4月出版 |
| 《爱在雨季》 | 胡正良 | 湖南文艺出版社1987年出版 |
| 《运河吟》 | 王　鸿 | 中国文联出版公司1988年12月出版 |
| 《秋赠》 | 了了村童 | 中国文联出版公司1988年11月出版 |
| 《芦笛声声》 | 陆　苇 | 中国文联出版公司1989年3月出版 |
| 《澄蓝抒情诗选》 | 澄　蓝 | 中国矿业大学出版社1989年4月出版 |
| 《受伤的蝴蝶》 | 刘家魁 | 白山出版社1989年5月出版 |
| 《初恋的淡蓝色》 | 李忠田 | 百花文艺出版社1989年6月出版 |
| 《黄东成抒情诗》 | 黄东成 | 中国文联出版公司1989年10月出版 |
| 《春城集》 | 严　迪 | 上海社会科学院出版社1989年12月出版 |
| 《冲浪集》 | 庄锦生 | 文汇出版社1990年1月出版 |
| 《无声的云》 | 陈咏华 | 安徽文艺出版社1990年3月出版 |
| 《潇潇黄梅雨》 | 张国灿 | 中国展望出版社1990年5月出版 |
| 《流行色》 | 叶嘉义 | 安徽文艺出版社1990年5月出版 |
| 《清流集》 | 马国征 | 江苏文艺出版社1990年6月出版 |
| 《马车夫之歌》 | 刘舰平 | 安徽文艺出版社1990年6月出版 |
| 《悠远的地平线》(散文诗集) | 张学诗 | 南京出版社1990年8月出版 |
| 《迷舟》 | 徐明德 | 南京出版社1990年9月出版 |

续表

| 作　品 | 作　者 | 出版、发表时间及出版单位 |
|---|---|---|
| 《十七岁的天空》（散文诗集） | 王慧琪 | 江苏少年儿童出版社 1990 年 9 月出版 |
| 《少女与诗》 | 徐长顺 | 山东文艺出版社 1990 年 10 月出版 |
| 《玻璃风铃》 | 于　奇 | 安徽文艺出版社 1990 年 12 月出版 |
| 《黑蝴蝶》 | 王辽生 | 江苏文艺出版社 1991 年 1 月出版 |
| 《生命里的温柔部分》 | 郁　舟 | 广西民族出版社 1991 年 5 月出版 |
| 《祸水》（长篇叙事诗） | 张正利 | 江苏文艺出版社 1991 年 5 月出版 |
| 《长啸的螺号》 | 丁古萍 | 江苏文艺出版社 1991 年 5 月出版 |
| 《回望》 | 童嘉通 | 山东文艺出版社 1991 年 6 月出版 |
| 《都市梦》 | 毛益新 | 江苏文艺出版社 1991 年 10 月出版 |
| 《梦游故乡》 | 徐桂福 | 展望出版社 1991 年 12 月出版 |
| 《旅途》 | 朱凤鸣 | 北方文艺出版社 1992 年出版 |
| 《爱之花》（散文诗集） | 李　萌 | 南京出版社 1992 年 4 月出版 |
| 《星星草》 | 陈永强 | 同济大学出版社 1992 年 10 月出版 |
| 《海眼》 | 浦学坤 | 人民日报出版社 1992 年 12 月出版 |
| 《诗羽栖霞》 | 方　政 | 南京出版社 1993 年出版 |
| 《月挂西天》 | 韩玉喜 | 北京师范大学出版社 1993 年出版 |
| 《代薇诗季》 | 代　薇 | 天津社会科学出版社 1993 年 1 月出版 |
| 《天使》 | 阮晓星 | 长城出版社 1993 年 4 月出版 |
| 《寄朝鲜》 | 甘耀稷 | 解放军文艺出版社 1993 年 4 月出版 |
| 《总也走不出的凹地》 | 子　川 | 天津百花文艺出版社 1993 年 4 月出版 |
| 《绿窗帘》（散文诗集） | 周　勤 | 天津百花文艺出版社 1993 年 5 月出版 |
| 《回眸逝川》 | 王子和 | 新世纪出版社 1993 年 5 月出版 |
| 《紫墟诗茧》 | 宋　元 | 学林出版社 1993 年 7 月出版 |
| 《负轭之思》 | 夏学海 | 山东文艺出版社 1993 年 8 月出版 |
| 《热爱生命》 | 十　品 | 山东文艺出版社 1993 年 8 月出版 |
| 《错过的爱》 | 曹峰峻 | 山东文艺出版社 1993 年 8 月出版 |
| 《悬崖菊》 | 杨鸿臣 | 安徽文艺出版社 1993 年 10 月出版 |
| 《跨超世纪之门》 | 杨春生 | 新疆青少年出版社 1993 年 10 月出版 |
| 《秋天的感觉》 | 刘晶林 | 新疆青少年出版社 1993 年 10 月出版 |
| 《烟雨江南》 | 刘湘和 | 北方文艺出版社 1993 年 10 月出版 |
| 《爱像青橄榄》 | 郑　子 | 中国工人出版社 1993 年 11 月出版 |
| 《太阳石》 | 翟秀琪 | 山东文艺出版社 1993 年 12 月出版 |
| 《晨露》（散文诗集） | 王耀祖 | 北方文艺出版社 1993 年 12 月出版 |
| 《梦中的母亲》 | 吴广川 | 广西民族出版社 1993 年 12 月出版 |
| 《诗言史》 | 陈　靖 | 南京出版社 1993 年 12 月出版 |
| 《最初的潮汐》 | 陈放虹 | 哈尔滨出版社 1994 年 3 月出版 |
| 《黑太阳部落》 | 李　剑 | 中国工人出版社 1994 年 4 月出版 |
| 《回声》 | 郁　斌 | 华夏出版社 1994 年 10 月出版 |
| 《心底珊瑚》 | 王德安 | 江苏文艺出版社 1994 年 10 月出版 |
| 《烛光摇曳的梦境》 | 周培礼 | 新华出版社 1994 年 10 月出版 |
| 《男儿岛》 | 冯亦同 | 江苏文艺出版社 1994 年 10 月出版 |

| 作　品 | 作　者 | 出版、发表时间及出版单位 |
|---|---|---|
| 《风尘诗选》 | 左家雄 | 新华出版社 1994 年 10 月出版 |
| 《春蕾晚红》 | 姜鼎和 | 海峡文艺出版社 1994 年 12 月出版 |
| 《旋转的韵律》 | 辛明水 | 江苏文艺出版社 1994 年 12 月出版 |
| 《心舟》 | 张惠娟 | 江苏文艺出版社 1995 年出版 |
| 《倦鸟》(散文诗集) | 赵立源 | 成都出版社 1995 年 2 月出版 |
| 《一片江南云》 | 杨奇时 | 成都出版社 1995 年 6 月出版 |
| 《黑白色调》 | 庞清新 | 成都出版社 1995 年 6 月出版 |
| 《金音召悲歌》 | 金　山 | 文化艺术出版社 1995 年 7 月出版 |
| 《春草之歌》(诗词集) | 陈玉麟 | 江苏文艺出版社 1995 年 8 月出版 |
| 《绿叶上的我》 | 杜怀阳 | 江苏文艺出版社 1995 年 9 月出版 |
| 《绝唱:守望玫瑰》 | 孟国平 | 安徽文艺出版社 1995 年 10 月出版 |
| 《烟雨闲情》(诗词集) | 朱根勋 | 江苏文艺出版社 1995 年 10 月出版 |
| 《滴血的花蕾》 | 王知十 | 南京出版社 1995 年 11 月出版 |
| 《春草》 | 周应惠 | 西南师范大学出版社 1995 年 12 月出版 |
| 《记忆的楼梯》 | 郁建中 | 四川民族出版社 1996 年出版 |
| 《雏菊紫紫》 | 樊　锐 | 海南国际新闻出版中心图书出版社 1996 年 1 月出版 |
| 《雇页诗集》 | 顾忠德 | 江苏文艺出版社 1996 年 4 月出版 |
| 《依偎大树》(散文诗集) | 戴　珩 | 江苏文艺出版社 1996 年 12 月出版 |
| 《情旅》 | 肖作华、李雪侠 | 远方出版社 1996 年 12 月出版 |
| 《长吟室诗词》(诗词集) | 陈永昌 | 天津古籍出版社 1997 年 3 月出版 |
| 《履痕集》(诗词集) | 石　林 | 天津古籍出版社 1997 年 3 月出版 |
| 《沙克抒情诗》 | 沙　克 | 北京图书馆出版社 1997 年 5 月出版 |
| 《承受与表达》 | 长　岛 | 上海三联书店 1997 年 6 月出版 |
| 《行余集》(诗词集) | 曹春荣 | 江苏文艺出版社 1997 年 6 月出版 |
| 《蓝茵茵的梦》(散文诗集) | 季求林 | 江苏文艺出版社 1997 年 10 月出版 |
| 《燃烧的心》 | 刘玉龙 | 北京燕山出版社 1997 年 11 月出版 |
| 《盛世风情》(词集) | 顾　浩 | 江苏文艺出版社 1998 年 10 月出版 |
| 《寻觅》 | 杨德祥 | 中国文联出版公司 1998 年 11 月出版 |
| 《姚克连诗选》 | 姚克连 | 作家出版社 1998 年 11 月出版 |
| 《晓白诗选》 | 陈晓白 | 江苏文艺出版社 1998 年 12 月出版 |
| 《九月的橡树》(诗集) | 十　品 | 中国文联出版社 1999 年 8 月出版 |
| 《阳光的交响》 | 张国灿 | 百家出版社 1999 年 8 月出版 |
| 《神州风采颂》 | 孔繁秋 | 吉林人民出版社 1999 年 9 月出版 |
| 《我和大桥有个约会》(长诗) | 刘舰平 | 吉林人民出版社 1999 年 9 月出版 |
| 《业余的碰撞》 | 陆进富 | 远方出版社 1999 年 10 月出版 |
| 《飘走的云》 | 卓琦培 | 海南出版社 1999 年 10 月出版 |
| 《葛兰诗词选》 | 葛　兰 | 中国三峡出版社 1999 年 12 月出版 |
| 《刘家魁诗选》 | 刘家魁 | 江苏文艺出版社 2000 年 6 月出版 |
| 《梦落伊甸园》 | 程越华 | 中国文学出版社 2000 年 3 月出版 |
| 《乡雪无痕》(诗歌集) | 冯宪科 | 中国三峡出版社 2001 年 2 月出版 |
| 《雇页诗集》 | 顾忠德 | 江苏文艺出版社 2001 年 3 月出版 |

续表

| 作品 | 作者 | 出版、发表时间及出版单位 |
|---|---|---|
| 《走向深处》 | 张传浩 | 中国文联出版社 2001 年 7 月出版 |
| 《望月》 | 吴广川 | 广西民族出版社 2001 年 9 月出版 |
| 《飞彩流芳》(散文诗集) | 孙士英 | 银河出版社 2001 年 11 月出版 |
| 《再试春红》 | 朱伯慈 | 中国文学出版社 2002 年出版 |
| 《踏遍青山》(诗歌集) | 李寿生 | 中国文联出版社 2002 年 6 月出版 |
| 《青春密码》 | 倪道辉 | 中国文学出版社 2002 年 8 月出版 |
| 《抬头看青天》(歌词集) | 张　海 | 中国文学出版社 2002 年 8 月出版 |
| 《八月的风》 | 李天林 | 中国文学出版社 2002 年 8 月出版 |
| 《象脚鼓的雨季》 | 朱　颖 | 黑龙江人民出版社 2002 年 8 月出版 |
| 《求索・诗歌卷》 | 黄显宇 | 中国文学出版社 2002 年 8 月出版 |
| 《绿叶情结》 | 浦学坤 | 中国文联出版社 2002 年 9 月出版 |
| 《红草集》(诗词集) | 单国顺 | 中国文联出版社 2003 年出版 |
| 《黄海之恋》 | 王行聪 | 中国文联出版社 2003 年 6 月出版 |
| 《低飞》 | 刘立杆 | 河北教育出版社 2003 年 8 月出版 |
| 《含羞草》 | 薄其友 | 中国文史出版社 2003 年 12 月出版 |
| 《一代报王史量才》(长诗集) | 金陵方舟 | 中国文联出版社 2005 年 3 月出版 |
| 《等待一场雪》 | 霍禹甬 | 吉林摄影出版社 2005 年 8 月出版 |
| 《从前》 | 张羊羊 | 时代文艺出版社 2006 年出版 |
| 《风的形象》 | 周思民 | 作家出版社 2006 年 10 月出版 |
| 《无语的黄昏》 | 董晨鹏 | 上海文艺出版社 2006 年 11 月出版 |
| 《方政现代哲理诗选》 | 方　政 | 作家出版社 2006 年 11 月出版 |
| 《红指甲黑胡须》 | 了了村童 | 民族出版社 2007 年 1 月出版 |
| 《浅表情》 | 屠海燕 | 江苏文艺出版社 2007 年 3 月出版 |
| 《金国旗诗选》 | 金国旗 | 大众文艺出版社 2007 年 9 月出版 |
| 《背对时间》 | 子　川 | 江苏文艺出版社 2007 年 12 月出版 |
| 《魏鹏诗选》 | 魏　鹏 | 中国文联出版社 2008 年出版 |
| 《秋韵》 | 陈永昌 | 中国文联出版社 2008 年 5 月出版 |
| 《斜阳余趣》(诗文合集) | 朱根勋 | 中华诗词出版社 2008 年 8 月出版 |
| 《长风吹来》 | 李健风 | 内蒙古人民出版社 2008 年 9 月出版 |
| 《季节的边缘》 | 龚　正 | 江苏文艺出版社 2008 年 12 月出版 |

## 第二节　散文

改革开放后，江苏散文创作进入一个开放多元的时代。30 年间，江苏散文创作从复苏走向昌盛，老、中、青三代作家构成了强大的创作阵容。艾煊、忆明珠、陆文夫、丁帆、王彬彬、叶兆言、苏童、夏坚勇、诸荣会、贾梦玮等作家，创作了大量散文作品，在内容、题材、形式、手法、风格等方面，皆是丰富多样。江苏散文作家借助散文创作思考社会、追怀历史、书写家乡、模仿自然、表达情感、品评生活，形成了江苏散文创作显著的特色。

**《山坞的早晨》**　散文集，凤章著，上海文艺出版社 1979 年 11 月出版。散文集选取了具有苏州地方特色的城乡生活画面：有写市郊名产白沙枇杷的《山坞的早晨》；有写苏州小茶馆里春意盎然的《水港桥畔》；有写名扬中外的古城织锦、姑苏刺绣的《飞雪迎春》《绣春图》等，充满着浓郁的乡土气息和苏州地方特色。

**《江源行》**　散文集，周衍著，青海人民出版社 1979 年出版。该集收录作品 10 篇，描绘了青藏高原美丽奇特的风景，抒写了高原各民族富有神奇色彩的风俗民情，同时也记录了作者长江源头探险的艰难足迹。

**《花木丛中》** 散文集，周瘦鹃著，金陵书画社1981年4月出版。文集收录作者写花木的小品百余篇，作者不但是作家、翻译家，而且是著名的园艺专家，收录的散文有知识，多意趣，文笔优雅。

**《苏州游踪》** 散文集，周瘦鹃著，金陵书画社1981年4月出版。文集收录记叙苏州地区风光名物、人文故事的散文小品48篇，为20世纪50年代的苏州留下了一部生动纪录。

**《坚贞的冰郎花》** 散文集，海笑著，黑龙江人民出版社1982年出版。该集于1983年获国家地质部第一届文学评奖活动荣誉奖。作者访问东北三省后，抒写了地矿职工寻找矿产、石油的事迹和艰苦奋斗的精神。

**《蔷薇河风情》** 散文集，凤章著，江苏人民出版社1983年1月出版。该集以诗意般的描绘，反映出时代的闪光点，折射出新的社会风貌，展示了一幅幅淳朴自然的风俗画和风景画，使读者从白沙岭、蔷薇河之美，感受到祖国之美。

**《云梦断忆》** 散文集，陈白尘著，三联书店1984年1月出版。该集收录作者回忆“文化大革命”时期下放湖北咸宁（古云梦泽边）“五七干校”生活的系列散文8篇，附《后记》《忆金镜》2篇，获新时期全国优秀散文（集）评奖荣誉奖。作品实录了作者印象深刻、感受真切的几段难忘的人与事，再现了那个时代的面貌。文笔严肃和荒诞、冷峻和温柔兼备，而以犀利的讽刺见长。

**《辰子说林》** 散文集，张慧剑著，岳麓书社1985年11月出版。该文集收录的作品是作者于1941～1945年间在成都《新民报》主编副刊时，撰写的专栏文章，抗战胜利后在南京编辑成书，作为《新民报》丛书出版。《辰子说林》继承了古代笔记小说的格调，读来颇有兴味，但又是杂文笔法，铿锵有声，富于战斗风格，是笔记、杂文、历史掌故、时事记载的混合体，兼有文学与新闻的特色。

**《墨色花小集》** 散文集，忆明珠著，人民文学出版社1986年2月出版。该书收散文30篇，大多取材于作者在故乡的生活经历，围绕小事情、小物件走笔，再生发开去，揭示其象征意义，晓以警策之理，切口虽小，开掘则深。

**《美在斯》** 散文集，姜滇著，上海文艺出版社1986年11月出版。文集收录散文17篇，作者以清新细腻的笔触写江南水乡，写人物心灵，格调高远，情思隽永。书末有《自画像——一个跋涉者》，叙述了作者的文学道路。

**《荷上珠小集》** 散文集，忆明珠著，上海文艺出版社1987年6月出版。该书收录散文26篇，于1989年获新时期全国优秀散文（集）奖。文集中第一辑描绘扬州地方风物，第二辑为庐山纪游，第三辑咏物叙事，第四辑写人，第五辑怀念故乡亲友。作者努力发掘蕴涵在生活中的“诗”，并以新鲜活脱的文字加以表现。

**《少年行》** 散文集，陈白尘著，三联书店1988年3月出版。文集写作者从1920年12岁进私塾读书，到1928年夏离开上海南国艺术学院这一段少年时代的生活经历。

**《小巷女子》** 散文集，吕锦华著，中国文联出版公司1989年3月出版。文集收录散文56篇，作品以抒情的笔调、曲折跌宕的故事，表现了她以稚气天真的眼光面对世界的片段感受。

**《总是难忘》** 散文集，苏叶著，百花文艺出版社1990年1月出版。这是一本具有女性美的散文集，作者以女性特有的敏感细腻透视生活的各个层面，融袅袅情思于深情的感受之中，创造出一个个深邃清幽的艺术佳境。

**《春云秋品》** 散文集，陈肃著，百花文艺出版社1990年3月出版。该集于1995年获首届中国散文旅游文学优秀作品一等奖。该集分“春秋赋”“屐痕篇”“画影录”“故里情”“品味记”5辑，收录散文48篇，抒写了作者对改革开放以来的生活和人生的感受与见解，也有童年记忆和幽幽乡情的记录。

**《樽前花下集》** 杂文集，李克因著，南京出版社1990年4月出版。文集收录100篇杂文。有表彰性、歌颂性的杂文；有针砭时弊的杂文；有规劝、箴诫的杂文；有知识性的杂文；有趣味性的杂文；有宣泄性的杂文；有给人以战斗后休息的杂文，笔法多样，五彩缤纷。

**《宫花寂寞红》** 散文集，魏毓庆著，江苏文艺出版社1990年11月出版。作品遇事而发，感时而行，展现了为世事沧桑的悲凉和人生失落的惆怅所笼罩的世界，透过真挚的情感和对木石山川的摹画，折射出作者对美与爱的呼唤。

《**文坛絮语**》 杂文集，陆建华著，江苏人民出版社1991年出版。该书关注社会变革，抨击不正之风，针对文坛现状发表诸多见解，文风尖锐泼辣。

《**名人·风情·掌故**》 散文集，陆华著，江苏文艺出版社1992年9月出版。该书收录散文和随笔小品80余篇，描绘了文坛世态和大漠风情，融新闻性、文学性和知识性于一体。

《**倒霉的橄榄核**》 散文集，叶至诚著，百花文艺出版社1992年出版。文集收录散文32篇。忆往事，百感交集，令人如观逝水、顿悟生命；风霜雨雪，冷暖寒暄，不经历则不成完美人生。作品散发出浓郁的书卷气，又为古典主义的气氛所笼罩。

《**艺林纪事**》 散文集，赵绍龙著，南京出版社1992年出版。该文集收作品近百篇，作者以作家兼新闻记者的身份，描绘了许多画家、书法家、戏剧家以及一切他所爱着的人们，关注着生活中所发生的一切。

《**戏剧名画妙说**》 杂文集，李克因著，马得绘，江西美术出版社1993年出版。该文集收杂文100篇，以画家马得的戏剧画为谈论对象，就史就戏、说古论今，激浊扬清，褒贬人生。

《**花开花落的季节**》 散文集，范小青著，上海知识出版社1993年出版。这本书是“当代中国作家随笔”丛书的一种，由38篇散文随笔汇编而成，反映了作者过去几十年的生活风貌，表现了作者对家乡和亲情的眷恋。

《**何时入梦**》 散文集，吕锦华著，人民文学出版社1994年1月出版。该文集获苏州市第二届政府奖。文集分为5辑，追忆了故乡的人事风情，描绘了山水自然的美丽景观，表达了作者对社会现象的思考，寄寓了其对淡泊宁静生活的向往。

《**两种生活**》 散文集，斯妤著，四川人民出版社1995年6月出版。该文集于1998年获首届鲁迅文学奖优秀散文奖。作者的叙述和描写，打通了物象和心灵的界限，涵义完整而简洁。一方面是正视爱情，正视自己；一方面是以审己的冷峻来外审，打量人与人的关系，打量荒芜的现实和人性。

《**倾斜的风景**》 散文集，赵翼如著，百花文艺出版社1995年出版。其中散文《倾斜的风景》选入《百年文学经典——散文卷》。

《**贪看无边月**》 散文集，范小青著，江苏文艺出版社1995年出版。文集收录了作者散文随笔50篇。作者是小说名家，但她的随笔作品却更为普通读者所称道和喜爱。所收作品谈的都是作者身边琐事，但是她却以女性特有的敏感和细腻谈出了新意和深意。

《**烟水江南绿**》 散文集，艾煊著，珠海出版社1996年6月出版。该散文集于1998年获首届鲁迅文学奖荣誉奖。文集共6册，分别是《人之初》《茶之余》《海之潮》《绿醉天涯》《海内存知己》和《醒时的梦》。

《**湮没的辉煌**》 散文集，夏坚勇著，东方出版中心1996年出版。该文集于1998年获首届鲁迅文学奖散文奖。作者以残存的漫漶不清的断垣残简为出发点，追述历史现象，描绘文人行状，解析文明兴衰，感叹文化命运，以感性的笔触探讨了文化与政治、文化与社会变革、文化与时代之间的关系。

《**花木丛中人常在**》 散文集，章品镇著，北京三联书店1997年3月出版。该文集中作品从知识分子在解放战争、土地改革、反右、“文化大革命”等重大政治变动中的曲折人生经历，剖析这一切对他们的个性和学术事业的深刻影响，以平实的语言抒写了作者深沉的人生感悟。

《**旧书笔谭**》 书话随笔集，薛冰著，浙江摄影出版社1997年9月出版。该书收录作品66篇，以晚清和民国年间的出版物为话题，纵横捭阖，广涉中外历史、经济、政治、文化、艺术、出版以至作家风骨、阅读视野、藏书趣味。

《**低语**》 散文集，庞培著，作家出版社1997年出版。在《低语》中，读者时时能感受到孤独的凄清与寂寥的广漠，一种罕见的寂静，绝少人世的匆忙与喧嚣，诗人似乎在对抗着某种不可挡的力量，又似乎以梦一般脆弱、慵懒，然而却是充满诗性的文字，坚守着另一种更为可贵的精神。

《**独自散步**》 散文集，朱苏进著，解放军文艺出版社1997年出版。文集收进的22篇散文和10章随笔。作者多思的心和闪烁着智慧甚至狡黠的目光几乎无处不在。

《**禅院小憩**》 散文集，储福金著，江苏文艺出版社1998年1月出版。这本散文集偏重于写作者过去的生活，写在金坛和宜兴插队的经历，也写挂职以后的感受。前者如《宜兴记忆》《梦恋》《梦归》等，后者如《挂职琐记》《如梦如诉说故乡》等，也有一些写游记的，如《禅院小憩》《秀天目》等，大多为美文。

《**失去的老房子**》　散文集，叶兆言著，陕西人民出版社1998年2月出版。该文集收录了41篇散文小品，抒写江南特别是南京地区的风貌、风物、风俗，以及作者读书和写作的随感。

《**心中长对翅膀**》　散文集，张晓惠著，江苏人民出版社1998年6月出版。该书收录散文108篇，作者以细腻的笔触、丰富的联想，表达着对生命本质的思考和对人生的热爱。

《**赵本夫文集·隐士**》　散文集，赵本夫著，江苏文艺出版社1998年8月出版。这本散文集是作者散文小说化的一个尝试。在这本书中，作者写了很多人物，都是些真实的普通人。他们或隐于市，或隐于野，茫茫人海中很难觅到踪迹。他们分别出现在作者人生的某一阶段，在他的生活中留下了印记。

《**婆婆妈妈**》　散文小品集，吴凤珍著，漓江出版社1998年9月出版。该书收录121篇散文小品，分为"人生碎片""枕河人家""闲文野章"3辑。作者以自己半生经历和所见所闻为题材，描写普通人的生活情状，作品中既有百姓居家的酸甜苦辣、真情实意，又有苏州古城的历史文化氛围。

《**窗口风景**》　散文集，黄蓓佳著，江苏人民出版社1998年9月出版。该书收散文50篇，作者描写了故乡和家园、求学生涯和写作经历、海内外的新老朋友、自己的女儿和母亲等内容，充满激情又亲切细腻。

《**平常日子**》　散文集，范小青著，江苏人民出版社1998年9月出版。该文集收录散文59篇，抒情、叙事、记人，从一些琐琐碎碎的小事件、小细节中，展示了当代人的生活风貌和作者的丰富情怀。

《**烛影摇红**》　散文集，梁晴著，江苏人民出版社1998年9月出版。该书收录散文71篇，第一辑记下乡插队的知青生活，第二辑记作者家人的轶事，第三辑记饮食趣事，第四辑记作者的生活感悟。作者于平静的叙述中展示出冷隽的幽默。

《**栎下居书话**》　书话随笔集，王稼句著，陕西师范大学出版社1998年9月出版。该书分为"雨天杂读""书城斜阳""读书小笺""银鱼留痕"4辑，是作者撰写书话十八年的一个精选集。作者涉猎广及古今中外诸多图籍，成就了笔触细腻的小品文字。

《**止水轩书影**》　书话随笔集，薛冰著，陕西师范大学出版社1998年9月出版。该书收作品92篇，分为"旧书新品""夜读偶记""书外说书"3辑。作者以书为经，从著书、出书、卖书、淘书、品书、藏书等各侧面展开论述。

《**雁斋书灯录**》　书话随笔集，徐雁著，陕西师范大学出版社1998年9月出版。该书收作品65篇，分"秋禾书话""雁斋书后""书香盈邑"3辑。作者以"致力于养育'读书人口'"为己任，不但利用书话、书评形式介绍好书，而且对于当代人的读书状况、读书方法以及书话作品的源流发展等均有研究。

《**纸上的美女**》　散文集，苏童著，人民日报出版社1998年12月出版。该书收录散文随笔49篇，是作者在日常生活中的思考，也有读书时的感悟，保持了作者一贯生动亲切的语言风格。

《**录音电话**》　散文集，叶兆言著，湖南文艺出版社1998年12月出版。该书收录散文小品百余篇，有生活随感，也有出游、出访的纪事等。

《**扬州瘦马**》　散文集，韦明铧著，福建人民出版社1998年出版。作者以丰富翔实的史料、敏锐深刻的思想、清新优美的笔调，对历史上广为流传的"扬州出美女"的说法和曾经存在的"扬州瘦马"现象作了透彻的描述和剖析。

《**江南悲歌**》　散文集，丁帆著，岳麓书社1999年出版。书中畅论了30余位江南才子，像一名医术高明的外科大夫，将他们的灵魂解剖得淋漓尽致，震撼着读者的心灵。

《**红颜挽歌**》　随笔作品集，贾梦玮著，岳麓书社1999年出版。这本书对历史上后宫里著名的女性进行了抒写，作者倾注其血泪的抒情于笔端，痛陈了三千多年来的历史偏见。

《**苏童散文**》　散文集，苏童著，浙江文艺出版社2000年出版。文集收录了苏童70余篇优秀散文，如《自行车之歌》《雨和瓦》《河流的秘密》《三棵树》《飞沙》《露天电影》《金鱼热》等。

《**叶兆言散文**》　散文集，叶兆言著，浙江文艺出版社2000年出版。文集收录叶兆言的散文40余篇，包括《一百年前的南京》《路曼曼其修远兮》《中山陵前的仪式》等。

《**诗雕**》　散文集，赵恺著，作家出版社2000年出版。文集系作者第一部散文集。赵恺虽以诗歌创作闻名，但其散文创作亦可圈可点，可谓“不分行的诗歌”。

《**西窗夜话**》 杂文集，李克因著，北京出版社2001年出版。文集收录作者在1985年后创作的杂文126篇，文字精短，亦庄亦谐。作者通晓历史典故，常常借古喻今，于温和老道、不事张扬的文字背后，达到喻世、警世的效果。

《**浮生百记**》 散文集，俞律著，江苏文艺出版社2001年出版。文集是著者多年散文、随笔创作的结集，近200篇，30万字，抒情与叙事参半。

《**为批评正名**》 随笔集，王彬彬著，时代文艺出版社2001年出版。文集是作者的杂文、随笔和文化批评精品集，充分显示了一个知识分子的自由思想和独立人格。全书有4辑，分别是“为一只蝎子喝彩”“人文精神与文人精神”“为‘批评’正名”和“冷眼看‘张热’”。

《**跬步斋读思录**》 随笔集，董健著，江苏教育出版社2001年出版。编入该书的多是一些随笔、杂感、短论、序跋之类的文章，作者将其分为三类：一曰“读书杂感”，写作者对读书的零星看法和感受，有时也顺带着指责时风，发发感慨；二曰“教书余兴”，是作者在教书之余写的随笔，所记自然也多是与读书作文有关的一些人和事；三曰“品书说戏”，是结合教学与科研，写的一些对小说、戏剧、电影等文艺作品的评论，也包括为别人或自己的书写的序跋。

《**走笔古甪直**》 散文集，肖元生、周韫著，中国青年出版社2002年9月出版。该书把古镇的变迁置于大的文化背景、时代背景上进行观照，里面包含着纵横交错的比较和渗透，包含着人文的、地理的、经济的以及政治的因素，重合的或歧义的价值判断。

《**枕石观云**》 文学随笔，丁帆著，经济日报出版社2002年出版。该书收录作者20世纪90年代发表在报刊上的文化与文学随笔中的一部分，具体有《救救中国文学》《对性描写的反思》《怎样确定历史和美学的坐标——重读〈钢铁是怎样炼成的〉札记》等文学随笔。

《**旅馆**》 散文，庞培著，中国文联出版社2002年出版。该书是一种散文的实验性文本，尝试讲述了现代人“在路上”的幻想和困惑。书中描述了作者多年来在各地游历的经验、思想和憧憬，构成了一帧帧自然和人文相结合的心灵画面。

《**江南话本**》 散文集，车前子著，花城出版社2002年出版。该书作者以新奇的角度、特立独行的文风抒写了几近梦境中的江南的人和事，从中可以看到生活中的个人是以什么方式创造自己的精神财富、铸就自己的精神力量的。

《**秋水夜读**》 随笔作品集，王稼句著，东南大学出版社2002年出版。该书将收录的随笔分为“灯下零墨”“开卷偶记”“栎下序跋”“夜航杂存”4个栏目。

《**夜晚灼烫**》 散文集，黑陶著，百花文艺出版社2003年出版。该书以平实的语言描述了作者生活、思考与写作中的江南。其叙述有着裸露的质地，在保证语言的诗性上，更注重贴近艺术的真实。

《**纸上的园林**》 散文集，陶文瑜著，浙江摄影出版社2003年出版。该书对名满天下的苏州园林，提供了标准的“江南民间生活摹本”，讲述了与苏州园林密不可分的人和事。

《**自己的嫁衣**》 散文集，章品镇著，岳麓书社2005年出版。书中收录的最早一篇文章写于1937年，最后一篇文章则是晚年在病房中陆续写成的《三件法书给我的悲喜》，文中叙述了作者20世纪中期先后获得了沈从文、叶圣陶、俞平伯三位大学者墨迹的来龙去脉。

《**旷世风华——大运河传**》 文化散文，夏坚勇著，东方出版中心2005年出版。作者细心、广泛地搜罗起与大运河相关的纷纭史料和各种细节。这是近现代以来第一次对大运河历史所作的感性、全面而充分地描画，也是从独特视角对中华文明史所作的一次梳理和勾勒，具有宏阔的视野和浓重的现代意识。

《**往事何堪哀**》 散文集，王彬彬著，长江文艺出版社2005年出版。作家将其固有的思想锋芒，内敛于娓娓叙述中，老老实实地做历史的叙述者。全书用扎实的史料、严谨的逻辑、还原历史的勇气，别具只眼的目光，来揭开被遮蔽的历史的复杂性与丰富性。

《**泥与焰**》 散文集，黑陶著，古吴轩出版社2005年出版。该书由100篇相关文章构成的一部散文集。书中充满了关于江南的细节记忆和想象记忆，少年雨水、制造陶器的火焰乡镇、书籍、行旅、有河流的乡村、底层亲人的清贫生活等，是其中的关键词。这些核心的词汇犹如泉源，直接喷涌形成了全书的篇章。

《**走过最遥远的风景**》 散文集，王建著，作家出版社2005年出版。作者执着地把散文写得更灵动更新颖。把文字写得新鲜、大胆、自由，更具有排他性。

《**往日庭院**》 散文集，贾梦玮著，百花文艺出版社2005年出版。该书介绍了陈立夫·陈果夫公馆、桂林石屋、李宗仁公馆、汪精卫公馆、孔祥熙公馆、阎锡山公馆、张爱玲祖宅、赛珍珠故居等南京老公馆的故事，为我们揭开了这座城市许多尘封已久的秘密，窥见了厚厚灰尘掩盖下的几许历史印记。

《**如沐春风——与名家面对面**》 散文集，李景端著，百花文艺出版社2006年8月出版。该书收集了作者在报刊上发表的散文及回忆文章约70篇，共约30万字，涉及作者与冰心、钱锺书、萧乾、季羡林、叶君健、卞之琳、余光中等20多位名家的交往。

《**话本苏州简史**》 文化大散文，朱红著，古吴轩出版社2006年9月出版。著者以"话本"的形式，脉络性勾勒出了苏州两千五百余年的发展历程，揭示了苏州文化的形成变迁与特色，并对其进取性和务实性进行了剖析。

《**赵恺两卷集**》 赵恺著，上卷诗歌《诗雕公园》，下卷散文《木笛》，人民文学出版社2006年出版。该书系赵恺文学创作数十年的一套文集，囊括了2006年前作者诗歌和散文作品的精华，是作者亲自编辑整理的权威版本，为研究赵恺作品的最佳文本。

《**走进台湾**》 散文集，吴功正著，江苏文艺出版社2006年第一版，2007年修订版。作者以大陆学者、作家的身份走进台湾，走进台湾的山山水水、市井社会，化作殷勤探看的"青鸟"，诗性地、审美地观照描述台湾自然、人文层面上的风光、风景、风情、风俗，切情切景切境，美文化地流露出宝爱的心绪，牵连成如今的文字。

《**脱去文化的外套**》 散文集，王尧著，花城出版社2007年出版。文章用散文随笔的笔法，表达了一个正直的知识分子对"文化大革命"和"十七年"历史深刻的反思。它打破了纯粹"掉书袋"式的学究气写法，把一个个遥远的历史故事作为自我思想的载体，用一个超越个人情感的历史视点来审视那些难以厘定的史实。

《**书缘未了**》 散文集，章品镇著，南京师范大学出版社2008年出版。该书是《开卷读书》文丛之一，收录了作者将近十年的文字作品，记叙多为作者的私交故友，叶胥朝、陈瘦竹、王鹏、施子阳、吴白匋、卞之琳……笔下平静，不露声色，对灾难中的人和事，又淡漠，又通达，平实流畅的笔墨里，实则饱含深情。

**表4-2 1978～2008年江苏其他散文集出版情况一览表**

| 作品 | 作者 | 出版、发表时间及出版单位 |
|---|---|---|
| 《花街》 | 薛尔康 | 中国文联出版公司1986年6月出版 |
| 《写心集》 | 惠浴宇 | 上海人民出版社1987年出版 |
| 《悠悠城南》 | 濮传俊 | 内蒙古人民出版社1988年出版 |
| 《海州乡谭》 | 彭　云 | 江苏人民出版社1988年12月出版 |
| 《爱的呼唤》 | 李　萌 | 百花文艺出版社1989年12月出版 |
| 《在小河那边》 | 潘存根 | 南京大学出版社1990年6月出版 |
| 《水城梦思》 | 谭亚新 | 中国卓越出版公司1990年8月出版 |
| 《谈心录》 | 陆　咸 | 中国卓越出版公司1990年8月出版 |
| 《拾草集》 | 魏桂粤 | 解放军文艺出版社1990年8月出版 |
| 《抱璞集》 | 孟济元 | 江苏人民出版社1990年9月出版 |
| 《我的中国心》 | 龚志聪 | 南京大学出版社1990年11月出版 |
| 《雨花女》 | 许墨林 | 百花文艺出版社1990年12月出版 |
| 《沿海风情录》 | 于继增 | 海洋出版社1991年8月出版 |
| 《垒石集》 | 单汝鹏 | 南京出版社1991年12月出版 |
| 《垦野集》 | 邵　源 | 南京出版社1992年1月出版 |

续表

| 作　品 | 作　者 | 出版、发表时间及出版单位 |
|---|---|---|
| 《心灵琴弦的颤动》 | 徐文武 | 百花文艺出版社 1992 年 3 月出版 |
| 《东山风情》 | 杨维忠 | 百花文艺出版社 1992 年 4 月出版 |
| 《候鸟栖息的湖畔》 | 马　汉 | 百花文艺出版社 1992 年 6 月出版 |
| 《茶余絮话》 | 韩大华 | 百花文艺出版社 1992 年 6 月出版 |
| 《欲望漫思录》 | 陈　益 | 百花文艺出版社 1992 年 6 月出版 |
| 《春风寒食》 | 史晓平 | 辽宁教育出版社 1992 年 8 月出版 |
| 《梦里飞花》 | 姚加炎 | 南京出版社 1992 年 10 月出版 |
| 《徐恒足杂文选》 | 徐恒足 | 江苏文艺出版社 1993 年 4 月出版 |
| 《撩开面纱见到你》 | 陆永兴 | 百花文艺出版社 1993 年 4 月出版 |
| 《三义塔》 | 孙柔刚 | 南京出版社 1993 年 5 月出版 |
| 《午后的珍珠泉》 | 詹怀臣 | 漓江出版社 1993 年 6 月出版 |
| 《奥勃洛摩夫的影子》 | 张安生 | 今日中国出版社 1993 年 9 月出版 |
| 《日记何罪》 | 乐秀良 | 今日中国出版社 1993 年 10 月出版 |
| 《暮鼓晨钟》 | 姚北桦 | 今日中国出版社 1993 年 10 月出版 |
| 《晴窗走笔》 | 赵力田 | 今日中国出版社 1993 年 10 月出版 |
| 《漫语》 | 王守荣 | 新华出版社 1993 年 10 月出版 |
| 《拐磨情》 | 张立国 | 广西民族出版社 1993 年 12 月出版 |
| 《情感谐谑》 | 庄亦正 | 贵州人民出版社 1993 年 12 月出版 |
| 《莲心》 | 陶玉霖 | 古吴轩出版社 1994 年 1 月出版 |
| 《丁一散文随笔选》 | 丁　一 | 新疆青少年出版社 1994 年 3 月出版 |
| 《扬州文化谈片》 | 韦明铧 | 三联书店 1994 年 6 月出版 |
| 《蟋蟀在弹琴》 | 郑沛刚 | 古吴轩出版社 1994 年 10 月出版 |
| 《荧河泛舟》 | 苏子龙 | 江苏文艺出版社 1994 年 12 月出版 |
| 《悠悠仙鹤情》 | 陆永兴 | 古吴轩出版社 1994 年 12 月出版 |
| 《送你一片真情》 | 祖丁远 | 天津百花文艺出版社 1994 年 12 月出版 |
| 《寻觅绿荫》 | 朱成勉 | 黑龙江人民出版社 1995 年出版 |
| 《蔬食斋随笔别集——禽畜鸟兽篇》 | 聂凤乔 | 山西经济出版社 1995 年 4 月出版 |
| 《雪域高原行》 | 蒋　靖 | 安徽文艺出版社 1995 年 4 月出版 |
| 《爽心集》 | 甘乃伟 | 南京出版社 1995 年 5 月出版 |
| 《寻梦人生》 | 祖丁远 | 天津百花文艺出版社 1995 年 5 月出版 |
| 《煤海星辰》 | 沙　凡 | 中国矿业大学出版社 1995 年 5 月出版 |
| 《红楼絮语》 | 王向东 | 南京出版社 1995 年 5 月出版 |
| 《信仰与信任》 | 朱兆龙 | 河海大学出版社 1995 年 6 月出版 |
| 《犁痕》 | 姚永福 | 内蒙古少年儿童出版社 1995 年 8 月出版 |
| 《品绿》 | 蒋　琏 | 江苏文艺出版社 1995 年 8 月出版 |
| 《笨拙境界》 | 周国忠 | 百花文艺出版社 1995 年 9 月出版 |
| 《蒙娜丽莎的遗憾》 | 张继忠 | 百花文艺出版社 1995 年 9 月出版 |
| 《为青春祈祷》 | 裔兆宏 | 南京出版社 1995 年 10 月出版 |
| 《香港纪行》 | 李　萌 | 南京出版社 1995 年 11 月出版 |
| 《不老的歌》 | 陆建华 | 江苏文艺出版社 1995 年 9 月出版 |
| 《弦外集》 | 王家干 | 江苏文艺出版社 1995 年 10 月出版 |

| 作　品 | 作　者 | 出版、发表时间及出版单位 |
| --- | --- | --- |
| 《绿色的磁盘》 | 陈钟石 | 成都科技大学出版社 1995 年 11 月出版 |
| 《西部之梦》 | 陆汉洲 | 艺苑出版社 1995 年 12 月出版 |
| 《牛棚·阁楼·文坛》 | 袁文龙 | 江苏文艺出版社 1996 年出版 |
| 《半世情》 | 苏子龙 | 今日中国出版社 1996 年出版 |
| 《梦痕心迹》 | 徐遗辛 | 成都出版社 1996 年出版 |
| 《雪下的热》 | 方　范 | 安徽文艺出版社 1996 年 3 月出版 |
| 《女人心》 | 陶若美 | 江苏文艺出版社 1996 年 4 月出版 |
| 《祖国我知道》 | 林家治 | 中国铁道出版社 1996 年 8 月出版 |
| 《人生之彩》 | 胡兴明 | 远方出版社 1996 年 12 月出版 |
| 《我的太阳》 | 张国志 | 远方出版社 1996 年 12 月出版 |
| 《老萌夜读》 | 陈学勇 | 江苏文艺出版社 1997 年出版 |
| 《红草莓》 | 张继鹏 | 远方出版社 1997 年 1 月出版 |
| 《金指银弦》 | 姜　晋 | 沈阳出版社 1997 年 6 月出版 |
| 《生活这杯酒》 | 杨文隽 | 四川民族出版社 1997 年 7 月出版 |
| 《谁享受苦难》 | 亦　然 | 吉林人民出版社 1997 年 8 月出版 |
| 《生命的二月兰》 | 施　宁 | 江苏文艺出版社 1997 年 10 月出版 |
| 《怀念那片绿》 | 陈新宇 | 江苏文艺出版社 1997 年 10 月出版 |
| 《星窗独语》 | 谭亚新 | 华艺出版社 1997 年 10 月出版 |
| 《春涨》 | 章左声 | 中国华侨出版社 1997 年 12 月出版 |
| 《藏物小记》 | 刘向东 | 南京大学出版社 1998 年 10 月出版 |
| 《泥屋手记》 | 陆德健 | 沈阳出版社 1998 年 10 月出版 |
| 《流梦岁月》 | 马军勤 | 中国文联出版公司 1998 年 11 月出版 |
| 《看太阳》 | 董　纯 | 中国文联出版公司 1998 年 11 月出版 |
| 《大湖情歌》 | 万福建 | 中国文联出版社 1999 年 11 月出版 |
| 《苏州小巷》 | 亦　然 | 苏州大学出版社 1999 年 8 月出版 |
| 《写意的乡村》 | 薛　辉 | 新星出版社 1999 年 12 月出版 |
| 《艺海情韵》 | 王新民、王　珑 | 中国文联出版社 2000 年 4 月出版 |
| 《女人的"景点"》 | 王抗芙 | 中国戏剧出版社 2000 年 5 月出版 |
| 《走过冬天》 | 费玲英 | 作家出版社 2000 年 7 月出版 |
| 《范堤沧桑》 | 仓　显 | 中国民族摄影艺术出版社 2000 年 10 月出版 |
| 《桑梓笔记》 | 丁家桐 | 长征出版社 2000 年 5 月出版 |
| 《我的先祖是蚩尤》 | 陈　益 | 东方出版中心 2000 年 9 月出版 |
| 《生命的激流》 | 高建新 | 作家出版社 2001 年 6 月出版 |
| 《敏感香水》 | 王军先 | 沈阳出版社 2001 年 7 月出版 |
| 《自然之子》 | 毛益新 | 中国工人出版社 2001 年 8 月出版 |
| 《高谈阔论》 | 高锦潮 | 中国文联出版社 2001 年 11 月出版 |
| 《耐读人生》 | 王喜根 | 远方出版社 2001 年 12 月出版 |
| 《深深的脚窝》 | 吴宝民 | 中国文联出版社 2002 年 6 月出版 |
| 《点亮心灯》 | 黄霞君 | 人民文学出版社 2003 年 1 月出版 |
| 《再读苏州》 | 徐刚毅 | 广陵书社 2003 年 6 月出版 |
| 《独自飞翔》 | 杨一星 | 中国文联出版社 2003 年 8 月出版 |

续表

| 作　品 | 作　者 | 出版、发表时间及出版单位 |
|---|---|---|
| 《阳光行吟》 | 姚永福 | 中国文联出版社 2003 年 8 月出版 |
| 《感受荷韵》 | 黄绮冰 | 海峡文艺出版社 2003 年 8 月出版 |
| 《虞山唱晚》 | 俞小红 | 百花文艺出版社 2003 年 8 月出版 |
| 《开往春天的地铁》 | 吴长青 | 江苏文艺出版社 2004 年 1 月出版 |
| 《永远的爱与痛》 | 曹学林 | 作家出版社 2004 年 4 月出版 |
| 《明月清风》 | 葛玉莹 | 南京出版社 2004 年 5 月出版 |
| 《本色苏州》 | 谭亚新 | 复旦大学出版社 2004 年 6 月出版 |
| 《岁月的印痕》 | 阿　坤 | 吉林人民出版社 2004 年 12 月出版 |
| 《寻踪名僧的摇篮》 | 范观澜 | 作家出版社 2004 年 12 月出版 |
| 《净土之上》 | 俞慧军 | 吉林出版社 2005 年出版 |
| 《风行水上》 | 张晓惠 | 江苏文艺出版社 2005 年 2 月出版 |
| 《黄桥漫步》 | 顾寄南 | 中国文联出版社 2005 年 5 月出版 |
| 《驹隙拾遗》 | 施金根 | 吉林摄影出版社 2005 年 9 月出版 |
| 《淡淡的梅香》 | 丁立高 | 人民日报出版社 2005 年 9 月出版 |
| 《暮雨晨风》 | 陈　超 | 解放军文艺出版社 2005 年 10 月出版 |
| 《扒根草》 | 朱广海 | 吉林文史出版社 2005 年 10 月出版 |
| 《不如简单》 | 陈　社 | 人民日报出版社 2006 年出版 |
| 《乡韵亲情》 | 张洪才 | 中国文联出版社 2006 年出版 |
| 《单身母亲手记》 | 赵　锐 | 作家出版社 2006 年 1 月出版 |
| 《真水无香》 | 于文清 | 作家出版社 2006 年 3 月出版 |
| 《承诺接力》 | 陈洪锦 | 中国税务出版社 2006 年 6 月出版 |
| 《箫影流韵》 | 薛德华 | 大众文艺出版社 2006 年 6 月出版 |
| 《烟雨漫笔》 | 朱根勋 | 黑龙江人民出版社 2006 年 7 月出版 |
| 《成一法师传》 | 范观澜 | 中国文史出版社 2006 年 9 月出版 |
| 《长征追踪》 | 于利祥 | 中国军事科学出版社 2006 年 9 月出版 |
| 《冬季里的春夏秋》 | 金文琴 | 作家出版社 2006 年 12 月出版 |
| 《泡泡文人泡泡茶》 | 赵丽娜 | 浙江摄影出版社 2007 年 1 月出版 |
| 《缤纷世界》 | 魏　鹏 | 中华工商联合出版社 2007 年 1 月出版 |
| 《村语》 | 王爱芹 | 中国文联出版社 2007 年 2 月出版 |
| 《飞翔的目光》 | 王　建 | 中国青年出版社 2007 年 5 月出版 |
| 《鹤发童心》 | 孙士英 | 百花文艺出版社 2007 年 6 月出版 |
| 《尘埃里开出的女人花》 | 周淑娟 | 光明日报出版社 2007 年 8 月出版 |
| 《桃花风》 | 童　芷 | 中国戏剧出版社 2007 年 8 月出版 |
| 《种植心田》 | 夏学海 | 国际炎黄文化出版社 2007 年 9 月出版 |
| 《镇江山水》 | 程天龙 | 苏州大学出版社 2007 年 9 月出版 |
| 《山塘河畔苏州人》 | 孙荣昌 | 吉林人民出版社 2007 年 11 月出版 |
| 《晚香斋笔记》 | 杨刚良 | 华夏文化艺术出版社 2007 年 11 月出版 |
| 《春在心中》 | 陶洪仁 | 内蒙古人民出版社 2008 年出版 |
| 《郎行千里》 | 范金华 | 作家出版社 2008 年出版 |
| 《铿锵玫瑰》 | 卢　燮 | 文汇出版社 2008 年 1 月出版 |
| 《太湖记》 | 陶文瑜 | 上海远东出版社 2008 年 2 月出版 |

续表

| 作品 | 作者 | 出版、发表时间及出版单位 |
|---|---|---|
| 《青丝红豆戒》 | 马丽华 | 江苏文艺出版社 2008 年 3 月出版 |
| 《北京有约》 | 何春华 | 大众文艺出版社 2008 年 7 月出版 |
| 《水乡记忆》 | 季大相 | 大众文艺出版社 2008 年 7 月出版 |
| 《北郊旧事》 | 胡兴明 | 作家出版社 2008 年 8 月出版 |
| 《拈花一笑》 | 仲跻和 | 作家出版社 2008 年 7 月出版 |
| 《水流花开:南方草木札记》 | 朱千华 | 北京航空航天大学出版社 2008 年 9 月出版 |
| 《沧桑随笔》 | 胡成彪 | 江苏人民出版社 2008 年 9 月出版 |
| 《七十七盏河灯》 | 吴光辉 | 百花文艺出版社 2008 年 10 月出版 |
| 《我的乡村》 | 李寿生 | 作家出版社 2008 年 11 月出版 |
| 《此物最堪思》 | 周思民 | 江苏文艺出版社 2008 年 12 月出版 |
| 《美得像假的一样》 | 沙　克 | 中国文联出版社 2008 年 12 月出版 |

## 第三节　小说

1978～2008 年,江苏小说创作以卢新华的《伤痕》为代表,拉开了伤痕文学的序幕;方之的《内奸》和高晓声的《李顺大造屋》等作品,重开了小说艺术的现实主义疆域;以汪曾祺的小说《受戒》等为源头之一,开启了新时期文学抒情主义的滥觞;而随着陆文夫《小贩世家》《美食家》、高晓声《陈奂生上城》等作品的发表,江苏文学在现实主义道路上的探求不断深化和拓展,显示出日趋成熟的新潮头。这一时期,江苏文学思路奔放、思想竞越、思潮奔涌,方之、张弦与反思小说,黄蓓佳、徐乃建与知青小说,赵本夫与乡土小说,范小青与市井小说,周梅森与历史小说等,都以直面历史和现实的热情和勇气,进行着艺术的新探求。以苏童等为主将的先锋小说、以叶兆言等为中坚的新历史小说,以"先锋"的姿态和"全新"的气象,为中国文学注入了生机和能量。毕飞宇、韩东、朱文、鲁羊、鲁敏、叶弥、朱辉、荆歌、王大进等一大批新生代江苏作家,是 20 世纪 90 年代中国文坛的重要生力军,他们的创作体现了江苏文学风格多元、探索不止的艺术气质,显示了江苏文学向生命、向人性、向灵魂深度掘进的新趋向。

### 一、长篇小说

**《冲霄曲》**　长篇小说,胡锡山著,江苏人民出版社 1978 年出版。该书描写了中国人民志愿军一支新组建的空军部队在与美国远东空军的战斗中,表现出的大无畏精神和取得的辉煌战果。

**《乡关何处》**　长篇小说,艾煊著,上海文艺出版社 1983 年 7 月出版。该书是以 1937 年冬日寇攻陷上海、血染南京的历史为背景,用工致的笔墨描画了蒋介石对日仓皇应战、对中国共产党居心叵测的真面目,赞颂了中国人民和新四军坚决抗日的卓著功勋。作品以"南京大屠杀"和"皖南事变"为画面中心,展示"我、顽、伪、寇"繁复多角的历史活动。构成一幅气度恢宏、场面壮观的巨型历史画卷。

**《黑坟》**　长篇小说,周梅森著,《中国作家》1986 年第 3、第 4 期连载,浙江文艺出版社 1987 年 1 月出版单行本。该书讲述的是 1920 年,中国北方某煤矿发生重大瓦斯爆炸,1 000 多名矿工被困井下。北京政府为保住煤田,下令封闭矿井。不料激发民变,攻占矿井,武装暴乱,与北洋军阀的官兵展开了一场惊心动魄的大厮杀、大搏斗。与此同时,被困井下的 1 000 多名矿工,也与死亡以及自身的兽性进行着顽强格斗。最终,这些惊天动地的喧嚣,地上地下的血与火,全化作了一座默默无言的黑坟。

**《部长们》**　长篇小说,海笑著,花城出版社 1986 年出版。小说详细地描写了少为人知的部长们的日常工作、家庭生活、思想品格以及高级干部的人际关系,还以相当篇幅描写了中年知识分子、年轻一代烙着鲜明的时代印记的道德伦理观念和各自不同的对理想与爱情的追求。

**《危城》** 长篇小说,庞瑞垠著,“故都三部曲”之一,花城出版社1986年3月出版。该小说获1986年穗版优秀图书文学类一等奖。“故都三部曲”的另外两部为《寒星》和《落日》。

**《裤裆巷风流记》** 长篇小说,范小青著,作家出版社1987年出版。小说以苏州一条小巷四五家平民百姓的日常生活为题材,以细腻的笔法描绘了他们的喜怒哀乐。从历史到现实,从风俗到方言,交织成一卷苏州文化氛围颇浓的画卷。

**《青天在上》** 长篇小说,高晓声著,上海文艺出版社1991年2月出版。该小说获上海第三届长中篇小说优秀作品奖。作品叙述的是一个超脱世俗的苦涩的爱情故事。小说的隽永、圆熟的文笔,情真意切地反映了历史进程中某一片段的风云变幻,读来感慨万端,发人深思。

**《米》** 长篇小说,苏童著,江苏文艺出版社1991年8月出版。这是一个关于欲望、痛苦、生存和毁灭的故事。写了一个人有轮回意义的一生,一个逃离饥荒的农民通过火车流徙到城市,最后又如何通过火车回归故里,50年异乡漂泊是这个人生活的基本概括,而死于归乡途中又是整个故事的高潮。后被改编成电影《大鸿米店》。

**《陈奂生上城出国记》** 长篇小说,高晓声著,上海文艺出版社1991年12月出版。作者以独特的眼光、圆熟的手笔,概括了陈奂生从“上城”到“出国”的人生变迁,塑造了一个寓意深刻的中国农民的典型形象,从一个侧面反映了十年改革开放的跌宕起伏。

**《老岸》** 长篇小说,范小青著,十月文艺出版社1992年9月出版。小说描写医生世家出身并受过医科高等教育的推拿大夫华润泽曲折的一生。小说在紧张的情节、曲折的故事里展现了变革中的古城世态、风情,及芸芸众生的恩恩怨怨。

**《我的帝王生涯》** 长篇小说,苏童著,载《花城》1992年第2期,花城出版社1992年10月出版单行本。这是一个虚构的“历史”小说,用一种近乎魔幻的笔法叙述帝王生活,同时又借鉴了传奇小说的写法和古典诗境的营造,讲述了一个不该做皇帝的人做了皇帝,一个做皇帝的人最终又成了杂耍艺人的故事。

**《筋骨》** 长篇小说,陆永基著,江苏文艺出版社1993年1月出版。这是一部辛辣的人生悲喜剧,主人公“筋骨”是一个可怜、可鄙、可笑而又可厌的角色。种种可悲的属性在于他十分笨拙的精明和非常入世地被遗弃。

**《城北地带》** 长篇小说,苏童著,《钟山》1993年第4期至1994年第3期连载,今日中国出版社1994年9月出版单行本。小说讲述了4个主要少年角色曾结伴度过一段顽劣时光。但在跨入成年的门槛前,他们却各自经历了改变一生的事件:一个因为强暴罪入狱,一个死于帮派械斗,一个与有夫之妇私奔,而最后一个莫名其妙的因“检举特务”而成为英雄。在《城北地带》中,人们不再为死亡而震惊,而是为那些那个年代特有的场景和细节所打动。

**《醉太平》** 长篇小说,朱苏进著,《钟山》1993年第4期至1994年第2期连载,上海文艺出版社、江苏文艺出版社分别于1994年5月、1996年11月出版单行本。作品以现实主义手法反映了军内的特殊生活,编织了一首太平盛世的军区大院奏鸣曲,从一个侧面折射出军队的现状和发展趋势,选材独特、内涵丰富、文笔畅达、描写细腻、形象丰满。

**《花煞》** 长篇小说,叶兆言著,《钟山》1993年第4期至1994年第3期连载,今日中国出版社、作家出版社、台湾麦田出版公司分别于1994年、1995年、1998年出版单行本。该书讲述了东西方文化在一座小城——梅城交汇时的是是非非和城里人物的传奇命运。

**《心之门》** 长篇小说,储福金著,作家出版社1994年11月出版。该小说获江苏省人民政府颁发的第三届文学艺术奖。这是一部当代原创都市长篇小说,小说通过塑造描写两个主人公陈菁与冯曾高,写出他们的人生与故事,反映出平凡世界里的普通人的生存状态、心理世界、情感纠葛等,展示出生活百态、人生诸相。

**《飘零的归宿》** 长篇小说,枫亚著,中国文联出版公司1994年12月出版。小说讲述了海峡两岸长期的对峙,造就了这个忍辱负重而又自强不息的乡村女教师施云霞一生的悲喜剧命运。作者以饱蘸着感情的笔墨,塑造了这个动人的女性艺术形象。

**《多伊在中国》** 长篇小说,姜琍敏著,载《十月》1994年第3期,北京出版社1994年出版。该书通过对外商驻中国总裁多伊形象的再现,首开此类题材写作之先河。作品从一独特角度表现了改革开放给中国社会带来的巨大变化，及东西方文化在现代中国的特定历史背景下的融合与冲突。

**《上海往事》** 长篇小说，毕飞宇著，今日中国出版社1994年出版。作品源于作者对家乡那片水荡的神秘感，重新用笔涂画出一个"大水荡"。这个水荡充满着阴谋、恐怖和凶杀，上演着现代社会的活剧。在这种背景的衬映之下，小金宝灵魂的美质显得格外的明亮。小说出版之后，被张艺谋改编为电影《摇呀摇，摇到外婆桥》，在国内产生较大的影响。

**《花影》** 长篇小说，叶兆言著，南京出版社、香港天地图书公司、法国彼楷尔出版社分别于1994年、1996年出版。这部小说铺陈了一个没落而颓唐的家族传奇，讲述了妤小姐与黑暗的封建礼教作斗争的故事。

**《逐鹿金陵》** 长篇小说，庞瑞垠著，百花出版社1994年12月出版。该小说获"八五"期间全国优秀长篇小说奖，1998年由江苏电视台拍摄为4集电视剧《梅园往事》。小说讲述了1946年，面对抗日战争胜利后中国的命运和前途，国民党、共产党和美国三方在谈判桌上，唇枪舌剑。蒋介石、陈布雷、周恩来、董必武、马歇尔、司徒雷登等主要人物都被卷进了角逐的旋涡。

**《派克式左轮》** 长篇小说，黄蓓佳著，海南国际新闻出版中心1994年出版。该书讲述了一位学业极其优秀的从事尖端科学研究的博士鲁杭，22岁获李政道奖学金赴美留学，然而他却置事业、生命、爱情、父母、家人于不顾，枪杀数人后自杀的故事。

**《江湖十八年》** 长篇小说，刘静生著，《雨花》1995年第2期至第12期连载。这是一部纪实性比较强的小说。主角是一个因"反右"吃了官司的罪犯，越狱后在逃亡过程中，辗转迁徙，混迹于江湖上"三教九流""五花八门"等形形色色的人物之中，在经历的几次爱情中，最让他刻骨铭心的是一个叫傅彩红的女人。

**《人之窝》** 长篇小说，陆文夫著，发表于《小说界》1995年第2、第4期。这部长篇小说分上、下两部，写苏州的一座大宅院在20世纪40年代与60年代的动荡变迁。作者擅长正面白描和侧面刻画等多样艺术手法，塑造了众多生动的人物形象。融社会动荡于大宅院"内乱"之中，写得情景交融，鞭辟入里，发人深省，具有浓郁的姑苏风格。

**《坤母》** 长篇小说，肖元生著，江苏文艺出版社1995年7月出版。这部小说通过主人公杨忆临童年、青年及中年的生命体验，描写作为具有特殊时代色彩的"老三届"人群中的个别，所经受的各种生存层面的磨砺，精神符码的失落与重新点燃，折射出当代的社会矛盾和复杂世象。

**《一九三七年的爱情》** 长篇小说，叶兆言著，江苏文艺出版社1996年10月出版。小说描写了一个大时代中伤感的爱情故事。作者本意是写战争，最终却写了爱情。这段缠绵奇特的爱情故事背后，再现了1937年南京城一段由繁荣至颓败的大起大落的悲惨历史。

**《青铜梦》** 长篇小说，薛冰著，江苏文艺出版社1996年11月出版。作品以20世纪30年代安徽寿县李三孤堆楚王陵出土大批青铜器的神秘迷失为背景，叙写了20世纪90年代各种社会角色对这批青铜精品扑朔迷离的追寻争夺，其间穿插收藏界的是是非非、楚文化的来龙去脉、考古发掘与职业盗墓、古玩鉴赏以及青铜工艺，兼涉金陵风物、掌故轶闻、痴情孽缘，以拍案惊奇的传统和娴熟的白描手法，揭示出近百年间的世相心态。

**《人间正道》** 长篇小说，周梅森著，载《当代》1996年第6期，人民文学出版社1996年11月出版。该小说于1997年获中共中央宣传部颁发的第六届精神文明建设"五个一工程"奖。这是一部全景式反映中国当代改革生活的作品，作品以经济欠发达的平川地区为切入口，以一千多万人民摆脱贫穷落后的经济大建设为主线，在28 000平方公里土地上，在上至省委，下至基层的广阔视野里，展开了一幕幕悲壮而震撼人心的现代生活画卷。

**《新乱世佳人》** 长篇小说，黄蓓佳著，江苏文艺出版社1997年出版。小说描述了生逢乱世，人们无法回避的悲剧命运，是一曲献给在逆境中决不屈服的中国女性和中国人的赞歌。

**《世纪黄昏》** 长篇小说，潘浩泉著，《清明》1997年第5、第6期连载，安徽文艺出版社1998年出版。这部小说解剖了主人公冯天一的心灵，寄寓了对沉沦的灵魂的呼唤，比较成功地塑造了文人部落的群像。

**《黑蚂蚁蓝眼睛》** 长篇小说，赵本夫著，春风文艺出版社1997年11月出版。原题《逝水》，作家出版社 1995 年 11 月出版。《黑蚂蚁蓝眼睛》是“地母”系列长篇小说的第一部。

**《股民日记》** 长篇小说，沈乔生著，春风文艺出版社 1997 年 11 月出版。作品充分展现了股市中人性的演变和发展，显示了热烈的人道主义精神和深刻的批判意识，在艺术上有自己的探索。

**《清浊界》（原名《青绛玄黄》）** 长篇小说，艾煊著，载《百花洲》1998 年第 1 期，上海文艺出版社 1997 年 11 月出版，出版时易名《清浊界》。小说描述了文化人和政府官员、文化人和企业家以及文化人相互之间的种种交往和纠葛，从中折射出中西文化的某些冲突和融合，表现了梅一卉等当代作家应有的良知和品行，也鞭挞了嫁接于文化这棵大树上的一些人士的种种劣迹。

**《大脚雾》** 长篇小说，枫亚著，文津出版社 1997 年 12 月出版。小说以第一次鸦片战争和晚清时期的政治、经济、文化为背景，描述了大脚沙岛上三个宗族既矛盾又依存的复杂状况，展示了沙岛民众对禁烟和英军入侵的种种心态，刻画了沙岛民众的生活和风俗场景。

**《天下财富》** 长篇小说，周梅森著，人民文学出版社 1997 年 12 月出版。这是一部反映中国当代经济生活的长篇小说。作品以中国经济体制改革为背景，以濒临倒闭的南方机器厂在股份制道路上的新生和新中国证券业的风云变幻为主线，通过江家三兄弟及其各式人等的人生沉浮故事，展现了一幅幅当代生活画卷。

**《百日阳光》** 长篇小说，范小青著，江苏文艺出版社 1997 年出版。作者落笔于江南的乡镇企业，但折射出来的艺术空间却是比较恢宏深广的。通过对各种人物形象的创造，再现了 20 世纪 90 年代中国乡镇企业的一幅全景式的图画，较深地揭示了当下乡镇社会的种种矛盾。

**《呼吸》** 长篇小说，祁智著，长春出版社 1998 年 1 月出版。小说真实而艺术地展示了当下丰富的生活层面，生动地刻画了许明等一系列人物形象。

**《沧海苍天》** 长篇小说，王明皓著，作家出版社 1998 年 4 月出版。小说以 1894 年中日甲午战争中整个北洋水师在刘公岛覆没为故事线索，以一个现代人的新视角，重新描述了那一段惨痛的历史。

**《悠悠天地人》** 长篇小说，刘振华著，山东文艺出版社 1998 年 8 月出版。全书分上、中、下三部，小说描绘了广阔的时代画面和三教九流的人物形象，还生动地刻画了许多女性形象。作品贯穿了易学玄学，融汇了神秘魔幻的手法，还涉及诗词歌赋、茶经酒道，有着浓郁的文化气息。

**《中国制造》** 长篇小说，周梅森著，作家出版社 1998 年 12 月出版。作品中高层领导、中层干部、普通群众三个层面人物的思索和奋斗、奉献和牺牲、感情和命运纠葛交织成一幅迎接新世纪的改革交响曲，气势恢宏，情感真挚，情节动人，是一部反映新时期的扛鼎力作。

**《秦淮世家》** 长篇小说，庞瑞垠著，江苏文艺出版社 1999 年 9 月出版。全书以世代居住在南京秦淮河畔的名门望族，前清翰林谢庭昉以降的五代人为主人公，叙述了他们在 20 世纪百年间风云巨变中的悲欢离合、荣辱沉浮及人生取向。

**《婚姻生活的侧面》** 长篇小说，王大进著，人民文学出版社 2000 年 1 月出版，被编入人民文学出版社的《探索者丛书》。小说讲述的现代人的性与婚姻关系，呈现了人们在现实生活中的另类处境。

**《古柳泽》** 长篇小说，张国擎著，中国青年出版社 2000 年 12 月出版。这部作品将笔锋切入到特殊的 1926 年，描写了江浙太湖边古柳泽镇上，代表着封建势力和代表着新兴资本者的包、邵两大家族展开的激烈斗争。

**《欲望之路》** 长篇小说，王大进著，载于《当代》2000 年第 5 期，人民文学出版社 2001 年 4 月出版，漓江出版社 2006 年 9 月再版。入选中国出版集团、国家教育部“建国以来 500 部优秀长篇”之一。《欲望之路》讲述了一个农村出身的大学毕业生，在走上社会后努力挣扎，并终于取得成功的故事。

**《小妖的网》** 长篇小说，周洁茹著，春风文艺出版社 2000 年出版。该书描述了真实的网络青年的生活，作者以另类写法描绘网络青年的困惑和惆怅。小说的主人公，年轻漂亮的茹茹辞去公职后，与家庭也处于决裂的边缘。网络让她找到了与现实迥异的另一种生存，无数如她一样的青年男女，在这个虚拟的空间里寻求自由的翅膀。

**《高跟鞋》** 长篇小说，朱文颖著，春风文艺出版社 2001 年出版。小说以 20 世纪 80～90 年代发生翻天覆地变化的上海为背景，描写了安弟和王小蕊两个女大学生在时代的变迁中沉浮的故事。小说展现在当代社会物质与精神的较量中，物质完胜的真实状况，表现了人们在物质与精神的两难境地中的挣扎。

**《牺牲的总是爱情》** 长篇小说，中跃（本名张跃年）著，时代文艺出版社 2002 年 1 月出版。作品探讨了爱情游戏之谜。

**《心囚》** 长篇小说，陶若美著，天津百花文艺出版社 2002 年 5 月出版。作者以优美细腻的笔触，通过江南某沿海城市的一群百姓在特定的历史阶段中命运遭际的剧变和性格发展的跌宕，真实生动地再现了中国社会从"文化大革命"到改革开放后人们的生存状态及心灵世界的变迁。书中人物活灵活现，故事情节曲折生动、丝丝入扣，赋予了丰富多彩的人性内涵。

**《狗在 1966 年咬谁》** 长篇小说，沈乔生著，江苏文艺出版社 2002 年 9 月出版。小说描写了一个 15 岁的资产阶级出身的男孩，在"文化大革命"中的种种荒诞经历，提出了一个命题：人摆脱恐怖的方法是什么，是把别人也拖入恐怖之中吗？从而对人性的弱点进行了深刻的拷问和反省。

**《细雨中的阳光》** 长篇小说，储福金著，新世界出版社 2002 年 10 月出版。小说讲述了三位不同类型的女性，同时爱上了才华横溢的男主人公。描绘了一段迷惘伤感的青春旅程、一份浓烈相思的激情演绎、以及一副副温馨体贴、浪漫性感的画面。

**《城市之光》** 长篇小说，范小青著，江苏文艺出版社 2003 年出版。小说运用叙事分析的文学方式考察当代城市农民工这一差异群体，准确地把握农民工群体的特殊身份以及在城市社会形成的文化意义和影响。对农民工"受难形象"和"负面行为者"形象作出客观解说与辨正。

**《扎根》** 长篇小说，韩东著，人民文学出版社 2003 年出版。该小说于 2003 年获华语传媒大奖长篇小说奖，以及曼氏亚洲文学奖提名。该书全景式地还原了下放生活那段特殊历史时期的独特经验，讲述了一个特殊历史时期的传奇，描绘了当年下放大军中的各色人物形象。

**《城市表情》** 长篇小说，范小青著，作家出版社 2004 年 1 月出版。该小说于 2005 年获得江苏省第二届紫金山文学奖长篇小说奖。小说围绕一座历史文化名城"南州"的建设改造来展开叙述。其中各种各样的困难、矛盾不断出现，因此故事情节也跟着起伏跌宕，震慑人心。

**《地狱天堂》** 长篇小说，王大进著，载于 2004 年 12 月《小说月报·长篇专号》，百花文艺出版社 2005 年 5 月出版。2007 年西安电影制片厂摄制成 22 集同名电视剧。小说讲述了当代企业主家庭在财富积累过程中的变化。在致富过程中，存在妥协与抗争，苟合与投机的矛盾。在时代大潮里，人性的蜕变与失落，在天堂与地狱间徘徊，终以悲剧而收场。

**《第十一诫》** 长篇小说，黄梵著，大众文艺出版社 2004 年出版。该书冷静真实地再现了当代知识分子的灵与肉的纠结与无奈，在人性的挖掘上做了有益的尝试，在观察社会世相上表现了作者独到的敏感。

**《我和你》** 长篇小说，韩东著，上海文艺出版社 2005 年出版。该书将目光聚焦在探讨爱情上，内容涉及性、男女之爱、嫉妒、伤害、别离、幻灭等，写得比较细致，可读性强。

**《白驹》** 长篇小说，朱辉著，原载于《钟山》2005 年第 4 期，中国青年出版社 2006 年出版。整部作品通过苏北平原上一个烧饼店学徒的曲折命运，透视出战争风云的残酷及其诡异，恰到好处地展现了 20 世纪 40 年代中国某乡镇的民风人情。

**《戒指》** 长篇小说，鲁敏著，中国青年出版社 2005 年 1 月出版。在这部爱情小说中，激情和欲望寻找着释放的渠道，而预设的陷阱耐心地等待着捕获"猎物"。阴谋在实施中悄然变质，故事在道德尺度外出其不意地展开。

**《平原》** 长篇小说，毕飞宇著，江苏文艺出版社 2005 年 1 月出版。该小说于 2008 年入围第七届茅盾文学奖。小说讲述的是"文化大革命"时期关于权力左右人的命运的故事。作者以异常朴实的叙事话语深入到了中国的苏北农村，在展现特殊历史背景下中国农民奇特而贫贱的生存形态的同时，乡村女性的悲苦命运也以一种近乎冷酷的笔触被惊心动魄地描绘了出来，在苏北平原上演绎了一场关于乡村女性囚禁与出逃的悲歌。

**《女同志》** 长篇小说，范小青著，春风文艺出版社 2005 年 5 月出版。该小说于 2008 年入围第七届茅盾文学奖。这部小说的写实功力极强，作者将官场女性的隐秘心理雕刻得精细而逼真，同时又不乏浓厚的浪漫与理想主义色彩。

**《我本英雄》** 长篇小说，周梅森著，作家出版社2005年7月出版。作者以敏锐的目光抓住了中国当代社会发展的尖锐矛盾冲突，具有鲜明的批判态度和理性思索。

**《元红》** 长篇小说，顾坚著，北京十月文艺出版社2005年9月第1版，北京十月文艺出版社2007年3月第2版。故事起始于20世纪70年代的苏北水乡，描写了主人公丁存扣从9岁到35岁的人生历程。该书是一部优秀男人的成长史，同时，也是对一个时代的忠实记录。

**《香河》** 长篇小说，刘仁前著，人民日报出版社2006年2月出版。小说以细腻抒情的笔法，生动地描述了苏北水乡的民情民俗和生活故事，展现了一幅具有浓郁地域文化色彩的风俗画卷。

**《美哉少年》** 长篇小说，叶弥著，原载《钟山》，《长篇小说选刊》2006年第4期选载。小说从一个全新的角度，描写了"文化大革命"对一位成长中的少年造成的伤害。但就算在那样恶劣残酷的环境中，一个少年以及一群生存在苦难中的小人物所表现出的对善良、对美好生活执着的追求和坚守，仍是那样耀人眼目。

**《碧奴》** 长篇小说，苏童著，重庆出版社2006年9月出版。小说参与了由英国坎农格特出版社出版人杰米·拜恩发起、全球参与的"重述神话"大型图书出版项目。本书是根据中国神话传说"孟姜女哭长城"的故事改编而成的，塑造了以孟姜女为原型的女主人公形象，融合了作者的个性风格，并赋予一定的现代色彩，以此来重述世界文明中积淀了数千年的神话经典。

**《垂直打击》** 长篇小说，张嵩山著，新星出版社2006年11月出版。该书以我军某空降部队所经历的野外生存、空降作战等故事为蓝本，惊心动魄地展示了宏大的战斗场面、空降兵的情感世界和远大追求，突出表现了我军官兵为打赢现代化战争殚精竭虑，实战演练的火热生活，同时也塑造了一群勇武过人、智慧超人、性格迷人的特种兵形象。小说改编的20集电视连续剧获中共中央宣传部第十届精神文明建设"五个一工程"奖、第19届全军电视剧金星奖长篇电视连续剧一等奖。

**《至高利益》** 长篇小说，周梅森著，长江文艺出版社2007年1月出版。这是一部揭示政绩工程内幕的当代政治小说。作者从政治体制的反思入手，展示了当代政治最尖锐、最核心的矛盾及政治家的抉择。

**《后羿》** 长篇小说，叶兆言著，重庆出版社2007年1月出版。小说对"后羿射日"和"嫦娥奔月"这两个古老神话故事的解读可以说是令人瞠目的，他跳出了现代人伦道德观念的约束，站在一个更接近人类本原的出发点来重述人们耳熟能详的故事情节，同时还对人性与皇权、欲望与尊严的对立和冲突进行了深度探索，揭示人性与神性的关联，极具可读性。

**《绝对权力》** 长篇小说，周梅森著，江苏文艺出版社2007年10月出版。这是作者鼎力推出的又一部深刻思索权力监督问题的意义深远的优秀政治小说。

**《赤脚医生万泉和》** 长篇小说，范小青著，人民文学出版社2007年7月出版。作者善于用琐碎的日常生活细流构建精神世界，用饱含温情的态度关照人、社会与疾病之间的关系，由此展示中国乡村的根系，在平淡之中描绘出内心的那个本真的世界。

**《博情书》** 长篇小说，鲁敏著，江苏文艺出版社2007年10月出版。小说以林永哲与央歌的婚外情为主线，描述了一段与时代风气格格不入的婚外情的故事。小说书写的乃是这个时代的博爱之情、浅薄之情。

**《黑白》** 长篇小说，储福金著，发表于《西部华语文学》2007年第3期，人民文学出版社2007年11月出版。小说的背景放在民国时期，故事围绕着陶羊子与围棋息息相关的生活展开，通过围棋写人生，通过个人写历史，题材独特，深深发掘了传统文化中蕴含的独特魅力。作者描写细腻、文风平和、擅长绵绵阴柔的平常风格，但具有较为开阔的气象。

**《所有的》** 长篇小说，黄蓓佳著，江苏文艺出版社2008年1月出版。作者通过对一对姐妹成长和经历的描摹，旨在探讨现代人在现代社会，面对金钱、世俗、新旧观念的全方位冲突、金钱名利的多种诱惑，该如何应对自己的感情，如何调整心态的平衡。小说中充满了"性格决定命运"的哲理，也反映了现代人的抉择之苦、平静之难。

**《无土时代》** 长篇小说，赵本夫著，人民文学出版社2008年1月出版。小说同时在城市和乡村之间交替描写，讲述了既冷峻而又严酷、既滚烫而又炽热的现实生活，展现了当代民众对土地的执着与眷恋，带给人们巨大的心灵震撼，反映了现代社会人们焦躁的城市生活和对美好的田园生活的追求，揭示了当代中国城乡发展过程中的各种社会矛盾和社会问题。

**《推拿》** 长篇小说，毕飞宇著，人民文学出版社2008年9月出版。《推拿》是毕飞宇首次涉足盲人题材的长篇小说。这部近18万字的小说讲述的是一群盲人推拿师内心深处的黑暗与光明，这也是国内少有的以盲人群体为题材的文学作品。本着对盲人群体最大的尊重与理解，描述了一群盲人按摩师独特的生活，细微而彻底，真正深入到了这部分人群的心灵。

## 二、中篇小说

**《光明行》** 中篇小说，潘浩泉著，载《清明》1981年第2期。小说讲述了1949年早春，光明与黑暗的大决战前夕，蒋介石的“御林军”首领华钟又一次来到人生的十字路口，最终在共产党的感召下，经过一番彷徨与波折，率部起义，投向光明。

**《射天狼》** 中篇小说，朱苏进著，载《昆仑》1982年第1期。小说获1982年全国优秀中篇小说奖、首届解放军文艺奖。小说着重写非战争环境里军人的职业价值，着力刻画了一个有自己独特遭遇、思虑和苦恼的基层指挥员形象。

**《灰布阿七》** 中篇小说，朱新楣著，载上海《小说界》1982年第2期，该小说于1984年获首届金陵文学奖。小说讲述了江南小镇的一个剃头师傅，一贯爱吹牛皮，结果在“镇反”中以散布“反动言论”被镇压的故事。

**《石门二柳》** 中篇小说，储福金著，载《钟山》1982年第3期，《小说月报》1982年第9期，《中篇小说选刊》1982年第6期选载。该小说获首届《钟山》文学奖，并于1983年由江苏电视台改编成电视剧。小说描写大柳、小柳一对姊妹的爱情故事，为读者提供了一幅城乡的风俗画。

**《清水湾，淡水湾》** 中篇小说，姜滇著，载《十月》1982年第3期，百花文艺出版社1982年出版单行本。该小说获《十月》文学奖。小说叙写了一个普通丝织女工顾丝丝把10万元遗产捐献给国家的动人故事。1984年，由北京电影制片厂改编成同名电影。

**《北国红豆也相思》** 中篇小说，乔雪竹著，载《花城》1982年第4期，《中篇小说选刊》1983年第2期选载。小说着力描写生活在密林深处的鲁晓芝冲破束缚、追求爱情的率真奔放的性格，描写了现代文明对她的强烈吸引。1984年，由北京电影制片厂改编拍摄为电影《北国红豆》。

**《美食家》** 中篇小说，陆文夫著，载《收获》1983年第1期。该小说于1984年获第三届全国优秀中篇小说奖。故事讲述了革命干部高小庭和资本家朱自冶40余年的浮沉纠葛，从一个特殊的角度解剖了近半个世纪的中国社会生活，反映了时代的变迁和人们价值观念的变化。

**《玫瑰房间》** 中篇小说，黄蓓佳著，载《收获》1983年第2期，《作品与争鸣》1990年第5期转载。小说围绕着两对青年知识分子夫妻之间肉体相吸、灵魂相斥这一主题，描绘了两个家庭“男人和女人较量”的人生故事。

**《这一瞬间如此辉煌》** 中篇小说，黄蓓佳著，载《花城》1983年第3期，《中篇小说选刊》1984年第1期选载。作品着力塑造了一个音乐学院老教授的形象，讲述了她沉醉于自己已有的学术地位和学生们的成就之中，逐渐失去了对艺术领域中的新鲜事物的敏感，变得自信而固执、保守而狭隘，并滋长了对才能的嫉恨心理，也失去了对自己关门弟子的吸引力的故事。

**《各人头上一方天》** 中篇小说，杨旭著，载《钟山》1983年第4期，《小说月报》1983年第12期转载。小说在妙趣横生的情节中展开了一场“官本位”与“人本位”之间的思想文化冲突。

**《沉沦的土地》** 中篇小说，周梅森著，载《花城》1983年第6期，《小说月报》1984年第3期转载。这篇小说是作者的成名作。朴实的民风，贫瘠的土壤，加上完善到极致的封建伦理观念和宗法社会结构，为乡绅三先生提供了强大的社会基础，给新兴的民族资本家章达人树起了不可逾越的障碍和难以应付的天敌，这片土地的几股力量——地主、农民、窑工、资本家一起搏击和沉沦于历史的大潮。

《**凝眸**》 中篇小说，朱苏进著，载《昆仑》1984年第5期。该小说于1984年获第三届全国优秀中篇小说奖。这部小说以台湾海峡两岸的对峙为背景，描写了敌我双方年轻一代士兵内心深处发生的微妙变化。

《**井**》 中篇小说，陆文夫著，载《中国作家》1985年第3期。小说通过小巷深处一个普通女性数十年的人生悲剧，揭示了仍残存在人们思想中的封建意识和“左”的思潮对女性的摧残。

《**雷场上的相思树**》 中篇小说，江奇涛著，载《昆仑》1985年第5期，《新华文摘》1986年第3期摘要。《雷场上的相思树》超越一般军事题材的限制，对人生中的某种情势做了准确的概括和象征。

《**花湿红泥村**》 中篇小说集，姜滇著，上海文艺出版社1985年11月出版。该集中的5部中篇小说都是取材于当时的现实生活，描写了时代变革下小人物的人生百态。

《**第三只眼**》 中篇小说，朱苏进著，载《青春丛刊》1986年第2期，《小说选刊》1986年第9期选载。小说叙写了海防某部战士司马成投入敌方，成为披露我方战士隐秘心理、行为的“第三只眼”。

《**小城**》 中篇小说，雨城著，载《青春》1986年第3期，《小说选刊》1986年第6期选载。

《**军歌**》 中篇小说，周梅森著，载《钟山》1986年第6期，《小说月报》1987年第2期转载。该小说于1988年获第四届全国优秀中篇小说奖。小说描写了一批沦入日寇之手的国民党官兵，他们被迫在地层深处的矿井采煤，渴求自由的愿望引起在井底干活的战俘们的内心骚动。作者剖析了绝境中人性的冲突，灵魂的堕落。

《**远音**》 中篇小说，肖元生著，载《钟山》1986年第6期。

《**三人畈**》 中篇小说，黑子著，载《钟山》1987年第1期。小说叙写了北大荒的三人畈，凄厉的是风声、狼嗥，混沌的却不只是变幻莫测的自然世界，小说真实地揭露出以往生活中令人惊心的一幕。

《**涸辙**》 中篇小说，赵本夫著，载《钟山》1987年第4期。小说描写了黄河故道独特的文化。

《**一九三四年的逃亡**》 中篇小说，苏童著，载《收获》1987年第5期。小说中苏童将自己的孤独、困惑、绝望等消极性的生命体验映射进人物的内心和命运中，让存在的荒诞与历史的虚妄纠缠在一起，用自己深邃的目光向人类的生存困境投以了深情的一瞥。

《**国殇**》 中篇小说，周梅森著，载《花城》1988年第2期，《小说选刊》1988年第7期选载。该书描写了抗战时期国民党战区战争和生活的状态。身陷重围中的国民党军队面临绝境，战还是降？死亡还是生存？选择的艰难扭曲着生命个体，从而演绎出一段悲壮冷峻的军人的悲剧。

《**走出蓝水河**》 中篇小说，赵本夫著，载《钟山》1988年第3期。小说塑造了蓝水河边三个人物：童年的野孩、青年的徐一海、暮年的编箩筐老头。他们是同一个人物的三个年龄阶段？还是完全不同的三个人物形象？这个问题在作品里朦朦胧胧。这篇小说带有某些魔幻色彩以及某种象征和隐喻性。

《**觅**》 中篇小说，高晓声著，江苏文艺出版社1988年3月出版。苏南农村范氏家族在几十年中四次分家，作品显现出特定历史条件下的财产关系以及典型的中国农民心理。为了寻找窖藏银子，骨肉之间相互猜忌。作品揭示了金钱扭曲下的人的灵魂。

《**劣种**》 中篇小说，陆永基著，载《花城》1988年第3期。小说描写一位伟岸威严的狮王盛极至衰的经历和一位孤僻敏感的中年男子丰富又阴暗的状态与内心，揭示了自然与社会生存竞争的残酷法则。

《**追月楼**》 中篇小说，叶兆言著，载《钟山》1988年第5期，《小说选刊》1989年第1期选载。该小说获《人民日报》与《小说选刊》主办的1987～1988年优秀中篇小说奖。这篇小说是“夜泊秦淮”系列小说的第一部。《追月楼》围绕丁老先生，描写了日本入侵时期他的整个家族里发生的各种琐事。以丁老先生为典型，这些人物形象传达了一个共同深厚的文学意蕴，即通过市民阶层内在精神风貌的描摹，反映出作者对传统历史文化影响下人格方面的特征导致的人物命运的尴尬。

《**艳歌**》 中篇小说，叶兆言著，载《上海文学》1989年第2期，《中篇小说选刊》1989年第4期选载。这篇小说写的是一对大学生谈恋爱、毕业分配、结婚、生子、闹家庭矛盾这一揽子过程。

《**绝望中诞生**》 中篇小说，朱苏进著，载《钟山》1989年第3期，《中篇小说选刊》1989年第5期选载。《绝望中诞生》不仅仅是一篇军旅题材的小说，它还是一篇优秀的科幻小说，蕴含着作者可贵的探索、求知精神，甚至对生态的关怀之心。

**《顾氏传人》** 中篇小说，范小青著，载《钟山》1989年第4期，《小说月报》1989年第11期转载。该小说于1990年获《钟山》"新写实小说大联展"奖。小说通过对苏州名门顾家的描绘，揭示了这个家族无可挽回的败落命运，传达出苏州人特有的文化心态。

**《妻妾成群》** 中篇小说，苏童著，载《收获》1989年第6期，《小说月报》1990年第2期转载。该小说于1991年获《小说月报》第四届百花奖，列入"二十世纪中文小说一百强"(香港《亚洲周刊》邀请全球各地华文作家、专家投票选出)，根据《妻妾成群》改编的电影《大红灯笼高高挂》获奥斯卡最佳外语片奖提名。小说写了一个奢靡而垂死的封建大家庭，以四太太颂莲被陈家纳妾后的生活际遇为线索，细致深入地描写男主人、妻与妾以及丫环之间的种种性格冲突和矛盾纠葛。

**《人之度》** 中篇小说，储福金著，载《上海文学》1991年第1期，《中篇小说选刊》1992年第6期选载。《人之度》既写了人的岁月之度，又写了人的内心之度。

**《文火煨肥羊》** 中篇小说，范小青著，载《芙蓉》1991年第5期，《中篇小说选刊》1992年第1期选载。小说写的日常琐事荒诞而又平淡，但却耐人寻味。

**《花雕》** 中篇小说，梁晴著，载《中国作家》1991年第6期，《中篇小说选刊》1992年第2期转载。小说叙写了一个老人和一个年轻女子之间的友情。在孤独的旅途中，这两个人物反省人生的含义，真挚而诚实地面对真实的自我。

**《夜泊秦淮》** 中篇小说集，叶兆言著，浙江文艺出版社1991年出版。该书包含四个中篇小说，从清末讲到20世纪40年代，从南京城内小户人家里的传奇故事，到士绅门第后的情色冲突。作者以模拟鸳鸯蝴蝶派的笔法，写来丝丝入扣，不乏警醒世故的禀赋，因此在涕泪之外，别有所见。

**《接近于无限透明》** 中篇小说，朱苏进著，载《收获》1993年第2期。该小说于1993年获上海第二届长中篇小说奖。小说讲述了主人公李觉年轻时性格张扬，勇于展示自我，实现自我价值，有创新精神，但一次意外的打击使他精神崩溃。他住院治疗时想通过指导一个孩子来找回自己的价值，又被环境所阻，年老时更觉自我价值已经丧失殆尽，了无生趣，终于孤寂而死。

**《太极之野》** 中篇小说，艾煊著，载《钟山》1993年第3期。深坞险谷，飘荡恍惚的云雾，雷电交加的旷野，有药农、道士、尼姑、寡妇、从良的妓女及新近下放此地的"走资派"，各自怀有自己的故事。貌似离奇，实非杜撰。鬼魅林妖，皆系人间脸谱。

**《不可救药的外婆》** 中篇小说，赵践著，载《十月》1993年第3期。作品观照20世纪30年代过来的知识女性的人生，并对她们作了深层次的探索。

**《红狐》** 中篇小说，李志川著，载《清明》1994年第1期，《小说月报》1994年第4期转载。小说讲述了看山人地哑夹住了一只红狐，红狐咬断自己的腿逃走后对地哑进行报复，人和狐进行了一系列的斗智活动，但又和谐地生活在一起的故事。

**《我爱美元》** 中短篇小说集，朱文著，作家出版社1995年出版。该书从根本上颠覆了父子间的传统关系，以"性"和"美元"来暗示欲望、自由。

**《新上任的八品芝麻官》** 中篇小说，严苏著，载《大家》1996年第4期，《新华文摘》1996年第11期转载。

**《亮相》** 中篇小说，祁智著，载《青年文学》1997年第1期，《小说选刊》1997年第2期选载。小说叙写了某农业县一把手出了车祸，引起一些人觊觎这个位子，后来上级派来了一位新书记。在新书记赴任前夕，一些人又策划了一个让新书记"亮相"的现场。这个"亮相"既是捧场，也有陷阱的意味。新书记在处境不利的情况下，巧妙地把矛盾化解。

**《变奏》** 中篇小说，祁智著，原载《钟山》1998年第4期，《小说月报》1998年第9期选载，《小说选刊》1998年第10期选载。

**《应春玉兰》** 中篇小说，燕华君著，载《上海文学》1998年第7期，《作品与争鸣》1998年第12期转载。小说塑造了下岗女工林弟的形象，描写她的窘迫与烦恼以及对命运的抗争。

**《走近赛珍珠》** 中篇小说集，叶兆言著，云南人民出版社1999年6月出版，大众文艺出版社2008年5月出版。该书收录了《走近赛珍珠》《王金发考》和《故事：关于教授》三部中篇小说。作者以虚实相间的艺术手法，分别描写了诺贝尔文学奖获得者赛珍珠在中国的创作和生活、辛亥革命党人王金发的生平与革命经历以及虚构的大学教授苏抑匠的传奇人生故事，平实质朴的叙事中浸透着对社会、历史和人生的厚重思考。作者的创作感受和生活经历也在其中有所折射。

**《青衣》** 中篇小说，毕飞宇著，原载《花城》2000年第3期，《小说选刊》2000年第7期转载。小说讲述了月宫中凌云而舞的嫦娥、舞台上光彩照人的青衣和大地上平凡琐碎生活的筱燕秋，她们成为一种女性形象的隐喻包容了世间所有女子的命运，是千百年来女性生存的缩影，展示了以筱燕秋为代表的现代女性进退失据、无所适从的生存困境和她们困兽犹斗、寻求自赎之路的心灵历程。

**《潮涨潮落》** 中篇小说，肖元生著，载《人民文学》2003年第11期。小说描写了一个在神秘的潮间带建立的所谓“村”，以及为此展开的激烈争夺，而沉寂万年的海底火山已经孕育爆发。

**《非暴力征服》** 中篇小说，罗望子著，《小说月报》原创版2005年第3期。《中篇小说选刊》2005年第四期转载。这部城市小说表面上是一个求爱者的故事，实质上却是打工者占领城市的过程。由此，罗望子塑造了一个崭新的打工者形象：既有乡下人的狡黠，又有城里人的阴谋。

**《繁华》** 中篇小说，朱文颖著，刊于《收获》2005年5期，入选《2005中国中篇小说年选》，花城出版社2006年出版。该小说获中国青年作家批评家论坛评选的首届青年作家奖。《繁华》不落雕痕地摄入全球化背景，在人生的漂泊和生命的流转中精心体察中国人心影徘徊的伤痛，人物及命运内在的声息得到了真切的捕捉。

**《葬礼》** 中篇小说，王大进著，载于《当代》2005年第6期，收录于《2005年北大年选（小说卷）》，北京大学出版社2006年3月出版。小说以一个农村老妪的葬礼为契机，一点切入，环环相扣，在一个中篇的容量内，将一个小型《红楼梦》式的乡村大家庭的偌大谱系、各种复杂而微妙的关系和矛盾一层层写出，勾绘出一幅当代农村政治、经济、文化、世情图卷，多而不杂，纷而不乱，堪称佳构。

**《玉米》** 中篇小说集，毕飞宇著，《玉米》发表于《人民文学》2001年第4期。该小说于2004年获第三届鲁迅文学奖全国优秀中篇小说奖。这部小说对“文化大革命”时期中国家庭和乡村生活进行了一次激动人心的探索，作者在一个扣人心弦的家庭冲突和爱情故事中，天衣无缝地游走于史诗般的宏大叙述和深入细腻的描写之间，既气势磅礴又精妙细微，不仅勾勒出个体的生活，同时还呈现了整个社会的全貌。

## 三、短篇小说

**《内奸》** 短篇小说，方之著，载《北京文艺》1979年第3期，收录于《方之作品集》，江苏人民出版社1981年7月出版。该小说获1979年全国优秀短篇小说奖。小说描写一个名字叫田玉堂的“不干不净、好吹好炫的商人”，这个人物是新时期江苏小说创作中第一个具有复杂丰富的生活内涵和审美内涵的艺术形象。《内奸》成为中国新时期“反思文学”的发轫之作。

**《记忆》** 短篇小说，张弦著，载《人民文学》1979年第3期，收录于短篇小说集《挣不断的红丝线》，人民文学出版社1983年出版。该小说获1979年全国优秀短篇小说奖。小说描述年轻的女电影放映员方丽茹由于一次意外的失误，将表现领袖人物的影片颠倒了几秒钟，而她却由此被打成“反革命”，颠倒了一生。处理此事的最高领导、宣传部部长秦慕平不久也受到“文化大革命”的巨大冲击。“文化大革命”结束后，两人不期而遇，方丽茹用最质朴的人性宽容原谅了他，使秦慕平受到深深震动。

**《献身》** 短篇小说，陆文夫著，载1979年第4期《人民文学》，收录于短篇小说集《特别法庭》，花城出版社1982年12月出版。该小说获1979年全国优秀短篇小说奖。小说塑造了一个有献身精神的知识分子“土壤迷”卢一民，“文化大革命”中的种种厄运都没有动摇他献身科学的决心。

**《特别法庭》** 短篇小说，陆文夫著，载《上海文学》1979年第6期，收录于短篇小说集《特别法庭》，花城出版社1982年12月出版。小说设置了三个师兄弟：汪昌平、“我”、许立言。通过“我”对汪昌平一生的观照，解剖了一个市侩的卑琐灵魂。许的才智品行均远胜于汪，却因耿直而被打成“右派”。孰是孰非，在人生的“特别法庭”上作出了严肃公正的审判。

**《李顺大造屋》** 短篇小说，高晓声著，载《雨花》1979年第7期，收录于短篇小说集《79小说集》，江苏人民出版社1980年6月出版。该小说获1979年全国优秀短篇小说奖。贫苦农民李顺大，靠土改翻身立下了造三间砖房的雄心，由此而勤劳节俭，用最简单、最艰苦的原始劳动去积累一砖一瓦。但“共产风”和“文化大革命”，使他两度造屋都成为泡影，习惯于当“跟跟派”的李顺大并不懂得自己命运坎坷的缘由。“文化大革命”之后，尽管仍费了不少周折，他造屋的理想终究得以实现。

**《请客》** 短篇小说，徐朝夫著，载《雨花》1979年第10期，收录于短篇小说集《十二品正官》，江苏人民出版社1983年5月出版。黄大梨一封反映筱阿竹劣迹的信，竟被上面的各级“革命委员会”层层加盖了一个个章，原封不动地转到筱阿竹手里。筱阿竹洋洋得意地拿着这封信，反过来请黄大梨的客，对其软硬兼施。黄大梨在那些公章上打了个叉，表示了“革命到底”的决心。小说的人物性格刻画鲜明，线条刚劲有力。

**《被爱情遗忘的角落》** 短篇小说，张弦著，载《上海文学》1980年第1期，收录于短篇小说集《挣不断的红丝线》，人民文学出版社1983年出版。该小说获1980年全国优秀短篇小说奖。小说描述了愚昧穷困的天堂乡农村姑娘存妮和小豹子相爱，“丑事”败露后存妮自杀身亡，小豹子则因“强奸罪”而入狱。小说深刻地揭示了“左”的错误路线对人性的摧残。

**《小贩世家》** 短篇小说，陆文夫著，载《雨花》1980年第1期，收录于短篇小说集《特别法庭》，花城出版社1982年12月出版。该小说获1980年全国优秀短篇小说奖。该作品通过描写一位小贩的悲剧性的人生道路和心路历程，揭示了中国历次政治运动对个体经营者的打击，以及由此造成的种种“后遗症”。

**《陈奂生上城》** 短篇小说，高晓声著，载《人民文学》1980年第2期，1981年收录于由甘肃人民出版社出版的同名小说集。小说通过主人公陈奂生上城卖油绳、买帽子、住招待所的经历及其微妙的心理变化，写出了背负历史重荷的农民在跨入新时期变革门槛时的精神状态。

**《钱包》** 短篇小说，高晓声著，载《延河》1980年第5期，收录于《高晓声一九八〇年小说集》，人民文学出版社1981年8月出版。该小说是高晓声创作的第一篇象征性小说，充满了象征的色彩和人生哲理的闪光，同时，细腻的心理刻画、丰满的人物形象、精彩的景物描写、真切的环境渲染又使《钱包》成为一部严格的现实主义作品，将现实性与象征性有机结合在一起，是对现实主义的进一步丰富与开拓，堪称高晓声作品中的一部上乘之作。

**《少校之死》** 短篇小说，杨汝申著，载《雨花》1980年第6期，《小说月报》1980年第6期转载，收录于短篇小说集《少校之死》，中国文联出版公司1998年11月出版。该小说获1982年首届雨花文学奖。小说叙写了一个普通农民魏家福的一生。构思不落俗套，在同类题材中，以别具声韵而给人留下新鲜的印象。

**《未亡人》** 短篇小说，张弦著，载《文汇月刊》1981年第1期，收录于短篇小说集《挣不断的红丝线》，人民文学出版社1983年出版。小说以书信体的方式，表现已故市委书记维明的遗孀周良蕙和一名始终默默帮助她的普通的邮递员相爱。细腻的笔触将一个身居高位、渴望普通人爱情的中年女性的内心描写得深切感人。

**《我们都是年轻人》** 短篇小说，成正和著，载《小说季刊》1981年第1期，收录于中国青年出版社1981年出版的《青年佳作》。该小说获1982年首届雨花文学奖。作品描写了下乡知识青年和农村青年的生活、理想和爱情。

**《卖驴》** 短篇小说，赵本夫著，载《钟山》1981年第2期，《小说选刊》1981年第6期选载，收录于《赵本夫文集·绝唱》，江苏文艺出版社1998年出版。该小说获1981年全国优秀短篇小说奖。挪威奥斯陆出版社从中国历朝历代的文学作品中编选的《中国文学精选》一书将《卖驴》收录。小说是作者的处女作，也是成名作。选取孙三老汉卖驴后来又终于不卖的生活横断面，凝练地写出了一个普通农民的命运，映射出历史转型期的社会心理。

**《重赏之下》** 短篇小说，孙华炳著，载《青春》1981年第5期，《小说选刊》1981年第7期选载，收录于小说散文集《金锁链》，南京出版社1991年出版。小说反映了改革开放之初的工厂生活，塑造了一个勇于打破平均主义的厂长。

**《挣不断的红丝线》** 短篇小说，张弦著，载《上海文学》1981年第6期，收录于短篇小说集《挣不断的红丝线》，人民文学出版社1983年出版。该书着重描写了两个知识分子的悲剧命运，在主人公的爱情故事中包含了深刻的社会历史内容。

**《雨巷》** 短篇小说，黄蓓佳著，载《文汇月刊》1981年第8期，收录于《黄蓓佳文集·雨巷同行》，江苏文艺出版社1998年8月出版。小说描写了音乐学院女大学生肖珊与作曲家父子的情感交往。作品调子朦胧而优美，抒写了年轻一代艺术工作者，萌发的成就感，以及对于感情生活的希冀与向往。

**《"狐仙"择偶记》** 短篇小说，赵本夫著，载《雨花》1981年第9期，《新华文摘》1982年第1期选载，收录于《赵本夫文集·绝唱》，江苏文艺出版社1998年8月出版。该小说获1982年首届雨花文学奖。小说描写了一个年轻寡妇黑嫂受到村里许多光棍汉追求的故事。

**《听露》** 短篇小说，肖元生著，载《雨花》1981年第12期，收录于短篇小说集《梨花雨》，江苏人民出版社1983年6月出版。小说描写了经历过上山下乡的两个女青年重逢、畅叙，并忆及她们的豆蔻年华的故事。

**《银杏树》** 短篇小说，张弦著，载《钟山》1982年第1期，收录于短篇小说集《挣不断的红丝线》，人民文学出版社1983年出版。小说讲述了一个进城的男青年姚敏生企图抛弃农村户口的未婚妻孟莲莲，激起县委书记的愤慨，运用行政手段压服姚敏生与孟莲莲完婚的故事。

**《阿鸽与船》** 短篇小说，姜滇著，载《青年文学》1982年第2期，收录于人民文学出版社《1982年全国短篇小说选》，以及短篇小说集《阿鸽与船》，重庆出版社1984年11月出版。该小说获首届全国青年文学创作奖。小说描写了当代农村青年的爱情生活。

**《新浴》** 短篇小说，赵践著，载《青春》1982年第9期，收录于短篇小说集《温情》，南京出版社1993年出版。该小说获1982年青春文学奖。小说描写了王家角的女人们在贫穷的年代连洗个热水澡都为难，如今能够涌到城市里"那个棉布帘低垂、热雾缭绕的女子浴部"。小说运用了吴方言中富有表现力的词汇、歇后语，生活气息十分浓郁。

**《漆黑的羽毛》** 短篇小说，胡石言著，载《雨花》1982年第9期，《小说选刊》1982年第11期选载，《新华文摘》1983年第1期转载，收录于小说集《秋雪湖之恋》，上海文艺出版社1985年出版。该小说获1982年全国优秀短篇小说奖。小说塑造了"鸽子"陈静这一艺术形象。作者把自己对于限制人才流通的感触，成功地化为深情和形象。

**《围墙》** 短篇小说，陆文夫著，载《人民文学》1983年第2期，收录于短篇小说集《围墙》，百花文艺出版社1984年12月出版。该小说获1983年全国优秀短篇小说奖。小说叙述了某建筑设计所围墙倒塌，开始研究造墙问题。吴所长习惯于原则指导，"守旧派""现代派""取消派"日复一日，争论不休。唯有行政科的年轻实干家马而立，在一天一夜之间就造好围墙。

**《秋雪湖之恋》** 短篇小说，胡石言著，载《人民文学》1983年第10期，《小说选刊》1983年第12期选载，《新华文摘》1983年第12期转载，收录于小说集《秋雪湖之恋》，上海文艺出版社1985年出版。该小说获1983年全国优秀短篇小说奖。这篇小说被誉为作者成名作《柳堡的故事》的姐妹篇。

**《陈奂生小说集》** 短篇小说集，高晓声著，花城出版社1984年出版，收有《"漏斗户"主》（原载《钟山》1979年第2期）；《陈奂生上城》（原载《人民文学》1980年第2期），获1980年全国优秀短篇小说奖；《陈奂生转业》（原载《雨花》1981年第3期）；《陈奂生包产》（原载《人民文学》1982年第3期）。陈奂生系列小说集中描写了一个普通农民命运的变化，揭示出陈奂生在社会的剧烈变革中的生活道路和心理状态。《陈奂生》系列小说深刻地反映了中国农村工作中的经验与教训，探索了农民在风云变幻的社会生活中命运的变化，摄录下社会迈步的足音和人物灵魂的演进。

**《绝唱》** 短篇小说，赵本夫著，载《现代作家》1985年第3期，《小说选刊》1985年第5期选载，《名作欣赏》1985年第5期转载，收录于《赵本夫文集·绝唱》，江苏文艺出版社1998年8月出版。小说写了黄河故道有侠义风骨的尚爷与演员关山的刎颈之交，并且描写了一只极有志气的百灵鸟为了学成"十五口"，如痴如醉，以至付出生命的辉煌一跃。

**《轻轻地说》** 短篇小说，朱苏进著，载《解放军文艺》1986年第6期，《小说选刊》1986年第8期选载，收录于《朱苏进文集·祭奠星座》，江苏文艺出版社1996年11月出版。

《**和子**》 短篇小说，姜琍敏著，载《人民文学》1986年第9期，收录于中短篇小说集《不幸的幸运儿》，中国文联出版公司1988年出版。小说叙写了19岁的和子到城里亲戚开的小吃店去做工，受尽侮辱和剥削的故事。

《**清高**》 短篇小说，陆文夫著，载《人民文学》1987年第5期，收录于中短篇小说自选集《美食家》，上海文艺出版社1997年12月出版。该小说获1987～1988年全国优秀短篇小说奖。作者运用含蓄而深邃的喜剧艺术手法，在他的小巷人物的艺术画廊里，又塑造和增添了一个具有审美价值和认识意义的平凡而独特的人物——小学教师汪百龄。作品以汪百龄选择对象为线索，在他同几位姑娘的谈情说爱中，展现了他在当代社会生活中那苦涩细微的矛盾心态。

《**故里人物三记**》 短篇小说，刘仁前著，载《中国青年》1987年第5期，收录于小说集《香河风情》，南京出版社1988年出版。该小说获1988年全国青年文学处女作二等奖。

《**雪夜**》 短篇小说，赵本夫著，载《上海文学》1987年第10期，《小说选刊》1988年第1期选载，收录于《赵本夫文集·绝唱》，江苏文艺出版社1998年8月出版。小说描写了大雪纷飞之夜，由村长策划的一伙人绑架从家庭中出逃的玉子的故事。极其残忍的行径，作者却用一种平静的、戏谑的笔调去描写。

《**空白**》 短篇小说，薛冰著，载《雨花》1987年第12期，《小说选刊》1988年第4期选载，收录于中短篇小说集《爱情故事》，江苏文艺出版社1989年10月出版。

《**瑞云**》 短篇小说，范小青著，载《文艺报》1989年9月10日，《小说选刊》1988年第12期选载，收录于《范小青文集·昨夜遭遇》，江苏文艺出版社1997年7月出版。

《**彩·苔·怆**》 短篇小说，储福金著，载《上海文学》1990年第1期，收录于英文版小说集《裸野》，中国文学出版社1995年出版。小说写三个家庭的组合过程中的人物心理的微波细澜，但并不借助于心理分析手段和意识流方法，而是以平缓凝练的白描与精致的细节安排来表现人物的心理波动，布局精妙而悠悠。

《**同窗共读**》 短篇小说，韩东著，载《收获》1995年第4期，收录于中短篇小说集《树杈间的月亮》，作家出版社1995年12月出版。小说以三个女同学末末、林红、宋晓丹为主人公，以三人之间的"关系"层层剥离为基本线索，表层"关系"渐次演变，呈现出主人公的心理病态，畸形恋情。

《**蝴蝶与棋**》 短篇小说，苏童著，载《大家》1995年第5期，收录于《苏童文集·蝴蝶与棋》，江苏文艺出版社1996年12月出版。小说通过隐喻意象的刻画，发现生活的真实意义。随着小说情节的展开，小说的结构也不断得到深化，随意而又夸张地表现了现实与虚幻中的人在生存困惑之间的颓废和绝望的情绪叠加，从而表达了作家对人生的感悟。

《**作家林美女士**》 短篇小说，叶兆言著，载《山花》1995年第6期，收录于《叶兆言文集·作家林美女士》，江苏文艺出版社1997年7月出版。小说叙写了作家林美女士如何在文坛上轻易地成名走红，后来又被抛入寂寞，直至死后重新被人们挖掘出来研究，经过书商的策划宣传，其作品成为畅销书的故事。

《**是谁在深夜说话**》 短篇小说，毕飞宇著，载《人民文学》1995年第6期，收录于中短篇小说集《祖宗》，中国华侨出版社1996年1月出版。该小说获1995年《人民文学》奖。在这篇类似随笔的小说中，作者始终保持着对现实的强烈介入感，致力于对"本真历史"进行揭露和追问，他不是单纯地构建某种"具体的历史"，而是试图在对"历史抽象化"的追问中达到对"世界"和"历史"的双重阐释。

《**哺乳期的女人**》 短篇小说，毕飞宇著，载《作家》1996年第8期。该小说于1998年获首届鲁迅文学奖短篇小说奖，1996年全国十佳短篇小说奖，1995～1996年《小说选刊》奖，1996年《小说月报》奖。小说一方面表现惠嫂的母性，另一方面用广告象征母爱的空缺与渴望。描写了惠嫂和男孩子的自然吸引，同时写了世俗的排斥，对现代走向畸变的非人性的文明提出诘问。

《**浮生**》 短篇小说，朱文颖著，刊于《收获》1999年第3期。该小说于2005年获第二届江苏省紫金山文学奖。小说讲述的是一个发生在日常生活中的故事。朱文颖显然没有迟子建那种对于伦理、道德、人性等精神内涵的执着，她塑造的人物性格模糊、神情恍惚，仿佛一些虚幻而飘忽的影像，她感兴趣的是一种鬼魅性的情绪、心态、气息和氛围的营构。

**《驴皮记》** 短篇小说，朱辉著，《作家》1999年7期，《小说选刊》1999年9期，收录于《我离你一箭之遥》，中国青年出版社2000年出版。小说写一个叫翔子的农村青年去城里打工的辛酸经历，主要笔墨落定在一个乡村人眼中的城市内情。

**《准备好了吗》** 短篇小说，戴来著，原载《收获》2000年第3期，《小说选刊》2000年第9期转载，收录于《2000中国年度最佳短篇小说》，漓江出版社2001年1月出版。小说展示的是一次父子之间的冲突被消解的历程。老万想阻止儿子所搞的行为艺术，他站在了高楼上以自杀的方式对儿子进行威胁，这引来了围观者和警察。儿子把父亲的自杀事件命名成了一次名为“围观？致命的高度”的行为艺术。

**《蛐蛐　蛐蛐》** 短篇小说，毕飞宇著，原载《作家》2000年第2期，《小说选刊》2000年第5期转载，收录于《2000中国年度最佳短篇小说》，漓江出版社2001年1月出版。《蛐蛐　蛐蛐》呈现出一种意象纷乱、阴森和扑朔迷离的特点，是毕氏小说中能给人带来无穷多的破读可能性的重要作品。

**《大老郑的女人》** 短篇小说，魏微著，发表于《人民文学》2003年第4期。该小说于2004年获第三届鲁迅文学奖全国优秀短篇小说奖。作者以女性特有的细腻视角关照弱势女性，在日常生活中为读者讲述了大老郑和一个半良半娼的女性的爱情故事，文字优美舒缓，读起来温暖而忧伤。

**《天下无贼》** 短篇小说，赵本夫著，发表于《作家》1998年第5期。《小说月报》1998年第7期转载。收录于中短篇小说集《天下无贼》，人民文学出版社2004年10月出版。小说讲述了一对扒窃搭档在一趟列车中为了实现一个名叫傻根的民工“天下无贼”的愿望，便与另一个扒窃团伙展开了一系列明争暗斗的故事。该作品是2005年冯小刚贺岁片《天下无贼》唯一文学版本。

**《城乡简史》** 短篇小说，范小青著，发表于《山花》2006年第1期，收录于短篇小说集《像鸟一样飞来飞去》，春风文艺出版社2007年10月出版。该小说于2007年获第四届鲁迅文学奖短篇小说奖。作者的出色想象力和精巧构思，凸现了当代城乡变革中的人性复杂性，体现了短篇小说艺术可能达到的广阔度与深刻性。

**《茨菰》** 短篇小说，苏童著，发表于《钟山》2007年第4期。小说以当事人“我”的角色围绕“换亲”叙述了顾彩袖的遭际，体现出独特的艺术构思。《茨菰》中顾彩袖的命运是悲惨的，在“换亲”这种封建社会陋习以及周围人名为帮助、实为冷漠无情的催逼下，走向了喝农药自杀的不归路。

**《墙》** 短篇小说，罗望子著，载于《收获》杂志2008年第2期，《新华文摘》2008年第11期转载，收录于《2008年短篇小说选》，春风文艺出版社2009年1月出版。小说没有纠缠于城乡对立，也没有明确自己的文化立场，而是以一种不动声色的姿态，叙写了一段乡间日常生活插曲，深刻细致地揭示出不同的生活方式、生活观念带来的精神和心理视野中的潜在冲突。

**表4-3　1978～2008年江苏其他小说出版、发表情况一览表**

| 长篇小说 | | |
|---|---|---|
| 作　品 | 作　者 | 出版、发表时间及出版单位 |
| 《江海儿女》 | 陈惠彤 | 人民文学出版社1978年6月出版 |
| 《青山恋情》 | 海　笑 | 黑龙江人民出版社1983年10月出版 |
| 《横刀立马》 | 陈惠彤、琳　慧 | 山西人民出版社1984年7月出版 |
| 《女编剧的悲喜剧》 | 王立信 | 载《小说界·长篇小说》1985年第2期，上海文艺出版社1986年12月出版 |
| 《儿女三部曲》 | 朱　剑 | 江苏文艺出版社1985年7月出版 |
| 《岛国情泪》 | 陈其昌 | 春风文艺出版社1985年9月出版，载《长篇世界》1985年10月创刊号 |
| 《苦海》 | 王伯阳 | 人民文学出版社1986年1月出版 |
| 《东王杨秀清》 | 庐　山 | 重庆出版社1986年8月出版 |
| 《市长夫人》 | 姜　滇 | 载《十月》1987年第4期 |

续表

| 长篇小说 | | |
|---|---|---|
| 作　品 | 作　者 | 出版、发表时间及出版单位 |
| 《皖南事变》 | 黎汝清 | 解放军文艺出版社 1987 年 10 月出版 |
| 《血雾》 | 昝金龙 | 兰州大学出版社 1988 年 6 月出版 |
| 《哀感扬州罗曼史》 | 梅汝恺 | 载《芙蓉》1989 年第 3 期，湖南文艺出版社 1990 年 3 月出版 |
| 《夜夜狂欢》 | 黄蓓佳 | 上海文艺出版社 1989 年 4 月出版 |
| 《白色的诱惑》 | 海　笑 | 北方文艺出版社 1989 年 10 月出版 |
| 《鄱湖三女杰》 | 何琼崖 | 中国社会出版社 1990 年 3 月出版 |
| 《情满波斯湾》 | 王履辉 | 上海文艺出版社 1990 年 4 月出版 |
| 《"震风"号巡洋舰失踪》 | 孙景生 | 载《青春》1990 年第 8、9 期合刊，解放军出版社 1989 年 9 月出版 |
| 《红榴梿》 | 贺景文 | 中国华侨出版社 1991 年 2 月出版 |
| 《白发狂夫》 | 王　川 | 人民文学出版社 1991 年 2 月出版 |
| 《绣坛奇女》 | 枫　亚、梁　锋 | 中国文史出版社 1991 年 4 月出版 |
| 《曹雪芹南归》 | 王永泉 | 北京十月文艺出版社 1991 年 5 月出版 |
| 《炮群》 | 朱苏进 | 江苏文艺出版社 1991 年 6 月出版 |
| 《海城之谜》 | 袁养和 | 南京出版社 1991 年 8 月出版 |
| 《枕河人家》 | 吴翼民 | 中国文联出版公司 1991 年 8 月出版 |
| 《赌街》 | 李祥伟 | 华夏出版社 1991 年 9 月出版 |
| 《爱与恨的最后岁月》 | 夏国梁 | 黄河出版社 1991 年 12 月出版 |
| 《半个冒险家》 | 杨　旭 | 湖南文艺出版社 1992 年 2 月出版 |
| 《特工姐妹》 | 黄启元 | 江苏文艺出版社 1992 年 3 月出版 |
| 《盘龙魂》 | 蒋昭德 | 南京出版社 1992 年 4 月出版 |
| 《信访疑案》 | 张瑞照 | 江苏文艺出版社 1992 年 5 月出版 |
| 《阴阳际会》 | 肖俊志 | 人民文学出版社 1992 年 6 月出版 |
| 《新十二钗》 | 储福金 | 四川文艺出版社 1992 年 7 月出版 |
| 《最后的偿还》 | 王国栋 | 陕西人民教育出版社 1993 年 2 月出版 |
| 《擒雕》 | 何琼崖 | 中国文联出版公司 1993 年 7 月出版 |
| 《京都春梦》 | 俞小红 | 北方文艺出版社 1993 年 9 月出版 |
| 《天天有太阳》 | 徐卓人 | 贵州人民出版社 1993 年 12 月出版 |
| 《梦龙遗恨》 | 曹晋杰 | 黑龙江人民出版社 1994 年 1 月出版 |
| 《惊鸿照影》 | 张国擎 | 北京出版社 1994 年 4 月出版 |
| 《苦爱》 | 许凤仪 | 河南文艺出版社 1994 年 9 月出版 |
| 《董卓》 | 刘汉龙 | 春风文艺出版社 1994 年 10 月出版 |
| 《孽狱》 | 贺景文 | 中国社会出版社 1995 年 7 月出版 |
| 《空嫁的新娘》 | 王振山 | 安徽文艺出版社 1995 年 10 月出版 |
| 《葫芦套》 | 戴之尧 | 时代文艺出版社 1995 年 11 月出版 |
| 《淮河两岸》 | 陈　超 | 南京大学出版社 1995 年 11 月出版 |
| 《秦少游》 | 薛　序 | 江苏文艺出版社 1995 年 11 月出版 |
| 《血泪人生路》 | 程龙军 | 海南国际新闻出版中心图书出版社 1996 年 1 月出版 |
| 《紫园》 | 冬　雪 | 海峡文艺出版社 1996 年 3 月出版 |
| 《青山依旧》 | 唐晓玲 | 海南国际新闻出版中心图书出版社 1996 年 8 月出版 |
| 《上官婉儿》 | 宁业龙、宁业高 | 作家出版社 1996 年 8 月出版 |

| 长篇小说 | | |
|---|---|---|
| 作　品 | 作　者 | 出版、发表时间及出版单位 |
| 《宿北大战》 | 唐文明 | 解放军文艺出版社 1997 年 3 月出版 |
| 《且乐》 | 姜琍敏 | 中国电影出版社 1997 年 4 月出版 |
| 《路缘》 | 章立宝 | 黄河出版社 1997 年 6 月出版 |
| 《解放军演义》 | 胡兆才 | 广东教育出版社 1997 年 8 月出版 |
| 《我心依旧》 | 怀　念 | 海南出版社 1997 年 12 月出版 |
| 《家园》 | 唐晓玲 | 江苏文艺出版社 1997 年 12 月出版 |
| 《征服者》 | 江上鸥 | 文化艺术出版社 1998 年 1 月出版 |
| 《漂移》 | 荆　歌 | 长春出版社 1998 年 1 月出版 |
| 《演绎女人》 | 徐卓人 | 文化艺术出版社 1998 年 8 月出版 |
| 《阳光漫溢》 | 王大进 | 群众出版社 1998 年 10 月出版 |
| 《白楼梦》 | 沈乔生 | 作家出版社 1998 年 12 月出版 |
| 《情网》 | 张　弦 | 载《中国作家》1998 年增刊 |
| 《浮光》 | 兰　兰 | 内蒙古人民出版社 1998 年 3 月出版 |
| 《黑血》 | 姜琍敏 | 太白文艺出版社 1998 年 3 月出版 |
| 《世纪黄昏》 | 潘浩泉 | 安徽文艺出版社 1998 年 3 月出版 |
| 《沙暴》 | 陆汉洲 | 作家出版社 1999 年 10 月出版 |
| 《他乡有明月》 | 张士伦 | 中国戏剧出版社 1999 年 10 月出版 |
| 《我和五朵金花》 | 孙拥君、孙爱民 | 海天出版社 1999 年 12 月出版 |
| 《渡口》 | 陆　平 | 人民文学出版社 2000 年 1 月出版 |
| 《乾隆与曹雪芹》《乾隆与高鹗》 | 王永泉 | 中国友谊出版公司 2000 年 6 月出版 |
| 《那个年代》 | 沈　勇 | 中国民族摄影艺术出版社 2000 年 7 月出版 |
| 《绿风景》 | 舒　宁 | 上海文艺出版社 2000 年 8 月出版 |
| 《于老师的恋爱时代》 | 范小青 | 春风文艺出版社 2001 年出版 |
| 《激流儿女》 | 曹　根 | 军事谊文出版社 2001 年 6 月出版 |
| 《天道无私》 | 奚旭初 | 江苏文艺出版社 2001 年 9 月出版 |
| 《欲望城》 | 施伯冲 | 作家出版社 2001 年 9 月出版 |
| 《别让阳光照到我》 | 王　锐 | 长江文艺出版社 2002 年 1 月出版 |
| 《水姻缘》 | 朱文颖 | 春风文艺出版社 2002 年 1 月出版 |
| 《梦屋》 | 雪　静 | 时代文艺出版社 2002 年 1 月出版 |
| 《苏州美人》 | 唐晓玲 | 漓江出版社 2002 年 5 月出版 |
| 《爱狗与爱男人》 | | 作家出版社 2003 年 4 月出版 |
| 《轻解罗衣》 | | 长江文艺出版社 2005 年 12 月出版 |
| 《台湾巡抚刘铭传》 | 王明皓 | 上海文艺出版社 2002 年 9 月出版 |
| 《家园》 | 王荣方 | 四川人民出版社 2002 年 9 月出版 |
| 《水魂》 | 王振山 | 新华出版社 2002 年 10 月出版 |
| 《家乡有太阳》 | 张士伦 | 中国戏剧出版社 2002 年 11 月出版 |
| 《我爱“吸血鬼”》 | 王　锐 | 长江文艺出版社 2003 年 1 月出版 |
| 《牛角梳》 | 朱　辉 | 《钟山》长篇专刊 2003 年春夏卷，山东文艺出版社 2007 年 5 月出版 |
| 《完美谋杀》 | 中　跃 | 当代世界出版社 2003 年 9 月出版 |
| 《北风秋雨》 | 吴宝民 | 中国文史出版社 2003 年 11 月出版 |

续表

| 长篇小说 | | |
| --- | --- | --- |
| 作　品 | 作　者 | 出版、发表时间及出版单位 |
| 《时代三部曲》 | 黄孝阳 | 中国工人出版社 2004 年 1 月出版 |
| 《至爱无情》 | 梁　晴 | 中国工人出版社 2004 年 5 月出版 |
| 《桃花雨》 | 袁　海 | 中国文史出版社 2004 年 6 月出版 |
| 《恨水长逝》 | 张发文 | 作家出版社 2004 年 6 月出版 |
| 《喜欢》 | 姜琍敏 | 广西人民出版社 2004 年 6 月出版 |
| 《浮沉之路》 | 徐　风 | 作家出版社 2004 年 6 月出版 |
| 《背叛》 | 叶　炜 | 中国国际广播出版社 2004 年 12 月出版 |
| 《大唐秋风》 | 赵征溶 | 中国文史出版社 2004 年 12 月出版 |
| 《薄荷》 | 庞余亮 | 北京十月文艺出版社 2005 年 3 月出版 |
| 《寻梦上海滩》 | 王履辉 | 黑龙江人民出版社 2005 年 5 月出版 |
| 《城市中校》 | 邹　雷 | 花城出版社 2005 年 5 月出版 |
| 《寻梦上海滩》 | 王履辉 | 黑龙江人民出版社 2005 年 5 月出版 |
| 《大明镇重案》 | 符　泽 | 人民日报出版社 2005 年 10 月出版 |
| 《网人》 | 黄孝阳 | 花城出版社 2006 年 1 月出版 |
| 《千条路》 | 张　昶、张兵营 | 中国文联出版社 2006 年 4 月出版 |
| 《大禹春秋》 | 陈志晟 | 大众文艺出版社 2006 年 5 月出版 |
| 《背后》 | 陈　岚 | 东方出版社 2006 年 6 月出版 |
| 《下辈子，再爱你》 | 周　耗 | 古吴轩出版社 2006 年 7 月出版 |
| 《幸存者》 | 中　跃 | 北岳文艺出版社 2006 年 7 月出版 |
| 《蝴蝶帕》 | 江秉钧 | 北岳文艺出版社 2006 年 7 月出版 |
| 《爱情离我们有多远》 | 梁　弓 | 北岳文艺出版社 2006 年 7 月出版 |
| 《魂牵梦萦》 | 周梦超 | 华夏文化艺术出版社 2006 年 9 月出版 |
| 《旗袍》 | 雪　静 | 作家出版社 2006 年 10 月出版 |
| 《王公玙》 | 王振山 | 华文出版社 2006 年 12 月出版 |
| 《江海祭》 | 黎　化 | 作家出版社 2007 年 1 月出版 |
| 《骗商》 | 王清平 | 大众文艺出版社 2007 年 4 月出版 |
| 《天吃相》 | 陈　益 | 上海人民出版社 2007 年 5 月出版 |
| 《鸣指》 | 鲁　羊 | 上海人民出版社 2007 年 9 月出版 |
| 《路爱》 | 章立保 | 北京现代出版社 2007 年 11 月出版 |
| 《瓢界》 | 孙　群 | 内蒙古人民出版社、海南出版社 2007 年 12 月出版 |
| 《遗失在光阴之外》 | 黄孝阳 | 花城出版社 2008 年 1 月出版 |
| 《大学 . com. 狼》《大学 . com. 羊》 | 叶　炜 | 长江文艺出版社 2008 年 1 月出版 |
| 《农村兵》 | 赵启杰 | 解放军文艺出版社 2008 年 1 月出版 |
| 《通扬河》 | 蒋　琏 | 作家出版社 2008 年 2 月出版 |
| 《花影》 | 叶兆言 | 大众文艺出版社 2008 年 5 月出版 |
| 《金樽幽月》 | 水　合(明　晟) | 珠海出版社 2008 年 5 月出版 |
| 《越狱》 | 王　岚 | 南京出版社 2008 年 5 月出版 |
| 《缘去来》 | 徐　风 | 作家出版社 2008 年 5 月出版 |
| 《蚌蜓河边的女人》 | 姜广平 | 载《莽原》2008 年第 3 期 |
| 《曾经当兵》 | 赵启杰 | 河南文艺出版社 2008 年 6 月出版 |

续表

| 长篇小说 | | |
|---|---|---|
| 作　品 | 作　者 | 出版、发表时间及出版单位 |
| 《沧浪之城》 | 周　飞 | 江苏文艺出版社 2008 年 6 月出版 |
| 《百恼汇》 | 鲁　敏 | 上海人民出版社 2008 年 8 月出版 |
| 《婆娑之舞》 | 储福金 | 上海文艺出版社 2008 年 8 月出版 |
| 《记忆之村》 | 王成祥 | 载《莽原》2008 年第 5 期 |
| 《狼骑竹马来》 | 漠　兮(谢漠兮) | 云南人民出版社 2008 年 12 月出版 |

| 中篇小说 | | |
|---|---|---|
| 作　品 | 作　者 | 出版、发表时间及出版单位 |
| 《郭〇〇传》 | 刘振华 | 江苏人民出版社 1981 年 10 月出版 |
| 《书剑飘零》 | 宋　词 | 载《钟山》1983 年第 2 期 |
| 《请与我同行》 | 黄蓓佳 | 载《收获》1983 年第 3 期 |
| 《收获》原题《苦涩的收获》 | 沈乔生 | 载《小说界》1983 年第 4 期 |
| 《换脑人》 | 凤　章 | 载《百花洲》1984 年第 2 期 |
| 《晴雨黄山寄情录》中篇小说集 | 梅汝恺 | 花城出版社 1984 年 6 月出版 |
| 《名门望族》 | 顾　潇 | 载《青春丛刊》1985 年第 1 期 |
| 《党小组长》 | 贺毅武 | 载《清明》1985 年第 1 期 |
| 《祁连山的儿子》 | 孙家玉 | 载《青春》1985 年 5 期 |
| 《悬挂的绿苹果》 | 叶兆言 | 载《钟山》1985 年第 5 期 |
| 《梦追南楼》 | 顾　潇 | 载《莽原》1985 年第 5 期 |
| 《樊氏狗肉铺》 | 傅连理 | 载《柳泉》1986 年第 1 期,《中篇小说选刊》1986 年第 3 期选载 |
| 《半圆居士》 | 谷　新 | 载《雨花》1986 年第 8 期 |
| 《五色土》 | 胡正言 | 载《青春丛刊》1987 年第 2 期 |
| 《雌潮》 | 黄佳星 | 载《雨花》1987 年第 3 期 |
| 《疯狂麻将城》 | 中　跃、贝　奇 | 载《青春》1988 年第 1 期,《作品与争鸣》1988 年第 7 期转载 |
| 《葬祖》 | 吴秀坤 | 载《青春丛刊》1988 年第 4 期 |
| 《秦淮半边月》 | 孙华炳 | 载《雨花》1988 年第 11 期 |
| 《白街》 | 李惠新 | 载《清明》1989 年第 1 期 |
| 《新楼后边是老屋》 | 陆涛声 | 载《小说家》1989 年第 1 期 |
| 《贱年之后那个冬天》 | 薛友津 | 载《花城》1989 年第 2 期 |
| 《风流》 | 吴碧莲 | 载《雨花》1989 年第 3 期 |
| 《陆地的围困》 | 赵本夫 | 载《作家》1990 年第 1 期 |
| 《月黑风高》 | 刘静生 | 载《钟山》1990 年第 2 期 |
| 《娲石》 | 沈乔生 | 载《收获》1990 年第 5 期 |
| 《红粉》 | 苏　童 | 载《小说家》1991 年第 1 期 |
| 《燕山英魂》 | 夏国强 | 载《江南》1991 年第 2 期 |
| 《外婆》 | 陆永基 | 载《雨花》1991 年第 5 期 |
| 《乡村教师之歌》 | 钱永龙 | 载《钟山》1991 年第 6 期,《中篇小说选刊》1992 年第 3 期选载 |
| 《血染红玉镯》 | 张正仪 | 载《小说月刊》1992 年第 4 期 |
| 《盗姨》 | 薛　冰 | 载《峨眉》1992 年 10 月创刊号 |
| 《冰崖雪莲花》 | 包殿贵 | 北方文艺出版社 1992 年出版 |
| 《残碑》 | 姚　琦 | 载《清明》1993 年第 6 期 |

续表

| 中篇小说 | | |
|---|---|---|
| 作　品 | 作　者 | 出版、发表时间及出版单位 |
| 《颜色》 | 任智民 | 载《小说界》1994 年第 2 期 |
| 《帘底纤纤月》 | 吴翼民 | 载《当代》1994 年第 4 期 |
| 《楚水》 | 毕飞宇 | 载《花城》1994 年第 4 期 |
| 《一个懂古埃及语的女研究生》 | 阿　福 | 载《上海文学》1994 年第 5 期 |
| 《一度辉煌》 | 刘建华 | 载《雨花》1994 年第 9 期 |
| 《散发弄扁舟》 | 艾　煊 | 载《百花洲》1995 年第 2 期 |
| 《旋转木马》 | 罗望子 | 载《钟山》杂志 1995 年第 2 期 |
| 《青烟》 | 蒋亚林 | 载《青年文学》1995 年第 3 期 |
| 《花木季节》 | 葛安荣 | 载《上海文学》1995 年第 4 期 |
| 《西瓜问题》 | 虹　雷 | 载《莽原》1995 年第 4 期 |
| 《布朗运动》 | 张亦辉 | 载《作家》1995 年第 12 期 |
| 《街上流行黑背心》 | 李景文 | 载《长城》1996 年第 6 期 |
| 《我认识你》中篇小说集 | 耿家强 | 远方出版社 1996 年 12 月出版 |
| 《弟弟的演奏》 | 朱　文 | 载《江南》1997 年第 2 期 |
| 《斜阳与辉煌》 | 张国擎 | 载《当代》1997 年第 5 期 |
| 《纯金时光》 | 王秋燕 | 载《解放军文艺》1997 年第 6 期 |
| 《麦穗谣》 | 郭宝光 | 载《雨花》1997 年第 7 期 |
| 《革命家庭》 | 荆　歌 | 载《上海文学》1997 年第 11 期，《小说月报》1998 年 1 月号转载 |
| 《春天寓言》中短篇小说集 | 文　达 | 百花文艺出版社 1997 年 12 月出版 |
| 《舞者》 | 张国志 | 载《芳草》1998 年第 1 期 |
| 《城市的背景》 | 李惊涛 | 载《钟山》1997 年第 2 期 |
| 《彩欲》 | 徐风清 | 载《清明》1998 年第 4 期 |
| 《惊愕奏鸣曲》 | 荆　歌 | 载《人民文学》1998 年第 4 期，《中华文学选刊》1998 年第 4 期选载 |
| 《黑伞》中短篇小说集 | 陈蓓蓓 | 安徽文艺出版社 1998 年 6 月出版 |
| 《火凤凰》中篇小说集 | 刘善明 | 中国戏剧出版社 2005 年 6 月出版 |
| 《一错再错　大家闺秀》 | 范小青 | 古吴轩出版社 2005 年 9 月出版 |
| 《花自飘零》 | 王大进 | 载《上海小说》2006 年 4 期 |
| 《爱某个人就让他自由》 | 黄蓓佳 | 江苏文艺出版社 2008 年 1 月出版 |
| 短篇小说 | | |
| 作　品 | 作　者 | 出版、发表时间及出版单位 |
| 《绳子》 | 高晓声 | 载《雨花》1982 年第 2 期 |
| 《年夜饭》 | 魏雪耿 | 载《钟山》1982 年第 1 期 |
| 《天灾不算祸》 | 孙观懋 | 载《雨花》1982 年第 5 期，《新华文摘》1982 年第 7 期转载 |
| 《失去风帆的船》 | 包殿贵 | 载《雨花》1984 年第 1 期 |
| 《临街的窗》 | 陆永基 | 载《太湖》1985 年第 6 期 |
| 《鱼骨》 | 成汉飙 | 载《十月》1985 年第 6 期，《小说选刊》1987 年第 5 期选载 |
| 《老不读三国》 | 陆永基 | 载《雨花》1986 年第 5 期 |
| 《乌衣巷夕照》 | 贺景文 | 载《奔流》1986 年第 9 期 |
| 《蝶祭》 | 吴碧莲 | 载《雨花》1987 年第 2 期 |
| 《辫影》 | 唐炳良 | 载《广州文艺》1989 年第 4 期 |

| 短篇小说 | | |
|---|---|---|
| 作　品 | 作　者 | 出版、发表时间及出版单位 |
| 《相逢何必曾相识》 | 海　笑 | 南京出版社 1990 年 1 月出版 |
| 《棉花地稻草人》 | 苏　童 | 载《青春》1990 年第 4 期 |
| 《最后两票》 | 陆涛声 | 载《北京文学》1990 年第 7 期,《新华文摘》1990 年第 10 期转载 |
| 《狂奔》 | 苏　童 | 载《钟山》1991 年第 1 期 |
| 《水乡山歌》短篇小说集 | 姚忠瑞 | 安徽文艺出版社 1991 年 4 月出版 |
| 《江海乡土情》短篇小说集 | 枫　亚 | 安徽文艺出版社 1991 年 9 月出版 |
| 《红尘一笑》 | 梁　晴 | 载《中国作家》1993 年第 5 期 |
| 《快刀》短篇小说集 | 王明皓 | 台湾远流出版公司 1993 年 8 月出版 |
| 《瓜帘》短篇小说集 | 苏从林 | 北方文艺出版社 1993 年 9 月出版 |
| 《娲石》中短篇小说集 | 沈乔生 | 上海文艺出版社 1993 年出版 |
| 《葱花》 | 张国擎 | 载《雨花》1994 年第 7 期 |
| 《秘密》小小说集 | 凌鼎年 | 海南国际新闻出版中心图书出版社 1994 年 5 月出版 |
| 《高晓声文集》(全四册) | 高晓声 | 作家出版社 2001 年 9 月出版 |
| 《成长如蜕》中短篇小说集 | 叶　弥 | 华夏出版社 2000 年 9 月出版 |
| 《你疼吗》短篇小说集 | 周洁茹 | 长江文艺出版社 2000 年 10 月出版 |
| 《钱币的正反两面》中短篇小说集 | 叶　弥 | 花山文艺出版社 2001 年 4 月出版 |
| 《五月的黄昏》中短篇小说集 | 叶兆言 | 时代文艺出版社 2001 年 10 月出版 |
| 《村长与大腕》小说集 | 王新民、王　珑 | 中国文联出版社 2002 年 3 月出版 |
| 《禁欲时代:朱文颖小说自选集》 | 朱文颖 | 新世界出版社 2003 年 6 月出版 |
| 《天算》中短篇小说集 | 符　泽 | 作家出版社 2003 年 7 月出版 |
| 《夜来香》中短篇小说集 | 叶兆言 | 江苏文艺出版社 2003 年 1 月出版 |
| 《天堂恩怨》中篇小说集 | 魏雪耿 | 中国文联出版社 2004 年 6 月出版 |
| 《不老河之波》(《非常恋情》) | 林朝辉 | 中国文联出版社 2004 年出版 |
| 《凤章文集》(全四卷) | 凤　章 | 江苏文艺出版社 2005 年 10 月出版 |
| 《美杜莎》 | 罗望子 | 载《钟山》杂志 2005 年第 1 期 |
| 《陆文夫文集》 | 陆文夫 | 古吴轩出版 2006 年 7 月出版 |
| 《如烟岁月的琐碎纪事》短篇小说集 | 葛　富 | 江苏文艺出版社出版 2007 年 9 月出版 |
| 《桃红床的故事》中短篇小说集 | 储福金 | 江苏文艺出版社 2008 年 1 月出版 |
| 《垂杨柳:苏童短篇小说编年(2000—2006)》短篇小说集 | 苏　童 | 人民文学出版社 2008 年 1 月出版 |
| 《纸醉》中短篇小说集 | 鲁　敏 | 江苏人民出版社 2008 年 5 月出版 |
| 《贵先生》中短篇小说集 | 蒋　琏 | 中国文联出版社 2008 年 5 月出版 |

# 第四节　报告文学

30 年间,江苏的报告文学创作涌现了凤章、杨旭、李克因、庞瑞垠、杨守松、周桐淦等报告文学作家。他们关注现实,紧随时代,取材于社会生活中的热点问题,以迅捷的方式对人民群众关心的社会焦点进行真实地反映,始终将广大人民群众的根本利益放在心上,将与人民群众切身利益相关的社会问题作为创作的重点,对一些社会现象与人物从思想的高度进行思考分析,体现了报告文学作家的职业道德与社会良知,为推动社会进步、促进社会和谐作出了文学工作者应有的贡献。

**《无声的浩歌》**　报告文学,任斌武著,载《人民文学》1980 年第 8 期。该书于 1980 年获第一届全国优秀报告文学奖。作品写了一出悲剧，主人公范熊熊为坚持原则遭到种种打击，以生命的惊叹号唤醒人们注意封建意识和资产阶级思想对共产党的腐蚀，思考该怎样把权力真正地交给人民，坚定地实行民主化。

**《路的呼喊》** 报告文学，凤章著，原载《雨花》1981年第2期。该书于1981年获第二届全国优秀报告文学奖。作品以真切平实的手法，报道20多公里的"宁六"一级公路，花了3年时间建成通车，然而却在短短3个月内，变成了"高颠"公路、"搓衣板"公路，给国家和人民造成了巨大损失。作者通过对一些知情人的采访，发现其中五花八门的"割肉法"，作品最后以"路的呼喊"提出，惩治腐败已经成为中国共产党和人民的迫切愿望。

**《检察官汤铁头》** 报告文学，杨旭著，载《雨花》1981年第4期，收录于报告文学集《检察官汤铁头》，江苏人民出版社1983年出版。该书获1982年首届雨花文学奖一等奖。作品写检察官汤建洲与"蛀虫"朱乔甫之流的较量，汤建洲敢于用自己的"铁头精神"对那堵"由大大小小的货利加权力组成的墙"进行猛烈攻击，把个人的安危、升沉、荣辱置之度外，显示了与邪恶势力战斗到底的气魄。

**《霜重色愈浓》** 报告文学，长篇纪实文学，铁竹伟著，解放军文艺出版社1984年出版，1997年再版时更名为《陈毅元帅最后的岁月》。该书获全国第二届中学生读书活动优秀图书奖、《昆仑》优秀传记文学奖。作者的200多位采访对象中，包括叶剑英、徐向前、聂荣臻三位元帅，王震、谷牧、乔冠华、方毅、黄华等百十位党政军高级干部、重要的民主人士、统战对象及陈毅元帅身边的工作人员。作品以"文化大革命"为背景，大量内容涉及高层斗争，经中央文献研究室审查批准出版。

**《法兮归来》** 报告文学，凤章著，载《啄木鸟》1986年第1期，收录于《1985—1986年全国优秀报告文学评选获奖作品集(下)》，作家出版社1988年12月出版。该书获第四届全国优秀报告文学奖。作品以触目惊心的事实，揭露了一起冤案的酿成和昭雪的经过，表现了人民的检察官、法官无私无畏，刚直不阿，勇于维护社会主义法制的高风亮节的精神；揭露了践踏法制、草菅人命的社会阴暗面。

**《枪口下的非凡经历——何基沣将军传》** 长篇传记文学，赤布著，中国展望出版社1986年8月出版。何基沣将军是著名的爱国将领，指挥了赫赫有名的卢沟桥"七七"抗战，揭开了中国人民八年抗战的序幕；淮海战役开始时，他和张克侠将军一道率领所部七十七军和五十九军等两万多官兵在贾汪起义，对全国形势的迅速发展作出了重大贡献。

**《南京大屠杀》** 报告文学，徐志耕著，昆仑出版社1987年12月出版。该书是中国作家第一部全面反映"南京大屠杀"事件的历史长卷。作者花了大半年时间深入采访，寻找了100多位幸存者，将30万人的血泪史凝结成20万言的文字。作品从1937年12月的南京保卫战开始，写了南京沦陷时大撤退的混乱场景、日军残杀无辜的累累罪行、国际正义人士的人道主义行为，直到将战犯押上断头台，正义和公理得到伸张。

**《昆山之路》** 报告文学，杨守松著，载《雨花》1990年第11期，同年江苏文艺出版社出版。该书获中国作协1990～1991年全国优秀报告文学奖。作品描述了昆山经济发展所走过的一条艰难曲折而又成果累累的道路，赞颂了在改革开放大潮中不畏艰难，自费建设昆山经济技术开发区、敢为天下先的开拓拼搏精神，讴歌了一群有真知灼见、实干精神、敢于承担风险、勇于奉献的优秀共产党员。

**《田野的风》** 报告文学集，杨旭著，昆仑出版社1990年出版。作品第一部《田野的风》，写的是无锡县一批性格气质各异的农民企业家创业的艰辛；第二部《民以食为天》，着重写农民与土地的关系，深刻地揭示了在新的经济关系中，农民与土地分离而产生的内在危机以及挽救这一危机的努力。

**《流星》** 报告文学集，杨旭著，百花文艺出版社1990年出版。收录《大江东去》《三峡梦》《一意孤行》《借得一轮明月》《市长信访接待日》《流星》共6篇报告文学。

**《蓝箭》** 报告文学，陈汉忠著，蓝天出版社1990年出版。作品写共和国诞生前，中国共产党的勇士们战斗在敌人心脏里的惊险故事，有起义的飞行员轰炸总统府的曲折经过，有只身10年守孤岛战士内心世界的坦露，也有三姐妹恋上飞行员的内幕。

**《莽昆仑》** 报告文学，徐志耕著，解放军文艺出版社1991年10月出版，《新华文摘》同时转载。该书获1990～1991年全国优秀报告文学奖。作家讴歌了当代军人，以创世纪的英雄主义气概，挺进生命禁区，撞开昆仑山封闭了千万年的大门。凶险恶劣的自然可以吞噬人的生命——输油管线每往前延伸10公里，就有一个人倒在为之奋斗的青藏高原上——但无法征服人的崇高伟大。

**《人民子弟》** 报告文学，江深、陈道阔著，载《昆仑》1991年第6期。该书获1990～1991年全国优秀报告文学奖，并获《昆仑》荣誉奖。1991年，中国华东地区发生特大洪水，作者深入抗洪斗争第一线，记述了从太湖流域到淮河两岸人民子弟兵奋起抗洪，保卫人民安全的英雄业绩。

**《苏州“老乡”》** 报告文学，杨守松著，发表于《人民文学》1992年第10期，江苏文艺出版社同年出版。该书获1992～1993年全国优秀报告文学奖。这是一部揭示乡镇企业成功之秘的报告文学，集中选取了21位极富创造精神的典型人物进行多方面的描述。

**《当代江湖秘录》** 长篇纪实文学，刘静生著，中国华侨出版社1993年2月出版。“江湖”在普通人的眼中是一个神秘莫测的世界，多少年来，江湖上的许多骗局，都被江湖人士视作生命而加以保护。作者以一个流落江湖的逃犯为线索，结识了江湖上许多知名人士，寻秘探微，从而披露了几十种当代江湖骗局，揭示了江湖“法术”的神幻隐秘、江湖人士的颠沛流离以及千奇百怪的江湖现象，是一部浓缩的当代江湖史。

**《大势中原》** 报告文学，王玉彬、王苏红合著，解放军文艺出版社1993年8月出版。该书叙述1947年夏，决定中国命运的解放战争进入到生死较量的关键时刻，毛泽东通观全局，指挥刘邓、陈粟、陈谢三路大军挺进中原，取得了战场上的主动权，展示了刘伯承、邓小平等老一辈无产阶级革命家在这一伟大转折中的战略家的胆识和恢宏气度。

**《三百万颗民族心》** 长篇纪实文学，枫亚著，江苏文艺出版社1993年9月出版，1995年8月第2版。反“清乡”斗争和黄桥决战，是抗日战争时期发生在苏中战略区的两件大事，作品从我、敌、伪三方的高层展开，突出了“战争伟力在民众之中”的思想，描述了历史留下的这卷血与火的史诗。

**《早年周恩来》** 长篇传记，庞瑞垠著，江苏教育出版社1995年出版，1996年再版。该书于1995年获中共中央宣传部颁发的第四届精神文明建设“五个一工程”奖。这是反映童年、少年、青年周恩来较为翔实的一部文学性传记，全书以19世纪末至20世纪初的历史背景为经，以周恩来艰苦卓绝的人生经历为纬，将丰富的史料融入艺术构思之中，展示了周恩来非同寻常的个性、品德及其人格魅力。

**《张家港人》** 报告文学，凤章著，载《雨花》1995年第12期，江苏人民出版社同年出版，次年2月第2版、6月第3版。作品讴歌了张家港人“团结拼搏、负重奋进、自加压力、敢于争先”的时代精神，塑造了一群优秀共产党员的形象。

**《汪曾祺传》** 长篇传记，陆建华著，江苏文艺出版社1996年9月出版。作者循着汪曾祺的生活经历，从少儿时代的家庭、乡土文化背景，到负笈西南、师从沈从文时的求学经历；从政治风暴中的起落沉浮，到艺术创作上的执着探求，使汪曾祺一生为人为文的品性、风格，来龙去脉都有实迹可证。

**《开埠——中国南京路150年》** 长篇报告文学，葛逊等著，昆仑出版社1996年出版。该书于1998年获第一届鲁迅文学奖，1995～1996年全国优秀报告文学奖，并获全军文艺新作品奖一等奖。南京路叠影出大上海，大上海又叠影出一个近现代的中国。南京路是解读近现代中国的鲜活标本、中华民族精神复活的地平线。它是中国政治所面对的一枚历史智慧果，是经济、历史、文化、哲学等各界学者的理论登陆场，亦是献给当代中国公民的社会与人生启示录。南京路在一个半世纪生命扩张的过程里，成为一部巨大的活生生的中国特色社会主义的教科书。

**《失落的荆棘冠——俞平伯家族文化史》** 传记文学，李风宇著，长江文出版社2000年9月出版。从德清流寓至姑苏的俞氏一脉，自那位名满天下的俞樾至俞平伯，已经单传了四世，累世继之有人。该书所载，即为蜚声中国文坛的德清俞氏们为人为文斑驳行状。

**《北洋兵戈》** 长篇传记文学，董尧著，2002年5月由中国财政经济出版社出版十卷集长篇传记文学。分别为北洋军阀时期的十位风云人物立传，他们是袁世凯、段祺瑞、徐树铮、徐世昌、吴佩孚、曹锟、张勋、张宗昌、孙传芳和张作霖，共300万字。十卷书对十位北洋人物以文学形式作了客观、形象的再现，实事求是地描写了他们的功过，还原了这些人的真实面貌，被《光明日报》《文汇报》等称作是

“填补了北洋军阀时期文学空白”的作品。

**《拉贝传》** 传记文学，黄慧英著，上海百家出版社2002年12月出版。传记记述了德国商人约翰·拉贝的一生。他在中国生活了三十年，1937年侵华日军疯狂进行“南京大屠杀”期间，拉贝和十多位外国人，拯救了25万中国人的生命。《拉贝日记》成为日军发动了“南京大屠杀”的铁证。

**《远东国际大审判》** 长篇纪实文学，唐灏著，世纪出版集团、上海人民出版社2003年1月出版发行。该书通过对日本远东国际军事法庭上包括中国法官梅汝璈在内的11国法官，对以日本前首相东条英机为首的28名甲级战犯的庄严审判，向全世界人民揭露了日本军国主义当年侵略中国、吞并东南亚及发动太平洋战争，疯狂屠杀亚洲各国人民，大肆掠夺各国资源等违反人道的滔天罪行。

**《大爱搏云天》** 报告文学集，中共江苏省委宣传部、江苏省作家协会主编，庞瑞垠、傅宁军等著，江苏文艺出版社2008年7月出版。2008年5月12日，四川汶川发生特大地震，全国人民紧急行动起来，向灾区人民伸出援助之手。江苏省作协立即组织作家奔赴抗震救灾第一线，实地采访江苏各界在地震灾区的感人事迹，用文学讴歌英雄的大爱情怀。省作协派往灾区的报告文学作家有：朱凤鸣、张文宝、徐良文、沈国凡、傅宁军、赵长国。

**《蓝色火焰》** 长篇报告文学，周桐淦著，发表于《人民文学》2008年第10期。作品细致描述了以昝圣达为科技带头人的一批民族高科技人才勇于面对各种艰难和挑战，成功研发出尖端科技成果的事迹，并对中国如何走好自主创新之路进行了深入的剖析与思考，对一群燃烧着爱国爱民之心的民族高科技产业的科学家进行了热情的讴歌。

**《谁持彩练当空舞——来自江苏三十年的报告》** 报告文学集，中共江苏省委宣传部、江苏省作家协会编，江苏文艺出版社2008年11月出版。该书共三卷四册，收录了1978～2008年这30年间江苏优秀的报告文学作品，这些作品全面、真实、生动地反映了江苏改革开放30年所走过的光辉历程，同时也总结了30年来江苏作家在报告文学创作上取得的优秀成绩。

**表4-4 1978～2008年江苏其他报告文学出版、发表情况一览表**

| 作　品 | 作　者 | 出版、发表时间及单位 |
|---|---|---|
| 《“季公火佛”》 | 高汉铭 | 载《当代》1982年第4期 |
| 《两用人才的开发者们》 | 徐志耕、程童一、陶正明 | 发表于1983年2月号、5月号和8月号的《解放军文艺》，解放军文艺出版社1984年8月出版 |
| 《上官云珠》长篇传记 | 陈复观 | 江苏文艺出版社1986年11月出版 |
| 《丹青引》 | 山　谷 | 百花文艺出版社1987年7月出版 |
| 《“球籍”问题》(《在二十一世纪的门槛上》) | 凤　章 | 载《钟山》1989年第3期 |
| 《军情似火》 | 甘耀稷 | 收录于《二十八年间》，上海文艺出版社1989年7月出版 |
| 《新民滩的悲欢》 | 陈其昌执笔，陆建华、陈　正合作 | 南京出版社1990年8月出版 |
| 《落红》长篇纪实文学 | 赤　布 | 中国展望出版社1990年10月出版 |
| 《将军在黎明前死去》长篇纪实文学 | 夏继诚、孙景如 | 江苏人民出版社1991年5月出版 |
| 《吕凤子传》长篇传记 | 朱　亮 | 南京出版社1992年4月出版 |
| 《钱钟书传》长篇传记 | 孔庆茂 | 江苏文艺出版社1992年4月出版 |
| 《曹聚仁传》长篇传记 | 李　伟 | 南京大学出版社1993年6月出版 |
| 《在惊涛里诞生的》报告文学集 | 凤　章 | 台湾中国青少年出版社1994年1月出版 |
| 《几多梦回几多情》报告文学集 | 徐　琳 | 解放军文艺出版社1994年4月出版 |
| 《中国西部热土上的移民城》报告文学 | 沈国凡 | 四川文艺出版社1994年5月出版 |
| 《华东战场最高机密》长篇纪实文学 | 夏继诚 | 北京国际文化出版公司1994年8月出版 |
| 《她在丛中笑》报告文学 | 包殿贵 | 中国妇女出版社1995年出版 |
| 《黑户》 | 张茂龙 | 江苏文艺出版社1995年1月出版 |

续表

| 作　品 | 作　者 | 出版、发表时间及单位 |
|---|---|---|
| 《跟恶魔打交道的人》报告文学集 | 房余龙 | 群众出版社 1995 年 3 月出版 |
| 《吴仁宝评传》长篇传记 | 冯　治 | 人民出版社 1995 年 12 月出版 |
| 《东方大港梦》 | 张文宝、蒯　天 | 江苏文艺出版社 1995 年 12 月出版 |
| 《钱小萍传》长篇传记 | 张晓成 | 华夏出版社 1996 年出版 |
| 《壮丽人生》报告文学集 | 李艾民 | 远方出版社 1996 年 12 月出版 |
| 《南线战事》 | 张嵩山 | 解放军出版社 1997 年 1 月出版 |
| 《柳亚子传》长篇传记 | 张明观 | 社会科学文献出版社 1997 年 5 月出版 |
| 《啼血的杜鹃——赵世炎传》长篇传记 | 沈国凡 | 江苏人民出版社 1998 年 2 月出版 |
| 《台湾海峡悲欢录》 | 傅宁军 | 昆仑出版社 1998 年 3 月出版 |
| 《摊牌》 | 张嵩山 | 江苏人民出版社 1998 年 7 月出版 |
| 《九江狂澜》 | 葛　逊 | 海风出版社 1998 年 9 月出版 |
| 《洪水中那片蔚蓝色》 | 陈汉忠 | 北京蓝天出版社 1998 年 12 月出版 |
| 《百年观前》 | 姜　晋、林锡旦 | 苏州大学出版社 1999 年 8 月出版 |
| 《求索者的足迹》 | 朱成勉 | 中国戏剧出版社 1999 年 10 月出版 |
| 《文人瞿秋白》传记 | 韩斌生 | 中央文献出版社 1999 年 12 月出版 |
| 《大哉洪深》评传 | 韩斌生 | 中央文献出版社 2000 年 2 月出版 |
| 《钢铁是这样炼成的》 | 龚　正、胥全迎 | 中国戏剧出版社 2000 年出版 |
| 《鉴真东渡》 | 许凤仪 | 上海人民出版社 2000 年 10 月出版 |
| 《炮打紫石英号——中英长江事件始末》 | 董晨鹏 | 云南人民出版社 2000 年 6 月出版 |
| 《未授衔的元帅叶挺》传记 | 施士明 | 上海人民出版社 2001 年 1 月出版 |
| 《生命 20 小时》 | 平燕曦、吴小莉、宋执群 | 江苏教育出版社 2001 年 7 月出版 |
| 《让我们荡起双桨——追寻刘炽和他的旋律》传记 | 赵征溶 | 人民音乐出版社 2001 年 9 月出版 |
| 《光明行:瞩目江阴》 | 庞瑞垠 | 江苏文艺出版社 2002 年 1 月出版 |
| 《藏汉之子》 | 张国擎 | 江苏文艺出版社 2002 年 5 月出版 |
| 《蒋天枢传》 | 朱浩熙 | 作家出版社 2002 年 11 月出版 |
| 《留学,到德国去》 | 陈丹丹、陈　社 | 江苏文艺出版社 2003 年 2 月出版 |
| 《血肉长城第一人——黄显声将军传》 | 黄丽敏 | 上海文艺出版社 2003 年 8 月出版 |
| 《家在青山绿水间》 | 海　若 | 江苏文艺出版社 2004 年 3 月出版 |
| 《狂雪:东北抗日战争纪实》 | 江　淮 | 江苏文艺出版社 2004 年 6 月出版 |
| 《星河灿烂》 | 黎洪声 | 人民日报出版社 2004 年 9 月出版 |
| 《西行笔记》 | 邹嘉南 | 远方出版社 2004 年 10 月出版 |
| 《为你而歌》 | 吴建芳 | 中国和平出版社 2005 年出版 |
| 《聚焦中国民工》 | 陆汉洲 | 中国经济出版社 2005 年 1 月出版 |
| 《小康之路》 | 杨守松 | 江苏文艺出版社 2005 年 1 月出版 |
| 《藏宝苏州》 | 姜　晋 | 辽宁人民出版社 2005 年 8 月出版 |
| 《走向卓越》 | 高　蓓 | 南京大学出版社 2005 年 9 月出版 |
| 《杨旭文集》 | 杨　旭 | 江苏文艺出版社 2005 年 10 月出版 |
| 《宋庆龄与她的卫士长》 | 汤　雄 | 群众出版社 2006 年 1 月出版 |
| 《吴祖光新凤霞传》 | 韩斌生 | 人民出版社 2006 年 12 月出版 |
| 《金陵枪声》 | 董　尧 | 中国戏剧出版社 2006 年 7 月出版 |
| 《成一法师传》 | 范观澜 | 中国文史出版社 2006 年 9 月出版 |

续表

| 作　品 | 作　者 | 出版、发表时间及单位 |
| --- | --- | --- |
| 《青山绿水》 | 张元栋 | 昆仑出版社 2006 年 10 月出版 |
| 《吞吐大荒：徐悲鸿寻踪》 | 傅宁军 | 人民文学出版社 2006 年 10 月出版，台湾联经出版公司出版繁体字版 |
| 《女检察官手记》 | 纪　萍 | 上海文艺出版社 2007 年 2 月出版 |
| 《塞外围歼战》 | 刘晶林 | 军事科学出版社 2007 年 5 月出版 |
| 《我爱我乡：郑兆财》 | 江　淮 | 江苏文艺出版社 2007 年 11 月出版 |
| 《冷的冬，热的雪——刘邓大军在 1947 年那个寒冬》 | 裴志海、葛红国 | 江苏文艺出版社 2007 年 11 月出版 |
| 《不哭》 | 申赋渔 | 江苏文艺出版社 2008 年 4 月出版 |
| 《报人风骨——徐铸成传》 | 李　伟 | 广西师范大学出版社 2008 年 7 月出版 |
| 《耕耘于这片热土》 | 陈培元 | 大众文艺出版社 2008 年 8 月出版 |
| 《水做的女人》 | 怀　念 | 广陵书社 2008 年 9 月出版 |

## 第五节　儿童文学

改革开放 30 年，江苏儿童文学获得了长足发展，既有整体趋势的变化，也有作家代际间的差异。21 世纪前后是江苏儿童文学发展的分水岭。1978～2000 年，江苏儿童文学作家艺术经验生成的重要路径是童年回忆与江苏地域特色的情感融合，将儿童形象的书写上升到塑造未来民族性格的高度，并把儿童生活投射在对自然万物的关注上。新世纪前后，江苏儿童文学进入了繁荣发展的黄金期，年轻作家大规模的出现。观念的转变和文本的变迁主要表现为从儿童日常生活、实际境遇以及历史文化等视角表现童年生活的广度和深度，提升幻想类题材作品的品质。江苏儿童文学在传承中国现代儿童文学优秀传统的同时，不断反思和拓展童年观念，全面提升艺术性和幻想性的品质，彰显了江苏儿童文学的艺术自觉和文化自信，生成了江苏儿童文学发展的新态势。

**《丰丰在明天》**　中篇儿童小说，顾骏翘著，中国少年儿童出版社 1978 年 9 月出版。该小说于 1979 年获全国第二次少年儿童文艺创作三等奖。作品写丰丰非常向往“明天”，认为“今天”的事都太麻烦太伤脑筋，一天，他居然到了“明天”的世界，并且遇到了许许多多稀奇古怪的事，但他却应付不了了，这时，他才懂得应该怎样去迎接明天。

**《魔鬼湖的奇迹》**　中短篇科幻小说集，王川著，江苏人民出版社 1979 年 12 月出版。该小说于 1980 年获江苏省少年儿童文艺创作二等奖。该书收录《魔鬼湖的奇迹》《神秘的七彩山》《飞碟来客》等，《魔鬼湖的奇迹》曾以《震惊世界的喜马拉雅—横断龙》为题在 1978 年第 11、12 期《科学画报》上连载，描写古生物学家夏康的助手王田在西藏进行科学考察时，意外地发现了一枚恐龙蛋，夏康立即率队前往，又找到了一具恐龙泥塑和一幅描绘前人捕猎恐龙的壁画，他们费尽周折，终于发现了早已灭迹的始祖鸟和恐龙，并将这种恐龙命名为“喜马拉雅—横断龙”，还在这里建立了世界上唯一的一个史前动物保护区。

**《大拇指的奇遇》**　中篇科学童话，杨福康著，少年儿童出版社 1981 年 7 月出版。该小说于 1983 年获上海 1980～1982 年优秀作品奖。作品记叙了大拇指学雷锋做好事、助人为乐的故事，讴歌了大拇指的优秀品质和热爱大自然、探索大自然的志趣；同时还深入细致地介绍了青蛙、啄木鸟、猫头鹰等十多种动物的生活习性和特殊功能，描述了森林、原野和沙漠地带的风光。

**《彩色的梦》**　短篇小说，方国荣著，载《儿童文学》1982 年第 11 期。该小说获 1980～1985 年全国优秀儿童文学奖。作品描写了童年时代的梦幻，以第一人称写成。该作没有曲折的情节和动人的故事，有的是诗一般的意境和在此背景下两个孩子的关于梦的对话和心的交流，字里行间渗透着儿童纯洁真挚的友情和对美好事物的向往与追求。

**《来自异国的孩子》**　中篇小说，程玮著，上海少年儿童出版社 1984 年出版。该小说于 1985 年获中国作家协会首届儿童文学创作奖。小说通过法国小孩菲力浦随父母来中国，到金陵大学附小四(3)班插班借读的故事，告诉孩子们，人与人之间并不存在差异，需要的是在平等基础上的真诚相待。

**《我要我的雕刻刀》** 短篇小说集，刘健屏著，中国少年儿童出版社1987年出版。作品取材于少年儿童多姿多彩的校内外生活，塑造了一批具有20世纪80年代特点的青少年形象，展示了他们的精神面貌和心声，并提出了教育工作中的一些令人深思的问题。

**《走向十八岁》** 长篇儿童小说，程玮著，新蕾出版社1987年出版。该小说于1988年获中学生知音奖，1989年被改编成电影《豆蔻年华》。小说以考入省重点中学的山村女孩姚小禾为主要人物，以南京金陵中学402宿舍为描写重点，展示了一群十五六岁的孩子进入高中阶段的生活，把学校、家庭、社会、城市、农村以至国外的人和事巧妙地串联起来，通过对人物的生理、心理以及逐步社会化过程的细致描写，令人信服地写出由少年步入青年的演变过程，以及由此引起的性格和价值观念上的微妙变化。

**《十八双鞋》** 散文集，陈益著，少年儿童出版社1988年出版。作品描绘了江南水乡的特异风情，歌颂了农家孩子纯洁美好的心灵。作者叙写了少年时代的亲身经历，表现了母亲朴素而深沉的爱。

**《今年你七岁》** 长篇儿童小说，刘健屏著，中国少年儿童出版社1989年出版。7岁这个年龄，对一个孩子来说无疑是个转折点，离开了以游戏为主的幼儿园，摆脱了阿姨的整日庇护，跨入了以学习为主的校门，开始了相对独立的崭新生活，他们会遇到一些什么新鲜事儿？他们会有一些什么怪念头？小说真实地记录了一个小学一年级学生的所作所为，同时也记录了孩子家长的所思所想。

**《少女的红发卡》** 长篇儿童小说，程玮著，江苏少年儿童出版社1991年出版。该小说获得第三届宋庆龄儿童文学奖、全国优秀儿童文学奖。小说描写了三个少女的心路历程，通过三个少女的不同命运，展示了年轻一代的烦恼、探索和憧憬。三个少女的命运奇特地交织在一起，共同谱出了一首爱的赞歌。

**《青春口哨》** 长篇儿童小说，金曾豪著，安徽少年儿童出版社1994年出版。该小说于1995年获中共中央宣传部颁发的第五届精神文明建设“五个一工程”奖、1996年获中国作家协会第三届全国优秀儿童文学奖。小说以颇有象征含义的“青春口哨”串联故事，以新颖的视角描写了四位少年忧乐交织、五味俱全的“小世界”，在特大洪水行将淹没家乡的社会背景下，表现了当代少年特有的生存状态、精神生活和理想追求。

**《天地无情》** 长篇儿童小说，薛屹峰著，甘肃少年儿童出版社1996年12月出版。该小说于1997年获中共中央宣传部颁发的第六届精神文明建设“五个一工程”奖。小说主人公是某市五年级小学生崔小勇和流浪儿符三疤拉眼，他们在一次大地震中被埋在废墟下，最初的惊恐过去之后，他们努力自救，靠吃苹果核和蟑螂维持生命，最终逃过劫难。在撤离受灾中心的途中，又遇山洪暴发，险遭灭顶之灾，并在大水围困之际误入古代地下迷宫。在一次次的生死考验之中，他们逐渐纠正了自身的许多弱点和恶习，并且深切体验到了伟大的母爱和师恩，成长为勇敢坚定、乐于助人的优秀少年。

**《我要做好孩子》** 长篇儿童小说，黄蓓佳著，江苏少年儿童出版社1996年12月出版。该小说于1997年获中共中央宣传部颁发的第六届精神文明建设“五个一工程”奖。小说以写实的手法艺术地再现了当代小学生成长过程中的生活与思想、迷茫与期盼、欢乐与苦恼，以孩子的视角反映出当今教育观念和思想观念中存在着对孩子健康成长的种种不利因素，揭示了孩子的情感世界，写出了孩子们独特的心理历程，展示了经济转型时期少年儿童的心灵在日常生活中的流动过程，塑造了不少个性鲜明、栩栩如生的少年和成人形象。

**《苍狼》** 长篇儿童小说，金曾豪著，湖南少年儿童出版社1997年出版。小说叙述为拍摄电视剧《狼的故事》而发生在小岛上的有关动物特别是狼的故事。摄制组把一个狼的家庭送上荒芜的小岛，然后根据剧情逐步向小岛送上各种动物。由于对动物了解太少，误解太多，艺术家和动物学家们精心组织的情节几乎都未出现，动物们却上演了一幕幕出人意料的惊人的活剧。狼顽强地站稳在大地上的精神、野兔的非凡的胆量、母猪的忘我的母爱，都使人感慨万千。

**《小小生命树》** 长篇纪实小说，刘文惠著，江苏少年儿童出版社1997年3月出版。该书讲述了一个真实的故事。小女孩南南年幼时被邻居孩子烫伤，她以坚强的毅力积极配合治疗，但随着年龄的增长，大面积伤疤使她自卑、敏感、内向、自我封闭起来。在父母、老师及全社会的关心、爱护和帮助下，南南懂得了生活的美好和生命的意义，变成了一个热情开朗、积极向上的好孩子。

**《书本里的蚂蚁》** 短篇童话，王一梅著，原载1998年《幼儿故事大王》，收录于童话集《书本里的蚂蚁》，新蕾出版社2002年7月出版，后又被收录于《新中国60年60部原创儿童文学经典作品》。该小说获2000年第五届全国优秀儿童文学奖。故事题材内容丰富多样，贴近当代现实生活，时代气息浓郁，注重在童真童趣中塑造栩栩如生的人物形象。

**《今天我是升旗手》** 长篇小说，黄蓓佳著，江苏少年儿童出版社1999年4月出版，此后再版几十次，并搬上舞台和荧屏。该小说获中共中央宣传部第八届精神文明建设“五个一工程”奖、第五届全国优秀少儿图书奖、江苏省第四届“五个一工程”奖、江苏省第八届优秀图书奖、第十届冰心儿童图书奖。作品故事生动，情节曲折。人物形象鲜明，通篇洋溢着阳刚之气，具有强烈的艺术感染力。

**《芝麻开门》** 长篇小说，祁智著，江苏少年儿童出版社2000年出版。该小说于1999年获中共中央宣传部第九届精神文明建设“五个一工程”奖，被中央电视台改编成电视连续剧。作品讲述了一个班集体、一群有个性和才情的孩子、几位可敬的老师、几个都市普通家庭在一年里发生的故事。

**《蓝调江南》** 散文集，金曾豪著，古吴轩出版社2003年出版。该小说于2004年获第六届全国优秀儿童文学奖。作品收录作家15篇以少年视角写出的、饱盈江南风情的散文精品，是少年眼中的传统江南，淳朴清新，情真意切。

**《鼹鼠的月亮河》** 长篇童话，王一梅著，浙江少年儿童出版社2003年4月出版，2006年天津新蕾出版社重新出版。该书于2004年获中国作家协会第六届全国优秀儿童文学奖、冰心儿童图书奖，入选新闻出版总署“向全国青少年推荐的百种优秀图书”和国家“三个一百”原创图书出版工程。小说讲述了鼹鼠米加住在美丽的月亮河畔，与众不同的鼹鼠米加不喜欢爸爸为他选择的挖掘道路，怀揣着月亮石离开了家乡。在陌生的地方，米加结识了新朋友乌鸦黑炭和红辣椒，在帮助乌鸦的过程中，他找到了自信，实现了梦想。

**《木偶的森林》** 长篇童话，王一梅著，新蕾出版社2005年9月出版。该书于2007年获中共中央宣传部第十届精神文明建设“五个一工程”奖，入选新闻出版总署“向全国青少年推荐的百种优秀图书”，国家“三个一百”原创图书出版工程。小说讲述了寒冷的冬天，一棵长在森林中会说话的橡树被木匠砍下来做成了木偶人罗里并带进城市。日夜思念大森林的罗里拥有寒冷的心，他要报复，于是他招募各种动物成立了马戏团，企图把人类赶出城市。在热爱动物的阿汤和阿灿的帮助下，爱融化了罗里心头的坚冰，最终木偶人罗里回到了森林。

**《亲亲我的妈妈》** 长篇小说，黄蓓佳著，江苏少年儿童出版社2006年出版。该书是一部深切关注单亲家庭孩子成长的小说。作家直面当前生活，用充满灵性的温情笔触，叙说弟弟和妈妈在相识、相处中的陌生、微妙和忐忑。故事起落有致、扣人心弦；文笔潇洒俊逸、激荡心灵。

**《飞翔，哪怕翅膀断了心》** 纪实文学，韩青辰著，少年儿童出版社2006年出版。该小说于2007年获第七届全国优秀儿童文学奖。该书是中国首部未成年人成长危机报告文学集，作家满蕴着对未成年人的深深关爱与期待，用充满激情的真挚笔触，刻绘了当下中国社会未成年人生存状态的另一面，一个个惊心动魄的真实故事给我们更多的思考。

**《大芦荡》（原名《荒地》）** 儿童长篇小说，李有干著，少年儿童出版社2006年12月出版。该小说获第22届陈伯吹儿童文学大奖、江苏省紫金山文学奖、冰心儿童图书奖。作者调动丰富的乡村生活积累和遥远的童年记忆，以很强的故事性和精湛朴实的语言，再现了过去的时代和别样的人生。对乡土的记忆和想象，对乡土的热爱和呼唤，是它的主题和基调。

**《穿过忧伤的花季》** 长篇小说，王巨成著，明天出版社2008年11月出版。小说以贫瘠的山村和普通的乡镇中学为背景，讲述了一群农村留守少年的花季故事。

**《流动的花朵》** 长篇小说，徐玲著，希望出版社2008年12月出版。该书讲述了农民工子女王弟和姐姐王花随打工的父母一起来到美丽的江南城市学习和生活的经历。

**《水自无言》** 中短篇小说集，韩青辰著，人民文学出版社2008年出版。韩青辰的作品文风清新，但其中蕴含着一种深沉的社会责任感和强烈的人文关怀，这或许是儿童文学作家不应缺少，但也往往容易缺失的一种品格特质。特别是在甜蜜、快乐、幽默、游戏、漫话、水煮、麻辣等五花八门的少儿阅读产品广为流行的形势下，韩青辰能坚持用冷峻的眼光和一颗火热的心，直面和干预青少年的成长危机。

**表4－5 1978～2008年江苏其他儿童文学出版、发表情况一览表**

| 作　品 | 作　者 | 出版、发表时间及出版单位 |
|---|---|---|
| 《红红的雨花石》长篇儿童小说 | 海　笑 | 少年儿童出版社1978年3月出版 |
| 《火龙驹》中篇小说集 | 张彦平 | 江苏人民出版社1978年11月出版 |
| 《白额牛》短篇小说集 | 天　戈 | 江苏人民出版社1979年3月出版 |
| 《暴风雨过后》长篇儿童小说 | 李有干 | 少年儿童出版社1979年4月出版 |
| 《陈司令和大白马》短篇小说集 | 康新民等 | 江苏人民出版社1979年12月出版 |
| 《小草青青》长篇儿童小说 | 戴石明 | 江苏人民出版社1981年9月出版 |
| 《我是小猎人》散文故事集 | 陈淦生 | 少年儿童出版社1981年9月出版 |
| 《古塔第三层》中篇 | 顾骏翘 | 中国少年儿童出版社1982年5月出版 |
| 《我和足球》短篇小说集 | 程　玮 | 江苏人民出版社1982年7月出版 |
| 《燃烧的石头城》长篇儿童小说 | 海　笑 | 新蕾出版社1982年11月出版 |
| 《闪亮的花朵》短篇小说集 | 黄天戈 | 福建人民出版社1983年3月出版 |
| 《大将军和小泥鳅》中篇小说 | 刘健屏、朱伟杰 | 少年儿童出版社1983年3月出版 |
| 《肖建亨科幻小说选》 | 肖建亨 | 江苏科学技术出版社1985年2月出版 |
| 《祭蛇》短篇小说集 | 丁阿虎 | 少年儿童出版社1985年5月出版 |
| 《记忆里的小阿姐》儿童散文 | 张寄寒 | 载《幼芽》1985年第5期 |
| 《小巷木屐声》短篇小说集 | 金曾豪 | 江苏少年儿童出版社1986年4月出版 |
| 《睡谷的传说》童话寓言集 | 天　戈 | 湖北少年儿童出版社1986年8月出版 |
| 《小刺猬种庄稼》寓言集 | 许润泉 | 青海人民出版社1986年5月出版 |
| 《初涉尘世》长篇儿童小说 | 刘健屏 | 新蕾出版社1988年4月出版 |
| 《特殊任务》科幻小说集 | 肖建亨 | 辽宁少年儿童出版社1988年5月出版 |
| 《百灵鸟的歌》儿童诗集 | 丁　曲 | 江苏少年儿童出版社1988年5月出版 |
| 《第三个满分》叙事诗集 | 尹必桥 | 新疆人民出版社1988年9月出版 |
| 《浮萍的哲学》寓言诗集 | 许润泉 | 中国矿业大学出版社1988年12月出版 |
| 《无尾猫》中篇 | 李有干 | 少年儿童出版社1989年2月出版 |
| 《许润泉寓言三百篇》 | 许润泉 | 海潮出版社1989年5月出版 |
| 《雨花村的孩子》短篇小说集 | 姚忠瑞 | 西北大学出版社1989年11月出版 |
| 《青春从这里开始》长篇儿童小说 | 张彦平 | 安徽少年儿童出版社1989年3月出版 |
| 《稀奇古怪王国历险记》中篇儿童小说 | 唐　麒 | 北京少年儿童出版社1990年3月出版 |
| 《长颈鹿比脖子》寓言集 | 韦　伟 | 少年儿童出版社1990年10月出版 |
| 《金童求雨记》中短篇童话集 | 杨　楠 | 湖北少年儿童出版社1991年1月出版 |
| 《魔树》长篇儿童小说 | 金曾豪 | 江苏少年儿童出版社1991年4月出版 |
| 《美女孩》短篇小说集 | 杨清生 | 南京出版社1991年5月出版 |
| 《张海寓言集》 | 张　海 | 海潮出版社1992年12月出版 |
| 《金鸟银鸟和火鸟的故事》长篇童话诗 | 徐长林 | 载《山茶》1993年第3期 |
| 《被敲响的冰钟》短篇小说集 | 丁阿虎 | 人民中国出版社1993年4月出版 |

续表

| 作　品 | 作　者 | 出版、发表时间及出版单位 |
| --- | --- | --- |
| 《迷雾中的渡船》短篇小说集 | 朱伟杰、马升嘉 | 江苏少年儿童出版社 1993 年 4 月出版 |
| 《七星蟠龙拐的秘密》故事集 | 周振亚 | 南京出版社 1993 年 6 月出版 |
| 《花翎鸽》中短篇小说集 | 许乃平 | 南京出版社 1993 年 9 月出版 |
| 《秘道》中篇小说集 | 范锡林 | 少年儿童出版 1993 年 10 月出版 |
| 《变色泪》小说散文故事集 | 高巧林 | 海峡文艺出版社 1994 年 2 月出版 |
| 《黄金岛探险》长篇儿童小说 | 孙家玉 | 希望出版社 1994 年 4 月出版 |
| 《走出鱼腥巷》长篇儿童小说 | 颜煦之 | 安徽少年儿童出版社 1994 年 6 月出版 |
| 《永远的太阳鸟》中篇儿童小说 | 姚忠瑞 | 刊于《未来》第 28 辑，江苏少年儿童出版社 1994 年 10 月出版 |
| 《七个少女和一只白鸽》中篇小说 | 王巨成 | 浙江少年儿童出版社 1995 年出版 |
| 《小巷三杰》中篇小说集 | 范锡林 | 少年儿童出版社 1995 年 12 月出版 |
| 《灶王爷和他的朋友们》长篇儿童小说 | 范锡林 | 江苏少年儿童出版社 1996 年 8 月出版 |
| 《迈克行动》长篇儿童小说 | 祁　智 | 江苏少年儿童出版社 1996 年 8 月出版 |
| 《图画儿童拼音故事丛书》童话寓言集 | 韦　伟 | 江苏美术出版社 1996 年 9 月出版 |
| 《百变芝麻人》童话集 | 韦　伟 | 国际文化出版公司 1996 年 11 月出版 |
| 《神秘的伙伴》中篇小说集 | 朱伟杰 | 少年儿童出版社 1996 年 11 月出版 |
| 《怕出汗的冬瓜王子》科学童话集 | 杨　楠 | 科学普及出版社 1996 年 12 月出版 |
| 《小豆豆变成小哥哥》故事集 | 颜煦之 | 广西教育出版社 1997 年 9 月出版 |
| 《那个年代的故事》散文集 | 朱伟杰、马升嘉 | 上海远东出版社 1997 年 10 月出版 |
| 《亮亮的密码》科学童话集 | 张　冲 | 北京科普出版社 1998 年 6 月出版 |
| 《愤怒的小飞人》故事集 | 颜煦之 | 希望出版社 1998 年 6 月出版 |
| 《魔箱》中短篇科幻小说集 | 刘苗虎 | 四川少年儿童出版社 1998 年 8 月出版 |
| 《幽默童话故事》 | 章立宝 | 黄河出版社 1998 年 10 月出版 |
| 《欢乐号飞船》儿童文学选集 | 孙建国 | 黄河出版社 1998 年 10 月出版 |
| 《学科知识童话》 | 黄水清 | 四川少年儿童出版社 1998 年 11 月出版 |
| 《武松打狗》寓言集 | 钱欣葆 | 未来出版社 1999 年 3 月出版 |
| 《春天是否完全醒来》中篇小说 | 孙骏毅 | 中国少年儿童出版社 1999 年 4 月出版 |
| 《好想长大》长篇小说 | 刘源春 | 内蒙古人民出版社 1999 年 12 月出版 |
| 《鹤唳》长篇小说 | 金曾豪 | 湖南少儿出版社 2000 年出版 |
| 《漂流》儿童文学短篇小说集 | 李有干 | 中国文联出版社 2001 年 11 月出版 |
| 《鸡妈妈的新房子》寓言 | 钱欣葆 | 人民教育出版社 2001 年 6 月出版 |
| 《酷的故事》中短篇小说集 | 戴中明 | 黑龙江少年儿童出版社 2002 年 4 月出版 |
| 《惊魂 48 小时》长篇科幻小说 | 苗　虎 | 河北教育出版社 2002 年 1 月出版 |
| 《海笑文集》(全五卷)(包括儿童文学卷、散文卷、散文随笔卷、中短篇小说卷和长篇小说卷) | 海　笑 | 作家出版社 2002 年 12 月出版 |
| 《我飞了》长篇小说 | 黄蓓佳 | 江苏少年儿童出版社 2003 年 1 月出版 |
| 《走进远古的梦境》长篇科幻小说 | 苗　虎 | 中国文联出版社 2003 年 2 月出版 |
| 《小学科学知识故事》童话集 | 张　冲 | 江苏文艺出版社 2003 年 5 月出版 |
| 《最近比较烦》小说 | 高巧林 | 载《儿童文学》2003 年第 2 期 |
| 《当代少儿启蒙诗》诗集 | 葛　兰 | 中国文史出版社 2004 年 2 月出版 |
| 《蝴蝶的雨衣》童话 | 孙丽萍 | 载《儿童文学》2004 年第 9 期 |
| 《喷火小雷龙》长篇童话 | 苏　梅 | 浙江少年儿童出版社 2004 年 9 月出版 |
| 《芦荡金剑》长篇小说 | 金曾豪 | 江苏教育出版社 2005 年 8 月出版 |

续表

| 作　品 | 作　者 | 出版、发表时间及出版单位 |
|---|---|---|
| 《多一点，少一点》短篇小说 | 马昇嘉 | 载《少年文艺》2005 年第 4 期 |
| 《漂来的狗儿》长篇小说 | 黄蓓佳 | 江苏少年儿童出版社 2006 年出版 |
| 《新来的老师我喜欢》长篇小说 | 刘新球 | 印刷工业出版社 2006 年 5 月出版 |
| 《烽火少年》长篇小说 | 曹　根 | 江苏文艺出版社 2006 年 6 月出版 |
| 《魔法学生和他们的老师》童话 | 沈习武 | 南京出版社 2007 年 1 月出版 |
| 《爷爷的童谣》散文 | 高巧林 | 载《少年文艺》2007 年第 4 期 |
| 《黛绿色的好时光》长篇小说 | 赵　菱 | 江苏少年儿童出版社 2007 年 8 月出版 |
| 《七彩神蝶》长篇童话小说 | 佘梅溪 | 大众文艺出版社 2007 年 12 月出版 |
| 《放慢脚步去长大》长篇小说 | 章　红 | 江苏少年儿童出版社 2008 年 3 月出版 |
| 《你是我的宝贝》长篇小说 | 黄蓓佳 | 江苏少年儿童出版社 2008 年 4 月出版 |

## 第六节　文学活动

1978～2008 年 30 年间，江苏举办了内容丰富、形式多样的文学活动，主要分为三个方面：一是通过多种途径扶持作家成才。如举办各种形式的文学创作读书班，签约制作家等。很多读书班已经形成品牌活动，定期举办，多年来培养了一批又一批的文学创作者；江苏省作家协会从 2002 年开始的签约制作家，到 2008 年已经连续举办四届，有 35 人成为省作协的签约作家。二是举行各种形式的文学创作研讨会。其中包括品牌文学活动，如江苏省青年文学创作会议，苏南、苏中、苏北文学创作会议等；也有针对不同文学类型的研讨会，如长篇小说创作座谈会、报告文学创作座谈会、儿童文学创作研讨会等；更多是针对具体作家和作品的研讨会，如周梅森作品研讨会、报告文学《昆山之路》讨论会等。三是组织作家采风。为了扩大视野、深入生活，江苏作家积极到群众中去，在全国各地进行文学采风，通过自身对自然人文景观和各层人民生活的亲身感悟，从而达到了解各个区域民俗风情、历史渊源和人文价值的目的。

### 一、培训、签约

**（一）文学创作读书班**

1980 年 7 月 28 日，中国作家协会江苏分会在无锡举办了第一期文学创作读书班，9 月 28 日结束，为期两个月。

从 1980 年 12 月开始，中国作家协会江苏分会与南京图书馆联合举办了 13 次外国文学讲座，听课的大多为青年工人，也有自学青年，中小学教师、编剧、演员、解放军等。

1982 年 5 月 9 日至 7 月 9 日，中国作家协会江苏分会在雨花台二泉招待所举办了第二期文学创作读书班。

此后，作协江苏分会每一两年都要举办一期文学创作读书班，每期有 20 名左右在基层工作的学员参加。

1986 年前后，中国作家协会江苏分会派送一批专业作家去鲁迅文学院、南京大学等高等院校进修，其中有赵本夫、朱苏进、储福金、丁正泉、薛尔康等。

1999 年 3 月 15 日至 4 月 5 日，江苏省作家协会在南京举办第十期文学创作读书班，并更名为江苏青年作家读书班，作为培养和扶持省内青年作家的重要举措。这是继中断六年以后再次举办的读书班，全省近 20 位青年作家参加了学习。从 2000 年到 2008 年每年举办一期青年作家读书班，为江苏青年作家的成长，江苏文学人才队伍的建设起到了积极的推动作用。

2005 年 6 月 23 日至 30 日，江苏省作家协会举办“文学驿站”读书研讨班。此班主要为江苏省一批有一定创作成绩同时也苦于突破的中年作家举办，省内 20 多位中年作家参加学习研讨。

2006 年 9 月 3 日，第二届“文学驿站”中年作家读书研讨班在南京结束。读书班为期一周，来自全省的 20 多位学员参加了此次学习。

2006 年 11 月 17 日至 23 日，举办了首期江苏省农村题材文学创作读书研讨班。学员大多来自农村或有多年农村生活经历，在农村题材的创作上进行过多年的实践。

2007年6月25日至29日，首届报告文学作家读书班在江宁、盐城举行。来自省直和各市、区、县在报告文学创作上有一定成就、创作势头良好的18名学员参加了学习。

2007年10月13日至19日，举办第二届农村题材文学创作读书班。来自全省的16名农村题材文学写作者参加了读书班。

2008年10月，首届儿童文学创作读书研讨班在南京开班。参加此次读书班的学员，有许多人已多次获得各地区乃至全国性文学奖项。

2008年10月21日至27日，首期江苏省文学期刊编辑人才培训班在南京举办。全省各级作家协会主办的17家文学期刊编辑部主编、业务骨干接受了培训。

**（二）签约制作家**

2001年10月，江苏省作家协会制定《江苏省作家协会签约制作家管理条例（试行）》，成立由省作协创作室和创研室的一级作家组成的签约制作家工作委员会。条例规定全省各市文学艺术界联合会作协负责签约制作家的组织申报工作，由省作协签约制作家工作委员会对各市申报的签约制作家进行审定。

2002年1月29日至30日，由江苏省作家协会主办的江苏省青年文学创作座谈会暨业余作家签约拜师仪式在溧阳举行。此次签约的重要特色是对40岁以上的对象侧重创作项目，对40岁以下的年轻作者侧重人才培养。选定8名业余作家为省作协首届签约制作家，他们分别是叶弥、冯亦同、朱辉、刘剑波、陆永基、庞培、庞余亮、魏微。

2004年2月13日，江苏省作家协会首届签约作家汇报交流大会暨第二届签约作家签约仪式在南京举行。第二届签约作家是王一梅、朱文颖、李志伟、吴晨骏、胡传义、徐若羽、曹建平、魏微等8人。签约作家更为年轻化。

2006年3月27日，江苏省作家协会在南京举行签约作家与重点项目签约仪式。朱文颖、鲁敏、姚鄂梅、胡弦、林苑中、黄孝阳等10人成为省作协新一届签约作家。

2006年，江苏省作家协会在全国范围聘请“非驻会签约专业作家”，聘请对象为在全国文坛有较大影响、具备中国作家协会会员资格、应聘后能集中精力完成江苏省作家协会“非驻会签约专业作家”小说创作任务、没有固定工作单位的高水平文学创作人员。衣向东、叶弥为首届“非驻会签约专业作家”，聘期3年。

2008年4月8日，江苏省作家协会第四届签约作家与第三批重点扶持项目签约仪式暨青年作家读书班开学典礼在南京举行。鲁敏、朱文颖、黄孝阳等9人成为第四届签约作家。

## 二、文学创作研讨会

**江苏省文学创作会议**　1979年3月26日至4月6日，中国作家协会江苏分会召开了有116人参加的文学创作会议。这是协会自1960年正式成立以来召开的第一次大型创作会议。会上，作家、诗人和文艺理论家们，以亲身经历，回顾和总结了30年来特别是1957年以来江苏文学界的历史，分析了当时的文学状况，比较系统地批判了林彪、江青反革命集团在文艺领域中犯下的种种罪行及其错误的文艺思想，并对建设社会主义的文学队伍、发展社会主义文学创作等问题，进行了积极和认真的讨论。会议开得生动、活泼，思想解放，畅所欲言，这是许多年来少有的一次生气蓬勃的创作会议。作协江苏分会主席李进在会上宣读了中共江苏省委宣传部同意江苏省文学艺术界联合会《关于〈探求者〉问题的复查结论》的批复，对这一错案予以纠正，并对曾被错误地定为毒草、作过批判的作品：陆文夫的《平原的颂歌》、方之的《杨妇道》、高晓声的《不幸》、梅汝恺的《夜诊》和曾华的《七朵红花》，也宣布予以纠正。会议达到了解放思想、发扬民主、总结经验、繁荣创作的目的。

**文艺理论工作座谈会**　1979年6月20日至26日，《雨花》编辑部在扬州召开了有43人参加的文艺理论工作座谈会，对社会主义的文艺理论作了具体深入的探讨。

**短篇小说创作座谈会**　1979年12月3日至4日，在中国作家协会江苏分会会议室召开了短篇小说创作座谈会。主要讨论了文艺与政治、文艺与“人”的生活等多方面关系，以及17年小说创作中的经验教训和今后小说创作的方向。

**江苏省首届青年文学创作会议**　江苏省首届

青年文学创作会议1980年10月5日至15日在无锡召开，适逢《雨花》笔会的中年作者和作协从事专业创作的老作家们也同时参加会议。出席“青创会”的70多名从19岁到35岁的青年作家代表，是江苏近几年来涌现出的文学新秀。20世纪50年代的“探求者”们和其他老一辈作家，带着近两年创作的新成果和不断探索新路中碰到的新问题来参加会议，他们为培养文学新人做了不少工作。这是经过“文化大革命”之后重建起来的全省文学创作队伍的一次大聚会。大家一起共同探讨文学创作如何在现有基础上向前迈进一步，取得新的突破。

**外国文学委员会会议** 1980年10月28日至31日举行了外国文学委员会扩大会议，与会者23人。外国文学委员会顾问范存忠、陈嘉、张威廉同志到会祝贺并讲话。中国作家协会江苏分会主席艾煊在讲话中说，外国文学对中国文学有着巨大的影响，广大读者和作家都需要通过外国文学的介绍、研究，来了解世界，学习国外的好经验，特别是介绍外国文学的表现手法，希望委员会的成立能促进江苏省外国文学工作的开展，促进中国的文艺创作，促进国际文化交流。会议收到13篇学术报告，并建立了英美文学、苏联文学、德国文学、日本文学、法国文学、拉美文学等6个研究小组，分别选举了组长。

**农村题材短篇小说座谈会** 1981年7月6日至15日在常州举行农村题材短篇小说座谈会，参加者21人，大部分是长期在农村生活或工作的中、青年业余作者。会议座谈了中共十一届三中全会以来，江苏省农村实行各种形式的生产责任制以后，生产面貌、人的精神面貌所发生的深刻变化。会议还联系创作实际，讨论了小说创作的主题问题，探讨了英雄人物、典型与原型、认识生活和理解生活、从素材到作品等创作问题。

**第一届法国文学讨论会** 1982年6月23日至28日，来自全国42个单位的60名法国文学工作者，聚集在太湖之滨的无锡，举行了第一届法国文学讨论会。这次讨论会是在中国外国文学学会第一届年会的法国文学工作者一致建议下，由中国社会科学院外国文学研究所、南京大学、北京大学、南京师范学院和中国作家协会江苏分会联合发起，委托南京大学外国文学研究所筹备举办的。

**散文创作座谈会** 1983年3月2日至4日，中国作家协会江苏分会邀集部分散文作者和评论工作者举行了散文创作座谈会，就提高散文创作水平问题进行了研究和切磋。

**青年创作组第一次会议** 1985年6月17日至20日，中国作家协会江苏分会召开青年创作组建立以来的第一次会议。王伯阳、肖元生、周梅森、赵践、范小青、黄蓓佳、程玮等7位青年专业作家参加了会议。

**青年文学评论工作者座谈会** 1986年6月1日至6日，《钟山》《雨花》编辑部和中国作家协会江苏分会创作研究室在高邮召开了青年文学评论工作者座谈会。讨论会上，大家首先回顾了文学评论的发展势态，肯定了江苏青年文学评论队伍近年来的成绩。

**诗歌对话会** 1988年4月12日至14日，江苏老中青三代诗人相聚金陵，就诗坛现状和诗歌的本质问题进行了热烈而广泛的探讨。

**全国当代新诗研讨会** 1988年5月3日至5月10日在淮阴、扬州两地举行，中国作家协会《诗刊》社、中国作家协会江苏分会、江苏淮阴市文学艺术界联合会、扬州市文学艺术界联合会等联合主办，又称“运河诗会”。

**青年小说家评论家对话会** 1988年仲夏时节，中国作家协会江苏分会青年创作委员会在常州召开了青年小说家评论家对话会。分会副主席、小说家赵本夫首先介绍了这次对话会的筹备过程与会议的议题。评论家黄毓璜、丁帆、王干、费振钟等谈各自的艺术观念。苏童是这次会议上最年轻的小说家，他以独特的感觉谈了他在创作过程中的一个转变。参加这次会议的还有周梅森、储福金、黄蓓佳、孙华炳、黄铁男等30多人。

**青年作家创作座谈会** 1991年6月12日至14日，中共江苏省委宣传部和江苏省作家协会党组在张家港市召开了全省青年作家创作座谈会，近60名作家、评论家出席了这次文学盛会。新时期以来，江苏的一批青年作家脱颖而出，迅速成长。特别是在省委的关心下成立了青年创作组后，良好的创作环境更为青年作家们的成长提供了有利条件。

**长篇小说创作座谈会** 1998年6月2日至5日，江苏省作家协会在洪泽召开长篇小说创作座谈会。发言涉及长篇小说的特点，长篇小说创作水平的提高、长篇小说的市场问题、文学创作中的“悲剧”意识、长篇意识等多个议题。会议对江苏省长篇小说的创作与繁荣起到了促进作用。

**全国诗歌座谈会(张家港诗会)** 由中国作家协会和中共江苏省委宣传部共同主办的全国诗歌座谈会(张家港诗会)于1998年11月12日至16日在张家港召开,来自全国各地的100余位诗人、诗评家相聚在一起,共商诗歌繁荣大计。

**江苏省第二次青年文学创作会议** 1998年11月24日至26日,来自全省的100多位青年作家聚会南京,参加江苏省青年文学创作会议。中共江苏省委副书记顾浩代表省委省政府到会祝贺并讲话。江苏省作家协会党组书记王臻中作了题为《团结奋进,做跨世纪文学的生力军》的报告。

**江苏文学评论座谈会** 1999年6月7日至8日,江苏省作家协会创研室在南京召开江苏文学评论座谈会。座谈会以文学批评的现状与展望为题,展开了深入的研讨。

**苏北作家创作会** 1999年6月20日至23日,江苏省作家协会苏北作家创作会在徐州举行,苏北地区70余名作家、业余作者与会,他们畅谈创作甘苦,交流创作体会。徐州、淮阴、连云港、盐城、宿迁五市作协分别介绍工作经验,探索文学事业发展新路。会议发出倡议:要不负历史使命和时代重托,辛勤耕耘,创作出无愧于时代和人民的优秀之作。此后每两年召开一次苏北作家创作交流会议。

**苏中作家创作交流会** 1999年8月21日至23日,江苏省作家协会苏中作家创作交流会在泰州举行。这是继苏北作家创作会后又一区域性的创作交流会,是江苏作协贯彻为创作服务的思想,向市县推进的行动标志。南京、扬州、南通、泰州四市作家与会,共同探讨文学创作的资源问题,交流创作体会。此会每两年召开一次苏中作家创作交流会议。

**苏南文学创作会议** 1999年10月18日至20日,江苏省作家协会苏南文学创作会议在苏州举行。来自苏州、无锡、常州、镇江四市的70余位作家和业余作者与会,共同探讨苏南文化和苏南文学特征,交流创作体会,提出要坚守文学阵地,树立精品意识,塑造出更多的具有鲜明特征的文学形象。此后,每两年召开一次苏南作家创作交流会议。

**报告文学创作座谈会** 2000年,江苏省作家协会在通州召开报告文学座谈会。40余名报告文学作家、评论家参加会议,就报告文学创作的现状、走势以及如何繁荣报告文学创作、提高报告文学创作水平等问题进行了研讨,认为真实是报告文学的生命;作家在大是大非面前表现出的勇气、作家的人格力量以及作家用理性眼光给予现实生活以智慧的关照,也是报告文学的生命力所在。中国报告文学学会秘书长李炳银、苏州大学教授李子南分别汇报了全国和江苏报告文学的创作情况。

**江苏省短篇小说创作会** 2000年12月20日至22日,江苏省短篇小说创作座谈会在高邮召开。江苏省近30名作家、评论家与会。会议回顾了江苏50年来的短篇小说创作情况,探讨了90年代短篇小说艺术上的嬗变,对短篇小说创作的出路提出了一些新的见解。会议期间,与会代表还参加了汪曾祺文学馆的开馆仪式。

**纪念毛泽东《在延安文艺座谈会上的讲话》发表60周年暨江苏文学现状及展望研讨会** 2002年5月15日,江苏省作家协会邀请50余位作家、学者聚集南京,纪念毛泽东同志《在延安文艺座谈会上的讲话》发表60周年,并研讨江苏省文学现状和发展前景。

**苏南小说走向研讨会** 2002年9月2日至3日,江苏省作家协会苏南小说走向研讨会在苏州召开。会议就苏南小说的走向,如何关注飞速变化的现实生活,怎样形成苏南小说特色等问题进行了广泛而热烈的讨论。

**苏州小说创作研讨会** 2003年12月9日至10日,苏州小说创作研讨会在苏州举行。会议就苏州小说与文学的关系以及苏州小说的发展趋势及局限进行了广泛而热烈的讨论。

**江苏儿童文学创作研讨会** 2003年12月10日至11日,由江苏省作家协会、江苏少年儿童出版社、江苏文艺出版社共同组织的2003年江苏儿童文学创作研讨会在苏州召开。30余名儿童文学作家参加了会议,谈创作、谈生活,尤其对儿童文学在新时期的现状和人物作了描述,针对国内原创低幼文学创作以及儿童文学作家作品如何通过网络传播等热点问题展开讨论。

**未成年人思想道德建设文学在线系列活动** 2004年9月13日至14日,中国作家协会、中共江苏省委宣传部、江苏省作家协会、江苏省出版集团在北京共同举办未成年人思想道德建设文学在线系列活动，全国人大常委会副委员长、中国妇联主席顾秀莲，中国作协党组书记金炳华，中共江苏省委常委、宣传部部长孙志军等出席并讲话。系列活动包括：江苏儿童文学获奖作品研讨会、黄蓓佳《中国童话》首发式、江苏作家向首都青少年赠书、江苏作家校园行等。

**《钟山》创刊25周年庆典活动**　2005年，《钟山》创刊25周年庆典活动在南京举行。中共江苏省委宣传部、江苏省作家协会、江苏省新闻出版局领导到会祝贺。余华、苏童、叶兆言、黄蓓佳、赵本夫、范小青、毕飞宇等全国知名作家，《当代》《收获》等著名刊物的代表，《文艺报》《文学报》等媒体代表，读者代表以及支持刊物的各界人士出席会议，肯定了25年来《钟山》取得的辉煌成就，并对它的发展提出了有益的建议。

**陆文夫先生追思会**　2005年7月18日，江苏省作家协会和苏州市文学艺术界联合会在南京联合举办当代著名作家陆文夫的追思会。

**江苏省第三次青年文学创作会议**　2005年9月26日至27日，江苏省第三次青年文学创作会议在南京举行。来自全省的100多位青年作家代表参加了会议。中共江苏省委副书记任彦申到会看望青年作家，勉励青年深入生活、深入一线，写出真正能深刻反映这个伟大变革时代的传世之作。

**《雨花》短篇小说研讨会**　2005年9月2日至4日，《雨花》杂志在张家港召开短篇小说研讨会。与会作家普遍认为，不同时期对短篇小说的艺术和思想有不同的要求，讨论短篇小说，应是在“现代短篇小说”的大框架下，对“短篇精神”在纯文学意义上的倡导和弘扬。作家们对短篇小说与生活、短篇小说的艺术特征、短篇小说的种种可能性以及创作态度等问题进行了深入的交流。

**省作协诗歌工作座谈会**　2005年11月2日，江苏省诗歌工作委员会、《扬子江》诗刊社共同举办的诗歌工作座谈会在南京举行。来自全省各地的40余人出席会议，并进行了热烈的讨论。

**全国农村题材文学创作研讨会**　在纪念毛泽东同志《在延安文艺座谈会上的讲话》发表64周年之际，由中国作家协会、中共江苏省委宣传部、江苏省作家协会联合举办的全国农村题材文学创作研讨会于2006年5月22日在具有社会主义新农村典型意义的江阴市华西村召开。

**纪念陆文夫先生逝世一周年座谈会暨《永远的陆文夫》首发式**　2006年7月9日是当代著名作家陆文夫逝世一周年纪念日。为缅怀陆文夫，继承和发扬他献身文学事业的精神，由江苏省作家协会、苏州市文学艺术界联合会、上海远东出版社共同主办的“纪念陆文夫先生逝世一周年座谈会暨《永远的陆文夫》首发式”在苏州举行。

**江苏青年诗歌创作研讨会**　2006年11月1日至2日，江苏省作家协会诗歌委员会、《扬子江》诗刊社、高邮市文学艺术界联合会联合举办的“2006金秋·江苏青年诗歌创作研讨会”在高邮举行。与会者共同就中国新诗发展，江苏诗坛现状，青年诗人的修养、责任、创作等话题作了深入研讨。

**首届“中国当代文学·南京论坛”**　2006年12月3日至4日，由江苏省作家协会、南京大学中国现代文学研究中心联合主办的首届“中国当代文学·南京论坛”在南京举行。这届论坛以“中国当代文学的现状与发展”为议题，采取大会发言和自由评议的形式，设置了五场研讨会。与会专家从各自经验出发，围绕“现实主义”的历史、现状和走向，“底层”和“底层写作”的来源、命名、形态及局限，当时的文学生态、文学结构、研究现状及新的研究方向以及知识分子的立场和责任等问题，进行了深入、热烈的交流。

**江苏微型小说创作研讨会**　2007年4月26日，由江苏省作家协会主办的江苏微型小说创作研讨会在太仓召开。江苏省内50多位作家、评论家与会，就江苏微型小说创作的历史、现状和发展趋势，作家队伍培养，组织建设，作品创作的角度等进行了多方面的研讨。

**“永远的汪老”系列纪念活动**　2007年5月中旬，江苏省作家协会、高邮市委、市政府和人民文学出版社、《中华文学选刊》杂志社共同主办的“永远的汪老”系列纪念活动在汪曾祺的故乡高邮举行。系列纪念活动包括面向全国的第三届汪曾祺文学奖征文颁奖仪式、追思汪曾祺座谈会、汪曾祺书画展览、《你好，汪曾祺》新书首发式以及汪曾祺诗碑揭幕仪式等多项活动。

**儿童文学创作研讨会**　2007年9月6日，由中国作家协会儿童文学委员会和江苏省作家协会联合主办的儿童文学创作研讨会暨中国作协儿童文学创作基地及江苏省作协文学创作基地揭牌仪式在苏州昆山巴城镇举行。会议交流了学习胡锦涛总书记在中国文学艺术界联合会第八次代表大会、中国作家协会第七次代表大会上重要讲话的体会，深入分析了儿童文学工作所面临的新形势新问题，就“当代原创儿童文学创作的题材与体裁的开拓”“儿童文学作家在未成年人成长文化环保建设中如何更好地发挥作用”等问题进行了深入的研讨与交流，并为儿童文学事业的发展献计献策。

**纪念《雨花》创刊50周年大会** 2007年10月30日，纪念《雨花》创刊50周年大会在南京举行。《雨花》创刊于1957年，以当年“探求者”的文学寻踪闻名，20世纪80年代初，因发表《李顺大造屋》《小贩世家》《漆黑的羽毛》《异秉》等作品成为全国最受欢迎、最有影响的文学期刊之一。

**“傅雷与翻译”国际学术研讨会** 为纪念著名翻译家、文学家、美术史家傅雷诞辰一百周年，2008年5月15日至18日，由南京大学、江苏省作家协会、中国翻译协会联合主办的傅雷诞辰百年纪念暨“傅雷与翻译”国际学术研讨会在南京举行。德国、法国、澳大利亚、新加坡、美国、日本、比利时等，以及中国内地和港澳台文学界、学术界、翻译界180余人参加了这次盛会。研讨会下设四个分会场，与会专家就傅雷精神及其艺术人生、傅雷的翻译与时代意义和社会影响、傅雷翻译的思想及文化意义、傅雷的翻译观和读者观、傅雷翻译的“诗学”研究、傅雷的经典译作对中国文学的影响、《傅雷家书》及其影响、傅雷研究在跨文化交流中的意义等专题展开热烈、深入的探讨。

**“改革开放三十年与文学创作”研讨会** 2008年5月20日至22日，《雨花》杂志在吴江市震泽镇召开“改革开放三十年与文学创作”研讨会。会上，作家们深入探讨了在改革开放三十年的大背景下，文学创作领域的各种特点和成就，认真分析、总结经验，为推动江苏和全国文学的进一步繁荣出谋划策。

**抗震救灾报告文学集《大爱搏云天》在宁首发** 2008年8月4日，由中共江苏省委宣传部、江苏省作家协会主编，江苏文艺出版社出版的抗震救灾报告文学集《大爱搏云天》在南京首发。该书汇集了11位江苏报告文学作家的抗震救灾作品，全面、翔实、生动地反映了江苏各条战线支援灾区的感人事迹。

**《背影》全国同题征文颁奖典礼与“全国朱自清研究深入与拓展学术研讨会”** 2008年11月22日，为纪念著名散文家、教授、学者、民主战士朱自清诞辰110周年，由《人民文学》杂志社、江苏省作家协会、中共扬州市委宣传部主办的《背影》全国同题征文颁奖典礼，和由江苏省作家协会、扬州大学文学院主办的全国朱自清研究拓展与深入学术研讨会在扬州举行。参加颁奖典礼的各界人士有300多人。

## 三、作家作品研讨会

**王辽生、朱红、赵恺诗歌讨论会** 为繁荣江苏省的诗歌创作，1982年3月24日至30日，中国作家协会江苏分会在南京召开王辽生、朱红、赵恺三位诗人的作品讨论会。《诗刊》副主编邵燕祥来宁参加了讨论会。

**陆文夫作品讨论会** 1984年3月2日至3月6日在苏州召开了陆文夫作品研讨会，中国作家协会江苏分会、江苏省社会科学院、苏州大学和苏州市文学艺术界联合会共同举办，全国9个省(市)的近70位作家、评论家参加了会议。与会者就陆文夫的创作道路、创作思想和创作风格进行了深入的讨论。陆文夫的小说具有浓郁的苏州韵味，他的《美食家》《小贩世家》等一系列深情描写苏州的小说引起了文艺界的注目。

**青年诗人作品讨论会** 1985年3月25日至30日，中国作家协会江苏分会于在南京江苏饭店举行了青年诗人作品讨论会。全省近40人参加了这次会议，具体讨论了贺东久、邓海南、车前子、曹剑、余小平五位作家的作品。

**青年作家作品研讨会** 1985年6月25日至7月1日，《钟山》编辑部在苏南茅山镇召开了江苏省青年作家作品研讨会。这次会议采用了作家与评论家进行对话的方式。评论工作者认为，江苏崛起了一批文学新人，创作了一批在国内文坛产生影响的作品。

**艾煊作品讨论会** 由苏州大学、江苏省社科院、中国作家协会江苏分会等单位联合组织的艾煊作品学术讨论会，于1985年11月4日至8日在苏州举行。讨论会围绕着《大江风雷》和《乡关何处》的创作经验，和革命军事题材长篇小说的贡献进行，代表们认为这两部作品最重要的价值是把个人命运同伟大的历史进程紧密联系起来，主要人物既是时代的典型，又是性格的典型。另外，会议还探讨了艾煊用散文笔调写长篇的得失，这种写法尽管有不够酣畅的弱点，但仍不失为可贵的探索。

**周梅森、黄蓓佳作品讨论会** 中国作家协会江苏分会创作理论研究室于1986年12月5日至7日在南京召开了周梅森、黄蓓佳作品讨论会。与会同志联系新时期中国文学的成就、创作个性以及今后的发展方向等问题，展开了认真的研讨。

**长篇小说《部长们》讨论会** 作家海笑的长篇小说《部长们》由花城出版社出版，作品问世以后引起多方面的关注，为了探讨作品的价值并推动反映石油勘探生活的文艺创作走向繁荣，华东石油地质局在南京发起了讨论会。会议于1987年3月21日在作家生活和工作过的第六勘探大队会议室举行。

**长篇小说《夜夜狂欢》《我的鸽子号》《奇异的情感》讨论会** 1987年6月16日，中国作家协会江苏分会创作组、创作研究室邀请上海文艺出版社《小说界》编辑部以及在宁的作家、评论家，召开了黄蓓佳《夜夜狂欢》、储福金《奇异的情感》、徐耿和程玮《我的鸽子号》四位青年作家的长篇小说讨论会。

**长篇小说《皖南事变》讨论会** 作家黎汝清的长篇小说《皖南事变》发表后引起强烈反响，中国作家协会江苏分会于1987年9月26日在南京召开讨论会。

**赵本夫、储福金作品讨论会** 1988年6月在南京召开。来自北京、上海以及江苏各地的40余名文学批评家对作家赵本夫、储福金的作品进行了较为系统的讨论。

**孙友田煤矿诗作研讨会** 1990年7月18日至22日，中国煤矿文化基金会、中国煤炭报和中国作家协会江苏分会在内蒙古草原煤城——满洲里市的扎赉诺尔矿区联合举办孙友田煤矿诗作研讨会。孙友田是新中国诗坛上较早和较多塑造矿工形象、抒发矿工情怀的诗人，为中国煤矿诗歌的繁荣作出了不懈的努力和突出的贡献。

**报告文学《昆山之路》讨论会** 1990年11月19日至23日杨守松报告文学《昆山之路》讨论会在昆山市举行。该书回顾了昆山创业的历程，向读者展示了社会主义制度的优越性和巨大潜力。

**长篇小说《坤母》研讨会** 1995年11月28日，江苏省作家协会创作研究室和南京师范大学文学研究所在南师专家楼联合召开肖元生长篇小说《坤母》研讨会。专家们指出这是一部探索性文本的长篇小说，题材高度浓缩，文化内涵比较深，有较高的审美境界和个人风格，并诚恳谈了这部作品的一些得失。

**长篇报告文学《张家港人》研讨会** 1996年1月15日上午，中共江苏省委宣传部、江苏省作家协会、江苏省新闻出版局、中共张家港市委宣传部在南京联合举行了滕风章的《张家港人》研讨会，作品显示了江苏作家自觉追随时代步伐，以高度的社会责任感热情讴歌改革开放的伟大变革，不断向党和人民奉献精品的自觉意识。

**长篇小说《人间正道》研讨会** 1996年12月5日在北京人民大会堂浙江厅举行《人间正道》研讨会，人民文学出版社和江苏省作家协会联合举办。全国人大常委会副委员长王光英、全国政协副主席万国权出席了会议。在京作家、文艺评论家、新华社、中新社、《人民日报》、中央电视台、中央人民广播电台及首都各大报刊记者120多人参加了会议，就周梅森长篇新作《人间正道》进行了气氛热烈的研讨。

**长篇儿童小说《我要做好孩子》研讨会** 《文艺报》1997年4月19日以《一部写出时代美感和民族希望的书》为题，整版刊登了江苏省女作家黄蓓佳的长篇新著《我要做个好孩子》的研讨会发言摘要。

**长篇小说《百日阳光》讨论会** 1998年3月20日召开，中共江苏省委宣传部、中国作家协会创研部、江苏省新闻出版局、江苏省作家协会、江苏文艺出版社联合主办《百日阳光》研讨会。范小青的这部小说以苏南乡镇企业兴衰存亡为切入点，揭示了社会大变革时期各个阶层心理痛苦裂变的过程。

**长篇小说《天下财富》研讨会** 1998年3月26日，人民文学出版社、中国电视剧制作中心、《小说选刊》杂志社在北京联合召开周梅森的长篇小说《天下财富》研讨会。

**吴奔星教授七十年文学道路学术研讨会** 2001年4月28日，由中国鲁迅研究学会、江苏省鲁迅研究学会、江苏省中国现代文学学会、南京师范大学、徐州教育学院和徐州师范大学联合在徐州召开吴奔星教授七十年文学道路学术研讨会。

**范小青《城市表情》出版座谈会** 2004年5月15日，江苏省作家协会、作家出版社、《文艺报》和苏州市吴中区委在苏州联合召开范小青《城市表情》出版座谈会。《城市表情》作为最新力作，直面改革发展中的一系列尖锐矛盾，对改革与发展中的社会问题作了富有挑战性的探索。

**毕飞宇作品研讨会** 2004 年 5 月 17 日，江苏省作家协会和江苏文艺出版社在南京联合召开毕飞宇作品研讨会。全国的数十名文艺评论家、作家与会，对毕飞宇的创作实践进行了全面、细致的分析，认为毕飞宇是近年来进步最快、最有追求、最有实力的青年作家之一。

**周梅森作品研讨会** 2004 年 5 月 27 日，中国作家协会、中共江苏省委宣传部、江苏省作家协会和徐州矿务局在南京联合召开周梅森作品研讨会。周梅森的《人间正道》《中国制造》《绝对权力》《至高利益》《国家公诉》《我主沉浮》等在读者中间产生巨大反响，作品直面现实，深刻反映了社会的诸多矛盾，表现了党领导人民克服困难，取得反腐斗争胜利的现实。

**青年作家作品研讨会** 2004 年 12 月 20 日至 21 日，由江苏省作家协会暨青年创作委员会、中共无锡市委宣传部、无锡市文学艺术界联合会、无锡市作家协会共同主办的无锡市青年作家作品研讨会在太湖之畔举行。会议对庞培、黑陶等 10 位无锡青年作家的作品进行了深入研讨。

**南京青年女作家创作研讨会** 2005 年 6 月 30 日，江苏省作家协会和南京市文学艺术界联合会共同举办的南京青年女作家创作研讨会在南京召开。研讨会对雪静、鲁敏、修白、丹羽、姚鄂梅等五位南京青年女作家进行了细致的分析与评述。

**赵本夫小说研讨会** 2005 年 10 月 29 日至 30 日，由江苏省作家协会主办的赵本夫小说研讨会在南京召开。与会代表认为，赵本夫始终关注社会历史与人类命运，是一位具有人类意识和现代意识的乡土作家。

**沙白诗歌研讨会暨《沙白文集》首发式** 2005 年 11 月，江苏省作家协会在南通举行沙白诗歌研讨会暨《沙白文集》首发式。40 余位诗人、作家和学者从不同侧面对沙白的诗歌艺术进行了认真探讨。

**苏童小说创作研讨会** 2006 年 12 月 2 日，江苏省作家协会在南京组织召开苏童小说创作研讨会。与会专家认为苏童的短篇小说成就更高，展现了复杂的人性，具有嵌入人心的力量。

**《亲亲我的妈妈》首发式暨黄蓓佳“倾情小说”系列作品研讨会** 2006 年 5 月 30 日，由江苏省作家协会、江苏省文明办、江苏省凤凰出版传媒集团、江苏少儿出版社共同举办的《亲亲我的妈妈》首发式暨黄蓓佳“倾情小说”系列作品研讨会在北京举行。

**叶兆言小说创作研讨会** 2007 年 7 月 22 日，由江苏省作家协会和南京市文学艺术界联合会联合主办的叶兆言小说创作研讨会在南京召开。与会专家对叶兆言的创作道路和艺术个性进行了深入、全面的研讨。

**范小青小说创作研讨会** 2007 年 12 月 8 日，由江苏省作家协会主办的范小青小说创作研讨会在南京召开。范小青是文学进入新时期以来创作成果十分丰硕的一位著名女作家，二十多年来共发表作品一千余万字，形成了独具魅力的艺术风格。

**鲁敏作品研讨会** 2008 年 5 月 12 日，由江苏省作家协会、《小说选刊》杂志社和南京市文学艺术界联合会联合主办的鲁敏作品研讨会在北京召开。与会专家肯定了鲁敏的创作成绩，认为她在关注底层人物的艰难之时，把坚韧的人文精神和温暖的现实情感灌注到人物的命运中去。

## 四、采　风

为了扩大视野，深入生活，中国作家协会江苏分会组织了以团长陈瘦竹，副团长陈敬咏、陈弼以及沈蔚德、凌焕新、殷志扬、应天士、王德安、姜滇、陶祖德、言子清、叶庆瑞、周鸿铸、翟秀琪、张成珠 15 人组成参观访问团，于 1980 年 7 月 29 日至 8 月 11 日，在连云港市、徐州市参观访问。访问团在两地共参观了十多个项目。其中有四化建设中的重点工程连云港港口，农业先进单位连云港宿城公社、连岛渔业公社，誉满中华的淮北盐场、连云港贝雕工艺厂；瞻仰了富有革命传统教育意义的徐州淮海战役烈士纪念塔、淮海战役纪念馆；游览了风景名胜云台山、孔望山摩崖石刻、云龙山等。为加强作者之间的联系和交流，访问团在连云港和徐州期间，与当地作者举行了座谈，交流了创作情况和体会。陈瘦竹为连云港的业余作者做了关于文学创作的专题报告。

1981 年秋，中国作家协会江苏分会组织小说、诗歌、儿童文学作者分别去东北、福建等地学习访问，时间各一个月。

1982年5月15日至28日，中国作家协会江苏分会组织李春光、杨汝申、杨来顺、张成珠、君羊、王辽生、冯新民、许润泉8名会员，赴宜兴参观访问。大家先后深入太华竹海、川埠茶场、丁蜀陶都、水乡杨巷等地，由面到点进行了访问，并参观了太平天国福王府及画家徐悲鸿纪念馆，游览了宜兴有名的善卷洞、张公洞和灵谷洞。参观者还与宜兴数十名业余作者聚会，就小说、散文、诗歌的创作，举行了报告会。

1982年7月22日至8月2日，应南京军区政治部邀请，中国作家协会江苏分会的一批作家去陆军一军、舟嵊要塞以及舟山海军基地参观访问。这次参观访问活动，由分会主席艾煊带队，成员有副主席海笑、高晓声、顾尔镡，作家陆文夫、叶至诚、沙白、凤章、龚德、陈椿年、梅汝恺、董会平、孙家玉、魏毓庆、成正和。作家们在参观期间受到部队官兵的热情欢迎，陆军一军及舟嵊要塞的负责同志都十分重视，亲自安排活动项目，陪同参观，并介绍了所属部队的光荣历史和开展精神文明建设的情况。参观访问的内容丰富多彩，作家们观看了两次精彩的军事表演，对我军的装备情况进行了了解；与战士们一起联欢，演唱革命歌曲；广泛地接触先进模范人物，并在一军召开的两次先进人物的座谈会上，听取了他们的事迹介绍，受到极其深刻的教育；参加一军召开的"八一"座谈会。通过这次参观访问活动，作家们拓宽了眼界，增进了对军旅生活的了解，并积极构思、酝酿作品，至8月22日，作家们已创作出十余篇作品，从不同角度和侧面反映部队精神文明建设的成就。其中有艾煊的《扫林茂成烈士墓》、高晓声的《访军杂记》、海笑的《我赞美你，连队俱乐部》、枫亚的《军营撷美小记》、沙白的《军营小曲（组诗）》、孙家玉的《百花外的花》等。

此后，中国作家协会江苏分会每年都组织一两次会员采风活动。

作家们为了更好地表现生活，创作出反映时代精神的作品，纷纷走出书斋，投身于火热的生活之中，他们有的去农村，有的去工厂，有的住军营，有的下矿井，从生活中汲取丰富的营养。

滕凤章在1981年有三分之一的时间结合创作采访，先后到过吴江县的丝绸之乡盛泽、芦墟，吴县光福等小镇，里下河地区杂交稻生产基地建湖县及江都县农村，以及南京第二机床厂、南京制药厂等处。同年7月至8月，高晓声结合农村题材短篇小说创作座谈会及《陈奂生奇遇记》电影剧本的创作，去武进、金坛短期生活。这一时期内，忆明珠曾去金坛、武进及安徽滁县等地区参观访问。龚德在启东棉区、渔区短期生活。陈椿年于10月至11月在宜兴农村深入生活。

艾煊1979年去东北小兴安岭，1980年去西安、延安，1981年去延边长白山访问；海笑1980年7、8月份，去东北地质队深入生活，吃住在地质队，1981年为粟裕同志写文章去四川、北京、上海等地采访了部队的一些老同志，1981年9月下旬，到过去工作过的老根据地大丰县采访。

沙白1980年10月至11月去云南大理白族自治区、西双版纳傣族自治区及昆明、桂林40天，1980年9月访问黄桥，1981年5月去南通地区如东等地沿海渔区、棉区采访，1981年10月在苏南太湖东山等地10天，1982年5月，参观皖南徽州地区、黄山，浙江新安江、淳安、建德、桐庐等地。

孙家玉1982年5月2日去南通郊区狼山公社党委任兼职副书记，分管宣传、文化、共青团等工作，写了两篇小说。

此外，赵本夫在丰县长期体验生活并在县政府挂职，储福金在金坛县挂职，周梅森在中共徐州市委兼职，顾潇在中共南京市建邺区委挂职，还有在苏州长期生活写作的陆文夫、范小青、赵践，长期生活在苏北的龚德、沙白、肖元生等。

2003年9月12日至19日，江苏省作家协会组织开展"沿江行"作家采风活动。先后参观了南京江宁开发区、镇江金东纸业、南山读书台、润扬大桥工地等。

2006年6月19日至23日，江苏省作家协会组织省内作家赴泰州、盐城进行了为期5天的"社会主义新农村建设"采风活动。

2007年4月24日至29日，江苏省作家协会副主席赵本夫带领黄蓓佳、苏童、叶兆言、储福金、赵践、肖元生、薛冰、荆歌、罗望子、闾海燕、许荣等作家赴连云港、徐州等地采风。采风团参观了两地城市发展和农村建设的主要成就，并与当地作家举行座谈，就文学与个人、文学与社会、创作手法与技巧等进行了深入的交流。

为及时记录中共中央带领亿万民众抗震救灾众志成城的英雄壮举，用报告文学形式反映抗震救灾过程中涌现出来的感人事迹和伟大精神，2008

年5月，江苏省作家协会组织“报告文学作家采访团”奔赴四川绵竹、德阳等抗震救灾第一线，实地采访江苏救援队和志愿者在灾区的医疗救助、卫生防疫、通信设施等各方面的救灾情况。采访团成员包括傅宁军、赵长国、沈国凡、张文宝、朱凤鸣、徐良文等。

为庆祝改革开放30周年，2008年4月25日至27日，江苏省作家协会主席王臻中、书记处书记张王飞率领省作协部分机关工作人员一行20多人赴南通考察交流。考察团一行参观了南通市博物苑、蓝印花布博物馆、南通市政建设的现代化景观、即将通车的苏通大桥以及正在建设中的如东洋口港，并与当地文学工作者进行了热烈深入的交流。

2008年9月23～25日，江苏省作家协会主席王臻中率肖元生、赵践、薛冰、罗望子、子川、傅晓红、徐晓华、许荣等作家、评论家赴响水进行了“灌河行”文学采风活动。省作协党组副书记、副主席范小青出席响水三十年文学作品选《灌河春潮》首发式，并主持省作协“灌河行”采风活动座谈会。

**表4-6　1978～2008年江苏省获全国文学奖的作品**

| 奖　项 | 届次/年份 | 获奖作品 | 获奖者 |
|---|---|---|---|
| 中共中央宣传部精神文明建设“五个一工程”奖 | 第五届(1995) | 《青春口哨》 | 金曾豪 |
| | | 《早年周恩来》 | 庞瑞垠 |
| | 第六届(1996) | 《人间正道》 | 周梅森 |
| | | 《我要做好孩子》 | 黄蓓佳 |
| | | 《天地无情》 | 薛屹峰 |
| | 第七届(1997～1998) | 《中国制造》 | 周梅森 |
| | | 《论二十年来文艺健康发展的历史经验》 | 陈　辽 |
| | 第八届(1999～2000) | 《今天我是升旗手》 | 黄蓓佳 |
| | 第九届(2001～2002) | 《芝麻开门》 | 祁　智 |
| | | 《惊蛰》 | 王玉彬、王苏红 |
| | 第十届(2003～2006) | 《城市表情》 | 范小青 |
| | | 《木偶的森林》 | 王一梅 |
| | | 《亲亲我的妈妈》 | 黄蓓佳 |
| 中国出版政府奖(原国家图书奖) | 第一届 | 《新时期中篇小说名作丛书:陆文夫集》 | 陆文夫 |
| | 第三届 | 《人间正道》 | 周梅森 |
| | 第四届 | 《中国制造》 | 周梅森 |
| | 第五届 | 《有爱心的小蓝鸟》 | 王一梅 |
| 全国优秀短篇小说奖 | 1979 | 《内奸》 | 方　之 |
| | | 《记忆》 | 张　弦 |
| | | 《献身》 | 陆文夫 |
| | | 《李顺大造屋》 | 高晓声 |
| | 1980 | 《被爱情遗忘的角落》 | 张　弦 |
| | | 《小贩世家》 | 陆文夫 |
| | | 《陈奂生上城》 | 高晓声 |
| | 1981 | 《卖驴》 | 赵本夫 |
| | 1982 | 《漆黑的羽毛》 | 石　言 |
| | 1983 | 《围墙》 | 陆文夫 |
| | | 《秋雪湖之恋》 | 石　言 |
| | 1987～1988 | 《清高》 | 陆文夫 |

续表

| 奖　项 | 届次/年份 | 获奖作品 | 获奖者 |
|---|---|---|---|
| 全国优秀中篇小说奖 | 1981～1982 | 《射天狼》 | 朱苏进 |
| | 1983～1984 | 《美食家》 | 陆文夫 |
| | | 《凝眸》 | 朱苏进 |
| | 1985～1986 | 《军歌》 | 周梅森 |
| | 1987～1988 | 《追月楼》 | 叶兆言 |
| 全国优秀报告文学奖 | 第一届(1979～1980) | 《无声的浩歌》 | 任斌武 |
| | 第二届(1981～1982) | 《路的呼喊》 | 凤　章 |
| | 第四届(1985～1986) | 《法兮归来》 | 凤　章 |
| | 1990～1991 | 《昆山之路》 | 杨守松 |
| | | 《人民子弟》 | 江　深、陈道阔 |
| | 1992～1993 | 《苏州"老乡"》 | 杨守松 |
| 全国优秀新诗奖 | 1979～1980 | 《探求》 | 王辽生 |
| | | 《我爱》 | 赵　恺 |
| | | 《寻觅》组诗 | 朱　红 |
| 全国优秀散文(集)奖 | 1987 | 《荷上珠小集》 | 忆明珠 |

| 奖　项 | 届次/年份 | 类　别 | 获奖作品 | 获奖者 |
|---|---|---|---|---|
| 全国优秀儿童文学奖 | 第一届(1980～1985) | 短篇小说奖 | 《我要我的雕刻刀》 | 刘健屏 |
| | | | 《彩色的梦》 | 方国荣 |
| | | 中篇小说奖 | 《来自异国的孩子》 | 程　玮 |
| | | 散文奖 | 《十八双鞋》 | 陈　益 |
| | 第二届(1986～1991) | 小说奖 | 《今年你七岁》 | 刘健屏 |
| | | | 《狼的故事》 | 金曾豪 |
| | | | 《少女的红发卡》 | 程　玮 |
| | 第三届(1992～1994) | 小说奖 | 《青春口哨》 | 金曾豪 |
| | 第四届(1995～1997) | 长篇小说奖 | 《我要做好孩子》 | 黄蓓佳 |
| | | | 《苍狼》 | 金曾豪 |
| | 第五届(1998～2000) | 青年作者短篇佳作奖 | 《书本里的蚂蚁》 | 王一梅 |
| | 第六届(2001～2003) | 童话奖 | 《鼹鼠的月亮河》 | 王一梅 |
| | | 散文奖 | 《蓝调江南》 | 金曾豪 |
| | 第七届(2004～2006) | 纪实文学奖 | 《飞翔,哪怕翅膀断了心》 | 韩青辰 |
| 鲁迅文学奖 | 第一届(1995～1996) | 短篇小说奖 | 《哺乳期的女人》 | 毕飞宇 |
| | | 散文奖 | 《湮没的辉煌》 | 夏坚勇 |
| | | | 《两种生活》 | 斯　妤 |
| | | 杂文荣誉奖 | 《烟水江南绿》 | 艾　煊 |
| | 第三届(2001～2003) | 中篇小说奖 | 《玉米》 | 毕飞宇 |
| | | 短篇小说奖 | 《大老郑的女人》 | 魏　微 |
| | 第四届(2004～2006) | 短篇小说奖 | 《城乡简史》 | 范小青 |

**表 4－7　第一届至第三届紫金山文学奖获奖作品一览表**

| 届　次 | 获奖作品 | 获奖者/获奖单位 | 奖　项 |
|---|---|---|---|
| 第一届（2000 年） | 《醉太平》 | 朱苏进 | 长篇小说奖 |
| | 《新乱世佳人》 | 黄蓓佳 | |
| | 《百日阳光》 | 范小青 | |
| | 《沧海苍天》 | 王明皓 | |
| | 《悠悠天地人》 | 刘振华 | |
| | 《人之窝》 | 陆文夫 | |
| | 《成长如蜕》 | 叶　弥 | 中篇小说奖 |
| | 《三盏灯》 | 苏　童 | |
| | 《风雨交加》 | 孙华炳 | |
| | 《关于饕餮的故事梗概》 | 叶兆言 | |
| | 《惊愕奏鸣曲》 | 荆　歌 | |
| | 《暗红与枯白》 | 朱　辉 | 短篇小说奖 |
| | 《天下无贼》 | 赵本夫 | |
| | 《缝补》 | 储福金 | |
| | 《生活在天上》 | 毕飞宇 | |
| | 《一个懂古埃及语的女研究生》 | 阿　福 | |
| | 《青春口哨》 | 金曾豪 | 儿童文学奖 |
| | 《七个少女和一只白鸽》 | 王巨成 | |
| | 《狂奔》 | 祁　智 | |
| | 《住校生》 | 刘晶林 | |
| | 《和平小天使》 | 温　蒙 | |
| | 《历尽艰难乐事多》 | 山　谷 | 报告文学奖 |
| | 《主人——来自徐州下水道四班的报告》 | 肖俊志 | |
| | 《摊牌——争夺上甘岭》 | 张嵩山 | |
| | 《中国三大村》 | 冯　治 | |
| | 《生命如火》 | 杨守松 | |
| | 《落日楼头独语》 | 忆明珠 | 散文奖 |
| | 《湮没的辉煌》 | 夏坚勇 | |
| | 《花木丛中人常在》 | 章品镇 | |
| | 《祖先的慧光》 | 艾　煊 | |
| | 《何时入梦》 | 吕锦华 | |
| | 《沙白抒情短诗选》 | 沙　白 | 诗歌奖 |
| | 《人生第五季》 | 叶庆瑞 | |
| | 《文坛过眼》系列 | 黄毓璜 | 文学评论奖 |
| | 《江南士风与江南文学》 | 费振钟 | |
| | 《文学的玄览》 | 丁　帆 | |
| | 《涌动的潮汐》 | 汪　政、晓　华 | |
| | 《南方的文体》 | 王　干 | |
| | 《在功利和唯美之间》 | 王彬彬 | |
| | — | 徐兆淮、张昌华、姜琍敏、刘健屏、陆永基、王　劭 | 文学编辑奖 |

续表

| 届　次 | 获奖作品 | 获奖者/获奖单位 | 奖　项 |
|---|---|---|---|
| 第二届（2005年） | 《中国制造》 | 周梅森 | 荣誉奖 |
| | 《今天我是升旗手》 | 黄蓓佳 | |
| | 《有爱心的小蓝鸟》 | 王一梅 | |
| | 《书本里的蚂蚁》 | 王一梅 | |
| | 《芝麻开门》 | 祁　智 | |
| | 《惊蛰》 | 王玉彬、王苏红 | |
| | 《玉米》 | 毕飞宇 | |
| | 《大老郑的女人》 | 魏　微 | |
| | 《蓝调江南》 | 金曾豪 | |
| | 《鼹鼠的月亮河》 | 王一梅 | |
| | 《水姻缘》 | 朱文颖 | |
| | 《伞》 | 苏　童 | |
| | 《绿昼》 | 黑　陶 | |
| | 《马文的战争》 | 叶兆言 | |
| | 《人民的鱼》 | 苏　童 | |
| | 《鞋匠与市长》 | 赵本夫 | |
| | — | 《钟山》杂志社 | |
| | — | 《雨花》杂志社 | |
| | 《城市表情》 | 范小青 | 长篇小说奖 |
| | 《秦淮世家》 | 庞瑞垠 | |
| | 《狗在1966年咬谁》 | 沈乔生 | |
| | 《台湾巡抚刘铭传》 | 王明皓 | |
| | 《浮沉之路》 | 徐　风 | |
| | 《玉秀》 | 毕飞宇 | 中篇小说奖 |
| | 《午茶时间》 | 梁　晴 | |
| | 《陈小民的目光》 | 叶兆言 | |
| | 《换一个地方》 | 陈　武 | |
| | 《即将消失的村庄》 | 赵本夫 | 短篇小说奖（含微型小说集） |
| | 《白雪猪头》 | 苏　童 | |
| | 《和辛夷在一起的星期三》 | 朱　辉 | |
| | 《天鹅绒》 | 叶　弥 | |
| | 《浮生》 | 朱文颖 | |
| | 《东牌楼纪事》 | 姜　滇 | |
| | 《阳光天使》（微型小说） | 徐社文 | |
| | 《黑白江南》 | 费振钟 | 散文奖 |
| | 《云头花朵》 | 车前子 | |
| | 《斯妤作品精华·散文卷》 | 斯　妤 | |
| | 《回眸江南》 | 山　谷 | |
| | 《旷世风华》 | 夏坚勇 | |
| | 《拉贝传》 | 黄慧英 | 报告文学奖（含纪实文学） |
| | 《法与“法”的较量》 | 周桐淦 | |

续表

| 届　次 | 获奖作品 | 获奖者/获奖单位 | 奖　项 |
| --- | --- | --- | --- |
| 第二届（2005 年） | 《梅兰芳全传》 | 李伶伶 | 报告文学奖（含纪实文学） |
| | 《曹聚仁传》 | 李　伟 | |
| | 《解读〈故事会〉》 | 沈国凡 | |
| | 《子川诗抄》 | 子　川 | 诗歌奖 |
| | 《狼毒花》 | 紫衣侠 | |
| | 《形与影》 | 庄晓明 | |
| | 《刘家魁叙事诗选》 | 刘家魁 | |
| | 《必须弯腰拔草到午后》 | 小　海 | |
| | 《第十二只枯叶蝶》 | 王一梅 | 儿童文学奖 |
| | 《中国童话》 | 黄蓓佳 | |
| | 《想要的感觉》 | 马升嘉 | |
| | 《文坛三户》 | 王彬彬 | 文学评论奖 |
| | 《自我表达的激情》 | 汪　政、晓　华 | |
| | 《中国当代文学思潮研究》 | 王　尧 | |
| | 《重回“五四”起跑线》 | 丁　帆 | |
| | 《中国心像》 | 贺仲明 | |
| | 《王安忆：历史与个人之间的“众生话语”》 | 徐德明 | |
| | 《不能承受的生命之轻》 | 许　钧 | 翻译奖 |
| | 《天真与经验之歌》 | 杨　苡 | |
| | — | 黄小初、傅晓红、汪修荣、张文宝 | 编辑奖 |
| 第三届（2008 年） | 《亲亲我的妈妈》 | 黄蓓佳 | 荣誉奖 |
| | 《木偶的森林》 | 王一梅 | |
| | 《城市表情》 | 范小青 | |
| | 《城乡简史》 | 范小青 | |
| | 《飞翔，哪怕翅膀断了心》 | 韩青辰 | |
| | — | 《钟山》杂志社 | |
| | 《平原》 | 毕飞宇 | 长篇小说奖 |
| | 《赤脚医生万泉和》 | 范小青 | |
| | 《所有的》 | 黄蓓佳 | |
| | 《白驹》 | 朱　辉 | |
| | 《黑白》 | 储福金 | |
| | 《我本英雄》 | 周梅森 | |
| | 《逝者的恩泽》 | 鲁　敏 | 中篇小说奖 |
| | 《大马一丈高》 | 周　伟 | |
| | 《葬礼》 | 王大进 | |
| | 《戏衣》 | 荆　歌 | |
| | 《铩羽而归》 | 姜琍敏 | |
| | 《哭泣》 | 刘剑波 | |
| | 《西瓜船》 | 苏　童 | 短篇小说奖（含微型小说集） |
| | 《石人》 | 赵本夫 | |
| | 《消失在布达拉宫的一头鹰》 | 叶　弥 | |

续表

| 届　次 | 获奖作品 | 获奖者/获奖单位 | 奖　项 |
| --- | --- | --- | --- |
| 第三届（2008年） | 《哑》 | 朱文颖 | 短篇小说奖（含微型小说集） |
| | 《野猫》 | 庞余亮 | |
| | 《在集市》 | 朱庆和 | |
| | 《最后的航班》 | 万　芊 | |
| | 《陈旧人物》 | 叶兆言 | 散文奖 |
| | 《走进台湾》 | 吴功正 | |
| | 《走过最遥远的风景》 | 王　建 | |
| | 《脱去文化的外套》 | 王　尧 | |
| | 《小城志的一页》 | 赵　践 | |
| | 《我在剑桥》 | 李晓愚 | 报告文学奖（含纪实文学） |
| | 《花非花》 | 徐　风 | |
| | 《汪曾祺的春夏秋冬》 | 陆建华 | |
| | 《吞吐大荒》 | 傅宁军 | |
| | 《小康之路》 | 杨守松 | |
| | 《八十初度》 | 沙　白 | 诗歌奖 |
| | 《易歌》 | 颜景标 | |
| | 《夜曲》 | 袁　杰 | |
| | 《紫金花》 | 冯亦同 | |
| | 《大芦荡》 | 李有干 | 儿童文学奖 |
| | 《蔷薇别墅的老鼠》 | 王一梅 | |
| | 《芦荡金箭》 | 金曾豪 | |
| | 《再见，雪孩子》 | 巩孺萍 | |
| | 《多一点，少一点》 | 马昇嘉 | |
| | 《介入的写作》 | 何言宏 | 文学评论奖 |
| | 《媒体制造》 | 黄发有 | |
| | 《真实的尺度》 | 贺仲明 | |
| | 《作家四题》 | 黄毓璜 | |
| | 《张炜创作局限论》 | 何　平 | |
| | 《当代中国非虚构文学研究》 | 王　晖 | |
| | 《恩主》 | 姚君伟 | 翻译奖 |
| | 《游荡的影子》 | 张新木 | |
| | — | 贾梦玮、徐明德、郁敬湘、邹小娟 | 编辑奖 |
| | — | 黄孝阳、格　格 | 新人奖 |

# 第五章　群众文化

从1978年开始，江苏的群众文化事业逐步复苏。1980年，江苏省群众艺术馆得以恢复。截至1984年底，全省有省、市群众艺术馆10个，县(市、区)文化馆109个，乡、镇、街道文化站2 285个。

1981年，中共中央发出《关于关心人民群众文化生活的指示》；1982年1月，文化部召开全国农村文化艺术工作先进集体、先进工作者表彰大会，江苏省有8个先进集体、13名先进工作者获得文化部表彰；1982年5月，江苏省人民政府召开全省农村文化艺术工作先进集体、先进工作者表彰大会；1983年底，江苏省文化厅召开全省农村集镇文化中心现场会。这一系列举措，开创了全省农村文化建设的新局面：农村民办公助文化站长待遇得到了提高，农村"文艺工厂"所得税实现了减免，政府采取财政拨款和低息贷款的方式支援贫困地区农村文化建设，农村文化事业发展过程中的一些实际困难得到了有效解决。

为了加快江苏省群众文化事业改革的步伐，使城乡文化工作取得新进展，1988年初，江苏省文化厅决定在全省文化(艺术)馆、文化中心(站)中广泛开展一次以深化改革为内容的创先进活动。1989年1月，江苏省文化厅在南京举行江苏省群众文化先进集体、先进工作者表彰会，对群众文化战线上坚持改革取得显著成绩的先进集体和先进工作者给予表彰奖励。1990年开始，江苏在全国率先开展创建群众文化先进县(市、区)和群众文化先进乡(镇)、街道活动，有力地推动了城乡基层文化建设和精神文明建设，标志着江苏群众文化事业迈进了一个新的发展时期。1992～2001年，江苏省人民政府先后命名表彰了五批群众文化先进县(市、区)，在全省发挥了很好的示范引导作用。文化部对江苏省创建活动给予充分肯定和高度评价，1994年，文化部在江苏召开全国争创文化先进县(市)乡(镇)经验交流会和表彰大会，江苏省文化厅受到表彰。1999年，为进一步引导和激励全省广大群众文化工作者不断进取，江苏省文化厅、江苏省人事厅对全省群众文化先进集体和先进个人进行表彰。

2002年，为规范全国群众艺术馆、文化馆的建设、管理与服务，促进群众艺术馆、文化馆事业科学发展，文化部决定每四年进行一次全国群艺馆、文化馆评估定级工作。根据文化部办公厅《关于在全国开展群众艺术馆、文化馆评估工作的通知》，江苏省文化厅从2002年开始，陆续组织、开展了群众艺术馆、文化馆的评估工作。至2004年6月，历时两年的全国范围群众艺术馆、文化馆评估定级工作结束，江苏省共有64个馆进入国家等级馆，列全国第二；有31个馆进入国家一级馆，列全国第一。2006年9月，文化部办公厅发布了《关于开展第二次全国文化馆评估定级工作的通知》，正式公布了第二次全国文化馆评估标准和定级标准。2007年，第二次全国文化馆评估定级工作全面展开。2008年6月，文化部正式命名了第二次全国县级以上文化馆等级馆名单，江苏省有88个馆进入国家等级馆，有55个馆进入一级馆，等级馆和一级馆数量均列全国第一。2008年4月，为加快推进全省乡村文化设施建设、全面构建公共文化服务体系，江苏省文化厅、江苏省财政厅对近两年在乡镇文化站建设中取得显著成绩的先进集体和先进个人进行表彰。同年11月6日，全国文化馆工作会议在苏州召开，会上进行了文化馆评估定级正式命名授牌仪式。

在完善文化设施建设的同时，江苏以群众文艺创作为中心环节，大力开展群众性文化活动，涌现出一大批优秀创作骨干和优秀文艺作品，在全国性和华东地区的各项赛事活动中，如在文化部已举办的14届群星奖评比中，江苏取得优异成绩。江苏的儿童画创作也乘着改革的春风茁壮成长：1985年，全省有79幅作品参加全国首届少儿版画展，其中12幅被评为优秀作品，入选和优秀作品数均居全国第一。江苏的儿童画之乡——睢宁县，仅1983年至1990年被选送参加国际儿童画展的作品就达1 700多幅，获得国际奖的作品达165幅。

“九五”时期，江苏的经济发展与社会发展呈现出强劲势头，人均年生产总值已达到1 000美元。与江苏经济的快速发展相比，江苏的各项文化事业，特别是文化基础设施建设则相对滞后，如江苏公共图书馆数量位列全国第15位，文化馆数量位列全国第12位。

1996年和2001年，中共江苏省委、省人民政府相继召开了两次全省文化工作会议，强调“十五”期间要加大文化基础设施建设力度。2002年，江苏省基层文化工作会议确立省级财政资金专项扶持政策，对全省30个无馆舍或面积不达标的文化馆、图书馆进行了改造、改建。2005年，江苏开展乡镇文化站标准化建设工程试点工作，确定17个乡镇进行试点。2007年11月，江苏乡镇文化站建设工程荣获文化部创新奖。为提高基层群众文化干部素质，中共江苏省委宣传部、江苏省文化厅自2006年11月起，利用3年时间对全省乡镇文化站长和106个县(市、区)文艺骨干进行分期培训。

2005年，江苏省有国家等级图书馆82个，其中一级馆47个，国家等级文化馆64个，其中一级馆31个，两馆均列全国第一。全省基本实现“县县有文化馆、图书馆，每个乡镇都建有宣传文化机构”。

在建设公共文化设施的同时，江苏的公共文化服务方式也不断创新。全省各地积极挖掘当地文化资源，围绕各类节庆和赛事，策划组织了一系列丰富多彩的群众文化活动。如南京艺术节、无锡太湖艺术节、常州艺术节、连云港的“在海一方”、南通的“文化江海行”等，都已成为当地重要的文化品牌活动，吸引了越来越多的群众参与其中，丰富了当地群众的精神文化生活。

2006年9月，中共江苏省委、省人民政府召开第三次全省文化工作会议，提出建设“文化强省”的战略目标。省委、省政府要求，到2010年，全省60%以上的县(市、区)成为省级以上文化先进县，成为全国文化先进县的比例要达到30%。

2008年，江苏共有117个文化馆，1 330个文化站，39个“全国文化先进县”，65个“中国民间文化艺术之乡”，13个国家级农村儿童文化园。全省实现了市有三馆(博物馆、文化馆、图书馆)，县有两馆(文化馆、图书馆)，乡有综合文化站，社区有文化中心，村有文化室，基本形成覆盖城乡、结构合理、功能健全、实用高效的公共文化设施体系。

## 第一节　文化馆

文化馆（群众艺术馆）是由政府设立的公共文化事业机构。主要职能是：开展各类公益性文化艺术服务和全民文化艺术普及工作，指导群众业余文艺团队建设，辅导培训基层文化人员和文艺骨干，组织开展群众文化活动，组织并指导群众文艺创作，创作生产和推广群众文艺作品及其他公共文化产品，开展群众文化理论研究，编辑出版群众文化刊物，收集、整理、研究民族民间文化遗产，开展非物质文化遗产保护和利用，指导下一级文化馆（站）业务工作，开展对外文化交流活动。利用馆内设施，为群众提供免费开放服务。

### 一、省级文化馆

江苏省文化馆，原名江苏省群众艺术馆，建于1956年。1959年9月停办，1980年10月复馆，2002年更名为江苏省文化馆。2007年，经江苏省机构编制委员会同意，江苏省文化馆增挂江苏省非物质文化遗产保护中心牌子，与省文化馆合署办公。省文化馆是隶属于江苏省文化厅的公益性事业单位，承担着指导全省群众文化业务工作，组织全省群众文化艺术创作，举办政府指令性及社会公益性群众文化艺术活动，开展非物质文化遗产保护，出版群众文化刊物，进行群众文化艺术的调查研究、理论探讨，开展社会艺术教育等重要任务；同时也是群众进行文化艺术活动的场所，在全省的群众文化艺术活动中起导向、示范和龙头作用。

省文化馆于2002年迁入南京市中山南路89号江苏文化大厦内，馆舍总面积6 500平方米，在职人员43人，专业技术人员38人，其中高级专业技术人员17人，大专以上学历人员39人；设有办公室、财务科、文艺部、美术摄影部、调研编辑部、戏剧活动中心、江苏省社会艺术教育培训中心、江苏省老年文化大学等部门。2007年增设江苏省非物质文化遗产保护中心办公室。

该馆相继主办、承办了“喜迎澳门回归——江苏省广场舞蹈、民间鼓乐大赛”、第六届中国艺术节群众文化系列活动、江苏省首届社区艺术节、江苏省首届农民艺术节、首届江苏·中国民间艺术节、2008年北京奥运会“中国故事·人文江苏”展示活动等多项大型群众文化活动，承担了第七届群星奖决赛、第六届全国残疾人运动会闭幕式、名城礼赞——江苏省暨南京市庆祝五一国际劳动节文艺晚会、首届中国少年儿童合唱节闭幕式等大型活动的组织工作，以及“五星工程奖”、江苏省少儿艺术节、江苏省新人新作大赛等多项省级群众文化活动的具体组织工作。此外，该馆还积极拓展思路，开展了多项对外文化交流活动，如从2002年开始举办南京国际爵士音乐、世界（新）音乐节等。1999年，由江苏省文化厅组织、江苏省群众艺术馆王爱国、陈蜜、王霞编导的广场舞蹈“海安花鼓”参加国庆50周年天安门广场庆祝晚会并获得“五好表演单位”称号，该节目还获得第十届“群星奖”金奖。在第十一届“群星奖”评比中，该馆金恩渠的群众文化科研成果《观察生活的最佳角度——业余戏剧创作谈》、胡爱华参与表演的小品《女大学生宿舍的钟点工》分别获金奖，嵇亚林的群众文化科研成果《建构新世纪群众文化的创新平台》获铜奖；金恩渠创作的扬州评话《整容趣事》获第十三届“群星奖”；吉龙生创作的摄影作品《爸爸送我上学去》、王爱国编导的少儿舞蹈《黑白键》获第十四届“群星奖”；该馆编辑出版的《文化新世纪》杂志获第十四届“群星奖”服务奖。陈蜜、张胜主编的《新时代歌声——江苏创作歌曲集》由出版社出版。戴珩的群众文化著作《生命的舞蹈》《感受芬芳》《春暖花开》《飞扬的激情》《江苏十大文化馆研究报告》由出版社出版。戴珩的群众文化理论著作《江苏十大文化馆研究报告》获2007年江苏省社科应用研究精品工程优秀成果奖一等奖。嵇亚林的论文《论民间艺术之乡之建设》在2003年全国群众文化论文评奖中获大奖。至2008年，省文化馆被江苏省精神文明建设指导委员会评为“江苏省文明单位”和“江苏省先进单位”；省文化馆党支部被省文化厅评为“先进基层党组织”。

1980～2008年领导班子成员有王德全、孙友信、赵永江、朱国瑾、苏位东、李洪义、金恩渠、程燕华、汤冬生、曹大刚、李永、吴宏远、陈蜜、张晓雁、嵇亚林、吉龙生、戴珩、张胜等。

## 二、市级文化馆

**南京市群众艺术馆** 1978年12月，经南京市人民政府批准，“文化大革命”期间闭馆的南京市群众艺术馆恢复建制。复馆后的馆址在成贤街114号，与南京市文化局群众艺术科合署办公。后多次搬迁。1997年6月，南京市人民政府决定在长江路101号新建南京文化艺术中心。南京市群众艺术馆搬迁至鼓楼区峨眉路12号。2008年，经南京文化艺术中心董事会授权，南京市群众艺术馆成为文化艺术中心的管理方。

1978年复馆时，编制15人。1988年重新核编后为干部55人、工人20人，设有业务、行政、财务等职能部门。

中共十一届三中全会后，南京市群众艺术馆着力开展融文化艺术、时政宣传、科学普及、社会教育、休闲娱乐和体育健身为一体的“大文化”活动。创新群众文化活动形式，组织开展了“金陵风”“六朝风采——南京地区民间歌舞展演”等一系列晚会和大型广场文艺活动，为南京市人民政府主办的“金秋恳谈会”“梅花艺术节”组织策划专场演出十余场。该馆还深入基层，指导各区县文化局(馆)挖掘本地区的文化资源，打造富有地方特色的群众文化活动品牌。创建了“秦淮灯会”“江宁之春”“金秋栖霞”“和谐雨花”以及各种主题的艺术节、晚会等一大批文化品牌活动。2005年中共中央提出“‘十一五’期间全面建成覆盖全社会的公共文化服务体系”的要求。南京市的群众文化事业跃上新的发展平台，将满足公民的文化需求、保障公民的文化权利作为公共文化产品生产、公共文化服务和群众文化活动的出发点和落脚点。新世纪伊始，南京市群众艺术馆开始承办南京市的文化社团、文艺演出团队——“百场公益演出广场行”，每年一个主题，建立了市区联动、点面结合、形式多样、丰富多彩的群众文化活动长效机制。南京市群众艺术馆携各区县文化馆组建由文化志愿者和文艺骨干组成的文化社团、文艺演出团队近两千多支，全年举办的各类文化艺术活动高达两万余场。

1978～2008年主要领导人有胥玲、陈圣与、戴连生、冯玲秀。

**无锡市文化馆** “文化大革命”期间，无锡市中心文化馆撤销，1973年5月恢复并改称无锡市文化馆。1982年8月，无锡市文化馆改名为无锡市群众艺术馆，馆址设在公园路30号。1984年3月，位于城中公园内的新馆落成。2000年12月，该馆迁至西水墩文化公园内，占地面积1 000平方米，建筑面积4 666平方米，内有无锡市文物保护单位西水仙庙(明清建筑)。2003年4月7日，该馆更名为无锡市文化馆，并保留“无锡市美术馆”牌子，内设文艺辅导部、美术摄影部、培训部等。2001年3月，该馆成立无锡市艺术培训中心。2005年1月，无锡市文化馆培训教室交付使用，开设二胡、古筝、钢琴、书法、摄影、素描、图画、少儿舞蹈等课程。2004年6月，无锡市文化馆被文化部评定为一级文化馆。1986～2008年，该馆举办各类艺术培训约380班次，约有14 000人次参加；举办展览250余次；组织开展群众文化活动460余次。该馆定期举办全市性群众文化活动如“新故事会讲”“群众文艺会演”“激情周末”广场文艺等；元旦、春节、国庆节、太湖艺术节等节庆期间，组织开展多项群众文艺活动；参与组织大型歌会和爱国主义主题群众性活动；参与组织两年一届的“江南杯”美术作品大赛。至2008年，该馆共获全国“群星奖”6个、江苏省“五星工程奖”10个。

1978～2008年主要领导人有任海根、朱仲达、沈斌、曹竹宝、许益民、陈宏华。

**徐州文化馆** 1951年6月，原徐州市人民教育馆改名为徐州市人民文化馆。“文化大革命”期间撤销，1975年恢复徐州市文化馆建制。1978年至1980年，徐州市文化馆借徐州工人文化宫的场地办公；1980年至1994年，借园林局快哉亭公园的场地办公；1994年，搬至立达路5号办公。1981年9月，经徐州市人民政府批准，徐州市文化馆改名为徐州市群众艺术馆；2003年10月恢复为徐州市文化馆；2006年徐州市文化馆、徐州鼓楼区文化馆、徐州云龙区文化馆三馆合一，经上级批准改为徐州文化馆，共有人员编制73人。办公大楼面积3 500平方米，分设本部、鼓楼分馆和云龙分馆三个办公地点，设有文化活动室九个，多功能厅、民间文化展示厅各一个。该馆年均主办、承办和参与大型文化艺术活动近60项(次)，1992年开始举办徐州市农民歌手大赛，2003年开始举办徐州市“动感彭城”广场文化活动、徐州市“城乡文化对对碰”城乡文化交流活动等文化活动。1996年至2008年，该馆连续12年被徐州市人民政府授予“徐州市文明单位”称号；1998年被徐州市总工会评为“先进集体”；1999年被评为“江苏省群众文化工作先进单位”；2000年被徐州市人民政府评为“先进集体”。

1978～2008年主要领导人有丛培植、李怀林、刘长清、许一伶、刘安慰。

**常州市文化馆** 常州市文化馆前身为1949年9月成立的常州市人民教育馆，1950年3月改名为常州市人民文化馆，1959年3月和1985年4月两次更名为群众艺术馆，2003年11月迁建至常州市双桂坊49号，并再次更名为常州市文化馆，有办公大楼、多功能大楼各一座，建筑面积10 000平方米。常州市文化馆主要负责全市群众文化活动的组织协调、节目创作以及对区（县）文化馆（站）业务的指导辅导。1982年5月，该馆承办了常州首届兰陵音乐会，1993年10月承办了首届常州市小戏、小品、曲艺大赛，1995年承办了常州市民俗风情旅游节，1999年承办了清明颂英烈活动。2005年，常州市文化馆成立常州市非物质文化遗产保护中心，承担起常州市“非遗”普查和保护工作，经过3年的普查摸底，收集整理了常州市“非遗”资源共计1 228项，涉及民间文学、传统美术等16个门类，并结集出版。截至2008年，常州市有9个项目进入国家级“非遗”名录。2008年，常州市文化馆在全省率先开展文化惠民“四个演”：小剧场阵地天天演、幸福广场周周演、非遗文化展演、欢乐社区行巡回演，同年被常州市人民政府纳入文化惠民办实事项目。该馆获江苏省“五星工程奖”的作品达20余个。此外，该馆积极开展群众文化理论研究，编辑出版《常州群众文化报》《文化常州》《常州群众文化论文集》等报纸、杂志、图书。2008年，常州市文化馆被文化部评为国家一级馆。

1978～2008年主要领导人有许又知、何连及、诸焕新、陈嘉敏、梅文岩、庄锡连、闵建敏、许建荣。

**苏州市文化馆** 苏州市文化馆前身为1949年9月成立的苏州市人民教育馆，1950年11月改名为苏州市人民文化馆，1959年3月调整成立苏州市群众艺术馆，1975年改称为苏州市文化馆，1983年，该馆恢复苏州市群众艺术馆名称，担负对市（县）、区文化馆（站）业务指导工作。2004年9月，苏州市群众艺术馆更名为苏州市文化馆。20世纪80年代，该馆承担了苏州市农村文艺演出队两台节目的赴京汇报组队和排演任务，组织苏州市群众文艺代表队参加了历届中国艺术节、全国民间音乐舞蹈比赛、全国农村歌手大奖赛、全国话剧小品邀请赛和华东、江苏省的各项群众文化赛事，并推荐作品参加全国、省级的美术书法摄影大赛。截至2008年，苏州市文化馆组织、辅导、创作的各类艺术作品获得省以上奖项360多件。1986年12月，该馆创作编排的三人舞《担鲜藕》荣获全国民间音乐舞蹈大赛一等奖。该馆还承办了“文明杯”企业文明单位群众文化系列邀请赛、“振兴杯”乡镇企业群众文化系列竞赛等大规模文化活动，调动了基层单位开展群众文化活动的积极性。进入21世纪，该馆发挥群众文化的业务功能，组织全市群众文化的创作和展示活动，努力培养、壮大业余骨干队伍，该馆创作的音乐、舞蹈、曲艺、小品、文学、美术、摄影等作品，先后在全国“群星奖”“蒲公英奖”、江苏省“五星工程奖”等大赛和评奖活动中夺得金银奖。该馆所承办的“少儿艺术节”“社区艺术节”“农民艺术节”“三下乡”“军民共建”等系列群众文化展示活动，吸引了广大群众积极参与。该馆还参与策划、承办由中共苏州市委、市人民政府主办的“苏州国际旅游节开幕式”“文明公德伴我行”“先锋赞七一文艺晚会”等节庆活动。该馆拥有舞蹈队、声乐队、评弹队、京昆联谊会和漫画组等馆办团队，曾参与对外交流，先后赴埃及、韩国、法国、日本、新加坡进行交流演出。另外，依托馆所属的“苏州市艺术培训中心”平台，该馆开办了各种艺术门类的培训班和辅导班。该馆还创办了《文艺画廊》《百花园》等刊物。

自20世纪80年代以来，该馆受到江苏省人民政府表彰，被江苏省文化厅、江苏省财政厅联合授予“以副补文”先进单位，被中共苏州市委和苏州市文化局命名为文明单位，被苏州市人民政府授予群众文化先进单位。2008年，苏州市文化馆被文化部命名为一级文化馆。

1978～2008年主要领导人有程胤、夏玉才、俞暄、王祥生、张天鹏、谭亚新、陈平、沈霞娟。

**南通市文化馆** 南通市文化馆前身为1914年设立的民众教育馆，中华人民共和国成立后改为南通市文化馆，1983年改称南通市群众艺术馆，2003年又更名为南通市文化馆，馆址在南通市中心人民路孔庙旧址。中共十一届三中全会之后，群众文化得到复苏。该馆重建业余文工团，有音乐、舞蹈、话剧、京剧、越剧、曲艺等团队共150多个，上演过《未来在召唤》《真情假意》等大小话剧18个。业余文工团在1979年后的三年内，演出880场，观众达50万人次。该馆展览阵地活跃，平均每年展览多达20余个，仅“社会主义法制教育展览”参观者就达20多万人次。1979年，该馆开始翻建文化馆小剧场，参加组织南通市的庆祝中华人民共和国成立30周年群众文艺会演。1979年，该馆组织编排的舞蹈《西瓜熟了》参加江苏省会演后，又参加了大连举行的全国调演。1982年，由馆业务干部蒋瑜、黄三梅辅导的通棉二厂职工创作演出的独幕话剧《典型问题》，参加1982年江苏省职工小戏调演后进京为全国职工政治工作会议演出。从1985年开始，该馆相继建立艺术服务公司(后改为紫琅画苑)、小卖部、录像放映室、舞厅、电子游戏室、内部招待所以及录像发行站，进行以文补文，多业助文。1989年，该馆被江苏省人民政府授予“江苏省群众文化先进集体”称号，1993年被评为南通市文化系统先进集体。2000年，南通市群众艺术馆辟出10间培训专用教室，修葺大成殿兼做展厅，开展各种展览活动；20间厢房及院内场地开辟成古玩专业市场，馆内形成文化活动区、办公区和古玩市场三大区域。2006年7月，南通市文化馆文化艺术中心落成，南通市文化馆外来工文化素质教育培训基地、南通市非物质文化遗产研究成果展示基地同时揭牌。文化艺术中心建筑面积1618平方米，设办公用房、培训教室、多功能活动厅、戏剧活动室、电子阅览室等，是开展群众文化活动的综合性场所。南通市文化馆下设行政管理部、创作辅导部、群文工作部、演艺策划部、文化艺术培训中心等部门，中层干部竞聘上岗，全体员工实行聘任制。

1978～2008年主要领导人有张宏文、张锡光、陈卫平、张永年、明鸿本、高龙民、葛怡华、张俏丽、沈爱明、曹锦扬、季丰吉等。

**连云港市文化馆** 连云港市文化馆前身为成立于1950年的新海连市人民文化馆，1986年11月更名为连云港市群众艺术馆，2002年又更名为连云港市文化馆。1988年，馆内中层干部实行聘用制，同时开展“以文补文”活动。1990年后，该馆不断深化内部机制改革，实行工资绩效挂钩的工资分配制度，精简行政及部分业务人员，加强群众艺术活动辅导培训，成立经营实体“市文化艺术服务中心”。1994年12月24日，连云港市人民政府投资500多万元、建筑面积4 500平方米的市群众艺术馆新馆全面对社会开放。该馆设有文艺部、美术摄影部、培训部、调编部、办公室、艺术剧院、产业部等职能部门，组建有市文化馆艺术团、市少儿艺校、市少儿书画院等队伍。从2000年至2008年，该馆承担“在海一方”广场文化活动等群众性文化活动的组织工作，年均举办各类展览和演出活动20多场次。2008年9月，连云港市文化馆以本馆专业文艺干部为主体，吸纳社会优秀文艺人才，组建连云港市文化馆文化艺术团，9月到12月间演出10余场。该馆办有文艺报刊《群众文艺》《花果山》等。

1978～2008年主要领导人有房忠祥、郭长征、程德义、王必馨、刘三德、张兰芳、刘政、化敏。

**淮安市文化馆** 淮安市文化馆原称淮阴市群众艺术馆，成立于1982年。2002年11月20日，淮安市群众艺术馆更名为淮安市文化馆，馆内设办公室、文艺部、美术部、创作调研部。馆址位于市区淮海北路90号，面积1 234平方米。2005年开始建设坐落于生态新城面积达9 600平方米新馆。1982年至2008年，该馆积极参与中共淮安市委、市人民政府组织的春节团拜会，以及参与举办、承办淮扬菜美食文化节、市群众文化新作调演、市体育运动会等大型活动，每年参加文化下乡，承办社区、校园、军营和企事业单位的大中型活动达十多次。辅导创作的小戏小品在国家“群星奖”、全国小戏小品大赛和江苏省“五星工程奖”评比中获得金银铜奖。该馆先后有40余篇论文在国家级、省级及大学学报等专业刊物发表，有10多项研究成果在国家“群星奖”、中国群众文化学会征文评比中获奖，有20多项理论研究成果在江苏省“五星工程奖”、江苏省“文化理论创新工程奖”、江苏省群众文化学会理论成果评比中获奖。

1983～2008年主要领导人有程万廉、张加明、刘宝林。

**盐城市文化馆** 盐城市文化馆前身为1983年12月成立的盐城市群众艺术馆，人员编制5人，馆舍面积为40平方米，位于原盐城市戏校院内(人民北路)，1989年搬至剧场路老图书馆内，面积增至486平方米。2001年再迁至市解放南路，面积达到

2 476 平方米。2004 年，盐城市群众艺术馆更名为盐城市文化馆，人员编制 15 人，为国家一级文化馆。

该馆不断拓展阵地服务，2001 年，为进一步丰富全市基层文化活动内容，提高群众文化活动水平，该馆开展“盐渎大舞台”广场文艺演出活动；2006 年，打造“十馆联动”优秀群众文艺下基层巡演活动。同时，该馆不断加强该市群众文化创作人才队伍建设，推出精品力作，至 2008 年，“金菊杯”小戏、小品征文活动举办了 16 届。2007 年，该馆开展“千名少儿现场书画长卷展示”活动，展示该市青少年艺术素质教育的成果；同年，举办“盐城市女子书画展”，加强该市女子书画艺术交流。

至 2008 年，盐城市文化馆拥有了军乐团、夕阳红艺术团、群星舞蹈团、群星淮剧团等业余文艺团队，在全市群众文化活动中积极发挥着业务引领作用。该馆吴洪春书法作品获第八届江苏省“五星工程奖”书法类银奖和“兰亭奖”，并参加“改革开放三十周年——江苏省群众书法美术摄影作品大展”。音乐类作品男声小合唱《快乐的船工》获第八届江苏省“五星工程奖”铜奖。

1984～2008 年主要领导人有臧科、沈增辉、吴龙官、刘建政等。

**扬州市文化馆** 扬州市文化馆建于 1984 年 3 月，原称扬州市群众艺术馆，2003 年改名为扬州市文化馆。扬州市文化馆位于国庆路 1 号，馆舍面积 3 300 平方米，设有馆长室、办公室、戏曲音舞中心、美术摄影中心、文化信息中心等部门。1984 年至 2008 年，该馆共举办器乐、舞蹈、摄影、书画等培训 2000 余期，年均 100 期，受训人数达 8 万余人次。该馆指导创作的谐剧《路》获第七届“群星奖”铜奖，民歌《田里秧苗棵连棵》获第九届“群星奖”银奖，儿童画《生日快乐》获第二届“蒲公英奖”金奖，舞蹈《小纸船的梦》获得江苏省第四届少儿艺术节创作、表演金奖，书法《书印方轴》获江苏省群文美术书法摄影展金奖。2004 年，该馆开始进行非物质文化遗产保护工作。2005 年，“雕版印刷技艺”“漆器髹饰技艺”“扬州玉雕”“扬州剪纸”“扬州清曲”“扬州评话”“扬剧”成功申报国家级非物质文化遗产项目。

1983～2008 年主要领导人有王虹军、袁淮、金录明。

**镇江市文化馆** 1984 年，镇江地区文化馆和镇江市文化馆合并为镇江市文化馆。2001 年底，该馆与镇江市艺术中心整合，迁址至镇江市山门口街，面积 7 000 平方米。2005 年，镇江市文化馆被评为国家一级馆。该馆曾先后荣获“江苏省群众文化先进集体”“江苏省文化系统先进集体”“江苏省文明单位”等称号，2008 年被江苏省文化厅记集体二等功。1983 年起，文化馆组织了“金山之光”艺术节游园等演出、展览、赛事活动，其中“欢乐家园”广场文化活动获江苏省文化建设优秀成果三等奖、江苏省“五星工程奖”服务奖；2008 年 9 月启动的“文心剧场”引进国内外优秀剧团、艺术家免费为公众演出。自 1989 年起，每年一届的“少儿创作故事演讲大赛”获得江苏省品牌文化活动“提名奖”。1992 年，该馆出版故事集《后院的秘密》，编辑出版文学期刊《北固楼》、理论刊物《镇江群众文化》、季刊《群众艺术》报、双月刊《群众文化通讯》。1994 年，该馆成立了“群星艺术团”，下设声乐、器乐、舞蹈、时装、少儿故事队等团队。该馆开办美术、书法、摄影、声乐、器乐、模特、舞蹈、表演、故事等培训班；启动音乐、美术、舞蹈社会考级；建有群众文化示范基地、未成年人文化活动基地；启动“文化指导员进社区”工作。该馆指导创作的女声独唱《水乡小夜曲》获得第五届“群星奖”创作一等奖；小品《送人情》获得第七届“群星奖”小品类金奖；无伴奏女声田歌组合《南乡田歌》、扬州评话《戚老七养鳖》获第十四届“群星奖”创作奖。1997 年出版论文集《群众文化学探索与研究》。

1990～2008 年主要领导人有刘正兴、毛炳江、汤文彪。

**泰州市文化馆** 泰州市文化馆前身为民国早期泰县县立通俗教育馆。“文化大革命”期间撤销，1974 年恢复建制为泰州市群众艺术馆。1996 年，地级泰州市设立后，泰州市群众艺术馆更名为泰州市文化馆，位于泰州市税东街 112 号省文物保护单位明代蒋科进士宅第内，建筑面积 1 188 平方米。泰州市民族民间文化保护工程中心、泰州市群众文化学会(筹)、泰州市文化艺术学校在此合署办公。该馆成功承办了泰州市少儿艺术节、泰州市社区文艺节等文艺活动。1998 年至 2008 年，该馆开办了泰州市文化艺术学校，举办了美术、书法、舞蹈、戏曲、器乐、朗诵、小博士珠心算等艺术门类的辅导和培训班，累计培训学员达5 000人次。

1998～2008年主要领导人有姚绍宏。

**宿迁市文化馆**　1996年，地级宿迁市成立，原宿迁县文化馆更名为宿迁市宿城区文化馆。同年在宿迁幸福剧场挂牌新组建宿豫县文化馆。1998年，经宿迁市编办批准，正式成立宿迁市群众艺术馆，编制1人；2002年，宿迁市文化艺术中心启动建设；2003年，宿迁市群众艺术馆更名为宿迁市文化馆，编制为2名；2006年，宿迁市文化馆与宿迁市剧目创作室合并，成立宿迁市文化艺术中心，正科级建制，外挂宿迁市文化馆、宿迁市图书馆、宿迁市博物馆、宿迁市美术馆牌子，编制9人。

1998～2008年主要领导人有杨邦彦、陈浩、刘勇。

## 第二节　群众文化组织

群众文化组织是由广大人民群众参加的社会团体，在宣传群众文化、组织群众文化研究、挖掘群众文化资源、开展群众文化活动、繁荣社会主义文化等方面发挥作用。1978～2008年，江苏省内群众文化组织主要有群众文化学会和民间文艺组织。

### 一、群众文化学会

**江苏省群众文化学会**　1985年4月17日，江苏省群众文化学会在常州成立，在成立大会上推选王霞林（时任中共江苏省委宣传部副部长）为会长，曹德进、赵永江为副会长。该学会是全国最早成立的省级群众文化学会之一，是江苏省文化厅主管的学术性群众团体，主要开展全省群众文化理论研究、学术交流、科研成果评奖等，同时与各地会员单位开展学术交流、文艺活动等各项业务合作。省群众文化学会办公室设在江苏省群众艺术馆内。2001年6月，江苏省群众文化学会召开第二次会员代表大会，戴万龄当选会长，汤冬生、金恩渠、韦永祥任副会长，李永任秘书长。2003年，增补张晓雁为副会长。2006年5月30日至31日，江苏省群众文化学会第三次会员代表大会在南京召开，王慧芬当选会长，方标军、李永、朱和顺、谭忠、骆凤琴任副会长，戴珩任秘书长。

1987年，在江苏省群众文化学会的建议、协调下，苏州、无锡、常州、南通四市群众文化学会联合举办群众文化理论研讨会，至2008年，苏锡常通群众文化信息交流暨理论研讨会已举办19届，成为江苏重要的理论研究品牌活动。宁镇扬（泰）、徐淮盐连（宿）区域群众文化理论研讨会、江苏十四县市理论交流研讨会也相继展开。

江苏省群众文化学会成立以来，编辑了《江苏省第二届民间书画研讨会论文集》《江苏省民族民间文化艺术传承与保护优秀论文集》《江苏省县级市群众文化理论研讨联谊会论文集》《群众文化指南》等理论文集。2004年，该学会承接并完成了由中国群众文化学会交办的《第十八辑群众文化论丛》的编辑出版和发行工作。2006年5月，该学会编辑出版《思想的维度——江苏省群众文化论文集粹》。该学会初建时有会员100余人，至2008年已发展到1 480人，其中绝大部分是群众文化工作者。

**江苏省艺术摄影学会**　江苏省艺术摄影学会于2003年4月24日成立，是由全省文化系统的摄影工作者和全省群众摄影工作者及爱好者自愿结成的学术性、非营利性社会组织，现有会员220余人。学会办公室设在江苏省文化馆内。学会的业务范围主要是团结广大摄影艺术工作者和爱好者，举办各种形式的摄影活动、学术活动；组织、指导群众摄影创作；组织并参加省内摄影艺术交流及创作活动；开展艺术摄影理论研究；承接政府购买公共文化服务项目等。

2004年11月，学会承办了由省文化厅主办的聚焦江苏文物摄影艺术大赛活动。2006年1月，学会承办了由省文化厅等部门主办的“常州中亿杯”新世纪、新江苏——城镇建设风采摄影大赛获奖作品大展。2006年11月，学会与相关部门联合举办了第三届江苏省消防漫画摄影大赛。2007年6月28日至7月8日，学会承办了“和谐文化——全省文化馆（站）美术书法摄影干部作品大展”。2008年2月至6月，学会承办了由省文化厅、省文物局主办的江苏省文化遗产摄影大展，编辑了《江苏省文化遗产摄影大展获奖作品集》。

**南京市群众文化学会**　南京市群众文化学会成立于1987年12月。会刊《文化纵横》1988年创刊，不定期出版。学会还出版有《群众文化论文集》《南京群众文化志》《文化——文化纵横论文专集》。

2003年，在文化部社图司、《文化大视野》编委会和中国群众文化学会举办的《文化大视野——全国群众文化、图书、博物论文集》论文评奖活动中，南京市群众艺术馆严俭山撰写的论文《试析影响家庭文化建设的主要因素》荣获优秀论文奖。2004年6月，在第六届江苏省“五星工程奖”群文理论研究成果评选中，达子的《论多元文化格局中的群众文化》、高安宁的《传承历史文化，开辟美好未来——秦淮风光带建设与发展战略概论》、胡韵音的《试论社区文化建设和全面建设小康社会》论文均获银奖。2008年，许士阳、达明邺的调研报告《“江宁之春”群众文化节研究报告》获得第八届江苏省“五星工程奖”银奖。2008年，在江苏省“特色文化建设”论文评奖中，许士阳、达明邺的论文《以富有时代性的特色文化建设推动南京公益文化事业大繁荣》获得一等奖。

**无锡市群众文化学会**　无锡市群众文化学会成立于1986年2月。1987年，无锡市群众文化学会与苏州、常州、南通三市群众文化学会联合举办苏锡常通群众文化信息交流暨理论研讨会。自1992年起，无锡市群众文化学会被特邀参加全国计划单列市文化信息交流暨群文理论研讨会。1995年11月7日至9日，第十届全国部分城市、计划单列市文化信息交流暨群文理论研讨会，由南京移会无锡召开，60余位代表参加。学会还参与了无锡市文化事业发展战略研讨、全国部分地区小康文化研讨。学会还不定期召开无锡市群众文化理论研讨会。

**徐州市群众文化学会**　徐州市群众文化学会成立于1987年，会员200多人。1997年，学会组织孟军等三人撰写3篇论文，参加江苏省哲学社会科学界联合会举办的江苏省社区群众文化理论研讨会，并获得优秀论文奖。2004年，学会组织论文10余篇参加江苏省民族民间文化艺术传承与保护论文评奖活动。

**常州市群众文化学会**　常州市群众文化学会成立于1987年9月，设在常州市文化局，会员86人。学会在成立的同时，举行了首届群众文化理论研讨会，收到论文34篇。1990年3月，第四届苏锡常通群众文化理论研讨会在南通市举行，常州有7篇论文入选。1990年6月，常州市群众文化学会召开年会暨第三届群众文化理论研讨会，并编辑优秀论文集。1990年10月，文化部、全国儿童音乐学会在常州市溧阳召开全国首届儿童音乐创作座谈会，来自全国30个省、市的74名代表交流儿童音乐创作的经验。

**苏州市群众文化学会**　自1986年成立以来，苏州市群众文化学会开展理论研究，普及群众文化基础知识，推广群众文化研究成果及经验，介绍群众文化理论研究动态，培养优秀人才，积极组织开展多种形式的群众文化理论研讨活动，参与省内外各项群众文化理论交流活动，团结广大基层群众文化工作者，为群众文化事业献计献策。2008年，学会有会员223名，会长1名，常务理事15名(包括副会长)，秘书长1名，理事23名。

1987年，在江苏省群众文化学会的建议、协调下，按照全省各市的地理区位和经济、文化的现状特点，首届苏锡常通群众文化理论研讨会在苏州举行，会议交流论文、分析现状、研究对策、指导发展。以后按照苏州、无锡、常州、南通的顺序，每年一地，轮流召开。2000年，苏锡常通群众文化理论研讨会在苏州张家港市召开第十三届会议，增加了信息交流的内容。此后一段时间会议召开间隔时间调整为一年到一年半，至2008年已成功举办了18届。每次会议都有四市的文化局分管局长、市群众文化学会秘书长和市文化馆馆长到会，包括部分论文作者和特邀代表在内，会议规模约60人左右。每届入选的论文在40篇以上，涌现出一批在全国有影响的优秀论文。苏锡常通群众文化信息交流暨理论研讨会从未间断，是全省坚持的最好的跨地区群众文化理论交流活动之一。2007年，苏州市群众文化学会成功承办了第十七届会议。

至2008年，苏州市群众文化学会共获得省级以上奖项近100个，多次获得优秀组织奖。1997年和2001年的两届“群星奖”评奖活动中，苏州市群众文化学会推荐的论文获得了2金2银1铜。2001年获得江苏省“五星工程奖”论文评奖1项五星工程奖和2项五星工程提名奖，2004年获得江苏省“五星工程奖”论文评奖2金1银1铜。2001年至2004年获得中国群众文化学会论文评奖1个大奖、2个一等奖、2个二等奖(银奖)和7个三等奖(铜奖)。1997至2006年获得省群众文化学会历次论文评奖活动4个一等奖、15个二等奖和27个三等奖。2007年获得中国群众文化学会全国论文征文二等奖 1 个、省级二等奖 2 个、三等奖 1 个。2008 年获得第八届江苏省“五星工程奖”论文评奖金奖银奖各 1 个、全国二等奖 2 个、三等奖 8 个。学会另有多篇论文在《中国文化报》主办的专题征文评奖活动中获奖。

**淮安市群众文化学会** 淮安市群众文化学会成立于 1986 年 9 月。1991 年，学会承办苏北五市群众文化理论研讨会。至 2008 年，学会有中国群众文化学会会员 8 人，江苏省群众文化学会会员 34 人。在文化部、中国群众文化学会和《中国文化报》举办的全国文化理论成果评比中，学会获得一、二等奖 14 项，获得“群星奖”2 项。在江苏省“五星工程奖”评比中，学会获得金奖 5 项、银奖 4 项。在江苏省理论创新工程奖评比中，学会获得二等奖 5 项、三等奖 2 项。在江苏省群众文化学会理论成果评比中，学会获得一等奖 12 项。

**镇江市群众文化学会** 镇江市群众文化学会成立于 1986 年，成立之初有会员 128 人，至 2008 年，学会有中国群众文化学会会员 2 人，江苏省群众文化学会会员 46 人，江苏省群众文化学会理事 3 人、常务理事 1 人。学会连续 5 年被镇江市哲学社会科学界联合会评为先进学会。

自成立以来，镇江市群众文化学会始终把理论研究、繁荣群众文化作为自身不懈努力和孜孜追求的目标。学会每年都要组织会员到各地调研，形成了一批批有分量的论文和调查报告。这些成果多角度、多层次地对群众文化学和群众文化工作进行了论述。20 多年来，会员们撰写的论文有数百篇在省以上刊物发表，获省以上奖项近百个。1997 年，学会秘书长吴林森的论文《勃兴特色文化是群众文化发展的历史趋势》获第七届群星奖银奖(群众文化理论研究成果类)。学会成立十周年之际，出版了会员优秀论文集《群众文化探索与研究》，展示了该市群众文化工作者的改革心声和探索印迹。20 多年来，学会陆续编辑出版的《北固楼》《群众文艺报》《群众文化研究》《群众文化信息》等，都充分显示了全市群众文化的繁荣及其学术研究的实力。

**宿迁市群众文化学会** 1997 年 10 月 22 日，宿迁市召开第一届群众文化学会代表大会，讨论通过了《宿迁市群众文化学会章程》，选举产生了宿迁市第一届群众文化学会名誉会长、会长。现有个体会员 115 名，团体会员 10 名。

## 二、民间文艺组织

**无锡山禾合唱团** 无锡山禾合唱团成立于 2000 年 9 月，为中国合唱协会和国际合唱联盟团体会员。山禾合唱团曾与南京艺术学院爱乐合唱团、上海爱乐合唱团、香港城市合唱团、加拿大晟韵合唱团等国内外合唱团体合作交流。合唱团获第六、七、八届中国合唱节比赛金奖。2003 年，合唱团被无锡市文化局命名为特色文化团队，2004 年被命名为江苏省特色文化团队。

**徐州马可乐团** 徐州马可乐团成立于 1996 年 6 月，有成员 60 余人，其中指挥 3 人，艺术指导 7 人。该团成立 12 年来，排演了外国名曲《蓝色的多瑙河》《秋语》《月亮河》，中国名曲《在希望的田野上》《走进新时代》《祖国颂》等；创作歌曲 10 余首，如《矿工之歌》《咏梅》《好一个古彭城》等，并系统地排练了马可生前创作的歌曲。乐团先后深入厂矿、部队、院校、社区演出，参加重要社会活动，共演出百余场次。2002 年 5 月，乐团代表江苏省参加全国群众歌咏比赛，荣获文化部颁发的三等奖。

**常州市新故事创作研究会** 常州市新故事作者联谊会成立于 1986 年，1994 年易名为常州市新故事创作研究会。在 1986 年至 2007 年的 20 余年间，研究会相继在苏州东山、宜兴丁山、武进西太湖等地召开了十余次创作笔会和研讨会，在全国各种刊物上发表了 100 多篇新故事、通俗小说。1994 年至 1998 年，常州市新故事创作研究会和金坛文化馆联合在金坛唐王创建“农民故事之乡”。1998 年 11 月，《中国文化报》为此专门做了专题报道。

**常州京剧“梅派”艺术委员会** 常州京剧“梅派”艺术委员会于 1993 年 4 月成立，特聘梅派传人著名京剧表演艺术家梅葆玖、沈小梅为艺术顾问，汪梦兰为艺术指导。会员来自专业退休人员和业余京剧爱好者。4 月 17 日，该会在红星大剧院举行成立大会，专场上演《穆桂英挂帅》《生死恨》《野猪林》等剧目，梅葆玖、沈小梅发来贺电。艺术委员会会员艺术水准较高，曾屡屡获奖，姜燕曾获江苏省业余京剧大赛二等奖、七市名票大奖赛二等奖、市“童鹰杯”京剧大赛一等奖，姜勤曾获江苏省业余京剧大赛优秀奖等。

**扬州学派研究会** 扬州学派研究会成立于

2003 年 8 月，是由热心于研究扬州学派、立志弘扬扬州文化的各界人士及社会组织组成，首批会员 29 人。会长赵昌智。研究会的宗旨和任务为开展扬州学派课题研究，举办学术交流和通俗讲座，整理校点扬州学派名家著作，编辑出版扬州学派研究资料，编写普及读物，进行扬州学派人物、活动、遗址、遗迹的勘访调查，为发掘地方文化资源和文化名城的保护利用提供咨询服务。至 2005 年，研究会召开了两次年会，举办了《新编汪中集》《新编宝应刘氏集》《二王年谱》出版座谈会等活动。

**清代扬州画派研究会** 清代扬州画派研究会成立于 1980 年 10 月，是一个联系和团结全国各地有志于研究扬州八怪的美术史论学者和爱好者的组织。会员遍及北京、上海、江苏、浙江、山东、安徽等省市。研究会编辑出版《扬州八怪研究资料》共七辑。20 世纪 90 年代，研究会编纂扬州八怪名家传记并出版画集。2002 年，研究会筹办并举行扬州八怪国际学术研讨会。来自美国、韩国、瑞典等国外学者及国内学者近百人参与学术交流，提交论文 67 篇。

**镇江梦溪琴社** 镇江梦溪琴社成立于 1986 年 7 月，是由上海音乐学院古琴大师刘景韶和南京艺术学院教授程午加先生发起。该琴社长期进行梅庵派古琴的传承和培训工作，至 2008 年先后举办多场大型古琴名家音乐会以及数十场雅集活动，培养了十多名古琴人才。琴社会员中有一名会员被国务院命名为古琴艺术(梅庵琴派)国家级代表性传承人，有三名会员被镇江市人民政府命名为市级代表性传承人。琴社现有会员 60 余人。

**泰州梅兰芳故乡京剧票友戏迷联谊会** 泰州梅兰芳故乡京剧票友戏迷联谊会成立于 1997 年，分别于 2000 年和 2002 年参与策划了在泰州举办的第一、二届全国高校京剧票友演唱研讨会以及新加坡平社访问泰州联谊演出等活动。联谊会创办了《京剧票界》小报，至 2008 年年底已出版 111 期。2008 年，联谊会会员从最初的 30 多人发展到近 400 人。

## 第三节 群众文化活动

群众文化活动是在政府、公益性文化事业单位的引导和扶持下，在各种社会力量的参与和支持下，人民群众为满足自身的精神生活和知识需求而开展的自创自办、自编自演、自娱自乐的活动，能够启迪、教育人民群众，增强其审美观念，提高其思想道德和科学文化素质，促进人的全面发展。江苏省群众文化活动丰富多彩，充分挖掘、调动、依靠社区、企业等各方面的社会力量，形成了广覆盖的群众文化网络。同时，各级政府相关部门开展了许多特色文化活动，丰富了群众的文化生活，促进了全省群众文化事业的发展。

### 一、城乡文化活动

#### (一) 社区文化活动

江苏开展城市社区文化活动最早的是南京市白下区。1984 年底，该区打破行业关系上的条块分割，综合利用社会各方面的力量，邀请驻区部队、工厂、专业剧团、大专院校等 17 个单位参加，在区、街相继成立群众文化工作委员会、社会文化办公室，并将辖区内有关单位的 5 万多平方米文化活动场地向社会开放。白下区先后新建、改建了区文化馆、少年宫、文物陈列馆等 8 个区级重点文化设施，总投资达 1 100 多万元，新增活动面积 1 万平方米。全区有各类文化市场经营点 200 多个，形成了一个有娱乐、图书报刊、字画、音像制品在内的多门类的文化市场。1985 年，白下区开始举办以"写白下、讲白下、唱白下、颂白下"为主题的自己创作、自我表演的活动，强化全区人民"团结奋进、求实创新、振兴白下"的意识，举办了一系列"乐满白下"文艺演出活动。1986 年，白下区又开始举办"四季文化"活动:春季"步步高白下颂音舞节"、夏季"笑眯眯小天使艺术节"、秋季"乐滋滋祖国颂欢乐节"、冬季"喜洋洋百花苑戏剧节"。1986 年 5 月，白下区举办"五一"仿古游园活动，吸引了 5 000 多名游客和外宾参加。1986 年 11 月，白下区举办"白下剧展"，历时 15 天，驻区 12 个专业、业余文艺单位参加演出。1987 年，白下区举办"春之声"区、街、厂、校歌曲联唱，"夏之夜"十二良宵纳凉晚会，"秋之色"五展五赛，"冬之乐"南北戏曲大会串。

继南京市白下区之后，全省各市城区兴办文艺社团。据统计，至 20 世纪 80 年代后期，仅苏州市城区兴办的文体社团就有 170 余个，计 4 000 余人。

其中，戏曲、曲艺类 48 个 1 047 人，音乐、舞蹈类 45 个 1 062 人，书画、文学类 37 个 843 人，其余为体育团队、文化专业户。全省城区群众文化活动得到广泛开展，如常州天宁区一年一度举办"天宁之夏"大型群众文化活动，每届历时一月，由辖地内 116 个企事业单位的文艺社团参加。南京市秦淮区每年一届的"秦淮之夏"大型文化活动，举办纳凉晚会、歌咏比赛、文艺联欢等活动项目 80 多个，活动时间长达两个月，参加活动人数达 5 万人次。

江苏各市县在开展社区文化协作的过程中，充分挖掘、调动和依靠社区内各方面的力量，形成全社会共同参与的社区文化网络，并以网络为纽带，把文化部门、文化团体及驻区企事业单位、部队紧密联系和组织起来，综合利用文化设施和人才，较好地发挥社区文化的整体优势。如常州市天宁区的"天宁之夏"文化艺术节，就是以街道公办文化站为龙头，以街道社区文化协作组织为纽带，联合社区内广大群体组织及其成员广泛参与，融企业文化、校园文化、军营文化等为一体的大型社区文化活动。无锡市郊区蠡园乡文化站与工会联办的音乐知识讲习班、企业文化文艺会演，与团委联办的交谊舞比赛、歌咏比赛，与妇联联办的中老年迪斯科健身操训练班，与科协联办的科技成果展览会等，均是跨部门协作开展的社区群众文化活动。南京市双塘街道、瑞金路街道、大光路街道文化站均开展了军民共建、警民共建、厂街共建等多种形式的文化共建活动。徐州市在社区搞军民同台演出，军民同厅参展，军民共建文明新村，促进了军民团结。

江苏还发掘地域文化优势，创建社区文化特色。苏州市金阊区利用地域文化资源，逐步形成了各街道辖区的社区文化特色。桃花坞街道木刻年画历史悠久，他们便以年画、苏州绢扇及扇面画创作加工为主体，形成桃花坞社区文化特色。金门街道侧重于开展戏曲、评弹演唱活动。留园街道以盆景展览和灯谜会为特色。彩香街道以开展家庭文化活动为特色，举办家庭居室展评、家庭知识竞赛、家庭交谊舞赛、卡拉 OK 比赛、家庭纳凉晚会、家庭演唱会、家庭棋赛、家庭书画、摄影作品展等。山塘街道以开展群众体育活动为特色，金阊区因此被评为江苏省群众体育先进集体。盐城市利用地理优势，创建文化特色。贯穿全市 8 个县区、20 个乡镇的通榆公路沿线，率先建成具有盐阜文化特色的文化带。地处黄海之滨的连云港市，溯渔文化、海文化的源流，结合现代化港区建设，开展研讨活动。常熟市邀请长江沿岸 12 个城市文化馆进行研讨活动等。邳州市等地发掘民间民俗资源，创建特色文化。1984 年以来，邳州的民间剪纸、农民画，在继承传统的基础上不断创新，在国内外产生了广泛的影响。东海少儿版画、水晶工艺品，镇江的泥塑、面塑、微雕，徐州的民间玩具，扬州的漆雕、玉雕、剪纸，金坛的刻纸，苏州的刺绣等均名扬四海。建湖的民间杂技、泰兴的木偶，不断出新。南京莫愁湖公园、玄武湖公园举办的民族风情展演活动，别具一格。苏州一年一度的上方山民俗文化活动，吸引了中外游客。这些都是发掘地域文化，创建社区群众文化特色所带来的积极成果。

**（二）企业文化活动**

中共十一届三中全会后，江苏省的企业文化活动走上了健康发展的轨道。江苏省内各厂矿企业自办文化设施，开展文化活动。徐州市垞城煤矿自 1979 年以来，先后投资 1 000 多万元，建成了生产、生活、文化三区。2 178 平方米的工会俱乐部文化楼内设有图书馆、阅览室、电教室、展览厅、舞厅、乒乓球室、健身房等；9 000 多平方米的体育场，包括足球场、篮球场、田径场等；还有矿山闭路电视转播室、影剧院。除了在矿内进行各种文化活动外，该矿还摄制了电视片《黑珍珠》《创业者的足迹》；出版了《垞城矿诗选》《垞城群英》；与徐州市文化宫联办了垞城"乌金杯"卡拉 OK 职工歌手大奖赛、"垞城杯"中国象棋赛。无锡化工集团公司每年都要投入数十万元经费，增添企业内文化设施，开展企业文化活动。

工会系统的工人文化宫、俱乐部、职工之家等以职工为主要服务对象，开展文化活动。南京市工人文化宫，内设图书馆、科技展览厅、影院、剧场、舞厅、游乐场、健身房、游艺室和各种服务性的经营实体。文化宫主办或参与联办的重大文艺演出和比赛有 1979 年的南京市职工业余曲艺调演，1980 年的南京市城区舞蹈交流演出，1981 年的"学雷锋、树新风、讲文明"曲艺专场、"移风易俗、婚事新办"专场，1982 年的"南京市职工文艺调演——颂劳模、学先进"专场，1984 年的南京市职工业余创作汇演，1985 年的南京市"飞莺杯"OK 带演唱大赛、南京市职工“佳莺杯”电子琴大奖赛等。

政府文化部门和文化事业单位面向企业开展文化活动。南京市南湖文化馆和区域内的企业“联姻”，在“搞活经济、搞活文化、互惠互利、共同发展”的原则下，与南湖地区18个工厂企业签订协议书，成立南湖经济文化联合协会。规定文化馆可调用各单位的文化设施，每年向各单位提供10项文化服务。南京3503厂根据本厂的生产特点，组建了“华冠”时装模特表演队对外演出。南京绿洲机器厂组建了礼仪队、球队和棋队。南京板鸭厂每年举办“白玉鸭会”，把文化活动融入商贸活动之中。南京洗衣机厂举办“莫愁杯”双人舞大赛；苏州乐器厂举办“虎丘杯”民乐大赛；南京羽绒厂举办“南羽杯”文艺技能大赛；南京轧钢厂举办“南轧杯”摄影大赛等。

1984年，全省11个市24个县共建立职工文艺、体育、科普、美化生活等各类兴趣小组9 097个，参加活动的职工达21万多人。1980年至1987年，南京卷烟厂创作的《南烟之歌》，获全国工人歌曲赛金奖；熊猫电子艺术团薛美玉、戚昭春创作的歌曲《五月电子城之夜》，参加机电部汇演，获二等奖；工会干部王亚伦作曲的《南京，我从遥远的地方来看你》，获全国征歌一等奖；南京光学仪器厂职工鲁阳春创作的讽刺喜剧《球》，获全国职工会演二等奖。

### （三）少儿文艺活动

中共十一届三中全会以来，全省各地广泛开展少儿文艺活动，他们创作演出的音乐、舞蹈、少儿故事等节目在省、市汇演中多次获奖。

有的城市还建立了艺术小学、少儿艺术团等。如南京市的“小红花艺术团”，先后赴亚洲、欧洲、美洲、非洲等20多个国家和地区访问，在当地受到热烈欢迎；南通市如东县的少年杂技团，其《顶椅分砖》《双人顶碗》等节目参加全国“新苗杯”比赛并获奖。

江苏的儿童画创作在全国颇有影响。“儿童画之乡”睢宁县，30多年来，培养了1 600多名小作者，创作儿童画6万多幅，先后在国内30多个大中城市举办50多次展览。1983年，睢宁县儿童画工作者协会成立，有会员110人。1983年至1987年，协会被选送参加国际性儿童画展的作品有1 000多幅，荣获国际奖的作品有100多幅，其中金奖25幅、银奖20幅、铜奖30幅。

南京市群众艺术馆于1984年4月组建南京市少年儿童书画会，有会员300人。该会聘请著名书画家为顾问，每年举办一次或数次书画展。1984年，该会举办“在祖国怀抱里成长”少儿书画展览，1985年举办南京市少儿美术、书法作品展览。1986年以来，该会先后与成都、乌鲁木齐、深圳、大庆等城市举办联展。书画会还举办过“中国南京—美国圣路易斯—日本名古屋”少儿书画联展、海峡两岸幼儿绘画观摩展。南京少儿美术作品不仅参加省内、国内展览，而且赴日本、法国、意大利、芬兰等28个国家参加展出，有300多件作品在全国和国际比赛中获奖，其中金奖24件。

**附：南京市艺术小学（南京小红花艺术团）**

南京市艺术小学（南京小红花艺术团）是一所团校合一隶属于南京市文化局的全日制公办学校（简称“小红花”），创办于1957年，是全国首创的集文化教育、艺术教育与舞台表演于一体的少儿艺术学校。1980年，南京市人民政府批准成立南京市艺术小学，对外演出时仍沿用“小红花艺术团”名称。

改革开放以来，“小红花”在对外交流上可谓是“一枝独秀”。1978年，作为第一个出访国外的中国少儿艺术团，“小红花”出访罗马尼亚，演出多场，观众达16 000人。“小红花”先后20多次为来南京访问的国家元首、外国代表团及各国驻华使节做专场演出，数次赴亚洲、欧洲、美洲、非洲等20多个国家和地区访问，得到了外国朋友的高度评价，称赞“小红花”是“世界上最好的少儿艺术团体”，是“了不起的天才小艺术家”、是“可爱的萝卜头文化大使”。美国旧金山市政府将1996年1月12日定名为“中国南京小红花艺术团日”。

中共和国家领导人周恩来、邓小平、江泽民、胡锦涛等都看过“小红花”演出。在中央电视台的春节联欢晚会及各类综艺晚会上，“小红花”频频亮相，并多次在各类艺术节上推出少儿音乐歌舞晚会，如第六届中国艺术节，上海第八届、第十届国际艺术节等。“小红花”的原创作品在全国各类少儿舞蹈、器乐、声乐比赛中屡屡夺魁。2000年在南京举办的第六届中国艺术节上，“小红花”被艺术节组委会确定为唯一独立组台参加艺术节祝贺演出的少儿艺术团体，受到了国内外观众的热烈欢迎和高度评价，分别被艺术节组委会和南京市人民政府授予“贡献奖”和“突出贡献奖”。“小红花”担纲的“2005年北京现代音乐节”闭幕式演出，当晚中央电视台《新闻联播》中评价：“演出展示了当代中国少儿艺术的新水平。”

“小红花”还为中国专业艺术院校和专业文艺团体输送了大量的艺术人才。

“小红花”于1991年和1999年两次被文化部授予“全国少儿文化工作先进集体”，并多次被南京市人民政府评为“有功单位”“文明单位”“先进集体”。“小红花”的演出实况与专题介绍被拍摄成纪录影片《娃娃天使》和《南京小红花》，前者被译成八国文字向国外发行100多个拷贝，后者送到台湾进行两岸文化交流。江苏人民出版社还将“小红花”创作的节目汇编成《红花朵朵开》《友谊花盛开》《红樱闪闪向前方》等选集出版。

## 二、特色文化活动

**第六届中国艺术节群众文艺专场** 2000年9月28日至10月13日，由文化部主办、江苏省人民政府承办的第六届中国艺术节在南京举行。在主会场南京，群众文化活动共有五场舞台演出、一场广场汇演、三项展览活动、八大广场文化活动以及游园焰火晚会等。舞台演出包括“群星璀璨——全国群众文化专场演出”“春到农家——江苏地方小戏集锦”“苏情苏韵——江苏群众文艺专场演出”“花开新世纪——江苏少儿文艺专场演出”和“培养跨世纪京剧观众展示演出”等。由小锡剧、小苏剧等五个地方小戏组成的“江苏地方小戏集锦”从不同的侧面反映了改革开放后江苏农村生活的巨大变化。这台小戏5月份进京参加了文化部组织的全国部分省市农村题材小戏调演。广场文化活动则组织了江苏省广场舞蹈、民间鼓乐汇演，展示了江苏各地极具优秀文化传统精髓的民间艺术。展览活动包括江苏省民间工艺作品博览会、江苏省群众美术书法摄影优秀作品展和南京图书馆馆藏精品展等。八大广场文化活动中既有充满江南风韵的广场歌舞，也有热情奔放的大学生青春摇滚节，还有分别由少年儿童和老年人组成的反映其多彩生活的演出，以及展示企业文化的歌咏会等。此次艺术节群众文艺专场群众参与面广、地域特色鲜明，成为第六届中国艺术节的一大亮点。

**全国第二届“蒲公英奖”决赛** 2001年8月4日至7日，由国家文化部主办、江苏省文化厅承办的第二届“蒲公英奖”决赛在南京举行。来自全国31个省、自治区、直辖市的1 000多名少年儿童参加比赛。决赛共有138个声乐、器乐节目参与角逐。文化部部长孙家正出席颁奖晚会。江苏省在这次比赛中获金奖23个，金奖数名列全国第一。

**首届中国少年儿童合唱节** 2006年8月9日至10日，由文化部、教育部、江苏省人民政府主办，中共江苏省委宣传部、江苏省文明办、江苏省文化厅、江苏省教育厅承办的首届中国少年儿童合唱节在南京举行。国务委员陈至立专程来南京观看闭幕晚会演出。文化部部长孙家正，教育部部长周济，中共江苏省委书记李源潮，江苏省省长梁保华等领导和嘉宾出席闭幕晚会并观看演出。少儿合唱节共有四项内容：少儿合唱专场演出，少儿合唱艺术交流研讨会，参观爱国主义教育基地，闭幕晚会演出。全国26个省、直辖市、自治区的29支少儿合唱团队1 350名少年儿童参加演出。经专家评审，9个合唱团队获得“小百灵杯”荣誉称号，10个合唱团队获得“小云雀杯”荣誉称号，10个合唱团队获得“小黄鹂杯”荣誉称号。江苏参加演出的4个少儿合唱团队，获得2个“小百灵杯”和2个“小云雀杯”。江苏省文化厅被文化部、教育部和江苏省人民政府授予组织奖。

**“五星工程奖”评比活动** “五星工程奖”是为繁荣江苏群众文艺创作而设立的省级政府奖，旨在推出优秀文艺作品、促进群众文化事业发展、提升人民群众文化艺术素养、激发人民群众文化创造活力，也是与全国群众文艺最高奖“群星奖”相接轨的重要群众文化活动。自1996年举办首届“五星工程奖”活动以来，在全省文化系统产生了广泛的影响，也引起了各级文化主管部门对群众文艺创作的重视，各市也都开展了与之相对应的群众文化活动。“五星工程奖”每两年举办一届，至2008年成功举办了八届。在历届“五星工程奖”比赛评选活动中，涌现出一批贴近时代、贴近生活、贴近群众、题材广泛、内容丰富、地方特色浓郁、代表江苏群众文艺创作最高水平的音乐、舞蹈、戏剧、曲艺、美术、书法、摄影作品和群众文化理论研究成果，有力地推动了全省城乡群众文化艺术活动的繁荣活跃，带动了作品创作水平和活动组织水平的不断提高，为广大群众提供了丰富的精神产品。

**首届江苏·中国民间艺术节** 2002年12月5日，首届江苏·中国民间艺术节在南京开幕。这一届民间艺术节共设广场舞蹈鼓乐演出、全国民间艺术精品展、全国民间传统手工艺术现场演示、全国民间艺术论坛、江苏省民歌民舞民乐大赛、全国民歌民舞民乐精品展演等六项系列活动。来自云南、四川、重庆、陕西、河南、天津、安徽等省市的民间艺术家汇聚南京，以群众喜闻乐见的形式，向全国以及世界展示中华民族具有代表性的民间艺术风采和具有浓郁民族特征、地域特色的民间艺术精品。这届艺术节共评出金奖21个、银奖24个、铜奖38个，优秀组织奖8个、组织奖5个。

**常州艺术节** 常州艺术节原为兰陵音乐会，由常州市文化局、常州市总工会、共青团常州市委、常州市妇女联合会、常州市文学艺术界联合会、常州市教育局、常州市广播电视局、常州日报社等八家单位联合主办。从1982年起每两年举办一次。2000年，兰陵音乐会更名为常州艺术节。常州艺术节涵盖音乐、舞蹈、书法、美术、摄影等内容。截至2008年，艺术节共举办了17届。

**靖江市文艺节** 靖江市文艺节由中共靖江市委、市人民政府主办，自1982年至2007年已连续举办了25届。第一届至第五届举办了职工文艺会演，如各类演唱比赛、交谊舞比赛等多种形式的文艺活动；从第六届开始，活动内容开始由单一的舞台演出扩展到举办书市、电影展、书画影展、社区文艺大会串、家庭文化展示、读书报告会、各类声乐器乐比赛、优秀剧目展演等。文艺节活动范围也在不断扩大，前十四届主要以城区为主，第十五届开始各乡镇加入参演行列，以市区为主会场、乡镇为分会场，同时举办各种系列文化活动；第二十三届至第二十五届活动参演单位逐渐扩展到江阴、张家港、武进等地。25届文艺节共创作各类节目484个，其中混声小合唱《打豆号子》荣获第七届中国艺术节、第十三届群星奖优秀作品奖；音乐作品《避雨》荣获全国少儿蒲公英比赛创作演出双银奖；舞蹈《银絮情》参加1992年江泽民在扬州为朝鲜金日成举行的文艺演出。小品《枣儿》参加1999年中国曹禺戏剧奖·小品小戏奖比赛荣获一等奖。

**金陵合唱节** 由南京市文化局、南京市教育局、南京市总工会联合举办的金陵合唱节是南京地区具有广泛群众基础的一项品牌文化活动。自1989年创办以来，合唱节每3～4年举办一届，已成功举办了七届。金陵合唱节已经融入南京市民的文化生活，成为南京的一种文化现象，在南京市乃至江苏省都产生了极大的影响。金陵合唱节的举办，推动了南京地区群众性合唱的普及与提高，合唱艺术已经在南京市的企事业单位、大中小学校、各区县社区和部队生根、开花、结果。据统计，全市共有合唱团数百个。第九中学合唱团、小红花合唱团在2006年首届中国少年儿童合唱节中，均获得金奖；游府西街小学合唱团参加了在维也纳金色大厅举行的国际少儿合唱比赛；南京爱乐工人合唱团在全国合唱比赛中获得金奖。

金陵合唱节紧扣时代脉搏，与重大节庆纪念活动紧密结合。先后在纪念毛泽东同志《在延安文艺座谈会上的讲话》发表50周年、庆祝香港回归、庆祝中国共产党建党81周年、庆祝中华人民共和国成立60周年等重大节庆纪念活动中发挥了宣传功能和营造氛围的积极作用。用群众合唱的形式，歌唱中国共产党，歌唱祖国，歌唱大好山河，歌唱人间真情，弘扬先进文化，促进社会主义和谐社会建设。

**太湖艺术节** 由原太湖之春艺术节、无锡市艺术节合并而成的太湖艺术节于1989年9月27日至10月2日由无锡市人民政府主办，并与新中国成立40周年庆典相结合。艺术节共有7个系列、29项活动，其中22场专业剧团演出吸引观众2.6万人次，50多万人次观看《开国大典》等11部中外优秀影片，近万人参观专题展览。1991年4月30日，第四届太湖艺术节暨无锡·自贡太湖之春艺术灯会在太湖乐园开幕。艺术节历时10天，灯会历时45天。专业文艺演出有上海芭蕾舞团《白毛女》，上海、苏州、无锡评弹团评弹会书，无锡市属剧团歌舞戏曲专场《苏南风情》等。群众文艺演出有16个类别、80余个项目、万余人次参加表演。780多万城乡群众(包括周边城市)观看灯会。1994年10月1～5日，第五届太湖艺术节在无锡举办。艺术节列入“1994中国无锡太湖影视文化旅游节”系列和全市庆祝新中国成立45周年主题活动。艺术节期间，各影剧院举行中外电影新片汇映，市属专业剧团组台举办国庆文艺晚会和1994中青年演员大奖赛汇报演出，无锡市新华书店举办四个系列图书展销，“我们的总设计师——邓小平”展、江南杯首届美术作品大赛展等展览同期展出。国庆大型游园会作为艺术节的主体在锡惠公园举办，设14个游览区，举行30多项群众文艺表演活动。参与艺术节演出、工作的人员近6 000人，166万人次参与活动和观看演出，其中市区为41.14万人次。1996年9月30日，第六届太湖艺术节在锡惠公园锡山大门广场举行开幕式。活动为期1个月，推出大型游园会、专业文艺演出、优秀影片展映、美术作品大赛、少儿版画展、企业文化展示、大型图书展销、群众文艺会演、广场文艺演出、江苏省第二届滑稽戏节等十大系列活动，其中“秋之韵花卉展”延续至11月20日。1998年10月1日，第七届太湖艺术节在锡惠公园举行开幕式。艺术节推出舞台表演、广场文艺、游园会、文化展览、文艺比赛、展映展销等6大板块80多项活动，包括三市(县)六区社区活动在内，历时一个多月，参加各项活动的群众62.9万人次。2000年9月28日至10月13日，第八届太湖艺术节暨第六届中国艺术节在无锡分会场举行活动，同时举办首届太湖国际贸易节、太湖旅游节。艺术节期间上演20台、35场国内外优秀剧目；126场广场文艺活动和4场群众文艺专场演出；各类展览展示28个。无锡市获得第六届中国艺术节优秀组织奖等五个奖项。2002年5月，第九届太湖艺术节与第六届中国合唱节合并举办。2004年9月20～30日，第十届太湖艺术节在无锡举办。艺术节为第二届中国无锡太湖博览会的组成部分，共举行12项文化艺术活动，包括“艺馨溢彩·舞台艺术精品展演”“太湖一枝梅·黄静慧锡剧演唱会”“喜乐江南·滑稽戏《祝枝山选女婿》”等专业团体文艺演出和“激情周末·广场文艺汇演”“锦绣梁溪·新中国成立55周年无锡市美术书法摄影艺术展”等群众文艺活动。第十一届太湖艺术节于2005年9月举办，有“激情周末”广场文艺、“影像中国”全国摄影大奖赛作品展、中国紫砂艺术大展、“太湖风”中国当代书法作品展等活动。其中9月24日举办的“活力无锡”狂欢巡游，有80支中外特色群众艺术团队，20辆彩车，4 500名演职人员组成巡游队伍，吸引30多万市民在4.2公里的巡游路线上汇聚观赏。

**中国兴化·郑板桥艺术节** 中国兴化·郑板桥艺术节是兴化市人民政府举办的综合性文化节庆活动。1993年，为纪念郑板桥诞辰300周年，兴化市举办了首届“中国兴化·郑板桥艺术节”，以后每两年举办一次。郑板桥艺术节的主要活动有：以“梦水乡”为主题的大型文艺专场演出、郑板桥艺术思想国际研讨会、纪念郑板桥诞辰300周年书画笔会、郑板桥纪念馆新馆落成典礼、郑板桥书画真迹展及拜谒郑板桥墓等。至2008年，郑板桥艺术节已经连续举办八届。

**溱潼会船节** 姜堰会船活动以溱潼为中心，范围涉及周围众多乡镇，流行于江淮地区。溱潼会船于每年的清明次日举行。会船有篙船、划船、花船、供船、“拐妇船”之分。20世纪80年代以前，溱潼会船处于民间自发的、零散的、无序的状态，从20世纪90年代开始，溱潼会船得到迅速恢复和发展。1991年，泰县人民政府举办了首届溱潼会船节，以后每年举办一届。1992年，溱潼会船节被列入“江浙沪旅游年”项目。1995年，溱潼会船节被选为“中国江苏民俗风情游”的首游式。2004年，溱潼会船成为江苏省首批民族民间文化保护工程专业试点项目。2006年3月，反映溱潼会船盛况的影像和文字资料在国家博物馆中国非物质文化遗产保护成果展展出。

**“在海一方”广场文化活动** 1999年，连云港市赣榆县在全市率先举办广场文化活动。中共连云港市委宣传部、连云港市文化局及时总结经验，成立连云港市广场文化活动协调指导委员会，于2000年举办首届“在海一方”广场文化活动，并将其作为一项文化惠民工程连年实施。2000年至2008年，共举办九届。2007年更名为“和谐文化进万家”广场文化系列活动。该活动一般在每年5～6月开幕，11～12月结束，市县互动、多行业参与，全市年均举办各类群众性展演活动120场次，受众近百万人次，成为连云港市影响力最大、群众参与度最高的一项群众文化活动。在广场文化活动引领下，全市形成特色群众文艺团队200余个。2006年，“在海一方”广场文化活动获“全国特色文化广场”荣誉称号。

**中国·扬州“烟花三月”国际经贸旅游节** 中国·扬州“烟花三月”国际经贸旅游节前身为“中国扬州琼花节”。2000年，中共扬州市委、市人民政府举办首届“烟花三月经贸旅游节”，从4月15日开幕至5月10日闭幕，历时25天。节庆期间举办了文化娱乐、观光旅游、经贸洽谈等活动。此后，每年都举办“烟花三月经贸旅游节”，时间固定为4月18日至5月18日。旅游节因开幕式演出固定在4月18日举行，所以又简称为“418文艺演出”，2002年4月更名为“中国·扬州‘烟花三月’国际经贸旅游节”。2004年的开幕式演出与第二十一届中国戏剧梅花奖颁奖仪式、扬州市火车站开通仪式同时举行。2008年，扬州市文化局以列入国家级和省级的23个非物质文化遗产名录项目为主线，组织了由“锣鼓喧春”“扬州梨园”“曲艺流芳”等九大方阵组成的扬州民俗文化风情巡游活动，吸引了数千位客商和来宾的关注。

**“文化江海行”** “文化江海行”活动是南通市文化馆着力打造的文化品牌之一。自2001年开展以来，共演出250多场，观众达70万人次。南通市文化馆每年组织各种丰富多彩的优秀文艺节目到乡镇、社区、军营、学校、机关、企业，免费为广大群众演出。2006年，“文化江海行”获南通市文明委授予第二批“南通市人民满意服务品牌”荣誉称号；2007年被中共南通市委宣传部评为南通市“服务基层、服务群众”先进品牌；2008年获第八届江苏省“五星工程奖”服务奖。

**中国·盱眙国际龙虾节** 中国·盱眙国际龙虾节是2001年由盱眙县人民政府打造的节庆品牌。龙虾节由盱眙县人民政府、扬子晚报社、江苏省环保厅、江苏省海洋与渔业局、江苏卫视共同举办，每年6月至8月举行。七届龙虾节在盱眙、南京、北京、上海、浙江、深圳六地举办了200余项文化、经贸、旅游推介活动。

**白茆山歌会** 2000年，常熟举办白茆镇“中国民间艺术之乡”命名授牌仪式暨白茆山歌大型演唱会。2002年，由中共常熟市委宣传部、常熟市文化局、中共常熟市古里镇委员会、古里镇人民政府主办“一把芝麻撒上天”首届中国·江苏民间艺术节常熟分会场“白茆山歌艺术节”歌会活动。2006年，白茆山歌被国务院公布为首批国家级非物质文化遗产名录项目。2007年，常熟举办第二届白茆山歌艺术节开幕式暨“波司登之夜”山歌演唱会。

**中国·淮安淮扬菜美食文化节** 2002年起，中国·淮安淮扬菜美食文化节由中国烹饪协会、江苏省经济贸易委员会和淮安市人民政府联合举办，每年举办时间在9月下旬至10月下旬。历届美食节期间都精心组织系列经贸文化活动，开展丰富多彩的文体活动，从央视《同一首歌》总导演孟欣担纲总策划的首届美食节晚会“共唱《同一首歌》”，到以自创节目为特色的第二届美食节晚会、运河之都“一品梅”大型广场文艺演出……文化节年年都有新创意，届届都有新突破，是淮安具有重大影响力的经贸桥梁、文化舞台、形象窗口和群众盛会。

**“动感彭城——广场文化活动”** 该活动是中共徐州市委宣传部、徐州市文化局、徐州市文学艺术界联合会于2003年联合设立的一个文化惠民活动项目，原名为“动感古彭——社区广场文艺演出活动”，2008年初更名为“动感彭城——广场文化活动”。

“动感彭城——广场文化活动”的特点是“政府花钱，百姓受益；文化搭台，百姓‘唱戏’”。所有参演团体、人员和演出的节目都是无偿奉献，社会公益性强，体现群众性，突出服务性。2008年，该活动荣获江苏省“五星工程奖”服务奖。截至2008年底，该活动共演出200多场，参与的相关文艺团体100余家、专业和业余演职人员2万余人次，受众100余万人次，活动足迹几乎遍布全市各县(市)区广场、相关院校、军营、乡镇、社区和建筑工地。

**镇江首届长三角地区“嘴上功夫”民间艺术邀请赛** 2004年11月，镇江首届长三角地区“嘴上功夫”民间艺术邀请赛由镇江市文化局主办，镇江市文化馆承办，邀请了南京、常熟、舟山、嘉善等长三角地区10多个城市16位代表参加比赛，参赛代表表演了原汁原味的吆喝声、劳动号子等，决出金银铜奖及组织奖16个。《中国文化报》《中国艺术报》《文艺报》《解放日报》等都做了报道。

**中国(张家港)长江文化艺术节** 2004年以来，在文化部、中国文学艺术界联合会等有关部门的支持和指导下，张家港市人民政府联手青海、西藏、云南、贵州、四川、重庆、湖南、湖北、江西、安徽、江苏、上海沿长江12个省、自治区和直辖市的戏剧家协会、民间文艺家协会、群众文化学会，连续成功举办了五届长江文化艺术节活动。长江文化艺术节的基本形式为长江流域戏剧艺术节及长江流域民族民间艺术节两大活动每年轮替举办。五年来，共有30多台大戏、50多支民族民间文艺团队到张家港市参加展演，并有全国性的书画摄影展、文艺表演、研讨会、高层论坛等分项目同时举行。长江文化艺术节通过“颂长江”文艺主题系列活动(2004

年书法家写长江，2005年美术家画长江，2006年音乐家唱长江，2007年摄影家拍长江，2008年新闻媒体看长江）以及以长江为主题的系列文化活动的策划实施，声誉日隆，影响深远，吸引了“BESETO中韩日戏剧节”“中国戏剧奖·小戏小品奖”等国际性和全国性的活动在张家港市举行。

张家港因此被中外媒体誉为“一个县级市率先扛起了弘扬长江文化的鲜明旗帜”。张家港“长江流域文化资源的整合、共享和利用”项目荣获文化部第二届文化创新奖。

**常州市文化惠民周周演** 2005年，常州积极实施文化惠民工程，其中“欢乐社区行”系列文艺演出成为文艺节目走进社区（村镇）的一种重要活动形式。随后，中共常州市委宣传部以“幸福广场——常州市广场文艺周周演”活动为主题，通过演出体现时代精神的节目，到基层“种文化”。2008年7月5日，由中共常州市委宣传部、常州市文化局主办，常州市文化馆承办的“传播文明、文化惠民、欢乐社区行”首场演出在金色新城广场鸣锣开演，常州市文化惠民工程正式启动。全年在全市城乡50多个社区演出105场，受到广大市民群众的热烈追捧。

**中国（无锡）吴文化节** 2006年，中国（无锡）吴文化节由中共无锡市委、市人民政府主办。首届吴文化节以“传承吴地文明，发掘人文底蕴，彰显城市个性，建设文化名城”为主题，内容包括开幕式暨祭祀泰伯典礼、“三泰一址”奠基及旅游线路开通仪式、吴地风韵大型展览、吴文化国际研讨会、港澳台媒体聚焦无锡、闭幕式暨情景音画《吴风流韵》演出等六大活动。2007年的吴文化节，以“传承吴地文明，打造文化名城，建设和谐宜人新无锡”为主题，以“非物质文化遗产”展示为核心内容，参与主办的单位有中国文学艺术界联合会、中国社会科学院文化研究中心、中共江苏省委宣传部、江苏省文化厅、江苏省文学艺术界联合会、江苏省哲学社会科学界联合会等。吴文化节在一周内举办八大活动，包括“两岸三地同祭泰伯”典礼、“中国文化遗产保护无锡论坛”、惠山民俗文化庙会暨吴地非物质文化遗产展示等。2008年的吴文化节，以“传承吴地文明，打造文化名城”为主题，以九大活动为载体，在论坛、庙会、展览和演出等主体框架不变的前提下，通过内容和形式的创新，在提升办节档次的同时，注重开放、参与和互动，以贴近普通百姓。吴文化节被人民网评为“2008年度最受关注各地节庆”之一。

**中国古琴艺术节** 常熟是中国古琴艺术重要流派——虞山琴派的诞生地。2004年，常熟被联合国国际民间艺术节组织授予“古琴之乡”称号；2005年，常熟被文化部命名为“中国民间文化艺术之乡”；2008年，虞山派古琴艺术被公布为国家级非物质文化遗产名录项目。

2007年，常熟市人民政府联合中国艺术研究院中国非物质文化遗产保护中心和江苏省文化厅，举办了首届中国古琴艺术节，成为中国古琴有史以来规格最高、影响最大、参与面最广的一次艺术交流盛会。古琴艺术节包括“虞山琴韵中华情”开幕式文艺晚会、中国古琴艺术保护论坛、纪念吴景略诞辰100周年中国古琴名家音乐会、中国古琴国家级传承人暨江南保护基地成立两周年音乐会、全国少儿古琴大赛、中国名琴书画展、现代古琴精品展、“古城·古琴·古韵”游园会、“和鸣——古琴艺术进大学”等活动。

**中国扬州世界运河名城博览会** 中国扬州世界运河名城博览会简称“运博会”，由外交部、文化部、建设部、国家文物局、国家旅游局等部门倡导和支持，扬州市与中国太平洋经济合作全国委员会合作，从2007年起每年举办一届。国内外运河城市的代表在扬州相聚，分别围绕“推动运河城市的经济可持续性发展”“加强运河保护和文化传承”等主题进行研讨，“运博会”是一次高端的思想峰会，精彩的经验交流会。开幕式当天举行大型文艺演出，期间还组织非遗展示等一系列文化活动。2008年9月26日，第二届中国扬州世界运河名城博览会开幕，在扬州大剧院举行了“运河约会世界”运河名城民间文艺展演晚会，8个运河城市的300多名演员出演。扬州市文化局还组织举办了扬州非物质文化遗产项目展，展示了扬州雕版印刷技艺、扬州灯彩、扬派盆景等14个非遗项目；组织了“运河凝聚的光彩——扬州馆藏陶瓷精品”展等各具特色的展览。

**中国·镇江长三角地区民间艺术“手上功夫”邀请赛** 2007年9月，中国·镇江长三角地区民间艺术“手上功夫”邀请赛由镇江市文化局主办，镇江市文化馆承办。来自江、浙、沪三省市13个城市40

余名民间艺术家以《白蛇传传说》为主题，用“手上功夫”的形式共同演绎了“白娘子与许仙”的爱情故事。邀请赛共有七个民间艺术门类的33个项目参加，其中有八个项目入选首批国家级非物质文化遗产名录，分别是：苏州刺绣、桃花坞木版年画、无锡惠山泥人、南通板鹞风筝、针刺无骨花灯、黄杨木雕、细纹刻纸、嘉定竹刻。这次邀请赛共评选出8个精英奖、10个绝技奖及13个能手奖。赛后，共征集到作品30余件。中央电视台、《中国文化报》《江苏文化》、镇江电视台、《镇江日报》《京江晚报》及新华网、中国新闻网、搜狐网等多家媒体对该项活动进行了报道。

## 第四节　群众文化建设

江苏省群众文化建设一直走在全国前列。1974年，张家港市兆丰乡文化中心，在全国首创“亦工亦艺，以工养文”的“兆丰经验”。各地乡文化中心的建立，对全省农村文化中心的发展起到了一定的示范作用。1990年，江苏在全国率先开展了创建群众文化先进县（市）区和群众文化先进乡（镇）、街道活动，以此推动全省基层文化建设。1995年起，江苏开展省级民间艺术之乡创建，催生了许多特色文化团队和品牌活动。同时，各地也积极开展了各具特色的群众文化建设活动。

### 一、民间艺术之乡建设

从1995年起，江苏开展了省一级的民间艺术之乡创建活动。2002年，江苏省文化厅将民间艺术之乡评选活动拓展为以“特色文化之乡、特色文化团队、特色文化家庭、特色文化标兵”为内容的“四特”评选命名活动。活动开展以来，全省共评出江苏省特色文化之乡32个，特色文化团队48个，特色文化家庭12个，特色文化标兵24个。评比活动在各地产生了积极而深远的影响，也催生了许多特色文化团队和品牌活动。如常熟市尚湖镇自2001年起，以王庄戏曲馆为主阵地，以兰花艺术团为载体，以练塘戏迷俱乐部为补充，创建戏曲艺术之乡。兰花艺术团每年深入农村巡回演出达80多场，观众累计达10多万人次。南京市白下区依托驻区专业文艺团体力量，建立起一个有专业文艺团体和专业人才组成的社区文化骨干网络，积极开展“戏曲进社区”活动。

### 二、江苏群众文化先进县（市、区）、乡（镇）、街道创建

1990年开始，江苏在全国率先开展了创建群众文化先进县（市、区）和群众文化先进乡（镇）、街道活动，每两年评选表彰一批。江苏以创建江苏省群众文化先进县（市、区）为龙头，带动文化带（长廊）、“蒲公英计划”和“知识工程”建设，使全省规划的黄海、通榆、古运河、东陇海、宁通、宁宜等六条文化带建设和沿海文化长廊建设顺利推进，以此推动全省城乡基层文化建设和精神文明建设。1992年，江苏省人民政府命名表彰了江苏省首批15个群众文化先进县（市、区），江苏省文化厅命名表彰了江苏省首批372个群众文化先进乡（镇）、街道。文化部对江苏省创建活动给予充分肯定和高度评价。1994年，文化部在江苏召开全国争创文化先进县（市）乡（镇）经验交流会和表彰大会，江苏省文化厅受到表彰。截至2008年，江苏有5个市、县（市、区）被文化部命名为全国文化模范地区或先进地区；有34个县（市、区）被文化部命名为全国文化先进县（市、区），在全国名列前茅；全省有64个县（市、区）被江苏省人民政府命名为省级群众文化先进县（市、区）。

### 三、乡镇文化站建设

改革开放后，乡镇企业推动了农村集镇文化中心建设。张家港市兆丰乡文化中心，1974年在全国首创“亦工亦艺，以工养文”经验，他们创立的集文化娱乐、时政宣传、业余教育、科学普及、群众体育五位一体的经验于1984年在全国广为流传。1984年，该乡的“亦工亦艺”文艺宣传队应邀晋京汇报演出。该中心成立了文学、音舞、书画、摄影、集邮、老年之家等协会，文化中心的年均活动人数达4万多人。其他如常熟县的碧溪乡、梅李乡，无锡市的扬墅乡、玉祁乡，宝应县的氾水乡，南京市的江东乡，铜山县的柳新乡等，建立了第一批乡文化中心，对全省农村文化中心的发展起到了一定的示

范作用。

随着农村商品经济活动的增多和现代化大众传媒的普及，一些都市文化如流行音乐、卡拉OK、交谊舞、健美操等，也在农村集镇时兴起来，农村群众文化艺术生活更加丰富、活跃。有些农村民间艺术甚至跨县、出省、进京。如南通市民间艺术团晋京演出，常熟市董浜乡文化中心的农民铜管乐队进中南海演出，金坛县农民刻纸、苏州市农民摄影到北京展出，启东县农民的版画《婆媳》《暮雨急》获全国农民画二等奖，农民女歌手葛保珍参加全国比赛获一等奖……江苏农民群众的文化生活，由"封闭型""旁观型"逐渐向"开放型""参与型"转变。

"九五"期间，中共江苏省委、省人民政府投入3 750万元用于扶持乡镇文化站建设。"十五"期间又投入7 730万元，扶持老区、经济欠发达地区基层文化设施建设、文化信息资源共享工程建设。2005年，中共江苏省委宣传部、江苏省文化厅开展乡镇文化站标准化建设工程试点工作，确定了全省17个乡镇进行试点。试点乡镇文化站平均建筑面积2 226平方米，成为当地标志性文化建筑。2006年开始实施的乡镇文化站建设工程，省委、省政府投入7 670万元，扶持446个无站房和不达标文化站建设。至2008年底，乡镇文化站建设工程全部完工，在全国率先基本实现每个乡镇都有500平方米以上综合文化站的建设目标。2007年11月，江苏乡镇文化站建设工程荣获文化部创新奖。

中共江苏省委宣传部、江苏省文化厅自2006年11月起分期对全省乡镇文化站长和106个县(市、区)文艺骨干进行培训。省文化厅专门成立了乡镇文化站长和文艺骨干培训工作领导小组和培训工作办公室。省文化厅办公室从140余篇、100多万字的文件中，筛选了31篇约19万字与农村文化工作有关的文件，编辑成《农村文化工作文件选编》作为培训教材。通州市、苏州市还积极试行基层文化从业人员资格认证管理制度，对基层文化工作人员实行统一培训、统一考试。

## 四、乡镇万册图书馆建设

20世纪80年代，江苏农村经济特别是乡镇企业获得了很大发展，为建立农村图书室提供了有利条件，这时期发展起来的农村图书室被称为"乡镇图书馆"。在江苏省文化厅的指导下，南京图书馆对蓬勃兴起的乡镇图书馆给予了大力扶持。1988年，省文化厅召开了全省地市馆辅导部主任会议，要求各地把乡镇图书馆的建设列为辅导工作的重点，努力创造江苏乡镇图书馆发展的新模式；9月，南京图书馆在张家港市召开了江苏省第一次乡镇图书馆经验交流暨学术研讨会，并编辑出版了《江苏省乡镇图书馆文集》。1988年和1990年，省文化厅两次在苏北地区召开徐淮盐地区乡镇图书馆工作经验交流会。1989年11月，南京图书馆与上海图书馆等五个单位联合发起并组织召开了上海、江苏地区乡镇图书馆经验交流暨学术研讨会，交流上海、江苏两地发展乡镇图书馆的经验。1992年12月，南京图书馆与江苏省图书馆学会在吴江市联合召开江苏省首届乡镇万册图书馆经验交流暨学术研讨会。1995年11月，张家港市召开了江苏省第二届乡镇万册图书馆经验交流暨理论研讨会。据1995年底统计，全省万册馆达450个，苏州地区6市及锡山市、江阴市普及了3万册馆。2001年10月，江苏省图书馆学会与中国图书馆学会、无锡市惠山区人民政府以及辽宁、河北、天津、山东、上海、浙江、福建、广东、广西十省、自治区、直辖市图书馆学会共同主办召开了"21世纪中国沿海地区乡镇图书馆发展战略研讨会"，为乡镇图书馆的生存与发展大造舆论，会后编辑出版了《21世纪中国沿海地区乡镇图书馆发展论文集》。

## 五、"三送工程"

"三送工程"即"送科普书籍、送戏、送电影"下乡，是江苏农村文化工程内容之一，被列入中共江苏省委、省人民政府农村十大工程和新五件实事。从2006年开始，江苏省财政每年投入2 800万元，主要用于：一是对经济薄弱地区乡镇文化站每年赠送价值1万元的图书，通过政府采购方式，集中购买农村适用、农民喜爱、内容健康的图书，直接配送到全省经济薄弱地区的县(市、区)图书馆和乡镇文化站，再由乡镇文化站以流动文化服务的形式，将图书送至行政村文化室，方便群众就近读书；二是对经济薄弱地区乡镇开展送戏活动，标准为每个乡镇每年四场演出，每场补助2 000元，主要依靠县级剧团送戏下乡，由县级文化主管部门组织实施，省、市剧团每年也可以组织一、二台高质量的演出下乡；三是按照国家农村电影“2131”工程要求，对经济薄弱地区开展送电影活动，每村每月放映一场电影，每场补助80元，所需电影拷贝由省集中采购并免费配送给经济薄弱地区县(市、区)。

启动后的两年间，“三送工程”共采购图书130万册，平均每个乡镇文化站2 000册；数字电影放映机200台；数字节目4万场；电影拷贝2 058个，平均每县60个。两年共送电影下乡76 097场，观众4 098万人次。数字电影放映机灌制的节目，也发放到各乡镇农村电影放映队。由于省文化厅、财政厅的示范带动，其他非经济薄弱地区文化部门在没有政策和资金扶持的情况下，自筹资金开展送书、送戏下乡活动，并通过低价有偿、主题放映等市场运作手段，为农村放映电影10万多场，观众3 000万人次，取得了较好的社会效益和经济效益。

2008年起，由中共江苏省委宣传部和江苏省文学艺术界联合会主办的“百名文艺家百场惠民演出”活动启动。该活动得到了广大艺术家的热烈响应，演出内容丰富、形式多样，包括京剧、歌舞、小品、相声、评弹、魔术等节目，受到了市民群众的欢迎和喜爱。

## 六、“区域文化联动”

该项目由中共吴江市委宣传部和吴江市文化广播电视管理局于2003年提出并实施。该项目以广场文艺联演为主要载体，同时开展电影联映、书画联展、优秀社团联评、文艺创作联动和理论研究联动，建立区域内文化交流、互动、共建、共创、共荣的机制和格局，提升区域内公共文化服务的水平和能力，保障人民群众的基本文化权益，促进社会和谐稳定。

吴江市利用吴江处于江浙沪交界处这一特殊地理优势，将吴江市乡镇文化建设放到全市乃至长三角一个较为宏大的格局中，加强同质和异质文化之间的交流和互动，促进区域内文化的共享、共建与共荣；通过实施区域联动项目，活跃和丰富城乡文化生活，满足人民群众的精神文化生活需要，维护和实现人民群众的基本文化权益；创新载体，创设活动，创优作品，提升吴江市公共文化服务水平和质量，完善公共文化服务体系；践行科学发展观，以区域文化联动促进吴江市经济社会文化协调发展，促进社会和谐稳定；通过打造区域文化联动项目品牌，彰显吴江的文化品格，增强吴江的文化软实力和核心竞争力。

“区域文化联动”从2003年的“三镇联动”发展到“十镇联动”。为了保证“区域文化联动”项目的顺利实施，吴江市建立了系列科学有效的机制和措施：一是建立区域文化联动组织机制；二是创设区域文化联动载体和平台；三是制定开展区域文化联动的一整套方法；四是不断丰富区域文化联动的内容和形式。

## 七、宿迁市文化大院(户)

宿迁市文化大院(户)是以农村家庭为阵地，由农民自筹资金、自购设备，从而实现自娱自乐的场所。文化大院(户)主要有两种性质：一种是农民在家庭之中添置些书报杂志、棋桌、电视等文化娱乐器材，利用空闲时间，免费供村民娱乐，为业余服务型文化户；一种是利用农民本人的文化艺术特长和自有设备开展文化娱乐活动并适当收费，为经营型文化户。宿迁市文化大院(户)多为业余服务型文化户，部分富裕农民、离退休干部、教师以及热心文化事业者自己出资，添置桌椅和文娱器材，购书订报，实现文化资源共享，方便周围群众。截至2008年，宿迁全市共有文化大院(户)60多个。在业余服务型文化户中办得比较好、影响较大的有宿城区季绪华和沭阳县陈国友、崇孝苑的文化大户，泗阳县周成学的图书室等。

**表5-1 第一届至第十四届“群星奖”江苏获奖情况一览表**

| 届　次 | 作品形式 | 作　品 | 地区/作者 | 奖　项 |
|---|---|---|---|---|
| 第一届<br>1991年 | 歌曲 | 《太湖，天堂的湖》 | 苏州市 | 二等奖 |
| | 小品 | 《梦》 | 常州市 | 三等奖 |
| | 小演唱 | 《张老汉装上电话机》 | 淮阴市 | 三等奖 |

续表

| 届　次 | 作品形式 | 作　品 | 地区/作者 | 奖　项 |
|---|---|---|---|---|
| 第二届<br>1992年 | 三人舞 | 《绣》 | 苏州市 | 银奖 |
| | 小品 | 《野花》 | 淮阴市 | 银奖 |
| | 相声 | 《文艺兵》 | 南京军区 | 铜奖 |
| | 摄影 | 《再想想》 | 徐州市 | 铜奖 |
| | 摄影 | 《乡村喜事多》 | 常州市 | 铜奖 |
| 第三届<br>1993年 | 故事 | 《小校长怒砸校门》 | 无锡市 | 银奖 |
| | 歌曲 | 《我们的朋友》 | 无锡市 | 银奖 |
| | 小品 | 《三更月牙》 | 连云港市 | 铜奖 |
| | 歌曲 | 《山里人》 | 南京市 | 铜奖 |
| | 连环画 | 《北京人下落不明》 | 南通市 | 铜奖 |
| 第四届<br>1994年 | 男声独唱 | 《长江·黄河》 | 南京市 | 金奖 |
| | 女声独唱 | 《江南梦境》 | 省群艺馆 | 银奖 |
| | 舞蹈 | 《姑苏女》 | 苏州市 | 银奖 |
| | 小品 | 《今晚不谈那个》 | 淮阴市 | 铜奖 |
| 第五届<br>1995年 | 女声独唱 | 《水乡小夜曲》 | 镇江市 | 创作一等奖 |
| | 女声独唱 | 《北塔风铃声》 | 苏州市 | 表演银奖 |
| | 合唱 | 《我有多少好妈妈》 | 南京市 | 铜奖 |
| | 女声独唱 | 《栀子花哎茉莉花》 | 扬州市 | 表演铜奖 |
| | 女声独唱 | 《江南梦境》 | 镇江市 | 创作三等奖 |
| | 女声独唱 | 《月光》 | 省群艺馆 | 创作三等奖 |
| | 童声合唱 | 《我的梦》 | 徐州市 | 优秀奖 |
| 第六届<br>1996年 | 舞蹈 | 《东渡之魂》 | 苏州市 | 银奖 |
| | 舞蹈 | 《情系沙家浜》 | 苏州市 | 银奖 |
| | 舞蹈 | 《鸭乡恋情》 | 扬州市 | 铜奖 |
| | 广场舞 | 《手狮舞》 | 南京市 | 铜奖 |
| | 舞蹈 | 《鼓女》 | 江苏省 | 优秀奖 |
| | 舞蹈 | 《莲花乐》 | 江苏省 | 优秀奖 |
| | 舞蹈 | 《木虾舞》 | 高　如 | 优秀奖 |
| | 少儿舞蹈 | 《捉蟹》 | 江苏省 | 优秀奖 |
| 第七届<br>1997年 | 小品 | 《路在脚下》 | 淮阴市 | 金奖 |
| | 小品 | 《送人情》 | 镇江市 | 金奖 |
| | 评书 | 《牛西宝探亲记》 | 南京市 | 金奖 |
| | 小品 | 《意见箱》 | 无锡市 | 银奖 |
| | 小品 | 《春风花烛》 | 连云港市 | 银奖 |
| | 小品 | 《救人之后》 | 南京市 | 银奖 |
| | 谐剧 | 《路》 | 扬州市 | 铜奖 |
| | 小品 | 《左邻右舍》 | 常州市 | 优秀奖 |
| | 小品 | 《还乡》 | 苏州市 | 优秀奖 |
| | 小品 | 《寻找红军帽》 | 苏州市 | 优秀奖 |
| | 评弹 | 《鱼归来》 | 苏州市 | 优秀奖 |
| | 群文理论研究成果 | 《当代文化馆社会功能再论》 | 崔世莹 | 银奖 |

续表

| 届　次 | 作品形式 | 作　品 | 地区/作者 | 奖　项 |
| --- | --- | --- | --- | --- |
| 第七届<br>1997 年 | 群文理论研究成果 | 《勃兴特色文化是群众文化发展的历史趋势》 | 吴林森 | 银奖 |
| | 群文理论研究成果 | 《张家港精神与张家港文化》 | 黄家平 | 银奖 |
| | 群文理论研究成果 | 《农村小城镇文化建设刍议》 | 嵇亚林 | 铜奖 |
| | 群文理论研究成果 | 《关于我市群众文化事业的调查与思考》 | 杨　兴 | 铜奖 |
| | — | | 江苏省文化厅 | 优秀组织工作奖 |
| 第八届<br>1998 年 | 油画 | 《山里娃》 | 邓明理 | 银奖 |
| | 摄影 | 《魔口夺人》 | 张建林 | 铜奖 |
| | — | | 江苏省文化厅 | 组织工作奖 |
| 第九届<br>1999 年 | 小合唱 | 《扬州民歌联唱》 | 扬州市 | 银奖 |
| | 女声独唱 | 《江南吟》 | 镇江市 | 银奖 |
| | 童声独唱 | 《牧童哪里去了》 | 无锡市 | 银奖 |
| | 古筝二重奏 | 《小苗青青》 | 扬州市 | 铜奖 |
| | 民乐合奏 | 《江南新韵》 | 南京市 | 铜奖 |
| | 女声小组唱 | 《有缘村里来相会》 | 苏州市 | 铜奖 |
| 第十届<br>2000 年 | 群舞 | 《织》 | 苏州市 | 金奖 |
| | 群舞 | 《上梁》 | 常州市 | 金奖 |
| | 群舞 | 《耕绿》 | 苏州市 | 金奖 |
| | 广场舞 | 《海安花鼓》 | 南通市 | 金奖 |
| | 群舞 | 《花香鼓》 | 扬州市 | 银奖 |
| | 群舞 | 《苏韵》 | 苏州市 | 银奖 |
| | 三人舞 | 《竹海人家》 | 无锡市 | 银奖 |
| | 老年舞 | 《婆媳姑》 | 常州市 | 银奖 |
| | — | | 牛小艾<br>王爱国 | 个人组织奖 |
| | — | | 江苏省文化厅 | 集体组织奖 |
| 第十一届<br>2001 年 | 小淮剧 | 《画像》 | 盐城市 | 金奖 |
| | 小锡剧 | 《阿二骂钱》 | 无锡市 | 金奖 |
| | 小扬剧 | 《吴二赔情》 | 镇江市 | 金奖 |
| | 小苏剧 | 《童心无忌》 | 苏州市 | 金奖 |
| | 小丹剧 | 《称婆婆》 | 镇江市 | 金奖 |
| | 小品 | 《半句话》 | 无锡市 | 金奖 |
| | 小品 | 《女大学生宿舍的钟点工》 | 南京市 | 金奖 |
| | 扬州评话 | 《一笔救灾款》 | 镇江市 | 金奖 |
| | 扬州花鼓戏 | 《红杏出墙》 | 扬州市 | 银奖 |
| | 小品 | 《追求》 | 连云港市 | 银奖 |
| | 群众文化科研成果 | 《关于张家港市兆丰文艺工厂<br>改制情况的调查报告》 | 方标军<br>朱　君 | 金奖 |
| | 群众文化科研成果 | 《文化——经济发展离不开的重要资源》 | 卞怀远 | 金奖 |
| | 群众文化科研成果 | 《调整工作方略　推进农村文化建设》 | 徐洪高 | 金奖 |
| | 群众文化科研成果 | 《文化广场之美学意蕴》 | 崔世莹<br>陈广连 | 金奖 |

**续表**

| 届　次 | 作品形式 | 作　品 | 地区/作者 | 奖　项 |
|---|---|---|---|---|
| 第十一届<br>2001年 | 群众文化科研成果 | 《关于文化馆业实现可持续发展的思考》 | 乔新谔<br>孙建明 | 金奖 |
| | 群众文化科研成果 | 《观察生活的最佳角度——业余戏剧创作谈》 | 金恩渠 | 金奖 |
| | 群众文化科研成果 | 《创新,建设先进群众文化的灵魂》 | 罗企曾<br>崔世莹 | 银奖 |
| | 群众文化科研成果 | 《把娃娃们引入舞蹈的"百花园"》 | 解幸东 | 银奖 |
| | 群众文化科研成果 | 《苏州社会文化体系的现代化构架》 | 凌武江 | 银奖 |
| | 群众文化科研成果 | 《构建新世纪群众文化的创新平台》 | 嵇亚林 | 铜奖 |
| 第十二届<br>2002年 | 行书 | 《唐诗集成》 | 徐世平 | 金奖 |
| | 工笔 | 《花弄影》 | 杨晓梅 | 银奖 |
| | 工笔 | 《露华》 | 沈　宁 | 银奖 |
| | 行书 | 《横披》 | 张锡庚 | 银奖 |
| | 小楷 | 《唐诗十六首》 | 查理达 | 铜奖 |
| | 摄影 | 《轻纱曼舞》 | 何月华 | 铜奖 |
| 第十三届<br>2004年 | 扬州评话 | 《整容趣事》 | 金恩渠<br>吴　莘 | 群星奖(成人组) |
| | 小锡剧 | 《鸡笼风波》 | 黄启元<br>王锡春<br>杨祖良<br>周林华<br>徐　惠<br>程雪梅 | 群星奖(成人组) |
| | 摄影 | 《非洲野生动物》 | 许益民 | 群星奖(成人组) |
| | 版画 | 《江南四月》 | 钱卫民 | 群星奖(成人组) |
| | 行书条幅 | 《王维诗》 | 张锡庚 | 群星奖(成人组) |
| | 摄影 | 《小将》 | 周徐毅 | 优秀奖(少儿组) |
| | 摄影 | 《逐鹿》 | 孙昊彦 | 优秀奖(少儿组) |
| | 篆刻条幅 | 《印稿》 | 吴自标 | 优秀奖(成人组) |
| | 扬州评话 | 《手莫伸》 | 陆登标 | 优秀奖(老年组) |
| | 太仓江南丝竹 | 《六花六节》 | 张晓峰<br>袁光华等 | 优秀奖(老年组) |
| | 混声小合唱 | 《打豆号子》 | 张　胜<br>凯　歌<br>朱锡桐<br>吴　健<br>侯浩芳等 | 优秀奖(成人组) |
| | 群舞 | 《井》 | 牛小艾<br>李　桦<br>崔文英等 | 纪念奖(成人组) |
| | 唢呐二重奏 | 《回老家的印象》 | 郁一尘<br>化　敏<br>桑亭亭<br>桑亚明 | 纪念奖(少儿组) |
| | 女声独唱 | 《卓玛的故乡》 | 金鸿为<br>黄　磊<br>刘　琳 | 纪念奖(少儿组) |
| | 京胡与乐队 | 《京韵抒怀》 | 王少泉<br>倪寒露等 | 纪念奖(老年组) |

续表

| 届　次 | 作品形式 | 作　品 | 地区/作者 | 奖　项 |
|---|---|---|---|---|
| 第十三届<br>2004年 | 小品 | 《午间小憩》 | 张　乐<br>刘　娟<br>步伟等 | 纪念奖(成人组) |
| | 小品 | 《捡来的手机》 | 顾学军<br>张松年<br>张志一<br>蒋抒华 | 纪念奖(成人组) |
| | 舞蹈 | 《走进雪山》 | 王爱国<br>刘　敏<br>蔡希典<br>徐保珍等 | 纪念奖(老年组) |
| | 小品 | 《一只饭盒》 | 黄启元<br>张炳龙<br>江　凡<br>蒋梦千<br>陆志超 | 纪念奖(少儿组) |
| | 摄影 | 《水墨江南》 | 黄　丰 | 纪念奖(成人组) |
| | 摄影 | 《船台美容师》 | 花桂良<br>严汉文 | 纪念奖(老年组) |
| | 线描 | 《春天的交响》 | 姚　烨 | 纪念奖(少儿组) |
| | 版画 | 《童年的故事》 | 金童童 | 纪念奖(少儿组) |
| 第十四届<br>2007年 | 锡剧小戏 | 《吴二赖讨田》 | 张家港市文化馆 | 大奖 |
| | 无伴奏民歌组合 | 《南乡田歌》 | 镇江市文化馆 | 大奖 |
| | 徐州琴书 | 《一个女人三个娘》 | 徐州文化馆 | 大奖 |
| | 少儿群舞 | 《黑白键》 | 扬州市广陵区文化馆<br>扬州市艺蕾小学 | 创作奖 |
| | 群舞 | 《染》 | 常熟市文化馆 | 创作奖 |
| | 锡剧小戏 | 《吴二赖讨田》 | 张家港市文化馆 | 创作奖 |
| | 小品 | 《呼啦圈》 | 江阴市文化馆 | 创作奖 |
| | 小品 | 《特别交警》 | 通州市文化局 | 创作奖 |
| | 锡剧小戏 | 《分家》 | 常熟市文化馆 | 创作奖 |
| | 无伴奏民歌组合 | 《南乡田歌》 | 镇江市文化馆 | 创作奖 |
| | 独唱 | 《千年胡杨》 | 江阴市文化馆 | 创作奖 |
| | 徐州琴书 | 《一个女人三个娘》 | 徐州文化馆 | 创作奖 |
| | 扬州评话 | 《戚老七养鳖》(老年) | 镇江市文化馆 | 创作奖 |
| | 书法 | 《草书姚鹓雏诗》 | 李双阳 | 创作奖 |
| | 摄影 | 《爸爸送我上学去》 | 吉龙生 | 创作奖 |
| | 二胡齐奏 | 《水乡三月天》(少儿) | 东台市文化局 | 表演奖 |
| | 表演唱 | 《吕四渔号》(老年) | 启东市文化馆 | 表演奖 |
| | — | 江苏省群众文艺“五星工程奖”评奖活动 | 省文化厅社文处 | 服务奖 |
| | — | 《文化新世纪》杂志 | 省文化馆 | 服务奖 |
| | — | 南京图书馆“南图会展” | 南京图书馆 | 服务奖 |
| | — | 苏州图书馆服务网络 | 苏州图书馆 | 服务奖 |

**说明**：资料来源：文化和旅游部官方网站。群星奖是文化部设立的全国社会文化艺术政府奖。1991年至2002年期间每年举办一届，从2004年开始，评奖被纳入中国艺术节中，每三年举办一届。

## 表 5-2　全国第一届至第三届"蒲公英奖"江苏获奖情况一览表

| 届　次 | 类　别 | 作　品 | 奖　项 |
|---|---|---|---|
| 第一届<br>2000 年 | 曲艺(故事) | 《美丽的小公鸡》 | 表演与辅导金奖 |
| | 曲艺(故事) | 《糖心山芋》 | 表演与辅导金奖 |
| | 舞蹈 | 《二小放牛郎》 | 表演与辅导金奖 |
| | 戏剧(小品) | 《守株待兔》 | 表演与辅导银奖 |
| | 戏剧(小品) | 《这就是孩子》 | 表演与辅导铜奖 |
| | 戏剧(小品) | 《珍贵的教科书》 | 表演与辅导铜奖 |
| | 曲艺(故事) | 《量词》 | 表演与辅导铜奖 |
| | 舞蹈 | 《木勺舞》 | 表演与辅导铜奖 |
| | 舞蹈 | 《喊山》 | 表演与辅导铜奖 |
| | 曲艺(故事) | 《美丽的小公鸡》 | 创作金奖 |
| | 舞蹈 | 《二小放牛郎》 | 创作金奖 |
| | 舞蹈 | 《木勺舞》 | 创作金奖 |
| | 戏剧(小品) | 《守株待兔》 | 创作银奖 |
| | 曲艺(故事) | 《糖心山芋》 | 创作银奖 |
| | 曲艺(故事) | 《量词》 | 创作银奖 |
| | 戏剧(小品) | 《这就是孩子》 | 创作铜奖 |
| | 戏剧(小品) | 《珍贵的教科书》 | 创作铜奖 |
| | 舞蹈 | 《咕山》 | 创作铜奖 |
| 第二届<br>2001 年 | 女声独唱 | 《山路弯弯》 | 表演金奖 |
| | 歌表演 | 《为自己找个理由》 | 表演金奖 |
| | 男声独唱 | 《竹山童谣》 | 表演金奖 |
| | 表演唱 | 《数新楼》 | 表演金奖 |
| | 器乐合奏 | 《锄禾日当午》 | 表演金奖 |
| | 京胡与乐队 | 《西皮随想》 | 表演金奖 |
| | 民乐小合奏 | 《秦淮欢歌》 | 表演金奖 |
| | 合唱 | 《老师的目光》 | 表演金奖 |
| | 女声独唱 | 《山路弯弯》 | 创作金奖 |
| | 合唱 | 《老师的目光》 | 创作金奖 |
| | 歌表演 | 《为自己找个理由》 | 创作金奖 |
| | 器乐合奏 | 《锄禾日当午》 | 创作金奖 |
| | 民乐合奏 | 《山趣》 | 创作金奖 |
| | 京胡与乐队 | 《西皮随想》 | 创作金奖 |
| | 美术 | 《中国啊,母亲》(版画) | 金奖 |
| | 美术 | 《游常州港》(色粉画) | 金奖 |
| | 美术 | 《生日快乐》(线描) | 金奖 |
| | 美术 | 《共同的心愿》(国画) | 金奖 |
| | 书法 | 《楷书条幅》 | 金奖 |
| | 书法 | 《行书条幅》 | 金奖 |
| | 书法 | 《篆书对联》 | 金奖 |
| | 摄影 | 《今日我当家》 | 金奖 |
| | 摄影 | 《严师慈母》 | 金奖 |

**续表**

| 届 次 | 类 别 | 作 品 | 奖 项 |
|---|---|---|---|
| 第三届<br>2003年 | 少儿文学 | 《石头剪子布》 | 金奖 |
| | 少儿文学 | 《芝麻开门》 | 银奖 |
| | 少儿文化工作论文 | 《试论儿童绘画中创造性心理机制的转换》 | 铜奖 |
| | 少儿文学 | 《酷的故事》 | 铜奖 |
| | 少儿文学 | 《科学寓言1001夜》 | 铜奖 |
| | 少儿文化工作论文 | 《论农村孩子的第二课堂——儿童文化园》 | 铜奖 |

**说明**:“蒲公英奖”为文化部设立的全国少儿业余文化艺术的最高奖项。限于资料原因,第二届江苏获奖情况仅收录金奖作品;江苏省文化厅在第二届和第三届蒲公英奖评奖中,分别获得集体组织奖和组织工作奖。

**表5-3 第一届至第八届江苏省“五星工程奖”金奖及服务奖获奖名单**

| 届 次 | 类 别 | 作 品 | 作者/单位 | 地 区 |
|---|---|---|---|---|
| 第一届<br>1996年 | 音乐类 | 男声独唱《九百六十万》 | 南京市文化局 | 南京市 |
| | 舞蹈类 | 《二小放牛郎》 | 南京市文化局 | 南京市 |
| | 美术类 | 摄影《天上人间》 | 汤德胜 | 常州市 |
| | | 摄影《逐鹿滩涂》 | 严正东 | 盐城市 |
| | 戏剧曲艺类 | 小品《这就是孩子》 | 花小青 | 南京市 |
| | | 小品《春风花烛》 | 仲跻敏 许 平 | 连云港市 |
| | 文学类 | 故事《廉巷的故事》 | 卢 群 | 苏州市 |
| | | 故事《桑琼泪》 | 陈桂娣 | 无锡市 |
| | | 报告文学《廉政风暴》 | 徐贞和 玄 坚 | 无锡市 |
| | | 报告文学《从田野走向五湖四海》 | 张晏斌 吴永生 | 盐城市 |
| 第二届<br>1997年 | 美术类 | 中国画《金色年华》 | 古 强 | 连云港市 |
| | | 版画《插入罐子里的秋荷》 | 管为民 | 连云港市 |
| | | 版画《展望二十一世纪》 | 顾志军 | 苏州市 |
| | | 花鸟画《和平曲》 | 王奇寅 | 南通市 |
| | | 摄影《晨牧》 | 许益民 | 无锡市 |
| | | 摄影《魔口夺人》 | 张建林 | 常州市 |
| 第三届<br>1999年 | 戏剧类 | 小品《女大学生宿舍的钟点工》 | — | 南京市 |
| | | 小戏《称婆婆》 | | 镇江市 |
| | | 小戏《阿二骂钱》 | | 无锡市 |
| | 舞蹈类 | 少儿舞蹈《团团圆圆》 | — | 无锡市 |
| | | 少儿舞蹈《香飘茶山》 | | 无锡市 |
| | | 少儿舞蹈《木勺舞》 | | 淮阴市 |
| | | 成人舞蹈《织》 | | 苏州市 |
| | | 成人舞蹈《耕绿》 | | 苏州市 |
| | | 成人舞蹈《运河花香》 | | 扬州市 |
| 第四届<br>2001年 | 美术类 | 丝网版画《随想片断》 | 李 蔚 | 南京市 |
| | 书法类 | 篆刻 | 翁达十 | 徐州市 |
| | | 行书 | 徐寿祥 | 泰州市 |
| | 摄影类 | 《顽童》 | 乐 涛 | 扬州市 |
| | | 《仙境》 | 汤德胜 | 常州市 |
| | | 《参赛者》 | 张晓东 | 连云港市 |

续表

| 届次 | 类别 | 作品 | 作者/单位 | 地区 |
|---|---|---|---|---|
| 第四届<br>2001年 | 群众文化<br>科研成果类 | 论文《文化——经济发展离不开的重要资源》 | 卞怀远 | 盐城市 |
| | | 论文《定位建构保障——群艺馆面向新世纪发展思路》 | 欧维柱 | 淮安市 |
| | | 论文《调整视角，更新观念，抓住关键》 | 徐洪高 | 苏州市 |
| | | 论文《把娃娃们引入舞蹈的“百花园”》 | 解幸东 | 无锡市 |
| 第五届<br>2003年 | 音乐类 | 混声小合唱《打豆号子》(成人组) | 靖江市文化局<br>靖江市靖城镇人民政府 | — |
| | | 男声小合唱《溱潼窑工号子》(成人组) | 姜堰市文化局 | |
| | | 女声独唱《美丽的黄海滩》(成人组) | 射阳县文广局 | |
| | | 女声独唱《扬州行》(成人组) | 扬州市邗江区文化馆 | |
| | | 女声小合唱《竹乡谣》(成人组) | 江阴市教工艺术团 | |
| | | 二胡独奏《古城思》(成人组) | 南京市建邺区文化馆 | |
| | | 器乐与舞蹈《春到洪泽湖》(成人组) | 淮安市淮阴区文化局<br>淮阴区教师进修学校 | |
| | | 趣味打击乐《大家一起来》(少儿组) | 启东市实验小学 | |
| | 舞蹈类 | 舞蹈《源》(成人组) | 金坛市文化馆 | — |
| | | 三人舞《诗韵情缘》(成人组) | 南京市下关区文化馆 | |
| | | 舞蹈《井》(成人组) | 常熟市文化馆 | |
| | | 舞蹈《连枷谣》(成人组) | 张家港市文化馆<br>张家港市乐余镇 | |
| | | 广场舞蹈《金龙献瑞》(成人组) | 扬州市邗江区文化馆<br>扬州华伦化工有限公司舞龙队 | |
| | | 广场舞蹈《海安龙舞》(成人组) | 南通市海安镇丁家龙队<br>中心街道　永安街道<br>海安县实验小学<br>曲塘镇中心小学<br>海安县星海艺术中心 | |
| | | 广场舞蹈《溧水大抬鼓》(成人组) | 南京市溧水县文化馆<br>九四九六一部队 | |
| | | 舞蹈《打金斗》(少儿组) | 淮安市金湖娃艺术团 | |
| | | 舞蹈《咔叽咔》(少儿组) | 南京市小红花艺术团 | |
| | | 舞蹈《秦淮娃娃灯》(少儿组) | 南京市群众艺术馆<br>小星星艺术团 | |
| | | 舞蹈《雁归来》(少儿组) | 扬州市艺蕾小学 | |
| | | 舞蹈《龟兔小乐队》(少儿组) | 镇江市中山路小学 | |
| | 戏剧类 | 小锡剧《鸡笼风波》(成人组) | 江阴市文化馆 | — |
| | | 小扬剧《卖菜》(成人组) | 姜堰市文化局 | |
| | | 小品《捡来的局长》(成人组) | 通州市文化局 | |
| | | 小品《一件皮大衣》(成人组) | 南京市雨花台区文化馆 | |
| | | 小品《午间小憩》(成人组) | 徐州文化馆 | |
| | | 小品《廉政热线》(成人组) | 阜宁县文化局 | |
| | | 朗诵剧《流泪的康乃馨》(成人组) | 连云港市连云区文化馆 | |

续表

| 届　次 | 类　别 | 作　品 | 作者/单位 | 地　区 |
| --- | --- | --- | --- | --- |
| 第五届<br>2003 年 | 戏剧类 | 小品《敲门》(成人组) | 吴江市文化馆 | — |
| | | 小品《没电多好》(成人组) | 常州市群众艺术馆<br>常州市天宁区文化馆 | |
| | | 音乐剧《雪花飘飘》(少儿组) | 常州市新北区教育文体局 | |
| | | 课本剧《抬驴》(少儿组) | 泰州市高港区刁铺镇中心小学 | |
| | 曲艺类 | 扬州评话《整容趣事》(成人组) | 江都市文化旅游局 | — |
| 第六届<br>2004 年 | 美术类 | 版画《江南四月》(成人组) | 钱为民 | 南京市 |
| | | 油画《走出大山》(成人组) | 唐满生 | 无锡市 |
| | | 国画《雄踞》(成人组) | 朱建民 | 南京市 |
| | | 版画《心连心》(老年组) | 朱登琮 | 南京市 |
| | | 油画《小画家》(老年组) | 陆允铨 | 苏州市 |
| | | 国画《山里来了大戏》(老年组) | 黄忠凯 | 连云港市 |
| | | 粉画《取水》(少儿组) | 潘颜婷 | 南京市 |
| | | 儿童画《春天的交响》(少儿组) | 姚　烨 | 扬州市 |
| | | 版画《童年的故事》(少儿组) | 金童童 | 连云港市 |
| | 书法类 | 行书横披《赵孟頫诗》(成人组) | 张锡庚 | 苏州市 |
| | | 篆刻《印稿》(成人组) | 吴自标 | 淮安市 |
| | | 对联《八言联》(成人组) | 王晓平 | 泰州市 |
| | | 行书四条屏《二十四画品论》(老年组) | 陈柄彪 | 苏州市 |
| | | 小楷扇面轴《毛泽东诗词》(老年组) | 政定荣 | 苏州市 |
| | | 条幅《古诗》(老年组) | 周崇华 | 盐城市 |
| | | 行书立轴《唐诗》(少儿组) | 袁　晨 | 无锡市 |
| | | 隶书《何绍基诗》(少儿组) | 王玉婷 | 常州市 |
| | | 楷书《唐诗》(少儿组) | 程　健 | 连云港市 |
| | 摄影类 | 《非洲野生动物(组照)》(成人组) | 许益民 | 无锡市 |
| | | 《水墨江南》(成人组) | 黄　丰 | 无锡市 |
| | | 《龙的故乡》(老年组) | 汤德胜 | 常州市 |
| | | 《闻歌起舞》(老年组) | 朱其铭 | 无锡市 |
| | | 《船台美容师》(老年组) | 花桂良<br>严汉文 | 无锡市 |
| | | 《冠军从这里起步》(少儿组) | 张雨驰 | 无锡市 |
| | | 《逐鹿》(少儿组) | 孙昊彦 | 无锡市 |
| | | 《小将》(少儿组) | 周徐毅 | 无锡市 |
| | 群文理论类 | 《“贴近”和“实效”:新时期农村文化建设的本质要求——对“文化定单”案例的分析》 | 欧维柱<br>韩忆农 | 淮安市 |
| | | 《对“长三角”小康社会群众文化建设的思考》 | 乔新谔 | 苏州市 |
| | | 《试论公益性文化向社会化转型的必然走向》 | 倪　禹 | 南通市 |
| | | 《比较研究刘天华和华彦钧的二胡曲》 | 杨瑞庆 | 苏州市 |
| 第七届<br>2006 年 | 音乐类 | 女声独唱《千年胡杨》(成人组) | 江阴市文化馆 | — |
| | | 女声组合《山歌好唱口难开》(成人组) | 镇江市文化馆<br>镇江市民间文化艺术馆 | |

| 届次 | 类别 | 作品 | 作者/单位 | 地区 |
| --- | --- | --- | --- | --- |
| 第七届<br>2006年 | 音乐类 | 女声独唱《杏花雨》(成人组) | 扬中市文化馆 | — |
| | | 女声小合唱《乘风凉》(成人组) | 昆山市巴城镇文广站 | |
| | | 歌表演《荷叶下面躲猫猫》(少儿组) | 江阴市实验小学 | |
| | | 二胡齐奏《水乡三月天》(少儿组) | 东台市文化局 | |
| | | 女声小合唱《大地的衣裳》(少儿组) | 南京市第九中学<br>南京市玄武区文化馆 | |
| | | 表演唱《吕四渔号》(老年组) | 启东市文化馆 | |
| | 舞蹈类 | 舞蹈《桥墩》(成人组) | 江阴市第一中学 | — |
| | | 舞蹈《染》(成人组) | 常熟市文化馆舞蹈队<br>常熟市艺术学校 | |
| | | 舞蹈《荷乡鼓韵》(少儿组) | 金湖县金湖娃艺术团 | |
| | | 少儿芭蕾《黑白键》(少儿组) | 扬州市艺蕾小学 | |
| | | 舞蹈《墨扇》(少儿组) | 南京市鼓楼区文化馆 | |
| | | 群舞《西部放歌》(老年组) | 江苏省文化馆<br>江苏省老年文化大学艺术团 | |
| | 戏剧类 | 小锡剧《杨寡妇骂街》(成人组) | 江阴市澄江镇文化服务中心 | — |
| | | 小扬剧《老歪拜年》(成人组) | 镇江市文化馆 | |
| | | 音乐剧《西行列车》(成人组) | 南京市栖霞区文化馆<br>南京晓庄学院音乐系 | |
| | | 小品《特别交警》(成人组) | 通州市文化馆<br>南通市公安局 | |
| | | 小品《呼啦圈》(成人组) | 江阴市文化馆 | |
| | | 小品《敲背》(成人组) | 张家港市文化馆 | |
| | | 课本剧《蜗牛的奖杯》(少儿组) | 连云港市锦屏中心小学 | |
| | | 小品《女儿买车了》(老年组) | 常州市武进区文化局 | |
| | | 小品《宠物情缘》(老年组) | 扬州市邗江区文化中心 | |
| | 曲艺类 | 苏州评弹《茉莉花开》(成人组) | 宜兴市宜城镇 | — |
| | | 扬州清曲《芍药花儿开》(少儿组) | 扬州市艺蕾小学 | |
| | 少儿类 | — | 南京市第九中学<br>玄武区文化馆合唱团 | — |
| | | | 南京市小红花艺术团 | |
| | | | 苏州市沧浪区少年宫蒲公英合唱团 | |
| | | | 镇江市京口区少年宫<br>解放路小学<br>索普实验学校合唱团 | |
| | | | 南京市白下区文化馆小飞鹰艺术团<br>游府西街小学合唱团 | |
| | | | 镇江市润州区中华路小学合唱团 | |
| | | | 南京市建邺区文化馆<br>南湖二小欢欢合唱团 | |
| | 美术类 | 油画《金色阳光》(成人组) | 赵建平 | 镇江市 |
| | | 国画《凤凰村小学》(成人组) | 沈　宁 | 连云港市 |
| | | 版画《春望》(成人组) | 钱为民 | 南京市 |

续表

| 届次 | 类别 | 作品 | 作者/单位 | 地区 |
| --- | --- | --- | --- | --- |
| 第七届<br>2006年 | 美术类 | 国画《湿地之秋》(成人组) | 金城君 | 盐城市 |
| | | 国画《水乡风情》(成人组) | 陈德华 | 无锡市 |
| | | 儿童画(版画)《我登上长城了》(少儿组) | 朱紫玥 | 南京市 |
| | | 儿童画(中国画)《山居图》(少儿组) | 潘翔宇 | 苏州市 |
| | | 儿童画《我眼中的千手观音》(少儿组) | 韩晨阳 | 扬州市 |
| | | 国画《天章云锦铸奇骨》(老年组) | 王德舜 | 南京市 |
| | | 油画《殷秀梅》(老年组) | 刘映华 | 常州市 |
| | 书法类 | 行书(成人组) | 韩建明 | 连云港市 |
| | | 篆书对联(成人组) | 王晓平 | 泰州市 |
| | | 行书对联(成人组) | 孙　冲 | 宿迁市 |
| | | 行书中堂(成人组) | 李双阳 | 苏州市 |
| | | 书法(成人组) | 姜海宽 | 扬州市 |
| | | 古诗五首(少儿组) | 李　雪 | 南京市 |
| | | 隶书《论语句录》(少儿组) | 黄贤昊 | 苏州市 |
| | | 书法(少儿组) | 张　蕾 | 常州市 |
| | | 书法(少儿组) | 吴书春子 | 镇江市 |
| | | 书法《书论》(老年组) | 肖公文 | 盐城市 |
| | | 行书《山居诗》(老年组) | 华建平 | 苏州市 |
| | | 书法(老年组) | 黄之凡 | 徐州市 |
| | 摄影类 | 《秋声》(成人组) | 吉龙生 | 省　直 |
| | | 《铜墙铁壁》(成人组) | 葛　华 | 淮安市 |
| | | 《送酸菜鱼的女工》(成人组) | 李余翔 | 南京市 |
| | | 《巾帼鼓手》(成人组) | 许益民 | 无锡市 |
| | | 《大漠深处驼铃声》(成人组) | 耿建国 | 常州市 |
| | | 《老爸真棒》(少儿组) | 梁炜歧 | 无锡市 |
| | | 《园丁风采》(少儿组) | 龚常水 | 无锡市 |
| | | 《雪中翱翔》(老年组) | 朱永康 | 无锡市 |
| | | 《中国农民的杰出代表——吴仁宝》(老年组) | 花桂良 | 无锡市 |
| | | 《草原情歌》(老年组) | 汤德胜 | 常州市 |
| | 社文理论研究成果类 | 《历史悠悠铸辉煌　人文灿烂写华章》 | 高安宁 | 南京市 |
| | | 《小城市文化跃升之途:跨区域文化资源的整合、共享、利用——关于“(张家港)长江文化艺术展示周”的理论思考》 | 郑国祥 | 苏州市 |
| 第八届<br>2008年 | 音乐类 | 男女声对唱《荡湖船》(成人组) | 靖江市文化局 | — |
| | | 独唱《板桥竹》(少儿组) | 兴化市文化局 | |
| | | 歌伴舞《杏花雨》(成人组) | 泰州职业技术学院大学生艺术团<br>泰州市文化馆 | |
| | | 男声独唱《背着月亮赶太阳》(成人组) | 江苏省文化馆 | |
| | | 女声独唱《梦中的大西北》(成人组) | 无锡市文化馆<br>江阴市文化馆 | |
| | | 女声表演唱《名点飘香》(成人组) | 常州市钟楼区文化馆 | |
| | | 民乐三重奏《网趣》(成人组) | 南京市鼓楼区文化馆 | |

| 届　次 | 类　别 | 作　品 | 作者/单位 | 地　区 |
| --- | --- | --- | --- | --- |
| 第八届<br>2008 年 | 音乐类 | 女声独唱《蓝调江南》(成人组) | 常熟市文化馆 | — |
| | | 女声独唱《村外的小路》(成人组) | 常州市武进区文化馆 | |
| | | 唢呐独奏《迎新春》(少儿组) | 徐州市文化局 | |
| | 舞蹈类 | 少儿舞蹈《想爸爸想妈妈》(少儿组) | 常州市武进区南夏墅中心小学<br>常州市武进区文化馆 | — |
| | | 少儿舞蹈《美丽生命》(少儿组) | 徐州星光舞校 | |
| | | 舞蹈《车水汉子》(成人组) | 镇江市文化馆<br>镇江民间文化艺术馆 | |
| | | 少儿舞蹈《我和小音符》(少儿组) | 无锡市少年宫 | |
| | | 女子群舞《黄桥烧饼甜又香》(老年组) | 江苏省文化馆老年文化大学 | |
| | | 舞蹈《角直水乡行》(成人组) | 苏州市吴中区角直镇文体中心<br>苏州市文化馆舞蹈队 | |
| | | 少儿群舞《狮子王》(少儿组) | 扬州市广陵区文化馆<br>扬州市艺蕾小学 | |
| | 戏剧类 | 小品《珍爱一生》(成人组) | 通州市文化局 | — |
| | | 儿童音乐剧《带锁的日记》(少儿组) | 江阴市文化馆<br>江阴市花园实验小学 | |
| | | 小品《串门》(老年组) | 常州市文化馆 | |
| | | 柳琴剧《买牛腿》(成人组) | 新沂市文体局 | |
| | | 小品《天堂里的眼睛》(成人组) | 大丰市文化局 | |
| | | 小品《路不拾遗》(成人组) | 南京市鼓楼区文化馆 | |
| | | 小锡剧《我是你的留守妻》(成人组) | 东台市文化局 | |
| | 曲艺类 | 相声《父子情》(成人组) | 南京市栖霞区文化馆 | — |
| | 美术类 | 版画《春野》(成人组) | 钱为民 | 南京市 |
| | | 国画《壁立千仞》(成人组) | 汪铁铭 | 盐城市 |
| | | 油画《大爱》(成人组) | 化筱勇 | 徐州市 |
| | | 国画《花溪清晖》(成人组) | 吴田玉 | 南通市 |
| | | 铜版画《山随云醉云随风舞》(成人组) | 管为民 | 连云港市 |
| | | 油画《空间的距离》(老年组) | 刘泓兴 | 无锡市 |
| | | 国画《樱花闹春》(老年组) | 张世纲 | 扬州市 |
| | | 国画《寒山无声》(老年组) | 沈国庆 | 连云港市 |
| | | 儿童画《飞天》(少儿组) | 朱紫玥 | 南京市 |
| | | 儿童画《走进西藏》(少儿组) | 辛　奕 | 常州市 |
| | 书法类 | 书法条幅(成人组) | 殷旭明 | 扬州市 |
| | | 书法篆书对联(成人组) | 王晓平 | 泰州市 |
| | | 书法《画禅室随笔》(册页)(成人组) | 吴建华 | 盐城市 |
| | | 书法条幅(成人组) | 张　利 | 徐州市 |
| | | 书法《田园新曲八首》(成人组) | 朱国平 | 常州市 |
| | | 书法王维诗(老年组) | 端木丽生 | 南京市 |
| | | 书法条幅(老年组) | 奚训达 | 苏州市 |
| | | 篆刻《君子和而不同》等(老年组) | 李世晋 | 盐城市 |
| | | 书法篆书(少儿组) | 张　婷 | 常州市 |
| | | 书法《正气歌》(少儿组) | 张易驰 | 盐城市 |

续表

| 届　次 | 类　别 | 作　品 | 作者/单位 | 地　区 |
|---|---|---|---|---|
| 第八届<br>2008年 | 摄影类 | 《众志成城》(成人组) | 朱卫德 | 无锡市 |
| | | 《梦里水乡》(成人组) | 黄　丰 | 无锡市 |
| | | 《沸腾的鸡场》(成人组) | 金寿彭 | 常州市 |
| | | 《金色阳光》(成人组) | 尤　宁 | 镇江市 |
| | | 《争分夺秒》(成人组) | 张晓东 | 连云港市 |
| | | 《狂欢节》(老年组) | 刘　萍 | 无锡市 |
| | | 《山村喜迎新媳妇》(老年组) | 徐守一 | 南通市 |
| | | 《早市》(老年组) | 袁曾亭 | 镇江市 |
| | | 《争先赛》(少儿组) | 梁旻琦 | 无锡市 |
| | | 《荷谐·鱼乐》(少儿组) | 朱元戎 | 淮安市 |
| | 理论研究成果类 | 论文《浅谈政府对城市社区文化建设的管理方式问题》 | 常贵章 | 淮安市 |
| | | 论文《关于经典"代读"走向"自读"—公共知识空间中心场域转移——图书馆服务转型之创生机遇的思考》 | 谭楚子 | 徐州市 |
| | | 论文《抓住机遇　开创文化站建设的新思路新模式》 | 郑泽云<br>欧维柱 | 淮安市 |
| | | 论文《创新农村公共文化服务——谈区域文化联动在新农村文化建设中的积极效应》 | 沈泉生 | 苏州市 |
| | 服务奖 | 南京市文化惠民工程—百场公益演出广场 | 南京市文化局 | — |
| | | 金陵合唱节 | 南京市群众艺术馆 | |
| | | 镇江民间文化艺术馆网站 | 镇江民间文化艺术馆 | |
| | | "欢乐家园"广场文化活动 | 镇江市文化馆 | |
| | | "建设新农村　文化村村行"活动 | 丹阳市文化局 | |
| | | "魅力京口"广场文化活动 | 镇江市京口区文化馆 | |
| | | 周末大舞台 | 高邮市文化局 | |
| | | 星期天剧场 | 扬州市邗江区祝荣娟艺术团 | |
| | | 《梅柳文艺》 | 泰州市文化馆 | |
| | | "文化江海行"广场文艺演出 | 南通市文化馆 | |
| | | "通州之夜"广场文化活动 | 通州市文化馆 | |
| | | 牵手联动——新农村文化共建系列活动 | 海安县文化馆 | |
| | | 《百姓文化》 | 南通市文化馆 | |
| | | 中国非物质文化遗产保护·苏州论坛 | 苏州市文广新局 | |
| | | 中国古琴艺术节 | 常熟市文化局 | |
| | | "文明百村欢乐行"大型公益文艺巡演 | 张家港市文广局 | |
| | | 吴江市十镇联动文艺巡回演出 | 吴江市文广局 | |
| | | 《苏州群文百花园》 | 苏州市文化馆<br>苏州市群众文化学会 | |
| | | 无锡市"激情周末"广场文艺演出 | 无锡市文化馆 | |
| | | "幸福进万家·文化欢乐行"主题文化活动 | 江阴市文广新局 | |
| | | "荆溪之夏"系列广场文艺 | 宜兴市文化局 | |
| | | "百姓大舞台"广场文艺 | 无锡市惠山区文体局 | |

续表

| 届 次 | 类 别 | 作 品 | 作者/单位 | 地 区 |
|---|---|---|---|---|
| 第八届<br>2008年 | 服务奖 | “欢乐社区行”系列文艺演出 | 常州市文化馆 | — |
| | | “动感彭城”广场文化活动 | 徐州市文化局 | |
| | | 社区活动天天乐 | 盐城市亭湖区文化局 | |
| | | 连云港文化网 | 连云港市文化局 | |

**说明:**此表收录获得“五星工程奖”金奖、服务奖作品,银奖、铜奖和提名奖作品未收录。

**表5-4 截至2008年江苏入选“全国民间文化艺术之乡”名单**

| 序号 | 地 区 | 项 目 | 序号 | 地 区 | 项 目 |
|---|---|---|---|---|---|
| 1 | 太仓市 | 江南丝竹 | 34 | 苏州市吴中区木渎镇 | 书法、石雕 |
| 2 | 常熟市 | 古琴 | 35 | 苏州市高新区镇湖街道 | 刺绣 |
| 3 | 宜兴市 | 书画 | 36 | 常熟市董浜镇 | 灯谜 |
| 4 | 东台市 | 书画、少儿二胡 | 37 | 常熟市古里镇 | 山歌 |
| 5 | 海门市 | 海门山歌 | 38 | 常熟市虞山镇 | 篆刻书画 |
| 6 | 高邮市 | 少儿二胡 | 39 | 丹阳市皇塘镇 | 书画 |
| 7 | 江阴市 | 民乐、民间故事 | 40 | 通州市刘桥镇 | 灯谜、楹联 |
| 8 | 溧阳市 | 少儿书法 | 41 | 通州市石港镇 | 京剧 |
| 9 | 邳州市 | 剪纸、农民画 | 42 | 通州市五接镇 | 风筝 |
| 10 | 金坛市 | 刻纸 | 43 | 无锡市滨湖区雪浪街道 | 书画 |
| 11 | 昆山市 | 昆曲 | 44 | 淮安市楚州区仇桥镇 | 杂技 |
| 12 | 大丰市 | 绘画 | 45 | 淮安市楚州区博里镇 | 农民画 |
| 13 | 张家港市 | 戏曲 | 46 | 姜堰市溱潼镇 | 会船 |
| 14 | 建湖县 | 杂技、淮剧 | 47 | 太仓市沙溪镇 | 舞蹈 |
| 15 | 如东县 | 绘画 | 48 | 太仓市双凤镇 | 龙狮 |
| 16 | 射阳县 | 民间美术 | 49 | 沛县敬安镇 | 剪纸 |
| 17 | 东海县 | 儿童绘画 | 50 | 射阳县临海镇 | 农民画 |
| 18 | 睢宁县 | 儿童绘画 | 51 | 宜兴市丁蜀镇 | 陶艺 |
| 19 | 句容市 | 少儿故事 | 52 | 江阴市月城镇 | 戏剧 |
| 20 | 滨海县 | 书法 | 53 | 扬州市广陵区 | 古筝 |
| 21 | 海安县 | 龙舞 | 54 | 铜山县汉王镇 | 石刻 |
| 22 | 南京市六合区冶山镇 | 农民画 | 55 | 常州市武进区 | 摄影 |
| 23 | 南京市浦口区 | 书法 | 56 | 东台市东台镇 | 发绣 |
| 24 | 南京市栖霞区 | 龙舞 | 57 | 昆山市周庄镇 | 水乡民俗 |
| 25 | 南京市秦淮区 | 灯彩 | 58 | 苏州市吴中区甪直镇 | 水乡服饰 |
| 26 | 吴江市汾湖镇 | 山歌 | 59 | 苏州高新区浒墅关镇 | 少儿书画 |
| 27 | 盐城市盐都区义丰镇 | 龙舞 | 60 | 张家港市凤凰镇 | 山歌 |
| 28 | 泗洪县天岗湖乡 | 锣鼓 | 61 | 常熟市尚湖镇 | 戏曲 |
| 29 | 泗阳县临河镇 | 桃雕 | 62 | 太仓市城厢镇 | 书画 |
| 30 | 如皋市白蒲镇 | 京剧 | 63 | 昆山市淀山湖镇 | 戏曲 |
| 31 | 昆山市巴城镇 | 书法 | 64 | 太仓市璜泾镇 | 民乐 |
| 32 | 昆山市锦溪镇 | 民间收藏 | 65 | 张家港市塘桥镇 | 书法 |
| 33 | 苏州市吴中区胥口镇 | 书画 | — | — | — |

### 表 5-5 全国第二次文化馆评估定级江苏一级馆名单

| 序号 | 单　　位 | 序号 | 单　　位 |
|---|---|---|---|
| 1 | 南京市群众文化馆 | 29 | 高淳县文化馆 |
| 2 | 无锡市文化馆 | 30 | 邳州市文化馆 |
| 3 | 镇江市文化馆 | 31 | 南京市雨花台区文化馆 |
| 4 | 常州市文化馆 | 32 | 如皋市文化馆 |
| 5 | 苏州市文化馆 | 33 | 无锡市锡山区文化馆 |
| 6 | 南通市文化馆 | 34 | 通州市文化馆 |
| 7 | 常熟市文化馆 | 35 | 南京市秦淮区文化馆 |
| 8 | 建湖县文化馆 | 36 | 宜兴市文化馆 |
| 9 | 张家港市文化馆 | 37 | 金坛市文化馆 |
| 10 | 江阴市文化馆 | 38 | 常州市戚墅堰区文化馆 |
| 11 | 吴江市文化馆 | 39 | 溧阳市文化馆 |
| 12 | 扬中市文化馆 | 40 | 沛县文化馆 |
| 13 | 盐城市盐都区文化馆 | 41 | 无锡市南长区文化馆 |
| 14 | 大丰市文化馆 | 42 | 兴化市文化馆 |
| 15 | 南京市建邺区文化馆 | 43 | 苏州市吴中区文化馆 |
| 16 | 苏州市沧浪区文化馆 | 44 | 南京市浦口区文化馆 |
| 17 | 南京市鼓楼区文化馆 | 45 | 镇江市丹徒区文化馆 |
| 18 | 丹阳市文化馆 | 46 | 东台市文化馆 |
| 19 | 泰兴市文化馆 | 47 | 高邮市文化馆 |
| 20 | 南京市六合区第二文化馆 | 48 | 无锡市惠山区文化馆 |
| 21 | 南京市白下区文化馆 | 49 | 太仓市文化馆 |
| 22 | 南京市江宁区文化馆 | 50 | 扬州市邗江区文化馆 |
| 23 | 射阳县文化馆 | 51 | 无锡市滨湖区文化馆 |
| 24 | 常州市武进区文化馆 | 52 | 无锡市北塘区文化馆 |
| 25 | 海门市文化馆 | 53 | 无锡市崇安区文化馆 |
| 26 | 姜堰市文化馆 | 54 | 昆山市文化馆 |
| 27 | 靖江市文化馆 | 55 | 启东市文化馆 |
| 28 | 东海县文化馆 | — | — |

**说明：**2007 年，开展全国第二次文化馆评估定级工作，江苏全省有 88 个文化馆获等级馆，其中一级馆 55 个，二级馆 23 个，三级馆 10 个。

### 表 5-6 1982 年江苏省人民政府表彰的全省农村文化工作先进集体、先进工作者名单

| 地　区 | 先进集体 | 先进个人 | |
|---|---|---|---|
| | | 姓　名 | 工作单位 |
| 苏州地区 | 沙洲县文化馆<br>江阴县文化馆<br>无锡县杨墅文化中心<br>吴江县铜锣文化中心<br>常熟县东张文化中心<br>太仓县浮桥文化中心<br>吴县东山文化中心<br>昆山县蓬朗公社图书室 | 唐同昌 | 沙洲县南丰公社文化站(站长) |
| | | 陈亚飞 | 沙洲县欧桥大队文化馆(负责人) |
| | | 杨祖兴 | 无锡县荡口公社文化站(站长) |
| | | 洪志成 | 吴江县梅堰公社文化站(站长) |
| | | 张仁清 | 江阴县璜塘公社文化站(站长) |
| | | 陈正明 | 江阴县长寿公社文化站(站长) |
| | | 张玉庆 | 江阴县文林公社文化站(站长) |
| | | 包永昌 | 吴县望亭公社文化站(站长) |

续表

| 地区 | 先进集体 | 先进个人 | |
|---|---|---|---|
| | | 姓名 | 工作单位 |
| 苏州地区 | | 杨兴元 | 昆山县花桥公社文化站(站长) |
| | | 陈必中 | 常熟县任阳公社图书室 |
| | | 陈永志 | 太仓县璜泾公社文化站(站长) |
| | | 张天鹏 | 太仓县文化馆文艺辅导组 |
| | | 高坤良 | 沙洲县塘桥公社电影队(队长) |
| | | 赵林征 | 吴江县横塌公社电影队(队长) |
| | | 王建东 | 常熟县福山公社电影队(队长) |
| | | 胡金根 | 昆山县千灯公社电影队(队长) |
| | | 曹金虎 | 吴县北桥公社电影队(队长) |
| | | 吴君言 | 无锡县评弹团(副团长) |
| 镇江地区 | 宜兴县文化馆<br>扬中县图书馆<br>武进县横山文化中心<br>高淳县下坝文化中心<br>溧阳县绸缪文化中心<br>丹阳县珥陵文化中心<br>溧水县乌山公社文艺宣传队<br>句容县影剧公司<br>丹徒县电影管理站放映五队<br>金坛县岸头公社电影队 | 华忠坤 | 扬中县三茅公社文化站(站长) |
| | | 马锡林 | 宜兴县和桥区文化站(站长) |
| | | 周幼钦 | 武进县奔牛区文化站(站长) |
| | | 王国桢 | 溧阳县社渚公社文化站(站长) |
| | | 戴炳荣 | 溧阳县埤城公社文化站(站长) |
| | | 汤新盛 | 丹徒县大港公社文化站(站长) |
| | | 盛基禄 | 丹徒县江心公社文化站(站长) |
| | | 吴皇甫 | 金坛县尧塘公社文化站(站长) |
| | | 王土庚 | 金坛县薛埠公社青春大队俱乐部 |
| | | 徐之宝 | 句容县磨盘公社文化站(站长) |
| | | 张心如 | 句容县亭子公社亭子大队读书室 |
| | | 魏德林 | 溧水县柘塘文化中心管委会(主任) |
| | | 张天根 | 溧水县洪兰公社文化站(站长) |
| | | 汤德胜 | 武进县文化馆摄影组 |
| | | 朱加农 | 溧阳县文化馆文艺组 |
| | | 万人奎 | 溧水县儿童图书馆(馆长) |
| | | 冯逸如 | 丹阳县图书馆(副馆长) |
| | | 张安仁 | 扬中县兴隆公社电影队(队长) |
| | | 孙新福 | 宜兴县洑东公社电影队(队长) |
| | | 巢志庭 | 武进县万绥公社电影队(队长) |
| | | 邢腊生 | 高淳县丹湖公社电影队(队长) |
| | | 李海海 | 丹阳县界牌公社电影队(队长) |
| | | 刘秀恢 | 溧水县和凤公社电影队(队长) |
| | | 虞丽莉 | 高淳县锡剧团(团长) |
| 扬州地区 | 泰兴县常周文化中心<br>邗江县霍桥文化中心<br>兴化县周庄公社文化站<br>靖江县西来公社文化站 | 黄授良 | 宝应县安丰公社文化站(站长) |
| | | 张道贵 | 兴化县海河公社文化站(站长) |
| | | 王根林 | 泰县娄庄公社文化站(站长) |
| | | 王长武 | 邗江县渔业公社文化站(站长) |
| | | 郭　云 | 高邮县界首公社文化站(站长) |
| | | 李惟兰 | 高邮县三垛公社文化站(站长) |

| 地　区 | 先进集体 | 先进个人 | |
|---|---|---|---|
| | | 姓　名 | 工作单位 |
| 扬州地区 | 仪征县影剧管理站<br>高邮县电影管理站放管组<br>江都县武坚公社电影队<br>宝应县夏集公社电影队<br>泰县扬剧团 | 陆纪凤 | 江都县张纲公社文化站(站长) |
| | | 罗　荣 | 江都县小纪中心文化站(副站长) |
| | | 丁忠文 | 泰兴县长生中心文化站(站长) |
| | | 王能志 | 仪征县新城中心文化站(站长) |
| | | 陈　宁 | 扬州市双桥中心文化站(站长) |
| | | 周大兴 | 泰州市园林公社文化站(站长) |
| | | 赵树德 | 仪征县文化馆(副馆长) |
| | | 曹　宏 | 泰兴县文化馆摄影组 |
| | | 陈乃震 | 江都县文化馆文艺组(组长) |
| | | 朱明坤 | 靖江县电影管理站(队长) |
| | | 孔令道 | 泰县梅垛公社电影队(队长) |
| | | 鲁建东 | 宝应县东风公社电影队(队长) |
| | | 王大林 | 兴化县临城公社电影队一队(队长) |
| | | 廖　志 | 扬州地区电影公司发行科(副科长) |
| | | 李竹邨 | 扬州地区扬剧团(导演) |
| | | 焦宗年 | 邗江县扬剧团(演员) |
| | | 刘玉华 | 靖江县锡剧团(演员) |
| | | 曹大刚 | 泰兴县歌剧团业务组(组长) |
| 南通地区 | 如东县文化馆<br>海安县古贲文化中心<br>启东县新安文化中心<br>南通县小海文化中心<br>如皋县白蒲区文化站<br>海门县山歌剧团 | 李锦心 | 南通县兴仁区文化站(站长) |
| | | 殷秀才 | 南通县十总区文化站(站长) |
| | | 周盛椿 | 海安县曲塘区文化站(站长) |
| | | 华龙和 | 海安县瓦甸公社文化站(站长) |
| | | 周思三 | 启东县惠和文化中心管委会(副主任) |
| | | 施克家 | 启东县志良公社文化站(站长) |
| | | 刘荣祥 | 如皋县丁西公社文化站(站长) |
| | | 吴亚斌 | 如皋县龙舌公社文化站(站长) |
| | | 梁志英 | 海门县六埏公社文化站(负责人) |
| | | 黄益民 | 海门县三和公社文化站(负责人) |
| | | 王玉明 | 海门县其林文化站(站长) |
| | | 王庭高 | 如东县凌民公社文化站(站长) |
| | | 昝敬之 | 如东县马塘区文化站 |
| | | 周发高 | 如东县凌河八大队俱乐部(主任) |
| 盐城地区 | 盐城县郭猛文化中心<br>建湖县恒济文化中心<br>东台县许河文化中心<br>大丰县方强文化中心<br>射阳县陈洋文化中心<br>响水县七套公社电影队<br>滨海县正红公社电影队<br>阜宁县淮剧团 | 肖　鹤 | 东台县安丰公社文化站(站长) |
| | | 余庆祥 | 东台县台南公社文化站(站长) |
| | | 鲁步海 | 大丰县大桥公社文化站(站长) |
| | | 王加良 | 滨海县北坍公社文化站(站长) |
| | | 高正珏 | 射阳县千秋公社文化站(副站长) |
| | | 卢乃淦 | 阜宁县陈良公社创作组 |
| | | 肖德发 | 建湖县近湖公社建港文艺宣传队(队长) |
| | | 张茂泰 | 盐城县青墩公社大洼大队文化室 |

续表

| 地　区 | 先进集体 | 先进个人 | |
|---|---|---|---|
| | | 姓　名 | 工作单位 |
| 盐城地区 | | 许进成 | 响水县文化馆辅导组(组长) |
| | | 陈　朴 | 大丰县电影管理站 |
| | | 周春官 | 建湖县电影管理站放映四队(队长) |
| | | 卞成钧 | 盐城县新兴公社电影队(队长) |
| | | 蔡国选 | 射阳县特庸公社电影队(队长) |
| | | 孙国松 | 阜宁县陈集公社电影队(队长) |
| | | 周鼎铨 | 滨海县淮剧团(团长) |
| | | 刘少峰 | 江苏省淮剧团(副团长) |
| | | 王达占 | 盐城地区电影公司政秘组(组长) |
| | | 潘万谊 | 盐城地区大会堂(放映员) |
| 淮阴地区 | 涟水县文化馆<br>泗阳县文化馆<br>灌云县杨集镇文化中心<br>宿迁县皂河文化中心<br>金湖县吕良文化中心<br>盱眙县马坝文化中心<br>灌南县新安镇文化站<br>洪泽县老山公社电影队<br>淮阴县电影管理站放映四队<br>沭阳县电影管理站<br>泗洪县电影管理站<br>淮安县淮剧团 | 刘士超 | 涟水县河网公社文化站(站长) |
| | | 邹开美 | 金湖县淮胜公社文化站(站长) |
| | | 李步程 | 盱眙县观音寺公社文化站(站长) |
| | | 张　坤 | 洪泽县半城公社文化站(站长) |
| | | 吕允龙 | 洪泽县淮河公社文化站(站长) |
| | | 孙曙干 | 沭阳县青伊湖公社文化站(站长) |
| | | 魏怀权 | 泗洪县界集公社文化中心站(副站长) |
| | | 陈如林 | 泗洪县归仁公社文化站(站长) |
| | | 章丽呈 | 淮安县钦工公社文化站(站长) |
| | | 王习耕 | 淮安县季桥公社文化站(站长) |
| | | 武锦华 | 宿迁县大新公社文化站(站长) |
| | | 俞向阳 | 灌云县燕尾镇文化站(站长) |
| | | 车运柱 | 灌云县云台公社凤凰俱乐部(主任) |
| | | 孙延平 | 灌南县张店公社张店俱乐部(主任) |
| | | 庄　林 | 泗阳县新袁公社于湾俱乐部(主任) |
| | | 陈复奎 | 泗阳县葛集公社文化站(副站长) |
| | | 钱国超 | 清江市钵池公社文化站(站长) |
| | | 徐东晓 | 淮阴县文化馆(副馆长) |
| | | 胡超荣 | 沭阳县文化馆(副馆长) |
| | | 王政尧 | 宿迁县电影管理站机修组(组长) |
| | | 李广成 | 金湖县白马湖公社电影队放映组(组长) |
| | | 李永和 | 盱眙县官滩公社电影队(队长) |
| | | 朱继忠 | 涟水县双河公社电影队(队长) |
| | | 贺善新 | 灌云县同兴公社电影队(队长) |
| | | 蒋宗山 | 淮阴县渔沟公社电影队(队长) |
| | | 傅怀波 | 灌南县堆沟公社电影队(队长) |
| | | 徐学洪 | 淮安县仇桥公社电影队一队(队长) |
| | | 马金霞 | 泗洪县曲协曲艺实验组(副组长) |
| 徐州地区 | 东海县桃林文化中心<br>丰县华山文化中心 | 石仁勇 | 东海县文化馆(馆长) |
| | | 傅连理 | 沛县文化馆(馆长) |

续表

| 地 区 | 先进集体 | 先进个人 | |
|---|---|---|---|
| | | 姓 名 | 工作单位 |
| 徐州地区 | 铜山县柳泉公社文艺宣传队<br>赣榆县土城公社大莒城大队俱乐部<br>睢宁县电影管理站<br>邳县电影管理站<br>新沂县图书馆<br>沛县梆子剧团 | 王心一 | 赣榆县文化馆美术摄影组(组长) |
| | | 刘富华 | 铜山县耿集公社文化站(站长) |
| | | 冯之臣 | 邳县埝上公社文化站(站长) |
| | | 王兆瑞 | 沛县龙固公社文化站(站长) |
| | | 董维彩 | 睢宁县王集公社文化站(站长) |
| | | 许建平 | 睢宁县张集公社文化站(站长) |
| | | 刘芙棠 | 新沂县棋盘公社文化站(站长) |
| | | 康久学 | 丰县顺河公社文化站(站长) |
| | | 康桂远 | 铜山县电影管理站放管组(组长) |
| | | 纪道友 | 新沂县电影管理站党支部(书记) |
| | | 刘太义 | 赣榆县电影管理站(副站长) |
| | | 李志才 | 东海县横沟公社电影队(队长) |
| | | 杨德俭 | 沛县杨屯公社电影队(队长) |
| | | 张孝清 | 丰县沙庄公社电影队(放映员) |
| | | 诸婉君 | 睢宁县梆子剧团(演员) |
| | | 王希周 | 邳县新华书店(副经理) |
| 南京市 | 浦口区东门镇文化站<br>江宁县淳化文化站中心站<br>江浦县星甸文化中心站<br>六合县八百文化中心<br>江宁县影剧管理站 | 尤德如 | 南京市大厂区文化馆文艺组 |
| | | 许玲玲 | 南京市雨花台区文化馆文艺辅导组(组长) |
| | | 张为农 | 江宁县禄口公社文化站(站长) |
| | | 业衍禄 | 江宁县横溪公社文化站(站长) |
| | | 张德兴 | 六合县马鞍公社文化站(站长) |
| | | 高松岩 | 六合县竹镇公社文化站(站长) |
| | | 张文海 | 江浦县大桥公社联合电影队(放映员) |
| 苏州市 | 长青公社文化站 | 徐顺中 | 郊区文化馆 |
| | | 邹荣根 | 虎丘公社电影队(队长) |
| 无锡市 | 扬名公社文化站 | 茅经潜 | 旺庄公社文化站(站长) |
| | | 张矛新 | 蠡园公社文化站(站长) |
| 常州市 | 永红公社文化站 | 钱选青 | 郊区文化馆(馆长) |
| | | 沈小牛 | 太滆公社文化站(站长) |
| 南通市 | 芦泾文化中心 | 谢承祖 | 郊区文化馆(副馆长) |
| | | 许志成 | 钟秀公社文化站(站长) |
| 徐州市 | 朱庄公社文化中心站 | 裴洪永 | 郊区文化馆 |
| | | 孙进华 | 朱庄公社电影队 |
| 连云港市 | 连岛电影放映队 | 孙兴作 | 连云区文化馆(馆长) |
| | | 关 华 | 市文化馆创作组 |

**表 5－7　1989 年江苏省人民政府表彰的全省群众文化先进集体、先进工作者名单**

| 地 区 | 先进集体 | 先进工作者 | |
|---|---|---|---|
| | | 姓 名 | 工作单位 |
| 南京市 | 建邺区文化馆<br>白下区文化馆 | 李 可 | 下关区文化馆 |
| | | 王 利 | 大厂区文化馆 |

**续表**

| 地区 | 先进集体 | 先进工作者 | |
|---|---|---|---|
| | | 姓名 | 工作单位 |
| 南京市 | 建邺区南湖文化馆<br>江浦县文化馆<br>玄武区梅园街道文化站<br>玄武区丹凤街街道文化站<br>秦淮区双塘街道文化站<br>雨花台区江东乡文化中心<br>江宁县周岗乡文化中心<br>溧水县白马乡文化中心<br>高淳县古柏乡文化站 | 方凤丽 | 建邺区南湖文化馆 |
| | | 沈竹昌 | 玄武区玄武门街道文化站 |
| | | 唐桂生 | 建邺区止马营街道文化站 |
| | | 王慧玲 | 鼓楼区挹江门街道文化站 |
| | | 戈铸谟 | 白下区五老村街道文化站 |
| | | 姜枝音 | 栖霞区小市镇文化站 |
| | | 伏世诚 | 浦口区盘城乡文化中心 |
| | | 闫志顺 | 雨花台区石门坎乡文化站 |
| | | 徐小平 | 溧水县柘塘乡文化中心 |
| | | 江龙山 | 江宁县东善桥乡文化中心 |
| | | 业衍禄 | 江宁县横溪乡文化站 |
| | | 唐景枝 | 高淳县古柏乡文化站 |
| | | 屠善哲 | 六合县四合乡文化站 |
| 镇江市 | 镇江市群众艺术馆<br>丹阳市文化馆<br>扬中县文化馆<br>丹徒县文化馆<br>丹阳市皇塘镇文化站<br>句容县葛村文化站 | 束成亮 | 丹阳市文化馆 |
| | | 陈和生 | 丹阳市导墅士镇文化站 |
| | | 程其恺 | 句容县文化馆 |
| | | 汤思银 | 句容县行香乡文化站 |
| | | 王纯孝 | 扬中县兴隆文化站 |
| | | 周育三 | 扬中县西来乡文化中心 |
| | | 苏臣智 | 丹徒县江心乡文化站 |
| | | 黄德年 | 丹徒县世业乡文化站 |
| | | 史庆钟 | 京门区四牌楼文化站 |
| | | 朱祥华 | 润州区谏壁镇文化站 |
| 常州市 | 常州市群众艺术馆<br>武进县文化馆<br>溧阳县文化馆<br>天宁区文化馆<br>钟楼区清潭街道文化站<br>金坛县薛埠镇文化站 | 张德俊 | 常州市群众艺术馆 |
| | | 任同生 | 天宁区文化馆 |
| | | 钱选青 | 郊区文化馆 |
| | | 钱智松 | 戚墅堰区文化馆 |
| | | 蒋信楠 | 武进县文化馆 |
| | | 张文华 | 武进县郑陆区文化站 |
| | | 赵建新 | 武进县小河镇文化站 |
| | | 吴殿珍 | 金坛县河头镇文化站 |
| 无锡市 | 江阴市文化馆<br>南长区长街街道文化站<br>郊区南站乡文化中心<br>宜兴市南新乡文化中心<br>无锡县洛社镇文化中心<br>无锡县甘露乡文化站 | 钱铁民 | 无锡市群众艺术馆 |
| | | 周兆伟 | 崇安区文化馆 |
| | | 张秋华 | 北塘区西新街道文化站 |
| | | 邹义昌 | 郊区扬名乡文化站 |
| | | 蒋建庆 | 郊区河埒乡文化站 |
| | | 吴熙松 | 宜兴市张渚镇文化站 |
| | | 杜乃立 | 宜兴市高塍镇文化站 |
| | | 张仁清 | 江阴市璜塘镇文化站 |
| | | 张炳龙 | 江阴市月城乡文化站 |
| | | 顾信良 | 无锡县雪浪镇文化站 |

续表

| 地　区 | 先进集体 | 先进工作者 | |
|---|---|---|---|
| | | 姓　名 | 工作单位 |
| 苏州市 | 苏州市群众艺术馆<br>平江区文化馆<br>常熟市文化馆<br>张家港市文化馆<br>太仓县文化馆<br>张家港市兆丰镇文化中心<br>常熟市梅李镇文化中心<br>昆山县千灯镇文化中心<br>金阊区山圹街道文化站<br>吴江县松陵镇文化站<br>吴县东山镇文化中心 | 沈　石 | 苏州市群众艺术馆 |
| | | 于丽娟 | 苏州市群众艺术馆 |
| | | 张秀兰 | 金阊区文化馆 |
| | | 刘根荣 | 平江区北塔街道文化站 |
| | | 王希明 | 沧浪区府前街道文化站 |
| | | 徐　铢 | 郊区长青乡文化站 |
| | | 徐长鸿 | 常熟市浒浦镇文化站 |
| | | 钱熙元 | 常熟市琴南乡文化站 |
| | | 郭宗泰 | 张家港市兆丰镇文化站 |
| | | 张金祥 | 张家港市塘桥镇文化站 |
| | | 唐文俊 | 吴县文化馆 |
| | | 翁长正 | 吴县木渎镇文化站 |
| | | 程锦钰 | 昆山县文化馆 |
| | | 李祥昌 | 昆山县蓬朗镇文化站 |
| | | 洪志诚 | 吴江县梅堰镇文化站 |
| | | 陈众亮 | 吴江县莘塔乡文化站 |
| | | 陈惠兴 | 太仓县板桥乡文化站 |
| | | 林克和 | 太仓县浮桥镇文化站 |
| 南通市 | 南通市群众艺术馆<br>城中文化馆<br>海安县文化馆<br>如东县文化馆<br>如皋县丁埝文化站<br>南通县小海镇文化中心<br>海安县瓦甸乡文化中心<br>启东县惠和乡文化中心<br>海门县厂洪乡文化站 | 张锡光 | 南通市群众艺术馆 |
| | | 詹炳南 | 城中文化馆 |
| | | 金　鑫 | 五山文化馆 |
| | | 谢承祖 | 郊区文化馆 |
| | | 孙庆章 | 南通县文化馆 |
| | | 董　林 | 如皋县丁埝文化站 |
| | | 万怀春 | 海安县沿口乡文化站 |
| | | 杨昕宏 | 如皋县柴湾乡文化站 |
| | | 徐善华 | 如东县丰利镇文化站 |
| | | 张必华 | 如东县袁庄乡文化站 |
| | | 陈宝新 | 南通县姜灶镇文化站 |
| | | 李青云 | 海门县三厂镇文化站 |
| | | 李　翔 | 海门县正余乡文化站 |
| | | 于步洲 | 海门县南莫乡文化站 |
| | | 周思三 | 启东县惠和乡文化站 |
| | | 包洪斌 | 启东县石堤乡文化站 |
| | | 石永明 | 启东县东元乡文化站 |
| 扬州市 | 扬州市群众艺术馆<br>广陵区广陵街道文化站<br>仪征市文化馆<br>宝应县文化馆<br>泰兴县文化馆<br>泰兴县口岸镇文化中心 | 唐咸志 | 扬州市群众艺术馆 |
| | | 朱祥生 | 广陵区广陵街道文化站 |
| | | 田永谦 | 郊区城东乡文化站 |
| | | 滕向阳 | 仪征市青山乡文化站 |
| | | 蒋永涛 | 仪征市铜山乡文化中心 |

续表

| 地区 | 先进集体 | 先进工作者 | |
|---|---|---|---|
| | | 姓名 | 工作单位 |
| 扬州市 | 泰州市城北街道文化站<br>兴化市周庄区文化站<br>泰县白米镇文化站<br>靖江县太和乡文化中心<br>高邮县甸垛乡文化中心<br>宝应县汜水镇文化中心<br>邗江县汊河乡文化中心<br>江都县宜陵镇文化中心 | 张　苹 | 泰州市文化馆 |
| | | 翁友良 | 兴化市周庄区文化站 |
| | | 徐步达 | 兴化市获垛乡文化站 |
| | | 潘如艾 | 宝应县文化馆 |
| | | 昌宏宇 | 宝应县望直港乡文化站 |
| | | 姜跃忠 | 邗江县槐泗乡文化中心 |
| | | 梅庆先 | 邗江县瓜洲镇文化中心 |
| | | 陈有名 | 泰兴县文化馆 |
| | | 曹瑞龙 | 泰兴县黄桥镇文化站 |
| | | 谢纪山 | 泰兴县河失乡文化站 |
| | | 李喜霖 | 泰县白马乡文化站 |
| | | 王汝祥 | 泰县塘湾镇文化站 |
| | | 江梓培 | 靖江县斜桥镇文化站 |
| | | 朱福林 | 靖江县季市镇文化站 |
| | | 朱思涛 | 江都县七里乡文化站 |
| | | 朱文彬 | 江都县锦西乡文化站 |
| | | 马玉卓 | 高邮县平胜乡文化站 |
| | | 薛　清 | 高邮县菱塘回族乡文化站 |
| 淮阴市 | 清浦区文化馆<br>宿迁市文化馆<br>淮安市文化馆<br>金湖县文化馆<br>宿迁市王官集乡文化中心<br>泗阳县洋河镇文化中心<br>沭阳县颜集乡文化中心<br>洪泽县蒋坝镇文化中心<br>淮阴县渔沟镇文化中心<br>涟水县南禄乡文化中心<br>泗洪县半城镇文化站<br>盱眙县桂五乡文化站<br>灌南县文化市场管理办公室 | 郭翠红 | 淮阴市群众艺术馆 |
| | | 王兰芳 | 清河区文化馆 |
| | | 褚明进 | 清浦区和平乡文化中心 |
| | | 朱震国 | 淮安市博里乡文化站 |
| | | 章丽呈 | 淮安市钦工镇文化站 |
| | | 胡文毓 | 淮安市城东乡文化站 |
| | | 唐亚华 | 宿迁市王官集乡文化站 |
| | | 王绍瑞 | 宿迁市塘湖乡文化站 |
| | | 徐东晓 | 淮阴县文化馆 |
| | | 徐建华 | 淮阴县南吴集文化站 |
| | | 王伟民 | 金湖县文化馆 |
| | | 邹开美 | 金湖县淮胜乡文化中心 |
| | | 成继凤 | 金湖县吕良镇文化中心 |
| | | 田玉兑 | 泗阳县文化馆 |
| | | 张继友 | 泗阳县裴圩乡文化中心 |
| | | 朱士香 | 泗洪县文化馆 |
| | | 张仁高 | 泗洪县半城镇文化站 |
| | | 丁从光 | 涟水县岔庙乡文化站 |
| | | 蒋行超 | 涟水县陈师乡文化站 |
| | | 陈我斌 | 盱眙县盱城镇文化站 |
| | | 侯明金 | 盱眙县兴隆乡文化站 |
| | | 梁士贵 | 洪泽县西顺河镇文化站 |

续表

| 地区 | 先进集体 | 先进工作者 | |
| --- | --- | --- | --- |
| | | 姓名 | 工作单位 |
| 淮阴市 | | 张增华 | 灌南县张湾乡文化站 |
| | | 王崇华 | 灌南县北陈集镇文化站 |
| | | 秦荣堂 | 沭阳县庙头乡文化站 |
| | | 葛亚东 | 沭阳县龙庙乡文化站 |
| 盐城市 | 建湖县文化馆<br>建湖县庆丰乡文化馆<br>东台市曹镦镇文化中心<br>射阳县阜余乡文化中心<br>大丰县刘庄镇文化中心<br>滨海县正红乡文化站<br>阜宁县罗桥乡文化站<br>响水县陈港镇文化站<br>城区大洋村文化中心<br>郊区义丰乡文化站 | 俞洪顺 | 城区文化馆 |
| | | 王德成 | 郊区义丰乡文化站 |
| | | 朱喜文 | 郊区北龙港乡文化站 |
| | | 徐及慧 | 郊区便仓乡文化站 |
| | | 王礼泉 | 东台市安丰镇文化站 |
| | | 高大中 | 东台市时堰镇文化站 |
| | | 姜友芳 | 东台市五烈乡文化站 |
| | | 朱礼立 | 滨海县文化馆 |
| | | 朱福全 | 滨海县淤尖乡文化站 |
| | | 黄斌斌 | 射阳县文化馆 |
| | | 高正珎 | 射阳县陈洋镇文化站 |
| | | 邹必柏 | 射阳县合兴乡文化站 |
| | | 薛立汉 | 阜宁县文化馆 |
| | | 宋福五 | 建湖县上岗镇文化站 |
| | | 刘纪耕 | 建湖县裴刘乡文化站 |
| | | 马　骏 | 大丰县白驹镇文化中心 |
| | | 叶　星 | 大丰县通商乡文化中心 |
| | | 单文艺 | 响水县陈港镇文化站 |
| | | 付长余 | 响水县海安集乡文化站 |
| | | 李本华 | 徐州市群众艺术馆 |
| 徐州市 | 徐州市群众艺术馆<br>鼓楼区文化馆<br>邳县文化馆<br>新沂县文化馆<br>沛县张寨乡文化中心<br>丰县欢口镇文化中心<br>睢宁县凌城镇文化中心<br>铜山县柳泉乡文化中心 | 王兴华 | 云龙区文化馆 |
| | | 张兆文 | 矿区文化馆 |
| | | 王广礼 | 郊区文化馆 |
| | | 裴洪永 | 郊区文化馆 |
| | | 孟昭俊 | 沛县文化馆 |
| | | 孙玉璞 | 铜山县文化馆 |
| | | 张宗银 | 铜山县吴桥乡文化站 |
| | | 赵风权 | 邳县八路乡文化站 |
| | | 张希远 | 邳县铁富乡文化中心 |
| | | 刘炳荣 | 新沂县邵店乡文化中心 |
| | | 袁雅杰 | 睢宁县高作镇文化站 |
| | | 袁怀珍 | 睢宁县城关镇文化中心 |
| | | 刘继臣 | 丰县顺河乡文化站 |
| | | 沙义河 | 丰县欢口镇文化站 |
| 连云港市 | 连云港市群众艺术馆<br>海州区文化馆 | 王必新 | 连云港市群众艺术馆 |
| | | 薛道民 | 新浦区文化馆 |

续表

| 地　区 | 先进集体 | 先进工作者 | |
|---|---|---|---|
| | | 姓　名 | 工作单位 |
| 连云港市 | 连云港区陶庵文化站<br>赣榆县墩尚乡文化中心<br>东海县李埝乡文化中心<br>灌云县同兴乡文化中心 | 滕步华 | 海州区文化馆 |
| | | 杨永勤 | 连云区陶庵文化站 |
| | | 陆永泉 | 云台区云台乡文化中心 |
| | | 乔延福 | 赣榆县青口镇文化中心 |
| | | 王福祥 | 灌云县板浦镇文化站 |
| | | 顾景虎 | 东海县安峰乡文化中心 |

**表 5－8　1999 年江苏省文化厅、江苏省人事厅表彰全省群众文化先进集体和先进个人名单**

| 地　区 | 先进集体 | 先进工作者 | |
|---|---|---|---|
| | | 姓　名 | 工作单位 |
| 南京市 | 栖霞区文化馆<br>秦淮区双塘街道文化站<br>建邺区文化馆<br>江宁县江宁镇文化中心站<br>大厂区文化馆<br>鼓楼区华侨路街道文化站<br>南京市群艺馆<br>玄武区锁金村街道文化站<br>白下区文化馆<br>江浦县珠江镇文化站 | 李为民 | 南京市文化局 |
| | | 马德良 | 雨花区文化馆 |
| | | 李业祥 | 大厂区文广局 |
| | | 冯玲秀 | 南京市群艺馆 |
| | | 曹长玺 | 白下区文广局 |
| | | 张为农 | 江宁县文化馆 |
| | | 卢　萍 | 下关区文化馆 |
| | | 王秋玲 | 秦淮区夫子庙街道文化站 |
| | | 邓翔元 | 浦口区文化馆 |
| | | 苏永进 | 南京市群艺馆 |
| | | 李亚太 | 六合县文化馆 |
| | | 刘德清 | 江浦县文化局 |
| | | 李传金 | 溧水县在城镇文化站 |
| | | 徐少红 | 雨花台区板桥镇文化站 |
| | | 王言才 | 江宁县禄口镇文化站 |
| | | 董跃明 | 栖霞区燕子矶镇文化站 |
| | | 银明友 | 六合县新篁乡文化站 |
| | | 祁羽勤 | 白下区建康路街道文化站 |
| 苏州市 | 吴江市盛泽镇文化站<br>张家港市南丰镇文化站<br>吴县市北桥镇文化站<br>常熟市文化馆<br>昆山市玉山镇文化站<br>太仓市文化馆<br>金阊区文化馆<br>沧浪区南门街道文化站 | 张明观 | 吴江市文化馆 |
| | | 袁光华 | 太仓市文化馆 |
| | | 黄君垣 | 吴江市松陵镇文化站 |
| | | 杨亚群 | 张家港市杨舍镇文化站 |
| | | 杨海仁 | 吴县市文化局 |
| | | 瞿维娜 | 张家港市文化局 |
| | | 金国男 | 吴县市黄埭镇文化站 |
| | | 庞　欢 | 常熟市虞山镇文化站 |
| | | 张金兴 | 昆山市石牌镇文化站 |
| | | 徐长鸿 | 常熟市浒浦镇文化站 |
| | | 杨瑞兴 | 昆山市文化馆 |
| | | 华　润 | 平江区观前街道文化站 |
| | | 周　鹰 | 太仓市沙溪镇文化站 |

<table>
<tr><th rowspan="2">地　区</th><th rowspan="2">先进集体</th><th colspan="2">先进工作者</th></tr>
<tr><th>姓　名</th><th>工作单位</th></tr>
<tr><td>苏州市</td><td></td><td>夏维淳</td><td>苏州市群艺馆</td></tr>
<tr><td rowspan="10">无锡市</td><td rowspan="10">江阴市文化馆<br>南长区长街文化站<br>宜兴市文化馆<br>无锡市群艺馆<br>锡山市洛社镇文化站<br>郊区胡埭镇文化站</td><td>曹金千</td><td>江阴市文化局</td></tr>
<tr><td>崔幼媛</td><td>宜兴市丁蜀镇文化馆</td></tr>
<tr><td>张家齐</td><td>宜兴市文化局</td></tr>
<tr><td>傅建军</td><td>崇安区文化馆</td></tr>
<tr><td>邱玉生</td><td>南长区文体局</td></tr>
<tr><td>郭伟一</td><td>北塘区文化馆</td></tr>
<tr><td>周进明</td><td>江阴市长泾镇文化站</td></tr>
<tr><td>罗荣昌</td><td>郊区山北乡文化站</td></tr>
<tr><td>濮卫国</td><td>锡山市雪浪镇文化站</td></tr>
<tr><td>丁祥兴</td><td>锡山市玉祁镇文化站</td></tr>
<tr><td rowspan="8">常州市</td><td rowspan="8">常州市群艺馆<br>溧阳市文化馆<br>天宁区文化馆<br>金坛市薛埠文化站<br>武进市牛塘镇文化站</td><td>刘晓菊</td><td>溧阳市社渚文化站</td></tr>
<tr><td>蒋　敏</td><td>郊区文化馆</td></tr>
<tr><td>庞家瑛</td><td>钟楼区教育文体局</td></tr>
<tr><td>冯罗庚</td><td>金坛市城东乡文化站</td></tr>
<tr><td>吴惠娟</td><td>天宁区新丰街道文化站</td></tr>
<tr><td>羊国平</td><td>戚墅堰区文化馆</td></tr>
<tr><td>袁华定</td><td>武进市西夏墅文化站</td></tr>
<tr><td>陶红亮</td><td>常州市新桥镇文化站</td></tr>
<tr><td rowspan="10">镇江市</td><td rowspan="10">镇江市群艺馆<br>句容市磨盘乡文化站<br>丹阳市文化馆<br>丹徒县荣炳乡文化站<br>扬中市文化馆</td><td>茅勇川</td><td>丹阳市河阳镇文化站</td></tr>
<tr><td>陈锡祉</td><td>句容市华阳镇文化站</td></tr>
<tr><td>虞纪凤</td><td>扬中市永胜镇文化站</td></tr>
<tr><td>刘朝宽</td><td>润州区蒋桥镇文化站</td></tr>
<tr><td>荆祥敏</td><td>丹阳市皇塘镇文化站</td></tr>
<tr><td>吴林森</td><td>镇江市群艺馆</td></tr>
<tr><td>于柏根</td><td>京口区谏壁镇文化站</td></tr>
<tr><td>王　红</td><td>镇江市文化局</td></tr>
<tr><td>石国保</td><td>丹徒县石桥镇文化站</td></tr>
<tr><td>孙成龙</td><td>丹阳市文化局</td></tr>
<tr><td rowspan="12">扬州市</td><td rowspan="12">江都市文化馆<br>扬州市城北文化中心<br>高邮市菱塘回族乡文化站<br>宝应县安宜镇文化站<br>邗江县瓜州文化站<br>仪征市新集镇文化中心站</td><td>李孝跃</td><td>江都市浦头镇文化站</td></tr>
<tr><td>汪　林</td><td>江都市双沟镇文化站</td></tr>
<tr><td>周继红</td><td>仪征市谢集乡文化站</td></tr>
<tr><td>吴琳琅</td><td>邗江县文化局</td></tr>
<tr><td>栾　红</td><td>扬州市文化局</td></tr>
<tr><td>吕　慧</td><td>邗江县汊河镇文化中心</td></tr>
<tr><td>殷国栋</td><td>扬州市群艺馆</td></tr>
<tr><td>华占和</td><td>高邮市文化局</td></tr>
<tr><td>王鸿根</td><td>广陵区文化馆</td></tr>
<tr><td>陈良斌</td><td>高邮市送桥镇文化站</td></tr>
<tr><td>潘明智</td><td>宝应县西安丰镇文化站</td></tr>
<tr><td>包美筠</td><td>郊区文化馆</td></tr>
</table>

续表

| 地区 | 先进集体 | 先进工作者 | |
|---|---|---|---|
| | | 姓名 | 工作单位 |
| 南通市 | 海门市三阳镇文化站<br>港闸区唐闸文化馆<br>如东县浒零镇文化站<br>启东市新安乡文化站<br>如皋市夏堡乡文化站<br>通州市石港镇文化站<br>海安县南莫镇文化站 | 蒋玉铭 | 海安县曲塘文化站 |
| | | 谢承祖 | 港闸区文化馆 |
| | | 徐　耘 | 海安县韩洋文化站 |
| | | 方卫平 | 启东市文化馆 |
| | | 杨树坤 | 如皋市建设乡文化站 |
| | | 黄建荣 | 启东市圩角乡文化站 |
| | | 姚　和 | 如东县东凌乡文化站 |
| | | 周建华 | 通州市文化局 |
| | | 陈进豪 | 海门市文化馆 |
| | | 陈惠新 | 通州市英雄文化站 |
| | | 沈裕辉 | 海门市海门镇文化站 |
| | | 叶晓平 | 南通市文化局 |
| | | 管　峻 | 崇川区文化馆 |
| 泰州市 | 靖江市文化馆<br>姜堰市文化馆<br>泰兴市文化馆<br>兴化市茅山镇文化站 | 周林戈 | 姜堰市叶甸乡文化站 |
| | | 严学坤 | 泰兴市文化局 |
| | | 谢　蓉 | 泰兴市横垛乡文化站 |
| | | 陈进东 | 高港区文化局 |
| | | 孙广华 | 海陵区九龙乡文化站 |
| | | 何金坤 | 靖江市靖城镇文化站 |
| | | 李松筠 | 兴化市垛田乡文化站 |
| | | 张岳林 | 靖江市季市镇文化站 |
| | | 沈　萍 | 泰州市文化局 |
| 徐州市 | 新沂市文化馆<br>贾汪区塔山乡文化站<br>徐州市群艺馆<br>沛县沛城镇文化站<br>邳州市徐楼乡文化站<br>沛县文化馆<br>铜山县郑集镇文体站 | 曹培尧 | 邳州市文化局 |
| | | 刘贵祥 | 泉山区文化局 |
| | | 朱明喜 | 睢宁县文体局 |
| | | 胡永平 | 贾汪区文化局 |
| | | 陈道法 | 铜山县张集乡文体站 |
| | | 邢厚仁 | 沛县文体局 |
| | | 李亚娃 | 徐州市文化局 |
| | | 刘安慰 | 徐州市群艺馆 |
| | | 李培民 | 云龙区文化馆 |
| | | 王家胜 | 邳州市文化馆 |
| | | 王光明 | 丰县文化馆 |
| 淮阴市 | 盱眙县马坝镇文化站<br>清浦区文化馆<br>涟水县南集乡文化站<br>金湖县文化馆<br>洪泽县共和乡文化站 | 陈俊峰 | 涟水县南禄乡文化站 |
| | | 龚　泷 | 淮阴市文化局 |
| | | 张志东 | 金湖县金北乡文化中心 |
| | | 刘宝林 | 淮阴市群艺馆 |
| | | 金　矿 | 淮安市南闸乡文化站 |
| | | 李玉珍 | 清浦区清安乡文化站 |
| | | 潘　宇 | 淮安市博里乡文化站 |

续表

| 地　区 | 先进集体 | 先进工作者 | |
|---|---|---|---|
| | | 姓　名 | 工作单位 |
| 淮阴市 | | 陈文林 | 盱眙县文化局 |
| | | 周建中 | 洪泽县东双沟乡文化站 |
| | | 吴友林 | 淮阴县韩庄乡文化站 |
| | | 卓晓宁 | 清河区文化局 |
| | | 刘　利 | 淮阴县西宋集文化站 |
| 盐城市 | 盐城市群艺馆<br>城区新兴文化站<br>大丰市文化馆<br>建湖县上冈镇文化站<br>盐都县文化馆<br>东台市安丰镇文化站<br>射阳县文化馆<br>阜宁县公兴乡文化站 | 王鹤斌 | 大丰市川东乡文化站 |
| | | 许石冲 | 响水县海安集乡文化站 |
| | | 王宝新 | 盐都县潘黄镇文化站 |
| | | 陈　才 | 射阳县千秋乡文化站 |
| | | 李建竹 | 建湖县芦沟乡文化站 |
| | | 李更生 | 盐都县文化局 |
| | | 彭寿连 | 滨海县坎北乡文化站 |
| | | 叶才明 | 阜宁县文化局 |
| | | 孙以海 | 滨海县陈涛乡文化站 |
| | | 王礼泉 | 东台市文化局 |
| | | 崔小剑 | 东台市头灶镇文化站 |
| | | 严正东 | 大丰市文化局 |
| | | 周根祥 | 响水县小尖乡文化站 |
| | | 陈小平 | 城区文广局 |
| 连云港市 | 连云港市群艺馆<br>赣榆县文化馆<br>灌南县北陈集镇文化中心<br>东海县洪庄乡文化站<br>连云区墟沟镇文化站 | 汤承英 | 灌南县文化局 |
| | | 苏贻勇 | 连云区文化馆 |
| | | 李军科 | 灌云县南岗乡文化站 |
| | | 陈广和 | 灌云县宁海乡文化站 |
| | | 李家雨 | 云合区徐圩镇文化站 |
| | | 刘　春 | 新浦区文化馆 |
| | | 张兰芳 | 连云港市群艺馆 |
| | | 杨再金 | 东海县文化馆 |
| | | 张广利 | 赣榆县石桥镇文化站 |
| | | 王寿德 | 连云港市文化局 |
| 宿迁市 | 泗洪县天岗湖乡文化站<br>宿豫县罗圩乡文化站<br>沭阳县北丁集乡文化站 | 唐亚华 | 宿豫县王官集镇文化站 |
| | | 邱小平 | 泗阳县文化馆 |
| | | 马军波 | 泗洪县文化馆 |
| | | 杨永杰 | 宿迁市宿城区文化局 |
| | | 刘家前 | 沭阳县文化馆 |
| | | 倪卫国 | 泗阳县史集乡文化站 |
| | | 梁生安 | 宿城区文化馆 |
| | | 葛月亮 | 沭阳县沂涛乡文化站 |

**表 5－9　2008 年江苏省文化厅、江苏省财政厅表彰全省乡镇文化站建设先进集体、先进个人名单**

| 地区/厅局 | 先进集体 | 先进个人 | |
|---|---|---|---|
| | | 姓　名 | 工作单位 |
| 徐州市 | 徐州市文化局<br>邳州市文化局<br>新沂市财政局<br>丰县凤城镇文化站<br>邳州市炮车镇文化站 | 朱世平 | 徐州市文化局 |
| | | 卜文凯 | 丰县文体局 |
| | | 张言谊 | 邳州市文体局 |
| | | 王书香 | 新沂市文体局 |
| 淮安市 | 淮安市文化局<br>淮阴区文化局<br>涟水县文化局<br>楚州区溪河镇文化站<br>金湖县涂沟镇文广站<br>淮阴区刘老庄乡文化站 | 沈　军 | 淮安市文化局 |
| | | 任庭良 | 楚州区文化局 |
| | | 杨　勇 | 盱眙县文化局 |
| | | 陈寿山 | 涟水县南集镇文化站 |
| 盐城市 | 盐城市文化局<br>大丰市财政局<br>阜宁县文化局<br>射阳县黄尖镇文化站<br>滨海县樊集乡文化站<br>东台市唐洋镇文化站 | 姜秀明 | 阜宁县文化局 |
| | | 卢　勇 | 东台市文化局 |
| | | 严进中 | 滨海县文化局 |
| | | 王海标 | 响水县文广局 |
| 连云港市 | 连云港市文化局<br>东海县文化局<br>赣榆县文化局<br>连云港市财政局科教文处<br>灌云县伊芦乡文化站<br>连云区板桥镇文化站 | 尚玉金 | 连云港市文化局 |
| | | 窦礼亮 | 东海县文化局 |
| | | 李　伟 | 东海县财政局 |
| | | 包　倩 | 灌云县文化局 |
| 宿迁市 | 宿迁市文化局<br>沭阳县广电文化局<br>宿迁市宿豫区财政局<br>宿城区龙河镇文化站<br>泗洪县龙集镇文化站<br>沭阳县沂涛镇文化站 | 周长东 | 宿迁市文广局 |
| | | 王新春 | 宿豫区广电文化局 |
| | | 陈孝连 | 宿迁市财政局 |
| | | 钱西球 | 泗洪县广电文化局 |
| 扬州市 | 高邮市文化局<br>扬州市邗江区财政局<br>宝应县山阳镇文化站<br>仪征市月塘乡文化站 | 栾　虹 | 扬州市文化局 |
| | | 蔡科明 | 宝应县文体局 |
| | | 杨德标 | 高邮市文化局 |
| 南通市 | 如皋市文化局<br>启东市文化局<br>如皋市如城镇文化站<br>启东市汇龙镇文化站 | 钱志刚 | 如皋市文化局 |
| | | 徐叶飞 | 海门市文化局 |
| 泰州市 | 兴化市财政局<br>泰兴市胡庄镇文化站<br>兴化市合陈镇文化站 | 顾成兴 | 泰州市文化局 |
| | | 孙　勋 | 姜堰市文化局 |
| | | 刘春龙 | 兴化市文化局 |
| 南京市 | 高淳县文化局<br>溧水县晶桥镇文化站 | 郝　军 | 南京市财政局 |
| 苏州市 | 常熟市文化局<br>昆山市陆家镇文化站 | 杨文良 | 张家港市文广局 |
| 无锡市 | 无锡新区社会事业局<br>江阴市南闸镇文化站 | 缪静怡 | 无锡市惠山区文体局 |
| 常州市 | 金坛市文化局<br>常州市财政局<br>新北区薛家镇文体站 | 尹文明 | 金坛市文化局 |
| | | 周国翊 | 溧阳市文化局 |

**续表**

| 地区/厅局 | 先进集体 | 先进个人 | |
|---|---|---|---|
| | | 姓　名 | 工作单位 |
| 镇江市 | 丹阳市文化局<br>镇江市财政局<br>丹徒区高桥镇文化站 | 王　红 | 镇江市文化局 |
| | | 孙继华 | 句容市文化局 |
| 江苏省<br>文化厅 | 社会文化处<br>科教与产业处<br>艺术处<br>市场处 | 傅文田 | — |
| | | 徐晓林 | |
| | | 戴　许 | |
| | | 张晓雁 | |
| | | 苏同林 | |
| | | 黄建彬 | |
| | | 叶　蔚 | |
| | | 谈道纪 | |
| | | 沙夕九 | |
| | | 宋伟敏 | |
| | | 吴宏远 | |
| 江苏省财政厅 | 科教文处 | 臧玉森 | — |

# 第六章　公共图书馆

1978年至2008年，是江苏省公共图书馆发展的重要历史时期，其间经历了几个重要阶段。

1978年至1980年，江苏省公共图书馆得到全面恢复，开始走上正常发展的轨道。1978年，江苏公共图书馆总建筑面积仅为5.04万平方米，维持在一个低水平上。20世纪70年代后期，国民经济处在恢复阶段，省市两级图书馆开始兴建馆舍。1978年，全省图书馆经费支出仅为188万元，但与1966年的63万元相比，增长了2倍。图书馆馆藏有所增加。1978年，全省公共图书馆总藏量约为1 303万册，1980年增加到1 433万册，平均每年新增藏量65万多册。70年代末，公众渴求知识的社会需求明显上升，省内图书馆书刊流通量快速上涨。1978年，全省图书馆图书流通人次为374.7万人次，1980年增加到639.5万人次，翻了近一倍。

1981年至1995年，江苏公共图书馆发展迅速。1981年，江苏省共有县馆77个，总建筑面积近4万平方米，平均建筑面积为519平方米。到1989年，江苏省共有县馆79个，总建筑面积为8.19万平方米，是1981年总建筑面积的2倍多，平均建筑面积达到1 037平方米。到了“八五”期末的1995年，全省县级图书馆共有81个，总建筑面积为12.97万平方米，平均建筑面积为1 601平方米，比1989年的平均建筑面积增长了50%多。在这个时期，政府对图书馆事业的投入逐年增加，从1981年全省公共图书馆有85个、年经费支出309万元，增加到1989年的91个、1 414万元，又增加到1996年的97个、5 154.6万元。全省图书馆总藏量成倍增长，1981年的全省总藏量为1 517万册，1996年为2 458万册，1996年的全省总藏量是1981年的1.6倍。在此期间，由于国内外书价快速上涨，从1987年起，省内图书馆购书量大幅下降，1988年至1989年，全省图书馆新增藏量为32万册，而1992年至1993年降至23万册。这时期全省图书馆总藏量虽有增长，但增长的幅度并不大。

这一时期，读者服务工作有了较大发展，阵地服务得到进一步加强。1980年，全省图书馆图书流通人次为639.5万人次；1982年达到1 163.4万人次；之后一直到20世纪90年代中期，基本维持在900万人次水平上。省内图书馆逐步加大书刊开架借阅的力度，创造各种条件，方便读者借阅。在改革浪潮推动下，省内图书馆逐步由被动服务向主动服务转变。

在20世纪80年代中后期，江苏公共图书馆开始走上自动化建设的道路。从1987年南京图书馆建立“中文期刊微机管理系统”起到1996年，省内图书馆逐步应用自动化管理系统。同时，随着互联网的迅猛扩展，省内图书馆开始把网络、通信技术应用于局域网和广域网的建设。在90年代初期，随着自动化管理系统的应用，省内图书馆建立了馆藏书目数据库，到90年代中后期又投入专题文献数据库的建设。

随着省内市管县行政管理体制的建立，辅导工作实行“分级辅导”的原则，基本上形成了省、市、县三级业务辅导网络。全省把“创建文明图书馆”、推进少儿图书馆建设作为辅导工作的主线，1993年后又把评估定级的业务指导列为重点。市、县图书馆业务辅导工作的重点是抓好乡镇图书馆的建设。

江苏公共图书馆逐步改变传统的图书馆管理模式，积极推行管理体制和机制改革。改革的中心任务是，进行以机构改革为中心的管理体制改革和以人事制度、分配制度为重点的管理机制改革。在改革中不断创新工作方法，开展业务重组，创建学习型组织。图书馆通过建立总分馆制、增设流通服务点、开通网站服务等新方式，扩大服务对象，延伸服务内容，尝试开展产业化经营，补充事业发展经费所需。改革为江苏公共图书馆建设和发展带来巨大的动力。

1996年以后，江苏公共图书馆的读者服务工作得到进一步加强，普遍实现藏书、借书、阅览一体化；拓展读者服务对象，加强对特殊群体的服务；增设馆外流通服务点，开办汽车图书馆。1996年全省总流通人次为838.6万人次，2008年超过1 800万人次，2008年总流通人次是1996年的2倍多。馆藏文献资源得到大力开发与利用，创办信息刊物，开展跟踪服务，做好为党政机关服务、为经济建设服务、为科学研究服务等信息服务工作。

全省公共图书馆自动化建设走上有规划、有目标、有指导的发展道路。经过“九五”“十五”两个时期的发展，至2008年，省内有21个图书馆完成馆内局域网的建设，所有图书馆都已接入广域网络，有50个建立了网站。数据库的建设也取得很大成绩，全省共建立文献信息数据库75个，数据总量达到43 TB。江苏2002年启动文化资源共享工程。自2003年起，江苏公共图书馆全面投入文化资源共享工程的建设。至2008年，全省建成江苏省文化资源共享工程省级中心，建设了基层服务点370个，基本形成省、市、县、镇四级工作网络体系，购买、整理、制作的多媒体数字化资源达1.1 TB，为19个原来内部业务未实现自动化管理的图书馆建立了“共享工程”基层服务点，配置计算机，设立电子阅览室，接入广域网络，填补了省内图书馆自动化建设的空白。

业务辅导工作在组织业务竞赛、创建文明图书馆和国家等级图书馆方面发挥了重要作用。自1996年至2006年，全省共举办了五次竞赛。创建文明图书馆活动是江苏特有的加强图书馆建设的一项举措，从1986年到2008年，全省共组织七届文明图书馆检查评比、四届公共图书馆优秀服务成果评奖，其中，1989年，金陵图书馆、扬州市图书馆、常州市图书馆、宜兴市图书馆、靖江县图书馆、吴江县图书馆被推荐表彰为首批“全国文明图书馆”，这为后来国家等级图书馆的评估定级打下良好的基础。

自1994年至2004年，全国进行了三次公共图书馆评估定级，江苏被评定等级馆的数量不断上升。在2004年进行的全国第三次公共图书馆评估定级中，全省上等级公共图书馆达到82个，占全省图书馆总数的83%，其中一级馆47个，二级馆18个，三级馆17个，一级馆总数位居全国第一。2008年进行的全国第四次公共图书馆评估定级，全省共有100个公共图书馆参评，有99个图书馆被评定为等级馆，其中国家一级馆63个，总数仍位居全国第一。

## 第一节　省、市、县三级公共图书馆

1978年后，省、市两级图书馆开始兴建馆舍，建筑面积不断增加，各种硬件设施也不断完善。政府对图书馆事业的投入逐年增加，图书馆馆藏不断增加。读者服务工作有了较大发展，省、市馆逐步实现全年、全面免费开放，并不断加大书刊开架借阅的力度，普遍实现藏书、借书、阅览一体化，还开展参考咨询、数据库检索、文献传递、流动服务、讲座、展览、培训等各类读者活动，加强对特殊群体的服务，增设馆外流通服务点，整体实现由被动服务向主动服务转变。省内图书馆书刊流通量快速上涨。

### 一、省级图书馆

南京图书馆是江苏省省级公共图书馆，国家一级图书馆，“南京图书馆”之名自1954年一直沿用至今，其前身可追溯至1907年创办的江南图书馆和1933年国民政府时期筹建的中央图书馆。作为江苏省文献信息资源保障与服务中心，南京图书馆总体馆藏已形成涵盖社会科学和自然科学各个领域的资源体系。至2008年，南京图书馆馆藏总量达近900万册(件)。

南京图书馆老馆位于江苏省南京市玄武区成贤街66号，后于1998年立项开始筹建新馆，新馆位于南京市中心大行宫地区，2002年动工，2006年落成并部分对外开放，2007年实现全面开放。新馆占地面积为2.52万平方米，建筑面积为7.87万平方米，建筑投资达4亿元人民币。馆内设有读者座位3 000个、信息点4 000多个。首层为展览厅、多功能厅、学术报告厅、六朝遗迹展示区等会展工作区；一层为综合服务区及综合阅览室、少儿书刊借阅室、视障人书刊借阅室、江苏作家作品馆；二层为外借区；三层为阅览区；四层为专题阅览区；五层为数字化区、古籍研究区；六、七层为藏书区；八层为行政办公区。

南京图书馆实行全面免费开放，365天对外服务，开展阅览、外借、参考咨询、数据库检索、文献传递、馆际互借、流动服务、讲座、展览、培训及各类读者活动。编有图书馆专业刊物《新世纪图书馆》(月刊)、《江苏图书馆之窗》(双月刊)以及信息参考服务刊物《信息传真》(半月刊)，建有南京图书馆网站。

全国文化信息资源共享工程江苏省分中心、江苏省古籍保护中心、江苏省图书馆学会秘书处、江苏省图书情报工作协调委员会办公室均设在南京图书馆。

南京图书馆于1983年着手组建技术部。1984年初组建期刊部，设立保卫科。1987年成立南京图书馆图书用品公司。1988年初设立财务科，撤销行政科；将参考阅览部分为阅览部和科技情报部两个部门；保管部更名为流通典藏部，撤销书目部；研究辅导部改为辅导部，另设业务研究室；以原书目部的联合目录组为基础，设立江苏省图书情报协调工作委员会办公室。1992年1月撤销流通典藏部，重新组建典藏部和外借部。1996年设办公室、人事组织科、财务科、保卫科、工会等5个行政部门，以及采编部、外借部、技术部、典藏部、期刊部、阅览部、信息开发部、古籍部、特藏部、辅导部和业务研究室等11个业务部门。1997年4月29日，江苏省人民政府批准南京图书馆升格为相当于副厅级全民事业单位。至1998年，机构设置仍基本维持原来的16个部门。1999年11月，根据省机构编制委员会审批，内设机构调整为办公室、人事组织部(工会)、总务部、保卫部、采编部、典藏部、读者服务部、文献信息部、研究辅导部、技术部、历史文献部、学报编辑部，共12个部门。2004年初新增党委办公室，将原来的办公室改为馆长办公室，原文献信息部调整为信息资源开发部，将读者服务部、典藏部合并为读者服务部。至2006年底，内部机构设有党委办公室、馆长办公室、人事组织部、工会、总务部、保卫部、读者服务部、采编部、信息技术应用部、信息资源开发部、研究辅导部(含江苏省图书馆学会秘书处、江苏省图书情报协调委员会办公室)、历史文献部、学报编辑部等。截至2008年底，南京图书馆共参加过三次评估定级工作，三次评估定级的年份分别为1994年、1998年、2008年，均被评为国家一级图书馆。

南京图书馆于1983年在成贤街本部新阅览楼开设外文书刊阅览室、科技文献检索室和参考资料阅览室；1984年又集中国内出版的内部书、港澳台出版物及日、俄文等书刊1.4万余册，期刊200多种，增设内部书刊阅览室，该室后改为社会科学参考阅览室。1993年5月特设市场经济专题阅览室。1994年古籍部搬入虎踞路新馆后，设立普本阅览室和善本阅览室。到1996年，全馆设置的阅览室有中文典藏本阅览室、外文书刊借阅处、视听室、盲人有声读物图书馆、中文期刊参考阅览室、中文期刊普通阅览室、中文报刊借阅处、参考工具阅览室、港台书刊报阅览室、中文普通图书阅览室、轻纺艺术资料阅览室、外文期刊阅览室、文献检索室、缩微阅览室、民国文献阅览室和古籍阅览室。1997年5月，多媒体阅览室正式对外开放。同年还开放文史知识阅览室。12月取消周一闭馆日，全周七天开放。1998年开放自修室。1999年，缩微阅览室并入文献检索室，延长开放时间，每周达72小时。2000年共新增阅览座位130多个，新增2 500种现刊开架阅览。2001年3月，中文报刊普通阅览室、中文普通图书阅览室、中文期刊参考阅览室开放时间延长至晚上9点整。2002年，参考工具书阅览室、电子文献检索室、文献检索室合并，同年6月对外开放电子阅览室。2005年5月起着手搬迁新馆的准备工作，调整部分阅览室，保留10个阅览室对外开放。2006年11月，新馆落成并试运行，开放了中文报刊阅览室、少儿书刊借阅室、视障人书刊借阅室。

20世纪70年代末期开始，全省各级图书馆简化办证手续，逐步采用开架借阅的方法，多途径方便读者借阅。自1986年4月1日起，南京图书馆实行全年敞开办证，个人借书证增至3万张。后因书库出借图书太多，而且都是集中在文艺小说、复习资料、经济、计算机等类别，拒借率上升，于是又控制办证。80年代，个人参考借书证办证数量一般控制在年均五六千张。1992年1月增办个人参考借书证，持参考证的读者在2万以上。1995年取消学生、无固定工作的人员不能办证的规定。从1996年起，中文图书外借证分为参考证、文艺证和集体证，并开始办理期刊证。1998年3月重新核办借书证，取消所有办证限制，读者凭身份证就可办理。1999年向读者免费发放办证优惠卡。1987年3月，文艺书开始实行开架借阅。1995年8月集中新书(近四年到馆的图书)，成立开架外借室，采用条形码管理。1996年4月在闭架的外借室建立中文流通书库书目数据库，中文图书外借基本实现计算机管理。1997年在开架外借室开设三个新书架，增加24架新文艺书，试行休闲文艺期刊出租服务。2000年初，自然科学闭架书库改成开架书库，18万册中文科技图书、综合性图书对读者开架借阅；3月，全馆外借实现“一证通”。20世纪80年代后期，南京图书馆书刊外借的人次、册次稳定在45万人次、100万册次左右。1990年至1999年的年平均外借量维持在15万人次、20万册次左右。2000年至2005年，年平均外借量达到26.4万人次、40.3万册次，与前十年相比，外借人次增长76%，外借册次增加一倍多。

20世纪80年代末期，南京图书馆开始使用计算机编目，馆藏书目数据库随之建立。1989年建立了“中文期刊刊名数据库”和“西文图书书目数据库”。至2006，图书馆共建成“中文图书书目数据库”“西文图书书目数据库”“中文期刊刊名数据库”“中文报纸数据库”“西文期刊刊名数据库”“馆藏民国文献书目(草目)数据库”“馆藏古籍书目(草目)数据库”“馆藏古籍书目(详目)数据库”“中国古籍善本书目数据库”“中国古籍现存书目数据库”等。2005年6月完成1993年前按《中国图书馆图书分类法》《中小型图书馆图书分类表》《四十大类图书分类法》分类的三部分图书的所有书目数据。2000年前，南京图书馆利用轻工、纺织、贸易等学科的馆藏资源，先后建立四个专题文献数据库。2000年，南京图书馆承担“第六届中国艺术节”网站建设任务，为此，制作成“江苏文化博览数据库”。2001年参与“中国试验型数字图书馆项目”的资源加工工作，建立“江苏旅游资源库”。2005年、2006年两年，南京图书馆先后建成“中国近代文献图像数据库”(6 566 GB)、“百年人物”(2 370 GB)、“百年艺苑”(2 800 GB)和分设人物(2 316 GB)、政策法规(108 GB)、旅游(80 GB)、土特产(125 GB)、作品(28 695 GB)、文化民俗(38 GB)等专辑的“江苏文化数据库系列”，还建成包含《江苏文化周讯》《文化新闻》《江苏图书馆之窗》《新世纪图书馆》《信息传真》等内容的“网站全文检索数据库”(20 489 GB)。

1988年，南京图书馆设置了研究室。1995年成立了学术委员会，由业务馆长和各部门主任组成，指导全馆开展业务研究与交流。1999年10月，南京图书馆将研究室与辅导部合并调整为“研究辅导部”，原研究室的工作任务由研究辅导部承担。2002年2月3日重新调整了学术委员会，由具有研究能力、副研以上职称人员担任学术委员。调整后的学术委员会通过了《南京图书馆学术委员会章程》和《南京图书馆科研发展基金管理办法》。

20世纪80年代至今，南京图书馆相继出版了《南京图书馆馆藏外文科技期刊目录》《馆藏四十大类中文书目》《南京图书馆建国前中文报纸目录》等3本均为百万字的大型工具书；出版《国立中央大学国学图书馆小史》《江苏省立国学图书馆概况》《国立中央图书馆概况》《南京图书馆志（1907—1995）》《南京图书馆志续编（1996—2005）》等馆史5种；有近400篇论文在省级以上刊物发表，编辑出版专业著述和工具书10部。2006年，南京图书馆编辑出版了新馆庆典丛书《汪长炳研究文集》《钱亚新文集》《卢子博文集》《南京图书馆记忆》和《南京图书馆同仁文集》等。

2008年初，南京图书馆实现了馆藏资源向读者全面免费开放，在前期免费办理少儿图书阅览证、普通阅览证的基础上，再次免除了普通借阅证办理时的工本费和年度注册费。在新馆开放一周年时，于12月8日实现了晚间部分开放。全年读者人数和图书流通量均为老馆的3～4倍。截至到2008年底，办理各类读者证17.93万张，其中2008年14.2万张，借还书刊总数超过304万册，是2007年的3.8倍，接待读者逾240万人次。文献布局进行了局部调整，二层开架外借图书由原来的20万册增加到30多万册，中文刊集中调整至三楼，实现过刊合订本的外借。重新确定文献索书号配号方案，并予以实施。《信息传真》进行改版，并取得2009年的内部准印号。完成了中共江苏省委办公厅交办的舆情分析工作，受到省委办公厅的赞扬。同时，牵头开展“全省公共图书馆数字资源共建共享暨联合参考咨询网组建”工作，免费为省辖市馆和部分有条件的县级图书馆提供数据库和咨询专家席位数，完全由省馆出资开展联合参考咨询工作在全国还是首次。取消了普本阅览限制。先后举办了一系列“文化惠民”活动，如新春大型读者活动、世界读书日系列活动、图书馆服务宣传周系列活动和七彩的夏日、难忘的暑假大型读者活动，每场活动均设有各类项目近10个。全年共举办公益展览18场。着手打造南图讲座品牌项目，结合时事热点和社会需求，策划推出了五大系列共104场讲座。读者服务部、历史文献部等业务部门主动与中小学校、省市残联、社区等建立合作关系，开展馆藏资料片展播、中老年读者免费上网培训、聋人摄影展、逸仙桥小学读书月、走进南图读书会、为受灾地区来宁小朋友捐赠图书等多项活动。自建江苏文化共享工程专网，配合江苏省文化厅完成“江苏文化网”的转交以及协助建设工作。在做好“中国近代文献图像数据库”、“江苏文化”大型数据库加工制作的同时，新建“奥运专题图像数据库”。参与国家中心发起的“文化共享奥运行”活动，在全省范围组织开展展览、讲座、视频展播等活动。与省委组织部“农村党员教育远程办公室”合作，制作完成1 291 GB、近640个小时的视频节目，涵盖讲座、电影、戏剧、文娱、歌舞等多项内容。与国家共享工程管理中心签订“何处忆江南·江苏国家级非物质文化遗产”专题资源库建设协议，并进入实质性拍摄阶段。根据“中华古籍保护计划”工程进度，进行图书馆古籍保护的各项工作，在文化部专项工作通报中受到表扬。协助省文化厅组织召开全省古籍保护工作会议、全省古籍保护工作厅际联席会议。进行第二批国家珍贵古籍名录、全国古籍重点保护单位及江苏省首批珍贵古籍名录、江苏省古籍重点保护单位的组织申报工作。选派员工参加由国家图书馆举办的古籍普查高级研讨培训班、修补培训班。承办全省第二期古籍保护工作（普查）培训班，并和国家古籍保护中心联合举办了第六期全国古籍修复技术培训班暨江苏省第三期古籍保护工作培训班。编辑出版《江苏省珍贵古籍名录》。编印《江苏省古籍保护工作简报》，开通“江苏古籍保护网”。《新世纪图书馆》被中国社会科学评价中心列入CSSCI扩展版来源期刊。《学术研究动态内参》对国内外先进图书馆资料进行收集和研究。在外借区域采用临时性的刷卡式门径管理设备进行管理。计算机网络、服务器存储等硬件设备全部安装到位，无线网络也在年底对读者开放。ALEPH500业务自动化管理系统在各个业务部门得到应用。部分数字图书馆应用系统投入使用。2008年底，信息化系统通过了竣工验收。图书馆自主软件产品力博软件系统开始推广使用。

表 6-1　1978～2008 年南京图书馆领导班子成员一览表

| 任职时间(年) | 馆长、书记 | 副馆长、副书记 |
|---|---|---|
| 1977～1978 | 高华林(革委会主任、党支部书记) | 张　锴、蔡　暹、马　啸 |
| 1979 | 杨希濂(党支部书记、副馆长) | 张　锴、蔡　暹、周向阳、潘天祯、马　啸 |
| 1980 | 汪长炳(馆长)、杨希濂、赵宛华(党支部书记) | 张　锴、蔡　暹、周向阳、潘天祯、马　啸 |
| 1981 | 汪长炳(馆长)、赵宛华、孟君孝(党支部书记) | 周向阳、潘天祯、邱克勤、马　啸 |
| 1982～1983 | 汪长炳(馆长)、孟君孝(党支部书记) | 潘天祯、邱克勤 |
| 1984 | 汪长炳(馆长)、孟君孝(党支部书记) | 潘天祯、邱克勤、宫爱东、王林西 |
| 1985～1986 | 孔宪楷(5 月起任党总支书记、副馆长) | 邱克勤、宫爱东、王林西 |
| 1987 | 孔宪楷(党总支书记、8 月起任第一副馆长) | 邱克勤、宫爱东、王林西、卢子博、于的水 |
| 1988～1990 | 孔宪楷(党总支书记、第一副馆长) | 卢子博、宫爱东、于的水 |
| 1991～1992.12 | 孔宪楷(党总支书记、第一副馆长) | 卢子博、宫爱东、杨企鹏 |
| 1992.12～1998.8 | 袁大智(党总支书记、副馆长) | 卢子博、宫爱东 |
| 1998.8～2003.6 | 马　宁(党总支书记、常务副馆长) | 袁大智、宫爱东 |
| 2003.6～2005.7 | 马　宁(党委书记、常务副馆长) | 袁大智、宫爱东、许建业 |
| 2005.7～2007.2 | 马　宁(党委书记、常务副馆长) | 袁大智、许建业 |
| 2007.2～2008.6 | 马　宁(党委书记、常务副馆长) | 许建业、钱　明、赵厚洪 |
| 2008.6～2008.11 | 马　宁(党委书记、常务副馆长) | 许建业、钱　明、赵厚洪、全　勤 |
| 2008.11～2010.7 | 马　宁(党委书记、常务副馆长) | 方标军、许建业、钱　明、赵厚洪、全　勤 |

**说明**：1977～1981 年 2 月，阎上海任顾问；1984～1988 年 11 月，汪长炳任名誉馆长；1988 年 7 月至 2000 年 5 月，戈宝权任名誉馆长。

## 二、市、县级公共图书馆

**金陵图书馆**　创立于 1927 年 6 月 9 日，1928 年 7 月改称南京市立第一图书馆，1932 年 6 月与民众科学馆合并，1933 年 9 月改称南京市立图书馆，1980 年 8 月 28 日改称南京市人民图书馆。1958 年后市图书馆坚持在过渡馆舍阵地开展服务，送书到基层、到乡下、到田头，一直到 1980 年 10 月，位于长江路 262 号的馆舍建成开放。这是一座工字形建筑，前 4 层为阅览大楼主楼，后 6 层为书库，中间用 2 层过厅相接，总建筑面积 4 060 平方米，其中书库 1 200 平方米，连同钢书架与木制桌柜等设备，耗资达 100 万元。1990 年图书馆二期工程落成，馆舍增至 6 085 平方米。后进一步扩建，最终馆舍面积达 7 300 平方米。1984 年 10 月 1 日，南京市人民图书馆正式更名为金陵图书馆。

1988 年金陵图书馆被财政部、文化部授予“全国以文补文先进单位”荣誉称号。1991 年 11 月参加全国公共图书馆业务知识竞赛，获团体总分第一，同年被文化部授予“文明图书馆”荣誉称号。1994 年 4 月至 8 月，文化部对全国 22 个省级图书馆和 13 个城市图书馆进行评估，金陵图书馆以总分 595 分排在 13 个城市的第 9 位，同年被文化部授予“全国文明图书馆”荣誉称号。2000 年被文化部授予“读者喜爱的图书馆”荣誉称号。

1988 年金陵图书馆被江苏省财政厅、江苏省文化厅授予“全省以文补文先进单位”荣誉称号。从 1989 至 1997 年连续被省文化厅授予“江苏省文明图书馆”荣誉称号。1996 年参加江苏省公共图书馆读者服务工作知识竞赛，获得团体总分第一。2000 年金陵图书馆研究辅导部、借阅部、服务部被省文化厅授予“1997～1999 年度省级图书馆工作先进集体”称号。2003 年金陵图书馆网络资源部、科技情报部被省文化厅授予“2000～2002 年度图书馆工作先进集体”荣誉称号。2005 年，江苏省精神文明建设指导委员会授予金陵图书馆“2003～2004 年度江苏省文明单位”称号。2006 年金陵图书馆期刊部、采编部被省文化厅授予“2003～2005 年度省级图书馆工作先进集体”称号。

1997 年与电信局“金陵热线”联网，建立金陵图书馆网站。1998 年 2 月 8 日开始全年 365 天向读者开放。2000 年加入中国数字图书馆联盟，成为该“联盟”的第一批成员单位。2001 年实施资源形态结构调整，加大数字化文献的购入比重，引进大型数据库和电子图书。2002年引进APABI电子图书，首批选购7 400余种。2006年12月，金陵图书馆第一家社区分馆——清江花苑分馆成立。2008年4月22日，金陵图书馆汽车流动图书馆首次开进社区。到2008年底，藏书总量达1 338 304册，发放借书证66 589个，年接待读者500 253人次，年流通书刊66 589册。2008年，全馆工作人员为107人，内设办公室、行政管理部、少儿部、采编部、图书借阅部、期刊部、特藏部、研究辅导部、技术部、网络资源部、社会工作部。金陵图书馆作为南京市公共图书馆中心，负责全市15个区、县公共图书馆的业务辅导和基层图书情报网的协作协调组织工作。

2002年4月，金陵图书馆新馆筹建处成立，于2005年正式开工，新馆位于建邺区乐山路158号，占地面积为38 641平方米，总建筑面积为25 125平方米，内设阅览座位1 400个，并有报告厅、多功能厅、展览厅、视听室、培训、餐厅、茶室、停车场等配套服务设施。

金陵图书馆1978～2008年主要领导人有张松琴、杨宛香、陈家珏、卢子博、周志华、马恒东等。

**无锡市图书馆**　前身为无锡县立图书馆，1914年建成开馆，1986年被确定为市级文物保护单位。馆舍建筑总面积为5 223平方米，实际使用面积为3 556.35平方米，其中书库总面积为2 279.83平方米，阅览室总面积为515.88平方米。设外借部、阅览部、古籍部、参考咨询部、采编部、辅导部等6个部门和8个服务窗口。1987年，辟地下室7个房间为外借部和少儿馆辅助书库，耗资5万元改黄楼（因外墙为黄色而得名）为古籍书库，并购置使用JX-3图书监测系统进行开架管理。1988年，财政部下拨专项经费20万元，全面加固图书馆钟楼。1990年成立艺术分馆，收藏艺术类图书，提供专门服务。1991年7月投入5万元配置XT-286微机和SUN-386服务器，用于图书的采访数据存储和书目编制。1992年完成图书著录自动化工作，著录工作由手工操作转向计算机编制。1994年，无锡市图书馆被评为全国首批一级图书馆。1995年8月，无锡市图书馆新馆建设立项。1996年因建设新馆，老馆址部分土地实行资产置换，暂闭部分馆室，仅开放图书借阅室、报刊阅览室和少儿借阅室。

2000年1月，无锡市图书馆选用汇文文献信息服务系统作为开展各项业务工作的服务平台。同年3月以包库的方式购买万方数据库，其后又以包库、光盘镜像和流量计费等形式购买各类数据库为读者开展信息服务。6月，无锡市图书馆新馆竣工，10月1日正式对外开放，新馆坐落在太湖广场南侧，建筑面积为2.69万平方米，主楼为13层，裙房为7层，呈弧形环绕式。内设办公室、流通部、辅导部、社教部、古籍部、采编部、信息技术部、少儿部、物业部。2002年，无锡市图书馆原址钟楼被确定为省级文物保护单位。同年对新馆4、5两层进行续装修，调整馆舍布局。7月，1至7层全面向市民开放。2003年引进“清华同方”“重庆维普”“超星”等7大数据库，4月25日举行信息咨询服务平台开通演示会。2005年，新馆开放面积达2万平方米，馆藏总量达126万册（件）左右，其中包括图书113.2万册、报刊资料12.8万套、地方文献3 832种10 375册。拥有13个各具特色的数据库，其中8个为自建数据库。提供阅览座位1 600多个，年订阅报刊1 640余种；计算机243台，其中88台在电子阅览室；设立图书借阅室、报刊阅览室、文史阅览室、电子阅览室、参考文献检索室、少儿借阅室、休闲书屋、采编部、技术部、辅导部等22个服务窗口；内设馆长室、党政办公室和信息服务中心、资源管理中心、文献研究中心、社会工作中心、少儿服务中心、读者服务中心、物业管理中心。工作人员有91名，其中高级职称7人、中级职称21人。是年，无锡市图书馆再次被文化部评为国家一级图书馆。1990年、1993年、2005年，无锡市图书馆先后3次被江苏省文化厅评选为江苏省文明图书馆。

1982年，无锡市在原无锡市图书资料青少年阅览室基础上建立无锡市少年儿童图书馆，编制6人，与无锡市图书馆实行“一套班子、两块牌子”的管理体制。1983年1月1日，无锡市少年儿童图书馆正式对外开放，馆藏图书0.7万册、连环画1.1万册、报刊120种，开设阅览、外借服务，设阅览座席72个，有工作人员5人，专人负责采编、辅导工作。开馆初期，无锡市少年儿童图书馆设立“红领巾读书读报奖章活动·新书介绍”书架，开辟“学习园地”专栏，向少年儿童宣传、推荐优秀读物并进行学习辅导；在重点学校和边远学校设立图书流动站，为病残、智障的特殊小读者送书上门。1988

年，无锡市少年儿童图书馆加入华东区少儿图书馆协会，参加“新形势下少图工作的新模式”学术研讨活动，完成对无锡市区小学图书室的验收工作。1991年成为华东地区少儿图协理事馆、江苏省少儿馆工作专业委员会副主任委员馆。1995年敞开办证，延长借期，增加每次可借册数，扩大少儿读者队伍。1999年参加江苏省公共图书馆1994～1998年度优秀服务成果评选，在“少儿新故事会讲”暨“十佳小故事员评选”活动中获二等奖，在“图书剧、课本剧、小品剧”大赛和“我爱家乡我爱党”读书征文演讲活动中获三等奖。1991年至1999年底接待读者5万余人次，流通图书近6万册次。

2000年，无锡市图书馆新馆建成开放，在一楼设立少年儿童图书馆少儿借阅室和活动室，实行开架服务，以中小学生“假日新视野”活动为切入点举办少儿主题读书、征文、夏令营、少儿视听专场等活动。2004年，无锡市少年儿童图书馆新增少儿活动室，调整布局，根据儿童阅读需求建立少儿绿色网络世界，精选6大类49个精品少儿网站，依托2 000多种少儿视听光盘资料，向7到14岁的少年儿童免费开放。2000年至2005年，无锡市少年儿童图书馆共接待读者63万余人次，流通图书143万余册次。少儿图书借阅室专用面积为1 000平方米，馆藏图书达10万册左右，阅览座位有200多个，使用彩色桌椅，设有卡通标识。连续举办了25届“红领巾读书读报奖章活动”。

无锡市图书馆1978～2008年主要领导人有诸寿荣、仲晓、冯丽蓉、王普圣、王珂、张洪顺、周镜吾、唐秋霞等。

**徐州市图书馆**　建于1930年，时称江苏省铜山县县立公共图书馆。1953年更名为江苏省立徐州图书馆，1954年初改名徐州市图书馆。1977年5月，徐州市图书馆在原馆旧址徐州市大同街112号复建竣工，1978年9月开放。面积为2 520平方米。1982年10月1日，由徐州市图书馆少儿组与少儿借阅室组建的徐州市少年儿童图书馆对外挂牌开放，馆址在徐州市和平路（云龙山东坡）北侧，馆舍面积达230平方米，设有阅览座席110个。加之徐州市图书馆原有部分馆舍，全馆总面积为3 325平方米，其中书库为994平方米，阅览室共1 437平方米，设有阅览座席430个。2003年底，新馆基本建成，同年12月18日正式对公众开放。新馆位于徐州市泰山路西侧文化城南部，总建筑面积达2.15万平方米，其设计藏书容量为160万册（件），可设阅览座席1 000多个。设计日均接待读者量可达2 000人次，年借阅文献量为100余万册（件）次。总体划分为成人馆与少年儿童馆两大部分。

从1996年起，徐州市图书馆自动化工作开始启动，全馆配有微机16台。1998年选用图书馆自动化业务管理系统（ILAS 5.0）应用软件作为图书馆业务和服务工作平台，初步建立起图书馆业务管理自动化系统。1999年，馆藏中文图书、期刊书目回溯建库工作基本完成并投入使用。2003年建成的新馆大楼，配有现代楼宇智能化弱电系统集成体系，计算机网络布点600余个。进入新馆后，全馆实现了自动化、网络化。在对系统软硬件进一步升级后，文献管理与服务实现了藏、借、阅、咨询、检索等一体化。2005年配备了导读触摸屏终端机2台。2006年，视听室建立。2004年4月，少儿图书馆也实现了图书借阅自动化管理。2005年，少儿馆中文图书回溯建库工作完成。2008年1月，少儿馆改扩建一期工程竣工并正式开放。开放面积为750平方米，设有阅览座席96个、电脑10余台、视听设备1套。

网络建设与服务方面，1998年以百兆数据传输速率建成馆内局域网，网络布点400个。1999年上半年建成图书馆网站（www.xzlib.cn），以专线方式接入公共信息网，上传馆藏文献数据，实现读者的远程检索、查询、浏览及网上预约预借等服务功能。2005年3月升级为双向传输光纤宽带独享专线接入因特网。同年5月1日，配备96台电脑的电子阅览室建成开放。2008年，馆内现代化规模基本形成。

1978年，馆藏图书34万册、报纸36种55份、杂志686种770份。年度购书经费为2.55万元，占全年总经费的22.74%。馆藏文献品种、载体形式，基本以印刷型出版物为主。组建起四个书库。20世纪80年代以后，年度购书经费一般可达全馆总经费的40%。1985年，总藏书量达62万册，购书经费升至6.4万元，年购新书9 200种30 546册。1990年以后，专项经费的增长速度逐年提升。1997年，购书经费为37.5万元，总藏书量增长为76万册。2007年，购书经费为96万元，文献总藏量达80.476万册(件)，总藏量在全国地市级公共图书馆中位列第37位。少儿图书馆的藏书建设也同样得到健康发展。1982年少儿馆成立之初，仅有藏书2万册、报刊129种。至1998年，专项购书经费超过1.9万元。2005年，专项购书经费已达4万元，占全馆购书总经费的20%。2006年，少儿馆藏书计7万余册。

1978年，馆藏文献流通量为16万余人次、21万余册次。1987年接待到馆读者总量超过29万人次，文献借阅量达63万余册次；少儿馆办理集体外借证121个。1998年接待各类读者22.5万人次，外借图书20万册次，提供二次以上专题信息3 000条。2000年开辟网上预借预约服务新途径。2008年接待流通读者22万人次，其中图书外借13万人次；外借图书24.2万册次，其中少儿图书外借6万余册次；累计发放有效借书证1.34万张，新增持证读者4 214人。

徐州市图书馆1978～2008年主要领导人有夏正明、厉景人、叶永淮、薛利平、张荣光等。

**常州市图书馆** 创建于清光绪三十年(1904年)。1991年12月26日在常州市和平北路8号动工兴建新馆，为世界银行贷款项目及常州市社会事业综合示范实验区重点工程，总投资达4 200万元。1995年12月26日竣工，对外开放，占地面积为7 300平方米，建筑面积为1.2万平方米，有8层书库，共3 000平方米，可容纳藏书150万册。向读者开放借书室、阅览室16个，共有座位600个。另有展览厅、报告厅等设施。图书馆对计算机、导读触摸屏、电子显示屏、无线上网等电子设备的经费投入逐年增加。2001年创建常州市图书馆网站(www.czlib.net)，2003年又进一步改版升级。2004年，常州市图书馆利用局域网实现了全馆办公自动化，创建的OA系统为全馆职工提供了文件传输、信息交流、资源共享的工作平台。2004年建立共享工程电子阅览室。2005年实现无线网络覆盖。截至2008年，图书馆为自动化建设配置了145台计算机，以及打印机、扫描仪、刻录机等24台辅助设备。目前已初步实现了电子书、刊、视频资源的网上远程服务。

1978年，图书馆的藏书共有43万册，1979年至1986年是图书馆藏书数量增长最快的时期，每年购书量在4万册左右。到1986年底，馆藏图书总数为748 772册。1987年以后，图书馆购书量逐年增加。到2008年，馆藏图书总数为1 325 377册，包含各学科门类，以建筑、装潢、机械服装、标准、专利、法律法规、各种参考工具书为重点，尤以《专利公报》《中国国家标准》收藏齐全为主要特色。图书馆还系统收藏了2 000多种期刊。

从2004年起，图书馆开始采购音像资料、电子读物，陆续购买龙源期刊、中国基本古籍库常州地方志数据库、中国知网学术期刊数据库、书生之家。拥有电子图书10万册、少儿动漫电子图书7 000册。截至2008年，自建的各类馆藏数字资源数据已达3 G。主要数据库有：1996年建成的“中文图书、期刊书目数据库”；2000年建成的“地方文献书目数据库”；2001年建成的“普通古籍数据库”；2002年建成的“家谱目录数据库”、“常州图书馆学会优秀论文数据库”(文本)；2003年建成的“咸淳毗陵志全文数据库”(文本)、“天宁寺志全文数据库”(图像)、“常州参考信息数据库”(文本)；2004年建成的“毗陵科第考全文数据库”(图像)；2005年建成的“晋陵先贤传全文数据库”(图像)、“常州十大名人资料库”(文本)、“常州籍院士资料库”(文本)、“常州籍进士资料库”(文本)、“常州现代名人库”(文本)；2008年建成的“古籍善本数据库”。

2008年底，持证读者人数达40 260人，全年总流通量为958 343人次，其中外借文献量为591 389册次。常州市图书馆在1994年至2008年举办的三次全国公共图书馆评估定级中均被评为“国家一级图书馆”。在1988年至2008年举办的八次“江苏省文明图书馆”评选活动中，均被评为“江苏省文明图书馆”。

常州市图书馆1978～2008年主要领导人有徐昌盛、潘涵英、应登甫、徐燕萍、张文波、刘英、吴建军等。

**苏州图书馆** 始建于1914年，其前身是清末正谊书院学古堂，曾为“江苏省立第二图书馆”。苏州图书馆总馆位于人民路858号，占地1.6万平方米，建筑面积为2.5万平方米，是一座园林化的现代图书馆，是江苏省爱国主义教育基地。苏州图书馆以“平等、免费、专业、礼貌、高效”为办馆宗旨，截至2008年，拥有一个总馆、14个分馆，体系内部实行统一资源建设、统一服务标准、统一开展读者活动。2008年接待到馆读者316万人次，借出图书

106.99 万册次。苏州图书馆获“全国古籍重点保护单位”“全国公共文化设施管理先进单位”“江苏省服务农民服务基层文化工作先进集体”“全省扶残助残先进集体”“江苏省文化系统先进集体”“江苏省文明图书馆(2003～2005 年度)”“江苏省精神文明建设工作先进单位(2005～2006 年度)”“江苏省模范职工之家”等一系列荣誉。

1980 年,苏州市人民政府批准图书馆扩建 1 600 平方米的四层楼新馆舍。1981 年,1 800 平方米的社科新大楼竣工并交付使用,馆舍面积扩建至 4 293 平方米。至 1986 年 5 月,公园路馆舍面积为 4 500 平方米,有社科、科技和古籍三幢大楼。阅览室面积为 1 030 平方米,设有阅览座位 370 个。1990 年 10 月,在相王弄建造的古籍馆 1 650 平方米的主体工程完成,至此,馆舍面积增至 6 350 平方米。1993 年 3 月 29 日,苏州图书馆古籍馆正式对外开放,当时机构设置有馆长办公室、行政办公室、采编部、古籍部、辅导部、综合图书外借部、综合书刊参考部。1998 年 9 月 18 日,中共苏州市委常委会议纪要第十四号文同意建设苏州图书馆新馆,馆址在人民路原市政府大院。该项目由政府投资 6 000 万元左右,总建筑面积为 2.5 万平方米。人民路新馆从提出建馆到开馆历时 4 年多,2001 年 6 月 18 日重新开馆,为副处级建制。至 2008 年底,图书馆设有办公室、采编部、借阅部、古籍部、少儿部、情报部、研究咨询部、技术信息部、辅导部、会展培训部、设备安保部等 11 个内设机构。事业编制 79 人,在编职工 75 人。

1986 年初,馆藏图书 88 万册。1987 年初,藏书 92 万册,其中古籍 25 万册、平装 67 万册。1993 年底,馆藏图书总量达到 106 万册,其中古籍 30 万册、1949 年之前的平装书 4.5 万册。1997 年采购图书 6 677 种、报刊 1 470 种,修补古籍 15 648 册,拍摄缩微胶卷 80 卷。1998 年采购图书 8 651 种 17 185 册、报刊 1 465 种、电子文献数据库 65 种、光盘资料和 VCD 资料 245 种。1999 年新增图书 10 332 种、中外文报刊 1 448 种,总量达到 19 593 册;购买大型数据库 6 种、光盘资料 214 种;征集地方文献 236 册。2002 年 7 月,从苏州文育山房购得一批古籍,共 7 种 20 册,内容涉及苏州地方史,都为抄本、稿本。其中,3 部 11 册是记录清光绪时苏州长洲县有关田亩分配的鱼鳞册,填补了图书馆收藏苏州地区鱼鳞册的空白。同年采购中外文图书 25 465 种 58 918 册,收集各类地方文献 465 种,征订报刊 1942 种 2 170 份,采购大型数据库 11 种,电子图书 21 万种。2006 年底,馆藏的纸质藏书量达 123 万册,电子图书达 45 万种。截至 2008 年底,苏州图书馆馆藏总量为约 192 万册(件),全年接待读者 316 万人次,借出图书 106.99 万册次。

苏州图书馆 2006 年举办讲座 70 场、展览 54 个、音乐会 2 场;开展大型读书活动 11 项,参加活动的读者超过 15 万人。慰问部队 8 次,送书 3 393 册、物资 8 000 多元。为盲人读者、老年读者提供送书上门服务,馆内添置了盲文刻印机,增加了语音图书。2008 年举办讲座 170 场(其中卫星直播讲座 107 场)、展览 45 个、音乐会 4 场;开展大型读书活动 11 项、小型读书活动 230 次,参加活动的读者超过 15 万人。

苏州图书馆 1978～2008 年主要领导人有杨培、许培基、陈春森、陆娴武、张欣、邱冠华等。

**南通市图书馆** 前身是清末状元、近代实业家、教育家张謇于 1912 年创办的南通图书馆。1979 年建成使用面积为 1 500 平方米的新大楼。1983 年建成古籍藏书楼“静海楼”,时任国务院古籍整理领导小组组长李一氓题写了楼名。图书馆实行馆长负责制,馆长由市文化局聘任。馆领导班子设馆长 1 人、党支部书记 1 人(兼副馆长)、副馆长 1 人。下设办公室、辅导部、采编部、少儿部(1993 年建立市少儿图书馆)、外借部、咨询部、期刊部、古籍部,部门主任由馆长聘任。2002 年,部门主任竞聘上岗,增设技术开发部,人员编制 61 人。设有外借部、科技阅览咨询室、社科阅览咨询室、期刊阅览室、地方文献阅览室、古籍阅览室、电子阅览室等 7 个开放服务窗口,每周开放 58 小时。馆藏文献达 78 万余册(件),其中古籍 16 万余册(件)。1978 年以后,南通市图书馆和北京、上海、南京图书馆建立了互借关系,为读者拓展借书渠道;少儿部举办“母子读书会”和阅读辅导讲座;开始实行开架借阅,或半开架、闭架相结合的借阅方式。1979 年,持有外借证读者为 1.03 万人,借阅达到 22.3 万册次。图书馆自动化建设在 1998 年开始起步,2001 年设立电子阅览室,配置 30 台电脑,供读者检索和上网。2005 年,图书馆安装“力博系统”,机房配置浪潮英信 NP350,所有部门使用电脑,网络、服务器、存储和网络安全等系统进行更新改造。

1983年以来，南通市图书馆影印出版明刻本《州乘志》，和南通博物苑联合编辑出版管劲臣未刊手稿《南通历史札记》，编成《南通市图书馆馆藏中文报纸目录(1949～1982)》，编印《张謇研究资料》，出版《南通纺织图录》，和张謇研究中心联合主编《张謇全集》(6卷7册400万余字，在2003年中国历史学会主办的"纪念张謇诞辰150周年高级论坛"上获"张謇研究杰出贡献奖")。多次举办南通人著作展、南通市图书馆优秀服务成果展、馆藏古籍精品展，编辑出版画册《南通市图书馆》。为政府部门及企事业单位编史修志，为高校、科研院所及海内外学者的研究提供检索、咨询及文献支持。1999年始对古籍和地方文献进行整理和登录，编成24册书本式目录，并逐步将目录输入电脑。制作20个樟木书橱，将特藏书库内的古籍全部放入樟木书橱；制作120个双面木质书橱，将全部馆藏古籍和地方文献放入书橱。2002年，"金沧江国际学术研讨会"在南通召开，南通市图书馆和南通市博物馆联合举办金沧江遗物遗作展，展出馆藏金沧江著作20余种。馆藏古籍被列入《中国古籍善本书目》137部2 000多册。南通市图书馆馆藏古籍中，《大明仁孝皇后劝善书》为明永乐五年(1407年)内府刻本；《乐律全书》为明万历刻本，明宗室朱载堉撰，记载有乐谱、舞谱；《世说新语八卷》为明凌瀛初刻，分别用墨、朱、黄、蓝套色印刷，代表了当时印刷的最高水准。地方名人的手稿有清同光体代表诗人范伯子的《三百止遗》、咸丰时兵部侍郎孙铭恩的《兰检京都日记》、清末诗人丁有煜的《个道人诗稿》等。馆藏特色文献包括张謇的藏书及其文献资料、寓居南通的韩国学者金泽荣的著述、近代南通地方学者的著作等。

南通市图书馆古籍部整理馆藏三级以上珍贵古籍，申报"国家珍贵古籍名录""江苏省珍贵古籍名录"。2008年1月23日，《中国文化报》公示首批《国家珍贵古籍名录》，南通市图书馆有17部古籍被列入其中。南通市图书馆申报"全国古籍重点保护单位""江苏省古籍重点保护单位"。

南通市图书馆在20世纪80年代初开辟张謇研究资料室，编印《张謇研究资料》，出版了《南通纺织图录》，和张謇研究中心联合编纂《张謇全集》，古籍部的6位同志参与，1994年《张謇全集》(6卷本，400余万字)出版。2000年以后，馆员每年在省级以上学术刊物和学术会议上发表论文或论文获奖在16篇以上。

南通市图书馆1978～2008年主要领导人有贾佩峰、赵婉华、袁明、卢显祖、冯昭、姚恭祥、徐晖、李澄、陈银龙、蒋国庆、沈爱明、周昶、张红等。

**连云港市图书馆** 1959年9月，新海连市图书馆建成向群众开放，藏书达3.5万册。1984年后，连云港市图书馆启动机制改革，健全馆内设施，增设服务窗口，建立图书馆网。1988年10月，连云港市图书馆新建阅览大楼竣工，共五层，面积为2 400平方米，投资达95.75万元。1992年在馆内成立少儿图书馆。1994年12月，连云港市图书馆被文化部评定为二级图书馆。1995年，藏书达39.95万册。1997年成立自科信息部、社会信息部。1998年启用图书流动车。1999年，在江苏省文化厅举办的"省公共图书馆优秀成果展"活动中，连云港市展区获二等奖。2000年被文化部评为全国文化工作先进集体，承办全国沿海城市公共图书馆协作网会议，举办连云港市地方史志展览。2003年6月，连云港市人民政府决定，连云港市图书馆与新海高级中学图书馆实行资源整合，成立新的连云港市图书馆，并迁至新浦区苍梧路56号。新馆总建筑面积为1.6万平方米，增挂连云港市教育图书馆牌子，行政上隶属于连云港市教育局，升格为副处级全民事业单位。2005年被评定为国家一级图书馆。市图书馆收藏地方文献1 300多种2 800余册，包括《海州文献录》《云台山志》等地方典籍、《连云港市志》《连云港统计年鉴》等当代史料文献、《西游记》《镜花缘》等研究文献。

图书借阅服务有图书借阅、报刊阅览、电子阅览、盲人阅览等，设阅览座席620个。图书借阅流程由最初的手工检索、人工统计，发展到计算机管理、自动化检索。1985年成立参考咨询部，分为自然科学和社会科学两个参考咨询室，开展咨询检索、信息服务、课题服务等工作，编制报刊专题题录卡片、剪贴报纸、编辑《报摘》《文摘》《社科信息选编》《信息快览》等资料。从1997年开始开启汽车图书馆、增设图书流通服务点，在社区、学校、企业、军营、乡村等设立50多个馆外服务点，累计向各流通点提供图书近20万册。

连云港市图书馆1978～2008年主要领导人有

罗长洲、孙善邦、孙绍庚、张正渭、陈浩、魏世伦、汤承英、臧雷、张建明等。

**淮安市图书馆** 淮安市图书馆始建于1958年。1959年5月1日正式对外开放。1964年11月更名为清江市图书馆。1968年与清江市博物馆、清江市文化馆合并为清江市毛泽东思想宣传馆。1974年，三馆又恢复原名并各自开展工作。1983年3月，体制改革，市馆上升为淮阴市图书馆(省辖市)。1983年5月，投资26万元新建的图书楼对外开放。1992年11月，旅台淮安籍同胞李崇年遗孀葛宗蕙秉承李崇年遗愿，捐赠25万美元兴建李崇年图书馆，于1993年10月建成开放。2000年5月建成淮阴市少年儿童图书馆(隶属淮阴市图书馆)。2001年2月，行政区划再次调整，淮阴市更名为淮安市，原淮阴市图书馆遂更名为淮安市图书馆。总建筑面积为4 010平方米，藏书达45余万册(件)，其中线装古籍1.5万余册，以明初刻本《诗人玉屑》、明万历十二年(1584年)《历代小史》、清光绪二年(1876年)六色套印本《杜工部全集》、清末抄本《康熙清河县志》价值最高。设有流通、少儿、报刊、地方文献、参考咨询、电子阅览室等服务窗口，建立了自然科学书库、社会科学书库、过刊书库、现刊书库、地方文献书库、古籍书库、儿童读物书库。1997年运用深圳图书馆的ILAS系统实现计算机管理，2000年实行全开架借阅，2008年1月1日起实行全免费借阅，所有业务环节实现自动化管理，建有地方文献、淮安名人、周恩来、《西游记》、淮扬美食、馆藏古籍等特色数据库，地方文献书目数字化达100%。担负着全市城区和农村、机关、学校、厂矿的图书馆(室)的业务辅导任务。从1997年起编印《特种水产养殖专刊》等六种资料，编辑《淮图通讯》《决策参考》《乡镇致富信息》等刊物。现已基本形成以市馆为中心，辐射乡镇、机关、学校、厂矿的市域图书馆网络。

2005年被江苏省文化厅评定为国家二级馆。1978～2008年，馆舍面积从706平方米增加到4 010平方米；在编人员从12人增加到39人(1991年编制数)；年购书经费从0.86万元跃升至100万元；读者人数从3 700人增加到9 988人。

淮安市图书馆1978～2008年主要领导人有程素英、蒋嘉林、居克龙、杨炳辉等。

**盐城市图书馆** 前身可追溯到1928年的盐城县立硕陶图书馆。1983年3月，盐城撤县建市，盐城县图书馆升格为盐城市图书馆，馆舍面积为430平方米，馆藏图书18.2万册，年事业经费为3.78万元，在编人员为11人。1987年由市人民政府投资在毓龙东路兴建新馆，新馆第一期工程为4 600平方米，总投资450万元。1990年5月30日正式对外开放。2002年又在原地扩建二期工程。二期工程大楼主体四层、局部七层。截至2008年，盐城市图书馆总建筑面积为1.01万平方米，编制50人，馆藏文献50万余册，拥有通信设施、微机网络检索、多媒体导读、自动化管理系统、信息咨询平台，设图书外借处、报纸阅览室、期刊阅览室、参考资料室、电子阅览室、自修室等10多个服务窗口，提供各类阅览座位600多个。

1995年8月，经盐城市人民政府批准，盐城市图书馆开始正式筹建"胡乔木同志藏书纪念馆"。1995年12月，中央档案馆、当代中国研究所和中共盐城市委、盐城市人民政府在北京举行了隆重的"胡乔木藏书、档案资料捐赠仪式"。胡乔木生前的1.4万件档案资料和4万余册藏书，由其子女分别捐赠给中央档案馆、当代中国研究所(2.3万余册)和江苏省盐城市图书馆(1.7万余册)。1997年6月1日，"胡乔木藏书纪念室"在盐城市图书馆成立。

1994年，盐城市图书馆被江苏省文化厅授予"思想政治工作先进集体""文明图书馆"等称号。1994年至2005年，图书馆先后三次被文化部评为国家一级图书馆，并荣获"全国文明图书馆""江苏省文明图书馆"等称号。2000年6月被省文化厅授予"文明图书馆"称号，被文化部授予"读者喜爱的图书馆"称号。2001年，盐城市图书馆成为盐城市爱国主义教育基地，12月被省精神文明建设委员会授予"省级文明单位"称号。

盐城市图书馆1978～2008年主要领导人有崔开明、李建军、陈培琪、卞怀远、管家龙、刘进等。

**扬州市图书馆** 创建于1950年3月21日。早期馆名为苏北图书馆，馆址在扬州市永胜街40号，面积为600多平方米，属苏北行署文教科领导。1983年实行市管县，隶属扬州市文化局领导，扬州市图书馆成为全市的中心图书馆。2004年参加第三次全国公共图书馆评估，首次被评为国家一级图书馆，并保持至今。

1978年，扬州市图书馆藏书53.38万册。1978

年至 1987 年，馆藏量平均每年增长 1 万余册。1987 年底，馆藏量达 674 526 册。2000 年后，扬州市图书馆馆藏量平均每年增长 2～3 万册。到 2008 年底，馆藏量为 1 042 660 册，内容涉及各学科门类，以文史资料和地方文献藏书为特色，还藏有《四库全书》《毛泽东评点二十四史》等大型文献资料。1994 年接受香港汉荣书局董事长石景宜捐赠的港台版图书 4 000 册。图书馆新馆于 1996 年 6 月 5 日动工兴建，1998 年竣工投入使用。新馆位于扬州市维扬路 349 号，占地 20 余亩，馆舍建筑面积为 1.03 万平方米。新馆设有图书部、期刊部、古籍部、少儿部、培训中心等服务部门，实行全开架服务；另有报告厅、展览厅等设施。2002 年底，图书馆计算机网络工程建设基本完成。2003 年完成 20 余万条书目数据的录入工作。2004 年 1 月，共享工程电子阅览室建成开放。2006 年 12 月创建扬州市图书馆网站（www.yzlib.cn）。2008 年订购报刊 1 100 多种。2006 年起开始采购音像资料、电子读物。2008 年采购书生之家电子图书 1 万种。扬州市图书馆古籍部收藏历朝刻本、稿本、抄本、石印本 13.2 万册。其中善本古籍 8 000 余册，被编入《中国古籍善本书目》的有 250 部。最早藏品为宋元刻本，藏有孤本、精刻精印本以及名家稿抄本。特色藏品为明版书、地方文献、拓片。入选江苏省第一批《江苏省珍贵古籍名录》的有 130 部，第二批 47 部，计 177 部；入选国家首批《国家珍贵古籍名录》47 部，第二批 16 部，第三批 10 部，计 73 部。入选《国家珍贵古籍名录》的重要古籍有明景泰五年（1454 年）刘氏翠岩精舍本《五伦书》；明成化二十三年（1487 年）的藩府本《文选》；明初刻本《洪武正韵》，此书字墨刻印精良，全国仅存一部完整；还有《四库》底本，如明抄本《明珰彰瘅录》、清抄本《东洲几上语》等。

1978 年，扬州市图书馆设有社会科学、科技 2 个外借室，设有社科、科技、社科典藏室、古籍、少儿 5 个阅览室。1998 年，新馆建成后设普通、优惠、期刊、少儿 4 个外借室，设精品图书、参考咨询、石景宜赠书、报刊、少儿、古籍、地方文献、文汇阁藏书和电子阅览室等 9 个阅览室，设置阅览座位 512 个。1999 年 3 月，扬州市图书馆向全市 6 所公共图书馆发出全年无闭馆日、365 天天天开放的倡议，并得到落实。2008 年 10 月 1 日起，扬州市图书馆实行全免费开放服务。2008 年底，持证读者人数达 1.7 万，全年总流通量为 541 013 人次，其中外借文献量为 343 607 册次。

1982 年，少儿阅览室被评为全国少儿馆先进。1988 年，江苏省文化厅授予扬州市图书馆“江苏省文明图书馆”称号。1989 年 5 月，扬州市图书馆被文化部授予“全国文明图书馆”称号。1990 年 12 月在社会主义精神文明建设方面受到文化部表彰。1991 年 1 月，扬州市图书馆被文化厅评为文化系统思想政治工作先进集体。1991 年 6 月，省文化厅授予扬州市图书馆“江苏省文明图书馆”称号。1991 年 11 月获文化部、人事部授予的“全国文化先进集体”称号。多次被评为“江苏省文明图书馆”。

扬州市图书馆 1978～2008 年主要领导人有方德宏、朱俊儒、张云程、王惠官、刘向东、王庆吾、沈业民等。

**镇江市图书馆** 坐落于镇江市区解放路 17 号，占地 13 亩，是镇江市立图书馆。它的前身为江苏省立镇江图书馆，1931 年筹建，1933 年 3 月对外开放。1949 年改名苏南镇江图书馆，1957 年更名为镇江市图书馆。从 1978 年起，镇江市图书馆在山门口街 37 号对外开放，年接待读者 20 多万人次。1981 年，馆内阅览大楼建成使用，馆舍面积共计 2 300 平方米，馆内设阅览座位约 500 个。1985 年，中共镇江市委、镇江市人民政府与解放军南京军区后勤部、60 军协商归还解放路 17 号图书馆原址问题圆满解决。1986 年 8 月 11 日举行了交接仪式，同年 12 月 8 日在解放路 17 号图书馆原址举行了外借楼的开放仪式。解放路 17 号占地 14 亩，1935 年兴建的馆舍大楼保存完好。原址归还以后，先后于 1992 年、1999 年建成阅览大楼和外借大楼，并于当年开放。1994 年，镇江市图书馆实施传统图书馆向现代图书馆过渡计划，计算机技术开始在镇江图书馆应用，图书馆引进江苏财经高等专科学校研发的“SCT－A”型通用图书馆管理系统，首先在采编部应用，1995 年建成局域网，大量书目数据回溯建库，从 1996 年起读者可以通过计算机检索图书并使用计算机借书证外借和阅览图书。2000 年引进“汇文”文献信息服务系统，替换原有管理系统并配备了大型服务器。2003 年 6 月，镇江市图书馆网站开通，读者可以通过网络查询馆藏情况并可通过电话预约和续借图书。2004 年，镇江市图书馆与广东联合编目中心合作，实现了书目数据的网上联机套录。

2002年10月，“中国文心雕龙资料中心”举行了挂牌仪式。2005年改建了有365个座次的学术报告厅和培训中心。2006年，镇江市图书馆创立公益文化服务品牌“文心讲堂”，向市民开展公益性知识讲座。到2008年，镇江市图书馆馆舍面积为1.6万平方米，馆内设有6个读者服务阵地，阅览座位800多个，全馆年接待读者人次达56.3万。藏书88万册，其中古籍近20万册，包含善本205种5 146余册，28部古籍入选《国家珍贵古籍名录》，图书馆被列入国务院批准的“全国古籍保护重点单位”。

镇江市少年儿童图书馆是在镇江市图书馆儿童阅览室的基础上发展起来的。1982年5月31日，镇江市少年儿童图书馆成立并举行了开馆仪式，地址在中山路136号，馆舍面积为120平方米，藏书近万册，订阅报刊60种，持证小读者为2 500人。1992年，少儿馆迁至山门口街37号(市图书馆分部)继续开放，此时面积扩大到200多平方米。1994年，少年儿童图书馆由于馆舍问题关闭，2000年在解放路17号市图书馆内重新开放。藏书经过重新整理和充实达到3.5万册，订阅报刊121种，持证小读者有2 700多人。

2006年6月1日，少儿馆新馆改建完成正式对外开放。馆舍面积从原来的200多平方米增加到1 000平方米。设有借阅厅、数字阅读区、视听室。馆藏少儿图书5万多册、少儿报刊200多种，年接待少儿读者近20万人次。

镇江市图书馆1978～2008年主要领导人有赵玉明、任罡等。

**泰州市图书馆**　前身为1923年建立的泰县图书馆，1974年恢复建制，泰州市图书馆的名称沿用至今。1994年，泰州市图书馆新馆落成，书法家赵朴初题写馆名。1996年经国务院批准设立地级泰州市，泰州市图书馆随之升格为地级市馆，对靖江、泰兴、姜堰、兴化4个县级市和海陵、高港二区公共图书馆及基层图书馆(室)进行业务指导。至2006年底，图书馆拥有各类藏书40多万册，其中线装古籍6万余册，以明清精刊本为特色，有全国善本古籍329种3 083册、1949年前的地方文献748种2 615册。同时藏有一定数量的金石拓片、数百种报刊资料、文渊阁影印本《四库全书》一套、各种大型工具书3 000多册、1949年后的地方文献700种2 000余册。馆舍面积为4 816平方米，设有阅览座位200个，在编人员32名。馆内设置流通、少儿、特藏、网络、采编、社会工作等六个业务部门和一个馆部办公室，有持证读者1.3万人，2006年接待读者量达48万人次。自1999年起，馆外设立多个图书流动点(室)，面向社会常年举办讲座、展览及其他多种形式的公益读书活动。

泰州市图书馆1978～2008年主要领导人有周瑾。

**宿迁市图书馆**　2006年12月1日正式开馆。图书馆位于宿迁市世纪大道88号市文化艺术中心二楼东半部，使用面积为2 000平方米，另有600平方米地下书库。开馆初期，图书馆有图书5万多册、报刊1 073种，开办经费为50万元。2006年，纳入市财政预算的订阅报刊经费为12万元，2008年增加到15万元，并新增购书经费20万元。截至2008年底，宿迁市图书馆藏书12万册、报刊及合订本2 500多种近2万册、电子图书1.5万册。2008年，图书馆接待读者4万多人，并被评为江苏省首批社会科学普及示范基地。

宿迁市图书馆2006～2008年主要领导人有马志春。

**南通市少儿图书馆**　南通市人民政府将南通市少年儿童图书馆建设列入“八五”规划，于1993年4月批准建立。1993年12月，南通市少儿图书馆以市图书馆原少儿部为基础，利用170平方米业务用房和书架、阅览桌及2.5万册藏书，正式成立，接待读者。市少儿图书馆人员编制为11人，设正、副馆长各1人，并设借阅、辅导2个部门。2002年，南通市少年儿童图书打通阅览室和书库，进行整体装修改造，添置书橱46个，使用“力博”图书馆管理系统，用磁卡借书证替代传统的纸质借书证，实现自动化全方位开架借阅服务。2003年添置信普大厦600余平方米业务用房，成立读书活动基地，辟有100平方米的阅览室、60平方米的电子阅览室、140平方米的多功能报告厅等。市少儿图书馆实行藏、借、阅、咨询一体化、全方位开架、自动化服务管理模式。馆舍面积为900余平方米，设借阅、采编、辅导及综合等4个部门，有图书阅览室、少儿馆网站、读书活动基地等开放窗口，网站设有“服务指南”“新书推荐”“读者之星”“南通文化”等11个栏目。有阅览座位100个、藏书8万余册。少儿图书馆每天开放。2005年，持证读者量达8 798人，到馆借书读者量达7.56万人次，阅览读者量达15万人次；2008年，阅览读者量达到17.29万人次。

市少儿图书馆获得中宣部、国家教委颁发的“全国中小学生读书活动优秀组织奖”，中宣部、全国妇联、团中央、教育部颁发的“《我做合格小公民》知识竞赛优秀组织奖”，江苏省知识工程领导小组、江苏省文化厅颁发的“《公民道德建设实施纲要》主题读书活动优秀组织奖”，省文化厅颁发的“红领巾读书读报活动优秀组织奖”及服务成果奖。2005年，持证读者从开馆时的1 500人增加到8 798人，年接待借书读者7.56万人次、阅览读者15万人次。1997年至2005年，少儿图书馆设立十多个图书流动服务点。

**扬州市少儿图书馆** 隶属于扬州市关心下一代工作委员会。1997年建设一期工程，1998年6月1日开馆；2003年2月实施扩建工程，同年12月建成。工程总投资达1 600万元，馆舍总面积为6 200平方米。1997年11月8日，国防部原部长张爱萍为少儿馆题写馆名。

1998年开馆以来，开设了11个对外服务窗口，并配有计算机管理系统，建有扬州少年儿童信息网站、少儿科普动脑动手园地等。藏书15万册，内容涉及20多个学科领域。每年接待读者40万人次，提供文献资料50万册次。

2001年，扬州市少儿图书馆被扬州市人民政府评为市文明单位，被江苏省关工委评为江苏省关心下一代工作先进集体。2002年被江苏省文化厅评为省文明图书馆。2004年，江苏省文明办命名扬州市少年儿童图书馆为“江苏省青少年校外活动示范基地”；扬州市少儿图书馆顺利通过了国家一级少儿图书馆验收。2005年，扬州市少儿图书馆被中国关心下一代工作委员会和中央精神文明建设指导委员会评为全国关心下一代工作先进集体；文化部授予扬州市少年儿童图书馆国家一级少儿图书馆称号。

**连云港市少年儿童图书馆** 为原市图书馆资源重组后组建的财政全额拨款的公益性事业单位。图书馆于2003年9月26日开馆，馆舍建筑面积为3 400平方米。有少儿、文化艺术类藏书5万册(件)；各类计算机设备(包括终端)30台，其中服务器3台，建有局域网和图书馆网站，是全国文化信息共享工程、江苏文化网连云港中心站，国家一级图书馆。少儿馆下设采编部、阅览部、外借部、信息技术部、培训辅导部。建馆之初工作人员有12人。设阅览室、电子试听室、外借一室(图书)、外借二室(音像资料)，有阅览座位400个。2003年建馆之初，文献藏量为8.6万册，有音像资料2 000册(件)，全年365天全天候开放，年接待读者近30万人次。2004年3月2日，市少儿图书馆召开新浦区28所中小学团委书记、大队辅导员会议，主题是“馆校共建”，主要确立送书点、为特困生免费办证等事宜。随后，设立包括中小学、幼儿园、培智学校、社会福利院在内的13个借阅点，定期送书上门。举办城乡“手拉手”夏令营、首届少儿读书节等一系列少儿活动，邀请央视“大风车”栏目主持人鞠萍到连云港，拍摄反映连云港市山海风光的少儿专题片。开展“红领巾”读书活动，获省级一等奖3个、二等奖5个、三等奖22个，市少儿图书馆获优秀组织奖。10月，中共江苏省委宣传部、江苏省财政厅拨付给连云港市少儿图书馆少儿流动书库专项资金25万元。2005年设音像资料借阅室，又利用专项资金15万元购买流动送书车一辆，启动少儿流动书库工程，在边远地区建立20个流动送书点，惠及贫困地区中小学生数万人。2006年，少儿流动书库获江苏省文化建设优秀成果三等奖，受到江苏省文化厅表彰奖励，《人民日报》《中国文化报》《中国教育报》《新华日报》分别报道。2007年在赣榆、东海、灌云、灌南四县成立少儿图书馆分馆、少儿流动书库24个，送书4万多册。组织开展少儿故事大王擂台赛、亲子游艺活动、“淘宝小市场”活动、少儿电脑绘画比赛、野生鸟类标本科普展、如何纠正错别字讲座等系列读者活动近20个，获全省红领巾读书活动组织奖。2008年7月18日，少儿馆电子阅览室共享工程厅免费向小读者开放。在全省第四届公共图书馆优秀服务成果评奖活动中，“少儿流动书库进乡村”服务成果获二等奖，“法与人生——预防青少年犯罪系列教育活动图版展”服务成果获三等奖。

连云港市少年儿童图书馆2003～2008年主要领导人有魏世伦、刘政、朱里萍等。

表 6-2　江苏省县级图书馆一览表

| 馆　　名 | 建馆时间 | 级　　别 |
| --- | --- | --- |
| 南京市鼓楼区图书馆 | 1960 | 一级图书馆(2005) |
| 南京市秦淮区图书馆 | 1961 | 一级图书馆(1999、2005) |
| 南京市建邺区图书馆 | 1981 | 一级图书馆(2005) |
| 南京市江宁区图书馆 | 1953 | 一级图书馆(2005) |
| 南京市浦口区图书馆 | 2003 | 一级图书馆(2005) |
| 南京市下关区图书馆 | 1963 | 三级图书馆(1994) |
| 南京市雨花台区图书馆 | 1972 | 二级图书馆(1994、2005)<br>三级图书馆(1999) |
| 南京市栖霞区图书馆 | 1984 | 三级图书馆(1994) |
| 南京市六合区第一图书馆 | 1958 | 二级图书馆(1994、2005)<br>三级图书馆(1999) |
| 高淳县图书馆 | 1931 | 一级图书馆(2005) |
| 江阴市图书馆 | 1936 | 一级图书馆(1994、1998、2005) |
| 宜兴市图书馆 | 1926 | 一级图书馆(1994、1998、2005) |
| 无锡市锡山区图书馆 | 1952 | 三级图书馆(1998)<br>二级图书馆(2005) |
| 无锡市惠山区图书馆 | 2001 | 三级图书馆(2005) |
| 无锡市崇安区图书馆 | 1999 | 三级图书馆(2005) |
| 无锡市南长区图书馆 | 1985 | 三级图书馆(2005) |
| 无锡市北塘区图书馆 | 1998 | 三级图书馆(1998)<br>二级图书馆(2005) |
| 丰县图书馆 | 1978 | 二级图书馆(1999) |
| 沛县图书馆 | 1981 | 二级图书馆(1994)<br>一级图书馆(2005) |
| 邳州市图书馆 | 1985 | 二级图书馆(1993) |
| 铜山县图书馆 | 1978 | 一级图书馆(2008) |
| 新沂市图书馆 | 1989 | 二级图书馆(1994、2001、2005) |
| 常州市武进区图书馆 | 1958 | 二级图书馆(1994)<br>一级图书馆(2005) |
| 金坛市图书馆 | 1984 | 二级图书馆(1999)<br>一级图书馆(2005) |
| 溧阳市图书馆 | 1958 | 二级图书馆(1994、1999、2005) |
| 太仓县图书馆 | 1980 | 一级图书馆(2005) |
| 常熟市图书馆 | 1915 | 一级图书馆(1994) |
| 昆山图书馆 | 1977 | 一级图书馆(1999) |
| 张家港市图书馆 | 1986 | 二级图书馆(1994)<br>一级图书馆(1999) |
| 吴江市图书馆 | 1980 | 一级图书馆(2005) |
| 苏州市吴中区图书馆 | 1920 | 二级图书馆(1999)<br>一级图书馆(2005) |
| 淮安市淮安区图书馆 | 1978 | — |
| 淮安市淮阴区图书馆 | 1976 | — |
| 洪泽县图书馆 | 1976 | — |
| 涟水县图书馆 | 1979 | — |

| 馆 名 | 建馆时间 | 级 别 |
| --- | --- | --- |
| 盱眙县图书馆 | 1976 | — |
| 金湖县图书馆 | 1976 | — |
| 东台市图书馆 | 1987 | 一级图书馆(1994、1998、2005) |
| 大丰市图书馆 | 1996 | 二级图书馆(1994)<br>一级图书馆(2005) |
| 建湖县图书馆 | 1976 | 二级图书馆(2005) |
| 射阳县图书馆 | 1956 | 二级图书馆(1994、1998、2005) |
| 阜宁县图书馆 | 20世纪50年代初 | 三级图书馆(1994、1998、2005) |
| 滨海县图书馆 | 1959 | 三级图书馆(2005) |
| 响水县图书馆 | 1978 | 三级图书馆(1985、2005) |
| 盐城市盐都区图书馆 | 1983 | — |
| 扬州市邗江区图书馆 | 1976 | — |
| 江都县图书馆 | 1979 | 一级图书馆(1998、2005) |
| 仪征图书馆 | 1958 | 一级图书馆(2006) |
| 高邮市图书馆 | 1921 | 二级图书馆(1999) |
| 宝应县图书馆 | 1924 | 二级图书馆(1999) |
| 丹阳市图书馆 | 1999 | — |
| 扬中县图书馆 | 1976 | — |
| 句容市图书馆 | 1959 | 二级图书馆(1998) |
| 镇江市丹徒区图书馆 | 1986 | — |
| 靖江图书馆 | 1998 | 一级图书馆(1998) |
| 泰兴图书馆 | 1930 | 一级图书馆(1998) |
| 泰州市姜堰区图书馆 | 1981 | 二级图书馆(1999) |
| 兴化县图书馆 | 1958 | 三级图书馆(1994) |
| 沭阳县图书馆 | 1998 | — |
| 泗阳县图书馆 | 1956 | 一级图书馆(1999) |
| 泗洪县图书馆 | 1999 | 三级图书馆(2005) |
| 宿迁市宿豫区图书馆 | 1997 | — |
| 宿迁市宿城区图书馆 | 1957 | — |

## 第二节 图书馆学会

从1979年开始，由省、市图书馆牵头，江苏省级、市级图书馆学会纷纷成立。各级学会制定了学会章程，成立理事会，不断吸纳会员，定时召开会员代表大会。学会定期出版《江苏图书馆工作》《锡图学刊》《常州图书馆工作通讯》等会刊，不断开展各种活动，如组织学术报告会、讨论会，进行论文评选，举办各种培训班，参与编写、出版专著等。

### 一、江苏省图书馆学会

1979年9月，江苏省图书馆学会成立。成立大会上通过了《江苏省图书馆学会章程》，选举出13位常务理事，汪长炳为理事长，产生了第一届理事会，出版会刊《江苏图书馆工作》。1980年，省学会第二届理事会组成，邱克勤任理事长；1988年，省学会换届选举，组成了以省图书馆副馆长卢子博为理事长的第三届理事会；1994年10月召开全省第四次会员代表大会，组成了第四届理事会。省馆副馆长卢子博连任新一届理事会理事长。从1994年第四次会员代表大会至2003年7月，卢子博任学会理事长，省馆辅导部主任王学熙任学会秘书长。2003年7月3日召开全省第五次会员代表大会，进行换届工作，选举产生了由85名理事组成的第五届理事会，同时产生45名常务理事，理事长由江苏省文化厅副厅长王慧芬担任，省馆党委书记兼常务副馆长马宁担任常务副理事长，研究辅导部主任吴林任学会秘书长。省学会设学术委员会、编译出版委员会、继续教育委员会、少年儿童图书馆专业委员会、医院图书馆专业委员会、中小学图书馆专业委员会、专业图书馆委员会等七个机构。2006年1月起，理事长由省文化厅副厅长兼省馆党委书记马宁担任。南京图书馆是省学会的挂靠单位。2006年，省学会会员已从1983年的219名增至1 600名，理事馆有85个，中国图书馆学会会员有500名。

1996年至2006年，省学会多次被中国图书馆学会、江苏省民政厅、江苏省哲学社会科学界联合会授予"先进学会"称号，在2004年、2005年和2006年的中国图书馆学会征文活动中获组织奖。自1979年成立至1996年，每两年召开一次全省性的综合性科学讨论会。共举办学术讨论会、报告会74次，参加活动人数达1.2万人次。其中举办全省性的大型科学讨论会15次，共收到论文约2 000篇。1996年，省学会围绕在北京召开的第62届国际图联（IFLA）大会的主题开展学术活动，发动全省图书馆工作者参加北京国际图联（IFLA）的论文征集活动，共递交论文258篇，其中58篇获优秀论文奖，报送论文总数和获奖论文总数名列全国第一。十余年来，省学会先后接待了来自澳大利亚、美国、芬兰、印度等国家的友好人士12批55人，组织学术报告会16次。自1996年始，每年召开一次县（市）区图书馆馆长理论研讨会和全省少儿图书馆建设理论研讨会，已形成例会制度。从2002年起，省学会与泰州、扬州、南通三市学会和市馆每隔一两年举办一次"苏中地区图书馆事业发展战略研讨会"。至2006年，研讨会已召开了三次。1997年至2006年十年间，省学会在全省范围内开展各类学术活动近60次，收到论文4 600余篇，组织3 000多人参加了省级学术研讨会；举办学术报告会5次，有1 220人听讲；举办各种培训班6次，有651人参加；举办、参与举办全国性和跨地区的大中型学术研讨会近20次。

## 二、市级图书馆学会

**南京图书馆学会**　南京图书馆学会由金陵图书馆牵头，于1992年12月30日成立，召开了第一次会员代表大会，市馆周志华馆长当选学会理事长。1997年12月23日，市学会完成第二届理事会的换届工作。2006年5月25日，在金陵图书馆召开市学会第三次会员代表大会，全省各系统图书馆80余名会员代表出席了大会，表决通过了第三届理事会成员名单。市馆馆长马恒东当选为理事长，严峰、马美华、张厚生、张智松、侯汉清为副理事长，戚建平为秘书长。会议决定常务理事会由理事长、副理事长、秘书长、副秘书长组成，市学会挂靠金陵图书馆。

1992年至1997年，南京图书馆学会组织学术报告会22场、科学讨论会1次，举办学术进步奖评选和业务知识竞赛1次、学术论文征集活动5次、业务培训和业务研讨活动18次。2002年，学会组织力量对全市16家区县图书馆进行摸底调查，撰写了《图书馆是经济建设和科技进步的重要力量：南京地区公共图书馆开展信息服务情况及效果的调研报告》。

**无锡市图书馆学会**　1980年，江苏省图书馆学会无锡分会成立。1982年7月16日更名为无锡市图书馆学会。无锡市图书馆学会每年组织开展学术征文活动、召开学术研讨会、开展基层辅导。无锡市图书馆学会挂靠无锡市图书馆，其业务接受无锡市科学技术协会和无锡市民政局的指导和监督管理。学会成立以来，组织开展学术研究和学术交流活动；开展业务培训，普及图书馆学基础知识；编辑《锡图学刊》等专业性刊物；介绍、推广和评介市内外图书馆学研究成果，发现、培养和推荐人才；利用文献资源和人才优势，组织文献信息的开发和利用。

1998年，无锡市图书馆学会会员张洪顺撰写的文章《中国图书馆事业发展的艰难性、缘由及其对策》在国家级刊物《中国图书馆学报》发表，张洪顺被中央电视台邀请为"城市图书馆"发展专题节目的嘉宾。同年，无锡市图书馆学会举办"市场经济与图书馆""图书馆与精神文明建设"等主题学术研讨会，并先后邀请华裔加拿大纽芬兰纪念大学图书馆专家熊丽影到馆作《加拿大图书馆工作概况》报告，澳籍华人李超凡教授到馆介绍澳大利亚图书馆先进的管理服务模式，华东师范大学图书馆情报学系主任陈誉教授到馆作《英国图书馆服务与情报服务的现状及发展趋势》学术报告。

2002年，无锡市图书馆学会在成立20周年之际，与无锡市历史研究会联合举办无锡名人家传——名门望族研讨会。无锡市图书馆学会被江苏省图书馆学会和无锡市科技协会评选为先进集体，连续9次被无锡市科技协会授予“四星级学会”称号。

**徐州市图书馆学会**　1981年6月，徐州市图书馆学会成立。副馆长赵清茂当选为理事会理事长，理事14名。按章程，学会每四年召开一次代表大会，选举新一届理事会。学会日常工作由常务理事会主持。常务理事单位多为本地区大、中型图书馆。学会下设学术委员会、教育委员会等分支机构。首批会员229人。会址设在市图书馆。至1988年，会员发展到302名，其中中国图书馆学会会员12名，江苏省图书馆学会会员66名；8人有高级职称，79人有中级职称。1998年召开市图书馆学会第四次代表大会，选举产生新一届理事会，理事成员共7人，理事长为徐州市图书馆馆长张荣光，副理事长为徐州师范大学图书馆馆长张太洪、中国矿业大学图书馆副馆长郭太敏，秘书长为徐州市图书馆辅导部主任王苏建。至2003年，学会拥有团体会员88个、个人会员366名。个人会员中有中国图书馆学会会员52名，江苏省图学会会员130名；其中拥有高级职称的有40余人，拥有中级职称的有300余人。2007年，会员发展到390名。

学会承办省级以上学术研讨会共计16次。1978年以来，学会会员在国家和省级专业刊物上发表论文共计700余篇，学会举办论文评奖活动6次。2008年，学会组织会员参加中国及江苏省图书馆学会征文6次，其中《关于经典“代读”走向“自读”——公共知识空间中心场域转移——图书馆服务转型之创生机遇的思考》一文获第八届江苏省“五星工程奖”金奖。

**常州市图书馆学会**　1980年1月22日至23日，江苏省图书馆学会常州分会召开成立大会，在常州的省学会会员36人及各系统图书馆工作人员100余人参加，大会选举产生了学会领导机构，常州市图书馆副馆长潘健当选为理事长，辅导组副组长田云当选秘书长。学会设有学术研究组、编辑组、业务讲师组。1981年4月2日，学会召开会员大会，通过将分会名称改为“常州市图书馆学会”的决议。1982年2月22日，市学会召开1981年年会暨科学讨论会，会上通过了《常州市图书馆学会章程》。1991年6月29日，常州市图书馆学会在常州市政协会场召开全体会员大会，产生第四届理事会，下设三个机构：图书情报协调委员会、学术研究委员会、读者工作委员会。会议对章程进行了修改。1999年6月15日，常州市图书馆学会在市图书馆召开了第六次会员大会，大会再次修改学会章程。从2006年起由第七届理事会主持工作，由常州市图书馆副馆长程广荣任理事长。学会有团体会员5个、个人会员267名，个人会员中有省会员61名、全国会员31名。理事会下设学术研究、网络建设、读者工作、出版编辑、继续教育五个专业委员会。

1980年2月，学会会刊《常州图书馆工作通讯》第一期出版；1996年改为半年刊；从2000年起改半年刊为季刊；2008年申请准印证，并改名为《常州图书馆界》。1980年6月，学会召开第一次年会暨科学讨论会，会上交流论文10篇，后编印成论文集。1990年、2000年先后编有《常州市图书馆学会成立10周年资料汇编》《常州市图书馆学会成立20周年资料汇编》。

**苏州市图书馆学会**　1980年4月2日，江苏省图书馆学会苏州市分会成立。4月20日，市学会会刊《情况交流》创刊。全年先后发展全国学会、省市学会会员共88名。1982年，苏州市图书馆学会在此基础上成立。1990年10月11日，苏州市图书馆学会在苏州图书馆举行第三次会员代表大会，出席代表有80多人。选举产生第三届理事会理事、常务理事。陆娴武当选为理事长，高天生、陆汉荣、邓学基当选为副理事长，并决定从1991年起学会会刊《情况交流》改名为《苏图通讯》，为市级刊物，一年四期。

苏州市图书馆学会由苏州市文化广播电视管理局主管，挂靠苏州图书馆，办公处所设在苏州图书馆辅导部内。至2008年，苏州市图书馆学会已有会员459名，其中加入江苏省图书馆学会的会员有194名，加入中国图书馆学会的会员有85名。出版的专著有《苏州市图书馆馆藏家谱目录》《寒山寺志汇编》《范仲淹资料新编》《苏州藏书史》《苏州市古籍善本目录》《苏州市家谱联合目录》《江苏艺文志·苏州卷》《苏州图书馆馆藏古籍善本提要（经部)》《苏州民国艺文志》《爱书人的世界》《覆盖全社会的公共图书馆服务体系:模式、技术支撑与方案》。参与编写的著作有《江苏旧方志提要》《苏州全国之最》《苏州诗词》《冒号分类法解释及类表》《科技文献情报工作常识》《社会主义图书馆学概论》《当代中国图书馆事业》《苏州文化手册·藏书篇》《姑苏竹枝词》《苏州词典》等。

**南通市图书馆学会** 1983年,南通市图书馆学会成立。至2005年,学会共召开了四届会员代表大会。1983年至1984年,图书馆举办为期一年的图书馆业务培训班,各级各类图书馆(室)专职人员300多人参加学习。1999年,南通市图书馆协助市文化局职能部门,对乡镇图书馆进行检查,开展业务辅导,并根据对通州、海门、启东、海安、如皋、如东6县(市)18家乡镇图书馆的调查,撰写了《南通市乡镇图书馆调查报告》。

2003至2007年,南通市图书馆学会承办,以及和江苏省图书馆、扬州市图书馆、泰州市图书馆学会联合举办了4届苏中地区图书馆发展战略研讨会,南通市图书馆学会每届会议报送的论文在80篇左右,获奖论文有20至30篇。市图书馆和市图书馆学会举办2005年学术年会,提交论文79篇,评出一等奖5篇、二等奖15篇、三等奖20篇。2006年举办南通市图书馆学会第一届科学讨论会,收到论文60篇,评出一等奖5篇、二等奖10篇、三等奖15篇。从2001年开始,南通市图书馆学会编辑出版内部学术刊物《南通图书馆界》,从2003年起改为《文献与信息》。

**连云港市图书馆学会** 1979年9月3日,连云港市图书馆学会成立,朱惠珍任理事长,这是江苏省第一家市级图书馆学会。第二次会员代表大会于1984年11月召开,选举产生第二届理事会,理事长为张正渭。1985年有市会员145名。1989年5月召开第三次会员代表大会,选举产生了第三届理事会。理事长、秘书长不变。1995年12月18日,市学会召开第四次会员代表大会,陈浩任理事长,李洪波任秘书长。2002年10月,市学会设置学术工作委员会、教育工作委员会、编辑工作委员会等三个机构。2006年5月26日召开第五次会员代表大会,选举产生第五届理事会,市馆馆长臧雷当选理事长,封海云当选秘书长。2006年底有中国学会会员33名、省学会会员85名、市学会会员194名。2003年7月获“江苏省1994～2002年度先进学会”称号。

**淮安市图书馆学会** 1981年4月9日,江苏省图书馆学会淮阴地区分会成立,第一届理事长为傅有儒。1983年10月24日召开第二次会员代表大会,更名为淮阴市图书馆学会,王震亚为理事长。1989年12月16日召开第三次会员代表大会,蒋嘉林为理事长。2001年2月,行政区划调整,学会更名为淮安市图书馆学会。2002年7月2日召开了淮安市图书馆学会第五次会员代表大会,选举产生第五届理事会,杨炳辉为理事长,并设16个理事馆单位。截至2008年,学会共有会员70人,其中国家级会员20人、省级会员66人。

学会自成立以来,定时召开理事会、常务理事会,研究、部署和指导学会的各项重要工作,对重大事项和议题进行民主审议和表决。组织各种学术研讨会、学术年会40余次,共有1 300名代表参加,收到学术论文近500篇,获得省级以上奖项的有70余篇。

**盐城市图书馆学会** 1985年7月3日,盐城市图书馆学会成立。大会制定和通过了《盐城市图书馆学会章程》,选出了学会第一届理事会和会长、秘书长。1986年1月8日至9日,盐城市图书馆学会召开了第一届学术年会,来自全市公共、高校、科研和基层图书馆(室)的60多名会员代表参加了大会,有15位同志就藏书建设、分类编目、读者工作和情报利用等专题宣读交流了论文。

1986年2月5日,盐城市图书馆学会开始编印《盐图通讯》,每年4期,主要是交流各类图书馆工作的情况和经验,报告盐城市图书馆界学术研究的新成果。2003年盐城市图书馆学会被江苏省图书馆学会授予“1994～2002年度先进学会”荣誉称号。

**扬州市图书馆学会** 1980年1月,江苏省图书馆学会扬州市分会成立。1984年改名为扬州市图书馆学会,挂靠扬州市图书馆。截至2006年,扬州市图书馆学会更换了五届理事会。1980年,第一届理事会有理事17人,扬州市图书馆副馆长高昇杰担任理事长,发展会员52人;1984年,第二届理事会发展会员68人;1989年,第三届理事会有理事21人,扬州市文化局朱绍春担任理事长,发展会员240人;1995年,第四届理事会有理事22人,扬州市图书馆馆长王惠官担任理事长,发展会员252

人;2004 年,第五届理事会有理事 21 人,市文化局副局长吴宝根担任理事长,发展市学会会员 141 人、省学会会员 108 人、中图学会会员 39 人。

**镇江市图书馆学会** 1982 年 7 月 11 日,第一届会员代表大会在镇江市图书馆召开,镇江地区图书馆学会成立,镇江市图书馆副馆长张景勤当选为第一任理事长,学会下设秘书组和学术组。驻镇高校图书馆、中专学校图书馆、科研机构图书馆和该地区 11 个县(市)图书馆为成员馆,学会挂靠镇江市图书馆,隶属镇江地区科协领导。1983 年行政区划实现市管县体制后,镇江市升格为地级市,学会更名为镇江市图书馆学会,隶属镇江市科协和市社科联。

1986 年 4 月,学会开始编辑发行会刊《镇江图书馆通讯》(季刊,内部交流)。截至 2008 年,学会共召开了十一次科学讨论会。1985 年 9 月,学会与镇江职业大学联合举办全日制图书馆学中专班(学制两年),学会参与教学,40 余名学生毕业后分配在镇江各高校和公共图书馆工作。1994 年 9 月,学会与镇江高等师范专科学校联合举办图书馆学专业证书大专班(学制两年),学会参与管理与教学,30 余名各类型图书馆在职人员参加学习并获得专业证书。

**泰州市图书馆学会** 1998 年 4 月 15 日成立。学会在全市组织不同主题学术征文和研讨活动 9 次,发起并举办了首届"苏中地区图书馆发展战略研讨会",有 20 余篇论文在国家级报刊上发表,有 106 篇论文在国家级、省级征文中获奖。在全省首届图书馆学情报学学术成果评奖活动中,有 3 人获得了二、三等奖。学会定期出版会刊《泰图论坛》和《泰图动态》,出版了《书人书香》。年年都被市社科联评为"先进学会",还被市民政局评为 2003～2005 年度先进集体。

## 第三节 计算机与信息技术应用

20 世纪 80 年代中期,计算机与信息技术开始在省内图书馆得到应用。至 2008 年,江苏公共图书馆自动化、网络化、数字化建设历时 20 多年,投入资金超过 7 000 万元,配置计算机近 6 000 台。图书馆使用计算机编目,建立了各种馆藏书目数据库。

### 一、图书馆自动化系统

业务自动化管理系统的建设,从 1987 年南京图书馆建立"中文期刊微机管理系统"开始。1996 年、1998 年江苏省文化厅先后下发《关于我省公共图书馆实施自动化管理的几点意见》和《江苏省公共图书馆自动化建设"九五"规划和 2010 年远景目标》两个文件,对全省公共图书馆业务自动化管理系统的建设提出具体的发展目标。"九五"时期(1996～2000 年),业务自动化管理系统的建设主要是系统新建、全面发展。"十五"时期(2001～2005 年)的重点是系统更新、升级换代。至 2006 年,在全省正在运行的 99 个公共图书馆中,有 80 个馆建立了业务自动化管理系统,部分或全部实现了内部业务的自动化管理。全省内部业务实现自动化管理的公共图书馆的比例达到 81%。

计算机网络的建设始于 20 世纪 90 年代中后期。1997 年,南京图书馆建成局域网和广域网。1998 年正式开通南京图书馆网站(www. jslib. org. cn)。局域网把业务管理系统、网站系统和其他自动化系统连结成一网,传输和交换数据信息,大大提升了图书馆管理的效率和水平。广域网为图书馆提供搜索和整合信息资源的渠道和途径。网站为图书馆搭建了展示的平台。2000 年后,全省有 12 个市级图书馆和 8 个县(市、区)图书馆相继建成局域网和广域网。至 2006 年,全省约有 21 个图书馆完成馆内局域网的建设,所有图书馆接入广域网络,约有 50 个馆建立网站。

文献信息数据库伴随业务自动化管理系统的建立而产生。20 世纪 90 年代初期,图书馆开始使用集成图书馆管理系统,馆藏书目数据库随之建立。90 年代中后期,图书馆投入专题文献数据库的开发。2000 年之后运用数据库软件系统,研发全文型专题文献数据库。至 2006 年,江苏公共图书馆共建立文献信息数据库 75 个,数据总量达到 43 TB。

江苏省文化信息资源共享工程于 2002 年启动。2002 年 4 月,文化部、财政部组织实施全国文化信息资源共享工程,采用现代信息技术手段,对中华优秀文化资源进行数字化加工和整合,利用覆盖全国的计算机网络和公共文化服务体系,实现文化信息资源在全国范围内的共建共享。同年 9 月,江苏省文化厅、江苏省财政厅联合下文启动江苏文化信息资源共享工程。2003 年,“共享工程”开始基础建设。2004 年,“共享工程”全面推进。2005 年,“共享工程”实现“三年建设 300 个基层服务点”的目标。2006 年,“共享工程”开始执行“十一五”发展规划。截至 2006 年,江苏省文化信息资源共享工程建成一个省级中心,建立基层服务点 370 个,基本形成省、市、县、镇四级“共享工程”工作网络体系;购买、整理、制作的多媒体数字化资源达 1.1 TB;“江苏文化网”成为文化信息资源共享工程的展示平台,以及反映江苏文化事业发展、文化管理部门形象和对外文化交流的窗口;19 个原来内部业务未实现自动化管理的图书馆建立了“共享工程”基层服务点,配置计算机,设立电子阅览室,接入广域网络,利用数字化资源,走上自动化建设的道路。江苏文化信息资源共享工程“十一五”发展规划的重点是管理体制、运行机制的完善,投入机制的建立健全,管理人员技术水平和综合素质的提高,“共享工程”资源的推广与使用。

### (一) 业务自动化管理系统

20 世纪 80 年代,图书馆开始把计算机应用于业务管理。1985 年底,南京图书馆购置 IBMNJS－AT 型电子计算机建立全馆职工工资管理系统,它是一种单机系统。1987 年,南京图书馆研发了“中文期刊微机管理系统”,该系统具有多途径检索以及补缺、装订、编目、统计等功能,基本实现邮发预订期刊工作的自动化管理。“中文期刊微机管理系统”项目获 1988 年文化部文化科技进步四等奖。1989 年从美国国会图书馆引进用于西文编目的计算机光盘系统和计算机光盘编目系统。1991 年配置 AST386/390 微型计算机,研制了“中国古籍书目机编索引与检索系统”,它以繁体汉字属性字典为基础,具有加工生成繁体汉字、编制繁体汉字属性排检、机编多属性古籍书目索引、多途径检索古籍书目等功能。该项目获得 1991 年文化部文化科技进步四等奖。1993 年,南京图书馆还采用单机系统模式,研发“FSXT－1 非书资料管理系统”,用于音像资料的检索、流通、统计与维护。

在江苏公共图书馆自动化建设初期,采用单机(单一)系统模式开发、研制业务管理系统的市级图书馆有常州市图书馆和无锡市图书馆。1989 年,常州市图书馆研制了“计算机中文图书流通管理系统”,图书流通工作实行计算机管理,逐渐取代手工操作。1991 年,无锡市图书馆配置 XT－286 微机和 SUN－386 服务器,自主开发、研制了“中文图书订购系统”,用于图书采访数据的存贮和书目编制。

20 世纪 90 年代初期,随着集成自动化管理系统的推出,单机(单一)系统逐渐退出,开始进入单机多用户模式系统的使用阶段。

1991 年,金陵图书馆耗资 20 万元,配置 COMPAQ SYSTEMPRO386/33 型微型计算机和 12 个工作站的计算机,自主开发、研制了“图书编目、流通系统”,金陵图书馆图书编目和流通工作实现自动化管理。

1993 年 3 月,南京图书馆率先在省内使用文化部图书馆自动化研制组研制的“集成图书馆自动化系统”(简称 ILAS 系统),首先引进 ILAS 系统的“中文图书编目子系统”。年底,“中文图书编目子系统”投入运行。ILAS 系统从终端版开始,每年升级一次,1994 年推出采编中心管理系统 LACC。同年,南京图书馆完成系统软件的升级工作,由 ILAS 2.1 版升为 ILAS 4.0 版,完善了“中文图书采编系统”,并根据南京图书馆采编工作的特点,增加征订书目清单打印、卡片打印、采购统计等功能。至此,除验收这项业务外,其他采编工作都可以在计算机上完成。1995 年 5 月,南京图书馆引进 ILAS 系统“中文图书流通管理子系统”,并通过合作方式录入书目数据 3 万余条,流通管理系统于 8 月 15 日正式投入运行。是年,完成由 ILAS 4.0 版到单机多用户系统定型版 ILAS 5.0 的升级工作;完成西文图书光盘编目系统版本升级的工作。

在市级图书馆中,较早使用 ILAS 系统的还有盐城市图书馆和常州市图书馆。1994 年,盐城市图书馆购置 ILAS 2.0 系统,系统建立之初,先上图书编目子系统,次年增加图书流通管理子系统。1996 年,常州市图书馆购置由深圳市图书馆研发的 ILAS 2.0 系统,替代原先自主研发的“计算机中文图书流通管理系统”。

在县级图书馆中,江阴市图书馆最早使用计算机管理图书馆业务。1993 年,图书馆和远望科技工贸公司联合开发、研制“江阴市图书馆微机管理系统”,系统配有 14 台微机,设置外借、采编、查询、少儿、期刊、馆长查询、财务等 7 个工作站。“江阴市图书馆微机管理系统”项目获江苏省文化厅 1994

年度科学技术进步三等奖。张家港市图书馆于1994年6月引进广东中山大学研发的“IBM PCIX多国文字图书情报管理系统”的图书编目子系统和流通管理子系统,配置电脑一台,建立新书书目数据库,图书编目工作实现自动化管理。同期,南京地区有两家区图书馆引进自动化管理系统:1993年,秦淮区图书馆在南京地区县市级图书馆中率先引进金陵图书馆研制的“图书编目、流通管理系统”;1995年,栖霞区图书馆配置COMPAQ服务器1台、微机2台,也使用金陵图书馆研发的系统软件“图书编目、流通管理系统”,实现图书编目和流通服务的自动化管理。

1996年底,江苏省文化厅下发《关于我省公共图书馆实施自动化管理的几点意见》,对全省公共图书馆自动化建设进程提出实施目标:到20世纪末,全省市级图书馆全面实行计算机管理;60%左右的县(市、区)图书馆,业务工作实行计算机管理。文件提出自动化软件可采用ILAS系统,并提出由全省图书馆自动化领导小组推荐计算机设备及系统配置方案。1998年,省文化厅制定《江苏省公共图书馆自动化建设“九五”规划和2010年远景目标》,提出到“九五”期末,所有国家二级以上公共图书馆要实现内部业务自动化管理,并组建以南京图书馆为中心、以公用网络平台为依托、具有丰富信息资源的“江苏公共图书馆信息网”。

1996年5月,南京图书馆购置COMPAQ4500服务器和正版操作系统软件SCO OpenServer,将采、编、流、检等子系统及数据移植到新的主机上,实现采、编、流、检一机管理。做好运行中系统的维护工作:正常维护采购、编目、流通各个子系统,增设后备计算机,提高安全性;更换期刊管理子系统主机,采用主机房集中管理模式,提高运行的速度和安全性;增加外文新书目编印系统编制索引的打印功能。1998年,南京图书馆引进ILAS系统“连续出版物管理子系统”,用于过期期刊的流通管理,而现刊的管理仍使用自主研发的期刊管理系统。其他自动化系统得到开发:微调办公自动化系统业务统计子系统和人事管理子系统的程序;成功研制“联机公共查询目录”(OPAC)系统和多媒体导读系统。1999年,南京图书馆配备计算机、系统软件UNIX和应用软件ILAS的各种补充程序,解决了全馆自动化核心系统ILAS的千年问题。至2000年,南京图书馆业务自动化管理的状况是:1994年后入藏的中文图书实现自动化管理;中文期刊现刊使用自主研发的期刊管理系统管理,过刊的管理则使用ILAS系统;西文图书的采访尚未使用计算机管理,流通则采用无书目数据连接的简单方式管理,仅有4%的图书建立书目数据库,可供计算机查询;日文和俄文图书的采访、编目和检索等管理均未使用计算机,采用无书目数据连接的简单方式流通;西文期刊的订购、划到、著录和检索都是手工操作;过刊流通采用无数据连接的简单方式;日文和俄文期刊的现刊和过刊均未使用计算机管理;古籍管理无专门的采访系统,编目系统主要用于回溯书目数据库建库的著录工作;民国文献的管理,包括采访、编目、流通和检索的各项业务工作均未实现计算机管理;在电子出版物的管理上,检索型光盘的采访和编目未设专门的管理系统,读物型光盘的采访、编目、流通和检索也都未使用计算机管理;音像资料馆藏2万余种,有8千多种建立了数据库,无专用的采、编、流、检管理系统。

1996年,南京图书馆与深圳市图书馆合作成立ILAS系统南京图书馆推广站。同年,南京图书馆帮助常熟市图书馆建好ILAS系统,投入正常使用;基本完成昆山市图书馆和淮阴市图书馆两馆自动化系统的建设工作;为连云港市图书馆、泰州市图书馆筹建自动化管理系统提出具体的实施方案;解答海门市图书馆、泗阳县图书馆和镇江市图书馆有关自动化建设的问题。1998年,南京图书馆帮助徐州市图书馆、南通市图书馆、武进市图书馆、张家港市图书馆、吴县市图书馆、海门市图书馆、启东市图书馆、涟水县图书馆、太仓市图书馆、泗阳县图书馆、南京市白下区图书馆和南京市栖霞区图书馆等12个馆建立ILAS系统,为筹建自动化系统的六合县图书馆、泰州市图书馆、仪征市图书馆和洪泽县图书馆提供实施方案。2000年2月,南京图书馆为市、县图书馆举办一期ILAS系统培训班,参加培训的学员有22人。同年,受理市、县图书馆有关自动化管理系统建设的咨询400多次,帮助六合县图书馆、南京市玄武区少儿图书馆、仪征市图书馆、海安县图书馆、大丰市图书馆和泰州市图书馆建立自动化管理系统。

至2000年,全省13个市级图书馆有11个馆的业务工作实现自动化管理。

**表 6-3 “九五”期间市级图书馆业务自动化管理系统建设一览表**

| 馆 名 | 系统软件 | 使用时间 | 建设状态 | 自动化水平 | 原应用系统 |
|---|---|---|---|---|---|
| 金陵图书馆 | 汇文系统 | 1998 年 | 更新 | 采、编、流、连、检 | 金陵图书馆图书编目、流通管理系统 |
| 苏州图书馆 | ILAS 5.0 | 1996 年 | 新建 | 采、编、流、连、检 | — |
| 无锡市图书馆 | 汇文系统 | 2000 年 | 更新 | 采、编、流、连、检 | 无锡市图书馆图书编目、流通管理系统 |
| 常州市图书馆 | ILAS 5.0 | 1996 年 | 更新 | 采、编、流、连、检 | 常州市图书馆计算机中文图书流通管理系统 |
| 镇江市图书馆 | 汇文系统 | 2000 年 | 更新 | 采、编、流、连、检 | 镇江市图书馆图书编目、流通管理系统 |
| 南通市图书馆 | ILAS 5.0 | 1998 年 | 新建 | 采、编、流 | — |
| 泰州市图书馆 | ILAS 5.0 | 2000 年 | 新建 | 采、编、流 | — |
| 淮阴市图书馆 | ILAS 5.0 | 1997 年 | 新建 | 编、流、连、检 | — |
| 盐城市图书馆 | 丹诚系统 | 1999 年 | 更新 | 采、编、流、连、检 | 望远科工贸公司研制的图书馆微机管理系统 |
| 徐州市图书馆 | ILAS 5.0 | 1998 年 | 新建 | 采、编、流 | — |
| 连云港市图书馆 | ILAS 5.0 | 1997 年 | 新建 | 编、流 | — |
| 扬州市图书馆 | — | — | — | — | — |
| 宿迁市图书馆 | — | — | — | — | — |

**说明**：1. ILAS 5.0 是指深圳市图书馆研制的集成图书馆自动化系统 5.0 版；汇文系统是指汇文文献信息服务系统；丹诚系统指丹诚图书馆集成管理系统。

2. 采、编、流、连、检是指图书采访、编目、流通和检索以及连续出版物的管理。

在实现业务管理自动化的 11 个市级图书馆中，有 7 个使用 ILAS 系统。1998 年，江苏汇文软件有限公司推出“汇文文献信息服务系统”(简称汇文系统)。该系统具有开放的系统平台，支持网络化、数字化、专业化的服务，具备规范的标准化设计，金陵图书馆首先引进汇文系统，成为汇文系统的首批用户。2000 年，建设新馆的无锡市图书馆和扩建馆舍的镇江市图书馆也相继成为汇文系统的用户。另外，盐城市图书馆更换系统，选用北京丹诚 DT-1000 图书馆集成系统的网络版。

“九五”期末，全省有 36 个县(市、区)图书馆全部或部分业务实现自动化管理，其中有 23 个馆使用 ILAS 系统，还有 13 个馆使用 7 种不同的系统软件。

1999 年，江苏省 53 个二级以上县(市、区)图书馆中，还有 3 个一级馆、21 个二级馆内部业务未实现自动化管理。对照江苏省文化厅在《江苏省公共图书馆自动化建设“九五”规划和 2010 年远景目标》中提出的“到‘九五’期末，所有国家二级以上公共图书馆要实现内部业务自动化管理”的目标，任务只完成了 55%。“九五”期间，建立业务自动化管理系统的县(市、区)图书馆集中在苏州、南通、南京、常州等地区，其他地区的建设相对落后。由于资金投入不足，约有 40%的县(市、区)图书馆在实现内部业务自动化管理的过程中出现各种各样的问题：所用软件的功能不强不全；硬件的配置不高、性能不稳定；制作的数据不规范，无法交换和联网。

**表 6-4 “九五”期间县(市、区)图书馆业务自动化管理系统一览表**

| 年份 | 馆名及所用系统软件 |
|---|---|
| 1996 | 常熟市图书馆(ILAS)、昆山市图书馆(ILAS)、南京市江宁区图书馆(金陵馆系统) |
| 1997 | 扬中市图书馆(ILAS)、丹阳市图书馆(自主研制系统)、江都市图书馆(扬大系统)、吴江市图书馆(文津系统)、吴县市图书馆(ILAS)、南京市雨花区图书馆(陆指系统) |
| 1998 | 武进市图书馆(ILAS)、张家港市图书馆(ILAS)、海门市图书馆(ILAS)、启东市图书馆(ILAS)、涟水县图书馆(ILAS)、太仓市图书馆(ILAS)、泗阳县图书馆(ILAS)、南京市白下区图书馆(ILAS)、南京市栖霞区图书馆(ILAS)、泰兴市图书馆(ILAS)、南京市大厂区图书馆(陆指系统)、南京市建邺区图书馆(陆指系统)、高淳县图书馆(陆指系统)、溧水县图书馆(陆指系统)、溧水县少儿图书馆(陆指系统)、如皋市图书馆(海门师专系统)、高邮市图书馆(扬大系统) |
| 1999 | 溧阳市图书馆(ILAS)、赣榆县图书馆(ILAS)、南京市秦淮区图书馆(ILAS II 2.0)、南京市鼓楼区图书馆(金威系统) |

续表

| 年份 | 馆名及所用系统软件 |
| --- | --- |
| 2000 | 六合县图书馆(ILAS)、仪征市图书馆(ILAS)、海安县图书馆(ILAS)、大丰市图书馆(ILAS)、南京市玄武区少儿图书馆(ILAS) |

**说明**:ILAS指ILAS 5.0系统,中文名称为集成图书馆自动化系统(深圳图书馆研制);陆指系统是南京陆军指挥学院研制的图书馆自动化管理系统;金陵馆系统是指金陵图书馆自主研制的图书编目、流通管理系统;扬大系统指扬州大学研制的图书馆自动化管理系统;海门师专系统指海门师范专科学校研制的图书馆自动化管理系统;金威系统指金威电子技术有限责任公司开发研制的图书馆自动化管理系统;文津系统全称为文津图书馆综合管理系统。

“十五”期间,一批“九五”期间内部业务未能实现自动化管理的二级以上图书馆开始投入自动化建设,而一批内部业务已使用计算机管理的图书馆,出于增强系统功能和稳定性、改变系统模式、提高自动化水平等需要,竞相更换新的系统。

南京图书馆在做好系统维护的同时,确保ILAS系统功能正常发挥;完善中文期刊管理子系统和非书资料管理系统;实现读者借书证的统一管理;解决中文期刊数据不同平台的接口问题;积极准备自动化系统更新。2002年,南京图书馆新馆建设正式启动,新的业务自动化管理系统的选型工作被提上议事日程。所选用的新系统必须支持大型公共图书馆多文献类型、多文种、多用户的管理,必须支持文献信息网络化的发展,是一种能与国际接轨的具有先进管理思想与方式的成熟而又功能强大的自动化管理系统。南京图书馆为新系统选型开展一系列工作:选派有关专业人员考察南京大学研发的汇文系统,参加汇文系统的培训班;组织举办“图书馆自动化系统演示会”,邀请国内外六家自动化软件开发商演示它们的产品;2004年初,召开自动化系统选型讨论会,特别邀请国家图书馆和上海图书馆自动化系统方面专家来馆指导;参照国家图书馆的做法,成立图书馆自动化系统选型领导小组,下设工作小组具体负责选型工作;系统选型工作小组在广泛征求意见的基础上,编写《南京图书馆自动化集成系统业务需求书》,为系统选型制定依据;组织两个调研小组去北京、上海等地进行实地调研和考察。根据考察结果,系统选型工作小组提交了《南京图书馆自动化系统选型意见书》。2005年,南京图书馆选定以色列Exlibrs公司研制的ALEPH500图书馆综合管理系统。2006年,南京图书馆新馆投入试运行,新馆的目录查询和采编两项工作开始试用新系统。

“十五”期间,南京图书馆自主研发适合中小型图书馆使用的系统软件。2000年启动软件研制工作。2001年建立软件开发中心,组织专业人员研发新一代面向中小型图书馆的自动化管理软件,取名“力博图书馆管理系统”。2002年底,主体研制工作完成,正式推出V1.0版。该系统包括九个子系统:采访管理子系统、编目管理子系统、流通管理子系统、读者管理子系统、典藏管理子系统、阅览管理子系统、连续出版物管理子系统、读者网络服务子系统和系统管理子系统。2003年初,南京图书馆将该软件正式推向市场;同年,连续出版物管理子系统研制成功。2005年,仅江苏省公共图书馆就拥有30家用户,包括常州市图书馆、南通市图书馆、淮安市图书馆、泰州市图书馆和连云港市图书馆等5家市级图书馆。

2003年,扬州市图书馆引进汇文文献信息服务系统。2006年底开馆的宿迁市图书馆选用力博图书馆管理系统。除扬州市图书馆、宿迁市图书馆两馆新建业务自动化管理系统外,其他市级图书馆都在更新自己的系统软件。市级图书馆更换系统始于1998年,金陵图书馆用汇文系统更换自主研发的“图书编目、流通管理系统”。“九五”期末,盐城市图书馆、无锡市图书馆和镇江市图书馆分别更换系统软件。2003年,6个市级图书馆更换系统软件。

**表6-5 “十五”期间市级图书馆新建和更换系统软件一览表**

| 年份 | 馆名及所使用的系统软件 | | | |
| --- | --- | --- | --- | --- |
| | 馆 名 | 新建 | 更换 | 原应用系统 |
| 2001 | 苏州图书馆 | — | ILAS II 2.0 | ILAS 5.0 |
| 2003 | 常州市图书馆 | — | 力博系统 | ILAS 5.0 |
| | 南通市图书馆 | — | 力博系统 | ILAS 5.0 |
| | 淮安市图书馆 | — | 力博系统 | ILAS 5.0 |
| | 连云港市图书馆 | — | 力博系统 | ILAS 5.0 |
| | 泰州市图书馆 | — | 力博系统 | ILAS 5.0 |
| | 徐州市图书馆 | — | 汇文系统 | ILAS 5.0 |
| | 扬州市图书馆 | 汇文系统 | — | — |

2000年,南通市少儿图书馆选用南通时代开发公司研发的“图书馆计算机管理系统”。2001年,扬州市少儿图书馆将原系统改换成力博图书馆管理系统。2006年,连云港市少儿图书馆将原来的ILAS系统改换成力博图书馆管理系统。

这一时期，有27个县（市、区）图书馆新建业务自动化管理系统，其中13个使用力博图书馆管理系统。有21个县（市、区）图书馆更换系统软件，其中，8个图书馆改用力博图书馆管理系统，8个馆改用或升级ILAS II 2.0，余下的改用汇文系统、丹诚系统、纵横系统等。

**表6-6 “十五”期间县（市、区）图书馆新建和更换系统软件一览表**

| 年份 | 馆名及所使用的系统软件 | |
|---|---|---|
| | 新　建 | 更　换 |
| 2001 | 无锡市锡山区图书馆（无锡市馆系统）、金坛市图书馆（力博系统）、通州市图书馆（力博系统）、南京市浦口区图书馆（陆指系统） | 张家港市图书馆（ILAS 5.0升ILAS II 2.0）、高淳县图书馆（陆指改ILAS II 2.0）、南京市江宁区图书馆（金陵馆改ILAS II 2.0） |
| 2002 | 兴化市图书馆（力博系统）、姜堰市图书馆（力博系统）、靖江市图书馆（力博系统）、宜兴市图书馆（华夏系统）、东台市图书馆（丹诚系统）、射阳县图书馆（丹诚系统）、江浦县图书馆（ILAS II 2.0）、铜山县图书馆（纵横系统）、无锡市滨湖区图书馆（无锡市馆系统） | 溧水县图书馆（陆指改ILAS II 2.0）、溧水县少儿图书馆（陆指改ILAS II 2.0） |
| 2003 | 淮安市楚州区图书馆（力博系统）、新沂市图书馆（华夏系统）、南京市下关区图书馆（ILAS II 2.0） | 江阴市图书馆（望远改力博系统）、南京市鼓楼区图书馆（金威改力博系统）、南京市雨花区图书馆（陆指改ILAS II 2.0）、南京市大厂区图书馆（陆指改ILAS II 2.0） |
| 2004 | 如东县图书馆（力博系统）、东海县图书馆（力博系统）、沛县图书馆（纵横系统）、滨海县图书馆（丹诚系统）、无锡市北塘区图书馆（无锡市馆系统） | 南京市白下区图书馆（ILAS改力博系统）、南京市建邺区图书馆（陆指改ILAS II 2.0） |
| 2005 | 金湖县图书馆（力博系统）、盐城市盐都区图书馆（力博系统） | 江都市图书馆（扬大改力博系统）、仪征市图书馆（ILAS改力博系统）、扬中市图书馆（ILAS改镇江馆系统） |

**说明**：丹诚系统指丹诚图书馆集成管理系统；纵横系统全称为纵横2000文献资源管理信息系统；力博系统全称为力博图书馆管理系统；华夏系统全称为华夏2000图书馆管理系统；镇江馆系统指镇江市图书馆自主研制的图书馆管理系统；无锡市馆系统指无锡市图书馆自主研制的图书编目、流通管理系统。

### （二）计算机网络

20世纪90年代后期，南京图书馆开始运用网络、通信技术建设馆内局域网和广域网。1997年，南京图书馆根据自动化发展规划提出的自动化结构图，设计全馆的网络布线，并委托网络公司施工，年底初步建成馆内局域网。同年，图书馆与南京电信局签订协议，提供一条64K DDN专线。1998年，图书馆开始广域网的建设，设计布线，选购主服务器、路由器、交换机等设备，编写各种网关程序和管理软件，建立部门工作站，联调馆内网络，通过64K DDN专线和10兆光纤，分别接入公共多媒体信息网和联通公司信息网，实现与广域网络互联互通。随后利用所建立的广域网提供Web网书目信息和专题信息的检索服务。2001年对全馆计算机网络实施改造，扩展成贤街本部的网络布线，增加近40个布点，把网络延伸至每个阅览室和80%的工作场所，做到每个部门都能利用宽带接入互联网。2002年，图书馆继续改造所建的局域网和广域网：更新局域网的交换设备，基本实现100兆到桌面；更改部分业务管理系统终端的连接方式，基本实现以太网络的连接；调整和扩充互联网接入系统，把联通公司接入网带宽升级为100兆，同时又以100兆带宽开通中国教育科研网，专供工作人员和读者使用。2004年新增4台交换机，对全馆网络设备重新安排；新设30多个信息点；引进中国电信10兆独享宽带专线，替代原来的中国联通和中国教育科研网。

2003年，南京图书馆设计编制了新馆弱电系统。顶层包括业务管理系统、数字图书馆系统、多媒体教学系统、图书馆网站和文化信息资源共享工程、导读、电子公告、办公自动化、一卡通等系统和多功能会议系统；中上层有服务器系统、存储与备份系统和安全系统；中下层是计算机网络系统；底层由综合布线系统和机房工程构成。2004年，为新馆弱电系统建设做准备。2005年，引进新的业务自动化管理系统ALEPH500，完成楼宇智能化控制系统的施工。2006年，完成4 000多个信息点、2 000个网络地板信息点的布点和安装；开通楼宇中继电话系统；建成局域网和广域网，网络主干达 1 000 兆；连接 2 条 100 兆的宽带线路；配备 30 多台应用服务器和 20TB 的存储设备。

1997 年，南京图书馆设计了“南京图书馆网站”的主页，研制网络系统服务软件。1998 年，网站正式开通。2002 年扩展网站功能，技术上实现域名分析、邮件服务，功能上实现 7×24 小时服务。2003 年，南京图书馆在江苏省文化厅举办的首届“江苏省公共图书馆网站评比大赛”中获得优秀网站荣誉。2004 年更换网站主页，增加服务器、UPS 电源和空调设备。2005 年引进 TRS 全文编辑系统。截至 2006 年，南京图书馆网站发布内容共计 220 G。

**表 6－7　地级市图书馆计算机网络建设一览表**

| 馆名 | 网络建设 | | | | | | | |
|---|---|---|---|---|---|---|---|---|
| | 局域网 | | | | 广域网 | | | |
| | 网络结构 | 数据传输速率 | 布点 | 建成时间 | 接入系统 | 连接方式 | 频带宽度 | 开通时间 |
| 金陵图书馆 | 星形拓扑 | 主干线为 100 兆 | 113 个结点 | 2000 年改造 | 中国电信 | 光纤专线 | 静态 IP 地址，上行 6 兆 | 1997 年 |
| 苏州图书馆 | 三层信息系统 | 主干网为 1 000 兆以太网 | 信息节点 1 400 个 | 2001 年 | 中国电信 | 光纤专线 | 155 兆 | 2001 年 |
| 无锡市图书馆 | 星形拓扑 | 主干线 1 000 兆 | 信息点、语音点 764 个 | 1999 年 | 中国电信 | 共享专线 | 100 兆 | 2002 年 |
| 常州市图书馆 | 星形拓扑 | 主干线 100 兆 | 信息点 60 个 | 2001 年 | 中国电信 | 光纤专线 | 10 兆 | 2001 年 |
| 镇江市图书馆 | 星形拓扑 | 主干线 100 兆 | 结点 25 个 | 1999 年 | 中国电信 | 光纤专线 | 100 兆 | 2003 年 |
| 南通市图书馆 | 星形拓扑 | 主干线 100 兆 | 结点 50 个 | 1999 年 | 有线通 | 光纤专线 | 10 兆 | 2004 年 |
| 扬州市图书馆 | 星形拓扑 | 主干线 1 000 兆 | 信息点 600 个 | 2003 年 | 中国电信 | 光纤专线 | 10 兆 | 2003 年 |
| 泰州市图书馆 | 星形拓扑 | 主干线 100 兆 | 结点 20 个 | 2005 年 | 联通 | 光纤专线 | 10 兆 | 2003 年 |
| 淮安市图书馆 | 主机-终端模式 | — | 20 个 | 2003 年 | 中国电信 | 光纤专线 | 10 兆 | 2004 年 |
| 盐城市图书馆 | 星形拓扑 | 主干线 100 兆 | 信息点 200 个 | 2006 年 | 网通 | 光纤专线 | 10 兆 | 2005 年 |
| 徐州市图书馆 | 多层弱电系统 | 主干线 100 兆 | 信息点 400 个 | 1998 年 | 中国电信 | 独享专线 | 100 兆 | 2005 年 |
| 连云港市图书馆 | 星形拓扑 | 100 兆 | 结点 5 个 | 2003 年 | 中国电信 | 光纤专线 | 10 兆 | 2003 年 |
| 宿迁市图书馆 | — | — | — | — | — | — | — | — |

1998 年至 2006 年，苏州图书馆、无锡市图书馆、常州市图书馆、徐州市图书馆、连云港市图书馆、镇江市图书馆、盐城市图书馆等一批市级图书馆先后新建或扩建馆舍，并加大对计算机网络建设的投入。苏州图书馆新馆的计算机网络是一个包括建筑智能化与图书馆管理自动化两大功能的多层信息系统。信息系统主机网络采用美国 SUN E4500 双机集群，通过两台高档小型机互相备份工作。网络交换设备采用美国朗讯科技产品，整个网络实现三层交换。网络的信息节点分布于全馆各处，数量达 1 400 多个，主干采用 8 芯光缆，水平为超 5 类非屏蔽 8 芯双绞线，主干网为千兆以太网，全部信息点都实现 100 兆到桌面。连接中国电信，建立广域网，上下行带宽达 155 兆。无锡市图书馆新馆的网络选用分层星形拓扑结构，根据馆舍布局，共计安装信息（语言）点 700 多个。徐州市图书馆新馆配有计算机网络、闭路电视监控与视频系统、安全报警系统等集成弱电系统，网络布点 600 多个。2005 年进入新馆后，添置 D-Link 交换机和光纤交换机各 1 台、楼层交换机 3 台、机柜 1 台，以端口速率百兆、双向传输的光纤宽带接入互联网。常州市图书馆运用无线局域网技术，安装由 IEEE802.11a 和 IEEE802.11b 标准支持的无线局域网。扬州市图书馆于 2002 年 11 月完成网络工程的招标，2003 年 11 月馆内的局域网和广域网投入使用，建成千兆主干网、600 个信息点的局域网。淮安市图书馆采用基于业务自动化管理系统形成的小局域网。

2003 年，9 个市级图书馆参加江苏省文化厅举办的首届江苏省公共图书馆网站评比大赛。苏州图书馆、镇江市图书馆和无锡市图书馆三馆的网站被评为优秀网站；金陵图书馆、常州市图书馆和泰州市图书馆获单项网络技术奖；淮安市图书馆获单项美工设计奖；南通市图书馆和盐城市图书馆获入选奖。

至 2006 年，除宿迁市图书馆外，12 个市级图书馆建立了自己的网站。

1996年至2006年，实现业务自动化管理的县(市、区)图书馆有60多家，采用拓扑结构、架设综合布线、配置网络专用设备、连结一定数量布点建立局域网的县(市、区)图书馆不足10家。2001年，张家港市图书馆新馆建立主干网为1 000兆的以太网，使用中国电信10兆光纤专线接入广域网。2002年，南京市鼓楼区图书馆实施馆内局域网的建设。2003年，南京市江宁区图书馆建成主干线100兆的局域网，广域网的接入系统为中国电信10兆光纤专线。2004年，江都市图书馆建成星形拓扑结构、主干线100兆、布设30个结点的局域网，图书馆广域网的接入系统包括网通100兆光纤专线和中国电信8兆宽带。2005年，昆山市图书馆新馆建立信息点800个，包括电子导读系统、背景音乐系统、消防与防盗系统等计算机公共网络系统。同年，正式对外开放的江阴市图书馆新馆建立主干线为1 000兆，网络布点1 300多个，连结内部业务管理系统、文化信息资源共享工程系统、信息检索系统、多媒体导读系统等自动化系统，支持图书馆整体的自动化管理。同年，新馆落成的仪征市图书馆建立星形拓扑结构、主干线为100兆、信息点300个的局域网，使用广电10兆光纤专线接入广域网。随着江苏省文献信息资源共享工程基层服务点三年建设任务的完成，全省所有县(市、区)图书馆接入广域网络。

2000年前，常熟市图书馆、吴江市图书馆、江阴市图书馆、昆山市图书馆等先后建立网站。江阴市图书馆网站主页设有图书馆概况、江阴人著作、企业数据库、书目检索、江阴之子、读者服务、名胜古迹、好书共赏等8个栏目，被雅虎网站和文化部网站收录。昆山市图书馆网站开通后，日点击量高达万次。2000年后，张家港市图书馆、南京市鼓楼区图书馆、南京市栖霞区图书馆、南京市建邺区图书馆、溧水县图书馆、溧水县少儿图书馆、邳州市图书馆等建立了网站。2003年8月，共有11个县级图书馆参加首届江苏省公共图书馆网站评比大赛。江阴市图书馆网站被评为优秀网站，成为唯一获此荣誉的县级图书馆；吴江市图书馆网站、溧水县少儿图书馆网站获资源开发奖；南京市栖霞区图书馆网站获美工设计奖；南京市鼓楼区图书馆网站获栏目创意奖。至2006年，建立网站的县(市)、区图书馆还有丹阳市图书馆(2002年)、无锡市锡山区图书馆(2002年)、溧阳市图书馆(2003年)、邳州市图书馆(2004年)、铜山县图书馆(2005年)、海安县图书馆(2006年)、无锡市惠山区图书馆(2006年)等。

## 二、图书馆文献资源数字化

20世纪80年代末期，图书馆开始使用计算机编目，馆藏书目数据库随之建立。

1989年，南京图书馆对中文期刊与西文图书开始实行计算机编目，建立了“中文期刊刊名数据库”和“西文图书书目数据库”。至2006年，共建成“中文图书书目数据库”“西文图书书目数据库”“中文期刊刊名数据库”“中文报纸数据库”“西文期刊刊名数据库”“馆藏民国文献书目(草目)数据库”“馆藏古籍书目(草目)数据库”“馆藏古籍书目(详目)数据库”“中国古籍善本书目数据库”“中国古籍现存书目数据库”等。“中文图书书目数据库”于1993年建库。“西文图书书目数据库”于1989年建库。建库之初，“中文图书书目数据库”缺1993年前的书目数据，“西文图书书目数据库”缺1989年前的书目数据。2001年2月7日，图书馆启动馆藏中文图书回溯性书目数据库的建库工作。2002年，启动馆藏西文图书回溯性书目数据库的建库工作。2005年6月完成1993年前按《中国图书馆图书分类法》《中小型图书馆图书分类表》《四十大类图书分类法》分类的三部分图书的所有书目数据。共完成中文图书回溯建库数据40万条。同年完成西文图书回溯建库数据12万条。

2000年前，南京图书馆先后建立了四个专题文献数据库。有收录6 000余幅纺织样块的“纺织样块图像数据库”，有收录馆藏纺织、服装期刊刊登的照片13 600张、说明文字313万字及相关专利文献的“江苏纺织数据库”，有收录纺织品图案、服装、鞋帽等图片30 000余幅的“轻工产品工业设计图像数据库”，还有收录全球197个国家和地区的商品进口法规与具体要求及全球14万家国际贸易企业名录的“国际贸易指南数据库”。图书馆还基于特藏民国文献资料制作了一些小型的数据库，如“国民政府五院图片资料库”“抗战前后国民政府西部开发研究专题数据库”“抗战图片库”等。

2000年，南京图书馆将承担建设的“第六届中国艺术节”网站中六朝胜迹、艺彩纷呈、卷轴争辉三个专题整合成“江苏文化博览数据库”。2001年，参与“中国试验型数字图书馆项目”的资源加工工作，以南京的钟山风景区与秦淮风光带为选题，分别建立旅游、作品、名人和事件四个数据库，统称江苏旅游资源库。江苏旅游资源库收入124个景点、142件作品、37位名人和52个事件，共有18万字、653张图片及40个视频资料，总数据量达到13.5 GB。2004年初，南京图书馆调整内设机构，专门成立信息资源开发部。2005年、2006年两年，南京图书馆先后建成“中国近代文献图像数据库”（6 566 GB）、“百年人物”（2 370 GB）、“百年艺苑”（2 800 GB）和分设人物（2 316 GB）、政策法规（108 GB）、旅游（80 GB）、土特产（125 GB）、作品（28 695 GB）、文化民俗（38GB）等专辑的“江苏文化数据库系列”，还建成包含《江苏文化周讯》《文化新闻》《江苏图书馆之窗》《新世纪图书馆》《信息传真》等内容的“网站全文检索数据库”（20 489 GB）。2005年11月，在香港召开的“第五次中文文献共建共享合作会议”上，南京图书馆介绍了“中国近代文献图像数据库”的建设情况并作了演示。

市级图书馆在20世纪90年代中后期相继建立馆藏书目数据库。扬州市图书馆于2003年建立书目数据库。截至2006年，12个市级图书馆建成馆藏书目数据库。其中，建有2种以上馆藏书目数据库的有11个，完成回溯建库工作的有9个。

1996年，苏州图书馆引进ILAS系统，馆藏中文图书书目数据库和中文期刊书目数据库随之建立，并在当年集中力量完成了这两个数据库的回溯建库工作。1999年，金陵图书馆建立馆藏书目数据库。该库包括中外文图书、报纸、期刊等所有馆藏印刷型出版物的书目数据，并全部完成回溯建库工作，库里每种类型文献都有完整的书目数据。常州市图书馆建有馆藏印刷型出版物书目数据库和馆藏光盘和电子读物书目数据库。

**表6-8　截至2006年市级图书馆文献信息数据库建设一览表**

| 馆　名 | 文献信息数据库 | | | |
|---|---|---|---|---|
| | 馆藏书目数据库（建库年份） | 建库情况 | 专题文献数据库 | 总数据量 |
| 金陵图书馆 | 馆藏书目数据库，包括馆藏中外文图书、报纸、期刊等所有印刷型出版物书目数据（1999年建库） | 数据库完成回溯，完整 | 南京地方法律法规数据库、南京云锦、南京民国建筑、南京诗文集、诗词鉴赏、傅抱石专辑、魏晋南北朝雕塑、彼此空间、南京明城墙、金陵明韵、古籍精选、金陵互动电子期刊、四库全书目录检索、续修四库全书目录检索、古本小说目录、民国丛书总目、丛书集成目录、年谱丛刊目录、中国佛寺志丛刊目录、文史资料选辑篇目索引·南京篇、文史资料选辑篇目索引·南京篇、郑和研究、南京地方志、南京年鉴 | 40.3 GB |
| 苏州图书馆 | 中文图书书目数据库（1996年）、中文期刊书目数据库（1996年）、古籍善本书目数据库（2001年） | 图书库、期刊库1996年完成回溯，完整 | 文化苏州系列数据库（苏州名人库、古城风貌、吴文化研究、民间文化、中国昆曲、苏州评弹、文博天地、吴门艺术、吴门医派）、老照片、古籍善本、民间文艺、地方文献剪报数据库、苏州地方文献联合目录、苏州大讲坛、信息导航、在线影院、报刊索引数据库、行业资源网站数据库、馆内动态数据库、外文期刊联合目录 | 715.3 GB |
| 无锡市图书馆 | 中文图书书目数据库、西文图书书目数据库、中文期刊书目数据库、西文期刊书目数据库、地方文献书目数据库 | 中文图书库2000年回溯，中文期刊库2004年回溯，西文期刊库2005年回溯，全部完成 | 家庭装潢装饰指南、无锡市未成年人心理健康咨询网、无锡地方法规条例数据库、健康生活数据库、馆藏标准题录数据库、徐霞客研究古今集成数据库 | — |
| 常州市图书馆 | 中文图书馆藏书目数据库，期刊馆藏书目数据库，光盘、电子读物馆藏书目数据库，普通古籍数据库 | | 全文型数据库：古典名著、古典诗词、咸淳毗陵志、天宁寺志、晋陵先贤传、毗陵科第考、常州参考信息、常州院士数据库、常州进士数据库、常州现代名人数据库、常州十大名人资料库、常州市图书馆学会优秀论文<br>书目型数据库：地方文献目录、家谱目录、常州三杰研究资料、人大复印资料精选 | 3.3 GB |

续表

| 馆　名 | 文献信息数据库 | | | |
|---|---|---|---|---|
| | 馆藏书目数据库(建库年份) | 建库情况 | 专题文献数据库 | 总数据量 |
| 镇江市图书馆 | 中文图书书目数据库、中文期刊书目数据库 | | 《文心雕龙》全文数据库、镇江信息、镇江图片库、镇江名人库 | 2 GB |
| 扬州市图书馆 | 中文图书书目数据库(2003年)、中文报刊书目数据库(2003年)、古籍善本书目数据库、普通线装本书目数据库 | 图书库、报刊库完成回溯,完整;古籍库补充数据 | 书目型:扬州著述数据库<br>文本型:扬州地方法规条例数据库、扬州名人数据库、扬州剪报数据库 | 183 GB |
| 南通市图书馆 | 中文图书书目数据库(1998年)、古籍书目数据库 | 图书库完成部分回溯,古籍库完成50%回溯 | | — |
| 淮安市图书馆 | 中文图书书目数据库(1997年)、中文期刊书目数据库(1997)、古籍书目数据库(2003年) | 图书库、期刊库、古籍库完成回溯,完整 | 地方文献书目数据库、周恩来文献书目数据库(部分为文本型) | 2 GB |
| 盐城市图书馆 | 中文图书书目数据库、中文期刊书目数据库、古籍书目数据库 | | 胡乔木藏书数据库 | — |
| 徐州市图书馆 | 中文图书(含少儿图书)书目数据库(1998年)、中文连续出版物书目数据库(1998年) | 图书库1999年完成回溯,报刊库2003年完成回溯,少儿图书库2004年完成回溯 | | — |
| 连云港市图书馆 | 中文图书书目数据库(1997年) | 图书库完成部分回溯 | | — |
| 泰州市图书馆 | 中文图书书目数据库(2000年)、中文期刊书目数据库(2000年) | 图书库2001年完成回溯。 | 泰州地方文献数据库 | — |
| 宿迁市图书馆 | — | — | — | — |

**说明**:部分市级图书馆因技术等原因,文献信息数据库建设不完备,故无数据。

2000年后,部分市级图书馆开始制作专题文献数据库。金陵图书馆从2000年起将南京特色文化制作成专题数据库,该库包括“民国建筑专题数据库”“明城墙专题数据库”“云锦专题数据库”“南京诗文集”“金陵明韵专题数据库”“傅抱石专辑”“纪念郑和下西洋600周年专题数据库”等。数据总量达到46 GB,其中图书630多种、网上资源1万余条、图片近3 000张、视频资料50段。苏州图书馆从2001年起开始建设具有苏州地方特色的数据库。2005年自行开发软件,完成《乾隆吴县志》的数字化工作。2006年完成了收录古籍70部、10万个筒子页和5种民国报纸的古籍地方文献全文数据库。无锡市图书馆自2004年起开始建设特色数据库,建成以专题数据库为基础的“无锡市未成年人心理健康咨询平台”,到2006年底收录文献2 000余篇,点击量达110万次。2004年4月15正式建成发布的“家庭装潢装饰指南”数据库,上网专文达7 800余篇,有的单篇点击量超千次。镇江市图书馆于2000年创办镇江《文心雕龙》研究资料中心,收集《文心雕龙》专著近200种400多部、《文心雕龙》研究论文近3 000篇,成为国内收集《文心雕龙》研究资料最多、最全的资料中心。2005年起,该中心着手开展所藏文献的数字化工作,将近3 000多篇论文录入《文心雕龙》研究资料数据库。从2006年起,图书馆开始建设《文心雕龙》全文数据库,制作数据库的单机版光盘。

县级图书馆一般建有馆藏中文图书书目数据库,其中有10多个馆还建立了地方文献书目数据库。江阴市图书馆在2000年之前,先后建立“江阴人著作数据库”“江阴企业数据库”“江阴地方名胜古迹数据库”等。2002年利用“全文检索系统”(TRS)软件，建成“江阴县志数据库”和“江阴古桥数据库”。张家港市图书馆建立了7个专题文献数据库，包括“长江文化艺术展示周媒体报道数据库”、“张家港地方史讲座数据库”、以清代地方志《杨舍堡城志稿》数字化制作的“古籍数据库”、“长江戏曲网数据库”、“《决策参考》数据库”、“张家港籍院士数据库”和“经济之窗数据库”。吴江市图书馆运用自行开发的数据库软件，建立“吴江县志数据库”“吴江乡镇志数据库”和“报载吴江消息索引数据库”。常熟市图书馆运用自编的数据库软件，制作“轻纺产品设计图库”“常昭合志数据库”和“地方文献书目数据库”。昆山市图书馆在专用数据库软件天宇信息服务平台上建立“昆山市地方名人数据库”。

## 第四节 古籍保护开发

全省图书馆普遍建立了严密的保管制度，防虫、防尘、防潮、防火。在图书保护技术的研究方面，南京图书馆参与研制了TJ-1纸张脱胶剂与整本图书加固技术。1980年以来，有古籍的公共图书馆将江苏省文化厅、江苏省财政厅下拨的专项资助全部用于古籍保护。进入21世纪后，省内图书馆参与了“中华再造善本工程”及“中华古籍保护计划”。江苏省人民政府办公厅在全国率先下发《关于进一步加强古籍保护工作意见》，建立全省古籍保护工作厅际联席会议制度，组建省级古籍保护工作专家委员会；开通江苏省古籍保护网，建立全省性古籍工作交流平台。

### 一、省级图书馆古籍保护开发

1961年1月12日，江苏省文化局致函各行署、市、县文化局，规定“今后凡发现珍贵图书资料，应编造清册送当地文化主管部门备案，出售时，应首先满足南京图书馆的需要”。1992年，南京图书馆收购到苏州顾氏“过云楼”藏古籍680种3 300余册。1996年用专项购书费120万元，购买《四库全书存目丛书》《续修四库全书》《清蒙古车王府藏曲本》《中华族谱集》《毛泽东评点二十四史》等新编影印古籍。之后十年，古籍访购主要以补缺为主，重点采购新善本，适当采购新印古籍。

20世纪80年代，南京图书馆书库开始设置温度计、湿度计和除尘器、除湿器。南京图书馆龙蟠里书库于1990年投入使用，1993年新古籍楼建成。新库房进行药物喷洒和熏蒸两次消毒。古籍搬运前，全部封闭、除氧、去虫，放入定制的樟木书橱。随着非书资料的入藏，图书馆购置了专门存放的设备。2003年，南京图书馆出台古籍抢救方案，并获得江苏省财政每年90万元的古籍保护专项经费。2004年抢救古籍303册，2005年抢救682册，2006年抢救970册。2001年，南京图书馆和南京大学图书馆帮助南京市莫愁职业学校创办了古籍修复专业。2004年，南京图书馆与金陵科技学院合作办学，联合培养古籍修复人才。

2002年，“中华再造善本工程”正式立项建设，南京图书馆入选工程一期选目的古籍善本共有14种。2002年至2007年，工程一期按计划完成《唐宋编》和《金元编》758种1 394函8 990册的出版工作，南京图书馆获赠一套。2007年，“中华古籍保护计划”启动。南京图书馆率先建立全省古籍保护工作厅际联席会议制度，组建省级古籍保护工作专家委员会；率先开通江苏省古籍保护网，创建全省性古籍工作交流平台。南京图书馆组织全省公共图书馆申报第一、二批《国家珍贵古籍名录》及“全国古籍重点保护单位”，江苏省的申报数量和入选数量在全国各省(市)中处于首位。2007年，江苏省古籍保护中心在南京图书馆成立，并正式挂牌。

### 二、市级图书馆古籍保护开发

**金陵图书馆** 1978年，金陵图书馆将线装古籍按“四部分类”排列。1978年制定的《南京市图书馆古籍书名索引排列规定》要求，先按经、史、子、集、丛粗分类，再取书名头一字的前两位“四角号码”，后二、三字的各第一位“四角号码”，组成一组排架号，以此排架。此法取四部分类排架可将线装书与平装书区分开来。2006年对300多种馆藏中原先没有纳入机读目录体系的南京地方文献古籍特藏作分编加工。2007年启动古籍保护计划。2008年，馆藏铜活字印本《音学五书》入选由国家图书馆在北京主办的“国家珍贵古籍特展”。馆藏明万历年间吴兴闵齐伋刻套印本《考工记》二卷、朱墨套印本《檀弓》二卷和清道光年间福建侯官林春祺福田书海铜活字印本《音学五书》十三卷等三部善本古籍文献入选第一批《国家珍贵古籍名录》。

1999年，金陵图书馆与仇良矩合作，将馆藏线装古籍鞠譓斋藏书中的《金陵词钞续编》手稿影印出版，赠送给国内30多家图书馆。这些古籍均以专门定制的专用樟木书橱典藏，并以楠木夹板予以保护。金陵图书馆古籍书库符合国家图书馆制定的《图书馆古籍特藏书库基本要求》，在新馆建筑要求、温湿度控制、自动气体灭火、空气净化与通风、消防与安防监控、防虫和防鼠、装具要求等方面，已基本达到相关指标。

金陵图书馆为古籍中地方文献的计算机编目添加主题标引，同时分别采用四部分类法和中图法进行分类标引。图书馆创建了“四库全书目录”（收录3 577条）、“续修四库全书目录”（收录5 213种）、“古本小说目录”（收录428种）、“民国丛书总目”（收录1 126种）、“丛书集成初编”（收录100部）、“北京图书馆馆藏珍本年谱丛刊”（收录1 200余种）、“中国佛寺志丛刊目录”（汇辑197种）和“馆藏碑刻拓片目录”（收录2 798种）等专题书目数据库。

**无锡市图书馆** 无锡市图书馆馆藏古籍按经、史、子、集、丛五部类分藏。1987年，无锡市图书馆全面清点核对馆藏古籍善本，统计数校正为1 139种21 630册，同时对18 118种21 800册古籍进行普查和消毒治虫。1988年4月，无锡市有关部门举行清末外交家薛福成诞辰150周年纪念活动，无锡市图书馆配合举办薛福成生平著述书展，展出馆藏64种150余册薛氏著作。同年，图书馆举办徐寿生平译著书展，陈列馆藏10种74册徐氏译著，以配合无锡市山北乡政府开展的近代科学家徐寿诞辰170周年纪念活动。1990年4月，北京图书馆的冀淑英、丁瑜，首都图书馆的冯秉文，甘肃图书馆的潘寅生一行4人到无锡市图书馆审阅古籍版本。2000年10月，无锡市图书馆新馆建成开放，设立荣氏文库，庋藏1955年荣毅仁遵照实业家荣德生遗嘱捐赠的原大公图书馆古籍5万余册。12月，图书馆古籍部统计出原大公图书馆藏书4 669部63 017册、荣德生私人藏书3 765部53 263册，合计8 434部116 280册，占全馆所藏线装古籍总数的40%；善本885部18 889册，占全馆所藏善本总数的92%；有600多种被鉴定为珍本，其中孤本18种。1996年入编《四库全书存目丛书》的11部古籍善本，其中10部出自“荣氏文库”。编录《无锡市图书馆馆藏荣氏捐赠善本书目》。无锡市图书馆所藏古籍有641部入编《全国善本书总目》，70部入选《国家珍贵古籍名录》，无锡市图书馆是全国古籍重点保护单位。

**徐州市图书馆** 1978年，徐州市图书馆大同街馆舍的古籍书库为180平方米。建有工作目录3套，编印有《馆藏善本书目录》《馆藏地方志目录》。1986年，图书馆对馆藏古籍进行全面摸底调查，统计出馆藏古籍共5 204种77 575册，其中已编目国家级善本10种5 500册。1999年，图书馆再次对馆藏古籍、中华人民共和国成立前文献及部分捐赠专藏文献全面清点核对，其中被列入《全国古籍善本书目》的国家级善本为58种5 935册，馆级善本为45种618册，普通古籍为5 101种71 022册；民国时期的平装书、旧地方文献、郭子化捐赠特藏及其他藏书为2万余册（件）。2002年5月，图书馆订购了100个樟木书柜更换旧古籍书架。2003年进入新馆，古籍专库有400平方米，包括明代铜活字版《钦定古今图书集成》在内的国家级善本古籍入藏善本特藏书库，普通古籍和民国文献等也有专库收藏。书库设有JD－1501A二氧化碳消防系统，并安装防火门和防盗门、窗。2002年，徐州市图书馆参与“中华再造善本工程”，馆藏《臞仙肘后经》《硕辅宝鉴》《瓶花供》三种古籍入选。至2007年6月，徐州市图书馆用三年时间完成了原未登记造册的馆藏古籍和民国文献的清点编目工作，登录编目约3万册。同年9月，为配合首次全国古籍普查工作，制订了《徐州市古籍普查工作实施方案》，对全部馆藏古籍善本重新登记，并为重要善本拍摄书影存档。初步整理出善本目录500余种，其中重要的有25种。同年，选出首批馆藏善本18种申报“国家珍贵古籍名录”。从2008年起，书库先后增设多套空气调节设备。2008年3月，《臞仙肘后经》《修辞指南》《钦定古今图书集成》《杜律单注》《文选》等5种古籍被正式列入国务院公布的首批《国家珍贵古籍名录》。同年9月，徐州市图书馆开始“江苏省珍贵古籍名录”及“全国古籍重点保护单位”的申报。同年12月再次选取85种馆藏善本进行第二批“国家珍贵古籍名录”的申报。江苏省古籍保护中心从中选取55种纳入首批《江苏省珍贵古籍名录》。是年,徐州市图书馆成为"第一批江苏省古籍重点保护单位"。到2008年末,徐州市图书馆完成清乾隆六十年(1795年)以前馆藏古籍机读书目数据的输入1 100余条,共计2万多册。

**常州市图书馆** 1978年,常州市图书馆馆藏古籍由资料部派专人管理。1986年,常州市图书馆成立古籍资料部。1989年,常州市图书馆和江苏省文化厅文物处签订《古籍修补合同》,由省厅安排下达修复经费3万元,常州市图书馆三年内完成古籍修复5 269册。1991年引进一名专业人员专职从事古籍修复工作。从2007年起有两名专职人员从事古籍修复工作,每年修复古籍约300册。从2008年起依照文化部发布的《古籍特藏破损定级标准》和《古籍修复技术规范与质量要求》,规范古籍修复工作。1978年常州馆已有专门存放古籍的书库,书库面积为约300平方米。古籍的装具有书架和书橱。1980年为馆藏善本古籍专门订制了樟木书柜。1995年,罗汉路新馆建成,古籍书库为350平方米,另有古籍善本和地方文献书库120平方米,善本书库配有自动消防系统。在古籍的装具方面,普通古籍为铁木书架,善本和地方文献为樟木书柜。2000年,图书馆将普通古籍书库的铁木书架改造为玻璃移门的书橱。2001年为馆藏古籍中的2 000册家谱订制了函套。从2004年起,古籍部点校出版了《咸淳毗陵志》,馆藏明刻本《毗陵人品记》被收入《续修四库丛书》和《四库存目丛书》。从2007年10月起,常州市图书馆和常州市文化艺术研究所合作,对馆藏《常州先哲遗书》进行校补,整理出版。全书79种749卷,合计804万字;原书108册,新版110册。新版《常州先哲遗书》增加了凡例和索引,为清光绪刻本《常州先哲遗书》补阙7 185字,增加了与盛宣怀、缪荃孙刻印《常州先哲遗书》有关的历史文献资料两册。2004年,常州市图书馆提出实施"记忆常州"工程。从2006年起,常州市人民政府每年拨出不少于10万元的经费支持古籍部实施"记忆常州"工程。"记忆常州"工程的目标是对馆藏古籍进行抢救性保护。内容包括:对馆藏古籍分级进行数字化复制;建设"常州市图书馆古籍全文数据库";根据《古籍定损标准》确定修复顺序,根据《古籍修复标准》进行修复。

常州市图书馆1978年完成普通古籍5万册的编目,每种书编制有分类、书名、著者三套卡片目录。1981年编印《常州图书馆善本书目》,收录入选《中国古籍善本书目》的67种420册文献。1983年编辑《常州地方文献书目》,收录馆藏古籍中的地方文献,包括历代常州地方志、常州地方家谱、常州籍作者著作。从2001年起,图书馆每年编制古籍电子书目数据并在馆部网站上公布。2004年启动了"特色数据库工程",建成了可全文检索的"咸淳毗陵志"和图像版的"晋陵先贤传""毗陵科第考""天宁寺志"等历史文化题材的数据库。2007年,常州市图书馆开始启动古籍普查和申报古籍重点保护单位的工作。根据古籍普查的要求,在原有馆藏古籍卡片目录的基础上,先后编制了馆藏普通古籍书目数据、馆藏古籍家谱书目数据、馆藏常州地方文献书目数据,三种书目数据库都通过馆部网站向读者开放。至2008年底,上网的古籍书目数据共有3 143条。2008年初,常州市图书馆开始申报珍贵古籍名录和古籍重点保护单位。至2008年底,常州市图书馆共选出《毗陵人品记》《资治通鉴纲目集览》《方山薛先生全集》《薛子庸语》《空同先生集》《诗经》等六种文献申报"国家珍贵古籍名录"。

**苏州图书馆** 1985年,全国文献缩微中心主任李竞和南京图书馆副馆长宫爱东到苏州图书馆进行缩微文献调研。1986年3月,苏州图书馆正式成为全国图书馆文献缩微复制中心成员馆之一,全国文献缩微中心赠送给苏州图书馆两台缩微阅读机。1990年1月,全国图书馆文献缩微中心为苏州图书馆配发一个缩微胶片柜。

1996年5月,全国图书馆文献缩微中心同意苏州图书馆为拍摄成员馆,苏州图书馆配置了价值近30万元的有关设备,开始了文献缩微拍摄工作。在2001年6月新馆开放之时,扫描完成了《同治苏州府志》《民国吴县志》《苏州织造局志》《吴郡西山访古记》等十余部苏州地方文献。2002年,苏州图书馆和嘉华计算机系统工程有限公司组建了嘉图信息技术有限公司,开展古籍数字化工作,从2006年开始每年划拨经费20万,完成5万页(半个筒子页)古籍的数字化。

**南通市图书馆** 1983年以来,南通市图书馆影印出版明刻本《州乘志》,和南通博物苑联合编辑出版管劲臣未刊手稿《南通历史札记》,编成《南通市图书馆馆藏中文报纸目录(1949—1982)》,编印

《张謇研究资料》，出版《南通纺织图录》，和张謇研究中心联合主编《张謇全集》(6卷7册，共计400万余字，在2003年中国历史学会主办的“纪念张謇诞辰150周年高级论坛”上获“张謇研究杰出贡献奖”)。多次举办“南通人著作展”“南通市图书馆优秀服务成果展”“馆藏古籍精品展”，编辑出版画册《南通市图书馆》。

南通市图书馆从1999年始对古籍和地方文献进行整理和登录，编成24册书本式目录，并逐步将目录输入电脑。2008年1月23日，南通市图书馆馆藏的17部古籍被列入首批《国家珍贵古籍名录》。

**淮安市图书馆** 从2007年9月开始一、二级古籍的普查和古籍珍贵名录的申报工作，《御纂周易折中二十二卷首一首一卷》《全唐诗九百卷》等8部古籍入选第一批《江苏省珍贵古籍名录》。

**镇江市图书馆** 截至2000年，镇江市图书馆馆藏古籍88 971册，包括《古今图书集成》《四部丛刊》《四部备要》《四库珍本》《万有文库》《碛砂藏经》等大部丛书及各省方志。其中经省馆鉴定的善本书有99种104部1 944册，经镇江市图书馆鉴定的乙级善本书有322种1 799册。北京图书馆(国家图书馆)主编的《全国善本古书联合目录》和上海图书馆主编的《中国古籍善本书目》收录了馆藏善本古籍。

1991年以前，馆藏古籍只有一部书本式目录，馆员与读者共用。1992年10月，镇江市图书馆决定将馆藏近9万册古籍重新编目，制定了《古籍重新编目方案》。从1993年开始，镇江市图书馆用四库分类法将古籍重新分类，按照《国家文献著录规则》对每一种古籍进行著录，到1996年底完成了该项工作，编制了分类、书名和著者三套卡片式目录。2000年3月，图书馆引进南京大学研发的“汇文”文献信息服务系统，将古籍编目数据逐步录入“汇文”数据库。

2001年6月，镇江市文化局决定将镇江市图书馆和绍宗藏书楼所藏古籍实行整合，绍宗藏书楼古籍划归镇江市图书馆管理，其产权仍属镇江博物馆所有。同年7月，交接工作顺利完成，8.6万余册古籍图书被搬运到镇江市图书馆古籍书库。2002年3月，镇江市图书馆对这批古籍进行清点，接收总数为10 068种86 283册。整合后镇江市图书馆古籍总藏量超过18万册，其中善本书有200多种4 500册。

**泰州市图书馆** 20世纪80年代，泰州市图书馆邀请南京图书馆的潘天祯、沈燮元对馆藏古籍进行鉴定，将古籍善本析出单独存放并编制独立书目。90年代初期，图书馆两次邀请扬州古籍专业修复人员坐馆，一年内先后安排两位图书馆工作人员随同学习古籍修复技术。截至2008年，泰州市图书馆古籍书库面积达200平方米，设置了四组密集型金属档案架，专门用于存放古籍善本和其他珍贵文献7 000余册(件)，另有实木书柜120个。1990年至2008年，泰州市图书馆陆续购买了《医方汇编》《海陵王氏族谱》《得月楼读赋》等14册古籍，另收购双面木雕版4块。1979年至2008年先后购入扬州广陵刻印社《桃花扇》《扬州丛刻》《杜诗言志》等新版线装古籍95册、上海古籍出版社《文渊阁影印四库全书》1 500册、中华书局《丛书集成》4 000册。2006年至2008年，图书馆对馆藏历史文献进行复制，共复制12种42册古籍。从1922年建馆伊始，图书馆按照经、史、子、集、丛和乡土六大类对馆藏古籍进行编目，之后又陆续编制了《泰县图书馆阅览目录》《泰县图书馆金石记目》《泰县图书馆乡土书目提要》《泰州图书馆善本书目》《泰州市图书馆历史地方文献目录》。从2006年开始，特藏部将馆藏古籍书目数据逐步输入计算机，以Excel表格形式存档。至2008年已先后六次更新馆藏古籍书目目录。泰州市图书馆于2007年开始参加国家古籍普查和申报工作，先后向江苏省和国家古籍保护中心提交馆藏古籍书目数据、历史地方文献书目数据、明代以前古籍书目数据和古籍善本书目数据。2008年，泰州市图书馆向国家古籍保护中心申报的馆藏古籍中，有8种入选第一批《国家珍贵古籍名录》，其中“辽宋夏金元时期”1种，“明清时期”7种。同时在向江苏省古籍保护中心申报的馆藏古籍中，有35种入选第一批《江苏省珍贵古籍名录》。2008年底，泰州市图书馆被命名为“江苏省古籍重点保护单位”。

**表 6－9　第一至三次全国公共图书馆评估定级全省上等级图书馆一览表**

| 公布时间 | 图书馆等级 | 图书馆名称 |
|---|---|---|
| 第一次（1994 年公布） | 一级（13 家） | 南京图书馆、苏州图书馆、无锡市图书馆、常州市图书馆、盐城市图书馆、镇江市图书馆、常熟市图书馆、江阴市图书馆、泰州市图书馆、靖江市图书馆、宜兴市图书馆、泗阳县图书馆、东台市图书馆 |
| | 二级（44 家） | 徐州市图书馆、南通市图书馆、连云港市图书馆、淮阴市图书馆、吴江市图书馆、张家港市图书馆、沛县图书馆、昆山市图书馆、太仓市图书馆、吴县图书馆、通州市图书馆、大丰县图书馆、启东市图书馆、射阳县图书馆、海安县图书馆、如东县图书馆、如皋市图书馆、睢宁县图书馆、泰兴市图书馆、赣榆县图书馆、建湖县图书馆、海门市图书馆、新沂市图书馆、东海县图书馆、海安县图书馆、溧阳市图书馆、金坛市图书馆、武进县图书馆、高邮市图书馆、邗江县图书馆、江宁县图书馆、高淳县图书馆、洪泽县图书馆、铜山县图书馆、宿迁市图书馆、金湖县图书馆、六合县图书馆、淮阴县图书馆、江浦县图书馆、溧水县图书馆、南京市秦淮区图书馆、南京市雨花区图书馆、句容县图书馆、南京市玄武区图书馆 |
| | 三级（18 家） | 丹阳市图书馆、兴化市图书馆、南京市鼓楼区图书馆、盱眙县图书馆、宝应县图书馆、无锡县图书馆、泗洪县图书馆、扬中县图书馆、南京市大厂区图书馆、灌南县图书馆、南京市下关区图书馆、南京市白下区图书馆、灌云县图书馆、南京市栖霞区图书馆、丰县图书馆、响水县图书馆、滨海县图书馆、沭阳县图书馆 |
| 第二次（1999 年公布） | 一级（27 家） | 南京图书馆、常州市图书馆、镇江市图书馆、苏州图书馆、盐城市图书馆、常熟市图书馆、张家港市图书馆、江阴市图书馆、昆山市图书馆、泰兴市图书馆、吴县图书馆、如皋市图书馆、宜兴市图书馆、海门市图书馆、江都市图书馆、东台市图书馆、启东市图书馆、海安县图书馆、扬中市图书馆、丹阳市图书馆、武进市图书馆、通州市图书馆、泗阳县图书馆、南京市白下区图书馆、南京市秦淮区图书馆、南京市玄武区少年儿童图书馆、溧水县儿童图书馆 |
| | 二级（35 家） | 徐州市图书馆、南通市图书馆、连云港市图书馆、淮阴市图书馆、吴江市图书馆、太仓市图书馆、靖江市图书馆、大丰市图书馆、沛县图书馆、高邮市图书馆、溧阳市图书馆、金坛市图书馆、洪泽县图书馆、金湖县图书馆、宿迁市宿城区图书馆、邗江县图书馆、淮安市图书馆、兴化市图书馆、新沂市图书馆、东海县图书馆、丰县图书馆、铜山县图书馆、建湖县图书馆、无锡市郊区图书馆、赣榆县图书馆、南京市大厂区图书馆、淮阴县图书馆、邳州市图书馆、睢宁县图书馆、如东县图书馆、射阳县图书馆、姜堰市图书馆、江宁县图书馆、南京市建邺区图书馆、高淳县图书馆 |
| | 三级（19 家） | 扬州市图书馆、泰州市图书馆、宝应县图书馆、阜宁县图书馆、六合县图书馆、锡山市图书馆、南京市雨花台区图书馆、江浦县图书馆、泗洪县图书馆、南京市栖霞区图书馆、南京市鼓楼区图书馆、句容市图书馆、盱眙县图书馆、灌南县图书馆、灌云县图书馆、南京市浦口区图书馆、无锡市南长区图书馆、无锡市北塘区图书馆、涟水县图书馆 |
| 第三次（2005 年公布） | 一级（47 家） | 苏州图书馆、镇江市图书馆、常州市图书馆、无锡市图书馆、徐州市图书馆、连云港市图书馆、盐城市图书馆、扬州市图书馆、张家港市图书馆、常熟市图书馆、南京市鼓楼区图书馆、太仓市图书馆、丹阳市图书馆、南京市江宁区图书馆、吴江市图书馆、泰兴市图书馆、江阴市图书馆、仪征市图书馆、南京市建邺区图书馆、昆山市图书馆、南京市秦淮区图书馆、南京市浦口区图书馆、扬中市图书馆、南京市六合区第二图书馆、海门市图书馆、苏州市吴中区图书馆、江都市图书馆、启东市图书馆、通州市图书馆、南京市白下区图书馆、溧水县图书馆、高淳县图书馆、如皋市图书馆、宜兴市图书馆、姜堰市图书馆、靖江市图书馆、金坛市图书馆、大丰市图书馆、沛县图书馆、东海县图书馆、海安县图书馆、常州市武进区图书馆、东台市图书馆、扬州市少年儿童图书馆、连云港市少年儿童图书馆、溧水县儿童图书馆、南京市玄武区少年儿童图书馆 |
| | 二级（18 家） | 泰州市图书馆、淮安市图书馆、南通市图书馆、扬州市邗江区图书馆、高邮市图书馆、南京市雨花台区图书馆、如东县图书馆、南京市六合区第一图书馆、兴化市图书馆、邳州市图书馆、淮安市楚州区图书馆、新沂市图书馆、射阳县图书馆、溧阳市图书馆、建湖县图书馆、无锡市锡山区图书馆、无锡市北塘区图书馆、泗阳县图书馆 |
| | 三级（17 家） | 无锡市惠山区图书馆、宿迁市宿城区图书馆、无锡市崇安区图书馆、赣榆县图书馆、盐城市盐都区图书馆、淮安市淮阴区图书馆、阜宁县图书馆、无锡市滨湖区图书馆、响水县图书馆、无锡市南长区图书馆、灌云县图书馆、滨海县图书馆、连云港市连云区图书馆、泗洪县图书馆、沭阳县图书馆、涟水县图书馆、南通市少年儿童图书馆 |

**表 6－10　历次获“江苏省文明图书馆”称号的市县图书馆一览表（排名不分先后）**

| 评比年度 | 江苏省文明图书馆 |
|---|---|
| 1988（25 家） | 金陵图书馆、常州市图书馆、扬州市图书馆、江宁县图书馆、溧水县儿童图书馆、南京市建邺区图书馆、南京市秦淮区图书馆、丹阳市图书馆、溧阳县图书馆、宜兴市图书馆、吴江县图书馆、张家港市图书馆、靖江县图书馆、江都县图书馆、泰兴县图书馆、如皋县图书馆、海安县图书馆、沛县图书馆、睢宁县图书馆、泗阳县图书馆、宿迁市图书馆、淮阴县图书馆、东台市图书馆、射阳县图书馆、赣榆县图书馆 |

续表

| 评比年度 | 江苏省文明图书馆 |
| --- | --- |
| 1989～1990（47家） | 金陵图书馆、苏州图书馆、无锡市图书馆、常州市图书馆、徐州市图书馆、扬州市图书馆、连云港市图书馆、江浦县图书馆、江宁县图书馆、溧水县儿童图书馆、南京市下关区图书馆、南京市建邺区图书馆、南京市秦淮区图书馆、吴江县图书馆、常熟市图书馆、张家港市图书馆、昆山市图书馆、宜兴市图书馆、江阴市图书馆、溧阳市图书馆、金坛县图书馆、扬中县图书馆、丹阳市图书馆、靖江县图书馆、泰兴县图书馆、泰州市图书馆、宝应县图书馆、江都县图书馆、如皋市图书馆、如东县图书馆、南通县图书馆、海安县图书馆、海门县图书馆、宿迁市图书馆、泗阳县图书馆、淮阴县图书馆、淮安市图书馆、金湖县图书馆、射阳县图书馆、东台市图书馆、大丰县图书馆、建湖县图书馆、邳县图书馆、睢宁县图书馆、沛县图书馆、东海县图书馆、赣榆县图书馆 |
| 1991～1993（52家） | 苏州图书馆、无锡市图书馆、常州市图书馆、金陵图书馆、镇江市图书馆、盐城市图书馆、徐州市图书馆、常熟市图书馆、吴江市图书馆、吴县图书馆、张家港市图书馆、昆山市图书馆、宜兴市图书馆、江阴市图书馆、太仓市图书馆、苏州市沧浪区图书馆、苏州市郊区图书馆、无锡市南长区图书馆、武进县图书馆、溧阳市图书馆、金坛市图书馆、东台市图书馆、大丰县图书馆、射阳县图书馆、建湖县图书馆、赣榆县图书馆、东海县图书馆、高淳县图书馆、江宁县图书馆、溧水县儿童图书馆、南京市秦淮区图书馆、南京市雨花区图书馆、南京市玄武区少儿图书馆、海门市图书馆、启东县图书馆、通州市图书馆、海安县图书馆、如东县图书馆、如皋市图书馆、淮阴县图书馆、洪泽县图书馆、泗阳县图书馆、宿迁市图书馆、沛县图书馆、邳州市图书馆、睢宁县图书馆、新沂市图书馆、泰兴市图书馆、高邮市图书馆、江都县图书馆、靖江市图书馆、泰州市图书馆 |
| 1994～1996（49家） | 金陵图书馆、苏州图书馆、常州市图书馆、镇江市图书馆、盐城市图书馆、徐州市图书馆、泰州市图书馆、常熟市图书馆、吴江市图书馆、张家港市图书馆、吴县市图书馆、昆山市图书馆、太仓市图书馆、苏州市沧浪区图书馆、苏州市平江区图书馆、苏州市金阊区图书馆、江阴市图书馆、宜兴市图书馆、无锡市南长区图书馆、武进市图书馆、溧阳市图书馆、金坛市图书馆、丹阳市图书馆、扬中市图书馆、江宁县图书馆、高淳县图书馆、溧水县儿童图书馆、南京市秦淮区图书馆、南京市鼓楼区图书馆、南京市雨花区图书馆、南京市玄武区少儿图书馆、江都市图书馆、高邮市图书馆、泰兴市图书馆、靖江市图书馆、海门市图书馆、如皋市图书馆、海安县图书馆、启东县图书馆、通州市图书馆、沛县图书馆、邳州市图书馆、睢宁县图书馆、淮安市图书馆、洪泽县图书馆、淮阴县图书馆、赣榆县图书馆、大丰市图书馆、建湖县图书馆 |
| 1997～1999（49家） | 苏州图书馆、常州市图书馆、镇江市图书馆、泰州市图书馆、徐州市图书馆、盐城市图书馆、连云港市图书馆、常熟市图书馆、吴江市图书馆、张家港市图书馆、吴县市图书馆、昆山市图书馆、太仓市图书馆、江阴市图书馆、宜兴市图书馆、无锡市郊区图书馆、武进市图书馆、溧阳市图书馆、丹阳市图书馆、扬中市图书馆、南京市玄武区少儿图书馆、江宁县图书馆、南京市秦淮区图书馆、高淳县图书馆、南京市白下区图书馆、南京市建邺区图书馆、南京市大厂区图书馆、溧水县儿童图书馆、高邮市图书馆、江都市图书馆、启东市图书馆、海门市图书馆、如皋市图书馆、海安县图书馆、泰兴市图书馆、靖江市图书馆、兴化市图书馆、铜山县图书馆、沛县图书馆、新沂市图书馆、淮安市图书馆、洪泽县图书馆、淮阴县图书馆、东台市图书馆、大丰市图书馆、赣榆县图书馆、建湖县图书馆、东海县图书馆、宿迁市宿城区图书馆 |
| 2000～2002（32家） | 苏州图书馆、无锡市图书馆、常州市图书馆、镇江市图书馆、盐城市图书馆、扬州市少儿图书馆、南京市秦淮区图书馆、南京市白下区图书馆、南京市建邺区图书馆、南京市江宁区图书馆、南京市六合区大厂图书馆、南京市玄武区少儿图书馆、扬中市图书馆、丹阳市图书馆、江都市图书馆、靖江市图书馆、泰兴市图书馆、如皋市图书馆、通州市图书馆、海安县图书馆、苏州市吴中区图书馆、常熟市图书馆、张家港市图书馆、昆山市图书馆、江阴市图书馆、常州市武进区图书馆、金坛市图书馆、沛县图书馆、铜山县图书馆、邳州市图书馆、东台市图书馆、东海县图书馆 |
| 2003～2005（56家） | 苏州图书馆、无锡市图书馆、常州市图书馆、泰州市图书馆、镇江市图书馆、盐城市图书馆、连云港市图书馆、徐州市图书馆、淮安市图书馆、连云港市少儿图书馆、扬州市少儿图书馆、南京市鼓楼区图书馆、南京市建邺区图书馆、南京市秦淮区图书馆、南京市白下区图书馆、南京市浦口区图书馆、南京市雨花台区图书馆、南京市六合区第二图书馆、南京市江宁区图书馆、溧水县图书馆、高淳县图书馆、南京市玄武区少儿图书馆、溧水县儿童图书馆、扬中市图书馆、丹阳市图书馆、江都市图书馆、仪征市图书馆、姜堰市图书馆、靖江市图书馆、泰兴市图书馆、如东县图书馆、海安县图书馆、启东市图书馆、海门市图书馆、如皋市图书馆、通州市图书馆、苏州市吴中区图书馆、吴江市图书馆、昆山市图书馆、太仓市图书馆、常熟市图书馆、张家港市图书馆、无锡市惠山区图书馆、无锡市北塘区图书馆、宜兴市图书馆、江阴市图书馆、金坛市图书馆、溧阳市图书馆、邳州市图书馆、新沂市图书馆、铜山县图书馆、金湖县图书馆、大丰市图书馆、建湖县图书馆、东台市图书馆、东海县图书馆 |
| 2006～2009（68家） | 苏州图书馆、张家港市图书馆、吴江市图书馆、常熟市图书馆、太仓市图书馆、昆山市图书馆、苏州市吴中区图书馆、苏州市金阊区图书馆、苏州市独墅湖图书馆、苏州市沧浪区图书馆、苏州市平江区图书馆、无锡市图书馆、无锡市惠山区图书馆、江阴市图书馆、宜兴市图书馆、常州市图书馆、金坛市图书馆、溧阳市图书馆、常州市武进区图书馆、金陵图书馆、南京市六合区第二图书馆、南京市鼓楼区图书馆、南京市浦口区图书馆、南京市建邺区图书馆、南京市江宁区图书馆、南京市秦淮区图书馆、南京市玄武区少年儿童图书馆、南京市白下区图书馆、溧水县图书馆、高淳县图书馆、溧水县儿童图书馆、镇江市图书馆、丹阳市图书馆、扬中市图书馆、镇江市丹徒区图书馆、南通市图书馆、南通市通州区图书馆、海门市图书馆、如皋市图书馆、如东县图书馆、海安县图书馆、扬州市图书馆、扬州市少年儿童图书馆、江都市图书馆、仪征市图书馆、扬州市邗江区图书馆、徐州市图书馆、沛县图书馆、铜山县图书馆、邳州市图书馆、新沂市图书馆、金湖县图书馆、洪泽县图书馆、盐城市图书馆、大丰市图书馆、东台市图书馆、射阳县图书馆、建湖县图书馆、连云港市图书馆、连云港市少儿图书馆、东海县图书馆、赣榆县图书馆、泗阳县图书馆、宿迁市宿城区图书馆、靖江市图书馆、泰兴市图书馆、姜堰市图书馆、兴化市图书馆 |

# 第七章 艺术职业教育



1978～2008年,江苏艺术职业教育随着时代潮流和社会需求,取得了历史性的跨越式发展。中等艺术职业教育不断巩固提高,高等艺术职业教育更是应运而生,蓬勃发展。

职业教育包含职业学校教育和职业培训,江苏省艺术职业学校教育的承办主体是分布在全省各地的艺术职业学校。江苏省艺术职业教育30年的发展历程,大致可分为恢复重建、改革拓展和内涵提升三个阶段。

恢复重建阶段(1978～1988年)。1978年,全省有学校建制、有校址校舍、有在校学生的艺术职业学校,仅有1977年恢复建制的江苏省戏剧学校。至20世纪80年代中期,江苏省文化学校、无锡文化艺术学校、徐州文化艺术学校、常州市文化艺术学校、苏州评弹学校、苏州市艺术学校、连云港市艺术学校、淮安文化艺术学校、盐城鲁迅艺术学校、扬州文化艺术学校、常熟市艺术学校11所艺术职业学校相继恢复建制或招生办学,至此,初步形成了覆盖全省的中等艺术职业教育网络。

当时,各所学校的办学条件都还比较艰苦,但各校干部和教职工齐心协力、艰苦奋斗,尽最大努力组织师资、建设校园,克服各种困难使学校在短时间内即进入正常的教育教学秩序。这一阶段,各学校开设的专业除了戏曲表演外,还有戏曲音乐伴奏、曲艺表演、话剧表演、舞蹈表演、舞台美术等;学历均为中专;学制主要有六年制、七年制(招收小学毕业生)和三年制(招收初中毕业生);虽然学校规模都很小,在校生人数最少的不足100人,最多的不到300人,但这一阶段的毕业生中出现了许多优秀人才,他们日后都成为了各行业领军人物。各艺术职业学校为传承发展戏曲、曲艺等传统艺术,发挥了重要的基础作用。

改革拓展阶段(1988～1998年)。20世纪80年代后期,由于多种原因,戏曲渐渐不景气,戏曲表演团体人才需求随之萎缩,以戏曲专业为主的艺术职业学校出现招生停滞的严峻局面。面临生存危机,面对新的形势,全省艺术职业学校又开始新的探索。

根据当地文化市场需求和自身实际,各学校纷纷调整专业结构,或拓展舞蹈表演、音乐表演等传统专业,或开设艺术设计、影视表演等新兴专业。自1997年开始,江苏省戏剧学校与南京艺术学院合作,开设五年制大专层次的音乐教育和美术教育专业。这一时期,除苏州评弹学校外,全省各校都从最初单一专业的戏曲学校发展成为多专业的综合性艺术学校,大部分学校的校名,也先后更改为文化艺术学校。

由于专业的拓展,各学校规模迅速扩大,在校学生人数成倍增长,最少的也达到200人左右,最多的已突破1 000人。为适应规模发展的需要,各校因地制宜采取各种措施扩大校园校舍、添置设施设备、充实师资队伍、加强内部管理,积累了不少改革发展经验,各校的整体实力都相应得以增强。由此,各校教学科研也取得进步,课堂教研日渐深入,一些论文获得奖项,许多学术专著得以出版,如江苏省戏剧学校教师的《昆曲唱腔研究》《京剧唱腔研究》等。各校培养的学生就业领域不断拓宽,毕业生中有的成为戏曲名家,也有的成为著名影视演员。随着江苏文化和教育改革前进的步伐,江苏省艺术职业教育进入快速发展的历史时期。

内涵提升阶段(1998～2008年)。办学规模的迅速扩大,急切要求学校相应提高办学能力和教学水平。全省艺术职业学校的干部和教职工,认真学习现代教育思想,狠抓学校内涵建设,通过反思、总结、学习和研究,凝练学校文化精神,进一步厘清办学思路、育人目标和发展方向;以教学为中心,从基本文件抓起,推进教学、教学管理和学校工作的科学化、规范化、制度化;以师德为灵魂,以"双师型"教师为抓手,努力建设一支高素质教师队伍；以创建示范专业、重点学校为契机，下力气全面提升学校的基础能力、办学水平和质量。这一阶段，各校在产教融合、艺术实践中，取得丰硕成果，获得不少省级乃至国家级奖项，如苏州评弹学校教师创作的评弹《搬家乐》获第九届文华新节目奖、江苏省戏剧学校教师参加艺术实践获第十届文华音乐创作奖等。

全省艺术职业学校积极服务社会、服务地区和国家建设，经常参加重大文艺活动，为公共文化事业作出了贡献。如参加上海APEC会议、第十届全国运动会开幕式和闭幕式、中央电视台"心连心"艺术团、江苏省"三下乡"活动等文艺演出及其他重大项目。各校还开展各种职业培训和社会艺术培训，提高行业内职工素养和专业素质。

根据国家"积极推动职业教育从计划培养向市场驱动转变"的精神，全省艺术职业学校招生和毕业生就业制度实行改革，从主要按照政府下达的计划进行招生和分配毕业生工作，转变为主要根据市场需求确定计划进行招生和指导毕业生自主择业，政府负责统筹协调和宏观管理。校团(企)合作，"订单式"人才培养模式被进一步推广。学生毕业去向更加灵活，或直接就业，或继续升学，还有自主创业。

2000～2004年，江苏省戏剧学校、苏州评弹学校和常州市文化艺术学校作为江苏联合职业技术学院办学点，先后开设五年一贯制高等职业教育专业，提升了办学层次。2006年，常州市文化艺术学校迁入占地150余亩的新校园，2008年，更名为常州艺术高等职业学校(江苏联合职业技术学院分院)。至2008年，江苏省戏剧学校、苏州评弹学校和扬州文化艺术学校被评为国家级重点中等职业学校，常州市文化艺术学校被评为省(部)级重点中等职业学校。各校还有一批特色专业被评为江苏省中职学校示范专业。

从20世纪90年代后期开始，省内部分普通职业学校陆续设置艺术类专业，主要有音乐、舞蹈、美术和艺术设计类专业；少数几所民办艺术职业院校亦破土而出，主要是舞蹈和影视表演类学校；此外，全省各地也涌现了一批由社会力量举办的艺术培训机构，面向社会开展音乐、美术、舞蹈等各种门类的艺术培训活动。

## 第一节　艺术职业学校

1978～2008年的30年间，艺术职业学校是江苏艺术职业教育的主要骨干力量。各艺术职业学校管理体制均实行校长负责制。学校内设办公、人事、教学、学生、后勤等工作机构。江苏省主要的12所学校均为全民事业单位。各学校教职工人数不等，各学校根据教学需要，聘用校外兼职教师。30年间，各艺术职业学校办学条件逐步改善，各校顺应时代潮流，努力奋斗，艰苦创业，取得了长足发展。

**江苏省戏剧学校**　该校前身系创办于1956年5月的江苏省戏曲训练班；1977年10月，学校恢复建制，迁返南京申家巷46号原址，校名为江苏省戏剧学校；1996年，随着校门改建，学校校址改为南京市长白街334号；同年9月，学校被文化部确定为部省级重点艺术院校，可以跨省招生，以及推荐优秀毕业生免试升入部直属高等艺术院校。1997年11月，学校在常州溧阳市天目湖镇征地9 887.1平方米，开办天目湖分校；自2000年起，学校作为江苏联合职业技术学院办学点，开办五年制高职（大专）教育；2003年11月，根据江苏省文化厅的决定，江苏省文化学校与江苏省戏剧学校合并，统一使用江苏省戏剧学校名称，保留江苏省文化学校编制，设立南京长白街、百水桥和溧阳天目湖三个校区，占地面积共43 854.8平方米。

1978～1992年，学校专业设置主要有戏曲表演（京剧、昆剧、锡剧、扬剧、越剧）专业，以及与各剧种相对应的戏曲音乐伴奏专业，还有话剧表演、舞蹈表演、舞台美术、编剧、导演和戏曲作曲等专业。1993年，学校根据社会需求，拓展专业结构，先后开设音乐教育、美术教育、实用美术、室内设计、影视表演、音乐（声乐、器乐）表演、群众文化艺术等专业。2000年，学校开设五年制高职戏曲表演、音乐（声乐、器乐）表演、影视表演、艺术设计（装饰设计、装潢设计、人物形象设计、动漫等）专业。2004年、2005年，戏曲表演和舞蹈表演专业先后被江苏省教育厅评定为“江苏省中等职业教育示范专业”。

1978～2008年，学校共招收学生5 000多名。1978年，在校学生200多名；2008年，在校学生1 429名，其中高职（大专）层次的学生占60%以上。学生在校学习期间，德艺兼修，知行并重，学文化，学专业，演（工）学结合，全面发展。不少学生在校期间即已取得优异成绩，在全国和全省专业比赛中崭露头角，获得如首届全国青年京剧演员电视大赛优秀表演奖、首届全国梨园杯戏曲基本功教学大赛金奖、第六届中国合唱节银奖等诸多奖项。20世纪80年代，学校毕业生都由政府按计划分配工作。这一模式自90年代开始改革，转变成“订单式”培养学生，即毕业后到委培单位工作，其他学生毕业后走向市场，双向选择、自主择业。学生就业主要在艺术表演团体、文化馆站、艺术设计公司以及中、小学和艺术学校等单位，也有自主创业开办艺术设计公司和培训机构，还有不少学生考入高等艺术院校继续深造。学校毕业生遍布江苏全省及海内外，在各自岗位上不断成长成才，有的成为工作单位的骨干和领导，有的成为行业的领军人才，有的获得文华奖、梅花奖、华表奖等国家级大奖，成为知名艺术家、“非遗”代表性传承人，为江苏及全国的文化建设和改革发展作出了贡献。

1980年，学校在职教职工348人；2004年（两校合并后），在职教职工309人；2008年，在职教职工292人，其中具有正高级职称者16人、副高级职称者53人。另外，学校根据需要，还聘请了许多有实践经验的艺术家作为兼职教师来校任教。在职教师中，有不少是全省、全国同行业中有影响的名师名家和领军人物，如京剧程（砚秋）派和梅（兰芳）派传人、中国戏曲音乐学会会长、中国艺术职业教育学会副会长等，其中不乏文华奖、梅花奖等艺术大奖获得者，以及“江苏省文化系统先进工作者”“江苏省职业教育先进个人”等荣誉称号获得者。

30年间，随着文化艺术的发展和教育改革的深入，学校逐渐形成了“立足本行、精办戏曲、服务社会、科学发展”的办学思想和“知行并重、德艺双馨”的教育理念。在建校50周年之际，确立了“崇德、尚美、创新、致和”的校训，明确“质量立校、特色兴校、科研促校、人才强校”的发展观。坚持以传承弘扬民族文化艺术为己任，做优做强传统的戏曲、中国舞、民族音乐专业，同时根据社会需求，发展艺术设计、影视表演、流行音乐等专业。学校工作坚持以德为先、育人为本、教学为中心，不断推进科学化、规范化、制度化管理，从2000年开始学校试行

"学分制",内部实施教学(工作)目标责任制管理,不断深化教育教学改革,创新人才培养模式,与2 020多家文艺院团和文化企业建立长期合作关系,开展"订单式"人才培养,产教结合,演(工)学结合,进行理论实践一体的综合课程和任务导向的项目课程改革,着力学生职业素养和能力的培养,注重"双师型"教师队伍建设,积极主动服务社会、服务地区文化建设,在服务中求得新的发展,努力创建高水平示范性艺术职业院校。

1985年,学校被文化部评为"全国重点艺术学校";1995年,学校获得文化部、人事部颁布的"全国文化先进集体"称号;2000年和2004年,学校两次被教育部评为"国家级重点中等职业学校";1999～2004年、2007～2008年,学校连续获得"江苏省文明单位"称号。

1978～2008年领导班子成员有:音茗、应宜诚、吴石坚、戴湘勤、黄秋霞、汤冬生、袁大智、蒯小棣、方标军、何华平、沐仁和、赵永江、顾彬、商志华、王洛夫、李乐观、刘德芬、王艺传、潘孝来、张德章、流冬娜、王兵、董正淮、黄金虎、艾金梅、杨杰、朱琰等。

**江苏省文化学校** 该校前身是1953年5月创办的江苏省文化干部训练班;1968年停办;1980年6月,学校恢复办学,校址在原徐州地区五·七农业大学旧址,这期间,学校主要开展群众文化干部、电影管理和技术人员等在职人员的培训;1984年6月,经江苏省人民政府批准,学校改建为江苏省文化学校,中专性质,主要进行学历教育和职业培训,培养培训群众文化干部;1986年,学校开始搬迁南京,在新校区建设期间,先后租用江苏省戏剧学校、南京市南湖一中、南京海军医学高等专科学校部分校舍进行办学;1989年7月,在南京郊区马群占地26亩的新校区建成,学校整体迁入。

1986年,学校开始中专学历教育,开设群众文化管理专业;1989年,开设电影发行放映管理专业;1992年,群众文化管理专业改名为群众文化艺术专业,有音乐、美术等专业方向;1997年,开设舞美专业(音响方向);1998年起,采取与高校联办的形式,先后举办本科层次公共事业管理专业、大专层次文化艺术事业管理专业;1999年起,开设电脑美术设计、装潢设计专业;2001年起,通过联办形式开设高职(大专)层次音乐表演、电脑美术设计专业。

1980年,学校有教职工29人;2002年,学校有教职工56人。根据需要,学校每年还聘请数量不等的兼职教师来校授课。

2003年11月,学校与江苏省戏剧学校合并,保留江苏省文化学校编制。

1980～2003年领导班子成员有:缪生才、高丹宇、董正淮、徐观伯、姜云昌、方宜寿、张桐、胡清亮、李松叶、吴家同、黄金虎等。

**无锡文化艺术学校** 无锡文化艺术学校成立于1959年5月,当时校名为无锡市锡剧学校;1962年4月,学校停办;1980年,学校恢复建制,定名为无锡市文化艺术学校,隶属无锡市文化局,校址在无锡市后西溪29号;1984年11月,经江苏省人民政府批准为中等专业学校,校名为无锡市戏剧学校;1986年7月,学校搬迁到无锡横山东麓钱荣路12号,占地面积7 333平方米;1994年,更名为无锡文化艺术学校,同年,经无锡市机构编制委员会批准学校成立无锡市实验艺术团,两块单位牌子,一套领导班子;1999年,无锡市书法艺术教育中心(含《书画艺术》杂志社)和无锡文化艺术学校合并,保留其编制;2004年11月,无锡市书法艺术教育中心撤销,其书法艺术教育和杂志编辑工作由无锡文化艺术学校承担;2005年,按照无锡市政府机构改革划分,学校归无锡市文化艺术管理中心管理。同年,结合钱荣路拓宽改造工程,学校新建音乐楼、教师公寓等,占地面积拓展至114 667平方米,总建筑面积达到10 597.69平方米。2008年底,无锡歌舞剧院成立,学校划归无锡歌舞剧院管理,单位性质、人员身份、人员编制不变。

1980年,学校设置有锡剧表演、锡剧音乐伴奏、越剧表演、滑稽戏表演专业;1983年开设歌舞表演专业;1993年开设群众文化艺术专业;1997年开设话剧与影视表演专业;1998年开设美术专业;1999年开设音乐表演(声乐、器乐)专业;2002年开设国际标准舞表演专业。舞蹈表演专业被江苏省教育厅评为"江苏省中等职业教育示范专业"。

30年间,学校共招收学生1 360名。毕业生主要在无锡地区及江苏省内外专业文艺团体和企事业单位工作。无锡市各文艺团体的领导、演职人员90%以上是该校毕业生,东方歌舞团、上海歌舞剧院等国内一流文艺团体均有该校毕业生。学校鼓励学生一专多能、多元发展,学生毕业还有到基层从事群众文化工作的，还有一些学生考入高等艺术院校继续学习深造。

1980年，学校有教职工23人；1986年，有教职工38名；2005年，有教职工62人。

学校秉持“修德治艺、崇文笃行”的校训，形成了“彰显特色，强化优势，注重质量，协调发展”的办学理念，确立了“围绕舞台，传承文化，服务社会”的办学宗旨。坚持弘扬地方特色文化，自觉担当锡剧艺术传承重任，与当地锡剧院团深度合作，开展“订单式”培养锡剧后继人才。建立无锡市实验艺术团，形成校团一体的办学模式，产教结合，演学结合，由学校创作演出的群舞《动感萨巴依》《红是红啊、绿是绿》《走向远方》《血色浪漫》先后在文化部主办的第七届、第八届“桃李杯”舞蹈比赛中获得奖项。

1980～2008年主要领导人有：万梅良、张少栋、尹纪发、周镜吾、曹锦树、沈炳祥、赵锋、刘仲宝、朱有东等。

**徐州文化艺术学校**　徐州市戏剧学校成立于1958年，为中专性质，隶属徐州市文化局；1962年，学校停办；1978年，学校恢复招生；1982年，学校黄河新村校舍建成；1983年4月，与徐州地区戏曲学校合并，定名徐州市戏曲学校，校址在东贺村；1984年5月，经江苏省人民政府批准，学校正式恢复建制；1989年9月，学校迁回黄河新村；1991年7月，学校更名为徐州文化艺术学校；1995年11月，徐州市京剧团并入学校；2007年8月，学校迁至徐州淮海食品城3号楼。

1978年开始，学校专业设置主要是戏曲和曲艺表演专业，包括京剧、柳琴戏、梆子戏和徐州琴书等；1985年，开设戏曲音乐伴奏专业（四年制）；1989年，开设中国舞表演（六年制）、声乐表演、器乐表演、话剧表演、美术等专业；1993年，开设群众文化艺术（舞蹈）专业；1996年，开设服装设计与制作专业；2001年，开设现代歌舞表演专业；2006年，开设流行音乐表演专业。学校由单一的戏曲表演专业，逐渐发展成为包括戏剧、曲艺、舞蹈、音乐、美术等多门类的专业格局。

20世纪80年代，在校学生人数仅50人左右，90年代中期增加至200多人，2005年达到450人左右，此后保持在380人左右。30年间，学校招收学生约2 600人。学生在校学习知行合一、演学结合，经常参加各种社会演出实践和专业比赛，获得许多全省和全国性专业比赛奖项。戏曲表演专业学生毕业分配至定向委培单位工作，包括徐州及山东枣庄、临沂、安徽蚌埠等地区戏曲表演团体。其他专业学生毕业，大多分配至定向委培单位工作，21世纪开始，基本都是双向选择、自主择业，毕业生有到文艺院团、文化馆站等文化企事业单位就业，也有自主创业，开办舞蹈、音乐、美术学校（培训机构），还有不少选择升学，到高等艺术院校继续学习且逐年增多。毕业生中有不少人后来都成为单位的负责人或主要骨干。

2008年9月，学校有在编教职工77人。其中专业技术人员有61人，正高级职称有5人，副高级职称有7人，多名教师获得过“江苏省艺术职业学校教学名师”称号及“中国戏剧奖·梅花表演奖”等艺术奖项。

30年间，学校根据市场需求，及时调整专业设置，推进教学改革，加强演出实践，坚持校企合作，以专业优势为地区文化艺术事业服务，逐渐形成“舞台就是课堂”的理念，探索“演中学、学中演”的教学模式，积累舞台经验，提高实践能力，强化职业素养，培养学生树立为艺术事业奉献终身的远大志向。

1978～2008年主要领导人有：肖祖宽、孙文斌、段世显、荣光、田秉锷、刘照广、刘志林、及巨涛、刘继刚、杨建民等。

**常州艺术高等职业学校**　1970年，常州市革命文艺学校建立；1979年3月，更名为常州市文艺学校，校址在常州市公园路8号；1984年11月，经江苏省人民政府批准为中等专业学校建制，定名为常州市戏剧学校，隶属常州市文化局；1993年9月，搬迁至常州市西环路2号新建校区；1995年10月，更名为常州市文化艺术学校；2004年，作为江苏联合职业技术学院办学点，开始招收五年制高职（大专）学生；2006年12月，学校主体搬迁至常州市西门外殷村新校区，占地150余亩；2008年2月，江苏省教育厅决定，学校正式成为江苏联合职业技术学院常州艺术分院，更名为常州艺术高等职业学校。

20世纪80年代，学校设置京剧表演、舞蹈表演、器乐演奏专业；90年代增设锡剧表演、声乐演唱、播音与主持、群众文化艺术、服装设计和装潢美术专业；2004年开始，学校开设艺术设计（广告设计与制作、服装设计与营销、环境艺术设计、民间工艺)、表演艺术(声乐、器乐)、播音与主持、影视动画4个高职专业和舞蹈表演中职专业,形成多专业、多层次的办学格局。2004年,群众文化艺术专业被江苏省教育厅评为"江苏省中等职业教育示范专业"。

30年间,学校培养了各种艺术人才1 700多人。在校学生最初只有几十人,2008年达1 300余人。20世纪80年代学生毕业主要分配至当地专业文艺表演团体工作,不少人已逐步成长为单位的领导人和骨干。20世纪90年代以后学生毕业参加双向选择、自主择业。

1978年学校教职工有19人,1987年有56人,1998年有72人,2008年有135人,其中具有高级专业技术职称者10人。教师队伍中有戏曲名家、江苏省艺术职业学校教学名师、常州市中青年科学技术带头人等。

学校秉承"崇艺、尚美"的校训,坚持"德艺双馨、以文化人",着力打造以美为核心的校园文化。根据文化发展和市场变化需求,开拓与文化创意和文化旅游对接的相关专业,为社会培养实用性艺术人才。以文化与教育、职教与普教、城市与新农村建设,国有资产与民助资产互助互补、整合发展的理念,创建学校殷村新校区,为此,《中国文化报》在2007年2月发表题为《中等艺术学校发展的"苏南版本"》的特写,报道了这一合作共赢的模式。1999年,学校被文化部、人事部评为"全国文化先进集体";2000年,被江苏省教育厅评为"省(部)级重点中等职业学校"。

1978～2008年主要领导人有:卢俊章、郑尔鉴、蔡家农、钱瑞华、王菊英、高听荣、高慰等。

**苏州评弹学校** 1961年,在陈云同志推动下,苏州戏曲学校设立评弹部,开始招收评话和弹词表演专业学生;1968年底,学校停办;1980年4月,经江苏省人民政府批准,学校恢复建制,校名为苏州评弹学校,性质为中等专业学校,校址在苏州葑门黄天荡,主要为江、浙、沪地区评弹团培养评弹专业人才;1989年,学校搬迁至苏州市三香路985号,占地13.656亩;2001年,学校成为江苏联合职业技术学院五年一贯制高职专业办学点,自此学校主要举办五年制高职学历层次的评弹专业教育。

学校专业设置,主要有弹词表演和评话表演专业,为三年制、四年制中职性质。1994、1995年曾招收两届苏剧表演专业学生;1996年 、1997年、2000年曾招收三届群众文化艺术(音乐)专业学生。2001～2008年,学校专业设置有五年制高职评弹表演专业。

由于专业单一,因此在校学生规模较小,少则几十人,多则200多人。30年间,共招收学生1 169人。1995年前,学生毕业基本上都分配至各评弹表演团体(大多是定向委培单位)工作,如江苏省评弹团、苏州市评弹团、上海市评弹团、常熟评弹团等;1995年后,学生毕业则自主择业,与用人单位双向选择,除去到评弹团工作外,还有去其他企事业单位工作,也有自主创业从事评弹工作。许多毕业生已成为各评弹团骨干或领导人,有的已成为评弹行业领军人物和知名艺术家。

30年间,学校在职教职工人数较少时有20人,较多时有34人。教师队伍中有国家级"非遗"代表性传承人,有江苏省级"非遗"代表性传承人,以及"江苏省劳动模范"称号和全国总工会"五一劳动奖章"获得者。

学校以陈云同志对评弹工作的指示"出人出书走正路"为校训,坚持校团合作,注重实践教学,深化产教结合,根据学校专业特点,彰显"小而精,特而强"的办学特色。评弹专业教学沿用传统"师带徒"一对一的教学模式。2007年起,学校开办"非遗"特色的"传承班",依托"校(苏州评弹学校)团(苏州市评弹团)一体"的体制优势,以苏州评弹经典书目为主要教学内容,以流派名师为主要师资团队,以"教学演练合一"为主要教学模式,活态传承,德艺并重,培养有创新能力的评弹表演高端人才。学校既"出人"又"出书",创作了许多优秀评弹作品,如《搬家乐》《迎亲曲》《百样机》等。《搬家乐》于2000年获得我国舞台艺术政府最高奖"文华新节目奖"。2008年,学校被教育部评为"国家级重点中等职业学校"。

1980～2008年主要领导人有:曹汉昌、夏玉才、高剑南、毕康年、陈嵘、孙惕、周沛然等。

**苏州市艺术学校** 苏州市艺术学校前身为苏州专区戏曲进修学校,建立于1959年,校址位于苏州市宋衙弄乐益女中旧址;"文化大革命"期间苏州戏曲学校停办;1976年8月,苏州专区戏曲进修学校在吴江县松陵镇恢复办学,初名为吴江县业余艺术学校;1980年1月,改名为苏州地区戏曲进修学校;1983年3月,随着苏州地市合并,改名为苏州市戏曲进修学校；1984 年 4 月，经苏州市文化局批准，学校更名为苏州市艺术学校；1985 年 6 月，创建苏州市艺术职业学校（职高性质），附设于苏州市艺术学校内，一套领导班子，两块学校牌子；同年，学校由吴江县迁回苏州市区，校舍先后在团结桥、丝绸工学院、楚春巷、建新巷等地；1990 年，学校搬迁至苏州新区滨河路 1 859 号，占地面积 6 600 平方米，新校区的落成，保证了学校稳定发展；2005 年，增挂苏州市昆曲学校校牌；2007 年，经苏州市政府批准，确定苏州市艺术学校为市属中等专业学校，隶属苏州市文化局。校区占地面积扩大至 10 000 平方米。

1978～1985 年，学校先后开设京剧、锡剧和评弹表演专业；1985～1990 年，先后开设滑稽戏表演、中国舞表演专业；1994 年，开设昆剧表演、美术装潢、中国乐器演奏专业；1995 年以后，先后开设舞台美术、群众文化艺术、国际标准舞表演等专业；2001 年开始，通过联合办学形式，试办五年制高职专业；2003 年以后，先后开设文物鉴赏与修复、文化旅游与宾馆服务、影视表演、影视动画等专业，学校逐步发展成为一所综合性的艺术职业学校。

1978～2008 年，学校共招收学生 1197 人。在校学生规模由初期的几十人发展至后来的三四百人；在 1994 年前，学生毕业基本上分配至文艺院团工作；1994 年后，学生毕业双向选择、自主择业，有到苏州昆剧院、苏州歌舞剧院等文化企事业单位工作的，也有继续升学的。历届毕业生为地区文化艺术的发展和繁荣作出了积极贡献，

1986 年，学校在职教职工 21 人；2008 年，在职教职工 33 人；其间最多时 35 人。专业教师除本校专任教师外，还有很多来自文艺院团有实践经验的兼职教师。

学校依托苏州地区深厚文化底蕴和资源特色，以传承发展起源于苏州的世界级“非遗”昆剧、国家级“非遗”苏剧为己任，着力做强昆剧表演、苏剧表演和舞蹈表演专业，保护传承非物质文化遗产，打造城市文化名片。

1978～2008 年主要领导人有：江惠中、邹家源、夏晓明、陆凯、郝诚、龚平、蔡焜、夏莉莉等。

**连云港市艺术学校**　连云港市艺术学校始建于 1959 年，初期校名先后为新海连市戏剧学校、连云港市戏剧学校，最初校址位于连云港市解放西路 28 号；“文化大革命”期间，学校停办；1979 年，学校恢复办学，更名为连云港市艺术学校，隶属连云港市文化局，校址迁至市海连西路 22 号；1986 年，学校再次搬迁到连云港市新浦区富强路 3 号；1991 年，挂靠市教委开办艺术职业高中；1994 年，与市中等专业学校联办职业中专；1996 年开始，与江苏省戏剧学校联合办学，招收中专学历学生。

建校初期，学校设置淮海戏表演、京剧表演专业；1979 年以后，先后开设舞蹈表演、音乐表演、话剧表演专业；1996 年以后，先后开设群众文化艺术、美术设计与制作专业。

1979～2008 年，学校共招收学生 1 709 名。学生在校学习期间，德艺并修，知行合一，演学结合，全面发展。学生毕业主要在当地文艺院团、文化企事业单位就职，也有的被国家级文艺院团和部队文工团录用，为地区的文化建设和社会发展作出了重要贡献。

至 2008 年，学校在编在岗教师 41 人，其中有高级专业技术职称者 9 人。教师中有的被文化部、人事部评为“全国文化系统先进工作者”，有的获江苏省教委等单位颁发的“江苏省职业教育先进个人”称号。

学校秉承“求真唯美”的校训，培养德艺双馨的艺术人才。长期以来从实际出发，一方面采取联合办学的方式借力发展，一方面发挥学校领导兼任文艺院团领导的优势，与院团深度合作，资源共享，协同育人。学校坚持产教结合，演学结合，于 2007 年成立了由专业教师和学生组成的青年歌舞团，给专业教师和学生的艺术实践搭建了新的平台，课堂教学与舞台演出有机统一，既有效提高了师生的专业能力和教学质量，又为繁荣地区文化艺术和促进社会发展作出了贡献。

1979～2008 年主要领导人有：夏兴仁、魏云清、杨夏一、李昕、李铁峰、刘中文、汤承英、沈军军等。

**淮安文化艺术学校**　淮安文化艺术学校始建于 1958 年，最初校名为淮阴地区艺术专科学校；1978～1982 年，主要为当地戏曲表演团体举办演员和导演进修学习班；1984 年 11 月，经江苏省人民政府批准，在训练班基础上成立淮阴戏剧学校，为中专性质，核定编制 50 人，隶属淮阴市文化局；1988 年 9 月，学校由淮阴市健康西路迁址至淮阴市北京路新校区；1993 年 3 月，学校更名为淮阴文化

艺术学校；2001年，随所在城市更名，更名为淮安文化艺术学校；2004年1月，学校升格为副处级单位；2007年12月，淮安市发改委批复学校整体搬迁项目计划，建设地址为淮安市高教园区，规划占地80亩；2008年5月，学校通过二星级中等职业学校评估。

1985年学校恢复招生，专业设置主要是淮海戏、黄梅戏等戏曲表演专业。1989年开设群众文化艺术专业。1993年起，先后开设美术、歌舞表演、美术设计、中国舞表演、音乐表演、播音与主持等专业。学校由单一的戏曲学校逐步发展成为拥有戏曲、美术、音乐、舞蹈等门类的综合性艺术学校。

1985～2008年，学校共招收学生2 654人。在校学生规模由初期的几十人发展至后来的三四百人。不少学生在校学习期间参加全省和全国性的专业比赛，获得“新苗奖”“小梅花奖”等多个奖项。学生毕业主要到文化、广电行业企事业单位就业，也有的继续升学，为地区文化、社会建设作出了积极贡献。

长期以来，学校从全国和当地艺术院团引进优秀人才来校任教，聘请当地戏曲名家、高校教授担任兼职教师，逐渐形成一支专兼结合的教师队伍。

学校秉承“知行统一，德艺双馨”的校训，坚持“以人为本”的教育理念，校企合作，探索“教、学、做”一体的教学模式，着力地域特色文化的传承、挖掘和创新，成立以学校师生为主体的小梅花艺术团，积极为地区经济、社会和文化建设服务，受到各方好评。学校被确定为淮安市“非遗”项目（京剧、淮海戏、淮剧）传承基地。

1978～2008年主要领导人有：章希召、王聿珍、金鑫、刘宝林、孙振伯、朱林、陈殿云、王立成、汪习武、陈娟等。

**盐城鲁迅艺术学校**　1958年7月，盐城专区艺术学校成立；“文化大革命”期间，学校一度停办；1978年5月，以盐城地区文化艺术训练班名义恢复招生办学；1980年，更名为江苏省盐城地区艺术学校；1983年3月，随着盐城建市，更名为盐城市艺术学校；1984年11月，经江苏省人民政府批准，学校为全日制中专学校，校名为盐城市戏剧学校，隶属盐城市文化局；1991年5月，增挂盐城鲁迅艺术学校校牌；1992年秋，征用盐城市文港路5号土地规划建设新校园，占地28.7亩；1993年3月，经省政府批准，学校正式恢复盐城鲁迅艺术学校校名；2005年底，学校并入盐城高等师范学校，保留盐城鲁迅艺术学校校名。

20世纪80年代，学校专业设置主要有戏曲表演（淮剧）、戏曲音乐伴奏、杂技表演专业；90年代开始根据市场需求，先后开设工艺美术、群众文化艺术、餐旅管理、舞蹈表演专业。淮剧表演专业是学校重点专业。

随着专业增多，在校学生规模也逐步扩大，至2005年已近300人。30年间，学校共培养各类专业学生2 558名。学生毕业，戏曲、杂技、舞蹈等专业凡是定向委托培养的学生，即分配至委培单位工作，大多是盐城及周边地区的戏曲、杂技、歌舞表演团体。其他专业学生双向选择、自主择业，有的到文化馆站、有的到宾馆酒店等单位就业。在工作中，不少学生已成长为单位骨干，有的已成为淮剧名家。

1982年，学校有教职工45人，其中专职教师28人；2005年，有教职工64人，其中专职教师49人，正高级职称1人，副高级职称11人。教师中有戏曲名家、教学名师，1998年，更有教师被教育部授予“全国优秀教师”荣誉称号。

30年间，学校在办学宗旨、办学理念、校风、教风、学风建设上，继承鲁艺传统，发扬鲁艺精神，坚持中国共产党的教育方针，为地区发展和文化繁荣培养德艺双馨的艺术人才。学校根据文化市场的变化需求，及时调整专业设置，从单一专业发展成为多专业综合性的艺术学校。坚持课堂教学与实践教学相结合，发挥师生专业特长，为服务社会、服务地区建设，作出了重要贡献。

1978～2008年主要领导人有：司宏钟、谈秉亚、彭标奎、何亚雩、尤登才、陈为琛、徐军、徐卫东、蒋光彩，左桐、陈昌林等。

**扬州文化艺术学校**　扬州文化艺术学校始建于1958年，当时校名为扬州地区扬剧学校；1962年，学校停办；1981年，以扬州地区文艺训练班名义恢复办学；1984年，经江苏省人民政府批准，恢复学校建制，校名为扬州市戏剧学校，中专性质，隶属扬州市文化局，校址在扬州市念泗路2号；1991年，更名为扬州文化艺术学校；1998年，搬迁至扬州市四望亭路433号新校区，占地面积50余亩，建筑面积 21 000 平方米。

20 世纪 80 年代,学校设置有扬剧表演、曲艺表演专业;90 年代,先后开设电影发行放映管理、中国舞表演、器乐演奏、木偶表演、群众文化艺术(音乐、舞蹈、美术)、工艺美术、室内设计、服装表演、舞台美术(灯光音响方向)专业;2001 年起,开始电脑美术设计专业,逐步从单一戏曲专业发展成为多门类多专业格局;2004 年,中国舞表演专业被江苏省教育厅评为"江苏省中等职业教育示范专业"。

30 年间,学校共招收学生 3 186 名。2008 年,在校学生约 800 名,是 1988 年在校学生人数的 10 倍。学生在校学习期间,积极参加各种教学实践和专业比赛活动,如由文化部主办的全国"桃李杯"舞蹈比赛,由江苏省文化厅主办的全省艺术中专校学生专业技能比赛等,获得众多省级和国家级奖项。学生毕业,戏曲专业毕业生大都在当地戏曲表演团体工作,其他专业毕业生分别在专业文艺院团、群众文化馆站、影剧公司、学校、广告装潢公司等企事业单位工作,也有部分学生考入高等艺术院校继续学习。毕业生中有多人被确定为非物质文化遗产(扬剧)(木偶)代表性传承人,有的已成为扬剧界领军人才。

1988 年,学校教职工 40 人;1998 年,学校教职工 62 人;2008 年,学校教职工 110 人。学校还常年聘请国内外专家担任学校兼职教师,连续聘请 4 位俄罗斯舞蹈教师来校授课。

学校坚持德育为先,成立由学校老领导牵头的思想政治教育室,统领全校学生思想政治教育。深化教学改革,聘请省内舞蹈名家成立教学研究室,推进"水乡地域特色扬州舞开发与打造"项目研发,促进舞蹈教学和专业建设。创新实践教学,与国家 5A 级风景园区四季周庄合作,将舞蹈表演专业学生实践教学与四季周庄实景演出相结合,实现了学校与企业的互利共赢。

2008 年,学校被江苏省教育厅评为"江苏省职业教育与成人教育先进单位";被教育部评为"国家级重点中等职业学校"。

1981～2008 年主要领导人有:谈宣、吴炳南、张其礼、赵开发、管世俊、周岳明等。

**常熟市艺术学校** 常熟市艺术学校,是江苏省唯一一所由县级地方政府举办的中等艺术专业学校。学校始建于 1960 年 3 月,校名为常熟县文化艺术学校,隶属常熟县教育局;1961 年 3 月,学校停办;1971 年学校恢复,招收京剧专业学生;1982 年,学校再次停办;1984 年底,常熟市人民政府批准恢复常熟市艺术学校,隶属常熟市文化局,校址在虞山镇北门大街 23 号;1991 年,市政府批复确定常熟市艺术学校为中等专业学校,自此开始,学校专业设置不断拓展,办学规模逐渐扩大;2004 年 2 月,学校整体过渡性搬迁至原常熟莫城中学校舍;2005 年 9 月,学校隶属关系又转至常熟市教育局。

学校专业设置,初期有锡剧表演、评弹表演等专业;1991 年起,先后开设艺术设计、装潢设计、形象设计、舞蹈表演、群众文化艺术、影视表演、旅游服务与管理等专业。

在校学生,初期只有 50 人左右,以后逐渐增加,最多时达 500 人左右。1985～2008 年,学校共招收学生 1 359 人。初期锡剧和评弹表演专业学生毕业,即分配至常熟市锡剧团、评弹团工作;专业设置拓宽后,学生毕业面向文化、旅游等行业,双向选择、自主择业。学校在编在职教职工,少时约 20 人,最多时约 50 人。

学校根据常熟地区文化建设和社会发展需要,培养对口适用的技能型人才,坚持校企合作,产教结合,先后与尚湖风景区、沙家浜风景区及影视基地、方塔公园等单位合作建立校外实习基地,并创建新世纪综艺培训中心、礼仪广告服务部、常熟市江南国内旅行社校内实训基地,既保障学生的实习实训,又积极服务社会,收到良好效益。

## 第二节 艺术职业教育成果

30 年间,江苏省艺术职业教育成果斐然。在人才培养方面,全省各艺术职业学校都将其当做最主要的任务来抓,在教学理念、培养模式、课程设置、教学管理、就业指导等各个环节,不断创新、勇于探索,培养了一大批德才兼备的文化艺术专业人才;在教研成果方面,全省各艺术职业学校都十分重视教育科研工作,在基础理论性研究、应用性研究和开发性研究领域共同发力,或是围绕学校或教育教学工作进行的应用性研究,或是针对自身所从事的艺术专业进行的学术研究,撰写发表了大量的教研论文、专业教材和学术专著；在艺术实践方面，主要包括学校自己组织或与其他单位合作的艺术创作和艺术实践活动，以及教师应聘参加文艺院团等单位的艺术创作和艺术实践活动，这些活动大都与学校教学和教师本人专业相结合，也是艺术职业学校教师专业发展的必要途径；在服务社会方面，江苏省艺术职业学校将“以服务为宗旨”当作职业教育的办学方针，积极参与国家和地区的文化、教育重大项目建设，重大文化活动、文艺演出，面向行业和社会开展职业、艺术培训，以及开展国际文化交流活动等。

## 一、人才培养

全省12所艺术职业学校30年来招收的学历教育学生有近26 000名，培训文化艺术行业职工和社会各界人士数以万计；学生所学专业涉及戏曲、曲艺、舞蹈、话剧、影视、广播、杂技、木偶、音乐、美术、艺术设计和群众文化艺术等门类；有中职（中专）和高职（大专）两个学历层次。高职教育起始于2000年，仅江苏省戏剧学校、苏州评弹学校、常州市文化艺术学校开办。中职的学制有招收小学毕业生的六年制（曾经有过七年制与五年制）和招收初中毕业生的三年制；高职的学制是招收初中毕业生的五年一贯制。戏曲表演、舞蹈表演和杂技表演专业因需要幼功，较多招收小学毕业生和在校生；器乐演奏专业招收小学或初中毕业生；其他专业一般招收初中毕业生。招生考试在每年4～5月进行，先有招生学校自主进行专业考试，专业考试合格者参加文化考试。文化考试由省文化厅和省招办（省考试院）统一组织进行。

30年间，随着人们对艺术职业教育人才培养目标和人才规格认识的不断提高，课程改革逐步深入，学生在校学习课程规范为公共基础课和专业课两大类，另有若干选修课。公共基础课主要有政治（德育）、语文、数学、外语、历史、体育、计算机应用基础等。专业课有专业知识课和专业技能课，不同专业有不同的专业课。课程设置和课程内容强调与职业岗位需求对接。突出技能教学，注重实践教学。一般公共基础课学时占比30%～40%，专业课学时占比60%～70%；专业课中专业技能课学时占80%～90%。

课堂教学形式有班级集体课、大组课、小组课、个别课等。一般公共基础课、专业知识课为班级集体课；专业技能课大多为大组课、小组课和个别课。一对一师徒相传、口传心（身）授的教学形式在戏曲、曲艺等传统艺术课堂教学中一直被沿用并发展。学生是学习的主体这一观念在教学实践中被确立。启发式、讨论式、探究式、参与式教学被广泛运用。理实结合（理论知识与技能实训相结合）的综合课、以典型工作项目（任务）为教学内容的项目课等新的课程模式，在教学改革实践中时有运用。随着科技进步，电化教学设备在课堂教学中被普遍运用；信息化教学手段从理论到实践，逐渐被教师们接受，相对来讲，公共基础课运用较多。

“舞台即课堂”的理念被各艺术职业学校普遍认同。演（工）学结合的人才培养模式被进一步推行。学生在校期间即参加大量各种形式的演出和工作实践，尤其是校团（企）合作“订单式”培养的学生，在演（工）学结合方面更有优势，有的学生还未毕业已崭露头角。不少学生在校期间就已获得国家、省、市各级专业比赛优异成绩。

学校教学管理在科学化、规范化、制度化的道路上努力向前。在省文化和教育主管部门的推动下，各校结合艺术职业教育实际，不断加强和规范教学计划、教学过程和教学结果管理，改进质量监控和评价方法，保障人才培养质量。

各学校都有专门的德育（学生）工作部门和德育工作队伍。每个班级都配备班主任。教书育人是所有教师的基本职责。在社会转型的新形势下，各校都积极探索提高德育工作的针对性和有效性，努力把学生培养成为“有理想、有道德、有文化、有纪律”的社会主义文艺建设者和接班人。

应该指出，各校培养人才、传承技艺的过程，实际上就是传承文化、特别是传承中华传统文化的过程。这一点，在艺术职业学校尤其鲜明，也是艺术职业学校的重要职能。

随着国家对学生毕业分配（就业）制度的改革，学生毕业后就业面向越来越多元。“订单式”培养（定向委培）的学生毕业后即到委培（用人）单位就业。双向选择、自主择业的学生有的就业，有的升学，也有的自主创业。选择升学到高等艺术院校继续学习的学生逐渐增多。

30年间，各艺术职业学校的学生毕业后，在各自的工作和新的学习岗位上进一步成长，为国家和地区的建设、为发展繁荣文化艺术作出各自应有的贡献。经过不断磨炼提高，许多毕业生逐步成为各自单位的骨干和领导人。不少戏曲表演团体从一般工作人员到主要演员再到院团领导，基本上都是全省艺术职业学校培养的学生。还有不少毕业生逐步成为全市、全省和全国同行业的领军人物、著名艺术家、“非遗”传承人、优秀企业家、先进工作者、劳动模范，为各行业的建设和发展作出了突出贡献。仅以戏曲表演专业为例，这30年间的毕业生中获得中国戏剧梅花奖的就有20位。

## 二、教研成果

30年间，随着艺术职业教育教学改革发展的不断深入，加强教育科研，以研促教、以研促改、科研兴校的思想观念越来越受到人们的重视。各艺术职业学校先后成立了教研工作部门，建立了教研活动制度。教师们按学科或专业建立教研组，围绕日常教学工作定期或不定期开展教研活动，学习交流研讨，改进教学方法，调整教学内容，解决存在问题，探讨保障和提高教学质量的措施。学校教研工作部门围绕全校教学、教改和教学管理工作，组织开展各种教研活动，如公开课观摩、优质课堂教学评选、课程改革专题研讨、教师业务培训、撰写教研论文、开发校本教材等。通过教研，提高了学校教育教学与教育教学管理工作的水平和质量，推进了教育教学改革和创新深入开展，取得了丰硕的实践和理论成果，而教师们也在教育科研实践中提升了自身的专业能力和综合素质。教育科研已成为对教师专业能力的一项基本要求，教师年度考核以及申报技术职称，科研成果(如论文)都已成为一个必备指标。为推动教育科研，江苏省文化艺术科学技术协会艺术教育专业委员会自成立以来，积极发挥行业学术组织的优势，每年组织全省艺术职业学校开展教学观摩研讨、论文评比等活动，给各学校互相学习交流、共同促进提高搭建了平台。

30年间，各校对戏曲传统剧目的传承发展作出了显著贡献。如江苏省戏剧学校教师在反复研究和实践的基础上，整理了昆曲、京剧、锡剧、扬剧、折子戏200多部，并编写剧目教材，使这些剧目通过文字形式能永久保存下去，剧目传承有本可依。30年间，全省艺术职业学校教师撰写了大量的教科研论文，或在学校内交流，或参加全省、全国的专题研讨和论文评比，或在报刊公开发表。各校教师还参加完成了全国全省的一些课题研究任务，撰写教材和学术专著，如由江苏省戏剧学校教师主持完成的国家级课题(项目)有：艺术学科国家重点科研项目《中国戏曲音乐集成·江苏卷》，于1992年出版；全国教育科学“十五”规划国家重点课题“整体构建学校德育体系深化研究与推广实验”子课题“艺术中专校学生品德形成的特点和规律研究”，于2007年结项。江苏省戏剧学校教师武俊达独著《昆曲唱腔研究》《京剧唱腔研究》，先后于1993年和1995年由人民音乐出版社出版。扬州文化艺术学校教师韦明铧独著《扬州曲艺史话》《扬州清曲》，于1985年分别由中国曲艺出版社和上海文艺出版社出版。

## 三、艺术创作实践

苏州评弹学校“出人出书走正路”的校训表明，艺术职业学校的任务不仅是培养艺术人才，同时还要创作艺术作品。艺术教育与艺术生产相结合，为此，全省艺术职业学校大都成立了教学实践工作机构。苏州评弹学校、连云港市艺校的领导人与文艺院团的领导人互相兼职，校团一体化运作；江苏省戏剧学校、无锡文化艺术学校、淮安文化艺术学校等学校成立了实验艺术团，产教结合，演(工)学结合，或者学校独立原创，或者与文艺院团合作，开展各种形式的艺术创作、演出等艺术实践和教学实践活动，组织师生参加各种艺术专业比赛，使师生的专业实践能力不断得到锻炼提高，同时也产生了一批有质量的艺术作品，获得了国家和省级各种奖项。如苏州评弹学校教师在1998～2007年间，根据人民群众生活新变化新气象，接连创作演出了《搬家乐》《迎亲曲》《苏州小娘唔》《村里老太学电脑》等评弹表演唱，其中由邢晏春作词、陈勇作曲、邢晏芝领唱的《搬家乐》，于2000年获得第九届文华新节目奖；江苏省戏剧学校教师何华平参加江苏省锡剧团新编大型传统锡剧《珍珠塔》的音乐创作，于2002年获得第十届文华音乐创作奖；无锡文化艺术学校原创的群舞《动感萨巴依》《红是红啊、绿是绿》、扬州文化艺术学校原创的群舞《荷塘雨丝》

《杨柳轻扬》先后于2003年、2006年的第七届、第八届“桃李杯”舞蹈比赛中获奖。

## 四、服务社会

30年间，各艺术职业学校利用自身资源，积极主动服务社会，服务国家和地区建设，为江苏各地经济发展、文化繁荣、社会和谐提供智力和人才支持。同时，各学校也在服务中提高了自身能力，促进了学校发展，提升了社会声誉，扩大了艺术职业教育的影响。

各学校提供的服务主要有三方面。第一，参加国家和地区的文化、教育重大项目(课题)建设与研发，包括出版学术专著和创作文艺作品等，如包括《中国戏曲音乐集成·江苏卷》在内的《中国民族民间十部文艺集成志书》，是由文化部、国家民族事务委员会、中国文学艺术界联合会共同主办的被誉为“中国民间文艺的万里长城”的宏大工程，全省艺术职业学校有不少教师参与集成志书(包括地方卷)的编纂工作，有些教师则是其中骨干，因成绩突出，曾受到表彰。第二，面向行业和社会开展职业培训与艺术培训。职业培训主要是面向文化艺术行业单位在职人员进行业务进修和培训。全省艺术职业学校基本都设立培训工作机构，开展职业培训，详细情况和受训人数已难以统计。以江苏省戏剧学校为例，30年间，江苏省戏剧学校曾举办编剧、导演、戏曲演员、戏曲师资、歌剧演员、舞蹈演员、群文干部、舞台美术人员等进修和培训班。2006～2008年，江苏省戏剧学校连续三年承办全省乡(镇)文化站长培训班15期，全省县(区)文艺骨干培训班4期，培训人数达944人。艺术培训是从2000年以来，各艺术职业学校面向社会各界，先后开始进行艺术培训。艺术培训以提高国民素质为目的，受训人员年龄不等，以青少年居多。各学校根据社会需求和自身条件，主要开展音乐、舞蹈、美术、戏曲、曲艺等专业艺术培训，受训人次达数万，收到了良好的社会和经济效益。第三，参加国家和地区重大文化活动与各种文艺演出。这是30年间全省艺术职业学校服务社会参与最多、贡献突出的一个方面，也是艺术职业教育的一个办学特色。这些活动和演出大部分是各级政府举办的，也有行业组织和学校自发举行的，大致可分为三个层面：其一是国家(国际)重大活动文艺表演，如上海APEC会议欢迎晚会、第六届世界华商大会开幕式、第六届中国艺术节、第十届全运会开幕式与闭幕式、第十一届中国金鸡百花电影节开幕式、第三十一届世界戏剧节开幕式、北京奥运会广场展演、中央电视台元宵晚会等；其二是地区重大活动文艺表演，如庆祝中华人民共和国成立55周年大型文艺演出、第四届至第六届江苏省音乐舞蹈节、第十五届省运会开幕式与闭幕式、2004年中国(常州)国际动漫艺术周、历届中国扬州“烟花三月”国际经贸旅游节、中国南京首届世界绿化博览会开幕式、历年无锡市吴文化节开幕式、首届西游记文化节开幕式等；其三是面向基层的文艺演出和文化服务活动，如参加中央电视台“心连心”艺术团慰问演出、参加江苏省“三下乡”慰问演出、参加国庆节等节日的文化惠民演出、参加“戏曲进校园”等弘扬中华优秀传统文化的各种演出及学校自发组织的面向社会大众的各种公益性文艺演出和志愿者文化服务活动等。

30年间，全省艺术职业学校还参加了许多政府组织或学校自主开展的国际文化交流活动。一方面是“请进来”，随着国门开放，各学校接待来访的外国友人越来越多，遍及五大洲，有的还建立了长期文化交流关系，如日本爱知国际文化交流财团自1997年开始，每年都组织日本中学生到江苏省戏剧学校访问交流，观摩中国戏曲、民族舞蹈和民族音乐表演，交流书法艺术。1980～1992年，江苏省戏剧学校沈小梅、陈正薇和冀韵兰老师，还先后接收来自美国、德国、瑞士和新西兰的留学生，教授京剧《贵妃醉酒》《霸王别姬》《天女散花》《梁红玉》等剧目。2004～2006年，欧盟与徐州文化艺术学校合作开展“音乐及教育：为青年而合作”音乐教育资助项目，取得了圆满成功。另一方面是“走出去”，各学校师生作为文化使者，参加各级政府组织的文化交流团体，赴世界各地演出，展示中华文化，开展文化交流，如在2003年，受文化部和江苏省人民政府委托，连云港市艺校师生和江苏女子民族乐团组合成江苏省春节访欧艺术团，赴西班牙、德国、法国、荷兰、比利时等国家的13个城市进行文化交流演出；2004年，受文化部委托，该校师生再次与江苏女子民族乐团一起，赴法国巴黎参加“中法文化年”文艺演出活动，受到各国人民的欢迎和赞誉。

## 第三节　社会艺术水平考级

社会艺术水平考级，是指依照《社会艺术水平考级管理办法》(文化部令第 31 号)取得资格的社会艺术水平考级机构，通过考试形式，对学习艺术人员的艺术水平进行测评和给予指导的活动，简称艺术考级。

### 一、考级机构

2000～2008 年，全国具有资质举办艺术考级活动的机构有 98 家。各家考级机构通过在各省(或市、县)设立的考级单位，具体负责艺术考级工作的实施。其中在江苏省设立考级单位的考级机构有 14 家，考级单位遍布全省各地。

江苏省的考级机构有：江苏省音乐家协会、南京艺术学院、江苏省戏剧学校、江苏省社会艺术教育中心、江苏省舞蹈家协会、苏州评弹学校、江苏省朗诵协会、江苏省文联社会发展中心、江苏省艺术剧院。这 9 家考级机构也在相关市、县设立了考级单位。至 2008 年，省内外考级机构在江苏各市、县设立的考级单位已达 400 家。每年全省参加艺术考级的人数均达几十万人次。开设的考级科目，涉及音乐、舞蹈、美术、戏剧(朗诵)、曲艺 5 大艺术门类 60 多个专业。

### 二、社会效益

从 20 世纪 80 年代开始，一些单位借鉴国外的做法，开始在国内进行艺术考级。随着人民生活水平的提高和业余艺术教育的逐步普及，艺术考级规模不断扩大，逐步发展成为全国性的活动。由于艺术考级是“舶来品”，起步阶段缺乏管理、自由发展，加上利益驱使，部分地区曾一度比较混乱。

2000 年，文化部出台《社会艺术水平考级管理办法》，为整顿和规范艺术考级活动提供了法律依据。各地文化行政部门从机构建设、整章肃纪入手，通过制定政策、建立规范、严格执法、整顿秩序，逐步使艺术考级活动步入健康有序的发展轨道，呈现出规范有序、蓬勃发展之势。随着各地考级活动的迅速发展，催生了一大批社会艺术培训机构。

为充分发挥艺术考级活动的社会效益，文化行政部门鼓励和引导艺术考级机构，把考级活动的重点放到考前培训和考后提高上，把艺术考级活动作为提高青少年艺术素养和培养青少年高尚情操的推手，淡化考级环节，注重学习提高，努力使艺术考级活动回到素质教育的轨道上来。

# 第八章　文化科技与文化产业

文化艺术的发展与科学技术的发展密切相关。1978 年 3 月，全国科学大会在北京召开，江苏文化科技也开始快速发展。伴随逐步繁荣的演艺市场，江苏在舞台科技、乐器改革、艺术医学技术、歌舞厅灯光、音响技术等领域的科技研究形成了国内领先的优势。与此同时，江苏在图书馆科学技术、文物保护领域的研究也有新突破，继饱和漆器脱水定型技术荣获全国科学大会奖之后，旧纸张保护技术、纸张脱酸工艺以及文物修复与复制技术等多项科研成果获部、省级奖励。

1985 年 3 月，江苏省文化厅科技教育处成立。1987 年 9 月，省文化厅发出《关于文化科技工作的几点意见》，要求各地文化主管部门重视并落实文化科技管理工作，统计科技成果及科技人员，制定发展规划，落实组织机构及人员等。同年 11 月，省文化厅在南京召开首届江苏省文化科技工作会议，并在国内率先成立由六个专业技术咨询部组成的江苏省文化艺术科技情报中心站，将省内分散在各文艺团体、图书馆、文物单位的文化科技人员按专业组织起来，开展科技咨询服务、学术讨论研究工作，着力完成文化科研重要课题。

为奖励在推动江苏文化科技进步工作中作出贡献的单位和个人，1988 年 8 月至 9 月，江苏省文化厅先后颁布《江苏省文化厅科学技术进步奖励办法》和《江苏省文化厅科学技术进步奖励办法实施细则》。江苏在青铜器保护、舞台扩音等领域的科学技术研究取得新成就。

20 世纪 90 年代，江苏文化科技逐渐发挥重要引领作用。1990 年 6 月，江苏省舞台设备技术管理工作会议在南京召开，此次会议确立江苏文化科技在舞台音响研究领域的重要地位。1993 年 11 月，文化部批准发布由江苏省文化厅负责起草的文化行业标准《歌舞厅扩声系统的声学特性指标与测量方法》。

为团结文化科技工作者，组织社会力量，加强行业管理，开展文化科技领域的学术和科研活动，使科学技术在社会主义文化事业中发挥更大的作用，1991 年 6 月，经江苏省民政厅批准，江苏省文化艺术科学技术协会成立。

2001 年，为促进文物保护、舞台技术研究发展，江苏省文化厅对科研课题申报、立项、执行情况调查、经费、鉴定等实行严格管理。在艺术科研领域，全省共申报全国艺术科研“十五”规划课题 61 项，其中 13 项获得立项。

为进一步规范江苏的文化科技和艺术科学管理工作，加强文化艺术方面的课题研究，巩固并强化现有的科研优势，开创江苏艺术科学和文化科技工作的新局面，2005 年 5 月，江苏省文化厅成立江苏省文化科技和艺术科学规划领导小组，筹备建立江苏省文化科技和艺术科学规划专家库和专家委员会，并于 2007 年首次开展省级文化科技和艺术科学研究课题申报工作。

从 1978～2008 年，江苏文化科技建设取得重大进展和成就，获得国家级(含文化部)科技奖项 30 余项、国家社科基金立项 41 项。江苏省省级文化科技申报平台促进科技发展的作用日益凸显。

在从文化资源大省向文化产业强省转变的过程中，江苏不断取得新突破。改革开放到 20 世纪 90 年代中期，在解放思想的推动下，江苏文化建设迎来快速发展。社科理论研究、文化馆、博物馆、群艺馆、文艺团体、电台、报纸、电视、杂志等方面的工作走上正轨，江苏省文化系统逐步复苏。在国家政策引导下，各地文化事业单位进行不同程度的改革尝试。

改革开放后，在江苏的发展过程中，经济建设与文化建设、居民的物质消费与文化消费等关系还没有完全处理好，江苏迫切需要加快文化建设的步伐来推进江苏经济与社会的协调发展。20世纪90年代后期，江苏文化产业有了明显的变化，不但各种报纸杂志日益增多、电视节目日益丰富、文艺演出逐步红火，图书和音像制品销量也不断增多，老百姓的文化生活日益丰富，思想观念发生了深刻的变化。1996年底，中共江苏省委、省人民政府召开全省文化工作会议，在全国率先提出"把江苏建设成为与经济发展相适应的文化大省"的文化发展目标，确定"九五"期间加快江苏文化建设的指导思想，提出建立充满生机和活力的文化新体制、建立繁荣健康有序的文化市场等目标任务，出台文化大省建设的政策意见，正式启动推进文化大省建设的社会工程，为江苏文化产业发展提供前所未有的政策机遇。

江苏进入"十五"国民经济与社会发展期，文化大省建设也步入新的发展阶段。2001年5月，江苏召开第二次全省文化工作会议，制定下发《江苏省2001年～2010年文化大省建设规划纲要》和《加快文化大省建设若干经济政策的意见》两份重要文件，对新世纪江苏文化大省建设提出新的要求，进行新的部署。在中共江苏省委、省人民政府的领导下，江苏率先在全国进行政事分开、管办分离的文化体制改革，组建省新闻、出版、广电、演艺等文化产业集团，初步实现传统文化体制向现代文化体制的转变，标志江苏文化大省建设步入新的发展阶段。中共十六大召开后，江苏政治、经济和社会文化生活发生变化。

2006年9月，江苏召开第三次全省文化工作会议，中共江苏省委、省人民政府正式提出发展先进文化、建设"文化江苏"的决定，并作出全面部署，将江苏文化事业发展与国家文化发展规划、江苏"十五"文化发展进程、全面小康建设进行全面对接。会后，省委、省政府出台《江苏省"十一五"文化发展规划》《省政府关于加快文化事业和产业发展的若干经济政策》《江苏省文化体制改革试点工作方案》等文件，为文化强省建设提供新的政策支持。

在实施文化大省建设战略过程中，江苏文化科技与文化产业发展格局趋于完善，管理机制、市场配套等服务保障明显加强，二者发展势头良好。

## 第一节　文化科技

随着科学技术的发展升级以及与文化艺术越来越紧密的关联，江苏文化科技促进了文艺事业的快速发展。30年间，全省文化科技工作围绕江苏省文化厅中心工作和服务于各项文化事业、文化产业的发展需要，加强各类科研课题的日常管理，同时积极开展科普活动，全省文化科技工作稳步进展。

规范管理文化科技日常研究工作，扩大江苏文化系统艺术科研领域和范围，发挥江苏科研优势，为江苏文化工程建设、文物保护等工作，为实现江苏"率先全面建成小康社会，率先基本实现现代化"的目标和江苏文化大省建设提供了保障服务。

### 一、管理机构

**江苏省文化科技和艺术科学规划领导小组**　2003年，为贯彻中共十六大精神，加快文化创新步伐，充分发挥艺术科学和文化科技在江苏文化大省建设中的作用，进一步规范艺术科学和文化科技管理工作，江苏成立了江苏省艺术科学和文化科技规划领导小组。领导小组下设办公室，设在省文化厅科教与产业处。2005年5月，江苏省艺术科学和文化科技规划领导小组更名为江苏省文化科技和艺术科学规划领导小组。领导小组办公室仍设在省文化厅科教与产业处。

**江苏省文化艺术科技情报中心站**　1987年11月19日至22日，江苏省成立文化艺术科技情报中心站，负责省内外文化艺术情报的交流，并出版《江苏文化科技》。江苏情报中心站下设"艺术照明""厅堂音响""文物保护技术""新形式电影技术""艺术嗓音医学""图书文献资料"六个咨询机构。该机构于1991年取消，主要人员并入江苏省文化艺术科学技术协会。

**江苏省文化艺术科学技术协会**　1991年6月，经江苏省民政厅批准，江苏省文化艺术科学技术协会成立。协会接受江苏省文化厅的领导，旨在团结文化科技工作者，组织社会力量，加强行业管理，开展文化科技领域的学术和科研活动，使科学技术在社会主义文化事业中发挥更大的作用。协会成立之初，有团体会员60个，个人会员199人，中级科技人员150人，高级科技人员30人。首届理事长为胡清亮。协会下设五个业务机构：舞台技术专业委员会；影视技术专业委员；文物保护专业委员会；艺术医学专业委员会；图书馆技术专业委员会。

协会的研究方向及任务为：从事舞台设备、灯光、音响系统、行业标准的研究，有关器材和检测设备的研制开发和推广；影视新设备、新技术的研究开发和推广；文物保护新技术、新材料、新工艺的研究开发和推广；艺术医学的研究和成果推广；图书馆文献开发和新技术的应用，计算机自动化的研究，信息网络的建设。

2006年4月，江苏省文化艺术科学技术协会举行换届选举大会，会议通过了协会工作报告、关于修改协会章程的报告和财务报告，选举产生新一届理事会，江苏省文化厅副厅长马宁任理事长。

**南京博物院文物保护科学技术研究所**　20世纪50年代，南京博物院从苏州等地吸收青铜修复、书画装裱的技师来院工作，60年代初，在保管部中建立文物保护实验室。随着文博事业的发展，对文物保护、修复工作的需求日益突出，南京博物院于1978年把原属于保管部的文物修复、装裱、科技保护等方面的专业人员集中在一起，组建成文物保护科学技术部，下设文物保护实验室、书画装裱室、铜器修复室、陶瓷修复室、囊匣制作室。1981～1985年，增设"碳-14实验室"。1986年，文物保护科学技术部重新分为两部门：文物保护实验室和技术部。其中技术部设修复室、裱画室、摄影室、复制室、囊匣室。1988年，经江苏省文化厅批准，南京博物院文物保护实验室改名为南京博物院文物保护科学技术研究所。

其主要任务是负责江苏省馆藏及地面文物的保护工作，长期深入开展文物保护的科学技术研究、材料研究、工艺研究，并对南京博物院院藏文物、江苏省内文物及邻近省份的部分文物进行保护。30年间，获得各级科技进步(成果)奖16项，其中"旧纸张保护"获文化部科技成果一等奖；"纸张气相脱酸扩试""青铜器文物保护新技术研究"获得国家科技进步三等奖。

**江苏省舞台电子音响技术检测中心**　1997年

5月,由文化部批准,江苏省舞台电子音响技术检测中心在南京成立。成立时,主任为胡清亮,副主任为徐柏龄、孙广荣,中高级科技人员有24人。内部机构设置为:办公室;扩声系统测试研究室;扩声设备测试研究室;电声器件测试室。

检测范围和内容为:(1)接受政府主管部门委托,对剧院、歌舞娱乐场所、各类厅堂的扩声系统、扩声设备、电声器件进行检测、论证。(2)有关标准的制定、推广、监督。(3)促进音响系统、扩声设备的使用管理科学化标准化,促进舞台音响事业的健康发展。

## 二、文化科技成果

**旧纸张加固技术**

完成单位:南京博物院

主要研究人员:奚三彩

获奖情况:1981～1982年度文化部科技成果一等奖、1984年度国家发明三等奖

内容简介:博物馆、档案馆、图书馆保存有大量脆弱、残破的纸类文物、档案、文献、图书资料,由于年代久远,急需保护。该研究成果采用丝网加固技术,即由蚕丝和树脂制成网,通过热压将丝网固结在纸张上。经过加固处理的纸张具有很好的透明度,不影响阅视;能保持加固对象的原貌,手感好;能防霉抗老化,有可逆性,对增加纸张强度,延长使用寿命有显著效果。此项技术适用于加固糟朽、脆弱、破碎的纸张,尤以薄纸见长,特别适用两面书写或印刷的脆纸,及遇水或溶剂字迹渗化而不便使用传统托裱的纸质对象。现已在全国文物、档案、图书等部门推广使用。

**ZTJ-1型手摇式针织头套机**

完成单位:江苏省话剧团、南京新华袜厂

主要研究人员:雪红、何德林、吴镇甫

获奖情况:1981～1982年度文化部科技成果二等奖

内容简介:该机根据织袜机倒顺成圈退圈原理设计而成,编织材料为50D-140D锦纶弹力丝、人发,可自由编织各种尺寸、各种式样和色彩的头套,头发走向和立度与真人相似,底壳弹性好,可随头型自由调整,发型可塑性优于手工勾制的头套,并设计冲分针编织数据技术性能良好,编织工艺新颖,所织200多个头套经两年演出使用,效果及反映良好。1982年参加在北京举办的中国舞台美术展览会。

**QB35II 35mm电影声画编辑机**

完成单位:南京电影机械厂

主要研究人员:顾志高、吴承度、徐瑞、徐石瑛

获奖情况:1985年度机械部科技进步三等奖

内容简介:该编辑机适用于35 mm影片声画编辑用,采用先进的电子计数和控制设备及光学补偿机构,匀速片带运动确保优质放映画面,可有效防止片带损伤。

**纸张气相脱酸**

完成单位:南京博物院、中国第二历史档案馆、江苏省档案局、南京化工设计研究所

主要研究人员:奚三彩、张永庆、王勉、王有增、孙洪生等

获奖情况:1983～1984年度文化部科技成果三等奖

内容简介:纸质文物、图书、档案等面临着严重的自毁现象,损毁的主要原因是机制纸的酸化作用。纸张气相脱酸是解决纸质文物、档案、图书等自毁现象的主要方法。该成果吸取国外的成功经验,研究利用酸碱中和原理,将二乙基锌气体注入真空容器中,对酸化纸张进行真空气相脱酸处理,使酸性纸转变为碱性或中性。处理后纸张的色彩和原貌基本无变化,并且具有缓解继续酸化的作用,延长了纸张的寿命。该成果属国内首创,适用于纸质文物、图书、档案等的保护。

**中文期刊微机管理系统**

完成单位:南京图书馆

课题负责人:崔宏

获奖情况:江苏省文化厅1988年科技进步二等奖、文化部1988年科技进步四等奖

内容简介:南京图书馆科技人员运用微机对中文期刊进行系统管理的研究。于1986年9月建成的"中文期刊微机管理系统"获江苏省文化厅1988年度科技进步二等奖,文化部1988年科技进步四等奖。

**野马电声乐器音箱放大器系统**

完成单位:南京野马电声乐器厂

主要研究人员:沈紫辉、华泉、潘宏明

获奖情况:1990年度文化部科技进步三等奖

内容简介：该系统有电吉他音箱放大器系统、电贝司音箱放大器系统、键盘音箱放大器系统三个品种，主要性能指标达到了美国百威、日本雅马哈20世纪80年代末产品的中、高档水平。音箱中设置各种效果单元，如超激励失真、颤音混声合唱、混响及压缩器等。

**苏州云岩寺塔排险加固工程——稳定塔基的不均匀沉降、控制塔体倾斜**

完成单位：苏州市修塔办公室

主要研究人员：陶逸钟、风光莹、傅连兴、夏尚志、沈忠人等

获奖情况：1990年度国家文物局科技进步三等奖

内容简介：苏州市云岩寺塔是全国重点文物保护单位。此次加固工程在定点、定人、定仪器达十年之久取得的测试数据的基础上，采用地下围桩、钻孔注浆、壳体基础及地基防水、底层塔墩（塔体）砖砌体补换工程等综合加固方法。其创新点是将壳形基础与围桩并用。竣工后三年的监测报告表明，塔基的不均匀沉降和塔体的倾斜发展基本上得到控制，濒临危险的国家级文物得到保护，是现代科学加固技术与传统操作工艺相结合的例证，为抢救类似的古塔、古建筑提供了新的途径，有推广价值。

**明代针灸铜人复制**

完成单位：南京博物院

主要研究人员：万俐、顾友楚、钱育明、韩建立、刘立新

获奖情况：1990年度国家文物局科技进步三等奖

内容简介：明代针灸铜人复制技术吸取铸造业中的黄铜薄壁工艺。为加强模壳强度，又将石英砂型壳铝丝加固改为石英砂型壳钢丝网加固，并发掘已失传的传统工艺——稻草失蜡法。铸件壁厚控制在4毫米左右。该项技术在形体大、造型复杂、铸件精确、价格低廉等方面在中国文博行业尚属首次，对复制造型复杂的金属文物有推广价值。

**镇江商周台形遗址与土墩墓遥感考古调查研究**

完成单位：镇江市文化局、华东师范大学

主要研究人员：陆九皋、萧梦龙、刘树人、谈三平、益建芳

获奖情况：1990年度国家文物局科技进步三等奖

内容简介：利用现代遥感技术进行考古调查与研究。该项研究在选定大比例黑白立体航空片的基础上，用光学和计算机影像处理，按照古遗存形特征建立航空遥感判读标志，来确定其数量及其分布规律。具有速度快，节约人力、物力、财力等特点，适用于大面积地区内、突出于地面的遗址和古墓葬的调查，尤其适用于已被发掘或被后期破坏的遗迹的调查。这一成果是中国遥感技术在考古调查中的首次应用。

**针刺“嗓音奇穴”对嗓音疾病治疗的研究及临床应用**

完成单位：江苏省人民艺术剧院

主要研究人员：李有侠

获奖情况：1991年度文化部科技进步三等奖

内容简介：20世纪80年代初，江苏省话剧团医生李有侠发现嗓音奇穴，并应用该穴进行数千例的针灸治疗，疗效显著，为文艺工作者特别是演员治疗嗓音探索到新的医疗手段。该项成果获1985～1986年文化部科技进步四等奖，此后，李有侠进一步探索、研究，又取得新的突破性进展，1990年度获江苏省文化厅科技进步一等奖，李有侠发现的这个穴位被国内医学界公认为“李氏穴位”。其论文《针刺李氏穴治疗嗓音疾病研究及临床运用》于1992年2月受邀在美国举行的第一届世界艺术医学学术大会发表。该成果应用多年来在临床实践中所独创的对嗓音疾病治疗具有奇特疗效的奇穴，在针刺进针手法、针具规格补写手法和针刺量选择上，系统地总结出一套喉针针刺治疗嗓音疾病的理论和简便安全的方法。

**TJ－1脱胶剂的研制**

完成单位：南京图书馆、南京博物院

主要研究人员：杨企鹏、龚德才、单红彬

获奖情况：1991年度文化部科技进步三等奖

内容简介：该脱胶剂的研制成功，解决了图书、档案保护工作中纸张无损剥离拆开的难题，在中国公共图书馆抢救和保护文化遗产工程中发挥了重要的作用。

**古代丝织复制研究**

完成单位：苏州丝绸博物馆、中国历史博物馆

主要研究人员：钱小萍、任月扬、曾水法、祝大

震、丁怀进

获奖情况:1991年度国家文物局科技进步三等奖

内容简介:该成果包括东汉延年益寿大宜子孙饰、战国舞人动物纹饰、商代素绢、西汉绀地红花鹿纹饰、战国塔形纹锦五件古代丝织品的复制研究。研制者在科学调研和分析测试的基础上,提出一套可行的复制工艺方法,使复制品在原材料、组织结构、纹样、色彩、风格等方面均达到逼真的效果,符合文物复制原则和要求。五件丝织品的成功复制,对挖掘、整理中国古代传统丝织工艺技术具有重要意义,用此复制品代替原件陈列展出,可以起到保护珍贵文物的作用。

**JF35G35mm电影高保真放映物镜系列**

完成单位:南京电影机械厂

主要研究人员:徐瑞、陈友亮、曾伯炎、周志平等

获奖情况:1991年度广电部科技进步二等奖

内容简介:该系列物镜适应于高质量放映的要求,采用双高斯结构,中心视场静态清晰度达到125线对/mm,彩色还原逼真,外表美观,价格仅相当于进口镜头的1/8～1/10,在中国城市及乡镇影院“达标、升级、创优”活动中全面推广,并批量出口,创造了明显的经济效益。

**文化科技管理**

完成单位:江苏省文化厅科教处

获奖人员:胡清亮、戴相勤、郑宁

获奖情况:1992年度文化部科技管理奖

内容简介:该处的文化科技管理工作到1992年止共有45项成果获奖,其中22项获部省级奖励,1项获国家级科技进步奖,16项得到推广,11项有良好效益,7项有显著效益。1991年在情报中心站的基础上成立江苏省文化艺术科学技术协会,在全省范围内开展文化科技工作。

**野马牌DK型数码变调卡拉OK机**

完成单位:南京野马电声乐器厂

主要研究人员:沈紫辉、华泉、盛诚、潘宏民、吴善忠、陶晓进

获奖情况:1992年度文化部科技进步二等奖

内容简介:在卡拉OK音乐伴奏中,原有的音调是以专业演唱者为基础的,对于大多数业余演唱者来说,用原伴奏演唱往往跑调,因此需要一种能改变伴奏音调的装置。DK型数码变调系统通过数字信号处理的方式实现变调功能,将音乐信号进行模拟/数字转换,变成纯数字信号,根据变调要求的方式进行数字运算处理,最后由数字/模拟变换,转变成模拟信号。这种方式是高速实时处理的,因此最后的结果可使音调变化而不影响音乐伴奏本身的节奏特征。采用数字变调技术研制成的DK数码卡拉OK机填补当时国内的一项空白,其技术达到20世纪80年代末90年代初国际同类产品的水平。

**简仪、浑仪修复与室外带锈防护研究**

完成单位:南京博物院、中国科学院南京紫金山天文台、华东工学院、南京市化工设计研究所

主要研究人员:王金潮、王良国、谢苏、王昌德、强明中

获奖情况:1992年度国家文物局科技进步三等奖

内容简介:紫金山天文台收藏的简仪、浑仪均为明永乐年间仿宋代古仪重新浇注的,该成果围绕已严重受损的、由铜铁双金属制造的明代天文仪器的修复工作,进行结构力学分析计算、稳定性研究及腐蚀状况研究。修复中采用先银钎焊、后铜钎焊的复合焊接技术,解决双金属电化学腐蚀问题。自行合成的双唑胺和SA树脂,对提高抗大气腐蚀性能和青铜文物的长期保存起到良好的作用。该成果以多学科相结合的方式,安全有效地解决了修复和保护室外大型青铜器文物的复杂问题。

**图书整本加固技术**

完成单位:南京图书馆、南京博物院

主要研究人员:陈芳仪、奚三彩、郑雅珍、王勉、张金萍

获奖情况:1993年度文化部科技进步三等奖

内容简介:该项目以聚对苯(撑)二甲基的环二聚体为原料,通过真空裂解气相沉积聚合,在图书的纸张表面形成物理化学性能优异的薄膜。整本加固后的图书可读性和手感与原样基本无差异,而纸张的机械强度、耐紫外线、耐虫蛀等性能明显提高。

**DYJK净化空气装置**

完成单位:南京大华电影院

主要研究人员:周小新、哈诚安、黄振飞

获奖情况:1993年度广电部科技进步三等奖

内容简介:该装置是娱乐场所以确保空气温度

的内循环为主、补充新鲜空气(氧气)的空气调节系统。经过该装置处理后的空气质量大大提高,CO、$CO_2$、细菌总数、霉菌等可吸入颗粒物大幅度减少。该 DYJK 净化空气装置为国内首创。

**歌舞厅扩声系统声学特性指标与测量方法**

完成单位:江苏省文化厅、北京文化艺术科技研究所

主要研究人员:胡清亮、刘健、赵其昌、张燕华、李尚朴、张志军、胡锡宁

获奖情况:1994 年度文化部科技进步二等奖

内容简介:该标准将歌舞厅的艺术活动内容分成歌厅、卡拉 OK 厅和迪斯科舞厅三大类,设定一、二、三级的指标,并对测量方法进行规范。该标准的颁布、推广为中国的歌舞娱乐业的管理提供了科学依据,提高了歌舞娱乐业扩声系统的质量,减少了声污染,保障了人民群众的健康娱乐生活,提高了歌舞娱乐业的效用,融洽了文化市场管理部门和歌舞娱乐企业的关系。

**GCY-1 型光学综合测试仪**

完成单位:江苏省文化艺术科学技术协会、南京大学

主要研究人员:胡清亮、张仲宁、胡春年、李尚朴

获奖情况:1995 年度文化部科技进步二等奖

内容简介:该仪器是用来测量文化娱乐场所及其他场合的照度、紫外、激光辐射强度和频闪灯闪动频率的多功能光学综合测试仪。它使用宽带光电管作接收传感器,用一套特殊的机械、电子光学转换器对测试光线进行转换,采用微型计算机技术实现自动换挡、自动分场记录、存储、显示、打印等功能,并具有体积小,操作方便,能自动报警、断电保留数据等功能。国外仅有单机完成单功能的,没有如此多功能的综合仪器,该测试仪的单项测量精度及自动化程度已达到国外同类单项仪器的水平。它的稳定性高、智能化程度高,可以方便地扩展应用于环境保护、卫生防疫、劳动保护、电子产品的制造和维修部门。已推广到北京、安徽、宁夏、海南、广东、广西、天津、江苏等 20 多个省(市、自治区),为我中国娱乐市场的管理和健康发展提供了一种先进、科学的检测手段。

**公共娱乐场所声光特性测试系统**

完成单位:江苏省文化艺术科技协会、江苏省文化厅科教处、南京大学声学研究所

主要研究人员:胡清亮、胡春年、张仲宁、李尚朴、孙广荣

获奖情况:1996 年度国家科技进步三等奖

内容简介:该系统是 20 世纪 90 年代中期国内研制开发的专业灯光控制系统。整个系统由 EKO 系列灯光电脑控制台、1S 系列全数字调光柜、2S/2ST 型数字调光箱和 ZW-1 型抑制电感器等部分组成,自 1991 年初逐项投入研制,至 1994 年完成,并通过文化部鉴定,投入批量生产。该系统综合微机技术、数字技术、晶闸管变流技术、抗干扰技术等,从控制信号直至最终功率输出全部以数字方式实现,具有高性能指标,高稳定可靠性,高效抗干扰性能,固定、分布灵活配置及产品系列化等优点。适用于剧场、电视台、体育馆等大中型文化娱乐活动场所的艺术表演照明控制,其中控制台软件略作修改后还可用于建筑物立面照明控制和大楼内部的智能化能源管理系统,从而实现丰富多彩的艺术效果和表现手段,达到节约能源和人力物力的目的。该系统已成功地运用于天津体育馆、第 43 届世界乒乓球锦标赛、北京大学 100 周年纪念讲堂、江西人民艺术剧院、上海新世界商厦等多种场合和 100 多个场所。

**青铜文物保护新技术的研究**

完成单位:南京博物院、南京化工大学

主要研究人员:万俐、朱一帆、徐飞、李大刚、陶保成、施兵兵

获奖情况:1997 年度国家科技进步三等奖,1996 年度国家文物局科技进步二等奖

内容简介:该项目通过化学合成于文物保护的 5-氨基-2 巯基-1.3.4-噻二唑及复合配方 ACN1 清洗保护工艺的研究,将传统的去除粉状锈、提取氯离子、缓蚀保护的三步工艺,简化为以 ACN1 复合剂处理的一种工艺。对处理后的青铜器的表面状态、表面成分、结构和耐蚀性进行分析表明,该技术已处理了大量腐蚀青铜器。该项研究将清洗、提取氯化物、缓蚀和表面保护处理合一,与以往所用的方法相比有突破、有创新,经复配后使用,使青铜器达到不改变文物原貌的要求。该技术材料来源方便,操作简单易行,实用性强,便于推广应用,对腐蚀青铜器的保护具有重要意义,在青铜器保护领域里达到国际先进水平。

**歌舞厅的灯光、音响要求**

完成单位:江苏省文化厅科教处

获奖人员:胡清亮

获奖情况:1997 年度文化部科普作品奖

内容简介:该文是面向歌舞厅经理和管理人员的培训教材,介绍了光的基础知识,明确了歌舞厅灯光系统的科学配置,介绍了歌舞厅扩声系统、声学基础、电声知识、扩声设备、各类歌舞娱乐场所的扩声系统的特点和要求,重点讲解了歌舞厅的音响和灯光,该文刊登在《艺术科技》上,陆续被许多省份翻印、引用改编为新教材。

**公共娱乐场所声、光综合测试系统**

完成单位:江苏省文化厅科教处

获奖人员:胡清亮、胡春年、张仲宁、李尚朴、张志军、方白莉、晁岱建、褚志强、杨企鹏、叶健、何勇、崔永成、黄金虎、郑宁、张人健

获奖情况:1998 年度文化部科技推广奖

内容简介:该系统是由 SCT－1 型厅堂声学特性综合测试仪、GCY－1 型光学综合测试仪、显示器、打印机等组成。其被列为文化部重点推广的科技项目,为推广这项科研成果,江苏省文化厅科教处曾在江苏、安徽等省区十多个城市举办近 30 期培训班,参加培训的人数达 3 000 人。该系统已被推广到江苏、上海、安徽、北京等 30 多个地区,为公共娱乐场所的管理和灯光音响质量的提高提供先进的检测仪器。

**YX－1 型专业音响压缩限幅器**

完成单位:江苏省文化科技协会、南京大学声学研究所

主要研究人员:胡清亮、陈延超、胡春年、王铁海、李尚朴

获奖情况:1998 年度文化部科技进步三等奖

内容简介:该成果选用国外先进的通用电压控制放大器,设计和研制检波器、扩展器、压缩调节电路及独特的立体声连动控制电路,电子开关低噪声处理技术,是中国第一台压缩限幅器。

**新型文物古建筑白蚁防治剂的研究**

完成单位:南京博物院文物保护科学技术研究所、安徽省滁州市白蚁防治研究所

主要研究人员:奚三彩、龚德才、李晓华、王勉、张良玉等

获奖情况:1998 年度国家文物局科技进步三等奖

内容简介:该白蚁防治剂是在研究中草药和有机磷药协同作用的基础上,采用复配技术研制而成,填补了国内空白,达到国际先进水平。配制的粉剂、乳剂等剂型,可用于白蚁的熏杀、触杀和喷洒,对文物建筑中常见蚁种、蚁害有显著的防治效果,对建筑物件、彩绘、泥塑及环境未发现不良影响。

## 第二节　文化产业

21 世纪初,江苏积极探索文化体制改革和文化产业发展的创新模式,逐步推进全省文化企事业单位的改革和文化产业的发展。通过试点,积极搭建产业政策平台和投资平台,促进文化产业快速发展,利用社会资金投入文化产业的做法遍及全省,江苏文化多元化投入格局正在逐步形成。

2001 年,为加快文化产业发展,省文化厅下发《江苏省文化产业“十五”发展计划》,对文化产业的发展提出中长期目标。2005 年 7 月 21 日至 22 日,省文化厅召开全省首届文化产业工作座谈会,会议形成加快发展江苏文化产业的共识。2008 年,江苏大力实施文化产业项目带动战略,积极发挥省文化产业引导资金的引领作用,推进江苏文化产业发展。

### 一、省级文化产业集团

进入 21 世纪,中共江苏省委、江苏省人民政府为促进政治、经济、文化和社会全面协调发展,提出建设“文化大省”的战略目标,积极推进文化体制改革和文化产业发展。2001 年在全国率先成立出版、广电、报业、演艺等四大文化产业集团,出台一系列促进文化产业发展的相关政策。2002 年 10 月,为发挥国有资本在文化产业领域中的先导和骨干作用,由省政府出资组建江苏省文化产业集团公司,授予其国有资产投资主体资格。2003 年 2 月 18 日,江苏省文化产业发展有限公司正式挂牌,同年 11 月 28 日,江苏省文化产业集团成立。随着经济的快速发展,文化产业集团发展迅速,规模不断扩大,江苏省演艺集团成为年经营收入超亿元的企

业。同时，江苏文化产业集团跨地区、跨行业、跨所有制的联合重组也势头强劲。

（一）**江苏省演艺集团**

江苏对文艺表演团体的改革始于2001年。2001年9月，江苏省歌剧舞剧院、京剧院、艺术剧院、昆剧院、锡剧团、扬剧团、人民剧场、江苏省演出公司等单位从江苏省文化厅剥离出来，在此基础上，按照产业化经营模式进行资源整合，组建江苏省演艺集团有限公司(以下简称集团公司)，从而实现文化行政管理部门与文艺表演团体的政事分开、管办分离。

集团公司改革的最大特点就是坚持面向市场，按照现代企业制度进行文化产业经营。2004年8月，集团公司在全国文艺表演团体中率先整体由事业单位转为企业单位，集团公司所属的艺术单位全部转为企业，并在集团公司实行全员聘任制，因事设岗、竞争上岗、以岗定薪，并将演出效益与个人收入挂钩。2005年1月，集团公司转制全面完成，集团公司正式挂牌并以市场主体身份参与文化市场竞争。

体制改革激发了整体活力，产业化经营目标使集团公司实现艺术生产、市场经营效益的跨越式发展。2005年，集团公司演出场次3 398场，比2001年9月改革前增加1倍多，演出业务收入达2 793万元，是改革前的3倍多。

2006年3月，集团公司深化改革再迈大步。集团公司联合多家战略投资者，成立江苏省演艺文化产业股份有限公司(以下简称股份公司)，实现跨地域、跨行业的资本联合。通过投资主体化为艺术生产注入活力，促进文化演艺产业同现代传播、现代管理和现代高科技的融合。股份公司以市场为导向，以资本为纽带，采用新型的艺术生产制作模式，与世界知名文化公司合作建立一个外向型的文化加工中心；汇集国内外资本和优秀艺术家，推出由中、日、韩三国制作的音乐歌舞剧《三国志·吴》、多国制作连演七晚的昆剧《红楼梦》；整理出品一批有宝贵珍藏价值的集团公司老艺术家的音像产品等。

随着改革的深化，集团公司利用股份公司管理营销优势进行艺术产品的前端策划及后端营销推广，同时专注于艺术产品的中端生产，二者资源共享，优势互补，共同构建完整的艺术产品生产、销售及后舞台产品开发的文化产业链条。

（二）**江苏省文化产业集团**

江苏省文化产业集团是全国首家由省级政府投资组建、由中共江苏省委宣传部直接管理并被授予国有资产投资主体资格、按现代企业制度建立的新型国有独资大型文化企业，也是江苏省人民政府直接管理的38家重点企业集团之一。集团组建于2003年，下属8家子公司，主要业务领域涉及影视制作与发行、网络数字传媒、文体演艺、教育培训、酒店经营等行业领域。先后投拍《多大事啊?!》《38度》《江北好人》等30余部影视剧，取得良好的社会效益和经济效益，获得中宣部精神文明建设“五个一工程”奖、电影“华表奖”、电视剧“飞天奖”“金鹰奖”、全军电视剧最高奖“金星奖”一等奖等，投拍的商业剧全部实现盈利。

集团积极推动国际化经营战略，参与引进发行《高卢英雄大战凯撒王子》等国际大片，开展电影、电视剧的海外发行业务，先后将集团出品的多部电视剧发行到香港、日本等亚太地区。2007年，集团与美国尼德伦公司合作，成功将百老汇音乐剧《42街》引进中国市场。

2004年，江苏省文化产业集团被文化部命名为“国家文化产业示范基地”。革命题材电视剧《上将许世友》获中宣部精神文明建设“五个一工程”奖、第26届中国电视剧“飞天奖”等奖项。

## 二、重大文化产业活动

（一）**推动文化产业增速加快**

2007年和2008年，江苏文化产业增长速度连续两年超过30%。2008年文化产业增加值达800亿元，占全省GDP的比重为2.6%。2008年，江苏文化产业的增长速度(36.2%)比全省GDP增长速度(12.5%)高出23.7个百分点，比第三产业增长速度(12.6%)高出23.6个百分点，实现了中共江苏省委、省人民政府提出的“文化产业增长速度要高于国民经济增长速度，同时也高于服务业增长速度”的要求。按照文化产业增加值数量比较，江苏在全国居第六位。

表 8-1 江苏文化产业增长速度等情况一览表

| 年份 | 文化产业增加值(亿元) | 占 GDP 比重(%) | 年增长速度(%) | 高出 GDP 增长速度百分比 | 对 GDP 的贡献率(%) | 占全国文化产业增加值比重(%) |
|---|---|---|---|---|---|---|
| 2002 | 未发布 | 未发布 | 未发布 | 未发布 | 未发布 | 未发布 |
| 2003 | 未发布 | 未发布 | 未发布 | 未发布 | 未发布 | 未发布 |
| 2004 | 258.55 | 1.72 | 未发布 | 未发布 | 未发布 | 6.6 |
| 2005 | 331.98 | 1.81 | 20.4 | 5.9 | 2.22 | 7.5 |
| 2006 | 437.25 | 2.02 | 27.97 | 13.07 | 3.15 | 8.5 |
| 2007 | 587.35 | 2.3 | 30.68 | 15.88 | 3.83 | 9.1 |
| 2008 | 795.3 | 2.62 | 28.9 | 16.7 | 4.55 | 10.4 |

**(二) 扶持重点文化企业**

省属文化产业集团呈现快速发展的态势，对优化资源配置，带动全省文化产业发展起到了积极作用，如江苏凤凰出版传媒集团已实现销售、资产双超百亿元，名列全国同类企业之首。江苏省广电网络公司以资本为纽带，成功整合全省有线电视网络资源，成为用户规模全国第一、世界第三的广电网络运营商。江苏凤凰出版传媒集团公司、江苏省广播电视集团有限责任公司、江苏省广播电视信息网络股份有限公司和江苏省演艺集团有限公司四家企业入选光明日报社联合经济日报社发布的“2008 年度文化企业 30 强”名单。

**(三) 加强多元投入格局形成**

在中共江苏各级党委、政府的高度重视下，各地加大对文化产业的投入。南京市将文化产业引导资金从 1 500 万元增加到 3 000 万元，无锡市设立 1 000 万元的动漫发展基金，苏州市设立 3 000 万元的引导资金，淮安市设立 500 万元的文化产业引导资金。同时，在有关政策的积极引导下，社会资本也加快进入江苏文化产业的各个领域。南京文化创意产业协会中民营企业占会员总数比例高达 76.8%，南京动漫行业协会中 72.7%的会员为民营企业，南京的文化产业园区中，民营企业投资兴建的占一半以上。总体上，江苏文化产业多元投入的局面已基本形成，非公有制经济创造的文化产业增加值已占全省的一半以上，从业人员占 2/3 以上，成为发展文化产业的一支生力军。

**(四) 加快文化产业集聚区建设**

根据文化部《国家文化产业示范基地评选命名管理办法》，结合江苏实际，2006 年江苏省文化厅制定《江苏省文化产业示范基地评选命名管理办法》，并下发各市文化局和省直文化企业，鼓励各地文化企业申报江苏省文化产业示范基地。截至 2008 年底，全省建成和在建的文化(创意)产业园区和示范基地超过 140 家，拥有南京、苏州、无锡、常州 4 个国家级动画产业基地，常州中华恐龙园有限公司、江苏省文化产业集团有限公司、江苏泰兴凤灵乐器有限公司、苏州苏绣文化产业群、江苏省演艺集团有限公司、江苏爱涛艺术精品有限公司、扬州工艺美术集团有限公司 7 个国家级文化产业示范基地和 27 个省级文化产业示范基地。文化创意产业园区和基地已经成为中小文化企业的孵化器、加速器，产业园区和基地优化积聚产业要素的效应正不断显现，特别是对动漫产业，其优化积聚效应更为突出，2008 年江苏省原创动漫作品 49 部、22 192 分钟，产量位居全国第二。

**(五) 培育优势文化产业门类**

到 2008 年江苏拥有规模以上文化企业 26 588 家。基本形成出版发行、广播电视、文化旅游、休闲娱乐、工艺美术、文艺演出等优势文化产业门类。2007 年和 2008 年的申报项目，涵盖动漫和网络文化、文化艺术服务、广播影视、出版发行和版权服务等五大类。共涉及文化艺术演出、工艺美术、文化旅游、文物衍生产品、数字电影院线、广播影视产品、出版发行和版权服务、精品出版物版权的引进和输出、网上书店、电子商务、出版物跨省物流配送、服务平台(基地)、动漫和网络文化、文化产品与服务出口等领域。通过引导资金的扶持，促进全省文化产业结构的优化调整，形成了优势产业做强做大、新兴产业快速崛起的局面。截至 2008 年底，全省新闻出版业实现销售收入突破 800 亿元，是 1978 年的 800 倍以上。2007 年江苏广播影视业总收入 89.26 亿元，居全国第三位。工艺美术行业产值为 320 亿元，占全国总量的五分之一。2008 年全省城市电影票房2.7亿元,同比增长46%。同时,动漫游戏、网络文化、手机报、手机电视、移动电视、网络电台等新兴产业快速兴起。

### (六) 设置省级文化产业引导资金

为支持文化产业发展,江苏省人民政府设立文化产业发展专项引导资金,在“十一五”期间,每年安排1亿元,用于扶持对文化产业发展具有引领和示范带动作用的重大产业项目。为此,省政府成立由分管省长任组长的江苏省文化产业引导资金管理协调小组,协调小组下设办公室,办公室设在江苏省文化厅,具体负责文化产业引导资金项目的申报、评审等日常工作。省文化厅以文化产业引导资金为抓手,积极推进重大文化产业项目建设。2007～2008年度全省申报文化产业引导资金项目362个,总投资金额216.3亿元,对82个重点项目进行扶持,扶持金额达1.3亿元。

**表8-2 2007年度省级现代服务业(文化产业)发展专项引导资金项目补助经费表**

| 序号 | 申报单位 | 项目名称 | 资助额(万元) | 资助方式 |
|---|---|---|---|---|
| 合计 | | | 13 689.4 | |
| (一) | 江苏省广播电视总台 | 小计 | 2 045 | 补贴奖励 |
| 1 | 江苏省广播电视总台 | 江苏少儿动漫播出平台建设 | 200 | 补贴 |
| 2 | 江苏省广播电视总台 | 江苏交广网汽车服务平台建设 | 200 | 补贴 |
| 3 | 江苏省广播电视总台 | 江苏网络电台建设 | 150 | 奖励 |
| 4 | 江苏省广播电视总台 | 江苏高清电视制播平台建设 | 200 | 补贴 |
| 5 | 江苏省广播电视总台 | 江苏媒体数据库建设 | 200 | 补贴 |
| 6 | 江苏省广播电视总台 | 江苏手机电视升级 | 200 | 补贴 |
| 7 | 江苏省广播电视总台 | 江苏网络电视升级改造 | 200 | 补贴 |
| 8 | 江苏省广播电视总台 | 江苏移动电视平台建设 | 200 | 补贴 |
| 9 | 江苏省广播电视总台 | 电影《南京!南京!》 | 200 | 补贴 |
| 10 | 江苏广电影视动漫传媒有限责任公司 | 动漫片《哈皮父子》 | 101.4 | 奖励 |
| 11 | 江苏盛世影视文化有限公司 | 动漫片《东方神娃》 | 93.6 | 奖励 |
| 12 | 江苏广播电视传输网络有限公司 | “大电视”数字新媒体平台建设 | 100 | 补贴 |
| (二) | 凤凰出版传媒集团 | 小计 | 950 | 补贴 |
| 13 | 凤凰出版传媒集团 | 凤凰数字出版工程(一期) | 600 | 补贴 |
| 14 | 凤凰出版传媒集团 | 职业教育课程标准教材开发 | 150 | 补贴 |
| 15 | 凤凰出版传媒集团 | 凤凰文库 | 200 | 补贴 |
| (三) | 江苏省新华书店集团有限公司 | 小计 | 400 | 补贴 |
| 16 | 江苏省新华书店集团有限公司 | 江苏新华发行集团新港物流配送中心建设 | 400 | 补贴 |
| (四) | 省新闻出版局 | 小计 | 560 | 补贴 |
| 17 | 江苏少年儿童出版社 | 书刊互动与卡通漫画系列图书出版 | 80 | 补贴 |
| 18 | 江苏少年儿童出版社 | 《中华小子》动漫系列产品 | 50 | 补贴 |
| 19 | 江苏农村经济杂志社 | 《农家致富》手机版 | 80 | 补贴 |
| 20 | 江苏省邮政公司 | 邮政报刊发行电子商务平台系统建设 | 50 | 补贴 |
| 21 | 东南大学出版社 | O'Reilly计算机图书版权引进 | 50 | 补贴 |
| 22 | 南京大学出版社 | 《当代学术棱镜译丛》 | 50 | 补贴 |
| 23 | 江苏新广联科技股份有限公司 | 多倍数高密度光盘的产业化技术开发 | 200 | 补贴 |
| (五) | 江苏省文化厅 | 小计 | 200 | 补贴 |
| 24 | 江苏爱涛艺术精品有限公司 | 工艺精品研发和品牌提升项目 | 200 | 补贴 |
| (六) | 江苏省演艺集团有限公司 | 小计 | 200 | 补贴 |

续表

| 序号 | 申报单位 | 项目名称 | 资助额(万元) | 资助方式 |
|---|---|---|---|---|
| 25 | 江苏省演艺集团有限公司 | 歌舞《茉莉飘香的地方》市场化推广 | 200 | 补贴 |
| （七） | 新华日报报业集团 | 小　计 | 800 | 补贴 |
| 26 | 新华日报报业集团 | 新华报业重大印刷设备技术改造 | 800 | 补贴 |
| （八） | 南京市 | 小　计 | 2 546.2 | 补贴奖励 |
| 27 | 南京广电网络有限责任公司 | 南京互动数字电视平台建设 | 200 | 补贴 |
| 28 | 南京广电移动电视发展有限公司 | 南京广电移动数字电视平台建设 | 200 | 补贴 |
| 29 | 南京邦联有线广播电视信息产业公司 | 南京多媒体网络电视平台建设 | 150 | 补贴 |
| 30 | 南京软件园创业服务中心 | 南京软件园动漫公共技术服务平台建设 | 85 | 补贴 |
| 31 | 南京数码动漫创业管理有限公司 | 南京数码动漫创业园公共技术服务平台建设 | 100 | 补贴 |
| 32 | 南京福纳动漫制作公司 | 动漫片《春光灿烂猪八戒之英勇的小猪》 | 31.2 | 奖励 |
| 33 | 南京出版社 | 侵华日军南京大屠杀史研究与文献系列丛书(16种) | 30 | 补贴 |
| 34 | 南京大众书网图书文化有限公司 | 原创文学作品数字出版 | 200 | 补贴 |
| 35 | 江苏春雨文化教育传播有限公司 | 春雨物流中心建设 | 150 | 补贴 |
| 36 | 南京爱德发展有限公司 | 引进尖端设备技术改造 | 100 | 补贴 |
| 37 | 南京日报报业集团 | 南京手机报技术平台建设 | 150 | 补贴 |
| 38 | 南京龙虎网 | 江苏妇女手机报《茉莉花报》 | 100 | 补贴 |
| 39 | 南京新与力文化传播有限公司 | YOHO!——中国年轻人原创内容生产中心及媒体平台建设 | 100 | 补贴 |
| 40 | 南京云锦研究所有限公司 | 南京云锦品牌运作及产业化经营 | 400 | 补贴 |
| 41 | 江苏东方影业有限公司 | 江苏影院数字化改造工程 | 400 | 补贴 |
| 42 | 南京湖熟生态旅游发展公司 | 南京江宁湖熟镇杨柳村古建筑群民俗文化园建设 | 150 | 补贴 |
| （九） | 苏州市 | 小　计 | 1 150 | 补贴奖励 |
| 43 | 苏州蜗牛电子有限公司 | 大型多人在线3D网络游戏《机甲世纪》 | 100 | 奖励 |
| 44 | 苏州鹞鹰数据技术有限公司 | 面向在线娱乐动画制作的动漫实时交互创作环境平台建设 | 50 | 补贴 |
| 45 | 苏州软件评测中心有限公司 | 苏州动漫公共技术服务平台建设 | 100 | 补贴 |
| 46 | 苏州市软件园培训中心有限公司 | 苏州文化创意产业人才培养平台建设 | 50 | 补贴 |
| 47 | 苏州工业园区江南影视文化传播有限公司 | 电视节目资源服务系统建设 | 100 | 补贴 |
| 48 | 苏州新海博数码科技有限公司 | DVD真空隔膜粘合方法及其装置技改升级 | 150 | 补贴 |
| 49 | 江苏省苏州昆剧院 | 昆曲青春版《牡丹亭》海内外推广 | 100 | 补贴 |
| 50 | 苏州香山工坊投资建设发展有限公司 | 香山工坊传统园林建筑技艺博览区建设 | 100 | 补贴 |
| 51 | 苏州平江历史街区保护整治责任有限公司 | 平江路文化休闲特色街建设 | 150 | 补贴 |
| 52 | 苏州镇湖旅游发展有限公司 | 中国(太湖)非物质文化遗产博览园建设 | 100 | 补贴 |
| 53 | 苏州中凯姚氏文化置业有限公司 | 姚建萍刺绣艺术品牌产业化 | 150 | 补贴 |
| （十） | 昆山市 | 小　计 | 200 | 补贴 |
| 54 | 昆山市锦溪旅游发展有限公司 | 锦溪“民间收藏博物馆群”文化旅游项目开发 | 200 | 补贴 |
| （十一） | 无锡市 | 小　计 | 1 384.4 | 补贴奖励 |
| 55 | 无锡灿烂动画公司 | 动漫片《卡通奥数快乐学》 | 200 | 奖励 |

续表

| 序号 | 申报单位 | 项目名称 | 资助额(万元) | 资助方式 |
| --- | --- | --- | --- | --- |
| 56 | 无锡广新影视动画公司 | 无锡动漫公共技术服务平台建设 | 200 | 补贴 |
| 57 | 无锡雪豹十月数码动画制作有限公司 | 三维动画片《尾巴梦幻曲》 | 62.4 | 奖励 |
| 58 | 无锡软件产业发展有限公司 | 江苏文化创意产业园建设 | 500 | 补贴 |
| 59 | 江苏希际数码艺术网络股份有限公司 | 卡通吉娃娃文化产业链建设 | 142 | 奖励 |
| 60 | 无锡市惠山泥人研究所有限公司 | 惠山泥人专用粘土(第二代)的研制开发 | 80 | 补贴 |
| 61 | 无锡大世界影城有限责任公司 | 无锡大世界影城数字化改造 | 100 | 补贴 |
| 62 | 无锡文博投资集团有限公司 | 宜兴陶祖圣境扩建工程 | 100 | 补贴 |
| (十二) | 常州市 | 小　计 | 863.8 | 补贴奖励贴息 |
| 63 | 常州宏图动画有限公司 | 动漫片《小卓玛》 | 93.6 | 奖励 |
| 64 | 常州宏梦卡通制作有限公司 | 动漫片《丛林奇遇》 | 70.2 | 奖励 |
| 65 | 常州文化科技创意发展有限公司 | 常州国家动画产业基地公共服务平台建设 | 300 | 补贴 |
| 66 | 常州市武进太湖湾旅游发展有限公司 | 江苏数字文化产业(振兴)基地建设 | 100 | 补贴 |
| 67 | 龙城旅游控股集团有限公司 | 中华恐龙园二期改造工程 | 200 | 贴息 |
| 68 | 常州天宁宝塔置业有限公司 | 常州天宁宝塔佛教文化旅游开发 | 100 | 补贴 |
| (十三) | 丹阳市 | 小　计 | 250 | 补贴贴息 |
| 69 | 江苏中彩印务有限公司 | 年产 4 500 万只高档包装印制品技改项目 | 100 | 贴息 |
| 70 | 江苏季子文化旅游发展有限公司 | 季子庙风景区精品文化旅游项目开发 | 150 | 补贴 |
| (十四) | 句容市 | 小　计 | 50 | 补贴 |
| 71 | 句容市民间工艺彩灯厂 | 句容秦淮花灯文化产业传承与发展 | 50 | 补贴 |
| (十五) | 扬州市 | 小　计 | 625 | 补贴贴息 |
| 72 | 广陵古籍刻印社 | 扬州雕版印刷技艺传承 | 110 | 补贴 |
| 73 | 扬子江音像有限公司 | 中国戏曲音像出版发行基地建设 | 165 | 补贴 |
| 74 | 扬州笛莎卡通文化传播有限公司 | 笛莎卡通产业链建设 | 50 | 补贴 |
| 75 | 扬州工艺美术集团有限公司 | 扬州工艺美术集聚区建设 | 300 | 贴息 |
| (十六) | 泰兴市 | 小　计 | 200 | 补贴 |
| 76 | 江苏凤灵乐器集团 | 提琴产业技术升级 | 200 | 补贴 |
| (十七) | 姜堰市 | 小　计 | 300 | 补贴 |
| 77 | 姜堰市溱湖风景区开发建设有限公司 | 溱湖里下河民俗文化产业园建设 | 300 | 补贴 |
| (十八) | 南通市 | 小　计 | 150 | 补贴 |
| 78 | 中广有线信息网络有限公司南通分公司 | 南通有线数字电视双向交互系统建设 | 150 | 补贴 |
| (十九) | 洪泽县 | 小　计 | 200 | 补贴 |
| 79 | 洪泽县洪泽湖文化发展有限公司 | 洪泽湖水文化风情区建设 | 200 | 补贴 |
| (二十) | 沭阳县 | 小　计 | 150 | 补贴 |
| 80 | 沭阳凤凰画材有限公司 | 画材技改升级 | 150 | 补贴 |
| (二十一) | 盐城市 | 小　计 | 165 | 贴息 |
| 81 | 盐城印刷总厂有限责任公司 | 高新技术广告、书刊、包装生产线扩能技术改造 | 165 | 贴息 |
| (二十二) | 徐州市 | 小　计 | 300 | 补贴 |
| 82 | 徐州市中山堂娱乐中心 | 徐州文化创意产业园改造工程 | 300 | 补贴 |

# 第九章　文化市场



江苏文化市场是伴随着改革开放的过程而产生、发展和壮大起来的。经过30年的培育和建设，江苏文化市场从无到有、从小到大，全省基本形成由电影市场、演出市场、音像市场、娱乐市场、美术品市场、网络文化市场等组成的，统一、开放、竞争、有序的文化市场体系。文化市场管理方式日渐完善，初步建立起以行政管理、综合执法、社会监督、行业自律、技术监控为主要内容的文化市场监管体系。

20世纪70年代末，文化市场开始兴起，主要表现为电影成为大众文化消费主流，以娱乐经营活动为主的各类文化经营活动开始活跃。歌厅、舞厅、录像厅等新的娱乐方式，在南京、苏州、无锡等地相继面世，大众参与型的文化娱乐活动成为许多人追求的文化时尚。

20世纪80年代末开始，江苏电影市场票房收入连续八年居全国首位。文化市场发展初期，法规不健全，文化市场秩序混乱。文化市场管理部门在省级有江苏省文化厅、江苏省广播电视局和江苏省新闻出版局，省、市、县三级实行分级管理模式。面对新兴的文化市场，这一时期文化市场管理方式主要表现为干预、限制甚至禁止。1987年2月，文化部、公安部、国家工商行政管理局联合下发《关于改进舞会管理问题的通知》，解除对营业性舞厅的禁令，使文化经营活动在社会上有合法地位。全省各地认真贯彻通知精神，批准在公共文化场所、涉外饭店、文化艺术单位等设立营业性歌舞厅。同年12月，第六届江苏省人民代表大会常务委员会第29次会议通过《关于加强文化市场建设和管理的决议》，要求继续开放繁荣文化市场，提升文化市场管理水平，依法严厉查处非法经营活动，切实加强对文化市场工作的领导。

20世纪90年代，中共十四大以后，社会主义市场经济体制逐步建立，为江苏文化市场繁荣发展带来新机遇。1994年9月，第八届江苏省人民代表大会常务委员会第十次会议通过《江苏省文化娱乐市场管理条例》，这是江苏第一部文化市场管理类地方性法规。1996年，中共江苏省委、省人民政府召开全省文化工作会议，做出建设文化大省的决定，把发展文化产业、繁荣文化市场作为文化大省建设的主要目标，打破地区保护、行业壁垒、所有制歧视。这个阶段成为文化市场发展最快的时期，各种规模和档次的娱乐场所遍布全省城乡，苏南发达地区的乡村也有档次较高的歌舞厅、游戏厅等娱乐场所。演出市场连年兴旺，民办文艺表演团体大量涌现。网络文化市场逐渐兴起，并快速发展。音像市场批发、零售、出租、放映经营活动十分活跃。与此同时，文化市场管理工作取得重要进展，开始走上从行政管理为主到依法管理为主的转型之路。

20世纪90年代末，江苏全省各地按照“一手抓繁荣，一手抓管理，促进文化市场健康发展”的方针，积极开展“扫黄打非”和专项整治行动，打击文化市场违法经营活动，净化文化市场环境。大力发展连锁经营、规模经营，优化市场结构，推动建设统一、开放、竞争、有序的现代文化市场。这一时期，江苏省文化市场管理工作主要以整顿和规范电子游戏经营场所、互联网上网服务营业场所、歌舞娱乐场所、音像市场及演出市场为重点，各有关部门相互合作，对文化市场进行全面整治。

30年间，全省各级文化市场管理机构把规范文化市场的行政执法职能、加强文化市场的管理工作作为促进文化市场健康有序发展的重要手段，以规范促繁荣，以规范促发展。但是，文化市场执法机构成立之初，执法人员普遍存在理论基础弱、执法经验少、法律知识缺乏等问题，难以适应执法工作要求。1995年5月，中共江苏省委机构编制委员会、江苏省文化厅、江苏省财政厅联合下发《关于加强全省文化市场稽查队伍建设问题的通知》，对文化市场稽查队伍人员编制、经费、队伍建设等方面作出明确规定。至此，江苏在全国第一个做到按照省、市、县的实际需要配备文化市场专职稽查人员，其中省级编制八名，省辖市编制四至六名。

省文化厅按照“政治强、作风硬、业务精”的要求，通过一系列有效措施，推动文化市场执法队伍建设。到2008年底，全省大部分市县设有文化市场管理处（科）、文化市场管理办公室或文化市场稽查队，基本形成包括省、市、县三级文化市场管理部门和执法机构在内的主体型管理网络和综合执法体系。

## 第一节　行政执法

30年间，文化市场行政执法联动工程在实践中日益成熟并发挥重要作用。江苏文化市场行政执法努力适应文化市场形势变化和文化市场执法工作要求，改革执法模式，创新执法机制。

积极探索文化市场综合执法改革，建立文化市场监管体制，提高综合执法能力。文化部门与公安、工商等部门建立文化市场稽查执法部门间协调协作机制，建立多部门联席会议制度，实行文化、公安联合执法，强化案件移送责任，充分运用刑罚手段整顿和规范文化市场秩序。

### 一、机构及职能

1991年，经江苏省编制委员会批准，江苏省文化厅撤销电影处，成立文化市场管理处，其主要职能是审核电影、电视剧本，负责检查、督促电影电视制片的完成，以及电影发行放映、文化系统音像出版发行放映等业务工作；审批并管理省级和上级主管部门规定和委托管理单位的文化娱乐经营活动；指导各市、县文化局有关文化市场的管理业务和文化稽查工作等。1992年，省文化厅文化市场管理处增挂“江苏省文化市场管理办公室”牌子，进一步加强对全省文化市场的管理，对市、县文化场所进行业务指导。1993年，省文化市场管理办公室单列建制，与省文化厅文化市场管理处合署办公，负责对全省文化市场进行宏观管理，指导各市、县文化市场的管理业务和文化稽查工作。2001年初，省文化厅撤销江苏省演出管理中心，将全省演出市场管理职能移交省文化厅文化市场管理处行使。同年，江苏省人民政府将江苏省广播电视局承担的音像制品进出口管理，以及批发、零售、出租、放映管理的职能移交省文化厅。2002年，省政府将江苏省通信管理局管理互联网上网服务营业场所的职责移交江苏省文化厅。到2008年底，全省大部分市、县设有文化市场管理处(科)、文化市场管理办公室或文化市场稽查队，基本形成包括省、市、县三级文化市场管理部门和执法机构在内的主体型管理网络和综合执法体系。全省共有在岗的文化市场执法人员881人(各级文化市场管理部门和执法机构中持有行政执法证的工作人员)。执法人员基本为事业编制，其中三分之一的执法人员为自收自支事业编制。南京、无锡、常州、苏州、南通、连云港、淮安、盐城、扬州、镇江、宿迁11个市设有相对独立的专职文化市场执法机构，徐州、泰州两市没有专职文化市场执法机构，由文化市场管理办公室(文化市场管理处)履行执法职能。在职能上，各市、县文化部门具体履行的行政职能不一。除南京、苏州两市外，其余11个省辖市文化市场管理执法部门还同时担负着新闻出版市场的管理和执法任务。各县(市、区)文化市场管理执法部门大多同时担负着文化市场、新闻出版的管理执法任务，有的还担负广播电视的管理和执法职能。各县(市、区)“扫黄打非”工作机构也基本都设在文化市场管理或执法部门。

2003年12月，淮安市文化局以事业单位改革为契机，撤销演出管理处，将原来的市社会文化管理委员会办公室与文化市场稽查大队合并，组建市级文化综合执法支队，实行文化综合行政执法。2006年12月，中共江苏省委、省人民政府下发《关于印发〈江苏省文化体制改革试点工作方案〉的通知》，确定南京、苏州、无锡、常州、淮安、宿迁6市作为文化体制改革试点城市，以点带面，逐步推开，促进全省新一轮文化体制改革不断深入。

2007年1月，江苏省文化体制改革工作会议召开，文化体制改革试点工作进入正式启动实施阶段。在改革过程中，中共江苏省委机构编制委员会办公室、江苏省文化厅、江苏省文物局提出“文化行政综合执法机构”概念，在文化市场领域进行综合执法的基础上将文化遗产、版权等纳入文化行政综合执法范畴，实现文化领域综合执法，并在常州进行改革试点。常州成立文化行政综合执法支队，副处级建制，编制30人，内设文化市场稽查大队、文化遗产稽查大队、法制监督室、办公室。文化遗产行政执法机构创新工作获得江苏省人民政府法制工作创新奖，常州市文化行政综合执法支队被中宣部、文化部、国家广电总局和新闻出版总署联合评为“全国文化体制改革工作先进单位”。截至2008年底，苏州、无锡、常州、淮安、宿迁五市已完成文化市场综合执法改革任务，调整归并文化、广电、新闻出版行政管理部门，组建文化行政综合执法机构。

## 二、队伍建设

**（一）行政执法机制**

1997年，江苏省文化厅以实施《行政处罚法》为契机，对行政处罚的简易程序、一般程序、听证程序以及行政复议程序作出明确规定，制作50余种文化市场执法文书式样，在全省推广使用。江苏省文化市场管理办公室副主任张农编印的《行政处罚程序及适用文书》一书出版发行，被文化部列为全国文化市场执法教科书；无锡市制定《无锡市文化综合执法支队工作规范》；常州市制定并汇编成册两大类十章共45项制度；苏州市制定《苏州市文化行政综合执法文书规范（试行）》和《苏州市文化行政综合执法支队工作规则（暂行）》，完善了长效管理机制。

1998年，江苏省文化厅制订《江苏省文化市场稽查机构建设评比标准》，采用积分制形式，对全省文化市场稽查机构各项工作提出明确要求，实行量化打分管理。在历年考评实施过程中，省文化厅逐步完善行政执法考评机制，制定《全省文化市场执法工作考评实施细则》，从文化市场技术监管系统建设、文化市场行政执法监督、平安文化市场创建等方面对全省执法机构工作进行评估和考核，并将结果公示、通报。

**（二）执法培训评比**

1996年，江苏省文化厅举办第一届全省文化市场行政执法案卷评比活动，此后每两年举办一届。1998年3月，文化部在浙江省宁波市举办全国文化市场行政执法座谈会暨培训班，将江苏文化市场行政处罚案卷作为培训教案，并介绍江苏的做法。2000年5月，文化部市场司在江苏举办全国文化市场稽查培训班暨稽查工作会议，再次向全国推广江苏的经验做法。

江苏省文化厅建立健全省、市、县三级培训网络，制定各项培训流程和管理制度，实行年度培训计划逐级备案制度，通过多渠道多形式开展业务培训。1998年，江苏省文化厅启动和实施全省文化市场稽查业务骨干三年培训系统工程，三年累计培训人员近300人次，收集论文近200篇，为每个市、县配备1～2名稽查业务骨干。全省稽查人员基本做到会运用执法程序、会使用执法设备、会制作执法文书，能判别违法行为，能掌握法律法规适用尺度。

# 第二节　市场管理

全省各级文化市场管理机构把发展作为文化市场管理工作的第一要务，按照“一手抓繁荣，一手抓管理”的方针，以创新求发展，以规范促繁荣，促进文化市场健康有序发展。以整顿和规范文化市场秩序统揽全局，以电子游戏经营场所、互联网上网服务营业场所、歌舞娱乐场所、音像市场及演出市场为重点，与有关部门通力合作，对文化市场进行全面整治。

## 一、营业性娱乐管理

20世纪80年代初，娱乐市场从东南沿海经济发达地区辐射到江苏。歌厅、舞厅等新兴娱乐方式，在南京、苏州、无锡等地相继面世。20世纪80年代后期，桌球室、电子游戏室、卡拉OK厅出现并开始风靡。90年代初开始，保龄球作为新的文化娱乐项目开始出现并普及，娱乐市场进入高速发展阶段。因市场急剧扩张产生了一系列矛盾和问题，江苏省文化厅联合相关部门开展一系列集中整治行动。2000年，全省电子游戏经营场所停止审批发展。2002年，对娱乐场所实行总量控制，压缩游艺娱乐场所。娱乐市场秩序明显好转，高档娱乐消费得到合理控制，市场发展逐渐成熟。截至2008年底，全省有歌厅、舞厅、卡拉OK厅、夜总会和音乐酒吧等歌舞娱乐场所3 500多家，电子游戏娱乐场所2 500多家，从业人员16万多人。

**（一）娱乐场所税费改革**

根据国务院第261号令《娱乐场所管理条例》相关规定，1999年，江苏省人民政府办公厅转发江苏省财政厅、江苏省地税局、江苏省文化厅《关于调整娱乐业营业税税率、解决娱乐场所监督检查所需经费的意见》，进行娱乐场所税费改革。自1999年7月1日起，全省取消娱乐场所文化市场管理费，各级文化行政主管部门对娱乐场所实施监督检查，不再收取任何费用。各级文化行政主管部门对娱乐场所实施监督检查所需经费，由同级财政部门从调整税率增加的收入中解决，或由同级财政在当年预算中安排。对娱乐业营业税税率进行调整，其中游艺类税率从10％调整为15％；歌厅、舞厅、卡拉OK歌舞厅、音乐茶座、台球、高尔夫球、保龄球税率从10％调整为12％。文化部在昆明召开全国文化市场管理工作会议并介绍江苏的经验做法。

**（二）娱乐场所专项整治**

2000年4月，江苏省文化厅下发《关于对全省娱乐场所进行集中治理整顿的意见》，在全省部署整治行动，配合公安机关打击色情陪侍、卖淫嫖娼、吸食毒品等违法行为，协助查处大案要案，对全省十多个重点地区实施整治。对歌舞娱乐场所进行重新审核登记，全省1 800多家歌舞娱乐场所被依法取消文化经营资格。2000年7月，江苏省人民政府办公厅转发了省文化厅等八部门《关于在全省开展电子游戏经营场所专项治理工作的意见的通知》，开展为期三个月的电子游戏经营场所专项治理工作。全省650家无证电子游戏经营场所被依法取缔，2 990多家不合格场所被依法吊销文化经营许可证，共压减场所3 640多家，压减比例为55.8％。通过治理，电子游戏经营场所秩序有所好转。2001年，省文化厅会同江苏省公安厅、江苏省卫生厅、江苏省工商局等部门，将全省无证或证照不齐、消防安全不合格的669家公共娱乐场所依法取缔，并在《新华日报》上向社会公示。2008年，省文化厅、省公安厅、省工商局联合开展为期四个月的打击非法电子游戏经营集中执法行动，取缔无证照场所1297家，向公安机关移送案件63件，促进娱乐市场经营秩序进一步好转。

**（三）电子游戏经营管理改革试点**

2006年，在游戏娱乐经营场所停止审批六年之后，文化部在江苏南京等9个城市进行全国电子游戏经营管理改革试点，江苏省文化厅将苏州市列为省改革试点城市。南京市、苏州市积极稳妥推进电子游戏经营场所管理改革，在市场准入、游戏机型机种、规范管理等方面进行尝试，分别审批电子游戏经营场所11家和22家。

**（四）娱乐场所阳光工程**

根据文化部等七部门联合发出的《关于印发〈2008～2010年全国娱乐场所阳光工程实施方案〉的通知》要求，2008年，江苏省文化厅开始实施全省“娱乐场所阳光工程”。通过开展“阳光娱乐主题宣传周”活动，制定《娱乐场所自律规范》，开展“阳光娱乐示范单位”评比活动，做好“全国卡拉OK内容管理服务系统”建设，开展阳光金曲评选等举措，积极引导娱乐行业转型升级，推动娱乐行业规范化、特色化、规模化发展。

## 二、营业性演出管理

20世纪80年代，经济的快速发展带来江苏演出市场的空前繁荣。此时演出市场属于计划经济模式，演出团体都属于国家或集体所有。20世纪90年代，营业性演出取代计划演出成为整个演出活动的主要组成部分，部分计划演出开始向营业性演出方向转变。高雅艺术与民族优秀艺术的演出场次和观众人次大幅度增长，通俗艺术演出继续保持强劲发展势头，演出市场品类结构逐渐得到优化。演出场地由剧场扩展到体育场馆、歌舞娱乐场所、旅游景点等，演出形式日益多样化。农村演出市场在专业演出团体与民间剧团艺人的双重推动下开始活跃。2000年以来，全省演出市场进一步改革开放，大型巡演和演唱会数量日益增加，演出品种繁多，演出内容题材范围广泛，演出风格多样，演出市场专业化、规模化、产业化趋向更为明显。演出市场呈现与旅游、媒体、经贸等领域联合发展的趋势，集文化、旅游、商贸为一体的演出产业经营格局基本形成，出现新的市场主体和投资主体。

**（一）江浙沪演出业务洽谈会**

1992年，江浙沪两省一市文化行政部门联合举办第一届演出业务洽谈会，会期为每年一次，由江苏、浙江、上海文化行政部门牵头循环召开。经过十几年的发展，江浙沪演出业务洽谈会成为全国演出市场举足轻重的知名品牌，吸引全国20多个地区的数百家演出经纪机构、剧场剧院、艺术表演团体参加，每届参会人数达400至700人。每年相当数量的文艺院团通过洽谈会签下演出合同，合同场数基本维持在5 000场以上。

**（二）演出市场改革开放**

2002年，江苏省文化厅出台《关于进一步理顺演出管理体制，加强演出市场管理的意见》，明确全省所有涉外演出、组台演出及演出经纪机构设立一律由省文化厅直接审批，不再经过市、县两级文化行政部门，从而简化手续，方便经营者，解决了指定承办演出活动层层审批、层层收费的问题，进一步激活和繁荣演出市场。文化部办公厅将此规范性文件作为指导性意见加注“编者按”向全国转发。2003年，省文化厅新批准设立26家由社会资本投资的演出经纪机构，社会演出经纪机构数量占全省经纪机构总数的58%，占注册资本总额的75%。指导、扶持南京光阳娱乐有限公司从湖南引进演艺大舞台模式，投入1 000多万元组建南京光阳大舞台，集演出团体、经纪和场所为一体，节目面向大众，雅俗共赏，成为南京演艺市场和旅游市场的品牌。南京嘉润信息产业有限公司投资2 600万元经营娱乐场所涉外演出，每年演出1 000多场，取得良好业绩。文化部编撰的《2003中国文化市场发展报告》一书专文介绍江苏深化演出市场改革的做法。2004年，全省演出市场对国内资本全部放开，市场准入放宽，民营演出企业占行业总量90%以上。2004年5月，省文化厅在南京召开全省演出市场管理改革与发展现场会，推出南京为全省演出市场的典型，通过经验交流、参观展板和实地考察，研究、探索新形势下进一步加强演出市场建设和管理的经验。

**（三）民营表演团体优秀剧（节）目推广**

2007年，江苏省文化厅在如皋市举办江苏省民营表演团体优秀剧（节）目调演活动。全省40多个民营表演团体、54个剧（节）目、450多人参赛。活动期间召开民营表演团体座谈会，总结推广如皋市大力发展民营表演团体的经验，探讨进一步发展民营表演团体、繁荣农村演出市场的政策措施。

## 三、音像制品管理

20世纪80年代，音像制品以盒带、CD、录像带为主，音像制品经营单位数量和规模比较小，销售模式主要是代销和以订货会为供销交易核心的营销模式。20世纪90年代，VCD逐渐取代录像带，音像市场批发、零售、出租、放映经营活动十分活跃，音像店、录像厅分布全省城乡。进入21世纪，一方面，新技术、新媒体、新业态的传播形式不断变化，音像制品从VCD、DVD到HDVD不断升级换代；另一方面，传统音像行业发展遭遇前所未有的挑战，压缩总量、调整结构、规范发展成为江苏音像市场主旋律。

**（一）规范音像制品经营场所及市场**

2001年，江苏省文化厅制定并实施《江苏省音像制品经营单位审批管理办法》，对经营单位重新核发经营许可证，全省3 000多家不符合规定的经营单位被依法取消经营资格。同年9月，省文化厅会同江苏省公安厅、江苏省工商行政管理局、江苏省新闻出版局联合发出《关于限期关闭全省音像制品集中经营场所的通告》。至11月30日，全省55家音像制品集中经营场所全部关闭，提前一个月完成国务院预定的治理目标。

江苏省文化厅鼓励和吸纳社会资本进入音像市场，加快发展超市经营和连锁经营。2002年，全省成立“盛世佳音”“江苏邮政音像”“中录美华”等六家音像连锁和超市经营单位，推动音像经营规模化、连锁化、规范化。2007年，全省停止审批非法人音像制品经营单位，扶持发展超市经营、大商场经营、连锁经营、新华书店经营，音像连锁企业发展到八家，注册资本总额达15亿元。2008年，全省新设立连锁经营企业3家，增加连锁经营门店103家。音像市场主体结构进一步优化，连锁经营单位和大规模物流配送网络体系占据市场主流。

2003年，围绕贯彻实施《江苏省音像市场管理条例》，江苏省文化厅开始建设沪宁沿线音像管理示范区。首先在南京、无锡、苏州、常州、镇江等经济基础较好的五市建设沪宁沿线音像管理示范区，以点带面，整体推进，以此指导全省音像市场管理工作。省文化厅下发《关于开展“正版音像销售、出租示范店”评比活动的通知》，授予全省首批196家经营单位“经营正版音像制品示范店”称号。2004年，沪宁沿线音像管理示范区建设向纵深发展，由沿线中心城市向郊县乡镇推广，由沪宁线向宁通、宁连、徐连沿线延伸，开展第二批“经营正版音像制品示范店”评选工作，评选出136家经营正版音像制品示范店。2005年，巩固和发展沪宁沿线地区音像管理示范区建设成果，进一步向苏中、苏北地区辐射。盐城市文化局制定《盐城市通榆沿线正版音像示范带建设工程实施方案》，把示范工程由城区向周边地区和乡镇推进。省文化厅开展第三批“经营正版音像制品示范店”评比，评出97家经营正版音像制品示范店。沪宁沿线音像管理示范区建设取得阶段性成果。

2006年4月，全国音像市场管理江苏经验交流会在江苏常熟召开。江苏省文化厅作《坚持开拓创新,强化音像市场管理》的主题发言,南京市文化局、常熟市文化局、江苏中艺文化传播有限责任公司分别作交流发言。

**(二) 打击盗版、违法音像制品**

2001年起,江苏省文化厅连续八年开展"音像市场法制宣传周"活动,除开展各种形式的法制宣传外,每年的4月26日"世界知识产权日",省、市、县三级统一开展违法音像制品集中销毁活动。

江苏省文化厅不断加强音像市场执法力度,每年收缴非法音像制品均超过1 000万张。2002年,全省文化行政部门开展音像市场治理整顿复查专项行动和严打违法音像制品"金风行动"。全省收缴1100多万张非法音像制品。2004年6月,省文化厅组织执法人员对无锡红梅小商品市场周边非法音像制品集中经营区域开展集中执法行动,摧毁地下库房5处,收缴非法音像制品177万余张,为江苏音像市场管理史上一次性收缴非法音像制品数量最多的一次。2005年,全省组织重大执法行动30多次,捣毁盗版窝点100多处,收缴非法音像制品1 300万张。2005年8月,文化部在南京召开全国文化市场知识产权保护工作现场会议,充分肯定江苏文化市场知识产权保护工作成果。

2002年8月,文化部、江苏省人民政府在南京举行全国统一销毁非法音像制品主会场仪式,70万张非法音像制品被当场销毁。中央电视台、新华社、《中国文化报》《人民日报》《中国日报》、日本NHK电视台、合众国际社等国内外有关新闻媒体作现场报道。2007年4月,文化部、省政府在扬州举行全国统一销毁非法音像制品主会场仪式,现场集中销毁违法音像制品320万张。

2004年3月,江苏省音像制品分销协会成立,首批入会经营单位118个。协会制定《会员自律公约》,发表《维权反盗版宣言》,成立音像市场行业督察队伍,与省内15家律师事务所组建维权律师团,发起维权行动"清扫工程",配合政府主管部门做好音像市场知识产权保护工作,在音像行业自律维权方面发挥重要作用。

2005年,为保护《无极》《千里走单骑》等七部大片及其正版音像制品的正常发行,江苏省文化厅开展保护知识产权、振兴民族影视产业专项行动。建立由文化行政部门、音像批发单位、行业协会及其成员单位、音像制品发行单位和电影院线等组成的五道监控网络,保证了广东中凯公司发行的25万套音像制品顺利上市销售。同年6月20日,省文化厅联合南京市文化局、南京市公安局玄武分局开展执法行动,查获各类光盘共计23 175张。

2006年2月,南京"6·20"贩卖盗版音像制品案的两名主犯因侵犯著作权罪被追究刑事责任。该案是全国第一起以侵犯著作权罪判决的贩卖盗版音像制品案,被国际知识产权保护组织援引为中国知识产权保护的典型案例。同年8月14日,江苏省文化厅和南京市公安局玄武分局通力合作,在广东省公安、文化部门的配合下,出动警力和文化市场执法人员150多人,在南京和广州同时对13个非法音像制品窝点采取联合执法行动,共抓获犯罪嫌疑人21名,查扣非法音像制品15万余张。

2007年4月,南京市玄武区人民法院依法对10名涉案人员以侵犯著作权罪、贩卖淫秽物品牟利罪作出判决。这是江苏文化行政部门第一次在江苏、广东两省范围内同时采取打击盗版音像制品的联合执法行动,也是判决人数最多、量刑最重的盗版案件,被评为全国"反盗版百日行动"十大案件之一。中央电视台对此作了专门报道。

## 四、互联网上网服务营业场所经营管理

1997年,江苏南京、苏州等地开始出现互联网上网服务营业场所(以下简称网吧)。早期的网吧规模大都在10～20台电脑,很少有40台以上的规模。1998年后,互联网资费降低,计算机性价比提高,网吧数量迅速膨胀,上网休闲娱乐成为新的文化消费时尚。2001年起,网络游戏开始流行,网吧数量进一步急剧扩张,用户大量增加,各种问题也逐渐显现,对社会造成一定的不良影响,网吧成为社会舆论关注的热点。江苏省文化厅对全省网吧实行总量控制,引导网吧向规范化、连锁化、主体化、品牌化方向发展。

**(一) 网吧市场专项治理**

2002年7月,江苏省文化厅联合有关部门,对全省网吧开展为期3个月的专项治理。全省关闭、取缔非法不合格网吧近4 000家,距中小学校200米内的网吧基本清除,网吧接纳未成年人问题得到

有效控制。2006 年 5 月，针对网吧接纳未成年人违法经营活动出现反弹的情况，省文化厅联合江苏省公安厅、江苏省教育厅、江苏省工商局、江苏省通信管理局、江苏省关心下一代工作委员会等部门开展全省网吧“百日整治集中行动”。全省依法取缔、关闭无证网吧 1 218 家，罚款 852 万元，停业整顿 628 家，吊销网络文化经营许可证 13 家。江苏省精神文明建设指导委员会授予省文化厅“优秀组织奖”。

**（二）网吧监管体系建设**

为遏制未成年人上网，制止超时经营，屏蔽有害信息，提高网吧监管信息化水平，2003 年，江苏省文化厅开始推进网吧监管系统建设，全省有 1 168 家网吧 5.14 万台终端完成监控软件安装。2004 年，全省近 6 000 家场所、34.8 万台终端安装监控软件。

2006 年，江苏省文化厅与江苏省关心下一代工作委员会通力合作，聘任两万多名“老党员、老战士、老干部、老模范、老教师”等“五老”担任网吧义务管理员，发挥“五老”的政治优势、威望优势和经验优势，在网吧管理中起到宣传员、信息员、巡查员、监督员的作用，有力地制止了网吧违法违规接纳未成年人的现象。

2007 年 5 月，江苏省网吧协会成立。至 2008 年底，全省 13 个省辖市中有 8 个市建立网吧行业协会，其余 5 个市正在筹建之中。省网吧协会成立伊始，就启动全省网吧行业自律行动，发表自律宣言，推动江苏网吧行业走向自我约束、自我管理、自我发展之路。

**（三）农村网吧管理模式**

2006 年，江苏省文化厅在盐城东台试点，探索农村网吧属地管理新路子。文化部两次派员赴东台考察，认为东台经验对探索农村网吧管理有导向性意义。文化部第 67 期《文化要情》以《江苏东台市农村网吧管理走出新路子》为题，摘登东台市加强农村网吧管理的经验，分发到各省、市、自治区文化厅（局）。2007 年 3 月，江苏省文化厅在东台召开全省农村网吧管理工作现场会，总结农村网吧管理经验并向全省推广。

**（四）网吧提升计划**

2007 年，按照文化部、公安部等 14 部委联合下发的《关于进一步加强网吧及网络游戏管理工作的意见》要求，江苏省文化厅实施全省网吧提升计划。自 7 月 1 日起，停止审批新的网吧。通过调整市场准入条件，全省网吧初具产业规模，计算机终端比 2003 年增加 60%，其中 100 台以上的网吧占 40% 以上。全省连锁网吧门店总数 564 家，江苏浪淘沙、南京欣网易家、江苏网通家园、瑞得在线等一批网吧连锁经营企业成为行业知名品牌。

## 五、互联网文化产品经营管理

20 世纪 90 年代开始，随着互联网的蓬勃发展，越来越多的文化产品通过互联网生产、传播和流通。初期的互联网文化产品主要是音像制品、影视节目、网络游戏、演出节目等，供上网用户浏览、使用、购买或下载。2000 年开始，随着一系列法规规章颁布实施，互联网文化市场逐渐走向法制化管理轨道。2005 年以来，在国家文化产业政策的推动下，网络游戏、网络音乐、动漫创意等新兴产业蓬勃发展。截至 2008 年底，全省有 30 多家经营性互联网文化单位生产销售音像制品、游戏产品、动画等文化产品，在南京、苏州、无锡、常州和盐城等地区形成一定的经营规模。

2007 年 4 月，中共江苏省委宣传部、江苏省公安厅、江苏省文化厅等十部门联合召开全省依法打击网络淫秽色情专项行动电视电话会议，部署在全省组织开展依法打击网络淫秽色情专项行动。省文化厅根据省依法打击网络淫秽色情专项行动协调小组的统一部署，落实各项工作措施，确保专项行动取得实效。与江苏省通信管理局沟通协调，对全省涉及互联网文化内容的网站进行调查摸底，掌握全省涉及互联网文化内容网站的总体情况。召开互联网文化经营单位管理工作会议，与 13 家互联网文化经营单位签订《互联网文化信息安全责任书》。加大执法力度，对七音音乐网、9911 音乐网和 Ting163 音乐网等三家违规经营网站作出行政处罚，被文化部在全国稽查业务培训班上作为典型案例介绍推广。

## 六、美术品经营管理

20 世纪 80 年代，江苏美术品市场规模较小，经营单位大多按计划经济模式经营。20 世纪 90 年代开始，出现不少画廊、拍卖行等经营单位，传统美术品市场和现代美术品市场开始活跃。进入21世纪，随着江苏经济社会迅速发展，民众对美术品的投资、收藏热情不断提升，美术品市场迅速发展并向集聚化发展方向迈进。美术品经营单位数量比较集中的地区有南京、苏州、扬州、常州等。全省形成了一些自发的或有规划的美术品经营集中区域，如南京朝天宫古玩市场和夫子庙市场、全国文化（美术）产业示范基地苏州胥口中国书画名家街、江苏省文化产业基地昆山画家村等。初步形成以美术品交易、美术品拍卖为核心，画廊、美术品展示、美术品博览会为重点，美术品金融为辅助支撑的综合市场体系。

（一）**美术品经营单位备案管理**

2007年2月，江苏省文化厅下发《关于依法履行管理职能，加强美术品市场管理的通知》。要求各地文化行政部门对辖区内从事美术品经营活动的单位和个人展开调查摸底，对全省依法设立并具有美术品经营项目的878家经营单位进行备案登记，初步建立健全了美术品经营者档案。

（二）**中国诚信画廊评选**

江苏省文化厅积极组织美术品经营单位参加文化部举办的中国诚信画廊评选。2004年，江苏有三家美术品经营单位入选第一批中国诚信画廊；2006年，有两家美术品经营单位入选第二批中国诚信画廊；2008年，有五家美术品经营单位入选第三批中国诚信画廊。

（三）**中国现当代艺术重点推广项目评选**

2008年，江苏省文化厅积极组织美术品经营单位参加文化部中国现当代艺术重点推广项目评选。在文化部评选出的18个中国现当代艺术重点推广项目中，江苏有两个项目入选。

# 第十章　文艺研究与期刊

1978～2008年，江苏文艺发展经历了复苏、发展和繁荣时期，文艺的繁荣推动了江苏文艺研究的发展，文艺研究成就斐然。

20世纪70年代末至80年代，在文艺创作复苏的背景下，江苏学者们回顾与反思中国文学与艺术的发展脉络，涌现出一批高质量的文艺史学研究的著作，如缪咏禾的《冯梦龙和三言》、朱星的《金瓶梅考证》、周勋初的《中国文学批评小史》、陈瘦竹和沈蔚德的《论悲剧与喜剧》、王钟陵的《中国中古诗歌史》、谈凤梁的《中国古代小说简史》、朱星的《中国文学语言发展史略》等。这一时期，江苏文艺界的有识之士将研究文艺史学作为主要工作，为后来文艺的繁荣打下了坚实的基础。

20世纪90年代是江苏文艺快速发展的时期，江苏省的文艺研究者们开始建立自己的理论研究体系，出现了一批成果著作，如吴调公主编的《文学学》，陈辽和周京宁的《文艺信息学》、赵宪章的《文艺学方法通论》、吴炫的《否定本体论》、王臻中和王长俊的《文学语言》、汪人元的《戏曲音乐论探》等。同时，也出现一些对文学深度研究的成果，如范伯群的《礼拜六的蝴蝶梦——论鸳鸯蝴蝶派》，徐采石、金燕玉的《陆文夫艺术世界》等。另外，文学研究向纵深方向发展，出现了丁柏铨和周晓扬的《新时期小说思潮和小说流变》、赵瑞蕻的《诗歌与浪漫主义》、徐采石的《文学的探求》、费振钟的《江南士风与江苏文学》等重要研究著作。

进入21世纪后，江苏文艺创作呈百花齐放态势，文艺研究也进入了繁荣发展阶段。诗歌研究方面的成果著作有王美春和郭志明的《诗美的永恒——同题古诗佳作比较谈》、赵建军的《第三条道路影像》等；散文研究方面有范培松的《中国散文史(20世纪)》《中国散文批评史(20世纪)》等；小说研究方面有王菊延的《中国当代小说镜像》等；报告文学研究方面有丁晓原的《文化生态视镜中的中国报告文学》等；网络文学研究方面有马季的《读屏时代的写作——网络文学十年史》等；戏剧方面有周特生的《导演的理论与实践》等；文艺理论与批评方面有古风的《意境探微》《当代文艺美学的多维思考》、陈美林的《清凉布褐批评儒林外史》、沙克的《心脏结构与文学艺术》、罗戎平的《收回评论权》、薛家太的《中国通俗文学概论》、徐宗文的《曲士语道》等。

30年间，由于加强了对外交流，江苏的外国文学研究重新恢复，并得到进一步发展。外国文学、理论作品的翻译，丰富了人们的文化视野，构建了新时期的知识谱系，研究范围得到扩大，涉及苏俄、英国、美国、德国、法国、日本、新加坡、马来西亚等国文学，对希伯来文学亦有研究；研究领域也从古典文学延伸到当代文学，从小说延伸到戏剧、文学理论、文学翻译、文学流派等方面；研究方法也不断更新，既有传统的国别文学史、重要作家、重要作品的研究，如文学史方面有陈嘉的《英国文学史》、陈德文的《日本现代文学史》、陈敬咏的《苏联反法西斯战争小说史》、陆人豪的《湮没在历史风尘中的半部俄苏文学史》、张子清的《20世纪美国诗歌史》等，还有运用美学方法和比较方法研究外国文学的著作，如凌继尧的《苏联当代美学》、钱林森的《法国作家与中国》、汪介之的《选择与失落——中俄文学关系的文化观照》、许钧的《文字·文学·文化——〈红与黑〉汉译研究》等。

"集成志书"工作成果显著并锻炼了江苏文艺研究队伍。1983年，文化部开始启动《中国民族民间文艺集成志书》的编纂工作。江苏全省有1 000名专职编纂人员陆续参加集成志书工作，1万多名工作人员参加资料普查、搜集、整理以及文字记述和研究工作。至1996年，编纂完成《中国戏曲志·江苏卷》《中国曲艺志·江苏卷》《中国民族民间舞蹈集成·江苏卷》《中国戏曲音乐集成·江苏卷》《中国曲艺音乐集成·江苏卷》《中国民族民间器乐曲集成·江苏卷》《中国民间歌曲集成·江苏卷》《中国民间故事集成·江苏卷》《中国歌谣集成·江苏卷》《中国谚语集成·江苏卷》等10部文艺集成志书。集成志书工作极大地锻炼了江苏文化工作者的艺术科研能力。

在期刊建设方面,江苏人民出版社于1978年创办大的型文学杂志《钟山》,是改革开放后创刊最早的几家大型文学刊物之一。此后,《钟山》首发的作品先后获得茅盾文学奖、鲁迅文学奖、国家图书奖、小说"百花奖"等近百项文学大奖。作为引领汉语文学创作潮流的重要阵地,《钟山》被誉为中国文学期刊界的"四大名刊"之一。江苏省文化厅于1985年创办艺术理论研究刊物《艺术百家》(曾用名《剧艺百家》),于1992年、1996年、2000年、2004年、2008年连续五次被北京大学、中国国家图书馆等权威学术机构列为全国中文核心期刊。

2001年,为促进文艺研究进一步发展,江苏省文化厅对科研课题申报、立项、执行情况、经费使用及鉴定等实行严格规范化管理。2005年5月,省文化厅成立了"江苏省文化科技和艺术科学规划领导小组",并建立江苏省文化科技和艺术科学规划专家库和专家委员会。江苏省文化科技和艺术科学规划领导小组成立之后,积极展开工作,组织全省文化系统和有关高校开展国家社科基金项目课题申报。2005年,共组织97个项目申报全国艺术科学规划课题,获立项9个。

2007年,经中共江苏省文化厅党组批准,江苏省文化厅设立了省级文化科技和艺术科学研究课题资助项目。项目的设立旨在深入研究江苏省文化事业与文化产业发展过程中遇到的重点、难点问题,强化文化科研的理论支撑和智力支持作用,促进文化建设大繁荣、大发展,不断提高江苏省文化科技工作者的科研与创新能力。江苏省文化科技和艺术科学研究课题面向全省,公平竞争,择优立项。其中,文化科技研究课题属自然科学范畴,艺术科学研究课题属社会科学范畴。每年立项20项左右,对立项课题给予一定的资金资助。江苏省文化科技和艺术科学规划领导小组办公室全面负责江苏省文化科技和艺术科学研究课题的管理工作。2007年,首次开展省级文化科技和艺术科学研究课题申报工作,年度课题主要围绕文化产业、舞台技术等门类进行重要理论和实际问题研究,尤其关注应用型课题研究。

## 第一节　文艺研究

30年间，江苏省十分重视文艺研究的工作，省级层面设有江苏省文化艺术研究院和江苏省文化艺术资料档案馆(2005年两家单位合并)；市级层面，截至2008年，除泰州和宿迁外，全省其余各市都成立了专门机构，承担剧目创作和文艺研究的职能。1978～2008年间，江苏文艺研究成果斐然，研究范围涉及文学、美学、戏曲、美术、曲艺、民间艺术等多种门类，呈现出种类多、范围广、视角新、理论深的学术特点。在文艺研究课题方面，江苏文艺研究学者从国家社科基金项目、江苏省文化科技和艺术科学研究两方面发力，前者放眼全国、后者立足本身，均取得了不俗的成绩。

### 一、文艺研究院(所)

**江苏省文化艺术研究院**　前身为江苏省文化厅戏剧研究所，成立于1984年11月。1985年12月，改名为江苏省文化艺术研究所，后于2005年4月和江苏省文化艺术资料档案馆合并，更名为江苏省文化艺术研究院。1985年，设有戏剧研究室、音乐舞蹈研究室、艺术创作室、资料档案室、录像室、《艺术百家》编辑部和办公室。2005年，调整为艺术理论研究部、文化理论研究部、美术理论研究部、艺术档案征藏部、影视研究部、《艺术百家》编辑部和办公室。1985年，开始参与国家重点科研项目“十大文艺集成志书”江苏卷的编纂工作，至1996年，编纂完成《中国戏曲志·江苏卷》等10部文艺集成志书。主办艺术学术刊物《艺术百家》。主要学术成果包括国家重点艺术科研项目“昆曲学”“江苏文化名人库”。

1984～2008年领导班子成员有：管和琼、王承刚、杭文成、张棣华、苏位东、殷新华、王永敬、王沂、晁岱健、黄金虎、牟克明等。

**江苏省文化艺术资料档案馆**　1985年12月30日，经江苏省委机构编制委员会正式批准成立江苏省文化艺术资料档案馆；1990年1月与省文化艺术研究所分开，单独建馆。其基本职责是：接收省属文化艺术单位永久和长期保管的文化艺术档案资料；征集反映具有江苏省文化艺术水平的各类文化艺术珍品和著名艺术家的档案资料；对征集、接收进馆的文化艺术资料进行科学管理，积极开展利用工作，为全省文化艺术事业服务；接受江苏省文化厅委托，对全省文化系统各单位的文化艺术档案工作进行检查、监督和指导。征集收藏各类传统剧目剧本和新编历史剧、现代戏剧本，收集整理获国家级文化部“文华奖”“中国戏剧梅花奖”以及江苏省精神文明建设“五个一工程”奖的著名艺术家和剧(节)目档案资料，及时跟踪收集历年来全省文化艺术汇演、调演、展演、比赛、艺术节的档案资料；结合江苏省具体情况，制定颁发了《江苏省文化艺术档案工作暂行规定》《关于加强群众文化档案工作的意见》及《江苏省群众文化档案整理办法》等艺术档案业务规范文件。2005年4月，省文化厅决定将江苏省文化艺术资料档案馆与江苏省文化艺术研究所再次合并，组建江苏省文化艺术研究院(保留“江苏省文化艺术资料档案馆”名称)，艺术档案工作作为省文化艺术研究院的一项工作，由艺术档案部承担。

1985～2005年领导班子成员有：徐佩珩、曹声、李洪义、李松叶、程燕华、晁岱健等。

**南京市艺术研究所(南京市文化局艺术创作室)**　南京市文化局艺术创作室于1990年对外增挂南京市艺术研究室牌子。1992年，南京市艺术研究室更名为南京市艺术研究所。2003年，更名为南京市艺术研究所(南京市文化局艺术创作室)。

在艺术研究保护方面，南京市艺术研究所组织编纂《南京曲艺志》《江苏戏曲志·南京卷》《南京通志·文化事业卷》《南京文化志》等；组织专家学者对六本高淳阳腔目连戏剧本(孤本)进行勘误、句读、注释；对收集的一批较为珍贵的江南丝竹和佛乐音乐磁带，进行监听、整理、刻录；组织录像、录音整理南京评话唯一传人孔幼平的评书《乾隆下江南》。

1990～2008年主要领导人有：张兰生、胡亚东、赵家捷、樊小林、焦蕴华、张仲杰、周群等。

**无锡市艺术创作研究所**　其前身是无锡市锡剧研究所，于1984年5月18日成立，为无锡市文化局下属全民事业单位，编制10人，研究所成立后，开展调查研究，编写锡剧史料，编印《锡剧信息》《锡剧研究》等内部资料。1992年10月，无锡市锡剧研究所与无锡市文化局剧目工作室合并,成立无锡市艺术创作研究所,主要从事剧目创作和文艺研究。先后编印《锡剧信息》《锡剧研究》等内部资料,发表论文《京剧美学纲要之二·京剧美文学》《戏曲舞台上的意识活动》等;出版著作《谣言和流言:错位的心态》《释家故事》《道家故事》《人世大关怀——〈孟子〉今读》等。1999年7月,无锡市艺术创作研究所编纂的《江苏戏曲志·无锡卷》由江苏文艺出版社出版。2005年,无锡市艺术创作研究所更名为无锡市文化艺术研究保护所。

1984～2008年主要领导人有:祁云、钱惠荣、汤旭、王志超、吴翼民、邹伟康等。

**徐州市文化艺术研究所(徐州市剧目工作室)** 1987年12月31日,徐州市文化局剧目工作室与徐州市戏曲研究室合并,成立徐州市文化艺术研究所。1990年12月19日,加挂徐州市剧目工作室牌子。主要职能为艺术创作与辅导、艺术研究、艺术书籍的编辑出版、艺术档案资料的征集与保护等。

徐州市文化艺术研究所先后承担全国艺术科学重点科研项目"十大艺术集成志书"中的《江苏戏曲志·梆子戏志》《江苏戏曲志·柳琴戏志》《中国戏曲志·江苏卷》《中国曲艺志·江苏卷》《中国戏曲音乐集成·江苏卷》《中国民族民间器乐曲集成·江苏卷》《中华舞蹈志·江苏分卷》的编写和组稿工作。编辑出版《江苏戏曲志·徐州卷》《徐州戏剧》《徐州曲艺考》《五色土——徐州市剧作家作品选》等。

徐州市文化艺术研究所撰写的多部论文获得国家级和省级奖项。《先锋戏剧"热"后的"冷"思考》获首届"中国戏剧奖·理论评论奖",《徐州地方传统戏曲剧本的编纂和研究》获江苏省"六大人才高峰"第四批高层次人才项目资助,《江苏梆子戏概述》在"全国梆子声腔剧种学术研讨会"上获二等奖,《从柳琴戏谈地方戏的发展》获"江苏省文化理论创新工程"论文三等奖,《戏剧创作中关于"主旋律"问题的几点思考》《小戏〈马孤驴换妻〉改编成功引发的思考》获"第五届中国戏剧文学奖"论文三等奖等。

1987～2008年主要领导人有:滕为、杨德勋、陈忠益、陈晓棠、杨宏新等。

**常州市文化艺术研究所** 常州市文化艺术研究所于1984年3月成立,原名常州市戏曲研究所。1989年7月,更名为常州市文化艺术研究所。全民所有制事业单位,与常州市剧目工作室合署办公,正式编制20名。该所以地方戏曲锡剧和滑稽戏、南派京剧(水路班)为重点,开展戏曲研究,并对常州地区的表演艺术和常州籍作家、导演、表演艺术家进行研究。主要学术研究成果有:1985年和1987年编辑出版《常州戏剧论文选》两辑。1988年,与《中国戏曲志·江苏卷》编辑部共同编辑出版了《剧坛群芳录》;1988年,编辑出版《锡剧赋子集》;1990年,编辑出版了《滑稽戏论集》,并列入《江苏文化艺术丛书》。自1985年起,先后承担全国艺术科学重点科研项目十大文艺集成志书中的《中国戏曲志》《中国曲艺志》《中国戏曲音乐集成》《中国曲艺音乐集成》和《中国民族民间器乐曲集成》有关常州地区的资料征集和编纂工作。

1984～2008年主要领导人有:夏芦庆、蒋柏连、张宇清、陶琴、陈敏嘉、许建荣、张戬炜等。

**苏州市文艺创作中心** 苏州市文艺创作室建立于1978年。2003年,苏州市文艺创作室更名为苏州市文艺创作中心,并增挂苏州市文化广播电视管理局剧目工作室牌子。

在研究工作方面,苏州市文艺创作中心先后发表论文《江南一枝兰:记优秀苏昆演员、梅花奖得主王芳》《多元化是新世纪昆剧艺术实践的重要特征——谈昆剧的继承和发展》《三读王芳》等,出版著作《苏州影剧史话》《我的苏剧生涯》《苏州与中国电影》《姑苏影人》等。

1978～2008年主要领导人有:祁连庆、褚铭、金煦、吕庆余、陈其行、顾晓宇、徐白云等。

**南通市文化局剧目工作室(南通市艺术研究所)** 南通市文化局剧目工作室建立于1978年。1981年1月29日,南通市编制委员会正式核定剧目工作室事业编制4人,宗旨和业务范围为开展艺术创作、艺术研究、艺术学术书刊编辑、艺术咨询服务、艺术创作表演人才培养等。1985年,成立南通市戏曲志编辑部,开展志书编纂工作,为南通市文化局剧目工作室内设机构。编印《南通市戏曲资料选编》六期,为《中国戏曲志·江苏卷》《中国戏曲音乐·江苏卷》《中国曲艺音乐·江苏卷》撰写条目,编纂《江苏戏曲志·南通卷》。1995年,成立南通市艺术研究所,开展艺术课题研究工作,为南通市文化局剧目工作室内设机构。

2002年起，编辑《南通文化年鉴》，编纂《上海文化年鉴》（南通文化部分）、《江苏文化年鉴》（南通文化部分）、《南通年鉴》（文化事业部分）。编辑出版《激情南黄海——南通新剧作选》，南通百优小品集《东风多柳花》，南通十年获奖剧本集《青春放飞》《南通艺术论文集》《南黄海古谣》等，专著《江苏南通汉人的免灾胜会》《潮声集·灵魂与文明的对话》《张玉戏文集》《杨本生剧本选》等，理论文章《重话徽剧端午门》《徽剧端午门誉满京华》《守衡与通变》《强化导演在京剧创造中的地位与作用》《市场经济与戏剧》《四目丛谈》《招魂安魄耿七公会》《戏剧的三个文本》《小剧场话剧创作"三题"》《对当代戏剧的文化追问》《话剧之乡的话剧絮语》《话剧创作：关注当代人精神内省痛苦》《韩国近代戏剧一览》《南通文苑花烂漫》《导演精品意识感悟》《三尖神冠谫释》等。

1978～2008年主要领导人有：顾晓群、张玉、叶庆霖、张汉江等。

**连云港市艺术研究所（非遗保护中心、剧目工作室）** 连云港市剧目工作室原为1976年建立的创作组，负责组织、指导全市戏剧创作和艺术研究。2007年，为适应文化发展需要，增挂艺术研究所牌子，工作中心逐渐转为非物质文化遗产保护研究。

1985年10月16日，连云港市文化局成立戏曲编辑室，先后承接被列为国家艺术学科重点研究项目的《中国戏曲志》《中国曲艺志》《中国戏曲音乐集成》《中国曲艺音乐集成》和《中国民族民间器乐集成》等五个项目中连云港分卷编纂工作，收集整理近千万字文献资料，300多小时录音磁带，一大批珍贵图片和文物。其中70多个条目入编《中国戏曲志·江苏卷》，40万字乐谱入选《中国曲艺音乐集成·江苏卷》。在完成省卷编纂任务前提下，编辑和出版《连云港市戏曲资料汇编》《连云港市戏曲志》《连云港市曲艺志》《连云港市戏曲音乐集成》《海州宫调牌子曲大成》等，计5种逾200万字。1991年5月，《海州宫调牌子曲集成》《连云港市戏曲音乐集成》两部专著由中国戏剧出版社出版。1988年底，承接《连云港市志》"文化篇"编纂任务。1996年，完成《连云港市文化志》27万字编辑出版工作。志书集成办公室撤销后，艺术研究任务由市剧目工作室接替。后在淮安、宿迁两市文化部门配合下，完成《江苏省戏曲志·淮海戏志》的编辑出版。2000年8月，完成《连云港文化大观》编辑出版和专著《海州曲论》。

1978～2008年主要领导人有：周维先、完恩全、朱秋华、仲跻敏、刘守标等。

**淮安市文学艺术院** 淮安市文学艺术院，原为文化艺术研究室，成立于1986年10月11日，隶属于淮安市文化局，与剧目工作室合署办公，一套班子，两块牌子。成立之初，主要从事戏曲志编纂工作，曾收集大批剧种资料、表演团体艺术资料。现在主要研究文艺发展理论，总结和研究本地区剧种、表演艺术，宣传和展示淮安市文化名人名作。

淮安市文学艺术院先后承担《江苏戏曲志·淮海戏志》《江苏戏曲志·淮阴卷》的撰写任务，曾发表《释"弓勺"》《徽义四辨——兼谈古琴"徽位"之缘起》《〈楚辞的文化〉破译对〈九歌〉的研究》《青出于蓝，另放光彩——评宋长荣对荀派艺术的创新与发展》《新世纪戏曲流派如何发展》《试谈麒派艺术的现代价值》《蒲松龄屈原悲剧比较论》《论格调派对音乐性的追求》《〈乐府红珊〉叙考》《淮海戏丑角艺术探微》等多篇学术论文和多篇文章，出版《中国古代音乐考释》《词调构成探微——兼议词作欣赏与填词》等专著。2007年12月，刊印《淮安戏剧年刊》。

1986～2008年主要领导人有：刘新、薛友彬、刘宝林等。

**江苏省淮剧艺术研究会** 江苏省淮剧艺术研究会成立于1983年10月26日，主要承担淮剧艺术研究、艺术创作、艺术教育和联络、辅导等工作。建会以来，组织、参与多项淮剧艺术活动，先后参与编纂多部戏曲志：1992年10月出版的《中国戏曲音乐集成·江苏卷》；1992年12月出版的《中国戏曲志·江苏志》；1996年5月出版的《江苏戏曲志·淮剧志》；1998年8月，出版《江苏戏曲志·盐城卷》。研究会辑录整理多本淮剧类专业书籍：1984年11月，出版《淮剧传统剧目初探》；1985年8月，出版《淮剧现代戏唱腔选》；1989年12月，出版淮剧传统剧目"九莲""十三英""七十二记"《淮剧唱词选编》。另外，还出版淮剧音乐专业论著《淮剧音乐概论》。

江苏省淮剧艺术研究会分别于1986年、1992年、1996年、2002年、2006年，参与策划和组织第一届至第五届江苏省淮剧艺术节；组织召开各类型的学术研讨会，如"淮剧戏曲音乐改革座谈会""表、导演专题学术讨论会”“淮剧老艺人剧中史学研讨会”“编创人员剧目论证会”等；开展多种艺术交流活动，如“江苏省知名淮剧演员会串《杨家将》”活动、淮剧知识大奖赛、戏曲声乐艺术讲座、淮剧新腔大赛等。编辑《艺文集》《淮剧年鉴》（后易名为《淮剧资料》）《淮剧信息》三本专刊。

1983～2008年主要领导人有：张铨、王咸俊、盛美开等。

**盐城市戏剧艺术研究所** 盐城市戏剧艺术研究所成立于1991年，主要承担盐城戏剧的研究、发扬及传播工作，组织多项具有重大影响的艺术活动。1994年5月，在全国率先举办纪念梅兰芳先生诞生100周年活动。1995年6月，与中国艺术研究院戏曲研究所联合出版第51辑《戏曲研究》盐城作者专刊。每年编辑一期戏剧评论专刊《剧论》。2002年7月，盐城市戏剧艺术研究所并入盐城市文化局剧目工作室，保留“盐城市戏剧艺术研究所”名称。

1991～2008年主要领导人有：范玉媛、孙茂廷等。

**扬州文化研究所** 原为扬州文化艺术研究室，成立于1986年，为扬州市文化局所属学术研究机构。2003年，在文化艺术研究室的基础上成立扬州文化研究所。主要任务是承担国家和省、市下达的专项文化艺术研究任务，开展对扬州文化艺术历史、现状、走向的研究、探索。曾先后完成《扬州市区民间剧团的调查报告》《扬州吹打班子的调查报告》，编纂扬州十大文艺集成，编辑出版了《扬州民间故事集》《扬州民间歌谣集》《扬州戏曲志》《扬州曲艺志》等一批专著，搜集、记录、整理了扬州戏剧、曲艺、民歌、民乐等一批艺术资料，并汇编成册。出版《扬州曲艺论文集》《扬州文化谈片》等著作。

2001年，承担江苏省社科规划基金课题重点项目《扬州文化通论》。2008年，承担扬州艺术丛书的编纂工作，分扬剧、木偶、评话、弹词、民歌、绘画6个专题。

1986～2008年主要领导人有：汪复昌、王汉华、韦明铧等。

**镇江市艺术创作研究中心** 1983年3月，镇江地区文化局剧目工作室和镇江市文化局剧目工作室合并，成立镇江市剧目工作室。1990年，设艺术研究室，负责收集编写《中国曲艺志·江苏卷》镇江条目与《江苏戏曲志·镇江卷》后续编纂工作，兼管收集整理艺术档案。先后编纂《江苏戏曲志·镇江卷》与《镇江曲艺志》。1995年，镇江市剧目工作室和艺术研究室整合成立镇江市艺术创作研究中心，主要从事舞台类专业艺术创作、艺术研究，组织创作、策划全市重大艺术活动艺术赛事，辅导、指导群众文化活动等。曾发表《关于扬剧的发展与形成》《从〈红楼复梦〉看清代镇江的戏曲、曲艺活动》等文章。

1983～2008年主要领导人有：谈进、杨雪怀、贺毅武、马家俊、胡江苏等。

**镇江民间文化艺术馆（镇江民间文艺资料库）** 镇江民间文艺资料库于1987年筹建。1991年镇江市机构编制委员会正式批准成立，是全国首家以专门挖掘、收藏、保存和研究民间文艺资料为主的全民事业性单位。至2008年，编纂了省内93个乡（镇）的文艺资料原始资料本，藏有全国20多个省市的民间文艺家专集和民间文学原始资料2 000余册，民间故事、歌谣、谚语等民间文学作品1 600多万字，以及80万份手稿、一定数量的音响录像资料和百余件珍贵的民间艺术品，出版书籍20余本（套），被民间文艺专家们誉为“中国第一库”。2002年7月，镇江市委、市政府批准在镇江民间文艺资料库的基础上，新挂镇江民间文化艺术馆牌子，并新建镇江民间文化艺术馆馆舍，在原搜集、整理的基础上增加了展示功能，新建立的馆舍坐落在长江风光带上一座二层楼的文保建筑内，建筑面积为1 200平方米，一楼为民间工艺综合性展示厅和民间文化资源共享工程网络室和民间文化背投放映室，二楼设有白蛇传民间工艺美术展、镇江民间艺术精品展以及民间文艺资料库等。

1991～2008年主要领导人有：康新民、毛炳江、吴林森、刘振兴等。

## 二、文艺研究成果

**《中国民族民间文艺集成志书·江苏卷》** 《中国民族民间文艺集成志书·江苏卷》系国家重点艺术科研项目，1983年，征集编纂工作开始启动。全省有1 000名专职编纂人员陆续参加集成志书工作，一万多名专家、学者、干部和群众参加该工作的资料普查、搜集、整理以及文字记述和研究工作。

至 1996 年,《中国戏曲志·江苏卷》《中国曲艺志·江苏卷》《中国民族民间舞蹈集成·江苏卷》《中国戏曲音乐集成·江苏卷》《中国曲艺音乐集成·江苏卷》《中国民族民间器乐曲集成·江苏卷》《中国民间歌曲集成·江苏卷》《中国民间故事集成·江苏卷》《中国歌谣集成·江苏卷》《中国谚语集成·江苏卷》等 10 部文艺集成志书均编纂完成。

**吴国青铜器综合研究** 完成单位为江苏省镇江博物馆、中国科学院自然科学史研究所,主要研究人员有肖梦龙、华觉明、苏荣誉、毛颖、贾莹、林留根,该研究获国家文物局 1998 年度科技进步二等奖。该课题首次以多学科协作方式,将人文科学和自然科学的研究有机地结合起来,对区域性文化作综合研究。通过多种科学手段分析测试,揭示了吴国青铜器合金成分、工艺制作和金属组织的特征,特别是采取综合性研究的方法,对吴越青铜剑作了多方面的深入剖析,对该时期所达到的科学技术水平作了有说服力的论证,对青铜器件中纯铜晶粒的赋存形态和形成机理也作了详细和有深度的探讨,具有较高的学术价值,是迄今为止国内外对吴国青铜器所作最翔实、系统的综合性研究。

**苏州市昆曲遗产保护、继承、弘扬工程** 完成单位为苏州市文化广播电视管理局,主要研究人员为高福民、成从武。该研究 2003 年获得文化部首届创新奖特等奖。该项目以人为本,重在建设,创造环境,积极为昆曲遗产保护搭建科学的平台,构筑了昆曲遗产保护"文化生态区"和全国昆曲遗产保护的重要基地。该项目以科学的理论为指导,为全国昆曲遗产的保护工作开创了一条新路。联合国教科文组织官员高度评价苏州市的昆曲保护工作,称其"为全国做出了表率,是对世界非物质遗产保护的贡献"。

**《清凉文集》** 论文自选集,陈美林著,南京师范大学出版社 1999 年 11 月出版。该书以古代小说、戏曲论文为主,兼涉诗文、批评史、文化史、文学史等方面的论文,全书共计 80 万字。

**《中国散文批评史(20 世纪)》** 文学史专著,范培松著,江苏教育出版社 2000 年 4 月出版。该书全面梳理了中国近百年散文理论批评,以"三足鼎立——政治同化——多元蜕变"成为它的独特体系。

**《20 世纪俄罗斯文学批评史》** 文学研究著作,张杰、汪介之著,译林出版社 2000 年 12 月出版。该书是对 20 世纪俄罗斯文学批评史进行整体研究的填补空白之作,第一次为汉语读者描画了 20 世纪俄罗斯文学批评发展的全景图,论及世纪初的白银时代、十月革命后的国内板块和国外板块、以及苏联解体后的文学理论与批评成果,包括以往因受意识形态影响而鲜为人知的诸多理论家、批评家的著述。

**《中国当代小说镜像》** 理论专著,作者王菊延,人民日报出版社 2000 年 12 月出版。该书设八个专章,在对新时期小说的历史渊源、人文背景、思潮起落、演进态势等进行宏观概括后,又对近 20 位活跃于当代文坛的小说家进行个案解析,论题涉及起步态势、创作心理、审美追求、艺术个性、文体实验、风格特征及文本价值等。

**《诗美的永恒——同题古诗佳作比较谈》** 诗歌评论专著,王美春、郭志明著,陕西人民出版社 2001 年 10 月出版。此书精选 100 多首中国古典诗歌佳作,按山水、纪行、乡村、咏物、爱国、情志、讽怨、咏史、节令、少儿、雅趣等 11 个门类编排,并就同题(同题目或同题材)之作加以比较。

**《意境探微》** 文学理论专著,古风著,百花洲文艺出版社 2001 年 12 月出版。该书在较为广阔的学术视野中主要论述了三个问题:重新解说古代美学史上的重要"意境"观点,把握和整合历史语境中的意境理论;对"意境"的内涵和本质等难点问题,进行多层次的阐释和探讨,提出了若干新观点;回顾总结 20 世纪的"意境"研究成果,并对于 21 世纪的"意境"研究发展趋势作了前瞻性的探讨。

**《悠远的回响:俄罗斯作家与中国文化》** 文学研究著作,汪介之、陈建华著,宁夏人民出版社 2002 年 8 月出版。该书从中国——俄罗斯文化双向交流和互动的角度,以丰富的第一手资料为依托,考察了俄罗斯古典作家与现代作家笔下的中国形象及俄罗斯文学汉译中的文化现象,梳理了中国批评界关于俄罗斯作家的评介史,探讨了俄罗斯作家对中国文化的理解和接受,描述了中俄文化交流史上的大量动人景观。

**《清凉布褐批评儒林外史》** 文学批评专著,陈美林著,新世界出版社 2002 年出版。著者先有《新批儒林外史》之作,1989 年江苏古籍出版社出版,曾获全国古籍整理优秀成果奖;后经修整增补重版,得到海内外学界好评,被认为是中华人民共和国成立后第一部借用传统批评形式,以新的美学观点整理古代小说的著作。

**《收回评论权》** 文学评论集,罗戎平著,作家出版社2004年6月出版。该书涉及镇江地区新时期重要作家的主要作品,以及对全国一些著名作家的作品评论,不乏对中国文坛、特别是文学评论界的深刻思考。

**《中国通俗文学概论》** 文学理论专著,薛家太著。中国文史出版社2003年版。该著作为《中国通俗文学史纲》的姐妹篇,对通俗文学的内涵和界说、俗文学和雅文学的关系等提出了许多颇有见解的新观点。

**《王国维传》** 学术传记,陈鸿祥著,人民出版社2004年11月出版。著者研究王国维多年,有多本专著出版,该书以崭新的人文视野,凝重的历史笔触,从新旧世纪之交的广阔背景上,再现了王国维一生经历的时代风云、事变沧桑,记述他如何成就了融会中西、学贯古今的一代大师,展示了他对近代中国文化学术多方面建树及世界性贡献。

**《三馀论草》** 论文集,徐宗文著,江苏人民出版社2004年11月出版。此书共收入30篇古代文学论文,累计26万字,主要对中国古代尤其是两汉辞赋文学进行了比较系统的研究。

**《当代文艺美学的多维思考》** 美学论文集,古风著,中国文联出版社2004年12月出版。该书收入40多篇论文,作者关注当代文艺美学问题,与钱学森、陆一帆、刘再复、邓福星等专家学者进行学术商榷,对于艺术起源、人性、灵感本质和灵感思维等问题发表了新的看法;重新审视解放区文艺现象,并作了全面新锐的评价;对于文艺分类、艺术本质、人道主义等基本问题进行了新的探讨,提出了"性玩偶现象"等原创性观点;探讨了医学美学、比较美学和文论关键词等前沿性问题。

**《回望与沉思:俄苏文论在20世纪中国文坛》** 文学研究著作,汪介之著,北京大学出版社2005年6月出版。该书从"影响研究"的视角,以20世纪中国文学及其理论批评形态的发展演变为内在线索,梳理自"五四"前后至90年代中国文学和俄苏文学理论与批评的关系,考察俄苏文学理论与批评在中国的译介、传播、接受、影响与转换,辨析中俄(苏)文学理论与批评的异同,并探讨形成上述各种关系的历史文化原因,从一个侧面认识20世纪中国文学及其理论批评的基本格局形成的外部条件,总结历史的经验教训,探索建设有中国特色的、科学的文学理论与批评体系的道路。

**《苏州文学通史》(四卷本)** 文学史专著,范培松、金学智主编主撰,江苏教育出版社2005年出版。该著作首次概括和梳理了自先秦至当代的苏州文学成就,为作家、作品双线交叉的大文学史(包括边缘文学)类型,多家报刊载有评介文章,获江苏省精神文明建设"五个一工程"奖。

**《郑燮评传》** 文学批评专著,王同书著,南京大学出版社2002年5月出版。此书几经再版,被研究者认为是研究评论郑板桥的最完备、最深入的专著。

**《读屏时代的写作——网络文学十年史》** 理论集,马季著,中国工人出版社2008年1月出版。该书是首部全方位介绍中外网络文学发展历程,结合网络作品、作家及文学现象分析研究网络文学的理论专著,史论兼顾,填补了网络文学研究空白。著者对网络文学创作的主体性问题提出了自己的观点,对网络文学存在的缺陷以及与传统文学的差异性等进行了总体阐述。

**《中国散文史(20世纪)》** 文学史专著,范培松著,江苏教育出版社于2008年4月出版。该书以"异军突起"——"裂变分化"——"消融聚合"——"和而不同"的体系梳理了中国百年散文史。

**《曲士语道》** 评论集,徐宗文著,江苏教育出版社2008年10月出版。此书分内篇、外篇、杂篇三部分,共收入书评45篇,累计30万字,主要对各类学者、作家的重要著作进行学术性评论。

**《文化生态视镜中的中国报告文学》** 学术专著,丁晓原著,复旦大学出版社2008年12月出版。著者的《百年文化生态演化与中国报告文学流变》是我国第一部以报告文学作为研究选题的博士论文,后根据博士论文扩充成该书,获首届全国报告文学理论奖。

**《第三条道路影像》** 诗评集,愚木(赵建军)著,大众文艺出版社2008年出版。该书收录著者对21位"第三条道路"代表诗人的评介、解析文章,视野开阔,文字活泼,图文并茂。

**《心脏结构与文学艺术》** 文艺理论评论集,沙克著,中国文联出版社2008年12月出版。该书是对著者的文化母题“生命、自由、艺术（美）和爱”的追寻与探求，具有广泛而深刻的文化关联性，用艺术的美感和理性的观照，来反映文学和艺术的内核，把具体的文本之美和结构价值解析出来。

**附：其他理论成果著作**

马鸿增：《王齐翰》，上海人民美术出版社，1982年；

韦明铧：《扬州曲艺史话》，中国曲艺出版社，1985年；

蔡敦勇：《〈金瓶梅词话〉剧曲品探》，江苏文艺出版社，1989年；

韩斌生：《瞿秋白与中国现代文化》，江苏人民出版社，1989年；

徐凌云、胡金兆记录整理：《活红娘——宋长荣自述》，江苏文艺出版社，1989年；

李克因：《向暖一枝开——记沈小梅的艺术生活》，江苏文艺出版社，1990年；

石增祥：《扬剧名旦高秀英》，江苏文艺出版社，1990年；

马鸿增：《钱松喦研究》，江苏美术出版社，1990年；

王永敬：《剧论》，江苏文艺出版社，1990年；

梁　冰：《理论，应该是绿色的》，江苏文艺出版社，1991年；

杨　澈：《戏曲演员技巧》，江苏文艺出版社，1991年；

丁修询：《笛情梦边——记张继青的艺术生活》，江苏文艺出版社，1991年；

吴绳武：《梅苑一薇——陈正薇的艺术与人生》，江苏文艺出版社，1992年；

汪人元：《戏曲音乐论探》，中国戏剧出版社，1992年；

吴白匋：《无隐室剧论选》，江苏文艺出版社，1992年；

周特生：《我与话剧》，江苏文艺出版社，1992年；

张棣华：《话本艺术初论》，江苏文艺出版社，1992年；

孟毓华：《古典诗词曲赋类选》，江苏文艺出版社，1992年，

张　良：《表演艺术漫谈》，江苏文艺出版社，1992年；

邓小秋：《幕边乱弹录——戏剧随笔集》，江苏文艺出版社，1993年；

雪　立：《志愿军中的文艺兵——中国人民志愿军总部文工团团长手记》，江苏文艺出版社，1993年；

蒋柏连：《兰陵剧评》，中国戏剧出版社，1993年；

薛　明：《苦辣酸甜——姚澄的艺术生涯》，江苏文艺出版社，1993年；

大　计：《天赋·机遇·勤奋——张辉的艺术道路》，江苏文艺出版社，1993年；

孔凡中：《扬剧生涯五十年——记华素琴的艺术生活》，江苏文艺出版社，1993年；

强凡君：《花发江南别样红——记钱吟梅的艺术生活》，江苏文艺出版社，1994年；

王　鸿：《文苑春秋》，中国戏剧出版社，1994年；

于质彬：《南北皮黄戏史述》，黄山书社，1994年；

金学智：《中国书法美学》，江苏文艺出版社，1994年；

夏芦庆主编，蒋柏连、史曼倩副主编：《毗陵曲坛掇录》，中国戏剧出版社，1995年；

何荣穆：《启航杭嘉湖——记杨小卿艺术生涯六十年》，江苏文艺出版社，1995年；

孟文井、叶传卿：《离合悲欢七十秋——沈佩华的艺术生涯》，江苏文艺出版社，1995年；

邓小秋：《淮剧一峰——记刘少峰的艺术生活》，江苏文艺出版社，1996年；

孟文井、叶传卿、薛明：《挺秀幽芳一枝兰——王兰英的艺术生涯》，江苏文艺出版社，1996年；

曹　琳：《江苏省南通市闸东乡公园村汉人的免灾胜会》，财团法人施合郑民俗文化基金会，1996年；

马鸿增：《马鸿增美术论文集》，江苏美术出版社，1996年；

吴　敢：《曲海说山录》，文化艺术出版社，1996年；

汪人元：《京剧“样板戏”音乐论纲》，人民音乐出版社，1999年；

韦明铧：《维扬优伶》，福建人民出版社，

1999年；

吴　敢：《中国小说戏曲论学集》，文史哲出版社，2000年；

韩斌生：《大哉洪深》，中央文献出版社，2000年；

周特生：《导演的理论与实践》，中国戏剧出版社，2000年；

冯建民：《艺术论录》，江苏古籍出版社，2001年；

马鸿增：《北方山水画派》，吉林美术出版社，2002年；

韩斌生、费文明：《电视编导基础》，江苏美术出版社，2008年；

马鸿增：《新金陵画派五十年》，江苏美术出版社，2008年。

余略。

**表9-1　江苏省文化厅、文联、作协系统国家社科基金项目（文化艺术类）历年立项情况**

| 立项年度 | 课题名称 | 负责人 | 工作单位 | 成果形式 | 课题属性 |
|---|---|---|---|---|---|
| 1992 | 九宫大成南北词宫谱译注 | 王正来 | 江苏省戏剧学校 | 专著 | 国家年度课题 |
| 1997 | 中国绘画学科建设之研究 | 董欣宾 | 江苏省国画院 | 专著 | 国家年度课题 |
| 1998 | 昆剧志 | 王永敬 | 江苏省文化艺术研究所 | 专著 | 文化部重点课题 |
| 1998 | 中外公共图书馆标准研究及制定我国公共图书馆标准的设想 | 王林西 | 南京图书馆 | 研究报告 | 文化部重点课题 |
| 1998 | 中国农村图书馆事业发展战略研究 | 王学熙 | 南京图书馆 | 研究报告 | 文化部自筹经费课题 |
| 1999 | 滑稽戏通论 | 夏芦庆 | 江苏省常州市文化艺术研究所 | 专著 | 国家年度课题 |
| 1999 | 二十一世纪中国公共图书馆发展战略对策及评估体系的研究 | 宫爱东 | 南京图书馆 | 专著 | 文化部重点课题 |
| 2001 | 中国古代吉祥图艺术研究 | 徐艺乙 | 南京博物院 | 专著 | 文化部年度课题 |
| 2001 | 群众艺术综论 | 崔世莹 | 江苏省海安县文化馆 | 专著 | 文化部自筹经费课题 |
| 2003 | 苏南十番音乐研究 | 谢建平 | 江苏省文化艺术研究所 | 专著 | 文化部自筹经费课题 |
| 2003 | 从苏州文化迈向文化苏州 | 高福民 | 江苏省苏州市文化局 | 论文、研究报告 | 文化部自筹经费课题 |
| 2007 | 我国文化艺术产业、文化艺术市场与文化经济政策研究 | 张晓雁 | 江苏省文化厅 | 论文、研究报告 | 文化部课题 |
| 2007 | 以苏州为样本的中国文化城市建构与应用研究 | 高福民 | 苏州市文化广播电视管理局 | 专著、研究报告 | 文化部课题 |

**表9-2　江苏省文化科技和艺术科学研究课题立项情况表**

| 立项年度 | 项目编号 | 项目名称 | 项目属性 | 负责人 | 项目单位 |
|---|---|---|---|---|---|
| 2007 | 07ZD01 | 将中国非物质文化遗产提炼整合为文化建设资源的研究 | 重点课题 | 康　尔 | 南京大学 |
| 2007 | 07ZD02 | 中韩流行文化调查及对策报告 | 重点课题 | 章剑华 | 江苏省文化厅 |
| 2007 | 07ZD03 | 舞台声场处理及音频制作方法的研究 | 重点课题 | 倪其育 | 扬州大学 |
| 2007 | 07ZD04 | 关于苏北运河文化产业带建设的研究 | 重点课题 | 刘怀玉 | 扬州大学 |
| 2007 | 07YB01 | 江苏省文化产业竞争优势及发展战略研究 | 一般课题 | 昝胜锋 | 南京大学 |
| 2007 | 07YB02 | 传承与创新：民族音乐学视野中的昆曲音乐 | 一般课题 | 吴　磊 | 苏州大学 |
| 2007 | 07YB03 | 设计价值论 | 一般课题 | 李立新 | 南京艺术学院 |
| 2007 | 07YB04 | 中国设计艺术精神与中国元素研究 | 一般课题 | 倪建林 | 南京师范大学 |
| 2007 | 07YB05 | 文献信息资源组织工具的管理维护及在网络环境下的发展 | 一般课题 | 全　勤 | 南京图书馆 |
| 2007 | 07YB06 | 演艺市场的营销变革 | 一般课题 | 杨润森 | 江苏新天地演艺中心 |
| 2007 | 07YB07 | 戏曲电视剧与当代戏曲传播 | 一般课题 | 周　飞 | 江苏省文化艺术研究院 |

续表

| 立项年度 | 项目编号 | 项目名称 | 项目属性 | 负责人 | 项目单位 |
|---|---|---|---|---|---|
| 2007 | 07YB08 | 苏鲁豫皖四省交界地区民间音乐研究 | 一般课题 | 欧兰香 | 徐州师范大学 |
| 2007 | 07YB09 | 江苏科技文化研究 | 一般课题 | 沈义贞 | 南京艺术学院 |
| 2007 | 07YB10 | 江苏特产名茶文化资源的开发利用研究 | 一般课题 | 朱世桂 | 南京农业大学 |
| 2007 | 07YB11 | 江苏文化产业公共服务平台及其科技成果转化路径的研究 | 一般课题 | 顾　海 | 南京大学 |
| 2007 | 07YB12 | 苏南水乡妇女服饰的装饰工艺研究与开发 | 一般课题 | 张竞琼 | 江南大学 |
| 2007 | 07YB13 | 吴文化产品的产业化研究 | 一般课题 | 宋桂友 | 苏州市职业大学 |
| 2007 | 07YB14 | 改革开放以来江苏省农村公共文化生活变迁及对新农村文化建设的启示 | 一般课题 | 李　燕 | 南京农业大学 |
| 2007 | 07YB15 | 江苏省摄影文化产业现状及发展趋势研究 | 一般课题 | 唐团结 | 南京师范大学 |
| 2007 | 07YB16 | 现代设计理念对宜兴紫砂壶设计发展的影响研究 | 一般课题 | 卢景同 | 江苏技术师范学院 |
| 2007 | 07ZC01 | 基于风格与特征的产品形象识别设计方法研究 | 自筹课题 | 周海海 | 南京航空航天大学 |
| 2007 | 07ZC02 | 传统织锦技术的创新与艺术品开发研究 | 自筹课题 | 王　晨 | 苏州丝绸博物馆 |
| 2008 | 08ZD01 | 江苏文化产业集群发展研究 | 重点课题 | 顾　江 | 南京大学 |
| 2008 | 08ZD02 | 生态图书馆的场所精神与实践范式研究 | 重点课题 | 许建业 | 南京图书馆 |
| 2008 | 08ZD03 | 江苏经济欠发达地区乡镇文化站运行现状调查分析及运行机制探索 | 重点课题 | 邹农俭 | 南京师范大学 |
| 2008 | 08YB01 | 江苏电视剧发展战略研究 | 一般课题 | 周安华 | 南京大学 |
| 2008 | 08YB02 | 关于建立江苏数字书法博物馆的可行性研究 | 一般课题 | 章剑华 | 南京艺术学院 |
| 2008 | 08YB03 | 网吧与青少年健康成长环境研究 | 一般课题 | 晁岱健 | 江苏省文化艺术研究院 |
| 2008 | 08YB04 | 江苏文化与休闲产业发展研究 | 一般课题 | 谭　军 | 江苏省委党校 |
| 2008 | 08YB05 | 江苏民国文献调查及其数字化整理方案与整理技术研究 | 一般课题 | 王雅戈 | 常熟理工学院 |
| 2008 | 08YB06 | 网络学习与少年儿童的成长研究 | 一般课题 | 沈　洪 | 南京市玄武区少年儿童图书馆 |
| 2008 | 08YB07 | 中国当代“民工歌曲”的理论与现状调查研究 | 一般课题 | 施　咏 | 南京艺术学院 |
| 2008 | 08YB08 | 江苏省非物质文化遗产的文化生态环境保护研究 | 一般课题 | 白　莉 | 南京师范大学 |
| 2008 | 08YB09 | 苏北欠发达地区文化产业多元化发展模式及政策建议 | 一般课题 | 何　峻 | 中共盐城市委党校 |
| 2008 | 08YB10 | 历史资源与文化常熟：提升城市文化软实力发展的区域性研究 | 一般课题 | 沈　潜 | 常熟理工学院 |
| 2008 | 08YB11 | 江苏文化产业走出去战略研究 | 一般课题 | 李　敏 | 南京航空航天大学 |
| 2008 | 08YB12 | 江苏特色旅游网站的打造模式与策略研究 | 一般课题 | 周春林 | 南京师范大学 |
| 2008 | 08YB13 | 新农村文化建设中的非物质文化遗产传承教育研究 | 一般课题 | 种海燕 | 徐州师范大学 |
| 2008 | 08YB14 | 《江苏艺术界》特色网络平台策略研究 | 一般课题 | 仲惠圣 | 南京艺术学院 |
| 2008 | 08YB15 | 原始思维与原生态艺术哲学 | 一般课题 | 骆冬青 | 南京师范大学 |
| 2008 | 08YB16 | 苏南地方音乐文化资源的挖掘抢救整合与编创 | 一般课题 | 苏春敏 | 苏州科技学院 |
| 2008 | 08YB17 | 美国战争片的意识形态与审美范畴 | 一般课题 | 吴艾玲 | 东南大学 |
| 2008 | 08YB18 | 江苏民间舞蹈的继承与发展研究——以海安花鼓为例 | 一般课题 | 唐圣菊 | 南京农业大学 |
| 2008 | 08YB19 | 吴地古琴的传承变迁：社会学视野中的非物质文化遗产 | 一般课题 | 王　咏 | 南京大学 |
| 2008 | 08YB20 | “新苏派”电视剧的品牌崛起研究 | 一般课题 | 路　璐 | 南京农业大学 |
| 2008 | 08YB21 | 江苏舞台精品生产与创作机制研究 | 一般课题 | 杜小甦 | 江苏省演艺集团 |
| 2008 | 08YB22 | 张家港市村（社区）公共文化服务体系创新工程研究 | 一般课题 | 郑国祥 | 苏州文广新局 |
| 2008 | 08YB23 | 江苏传统体育文化遗产保护与传承的研究——以沛县武术为个案 | 一般课题 | 李　平 | 徐州工程学院 |

## 第二节　文艺期刊

文艺的繁荣必然会带来期刊出版的兴盛，以《艺术百家》《剧影月报》为代表的艺术期刊不仅成为江苏省艺术研究的高地，也成为全国艺术研究的重要刊物。江苏的文学类期刊在全国更是占据重要地位，与江苏文学大省的身份相匹配，不仅有《雨花》《钟山》《扬子江诗刊》等在全国都有着重要影响力的刊物，还有《青春》《苏州杂志》《太湖》等众多风格多样、立足地方特色的文学期刊。文艺期刊的兴盛得益于江苏文艺研究的浓厚氛围，反过来，文艺期刊也为江苏文艺提供了优良的平台，助推江苏文艺研究迈向了更高的台阶。

### 一、艺术期刊

**《艺术百家》**　曾用名《剧艺百家》(1985～1986)是江苏省文化厅主管、江苏省文化艺术研究院主办的国家级综合艺术类理论性中文核心学术期刊。期刊自身拥有辉煌的发展历程，屡次被新闻出版管理机构评定为江苏省一级期刊、江苏省期刊方阵优秀期刊。《艺术百家》创刊于1985年3月1日，根据中共江苏省委宣传部苏宣复〔1985〕19号文件，确定《艺术百家》创刊并国内外公开发行，期刊办刊宗旨为立足江苏省，面向海内外，大力弘扬民族文化，提倡自由平等交流基础上的文化融合，着重刊发有价值、对实践拥有实际指导意义和突出、深厚的思想性的艺术学科综合性学术研究成果，全力服务江苏文化强省建设。杂志栏目内容设置涵盖一级学科艺术学下属的二级学科艺术学、音乐学、美术学、设计艺术学、戏剧戏曲学、电影学、广播电视艺术学、舞蹈学等8个学科研究方向，兼顾哲学、美学、建筑学、考古学与博物馆学、经济学、管理学等学术领域中与文化有关之部分。《艺术百家》杂志于1992年、1996年、2000年、2004年、2008年连续五次被北京大学、中国国家图书馆等权威学术机构列为全国中文核心期刊(根据北京大学出版社《中文核心期刊要目总览》2004年版)，曾被中文社会科学引文索引(CSSCI)来源期刊收录，并被中国期刊网、万方数据库、中国人文社会科学引文数据库、中文科技期刊数据库、龙源期刊网等数据平台全文收录，于2004年首批入选中国学术期刊CAJ-CD规范执行优秀期刊行列。

**《剧影月报》**　原名《江苏戏曲》，创刊于1959年4月。“文化大革命”期间停刊，1979年复刊，1980年第11期起更名为《江苏戏剧》。1985年第7期起又更名为《剧影月报》。《剧影月报》系江苏省文化厅主管的综合性艺术类期刊。发表戏剧影视类论文、评论及作品等，连续多次被评为江苏省一级期刊、全国艺术类核心期刊和全国田汉戏剧奖优秀期刊，为《中文核心期刊要目总览》2008年版收录期刊、《中文期刊全文数据库》(CJFD)收录期刊、“万方数据数字化期刊群”收录期刊。

**《江南音乐》(《歌迷大世界》)**　创刊于1980年，杂志社为差额拨款事业单位，20世纪90年代初，严肃音乐滑坡，发行锐减，杂志社难以为继，经江苏省文学艺术界联合会党组同意，于1993年改名《歌迷大世界》，并将其推向市场，邮局发行、自办发行双轨并行。初为月刊，后为半月刊，为适应市场需求，有相当长的时间为旬刊。2006年，推出《歌迷大世界》江南音乐专刊。曾经获得由中宣部、新闻出版总署倡议，由中国期刊协会评选为向百家全国精神文明先进单位指定赠送期刊的荣誉。

**《剧影文摘报》**　江苏省文化厅主办，1985年2月11日创刊，4开4版，为旬报，邮局发行。《影剧文摘报》是影、视、剧资料性报纸，在20世纪80～90年代的很长一段时间内，是全国唯一的一份影剧文摘报纸。办报方向为博采众家报刊之新，向广大读者介绍影剧信息和学术研究动态，提供可供阅读和欣赏的中外影剧故事和具有保存价值的历史资料，读者对象为文艺爱好者和文艺工作者。该报曾与江苏电视台、天津电视台、上海电影制片厂合拍《龙年》《女儿谷》《石山情》《死亡行动》等电视剧，参与策划、拍摄百集纪实艺术片《江苏名镇》。

**《乡土》**　1980年11月20日试刊，月刊，4开4版，江苏省民间文学工作者协会主办，镇江分会编印，发行量最初为两万份。1981年1月至6月改为《江苏民间文学》副刊，至5/6期合刊后停刊。1982年2月复刊出第7期，1984年起改为半月报，14期以后转至南京续办，由江苏省民间文学工作者协会主办编印。该报为民俗民间文学小报，以发表民俗介绍、民俗故事、民间传说、歌谣为主。20世纪90年代后《乡土》由报纸变成期刊，由4开4版变为16开64页。后由江苏省文学艺术界联合会主办。

## 二、文学期刊

**《雨花》** 1957年创刊，16开本，中国作家协会江苏分会主办。1957年1月至1958年7月为月刊，1958年8月至1960年7月为半月刊，1960年8月至1964年9月为月刊，此后休刊；1975年1月复刊时更名《江苏文艺》，1978年10月恢复原刊名。该刊旨在向全国介绍江苏省文学创作的实绩，推崇深沉凝重的现实主义作品，同时也注意到各种文学流派和风格。

**《钟山》** 1978年3月创刊，大32开本，由江苏人民出版社出版主办，为文艺丛刊。1980年6月改为大型文学丛刊，当年共出4期，后又改双月刊，16开本。1984年2月划归中国作家协会江苏分会主办。该刊以发表中篇小说为主，注重作品的艺术性和探索性，追求题材、表现手法的多样化。

**《扬子江》** 纯文学刊物，泰州市文学艺术界联合会主办，该刊物创刊于1998年，为大16开，季刊。杂志秉承扶持新人、关注本土、直面生活的宗旨，为泰州作者提供了展示平台，促进了泰州文学的发展。

**《扬子江诗刊》** 1999年创刊，由江苏省作家协会主办，是以上海为龙头的长江三角洲地区（江浙沪）唯一的诗歌杂志。办刊理念为“精品走向大众”，创刊以来，兼容并蓄，团结了大批海内外老中青诗人，同时一直注重提携和培养诗坛新秀。

**《扬子江评论》** 2006年创刊，由江苏省作家协会主办，是展示当代作家作品研究成果的一个窗口。长期设立“海外华文文学研究”“戏剧影视研究”“文史钩沉”等栏目，倡导打通历史与当下、两岸三地及海外、文学与文化的“大视野”。

**《青春》** 1978年2月创刊，16开本，南京市文学艺术界联合会主办。创刊之初名《南京文艺》，双月刊；1979年1月改为月刊，10月改名《青春》；1980年8月起标出副题“青年文学月刊”。以刊载青年题材作品为主，注意发现和培养文学新人，力求深刻地、多侧面地反映当代青年的精神风貌。1983年7月，该刊曾创办《青春》青年文学丛刊，16开本，以发表中青年作者的中篇小说为主，先后出版30期，20世纪80年代后期停办。

**《翠苑》** 双月刊，1980年创刊，16开本，全国公开发行，常州市文学艺术界联合会主办，是主要刊载中短篇小说、诗歌、散文等各类文学作品的期刊。

**《江南诗词》** 季刊，1984年10月创刊，16开本，江南诗词学会主办。该刊是研究中国古典诗词继承、发展和创新问题的专业性文艺刊物。

**《大风》** 前身为文学季刊《淮海》，1985年公开发行，16开本，双月刊，徐州市文学艺术界联合会主办。1989年停刊。2009年8月复刊。

**《崛起》** 双月刊，1985年创刊，16开本，淮阴市文学艺术界联合会主办。该刊立足地方，面向全国，倡导以洪泽湖为本体的大湖文学的创作。2001年更名为《短小说》，并改为文学月刊。

**《金山》** 季刊，1986年创刊，16开本，镇江市文学艺术界联合会主办；1991年始出双月刊，但刊期不正常；1997年与《镇江日报》联办，刊期逐趋稳定。该刊宗旨为：坚持“二为”方向，贯彻“双百”方针，结合时代要求，发表有地方特色的文学艺术作品。

**《古典文学知识》** 双月刊，1986年创刊，大32开本，江苏古籍出版社出版。该刊是普及古典文学知识的通俗性读物，提供学习和研究中国古典文学的信息和资料。

**《扬州文学》** 双月刊，1987年1月创刊，16开本，扬州市文学艺术界联合会主办。前身是《春水》文学报，该刊正式创刊前曾试刊两年。该刊办刊宗旨是：时代精神，地方风采，文化意蕴，雅俗共赏。

**《东方纪事》** 月刊，1987年创刊，16开本，江苏文艺出版社出版。1989年停刊。该刊是以发表纪实文学作品为主的文学刊物。

**《苏州杂志》** 月刊，1988年12月创刊，16开本，苏州市文学艺术界联合会主办。其前身是1985年7月创办的月报《苏州文艺报》。该刊以弘扬苏州优秀文化为宗旨，以苏州地区和关心苏州的读者为对象，以发表具有苏州地方特色的文学作品为主，重点介绍苏州的优秀文化传统，反映苏州改革开放及现代化建设的成就。

**《湖海》** 双月刊，1985年2月创刊，16开本，盐城市文学艺术界联合会主办。该刊主要发表小说、诗歌、散文、杂文等文学作品，以发现、培养、推出文学新人为基本宗旨。1987年停刊。1995年10月，盐城市文学艺术界联合会又创办了文学双月刊《海霞》，1997年6月停刊。2009年12月复刊。

**《楚苑》** 双月刊，1998年4月创刊，16开本，宿迁市文学艺术界联合会主办。该刊办刊重点是培养宿迁文艺人才，催生文艺精品，繁荣宿迁的文艺事业。

**《连云港文学》** 前身是创刊于1971年底的《群众文艺》，32开本，不定期出刊，由连云港市创作组主办；“文化大革命”结束后改名《连云港文艺》，大32开本，后由连云港市文学艺术界联合会主办；1984年改名为《连云港文学》，16开本，双月刊。办刊宗旨是：立足连云港，面向全国，坚持“二为”方向、“双百”方针，提倡贴近生活，具有地方特色，以培养地方作家为己任。

**《三角洲》** 前身是1972年1月创刊的内部交流刊物《创作交流》，16开本，由南通市文化局创作办公室主办；1979年第1期改名《紫琅》，3月划归市文联主办；1984年第1期改名为《三角洲》，24开本；1987年全国发行，恢复16开本，双月刊。办刊宗旨为：坚持“二为”方向、“双百”方针，提倡时代精神、地方特色，主张面向青年、风格多样，融思想性、艺术性、可读性于一炉，汇娱乐、教育、审美于一体。

**《太湖》** 1973年1月创刊，原系无锡市文艺创作组内部交流刊物，16开本，双月刊；1975年第3期更名为《太湖文艺》；1980年改由无锡市文联主办，恢复原刊名《太湖》；1985年1月起向全国发行；1988年第1期起《沙龙》并入《太湖》，改出月刊。该刊除发表严肃文学作品外，还辟有《江南名人》《七彩长廊》《热点访谈》《畅销书缩微》等特色栏目，并邀请知名作家不定期举办专栏。逢双月出版。

# 第十一章　对外及对港澳台文化交流

1978年中共十一届三中全会后，江苏省对外及对港澳台文化交流工作在改革开放政策引领下确立了"服务国家外交大局和祖国统一大业，发挥全省优势、突出地域特色、坚持官民并举、拓展文化贸易"的基本思路和总体格局，积极开展与世界各国及港澳台地区的文化交流与合作。随着改革开放的不断深入，江苏丰厚多样的文化资源助生了越来越多的对外及对港澳台文化交流优势品牌，江苏艺术家与世界各国及港澳台地区交流的活力不断增强，广度和深度逐渐拓展，影响力显著提高。许多著名艺术家经常应邀赴美国、英国、法国、德国、日本、韩国、新加坡等国以及港澳台地区进行访问演出、办展、讲学，文化交流不仅有量的增加，也有质的提升，影响和成就日益扩大。

进入新世纪后，江苏对外及对港澳台文化交流范围更广，形式更多，规模更大，影响更远。至2008年，江苏往来文化交流的国家和地区达162个，遍及世界五大洲。文化交流从过去的一般性考察访问、艺术表演、造型艺术展览和文物展览，扩展到艺术教育、艺术生产、艺术竞赛、文化科技、民间工艺、文化遗产保护、影视制作、图书情报交换和文献合作开发、文化产业等各个领域，几乎覆盖了文化艺术的所有门类。交流的渠道由过去以政府主导和官方往来为主，发展为官方重点引导、民间社会力量积极参与的多层次格局。政府文化部门充分利用区域经济发展的影响和人文资源优势，成功举办了"第28届世界遗产大会""第31届世界戏剧节""中国昆曲艺术节""中国国际民间艺术节""中国南京世界历史文化名城博览会""中国无锡·太湖国际民乐展""中国常州国际动漫艺术周""中国·扬州世界运河名城博览会"等各类大型文化交流活动，吸引了海内外的广泛关注和参与，有的活动已成为有影响力的区域性国际文化活动品牌。

据统计，1978～2008年，江苏省对外及对港澳台文化交流往来团组共计5 303批64 028人，其中，赴国外1 534批11 903人，国外来苏3 296批45 602人，赴港澳台337批3 483人，港澳台来苏136批3 040人。

## 第一节　对外文化交流

对外文化交流工作任重道远。多年来，江苏以深化中国梦的江苏篇章为引领，以展示江苏改革发展成就、加强国际传播能力建设、推介江苏特色文化、塑造美好江苏形象为基本任务，着力推动江苏优秀传统文化“走出去”，不断提高江苏文化对外开放水平。尤其在深挖历史文化资源，打造特色外宣精品工程，借力国家经贸文化平台，开拓文化“走出去”路径渠道方面进行了一些有益探索，积累了一定经验。经过多年的实践，江苏文化“走出去”达到一定规模，取得了显著成效。

### 一、演出交流

#### （一）赴国外演出

1978年7月11日至8月28日，应罗马尼亚总统齐奥塞斯库邀请，以南京市文化局副局长俞崇正为团长的南京小红花艺术团一行55人出访罗马尼亚，先后在布加勒斯特、康斯坦萨等7个城市演出16场。罗马尼亚副总统观看演出并接见了全体人员。这是中国第一次派遣少儿艺术团赴国外访演。

1980年7月29日至8月9日，应日本爱知县日中友好协会、名古屋市青年会议所邀请，南京小红花艺术团一行60人，在南京市文化局局长田芜率领下赴日本，参加名古屋市青年会议所成立30周年庆祝活动，并先后在名古屋、丰桥、安城、冈琦、半田、小牧等地演出了7场。孩子们受到热烈欢迎，被称为“萝卜头文化大使”。8月30日至10月21日，南京市杂技团一行50人，由南京市文化局副局长俞崇正率领，赴澳大利亚6个主要城市进行商业性演出。这是中国文艺团体首次在澳进行商业性演出，为国家创收外汇8.5万澳元。

1981年4月28日至5月9日，应日本爱知县日中友好协会的邀请，江苏省歌舞剧院民族音乐演出队一行12人赴日本爱知县名古屋、丰桥、丰田、半田4个城市演出15场。

1982年9月8日至10月15日，应美国卡尔·柯克斯协会的邀请，江苏省歌舞团一行40人，由江苏省文化局副局长金毅率领，赴美国进行访问演出，先后在美国东南部地区的夏洛特、洛克希尔、哥伦比亚、格林维尔、查尔斯顿、莫特尔海滩和华盛顿7个城市演出20场。10月12日至29日，为纪念中日恢复邦交10周年，应日本爱知县日中友好协会的邀请，以南京市文化局副局长梅延庆为团长的南京杂技团一行25人赴日本访问，先后在名古屋及周边城市和博览会上演出25场。10月24日至11月12日，应意大利威尼斯市政府的邀请，由苏州市京剧团和江苏省昆剧院部分演出人员组成的苏州市戏曲剧团一行65人赴意大利访问，先后在威尼斯、梅斯特雷、佛罗伦萨和那不勒斯市演出京剧《李慧娘》、昆剧《痴梦》《游园惊梦》《挡马》及各种流派唱腔的弹词开篇等共18场。

1983年2月26日至4月18日，为纪念中澳建交10周年，根据中澳两国政府文化合作协定，江苏京剧团一行56人，在江苏省文化局副局长张辉率领下赴澳大利亚，先后在珀斯、阿德雷德、墨尔本、悉尼、堪培拉、布里斯班6个城市演出48场。在澳期间，京剧团还为澳洲旱灾举行了2场救灾义演。在首都堪培拉演出时，联邦总督史蒂文斯及夫人、澳政府高级官员、20个国家的驻澳大使及夫人等观看了演出。

1984年7月5日至8月28日，应日本传统艺能中坪株式会社的邀请，扬州市木偶剧团一行25人，由扬州市文化局局长王福祥率领赴日本，在东京、横滨、厚木、奈良、名古屋、大阪、京都、唐津、长崎等34个大中小城市作商业性演出52场。7月22日至11月25日，南京市杂技团一行25人应邀赴瑞士，与闻名欧洲的克尼马戏团合作进行商业性演出。8月9日至19日，应爱知县日中友好协会的邀请，南京小红花艺术团一行40人赴日本进行友好访问演出。10月15日至24日，为纪念苏州和威尼斯缔结友好城市4周年，应意大利威尼斯市长里格先生的邀请，苏州市民族古典音乐演奏团一行20人，由苏州市文化局局长庞学渊率领，赴意大利威尼斯、维律查、蒙发尔科内、巴多瓦、梅斯特里等城市进行友好访问演出，共演出7场。10月23日至30日，应日本厚木市政府的邀请，扬州杂技团一行25人随扬州市政府代表团访问厚木，先后在厚木市及其周边地区演出17场。11月23日至12月26日，为纪念南京市和意大利佛罗伦萨市结为友好城市4周年，南京市杂技民乐艺术团一行34人，由南京市文化局副局长杨霖率领，赴佛罗伦萨市参加中国南京周活动，并访问了勃来夏、希腊塔、爱波里、米兰、威尼斯及罗马等地，共演出20场。

1985年6月18日至7月7日，应西柏林第三届地平线世界文化节和意大利两个世界艺术节组委会邀请，江苏省昆剧院一行46人，由江苏省文化厅副厅长王鸿率领赴西柏林和意大利演出。

1986年1月19日至30日，南京市杂技团演员钱建平兄弟3人参加在法国巴黎举行的第九届明日国际马戏杂技节比赛，荣获比赛最高奖——法兰西共和国总统奖。4月29日至5月25日，应日本文化财团的邀请，江苏省昆剧院一行43人，由江苏省文化厅副厅长吴鹓筠率领，赴日本进行商业性演出，先后在东京、大阪、名古屋、京都、松户、横滨6个城市公演20场。5月23日至6月16日，经中国对外演出公司安排，盐城市杂技团一行10人赴加拿大，先后参加蒙特利尔市哑剧节、多伦多市杜里莫哀戏剧节和温哥华优美姿势节，共演出20场。9月15日至10月20日，江苏省昆剧院一行40人，由江苏省文化厅副厅长曹德进率领，先后参加了法国第15届巴黎秋季艺术节和西班牙第三届马德里秋季艺术节，并在法国格勒诺布尔、安纳西、维洛尔班、蒙彼里埃4个城市进行友好访问演出，共演出16场。10月28日至11月8日，无锡市歌舞团一行25人应邀赴日本明石市进行友好城市交流演出。12月12日至1987年2月9日，南京市杂技团一行26人应邀赴新西兰，在8个城市演出99场，其中29场为两国文化交流演出，70场为商业性演出。

1987年8月13日至9月9日，根据江苏省与加拿大安大略省的文化交流计划，江苏省京剧院一行40人，由江苏省文化厅副厅长王鸿率领赴多伦多，参加1987年中国文化节，在加拿大国家展览馆伊丽莎白剧院演出了37场折子戏，在安大略省艺术馆和市政府广场举行了7场京剧化妆、服装、功架、乐器等方面的示范表演。11月18日至22日，为纪念南通市与日本丰桥市结为友好城市，南通市友好访问演出团一行25人，在南通市人民对外友好协会副会长沈鹏千率领下，应邀赴丰桥市进行友好访问演出2场。

1989年1月，应法国"明日·未来"大赛组委会邀请，南京市杂技团"小顶碗"节目小组赴法国参加第三届未来国际杂技比赛，获金奖。1月，省歌剧舞剧院代表团由院长朱军率领，赴新加坡访问演出。4月，南京市民乐团一行15人执行国家对外文化交流计划，应邀赴比利时、荷兰、联邦德国访问演出。8月，应日本厚木市政府的邀请，扬州市歌舞团一行23人赴日本，参加扬州—厚木两市结好5周年纪念演出。10月，南京市民乐团一行20人应邀赴日本名古屋参加友好城市纪念演出。10月，江苏省民族音乐歌舞团一行9人应日本大阪21世纪委员会的邀请，赴日本大阪中小学巡回演出。该演出团此后连续6年应邀赴日本中小学巡回演出，足迹涉及大阪、神户、奈良等地。

1990年1月，应日本相模原市政府的邀请，无锡市歌舞团一行23人赴日本参加无锡—相模原友好城市5周年纪念演出。1月至2月，应日本高岛屋株式会社的邀请，南通苍龙舞蹈队一行7人赴日本参加"大中国展"展览会表演。4月12日，应日本影法师剧团邀请，扬州市木偶剧团一行8人赴日本，与影法师剧团合作演出《三国志》。此后，扬州市木偶剧团连续6年应邀赴日，与影法师剧团合作演出。7月至9月，应日本常磐兴产株式会社的邀请，南通市少儿杂技团一行27人赴日本进行商业性演出。9月，应日本明石市政府的邀请，无锡市少儿艺术团一行32人赴日本，参加无锡—明石友好城市10周年纪念演出。10月28日至11月5日，为庆祝连云港市与日本堺市缔结友好城市8周年，应日本堺市中日友好协会的邀请，连云港市京剧团访问堺市，演出京剧《拾玉镯》《三岔口》《催租》《闹龙宫》等。

1992年4月至5月，江苏杂技团一行25人受文化部派遣赴斯里兰卡、孟加拉国等访问演出。5月，应朝鲜劳动党中央委员会总书记金日成的邀请，以中共中央候补委员、中共江苏省委副书记孙家正为团长的江苏党政代表团暨江苏扬州艺术团赴朝鲜访问演出。金日成观看了演出。7月至8月，应日本丰桥日中友好协会的邀请，南通市少儿杂技武术团一行27人赴日本丰桥等地交流演出。8月，应德国巴符州政府的邀请，无锡市歌舞团一行12人赴德国参加斯图加特市市民艺术节演出，共演出3场。10月至12月，应法国社会经济文化促进会的邀请，南通市少儿杂技团一行26人、昆山艺术家小组2人赴法国参加"中国月"艺术节演出。

11月,应日本金泽市政府的邀请,苏州市昆剧代表团一行15人赴日本参加友好城市艺术节演出。11月至1993年2月,应日本唐神公司的邀请,南京市杂技团一行15人赴日本访问演出。12月,江苏省歌剧舞剧院代表团赴瑞士、英国、法国、德国访问演出。

1993年9月,应韩国国家艺术中心邀请,中国江苏昆剧艺术团赴汉城参加为期一周的汉城音乐戏剧节。这是中韩建交后,韩国官方第一次正式邀请中国戏剧团体赴韩演出。

1994年3月,应英国伦敦亚洲打击音乐节组委会的邀请,苏州道教乐团一行8人赴比利时、英国访问演出。4月至7月,南京杂技团一行13人应邀赴日本北海道登别市进行商业性演出;7月至8月,该团一行16人应邀赴日本大阪市冈山游乐场进行商业性演出。7月,应马来西亚国标舞学院的邀请,南京国标舞代表队一行8人赴马来西亚参加第三届马来西亚国标舞锦标赛。10月,扬州市木偶剧团一行16人应日本第九届日本国民文化祭实行委员会的邀请,赴日本三重县参加第九届日本国民文化祭演出。11月,江苏省歌剧舞剧院代表团赴日本访问演出。11月至12月,应墨西哥国际发展与团结协会的邀请,江苏青年京剧团一行50人赴墨西哥下加利福尼亚州拉巴斯、首都墨西哥城、瓜达拉哈拉等城市访问演出。

1995年1月,应日本名古屋市政府的邀请,江苏省音乐友好交流团一行102人赴名古屋市访问演出。同月,应泰国先倍盛集团的邀请,淮阴魔术杂技团一行15人赴泰国访问演出。同月,应日本金泽市政府的邀请,苏州文化艺术代表团一行18人赴金泽市交流演出。2月至6月,应日本柿崎集团的邀请,南京市杂技团一行20人赴日本进行商业性演出。3月,应新加坡华文教师职工会的邀请,无锡市文化艺术团一行30人赴新加坡访问演出。4月,扬州市木偶剧团一行11人受文化部派遣,赴厄瓜多尔、玻利维亚、秘鲁、哥伦比亚访问演出。6月,应加拿大温哥华国际龙舟艺术节组委会的邀请,江苏艺术团一行25人赴加拿大交流演出。7月,应日本鹿儿岛县日中友好教职员协会的邀请,南京小红花艺术团一行20人赴鹿儿岛访问演出。7月至1996年6月,南京民乐小组一行8人应邀赴瑞士,在娱乐场所进行助兴演出。10月至1996年4月,应日本唐神观光株式会社的邀请,南京市杂技团一行15人赴日本进行商业性演出。11月至12月,南京市杂技团一行30人受文化部派遣,赴阿曼执行国家交流项目。12月至1996年1月,应美国华商总会的邀请,南京小红花艺术团一行37人赴美国,参加中国古琴百琴书画博览会演出。

1996年2月,应新加坡宗乡会馆联合总会的邀请,苏州市文艺表演团一行24人赴新加坡,参加"96春到河畔迎新年"演出。4月至7月,应日本森林之家株式会社的邀请,南京市杂技团一行23人赴日本进行商业性演出。6月至7月,南京艺术团一行20人受文化部派遣,赴埃及、摩洛哥、以色列访问演出。9月至11月,江苏民间艺术团一行12人受文化部派遣,赴捷克、亚美尼亚、马其顿、土库曼斯坦、哈萨克斯坦交流演出。10月,应韩国全罗北道演剧协会的邀请,江苏京剧艺术团一行39人赴韩国交流演出。10月至1997年4月,应日本唐神观光株式会社的邀请,南京市杂技团一行15人赴日本进行商业性演出。

1997年2月,应法属留尼旺圣丹尼市政府的邀请,南通市艺术团一行10人赴留尼旺访问演出。4月,应马来西亚"1997慈善之夜兼槟榔舞蹈锦标赛"筹委会的邀请,南京市国标舞代表队一行18人赴马来西亚参加比赛。4月15日,应日本登别市新登别普拉扎股份有限公司的邀请,江苏省杂技艺术家协会代表团一行11人赴日本,进行为期3个月的有偿演出。5月,应新加坡琼联声剧社的邀请,南京市越剧团一行52人赴新加坡访问演出。同月,应芬兰赫尔辛基亚洲艺术节组委会的邀请,江苏省昆剧艺术团一行20人赴芬兰参加亚洲艺术节演出。5月26日至6月6日,应英国国际舞蹈家协会邀请,经中国文学艺术界联合会推荐,江苏省舞蹈家协会副秘书长胡春田随中国文学艺术界联合会组织的中国国际标准舞学会代表团一行6人,赴英国参加国际舞蹈艺术节。6月至7月,应意大利华商总会等的邀请,南京艺术团一行25人赴意大利参加华人庆祝香港回归活动演出。7月,应美国华商总会等的邀请,南京小红花艺术团一行37人赴美国,参加旧金山湾区各界和波特兰市庆祝香港回归演出活动。9月,应日本石川县知事会本政宽的邀请,南京小红花艺术团一行41人赴日本访问演出。10月，应印度尼西亚雅加达艺术宫的邀请，南京市京剧团一行20人赴印度尼西亚参加雅加达国际表演艺术节演出。同月，应日本AJTHET株式会社的邀请，苏州市“江南民乐小组”一行4人赴日本访问演出。同月，扬州市木偶剧团一行8人受文化部派遣，赴乌克兰参加第四届国际木偶艺术节演出。12月，应德国巴符州斯图加特市文化中心的邀请，江苏艺术团一行15人赴德国巴符州参加中国文化周演出活动。

1998年1月至2月，应澳大利亚堪培拉市政府的邀请，扬州市木偶剧团一行10人赴堪培拉参加多元文化艺术节演出活动。2月，应新加坡全国职工总会的邀请，南京小红花艺术团一行41人赴新加坡参加华族文化节演出活动。4月，应土耳其广播电视委员会等的邀请，南京少儿艺术团一行25人赴土耳其、叙利亚、比利时参加国际儿童联欢节。5月，应韩国全罗北道创作剧会的邀请，南通市如皋木偶艺术团一行11人赴韩国访问演出。7月，应日本半田市国际交流协会的邀请，徐州市民乐、民舞、武术艺术团一行22人赴日本友好交流演出。7月至8月，应马耳他国家文化部等的邀请，南京市杂技团一行25人赴马耳他、葡萄牙、法国参加世博会演出。9月至12月，应日本极光演出展览公司的邀请，江苏京剧艺术团一行26人赴日本访问演出。11月至12月，应法国社会文化经济交流促进会的邀请，南通市如东县杂技团一行27人赴法国访问演出。同期，应阿联酋阿布扎比政府的邀请，盐城市杂技团赴阿联酋参加第一届扎耶德酋长节演出。12月，江苏省昆剧艺术团一行15人应邀赴日本，与日本狂言剧团合作演出。

1999年2月，应法国格勒诺尔市政府的邀请，苏州民间艺术团一行18人赴法国格勒诺尔市进行友好城市交流演出。3月至4月，应阿联酋远东管理咨询公司的邀请，盐城市杂技团一行11人赴阿联酋参加“99迪拜购物节”演出。4月，应俄罗斯滨海边区文化基金会的邀请，无锡市歌舞团一行32人赴俄罗斯进行访问交流演出。4月至5月，应瑞士龙华巴塞尔体育文化中心的邀请，江苏省京剧院一行15人赴瑞士进行商业性演出。5月，应罗马尼亚阿拉德木偶剧院的邀请，南通市如皋木偶剧团一行27人赴罗马尼亚参加第四届欧洲木偶节。同月，应韩国现代舞促进会的邀请，江苏少儿艺术团一行12人赴韩国参加“99汉城国际青少年舞蹈节”。6月，应俄罗斯滨海边疆区文化基金会邀请，由江苏省对外友好协会组派，一行30余人组成艺术团赴俄罗斯海参崴等地作为期9天的友好访问演出。7月，应日本内滩市政府的邀请，苏州吴江艺术代表团一行10人赴日本进行交流演出。7月至8月，应法国蒙特尔市政府的邀请，南京市文化代表团一行43人赴法国参加第66届国际博览会中国周活动。8月，应日本福冈亚洲文化展览中心的邀请，江苏文化交流演出代表团一行21人赴福冈参加江苏工艺展演出。同月，应拉脱维亚文化部民间艺术中心的邀请，苏州市民间舞蹈团赴拉脱维亚参加第四届里加国际民间舞蹈节演出。同月，应匈牙利国际民间舞蹈节组委会的邀请，南京民间艺术团一行24人赴匈牙利参加国际民间舞蹈节。9月至12月，应哈萨克斯坦库拉盖尔有限公司的邀请，盐城市杂技团一行19人赴哈萨克斯坦进行商业性演出。10月，应澳大利亚墨尔本国际艺术节组委会的邀请，南京市民乐团一行16人赴澳大利亚参加墨尔本国际艺术节表演。10月至11月，江苏京剧艺术团一行21人受文化部派遣，赴约旦、叙利亚、突尼斯进行访问演出。12月，应日本爱知县文化艺术协会的邀请，江苏省昆剧代表团一行22人赴日本爱知县进行交流演出。

2000年1月，江苏省舞蹈家协会组团赴德国、法国、荷兰、比利时、意大利、摩洛哥等国，作为期14天的文化交流和演出。2月，应法属留尼旺麒麟友谊会等的邀请，江苏省舞蹈杂技团一行13人赴毛里求斯、留尼旺访问演出。7月，应意大利艺术节组委会的邀请，盐城市杂技团一行8人赴意大利参加意大利第13届国际艺术节。8月至11月，扬州市木偶剧团一行12人应邀赴巴西、墨西哥、委内瑞拉、智利、厄瓜多尔、哥伦比亚、玻利维亚执行国家交流计划巡回演出。10月至12月，应泰国国际蒙拉潘公司的邀请，扬州市木偶剧团一行15人赴泰国访问演出。11月至12月，应法国社会文化经济交流协会的邀请，南通市少年杂技团一行23人赴法国访问演出。同期，应美国夕阳音乐公司的邀请，南京市杂技团一行36人赴美国访问演出。

2001年3月，应巴林泛阿拉伯贸易代理公司的邀请，南京市杂技团一行19人赴巴林参加2001年巴林文化旅游娱乐节。5月，应英国国际标准舞协会的邀请，江苏省群众艺术馆一行5人赴英国参加第76届英国舞蹈公开赛。同月，应德国莱比锡市政府的邀请，南京青年音乐家代表团一行12人赴德国进行交流演出。6月至7月，无锡市歌舞团一行30人应邀赴以色列、摩洛哥、突尼斯、土耳其参加四国艺术节演出。9月至10月，应美国夕阳音乐公司的邀请，南京市杂技团一行45人赴英国、委内瑞拉进行商业性演出。11月，应日本石川县知事的邀请，江苏省歌舞剧院一行25人赴日本交流演出。同月，应法国社会文化经济交流协会的邀请，南通市少年杂技团一行25人赴法国进行商业性演出。12月至2002年2月，应日本佐世保森林之家株式会社的邀请，南京市杂技团一行26人赴日本进行商业性演出。

2002年4月，应德国欧亚文化交流中心的邀请，无锡市艺术学校一行15人赴德国参加国际儿童舞蹈节。5月，应法国南锡国际合唱节组委会的邀请，南京市工人合唱团一行32人赴法国参加第12届南锡国际合唱节。5月底至6月初，应美国皇家马戏公司的邀请，江苏省文学艺术界联合会组派南京民乐团一行20人赴波兰进行友好商演。6月至9月，应美国夕阳音乐公司的邀请，南京市杂技团一行40人赴美国、波多黎各、多米尼加、委内瑞拉进行商业性演出。9月，应日本长崎县平户市政府的邀请，南通市港闸区五接桥小学星光民族艺术团一行12人赴日本交流演出。同月，应韩国全罗北道演剧协会的邀请，江苏省京剧艺术团一行35人赴韩国，参加中韩建交十周年暨中韩国民交流年巡回演出活动，并参加韩国第20届全国戏剧节演出。11月，应日本国际音乐交流协会的邀请，南京艺术学院音乐代表团一行7人赴日本东京参加庆祝中日邦交正常化30周年演出活动。同月，应日本青少年文化中心的邀请，江苏省京剧艺术团一行58人赴日本，参加由中日两国政府共同主办的中日文化年演出交流活动。11月至12月，应法国里尔埃尔艺术展演公司的邀请，南通市少年杂技团一行27人赴法国、希腊、意大利巡回演出。

2003年1月26日至2月12日，应海外华人华侨及社团的邀请，受江苏省归国华侨联合会的委托，以连云港市女子民乐团为主组成的“春节访欧艺术团”赴西班牙、德国、荷兰、法国进行访问演出，在巴塞罗那、法兰克福、柏林、阿姆斯特丹、巴黎等十几个城市演出13场。8月至9月，应美国波特兰市政府的邀请，苏州市文化艺术表演团一行12人赴美国进行友好城市访问演出。9月至10月，应美国加利福尼亚大学的邀请，南京大学民乐团一行30人赴美国进行校际交流演出。10月至11月，应韩国现代起亚集团的邀请，盐城市杂技团一行46人赴韩国交流演出。12月至2004年2月，应日本更生公司、森林之家股份有限公司的邀请，南京市杂技团一行23人赴日本进行商业性演出。

2004年1月至2月，应奥地利中国之友协会的邀请，南京市文化代表团暨南京市民族乐团一行91人赴奥地利、德国，举办“金陵寻梦——猴年中国民族音乐会”。奥地利总统克莱斯蒂尔专门为音乐会发贺信。同期，应新加坡金航旅游业有限公司的邀请，南京市杂技团一行91人赴新加坡，参加第11届“春城洋溢华夏情”演出活动。2月，应新加坡佳伟传媒私人有限公司的邀请，无锡市锡剧院赴新加坡演出新版锡剧《珍珠塔》。同月，应日本文化厅、全日本乡土艺能协会的邀请，苏州昆剧院一行15人赴日本，参加日本文化厅举办的“世界传统表演艺术节”，演出传统昆曲折子戏。5月，江苏文化代表团应邀赴法国，参加“中国文化年——锦绣江苏”系列活动，连云港歌舞剧院女子民乐队一行24人随团出访，于5月10日至13日在法国上塞纳省议会大厅举办3场《秀女乐坊——锦绣江苏音乐会》。5月14日至18日，又应邀延伸到江苏友好省——比利时那慕尔省索洛威、切里和爱格勒市演出3场。7月至8月，应意大利西奥夫国际民间艺术节组委会的邀请，南京市艺术团(越剧团)一行30人赴意大利参加西奥夫国际民间艺术节演出。8月，江苏组团参加文化部组织的“中华文化北非行”活动，在北非埃及、摩洛哥、突尼斯、阿尔及利亚、苏丹和毛里塔尼亚6国举办大规模文化交流和宣传活动。无锡市歌舞团一行随江苏省文化代表团赴摩洛哥、突尼斯，参加中国江苏文化周活动，演出大型舞台剧《江南好》，该团还应邀参加了摩洛哥瓦利国际艺术节，举办专场演出。9月，应美国华商总会的邀请，南京小红花艺术团一行40人赴美国，参加美国旧金山各界华人庆祝中华人民共和国成立55周年纪念演出活动。9月至10月，受文化部中外文化交流中心组派，江苏省演艺集团、南京市京剧团、江苏省戏剧学校一行34人应邀赴希腊参加希腊雅典艺术节，并顺访挪威、瑞典演出交流。10月，应韩国全罗北道政府的邀请，江苏省演艺集团民族乐团一行16人赴韩国，参加江苏—全罗北道友好城市10周年纪念演出活动。10月至11月，南京艺术学院民乐团一行20人应日本第19届国民文化祭执行委员会的邀请，赴日参加在福冈县举办的第19届日本国民文化节暨亚洲传统艺能表演活动。

2005年2月28日至3月5日，应韩国光耀国际贸易株式会社的邀请，连云港市歌舞剧院女子民乐团一行24人赴韩国参加木浦市第十届花节演出。3月，应德国西尼卡文化商务发展有限公司的邀请，江苏省民乐团一行26人赴德国北威州杜塞尔多夫等举办"锦绣江苏"音乐会。同月，应新加坡国立大学、马来西亚吉隆坡中华工商总会等的邀请，南京大学民乐团一行45人赴新加坡、马来西亚访问演出。4月6日至12日，应韩国木浦市政府的邀请，连云港市歌舞剧院女子民乐团一行24人赴韩国参加木浦市海洋文化节交流演出。4月至5月，江苏省演艺集团歌舞剧院艺术团一行30人、江苏省中学生艺术团一行42人、南京小红花艺术团一行28人分别应"2005年日本国际博览会协会"、日本爱知县国际文化交流财团、日本名古屋市政府邀请，赴日参加在爱知县举办的"2005年世界博览会'江苏周'"演出交流活动。同期，应土耳其广播电视总局、摩洛哥大西洋协会的邀请，南京小红花艺术团一行29人赴土耳其、摩洛哥交流演出。5月28日至6月5日，应奥地利维也纳艺术节组委会的邀请，江苏省话剧院一行15人赴奥地利参加维也纳艺术节演出。6月，应马来西亚旅游部等的邀请，常熟市民间艺术团一行37人赴马来西亚，参加在吉隆坡举办的2005马来西亚缤纷艺术月演出活动。同月，应德国莱比锡政府的邀请，南京少儿音乐团赴德国交流演出。8月，江苏省演艺集团木偶剧团一行10人参加中国对外演出公司组团，赴泰国参加亚太地区"10＋3"文化部长会议暨亚太地区第二届文化艺术节交流演出。9月，应法国昂热市大卫丹杰高中乐团的邀请，苏州市阳光青少年乐团一行63人赴法国访问演出。同月，应阿根廷威德制片演出有限公司的邀请，盐城市杂技团一行36人赴阿根廷、智利、乌拉圭、墨西哥访问演出。9月至10月，应美国塔尔萨剧院的邀请，江苏省交响乐团一行26人赴美国，与塔尔萨剧院管弦乐团合作演出。10月，应韩国金海·伽亚国际文化节执行委员会的邀请，苏州昆剧院一行17人赴韩国，参加金海·伽亚国际文化节世界非物质文化遗产代表作展演活动。11月，应巴黎中国文化中心的邀请，江苏省京剧艺术团一行21人赴法国，参加第二届中国传统地方戏剧节演出活动。11月至12月，南通市如东杂技团一行27人应邀赴法国巡回演出，此后该团又连续2年应邀赴法巡演。12月，应荷兰国际马戏节组委会的邀请，南京市杂技团一行4人赴荷兰参加第十届荷兰国际马戏节演出活动。12月至2006年3月，应日本更生会社豪斯顿堡株式会社的邀请，南京市杂技团一行33人赴日本进行商业性演出。

2006年1月至2月，南京金陵艺术团一行17人应西班牙华人企业联合会、法国法华工商联合会的邀请，赴西班牙、法国、葡萄牙、德国、意大利，进行春节慰问侨团、侨胞演出。1月6日至3月5日，盐城市射阳县杂技团3人应日本中国企划有限公司的邀请赴日本进行商业性演出；1月8日至2月8日，该团10人应马来西亚演出公司的邀请赴马来西亚进行商业性演出；2月10日至5月26日、12月至2007年3月11日，该团10人应韩国太白曲艺团的邀请，二次赴韩进行商业性演出。3月，应新加坡牛车水人民剧场基金管理委员会的邀请，无锡市滑稽剧团一行38人赴新加坡演出交流。4月，受文化部委托，江苏省文化厅组织由江苏省演艺集团、南京市歌舞民乐团等组成的江苏艺术团一行69人赴朝鲜，参加在平壤举办的第24届四月之春——国际友谊艺术节演出，获得15枚金牌，创历届中国艺术团赴朝演出获奖之最。同月，南京小燕子艺术团一行32人应CIOFF中国委员会邀请，赴土耳其参加第二届国际儿童舞蹈节、第四届亚太儿童艺术节演出活动。同月，苏州评弹团一行11人应北美苏州同乡会的邀请，赴美国参加北美苏州同乡会成立一周年庆典活动。7月至2007年7月，南京市杂技团一行22人应美国满得林公司的邀请，赴美国进行商业性演出；11月至12月，该团一行7人应荷兰星辰国际公司的邀请，赴荷兰、德国进行商业性演出。9月，南京市京剧团一行32人应韩国全罗北道演剧协会的邀请，赴韩国参加在全罗北道举办的2006SORI国际艺术节演出。9月至10月，应美国加州大学的邀请，苏州昆剧院青春版《牡丹亭》剧组一行94人赴美国进行巡回演出，美国洛杉矶市长向剧组颁发了“特别嘉奖证书”，圣芭芭拉市市长把10月3日至8日定为“牡丹亭”周。10月，江苏省演艺集团一行42人应韩国京畿道艺术中心的邀请，赴韩国参加BeSeTO戏剧节演出。同月，南京大学民乐团一行36人应日本北陆大学、韩国高丽大学等的邀请，赴日本、韩国交流演出。12月，受文化部派遣，南京市艺术团一行35人赴叙利亚、埃及、阿尔及利亚访问演出。

2007年1月，应比利时瓦洛尼皇家剧院的邀请，苏州昆剧院一行53人赴比利时参加布鲁塞尔艺术节，演出昆剧《长生殿》。2月，受文化部派遣，南京市文化艺术团一行32人赴荷兰参加春节庆祝活动。同月，受文化部派遣，南京小红花艺术团一行30人赴南非、博茨瓦纳、毛里求斯访问演出。同月，应德国西尼卡文化商务发展有限公司的邀请，江苏省民乐团一行23人赴德国北威州举办中国民族音乐会。2月至9月，南京市杂技团一行4人应挪威国家马戏团的邀请，赴挪威进行商业性演出；6月至9月，该团一行46人应邀赴阿根廷、秘鲁、智利、巴西等南美9国进行商业性演出。4月，受文化部派遣，苏州昆剧院一行10人应邀赴日本参加中日文化体育交流年开幕式演出。6月，应瑞士苏黎世室内管弦乐团的邀请，江苏省演艺集团昆剧《1699·桃花扇》剧组一行38人赴瑞士，参加2007苏黎世艺术节演出。8月，应意大利COFFI意大利委员会的邀请，常熟民间舞蹈团一行30人赴意大利访问演出。同月，应西班牙波榜基金会的邀请，南京小红花艺术团一行19人赴西班牙访问演出。10月，应韩国忠清南道政府的邀请，江苏省京剧艺术团一行32人赴韩国参加第53届百济文化节演出。同月，南京市民乐团一行12人应日本华乐团的邀请，赴日本参加中日邦交正常化35周年暨中日文化体育交流年庆典演出。10月27日至11月2日，应罗马尼亚国际民间艺术节组委会的邀请，江苏省文化馆、南京市小营小学一行25人赴罗马尼亚，参加罗马尼亚青少年文化艺术中心成立70周年庆典演出活动。11月，应美国华盛顿中国和平统一促进会等的邀请，江苏省人民政府侨务办公室组派南京艺术团一行45人赴美国，参加由全美中国和平统一促进会联合会举办的全球促进中国和平统一高峰论坛和“南京大屠杀遇难同胞70周年祭”主题活动专场演出，并在波士顿、纽约、新泽西、芝加哥和华盛顿等地进行巡回演出。12月，应日本福冈县阿库鲁斯文化财团的邀请，南京艺术学院民乐团一行10人赴日本福冈访问演出。同月，应日本同时代话剧与研究创造体的邀请，南京市话剧团一行7人赴日本参加第25届小爱丽丝戏剧节演出。

2008年2月至6月，应阿根廷AKE MUSIC邀请，南京市杂技团一行45人赴巴西、阿根廷、智利、委内瑞拉巡回演出。3月，应日本松竹株式会社的邀请，苏州昆剧院一行39人赴日本，与日本著名歌舞伎演员坂东玉三郎合作演出昆剧《牡丹亭》、歌舞伎《杨贵妃》。5月至6月，应英国艾斯·冈那斯豪特公司、希腊文化节组委会的邀请，苏州昆剧院一行69人赴英国、希腊，参加由中英政府共同主办的“时代中国”的演出和希腊国际艺术节的演出。7月，应韩国全罗北道演剧协会的邀请，江苏省扬剧团一行30人应邀赴韩国全罗北道交流演出。8月，应土耳其伊兹密尔博览会文化和艺术有限公司的邀请，江苏省演艺集团交响乐团一行30人赴土耳其参加第一届伊兹密尔管乐节演出。9月，应美国沃帕莱索大学孔子学院邀请，江苏省演艺集团一行24人赴美国参加首届孔子国际音乐文化节。9月，应中国驻德国使馆邀请，江苏京昆折子戏演出团一行25人赴德国，参加驻德使馆举办的国庆招待会演出活动。9月至10月，应英国“埃塞克斯—江苏节”组委会的邀请，江苏省文化厅副厅长高云等2人、南京小红花艺术团一行28人、扬州市木偶剧团一行8人赴英国，参加“埃塞克斯—江苏节”大型文化活动。该文化节自2008年9月起延续至2010年3月，以中国传统中秋佳节为起点，贯穿中国国庆节、西方万圣节、圣诞节、元旦和中国农历新年。10月，应韩国全州音乐节组委会的邀请，江苏省演艺集团一行14人赴韩国参加2008年度全州音乐节。10月至12月，江苏省演艺集团一行33人赴荷兰，与荷兰国家巡演歌剧院合作演出《紫禁城的故事》。

**（二）国外来苏演出**

1979年10月2日至4日，卢森堡华侨钢琴家黄顺经女士来南京举行钢琴独奏音乐会。10月8日至14日，朝鲜平壤学生少年艺术团一行96人来南京访问演出。10月21日至23日，由阿列克西斯·米诺蒂斯院长率领的希腊国家剧院一行46人，来南京演出《被缚的普罗米修斯》。

1980年6月13日至16日，日本爱知县邦乐鸽会约30人来南京演出。10月19日至27日，美国马克威尔逊魔术团一行20人来南京演出。11月26日至12月2日，由日本河原崎长十郎率领的《屈原》剧组约50人来南京演出。

1981年4月15日至18日，由千田是也率领的日本话剧团一行47人来南京演出。7月1日至6日，由芬纳采亚努率领的罗马尼亚艺术家小组12人来南京演出。12月12日至15日，挪威钢琴、小提琴家克纳达尔等2人来南京举办音乐会。

1982年1月12日至14日，斯里兰卡女钢琴家佩里斯来南京演出。3月26日至30日，以让娜·布拉邦茨为团长的比利时皇家芭蕾舞团一行41人来南京演出。5月14日至16日，奥地利小提琴家、吉他演奏家克拉辛斯等2人来南京演出。7月30日至8月3日，由里维拉为团长的菲律宾大学小天使合唱团一行38人来南京演出。9月14日至18日，法国著名哑剧表演艺术家马尔索等4人来南京演出。

1983年3月23日至26日，由卡马乔率领的哥伦比亚波哥大剧院一行39人来南京演出民间歌舞。4月23日至27日，由恩卡纳匈率领的菲律宾戏剧演出团一行13人来南京演出话剧。5月23日至26日，由孙穗芳女士率领的美国钢琴家和指挥家等7人在南京举行钢琴独奏音乐会并在南京艺术学院讲课。10月19日至23日，加拿大目光木偶剧团一行7人来南京演出。12月14日至16日，民主德国柏林八重奏一行8人来南京举行重奏音乐会。

1984年3月20日至26日，由阿玛利亚女士率领的民间舞蹈团一行57人来南京演出。7月5日至9日，由保加利亚文委处长焦诺夫率领的音乐家小组一行8人来南京演出。10月26日至30日，以穆斯塔法为团长的利比亚国家民间艺术团一行35人来南京演出。

1985年1月14日至18日，由斯坦纳率领的挪威民间音乐舞蹈团一行6人来南京演出。3月5日至8日，由戈贝尔为团长的联邦德国科隆古典乐团一行7人来南京演出。5月7日至9日，英国哑剧艺术家格拉斯等2人来南京演出。5月26日至30日，由小泽幸雄率领的日本杉之子剧团一行10人来南京演出。6月15日至17日，以茂山忠三郎为团长的日本狂言演出团一行32人来南京演出。10月26日至29日，由卡拉西格率领的菲律宾文化代表团一行4人来南京举办音乐会。

1986年10月6日至8日，印度喜马偕尔邦舞蹈团一行15人来常州演出。10月26日至29日，英国铜管乐队一行10人来无锡演出。10月29日至11月5日，美国世界民族舞蹈团一行11人来苏州、无锡演出。11月4日至7日，印度民族器乐演奏团一行9人来无锡演出。11月7日至8日，日本金泽艺术使节团一行52人来苏州进行友好城市交流演出。11月15日至19日，以斯德雷列茨为团长的苏联乌克兰维尔斯基舞蹈团一行90人来南京演出。11月22日至25日，民主德国哈雷室内乐团一行24人来苏州演出。12月7日至8日，爱尔兰钢琴家奥罗克来南京举行独奏音乐会。

1987年1月8日至21日，由戴孟德率领的加拿大国家踢踏舞蹈团一行12人，应江苏省文化厅邀请，作为江苏省与安大略省的交流项目，来江苏南京、无锡、苏州等地演出。是月，美国林费德大学生合唱团一行41人来南京师范大学交流演出。3月20日至22日，美国图森市少年合唱团38人来南京演出。4月8日至15日，比利时钢琴家、歌唱家2人来无锡参加艺术节演出。4月27日至30日，美国华盛顿萨克斯管小组一行7人来南京演出。5月6日至8日，美国圣克劳德州立大学演出团15人来苏州大学交流演出。5月14日至17日，美国杨伯翰大舞厅舞蹈团51人来南京演出。5月15日至18日，美国新奥尔良传统爵士乐队一行7人来南京演出。5月23日至27日，墨尔本大学音乐家小组罗达·布鲁斯等4人来南京演出，并为南京艺术学院师生讲课。6月22日至23日，美国加州萨市青年交响乐团一行87人来徐州演出。6月27日至29日，美国洛杉矶室内乐团18人来苏州演出。8月8日至9日，美国菲律宾人舞蹈团18人来南京演出。10月24日至26日，美国音乐家代表团一行4人来南京大学交流演出。11月6日至9日，加拿大温哥华室内合唱团一行25人来南京演出。12月13日至14日，日本道化座剧团一行18人来南京演出。12月26日至28日，由须长忠雄率领的日本崎玉县音乐教师访华团一行30人来南京演出。12月28日，日本帝山学院曼陀林团一行98人来南京演出。是年，意大利维尼托剧团一行25人随意大利贸易代表团来南京演出一台话剧。

1989年4月3日至5日，美国旧金山歌剧中心茜里尔·派里茜等2人应邀来南京，与江苏省歌剧院、上海周小燕歌剧中心联合演出。9月6日至13日，苏联国家大剧院芭蕾舞团一行136人来南京演出芭蕾舞剧《斯巴达克》及古典芭蕾选场。

1990年3月19日至24日，加拿大儿童舞蹈团一行25人来江苏交流演出。6月24日至27日，美国吉本斯演唱组来南京举办音乐会。9月23日至10月3日，澳大利亚友好演出团一行31人来南京演出澳洲现代歌舞。

1991年3月25日至27日，南斯拉夫音乐小组一行2人来南京举办音乐会。10月17日至20日，朝鲜王在山轻音乐团一行52人来南京演出现代轻音乐歌舞节目。

1992年8月14日至16日，加拿大温莎乐团一行48人来南京访问演出。9月7日至24日，俄罗斯明星大马戏团一行83人来南京、常州访问演出。10月19日至21日，德国格贝尔演奏小组一行4人来南京演出室内音乐。12月15日至17日，澳大利亚室内乐团一行25人来南京访问演出。

1994年3月，乌克兰波尔多瓦州木偶艺术团一行15人来南京访问演出。1994年5月8日至6月28日，白俄罗斯时装表演团一行14人来江苏，参加第四届中国宜兴陶瓷节演出交流。1994年5月11日至14日，美国洛克福特现代舞蹈团一行20人来江苏访问演出。同年5月22日至26日，美国巨型钢琴音乐团7人来南京访问演出。1994年5月12日至20日，印度歌舞团一行29人来苏演出。1994年5月29日至6月2日，越南中央轻音乐团一行35人来江苏访问演出。1994年6月15日至16日，以色列现代舞蹈团一行32人来南京访问演出。6月22日至7月30日，俄罗斯阿莫尔州杂技表演团一行18人来江苏访问演出。7月1日至8日，南斯拉夫芭蕾舞团一行8人来江苏访问演出。8月14日至16日，由日本、韩国、越南、菲律宾等国及中国香港、中国台湾等地组成的亚洲青年管弦乐团一行120人来南京访问演出。10月6日至11月11日，俄罗斯国际舍宾舞蹈团一行20人来江苏访问演出。10月22日至24日，韩国歌星李爱淑来江苏参加中外优秀电影名曲演奏演唱会。是月，白俄罗斯全国铁道文工团一行25人来无锡参加“94无锡太湖影视文化旅游节”演出。

1995年1月5日至8日，美国洛杉矶青年舞蹈团一行15人来江苏访问演出。4月，日本演员和田俊一等12人来镇江进行歌舞表演交流。同月，挪威奥斯陆国标舞艺术家一行20人来江苏访问演出。同月，乌克兰基辅歌舞团一行8人来江苏访问演出。5月10日至16日，法国青年芭蕾舞团一行24人来无锡访问演出。5月19日至21日，俄罗斯明星芭蕾舞团一行25人来江苏访问演出。是月，俄罗斯远东现代歌舞团一行25人来江苏访问演出。9月，德国青年交响乐团一行28人来苏州访问演出。同月，德国斯图加特青年交响乐团一行38人来南京艺术学院访问演出。10月1日至2日，法国钢琴家克莱德曼来南京访问演出。12月，俄罗斯布里亚特共和国歌舞团一行12人来苏州访问演出。

1996年1月，哈萨克斯坦国家马戏团一行26人来苏州、南通、无锡、南京等地进行商业性演出。3月，美国加州大学福莱斯诺合唱团一行25人来苏州交流演出。5月，奥地利萨尔茨瓦堡莫扎特音乐学院四重奏团一行7人来江苏访问演出。同月，法国青年芭蕾舞团一行24人来江苏访问演出。7月，韩国全罗北道戏剧演出团一行28人来无锡、南京访问演出。9月，缅甸国家艺术团一行25人来扬州访问演出。10月，法国庇卡底交响乐团一行37人来江苏访问演出。12月，乌兹别克舞蹈团一行9人来宿迁访问演出。

1997年1月，美国杜克大学合唱团一行95人来江苏访问演出。同月，日本邦乐演出团一行18人来南通访问演出。同月，日本红蜻蜓演奏会一行29人来苏州访问演出。同月，俄罗斯莫斯科舞蹈团来江苏访问演出。4月，朝鲜魔术团一行17人来常州访问演出。同月，美国华盛顿萨克斯管乐团一行5人来江苏访问演出。同月，俄罗斯阿穆尔州歌舞团一行8人来苏州访问演出。5月，南斯拉夫西莫努提三重奏小组来江苏访问演出。同月，英国钢琴、小提琴重奏小组一行3人来江苏访问演出。同月，意大利文佐·阿尔波及小乐队一行38人来江苏访问演出。同月，俄罗斯水上芭蕾舞团一行11人来江苏访问演出。同月，日内瓦兰德威尔军乐团一行80人来江苏访问演出。6月，美国金斯威合唱团一行120人来苏州进行内部观摩演出。同月，奥地利钢琴家保罗来江苏访问演出。同月，韩国时装模特表演团一行21人来江苏访问演出。8月，日本名古屋国际儿童剧团一行80人来苏州演出《西游记》。同月，美国明星芭蕾舞团一行28人来江苏访问演出。同月，俄罗斯赤塔艺术团一行18人来南京访问演出。9月，日本塚本洋子芭蕾舞团一行38人来江苏访问演出。同月，美籍华人费翔来南京举办个人演唱会。同月，古巴安娜女子乐队一行20人来江苏访问演出。10月，美国乡村音乐家丹·西尔斯来江苏访问演出。同月，俄罗斯明星大马戏团一行55人来江苏访问演出。同月，德国多特蒙特萨克斯室内乐团一行6人来苏州访问演出。同月，韩国全罗北道戏剧艺术团一行30人来南京、苏州、江阴、东台演出舞台艺术剧《一只红鞋子》。11月，法国若姆爵士乐队一行4人来江苏访问演出。同月，德国肯特匹克芭蕾舞团一行20人来江苏访问演出。12月，日本20位艺术家来苏州参加“大阪之夜”中日友好音乐会。同月，奥地利钢琴家齐·丹马斯来江苏访问演出。同月，莫斯科克里姆林宫大剧院芭蕾舞团一行69人来江苏访问演出。同月，越南国家轻音乐团一行30人来江苏访问演出。同月，瑞典“再回首”乐队一行3人来江苏访问演出。

1998年1月，俄罗斯全明星芭蕾舞团一行16人来苏州访问演出。2月，澳大利亚青年管弦乐团一行103人来江苏交流演出。3月，朝鲜平壤艺术团一行17人来江苏交流演出。同月，美国北亚利桑那大学合唱团一行60人来苏州进行内部观摩演出。4月，俄罗斯莫斯科维亚室内乐团一行20人来江苏访问演出。4月29日至5月7日，德国青年爵士乐团一行26人来常州、无锡、镇江等地交流演出。5月，日本福冈县交响乐团一行100人来南京艺术学院交流演出。同月，美国桥水学院合唱团一行27人来南京艺术学院交流演出。同月，法国NANCY国家芭蕾舞团一行60人来江苏进行商业性演出。同月，法国钢琴家巴铎夫斯基来南京进行商业性演出。同月，英国伦敦皇家马戏团一行174人来江苏访问演出。同月，德国斯图加特芭蕾舞团一行105人来江苏交流演出。6月，澳大利亚悉尼舞蹈团一行31人来苏州进行商业性演出。7月，美国钢琴家琳达·珍蒂来南京举办独奏音乐会。8月，加拿大吴祖捷芭蕾舞团一行35人来江苏访问演出。9月，日本钢琴演奏家濑田裕子来江苏访问演出。9月28日至10月12日，朝鲜国立艺术团一行36人来扬州、无锡、盐城巡回演出。10月，日本津市大园歌谣访华团一行31人来江苏交流演出。同月，澳大利亚乐队一行5人来江苏进行内部观摩表演。11月，德国NRW管乐团一行62人来江苏交流演出。

1999年1月，瑞士罗德曼交响乐团一行110人来江苏交流演出。3月，尼日利亚国家歌舞团一行16人应文化部和江苏省文化厅邀请来江苏交流演出。5月，瑞典“真爱演唱”组一行10人来苏州交流演出。6月，美国佛罗里达州舞蹈团一行48人来江苏交流演出。7月美国加利福尼亚舞蹈团一行48人来江苏交流演出。同月，巴西艺术团一行17人来江苏交流演出。8月，日本小熊座剧团一行25人来南京演出格林童话剧。同月，巴西圣保罗歌舞团一行24人来江苏进行商业性演出。9月，奥地利雷欧本市管弦乐团一行32人来徐州交流演出。同月，巴西歌舞团一行70人来常州交流演出。同月，俄罗斯亚历山大红旗歌舞团一行30人、柴可夫斯基芭蕾舞团一行40人来苏州进行商业性演出。10月，澳大利亚芭蕾舞团一行40人来苏州进行商业性演出。同月，德国北威州青年合唱团一行63人来江苏交流演出。同月，德国卡茨达流行乐团一行10人来无锡进行商业性演出。同月，葡萄牙古本江交响乐团一行83人来无锡交流演出。11月，澳大利亚维多利亚州室内乐团一行4人来江苏交流演出。11月29日至12月4日，日本伊丹会·龙介黑龙现代乐团一行13人来东台、常州、张家港巡演。12月，哈萨克斯坦阿拜歌舞剧院交响乐团一行72人来江苏进行商业性演出。

2000年1月，俄罗斯莫谢·耶夫国家模范舞蹈团一行85人来江苏进行商业性演出。同月，俄罗斯圣彼得堡国家音乐剧院一行80人来徐州访问演出。3月，美国美斯塔林室内乐团一行45人来江苏进行商业性演出。3月至5月，白俄罗斯国家歌舞团一行26人来南京参加中山陵梅花节演出。4月，美国美利坚室内三重奏乐团来江苏交流演出。同月，印度Bharat natayam舞蹈团一行10人来江苏进行商业性演出。5月，蒙古全军歌舞团一行52人来江苏访问演出。同月，摩尔多瓦“科德良格”体育舞蹈团一行22人来江苏交流演出。同月，土耳其民间舞蹈团一行55人来扬州访问演出。5月至6月，新加坡德民中学华乐团一行150人来江苏交流演出。6月，美国棕榈市女生合唱团一行56人来江苏交流演出。同月，美国佛罗里达州女生合唱团一行55人来江苏交流演出。同月，俄罗斯国家芭蕾舞剧院一行55人来江苏交流演出。7月，俄罗斯罗斯兹维舞蹈团一行8人来无锡进行商业性演出。8月26日，荷兰国家爵士乐团应邀来连云港访问演出。是月，美国拉斯维加传奇艺术团一行11人来江苏进行商业性演出。同月，美国洛杉矶“女人香”钢琴五重奏小组来江苏交流演出。同月，南斯拉夫西莫努提三重奏小组来江苏交流演出。9月27日至9月30日，日本石川大鼓乐团一行54人来南京参加第六届中国艺术节演出活动。9月27日至10月6日，奥地利维也纳斯特劳斯乐团来南京参加第六届中国艺术节演出活动。10月，日本“中国民乐团”一行25人、美国西方芭蕾舞团一行41人、德国斯图加特芭蕾舞团一行106人、刚果歌舞团一行25人、几内亚歌舞团一行11人来南京参加第六届中国艺术节演出活动。同月，日本新大阪曼陀林管弦乐团一行36人来南京艺术学院交流演出。同月，日本津市和田鼓代表团一行40人、美国原能鲸乐队六重奏小组一行6人来镇江交流演出。同月，俄罗斯机密洛娃交响乐团一行82人来南京交流演出。同月，德国科隆男声合唱团一行250人来无锡交流演出。同月，德国北威州青年交响乐团一行85人来江苏交流演出。同月，韩国大田市歌舞团一行40人来南京交流演出。11月，德国科隆萨克斯乐团一行7人来无锡交流演出。同月，韩国全罗北道艺术团一行30人来江苏交流演出。同月，埃及亚历山大舞蹈团一行24人来江苏交流演出。12月，法国阿玛斯室内乐团一行14人来江苏交流演出。同月，俄罗斯红军歌舞团一行82人来江苏交流演出。同月，俄罗斯莫斯科国立芭蕾舞剧团一行55人来苏州交流演出。同月，波兰华沙爱乐团一行102人来江苏交流演出。

2001年2月，日本传统艺能文化交流团一行28人来南京交流演出。3月，日本紫金草故事合唱团一行150人来南京交流演出。5月23日，澳大利亚少年现代舞蹈团一行44人来江苏进行商业性演出。是月，法国钢琴家巴铎夫斯基来南京进行商业性演出。6月12日，俄罗斯红军歌舞团一行80人来江苏交流演出。同月，澳大利亚芭蕾舞团一行80人来江苏交流演出。同月，美国学生旅游团一行32人来江苏进行交流演出。7月7日至9日，美国大都会青年交响乐团一行57人来江苏进行商业性演出。7月10日，加拿大皇家芭蕾舞团（温伯尼）来江苏进行商业性演出。8月25日，俄罗斯圣彼得堡冰上芭蕾舞团一行50人来江苏进行商业性演出。9月9日至11日，德国杜塞尔多夫交响乐团一行85人来江苏进行商业性演出。9月24日至10月16日，朝鲜咸镜北道国立歌舞团一行40人来江苏进行商业性演出。9月26日，德国钢琴家乌戈尔斯基来江苏访问演出。9月27日，奥地利萨尔茨堡青年爱乐团一行42人来江苏进行商业性演出。是月，荷兰钢琴家MARCAL WORMS来江苏交流演出。10月1日，罗马尼亚钢琴家米哈伊拉来江苏访问演出。10月1日至2日，西班牙弗拉门戈舞蹈团一行22人来江苏进行商业性演出。10月27日至29日，瑞典德隆爵士乐团一行24人来江苏交流演出。是月，日本音乐舞蹈访华团来东台交流演出。同月，奥地利萨尔茨堡州立管乐团来江苏交流演出。同月，意大利2名钢琴家来南京交流演出。11月8日，乌拉圭吉他家爱德华·弗尔南德兹来江苏访问演出。11月12日至13日，德国古典室内乐团一行35人来江苏进行商业性演出。11月16日，英国欧盟巴洛克室内乐团一行17人来江苏进行商业性演出。11月20日，俄罗斯莫斯科城市芭蕾舞团一行65人来江苏进行商业性演出。11月27日，瑞典皇家斯德哥尔摩皇家交响乐团一行80人来江苏进行商业性演出。是月，俄罗斯西伯利亚“爱乐”乐团一行29人来江苏访问演出。同月，俄罗斯远东欢乐舞蹈团一行10人来江苏进行商业性演出。12月21日，摩尔多瓦国家边防军歌舞团一行22人来江苏进行商业性演出。12月22日，斯里兰卡青年歌舞团一行16人来江苏进行商业性演出。12月31日捷克国家广播交响乐团一行70人来江苏进行商业性演出。

2002年2月至7月，泰国Reflection乐队一行4人来江苏进行商业性演出。3月7日，西班牙“爱摩博达”室内乐团一行30人来江苏进行商业性演出。3月15日，美国钢琴家赛西莉·利卡蒂来江苏进行商业性演出。3月25日，英国伊顿公学合唱团一行50人来江苏交流演出。是月，澳大利亚墨尔本交响乐团一行125人来江苏交流演出。4月，美国瑞丽·乌伯瑞舞蹈团一行14人来江苏进行商业性演出。同月，俄罗斯克里姆林宫国家大剧院芭蕾舞团一行64人来江苏进行商业性演出。同月，韩国巴洛克室内乐团一行24人来江苏进行商业性演出。同月，芬兰女高音歌唱家迪里拜尔来江苏进行商业性演出。4月至5月，英国百老汇歌舞团一行22人来江苏进行商业性演出。同期，澳大利亚福利士歌舞团一行22人来江苏进行商业性演出。同期，俄罗斯国立模范小白桦歌舞团一行60人来江苏进行商业性演出。同期，瑞士日内瓦大剧院芭蕾舞团一行36人来江苏进行商业性演出。4月至6月，韩国天下舞人歌舞团一行40人来江苏进行商业性演出。5月，俄罗斯国家交响乐团一行73人来江苏进行商业性演出。同月，朝鲜国立交响乐团一行104人来江苏进行商业性演出。同月，美国好莱坞格雷格·威尔荪魔术团来江苏交流演出。同月，奥地利弗朗茨·雷哈尔管弦乐团一行36人来江苏进行商业性演出。同月，加拿大八彩虹天籁玄琴音乐组一行18人来江苏进行商业性演出。5月至6月，哈萨克斯坦萨尔塔娜特团一行30人来江苏进行商业性演出。5月至7月，俄罗斯国立东方民间舞蹈团一行26人来江苏进行商业性演出。6月至7月，美国费城青年交响乐团一行105人来江苏进行商业性演出。7月，德国ZINCTCNE现代乐队一行14人来江苏进行商业性演出。同月，波兰钢琴家RADOSLAW SOBCZAK来江苏进行商业性演出。7月至9月，哥伦比亚“TROPIKARIBE”乐队来江苏进行商业性演出。7月至12月，墨西哥CORONA BEAT舞蹈团一行6人来江苏进行商业性演出。同期，吉尔吉斯斯坦艾尔莎伊舞蹈团来江苏进行商业性演出。同期，南非“MS - CONNEXION”乐队来江苏进行商业性演出。8月，德国卡尔斯鲁厄管乐团一行93人来江苏进行商业性演出。同月，朝鲜万寿台艺术团一行180人来江苏进行商业性演出。同月，匈牙利青年军乐演奏团一行60人来江苏进行商业性演出。8月至9月，新西兰皇家芭蕾舞团一行55人来江苏进行商业性演出。9月，美国罗伯特·艾维芭蕾舞蹈团一行38人来江苏进行商业性演出。同月，法国罗尔国家交响乐团一行90人来江苏进行商业性演出。同月，德国钢琴家贝斯勒来江苏进行商业性演出。同月，俄罗斯国家水上马戏团一行55人来江苏进行商业性演出。同月，哈萨克斯坦“桑拉塔纳”国家歌舞团一行27人来江苏进行商业性演出。9月至10月，德国詹姆斯·拉斯特乐团一行58人来江苏进行商业性演出。10月，德国奥尔夫合唱团一行34人来江苏进行商业性演出。11月，南非开普敦芭蕾舞团一行40人来江苏进行商业性演出。同月，德国北莱茵州青年室内乐团一行62人来江苏进行商业性演出。同月，德国斯图加特爱乐乐团一行95人来江苏进行商业性演出。同月，俄罗斯“童话故事”表演艺术团一行16人来江苏进行商业性演出。12月，西班牙卡门·莫塔舞蹈团一行30人来江苏进行商业性演出。同月，美国好莱坞“节日乐团”一行40人来江苏进行商业性演出。同月，美国纽约MM芭蕾舞蹈团一行35人来江苏进行商业性演出。同月，奥地利维也纳莫扎特爱乐乐团一行38人来江苏进行商业性演出。

2003年10月，墨西哥阿瓜斯卡连特斯民间音乐舞蹈团一行40人、保加利亚民间魔法艺术团一行16人、德国新古典印象乐团一行6人、德国终极流行乐团一行10人、乌克兰和平鸽乐团一行15人、瑞士魔力无限艺术团一行7人、越南民族艺术团一行5人来无锡参加首届“中国无锡·太湖国际民乐展”表演活动。

2004年6月21日，美国沃索交响乐团一行50人来江苏交流演出。7月21日至8月1日，日本神户孙中山纪念馆女生合唱团一行30人、新加坡百合女生合唱团一行31人、马来西亚福建会馆爱乐合唱团一行50人、以色列挪玛女生合唱团一行27人、波兰维瓦特女生合唱团一行35人来无锡参加第七届“中国国际合唱节”。12月29日，维也纳莫扎特爱乐乐团来连云港举办新年音乐会。

2005年1月1日，奥地利维也纳管乐乐队一行40人来江苏交流演出。1月8日，瑞典国家爱乐乐团一行46人来江苏交流演出。2月26日至3月2日，法国塞纳省少儿合唱团暨巴黎国家歌剧院儿童合唱团一行109人来江苏参加“法国文化年·精彩92省”系列活动，演出儿童歌剧《马可·波罗与中国公主》。3月6日至12日，日本福冈县大鼓联合乐团一行22人来南京参加第十届南京国际梅花节演出活动，并与当地艺术团体进行交流。4月29日至5月5日，俄罗斯、斯洛伐克、蒙古、泰国、印尼、马来西亚、菲律宾7国民间歌舞艺术团245人参加2005中国常熟国际民间艺术节交流演出活动。5月10日至18日，瑞典铜管乐队一行50人来无锡参加第二届"中国无锡·太湖国际民乐展"暨"相约北京·走进无锡"演出交流活动。是月，日本福冈县筑本交响乐团一行25人来南京，与南京艺术学院音乐学院学生进行交流演出。6月25日至7月6日，马来西亚槟州艺演华乐团一行15人来南京，参加郑和下西洋600周年纪念活动，并举办"郑和下西洋"大型交响乐音乐会。9月22日至26日，俄罗斯舞蹈团一行22人、古巴舞蹈团一行16人、巴西舞蹈团一行20人、韩国全罗北道演剧协会暨全州市立剧团一行30人来无锡参加第三届中国无锡太湖博览会闭幕式演出活动。12月21日至31日，美国孟菲斯大学演唱团一行19人来江苏交流演出。12月25日，瑞士国际交响乐团应邀来连云港参加新年音乐会。

2006年3月2日，日本紫金草合唱团一行120人来南京举办"紫金草的故乡"专场音乐会。5月，瑞士音乐学院马丁等7人来江苏交流演出。6月30日，美国加州青少年交响乐团一行150人来苏州，与苏州平江少年宫小星星艺术团合作演出。8月10日至13日，日本华乐团一行60人来南京，联合演出大型民族交响乐《和平颂》。9月29日至10月9日，韩国NANTA剧团和迪达剧团一行24人来南京，参加江苏国际文化艺术周演出活动。是月，意大利歌唱家丽娜·萨斯特里、蓝衣悲悯巴洛克乐队、米兰小剧院《一主二仆》剧组一行69人来苏州，参加苏州—意大利经贸与文化交流月演出活动。11月，法国Amour de Zinc乐队来东南大学进行经典曲目内部观摩演出。11月28日至12月3日，日本福冈县音乐交流代表团一行10人来南京交流演出。12月，德国北威州国立交响乐团一行71人来江苏交流演出。

2007年1月30日至31日，巴西现代桑巴舞团一行23人来无锡交流演出。2月10日，俄罗斯芭蕾舞剧院一行55人来江苏交流演出。3月25日至26日，日本国际基督大学森本光生等5人来南京，与南京大学学生共同演出戏剧《Let's Go》。5月10日，美国杨百翰大学一行25人来江苏交流演出。7月9日至27日，美国圣路易斯奥比斯坡舞蹈学校、美国坎贝尔舞蹈工作室一行51人来江苏交流演出。8月7日，乌克兰国家军队歌舞团一行40人来江苏交流演出。8月26日至30日，德国斯图加特芭蕾舞团一行5人来南京参加由德国外交部、德国亚太经济委员会、歌德学院以及"德国——灵感与创新"国家形象宣传机构共同举办、江苏省人民政府协办，江苏省文化厅等单位具体承办的"德中同行·走进江苏"开幕式暨中德合作芭蕾舞《罗密欧与朱丽叶》演出；9月20日至24日，德国吴魏乐队一行15人，10月，德国斯图加特室内乐团、德国莱比锡爵士乐团等19个演艺团组共154人，来南京参加"德中同行·走进江苏"演出活动。9月8日至17日，荷兰北部拉邦省交响乐团一行50人来南京举办"名家名典"大型交响音乐会。9月24日，日本香道直心流访华团来江苏进行香道表演。是月，日本狂言剧团一行30人、日本青年座话剧团一行35人、韩国国立唱剧团一行80人、"缤纷韩国"艺术团一行30人来江苏南通参加由文化部和江苏省人民政府主办的第九届亚洲艺术节。同月，韩国朴再姬舞蹈团一行16人、日本琉球民族鼓舞团一行17人、新加坡萨姆赛德艺术团一行8人、斯里兰卡维斯舞蹈团一行11人、俄罗斯新西伯利亚国立模范民间合唱团一行50人、立陶宛"太阳"民乐团一行25人、黎巴嫩法赫德·阿卜杜拉舞蹈团一行25人、土耳其青年舞蹈中心艺术团一行15人、希腊克里特民间艺术团一行17人、意大利艾尔巴民间艺术团一行27人、匈牙利国防军歌舞团一行35人、奥地利民间艺术团一行32人、瑞士田园歌舞艺术团一行27人、德国波美拉尼亚民间舞蹈团一行27人、爱尔兰"红发女孩"演唱组一行2人、坦桑尼亚"我本英雄"艺术团一行9人、南非"传统歌者"民间舞蹈团一行17人、美国"文化震撼"街舞团一行14人、古巴雅琳娜舞蹈团一行40人、秘鲁激情演唱组一行4人、澳大利亚"约德尔民歌皇后"玛丽·施耐德等2人、库克群岛潘林岛艺术家一行30人来苏州参加第七届中国国际民间艺术节苏州主会场演出活动。10月1日，日本著名歌星谷村新司来南京举办"2007中日携手·世纪同行大型公益演唱会"。10月27日至11月2日，韩国民乐团一行15人、日本民乐团一行20人、俄罗斯喀秋玛国立芭蕾舞团一行55人、比利时尚·马龙工作室一行10

人、英国苏格兰之星乐团一行10人、加拿大杰西·库克乐团一行10人、加拿大绝色天音女子二重奏组合、巴西桑巴舞蹈团一行15人、多哥打击乐团一行7人来无锡参加第三届"中国无锡·太湖国际民乐展"演出活动。10月31日至11月3日，韩国全罗北道演剧协会、全州市立剧团一行28人来江苏演出舞台剧《艺术的激情》。11月13日至17日，日本福冈县音乐交流代表团一行11人来南京，与江苏演艺集团交响乐团联合举办江苏—福冈结好15周年纪念音乐会。

2008年5月16日，朝鲜"血海"歌剧团一行179人来南京演出歌剧《卖花姑娘》。10月16日至26日，韩国木花剧团一行40人、日本静冈县舞台艺术中心一行45人、印度南迪卡剧院一行16人、俄罗斯圣彼得堡国家冰上芭蕾舞团一行50人、希腊螺旋街头剧团一行14人、匈牙利《夜宴》演出团一行45人、德国黑森剧院一行30人、德国"捣蛋鬼"哑剧团一行6人、瑞典佩鲁剧团一行3人、美国百老汇《阿依达》演出团一行65人、加拿大四维艺术剧团一行16人、南非鼓魂打击乐团一行15人、澳大利亚烛花玩偶剧团一行16人来南京参加"第31届世界戏剧节"演出。

## 二、展览交流

### （一）赴国外展览

1980年4月4日至5月2日，应日本名古屋市博物馆和中日新闻社的邀请，以江苏省国画院副院长亚明为团长的江苏省国画院书画家代表团一行6人访问日本，并在名古屋市博物馆和北海道札幌市举办江苏省国画院书画作品展。爱知县知事仲谷义明、名古屋市市长本山政雄、中日新闻社社长加藤已一郎等出席名古屋展开幕式。应名古屋市政府的请求，亚明将其作品《宋人诗意图》赠送给名古屋市。9月至11月，南京少年儿童书画作品参加第二届国际儿童书画展，分别于9月在美国圣路易斯展出39幅，10月在意大利佛罗伦萨展出100幅，11月在日本名古屋展出200幅。

1981年2月和4月，江苏省国画院费新我书法作品展和宋文治画展先后在日本东京西武百货店画廊展出。9月，苏州市在加拿大维多利亚市和温哥华市举办"苏州风光画展"。10月5日，应新加坡立新工艺品公司的邀请，江苏省国画院画家亚明、宋文治等赴新加坡，在香格里拉酒店举办"亚明、宋文治画展"，展览期间售出作品43幅。

1982年9月，应日本中国友好画廊顾问荒川义雄的邀请，苏州市在日本神户鱼鳞美术馆举办"苏州风光版画·中国画展览"。

1983年2月9日，苏州传统美术作品桃花坞木刻年画在意大利罗马举行展览，并先后在威尼斯、佛罗伦萨、那不勒斯等城市巡回展出。11月15日至29日，应日本宫崎县川南町文化连盟和教育委员会的邀请，东海县书法家张之赴日本举办个人书法作品展览。12月16日至1984年2月5日，应美国加利福尼亚州柏克莱大学中国研究中心和东方艺术史系的邀请，江苏省国画院画家萧平在柏克莱大学举办个人画展。

1984年1月18日，江苏省国画院画家李亚应邀赴日本，先后在广岛、北九州举办个人画展，40%的展品被收购。4月16日至26日，版画家黄丕谟应邀赴日本神户举办"第四回现代中国版画展——黄丕谟版画展"。5月26日至27日，在日本中部书道会成立50周年之际，江苏省少儿书法作品应邀在名古屋市展出，5幅作品获爱知县知事奖，5幅获名古屋市市长奖，5幅获中部书道会会长奖。6月8日至15日，刘海粟夫妇及陈大羽、郁宏达、尉天池等应邀赴日本名古屋举办"中国南京艺术学院名誉院长刘海粟教授书画展"和"中国江苏省书画展"。8月24日至9月20日，根据法国罗瓦尔省圣太田市与徐州市的友好交流计划，徐州市在圣太田市举办中国画展，20幅展品与圣太田市交换，2幅展品应蓬皮杜艺术中心的要求赠予其收藏。10月，南京市在意大利佛罗伦萨市举办中国南京周期间，展出业余美术作者的书画作品100幅。10月10日至11月初，应日本明石市政府的邀请，无锡市在明石市举办"无锡市现代中国画、书法展览"。

1985年5月7日，应日本朝日新闻社和日中友好中心的邀请，南京艺术学院名誉院长刘海粟夫妇等赴日本，在东京举办"刘海粟中国画展"，展期2周；5月15日上午，日本首相中曾根康弘在永田町总理府会见刘海粟一行，刘海粟将作品《后海云雾》赠送给中曾根首相。6月，应日本堺市的邀请，连云港市文化局局长、画家石仁勇等3人赴堺市举办"连云港市书画展"。9月，根据中保文化交流协定，苏州“古吴轩”从藏画中挑选出全国名画家的精品力作100幅，在保加利亚首都索非亚举办“中国国画展”，保加利亚外交部副部长、国家文委副主席等出席开幕式。

1986年9月，江苏省美术家协会主席亚明率中国画家代表团访问美国，代表团在纽约举办画展并与艺术界人士交流。10月10日至20日，江苏省戏剧学校美术教师钟国钢应邀赴美国，在加州大学举办个人粉画作品展。12月29日至1987年1月8日，应日本津市—镇江市艺术文化实行委员会的邀请，镇江市国画院在日本津市举办“镇江市中国画展”。

1987年5月，刘海粟应邀赴新加坡访问讲学并举办个人画展。6月5日至10日，“亚明绘画展”在东京西武百货店画廊展出。9月6日至10月6日，应日本东京松屋商事株式会社的邀请，江苏省国画院院长赵绪成等4人赴日本，在东京、大阪举办“傅抱石和江苏省国画院书画作品展”。11月2日至12日，应日本绫布市政府的邀请，作为友好城市交流项目，常熟市书画院一行3人赴日本，在绫布市举办书画展览。

1988年4月28日，江苏省80位书法家作品赴日本东京参加“中国当代书法家献书展”。

1989年5月13日至18日，应日本以文会的邀请，江苏书画家代表团一行7人赴日本，参加以文会书法展活动。6月8日至7月4日，刘海粟在德国德累斯顿举办“刘海粟绘画展览”。

1990年1月22日至2月10日，应泰国正大集团的邀请，南通书画印章展在泰国举办。3月14日至4月1日，应新加坡友谊企业有限公司的邀请，江苏省国画院傅小石等3人赴新加坡举办“傅家兄弟画展”。7月11日至18日，日本西武百货店举办宋文治、范曾书画展销活动。10月12日至11月7日，应新加坡鸿翊艺术中心的邀请，江苏省美术馆版画家李树勤赴新加坡举办个人作品展。10月28日至11月12日，应加拿大安大略省文化部邀请，江苏省水印版画展在加拿大举办。

1991年1月21日至2月5日，应新加坡龙华艺术品公司的邀请，扬州国画院在新加坡举办画展。6月20日至7月25日，应新加坡鸿翊艺术中心的邀请，江苏省国画院画家萧平赴新加坡举办个人画展。11月至12月，朱葵等3人在新加坡举办金陵三友画展。

1992年4月至9月，应日本读卖新闻社的邀请，江苏省美术馆画家朱葵等9人在日本举办“江苏省美术馆明清书画展”。6月15日至7月3日，应新加坡龙华艺术品公司的邀请，扬州国画院在新加坡举办书画作品展。11月，江苏省美术馆11人受中国对外展览公司组派，赴墨西哥举办现代绘画展。

1994年5月2日至5月25日，应斯洛文尼亚斯洛加斯美术馆的邀请，江苏省美术馆画家朱葵赴斯举办“朱葵中国画展”。5月2日至11月7日，应法国巴黎吕霞先画室的邀请，江苏省美术馆画家程勉赴法举办个人画展。5月6日至20日，应斯洛文尼亚卢布尔雅那美术馆的邀请，马鸿增等6人赴斯举办“江苏省美术馆中国油画展”。6月6日至6月30日，应泰国中江泰有限公司的邀请，江苏省国画院亚明等2人赴泰国举办“亚明、邵遐远中国画展”。7月，应比利时比中文化中心的邀请，原中国美院教授、江苏省美术馆国画家吴国亭赴比利时举办“吴国亭中国画展”。8月8日至12日，应日本日中友好协会的邀请，苏州市文化局许洪祥等3人赴日本举办“苏州版画艺术展”。8月20日至11月1日，镇江市国画院副院长丁观加赴德国巴符州曼海姆艺术博物馆举办“丁观加中国画展”。8月至9月，应法国范氏集团的邀请，宋华应邀赴法国举办“宋华中华中国画展”。9月14日至24日，“江苏文化展”在德国科隆举办。9月15日至10月22日，应美国亚洲艺术协调委员会的邀请，江苏省国画院画家徐乐乐赴美参加当代中国女画家绘画作品联展。11月，应法国中华艺苑进出口公司的邀请，徐州国画院欧阳龙等2人赴法国举办中国绘画展览。12月22日至1995年1月22日，江苏省美术馆朱葵、朱平父女应邀赴美国举办画展。

1995年2月，应马来西亚狮子会的邀请，无锡画家陈德华等2人应邀赴马来西亚举办画展。4月，应美国纽约皇冠画廊的邀请，江苏省国画院画家傅二石赴美国举办个人画展。4月，应泰国文学艺术会的邀请，江苏省画家代表团一行4人赴泰国举办画展。4月10日至5月10日，应日本九州市若草山水画爱好会的邀请，镇江市国画院杨逸塘等3人赴日本举办“杨氏三人中国画展”。9月1日至30日，应旧金山瑞曼画廊的邀请，江苏省美术出版社毛逸伟赴美国举办“金陵翰墨特展”。9月5日至23日，应韩国文化观光交流部的邀请，南京师范大学李有光等3人赴韩国参加“中韩建交三周年画展”。9月25日至10月25日，应美国旧金山“美中艺术家交流协会”、加拿大温哥华“青云艺术中心”的邀请，江苏省美术馆画家朱葵赴美国、加拿大举办个人画展。9月28日，无锡市文学艺术界联合会刘铁平等2人赴日本举办画展。10月，苏州市在日本举办“苏州传统工艺展”。10月5日至14日，应日本群马县立大学的邀请，镇江市画家田致鸿赴日本举办画展。10月10日至11月10日，应美国旧金山中国画廊的邀请，江苏省美术馆画家陈培光等2人赴美国举办画展。11月1日至12月10日，应马来西亚怡保市空艺斋画廊的邀请，江苏省美术馆画家洪维勤赴马来西亚举办画展。11月3日至30日，江苏省美术馆画家李华英等2人应邀赴日本举办画展。11月4日至12月3日，应澳大利亚“95国际东华节组委会”邀请，江苏省国画院画家傅二石赴澳大利亚举办个人画展。11月25日，江苏省国画院画家贺成等应邀赴澳大利亚维多利亚州参加“圣诞节前艺术展”。12月，苏州画家顾鹤冲应邀赴美国进行书画艺术交流。12月10日至30日，应新加坡振华控股私人有限公司的邀请，江苏省国画院画家李亚等5人赴新加坡举办画展。

1996年3月，应美国马里兰州圣马利学院的邀请，江苏省国画院画家萧平等2人赴美国举办画展。4月，应日本株式会社近江屋的邀请，江苏省国画院画家傅二石等2人赴日本举办画展。10月，应新加坡振华控股私人有限公司的邀请，画家张德俊赴新加坡举办画展。11月至12月，应澳大利亚澳华博物馆的邀请，江苏省美术馆画家朱葵赴澳大利亚墨尔本举办个人画展。同期，应马来西亚泰兴公司的邀请，江苏省美术馆画家李华英赴马来西亚举办画展。同期，江苏省工艺美术公司画家于瑞荣赴法属留尼旺圣丹尼尔市办展交流。12月，江苏省美术馆画家陈培光赴马来西亚举办个人画展。

1997年1月，应韩国文化艺术研究会的邀请，镇江市画家代表团一行4人赴韩国参加书画艺术交流展。3月，盐城民间工艺师李玉生应邀赴新加坡表演捏面人技艺。4月，应加拿大洛易斯实业公司的邀请，江苏省美术馆画家陈世光赴加拿大举办画展。同月，应日本拓殖大学的邀请，苏州市国画院画家马伯乐赴日本办展交流。4月至6月，应美国纽约东方画廊的邀请，江苏省国画院画家喻继高、屠美如赴美国举办画展并讲学交流。5月15日至6月3日，应美国加州谦和画廊的邀请，常州市刘海粟美术馆3人赴美国办展交流。6月，应美国旧金山紫晴园画廊等的邀请，江苏省美术馆画家朱葵赴美国、加拿大办展交流。6月至7月，应奥地利工商银行画廊的邀请，江苏省美术馆画家钱志林等4人赴奥地利办展交流。7月，应美国加利福尼亚州西姆画廊的邀请，江苏省国画院画家常进等3人赴美国洛杉矶办展交流。8月，应韩国大田市政府的邀请，南京书画代表团一行7人赴韩国参加中韩书画作品交流。同月，应加拿大安大略省多伦多市嘉华画廊的邀请，江苏省美术馆画家杨波赴加拿大举办个人画展。8月至1998年2月，应日本读卖新闻社的邀请，江苏省美术馆在日本举办“江苏省美术馆所藏20世纪中国绘画展览”。9月，应马来西亚水墨画协会的邀请，江苏省国画院画家卢星堂等3人赴马来西亚办展交流。9月至10月，应英国伦敦达比画廊的邀请，江苏省国画院画家徐雷、喻慧赴英国举办画展。10月，应德国巴斯夫公司的邀请，“江苏现代中青年画家作品展”在德国举办。12月，作为文化部交流项目，“江苏工艺品展”在贝宁、俄罗斯、法国举办。

1998年3月，应美国紫晴园画廊的邀请，江苏省国画院画家徐善赴美国办展交流。同月，应美国南海艺术中心的邀请，南京市文学艺术界联合会画家段昭南赴美国举办戏剧人物绘画展。6月，应韩国全罗北道政府的邀请，南京金陵老年绘画代表团一行12人赴韩国参加“韩中美术作品展示会”。同月，应加拿大中立艺术公司的邀请，南京市影像资料馆周群赴加拿大参加“98多伦多中国风筝艺术展”。7月，扬州国画院画家朱旭应邀赴德国举办画展。8月，应德国本多夫市美术馆的邀请，江苏省美术馆画家朱葵赴德国举办画展。9月，江苏省美术馆画家晏明应邀赴德国举办画展。同月，江苏省文学艺术界联合会文化交流团一行5人赴韩国举办书画展。9月7日至14日，应韩国艺总大邱广域市支会邀请，江苏省文学艺术界联合会艺术家代表团一行5人对韩国进行访问，并在大邱市艺术联合会美术馆举行“江苏省书画作家招待展”。10月，应美国新泽西州版画协会的邀请，江苏省版画院画家翁承豪赴美国参加“中国江苏水印版画展”。11月至12月，南京少儿书画协会赴美国举办“南京市少儿书画展”。12月，应日本亚细亚文化交流协会的邀请，南京市国际文化艺术交流中心2人赴日本参加第14届中日儿童书画展。

1999年5月，应美国圣约翰大学东方艺术馆的邀请，江苏省美术馆画家朱葵等2人赴美国举办个人画展。6月，常州市画家金锋等2人赴日本举办画展。同月，应国际画展筹委会的邀请，南京艺术学院画家毛焰赴意大利参加画展。9月，应美国东方文化公司东方画廊的邀请，苏州国画院画家刘懋善等2人赴美国举办画展。10月，应韩国槿墨学会的邀请，南京市书法家协会赵兴德等6人赴韩国参加“第五届中韩书法交流展”。10月至11月，应日本美术馆联络协会的邀请，江苏省国画院吴宏远等5人赴日本举办“二十世纪中国画六展区——傅抱石画展”。12月，应美国现代艺术交流协会、加拿大魁北克华人作家协会的邀请，南京市书画院画家朱道平等5人赴美国、加拿大参加“中国大江南北画展”。同月，应韩国书艺文化院的邀请，中共江苏省委统战部徐畅赴韩国参加“韩中书画篆刻交流展”。同月，苏州画家孙君良参加文化部团组，赴澳大利亚参加“99悉尼中国画艺术展”。

2000年2月，应日本大阪“现代中国艺术中心”的邀请，苏州国画院画家张铨夫妇赴日本举办画展。4月，应新加坡四宝斋的邀请，无锡工艺美术师杨勤劳等2人赴新加坡举办“集古斋紫砂精品展”。7月，应美国波士顿涛冰艺术画廊的邀请，苏州国画院画家顾迎庆赴美国举办个人画展。9月，应美国华盛顿地区中国文化节筹委会的邀请，苏州民间工艺师蔡云娣赴美国进行雕刻艺术表演交流。11月，应美国西雅图中国文化书院的邀请，江苏省文化艺术研究院王永敬等3人赴美国参加江苏传统书画戏曲展。

2001年5月，应日本中国书法学院的邀请，镇江市在日本举办焦山碑林原拓展。6月，应美国南海公司的邀请，江苏省国画院画家盖茂森等6人赴美国举办“江苏国画院书画展”。8月，应美国芝加哥中美艺术交流中心的邀请，南京市书画家代表团一行13人赴美国举办“金陵画派书画大展”。10月，江苏省美术馆版画家李树勤赴日本参加“京都版画2001”展。11月，应新加坡狮城书法篆刻会的邀请，江苏省文化厅副厅长赵绪成赴新加坡参加“新世纪国际甲骨文书法艺术展”。11月至2002年2月，应挪威奥斯陆大学自然博物馆的邀请，南京市云锦研究所副所长张玉英等6人赴挪威举办“云锦饰品及云锦织造工艺展”。

2002年3月，应新加坡书法协会的邀请，江苏书法家协会代表团一行3人赴新加坡参加“江苏—新加坡书法作品展”。4月，应马来西亚集美珍藏美术画廊的邀请，江苏省国画院画家高马得等3人赴马来西亚举办画展并交流。5月，应韩国大田广域市市长的邀请，南京市书画代表团一行10人赴韩国参加“第七届大田·南京书画交流展”。6月，应波兰格但斯克国家美术馆的邀请，江苏省国画院画家卢星堂等2人赴波兰举办画展。7月10日至20日，应澳大利亚东方艺术中心的邀请，中共江苏省文学艺术界联合会党组副书记、秘书长高以俭等一行6人赴澳大利亚进行书画交流。9月，应加拿大哥伦比亚大学的邀请，江苏省国画院画家沈勤赴加拿大举办个人画展。同月，应美国北美中华艺术节协会的邀请，江苏省国画院9人赴美国办展交流。9月29日至10月1日，应韩国金堤市政府的邀请，南通市政府访问团一行12人赴韩国举办友好交流画展。9月至11月，“苏州传统工艺精品展”在捷克、罗马尼亚、摩尔多瓦巡展。10月，应韩国槿墨书学会的邀请，南京市书法家协会一行6人赴韩国参加“第七届中韩书法作品交流展”。10月22日至27日，应韩国大邱艺总的邀请，江苏省文学艺术界联合会文艺交流团赴韩国联合举办庆祝中韩建交十周年摄影、油画艺术交流展。10月至11月，应加拿大多伦多市中国美术馆的邀请，江苏省国画院画家傅二石赴加拿大举办个人画展。同期，南京艺术学院画家王虢随国务院新闻办公室组团赴美国，参加“和平与合作——我们共同走过历史”展览。

2003年9月10日，作为“中法文化年——锦绣江苏”第一阶段系列活动项目，江苏省南通风筝艺术团参加在法国南部举办的以“梦幻与现实中的中国”为主题的“马赛国际风筝节”。10月，苏州文化展演团一行25人随苏州市政府招商团赴日本、韩国举办“古韵今风”苏绣精品展演活动。11月20日，作为“中法文化年——锦绣江苏”第一阶段系列活动项目，荟萃全省工艺美术6大门类、30多个品种的“中国江苏工艺美术精品展暨摄影艺术展”在巴黎中国文化中心开幕。12月，江苏省对外友好协会组织江苏书画友好代表团一行6人赴日本进行书画交流。

2004年3月，应美国中华陶瓷艺术学会的邀请，宜兴陶艺代表团一行14人赴美国参加“第四届中华陶艺艺术节”。5月，作为“中法文化年——锦绣江苏”第二阶段系列活动项目，“江南文人思想与中国园林艺术——中国江苏文物精品展”在法国上塞纳省布伦市阿尔贝卡博物馆开幕。6月，应俄罗斯圣彼得堡华人华侨联合会的邀请，南京书画院陈军等13人赴俄罗斯举办中国书画展。6月至7月，应日本读卖新闻社的邀请，江苏省美术馆画家宋玉麟等8人赴日本举办“江苏美术馆藏20世纪中国水彩画回顾展”。7月，应日本碧波会的邀请，江苏省文学艺术界联合会代表团一行10人赴日本进行儿童画交流。10月，作为“中法文化年——锦绣江苏”第三阶段系列活动项目，“中国江苏当代版画展”在巴黎近郊的索市拉开幕。

2005年3月31日至4月28日，应日本西福画廊的邀请，南京大学美术研究院院长吴为山等5人赴日本举办“吴为山雕塑绘画展”。7月，江苏省文学艺术界联合会李啸等3人应邀赴日本举办儿童画展。8月26日至9月5日，应美国华商总会的邀请，南京文化局副局长、版画家徐开利赴美国举办个人画展。

2006年4月15日至5月28日，由江苏省文学艺术界联合会支持举办的郑云峰“永远的三峡”摄影展在美国纽约圣约翰大学应邀展出。6月30日至7月12日，应马来西亚第一现代美术馆的邀请，南京书画院代表团一行16人赴马来西亚参加“中马绘画艺术交流展”。9月18日至24日，应韩国大邱艺术文化总联合会的邀请，江苏省文学艺术界联合会代表团一行12人赴韩国举办摄影书法作品展。10月，应意大利托斯卡纳大区政府文化和遗产部的邀请，江苏省美术代表团一行8人赴意大利举办“中国江苏现代水墨画展”。

2007年5月，应英国纽卡斯尔大学、英国中英文化交流协会的邀请，江苏省文化馆朱明赴英国举办个人画展。8月31日至9月10日，应日本九州国立博物馆的邀请，南京博物院徐湖平赴日本福冈举办个人画展。10月17日，应美国海外中国美术家协会邀请，江苏省美术家协会一行4人赴美国旧金山举办中国画画展。12月，应巴西南美侨报社的邀请，江苏省文学艺术界联合会代表团一行6人赴巴西举办“中国三江摄影作品展”。

**（二）国外来苏展览**

1978年6月9日至23日，阿尔及利亚画展在南京举办。

1979年12月10日至23日，德国版画家柯勒惠支作品展在南京举办。

1981年1月30日至2月13日，南斯拉夫现代绘画展在南京举办。11月7日至13日，英国华侨方召麟书画展在南京举办。12月23日至1982年1月15日，联邦德国表现主义版画作品展在南京举办。

1983年9月2日至8日，日本东海书道院作品在南京展出。

1984年5月14日至30日，第二次中日书法家作品联展在南京举行，日本书法家青山杉雨率代表团69人参加开幕式。

1985年7月31日至8月7日，日本中部书道会作品展在南京举办。

1986年4月18日至5月2日，南京、日本“刀之会”版画联展在南京举办。

1987年3月，英国伊恩·贝利摄影展在南京师范大学举办。3月21日至22日，日本丰桥乐书会17人来南通市交流书艺，南通、丰桥书法联展同期在南通举办。5月20日至26日，澳籍华人姚迪雄画展在南京举办。6月，美籍华人徐靖沂水彩画展在南京举办。同月，日本津市赠书展览会在镇江展出。8月，日本金泽市、苏州市美术联展在苏州举办。8月20日至24日，第二届中日儿童书法联展在南京举办。10月5日至20日，美籍华裔画家侯北人偕夫人来南京举办画展并讲学。12月10日至23日，新西兰摄影作品在无锡展出。

1988年7月27日，江苏省美术馆举办“江苏省—爱知县教师书法作品展”。

1989年4月，美籍华人吕无咎来南京举办个人现代水墨画展。

1990年5月，日本书法家柳田泰云来南京举办个人书法展。7月，日本以文会来南京举办书法展。7月26日至29日，由中国南京市、南京市人民对外友好协会、日本三岛市书作家协会主办的“中日友好第一回书道交流100人展”在江苏省美术馆举行。

1991年4月4日至11日，德国画家曹佑墨尔来南京举办个人画展。5月1日至10日，美籍华人版画家廖修平来南京举办个人画展。

1994年3月，新加坡摄影家林光霖来南京举办个人摄影作品展。8月29日至9月7日，美籍华人妙因法师书法展在南京举办。10月4日至11日，日本女画家龟谷博子来南京举办个人画展。

1995年1月，澳大利亚画家翁真如来江苏举办个人画展。2月，“今日以色列摄影作品展”在南京举办。3月31日至4月20日，美籍华人摄影家郭仪来南京举办个人摄影展。4月，日本书法代表团一行12人、韩国书法代表团一行15人、美国书法代表团一行13人，来镇江参加“中国镇江’95瘗鹤铭杯国际书法大赛”。5月，日本画家木佐贯等3人来南京举办油画展。6月，日本版画家一行10人来苏州举办画展。9月，马来西亚画家一行8人来苏州举办画展。10月，日本书法代表团一行70人来南京举办日本美术书法展。同月，美籍华人画家张哲雄来苏州举办画展。10月24日，由江苏国际文化交流中心和日本国际美术书道文化交流协会联合举办的首届中日国际书画大展在南京博物院展出。11月，法籍华人画家孔桂礼来南京举办个人画展。同月，日本油画家藤尾昭来南京举办个人画展。

1996年4月，韩国大田市书画代表团一行20人来江苏访问并举办画展。5月，澳大利亚艺术家芭芭拉·多尔蒂等3人来江苏访问并进行艺术绘画表演。7月，日本“第二回中日教师书法作品展”在南京举办。8月，“中日友好交流西部每日作品展”在江苏省美术馆举办。同月，“96南京日中文化周”在南京举办，活动中举行茶道表演和偶人展。10月，日本书法家代表团一行20人来南京举办书法展。同月，韩国书法家代表团来南京参加书法展。同月，韩国文化艺术研究会书画代表团来镇江举办展览。同月，俄罗斯画家代表团来南京举办画展。10月至11月，以色列“纪念拉宾摄影展”在南京举办。

1997年2月，日本画家小仓辉明等2人来镇江举办画展。同月，美籍华人画家杨明义来苏州举办画展。4月，美国“翰墨因缘——四人书法展”在南京举办。5月，日本画家牧野弥生来常州举办画展。同月，日本插花艺术表演团一行25人来南京艺术学院举办插花艺术表演。6月，美籍华人画家丁绍光艺术作品展在南京举办。7月，“中韩三地水墨画大展”在江苏省美术馆举办。8月，日本金泽市美术访华团一行13人来苏州举办画展。9月，德国女画家霍恩菲纳来南京举办个人画展。同月，“中日书法联展”在苏州举办。10月，日本书法家14人来南京参加甲骨文书法展。同月，日本画家柴田祥水等60人来南京举办书法展。同月，朝鲜艺术品观摩展在南京举办。同月，以色列格尔伯格等2人来南京举办“为了和平——以色列图片展”。

1998年2月，日本书画家稻垣菘圃等2人来南京举办书法展。3月，以色列“光明殿堂”摄影展在东南大学举办。4月，朝鲜图书图片展览总局在南京举办图书图片绘画展。7月，日本书法家22人来南京参加“纪念于右任先生诞辰120周年中日书法联展”。8月，第三届“南京—大田书画交流展”在南京书画院举办。10月，“98南京日本文化周”在南京举办，活动中举行日本插花、茶道表演。同月，第四届“中韩书法交流展”在南京举办。11月，马来西亚水彩画展在苏州举办。

1999年2月，“日本挂历展”在苏州举办。3月，日本书法家丹山来扬州举办书法展。4月，“江苏省—福冈县第一届书法友好交流展”在南京举办。6月，新加坡“南洋风情”书画展在苏州举办。8月，以色列“地平线风光摄影展”在苏州举办。同月，“中韩美术作品交流展”在南京举办。9月，第四届“南京—大田书画交流展”在南京举办。同月，英国画家瓦奇·米拉基来南京举办画展。10月，以色列驻上海总领馆在南京举办“充满活力的以色列——摄影作品展”。11月，“江苏—日本石川第一届书画作品交流展”在南京举办。同月，朝鲜书画代表团一行3人来苏州举办书画展销。12月，德国摄影家魏德克女士来南京举办个人摄影展。

2000年1月，“中日书法名家邀请展”在南京举办。2月，德国艺术家帕尔特海姆作品展在南京举办。3月，日本艺术网院书画代表团一行42人来南京举办书画展。同月，日本书法家崛内千惠等7人来南京举办书法展。4月，日本女画家浅田圣子来南京举办个人中国画展。5月，“迎接新世纪——中日（南京、半田）书法交流展”在南京举办。同月，江苏省美术馆举办“2000当代艺术国际交流展”。6月，日本玲墨会社社员书法作品展在苏州吴作人艺术馆举办。7月，日本“纪念周恩来书法艺术作品展”在淮安周恩来纪念馆举办。同月，日本32人来访江苏，参加首届中国特殊儿童书画展。同月，以色列“希伯来书法艺术展”在江苏省美术馆举办。8月，日本中部书道会代表作品展在南京举办，日本前首相海部俊树来宁参展。8月11日至10月13日，日本画家镰田茂男“20世纪的记忆——奥斯维辛·南京”油画展在侵华日军南京大屠杀遇难同胞纪念馆举办。9月，韩国全罗北道研智会代表团一行15人来访南京，与金陵老年大学联合举办画展。9月28日至10月13日，美国5人代表团来南京参加“国际艺术博览会”。10月，“望月望乡”中日书法展在镇江举办。同月，日本80人代表团来镇江参加“镇江友好城市艺术展”，举办书画展览。同月，韩国30人代表团来南京参加第六届“中韩书法交流展”。12月，日本15人代表团来南京参加“亚细亚2000年国际和平现代美术展”。

2001年3月，日本62人代表团来南京参加“新世纪中日文化交流书法作品展”。3月至4月，“以色列古迹图片展”“充满活力的以色列图片展”相继在南京举办。4月至5月，“中澳画家作品联展”在南京举办。5月，拉脱维亚“里加摄影展”在南京举办。6月，以色列驻沪总领馆在南京举办“生命签证图片展”。同月，“南京—大田书画交流展”在南京举办。7月至8月，日本工艺美术家近藤爱子“中日和平扎染艺术鲤帜展”在南京举办。8月，“中日当代书法二人展”在南京举办。9月，韩国8人代表团来访南京，参加“中韩美术作品联展”。10月，“中日刻字艺术交流展”在南京举办。

2002年4月，“法国雕塑家路易·迪朗作品展”在南京举办。5月，以色列“从创世纪开始——沙伊·吉诺特摄影展”在苏州大学举办。6月，日本“岐阜市盟之会书法展览”在苏州吴作人艺术馆举办。同月，“科威特造型艺术展”在南京文化艺术中心举办。8月，日本“梦之桥·摄影书法美术展”在江苏举办。同月，“日本著名书法家今井凌雪暨雪心会会员书法作品展”在江苏举办。同月，“美国画家桃乐茜·肯尼迪个人水彩画展”在南京举办。9月，日本女画家八十山和代来南京举办个人竹文化画展。同月，日本40位书法家来访江苏，参加“中日友好书法交流展”。同月，美国版画家代表团一行5人来访江苏并举办画展。10月，日本30名画家来访江苏，举办“日本相模原市书画展”。同月，“日本片野蕙石伞寿纪念书法展”在南京举办。同月，旅美画家黄锦江、杨宁画展在南京举办。同月，俄罗斯4名画家来访江苏，举办“俄罗斯当代经典油画展”。11月，“中日大型画报联展”在南京举办。同月，“刚果(布)乌木雕刻艺术品展”在南京举办。同月，“秘鲁风情摄影展”在南京举办。12月，“中日国际版画交流展”在南京举办。

2003年4月，墨西哥已故摄影家纳乔·洛佩斯摄影展在南京举办。5月，日本版画家横山隆雄来访江苏并举办个人画展。同月，美籍华人画家张充和来访江苏并举办个人画展。同月，韩国槿墨书学会一行20人来访江苏，参加第八届“中韩书法作品联展”。10月，韩国大田市书画交流团一行30人来访江苏，参加第八届“南京—大田书画交流展”。11月，韩国大邱市摄影油画交流团一行16人来访江苏，参加“江苏·大邱摄影油画作品展”。

2004年6月，日本日中文化交流促进会来访江苏，举办第二届“全日本代表书家作品展”。同月，韩国韩中水彩画协会一行15人来访江苏，参加“中韩水彩画交流展”。7月，韩国书法家闵炳道等21人来访江苏，举办“2004闵炳道作品展”。8月，日本儿童画交流团一行18人来南京，参加由江苏省文学艺术界联合会主办的“2004中日儿童画展”。11月，中日书画交流团一行25人来访江苏并举办交流展。同月，日本爱知县艺术文化协会代表团一行22人来访江苏，举办插花、书道交流活动。12月，美国汉学家汉斯·古根海姆来访江苏，举办“战争与和平——西班牙绘画大师戈雅铜板画作品展”。

2005年4月，德国柏林艺术大学在南京举办“欧洲一百张最佳海报展”。同月，日本以文会书法代表团一行109人来访江苏，举办“中日书法作品交流展”。5月23日，由中国书法家协会、江苏省文学艺术界联合会联合主办的第16届中日自作诗书展暨首届中日诗书论坛开幕仪式在江苏省张家港市博物馆举行。6月，法国摄影家柯蓉等6人来访江苏，举办“水上人家”摄影展。8月，日本书法家中林路风来访江苏，举办个人书法展。10月，法国画家丘林·伯德龙等2人来访江苏，举办“法国双人油画展”。11月，日本女画家井口和子来访江苏，举办个人画展。同月，美国版画家凯瑟琳·吉尔来访江苏，举办个人画展和艺术讲座。

2006年5月，秘鲁文化展在南京航空航天大学举办。6月，新加坡书法家代表团一行12人来访苏州，举办“新加坡—苏州书法交流展”。9月，日本每日新闻社、财团法人每日书道会在连云港市博物馆举办“中日书法家作品交流展”。10月，旅法华人画家赵无极来访江苏，举办个人画展。同月，旅美画家蔡国强来访江苏，举办“水巷寻梦”现代艺术作品展。

2007年3月，澳大利亚画家约翰·杨来访江苏，举办“开放的世界——约翰·杨油画展”。5月，美国艺术家黑峰来访江苏，举办“黑峰浪漫禅艺术展”。6月，日本残疾人艺术团2人来访江苏，举办日本残疾人艺术作品展。同月，日本插花艺术团来访江苏，举办“中日插花艺术交流展”。8月至11月，德国“德中同行”文化代表团一行18人来访江苏，举办“马库斯·吕佩尔茨作品展”。9月，日本国际书道联盟一行20人来访江苏，举办“中日书法联展”。9月11日至15日，应江苏省文学艺术界联合会邀请，韩国艺术文化总联合会大邱广域市支会一行15人代表团来访，参加第六届中韩美术摄影建筑艺术作品展。10月，德国汉堡州文化部2人来访江苏，举办“远西画展”。同月，日本醉墨会、日中书画交流协会一行20人来访江苏，举办“中日水墨画交流展”。

2008年2月至3月，德国阿迪达斯体育有限公司在南京举办“共震”运动视界艺术展。5月，法国画家玛利亚·雅丽安来苏州举办个人画展。同月，瑞士驻上海总领馆在苏州博物馆举办“时光追忆——瑞士人眼中的江南旧影”老照片展。9月，德国歌德学院德国文化中心在南京举办“德国新设计与包豪斯作品展”。10月，日本摄影家山口植树来访江苏，举办摄影作品展。10月至11月，比利时布鲁塞尔优艺公司在苏州举办优艺公司艺术藏品展。10月15日至2009年1月8日，法国国家图书馆一行2人来苏州举办“赵无极铜版画和插图展”。11月，日本爱知县东海书道院一行100人来访江苏，举办“纪念中日和平友好条约缔结30周年东海书道院作品展”。同月，美籍华裔画家侯北人的“造化瑰奇——侯北人山水画展”在南京博物院举办。

## 三、其他交流

### (一) 赴国外交流

1981年10月20日至11月11日，高晓声作为中国作家、翻译家、出版家代表团成员赴美国访问交流。

1987年8月16日至21日，应国际图联大会组委会的邀请，南京图书馆派遣王冬立赴英国，参加在布莱顿召开的国际图书馆协会联合会第53届代表大会。9月5日至12月12日，根据江苏省与澳大利亚维多利亚州的友好城市交流计划，南京图书馆副馆长王林西应邀赴澳大利亚维多利亚州图书馆考察，并参与实际工作。

1990年6月，应日本爱知县中日友好协会和中部日本书道会邀请，江苏省书法家协会一行6人，赴日访问并进行书艺交流。

1991年8月12日至9月9日，应国际图联大会组委会的邀请，南京图书馆代表团一行3人赴俄罗斯参加国际图书馆协会联合会第57届代表大会。

1992年1月21日至2月24日，应日本爱知县日中友好协会的邀请，江苏省国画院院长赵绪成夫妇赴日进行友好文艺交流访问。

1993年9月下旬，由江苏省歌舞剧院、江苏省昆剧院、南京市民乐团联合组成的江苏艺术团随江苏省政府代表团出访新加坡。

1994年10月4日至14日，应日本和平龙友好会的邀请，南京图书馆卢子博赴日本访问考察公共图书馆。同月，江苏省美术家协会代表团赴俄罗斯进行为期20天的访问。

1996年12月，应日本创美流华道委员会的邀请，南京市书画院秦国良等8人赴日本进行书画艺术交流。

1997年8月2日至9日，应欧洲华人学会邀请，江苏省文学艺术界联合会主席王光炜、江苏省文联《乡土》杂志社常务副主编李晓东前往荷兰参加第九届欧洲华人国际学术研讨会。8月17日至23日，应韩国大邱艺总的邀请，江苏省文学艺术界联合会副主席、省文化厅副厅长、省国画院院长赵绪成等5人赴韩国进行友好交流访问。8月29日至9月7日，应国际图联大会组委会的邀请，南京图书馆许建业赴丹麦参加国际图书馆协会联合会第63届代表大会。10月20日至11月17日，江苏省杂技家协会副秘书长张锦华，江苏省杂技家协会理论员、建湖县杂技团团长周蔚海2人赴日本进行艺术交流。10月27日至11月8日，应日本爱知县文化艺术协会的邀请，中共江苏省文学艺术界联合会党组书记、秘书长姚志强等3人赴日商谈两地区艺术团体文艺交流事宜。12月1日至10日，应日本和平龙友好会的邀请，南京图书馆宫爱东赴日本参观考察图书馆设施。

1998年6月9日至18日，文学评论家陈辽应邀参加中国作家代表团，访问日本东京、京都、姬路、奈良市等地，与日本笔会会员和日本文学界同仁就“汉字文化圈的过去、现在和未来”“亚洲，现在令世界瞩目”两大议题进行对话和交流。

1999年8月，应国际图联大会组委会的邀请，南京图书馆袁大志、许建业赴丹麦参加国际图书馆协会联合会第65届代表大会。

2000年6月，南京图书馆常务副馆长马宁应邀赴美国，参加美国图书馆年会。10月，应澳大利亚图书馆与情报协会的邀请，南京图书馆杨世明等2人、南京大学侯文佳赴澳，参加澳大利亚图书馆年会。

2001年8月，应国际图联大会组委会的邀请，南京图书馆卢子博等2人赴丹麦参加国际图书馆协会联合会第67届代表大会。

2002年2月2日至8日，江苏省艺术人才培训中心主任韩兰成随中央电视台代表团赴摩纳哥执行采访、拍摄任务。3月22日至27日，应新加坡书法家协会的邀请，江苏省书法家协会主席尉天池赴新加坡进行友好交流访问，参加“中国江苏·新加坡书法作品展”活动。8月，应国际图联大会组委会邀请，南京图书馆常务副馆长马宁等2人赴英国参加国际图书馆协会联合会第68届代表大会。8月14日至21日，应德国贝塔电影有限公司的邀请，江苏省电视艺术家协会秘书长宋平林、副秘书长王敏泉随中国电视艺术家协会代表团赴德进行对口交流访问。10月10日至16日，应泰国第一届国际魔术节组委会的邀请，江苏省艺术人才培训中心主任韩兰成随中国中央电视台《曲苑杂坛》摄制组赴泰国采访拍摄国际杂技节。11月2日至13日，应澳大利亚澳中文化交流中心和新西兰世界电视有限公司的邀请，江苏省电视艺术家协会顾问、省政协常委、科教文委员会主任周顺生等一行7人赴澳大利亚、新西兰进行电视艺术交流。

2003年8月，应国际图联大会组委会的邀请，江苏省文化厅社会文化处处长方标军率南京图书馆代表团一行8人赴德国参加国际图书馆协会联合会第69届代表大会。

2004年3月18日至24日，中国作为主宾国参加第24届法国图书沙龙，江苏作家苏童、毕飞宇等参加了“中国作家法国图书沙龙展”。5月27日至6月8日，应澳大利亚维多利亚州政府艺术部、新西兰罗特鲁瓦市政府的邀请，南京图书馆馆长马宁等4人赴澳大利亚、新西兰参观考察公共图书馆。8月，应国际图联大会组委会的邀请，南京图书馆馆长马宁等6人赴阿根廷参加国际图书馆协会联合会第70届代表大会。

2005年5月20日至31日，应俄罗斯欧亚电视广播研究院的邀请，中共江苏省文学艺术界联合会党组副书记、副主席、书记处书记高以俭随中国电视文化代表团前往俄罗斯进行电视艺术交流访问。6月，应韩国大田市韩巴图书馆的邀请，南京图书馆赵厚洪等2人赴韩国考察交流。6月8日至21日，应加拿大阿尔伯省ACHILLES传媒的邀请，江苏省电视家协会秘书长魏云辉随中国电视艺术团组赴加拿大参加班夫国际电视节。6月20日至7月5日，应美国四方舞大会及美中经济发展有限公司的邀请，江苏省舞蹈家协会秘书长胡春田随中国人民对外友好协会团组赴美国执行观摩、交流任务。7月至8月，应欧洲法中友好协会和德中友好协会的邀请，江苏省曲艺家协会主席杨乃珍等10人赴法国、德国进行艺术交流访问。9月16日至20日，应日本爱知艺术文化协会的邀请，江苏省民间文艺家协会秘书长张建华等2人赴日本进行艺术交流。10月21日至29日，应中日韩TV制作者论坛日本实行委员会的邀请，江苏省电视艺术家协会秘书长魏云辉随中国文学艺术界联合会团组参加在东京召开的“第五届中日韩TV制作人论坛”。10月23日至12月2日，应澳大利亚维多利亚州政府艺术部的邀请，南京图书馆杨岭雪等2人赴澳大利亚交流进修图书馆专业。

2006年3月，应日本石川县立图书馆的邀请，南京图书馆2人赴日本考察公共图书馆。6月17

日至28日，江苏省文学艺术界联合会派团赴美进行摄影文化交流。6月18日至7月3日，应美国图书馆协会的邀请，江苏省文化厅副厅长马宁等3人赴美国参加美国图书馆协会年会，并与美国公共图书馆和大学图书馆商谈长期合作事宜。8月，应国际图联大会组委会的邀请，南京图书馆许建业等4人赴韩国参加国际图书馆协会联合会第72届代表大会。11月17日至21日，应韩国仁济大学的邀请，南京大学美术研究院院长吴为山赴韩国进行雕塑艺术交流。

2007年6月至8月，应希腊国家美术馆、西班牙ALFA文化交流中心的邀请，江苏省国画院胡宁娜、南京博物院徐湖平赴希腊、西班牙进行"中国画画世界"写生创作。6月25日至7月7日，应英国第四电视台公司和丹麦国家广播电视公司的邀请，江苏省文学艺术界联合会副主席杨承志随中国电视艺术家协会代表团赴英国和丹麦进行文化艺术交流。7月12日至17日，应加拿大蒙特利尔国际幽默艺术节组委会的邀请，江苏省曲艺家协会副主席、秘书长芦明随中国曲艺家代表团前往加拿大参加蒙特利尔国际幽默艺术节。8月，应国际图联大会组委会的邀请，南京图书馆汤小鲁等2人赴南非参加国际图书馆协会联合会第73届代表大会。8月4日至9日，应爱知县日中友好协会的邀请，江苏省文学艺术界联合会大型活动部主任薛彪为等一行5人代表团赴日本进行书画艺术交流。8月9日至20日，应巴西巴中国际经济文化协会、阿根廷伊斯奎那探戈剧场的邀请，中共江苏省文学艺术界联合会党组书记、副主席高以俭，江苏省舞蹈家协会秘书长胡春田随中国舞蹈家协会团组赴巴西、阿根廷进行文化艺术交流。8月29日至9月9日，应澳中文化交流中心、新西兰中国国际商会的邀请，江苏省书法家协会副主席、江苏省美术馆副馆长孙晓云等一行6人赴澳大利亚和新西兰参加悉尼原创文学艺术版权论坛和奥克兰艺术节。9月26日至10月7日，应美国国际电视艺术与科学学院邀请，江苏省电视艺术家协会秘书长魏云辉随中国电视艺术家代表团前往美国进行电视艺术交流。10月，应美国加州大学伯克利分校的邀请，南京图书馆全勤赴美国，参加第四届中美图书馆合作会议及在加州大学伯克利分校举办的"百年馆藏·北美洲东亚藏书史"国际会议。

**（二）国外来苏交流**

1980年，美国诗人保罗·安格尔，美籍华裔女作家聂华苓、於黎华来江苏省作家协会访问交流。

1981年4月至5月，日本大阪艺术大学教授、摄影家坂本树勇、丹地敏明、长离义明、北尾顺三等到苏州、南京进行摄影创作。5月，加拿大魁北克版画协会一行18人组成代表团来宁访问。6月起，美籍华人作家代表团，南斯拉夫作家代表团，瑞士作家代表团，美籍华人教授叶维廉，美国南加州大学教授、诗人张错，澳大利亚研究生欧柏文等先后来江苏省作家协会访问交流。7月6日至8日，菲律宾戏剧考察组鲁斯提卡等6人来南京考察访问。

1982年3月1日至4日，挪威图书馆专家伊丽莎白来南京，就剧作家易卜生对中国知识界的影响，与有关教授、剧作家座谈并查阅有关报刊资料。3月16日至18日，日本庆应义塾大学阿部隆一教授来南京考察研究汉籍宋元版本。5月14日至16日及1985年5月27日至31日，美国钢琴家丹顿夫妇两次来南京访问，并在南京艺术学院讲学。9月，美国杂志摄影家协会纽曼等4人赴江苏地区进行摄影创作活动。11月3日至5日，法国卢浮宫绘画修复处处长柏琴来南京博物院考察修复专业。12月4日至7日，南斯拉夫戏剧评论家库莱诺维奇来南京考察中国戏剧。

1983年3月19日至21日，以叙利亚阿拉伯作家协会主席阿里·阿格拉·阿尔桑为团长的叙利亚作家代表团一行3人，在评论家阎纲陪同下来南京访问。4月10日至13日，巴黎国立高等美术学校教授卡扎德絮女士来南京艺术学院讲学，并了解中国雕塑艺术等有关情况。4月23日至5月7日，日本大阪国立国际美术馆研究员盐田昌弘来江苏省美术馆了解并研究中国绘画艺术流派。6月上旬及1984年5月31日至6月2日，美国旧金山艺术剧院威廉·保尔等4人和海斯汀斯等2人先后来南京考察。9月7日至9日，朝鲜平壤美术大学校长、油画家崔元洙等4人来南京，与江苏美术界人士探讨美术事业发展的方向问题。9月中旬，美国堪萨斯大学美术史教授李铸晋夫妇来南京考察中国古代绘画艺术。10月5日至7日，泰国艺术家访华团12人来南京参观访问。10月10日至13日，加拿大图书馆代表团西尔威斯特等4人来南京进行专业交流。10月18日至20日，阿尔及利亚美术学院院长阿奈德等2人来江苏考察美术教育情况。

1984年4月11日至13日，美国蒙大拿大学美术教授托德等2人来南京，与江苏省美术馆版画家们座谈交流。9月7日至9日，联邦德国图书馆代表团杜菲等5人来南京进行专业考察。10月17日至20日，美国艺术家雷斯·豪敦来南京考察话剧艺术。11月17日至20日，日本书法家川上景年来南京交流访问。11月29日至30日，日本国立国会图书馆工作者兼松繁等2人来南京参观访问。11月18日至19日，日本现代名画家代表团来南京访问。

1985年5月13日至14日，由三上次男率领的日本出光美术馆代表团访问南京。6月19日至21日，英国图书保护专家克莱门茨来南京进行专业考察。6月29日至7月5日，日本舞蹈家花柳千代等2人来南京考察。8月8日至10日，尼日利亚图书馆代表团一行3人来南京考察访问。9月18日至20日，日本国立国会图书馆代表团长野裕等6人来南京参观访问。10月4日至7日，澳大利亚国立大学图书馆苏珊来南京进行工作访问。10月19日至23日，美籍画家郭大维来南京讲学交流。10月25日至27日，日本高知县书法代表团一行15人访问南京。11月20日至23日，由国际音乐家协会副主席雅可比率领的联邦德国音乐家代表团一行5人来南京参观考察。12月28日至31日，巴基斯坦国家图书馆馆长阿克塔来南京访问。

1986年1月至1990年12月，美国驻上海总领事馆文化官员李柏恩等3人、日本文学评论家尾崎秀树、法国《方国》杂志记者吕西安·鲍达、瑞士华裔女作家赵叔侠、以作家水上勉为团长的日本作家代表团、联邦德国作家库恩等、加拿大作家代表团、坦桑尼亚作家代表团、叙利亚作家代表团以及参加上海“中国当代文学国际讨论会”的26个国家的42名汉学家、作家等，先后来江苏访问交流。

1986年8月5日至9日，印度加尔各答图书馆馆长达丝古普塔来南京参观访问。10月31日至11月3日，英国国家图书馆专家马克·伯纳德来南京考察古籍修复技术。11月18日至22日，澳大利亚话剧导演皮特·奥伊斯顿来南京考察。

1987年3月14日至17日，日本国立国会图书馆安田键来南京进行专业考察。4月28日，瑞士学习中国画代表团18人来镇江参观交流。5月3日至6月2日，英国图书馆余英·布朗等2人来南京图书馆考察交流。5月9日至12日，美国国际人民交流协会技术团一行13人来南京图书馆进行图书馆缩微技术交流。5月10日至14日，美籍华人严文郁夫妇2人来南京考察图书馆业务。5月28日，日本津市书法代表团一行7人来镇江访问交流。6月3日，日本书法家外山等3人来南京访问交流。6月14日至17日，美国法律图书馆访华团13人来南京参观交流。7月16日至19日，美国大学东亚图书馆馆长代表团一行8人来江苏参观交流。9月27日至28日，澳大利亚2名壁毯专家来苏州参观交流。10月24日，美国曼尼斯音乐学院代表团一行6人来南京艺术学院参观交流。11月6日，日本国立国会图书馆一行5人来苏州参观访问。11月25日至12月1日，挪威314画家组织2名成员来南京访问，并与江苏画家座谈交流。

1989年6月5日至7日，日本国会图书馆一行5人来江苏考察公共图书馆。

1991年5月9日至11日，澳大利亚维多利亚州图书馆馆长莉·曼来南京图书馆探讨专业交流合作事宜。5月24日至28日，朝鲜图书图片展代表团来江苏访问交流。

1992年4月17日至19日，法国图书推广协会负责人樊尚来江苏考察图书市场。9月15日至17日，应中国杂技家协会的邀请，世界马戏学校联合会主席、加拿大加伏马戏学校校长让·阿夏德来苏州、南京参观访问。10月31日至11月1日，美国东亚图书馆代表团一行5人来江苏访问交流。是年，日本“和平龙”访问团一行46人来南京图书馆赠送“和平龙”。

1994年4月中旬，泰国影艺研究会会长陈达瑜一行5人来江苏访问，先后到苏州、无锡、常州等地访问和摄影创作。

1995年12月，俄罗斯电影艺术代表团一行6人来江苏访问交流。

1996年4月，日本艺术家桥本龙泉等22人来江苏进行书画交流。4月9日至11日，江苏省旅游局举办“96中国周庄国际旅游摄影节”，近200多位中外摄影家参加活动。10月，法国画家布基斯夫妇来江苏访问交流。

1997 年 3 月，日本中日美术交流展代表团一行 16 人来无锡进行美术交流。3 月，日本画家桥本心泉等 66 人来镇江进行书画交流。4 月，日本书道访华团一行 16 人来无锡进行书艺交流。7 月，荷兰油画 2 人来无锡进行油画艺术交流。10 月，日本石川县立图书馆访问团一行 2 人来镇江访问交流。

1998 年 4 月 17 日至 20 日，俄罗斯《我们同时代》杂志主编库尼亚耶夫、《旗帜》杂志主编丘普里宁、诗人卡斯特罗夫访问江苏，与江苏部分作家及《雨花》《钟山》杂志社主编、执行主编等就当前文学在社会中的地位及刊物的办刊方针、影响力等进行了交流。江苏省作家协会主席王臻中会见了客人。4 月 18 日至 20 日，江苏省旅游局、江苏省文学艺术界联合会联合举办“98 同里之春旅游摄影文化节”，省内外和港澳台地区的 200 多位摄影家参加活动。5 月，日本大阪书法协会代表团来连云港进行书法学术交流。9 月，俄罗斯艺术家娜塔莎等 2 人来镇江进行书法交流。11 月，日本东海书道院友好访问团一行 133 人来江苏访问交流。同月，日本东洋书艺会访华团一行 16 人来江苏访问交流。是年，美国北美东亚图书馆学会代表团一行 6 人来南京中国第二历史档案馆和南京图书馆参观访问。

1999 年 4 月，美国印第安那大学图书馆馆长 B. J. 欧文博士来南京艺术学院考察研究中国艺术图书馆。

2000 年 5 月，奥地利维也纳“春之声”歌舞乐团一行 21 人来常熟为电视台录制节目。

2002 年 4 月，美国建筑大师贝聿铭等 5 人来访苏州，就设计苏州博物馆新馆进行调研。4 月 27 日至 28 日，文莱政府文化代表团一行 9 人专程来南京访问。这是自 1991 年中文建交以来，文莱来访的第一个政府文化代表团。11 月 12 日至 15 日，澳大利亚维多利亚州政府文化代表团来江苏进行工作访问。

2004 年 4 月 30 日至 5 月 6 日，首届南京世界历史文化名城博览会（简称“名城会”）在宁召开。来自中外的 21 位名城市长在会上发表主题演讲，签署了《世界历史文化名城文化交流与遗产保护南京宣言》。此后，名城会每两年于南京举办一次。同年 7 月 9 日至 15 日，来自美国、英国、法国、德国、日本、俄罗斯、新加坡、荷兰等国的 45 位图书馆馆长及学者，参加由南京图书馆举办的“第四次中文文献资源共建共享会议”。10 月 22 日，澳大利亚维多利亚州政府代表团一行 8 人来南京，参观考察南京图书馆古籍部以及新馆建设工地。11 月，维多利亚州政府艺术部约翰·杨来南京图书馆新馆赠送挂毯。

2005 年 5 月，美国建筑大师贝聿铭等 8 人来访苏州，考察苏州博物馆新馆建设情况。12 月，韩国大田市韩巴图书馆一行 2 人来江苏考察交流。

2006 年 3 月，日本每日书道会系贺靖夫等 3 人来访江苏进行书法交流。5 月 26 日至 5 月 28 日，以俄罗斯作家协会主席瓦·加尼切夫为团长的俄罗斯作家代表团一行 11 人访问南京，中共江苏省委宣传部副部长、中共江苏省文学艺术界联合会、中共江苏省作家协会党组书记杨承志，江苏省作家协会主席王臻中，副主席赵本夫、黄蓓佳、苏童，书记处书记张王飞，评论家黄毓璜及南京大学部分俄语系老师与来访作家就中俄文学发展的现状及未来举行了座谈。8 月，澳大利亚维多利亚州立图书馆迈克尔·博迪来访江苏作专业交流。

2007 年 1 月，韩国大田市韩巴图书馆向江苏捐赠图书。4 月，日本石川县立图书馆向江苏捐赠图书。同年 9 月，扬州召开首届世界运河名城博览会，并发布《世界运河城市扬州宣言》。自 2007 年始，扬州每年 9 月举行世界运河名城博览会。

2008 年 2 月，澳大利亚维多利亚州政府代表团一行 36 人参访南京图书馆。10 月，美国专业图书馆代表团一行 20 人参访南京图书馆。

## 第二节　对港澳台文化交流

江苏与港澳台地区的文化交流工作秉持祖国统一、文化先行的理念，充分调动各种资源进一步深化与港澳特区文化交流与往来，努力建立新型的文化合作互动关系，增进民族感情。多年来，江苏省组织多批艺术表演、艺术展览、艺术教育、文化产业和文博代表团、演出团、艺术家小组以及专家学者前往港澳台地区交流参访。在举办各类文化活动同时，积极邀请、接待来自港澳台地区的文化团队。通过交流互动，发挥文化的亲和力和凝聚力，增强了海峡两岸暨香港、澳门同胞的文化认同。

## 一、演出交流

### （一）赴港澳台演出

1. 赴香港演出

1980年8月14日至24日，以江苏省文化局副局长金毅为团长的江苏评弹团一行15人赴香港演出，在港演出7场。

1981年8月12日至26日，经中国对外演出公司和香港联艺娱乐公司安排，苏州市京剧团一行50人，赴香港演出由胡芝风主演的《李慧娘》，在港演出13场。

1982年7月8日至17日，应香港联艺娱乐公司的邀请，在江苏省文化局副局长曹德进、省曲艺团团长韩璧率领下，江苏评弹团一行12人赴香港演出。

1983年2月10日至18日，应香港业余评弹团“雅韵集”张宗儒先生的邀请，江苏省曲艺团、苏州评弹团孙世鉴等3人赴香港参加艺术节演出。

1984年11月19日至30日，应香港联艺娱乐公司的邀请，淮阴市京剧团宋长荣等一行58人赴香港，与甘肃省兰州市青年京剧团裘派坤角齐啸云联袂演出8场。

1987年5月14日至6月4日，由金声伯、杨乃珍等评弹艺术家组成的江苏评弹团一行8人赴香港演出，在港演出14场。9月28日至10月10日，苏州市《担鲜藕》舞蹈组一行3人应邀赴香港参加文艺演出。

1989年1月，应香港荃湾区议会的邀请，江苏艺术团一行40人赴港，参加香港荃湾艺术节演出。4月，应香港艺术中心的邀请，苏州古琴演奏家吴兆基赴港参加“大众乐韵雅叙”音乐节演出。11月，应香港艺术中心的邀请，江苏省昆剧院演出团一行10人随中国昆剧艺术团赴香港演出。

1990年1月31日至2月5日，应香港荃湾艺术节组委会的邀请，无锡市歌舞团一行40人赴港参加荃湾艺术节演出。11月，应香港区域市政总署的邀请，如东县风筝代表队一行8人赴香港参加“90区局风筝节”比赛，在有14个国家和地区参加的国际风筝大赛中获奖。

1991年5月，应香港联艺娱乐公司的邀请，江苏评弹团一行7人赴港访问演出。9月，应香港上海总会的邀请，江苏评弹艺术家小组一行4人赴香港参加纪念演出活动。12月，应香港太古集团的邀请，江苏省歌舞剧院殷桂兰等随上海周小燕歌剧中心赴香港访问演出。

1992年8月，应香港中乐团的邀请，南京民乐团裴德义赴港参加香港中乐团联合演出。9月26日至10月4日，应香港国庆组委会的邀请，南京杂技团一行40人赴香港参加国庆纪念活动演出。12月，应香港区域市政总署的邀请，南通风筝队一行5人赴香港参加“区局——92”国际风筝同乐日。12月，应香港台湾艺术节委员会的邀请，南京小红花艺术团赴香港参加第14届艺术节演出。

1995年11月至12月，应香港区域市政局的邀请，江苏评弹团一行16人、扬州市木偶剧团一行26人应邀赴香港参加中国民俗文化节演出。12月，应香港镜报文化企业有限公司的邀请，镇江市刘善教赴香港参加中国古琴百琴书画博览会演出。

1996年8月，扬州市木偶剧团一行8人应邀赴香港，与香港佚名剧团合作演出木偶剧。11月，应香港联艺娱乐公司的邀请，苏州评弹团一行14人赴香港访问演出。

1997年1月至7月，应香港振兴票房的邀请，苏州市钱根生赴香港参加庆香港回归演出彩排活动。2月26日至3月5日，应香港联艺娱乐公司的邀请，江苏昆剧代表团表演艺术家张忆青（后改名张继青）等一行41人参加文化部团组赴香港交流演出。6月27日至7月10日，应香港联艺机构有限公司的邀请，江苏省京剧院钟荣赴香港参加庆香港回归演出活动。10月29日至11月4日，应香港市政局的邀请，江苏省评弹团一行6人赴香港参加首届“97中国戏剧节”。

1998年8月，应香港云海艺术团的邀请，南京市艺术小学刘英姿赴香港，参加“98国际儿童艺术节”。10月，应香港大学的邀请，苏州铁道师范学院汪铎赴港参加古琴展览及音乐交流。10月30日至11月10日，应香港区域市政局的邀请，南京民间艺术团一行28人赴香港，参加中华民间歌舞杂耍展演活动。

1999年2月，应香港意美国际有限公司的邀请，南京市民乐团一行8人赴港参加“99香港艺术节”演出。6月30日至8月31日，应香港上海戏曲艺术协会的邀请，苏州评弹学校邢晏芝等2人赴港交流演出。12月至2000年1月,应香港联艺娱乐公司的邀请,徐州市李雪梅赴港参加庆祝千禧年演出活动。

2000年6月,应香港特区政府的邀请,江苏省京剧艺术团一行70人赴港访问演出。

2001年1月5日至2月5日,应香港进念二十面体实验剧团的邀请,江苏省昆剧院石小梅赴香港作示范表演。3月,应香港国际标准舞中心的邀请,江苏省群众艺术馆一行5人赴香港参加"超级杯"国际标准舞公开赛。5月,应香港戏曲艺术文化交流协会的邀请,南京市越剧团竺小招等2人赴香港交流演出。

2002年7月,江苏省昆剧院张寄蝶参加北京市团组赴香港演出中国戏曲绝技、绝活。9月,应香港中华文化促进中心的邀请,苏州昆剧院张海泉等40人赴港访问演出。10月31日至11月4日,应香港联谊机构的邀请,南京市歌舞团一行3人随北京对外文化交流公司团组赴香港,参加"聆听经典"大型音乐朗诵会。11月,应香港维讯制作有限公司的邀请,南京市民族乐团谢继群等2人赴香港演出交流。11月,应香港荃湾文艺康乐协进会的邀请,江苏省艺术剧院朱昌耀赴港参加第12届香港荃湾艺术节交流演出。12月,应香港中华文化促进会的邀请,苏州昆剧院一行9人赴港交流演出。

2003年7月28日至8月5日,江苏省昆剧院葛德祥等45人赴香港参加特区政府康乐及文化事务署主办的"南戏北剧名作展"演出交流活动。9月,应香港文艺演出公司的邀请,江苏艺术剧院陈霖苍参加北京市文化局团组赴港交流演出。9月,应香港旅港同乡会的邀请,江苏艺术剧院朱昌耀赴港参加国庆晚会演出。10月29日至11月2日,应香港上海戏曲艺术协会的邀请,苏州市评弹学校邢晏芝等2人赴港参加中国传奇艺术节交流演出。11月,应香港作曲家联会的邀请,南京艺术学院王建元赴港参加艺术节活动。

2004年4月,应香港国际电影节组委会的邀请,江苏省演艺集团昆剧院张忆青(后改名张继青)等2人赴港进行昆曲示范演出。4月,应香港艺术发展局、香港电影节组委会的邀请,苏州昆剧院王芳等4人赴港参加第28届香港国际电影节昆曲纪录片《凤冠情事》首映式并作示范表演。5月,应香港中华文化促进会的邀请,苏州昆剧院青春版《牡丹亭》剧组一行79人赴港演出青春版连台本戏《牡丹亭》。苏州昆剧民乐团一行26人同期赴港配合青春版《牡丹亭》的演出,举办"吴韵雅风"音乐会。同月,应香港中华文化城有限公司的邀请,苏州吴江市评弹团艺术团一行15人赴港举办专场演出。10月,应香港中乐团的邀请,南京市民乐团裴德义赴港参加"鼓王群英会"音乐会演出并担任"第二届香港活力鼓会24式"打击擂台赛评委。10月,应香港京昆艺术协会的邀请,江苏省演艺集团昆剧院柯军随北方昆剧院赴港演出。

2005年2月,应香港城市大学中国文化中心的邀请,苏州昆剧院吕福海等21人赴港演出昆剧传统折子戏并进行艺术交流。3月,应香港艺术节协会有限公司的邀请,苏州昆剧院朱水南等65人赴港参加艺术节并在香港演艺学院歌剧院演出昆剧《长生殿》。5月30日至6月6日,应香港中国艺术推广中心的邀请,江苏省演艺集团范敬信等2人随浙江昆剧团赴港参加"全国昆丑展"活动。6月,应香港联谊机构有限公司的邀请,江苏省锡剧团《珍珠塔》剧组一行55人赴港,参加由香港特区政府康乐及文化事务署主办的演出交流活动。11月,应香港进念二十面体实验剧团的邀请,江苏省演艺集团石小梅赴香港参加传统戏曲及学术交流活动并作示范演出。11月20日至12月2日,应香港演艺学院音乐学院的邀请,江苏省演艺集团朱昌耀赴港举办二胡演奏会并作示范教学。

2006年5月31日至6月11日,应香港中华文化促进中心的邀请,苏州昆剧院青春版《牡丹亭》剧组一行72人赴港演出《牡丹亭》并参加有关昆曲的宣传和推广活动。8月27日至9月2日,应香港特区政府康乐及文化事务署的邀请,苏州评弹学校邢晏芝等7人赴港演出交流。

2007年2月,应香港艺术节协会有限公司的邀请,江苏省演艺集团昆剧院《桃花扇》剧组参加第35届香港艺术节演出活动。4月,应香港城市大学中国文化中心的邀请,江苏省演艺集团昆剧院李鸿良等11人赴港举办昆剧表演艺术讲座并演出3场折子戏。同月,应香港中华文化城有限公司的邀请,常熟市评弹团一行16人赴港参加"中国评弹名家演唱会"。6月,应江苏旅港同乡会联合会的邀请,江苏省演艺集团孙娜坚等5人随中共江苏省委统战部团组赴港演出。6月28日至7月3日,江苏省演艺集团艺术团一行57人、连云港歌舞团一行66人，分别应香港荃湾区议会和香港葵青区议会的邀请，赴港参加"玉兰紫荆同欢唱——庆祝香港回归祖国十周年"庆典演出(歌舞专场)活动。8月24日至8月31日，应香港中华文化促进中心的邀请，苏州昆剧院一行49人赴港参加"纪念香港回归祖国十周年——昆剧大汇演"，江苏省演艺集团昆剧院一行12人赴港参加"纪念香港回归祖国十周年——戏以人传昆剧四代传承大汇演"活动。11月，应香港中华文化促进会的邀请，江苏省演艺集团昆剧院15人赴港参加"高雅艺术进校园——庆祝香港回归十周年"活动。

2. 赴澳门演出

1990年4月27日至5月6日，江苏省歌舞剧院一行10人应邀赴澳门参加纪念活动演出。

1999年12月，应澳门旭辉曲艺会的邀请，苏州评弹团袁小良等2人赴澳门参加庆回归演出。

2000年3月，应澳门文化司的邀请，江苏省京剧艺术团一行66人赴澳门参加第八届澳门艺术节。

2001年3月，应澳门特区文化局的邀请，苏州市评弹团一行7人赴澳门参加第12届澳门艺术节。5月至6月，应澳门中华学生联合总会的邀请，南京小红花艺术团一行38人赴澳门参加"六一"国际儿童节庆祝演出。11月至12月，应澳门特区文化局的邀请，无锡市文化交流团一行85人赴澳门演出民族舞剧《阿炳》。

2004年4月，应澳门特区教育及青年局的邀请，江苏省中小学舞蹈团一行24人赴澳门参加"第24届校际舞蹈比赛"。

2005年3月，应澳门特区文化局的邀请，苏州昆剧院一行87人赴澳参加第16届澳门艺术节，演出青春版《牡丹亭》。江苏省文化厅副厅长刘俊鸿等2人同期赴澳参加艺术节开幕式活动。10月，应澳门黑鹰文娱体育会的邀请，江苏省演艺集团石小梅、柯军赴澳表演昆曲艺术。

2006年10月，南京艺术学院演出团一行5人参加中共江苏省委统战部团组赴澳门演出交流。

2007年10月，应澳门中华妈祖基金会的邀请，中共江苏省委统战部、江苏省政协艺术团一行72人，江苏省艺术家代表团一行84人赴澳门参加"第五届澳门妈祖文化旅游节"文艺演出活动。

3. 赴台湾演出

1995年4月16日至5月31日，应台湾摇篮文化事业公司的邀请，江苏省歌舞剧院朱昌耀赴台湾举办音乐会。6月，应台湾凡美艺术有限公司的邀请，江苏省京剧院一行60人赴台湾访问演出。

1996年5月，应台北市立国乐团的邀请，南京市梅日强赴台湾参加古琴音乐会。11月，应台湾台南市民族音乐学会的邀请，江苏省歌舞剧院朱昌耀赴台湾讲学演出。11月，应台湾台北市金鼎狮子会的邀请，江苏省戏剧学校刘天华、吴春海赴台湾交流演出。

1997年2月，应台湾启华事业有限公司的邀请，江苏民乐杂技武术综合艺术团一行45人赴台湾屏东、云林、台北、基隆等城市访问演出。2月18日至3月1日，应台湾《摄影天地》杂志社的邀请，江苏摄影代表团一行9人前往台湾进行影艺交流访问。4月，应台湾摇篮文化事业有限公司的邀请，江苏歌舞剧院朱昌耀等一行21人赴台湾访问演出。7月，应台湾极忠文教基金会的邀请，江苏省京剧院黄孝慈赴台湾交流演出。10月，应台湾"中国青年服务事业文教基金会"的邀请，南京小红花艺术团一行48人赴台湾巡回演出。11月17日至12月9日，江苏省苏昆剧团陶红珍等2人参加北京巨龙文化公司团组赴台湾交流演出。12月，应台湾"中国海峡两岸国标舞交流协会"的邀请，南京市国标舞代表团一行10人赴台湾交流演出。

1998年5月，应台湾台北市立国乐团的邀请，南京民乐团毛炳民赴台湾参加"第六届台北市民族器乐协奏大赛"。5月1日至9月1日，应台湾国光剧团的邀请，江苏省京剧院叶和祥赴台湾指导排练并参加演出。7月15日至8月5日，应台湾台北市立国乐团的邀请，江苏省戏剧学校刘天华、吴春海赴台湾讲学并参加排练演出。11月，应台湾雅韵艺术传播有限公司的邀请，江苏省昆剧艺术团一行44人赴台湾访问演出。

1999年1月，应台湾国光剧团的邀请，江苏省京剧院詹国治赴台访问演出。1月至2月，应台湾李国鼎科技发展基金会的邀请，南京艺术学院民乐团一行10人赴台交流演出。3月至4月，应台湾摇篮唱片有限公司的邀请，江苏省歌舞剧院朱昌耀赴台举办二胡独奏音乐会。同期，应台湾中兴国剧团的邀请,江苏省京剧院钟荣等2人赴台进行艺术交流。4月,应台湾东山戏剧团的邀请,南京袁梅兰赴台交流演出。5月28日至6月3日,应台北市立国乐团的邀请,南京艺术学院成功亮赴台参加"台北传统艺术季"演出活动。9月,江苏省舞蹈家协会应邀分别参加由中央电视台在苏州主办的中秋电视晚会直播和由东方电视台、台湾电视公司联合举办的中秋特别节目演出。8月25日至9月3日,应台湾时报文教基金会的邀请,常州市天鹅少儿民族乐团一行38人赴台演出交流。10月22日至11月5日,应台湾雅韵艺术公司的邀请,苏州评弹艺术团一行11人赴台访问演出。11月18日至12月3日,应台湾雅韵艺术公司的邀请,江苏省昆剧艺术团一行27人赴台访问演出。

2000年7月,江苏省京剧院胡慧兰应邀赴台湾交流演出。7月30日至8月26日,应台湾宜兰中国传统艺术推广协会的邀请,南京艺术学院民乐演奏团一行16人赴台湾交流演出。10月24日至11月14日,应台湾中华国剧协会的邀请,淮阴市京剧团宋长荣随文化部组团赴台访问演出。12月,应台湾新像传播公司的邀请,江苏省昆剧院一行53人赴台访问演出。同月,应台湾台北市国乐团的邀请,南京市民乐团一行20人赴台访问演出。

2001年3月,应台湾唐龙文化艺术公司的邀请,扬州市木偶剧团一行9人参加中华文化联谊会团组,赴台湾台中、台北交流演出。10月至11月,应台湾宜兰县中国传统艺术推广协会的邀请,江苏省传统艺术交流团一行9人赴台湾交流演出。11月至12月,应台湾雅韵艺术传播有限公司的邀请,苏州市昆剧团一行39人赴台湾交流演出。

2002年5月,应台湾艺术推广协会的邀请,江苏省昆剧院柯军赴台参加"四大发明"及"独角戏"大展演。5月24日至6月9日,应台湾雅韵艺术传播公司的邀请,苏州评弹艺术团一行11人赴台演出交流。7月,应台湾中华民俗艺术团的邀请,南京小红花艺术团一行40人、南京京剧团一行60人赴台演出交流。同月,应台湾中华民俗艺术基金会的邀请,江苏省传统戏剧艺术团一行18人、江苏省剧目工作室汪人元赴台参加两岸戏曲大赛暨艺术研讨会。8月20日至10月19日,应台湾台北县荣光国剧社的邀请,南京京剧琴师刘骏强赴台担任该剧社年度演出琴师。8月28日至9月10日,应台湾再兴青年越剧团、香港戏曲文化交流协会的邀请,南京市越剧团一行53人赴台湾、香港演出越剧《莫愁女》。10月,应台湾摇篮唱片公司的邀请,江苏省艺术剧院朱昌耀赴台举办二胡独奏音乐会并示范讲学。10月25日至12月25日,应台湾丝竹京昆剧团的邀请,江苏省昆剧院蒋晓地赴台示范讲学并交流演出。11月15日至12月20日,应台湾昆剧团的邀请,江苏省昆剧院黄小午赴台湾示范讲学并交流演出。12月21日至2003年1月2日,应台湾宜兰县中国传统艺术推广协会的邀请,南京艺术学院民乐团一行11人赴台交流演出。

2003年1月,应台湾新象文教基金会的邀请,江苏艺术剧院艺术团一行27人赴台举办"中国昆曲名家经典名剧汇演"。3月30日至4月10日,应台湾中华舞蹈团体联合会的邀请,南京市群众艺术馆一行11人赴台湾参加"海峡两岸国标舞比赛"。4月,应台湾台北市立国乐团的邀请,江苏省艺术剧院朱昌耀赴台参加"胡琴艺术节"演出交流。9月,应台湾宜兰县中国传统艺术推广协会的邀请,南通启东市实验小学民乐团一行24人赴台交流演出。10月,应台湾望月文化出版有限公司的邀请,南京市越剧团陶琪赴台参加"歌月之夜——葬花吟"音乐会演出及交流。12月5日至2004年2月14日,应台湾财团法人辜公亮文教基金会的邀请,南京市京剧琴师刘骏强赴台参加"台北戏棚"演出并对台北新剧团进行京剧音乐教学。

2004年2月7日至3月2日,应台湾建辉社会文教基金会的邀请,苏州昆剧院《长生殿》剧组一行65人赴台巡回演出连台本戏《长生殿》。3月,应台湾当代传奇剧场的邀请,江苏省演艺集团昆剧院柯军赴台参加"独角戏:中国传统戏曲实验计划"的排练演出。3月30日至4月13日,应台湾台北市立国乐团的邀请,江苏省演艺集团朱昌耀赴台参加"胡琴艺术节——西秦王爷"音乐会演出。4月20日至5月6日,应台湾新象文教基金会的邀请,苏州昆剧院青春版《牡丹亭》剧组一行85人赴台演出青春版《牡丹亭》连台本戏。7月,应台湾兰阳民族乐团的邀请,江苏省青少年民乐团一行31人赴台演出交流。9月9日至11月19日,应台湾新竹国剧研究协会的邀请,江苏省演艺集团翁舜和赴台参加京剧交流演出并讲授京剧表演美学。12月,应台湾摇篮唱片有限公司的邀请,江苏省演艺集团朱昌耀赴台举办“台湾风情”专题独奏音乐会。

2005年3月16日至4月30日，应台湾昆剧团的邀请，江苏省演艺集团戴培德等2人赴台参加“风华绝代——昆剧艺术节”剧目排练及演出。4月至6月，应台湾台北市立国乐团的邀请，南京市民乐团雷建功、江苏省演艺集团昆剧院柯军等52人分别赴台参加台北市传统艺术季演出活动。5月31日至6月7日，应台湾“中央”大学的邀请，南京大学交响乐团一行60人赴台交流演出。11月，应台湾雅韵艺术传播有限公司的邀请，苏州评弹艺术团一行14人赴台演出交流。

2006年1月4日至18日，应台湾塑料关系集团、台湾音乐公园的邀请，江苏省连云港市歌舞剧院女子民乐团一行24人赴台演出交流7场。3月，应台湾台北市华岗艺术学校的邀请，无锡江阴市天华艺术学校民乐团一行67人赴台演出“天华之声”民族交响音乐会，并与当地学生进行专业交流和联欢。5月，应台湾台北市立国乐团的邀请，南京市越剧团一行41人赴台参加“2006年台北市传统艺术季”活动，演出新编越剧《李清照》。9月至11月，应台湾汉林魔儿说唱团的邀请，徐州市马传傅赴台进行说唱艺术表演交流。12月，应台湾师范大学的邀请，江苏省演艺集团孙建安赴台参加昆曲演出活动并指导剧目排演。

2007年4月18日至5月14日，应台湾兰庭昆剧团的邀请，江苏省演艺集团孔爱萍赴台参与《寻找游园惊梦》的排练和演出活动。9月，应台湾丞燕国际股份有限公司的邀请，南京市杂技团一行4人随上海东方歌舞团赴台演出。10月，南京市民乐团裴德义随中华文化联谊会团组赴台访问演出。11月至12月，应台湾幽兰乐坊的邀请，江苏省演艺集团戴培德、张忆青(后改名张继青)等4人赴台进行昆曲演出交流。

2008年4月，应台湾实验国乐团的邀请，江苏省演艺集团朱昌耀等6人赴台参加“江南风情·乐响台湾”音乐会。7月，应台湾大中青少年国乐团的邀请，南京艺术学院钱建明赴台参加音乐演出。8月23日至9月2日，应台湾台北艺术节组委会的邀请，江苏省演艺集团单晓明赴台参加台北艺术节演出。9月，应台湾泛亚传播事业有限公司的邀请，南京市杂技团“顶上芭蕾”节目组一行3人赴台演出交流。11月，应台湾弘梅雅集京昆艺术团的邀请，江苏省演艺集团京剧团一行76人赴台演出交流。

**(二)港澳台来苏演出**

1. 香港来苏演出

1989年9月，香港歌星费明仪来江苏演出。

1998年10月，香港歌手刘德华来江苏进行商业性演出。10月29日至11月1日，香港歌手周华健来江苏进行商业性演出。

1999年5月，香港歌星张学友来江苏举办个人演唱会。7月，香港歌星周华健来南京进行商业性演出。11月，香港、台湾11位艺人来南京参加“银潮之春”文艺晚会。

2000年4月，香港芭蕾舞团一行67人来南京访问演出。9月，香港粤剧团一行198人来南京参加第六届中国艺术节演出。9月，香港振兴京剧票房及戏迷一行46人来南京观摩第六届中国艺术节演出。11月，香港歌星张国荣来南京举办个人演唱会。

2001年4月，香港艺术合唱团一行94人来江苏交流演出。4月26日至5月5日，香港中乐团一行96人来南京参加“2004中国南京世界历史文化名城博览会”《和平颂》民族音乐会演出。

2004年7月21日至8月1日，香港城市合唱团一行40人来无锡参加第七届中国国际合唱节。

2005年4月29日至5月5日，香港民间艺术团一行35人来常熟参加“2005中国常熟国际民间艺术节”。5月，香港中乐团一行95人来南京参加“纪念反法西斯战争及中国抗日战争胜利60周年”大型民乐《和平颂》联合演出。

2007年10月27日至11月2日，香港青年中乐团一行90人来无锡参加“第三届中国无锡·太湖国际民乐展”，演出《紫荆花韵》专场。

2008年10月，香港话剧团一行13人来南京参加第31届世界戏剧节。

2. 澳门来苏演出

1999年12月，澳门艺人杨洁等2人来南京参加江苏“2000新年音乐会”。

2004年7月21日至8月1日，澳门少年合唱团一行30人来无锡参加第七届中国国际合唱节。

2005年11月，澳门交响乐团一行65人来苏举办交响音乐会。

2008年10月,澳门石头公社剧团一行15人来南京参加第31届世界戏剧节。

3. 台湾来苏演出

1997年10月,台湾台北市立国乐团一行70人来镇江访问演出。12月,台湾歌星齐秦、许茹芸演唱会在南京举办。

1998年5月,台湾朱宗庆打击乐团一行17人来南京举办打击乐专场音乐会。10月,台湾36位舞者来南京参加"海峡两岸国标舞精英友好邀请赛"。同月,台湾吴佩倩舞极舞蹈团一行30人来南京、苏州交流演出。

1999年2月,台湾歌手孟庭苇来江苏举办个人演唱会。7月,台湾歌星齐秦来南京举办个人演唱会。12月,台湾、香港9位艺人来南京参加"中华群星共迎第六届中国艺术节演唱会"。

2000年9月,台湾吴佩倩舞极舞蹈团一行24人来南京参加第六届中国艺术节演出。同月,台湾歌星范崇文来南京交流演出。11月,台湾歌星张宇来南京举办个人演唱会。

2001年4月,台湾歌手张信哲等一行3人来江苏参加演出。8月,台湾高雄市奇异果乐团来昆山市参加公益性演出。

2004年4月26日至5月5日,台湾台北市立国乐团一行18人来南京参加"2004中国南京世界历史文化名城博览会"《和平颂》民族音乐会演出。9月,台湾台北市立国乐团一行70人来南京交流演出。

2005年5月,台湾台北市立国乐团一行60人来南京参加"纪念反法西斯战争及中国抗日战争胜利60周年"大型民乐《和平颂》联合演出。6月25日至7月6日,台北市立国乐团一行53人来南京参加"郑和下西洋"600周年纪念活动并举办大型交响音乐会。

2006年7月,台湾昆剧团、台湾兰庭昆剧团一行59人来苏州参加第三届中国昆剧艺术节。11月,台湾实验国乐团一行78人来江苏演出交流。

2007年10月,台湾"兰心"合唱团一行44人来南京交流演出。

2008年4月,台湾戏曲学院京剧团一行42人来苏州演出新编昆剧《孟姜女》并举办学术座谈会。10月,台湾如果儿童剧团一行40人来南京参加第31届世界戏剧节。

## 二、展览交流

### (一) 赴港澳台展览

1. 赴香港展览

1979年4月17日至28日,由香港集古斋主办的"金陵八家"画展在香港举行,展出江苏省国画院钱松喦、亚明、宋文治、魏紫熙、金志远、秦剑铭、华拓、尚君砺8位画家的作品。

1981年1月6日至12日,由香港新鸿基(中国)有限公司主办的"刘海粟书画展"在香港大会堂展览厅举行。展览期间共售出书画作品14幅。展览结束后,刘海粟应邀赴香港中文大学讲学3个月。

1983年12月12日至16日,经香港美术社安排,傅小石、傅二石画展在香港大会堂高座展厅举办。

1984年10月20日至27日,应香港集古斋的邀请,江苏省国画院画家黄养辉赴港举办书画作品展。

1986年6月19日至25日,应香港美术社的邀请,朱葵、傅二石等赴港举办"傅抱石画展"。

1989年4月,应香港文汇报的邀请,江苏省美术馆画家李树勤赴港举办"李树勤版画展"。7月,应香港三联书店的邀请,"扬州古籍书画展"在港举办。8月,应香港集古斋的邀请,"古吴轩藏画展"在港举办。

1992年3月,应香港大学新亚书院的邀请,江苏省国画院画家宋文治赴港举办个人画展。4月,徐州画家王广明等2人赴香港举办画展。

1995年10月,苏州新华书店赴香港参加图书展。

1996年1月,应香港中文大学邵逸夫堂的邀请,南京艺术学院书法家黄惇赴香港举办书法展。

1997年4月29日至5月10日,应香港东方国际电视有限公司的邀请,江苏省国画院画家宋文治赴香港参加画展。4月,南京艺术学院书法家黄惇赴香港办展并讲学。同月,应香港教育学院的邀请,江苏省美术馆画家李树勤赴香港举办画展并讲学交流。10月28日至11月8日,为庆祝香港回归祖国,应香港钟山有限公司的邀请,江苏在港举办"江苏苏画精品展"。

1999 年 6 月，应香港沪港文化交流协会的邀请，“松青岩江——钱松喦方召麟师生书画联展”在港举行。8 月至 9 月，应香港财富集团有限公司、澳门教科文中心的邀请，南京大学在香港、澳门举办“吴为山雕塑绘画展”。

2000 年 7 月，应香港集雅斋的邀请，江苏省国画院画家胡宁娜等 2 人赴港举办“钱松喦山水册页小品展”。9 月，应香港肇丰针织有限公司的邀请，江苏书画家苗平等赴港举办“江苏书画精品展”。

2001 年 4 月，应香港版画协会的邀请，江苏省美术馆画家李树勤等 4 人赴香港举办“江苏香港版画交流展”。11 月，应香港中文大学邵逸夫堂的邀请，南京市书画院书法家孙晓云赴香港举办个人书法作品展。12 月，应香港集雅斋有限公司的邀请，江苏省国画院在港举办“江苏省国画院藏画展”。

2004 年 5 月，江苏省美术馆画家宋玉麟等 10 人参加中共江苏省委统战部团组，赴港举办“江苏省书画名家作品展”。

2007 年 1 月 23 日至 27 日，应香港文汇报邀请，江苏省文学艺术界联合会副主席言恭达随中国文学艺术界联合会代表团赴香港采风，并于 2007 年 7 月 1 日参加在香港举办的“中华情——全球华人书画世纪大联展”暨“庆祝香港回归十周年大型书画展”活动。9 月，应香港新闻出版社的邀请，江苏书画代表团一行 7 人赴港举办“祝福香港——江苏书画名家作品苏港联展”，并举办“苏港书画艺术研究会”等专业交流活动。

2. 赴澳门展览

1996 年 2 月，应澳门中天有限公司的邀请，常州美术师周蕴华等 3 人赴澳门举办“合家画展、剪纸展”。

1997 年 10 月，应第 12 届亚洲国际艺术家联盟澳门地区委员会的邀请，江苏省国画院画家董欣宾赴澳门，参加澳门“第 12 届国际美展”。

1999 年 5 月，应澳门美术协会的邀请，“迎澳门回归——江苏、澳门两地书画作品联展”在澳门举办。

2000 年 6 月，应澳门书法家协会的邀请，江苏省书法家 6 人赴澳参加“澳门、江苏两地书法作品联展”。

2001 年 7 月，应澳门颐园书画会的邀请，江苏省书画家一行 10 人赴澳门举办书画展。9 月，应澳门教科文中心的邀请，傅二石等 4 人赴澳门举办“江苏中国画四人展”。

2002 年 1 月，应澳门颐园书画会的邀请，扬州书画院孙永民等 10 人赴澳门举办“扬州书画院书画作品展”。5 月，应澳门民政总署管委会的邀请，南京艺术学院画家江宏伟赴澳门举办“江宏伟工笔花鸟作品展”。

2003 年 8 月，应澳门颐园书画会的邀请，南京师范大学画家范扬赴澳门参加“名家书画印刻展览”。12 月 23 日，江苏妇女书法家代表团访问澳门参加“江苏妇女书法作品邀请展”。

2005 年 2 月，应澳门特区政府的邀请，江苏省文化代表团一行 35 人赴澳门参与举办“苏闽春暖迎新岁——江苏省福建省春节习俗展”活动。

2006 年 11 月，应澳门辛亥·黄埔协进会的邀请，南京中山陵园管理局代表团一行 3 人赴澳举办纪念孙中山先生诞辰 140 周年及辛亥革命 95 周年资料展。

3. 赴台湾展览

1991 年 2 月，应台湾桃园县文艺作家协会的邀请，“首届海峡两岸徐州同胞书画展”在台湾举办。

1994 年 6 月，应台湾太平洋文化基金委员会的邀请，赵光涛、房燕生赴台举办烙画创作展。12 月，应台湾台中市文教基金会的邀请，江苏省文学艺术界联合会邢小刚赴台湾参加绘画联展。

1995 年 5 月，应台湾金驼奖艺术基金会的邀请，江苏省国画院画家张国有赴台湾举办个人画展。

1996 年 11 月，应台湾台中摄影学会的邀请，常州摄影家协会 4 人赴台湾举办“两岸情摄影展”。

1997 年 7 月，应台湾台中逢甲大学的邀请，扬州市国画院郭明赴台湾举办画展并示范讲学。9 月，应台湾台南县文艺作家协会的邀请，盐城市东台书法家王湘平赴台湾举办画展。12 月，应台湾台北市金鼎狮子会的邀请，南京市书画院许怀华等 5 人赴台湾举办“南京书画院人物画联展”。

1998 年 2 月 4 日至 17 日，应台湾宜兰县二月美术学会的邀请，江苏省水彩画研究会会长常厚鍟赴台湾参加两岸水彩画家作品联展。10 月，应台湾艺术协会的邀请，苏州陈懋章赴台湾举办书画展。10 月，扬州市在台举办红楼梦文化艺术展。10 月 30 日至 11 月 5 日，应台湾“中华创价佛学会”

的邀请，江南书艺展代表团一行7人赴台湾举办书艺展览活动。

1999年2月20日至3月6日，应台湾南华管理学院的邀请，南通市在台举办"沈秀"艺术展。3月，应台湾宜兰县文艺作家协会的邀请，盐城市东台书法家王湘平赴台举办个人画展。8月25日至9月4日，应台湾超群传播有限公司的邀请，江苏艺术家代表团一行11人赴台举办书画展。8月31日至9月10日，应台湾有关方面邀请，江苏省文学艺术界联合会书画家访问团一行10人对台湾进行访问，并于台北市举办"江苏省文联赴台书画家作品展"。10月20日至11月2日，应台湾太平洋文化基金会的邀请，南京市张尔宾赴台举办画展。11月，应台湾澹宁书法学会的邀请，苏州市张继馨等2人赴台举办画展。

2000年3月，应台湾"中国艺术协会"的邀请，苏州市张继馨等2人赴台举办"中国画联展"。7月，应台湾太平洋文化交流基金会的邀请，镇江市杨金龙赴台举办个人画展。8月，应台湾商犁文化事业公司的邀请，东南大学崔豫章夫妇赴台举办个人水彩画展。10月26日至11月10日，应台湾《传奇报道》杂志社邀请，盐城市陆天宁赴台参加"第二届两岸书画名家联展"。

2001年2月至3月，应台湾郭木生文教基金会的邀请，苏州国画院画家叶放赴台湾举办个人画展。3月，应台湾孙中山纪念馆的邀请，江苏省政协办公厅、南京中山陵园管理局组团赴台参与举办"海峡两岸孙中山纪念地摄影展"。9月，应台湾高雄市国际文化艺术协会的邀请，江苏省文学艺术界联合会一行2人赴台参加"海峡两岸名家艺术大展"。10月至11月，应台湾创时书法艺术文教基金会的邀请，南京艺术学院书法家黄惇等3人赴台湾参加"沧浪书社书法展"。

2002年1月，应台湾中华东方茶文化艺术协会的邀请，苏州画家周矩敏赴台举办"散淡人生——周矩敏画展"。8月23日至9月6日，应台湾国际创价学会的邀请，常州市书画家莫静坡、沙黎黎夫妇赴台举办"画缘墨侣——莫静坡、沙黎黎书画展"。

2003年4月，应台湾"中国书画艺术研究会"的邀请，无锡市书画院一行5人赴台举办"无锡—台北书画交流展"。7月、11月，应台湾龙虎文化基金会的邀请，江苏省艺术剧院刘铨、东南大学张道一分别赴台参加中国民间工艺美术"惠山泥人"展览及座谈会。12月23日至2004年1月8日，应台湾观想艺术有限公司的邀请，南京师范大学吕军等13人赴台参加"祖国大陆优秀青年国画家精品展"。

2004年5月28日至6月7日，应台湾台北观想艺术有限公司的邀请，南京师范大学画家范扬等3人赴台举办画展。5月至6月，应台湾台北市立美术馆的邀请，苏州国画院画家叶放赴台举办画展。7月，应台湾中国孔学会的邀请，常州市书画代表团一行14人赴台举办书画展。9月25日至10月6日，应台湾宜兰县文艺作家协会的邀请，盐城市东台书法家王湘平携子赴台举办父子书法联展。11月，应台湾甲骨文学会的邀请，江苏省甲骨文学会徐自学等6人赴台参加"第二届海峡两岸甲骨文书法联展"。12月，应台湾中华书画艺术研究会的邀请，江苏省花鸟研究会代表团一行7人赴台举办书画联展。

2005年1月26日至2月1日，应台湾中华大学的邀请，无锡工艺职业技术学院张志安赴台举办"鸡冠华夏"个人画展。2月，应台湾台北市文化教育交流发展协会的邀请，苏州市青少年书画表演艺术交流团一行18人赴台举办"苏州市青少年书画艺术展"，并与当地青少年交流联欢。2月21日至3月2日，应台湾台北市立美术馆的邀请，苏州国画院画家叶放赴台参加"黄盒子——台湾当代书画展"。12月28日至2006年1月12日，苏州新区绣娘姚红英等2人赴台举办"针绣风华——姚红英刺绣艺术展"。12月30日至2006年1月8日，应台湾邱再兴文教基金会的邀请，江苏省珍宝堂名人艺术精品有限公司顾文霞等3人赴台举办"丝情画意——当代绣画艺术大展·中国刺绣艺术展览"。

2006年1月28日至2月8日，应台湾佛光山文教基金会的邀请，苏州新区绣娘姚红英等2人赴台举办刺绣艺术展。11月，应台湾新竹县青溪新文艺学会的邀请，苏州市画家魏本雄等2人赴台举办书画展并进行书画艺术交流。

2007年5月，应台湾画廊协会的邀请，苏州市国画院画家叶放赴台参加2007台北艺术博览会。9月，应台湾宜兰县中国传统艺术推广协会的邀请，南通市启东文化考察团一行8人赴台举办版画展并交流访问。9月25日至10月6日，应台湾宜兰县文艺作家协会的邀请，盐城市东台书法家王湘平父子赴台举办父子书法联展。

2008年1月30日至3月31日，应台湾佛光山文教基金会的邀请，苏州新区绣娘姚红英等3人赴台在高雄佛光缘美术馆举办"彩线针情绣风华——2008姚红英刺绣特展"。

**（二）港澳台来苏展览**

1. 香港来苏展览

1990年12月，香港中大现代水墨画展在南京举办。

1992年6月，香港版画家代表团一行4人来南京参加"江苏—香港版画联展"。

1994年5月，"江苏—香港水彩画联展"在南京举办。

1997年10月，香港画家金嘉伦来江苏省美术馆举办个人画展。

1999年4月30日至5月5日，港澳台学者和书法家11人来南京参加"纪念甲骨文发现一百年海内外甲骨文书法大展"。

2001年12月，香港14位画家来南京参加"江苏·香港版画交流展"。

2005年9月，香港画家肖慧荣等6人来南京举办"肖慧荣画展"。

2006年10月，港澳台学者和书法家24人来南京参加"甲骨文南京室内发掘70周年纪念活动暨甲骨文书法联展"。11月，香港方召麟书画展在南京举办。

2007年7月，香港书画家代表团一行5人来南京举办"苏港书画名家联展"。

2. 澳门来苏展览

1997年6月，澳门画家叶泉来苏州举办个人画展。

2001年10月，江苏省文学艺术界联合会举办"江苏—澳门第二轮书法交流展"。

2004年6月25日至7月7日，澳门特区文化局一行7人来苏州参加"第28届世界遗产大会"，举办书画摄影展。

2006年4月，澳门特区政府代表团一行35人来南京举办"历史的跨越"展览。

3. 台湾来苏展览

1989年5月，台湾书画家代表团来南京参加"海峡两岸书画联展"。

1990年10月，台湾画家陈秉环来访江苏，商谈办展事宜。12月，台湾画家江明贤来南京举办个人画展。

1991年9月，台湾画家陈秉环来南京举办画展。

1994年4月，"台湾李茂奇教授书画展"在南京举办。

1995年8月，台湾老年画家代表团一行27人来南京举办画展。

1996年6月，台湾俣英尧等4人来南京参加"海峡两岸画家梅花展"。9月，台湾沈以正等27人来南京举办"台湾现代水墨画家作品联展"。

1997年7月，台湾37位画家参加在江苏省美术馆举办的中韩三地水墨画大展。11月，台湾画家王农来苏州举办个人画展。

1998年8月，台湾书法家50人来南京参加两岸书法联展。9月，台湾书画家腾川来常州参加书画展。11月，台湾收藏家洪明义来南京举办个人收藏艺术品展。

1999年6月，台湾画家王农来南京举办画展。9月，台湾女画家孟昭光来苏州举办画展。同月，台湾摄影家代表团一行8人来常州举办"两岸情"摄影展。

2000年4月，台湾画家舒风来南京举办彩墨画展。

2001年5月，台湾画家李茂奇来南京举办个人水墨画展。10月至11月，台湾孙中山纪念馆工作组一行4人来南京举办"孙中山史迹"画展。11月，台湾8位画家来南京参加举办"江苏·台湾——江南情两岸书画作品联展"。同月，台湾女画家孟昭光来苏州举办画展。

2002年3月28日至4月4日，台湾书法家是三行等17人来常州举办"故乡行——台湾书法家是三行作品展"。4月，台湾画家王农来苏州举办"台湾画家王农马到成功画马展"。同月，台湾画家赵善灿等14人来无锡举办"无锡—台北书画交流联展"。同月，台湾书法家16人来南京参加"第二届海峡两岸甲骨文书法联展"。6月，台湾画家李丹忱一行9人来盐城举办"宝岛风情——李丹忱师生画展"。7月，台湾书法家朱恒清等20人来南京举办"新世纪书法交流展"。8月28日至9月4日，台湾女画家濮鑫中来苏州举办个人画展。9月，台湾画家李奇茂来常州刘海粟美术馆举办"吾乡吾土·台湾著名画家李奇茂书画作品展”。9月28日至10月5日，台湾“高华山书法作品展览”在南京举办。9月28日至11月17日，台湾书法家李猷在常熟市博物馆举办“行云流水·李猷书法展”。10月，台湾书法家黄伯平来南京举办个人书法展。

2003年4月，台湾“中国文化大学”欧豪年来南京举办“欧豪年先生半世纪水墨画展”。

2004年8月，台湾刺绣艺人陈嗣雪来南京举办乱针刺绣作品展。12月，台湾水彩画家陈阳春来常州举办个人画展。

2005年4月，台湾画家刘伯农来南京举办个人画展。12月，台湾画家娄柏安来南京举办个人画展。

2006年1月，台湾书画家周澄来南京举办个人书法作品展。

2007年5月，台湾佛光山寺院星云大师等10人来南京举办“觉有情——星云大师墨迹世界巡回展”。

2008年9月16日至10月16日，台湾成阳艺术文化基金会一行8人来南京参与举办“紫砂联展”。

## 三、其他交流

### （一）赴港澳台交流

1. 赴香港交流

1984年7月23日，应香港舞蹈总会的邀请，江苏省歌舞团舞蹈编导殷亚昭、林慰仁2人赴港，为香港舞蹈总会、演艺学院、康乐文化署联合主办的“中国舞蹈进修班”讲课。

1996年11月，应香港美术大学的邀请，江苏省文化厅厅长季根章等4人赴香港，参加香港大学美术馆开馆仪式。

2000年7月，应香港沪港文化交流协会的邀请，无锡市文化局朱建平等7人赴港接受方召麟捐献作品。

2001年8月，应香港荃湾文化康乐促进会的邀请，江苏省歌舞剧院郁虹赴港进行民族音乐讲学交流。11月至2002年1月，应香港进念二十面体实验剧团的邀请，江苏省昆剧院柯军赴香港讲学交流。12月，应香港岭南大学图书馆的邀请，南京图书馆常务副馆长马宁等4人赴港考察访问。

2002年5月30日至6月14日，江苏省文化厅副厅长尹明参加文化部团组赴港澳台考察访问。6月，江苏省文化厅厅长季根章等2人参加江苏省人民政府团组赴香港，参加“江苏（香港）贸易投资洽谈会”活动。同月，应香港进念二十面体实验剧团的邀请，江苏省昆剧院石小梅赴香港进行示范讲学交流。10月，应香港演艺学院音乐学院的邀请，江苏省人民艺术剧院苏明赴香港讲学交流。

2003年1月，应香港喜剧协会的邀请，苏州大学朱栋霖赴港观摩《金池塘》演出并参加学术研讨活动。3月，根据2002～2005“苏港合作论坛”交流协议，香港书法家协会邀请南京图书馆常务副馆长马宁等8人赴香港考察。6月28日至8月6日，应香港进念二十面体实验剧团的邀请，江苏省昆剧院石小梅赴香港参加“多媒体宋词——好风如水”的表演艺术创作交流活动。12月，应香港联谊机构有限公司、澳门特区政府文化局的邀请，无锡市文化交流团一行3人赴香港、澳门洽谈与港澳两地合作原创舞剧《澳门新娘》参加第七届中国艺术节事宜。

2004年2月，应香港“天匠策划”演出制作公司的邀请，江苏省文化厅胡清亮赴港讲授舞台工程扩音系统、推广国家扩声系统新标准。6月，应香港进念二十面体实验剧团的邀请，江苏省演艺集团昆剧院柯军等2人赴港参加传统戏曲艺术交流活动。7月，应香港城市大学中国文化中心的邀请，江苏省演艺集团昆剧院张继蝶赴港举办昆剧表演艺术示范讲座。11月，应香港特区政府民政事务局邀请，江苏省文化厅厅长章剑华等2人赴港参加“第二届亚洲文化合作论坛”。

2005年1月27日至2月3日，应香港城市大学中国文化中心的邀请，苏州昆剧院杨晓勇赴港示范讲学。2月，应香港联谊机构有限公司的邀请，江苏省文化馆李永等3人赴港洽谈艺术团体演出交流计划及民间工艺赴港展出等事宜。11月，应香港大学图书馆的邀请，南京图书馆许建业等3人赴港参加“第五次中文文献资源共建共享会议”。同月，应香港特区民政事务局的邀请，江苏省文化厅副厅长高云等2人赴港参加“2005亚洲合作论坛”。

2006年3月，应香港城市大学中国文化中心的邀请，江苏省演艺集团黄小午赴港进行昆曲表演艺术示范讲座。4月24日至5月15日，应香港当代文化艺术中心的邀请，江苏省演艺集团石小梅等3人赴港参加传统戏曲学术交流活动。9月，应香港特区政府康乐及文化事务署、澳门特区政府社会文化司的邀请，江苏省美术馆书法家孙晓云赴港澳进行书法艺术交流。

2007年2月27日至3月4日，应香港图书馆协会的邀请，江苏省公共图书馆代表团一行23人赴港学习考察。8月，应香港文汇报社的邀请，江苏省文学艺术界联合会代表团赴港进行书画艺术交流。8月31日至9月4日，应香港中华文化城有限公司邀请，江苏省文学艺术界联合会副主席杨承志、言恭达，南京军区创作员谢少承、张建华参加由香港中国《阳光》杂志社主办的“香港江苏文艺创新高层论坛”。9月，应香港荃湾文艺康乐协会的邀请，江苏省演艺集团朱昌耀赴港进行二胡示范讲学。

2. 赴澳门交流

1997年12月，应澳门楹联学会的邀请，江苏省文化厅金实秋赴澳门参加“中华楹联国际研讨会”。

1998年2月27日至3月2日，江苏省文学艺术界联合会沈遥等2人赴澳门进行摄影艺术交流。4月，应澳门东西方文化艺术研究院的邀请，南京市书画院画家朱道平等3人赴澳门进行书画艺术交流。9月，南京艺术学院书法家徐利明赴澳门进行书法交流。

2002年9月，应澳门中央图书馆的邀请，南京图书馆宫爱东赴澳门参加“第三次中文文献资源共建共享合作会议”。

2004年10月，应澳门特区文化局的邀请，江苏省文化厅冯锦文赴澳门观摩“第18届澳门国际音乐节”。

2005年9月，应澳门特区政府民政总署展览中心的邀请，南京艺术学院书法家黄惇赴澳举办书法学术讲座。

3. 赴台湾交流

1996年4月，应台湾汉学研究中心的邀请，南京图书馆卢子博赴台湾参加“两岸古籍整理学术研讨会”。

1997年2月，应台湾《摄影天地》杂志社的邀请，由姚志强率领的江苏摄影家代表团一行赴台湾访问交流。6月，应台湾“中国文哲研究所”的邀请，江苏省昆剧院张继青等2人赴台湾讲学交流。

1998年2月27日至3月9日，苏州评弹团盛小云随上海评弹团赴台湾讲学并示范表演。3月20日至5月20日，应台湾中兴国剧团的邀请，江苏省京剧院范以程赴台湾讲学交流。8月，应台湾“中华海峡两岸文化资产交流促进会”的邀请，南京雕塑工作室杨明赴台湾参加雕塑创作观摩交流活动。9月25日至10月4日，苏州评弹团金丽生、盛小云随上海评弹团赴台湾讲学并作示范表演。11月，南京市金陵图书馆周治华赴香港参加学术交流会。12月，江苏省文学艺术界联合会一行7人赴台湾，参加海峡两岸农业文化研讨会。

1999年1月，应台湾国光剧团的邀请，江苏京剧院叶和祥赴台讲学交流。2月至5月，应台湾国光艺术戏剧学校的邀请，江苏省昆剧院石小梅等5人赴台示范教学。7月，应台湾东海大学邀请，南京艺术学院汤爱民赴台讲学。

2000年4月20日至6月30日，应台湾戏曲专科学校的邀请，江苏省昆剧院张继青等4人赴台讲授昆曲艺术。5月，应台湾汉光研究中心邀请，南京图书馆宫爱东赴台参加“古籍联合目录研讨会”。6月，应台湾施合郑民俗文化基金会的邀请，南通市艺术研究所曹玉林赴台参加学术研讨会。同月，应台湾雅筑筝乐团的邀请，南京艺术学院芮伦宝赴台举办音乐讲座。7月1日至9月5日，江苏省京剧院石玉昆应邀赴台湾指导排练《长恨歌》。9月24日至10月6日，江苏省文学艺术界联合会代表团一行12人赴台湾进行文化交流。11月11日至12月28日，应台湾台南民族音乐协会的邀请，江苏省歌舞剧院朱昌耀赴台讲授二胡演奏知识。

2001年8月至10月，应台湾国光剧团的邀请，江苏省昆剧院石玉昆赴台湾指导排演京剧新编剧目《金瓶梅》。10月至11月，应台湾台南市民族音乐学会的邀请，江苏省歌舞剧院朱昌耀赴台湾讲学并作示范表演。

2002年3月，应台湾中华民族艺术交流基金会的邀请，南京艺术学院邹建平等3人赴台进行音乐艺术教育专业交流及访问。5月，应台湾硕英文教基金会的邀请，江苏省美术馆徐雷等2人赴台参加“两岸艺术交流研讨会”。同月，应台湾唐龙文化公司的邀请，江苏省文化艺术研究院王永敬赴台湾交流访问。8月，应台湾汉学研究中心的邀请，南京图书馆宫爱东赴台参加“古籍联合目录资料库合作建置研讨会”。8月6日至21日，应台北曲艺团的邀请，江苏省艺术人才培训中心主任韩兰成赴台湾演讲及进行两岸说唱艺术交流活动。9月，应台湾表演工作坊的邀请，江苏省文化厅副厅长刘俊鸿赴台湾考察访问。10月，应台湾周凯剧场基金会的邀请，江苏省文化传播中心吴顺顺随中华文化联谊会组团赴台湾，参加“两岸表演艺术场所经营管理研讨会”。11月20日至2003年1月18日，应台湾中华国剧协会的邀请，江苏省人民艺术剧院徐季平赴台湾示范讲学。11月26日至2003年1月26日，应台北市民宫民族乐团的邀请，江苏省艺术剧院卢小杰赴台进行二胡演奏示范讲学。12月，应台湾中兴大学图书馆的邀请，无锡市惠山区图书馆诸石平等2人赴台参加“2002年海峡两岸公共图书馆事务研讨会”。

2003年2月至4月，应台湾丝竹京昆剧团的邀请，江苏艺术剧院周义刚赴台进行京剧音乐讲学辅导。2月25日至4月26日，应台湾艺术大学的邀请，江苏艺术剧院石小梅赴台讲授“昆曲教演课程”。2月至6月，应台湾东吴大学的邀请，苏州大学严明赴台讲授“明清小说艺术”等课程。7月20日至8月20日，应台湾国光剧团的邀请，苏州大学文学院周秦赴台湾进行昆曲教学指导。12月，应台湾五南图书出版股份有限公司的邀请，苏州大学陈孝康、南京师范大学彭松建等3人赴台参加2003年海峡两岸出版社学术出版研讨会。12月至2004年2月，应台湾台北市邮村国剧团的邀请，江苏艺术剧院琴师徐季平赴台讲学交流。是年至2008年，应台湾云林县东南高中的邀请，江苏省艺术剧院卢小杰连续6年赴台进行二胡演奏示范讲学。

2004年4月26日至5月2日，苏州大学周秦应台湾“中国文哲研究所”的邀请，赴台参加“汤显祖与牡丹亭学术研讨会”。7月，应台湾宜兰县中国传统艺术推广协会的邀请，南通市启东造型艺术研究院夏水涛等2人赴台进行版画艺术交流。9月，应台湾汉学研究中心的邀请，南京图书馆许建业赴台参加“古籍联合目录资料库合作建置研讨会”。10月28日至11月2日，应台湾中华书道学会的邀请，无锡市书画院穆棣、南京艺术学院黄惇赴台参加“怀素自叙帖与唐代草书”学术研讨会。11月，应台湾沈春池文教基金会的邀请，江苏省美术馆宋玉麟参加中华文化联谊会团组赴台参观访问。同月，应台湾“中国文化大学”的邀请，江苏省演艺集团郝光、南京艺术学院钱态赴台参加“两岸戏剧教育教学研讨会”。12月，应台湾世新大学的邀请，南京市江宁区文化站图书馆贾国发赴台参加“海峡两岸公共图书馆务实研讨会”。是年至2008年，应台湾醉霜国剧团的邀请，江苏省演艺集团琴师徐季平连续5年赴台指导京剧排练，并担任专场演出琴师。

2005年3月12日至5月10日，应台湾弘梅集京昆艺术团的邀请，江苏省演艺集团周义刚赴台指导京剧演出排练。4月，应台湾海峡两岸文教经贸交流协会基隆分会的邀请，苏州市吴门中国画研究院一行4人赴台与台湾画家进行书画艺术交流暨写生创作。6月1日至8月1日，应台湾戏曲专科学校的邀请，江苏省戏曲学校陈霖苍赴台参加新编京剧《射天》的编导工作。11月24日至12月5日，应台湾台北市电器商业同业公会的邀请，镇江市文化局代表团一行35人赴台观摩“第26届台北音响影视大赛”。

2006年4月23日至6月23日，应台湾台北市中兴国剧团的邀请，江苏省演艺集团苏明赴台教授京剧司鼓技艺并参加剧团演出伴奏。5月21日至7月19日，应台湾弘梅雅集京昆艺术团的邀请，江苏省演艺集团周义刚赴台指导京剧排练。7月16日至9月13日，应台湾荣兴客家采茶剧团的邀请，江苏省戏剧学校陈霖苍赴台参加新编戏剧《罗芳伯》的编导工作。12月20日至2007年1月20日，应台湾昆剧团的邀请，苏州昆剧院陆永昌赴台讲授昆曲艺术及指导排练折子戏。是年至2008年，应台湾琴锣京剧团的邀请，江苏省长荣京剧院马履双三次赴台讲授京剧琴艺及进行声腔教学。

2007年2月，应台湾中华书画印艺学会的邀请，南通市政协陆国甫等5人、南通市书画协会储长林等6人赴台参加美术教育交流研讨会。2月22日至3月7日，应台湾昆剧团的邀请，苏州昆剧院陆永昌赴台进行昆曲教学及指导排练折子戏。3月1日至4月30日，应台湾戏曲学院的邀请，江苏省演艺集团张寄蝶赴台进行昆曲教学交流。4月，应台湾沈春池文教基金会的邀请，江苏省文化厅副厅长王世华参加文化部组织的“大陆文化行政专业人士访问团”赴台参加海峡两岸文化交流座谈会。同月及8月，应台湾摇篮唱片有限公司的邀请，江苏省演艺集团朱昌耀两次赴台进行二胡演奏辅导教学。10月20日至12月21日，应台湾弘梅雅集京昆艺术团的邀请，江苏省演艺集团周义刚赴台讲学交流。10月30日至12月31日，应台湾幽兰乐坊的邀请，江苏省演艺集团戴培德等2人赴台讲学交流。11月，应台湾鸿禧艺术文教基金会暨鸿禧美术馆的邀请，南京市文化代表团一行8人赴台考察交流。

（二）**港澳台来苏交流**

1987年10月，台湾作家王瑞振来苏，与江苏作家进行交流。

1988年8月，台湾画家江明贤绕道美国来南京进行交流访问。

1990年2月24日至3月4日，台湾台北广播电视商会旅行团一行22人来江苏省人民艺术剧院探讨影视合作事宜。6月，台湾飞艺公司崔钦良来江苏省人民艺术剧院商谈动画生产合作事宜。7月，台湾大学图书馆一行7人来南京图书馆参观考察并进行专业交流。

1991年4月，香港、台湾版画家一行3人来南京参加“三版”版画研讨会。

1995年1月，台湾邵氏公司马芳踪来江苏省京剧院商谈邀请组团赴台演出事宜。7月，台湾戏剧观摩团一行5人来江苏省人民艺术剧院选看话剧《热线电话》。10月，台湾金秋孔学研讨会来南京进行文化交流。

1996年1月，台湾文教团一行15人来江苏省京剧院拍摄戏剧片段，商谈交流事宜。10月，台湾文化中心代表团一行16人来南京考察访问。11月，香港政府文体专题代表团一行8人来苏并座谈交流。

1997年3月，台湾“中央大学”学术交流团一行33人来苏交流。8月，台湾中国戏剧考察团一行41人来江苏考察昆剧艺术。

1999年10月，台湾雅韵艺术传播公司贾馨园等2人来江苏省昆剧院洽谈赴台演出事宜。11月，香港澳门20位学者来南京参加江苏省台港澳暨海外文学研讨会。

2000年3月，台湾文化参观访问团一行5人来苏州选看评弹节目。10月31日至11月5日，台湾、香港8位学者来南京参加“吴文化国际学术研讨会”。11月，台湾宜兰中国传统艺术推广协会高正人来南京商谈两岸音乐交流事宜。12月，台湾台北市文化人士交流参观团一行11人来江苏参观考察。同月，台湾音乐家叶登民来南京示范讲学。

2002年5月，澳门学联参访团一行6人来苏商谈组织江苏省少儿艺术团赴澳门演出交流事宜。7月31日至9月1日，台湾青年昆曲原乡行访问团一行30人来苏州戏曲博物馆学习排练昆曲。12月，台湾作家白先勇来苏州昆剧院进行昆剧合作调研。

2003年6月28日至7月15日，澳门特区政府文化活动厅一行3人来南京参与举办“中华瑰宝——申报世界遗产艺术作品展”。11月，澳门特区文化局王国辉等3人来南京参加第二届中国舞台艺术展览会。12月，台湾图书馆交流团一行35人来苏交流图书馆业务。

2004年6月，台湾李国鼎科技基金会一行14人来南京参加李国鼎先生纪念活动。7月9日至15日，来自台湾、香港、澳门的20位图书馆代表参加了在南京图书馆举办的“第四次中文文献资源共建共享会议”。8月，台湾慈济基金会林碧玉等79人来苏州参加“两岸大专青年文化交流”活动。

2005年2月至7月，香港教育学院音乐学习团杨凯舒等10人来南京进修学习音乐。8月，台湾画家江明贤等5人来南通博物苑参访交流。9月，台湾佛光山集团满舟法师等6人来苏州参观文化设施。10月，台湾台南艺术大学薛保瑕等2人来苏参加艺术交流座谈会。

2006年3月，台湾大自然文化艺术基金会宁怡萱等8人来苏洽谈赞助江苏省第二届新人新作歌舞大赛事宜。8月，台湾创意文化园区交流考察团一行24人来南京参观考察。11月，香港汉荣书局总经理石汉基等12人来南京，向江苏省60个公共图书馆、博物馆捐赠12万册港台版中文图书，并在省内参观访问。

2007年7月，台湾青年学生长江三角洲经济文化研习营一行31人来南京，与东南大学师生进行经济文化交流。10月，香港艺术发展局创局委员、香港当代文化中心总监荣念曾来苏考察交流。10

月 26 日至 11 月 1 日，台湾佛光山寺院星云大师等 10 人来无锡参加“第二届中国无锡灵山胜会”。11 月，台湾“大陆创意文化园区交流考察团”一行 12 人来南京参访创意文化产业。

2008 年 6 月，来自台湾、香港的 15 位诗人参加在南京举办的“2008 全球汉诗学会年会暨中华诗词研讨会”活动。10 月，台湾中南部地区文化界人士交流访问团一行 18 人来江苏访问交流。

# 大事年表



## 1978 年

4 月 5 日　由南京博物院、江苏省国画院联合举办的“江苏省国画院已故画家作品展览”在南京博物院展出，展有傅抱石、陈之佛、余彤甫等 10 位画师的 175 件作品。

4 月 8 日　江苏省昆剧院邀请江、浙、湘、沪三省一市的昆曲专家、工作者、爱好者 220 余人在南京举行昆曲工作座谈会。

5 月 20 日　经文化部选调，江苏省地方戏赴京汇报演出团携江苏省淮剧团的《金色的教鞭》《双送鞋》，苏州专区锡剧团的《老戏迷改戏》，江浦县扬剧团的《最听话的丫头》，盱眙县黄梅戏剧团的《送鹅》（以上为文化部向全国推荐剧目），及江宁县锡剧团的《三亲家》去北京演出。

5 月　中国作家协会江苏分会在宁召开扩大会议，宣布正式恢复工作。

7 月　南京市从小学生中选拔组建“小红花艺术团”。

10 月 27 日　江苏省专业文艺团体创作剧目会演在南京举行。来自 11 个专区、市的八个剧种的 980 名代表参加会演，共演出 17 台大、小型剧目 37 个。

## 1979 年

2 月 20 日　江苏、山东、安徽、江西、浙江、福建、上海六省一市联合举办的《肖像画展览》在江苏省美术馆展出。这是中华人民共和国成立以来华东六省一市首次联合举办画展。

3 月 5 日　位于淮阴城内驸马巷的周恩来故居对外开放。邓小平题写“周恩来同志故居”匾额。

3 月　江苏省文学创作会议召开。会上宣布“定‘探求者’为反党小集团、右派小集团，是属于错案，应予以纠正”，并对受到错误处分的同志作改正结论。

6 月 23 日　江苏省属文化系统的审干工作基本结束。在“文化大革命”中，省属文化系统有 632 人被立案审查，占总人数的三分之一。1978 年 4 月起，江苏省文化局党组遵照中共江苏省委〔1978〕26 号文件的指示精神，组建了由 56 人组成的审干复查班子。经过复查，全系统“文化大革命”中立案审查的 632 件，只有 13 件维持“文化大革命”前的审干结论，冤假错案达 261 件。至是时，错案得以纠正，假案得以平反，冤案得以昭雪。

9 月 23 日　江苏省图书馆学会在南京成立。

9 月　文化部代部长周巍峙视察沙洲县兆丰宣传队的演出和生产后，充分肯定兆丰宣传队“以队办厂、以厂养队”的道路。12 月，中共中央宣传部召开的地县宣传工作座谈会上，首次介绍了“兆丰经验”。

## 1980 年

2 月 2 日　苏州评弹江、浙、沪会书在苏州举办。

3 月 25 日　由江苏省文化局、江苏省科学技术协会、江苏省美术家协会联合主办的全省第一次科普美术作品展览在江苏省美术馆展出。

4 月 12 日　江苏省文学艺术工作者第四次代表大会、中国作家协会江苏分会第二次会员代表大会在南京举行。

8 月 14 日　应香港联艺娱乐公司邀请，由江苏省曲艺团、无锡市评弹团、苏州市评弹团、常州市评弹团的演员组建成的江苏评弹团赴香港公演。这是江苏评弹团体首次出境演出。

11 月 25 日　江苏省 1980 年戏曲现代戏观摩演出在南京举行。

## 1981 年

4 月 21 日　全国部分省、市木偶、皮影戏艺术编导会议在扬州召开。

4月22日　“江苏省盲人聋哑人书画工艺美术展览”在江苏省美术馆开幕。

11月1日　由文化部、中国戏剧家协会以及江苏、上海、浙江三省市文化局、剧协分会联合举办的“昆剧传习所成立60周年”纪念活动在苏州举行。

12月15日　首届江苏省舞台美术展览在南京展出。

## 1982年

1月5日　江苏省文化局向全省文化行政主管部门和省属剧院团发出《关于繁荣我省戏剧剧目创作的若干规定》。

3月15日　文化部在苏州举办全国曲艺优秀节目（南方片）观摩演出。

5月25日　江苏省、浙江省和上海市昆剧会演在苏州举行。

8月2日　江苏省文化局、中国戏剧家协会江苏分会联合主办江苏省戏剧百花奖。

8月11日　江苏省文化局、中国戏剧家协会江苏分会共同设立江苏省戏剧创作伯乐奖。

10月23日　首届江苏省漫画展览在江苏省美术馆开幕。

12月26日　“刘海粟绘画近作展览”在江苏省美术馆展出。

12月30日　联合国教科文组织把扬州民歌《茉莉花》选为中国优秀民间歌曲之一，将其介绍给世界各国人民。

是年　江苏恢复和兴建群众艺术馆、文化馆114个，各类文化站2 211个，并新建初具规模的农村文化中心700多个。已实现每县一个文化馆，每社（镇）一个文化站，许多县已逐步形成了县、社（镇）、大队三级群众文化网。

## 1983年

4月2日　江苏省文化局、中国舞蹈家协会江苏分会在扬州联合召开江苏省民族民间舞蹈编写工作现场会。

9月26日　为纪念中国著名艺术大师徐悲鸿逝世30周年，南京艺术学院集会纪念并举行徐悲鸿书画艺术展览。

12月4日　为纪念清初著名画家、“常州画派”创始人恽南田诞生350周年，恽南田纪念馆在武进县马杭镇开馆。

## 1984年

1月　中共江苏省委办公厅发文，将中国作家协会江苏分会与江苏省文学艺术界联合会分立，单独建制。

3月29日　首届中国戏剧梅花奖评选揭晓，江苏省昆剧院张继青以满票名列“梅花奖”榜首。

6月25日　江苏省人民政府在南京举行大会，为获得“梅花奖”的昆剧著名演员张继青、获得全国优秀短篇小说奖的著名作家陆文夫、在第七届电影百花奖中获得最佳女配角奖的著名演员王馥荔发奖，并决定给他们各晋升两级工资。

10月8日　江苏省文化厅、中国戏剧家协会江苏分会、泰州市人民政府在泰州市联合举办梅兰芳诞辰90周年纪念活动。

10月20日　首届江苏省锡剧节在无锡市开幕。

## 1985年

4月17日　江苏省群众文化学会成立，王霞林（时任中共江苏省委宣传部副部长）为会长。

6月1日　首届江苏省少年儿童版画展览在江苏省美术馆开幕。

6月15日　应西柏林第三届“地平线世界文化节”和意大利第28届“两个世界艺术节”组委会的邀请，中国江苏昆剧团首次赴西柏林和意大利演出。

7月4日　在南京图书馆举行的赠书仪式上，江苏省文化厅接受了薛福成后裔捐赠的30 625册图书和一批文物。

9月20日　江苏省人民政府在南京人民剧场举行“纪念傅抱石先生逝世20周年”大会，并举行傅抱石纪念馆揭幕仪式，傅抱石画展同时在南京博物院开幕。

10月15日　江苏青年艺术周在南京开幕。

10月22日　全国舞蹈创作会议观摩演出在南京举行。

12月15日　在1985年全国戏曲观摩演出发奖大会上，江苏省淮剧团演出的《奇婚记》获演出、剧本、音乐设计、主演刘少峰、主演梁国英、配演许萍、配演刘湘群等七个一等奖，三个二等奖，两个单项奖，共12块奖牌。

是年　江苏省昆剧院由苏州迁回南京。

### 1986年

2月15日　首届全国民歌、通俗歌曲大选赛江苏赛区决赛在南京举行。

2月20日　中共江苏省委机构编制委员会批准成立江苏省文化厅演出管理站。

4月1日　文化部振兴昆剧指导委员会在苏州举办为期一个半月的第一期昆剧培训班。是年八月，又举办了第二期昆剧培训班。

7月7日　苏州、徐州、扬州三城市联合举办的"江苏省首届三州书会"在扬州举行。

10月19日　江苏省人民政府召开江苏省文学艺术界表彰授奖大会，对在参加全国性文学艺术比赛中取得优异成绩的王馥荔、张弦、李真、杨明坤、顾欣、邱肖鹏、郁小庭、傅菊容等八位同志予以通令嘉奖。

11月26日　首届江苏省淮剧节在盐城开幕。

12月　苏州市文化馆创作编排的三人舞《担鲜藕》荣获全国民间音乐舞蹈大赛一等奖。

### 1987年

3月18日　首届江苏省相声邀请赛在徐州举行。

5月26日　江苏省国画院在新落成的四明山庄院址欢庆建院30周年。

8月11日　江苏省京剧团赴加拿大安大略省多伦多市，参加"1987中国文化节"。这是江苏和安大略两省建立友好省以来，江苏派去的第一个大型艺术表演团体。

11月5日　首届江苏省柳琴戏剧节在徐州开幕。

### 1988年

5月14日　首届江苏省业余戏剧小品大赛在南京开幕。

9月20日　首届江苏省扬剧节在扬州开幕。

9月25日　首届全国篆刻艺术展在南京举行。

10月23日　江苏省人民政府颁布《江苏省文学艺术嘉奖暂行办法》。

11月22日　著名外国文学翻译家戈宝权藏书室在南京图书馆正式开放。

是年　江苏省文化厅首次举办文化科技进步奖评审活动。

### 1989年

2月18日　首届江苏省艺术中专教学剧目汇报交流演出在南京举行。

3月22日　江苏省文化厅召开江苏省公共图书馆创建文明馆活动经验交流会。

4月20日　中国戏剧家协会、南京市文化局在南京联合举办小剧场戏剧节。

7月25日　首届江苏省滑稽戏节在常州开幕。

9月29日　第二届中国艺术节华东分会场在南京开幕。

11月12～14日　扬州评话艺术大师王少堂诞辰100周年纪念活动在南京、扬州举行。

12月14日　首届江苏省"紫金奖"(1987年10月至1989年10月)获奖名单揭晓。扬剧《皮九辣子》(编剧刘鹏春)、滑稽戏《多情的小和尚》(编剧张宇清)荣获编剧奖和演出奖，还评出表演奖五名，导演奖、音乐设计奖、舞台美术奖等各一名。

### 1990年

1月18日　首届江苏省民间美术博览会在江苏省美术馆开幕。

2月10日　首届江苏省文学艺术奖授奖大会在南京举行。

5月　扬州市木偶剧团与日本影法师剧团在日本联合演出大型历史剧《三国志》。

6月　江苏省文化厅主持召开了全省舞台设备技术管理会议，这是全国第一次由文化系统主持的舞台设备技术管理会。

10月23日　首届中国曲艺节在南京人民剧场开幕。

11月　江苏水印版画展赴加拿大安大略省，在多伦多市政府大厦展览厅展出。

12月14日　首届江苏省水印版画艺术节暨江苏水印版画系列展览在江苏省美术馆揭幕。

是年起　江苏在全国率先开展了创建群众文化先进县、乡镇活动。

### 1991年

5月21日　全国戏曲现代戏观摩演出在扬州

开幕。

5月23日　常州亚细亚影城举行落成典礼。

6月30日　南京军区、江苏省、南京市联合在人民大会堂隆重演出《党的好儿女》，纪念中国共产党建党70周年。

7月3日　文化部第一届文华奖评选揭晓。江苏省歌舞剧院的《木棉花开了》、江苏省京剧院的《宝烛记》、江苏省昆剧院的《血冤》获新剧目奖，沈小梅、胡锦芳、顾欣、袁晓红获表演奖。

8月20日　江苏省文化厅等单位共同举办“情系灾区，共献爱心”大型赈灾义演，共募集捐款288万余元（不含物折款），义演售票款2.522万元。

9月6日　江苏省赈灾书画义卖展览在省美术馆开幕。

12月　第二届江苏省音乐舞蹈节在南京举行。

是年　在全国首届“群星奖”评奖中，江苏获一个二等奖、两个三等奖。

## 1992年

1月6日　淮安周恩来纪念馆落成，正式对外开放。

5月　由江苏省苏昆剧团、丹阳丹剧团组成的江苏代表团，参加文化部举办的“天下第一团”优秀剧目展演活动。

6月　根据国务院颁发的社会团体登记法有关条款规定，原中国作家协会江苏分会正式更名为“江苏省作家协会”。

9月　由江苏省人民政府主办的江苏省文学艺术奖第二届评选揭晓。共评出集体大奖4个，个人大奖4个，集体奖10个，个人奖19个。

△　江苏省文学艺术界联合会、江苏省作家协会换届。

10月8日　江苏省营业性歌舞厅开展争创“五好”（内容好、管理好、环境好、服务好、效益好）歌舞厅竞赛评选活动。

10月31日　第二届江苏省淮剧节在盐城开幕。

10月　江苏省人民艺术剧院的话剧《甲申纪事》参加京、津、沪、苏、鲁三市二省优秀剧目巡回演出。

11月　江苏省歌舞剧院的舞剧《五姑娘》参加1992年全国舞剧观摩演出，获优秀剧目、优秀作曲、舞美设计、优秀表演四项奖。

12月　江苏省京剧院的京剧《青蛇传》参加全国青年京剧团（队）新剧目汇演获优秀剧目、优秀导演、优秀舞美设计、优秀表演、优秀配角等九项奖励。

年底　江苏省人民政府和江苏省文化厅分别命名表彰全省15个群众文化先进县（市）、区和372个群众文化先进乡（镇）、街道。

是年底　江苏省人民艺术剧院成立。

## 1993年

4月　为纪念扬剧表演艺术家高秀英诞辰80年及舞台生活60年、江苏省扬剧团建团40周年，在扬州举办扬剧艺术汇展。

6月　第四届江苏省锡剧节在无锡举办。

8月　首届江苏省儿童艺术节在南京举办。

9月　应韩国国家艺术中心邀请，中国江苏昆剧艺术团赴汉城参加为期一周的“汉城音乐戏剧节”。这是中韩建交后，韩国官方第一次正式邀请中国戏剧团体赴韩演出。

10月15日　为纪念民间音乐家华彦钧诞辰100周年，江苏省文化厅、中国音乐家协会、南京艺术学院、中国民族器乐学会、江苏省音乐家协会联合举办了全国民族器乐南京邀请赛。

10月　第二届江苏省扬剧节在镇江举办。

12月　首届江苏省戏剧节在南京举办。

△　吴县胥口乡、邳州市、射阳县、东海县、金坛县、沛县敬安镇、泗阳县临河乡、东台市等8个县、乡被文化部命名为“中国民间艺术之乡”。至此，全省共有13个县、乡被文化部命名为“中国民间艺术之乡”。

是年　经文化部审批，江苏全省28个文化馆被评为全国标准文化馆，34个街道文化站被评为全国标准文化站。

## 1994年

4月15日　第三届中国当代工笔画展在南京开幕。

5月　文化部在江苏召开全国文化先进县经验交流会。

10月5日　“纪念傅抱石诞辰90周年作品特

展”在南京博物院开幕。

10月7～9日　首届江苏省曲艺节在徐州举办。

10月8日　江苏省文化厅和泰州市政府联合主办的“纪念梅兰芳诞辰100周年暨泰州市经贸科技洽谈大会”在泰州梅兰芳剧院开幕。

10月28日　第八届全国美展江苏作品展在江苏省美术馆开幕。

10月30日～11月2日　首届江苏省青年舞蹈演员独、双、三人舞蹈比赛在无锡举行。

10月31日　“中国曲艺荟萃·’94新人雅集”活动在南京举办。

12月10日　江苏省政府纪念梅兰芳、周信芳诞辰100周年大会在南京人民剧场举行。

是年　金陵图书馆、苏州市图书馆等11个公共图书馆被文化部命名为文明图书馆，数量居全国首位。在全国公共图书馆评估定级中，全省有12个图书馆被定为一级图书馆，数量居全国第二位。

## 1995年

3月16日　南京市秦淮区、江阴市和苏州市被文化部、人事部命名为全国模范文化地区。

6月5日　为纪念著名剧作家陈白尘逝世一周年，“陈白尘纪念会暨中国话剧文学研究会第六届年会”在南京大学开幕。

6月10日　由江苏省文学艺术界联合会主办，纪念著名民族音乐家刘天华诞辰百年音乐会在南京大行宫会堂举行。

7月　为纪念徐悲鸿诞辰100周年，12日，徐悲鸿诞辰百年纪念大会在南京师范大学举行；24日，“徐悲鸿诞辰100周年纪念画展”在江苏省美术馆隆重开幕。

10月24日　首届中日国际书画大展在南京博物院展出。

11月27日　第三届江苏省音乐舞蹈节在南京开幕。

12月18～21日　首届江苏省淮海戏节在连云港举办。

是年　在全国实施“蒲公英计划”第一周期评比中，江苏省文化厅被授予三星级(最高级)奖牌。

## 1996年

1月26日　首届江苏省青年戏曲节在南京举行。

2月　中共中央宣传部、国家科学技术委员会、中国科学技术协会授予江苏省文化厅科教处胡清亮“全国先进科普工作者”称号。全国文化系统仅两人获此殊荣。

4月13日　江苏省文化厅和江苏省人事厅首次联合表彰全省文化系统的15个先进集体和25名先进工作者。

8月　江苏省文学艺术界联合会在南京举办首届文艺家读书班。

9月14日　江苏省“纪念陈之佛诞辰100周年纪念大会暨陈之佛工笔花鸟画展”在南京博物院举行。

9月20日　江苏省美术馆建馆60周年庆典隆重举行。

9月　江苏省戏剧学校被文化部确定为部省级重点艺术院校。

10月26日　第13届全国版画展在江苏省美术馆开幕。

11月25日　江苏省群众文化先进县(市)、区文艺汇演在苏州举行。

## 1997年

3月　由江苏省文化厅组织的全省首届“五星工程奖”评选揭晓，有音乐、舞蹈、美术、戏剧、曲艺、文学类的十件作品获奖。

5月　江苏省文化厅与南京大学联合建立的“舞台电子音响技术检测中心”获文化部批准成立，被文化部定为全国唯一定点检测机构。

11月8日　全国首届农村图书馆建设理论研讨会在江阴市召开。

11月30日　第七届全国“群星奖”决赛在南京举行。

12月　江苏省文学艺术界联合会、江苏省作家协会换届。

△　苏州园林入选世界文化遗产名录。

是年　香港回归，江苏省文学艺术界联合会在南京五台山体育馆举行盛大的庆祝活动。

## 1998 年

2月　第二届江苏省“五星工程奖”评选结果揭晓。

3月　江苏省作家协会受江苏省地方志委员会委托成立文学志办公室，负责《江苏省志・文学志》的编纂工作。该书于2003年出版，系江苏第一本系统的文学志书。

7月20日　文化部第八届文华奖揭晓，“文华新剧目奖”“文华导演奖”“文华表演”“文华音乐创作奖”等奖项江苏均榜上有名。

7月29～31日　江苏省文化厅召开省辖市文化局长会议。会议期间，江苏省文化厅与各市文化局签订了140个无房、危房文化站建设责任书。

9月2日　中共江苏省委召开全省精神文明建设“五个一工程”工作会议，江苏省直院团的《桃花扇》《城市的女儿》《珍珠塔》等入选戏剧作品奖，影剧文摘报的《孔子与中国》入选电视专题片作品奖。

11月1～18日　首届江苏省美术节开幕。

11月9日　中共江苏省委、省人民政府召开第六届中国艺术节江苏省筹备委员会第一次会议。

是年　南京图书馆新馆建设项目立项。

## 1999 年

1月2日　江苏省京剧院现代京剧《骆驼祥子》参加第二届中国京剧艺术节，获第二届中国京剧艺术节金奖。

1月14日　第六届江、浙、沪演出业务洽谈会在南京开幕。

3月8日　第六届中国艺术节第三次联席会在文化部召开。会议原则通过了《江苏省承办第六届中国艺术节总体方案》。

3月16～19日　尼日利亚国家歌舞团首次来宁访问演出。

4月20～22日　江苏省文化厅举办江苏省首届公共图书馆优秀服务成果评奖活动，全省各级公共图书馆共申报307项服务成果，评出146项优秀服务成果，其中特等奖2个、一等奖20个。

5月9日　袁晓园女士百岁画展在江苏省美术馆举行。

6月1日　文化部和江苏省人民政府在北京召开新闻发布会，向社会公布《江苏省承办第六届中国艺术节总体方案》。

6月7～22日　第三届江苏省戏剧节在南京举办。

9月5日～10月20日　为庆祝中华人民共和国成立50周年，江苏省文化厅组织30余台优秀剧目进行展演，其中大部分为省近年内创作演出的优秀剧（节）目。

9月28日　受文化部委托，江苏省文化厅与江苏省美术馆举办庆祝中华人民共和国成立50周年第九届全国水彩、水粉展览。

10月16日　第三届江苏省淮剧节在盐城市举办。

10月　由江苏省文化厅组织、江苏省文化馆编导的广场舞蹈“海安花鼓”参加国庆50周年天安门广场庆祝晚会并获得“五好表演单位”称号。

11月8～12日　第三届江苏省曲艺节在苏州举行。

11月　江苏省设立江苏省紫金山文学奖，有长篇小说、中篇小说、短篇小说、儿童文学、报告文学、散文、诗歌、文学评论、文学编辑奖九大类。首届评出39部作品和6名文学编辑。

12月9～19日　第四届江苏省音乐舞蹈节在南京举办。

12月　江苏省文学艺术界联合会组织创作《长江组歌》在南京演出。

△　澳门回归，江苏省文学艺术界联合会举办了隆重的庆祝活动。

是年　江苏省文学艺术界联合会主办，江苏省舞蹈家协会承办，在大行宫会堂举行全国经典舞蹈展演。

## 2000 年

1月26～27日　第三届江苏省“五星工程奖”评选在南京揭晓。

2月29日　于培根・帕尔瓦海姆作品展在南京博物馆开幕。

3月31日～4月6日　首届中国昆剧艺术节在江苏省昆山市和苏州市举办。

5月16～18日　文化部“中国民间艺术之乡”命名暨现场经验交流会在苏州昆山市正仪镇召开。南京市秦淮区等11个单位被命名为“中国民间艺术之乡”，苏州昆山市正仪镇等三个单位被命名为“中国民间特色艺术之乡”。

6月14日　第九届文华奖评比公布结果。江苏省京剧团创作的京剧《骆驼祥子》、无锡市歌舞团创作的舞剧《阿炳》荣获文华大奖，话剧《世纪彩虹》等五个作品荣获文华新剧目奖，此外，江苏还获得了编剧等22个单项奖。

9月16日　第六届中国艺术节演出场馆“紫金大戏院”正式落成。

9月28日　全国文化工作座谈会在南京召开，北京、江苏等四省、市领导作了发言，李岚清副总理作了重要讲话。

9月28日～10月13日　第六届中国艺术节在江苏举行，国内31个省市自治区和香港特别行政区及台湾地区都有剧节目参演，这次艺术节被称为千年更替、世纪之交、规模空前的一次艺术盛会。

是年　江苏大华音像建立了地处新街口地区800平方米的音像配送中心，经销全国数百家出版发行单位数万品种的正版音像制品。

## 2001年

1月6日　“世纪回响”音乐会在南京人民大会堂举行。

1月9日　文化部主办的全国京剧优秀青年演员评比展演在北京闭幕。江苏青年京剧演员在展演中获一等奖两个、二等奖两个、三等奖三个。

2月19日　江苏省人民政府公布第二批省级历史文化名城名镇和历史文化保护区。

2月　日本名古屋能乐团受江苏省文学艺术界联合会邀请，在南京剧场演出多场。

5月25日　中共江苏省委、省人民政府出台了《江苏省人民政府关于加快文化大省建设的若干经济政策的意见》。

5月27～28日　中共江苏省委、省人民政府在宁召开全省文化工作会议。会议提出要加快文化大省建设，把江苏建设成为与“富民强省”“率先基本实现现代化”战略目标相适应的文化大省。

5月29日　南京图书馆新馆奠基仪式在南京举行。

5月　江苏省文学艺术界联合会成立江苏省文艺评论家协会。

6月19日　中共江苏省委、省人民政府召开第二次全省文化工作会议，对新形势下的江苏文化大省建设做出部署，印发了《江苏省2001—2010年文化大省建设规划纲要》。

6月～7月　江苏省文学艺术界联合会组织省评弹团赴京汇报演出。

8月4～7日　全国第二届“蒲公英奖”决赛在南京举行。

9月28日　江苏省广播电视集团、江苏省出版集团、新华日报报业集团、江苏省演艺集团等四个省属文化产业集团成立。

9月30日～10月10日　第五届全国舞蹈比赛在无锡举行。

10月17～20日　首届江苏省社区艺术节综艺展在江苏省美术馆开幕。

10月　江苏省作家协会首次设立“签约作家制度”。

11月5～9日　文化部、江苏省人民政府在苏州联合举办“庆祝中国昆曲列入‘人类口头遗产和非物质遗产代表作’及纪念苏州昆曲传习所成立80周年”活动。

12月2～16日　第三届中国京剧艺术节在南京举行。

12月10～21日　第11届“群星奖”比赛在广州举行。江苏的参赛作品获14个金奖、5个银奖、1个铜奖，获金奖总数仅次于东道主广东。

12月27日　江苏省九届人大第二十七次会议审议通过《江苏省历史文化名城名镇保护条例》。该条例加大对全省历史文化名城、名镇和历史文化保护区的保护力度，并开创性地规定了文物行政主管部门在城市建设中的两项前置审批权。

## 2002年

1月20～23日　由江苏省文学艺术界联合会、南京电视台和江苏省演艺集团联合主办的《江苏——二胡之乡》大型系列活动在南京举行。

1月27～28日　全省文化局长会议在南京召开。会上，江苏省文化厅对优秀现代戏演出超1 000场的滑稽戏《一二三，起步走》、锡剧《少年华罗庚》及超500场的淮剧《来顺组长》，分别给予十万元、八万元、五万元的奖励。

2月22日　首届江苏省农民艺术节综艺展在

江苏展览馆开幕。

4月8日　江苏省群众艺术馆更名为江苏省文化馆。

4月27～28日　文莱政府文化代表团一行九人专程来南京访问。这是自1991年中文建交以来,文莱来访的第一个政府文化代表团。

4月30日～5月12日　首届江苏省文化艺术精品展在北京举办。

5月　江苏省通信管理局将网吧管理的职责移交江苏省文化厅。

7月　国家重点文化工程"中华再造善本工程"正式立项建设,南京图书馆入选工程一期选目的古籍善本共有14种,徐州市图书馆馆藏《臞仙肘后经》《硕辅宝鉴》《瓶花供》三种古籍入选。

7月起　江苏省文化厅将"民间艺术之乡"评选活动拓展为以"特色文化之乡、特色文化团队、特色文化家庭、特色文化标兵"为内容的"四特"评选命名活动。

8月13日　文化部和江苏省人民政府在南京文化艺术中心设立主会场,拉开全国统一销毁非法音像制品大行动的帷幕。

8月　江苏省文化厅出台了《关于进一步理顺演出管理体制,加强演出市场管理的意见》,率先在全国理顺了演出管理体制,解决管理与经营分离、政府与企业分开的问题。

9月　江苏省政府召开全省基层文化工作会议。

11月20日　全省文化信息资源共享工程(江苏文化网)基层点建设协议书签订仪式在南京图书馆举行,标志着江苏省文化信息资源共享工程正式启动。

12月4～8日　首届"江苏·中国民间艺术节"在南京举行。

12月　江苏省演艺集团木偶剧团成立,是江苏省唯一的省属木偶文艺专业表演团体。

是年起　每年由政府财政拨出1 000万元,扶持苏中、苏北地区新建和扩建各级图书馆、文化馆、文化活动中心。

## 2003年

2月27日　江苏省文化厅、江苏省财政厅在南京图书馆举行"江苏文化网"开通暨"文化信息进社区"活动启动仪式。

4月5～18日　江苏省舞台艺术名家精品系列展演暨中国戏剧梅花奖创办20周年纪念活动在南京举行。

4月19日　首届全国粉画展在苏州举行。

5月1日　江苏省第八届人民代表大会常务委员会颁布实施《江苏省音像市场管理条例》。

7月3日　南京明孝陵入选世界文化遗产名录。

7月18日　"现代·都市水墨画创新工程"在江苏省国画院正式启动。

9月16日　全国第六届残疾人运动会在南京五台山体育馆开幕。

11月27日　建设部、国家文物局举行中国历史文化名镇(名村)(第一批)授牌仪式。第一批公布的十个国家级历史文化名镇和12个国家级历史文化名村中,江苏省的同里、甪直、周庄三镇被授予"中国历史文化名镇"称号。

11月　根据江苏省文化厅的决定,江苏省文化学校与江苏省戏剧学校合并,统一使用江苏省戏剧学校名称,保留江苏省文化学校编制。

是年初　江苏省文化厅提出建设"沪宁沿线音像管理示范区重点工程"。

是年　江苏省文化厅、江苏省财政厅决定配合"国家舞台艺术精品工程"的实施,在全省范围内大力推进"江苏省舞台艺术精品工程"的建设。

## 2004年

1月8日　江苏省舞台艺术优秀作品颁奖晚会在南京紫金大戏院举行。晚会表彰了第五届江苏省"五星工程奖"、第五届江苏省音乐舞蹈节、第四届江苏省戏剧节获奖剧(节)目,和2003年江苏省舞台艺术优秀作品展演中获组织奖的单位及个人。

1月18日　江苏省文化厅主办,江苏省国画院、江苏省美术馆承办的"现代·都市水墨画展"在江苏省美术馆开幕。

1月27日～2月6日　奥地利中国音乐之友协会邀请南京文化代表团暨南京民族乐团一行91人赴奥地利、德国,先后在奥地利维也纳金色大厅和德国曼海姆玫瑰园音乐厅举办"金陵寻梦——猴年中国新年音乐会"。

2月　江苏省作家协会设立“重点扶持与评论工程项目”。

3月　江苏省音像制品分销协会成立。

4月18日　第21届中国戏剧梅花奖颁奖典礼在扬州市举行。

4月30日～5月6日　“2004中国南京世界历史文化名城博览会”在南京举行。

8月11日　“其命惟新——傅抱石百年诞辰作品展览”在中国美术馆开幕，由此揭开了“傅抱石百年诞辰纪念活动”的序幕。

8月19日　中共江苏省委办公厅、省人民政府办公厅发布《关于印发省演艺集团深化改革的实施意见》。

8月26日～9月8日　江苏省文化代表团暨中国无锡艺术团一行41人出访摩洛哥和突尼斯，参加与文化部联合举办的“中华文化北非行”系列活动，在摩洛哥和突尼斯的八个城市举办“中国·江苏文化周”绘画展览和大型艺术表演。

8月　全省网吧监管系统建成并投入使用，34.8万台计算机终端安装了“净网先锋”监控软件。

9月28日　第十届“全国美术作品展览·综合展”在江苏省美术馆开幕。

9月　第二届中国民间艺术节在无锡举行。

△　江苏省艺术创作源头工程全面启动，每年创新和加工剧本近100部，并将优秀剧本向基层剧团推荐排演。

10月22日　江苏省第十届人民代表大会常务委员会第12次会议通过《关于加快发展我省文化产业的决议》。

10月　常州创意产业基地被国家文化部授予首批“国家文化产业示范基地”。

11月　江苏省文学艺术界联合会、江苏省作家协会换届。

是年起　江苏省文化厅直属部分文化事业单位撤销、整合，经营性文化事业单位进行转企改制。清理撤销了江苏省东风剧场、江苏省艺术发展总公司、江苏省文化厅招待所；将江苏省电影公司整体移交给江苏省国有资产经营（控股）公司；江苏省文化传播中心、江苏省舞台音响技术检测中心完成了转企改制工作。

## 2005年

1月4～6日　第一届江苏省新人新作歌舞大赛在南京举办。

2月26日～3月2日　根据江苏省与法国上塞纳省互办文化年活动计划安排，由克里斯狄安·杜比副省长率领的法国上塞纳省少儿合唱团（巴黎国家歌剧院儿童合唱团）一行109人，来宁举办“法国文化年·精彩92省”活动。

5月18日　江苏省文化厅举行艺术中心、报刊中心、会议中心成立仪式。这三个中心为省文化厅非常设机构。

5月　江苏省文化厅成立“江苏省文化科技和艺术科学规划领导小组”，并筹备建立江苏省文化科技和艺术科学规划专家库和专家委员会。

6月17日　江苏省文化厅与江苏省关心下一代工作委员会联合在宁召开全省网吧优秀“五老”义务监督员表彰大会。

7月20日　江苏省文化厅发布《关于进一步打击非法音像制品违法犯罪活动的意见》（苏文发〔2005〕9号）。

8月　全国文化市场知识产权保护工作会议在江苏举行。

△　江苏中艺音像城建成开业，这是江苏最大的正版音像制品集散地。

9月　江苏省文化厅、中共江苏省委党史工办联合编纂的大型史料性图册《江苏文华》由新华出版社出版。

△　江苏文学艺术网开通。

10月26日　中共江苏省委宣传部、江苏省文化厅、江苏省文学艺术界联合会主办的“纪念徐悲鸿诞辰110周年”系列活动在江苏省美术馆举行开幕仪式。

10月　第十届全国运动会在江苏举行。

11月6日　南京图书馆新馆落成，并举行了新馆落成典礼。

12月4日　中国首届李可染艺术节在徐州开幕。

12月25日　中国百家金陵画展（中国画）在南京博物院开幕。

## 2006年

1月　《钟山》创刊25周年庆典活动在南京

举行。

4月11日　中国(无锡)吴文化节开幕式暨泰伯祭祀典礼在无锡市举行。

4月11～13日　全国音像市场管理江苏经验交流会在常熟市召开。

4月18日　“四月之春”国际友谊艺术节在朝鲜平壤市落下帷幕。中国(江苏)艺术团以强大的阵容和精湛的表演,赢得了朝鲜人民和各国艺术家的广泛赞誉,获得艺术节组委会颁发的团体奖和音乐、舞蹈、杂技节目的集体奖、编导奖等15个金奖、3个银奖,获奖总数18个,占艺术节设置的全部奖项的三分之一,名列所有参加艺术节的36个国家、50个艺术团体之首。

4月29日　江苏省乡镇文化站建设工程动员部署会议在南京召开。会上,江苏省政府与2006年有建设任务的32个经济薄弱县(市、区)政府签订了《乡镇文化站建设责任书》。

4月　江苏省动漫艺术家协会第一次代表大会召开,成立了江苏省动漫艺术家协会。

△　江苏省文艺维权中心成立。

5月　在纪念毛泽东同志《在延安文艺座谈会上的讲话》发表64周年之际,由中国作家协会、中共江苏省委宣传部、江苏省作家协会联合举办的全国农村题材文学创作研讨会在江阴市华西村召开。

8月9～10日　首届中国少年儿童合唱节在南京举行。

9月10日　江苏省苏州昆剧院上演的青春版《牡丹亭》,在美国加州大学四所分校连续演出一个月。美国洛杉矶市市长向剧组颁发了“特别嘉奖证书”,圣芭芭拉市市长把10月3～8日定为“牡丹亭”周。

9月19日　江苏省人民政府发布《江苏省人民政府关于加快文化事业和产业发展若干经济政策的通知》(苏政发〔2006〕113号)。

9月20～21日　中共江苏省委、省人民政府在南京召开全省文化工作会议。会议对大力发展先进文化,加快建设“文化江苏”作出全面部署。

9月23日　第四届中国曲艺牡丹奖在南京举办。

9月30日　刘海粟、陈之佛诞辰110周年纪念会在南京艺术学院音乐厅举行。是日至10月9日,刘海粟、陈之佛艺术成就展在省美术馆举办。

10月4日　中共江苏省委、省人民政府发布《中共江苏省委、江苏省人民政府关于发展先进文化建设文化江苏的决定》(苏发〔2006〕23号)。

10月28日　江苏省美术馆建馆70周年盛典在南京举行。

11月6日　南京图书馆新馆落成开放庆典仪式在新馆举行。

△　江苏省美术馆新馆正式开工建设。

11月11～20日　由中共江苏省委宣传部、江苏省文化厅共同举办的第一期全省乡镇文化站站长培训班在南京举行。

11月25日　江苏省戏剧学校建校50周年庆典大会暨文艺演出在南京人民大会堂举行。

12月28日　中共江苏省委、省人民政府发布《江苏省文化体制改革试点工作方案》(苏发〔2006〕33号)。

12月　第一届“中国当代文学·南京论坛”举办。

是年　江苏省国画院作为全省文化体制改革试点单位,开全国画院之先河,在全国范围内公开招聘5名专业画家,在全国美术界和社会上反响强烈。

是年起　江苏省人民政府设立了文化产业引导资金,每年安排一亿元,用于引导全省文化产业发展。

### 2007年

1月6日　由江苏省人民政府主办、江苏省文化厅承办的傅抱石作品捐赠系列活动在南京博物院举行。

1月20日　全省文化体制改革工作会议在南京召开。

1月30日　江苏省文化厅命名首批十个省级文化产业示范基地。

2月10～15日　南京市小红花艺术团受文化部和江苏省文化厅派遣,赴南非、博茨瓦纳、毛里求斯执行文化外交演出任务,成为2006年底中非合作论坛北京峰会后第一个代表国家访问非洲的艺术团。

5月3～7日　首届中国古琴艺术节在常熟举办。

6月3日　江苏省文化厅主办的首届江苏省艺

术中专校学生音乐专业技能比赛在扬州举行。比赛包括音乐、舞蹈、戏剧等,基本包含了全省艺术中专校现有的艺术表演专业。

6月21日～7月5日　第五届江苏省戏剧节分南、北两片先后在南京和扬州两地举行。

8月3日　"江苏省文化厅向全国征集京剧现代戏剧本颁奖大会暨新闻发布会"在南京召开。这次活动共收到来自全国26个省市和地区的246件作品,共评出等级奖、优秀奖和提名奖15个。

8月21日　江苏省古籍保护中心在南京图书馆成立,并正式挂牌。

8月28日　"德中同行——走进江苏"活动在南京开幕,专程前来南京的德国总理安格拉·默克尔出席了开幕式。这是德国政府为纪念中德建交35周年,特别举办的大型系列活动"德中同行"的首站活动。

9月20～24日　第九届亚洲艺术节在南通举行。

9月25～30日　第七届中国国际民间艺术节在苏州举行。

11月20日　江苏省国画院建院50周年庆典暨向江苏省慈善总会捐赠书画仪式在省国画院四明山庄举行。

11月26～29日　由江苏省文化厅主办的首届全省民营表演团体优秀剧(节)目调演活动在如皋举行。

11月　"傅抱石奖·南京水墨画传媒三年展"和"林散之奖·南京书法传媒三年展"在南京举行,吸引了来自美、日、韩、马来西亚等国家当代知名书画家的积极参与。

△　第一届江苏省"莲花奖"青年舞蹈演员大赛在南京举办。

## 2008年

1月9～11日　第15届江浙沪两省一市演出业务洽谈会暨首届长三角国际演出项目交易会在南京举办。会上,江浙沪两省一市签署了《长三角地区演出市场一体化战略合作协议》。

1月22日　江苏省人民政府正式发文,决定给予获得第12届文华大奖的苏州市滑稽剧团《青春跑道》剧组、无锡市歌舞团《红河谷》剧组各记集体一等功一次,给予获得第12届文华剧目奖的苏州昆剧院《西施》剧组、南京市话剧团《沦陷》剧组各记集体二等功一次。

2月　南京博物院、南京图书馆、江苏省美术馆向社会长久免费开放正式启动。

3月1日　国务院公布第一批国家珍贵古籍名录和第一批全国古籍重点保护单位名单。江苏有294部古籍入选第一批国家珍贵古籍名录,八家单位被列为第一批全国古籍重点保护单位,数量均居全国各省区市第一。

4月7日　江苏省文化厅、江苏省财政厅联合下发《关于表彰全省乡镇文化建设先进集体、先进个人的决定》,对近两年在乡镇文化站建设中取得显著成绩的58个先进集体、47名先进个人进行表彰。

5月15日　"向汶川地震灾区捐赠书画仪式"在南京图书馆新馆举行。

5月19日　文化部印发《关于命名一、二、三级文化馆的决定》,公布了全国第二次文化馆评估定级名单。江苏省共有88个文化馆被命名,其中一级馆55个,二级馆23个,三级馆10个,等级馆和一级馆数居全国第一。

6月22日　首届江苏省艺术院校学生舞蹈戏剧专业技能比赛结果在南京揭晓。

9月17日　文化部命名59个企业和单位为第三批国家文化产业示范基地。江苏省被命名的有三个:江苏省演艺集团有限公司、江苏爱涛艺术精品有限公司、扬州工艺美术集团有限公司。至此,江苏共有国家级文化产业示范基地七个。

10月16～26日　第31届世界戏剧节在南京成功举行。

10月25日～11月3日　"数风流人物——2008·中国百家金陵画展(油画)"在江苏省美术馆举行。

11月5～10日　"纪念改革开放30周年——首届中国农民文艺会演"在苏州举行。

11月　第三届紫金山文学奖揭晓并举行颁奖仪式,这一届紫金山文学奖新增"文学新人奖",评奖由每五年一届改为每三年一届。

12月5日　"春天的故事·江苏省纪念改革开放30周年美术书法作品大展"在南京博物院举行。

12月8～14日　"2005～2008·中国百家金陵画展"在中国美术馆举行。

12月9日　全省"五老"网吧义务监督工作总

结交流会在南京召开。

12 月 19～28 日　由江浙沪三地文化厅局和文学艺术界联合会联合主办的“与时代同行·纪念改革开放 30 周年长三角美术作品联展”在上海市展览中心举行。

12 月　江苏省文化厅、江苏省公安厅、江苏省工商行政管理局联合开展为期四个月的打击非法电子游戏经营的集中执法行动，取缔无证照场所 1 297 家，收缴非法电子游戏机 1.1 万台，电路板 3 200 块。

是年　文化部评选、命名江苏省 65 个“中国民间文化艺术之乡”，总数为全国第一。

# 附　录

## 一、重要文献选录

### （一）决议规划

#### 江苏省文化局“六五”规划提要、“七五”规划的初步设想

（1981年5月16日）

在调整时期，文化部门的任务仍然是继续贯彻执行党对文艺工作的基本方针，正确贯彻执行“百花齐放、百家争鸣”的方针，坚持文艺要为人民、为社会主义服务，首先是为工农兵服务，为四化建设服务的方向。

为了完成上述任务，文化事业虽属“肉”的部分，在调整期间也只能适当的发展，逐步改变文化建设与满足群众文化生活、建设精神文明不相适应的状况，保证在调整期间党中央确定的路线方针、政策的贯彻执行。现根据国家在调整期间财力、物力的可能和我省文化事业的实际情况，提出我省文化艺术事业和文物事业“六五”发展规划提要、“七五”规划初步设想：

**一、电影、艺术表演**

电影制片除保证每年按计划生产科教片和纪录片外，争取每年生产故事片或戏曲片。因此，江苏电影制片厂的摄影棚须尽快完成扫尾投产使用。

电影院、影剧院、剧场拟在“六五”期间达到每一个县城有一所电影院和一所剧场或者影剧场，使戏剧和电影能同时演（映）出。目前除武进、丹徒两县尚无剧场、影院外，还有13个县只有一个剧场或一个影院。为加强对青少年的宣传教育，7个省辖市拟各发展一所儿童电影院，所需资金要求国家投资一部分。电影系统自筹一部分。为逐步满足广大农民看戏、看电影的要求，鼓励和提倡社镇自筹资金兴办集体所有制电影院和影剧院、电影放映队。文化部门从放映设备、影片供应、人员培训、器材维修等方面给予积极支持。此外，要充分利用机关礼堂，企事业单位俱乐部对外开放。影院、剧场要加强宣传和组织观众工作、改善服务管理，扩大教育效果，努力增加非商品货币回笼。

大力繁荣艺术创作增加艺术生产，使之逐步适应“四化”的需要。戏剧创作要坚持现代戏、传统戏和新编历史剧“三并举”的方针，大力提倡和扶植现代戏的创作。剧团是从事文化艺术活动，进行艺术生产和宣传教育的艺术事业单位，必须坚持四项基本原则，提高艺术质量，搞好剧目创作。“六五”期间剧团一律不发展，着重对有些剧种进行调整和整顿，改善现有条件。

**二、文化艺术教育**

为适应事业发展的需要，培养具有专业知识的文化业务人员，“六五”期间拟将全省在职文化干部基本轮训完毕（省文化干校已开始轮训在职干部）。由于全省文化干部数量较大，省文化干校担负整个文化干部的培训任务，确有困难，拟与各地、市分工担负轮训任务。“六五”后期或“七五”期间，考虑省文化干校进行对外招生，进行基训，培养新生力量，“六五”期间要把省文化干校的教职员工基本配齐。教学设备、校舍用房，做到能保证教学的需要。

现在艺术表演团体人员青黄不接的状况相当严重，培养艺术表演人才，提高艺术表演质量，任务非常迫切。除重点抓好南京艺术学院、江苏省戏剧学校和苏州评弹学校外，拟在“六五”后期及“七五”期间办好无锡市锡剧、徐州市柳琴戏、徐州地区梆子戏、淮阴地区淮海戏、扬州地区扬剧和盐城地区淮剧等地方剧种的戏剧学校。

**三、群众文化**

加强群众文化工作，是文化事业内部调整的重点之一。省群众艺术馆，要尽快落实馆址，配齐工

作人员,把工作正常开展起来。各地区群众艺术馆放在“六五”后期或者“七五”期间根据需要酌情建立,以开展群众文化业务辅导活动。总结交流群众文化工作经验。

全省文化馆、站方面,有一部分文化馆阵地活动条件太差,特别是文化站,面广量大,问题较多。目前,南京、徐州两市文化馆尚无用房,另有12个县文化馆馆舍较小,需要扩建,7个省辖市36个区文化馆约有1/3缺少用房,拟在“六五”期间逐步予以解决,把县以上的群众文化事业办好。至于社镇文化站和集镇文化中心的房屋,因固定资产投资较少,“六五”期间暂不考虑,在“七五”期间,根据投资和财力的可能,尽量把现有的社镇文化站、文化中心办好,并适当发展城市街道文化站和文化中心。

**四、文物、图书、博物事业**

1980年5月26日,中央书记处第二十三次会议通过的《图书馆工作汇报提纲》中指出:“要发展各种类型的图书馆,组成为科学研究和广大群众服务的图书馆网”。“争取在1985年前将全国的省、市、县(区)图书馆基本建齐。1985年以后逐步在公社、街道设立分馆”。根据这一精神,我省各县、市图书馆在1976年从文化馆的图书室分出单独建制的,近几年来已陆续解决了一部分馆舍问题。至目前为止,有馆无址的尚有13个,需要扩建的有22个,在“六五”期间要给予解决。“七五”期间拟在7个省辖市再发展30个区级图书馆(南京市已有6个区级图书馆),达到每个区有一个图书馆的要求。同时在公社和街道建立一些图书馆分馆。

为加强革命传统教育,做好革命、历史文物的征集、保管、陈列和革命历史纪念物的维修和保护工作,近几年来,经费逐年虽有所增加,但由于基数很低,所占比重仍然很小,拟在“六五”期间重点考虑。目前尚有常州、连云港两个市博物馆没有馆址,急需基建。全省文物仓库和展览陈列场所严重不足,拟逐步给予解决。“六五”期间要解决省文物商店的用房,把省文物商店建立起来。为了适应旅游事业的发展,有些省级重点文物保护单位以及名胜古迹,必须进行抢修和采取保护性措施。这方面所需的经费较多,要求“六五”和“七五”期间逐年给予安排解决。

**五、基本建设和事业经费**

文化、文物事业存在的困难较多,矛盾突出。事业经费、业务、生活用房以及群众活动场所均感严重不足。根据事业的发展,国家财力、物力的可能,本着量力而行、尽力而为的精神,“六五”期间要求:

1. 事业经费要求按“五五”期间平均每年递增12.96%的水平来考虑,到1985年达到全省平均每人每年0.6元,相当于全国目前文化事业费的平均水平;

2. 省直文化、文艺单位基建55 000平方米,投资691万元,1982年投资比例可稍小一些,1983至1985年可稍大一些;

3. 解决各地市县演(映)出场所22个,总投资1 000万元,其中电影系统自筹600万元,省投资400万元;

4. 解决有馆无址和急需扩建的图书馆35个,总投资为350万元;

5. 解决有馆无址和急需扩建的文化馆26个,总投资为184万元,1982年主要解决南京、徐州两市文化馆;

6. 解决常州、连云港两市博物馆,总投资为40万元。

以上基建总投资共为2 265万元,其中电影系统自筹600万元,要求省投资1 665万元。

## 中共江苏省委 江苏省人民政府关于印发《江苏省“十一五”文化发展规划》的通知

苏发〔2006〕34号

(2006年12月30日)

各市、县(市、区)委,各市、县(市、区)人民政府,省委各部委,省各委办厅局,省各直属单位:

现将《江苏省“十一五”文化发展规划》印发给你们,请结合实际制定实施方案,认真贯彻落实。

## 江苏省“十一五”文化发展规划

“十一五”时期是江苏总体上全面建成小康社会的关键时期,是全面推进法治江苏、平安江苏、文化江苏、诚信江苏、绿色江苏建设,加快构建社会主义和谐社会的重要阶段。根据《中共江苏省委江苏省人民政府关于发展先进文化建设文化江苏的决定》,围绕全省“全面达小康、建设新江苏”的总体目标,制定本《规划》,确定未来五年文化发展的目标任务和工作重点，努力建设与经济社会发展相适应、文化综合实力位居全国前列的文化强省。

**一、总体要求和工作目标**

1. 总体要求

高举邓小平理论和“三个代表”重要思想伟大旗帜，全面贯彻落实科学发展观和构建社会主义和谐社会的重大战略思想，把握先进文化前进方向，以发展先进文化生产力为核心，以满足人民群众的精神文化需求为根本导向，以实施十大先进文化艺术工程、十大文化设施建设工程和十大文化产业项目工程为龙头，解放思想、推进改革、加快发展、重在建设，大力发展先进思想文化，发展公益性文化事业，发展经营性文化产业，发展文学艺术生产，全面提升社会主义先进文化的引领能力、服务能力、竞争能力、创新能力，使江苏成为发展理念科学、公民素质领先、文化产品丰富、文化人才荟萃、文化设施配套、文化服务完备、文化产业发达、文化市场有序、文化体制先进、文化综合实力位居全国前列的文化强省，让全省人民共享先进文化的发展成果。

2. 方针原则

——坚持以科学发展观为统领。把科学发展、和谐发展的要求贯穿于文化改革、建设和发展的全过程，树立新的文化发展观。坚持以人为本，把满足人民群众日益增长的精神文化需求、促进人的全面发展作为根本目标，保障和实现人民群众的基本文化权益。坚持以发展为第一要务，以改革促发展，用发展的成效检验改革的成败。

——坚持先进文化的前进方向。加强党对文化工作的领导，不断巩固和发展马克思主义在意识形态领域的指导地位。坚持“二为”方向和“双百”方针，围绕中心、服务大局，贴近实际、贴近生活、贴近群众，弘扬主旋律、提倡多样化。坚持把社会效益放在首位，实现社会效益和经济效益的统一，最大限度地发挥先进文化引导社会前进的作用。

——坚持公益性文化事业和经营性文化产业两手抓、两加强。以提供丰富的高质量的文化产品、文化服务和构建覆盖全社会的比较完备的公共文化服务体系为重点，大力发展公益性文化事业，以繁荣文化市场，满足人民群众健康的、多元多变多样的精神文化需求为目标，大力发展经营性文化产业，实现文化事业和文化产业的相互促进、协调发展。

——坚持把文化创新作为文化发展的战略基点和前进动力。继承弘扬优秀民族文化传统，吸收和借鉴世界各国优秀文化成果，大力推动文化内容创新。推动文化与经济、科技融合发展，创新文化理念、文化形式和文化科技，提高文化自主创新能力。

——坚持一手抓繁荣、一手抓管理。大力发展先进文化，支持健康有益文化，努力改造落后文化，坚决抵制腐朽文化，维护文化安全，推动江苏文化健康快速发展。

3. 工作目标

——全民文明素质明显提升。理论武装工作、思想道德建设和群众性精神文明创建工作取得明显成效，以“创业创新创优”为核心的新江苏精神成为江苏思想文化的主流，城乡公民的思想道德素质和科学文化素质进一步提高，实现全面发展。

——文化艺术普遍繁荣。以实施十大先进文化艺术工程为龙头，落实精品带动战略，促进各艺术门类创作普遍繁荣，继续保持优势艺术门类在全国的领先地位，推出一批有全国影响、有持久生命力的优秀作品，培养一批创造力强、进取心强、德艺双馨的优秀文艺人才，打造一批在国内外有重大影响的文化活动品牌。

——文化服务网络更加完备。以建设十大公共文化设施为重点，促进全省的公共文化设施建设，基本建成以图书馆、博物馆、文化馆（站、室）等公共文化设施为骨干，文化信息共享终端、有线电视村村通、数字电视普及和数字电影院线等现代文化传播手段为载体，流动舞台车、流动图书车等为补充，覆盖全省、惠及全民的公共文化服务体系。

——文化产业迅速发展。以建设十大重点文化产业项目为突破口，加快发展文化产业，形成一批有规模优势、品牌影响力的企业集团和一批具有自主知识产权、创新能力的市场主体，形成一批管理规范、辐射能力强的专业市场，形成一批集创意、制作、展示、销售于一体的文化产业基地，形成公有制为主体、多种所有制共同发展的文化产业格局。文化产业增长速度高于国民经济增长速度，高于服务业增长速度，成为国民经济的支柱产业。

——文化体制改革不断深化。公益性事业单位内部改革和经营性事业单位转企改制基本完成，政企、政事、政资、政府与市场中介分开，政府职能逐步转变到政策调节、市场监管、社会管理和公共服务上来,党委领导、政府管理、行业自律、企事业单位依法运营的文化管理体制逐步形成。

——文化市场繁荣有序。市场配置文化资源的基础性作用充分发挥,以大中城市为中心的区域性产品和要素市场逐步形成,市场准入和退出机制逐步建立,连锁经营、物流配送、电子商务等现代流通组织迅速发展。

**二、思想文化建设**

4. 用马克思主义中国化的成果武装党员、宣传群众。加强马列主义、毛泽东思想、邓小平理论和"三个代表"重要思想的学习教育,把学习贯彻科学发展观、构建社会主义和谐社会、加强党的执政能力建设和先进性建设等一系列重大战略思想作为理论武装工作的重要任务,用发展着的马克思主义武装党员干部、教育人民群众、指导新的实践。坚持以县处级以上领导干部为重点,加强和改进党委(党组)中心组学习,不断提高各级干部的马克思主义理论水平,在真学真懂真信真用上取得新成效。加强对青年学生特别是大学生的思想政治教育,推进马克思主义基本原理和马克思主义中国化创新成果的"进课堂、进教材、进学生头脑"工作。加强和改进高校思想政治理论教学和研究,组织编写融入江苏实际的教学辅导材料。运用基层党校轮训、支部党课和冬训等形式抓好基层党员的理论教育。加强图书、报刊、广播、电视、互联网等对党的基本理论和重大理论成果的宣传,形成一批有特色、有影响的专栏、专刊、专题节目和有全国影响力的重点期刊。加强和改进讲师团工作,抓好重点理论宣讲活动,积极面向基层开展宣讲工作。

5. 繁荣发展哲学社会科学。加快建设社科强省,"十一五"期间,全省社科综合研究实力进入全国前列,重点人文科学学科建设全国领先。积极开展马克思主义理论研究和建设工作。巩固发展省级邓小平理论和"三个代表"重要思想研究会与研究中心,重点建设江苏省马克思主义中国化理论研究中心。加强全国有影响的重点学科、优势学科建设,推动新兴学科、交叉学科的建设,确保在全国新一轮哲学社会科学学科体系、教材体系、研究体系、人才体系建设中居于前沿位置。加强和改进哲学社会科学课题规划工作。突出重点学科、重大项目,加强全局性、前瞻性、战略性问题研究,注重部门、学科之间的协同攻关。围绕全面达小康、建设新江苏,重点扶持关于又好又快实现"两个率先"的应用对策研究。推进哲学社会科学科研成果的转化,抓好哲学社会科学知识的宣传普及。加强对讲座、论坛、报告会、研讨会的管理。启动省社科活动中心建设,"十一五"期末省社科重点科研基地设施建设达到新水平。

6. 加强人文精神建设。大力弘扬以爱国主义为核心的民族精神和以"创业创新创优"为核心的新江苏精神,形成全省人民共同的文化认同和精神支柱,增强社会责任感,激发创造活力。深入开展"弘扬'三创'精神,推进'两个率先',构建和谐社会"主题教育活动,创建学习型社会和创新型省份,在全社会培育创新意识。大力宣传创新的先进典型,营造敢为人先、敢于竞争、敢于创造的文化氛围,营造善待挫折、宽容失败、激励创新的社会环境,使各类人才和广大群众的创造热情得到激发,创新才能得到发挥。深化落实科学发展观、构建社会主义和谐社会的宣传教育,倡导有利于国家富强、民族振兴、社会和谐的思想和精神,营造和谐的舆论环境。开展关爱弱者、奉献社会、节约资源、保护生态的活动,引导人们牢固树立以人为本、和谐共生的理念,营造团结友爱、互助合作、和睦相处的社会氛围。深入挖掘、研究、弘扬传统文化中的和谐思想,立足新的实践,丰富时代内涵,发展和谐文化。深入宣传普及科学思想、科学精神、科学方法、科学知识,弘扬追求真理、遵循规律、讲究规则、客观公正的理性精神。深入推进作风建设,形成尊重实际、注重实干、讲求实效的社会风尚。

7. 加强社会主义道德建设。深入贯彻《公民道德建设实施纲要》,加强社会公德、职业道德和家庭美德教育,大力倡导"爱国守法、明礼诚信、团结友善、勤俭自强、敬业奉献"的基本道德规范,在全社会形成良好的社会风尚。发挥基层组织和群众团体的骨干作用、先进典型的带动作用、广大群众的主体作用,广泛开展形式多样的群众性道德实践活动。积极探索新形势下道德建设的特点和规律,创新形式、内容、手段和方法,增强针对性、实效性。广泛深入持久地开展社会主义荣辱观的学习实践活动,使社会主义荣辱观家喻户晓、深入人心。集中解决公民行为习惯和社会风气中存在的突出问题,在文明礼仪、公共秩序、社会服务、城乡环境、旅游出行、文化市场、互联网管理等重要领域取得成效。把家庭教育、学校教育和社会教育紧密结合，切实加强青少年思想道德建设。推进大学生思想政治教育“六项工程”、30件实事的落实。实施未成年人思想道德建设“六大工程”，抓好50件实事特别是12项重点专项工作的落实，重点建设一批实践基地、打造一批活动品牌、编写一批系列读物。办好《名师面对面》电视专栏，组织开展“七彩的夏日”暑期夏令营、专题读书、新童谣编创传唱等活动，打造未成年人思想道德建设活动品牌。开通、办好江苏省网上家长学校。组织编写弘扬传统美德系列德育读物，制定实施中小学德育教学与实践评价体系。组建江苏少儿艺术中心，办好少儿艺术节和中小学生合唱节。

8. 加强城乡文明素质建设。以培育新市民、新农民为目标，以群众性精神文明创建为载体，实施城乡文明素质提升工程。深入开展文明城市、文明行业、文明村镇、文明社区创建活动，注重突出思想文化内涵，把创建工作与思想道德建设、文化建设、创业技能培训等结合起来，促进人的全面发展。深入开展科教、文体、法律、卫生四进社区，创建文明风景旅游区，百城万店无假货，做人民满意公务员，精神文明建设新人新事评选等活动。大力加强村镇文化、社区文化、企业文化、校园文化、家庭文化建设。加强进城务工人员的教育培训，以社区学校、市民学校、新市民教育课堂和各种文体活动为载体，开展有针对性的文明素养、行为规范教育，帮助进城务工人员树立现代理念。以建设社会主义新农村为目标，围绕“弘扬新风尚、建设新文化、培育新农民”，大力推进农村精神文明创建。深入开展“清洁庭院、清洁河塘、清洁村镇，树文明新风”活动和“城乡结对共建文明村”活动。实施“新农民服务工程”，开展文明生态村、星级文明户、文明信用户、科技示范户、文化中心户创建，培育有文化、懂技术、会经营的新型农民。

**三、公共文化服务**

9. 完善公共文化服务网络。以大型公共文化设施为骨干，以社区和乡镇基层文化设施为基础，统筹规划全省文化设施的数量、种类、规模以及布局，优先安排关系群众切身文化利益的设施建设。抓紧完成江苏国际图书中心、江苏广电城、侵华日军南京大屠杀遇难同胞纪念馆扩建工程、省科技历史文化中心等在建项目；抓紧建设已立项的江苏省美术馆新馆、江苏大剧院、南京博物院二期及其扩展工程等项目。从全省经济社会发展需求出发，规划建设一批新的重大文化设施。各省辖市从本地实际出发，规划建设一批综合性、多功能、具有地方特色的标志性公共文化设施。加强省和市及市和县的同城共建，实现资源共享。加强农村文化设施建设，到2010年，全省60%以上的县(市、区)成为省级以上文化先进县，其中全国先进文化县的比例达到30%；全面实现“县有两馆、乡有一站、村有一室”的目标，全省国家一级图书馆、文化馆的比例达到40%，县(市、区)图书馆、文化馆建设标准不低于2 500平方米，乡镇文化站建设标准不低于500平方米，村级阅览室建设标准不少于20平方米。实施“农家书香”工程，采取政府引导、社会参与的方式，建设一批农家书屋、农家书库、农家书店。“十一五”期间，重点解决111个无房、509个面积不达标文化站建设问题。按照“集成、综合、联网”的要求，整合农村各种宣传教育文化阵地，共建共用。加快推进文化信息资源共享工程，到2010年，实现县有分中心、所有乡镇有服务点。所有行政村和50人以上的自然村基本实现有线电视“村村通”。

10. 创新公共文化服务方式。建立和完善公共文化电子政务系统，提供公共文化信息服务。完善国有博物馆、美术馆等公共文化设施对未成年人、残疾人、老年人和进城务工人员等群体免费或者优惠开放制度，有条件的爱国主义教育基地向社会免费开放。综合利用全省公共图书馆、高校图书馆和科研院所图书馆，实现信息资源共建共享，鼓励有条件的城市公共图书馆实行通借通还，推动公共文化服务向社区和农村延伸。采用政府购买、补贴等方式，向基层和低收入等困难群众提供免费文化服务。加快建设数字电视多媒体网络系统、数字电影院线、网上图书馆、网上博物馆、网上剧场和群众文化活动的远程指导网络，大力发展流动舞台车、流动图书车等新型文化服务载体，建设流动服务网络。

11. 丰富农村群众的精神文化生活。实施送书、送戏、送电影“三送”工程。每年集中招标采购一批农村适用、农民喜爱、内容健康的图书，配送到县、乡、村图书馆(站、室)；制订送戏下乡节目菜单，以政府补贴的方式组织或由各地选择文艺表演团体到基层演出，力争每个乡镇每年演出不少于4

场;实施农村电影“2131”工程,“十一五”期间完成全省数字电影放映点布点工作,实现所有行政村一村一月放映一场电影的目标。省市媒体加大面向农村农民的报道内容,增加节目、栏目和播出时间。加强对农村题材文艺作品创作生产的组织策划,推出一批形式多样、群众喜爱的优秀文化产品。购买适合农村的优秀剧本版权,免费供基层文艺院团使用,为农民演出。实施“三农”读物出版工程,每年出版适合农村经济社会发展的图书、电子音像制品各100种。组织群众开展自编自演、自娱自乐的文化活动,利用节日、集市等时机,组织民间工艺展、灯会、花会、赛歌会、文艺演出、劳动技能比赛等活动。开发农村特色文化资源,引导和支持农民画、儿童画和特色手工艺品形成规模、创出品牌、走向市场。鼓励和扶持农民自建文化大院、文化中心户、文化室、图书室等文化阵地。扶持一批民营表演艺术团体、农村业余剧团、个体电影放映队。

12. 建立农村文化建设的长效机制。把农村公共文化建设纳入当地经济社会发展规划和各级政府目标管理,纳入创建文化先进县(市、区)、文化先进乡镇和创建文明村镇等相关评价体系。县、乡级政府保证文化馆(站)开展业务必需的经费、基层公共图书馆(室)购书经费和农村电影放映补助经费。建立健全基层文化单位服务农村、服务农民的业绩考核和评价体系。加强基层文化队伍建设,举办全省文化站长和基层文艺骨干培训班,分期分批对全省1 200多个乡镇文化站长和300多个县(市、区)文艺骨干进行培训。充分发挥各级文化馆(站)的组织与辅导职能,通过举办培训班、研讨会、竞赛、汇演等形式,加强对群众文化活动的指导。鼓励和支持离退休文艺工作者、艺术院校学生和各界人士为群众提供志愿文化服务。

13. 鼓励社会捐助和兴办公益性文化事业。鼓励社会力量捐助和兴办图书馆、博物馆、文化馆等,制订相应的管理规范和申办程序,并在用地、税费等方面给予政策优惠。社会力量通过依法成立的非营利公益性组织和国家机关向公益文化事业的捐赠,纳入公益性捐赠范围。动员城市单位、居民以各种方式捐赠电视机、收音机、计算机和农民群众需要的图书杂志、音像出版物等。鼓励权利人许可基层文化单位无偿使用其作品或录音录像制品。推进资源整合共享,鼓励机关、部队、学校、企业等单位现有文化设施向社会免费或优惠开放。

**四、新闻事业**

14. 提高引导社会舆论的能力。坚持团结稳定鼓劲、正面宣传为主的方针,巩固和发展积极向上、团结和谐的主流舆论,为全面达小康、建设新江苏营造良好舆论氛围。坚持贴近实际、贴近生活、贴近群众,把正确导向与宣传艺术统一起来,推动内容、形式、手段和机制的创新,增强新闻宣传的吸引力和感染力。围绕党委、政府的中心工作,组织策划重大主题宣传和重点活动报道,使党的主张和中心工作成为全社会的舆论中心。增强群众观念,强化服务意识,深入实际、深入生活、深入群众,着力宣传基层群众的先进事迹和生动实践。改进典型宣传,增强社会效果,努力推出更多在全省乃至全国产生重大影响的先进典型。改进会议和领导同志活动的报道,注重新闻价值,讲求实际效果。进一步加强和改进舆论监督,着眼于化解矛盾、解决问题,积极稳妥地做好突发事件报道。

15. 加大对重点新闻媒体的扶持力度。重点扶持省级党报、党刊、电台、电视台和重点新闻网站,使之尽快成为拥有知名品牌和较强影响力、竞争力的优势媒体,更好地发挥舆论主阵地、主力军作用。《新华日报》《群众》杂志要增强核心竞争力,稳定发行量,扩大覆盖面。新华日报报业集团有步骤、有重点地推出2~3个有全国影响力的报刊品牌,形成梯次发展、各具优势的报刊群。省广播电视总台要实施频道专业化、栏目精品化、节目大众化战略,重点培育3~4个具有全国和区域影响力的品牌新闻栏目,推出一批导向正确、贴近生活、深受群众喜爱的名牌栏(节)目和知名主持人。到“十一五”期末,省广电总台内容传播和服务的总人数力争达到8亿人左右,具有市场开发价值的内容版权拥有量力争实现3 650小时/年。鼓励重点新闻媒体之间的合作,实现优势互补和跨媒体发展。

16. 加强新兴媒体和传播载体建设。按照“突出重点、合理布局、整合资源、办出特色”的要求,加强重点新闻网站建设,努力营造网上正面舆论强势。以中国江苏网为主体,整合省内新闻单位网站,拓宽业务领域,提升技术应用水平和业务保障能力,强化市场机制,加快建成国内一流的综合性新闻网站。加强互联网宣传业务、技术研发、经营管理队伍建设,培养一批政治素质高、业务能力强、具有信息网络知识、法律知识和管理能力的复合型人才。充分发挥主流媒体在信息、人才等方面的资源优势，加快发展手机网站、手机报刊、手机广播电视、移动数字电视、网络广播、网络电视、数字多媒体广播等新兴传播载体。

17. 加强新闻管理制度建设。加快新闻舆论管理制度化、规范化步伐。落实新闻采编人员从业管理暂行规定，建立完善报刊评估和退出机制。完善新闻发布制度和重大突发事件新闻报道快速反应机制，及时准确发布信息，主动引导社会热点。加快建立法律规范、行政监管、行业自律、技术保障相结合的管理体制。贯彻落实《互联网新闻信息管理规定》。完善舆情汇集机制和研判机制，加强舆情态势分析，主动应对、积极引导。加强行业自律，有效遏制和整治有偿新闻、虚假报道、低俗之风和不良广告等现象。

**五、文化创新**

18. 繁荣文学艺术。立足文艺发展前沿，扎根"两个率先"实践，充分发掘利用江苏丰厚的文化资源和现代文明成果，借鉴世界文明的优秀成果，树立精品意识，倡导创新精神，努力推出一批体现时代精神、江苏特色，符合人民群众多元、多变、多样精神文化需要和审美需求的优秀作品。继续保持中篇小说、儿童文学创作在全国的领先地位，力争在长篇小说创作方面实现重大突破，进一步扩大"江苏作家群"在全国的影响。推动优秀文学作品向影视、戏剧的转化，发挥文学对艺术发展的基础性作用。继续保持江苏戏剧、美术、书法、民乐、摄影、曲艺、民间艺术等门类在全国的比较优势，加快发展影视剧、音乐、舞蹈、杂技、动漫等文艺门类，力争进入全国先进行列。加大昆曲、苏州评弹、民乐等在国内外有较大影响的文化品牌和锡剧、扬剧、淮剧等江苏地方特色品牌的建设和保护力度。加强对群众文化需求和文化市场消费的调查研究，适应现代受众的审美需求特点，提炼独特、富有创意的文化内容，开发群众喜爱、市场占有率高的文化产品，满足不同群体的文化需求。

19. 实施精品工程。以内容创新为重点，整合资源、择优扶重，抓好重点作品和优势项目，努力推动文艺、社科、新闻、出版优秀产品的创作、生产和传播，不断提升江苏文化的影响力。加强重点题材的策划和创作。突出现实题材、主旋律作品的创作生产，围绕迎接党的十七大召开、改革开放30周年和建国60周年，围绕弘扬"三创"精神、推进"两个率先"、建设和谐社会，创作生产反映重大成就、时代发展、创新精神、先进典型、和谐生活等方面的精神产品。以纪念侵华日军南京大屠杀同胞遇难70周年为契机，创作生产揭露大屠杀真相的系列文化产品。实施精神文明建设"五个一工程"、舞台艺术精品工程、文学创作与评论工程、重大历史题材美术创作工程、社科理论创新工程、品牌图书工程，推动各个门类创作出一批思想艺术性成就较高、深受群众喜爱的优秀作品。"十一五"期间，每年重点策划、扶持10部左右作品的创作生产，集中精力、精心打磨，力争成为体现江苏"十一五"文化发展成就的代表性作品。每年面向全国征集10部左右思想性、艺术性和观赏性俱佳的影视与舞台剧作品剧本，优先提供本省影视拍摄机构和文艺院团采用。确定并建设一批省级重点文化产品生产基地，提供必要的政策和资金扶持，形成江苏文化生产方面的特色和品牌。办好中国江苏文化艺术周、中国百家金陵画展、中国曲艺"牡丹奖"评选颁奖活动、中国昆曲艺术节、傅抱石中国画双年展、林散之书法双年展、中国评弹艺术节、中国(常州)国际动漫艺术周等重大文化活动。办好《钟山》《雨花》《江海学刊》和江苏文化网、江苏文学艺术网，充分展示江苏文艺创作实绩和文艺人才风采。

20. 推进文化科技创新。以企业为主体，以市场为导向，产学研相结合，实现文化科技创新。制订江苏文化科技发展规划，定期公布文化科研课题指南。积极运用高新技术改造传统文化产业，运用电子出版、网络传输、数字影视技术和现代生产方式，加大对印刷业、电影电视制作放映业和演出业的技术改造，推进文化产业升级，延伸文化产业链。加快新兴科技型文化产业的开发，大力发展数字广播、数字电视、数字出版、数字传输、动漫和网络游戏等新的文化业态。加强文化科技创新园区建设，培育和建设一批电子出版、数字影视和动漫游戏制作基地或集聚区，建设一批富有科技含量和创新活力的文化公共服务平台或孵化器。

21. 推进文化体制机制创新。根据社会主义文化建设的特点和规律，适应社会主义市场经济发展的要求，创新体制机制，进一步解放和发展文化生产力，不断增强文化事业和产业的活力、实力和竞争力。认真实施《江苏省文化体制改革试点工作方案》,以点带面、逐步推开,积极稳妥地推进全省文化体制改革。深化公益性文化事业单位内部机制改革,增强活力、提高服务水平。推进经营性文化事业单位转企改制,培育市场主体,增强微观活力。培育和规范文化市场,形成统一、开放、竞争、有序的现代文化市场体系。推进管理体制改革,转变政府职能,实行政企分开、政资分开、政事分开、政府与市场中介组织分开,使政府部门实现从办文化向管文化转变,从行政管理为主向综合运用经济、行政、法律等手段管理转变,建立党委领导、政府管理、行业自律、企事业单位依法运营的文化管理体制。

22. 加强知识产权保护。制定知识产权保护地方性法规和政策。鼓励发展知识产权代理、推介、交易服务产业。配合国家知识产权宣传普及战略规划,开展"拒绝盗版,从我做起"的主题教育活动。推进各级党政机关和企事业单位办公软件正版化。加强沪宁沿线音像管理示范区建设,扶持江苏中艺音像城在省辖市建立正版音像制品批销中心,形成全省联网、覆盖城乡、方便快捷的销售网络,正版音像制品的市场占有率达到95%以上。拓展版权管理和服务范围,加强报刊转载作品稿酬收转、作品自愿登记、涉外电子出版物和计算机软件著作权审核认证等工作。筹建江苏省版权代理公司,推动版权保护向影视制作、文学创作、软件开发、电子游戏、音乐绘画、建筑设计、民间工艺等领域拓展。依法打击侵犯知识产权的各种行为。坚持日常监管与专项整治相结合,开展图书音像市场保护等专项整治行为,坚决取缔盗版光盘生产线,重点查处盗版教材教辅、计算机软件和音像制品等非法出版活动。建立实时高效的知识产权保护预警机制,完善重大案件联合督办制度,加强对重点环节、重点地区和重大案件的督查督办。

**六、文化产业**

23. 发展重点文化产业。

——影视制作业。加快发展影视内容产业,提升电视剧、非新闻类电视节目和电影、动画片的生产能力,扩大影视制作、发行、播映和后产品开发,增加数量,提高质量,满足多种媒体、多种终端发展对影视数字内容的需求。规划建设江苏影视拍摄基地。加大对电影生产的投入。

——出版业。推动产业结构调整和升级,加快从主要依赖传统纸介质出版物向多种介质形态出版物共存的现代出版产业转变,从主要依靠区域性市场向综合开拓国际国内市场转变。大力发展电子音像、数字和网络出版。优化报纸、期刊、图书、音像制品和电子出版物结构,突出重点,形成品牌。

——发行业。以新港图书物流中心为依托,大力发展连锁经营、现代物流和网络书店等现代出版物流通系统,以收购、参股、合作、授权经营等多种形式加快拓展省外市场,培育立足江苏、辐射全国的大型发行集团。

——印刷复制业。发展高新技术印刷、特色印刷和光盘复制业,建成若干各具特色、技术先进的印刷复制基地,使我省成为重要的全国乃至国际印刷复制中心。

——数字内容及动漫产业。加快整合全省广电传输网络,推进数字电视整体平移。传输网络整合后,两年内实现由模拟向数字化转换的电视用户达到500万户。建立辐射全国、面向国际的数字视听媒体内容和运营平台。以数字视听媒体资源管理系统为核心,加快新媒体终端建设,促进数字内容产业的集聚。制定发展规划和扶持政策,重点加强南京、苏州、无锡、常州等动漫基地建设。办好中国(常州)国际动漫艺术节。

——文化旅游业。充分发挥江苏传统文化、地方特色文化和现代文化多元一体的优势,形成点、线、面结合的综合布局。在加快建设苏锡常、宁镇扬、徐宿淮三大旅游城市群的基础上,大力开发吴文化、两汉文化、明文化、民国文化、海洋文化等旅游资源,加快红色旅游线路建设,开发新型文化旅游线路和旅游商品。

——工艺美术业。规划建设江苏民间工艺博物馆,设立国家级大师工作室和特色工艺制作室,举办工艺品博览会。实施"名师""名坊""名园""名品"计划,打造工艺品牌。培育和规范艺术品市场,重点培育2～3家有全国影响的书画拍卖公司。

——广告会展业。发挥各类媒体的作用,积极促进广告业的健康发展,努力扩大广告产业规模,提高媒体广告的公信力,广告营业总额有较快增长。加强会展基础设施建设,吸引社会资本投入,探索政府与社会力量合作的新路子。策划重大节庆和会展活动,结合本地经济结构和产业优势,引进和打造品牌会展项目。

——文艺演出业。深化艺术院团改革，放宽演艺市场准入，鼓励全省同类文艺演出资源的整合，支持民营文艺表演团体加快发展，加强演出团体、演出场所、演出经纪机构的联合以及演艺与传媒业、旅游业的联合。培育3～5个集演出团体、演出经纪、演出场所于一体，具有一定行业和社会影响的大型综合性演出经营单位。规划建设江苏创意文化产业园，形成文化创意、创作生产、艺术培训、剧目交易、休闲娱乐、文化旅游等产业集聚区。

——娱乐休闲业。按照城市发展水平和建设目标，建设规划科学、布局合理、总量平衡的多层次、多元化的娱乐休闲设施服务体系。发展集娱乐、休闲、旅游、健身为一体的综合性娱乐休闲设施。推进体育场馆对社会开放。引进和创新现代娱乐、休闲、健身项目，推广和发展传统民俗活动及民族健身项目，完善社区和农村配套文化娱乐设施，推动群众文化娱乐和休闲健身活动。

24. 优化文化产业结构和布局。抓好文化产业体系建设，合理规划产业布局，着力提高文化产业规模化、集约化、专业化发展水平。发挥政策引导和市场机制的作用，以资本为纽带，实行联合重组，重点培育一批实力雄厚、具有较强竞争力和影响力的大型文化企业和企业集团。鼓励省级文化集团资源整合、交叉持股和优势互补，培育跨媒体跨地区的综合性文化集团和战略投资者。支持中小型文化单位向“专、精、特、新”方向发展，形成富有活力的优势产业群。对报刊、广播、电视资源和艺术院团、影视制作、电子音像制品生产、动漫和网络游戏制作等进行合理规划。推广高新技术在文化领域的应用，明确技术标准，提升研发能力，着力开发具有自主知识产权的核心技术，推进文化产业升级。逐步完善文化企业国有资本有进有退、合理流动机制，推动国有文化资本向市场前景好、社会效益高的领域集中，充分发挥国有资本的市场控制力、影响力和带动力。充分调动民营企业投资文化产业的积极性，培育一批重点民营文化企业。

25. 健全各类文化市场。充分发挥市场配置资源的基础性作用，加强文化产品市场和要素市场建设，完善现代流通体系。以大中城市为重点，加强书报刊、电子音像制品、演出娱乐、影视剧等文化产品市场和资本、产权、人才、信息、技术等文化要素市场建设，充分发挥大中城市中心市场和区域专业市场的主导与辐射作用。开拓和培育农村文化市场。大力发展连锁经营、物流配送、电子商务和电影院线等现代流通组织形式。根据国家有关规定，把好社会资本和外资进入文化产业领域的准入关，完善管理办法，引导资金投向。研究、确立市场退出的标准、程序和具体要求，对经营不善、资不抵债的文化企业，通过并购、重组、委托经营等方式妥善处置，实现公平竞争、优胜劣汰。加快发展经纪、代理等中介机构，规范中介的经营行为。加快行业组织建设，加强行业自律，完善服务功能。探索建立文化企业信用档案和信用制度，推动建立依法经营、违法必究、公平交易、诚实守信的市场秩序。

**七、文化传承保护**

26. 加强文物保护。开展全国重点文物保护单位、省级文物保护单位保护状况调查和评估，建立动态的文物保护信息数据库。开展全省文物资源的普查工作，做好新增全国重点文物保护单位的推荐和省级文保单位的申报审定工作，力争在“十一五”期间我省的全国重点文物保护单位达到150处左右，省级文物保护单位达到700处左右。筹建江苏省文物保护中心，加强对馆藏文物的科技保护与文物科技应用研究。做好名人故居、古民居、南朝陵墓石刻和历史街区等重点物质文化遗产保护。重点对淮安周恩来故居、常州瞿秋白故居、泰州梅兰芳纪念馆、扬州胡笔江故居等名人故居及古民居进行规划保护，对80件南朝陵墓石刻进行提升、加固、保护；每年选择2条历史街区，进行示范性维修保护。办好江苏省文物节和“文化遗产日”系列活动，举办经常化的文物展示、论坛、讲座等活动，普及文物知识，增强全社会的文化遗产保护意识。

27. 推进非物质文化遗产保护。实施民族民间文化保护工程，全面开展非物质文化遗产资源普查工作。积极组织申报国家级非物质文化遗产代表作，逐步建立省、市、县三级非物质文化遗产代表作保护名录体系。通过命名、授予称号、表彰奖励、资助扶持等方式，鼓励非物质文化遗产代表作传承人、传承单位进行传习活动，建立科学有效的传承机制。加强非物质文化遗产的研究、认定、保存和传播，通过各级文化馆、图书馆、博物馆等公共文化机构，传播和展示非物质文化遗产。成立江苏省非物质文化遗产保护工作机构和文化单位。落实和完成国家昆曲艺术抢救、保护和扶持工程，加强对具有江苏代表性、有重要艺术价值的民族民间表演艺术的研究、认定和保护。

28. 注重文化积累传承。实施江苏文化研究工程和文化传承展示工程，整合高等院校、科研院所的相关研究力量，对江苏丰厚的文化资源和文化积累进行全面的收集、整理和研究，挖掘文化底蕴，丰富文化积累，推动文化传承。编辑出版《江苏通史》《江苏读本》《江苏文化丛书》《江苏风物丛书》《江苏历代名人传》等，系统介绍江苏的文学艺术、文物古迹、民俗风情和人文景观。整理出版江苏籍著名思想家、科学家、史学家、文学家等学者文集。出版历代反映江苏社会、文化、人物、地理、宗教、民俗等情况的重要地方文献。研究、出版“江苏学术文化史”等专题文化史丛书。编辑出版适合不同阶段中小学生阅读的系列文化教材。

**八、对外文化交流**

29. 加强国际文化交流。配合国家整体外交，服务江苏经济国际化战略，每年选择1～2个对我友好的西方主要国家举办“江苏文化周”，组织高水平文化交流活动，增进世界对江苏的了解。积极参与国家组织的“中俄文化年”“中意文化年”等文化外交活动，利用我国在亚非欧建立的“中国文化中心”，组织一批独具民族风格、江苏特色的文化产品和反映江苏经济社会发展成就的图片、影视片、图书的展出展映展销活动。选择一批具有代表性的优秀文化产品参与世界著名的国际文化艺术节，展示江苏文化实力和文化形象。组织“侵华日军南京大屠杀史实”海外巡展。加强与对外友好城市的文化合作与交流。积极参与长城卫星平台建设，整合全省电视外宣资源，推进江苏国际频道在欧洲、澳洲的覆盖。扩大与加拿大、美国等国家有影响的华文媒体的合作，努力增加海外主流媒体对江苏的报道。

30. 扩大对外文化贸易。建立以鼓励文化产品和服务出口为导向的政策服务体系和奖励机制，扶持和帮助省内具有较强创新能力和国际市场竞争力、拥有自主知识产权的品牌文化产品申报进入国家出口指导名录。鼓励、支持我省更多的文化特色产品打入国际市场，扩大江苏工艺美术、民间艺术等传统文化产品在海外的知名度和市场占有份额。通过版权贸易、合作出版、图书输出等形式，扩大苏版图书在海外的销售和影响。积极参与在法兰克福、莫斯科、美国、法国等地举办的国际书展，继续办好在美国、澳大利亚、西班牙的“江苏书展”，并向其他国家和地区拓展。组织创作、翻译出版介绍江苏历史文化和当代江苏各个领域成就的出版物，翻译出版江苏作家的代表作品，扩大江苏出版物出口和版权输出。鼓励规模大、设备和技术先进、管理科学的印刷、复制企业积极开拓国际市场，发展印刷、光盘加工贸易。

31. 扶持文化企业“走出去”。大力发展外向型文化企业，以文化产品“走出去”带动文化企业“走出去”。培育影视剧、出版物、文艺演出等出口重点企业，完善促进文化产品和服务出口的政策体系，加强文化产品出口推广工作。支持动漫游戏、电子出版物等新兴文化产品进入国际市场。通过评估认证，每年在从事演出、艺术品产销、音像、动漫、网络文化服务的文化企事业单位中建立1～2个国家级、省级文化产品出口示范基地，推动出口导向型企业发展，培育壮大对外文化贸易主体。鼓励社会文化艺术中介机构与文化企事业单位的产销合作和联营，共同开发国际文化市场。加强与跨国媒体集团的合作，合资兴办旅游、娱乐、工艺美术、影视剧制作、装潢设计等项目，利用跨国集团的市场体系和网络系统，开拓国际文化市场。加强与海外著名出版、发行机构的合作，组建面向海外市场的出版发行公司。巩固与港澳特区文化部门、机构和民间组织业已建立的长期合作关系，扩大与台湾地区在表演艺术、造型艺术和文物保护、历史研究、艺术教育等方面的交流与合作。

**九、人才队伍**

32. 加强文化基础教育。大力发展文化艺术职业教育，提升现有文化艺术学校办学层次，调整有关高校现有的文化艺术类专业结构，增设与文化强省建设密切相关的学科和专业。整合文化教育资源，办好1～2所在全国有影响的文化艺术职业院校，建成3～4个在全国有影响的重点专业。创新人才培养模式，推进产学研结合和工学结合，建立文化艺术行业就业准入制度与职业资格证书制度。依托互联网开展远程文化艺术教育，把公民文化艺术素质培养纳入公共文化服务体系，提高全民文化艺术素质。建立健全与建设文化强省目标相适应、覆盖全社会、具有江苏特色的文化艺术教育培养体系。

33. 抓好高层次人才培养。实施“五个一批”人才培养计划，启动“艺术名家工程”，以文艺家读书班、青年作家读书班、江苏美术名家工程等为基础，定期举办各类专题创作班、研讨班，培养和造就一批优秀文化人才。鼓励文化人才接受继续教育，支持名家名师进行传帮带。每年选送一批素质优秀、发展潜力大的文化人才出国学习交流。到2010年，培养200名左右专业贡献突出、引领作用明显的理论、新闻、出版、文学艺术、经营管理优秀人才以及一批起骨干和支撑作用的中青年拔尖人才。

34. 做好培训工作。制定"十一五"时期全省文化人才培训规划，建立健全在职人员业务培训和继续教育制度，创新培训内容，完善培训机制，整合培训资源，针对不同领域和不同岗位人员的具体情况，分期分批进行专业培训。2010年前，分期分批对全省哲学社会科学教学科研骨干进行马克思主义理论和党的方针政策的系统轮训。完成全省文化艺术、新闻出版、广播影视系统和文物工作人员的普遍轮训。加强农村文化队伍的教育培训，稳定和发展专兼结合的农村文化队伍，提高整体素质。

35. 加大引进人才、引进智力工作力度。用好高层次创新创业人才专项资金。创新人才引进渠道，变单项引才为综合引才、物质引才为制度引才、文化单位引才为文化项目引才。鼓励和支持文化单位以重点项目吸引人才，以合作方式招揽人才，以核心人才带动引进，以签约、兼职、聘请、委约等方式不拘一格引进高层次文化艺术人才和文化经营管理人才。利用文化产业与相关产业的联动发展和资本扩张，吸引财经、金融等领域的优秀人才和海外高层次人才进入文化行业。允许文化单位对引进的文化人才实行年薪制、自带项目入股参与分配、高额奖金、高额退职(休)金等多种形式的分配制度。

36. 完善人才激励选拔任用机制。坚持公开、公平、公正原则，健全以品德、能力和业绩为重点的人才评价、选拔和激励机制。有计划地举办个人表演专场、作品展览、学术研讨会等，为优秀中青年文化人才提供各种展示平台。加大宣传力度，通过拍摄纪录片、出版图书和音像制品、在媒体上开设栏目(或节目)等途径，宣传一批文化名人，营造尊重劳动、尊重知识、尊重人才、尊重创造的舆论环境。利用中国百家金陵画展、全国曲艺"牡丹奖"颁奖活动等重大展示平台，大力推出本省中青年文艺人才。建立与文化发展规律和市场经济规律相适应的激励机制，确立知识、艺术、技术和管理等生产要素参与分配的原则，探索生产要素入股和期权分配制度。建立符合文化人才成长规律的考核、评估体系，定期进行人才绩效评估。加大对文化创新领军人才、优秀创新团队的奖励力度。

**十、保障措施**

37. 加强组织领导。各级党委、政府要从实践"三个代表"重要思想、落实科学发展观、构建社会主义和谐社会的政治高度，从实现"两个率先"，加快建设文化江苏的战略高度，深刻认识加强文化建设的极端重要性，把文化建设的目标任务纳入经济社会发展的总体规划，与经济社会发展任务一起部署，一起实施。切实把握文化的意识形态属性，遵循社会主义市场经济条件下的文化工作规律，加强对文化发展重大问题的研究，科学制定方针政策，保证文化江苏建设的正确方向。按照政治强、业务精、纪律严、作风正的要求，加强各级领导班子和队伍建设，确保党对文化发展的宏观控制力，确保文化部门各单位的领导权牢牢掌握在忠于马克思主义、忠于党和人民的人手里。把文化建设纳入党委、政府的重要议事日程，把文化建设作为评价地区发展水平、衡量发展质量和领导干部工作实绩的重要内容。党委宣传部门充分发挥协调指导作用，文化管理部门切实履行职责，相关部门积极支持、密切配合，形成推动文化发展的合力。

38. 加强宏观调控。加强对文化发展的方向、总量、结构和质量的宏观调控，增强工作预见性、主动性和实效性，推进文化管理工作的科学化、制度化、规范化。完善文化领域预报、引导、奖惩、调节、责任、监督、保障、应对机制。健全有利于理论创新的课题规划、成果评价和应用机制，改进重大选题(题材)备案制度、新闻报刊阅评制度、广播电视节目监听监看制度、图书审读制度和违纪违规警告制度。全面开展文化事业和产业统计工作，发挥统计在政府决策和公共服务中的信息、咨询、监督作用。改进和规范全省文艺新闻出版评奖，提高公正性、科学性、权威性，发挥评奖在引导和推动文化发展方面的重要作用。加强文化市场监管。创新监管方式，构建统一高效、覆盖城乡的文化市场管理信息网络。进一步加强"扫黄打非"工作，严厉打击盗窃、走私文物活动。加强对互联网、手机短信等新兴文化阵地的管理，坚持用先进文化占领思想文化阵地。建立健全文化企业、文化从业人员信用档案和信用信息的共享机制，形成依法经营、诚实守信的市场秩序。强化属地管理，建立文化市场综合执法队伍。增加文化市场执法经费，改善执法装备，用高科技手段加强对文化市场的监管。加大对文化市场执法人员的业务培训，提高执法水平。

39. 完善文化经济政策。贯彻执行国家有关文化经济政策，全面落实省政府关于加快文化事业和文化产业发展的若干经济政策（苏政发〔2006〕113号）。切实加大对文化事业的投入力度，“十一五”期间每年财政文化事业支出增幅高于财政一般预算支出增幅，省、市、县三级财政继续设立宣传文化发展专项资金，以2005年实际拨付数为基数每年适当增加，列入支出预算。按照统筹城乡发展的要求，把农村文化建设纳入经济社会发展规划，纳入财政支出预算，扩大公共财政覆盖农村的范围，文化领域新增加的财政投入应主要用于农村。省财政设立专项资金，支持经济薄弱地区农村公共文化事业建设。加大对文化产业的扶持力度，设立省级文化产业引导资金，采取贴息、补助等方式，支持重点文化产业的发展。加大对文化体制改革的支持力度，支持经营性文化事业单位转企改制，转制前享受的财税政策在转制后继续执行。对政府鼓励的新办报业、出版、发行、广电、电影、放映、演艺等文化企业，给予免征3年企业所得税照顾。支持重点文化产业集团做强做大，引导组建跨地区、跨行业、跨所有制的大型文化企业集团。坚持集中力量办大事，选准优势项目加大投入，努力实现重点突破，提高资金使用效益。完善宣传文化事业发展专项资金管理办法，强化导向功能，扩大资助范围。积极鼓励弘扬主旋律和时代精神，具有较高思想性、艺术性的原创性文化产品的创作和制作。

40. 建立健全政策法规调控体系。加快在文化发展规划、公共文化事业、文化产业发展、文化市场监管、促进文化创新、文化遗产保护与知识产权保护等方面制定地方性法规和政策。制订《江苏省〈公共文化体育设施条例〉实施细则》《江苏省新闻出版（版权）管理行政许可规程》《江苏省新闻出版（版权）管理行政执法规程》《江苏省广播电视设施保护条例》《江苏省考古发掘管理办法》《江苏博物馆条例》等，修订《江苏省书报刊市场管理条例》《江苏省文化娱乐市场管理条例》。深入开展文化法制宣传教育，提高依法行政、守法经营和维护文化权益的自觉性。

各地各部门要根据本《规划》的要求并结合各自实际，制订具体的实施方案，明确发展重点和年度目标，抓好《规划》的贯彻落实与检查考核，为加快建设文化江苏而努力奋斗。

**附件1：**

## 重点推进十大先进文化艺术工程

一、文明素质提升工程。加强理论武装，实施马克思主义理论研究和建设工程；加强人文精神建设，开展“弘扬‘三创’精神，推进‘两个率先’，构建和谐社会”主题教育活动；加强社会主义道德建设，推进未成年人思想道德建设“六大工程”、50件实事和大学生思想政治教育“六项工程”、30件实事的落实；开展文明城市、文明行业、文明村镇、文明社区创建活动，实施“新农民服务工程”。

二、精品创作生产工程。（1）精神文明建设“五个一工程”。以现实题材为主，五年内重点推出20部弘扬主旋律、体现多样化、具有江苏特色的优秀电影、电视剧、戏剧、歌曲和文艺类图书。（2）重大题材创作工程。组织实施“江苏省重大历史题材美术创作工程”，“十一五”期间，力争创作完成100幅（件）具有民族史诗性质、反映江苏省重大历史事件的优秀美术作品；创作生产电影《南京浩劫》等揭露南京大屠杀真相的系列作品。（3）舞台艺术精品工程。每年完成初选剧目10台，经过加工，从中评选4台省舞台艺术精品工程剧目，到2010年，在全省范围内推出20台精品剧目。（4）“凤凰文库”出版工程。五年内出版500种左右弘扬民族优秀传统文化、涵盖江苏出版50年精华、荟萃当代文化学术成果的哲学、社会科学、文学艺术、科技、少儿读物等精品图书。（5）品牌文化活动工程。重点办好中国？江苏国际文化艺术周、中国百家金陵画展、中国曲艺“牡丹奖”评选颁奖活动、中国昆曲艺术节和中国常州国际动漫艺术周等重大文化活动。

三、公共文化服务体系建设工程。重点建设江苏美术馆新馆、江苏广电城、江苏国际图书中心等一批代表江苏文化形象的文化设施。推进基层公共文化设施和网络建设，到2010年，全面实现“县有两馆、乡有一站、村有一室”的目标；文化信息资源共享工程实现县有分中心、所有乡镇有服务点的目标；所有行政村和50人以上的自然村基本实现有线电视“村村通”；实施“农家书香”工程，建成一批“农家书屋”“农家书库”“农家书店”；发展流动舞台车和流动图书车等流动文化设施。

四、文化产业促进工程。重点建设影视制作、出版、发行、工艺美术等十大文化产业，大力推进江苏创意文化基地、全省数字电视整体平移等十大重点项目建设；设立文化产业引导资金，采取贴息、补助等方式，重点支持动漫等文化产业的发展；建立社会资本投资文化产业指导目录，按照国家有关规定，引导社会资本有序进入文化产业领域，提高文化产业规模化、集约化、专业化发展水平。

五、服务基层、服务群众工程。一是“送书、送戏、送电影”到农村，每年为每个经济薄弱地区乡镇集中招标采购图书1万元，送演出不少于4场，每个行政村一月放映一场电影。二是“高雅民族艺术进校园”，每年组织100场高雅、民族演出进校园，并配以讲座、示范，活跃校园文化，提高学生综合素质。三是分期分批对全省1 200多个乡镇文化站长和300多个县(市、区)文艺骨干进行培训。

六、文化遗产保护工程。重点抢救保护淮安周恩来故居、常州瞿秋白故居、泰州梅兰芳纪念馆、扬州胡笔江故居等40个名人故居，加固、保护80件南朝陵墓石刻，维修保护10条历史街区(老街)以及抢救、保护和扶持昆曲等非物质文化遗产，办好江苏省文物节和“文化遗产日”系列活动。

七、文化研究工程。整合省内外社科研究力量，重点加强当代江苏发展、文化强省建设和江苏文化史等三个方面的专题研究，课题包括江苏公共政策研究，“两个率先”研究，打造“五大江苏”、构造和谐社会研究，江苏文化强省发展战略研究，江苏文化产业研究，江苏文学艺术研究，江苏专题文化史研究和江苏特色文化研究等。

八、文化传承展示工程。编辑出版《江苏读本》《江苏文化丛书》《江苏风物丛书》《江苏历代名人传丛书》以及《江苏通史》等系列文化丛书，展示江苏悠久的历史文化和浓厚的人文底蕴；以“江河湖海”为主题，拍摄一部电视专题片，编排一台歌舞演出节目，展现江苏优美的自然风光和浓郁的地域风情。

九、文化“走出去”工程。加强国际文化交流，每年选择1～2个西方主要国家举办“江苏文化周”，组织高水平文化交流活动；组织“侵华日军南京大屠杀史实”海外巡展；扩大对外文化贸易，扶持本省品牌文化产品申报进入国家出口指导目录；发展外向型文化企业，建立文化产品出口示范基地，扶持文化企业“走出去”；组织创作、翻译出版介绍江苏历史文化和当代江苏各个领域成就的出版物，翻译出版江苏作家的代表作品。

十、文化人才培养工程。实施“五个一批”人才培养计划，启动“艺术名家工程”，以“文艺家读书班”“青年作家读书班”“江苏美术名家工程”等为基础，定期举办各类专题创作班、研讨班，定期选送一批素质优秀、发展潜力大的文化人才出国学习交流，到2010年，培养200名左右“五个一批”人才以及一批起骨干和支撑作用的中青年拔尖人才；通过拍摄纪录片、出版图书和音像制品、在媒体上开设栏目(或节目)等途径，加大人才宣传、展示力度。

**附件2：**

## 重点建设十大文化设施

一、江苏美术馆新馆。2004年12月立项，批准投资3亿元，建设规模26 000平方米，2006年10月开工建设，计划2007年完成。

二、南京博物院二期工程及其扩展项目。2002年立项，预算投资2.8亿元，争取2008年完成。其扩展项目包括江苏非物质文化遗产博物馆和江苏省文物科技保护中心(江苏数字博物馆)建设项目。

三、江苏大剧院。工程建设规模64 900平方米，“十一五”期间开工建设。

四、江苏广电城。建筑面积13.5万平方米，总投资超过10亿元，预计2008年10月全面投入使用。

五、江苏国际图书中心。建筑面积13.5万平方米，总投资9.7亿元，预计2008年底全面投入使用。

六、江苏影视基地。投资30亿元，建设以江南水乡和近现代建筑特别是民国建筑为主要特色的影视拍摄基地。

七、江苏工艺美术馆。以爱涛艺术馆为基础，形成集收藏、陈列、制作、展示、销售于一体的综合性博物馆。

八、有线电视"村村通"和信息资源共享工程。到2009年，全省所有行政村和50人以上自然村实现有线电视全覆盖。全面建设"共享工程"市、县级国家分中心，全省所有乡镇建有"共享工程"基层服务点。

九、乡镇文化站建设。解决乡镇文化站无房和面积不达标问题，全省实现"县有两馆、乡有一站、村有一室"目标。

十、侵华日军南京大屠杀遇难同胞纪念馆扩建工程。总投资47 785万元，建筑面积2万平方米，计划2007年建成。

**附件3：**

## 重点建设十大文化产业项目

一、建设图书流通体系。投资10亿元，依托新港物流基地，发展连锁经营，拓展省外业务，销售网点增加一倍，成为辐射全国的大型发行集团。

二、推进数字电视整体平移。投资45亿元，整合全省广电传输网络，推进数字电视整体平移。传输网络整合后，两年内实现由模拟向数字化转换的电视用户达到500万户。配套建设存储200万小时数字视听节目和节目素材库系统、数字媒体运营平台、无线宽带城域网络，拓展增值业务。

三、建设动漫基地。投资32亿元，以现有国家级动漫基地为依托，着力引进工业设计、电脑动画制作、软件开发、网络产业的高增值创意产业，建设相关动画产品展示交易区、动画衍生产品开发、公共服务区和卡通形象主题公园。全省动漫产业技术达到国际水平，年销售产值达到100亿元以上。

四、规划建设江苏影视基地。投资30亿元，按照总体规划、分步实施的办法，建设以近现代景观为特色，包括内、外景相关主题公园和休闲设施的江苏影视基地，构建影视剧目拍摄、制作、发布，延伸产品的设计、生产、销售，影视会议、颁奖、培训等功能于一体的新型产业基地。

五、规划建设江苏省创意文化基地。联合全球多家著名文化娱乐产业集团，共同投资创建"江苏创意文化产业基地"。建设内容包括创意文化演艺教育、戏曲节目交易平台、文化旅游会展等板块，项目总投资250亿元。

六、培育艺术品和书画拍卖市场。投资2亿元，建设扬州工艺美术品经营街区；以南京为依托，重点扶持2～3家拍卖企业，书画拍卖业年交易额达到20亿元以上。

七、研发生产数字视听产品。发挥我省家电行业优势，以数字技术为依托，投资60亿元，研发生产数字高清晰度电视、数字激光视盘机、数码摄像机等数字视听产品。

八、扩建文化旅游项目。投资100亿元，规划建设无锡、常州、扬州、淮安、宿迁等市沿运河旅游线，支持南京中山陵园、太湖、南通濠河等风景区及沙家浜、茅山等红色旅游景区的改扩建工程。

九、建设江苏报业印刷复制产业园。投资5亿元，引进先进设备，发展高新技术印刷和复制，形成印刷复制门类比较齐全，市场竞争力较强的大型区域性报业印刷复制产业基地。

十、建设江苏文化产业园（南京）。投资2亿元，分设音像、图书、古玩字画、文体用品展销，以及版权交易、文化交流、动漫、影视制作、艺术培训、物流连锁等十大板块，打造国内领先的综合性文化产业基地。

## 中共江苏省委 江苏省人民政府关于发展先进文化建设文化江苏的决定

苏发〔2006〕23号

（2006年10月4日）

为贯彻落实中央关于发展社会主义先进文化的新部署，在推进"两个率先"的实践中不断解放和发展文化生产力，促进文化与经济、政治、社会协调发展，作出本决定。

**一、把握文化发展新机遇，加快建设文化江苏**

党的十六大以来，以胡锦涛同志为总书记的党中央科学把握文化与经济和政治相互交融的发展特点，正确应对各种思想文化相互激荡的世界形势，遵循社会主义精神文明建设的特点和规律，适应社会主义市场经济要求，在文化建设和文化体制改革上作出了一系列重大部署，对全党不断提高建设社会主义先进文化的能力提出了新的要求。

江苏是中华文明的重要发祥地之一，文化底蕴深厚，文化资源丰富，具有优秀的文化传统。"九五”以来，我省以建设文化大省为总抓手，不断巩固全省人民团结奋斗的共同思想基础，大力弘扬以“创业创新创优”为核心的新江苏精神，增加公共文化投入，繁荣文学艺术生产，发展文化及相关产业，活跃群众文艺，保护文化遗产和民间文化，推进文化体制改革，取得了丰硕成果，文化在促进经济社会全面进步和人的全面发展中发挥了巨大作用。江苏的文化发展正站在新的历史起点上。

“十一五”时期，是江苏总体上全面建成小康社会的关键时期，也是文化发展的重要阶段。“三个代表”重要思想和科学发展观，在理论上开创了文化发展的新境界；文化实力在国际较量和地区竞争中的作用日益凸现，在战略上开辟了文化发展的新阵地；中央对先进文化建设的重大部署，在政策上开启了文化发展的新空间；我省经济建设积累的雄厚实力，在实践上开拓了文化发展的新资源。我们正处于有利于文化发展的重要机遇期。另一方面，国内外的文化阵地、文化资源、文化市场争夺日趋激烈，我省的文化产品、文化服务、文化产业、文化投入等状况与经济发展水平、文化资源条件和人民群众的精神文化需求还不相称。全省各级党委、政府要充分认识文化建设的战略意义，紧紧围绕“两个率先”的目标和构建社会主义和谐社会的要求，大力发展先进文化，加快建设文化江苏，推进江苏的全面协调可持续发展。

建设文化江苏，要坚持以邓小平理论和“三个代表”重要思想为指导，以科学发展观为统领，把握先进文化前进方向，以发展先进文化生产力为核心，以满足人民群众的精神文化需求为根本导向，解放思想、推进改革、加快发展、重在建设，集中力量实施若干重点文化建设工程和项目，大力发展先进思想文化，发展公益性文化事业，发展经营性文化产业，发展文学艺术生产，全面提升社会主义先进文化的引领能力、服务能力、竞争能力、创新能力，使江苏成为发展理念科学、公民素质领先、文化产品丰富、文化人才荟萃、文化设施配套、文化服务完备、文化产业发达、文化市场有序、文化体制先进、文化综合实力位居全国前列的文化强省，让全省人民共享先进文化的发展成果。

**二、加强思想文化建设，全面提升文化引领能力**

先进思想文化是社会全面进步的号角。要牢牢把握先进文化的前进方向，充分发挥先进思想文化引导社会、团结人民、推动发展的功能，为实现“两个率先”提供理论指导、舆论力量、精神支柱和文化条件。

巩固马克思主义在意识形态领域的指导地位。不断加强理论武装工作，用科学理论指导江苏的发展实践。坚持“两个率先”的发展目标不动摇，夯实全省人民团结奋斗的共同思想基础。实施马克思主义理论研究和建设工程，加强对“两个率先”实践的理论研究，繁荣哲学社会科学。

弘扬以创业创新创优为核心的新江苏精神。深入开展弘扬“三创”精神、推进“两个率先”、构建和谐社会主题教育活动，大力宣传“三创”典型，引导全省干部群众艰苦创业、勇于创新、争先创优，使创业创新创优成为全社会的主流思想和主题实践。

提高全民思想道德素质。落实《公民道德建设实施纲要》，开展爱国主义、集体主义、社会主义教育，继承中华民族的传统美德，发扬江苏人的优秀人文精神。广泛开展社会主义荣辱观学习实践活动，深入开展群众性精神文明创建活动，树立良好社会风尚，提高公民文明素养，以和谐文化促进和谐社会。加强未成年人思想道德建设和大学生思想政治教育，培育品德高尚、充满活力和创造力的新一代江苏人。

坚持正确舆论导向。加强党对新闻事业的领导，加强舆论宣传的制度化、规范化管理，改进宣传方法，提高宣传艺术，发展积极向上、团结和谐的主流舆论。加强各类新闻媒体建设，大力扶持省级重要新闻单位。推进重点新闻网站建设，发展新兴传播载体。

**三、促进文化事业繁荣，全面提升文化服务能力**

大力发展公益性文化事业，保障公民基本文化权益，是社会主义优越性的重要体现。要以建设十大公共文化设施为重点，大力繁荣文化事业，加强和改善公共文化服务，更好地保障和满足人民群众的基本文化需求。

完善公共文化服务体系。以大型公共文化设施为骨干，以社区和乡镇基层文化设施为基础，完善公共文化设施网络布局，构建覆盖全省、惠及全民的公共文化服务体系。创新公共文化服务方式，坚持面向基层、面向群众，引入市场机制，更新经营理念，充分发挥公共文化设施的服务功能。增加政府投入，支持公共文化产品生产和服务活动，鼓励文艺工作者为基层、低收入群体和特殊群体提供文化产品和服务。推进文化信息资源共享，引导社会力量提供公共文化服务。

加强城市文化建设。按照城市现代化的要求，高起点规划城市文化发展，把公共文化设施建设纳入城市建设总体规划，把公共文化活动作为城市管理的重要任务，不断提升城市文化品位。注重培育城市精神，提高市民文明素质，以文化特色彰显城市形象。加强对历史文化名城、名镇的保护。

加强农村文化建设。按照建设社会主义新农村的部署，逐步增加农村公共文化资源总量。加大文化资源向农村的倾斜，实施送书、送戏、送电影下乡工程，推动城市公共文化服务向农村延伸。倡导科学、文明、健康的生活方式，培育有文化、懂技术、会经营的新型农民。坚持以政府为主导构建农村公共文化服务网络，壮大基层文化工作队伍，鼓励农民自办文化，发挥农村中小学在开展文化活动方面的作用。建立健全对苏北欠发达地区的文化援助机制。

丰富和活跃群众文化。坚持普及与提高相结合，组织开展丰富多彩的社区文化、校园文化、企业文化、家庭文化等群众性文化活动。积极打造少儿文艺品牌，兴办老年文化事业。广泛开展人文社科、文艺欣赏、法制、科技卫生等基础知识的普及工作，努力建设学习型社会。扶持健康有益文化，努力改造落后文化，坚决抵制腐朽文化。

加强文化遗产的保护与传承。正确处理文化遗产保护与经济建设、城市发展的关系。探索文物保护新机制，实现对文化遗产的有效保护和合理利用。开展优秀传统文化研究和教育，发掘区域文化特色和民间艺术资源，重视优秀传统技艺的传承，发挥重要节庆和习俗的积极作用。

**四、加快文化产业发展，全面提升文化竞争能力**

发展文化产业是市场经济条件下繁荣社会主义文化、满足人民群众精神文化需求的重要途径。必须把先进文化的发展规律和市场经济的发展规律结合起来，以十大重点项目为突破口，加快发展文化产业，全面提升江苏文化的整体实力和竞争力，为人民群众提供多方面、多层次、多样性的文化产品和服务。

按照支柱产业规划文化产业发展。优化配置文化资源，加快形成公有制为主体、多种所有制共同发展的文化产业格局。把文化产业发展纳入全省经济发展总体规划，制订文化产业发展专门规划和扶持政策。文化产业增长速度要高于国民经济增长速度，高于服务业增长速度，把文化产业发展成为国民经济的支柱产业。

大力发展重点文化产业。立足现有基础，优先发展影视制作业、出版发行业、印刷复制业等优势产业，做大做强文化旅游业、文艺演出业、工艺美术业、娱乐休闲业等传统产业，加快发展数字内容及动漫业、广告会展业等新兴文化产业，培育文化产业品牌。打造现代文化企业和企业集团，发展文化加工企业和文化创意企业，鼓励各类人才在江苏创办文化企业，大力培养文化企业家，积极支持民营文化企业发展。整合文化生产和传播资源，提高文化产业规模化、集约化、专业化水平。优化布局和结构，加快建设文化产业集中区，建设全国重点文化产业带，促进区域文化产业协调发展。

积极开拓国内外文化市场。扶持有江苏地域特点的文化产品和服务的出口，支持重点文化企业走出江苏，参与国内外文化市场竞争，打造一批国内领先、国际知名的文化企业和文化品牌，使文化产品、文化产业成为江苏服务贸易的重要增长点。

**五、改进文化产品生产，全面提升文化创新能力**

生产更多更好的文化产品，是建设文化江苏的重要内容和基本要求。必须始终坚持"三贴近"原则，以文艺创作生产为核心，不断改进文化产品生产的内容、形式和方法，重点实施十大先进文化艺术工程，全面提升文化创新能力。

多出精品力作。实施文化精品战略，加大重大精神产品创作生产、重大文艺活动的投入力度。发展优势文艺门类，保持文学、戏剧、美术、书法、民乐、工艺美术等在全国的领先地位，保护昆曲、评弹、扬剧、锡剧、淮剧等优秀传统艺术形式，在深受群众喜爱的影视、音乐、舞蹈等领域争取新的突破。以内容创新为重点，推动和扶持社科、新闻、出版等门类优秀文化产品的创作、生产和传播。鼓励和支持文化工作者深入基层、深入群众、深入生活，努力推出体现时代精神和江苏特色、符合人民群众健康需求的文化产品。

培育创新主体。积极营造有利于集体和个人充分发挥创意、技艺、技术的氛围，重点培育各类文化创意群体。发挥市场在配置文化资源中的基础性作用，逐步形成一批实力雄厚的大型内容提供商。发挥文化经济政策和科技政策作用，引导文化企业成为文化创新主体，支持掌握核心技术的文化科技人才创办创新型文化企业。

促进文化与科技的紧密结合。运用高新技术成果，加快文化载体的数字化、信息化、网络化建设，丰富文化表现形式，拓展文化传播方式。发展新型文化业态，落实文化领域知识产权保护措施。

**六、深化改革，提供体制保障**

改革体制机制是解放和发展先进文化生产力的强大动力。要根据全省文化体制改革试点工作方案的要求，抓好试点地区和单位的改革工作，把好方向、鼓励探索，以点带面、循序渐进，积极稳妥地推进文化体制改革。

推进文化事业单位改革。贯彻“增加投入、转换机制、增强活力、改善服务”的方针，坚持深化内部改革与加强政策引导相结合、增加投入与改进投入方式相结合、发挥政府主导作用和鼓励社会参与相结合。科学界定和区分现有文化事业单位的不同性质和功能，整合公益性文化事业资源，优化文化事业布局结构。深化文化事业单位内部人事、收入分配和社会保障制度改革，调动广大文化工作者的积极性。

推进经营性文化单位转企改制。贯彻“创新体制、转换机制、面向市场、壮大实力”的方针，逐步推动经营性国有文化事业单位转制为企业。落实改革中涉及职工利益的有关政策，妥善安排富余人员。推进国有文化企业的公司制改造，完善法人治理结构，重塑文化市场主体。

加快文化领域结构调整。着力解决国有文化资产结构失衡、效益不高和软小滥散、闲置浪费等问题，对文化产业的组织结构、行业结构、所有制结构、产品结构进行战略性调整。鼓励和支持非公有资本以多种形式进入政策许可的文化产业领域。

培育现代文化市场体系。加强文化产品和要素市场建设，打破省内条块分割、地区封锁、城乡分离的市场格局，形成统一、开放、竞争、有序的现代文化市场体系。完善现代流通体制，推进连锁经营、物流配送、电子商务等现代流通组织形式。培育以网络为载体的新兴文化市场，开拓农村文化市场。规范社会资本和外资进入文化领域的市场准入，加快发展文化中介机构。

完善文化管理体制。坚持一手抓繁荣、一手抓管理，加快建立党委领导、政府管理、行业自律、企事业单位依法运营的文化管理体制。切实转变政府职能，推进政事分开、政企分开、政资分开和管办分离。在试点地区探索调整市县文化行政管理机构。充分发挥政策法规的调控作用，探索建立新型国有文化资产管理体制。加强文化市场管理，组建文化市场综合执法机构。加强文化立法工作。

**七、壮大队伍，提供人才保障**

充分发挥人才的作用，是解放和发展文化生产力的关键。要牢固树立人才是第一资源的观念，紧紧抓住人才的培养、引进和使用等环节，努力建设一支门类齐全、结构合理、素质优良、富有活力的文化人才队伍，为建设文化江苏提供有力的人才保证。

加强文化管理人才的培养。按照政治强、业务精、作风正的要求，加强各级文化部门和单位的领导班子建设，提高文化业务和管理水平。高度重视文化经营人才的培养、引进和使用，造就大批文化企业家。

大力培养拔尖人才。实施“五个一批”人才培养计划和艺术名家工程，努力造就一批哲学社会科学家、作家、艺术家、出版家以及名编辑、名记者、名主持人和一大批优秀文化专业骨干、优秀人才。以出名作带动出名人，推动文化生产资源向拔尖人才集中。支持优秀青年人才脱颖而出，对贡献突出的老艺术家给予关心照顾。

加强基层文化队伍建设。稳定和发展专兼职结合的农村文化队伍，积极培养农民文化骨干，充实城市社区文化力量，鼓励高校毕业生到基层从事文化工作。重视人才教育培训，建立健全在职人员业务培训和继续教育制度，提高文化队伍的整体素质。

建立和完善人才激励机制。设立优秀人才奖励资金，对有突出贡献的文化人才给予重奖。建立以多生产、多服务获得高收入的分配机制，健全知识产权、无形资产、技术要素参与分配的制度。加快文化人才资源配置市场化步伐，促进人才合理流动。进一步在全社会形成尊重知识、尊重人才、尊重劳动、尊重创造的氛围，为文化人才创造良好的生产生活条件。

**八、加强领导，提供政策保障**

各级党委、政府要牢牢把握先进文化前进方向，全面提高领导文化工作的能力和水平。党委宣传部门要充分发挥指导协调作用，政府相关部门要着眼全局，积极配合，形成合力。各类群团组织要发挥自身特点和优势，参与新一轮文化建设热潮。

用足用好国家和我省加强文化建设的各项政策，结合实际制定具体政策措施。各级政府财政文化事业投入增幅要高于财政一般预算支出的增幅。对直接面向基层群众的文化服务和江苏特色浓、艺术价值高的民族民间艺术以及高雅艺术的生产传播，予以政策扶持和资金补贴。设立省级财政文化产业引导资金，在文化单位转企改制、吸收社会资本、兴办政府鼓励的文化企业等方面制定优惠政策。先进文化产业享受高新技术产业和现代服务业的扶持政策。改革财政投入机制和方式，避免重复建设和资源浪费。加大对苏北地区和农村、社区等基层文化建设的投入，加强对文化产业重点建设项目的引导和扶持。鼓励对文化事业的公益性捐赠。

发展先进文化，建设文化江苏，是又快又好推进"两个率先"的重要战略。全省各级党委、政府要充分认识新形势下加快建设文化江苏的重大意义，团结奋斗，扎实工作，为繁荣社会主义先进文化，建设全面协调可持续发展的新江苏而努力奋斗。

## （二）文化经济与文化市场相关文件

### 江苏省人民政府关于进一步加快文化建设若干经济政策的规定

苏政发〔1996〕154 号

（1996 年 12 月 19 日）

为贯彻《中共中央关于加强社会主义精神文明建设若干重要问题的决议》，切实加强社会主义精神文明建设，促进文化事业健康发展，按照省委九届五次全委（扩大）会议提出的建设文化大省的要求，根据《国务院关于进一步完善文化经济政策的若干规定》（国发〔1996〕37 号），特制定江苏省关于进一步加快文化发展若干经济政策，力求在加大各级财政对文化事业投入的同时，拓宽文化事业资金投入渠道，逐步形成适应社会主义市场经济要求的筹资机制和多渠道投入体制。

**一、开征文化事业建设费**

为引导和调控文化事业的发展，从 1997 年 1 月 1 起，在全省范围内开征文化事业建设费。

（一）各种营业性歌厅、舞厅、卡拉 OK 歌舞厅、音乐茶座和高尔夫球、台球、保龄球等娱乐场所，按营业收入的 3%缴纳文化事业建设费。

广播电台、电视台和报纸、刊物等广告媒介单位以及户外广告经营单位，按营业收入的 3%缴纳文化事业建设费。

（二）文化事业建设费由地方税务机关征收，其中，省属企事业单位缴纳的文化事业建设费全额上缴省金库；市、县以下企事业单位缴纳的文化事业建设费，返回 80%，具体办法由省地方税务局制定。

（三）文化事业建设费纳入财政预算管理，分别由省和市、县建立专项资金，用于文化事业建设、艺术创作和精品生产。文化事业建设费的具体管理和使用办法，由省财政部门会同有关主管部门制定。

**二、继续实行财税优惠政策**

（一）"九五"期间，继续执行财政部、国家税务总局《关于继续对宣传文化单位实行财税优惠政策的规定》（财税字〔1994〕089 号）和《江苏省人民政府关于发展宣传文化事业若干经济政策问题的通知》（苏政发〔1995〕22 号）。两个文件规定的 7 类出版物、县及县以下新华书店和农村供销社销售出版物的增值税，继续实行先征后退的办法；经批准成立的电影制片厂销售的电影拷贝收入，继续免征增值税；省、市、县财政继续按宣传文化企业上年上缴所得税的实际入库数列支出预算，建立宣传文化发展专项资金；省、市、县财政要继续在预算中安排部分专项经费，纳入宣传文化发展专项资金。

财税优惠政策如因税制调整而停止执行，各级财政部门要通过预算方式相应解决宣传文化单位由此产生的经费问题。

（二）文化事业单位可以对其享有使用权的土地、房产、建筑物依法进行开发经营或置换出让。对原划拨的土地使用权由本单位用于生产经营性建设或改变用途的，在报经当地县级以上人民政府批准，办理用途变更登记后，可减免土地有偿使用费;对划拨的土地使用权也可以出让,但需报经当地县以上人民政府批准,补办土地使用权出让手续。开发和出让土地所得,依法缴纳国家和省规定的税收以后,上交当地政府10%,其余部分留归文化单位,用于文化事业建设。

(三) 各地应明确有关政策,减少和杜绝对文化事业单位的各种集资、收费和摊派。对由财政拨款的各项公益性文化设施建设,各地应在选址、立项、价格及支出渠道等方面给予优惠照顾,有关税费给予减免。对因城市(镇)建设而拆迁的图书馆、文化馆(站)、影剧院、新华书店等文化设施,均由建设部门按原面积、拆一还一,就近重建,并妥善解决拆迁过程中的有关补偿问题。

(四) 努力扶持和发展"以工养文"企业。对文化单位新办的独立核算的文化企业和第三产业,从开业之日起,免征所得税1年。各级财政、金融部门要安排一定的贷款和周转金扶持文化企业。

(五) 为安置文化事业单位富余人员而兴办的城镇集体企业或股份合作制企业,符合劳服企业条件的,可享受"三免两减半"所得税的优惠政策。

(六) 为切实解决一些地方农民看电影难的问题,各地可在坚持群众自愿的前提下,从农民承担的提留统筹费(上年人均纯收入5%以内)中,按每人每年1.5元左右标准提取电影经费;电影放映部门要与乡(镇)人民政府和村民委员会签订协议,明确责任,保证农民每年都能看12场以上的电影。

**三、鼓励对文化事业的捐赠**

政府鼓励社会力量资助文化事业,对捐助者可以给予一定的社会荣誉。纳税人通过文化行政管理部门或批准成立的非营利性公益组织对下列文化事业的捐赠。在年度应纳税所得额3%以内的部分,经主管税务机关审核后,在计算应纳税所得额时予以扣除。

(一) 对省昆剧院、京剧院、锡剧团、扬剧团、淮剧团、人艺、歌舞剧院等重点艺术表演团体的捐赠;

(二) 对公益性图书馆、文化馆、博物馆、科技馆、美术馆、革命历史纪念馆的捐赠;

(三) 对县级以上重点文物保护单位的捐赠;

(四) 对经过有权部门批准建立的文化基金会的捐赠。

**四、建立健全专项资金制度**

为促进宣传文化事业发展、增强调控能力、保证重点需要、规范资金管理,省、市、县均需建立健全有关专项资金制度。

专项资金的来源为财政预算资金和按国家有关规定批准收费等预算外资金。财政部门要做好专项资金的预算安排,有关部门要严格按照规定征收预算外资金。目前,要重点完善"宣传文化发展专项资金""优秀剧(节)目创作演出专项资金"和"出版发展专项资金"等制度。

专项资金是财政资金,要按照有关财政法规的要求健全制度,加强管理,保证专款专用,并接受财政和审计部门的监督检查。

**五、加大对文化事业的投入**

按照省委建设文化大省的要求,各级政府要继续采取有力措施加大对文化事业的投入。

(一)"九五"期间,各级政府每年对文化事业拨款的增长幅度要高于当年财政预算增长幅度的1~2个百分点。各级政府对文化事业的投入,由各级文化行政部门提出年度计划建议,报同级财政部门列入预算,经批准后认真实施。

(二) 对政府兴办的公益性文化单位,包括图书馆、文化馆(站)、博物馆、科技馆、革命历史纪念馆及目前确有困难的群艺馆等,各级财政要确保人员经费和业务活动经费等方面的拨款。各市、县每年要保证所属图书馆购书的必要经费,并逐年有所增加。

(三)"九五"期间,省财政预算内每年安排省文化专项经费1 000万元,重点用于艺术创作、演出、精品生产和省文联、作协创作费等。

(四) 对省属院团,省财政每年补助500万元,其中包括解决名演员的生活、医疗费缺口问题。

(五)"九五"期间,由省计经委、省财政厅每年安排专项资金,重点资助我省经济欠发达地区344个乡镇无房、危房文化馆(站)的建设,各地均要落实配套资金,争取到"九五"期末全省所有乡镇都有具备一定条件的文化馆(站)。

(六)"九五"期间,省财政在预算内每年安排一定数量的专项资金用于文物征集,省计经委每年安排一定数量的专项资金用于省重点文物的基础设施建设。各市、县财政也要相应增加本地文物的保护、征集和基础设施建设的投入。

各地要坚持勤俭办文化事业,把增加的投入都用到发展艺术生产力和促进文化事业繁荣上,努力提高各项资金的使用效益，充分发挥现有文化设施的作用。各地财政、审计和文化主管部门对各项文化建设资金的使用要加强监督管理。各项经费的使用和管理办法由省财政厅会同有关部门共同制定，报省政府批准。



## 江苏省政府关于加快文化大省建设若干经济政策的意见

苏政发〔2001〕74号

（2001年5月25日）

各市、县人民政府，省各委、办、厅、局，省各直属单位：

为贯彻落实《江苏省2001—2010年文化大省建设规划纲要》，促进文化大省建设，根据《国务院关于支持文化事业发展若干经济政策的通知》（国发〔2000〕41号）精神，结合我省实际，特制定如下文化经济政策。

**一、继续征收文化事业建设费**

（一）各种营业性歌厅、舞厅、卡拉OK歌舞厅、夜总会、音乐茶座、录像厅、游戏厅、游乐场和高尔夫球、台球、保龄球、网吧等娱乐业场所，按营业收入的3%缴纳文化事业建设费。

广播电台、电视台和报纸、刊物等广告媒介单位以及户外广告经营单位，按经营收入的3%缴纳文化事业建设费。

（二）文化事业建设费由地税局在征收娱乐业、广告业的营业税时一并征收，确保足额及时，列入目标考核。对不按时缴纳文化事业建设费的单位，按2‰一天加收滞纳金。省属单位缴纳的文化事业建设费全额上缴省金库；市、县以下单位缴纳的文化事业建设费年终由市、县财政按入库数的20%专项上解。

（三）文化事业建设费纳入财政预算管理，分别由省和市、县建立文化发展专项资金。该项资金按照“集中力量办大事”的原则，主要用于重大文化精品生产和重点文化建设项目。

**二、落实税收优惠政策**

（一）对各级党委、人大、政府、政协及各民主党派、工会、共青团、妇联组织的机关报和机关刊物，大中小学的学生课本和专为少年儿童出版发行的报纸和刊物，科技图书和科技期刊，县（含县级市、区建制的原县和县级市）及县以下新华书店和农村供销社销售出版物的增值税，继续实行先征后退的办法。其中，省级的集中50%纳入省文化发展专项资金。违规出版物和多次出现违规出版物的出版社不得享受此项政策。

（二）落实国家关于发展电影事业的经济政策。特别重点影片的创作生产，可个案报批财政补助。

（三）继续对纪念馆、博物馆、文化馆、美术馆、展览馆、书画院、图书馆及文物保护等文化单位举办文化活动的门票收入免征营业税。对公益性青少年活动场所暂免征企业所得税。

（四）为安置文化事业单位富余人员而新办的企业，符合劳服企业条件的，可享受“三免两减半”等所得税的优惠政策。

**三、支持文化设施建设**

（一）把文化设施建设纳入城乡建设统一规划。城市规划和建设要重视提高文化品位，重点标志性建设项目要留足用于建筑物的艺术造型和装饰费用。城市小区要安排配套的文化设施，做到同步规划、同步建设。

（二）对公益性文化设施建设项目，各地应在选址、立项、征地、投入等方面给予优惠，用地实行行政划拨，指标优先安排，有关税费给予减免。

（三）对因城市（镇）建设而拆迁的图书馆、文化馆（站）、影剧院、新华书店、广播电视台（站）等文化设施，均由建设单位按原面积，拆一还一，按规划就近重建，并妥善解决拆迁过程中的补偿问题。

（四）文化事业单位可以对其享有使用权的土地、房产、建筑物依法进行开发经营、租赁或出让。对原划拨的土地使用权由本单位用于生产经营性建设或改变用途的，在报经当地县级以上人民政府批准，办理用途变更登记后，可减免3～5年的土地租金；对划拨的土地使用权也可以出让，但需报经当地县以上人民政府批准，依法补办土地使用权出让手续。其中，用于商业、旅游、娱乐和城市经营性房地产等经营项目的，一律通过招标、拍卖方式进行出让。土地出让所得，依法缴纳国家和省规定的税收以后，上交当地政府10%，其余部分留归文化单位，用于文化事业建设。

（五）利用文物设施和文物保护单位开展旅游项目的旅游单位，要从每年的景区景点门票收入中安排不低于10%的比例，用于本景区的文物保护，专款专用。

（六）按照“电信、电视、计算机三网融合”的要求，将广播电视传输网络纳入全省信息基础设施建设规划。经有关部门认定，广播电视传输网络公司可享受高新技术企业有关优惠政策。

（七）各地在撤乡并镇中，对原乡镇文化站、广播放大站等文化设施和设备要加强管理，防止国有资产流失。

**四、扶持文化产业发展**

（一）“十五”期间，重点扶持发展新闻出版业、广播电视业以及演艺业、文化旅游业，加快形成以文化重点产业为主导、相关产业联动发展的文化产业体系，以文化企业集团为龙头、文化中介服务机构为纽带的文化产业组织结构，以江苏丰富的自然人文资源为依托的文化产业可持续发展机制，通过政策扶持、资产重组和投资主体多元化，不断增强文化产业的竞争力，使之成为我省经济发展新的增长点。

（二）加快文化事业单位转制步伐。文化事业单位实行企业化转制的，原所享受的优惠政策不变，财政拨款3年内不减。

（三）鼓励和支持文化企业实行股份制改造，建立现代企业制度。允许和鼓励文化品牌、创作和科研成果等要素参与收益分配。

（四）鼓励文化单位盘活现有资产，通过资产重组，吸纳社会投资，加快发展文化事业和文化产业。文化事业单位转制为企业或新办文化企业，其营业税5年内由财政按实际入库数列支出预算，纳入各级文化发展专项资金。

（五）支持文化单位加快科技进步，促进文化产业升级。执行企业会计制度、有承受能力的文化单位的电子设备年折旧率可达到20%，其技术开发费可在成本中按实列支。其他文化事业单位参照执行。

（六）在国家政策法规允许的范围内，放宽文化产业市场准入条件。鼓励和吸引社会力量参与文化设施建设、文化技术装备更新以及文化产业的经营管理。积极扩大文化产业利用外资和社会资本的渠道和领域。个人、企业、社会团体参与兴办文化企业，在规划建设、土地征用、从业人员职称评定等方面与国有文化企业一视同仁。

（七）充分发挥市场在文化资源配置中的作用。打破地区、部门、所有制界限，促进各种文化资源合理流动和优化组合，实现优势互补。加快组建跨媒体、跨行业、跨地区、跨所有制乃至跨国经营的文化企业集团。帮助有条件的文化企业上市融资。

**五、增加对文化事业的财政投入**

（一）“十五”期间，各级政府每年对文化事业拨款的增长幅度要高于当年财政预算增长幅度的1～2个百分点。

（二）省、市、县财政继续按宣传文化单位上年上缴所得税的实际入库数列支出预算，纳入文化发展专项资金，其中省级的集中50%；省、市、县财政要继续在预算中安排部分经费，充实文化发展专项资金。

（三）对政府兴办的公益性文化单位，包括图书馆、文化馆（站）、博物馆、科技馆、革命历史纪念馆及目前确有困难的群艺馆等，各级财政要确保人员经费和业务活动经费等方面的拨款。各市、县要保证所属图书馆购书和博物馆文物征集的必要经费。

（四）“十五”期间，省财政预算内每年安排省文化专项经费1 500万元，重点用于艺术创作、演出、精品生产及省文联、作协创作补助和省属院团补助等；每年安排省级文物维修保护补助经费1 000万元、南京博物院文物征集费300万元、南京图书馆图书购置费1 500万元、重点文物基础设施建设经费500万元、省社会科学发展和规划经费700万元，各市、县也要相应作出适当安排。

（五）适当增加对老区、欠发达地区文化补助经费。在省级扶贫专款中安排一定比例用于文化扶贫，省财政安排一定经费用于补助老区、欠发达地区基层文化设施建设。

（六）为加强文化市场管理，省财政每年安排专项经费，用于开展“扫黄”“打非”和文化市场管理。

**六、鼓励对宣传文化事业的捐赠**

（一）社会力量通过国家批准成立的非营利性的公益组织或国家机关对下列宣传文化事业的捐赠纳入公益性捐赠范围，经税务机关审核后，纳税人缴纳企业所得税时，在年度应纳税所得额10%以内的部分，可在计算应纳税所得额时予以扣除；纳税人缴纳个人所得税时，捐赠额未超过纳税人申报的应纳税所得额30%的部分，可从其应纳税所得额中扣除。

1. 对国家和省重点艺术表演团体的捐赠；

2. 对公益性图书馆、文化馆、博物馆、科技馆、美术馆、革命历史纪念馆的捐赠；

3. 对县级以上重点文物保护单位的捐赠；

4. 对文化行政管理部门所属的非生产经营性的文化馆或群众艺术馆接受的社会公益性活动、项目和文化设施等方面的捐赠。

（二）对公益性青少年活动场所（其中包括新建）的捐赠，在缴纳企业所得税和个人所得税前准予全额扣除。

（三）对境外捐赠的实物，涉及进口关税、进口环节增值税的，按国家有关规定办理征免税。

（四）对捐助者给予一定的社会荣誉。对协助捐赠的中介机构或中介人，可给予一定的奖励。

**七、切实加强文化建设资金管理**

各级财税部门要认真落实各项文化经济政策。各级宣传文化部门要坚持勤俭办文化事业，把增加的投入都用到发展艺术生产力和促进文化事业繁荣上，努力提高各项资金的使用效益，要充分发挥文化经济政策的宏观调控作用，统筹安排，保证重点，集中力量办大事。省市之间、部门之间，特别是在一个城市之内，要加强协调，鼓励共建，资源共享，提高投资效益，防止重复建设。要积极推行文化事业单位拨款制度改革，逐步实行按项目拨款或以奖代拨。宣传文化机构要深化内部改革，转换经营机制，健全财务制度，严格资金管理，确保两个效益。接受的捐赠资金不得挤占、挪用或私分，也不得以捐赠为由搞乱摊派、乱集资活动。财政、审计和监察部门要加强对各项文化建设资金使用的监督管理。对出现的各种违法违纪行为，要追究责任，严肃处理。

## 省政府关于加快文化事业和产业发展若干经济政策的通知

苏政发〔2006〕113 号

各市、县人民政府，省各委、办、厅、局，省各直属单位：

为全面落实科学发展观，推动文化大省向文化强省跨越，实现富民强省、“两个率先”目标，根据国家有关规定，结合江苏实际，制定如下文化经济政策：

**一、加大对文化事业的财政投入**

（一）“十一五”期间，各级政府要进一步加大文化事业投入，每年财政文化事业支出增幅要高于财政一般预算支出增幅。

（二）省、市、县三级财政继续设立宣传文化发展专项资金，以 2005 年实际拨付数为基数每年适当增加列入支出预算。其中，省级宣传文化单位的50%由省统筹集中使用，50%返还有关宣传文化单位。

（三）对政府兴办的公益性文化单位，包括图书馆、文化馆（站）、美术馆、博物馆、科技馆、革命历史纪念馆等，各级财政要确保人员经费和业务活动等经费，保证图书馆购书和博物馆文物征集的必要经费。

（四）“十一五”期间，省财政每年在预算中安排专项资金支持文化事业的发展，并视财力逐年增加。重点支持文艺精品创作与生产、省级文物与非物质文化遗产保护、文物征集与艺术精品收藏，增加南京图书馆图书购置、省社会科学研究与发展、文化市场管理等方面的经费。

（五）省财政分期安排专项资金，用于建设江苏美术馆新馆、南京博物院二期改造和江苏大剧院等重点文化设施。“十一五”新增省级重点文化建设项目，按规定立项报批后由省财政给予支持。

（六）推动文化传承和创新，对具有江苏特色和重要艺术价值的民族民间艺术以及高雅艺术的生产、传播给予扶持。切实维护人民群众基本文化权益，采用政府购买、补贴等方式，向基层、低收入和特殊群体提供免费文化服务。

**二、加强农村文化建设**

（七）把农村文化建设纳入经济和社会发展规划，纳入财政支出预算，扩大公共财政覆盖农村的范围，提高用于乡镇和村的比例，文化领域新增加的财政投入应主要用于农村。省财政设立农村文化建设专项资金，支持经济薄弱地区农村公共文化事业建设。市县财政也要作出相应安排，确保农村重点文化建设的资金需求。

（八）推动文化资源向农村倾斜。实施有线电视“村村通”工程，对经济薄弱地区“村村通”工程实行“以奖代补”，对传输转播覆盖设施设备的建设更新及日常维护经费给予补助；实施农村电影数字化放映“2131”工程，从省农村文化建设专项资金中安排农村电影放映专项补助，重点做好配送电影流动放映车和电影拷贝工作，推广电影数字放映技术；

实施文化信息资源共享工程，依托农村党员干部现代远程教育和农村中小学现代远程教育网络，以共建方式发展基层服务点；实施“农家书香”工程，加强服务“三农”读物出版工作，加大对农村题材重点选题的资助，出版单位选题规划要向农村倾斜。积极探索“三下乡”活动长效机制，对重点项目和产品可采取政府采购的方式，直接送到农村。把农村文化建设纳入对口扶贫计划，扶持苏北农村文化建设。

（九）省财政安排专项资金扶持经济薄弱地区乡镇综合性文化站、村文化室、农家书屋建设。“十一五”期间，全省要全面解决乡镇文化站无房和面积不达标的问题。对各地撤乡并镇的原乡镇文化站设施、设备要加强管理，并继续用于公益性文化活动。

（十）通过民办公助、政策扶持，鼓励农民自办文化。按照普遍服务的原则，运用市场准入、资格认定、价格调节、财税优惠等政策，引导各类市场主体开发农村文化市场。

**三、加快公共文化设施建设**

（十一）各级人民政府要把公共文化设施建设纳入国民经济和社会发展规划，纳入土地利用总体规划和城乡规划，列入基本建设投资计划和财政预算。城市规划建设要重视提高文化品位，保证公共文化设施的数量、种类、规模以及布局符合国家规定要求。对公益性文化设施建设项目，各地应优先安排用地指标，按划拨方式供地，有关规费给予减免，并在选址、立项、投入等方面给予支持。

（十二）对因城乡建设确需拆除或改变其功能、用途的图书馆、博物馆、纪念馆、美术馆、文化馆（站）、新华书店、体育场（馆）、青少年宫、工人文化宫、广播电视发射台、转播台、微波站、卫星上行站等文化设施，必须按照国家有关规定报批。经批准拆除或者改变其功能、用途的，应按照规划要求择地重建，一般不得小于原有规模。迁建工作应坚持先建设后拆除或建设拆除同时进行的原则。迁建所需费用由造成迁建的单位承担。

（十三）利用文物设施和文物保护单位开展旅游项目的旅游单位，每年提取不低于门票收入的10%，专款用于本景区文物的维修保护。

**四、扶持文化产业发展**

（十四）设立省级文化产业引导资金，采取贴息、补助等方式，重点支持动漫等文化产业的发展。使用管理办法由省财政厅会同有关部门制定。

（十五）支持经营性文化事业单位转企改制，转制前所享受的财税政策在转制后继续执行。

（十六）党报、党刊、电台、电视台等重要新闻媒体经营部分剥离转制为企业，在确保国家绝对控股的前提下，允许吸收社会资本；国有发行集团、转制为企业的科技类报刊和出版单位，在原国有投资主体控股的前提下，允许吸收国内其他社会资本投资；广播电视传输网络公司在广电系统国有资本控股的前提下，经批准可吸收国有资本和民营资本。

（十七）鼓励、支持、引导社会资本以股份制、民营等形式，兴办影视制作、动漫、放映、演艺、娱乐、发行、会展、中介服务等文化企业。非公有制文化企业在投资核准、土地使用、财税政策、融资服务、对外贸易等方面享受国有文化企业同等待遇。支持、引导和规范非公有资本投资文化事业中非营利性和营利性领域。社会力量兴办图书馆、博物馆、文化馆等，在用地、税收等方面给予政策优惠。对民营文化企业从事公益性文化活动给予资助。

（十八）通过股份制改造实现投资主体多元化的文化企业，符合条件的支持申请上市。

（十九）对投资兴办文化企业，在政策许可范围内，减少行政审批环节，简化审批手续。文化事业单位转制后，可用原单位名称（去掉主管部门），或用符合企业名称登记管理规定的其他名称，注册为企业法人，注销原有事业法人。允许以商标、品牌、技术、科研成果等无形资产评估作价出资组建文化企业。对具有一定知名度的文化人才独资或与他人共同开办企业特别是工作室、博物馆、美术馆的，可以个人名字作为企业字号办理登记注册。

（二十）在加强资产管理、搞好资产评估的基础上，文化企业可依据国家统一的清产核资政策，对以前年度发生的资产损失和不良资产，依次冲减国有权益及国有资本金。出版、发行单位对库存出版物的呆滞损失实行分年核价、提取提成差价的办法；年度商品盘亏数额，在规定范围内的允许自行转账。

（二十一）扶持发展动漫产业。建立优秀原创动漫产品评选、奖励和推广机制，鼓励动漫出版和播映机构增加国产动漫产品的出版、刊载和播出比例，增加对出版、刊载、播出和演出国产动漫产品的成本补偿。经国务院有关部门认定的动漫企业自主开发、生产动漫产品，可申请享受国家现行鼓励软件产业发展的有关增值税、所得税优惠政策；动漫企业自主开发、生产动漫产品涉及营业税应税劳务的（除广告业、娱乐业外），暂减按3％的税率征收营业税。新认定的国家动漫产业基地建设，要优先与高新技术开发区和软件园区建设相结合，充分利用已有的政策、技术、服务、场所等条件。

（二十二）基础性公共广播电视服务的基本收视服务价格实行政府定价，广播电视有线网络提供的其他服务价格实行政府指导价，由企业按照政府规定的基准价及其浮动幅度，根据市场供求状况制定；演出票价由市场决定。

（二十三）鼓励文化企业加大自主创新投入，有关优惠政策参照《省政府关于鼓励和促进科技创新创业若干政策的通知》（苏政发〔2006〕53号）执行。允许企业按当年实际发生技术开发费用的150％抵扣当年应纳税所得额；实际发生技术开发费用当年抵扣不足部分，可按税法规定在5年内结转抵扣。对研究开发实际支出占当年销售收入比例超过5％的企业，可由企业纳税关系所在地政府从企业贡献中拿出部分资金给予奖励。

（二十四）贯彻执行《国务院关于非公有资本进入文化产业的若干决定》（国发〔2005〕10号）、国家文化部等部门《关于文化领域引进外资的若干意见》（文办发〔2005〕19号），鼓励和支持非公有资本以多种形式进入政策许可的文化产业领域，形成以公有制为主体、多种所有制经济共同发展的文化产业格局。

**五、支持重点文化产业集团发展**

（二十五）全面落实国家和省关于支持文化体制改革试点的若干政策，继续在财税、土地、劳动保障、融资等方面对重点文化产业集团给予支持。

（二十六）引导支持文化企业组建跨地区、跨行业、跨所有制的大型文化企业集团，提高规模化、集约化经营水平。鼓励实施文化精品工程和"走出去"战略，提高江苏文化产品国际市场竞争力。对重大技术改造项目（含设备更新），采取贴息、补助、奖励等方式，由省宣传文化发展专项资金给予支持。

（二十七）列入全国文化体制改革试点的文化产业集团，其核心企业对成员企业100％投资控股的，经批准可合并缴纳企业所得税。

（二十八）对经营者、管理人员、业务技术骨干可实行年薪制和试行期权等激励制度。允许和鼓励文化品牌、创作和科研成果等要素参与收益分配。

**六、落实税收优惠政策**

（二十九）对各级党委、人大、政府、政协及各民主党派、工会、共青团、妇联组织的机关报和机关刊物，大中小学的学生课本和专为少年儿童出版发行的报纸和刊物，科技图书和科技期刊，县（含县级市、区建制的原县和县级市）及县以下各类企业销售出版物的增值税，继续实行先征后退的办法。对电影发行单位实行营业税优惠政策。

（三十）继续对纪念馆、博物馆、文化馆、美术馆、展览馆、书画院、图书馆及文物保护等文化单位举办文化活动的门票收入按规定免征营业税。对公益性青少年活动场所暂免征企业所得税。

（三十一）对政府鼓励的新办的报业、出版、发行、广电、电影、放映、演艺等文化企业，给予免征3年企业所得税的照顾。

（三十二）鼓励兴办高新技术文化企业，鼓励引导社会资本投资于高新技术文化企业。对从事数字广播影视、数据库、电子出版、光盘复制等研发、生产、传播的文化企业，凡符合国家现行高新技术企业税收优惠政策规定的，可享受相应的税收优惠政策。

（三十三）文化产品出口按照国家现行税法规定享受出口退（免）税政策；对在境外提供文化劳务取得的境外收入不征营业税，免征企业所得税；对生产重点文化产品进口所需要的自用设备及配套件、备件等，按规定免征进口关税和进口环节增值税。

（三十四）文化企业纳税确有困难的，可申请减免经营用土地和房产的城镇土地使用税、房产税。

**七、征收文化事业建设费**

（三十五）各种营业性歌厅、舞厅、卡拉OK歌舞厅、音乐茶座和高尔夫球、台球、保龄球、网吧等娱乐场所，按营业收入的3％缴纳文化事业建设费。广播电台、电视台和报纸、刊物等广告媒介单位以及户外广告经营单位，按经营收入的3％缴纳文化事业建设费。

（三十六）文化事业建设费由地税局在征收娱

乐业、广告业的营业税时一并征收，并列入目标考核。对不按时缴纳文化事业建设费的单位，按2‰一天加收滞纳金。省属单位缴纳的文化事业建设费全额上缴省金库；市、县以下单位缴纳的文化事业建设费年终由市、县财政按入库数的20%专项上解。

（三十七）文化事业建设费纳入财政预算管理，分别由省和市、县设立基金，用于文化事业建设。

**八、鼓励对宣传文化事业的捐赠**

（三十八）社会力量通过依法成立的非营利性公益组织或国家机关对下列宣传文化事业的公益性捐赠，经税务机关审核后，纳税人缴纳企业所得税时，在年度应纳税所得额10%以内的部分，可在计算应纳税所得额时予以扣除；纳税人缴纳个人所得税时，捐赠额未超过纳税人申报的应纳税所得额30%的部分，可从其应纳税所得额中扣除。公益性捐赠的范围为：

1. 对国家和省重点艺术表演团体的捐赠；

2. 对公益性图书馆、博物馆、科技馆、美术馆、革命历史纪念馆的捐赠；

3. 对县级以上重点文物保护单位的捐赠；

4. 对文化行政管理部门所属的非经营性的文化馆或群众艺术馆的社会公益性活动、建设项目和文化设施等方面的捐赠；

5. 对农村文化事业的捐赠。

（三十九）对企事业单位、社会团体和个人等社会力量，通过非营利性的社会团体和国家机关对公益性青少年活动场所（包括新建）的捐赠，在缴纳企业所得税和个人所得税前准予全额扣除。

（四十）对境外捐赠的实物，涉及进口关税、进口环节增值税的，按国家有关规定办理征免税。

（四十一）对捐助者给予一定的社会荣誉。对协助捐赠的中介机构或中介人，可给予一定的奖励。

**九、加强文化建设资金的管理**

（四十二）按照建设公共财政的要求，在加大对文化事业的投入的同时，完善投入方式，增强导向作用，提高投资效益。宣传文化主管部门要充分发挥有关政策的调控作用，拓宽文化事业资金投入渠道。财政部门要做好专项资金的预算安排。专项资金使用部门要按照有关财政法规的要求，健全制度、加强管理，建立和完善文化专项资金项目申报、评审、立项和使用管理办法。对各项资金包括接受的捐赠资金，要按规定用途用于文化建设，不得挤占、挪用或私分，也不得以捐赠为由，搞乱摊派、乱集资活动。各地财政、审计和监察部门要加强对各项文化建设基金和专项资金的监督管理，对出现的违法违纪行为，要追究责任，严肃处理。

（四十三）省各有关部门要制定贯彻落实文化经济政策的实施办法，各市、县（市、区）也要制定相应的文化经济政策。

## 关于加强文化市场建设和管理的决议

（1987年12月19日江苏省第六届
人大常委会第29次会议通过）

省人大常委会第二十八次会议听取和审议了省人民政府关于文化市场情况的汇报。会议认为，加强文化市场的建设和管理，繁荣、发展群众文化事业，是社会主义精神文明建设的一项重要任务，必须遵照党的十三大精神，促进文化市场在继续改革开放中沿着正确的方向健康发展。为此，省人大常委会第二十九次会议特作如下决议：

**一、继续开放繁荣文化市场**

随着改革开放方针的实施，向人们提供精神文化产品和文化娱乐服务的文化市场正在我省各地兴起。它顺应了人民群众日益增长的文化生活的需求，推动了社会主义精神文明建设，并给文化事业的繁荣增添了活力。

当前的情况是文化市场的发展仍然落后于人民群众的要求，特别是相当一部分农村的文化生活还比较贫乏。因此，要继续开放活跃文化市场，加强文化市场的建设，本着朴素、适用、美观的原则，兴建文化设施。要充分发挥文化主管部门在文化市场中的主导作用，鼓励出好书、演好戏、制作好的音像制品，为群众提供更多健康有益、催人奋进的精神食粮，积极开展群众文化活动。

**二、切实加强文化市场的管理**

我国宪法规定国家发展为人民服务、为社会主义服务的文化、出版事业，这是对文化市场建设的根本要求。

当前，文化市场作为生产、经营精神产品的特殊市场，在发展中面临不少问题。非法出版活动虽经打击，但在一些地方仍屡禁不绝。一些有害的精神产品严重污染社会，毒害人们的思想，尤其是对青少年危害极大。这些消极有害现象，已经引起人民群众的不满，如果任其泛滥将造成难以弥补的损失。因此，文化市场亟待在继续发展中进一步加强管理。

文化市场的活动必须把社会效益放在首位，应使经济效益和社会效益统一起来，这是生产、经营精神产品要始终坚持的原则。一切从事文化艺术创作、出版和这方面经营活动的团体和个人必须自觉遵循。各级政府要广泛宣传，积极引导，组织有关方面对文化市场进行全面整顿，并加强日常的管理和检查。

要坚决制止和取缔非法经营，坚决杜绝在各类经营性文化活动中弄虚作假、冒名行骗、败坏社会主义道德等恶劣现象。要加强图书、报刊和音像出版、发行、销售的管理，把印刷行业作为特种行业切实管起来。要在运输环节上堵住非法出版物的流通。对录像设备和闭路电视要按有关规定加强管理。

**三、依法严厉查处非法活动，把文化市场的管理纳入法制轨道**

对以牟取非法利润为目的，制作、销售非法出版物，应依照国家有关法律和国务院有关规定，以投机倒把论处。对依法应当追究刑事责任的犯罪分子，决不能以罚款代替刑罚，让其逍遥法外。

要严格贯彻国务院已经颁发的关于出版、音像管理方面的各项行政法规，加强对这方面的政纪和法纪监察。要从速研究制定有关的地方性法规，省人民政府要抓紧制定颁发管理规章，保障文化市场的健康发展。

严禁淫秽物品的传播。有关部门要加强对进出口环节的查禁工作，对复制、传播淫秽录像者要坚决打击，严肃查处。对利用单位录像设备复制、传播淫秽录像的，要追究有关领导的责任，对于向不满十八岁未成年人传播淫秽物品，以及利用职权或借职务之便传播淫秽物品的，应依法从严惩处。严禁利用文化娱乐场所进行赌博或变相赌博。对利用或混进舞厅、音乐茶座等文化活动场所进行流氓犯罪活动的违法分子必须严肃查处，坚决打击。

**四、切实加强对文化市场工作的领导**

各级政府要充分认识加强文化市场管理工作的长期性，艰巨性，把这项工作纳入精神文明建设的总体规划进行统一部署，采取切实措施从组织上加强对文化市场的统一领导和管理，并重视发挥群众对文化市场管理的监督作用。政府有关部门要分工负责，密切配合，协同工作，建立健全文化市场管理机构和管理队伍，提高管理人员的素质，充分发挥管理机构的职能。

## （三）文化体制改革相关文件

### 省委办公厅、省政府办公厅转发省文化厅《关于省直艺术表演团体改革的意见》的通知

（1986年11月4日）

各市、县委，各市、县人民政府，省委各部委，省各委办厅局，省各直属单位：

省文化厅《关于省直艺术表演团体改革的意见》，已经省委、省政府同意，现转发给你们。请各有关部门认真组织实施。

多年来，省直艺术表演团体为繁荣我省的艺术创作，丰富人民的文化生活，做了很多有成效的工作。但目前的状况，还很不适应艺术事业的发展和建设“两个文明”的需要。必须遵照中共中央办公厅、国务院办公厅转发文化部《关于艺术表演团体的改革意见》的通知精神，认真进行整顿、改革，以充分调动艺术人员的积极性和创造性，努力创作和演出好戏，培养优秀的艺术人才，更好地为人民服务，为社会主义服务，在全省艺术表演团体中起到示范作用。

艺术表演团体的整顿、改革，政策性强，情况复杂，涉及广大艺术人员的切身利益，一定要采取积极慎重的态度和深入细致的工作方法，使这项工作能够顺利进行。要把思想教育贯串于工作的全过程，使艺术人员明确改革的目的、意义，积极支持改革。对于不适合在艺术表演团体工作的人员要妥善安排，负责到底。

沟通省直艺术表演团体的人员进出渠道，妥善安置精简人员，任务艰巨，仅仅依靠文化部门是难以完成的，省各有关部门和南京市要密切配合，协助文化部门搞好这项工作，务必达到预期的目的。

各市、县属艺术表演团体的改革，应根据各地

的实际情况进行，不要照搬省直艺术表演团体的做法。

附：

## 江苏省文化厅<br>关于省直艺术表演团体改革的意见

近年来，我省很多市、县对所属剧团的改革做了不少工作，取得了一定成效。但省直艺术表演团体的整顿、改革基本上还没有起步，剧团的体制和领导管理工作存在许多弊端，人员进出渠道不通，队伍普遍老化，比例严重失调，富余人员很多，事业经费多数用于人头，艺术尖子后继乏人，按劳分配难以实行。极大地束缚了艺术生产力，亟需进行改革和整顿。

现根据中共中央办公厅、国务院办公厅转发文化部《关于艺术表演团体的改革意见》的通知（中办发〔1985〕20 号）精神，对省直艺术表演团体的改革提出如下意见：

一、省直艺术表演团体改革的根本目的，是解放艺术生产力，出人出戏出效益，繁荣我省的艺术创作，满足人民文化生活的需要。

艺术表演团体的改革，包括合理调整布局、精简人员、改革领导体制、改革和完善管理制度、革新艺术和培养人才等方面。鉴于省直艺术表演团体的现状，应把沟通人员进出渠道，精简富余人员，作为当前集中力量解决的首要问题。

二、根据精简、统一、效能的原则，将现有的八个省直艺术表演团体合并为六个，即：江苏省昆剧院、江苏省京剧院、江苏省歌舞剧院（含歌舞团、歌剧团、管弦乐团、评弹团），江苏省锡剧团、江苏省扬剧团、江苏省话剧团。按照各类人员的合理的结构、比例，从创作和演出的实际需要出发，总编制确定为 1 250 人，比现有人数减少 184 人。由于现有艺术人员中有相当一部分已不适宜参加舞台演出，需另行安排，实际需要精简、调整的人员约 450 人。

确定人员去留的原则是：

声乐演员、戏剧演员、演奏员、舞美工作人员，年龄在 45 岁以上，舞蹈演员、专业剧曲武功演员在 35 岁以上，现已不适应舞台演出，但还能胜任其他工作的，一般应离团转业，另行安排工作。年龄已达上述界线，但还能坚持参加舞台演出，或有创作能力，或能担任研究、教学、传艺工作，或本单位其他部门需要的，可视实际情况适当放宽年限，留下来继续工作。年龄在上述界线以下的艺术人员，须通过业务考核甄别后决定去留。

编剧、导演、作曲、舞美设计等创作人员，未到离休退休年龄的，根据本人的业务水平、实际表现以及工作需要与否决定去留。

精简、调整后，编制余额保留在院、团，以便不失时机地、积极慎重地补充新生力量。原核定的经费不减。今后视艺术事业发展的需要，经费应逐渐有所增长。

三、对需要精简、调整的 450 人，采取以下几种办法妥善安置：

1. 办理离休、退休手续。约 90 人。

已届离休、退休年龄的人员，原则上一律办理离休、退休手续，对退休人员适当给予补贴。少数艺术造诣较高，在社会上有一定影响，并仍可参加一些演出、研究、教学、传艺工作的艺术家、老艺人，离休、退休年龄可延长至 65 周岁，由所在院、团报省文化厅审批。（此项规定也适用于省戏剧学校）

接近离休、退休年龄，长期病假休息的，可以在自愿基础上，经过批准，提前办理离休、退休手续，对退休人员酌情发给退休补助金。

2. 在省属文化系统内自行安排。约 60 人。

建立艺术辅导服务部，选调有专长的编剧、导演、表演、音乐、舞美人员，面向全省专业剧团和群众文艺开展艺术辅导工作（具体方案另行报批）。其余人员在其他文化单位安排。

3. 调出转业。约 300 人。

凡调出转业人员，根据本人的条件和志愿，结合工作的需要和可能，妥善安排工作。可安排担任中专学校、中学、小学的艺术师资；可去文化馆站、工人文化宫、少年之家担任业务干部；可充实工矿企业工会文艺干部和文艺业余演出队；也可经过职业培训，另行分配适当工作。对调出转业的艺术人员，颁发荣誉证书和转业酬金。

从事艺术工作 30 年以上，年龄男的在 50 岁、女的在 45 岁以上的，一般不调出文化系统。

在确定人员去留、安排富余人员的过程中，要认真做好思想政治工作，并通过这次精简、调整，使艺术人员的进出逐步做到制度化。在安排富余人员的工作时，要尽可能照顾本人的条件和志愿。具体做法上，可先把富余人员从表演团体现有人员中划出来，然后按照先易后难的原则予以安排。

**四、改革领导体制，加强管理。**

抓紧调整、充实省直各艺术表演团体的领导班子，逐步实行院（团）长负责制，扩大人、财、艺的自主权。

改革经营管理制度，实行经济核算，坚持按劳分配的原则。对前一阶段试行的各种形式的责任制，要认真总结，补充完善，使之真正符合出人、出戏、出效益的要求。

加强思想政治工作，开展戏德教育，建立健全各项规章制度，实行严格管理，以促进艺术表演团体的改革、提高和发展。

## 省演艺集团深化改革的实施意见

苏办〔2004〕32 号

（中共江苏省委办公厅、江苏省人民政府办公厅

2004 年 8 月 19 日印发）

省演艺集团有限公司于 2001 年 9 月成立，与江苏艺术剧院两块牌子、一套班子。省演艺集团成立以来，坚持以“三个代表”重要思想为指导，认真贯彻省委、省政府决策部署，解放思想，开拓进取，在机制创新、艺术生产、人才培养等方面大胆探索，取得了良好成效。但现行的管理体制和运行机制仍不适应形势发展的要求，必须进一步深化改革，激发活力、壮大实力、增强竞争力，为加快发展文化产业、繁荣社会主义文艺作出新贡献。

省演艺集团已被列入全国文化体制改革试点单位。在中央有关部门指导下，认真搞好改革试点工作，对于推动江苏文化大省建设、为全国文化体制改革积累经验，具有重要意义。根据国务院办公厅《关于印发文化体制改革试点中支持文化产业发展和经营性文化事业单位转制为企业的两个规定的通知》（国办发〔2003〕105 号）和省委办公厅、省政府办公厅《关于印发省属生产经营类事业单位改革实施意见的通知》（苏办发〔2004〕20 号）精神，现就省演艺集团深化改革提出如下意见。

**一、指导思想、基本原则和总体目标**

（一）指导思想

高举邓小平理论伟大旗帜，以“三个代表”重要思想为指导，全面贯彻党的十六大和十六届三中全会精神，根据社会主义精神文明建设的特点和规律，适应社会主义市场经济发展要求，以解放和发展艺术生产力为核心，以培育和壮大市场主体为目标，面向群众、面向市场，着力推进体制机制创新，多出精品、多出人才、多出效益，不断满足人民群众日益增长的精神文化需求。

（二）基本原则

1. 坚持党对文艺工作的领导。确保马克思主义在意识形态领域指导地位，坚持为人民服务、为社会主义服务方向，贯彻百家争鸣、百花齐放方针，弘扬主旋律，提倡多样化。

2. 努力实现“两个效益”的统一。按照发展社会主义先进文化要求，坚持把社会效益放在首位，同时注重发挥市场机制在艺术生产传播中的作用，实现社会效益和经济效益有机统一。

3. 重塑新型市场竞争主体。以院团改革为重点，以股份制为主要形式，加快院团企业化步伐；以院团为核心企业，以资产为纽带，大力推进集团化建设；调整优化现有演艺产业布局，推进跨地区、跨部门、跨领域的资源整合，提高表演艺术生产规模化、集约化和专业化水平。

4. 加强对改制工作的分类指导。在放开搞活、做大做强院团的同时，扶持保护代表国家水平和民族特色的艺术品种。立足实际，一团一策，对意识形态属性较强的院团，实行国有资本控股或相对控股，其他采取参股或民营等方式，推进资本多元化。实行老人老办法、新人新办法，切实保障转制前事业离退休人员和事业在编人员的合法利益。

5. 充分调动演职员工的积极性。坚持以人为本，尊重劳动、尊重知识、尊重人才、尊重创造；确立全体演职人员在院团改革发展中的主人翁地位，营造鼓励支持职工干事业、干成事业的良好氛围，放手让一切艺术生产要素的活力竞相迸发，让一切创造文化财富的源泉充分涌流。

（三）总体目标

1. 确立市场竞争主体地位，通过公司制改造和其他配套改革，建立现代企业制度，尽快建设成为主业突出、品牌名优、人才辈出、实力雄厚的艺术表演企业集团。

2. 加大艺术生产和人才培养力度，打造一批

具有浓郁江苏特色、思想性艺术性俱佳的表演艺术品牌，形成人才资源合理配置、各类人才有序流动、优秀人才脱颖而出的良性机制。

3. 在确保社会效益的前提下，积极采用符合艺术生产和市场规律的运作机制，以及信息技术、现代生产组织方式，努力提高经济效益，进一步增强艺术生产的传播能力、市场影响力和竞争力。

**二、深化改革的重点和主要措施**

（一）转企改制

1. 实现事企合一向企业的产权结构、管理体制、经营机制的转变。改制工作分两个阶段进行：

第一阶段，按照建立现代企业制度要求，构建母子公司框架。省演艺集团有限公司以资本经营为主，负责对全资、控股子公司经营方向、资产配置、重大决策、主要管理人员配备的管理和监督；所属院团和其他经营单位改造为子公司，主要从事产业经营，实行独立核算、自主经营、自负盈亏、自我发展。

核销江苏艺术剧院及下属院团事业编制，注销江苏艺术剧院事业单位法人。

第二阶段，在明确宣传文化领域国有资产管理体制的前提下，收回省政府授予的国有资产投资主体职能，由省演艺集团有限公司作为主要发起人，吸纳省内外社会资本，组建国有控股的股份制公司。

2. 加大企业内部改革力度。建立健全有序高效的经营运作机制、竞争激励约束机制和岗位目标责任制。推进劳动、人事、分配制度改革，建立有利于调动艺术家和演职人员积极性，符合艺术规律和市场规律的人才培养、管理体制，建立企业自主用人、员工自主择业、配套措施完善的劳动管理制度，建立按岗、按任务、按业绩定酬相结合、以岗位工资为主、艺术生产要素参与收益分配的多种分配方式。

3. 开放式配置资源。重点是盘活存量，优化增量，解决表演艺术资源结构失衡、效益不高、部分闲置的问题。加快集团化建设，运用市场机制，实行联合、重组、兼并，培育演艺产业基地，提高产业集中度。吸引和调动社会资源，多渠道增加对艺术生产的投入。积极创造条件，推动京剧、昆剧、锡剧、扬剧、评弹等院团与市级院团进行资源整合，形成整体优势。鼓励各院团与企业、学校以及广播电视媒体等联姻，实现优势互补。

4. 创新艺术生产传播机制。坚持贴近生活、贴近实际、贴近群众，大力推进内容创新，开发一批拥有自主知识产权、群众喜闻乐见的原创性作品，培育一批具有核心竞争力和较高市场占有率的表演艺术品牌；加快高新技术特别是信息技术在艺术创作、生产、传播等环节的应用，不断增强艺术表现力、感染力和辐射力；以演出为中心，改进剧目编创和生产传播流程，推行招标制、风险投资制、制作人制、签约制、演出经纪人制和代理制等，积极开拓区域性、全国性乃至国际演出市场。

（二）人员安置

1. 进入改制后的企业。改制后的企业，原则上应全部录用原事业在编人员，并调整职工劳动关系，置换职工身份，依法签订劳动合同。在原事业单位连续工作满 10 年的在编人员，如本人要求订立无固定期限劳动合同，企业应当与其订立。确保原事业单位的军队转业退伍人员、省级以上劳动模范、国家政策规定必须安排就业的在编人员，在改制后的企业中就业。对不进入改制后企业的，依法与其解除、终止用人关系。

2. 法定退休与提前退休。现有事业在编人员，截至 2004 年 12 月 31 日，达到法定退休年龄的，按规定办理退休手续；未达到法定退休年龄，工龄满 30 年的，或男年满 55 周岁、女年满 50 周岁且连续工龄满 20 年的，经本人书面申请，单位同意，省人事厅批准，可办理提前退休手续。

3. 分流安置。现有事业在编人员需要流动的，本人联系落实接受单位，按人事管理权限报批后，可以流动到性质相近的事业单位，有关部门给予支持和帮助。现有事业在编人员进入非国有控股或民营企业的，按规定发放或提留安置费或经济补偿金；自谋职业的，按规定发给一次性安置费或经济补偿金。对少数未聘用人员，由省演艺集团组织转岗培训。

（三）社会保障

1. 改制后的企业及其职工，从 2005 年 1 月 1 日起，按照国家和省有关规定，参加企业职工养老、医疗、失业、生育、工伤等社会保险，依法缴纳各种社会保险费。改制前已参加机关事业单位养老保险的，按规定办理养老保险转移手续；改制前按规定未列入机关事业单位养老保险范围的，2004 年

12月31日前按规定可以计算的连续工作年限视同缴费年限,办理视同缴费年限证明;改制前按规定应参加而未参加养老保险或欠费的应予补缴。

2. 改制后的企业可按照有关规定为职工建立企业年金和补充医疗保险。通过企业年金等办法妥善解决原事业在编人员转制后退休的养老保险待遇水平衔接问题。企业年金方案报省劳动保障厅备案,执行我省有关企业缴费的优惠政策。

3. 改制前已经离退休(含提前退休)原事业在编人员,原享受的离退休待遇不变,所需经费(含养老金、医疗补助费)由省财政厅核定后,在省财政支持省演艺集团经费总额中单列支出。目前仍由省演艺集团托管,条件具备时实行社会化管理。

4. 离休人员医疗保障继续执行现行办法,所需资金按原渠道解决;转制前已退休人员中,原享受公费医疗的,在享受基本医疗保险待遇的基础上,参照国家公务员医疗补助办法,实行医疗补助。

(四) 资产处置

1. 按照《国有企业清产核资办法》(国务院国资委第1号令)规定和省国资委关于监管企业清产核资工作的安排,对省演艺集团进行清产核资,执行《企业会计制度》。

2. 在清产核资中,经认定的资产损失和资金挂账可按规定核销,对未提折旧的资产可按企业财务制度规定补提折旧。根据清产核资结果,由省国资委重新核定实际占用的国有资本数额,并依法办理国有产权登记和工商变更登记。

3. 对权属不清、权证不齐的固有土地,办理确权手续。划拨国有土地使用权的处置,按苏办发〔2004〕20号文件执行。

4. 产权转让收入全部缴入省财政专户,提前退休人员费用、职工安置费或经济补偿金等转企改制提留费用和资产评估、财务审计、政策法规咨询等费用,经省财政厅批准,在产权转让收入专户中列支,不足部分由省财政补足。

**三、落实支持试点工作的各项政策**

(一) 按照中央和省有关文件规定,继续享受改制前的财税优惠政策。(1) 财政扶持力度不减,并随着全省经济发展逐步加大对艺术生产的投入。省财政支持省演艺集团的经费和使用管理办法,按省政府常务会议议定的意见和深化省演艺集团改革的有关政策执行。(2) 原事业编制内的职工住房公积金、住房补贴中由财政负担部分,改制后继续由财政部门在预算中拨付。(3) 从改制之日起至2008年12月31日免征企业所得税;符合规定的可给予合并缴纳企业所得税优惠政策。(4) 纳税有困难的,按规定申请办理房产税、土地使用税减免。(5) 允许投资人以商标、品牌、技术、科研成果等无形资产评估作价出资入股,作价入股占注册资本的比例不超过40%。

(二) 建立振兴昆曲专项资金,用于昆曲艺术的保护、传承、普及、研究、剧目排演等;建立艺术研究与人才培养专项资金,用于艺术理论、艺术创作等方面的研究,吸引、培养优秀艺术人才。

(三) 改革政府投入方式。突出投入重点,拓宽投入渠道,提高投入效益。采用政府采购、奖励、演出补贴、贷款贴息等形式,从养人为主向支持艺术创作、生产、演出为主转变。以政府采购形式,鼓励创新剧目,鼓励多下基层演出,鼓励代表江苏参加国内外重要演出活动,加强公共文化服务。

**四、积极稳妥地推进改革试点工作**

(一) 加强对改革工作的领导。成立省演艺集团深化改革指导小组,负责改革总体方案和政策措施的制定及重大问题的协调。省演艺集团要建立专门班子,制定改革具体方案,做好组织实施工作,切实承担起出成果、出经验的责任。

(二) 加强思想政治工作。深入宣传改革重要意义,增强广大演职人员投身改革的自觉性。注意倾听职工意见,保护和引导好职工的改革热情。处理好改革、发展、稳定的关系,及时化解矛盾,防止诱发不稳定因素,维护安定团结的局面。

(三) 认真执行有关改革政策。严格遵守组织人事工作纪律、财经制度和国有资产管理规定。按照公开公平公正的原则,公开改革政策,公开改革方案,公开改革结果,接受群众监督,确保改革健康进行。

(四) 为改革营造良好环境。省各有关部门要增强政治意识、大局意识、责任意识,主动配合,相互支持,为搞好省演艺集团的改革,出主意、想办法,提供优质服务。切实转变政府职能,推进政事政企分开,为省演艺集团改革创造条件。

## 中共江苏省委 江苏省人民政府关于印发《江苏省文化体制改革试点工作方案》的通知

苏发〔2006〕33号

（2006年12月28日）

各市、县（市、区）委，各市、县（市、区）人民政府，省委各部委，省各委办厅局，省各直属单位：

现将《江苏省文化体制改革试点工作方案》印发给你们，请结合实际认真组织实施。

### 江苏省文化体制改革试点工作方案

根据《中共中央、国务院关于深化文化体制改革的若干意见》（中发〔2005〕14号）和中共中央办公厅、国务院办公厅《关于在文化体制改革综合试点地区建立文化市场综合执法机构的意见》（中办发〔2004〕24号），按照省委提出的坚决贯彻中央的决策部署、力争在新一轮文化体制改革中走在全国前列的要求，确定南京、苏州、无锡、常州、淮安、宿迁6市和90家文化单位作为改革试点，以点带面，逐步推开，促进全省文化体制改革的不断深入。

**一、指导思想、基本要求和工作目标**

（一）指导思想

以邓小平理论和"三个代表"重要思想为指导，全面落实科学发展观，以发展为主题，以体制机制创新为重点，以创造更多更好适应人民群众需求的精神产品为目标，以试点工作为抓手，深化文化体制改革，逐步建立起有利于加强和改善党的领导，适应社会主义市场经济发展的要求，符合社会主义精神文明建设的特点和规律的文化管理体制和运行机制，形成文化体制改革与文化大省建设相互促进、文化事业和文化产业协调发展的良好局面，为我省实现"两个率先"、构建和谐社会做出新的贡献。

（二）基本要求

1. 坚持社会主义先进文化的前进方向。始终坚持党对文化工作的领导，不断巩固和发展马克思主义在意识形态领域的指导地位；坚持"二为"方向和"双百"方针，贴近实际、贴近生活、贴近群众，弘扬主旋律，提倡多样化；坚持解放思想、实事求是、与时俱进，树立新的文化发展观，不断推动文化创新；坚持继承和弘扬中华民族优秀文化成果，吸收和借鉴世界有益文化成果。坚持把社会效益放在首位，努力实现社会效益与经济效益的统一。

2. 坚持把发展作为改革的目标和检验改革成效的根本标准。坚持把解放和发展文化生产力，不断满足人民群众日益增长的精神文化需求作为改革的出发点和落脚点。坚决冲破妨碍文化发展的思想观念，坚决改变束缚文化发展的做法和规定，坚决革除制约文化发展的体制弊端，充分调动广大文化工作者的积极性、创造性和社会各界参与文化建设的热情，以改革促发展，加快文化大省建设步伐。

3. 坚持公益性文化事业和经营性文化产业"两手抓""两加强"。坚持以政府为主导，以增加投入、转换机制、增强活力、改善服务为重点，大力发展公益性文化事业，实现和保障人民群众的基本文化权益。坚持以市场为主导，以创新体制、转换机制、面向市场、壮大实力为重点，加快发展经营性文化产业，满足人民群众多方面、多样性、多层次的精神文化需求。在深化改革过程中，坚持一手抓公益性文化事业，一手抓经营性文化产业，做到"两手抓""两加强"，推动江苏文化全面发展。

4. 坚持把激发微观活力与增强宏观调控力相统一。坚持把重塑市场主体作为改革的重点环节，通过经营性事业单位转企改制，通过民营文化企业的引导和培育等途径，培养一批具有市场主体地位的文化企业，激发文化产业发展的微观活力。同时，切实转变政府职能，强化政策调节、市场监管、社会管理和公共服务职能，实现主要以行政手段为主向综合运用法律、经济等手段管理转变，进一步增强宏观调控力，确保文化体制改革和文化事业、产业发展的正确方向。

5. 坚持区别对待，分类指导，循序渐进，逐步推开。充分认识文化体制改革的重要性、紧迫性和艰巨性、复杂性，坚持一切从实际出发，区别不同地区、不同单位的具体情况，试点先行、以点带面，有领导、有计划、有步骤，积极稳妥地逐步推开。

（三）工作目标

——逐步理顺党、政、事、企的关系，基本形成党委领导、政府管理、行业自律、企事业单位依法运营的宏观管理体制；

——培育一批适应经济社会发展和群众文化

需求、充满活力和竞争力的文化事业和文化产业主体，基本形成保证正确导向、富有经营活力的微观运行机制；

——建立和完善促进文化事业、文化产业发展的经济政策和法规条例，基本形成体现宣传文化工作特点，适应法制建设总要求的政策法规；

——建立适应文化市场需求的现代流通组织和营销体系，逐步打破条块分割、地区分割、城乡分割的市场格局，基本形成统一、开放、竞争、有序的现代文化市场体系；

——培育以若干大型文化集团为龙头、中小型文化企业为主体、文化市场为纽带的文化产业组织体系，基本形成以公有制为主体、多种所有制共同发展的文化产业格局。

**二、经营性文化事业单位改革**

经营性文化事业单位主要包括一般出版单位和文化、艺术、生活、科普类报刊社，文艺院团，以及电影制片厂、影剧院、电视剧制作单位和文化经营中介机构，党政部门、人民团体、行业组织所属事业编制的影视制作和销售单位。经营性文化事业单位改革，贯彻"创新体制、转换机制、面向市场、增强活力"方针，坚持以市场为导向，以转企改制为重点，实现单位性质转变、劳动关系转换、产权结构转型，形成一批有实力、有活力的国有或国有控股的文化企业。

1. 出版单位改革。根据中发〔2005〕14号文件要求，除少数承担政治性、公益性出版任务的出版单位外，其他一般出版社逐步转制为企业。转制为企业的出版社要坚持国有独资或国有绝对控股，实行特许经营或许可证管理。列入改革试点的出版社，要面向市场、准确定位，向"专、精、特、新"方向发展，形成结构优化、富有活力的出版产业集群。积极发展电子书、网络出版等新兴业态，优化图书产品结构。高校出版社转企改制，要征得教育主管部门同意。

2. 加快文艺院团改革。按照中央14号文件精神，遵循市场规律和艺术规律，着眼多出精品、多出人才、多出效益，对文艺院团实行分类改革，一团一策，逐步完成从事业体制向企业体制过渡。继续深化江苏演艺集团的股份制改革。在全省确立一批院团"事转企"的改革试点，以点带面，加快全省艺术院团转企改制步伐。在转企改制中，积极稳妥地做好人员安置工作，切实维护稳定。转制院团继续享受原有的财政拨款。鼓励企业和社会资本参与文艺院团的改革，促进企业与院团的联合。优化院团结构，重点扶持一批体制新、机制活、有地方特色、有发展潜力的院团。加大对昆曲等体现民族特色的剧种的扶持力度，在保护中传承，在传承中创新。

3. 加快推进仍属事业单位的电影制片厂、影剧院和文化经营中介机构，党政部门、人民团体、行业组织所属事业编制的影视制作和销售单位的转企改制。

**三、公益性文化事业的改革**

政府兴办的图书馆、博物馆、文化馆（站）、科技馆、群众艺术馆、美术馆和社科机构等为公益性文化事业单位。公益性文化事业单位改革，坚持以政府为主导，鼓励社会参与，贯彻"增加投入、转换机制、增强活力、改善服务"方针，把深化内部机制改革与加强政策引导结合起来，把加大投入力度与改进投入方式结合起来，不断增强发展活力，提高服务质量。

1. 深化文化事业单位改革。按照政事分开、事企分开的原则，整合公益性文化事业资源，优化文化事业布局结构。推进人事、收入分配和社会保障制度改革。在用人制度上，按照政事分开的原则，事业单位和行政机关人员不得相互混岗。全面推行以人员聘用制度和岗位管理制度为重点的用人制度改革，推进用人机制的转换。在收入分配上，实行岗位绩效工资制度，建立与岗位职责、工作业绩、实际贡献紧密联系和鼓励创新的分配激励机制。加大人才培养和引进力度，打破地域、身份界限，面向全国招聘和吸纳急需的优秀人才。

2. 加大公益性文化事业的投入。加大政府投入，调整资源配置，逐步构建公共文化服务体系。鼓励支持社会资本投资、捐赠和赞助公益性文化事业，形成多元投入机制。各级财政确保公益性文化单位的必要经费。加强对公共文化服务网络建设的投入，完善以大型公共文化设施为骨干、以社区和乡镇基层为基础的公共文化服务网络布局。加强农村文化基础设施建设，推进全省实现"县有两馆、乡有一站、村有一室"的目标。坚持"集成、综合、联网"的原则，整合农村各种宣传教育阵地，共建共用，提高效益。加大对经济欠发达地区农村文化建设的扶持力度。公益性文化事业单位必须面向基层、面向群众，向社会提供更多更好的公共文化服务。加快推进文化信息资源共享工程、广播电视村村通工程、“农家书香”工程和送戏送电影送书下乡“三送”工程。加强文物保护，扶持民族优秀传统文化。

3. 改进财政资金投入方式。以项目投入为手段，以激发活力为目标，提高财政资金使用效益。对公共文化产品实行政府招标、集中采购，重大文化设施项目实行代建制。继续对文艺院团下基层演出实行场次补贴，对重大节庆活动、大型公益性展览和社科研究课题等实行公开招标。

4. 探索文化设施国有民营的新路子。在确保公益性文化场馆性质、功能不变，确保一定数量公益文化活动的基础上，按照“国有资产、市场运作、自负盈亏、自担风险”的原则，探索公共文化设施“国有民营”的新路子。对政府兴建的剧院、体育场馆等文化设施，通过公开招标的方式，探索实行委托经营、承包经营、租赁经营等，实现文化设施物业管理的社会化、产业化。

5. 稳步推进新闻传媒体制机制创新。党报、党刊、电台、电视台、重点新闻网站和时政类报刊在确保党和人民喉舌的性质不能变，党管媒体不能变，党管干部不能变，正确的舆论导向不能变的前提下，优化组织结构，整合内部资源，转变经营方式，扩大主流媒体的社会影响。新闻媒体中的广告、印刷、发行、传输网络部分，以及影视剧等节目制作和销售部门，可逐步从事业体制中剥离出来，转制为企业，进行市场运作，为主业服务。转制企业要接受所属新闻媒体的领导和监督，经营性公司与宣传编辑部门实行“事企分开”，不得混岗，经营性公司不得干预宣传编辑部门人事任免和宣传编辑业务。电台、电视台的文艺、科技、体育类节目可以有选择地探索节目招标采购，以丰富节目源，提高节目质量，降低节目成本。所有新闻媒体的改革方案都必须报经省文化体制改革工作领导小组批准后实施。

**四、推动文化领域结构调整**

1. 调整组织结构。鼓励现有文化集团交叉持股或跨地区并购，实行多媒体经营和跨地区发展，逐步成为文化市场的主导力量和文化产业的战略投资者。发挥市场机制和政策导向作用，以资本和业务为纽带，通过兼并、联合、重组等方式整合文化资源，提高文化产业集中度。规划建设一批重点文化产业园区和基地。

2. 调整产业结构。积极采用数字网络等高新技术和现代生产方式，大力发展文化创意、文化博览、动漫游戏、数字传输等新兴产业。着力推进内容数字化进程，加快建设数字视听媒体资源库和IP电视、手机电视、地面移动数字视频等经营平台，积极推动网络互联互通和资源共享，促进在线游戏和视听娱乐、动漫、电子出版、网络学习教育、数字影视制作等数字内容产业的集聚。制定动漫产业发展规划和扶持政策。

3. 调整所有制结构。认真落实国家关于非公有资本和外资进入文化产业领域的有关政策，制定社会资本投资文化产业的“投资指南”“政策指南”以及“文化产业项目库”，完善管理办法，引导资金投向。充分发挥好、保护好、引导好大型民营企业集团投资文化产业的积极性，引导和鼓励现有大型民营企业集团进入国家允许的文化领域，培育一批民营龙头文化企业。鼓励和扶持有一定规模、实力较强的文化企业组建集团公司，扩大生产和经营规模。对民营龙头文化企业，在人才、资金、技术等资源配置方面予以扶持。鼓励和扶持农村民间剧团、文化大院、个体电影放映队等，大力发展农村文化产业。

4. 调整产品结构。充分利用我省丰厚的文化资源，适应人民群众新的文化需求和审美需求，借鉴国际文化产品生产的新形式，鼓励开发拥有自主知识产权、市场占有率高的文化精品，把文化资源优势转化为文化产业优势。树立品牌意识，加强品牌经营，以原创性作品为龙头，打造一批具有核心竞争力的知名文化品牌。以文化内容创新为基础，积极开发相关衍生文化产品，延伸和完善产业链，提高优秀文化产品的市场占有率。

**五、加强文化市场建设和管理**

1. 加强文化市场和要素市场建设。打破条块分割、地区封锁、城乡分离的市场格局，形成统一、开放、竞争、有序的现代文化市场体系。加强书报刊、电子音像制品、演出娱乐、影视剧等文化产品市场和资本、产权、人才、信息、技术等文化要素市场建设。发挥大中城市中心市场和区域专业市场的主导和辐射作用。培育和规范以网络为载体的新兴文化市场。着力打造一批有江苏特色、全国影响的文化会展品牌。开拓和培育农村市场，扶持农村文化产品生产和服务网点建设，鼓励农村自办文化，开展多种形式的文化经营活动。

2. 发展现代物流组织和流通方式。深化国有发行企业改革。打破按行政级次、行政区划分配文化产品的旧体制，发展现代流通组织形式，推进连锁经营、物流配送和电子商务，加快文化产品物流基地建设，实行新型代理配送制度。积极扶持农村连锁网点。建立书报刊、影视产品、音像制品、电子出版物、艺术品、演出剧目的现代营销系统。发展跨区域、数字及特色电影院线。

3. 坚持一手抓繁荣一手抓管理，培育和规范文化市场。加强文化市场培育。运用政府采购、项目扶持、演出补贴等办法，每年引进一批国内外精品剧目、优秀艺术品展览投放市场，继续推进高雅民族艺术进校园，鼓励院团下基层演出，进一步激活市场、培育市场。制定和完善加强宏观管理、规范市场秩序、维护国家文化安全、保障公民文化权利的地方性法规，健全协调统一的文化政策法规。建立市场准入和退出机制。依法制定对文化单位和文化产品的审查和许可制度，对文化从业人员的准入禁入、资格认定、考核录用、持证上岗等制度。按照中央文件要求，进一步规范社会资本和外资进入文化领域的市场准入，把好资质、产品、资金、人员、技术等准入关。加强对不同文化行业经营状况和经营指标的分析研究，确立市场退出的标准、程序和要求，对经营不善、资不抵债的文化企业，通过并购、重组、委托经营等方式妥善处置，实现公平竞争、优胜劣汰。强化属地管理原则，组建统一的文化市场执法队伍。

4. 积极参与国际文化市场竞争，实施文化“走出去”战略。选择管理规范、技术先进、对我友好的国外知名文化机构进行合作，推动我省文化企业在境外合办报刊、出版社、频道、节目、演出和展览等。做好省广电总台国际频道的落地和节目制作，不断扩大江苏文化的影响力。

5. 加强社会团体和文化行业协会等中介组织建设。拓展文联、社联、作协、记协、版协等社会团体的职能，切实承担起行业协会的职责，在维护行业权益、制定行业标准、提供资格认证等方面发挥积极作用。加快发展经纪、代理等文化中介机构，规范经营行为。文化行政部门要大力推进行业组织的建设和改造，帮助行业协会建立健全管理制度、行业规章和标准，在制定政策时，充分听取行业协会意见。

**六、创新文化管理体制**

进一步理顺关系，完善宏观调控机制，逐步建立党委领导、政府管理、行业自律、企事业单位依法运营的文化管理体制和职责明确、反应灵敏、运转有序、统一高效的运行机制。

1. 切实加强党对文化工作的领导。坚持党管意识形态，始终掌握对宣传文化工作方针政策和重大问题的决策权，对宣传业务的终审权，对宣传文化系统主要领导干部的任免权，对新闻媒体等国有文化资产配置的控制权。在省委领导下，充实完善省委宣传文化工作领导小组，加强对全省文化体制改革和文化事业、文化产业发展的统一领导和综合协调。党委宣传部门作为党委主管意识形态的职能部门，要在日常工作中努力体现党对宣传文化工作的领导核心作用。

2. 加快转变政府职能。按照政企分开、政资分开、政事分开、政府与市场中介组织分开的要求，理顺文化行政管理部门与所属文化企事业单位和市场中介组织的关系，做到职能分开、机构分设、财务分离。企事业单位和行政机关的领导要分开任职，不相互混岗。行政主管部门所属的经营性文化单位与主管部门分离，成为独立的文化市场主体。市县（市）广电局与广播电视台分开，广播电视台与传输网络分开。改革和完善行政审批制度，逐步扩大登记备案范围。强化宏观调控、政策引导、依法行政、市场监管、社会管理和公共服务等管理职能，实现由以办文化为主向管文化为主转变。

3. 建立国有文化资产监管体制。坚持权利、义务和责任相统一，管人、管事和管资产相结合，加强对国有文化资产监督管理，确保国有文化资产安全。由财政部门为主，宣传部门参与，共同担负起国有文化资产的监督管理责任。对有条件的国有文化单位实行国有资产授权经营，使之成为产权明晰、职责明确的法人实体。制定适合国有文化单位实际的国有文化资产监督管理办法，及体现社会效益和经济效益相统一的经营业绩考核办法。

4. 试点地区探索调整市县文化行政管理机构。根据中办发〔2004〕24号文件精神，在试点地区调整归并市、县(市、区)文化、广播电视、新闻出版行政管理部门,分级设立文化广电新闻出版局,加挂“版权局”牌子,统一履行原文化、广播电视、新闻出版、版权等部门的行政管理职能,干部任免按照现行宣传文化单位干部管理规定办理。原文化、广播电视、新闻出版管理部门的编制内行政管理人员,可根据需要分别安排到新设立的文化广电新闻出版局、文化市场综合执法机构,以及文化、广播电视、新闻出版系统的下属单位。离退休人员原则上由新设立的文化广电新闻出版局管理。

5. 试点地区组建文化市场综合执法机构。整合现有市、县(市、区)文化、广播电视、新闻出版管理部门的文化行政处罚以及相关的行政强制监督检查职能和执法队伍,根据属地管理的原则,分级组建文化市场综合执法机构,作为同级文化广电新闻出版局的直属机构,在公安、工商等部门配合下,统一行使文化市场行政处罚以及相关的行政强制、监督检查职能。文化市场综合执法机构为事业单位,编制数额由编制部门按精干高效的原则予以核定,实行分级管理。文化市场行政执法人员参照公务员管理,人员从现有文化、广电、新闻出版及“扫黄”“打非”等执法队伍中选配;新进人员按公务员录取方式选拔录用;文化市场综合执法机构的干部任免按照现行宣传文化单位干部管理规定办理。文化市场综合执法严格实行罚缴分离、收支两条线制度,罚没收入全额上缴财政。执法经费纳入同级财政预算。

6. 重组文化市场管理工作领导小组。省、市、县(市、区)三级原有的“扫黄”“打非”工作领导小组调整为文化市场管理工作领导小组,统筹文化市场管理工作。各级文化市场管理工作领导小组分别设立办公室,作为领导小组的日常办事机构。市、县两级文化市场管理工作领导小组办公室职能由新设的文化市场综合执法机构承担。省文化厅、广电局、新闻出版局原来所承担的文化市场管理的指导、监督、检查的职能暂时不变。

**七、组织领导**

1. 加强统筹协调。建立健全党委统一领导、政府组织实施、党委宣传部门协调指导、行政主管部门具体落实、有关部门密切配合的领导体制和工作机制。各级党委按照总揽全局、协调各方的原则,把文化体制改革工作摆上重要议事日程,主要领导亲自抓,分管领导具体抓,加强政治、思想和组织领导,动员组织各方面力量积极支持和参与改革。各级政府把文化建设和文化体制改革列入经济社会发展规划,制定扶持政策,增加财政投入,强化宏观管理,规范行政执法。党委宣传部门协调指导,牵头研究制定改革方案,具体指导改革工作,协调解决改革中出现的问题。各文化行政主管部门具体落实本系统的改革方案,转变政府职能,落实政策调节、市场监管、社会管理和公共服务的各项任务。各有关部门密切配合,加大政策扶持力度,完善配套措施,使文化体制改革与劳动人事、收入分配、社会保障、行政管理等改革相衔接,按照老人老办法的原则解决历史遗留问题,妥善安置分流人员。在推进改革过程中,各方面要明确职责,落实到人;在深化改革中加强管理,建立健全有关制度,确保改革顺利进行。

2. 成立领导机构。成立江苏省文化体制改革工作领导小组,规划、组织、指导、协调全省文化体制改革工作。主要职责是:研究制定全省文化体制改革方案;部署全省文化体制试点改革工作;审定试点地区和单位改革方案并指导、督促落实;研究制定相关文化改革发展配套政策;协调解决全省文化体制试点改革工作中遇到的重大问题。领导小组由省委、省政府分管领导任正副组长,成员单位由省委办公厅、省政府办公厅、省委组织部、省委宣传部、省编办、发改委、财政厅、人事厅、劳动和社会保障厅、国土资源厅、建设厅、国税局、地税局、文化厅、广电局、新闻出版局、统计局、工商局、证监局组成。领导小组办公室设在省委宣传部,负责领导小组日常工作。各试点单位和地区也要设立相应的领导机构。各有关单位和地区的负责人要亲自抓、负总责,保证改革试点取得明显成效。

3. 细化配套政策。根据中央105号文件及其实施细则的要求,结合江苏实际,制定配套政策,保障全省文化体制改革工作顺利推进。

4. 切实维护稳定。充分估计文化体制改革试点工作的艰巨性和复杂性,正确处理好改革、发展、稳定的关系。把改革的力度与干部群众可承受的程度结合起来,开展深入细致的思想政治工作,确保队伍稳定。处理好改革与日常新闻宣传和文化工作的关系,坚持一手抓改革、一手抓管理,特别是重视把握舆论导向,强化安全播出。严格要求、严肃纪律，重大问题及时请示报告，重大改革措施和政策调整出台要按规定程序报批，未经批准，不得擅自对外公布和报道试点工作情况。

**附件：**

### 江苏省文化体制改革试点单位名单

（共90个）

**一、公益性文化事业单位（22个）**

江苏省社科院、江苏省国画院、苏州市图书馆、苏州市博物馆、苏州市文化馆、苏州市美术馆、苏州市艺术馆、苏州戏曲博物馆、苏州市版画院、无锡市图书馆、无锡市博物馆、无锡市文化馆、常州博物馆、常州市图书馆、武进文化中心、镇江市图书馆、南通市图书馆、盐城市图书馆，徐州市博物馆、徐州市文化馆、徐州市图书馆、连云港市博物馆

**二、新闻单位（13个）**

新华日报报业集团、江苏广电集团、中国江苏网、南京广电集团、南京日报报业集团、无锡广电集团、无锡日报报业集团发行中心、常州电视台、常州人民广播电台、龙城常州新闻门户网站，扬州市广电总台、盐阜大众报、常州日报社

**三、出版单位（13个）**

凤凰出版传媒集团、江苏少年儿童出版社、江苏文艺出版社、江苏科技出版社、江苏凤凰出版社、江苏教育出版社、江苏美术出版社、译林出版社、江苏电子音像出版社、南京出版社、南京师范大学出版社、《江南论坛》杂志社、《太湖》杂志社

**四、文艺院团（19个）**

江苏演艺集团、南京市歌舞团、南京市越剧团、南京市京剧团、南京市民乐团、南京市杂技团、南京市话剧团、苏州昆剧院、苏州市评弹团、苏州歌舞团、苏州市滑稽剧团、苏州市锡剧团，无锡市歌舞剧院、常州市锡剧团、常州歌舞团、常州市滑稽剧团、常州市评弹团、江苏长荣京剧团、盐城市杂技团

**五、经营性文化单位（19个）**

江苏新华发行集团、江苏省文化产业集团有限公司、江苏广播电视网络信息有限公司（筹）、南京市影剧公司、无锡市对外图书交流中心、无锡影剧公司，常州市演出公司、常州市电影公司、中华龙城旅游控股公司、亚细亚影视城股份有限公司、常州文化礼品公司、常州文化房地产公司，镇江市新华影剧院、镇江市演出公司、盐城市新世纪文化城、徐州市电影剧场公司、徐州市文物商店、徐州市中山堂娱乐中心、徐州市广告公司

**六、其他（4个）**

爱涛艺术馆、常州市动漫基地、无锡市动漫基地、苏州国际科技园动漫基地

## 二、重要文献题录

1. 江苏省文化局"六五"规划提要、"七五"规划的初步设想（1981年5月16日）

2. 关于繁荣我省戏剧剧目创作的若干规定（1982年1月5日）

3. 江苏省戏剧百花奖条例（1982年8月2日）

4. 江苏省戏剧创作"伯乐奖"条例（1982年8月11日）

5. 江苏省电影放映单位和放映人员登记考核的规定（苏文电〔83〕第27号，1983年12月25日）

6. 关于贯彻文化部对营业性演出单位和演出场所试行《营业演出许可证》规定的实施细则（苏文艺〔85〕第27号，1985年7月10日）

7. 关于省直艺术表演团体改革的意见（苏文改〔1986〕1号，1986年10月3日）

8. 江苏省第六届人民代表大会常务委员会第29次会议通过《关于加强文化市场建设和管理的决议》（苏出发〔1987〕30号，1987年12月19日）

9. 江苏省文化厅科学技术进步奖励办法（试行）（苏文教〔88〕13号，1988年8月30日）

10. 江苏省文化厅科学技术进步奖励办法实施细则（试行）（1988年9月3日）

11. 江苏省文化厅科学技术进步奖评审委员会组织条例（试行）（1988年9月3日）

12. 江苏省文学艺术嘉奖暂行办法（苏政发〔1988〕148号，1988年10月23日）

13. 关于加强当前演出市场管理的通知（苏文艺〔90〕第02号，1990年2月6日）

14. 江苏省文化艺术档案工作暂行规定（苏文办〔90〕第12号，1990年5月29日）

15. 关于颁发《江苏省市县级公共图书馆标准实施意见》的通知（苏文图〔92〕第01号，1992年2

月12日）

16. 关于发布《江苏省文化娱乐业管理规定》的通知（苏文电〔92〕第16号，1992年5月8日）

17. 江苏省实施《中华人民共和国文物保护法》办法（1994年4月22日）

18. 江苏省第十届人民代表大会常务委员会《江苏省音像市场管理条例》（1994年9月29日）

19. 关于加强全省文化市场稽查队伍建设问题的通知（1995年5月16日）

20. 省政府办公厅关于印发省文化厅（省文物管理局）职能配置内设机构和人员编制方案的通知（苏政办发〔1996〕28号，1996年1月25日）

21. 关于加强电影发行放映业管理的意见（1996年10月5日）

22. 江苏省人民政府关于进一步加快文化建设若干经济政策的规定（1996年12月19日）

23. 中共江苏省委、江苏省人民政府关于进一步繁荣文化的若干意见（1996年12月22日）

24. 关于对重点工程项目进行全过程监察的实施意见（苏文党组〔97〕第23号，1997年9月25日）

25. 关于印发《江苏省艺术品经营管理规定》的通知（苏文市〔97〕第15号，1997年3月20日）

26. 关于印发《江苏省1998—2000艺术创作规划》的通知（苏文办〔98〕第13号，1998年3月10日）

27. 关于下发《江苏省文化事业发展“九五”计划和2010年远景规划》的通知（苏文办〔98〕第19号，1998年5月15日）

28. 省政府办公厅关于印发江苏省文化厅（省文物局）职能配置内设机构和人员编制规定的通知（苏政办发〔2000〕116号，2000年9月22日）

29. 省政府关于同意组建江苏省演艺集团有限公司的批复（苏政复〔2001〕0001号，2001年7月8日）

30. 关于印发《江苏省音像制品经营单位审批管理办法》的通知（苏文市〔2001〕0031号，2001年5月24日）

31. 江苏省人民政府关于加快文化大省建设若干经济政策的意见（苏政发〔2001〕74号，2001年5月24日）

32. 中共江苏省委、江苏省人民政府关于印发《江苏省2001—2010年文化大省建设规划纲要》的通知（2001年6月19日）

33. 关于印发《关于深化文化事业单位改革的若干意见》的通知（苏文党组〔2001〕0054号，2001年10月29日）

34. 江苏省历史文化名城名镇保护条例（2001年12月27日江苏省第九届人民代表大会常务委员会第二十七次会议通过）

35. 江苏省音像市场管理条例（2003年2月14日江苏省第九届人民代表大会常务委员会第三十四次会议通过）

36. 江苏省文物保护条例（2003年10月25日江苏省第十届人民代表大会常务委员会第六次会议通过）

37. 省政府办公厅关于印发江苏省文物局职能配置内设机构和人员编制规定的通知（苏政办发〔2004〕0092号，2004年9月8日）

38. 省十届人大常委会第十二次会议通过了《关于加快发展我省文化产业的决议》（2004年10月22日）

39. 关于进一步打击非法音像制品违法犯罪活动的意见（苏文发〔2005〕9号，2005年7月15日）

40. 关于印发《江苏省乡镇文化站建设工程实施方案》的通知（苏文社〔2006〕13号，2006年4月10日）

41. 省政府办公厅关于印发江苏省非物质文化遗产代表作申报评定暂行办法的通知（苏政办发〔2006〕43号，2006年6月12日）

42. 江苏省文化厅 江苏省财政厅关于印发《江苏省非物质文化遗产代表性传承人命名与资助暂行办法》的通知（苏文社〔2006〕33号，2006年8月1日）

43. 省政府办公厅转发省文化厅等部门关于加强农村电影放映工作意见的通知（苏政办发〔2006〕69号，2006年8月4日）

44. 省政府关于加快文化事业和产业发展若干经济政策的通知（苏政发〔2006〕113号，2006年9月19日）

45. 江苏省第十届人民代表大会常务委员会《江苏省非物质文化遗产保护条例》（2006年9月27日）

46. 中共江苏省委、江苏省人民政府关于发展先进文化建设文化江苏的决定（苏发〔2006〕23号，2006年10月4日）

47. 省政府办公厅转发省文化厅等部门关于加快动漫产业发展若干意见的通知（苏政办发〔2006〕129号，2006年11月6日）

48. 省政府关于加强文化遗产保护工作的意见（苏政发〔2006〕144号，2006年12月15日）

49. 关于印发《江苏省文化产业示范基地评选命名管理办法》的通知（苏文教〔2006〕60号，2006年12月19日）

50. 中共江苏省委、江苏省人民政府关于印发《江苏省文化体制改革试点工作方案》的通知（苏发〔2006〕33号，2006年12月28日）

51. 中共江苏省委、江苏省人民政府关于印发《江苏省"十一五"文化发展规划》的通知（苏发〔2006〕34号，2006年12月30日）

52. 省政府办公厅转发省文化厅等部门关于文化产业引导资金使用管理办法（试行）的通知（苏政办发〔2007〕7号，2007年1月26日）

53. 省政府办公厅关于进一步加强古籍保护工作的意见（苏政办发〔2007〕85号，2007年7月9日）

54. 省政府办公厅转发省建设厅省文物局关于加强历史街区保护工作意见的通知（苏政办发〔2007〕86号，2007年7月15日）

55. 江苏省文化厅关于进一步加强公共文化服务体系建设的意见（苏文〔2007〕28号，2007年8月30日）

56. 江苏省非物质文化遗产征集与管理办法（2007年9月1日）

57. 关于印发《江苏省艺术职业学校教学管理规范（试行）》的通知（苏文教〔2008〕21号，2008年4月9日）

58. 关于进一步加强全省网吧管理工作有关问题的通知（苏文市〔2008〕43号，2008年10月7日）

59. 关于印发《江苏省省级现代服务业（文化产业）发展专项引导资金管理办法》的通知（苏财教〔2008〕192号，2008年10月23日）

60. 省政府办公厅转发省文化厅等部门关于进一步加强全省网吧管理工作意见的通知（苏政办发〔2008〕120号，2008年12月6日）

## 三、文化事业经费统计表

**1978～2008年文化、文物经费支出一览表**

单位:千元

| 年份 | 艺 术 | 图书馆 | 群 文 | 艺术教育 | 文 物 | 其他文化 | 经费总量 |
|---|---|---|---|---|---|---|---|
| 1978 | 14 637.985 | 1 876.61 | 3 279.13 | 1 426.54 | 1 093.93 | — | 22 314.195 |
| 1979 | 20 771.3 | 2 186.3 | 5 520.4 | 1 732.1 | 1 621.9 | 146.4 | 31 978.4 |
| 1980 | 23 281.7 | 2 586.4 | 5 596.8 | 2 055.9 | 1 825.3 | — | 35 346.1 |
| 1981 | 21 990.4 | 3 090 | 6 361.3 | 1 786.9 | 1 806 | — | 35 034.6 |
| 1982 | 21 956.9 | 3 897 | 7 103.8 | 2 139.1 | 2 445 | — | 37 541.8 |
| 1983 | 23 843.9 | 4 747 | 8 561.1 | 2 206 | 5 055 | — | 44 413 |
| 1984 | 11 206 | 7 185 | 10 749 | 2 251 | 6 695 | 7 656 | 45 742 |
| 1985 | 11 048 | 6 945 | 10 722 | 2 154 | 5 609 | 8 130 | 44 608 |
| 1986 | 25 390 | 9 580 | 15 320 | 2 640 | 10 700 | 10 420 | 74 050 |
| 1987 | 26 360 | 10 810 | 18 300 | 2 810 | 9 300 | 11 740 | 79 320 |
| 1988 | 56 900 | 11 490 | 22 160 | 3 160 | 10 290 | 11 830 | 115 830 |
| 1989 | 68 040 | 14 140 | 28 620 | 3 970 | 12 800 | 47 380 | 174 950 |
| 1990 | 74 690 | 15 140 | 37 780 | 4 190 | 14 440 | 22 650 | 168 890 |
| 1991 | 82 239 | 17 236 | 41 070 | 4 295 | 19 383 | 32 290 | 196 513 |

续表

| 年份 | 艺　术 | 图书馆 | 群　文 | 艺术教育 | 文　物 | 其他文化 | 经费总量 |
|---|---|---|---|---|---|---|---|
| 1992 | 94 669 | 22 392 | 54 380 | 5 714 | 19 085 | 46 386 | 242 626 |
| 1993 | 117 675 | 24 319 | 66 265 | 8 228 | 25 686 | 61 368 | 303 541 |
| 1994 | 153 550 | 34 192 | 87 468 | 10 257 | 36 007 | 68 881 | 390 355 |
| 1995 | 191 082 | 40 463 | 89 118 | 16 712 | 41 485 | 92 734 | 471 594 |
| 1996 | 215 324 | 51 546 | 155 768 | 25 162 | 53 973 | 99 426 | 601 199 |
| 1997 | 233 636 | 66 079 | 152 573 | 28 136 | 77 313 | 135 198 | 692 935 |
| 1998 | 251 417 | 67 868 | 210 506 | 32 935 | 76 538 | 143 784 | 783 048 |
| 1999 | 254 514 | 72 597 | 158 197 | 33 454 | 94 740 | 155 073 | 768 575 |
| 2000 | 268 670 | 84 004 | 163 943 | 45 136 | 88 956 | 170 052 | 820 761 |
| 2001 | 284 991 | 107 906 | 163 008 | 41 021 | 116 397 | 175 053 | 888 376 |
| 2002 | 278 450 | 126 085 | 179 041 | 42 710 | 148 626 | 265 235 | 1 040 147 |
| 2003 | 303 807 | 157 121 | 202 900 | 51 050 | 177 459 | 347 537 | 1 239 874 |
| 2004 | 240 536 | 191 039 | 238 113 | 35 078 | 195 271 | 317 370 | 1 217 407 |
| 2005 | 264 867 | 206 302 | 259 197 | 41 987 | 250 683 | 328 614 | 1 351 650 |
| 2006 | 289 827 | 239 761 | 312 311 | 74 245 | 290 209 | 401 763 | 1 608 116 |
| 2007 | 383 149 | 335 339 | 445 873 | 100 296 | 342 443 | 578 596 | 2 185 696 |
| 2008 | 438019 | 370 126 | 485 307 | 120 210 | 564 537 | 748 447 | 2 726 646 |

**说明：**文化(物)经费支出只包括业务活动经费和人员经费，不包含基本建设支出，基本建设支出单独列出。

## 1978～2008年文化基本建设支出一览表

| 年份 | 实际完成投资（万元） | 当年实际完成建筑面积（万平方米） | 年份 | 实际完成投资（万元） | 当年实际完成建筑面积（万平方米） |
|---|---|---|---|---|---|
| 1978 | — | — | 1994 | 8 466 | 1.79 |
| 1979 | — | — | 1995 | 12 241.4 | 2.44 |
| 1980 | — | — | 1996 | 12 465.6 | 5.8 |
| 1981 | — | — | 1997 | 14 785.8 | 2.4 |
| 1982 | — | — | 1998 | 13 058.6 | 8.4 |
| 1983 | 1 402.5 | — | 1999 | 18 957.3 | 11.6 |
| 1984 | 1 286.5 | — | 2000 | 39 746.4 | 12.9 |
| 1985 | 1 824.9 | 14.77 | 2001 | 23 737.1 | 10.1 |
| 1986 | 1 829 | 7.7 | 2002 | 10 886.3 | 8.9 |
| 1987 | 1 823 | 3.25 | 2003 | 12 923.6 | 6.6 |
| 1988 | 2121 | 3.67 | 2004 | 16 767.1 | 0.65 |
| 1989 | 2 678 | 4.88 | 2005 | 31 294 | 0.49 |
| 1990 | 3 017 | 2.55 | 2006 | 12 431 | 0.55 |
| 1991 | 2 021.5 | 9.57 | 2007 | 26 547.7 | 16.3 |
| 1992 | 3 424.3 | 2.72 | 2008 | 25 012 | 18.4 |
| 1993 | 5 092.3 | 1.26 | — | | |

**说明：**1978年至1984年没有把基本建设的资金和当年实际完成建筑面积纳入统计范围，表格中统计项用“—”来代替，表示无法列出数据，不代表没有基建项目。

## 1978～2008 年文物基本建设支出一览表

| 年份 | 实际完成投资（万元） | 当年实际完成建筑面积（万平方米） | 年份 | 实际完成投资（万元） | 当年实际完成建筑面积（万平方米） |
|---|---|---|---|---|---|
| 1978 | — | — | 1994 | 1 585.7 | 0.74 |
| 1979 | — | — | 1995 | 792.2 | 0.31 |
| 1980 | — | — | 1996 | 656.00 | 0.2 |
| 1981 | — | — | 1997 | 1962.50 | 0.1 |
| 1982 | — | — | 1998 | 13 081.00 | 0.2 |
| 1983 | 74.8 | — | 1999 | 7 416.90 | 2.3 |
| 1984 | 185.9 | — | 2000 | 3 438.90 | 1.4 |
| 1985 | 203.2 | 1.94 | 2001 | 5 470.10 | 4.2 |
| 1986 | 218 | 1.36 | 2002 | 548.80 | 0.7 |
| 1987 | 639 | 1.25 | 2003 | 7 801.80 | 0.6 |
| 1988 | 275 | 0.39 | 2004 | 563.30 | 0.16 |
| 1989 | 338 | 0.41 | 2005 | 9 371.40 | 1.92 |
| 1990 | 178 | 0.2 | 2006 | 7 637.00 | 0.25 |
| 1991 | 407.9 | 0.39 | 2007 | 11 040.40 | 5.8 |
| 1992 | 360.6 | 0.18 | 2008 | 22 306.60 | 9 |
| 1993 | 1 364.5 | 1.21 | — | | |

**说明**：1978 年至 1984 年没有把基本建设的资金和当年实际完成建筑面积纳入统计范围，表格中统计项用“—”来代替，表示无法列出数据，不代表没有基建项目。

## 1978～2008 年文化、文物事业（包括基本建设）支出占地方一般预算支出比重一览表

单位：万元

| 年份 | 文化、文物事业支出 | 地方一般预算支出 | 所占比重 | 年份 | 文化、文物事业支出 | 地方一般预算支出 | 所占比重 |
|---|---|---|---|---|---|---|---|
| 1978 | 2 231.42 | 283 800 | 0.79% | 1994 | 49 087.2 | 2 001 700 | 2.45% |
| 1979 | 3 197.84 | 320 600 | 1.00% | 1995 | 60 193 | 2 534 900 | 2.37% |
| 1980 | 3 534.61 | 289 500 | 1.22% | 1996 | 73 241.5 | 3 109 400 | 2.36% |
| 1981 | 3 503.46 | 237 900 | 1.47% | 1997 | 86 041.8 | 3 643 600 | 2.36% |
| 1982 | 3 754.18 | 246 300 | 1.52% | 1998 | 104 444.4 | 4 249 000 | 2.46% |
| 1983 | 5 918.6 | 322 900 | 1.83% | 1999 | 103 231.7 | 4 846 500 | 2.13% |
| 1984 | 6 046.6 | 391 500 | 1.54% | 2000 | 125 261.4 | 5 912 800 | 2.12% |
| 1985 | 6 488.9 | 505 300 | 1.28% | 2001 | 118 044.8 | 7 296 400 | 1.62% |
| 1986 | 9 452 | 661 600 | 1.43% | 2002 | 115 449.8 | 8 602 500 | 1.34% |
| 1987 | 10 394 | 680 000 | 1.53% | 2003 | 144 712.8 | 10 476 800 | 1.38% |
| 1988 | 13 979 | 814 500 | 1.72% | 2004 | 139 071.1 | 13 120 400 | 1.06% |
| 1989 | 20 511 | 922 500 | 2.22% | 2005 | 175 830.4 | 16 734 000 | 1.05% |
| 1990 | 20 084 | 1 009 700 | 1.99% | 2006 | 180879.6 | 20 132 500 | 0.90% |
| 1991 | 22 080.7 | 1 281 800 | 1.72% | 2007 | 256 157.7 | 25 537 200 | 1.00% |
| 1992 | 28 047.5 | 1 258 600 | 2.23% | 2008 | 319 983.2 | 32 474 900 | 0.99% |
| 1993 | 36 810.9 | 1 638 700 | 2.25% | — | | | |

**说明**：本文引用资料为《江苏省文化统计年鉴》和《江苏统计年鉴》。

# 四、荣誉表彰

## （一）1982年江苏省获文化部表彰的全国农村文化艺术工作

**先进集体、先进工作者名单**

**先进集体　8个**

宿迁县文化馆
海安县文化馆
扬中县文化馆
沙洲县兆丰公社文化中心管委会
铜山县柳新公社文化中心管委会
宝应县汜水公社文化中心管理站
南京市雨花台区江东公社文化站
建湖县上冈影剧场

**先进工作者　13个**

袁政余　兴化县安丰文化站站长
黄传溪　仪征县陈集公社文化站站长
王卯东　盐城县义丰公社文化站站长
丁从光　涟水县岔庙公社文化站站长
江尧吉　灌云县南城镇文化站站长
孙敏奎　邳县铁佛寺公社文化站站长
黄　椿　启东县希士文化中心管委会副主任
檀学湘　江浦县林山公社文化站站长
李涌良　无锡县查桥公社电影队队长
徐　瑾　宜兴县图书馆副馆长
姚梅凤　吴江县锡剧团团长
陈正文　武进县锡剧团副团长
陈政安　东海县吕剧团编剧

## （二）1991—2005年江苏省获文化部表彰的全国文化先进县（全国文化工作先进地区、全国文化模范地区）

**1991年**

常熟市　全国文化工作先进地区
无锡县　全国文化工作先进地区（文化部、人事部联合表彰）

**1993年**

张家港市　文化先进县
江阴市　文化先进县
邳州市　文化先进县

**1994年**

南京市秦淮区　文化先进县
南京市下关区　文化先进县
苏州市金阊区　文化先进县
武进县　文化先进县
建湖县　文化先进县

**1995年**

南京市秦淮区　全国文化模范地区
江阴市　全国文化模范地区
苏州市　全国文化模范地区
吴江市　文化先进县
昆山市　文化先进县
通州市　文化先进县
南京市白下区　文化先进县

**1996年**

苏州沧浪区　文化先进县
太仓市　文化先进县
海安县　文化先进县
大丰县　文化先进县

**1997年**

吴县市　文化先进县
南京市建邺区　文化先进县
海门市　文化先进县
江宁县　文化先进县
苏州市平江区　文化先进县

**1998年**

丹阳市　文化先进县
高邮市　文化先进县
宜兴市　文化先进县
启东市　文化先进县
无锡市南长区　文化先进县

**1999年**

盐都县　文化先进县
南京市大厂区　文化先进县

**2001年**

南京市鼓楼区　文化先进县
江都市　文化先进县
扬中市　文化先进县

**2005 年**

沛县　　　　　　文化先进县
泰兴市　　　　　文化先进县
南京市雨花台区　文化先进县

### （三）1991—2005 年江苏省获文化部表彰的全国文化工作先进集体

**1991 年**

南京市太平天国博物馆
南京市秦淮区文化馆
扬州市图书馆
苏州市滑稽剧团
睢宁县儿童画活动中心
射阳县淮剧团
海安县文化馆
张家港市兆丰乡文化站
（文化部、人事部联合表彰）

**1995 年**

江苏省戏剧学校
周恩来纪念馆
海安县文化局
常州亚细亚影城股份有限公司
镇江市文物商店
宿迁市王关集乡文化中心
扬州市木偶剧团
连云港市连云区文化馆

**1999 年**

江苏省京剧院
无锡市歌舞团
常州市文化艺术学校
南京市艺术小学

**2001 年**

常州市文化市场管理委员会办公室
新四军纪念馆
江苏省歌舞剧院
江苏省美术馆
江阴市博物馆
连云港市图书馆

**2005 年**

南京市话剧团
南通博物苑
南京博物院
扬州市文物考古队
江苏省淮海剧团
大丰市图书馆

### （四）1991—2005 年江苏省获文化部表彰的全国文化系统先进工作者

**1991 年**

| | |
|---|---|
| 张宇清 | 常州市滑稽剧团编剧 |
| 戴耀明 | 扬中县新坝影剧院经理 |
| 沈小梅 | 江苏省京剧院演员 |
| 翁长征 | 吴县木渎镇文化站站长兼县文化馆副馆长 |
| 赵树德 | 仪征市文化馆馆长 |
| 徐昌安 | 江阴市文化馆馆长兼党支部书记 |
| 徐耀普 | 沭阳县桑墟乡文化站站长 |
| 陈永清 | 邳县博物馆副馆长 |
| 奚三彩 | 南京博物院实验室主任 |
| 巢洪康 | 常州市图书馆馆员 |
| 孔兰生 | 盐城市文化局副局长 |

（文化部、人事部联合表彰）

**1995 年**

| | |
|---|---|
| 梁志英 | 海门县六堰乡文化站站长 |
| 钱瑞华 | 常州市戏剧学校校长兼党支部书记 |
| 裴德义 | 南京市民乐团团长 |
| 束成亮 | 丹阳市文化局局长 |
| 朱贤宝 | 睢宁县文化局局长兼党组书记 |
| 宋长荣 | 淮阴市京剧团名誉团长 |
| 成从武 | 苏州市滑稽剧团团长 |
| 韩顺池 | 江都市文化局局长 |
| 王家良 | 滨海县北坍乡文化站站长 |
| 萧孟铨 | 无锡市越剧团编剧 |
| 尚爱民 | 东海县文化局局长兼党组书记 |

**1999 年**

| | |
|---|---|
| 金德华 | 周恩来纪念馆馆长 |
| 强银娣 | 锡山市洛社镇文化站站长 |
| 赵玉明 | 镇江市图书馆馆长、党支部 |

书记
袁华定　武进市西夏墅文化站站长
张克勤　苏州市滑稽剧团演员
牛小艾　常熟市文化馆副馆长
乔学大　宝应县安宜镇文化站站长
张　让　沛县文化与体育局副局长
焦祝平　东台市文化局市场股股长
刘　燕　盱眙县文化局局长、党组书记、体委主任
顾晓群　南通市文化局剧目工作室主任
汤承英　灌南县文化局局长
黄素萍　泰州市淮剧团演员

**2005 年**

孙晓云　南京书画院副院长
顾　芗　苏州市滑稽剧团名誉团长
陈卫国　南京文物公司总经理
高福民　苏州市文化局局长
许益民　无锡市文化馆馆长
李留清　金坛市文化局局长
姚元龙　镇江市文化局局长
刘朝宽　镇江市润州区蒋乔镇文化站站长
刘　洁　扬州市宝应县文体局局长
刘中文　连云港市歌舞剧院院长
顾学军　通州市文化馆研究部主任
金正明　靖江市文化局主任科员
于洪南　宿迁市宿豫区文化馆副馆长
孔爱萍　江苏省演艺集团有限公司一级演员

## （五）1992～2001 年江苏省人民政府命名的江苏省群众文化先进县（市、区）名单

**江苏省首批（1992）群众文化先进县（市）、区名单**

| 序号 | 县（市）、区 |
|---|---|
| 1 | 常熟市 |
| 2 | 张家港市 |
| 3 | 江阴市 |
| 4 | 邳州市 |
| 5 | 无锡县 |
| 6 | 武进县 |

续表

| 序号 | 县（市）、区 |
|---|---|
| 7 | 建湖县 |
| 8 | 东海县 |
| 9 | 南京市下关区 |
| 10 | 南京市秦淮区 |
| 11 | 南京市建邺区 |
| 12 | 南京市白下区 |
| 13 | 苏州市平江区 |
| 14 | 苏州市金阊区 |
| 15 | 无锡市南长区 |

**江苏省第二批（1994）群众文化先进县（市、区）名单**

| 序号 | 县（市）、区 |
|---|---|
| 1 | 南京市：江宁县、雨花台区 |
| 2 | 常州市：溧阳市、金坛市 |
| 3 | 苏州市：吴县、昆山市、太仓市、吴江市、沧浪区、郊区 |
| 4 | 南通市：通州市、海安县 |
| 5 | 扬州市：高邮市、泰兴市 |
| 6 | 盐城市：大丰县、东台市 |
| 7 | 淮阴市：洪泽县、宿迁市 |
| 8 | 徐州市：新沂市 |
| 9 | 连云港市：赣榆县、连云区 |

**江苏省第三批（1997）群众文化先进县（市、区）名单**

| 序号 | 县（市）、区 |
|---|---|
| 1 | 海门市 |
| 2 | 启东市 |
| 3 | 如皋市 |
| 4 | 如东县 |
| 5 | 靖江市 |
| 6 | 江都市 |
| 7 | 丹阳市 |
| 8 | 扬中市 |
| 9 | 宜兴市 |
| 10 | 盐都县 |
| 11 | 常州市天宁区 |

**江苏省第四批（1999）群众文化先进县（市、区）名单**

| 序号 | 县（市）、区 |
|---|---|
| 1 | 徐州市沛县 |
| 2 | 盐城市射阳县 |
| 3 | 泰州市姜堰市 |
| 4 | 宿迁市泗阳县 |

续表

| 序号 | 县(市)、区 |
|---|---|
| 5 | 南京市江浦县 |
| 6 | 南京市大厂区 |
| 7 | 无锡市崇安区 |
| 8 | 无锡市郊区 |
| 9 | 无锡市北塘区 |
| 10 | 无锡市马山区 |

江苏省第五批(2001)群众文化先进县(市、区)名单

| 序号 | 县(市)、区 |
|---|---|
| 1 | 南京市鼓楼区 |
| 2 | 六合县 |
| 3 | 扬州市广陵区 |
| 4 | 仪征市 |
| 5 | 淮安市楚州区 |
| 6 | 句容市 |
| 7 | 灌南县 |

## (六) 1996～2006年江苏省文化厅、江苏省人事厅表彰的全省文化系统先进集体、先进工作者、劳动模范名单

### 1996年全省文化系统先进集体和先进工作者名单

先进集体(15个):

南京市话剧团
南京市社会文化管理委员会办公室
苏州市文化局
常熟市文化局
无锡市歌舞团
江阴市锡剧团
常州市图片广告公司
丹阳市文化局
江苏省柳琴剧团
泗阳县图书馆
大丰县文化局
连云港市歌舞(京剧)团
如皋市木偶艺术团
扬州文物商店
江苏人民艺术剧院

先进工作者(25个):

竺小招　南京市越剧团
周校水　梅园新村纪念馆
陈学勤　南京市群众艺术馆
徐新兴　吴江市南麻镇文化站
邱维俊　昆山市文化馆
崔建江　苏州市歌舞团
强银娣　锡山市洛社镇文化站
钱浩良　无锡市滑稽剧团
夏芦庆　常州市剧目工作室
任同生　常州市天宁区文教局
曲云华　句容市三岔乡文化站
王　兵　扬中市文化局
刘贵祥　徐州市泉山区文化馆
张建功　沛县魏庙镇文化站
荣光辉　淮阴市淮剧团
谢广栋　淮阴市清浦区武墩乡文化站
张玉仁　建湖县恒济乡文化站
吴志刚　大丰县大中镇文化站
刘洪石　连云港市博物馆
郭开剑　赣榆县文化局
夏阿林　启东市大洋港镇文化站
卢坤林　如皋市邓元乡文化站
顾大兴　邗江县杭集镇文化站
章再文　姜堰市白米镇文化站
凌　波　南京博物院

### 2001年全省文化系统先进集体和先进工作者名单

(一) 全省文化系统先进集体名单(19个)

南京市　南京市杂技团
　　　　南京市广告公司
镇江市　茅山新四军纪念馆
扬州市　江都市文化局
　　　　扬州市影剧公司
苏州市　苏州市文化局
　　　　常熟市文化馆
无锡市　江阴市博物馆
常州市　常州市歌舞团
　　　　金坛市文化局
徐州市　徐州市博物馆
淮安市　淮安市清浦区闸口街道文化站

盐城市　盐都县文化局
连云港市　连云港市话剧团
南通市　通州市文化局
宿迁市　泗洪县文化局
泰州市　姜堰市文化市场管理委员会办公室
省直单位　江苏省歌舞剧院
周恩来纪念馆

**（二）全省文化系统先进工作者名单（30名）**

**南京市**

李业祥　南京市大厂区广播电视局
陶心钰　南京市文化局

**镇江市**

张锡根　丹阳中诚集团公司
丁观加　镇江中国画院

**扬州市**

姜文定　扬州市影剧公司
张　榕　仪征市文化局

**苏州市**

王润元　苏州博物馆
刘亦屏　昆山市影剧公司

**无锡市**

周镜吾　无锡文化艺术
唐梦珏　宜兴市文化馆

**常州市**

殷延平　常州市滑稽剧团
周小凤　常州市郊区文化馆

**徐州市**

王晓红　江苏省柳琴剧团
杜德安　徐州市中山堂娱乐中心

**淮安市**

孙亦虎　淮安市淮海影剧院
谢元安　盱眙县博物馆

**盐城市**

何亚雩　盐城市文化局
赵云清　射阳县杂技团

**连云港市**

张慧萍　连云港市新浦区文化局
陈广霞　连云港市连云区文化市场管理办公室

**南通市**

王　霞　南通市文化局剧目工作室
高　如　如皋市文化馆

**宿迁市**

苗年生　宿迁市文化局

**泰州市**

张　敢　泰兴市文化局

**省　直**

高舜英　江苏省京剧院
蒯小棣　江苏省戏剧学校
贺　成　江苏省国画院
韩毅君　江苏人民艺术剧院
张　敏　南京博物院
万永华　江苏省文化市场管理办公室

## 2006年全省文化系统先进集体、先进工作者、劳动模范名单

**（一）全省文化系统先进集体名单（18个）**

南京市　南京市歌舞团
南京文物公司
苏州市　苏州图书馆
吴江市文化馆
无锡市　薛福成故居文物管理处
常州市　刘海粟美术馆
镇江市　镇江市艺术剧院
扬州市　扬州博物馆扬州中国雕版印刷博物馆
南通市　海门市文化馆
泰州市　泰州市图书馆
徐州市　江苏省柳琴剧团
淮安市　江苏省长荣京剧院
盐城市　江苏省淮剧团
滨海县文化市场稽查大队
连云港市　连云港市歌舞剧院
省演艺集团　江苏省昆剧院
厅直单位　南京图书馆
江苏省文化馆

**（二）全省文化系统先进工作者、劳动模范名单（30名）**

**先进工作者（28人）**

南京市　李为民　南京市文化局社文处处长
杨义银　江宁区文化局锡剧团副团长
苏州市　蔡少华　苏州昆剧院院长
郑国祥　张家港市文广局局长

| | | |
|---|---|---|
| 无锡市 | 曹竹宝 | 无锡市文化局艺术处处长 |
| | 朱平方 | 无锡市北塘区文化馆馆长 |
| 常州市 | 陈国华 | 常州市演出公司副总经理兼红星大剧院经理 |
| | 胡国勤 | 溧阳市文化局局长 |
| 镇江市 | 姚　炜 | 镇江市艺术剧院声乐队副队长 |
| | 郦银龙 | 丹阳市文化馆馆长 |
| 扬州市 | 李　琴 | 江都市文化旅游局副局长、市图书馆馆长 |
| | 胡康生 | 邗江区文化馆馆长 |
| 南通市 | 朱建辉 | 启东版画院院长 |
| | 葛继延 | 如皋市文化馆创研部主任 |
| 泰州市 | 李道功 | 姜堰市文化局文化艺术科长 |
| | 汪维寅 | 泰州市博物馆馆长 |
| 徐州市 | 郁全信 | 徐州市文化局人事处处长 |
| | 刘　政 | 徐州市歌舞团舞蹈队队长 |
| 淮安市 | 郑泽云 | 淮安市文化局局长 |
| | 王怀玉 | 涟水县文化馆馆长 |
| 盐城市 | 刘启方 | 大丰市文化局局长 |
| | 董振宁 | 阜宁县文化局工委主任 |
| 连云港市 | 刘守标 | 连云港市淮海剧团团长 |
| 宿迁市 | 赵　峰 | 宿迁市文化（广电）局办公室主任 |
| 厅直单位 | 朱　军 | 省文化厅《剧影月报》编辑部副主编 |
| | 孙迎春 | 南京图书馆古籍部 |
| 厅机关 | 褚志强 | 省文化厅市场处处长兼省文化市场管理办公室主任 |
| | 汪人元 | 省文化厅艺术处处长 |

**劳动模范（2人）**

| | | |
|---|---|---|
| 省演艺集团 | 徐全心 | 江苏省京剧院院长 |
| | 李鸿良 | 江苏省昆剧院院长助理 |

## 五、正高级职称人员名录

### （一）1988—2008年江苏省艺术、图书（群文）、文博（群文）系列正高级职称人员名单

#### 1988年正高级职称人员名单

**艺术一级**：曹啸君、金声伯、侯莉君、路行、沈幼潜、徐天敏、吴俊发、吴君琪、萧娴、张新予、徐艳琴、相瑞先、宋长荣、丁世玉、徐澄宇、晓滨、姚澄、王兰英、沈佩华、郑桦、张继青、田野、余邱敏、申良、王馥荔、李铁林、朱鸿发、魏承武、周云亮、周云霞、王正堃、杨小卿、张世兰、沈小梅、赵云鹤、王琴生、许应、胡芝风、田夫、周特生、武中奇、费新我、林散之、黄养辉、魏紫熙、亚明、宋文治、张晋、伍霖生、高马得、喻继高、新艳秋、刘琴心、梁慧超、陈正薇、费玉策、冀韵兰、蒋慕平、李砚萍、醉丽君、李德彬、王汉清、华素琴、杨澈、刘静杰、徐桂荣、徐福忠、卞双喜、孔凡中、李培健、冯玉琤、鲍茹莲、陈大琦、高秀英、石增祥、石来鸿、王风、雪红、俞介君、程勉、朱琴葆、武正豪、丁世玉、黎明、田原、谢光宁、钱建平、刘少峰、商芳臣、裴德义、卢毅、曹汝、杨亚典、杨秀英、谷广发、杨企文、荆剑鹏、白玉艳、佟韶音、王板哉、李亚如、王彬彬、梅兰珍、庄再春、吴段木、张辛稼、魏含英、邱肖鹏、曹汉昌、李大任、吴雅童、蒋玉芳、金砂、庄汉、筱水招

**一级演员**：张云良、居乐

**研究馆员**：纪仲庆、梁白泉、罗宗真、黎忠义、顾文璧、李蔚然、朱江、陆九皋、赵青芳、卢子博、潘天祯、邱克勤、柳定生、贝芝泉、江世荣、竺陔南、杨世明、吴观国、蔡焌年、许培基、沈燮元

#### 1990年正高级职称人员名单

**艺术一级**：筱荣贵、李少林

#### 1991年正高级职称人员名单

**艺术一级**：罗冠群、邱中义、杨乃珍、王丽堂、胡

忌、石小梅、王筱堂、刑晏芝

**研究馆员**:奚三彩

## 1992年正高级职称人员名单

**艺术一级**:周广乾

**一级导演**:夏鹰、杨德勋、郝刚

**一级编剧**:尤俊华、方洪友、赵家捷、刘英姿

**一级演员**:吴迪君、梁国英、王鹰、顾芗、倪同芳、马昌钰、陈志仁、陈琳、胡锦芳、林继凡、顾欣、管惟俊、黄孝慈、王金辰、卢鸣

**一级美术师**:赵绪成、叶矩吾、单兴良、傅小石、叶宗镐、朱道平

**一级演奏员**:朱昌耀、雷建功

## 1993年正高级职称人员名单

**一级演员**:陈晨曦、龚华声、邢晏春、张虹、华美霞、李开敏、汪琴、陈德林、黄小午、钟荣、黄晓萍

**一级美术师**:丁观加、孙君良、吴荣康、杨麟、鞠伏强

**一级编舞**:马家钦

**一级编剧**:张宇清、刘鹏春

**研究馆员**:马鸿增、尤振尧、张浦生、邹厚本、王爱春

## 1994年正高级职称人员名单

**一级美术师**:赵绪成、田原、华士清、沈启鹏、曹凤池、金明华、吴国亭、陈修范、李亚、陈达、贺成、盖茂森、华拓、张德泉、萧平、董欣宾

**一级作曲**:潘振声、崔新、马熙林

**一级摄影师**:顾东升

**一级编导**:黎明

**一级演员**:刘忠宝、吕小珠、姜俊峰、李信堂、李仁珍、朱茵、艾金梅

**一级编剧**:邹安和、王立信

**研究馆员**:康新民

## 1995年正高级职称人员名单

**一级导演**:石玉昆、汪人达、杜有渔

**一级美术师**:朱葵、吴志超、周炳辰、李华英、方冰山、李梦玲、李树勤、宋玉麟、徐宁、钱仲章、祁连庆、潘浴钰、刘懋善、马伯乐、张德俊、丁立松、马奉信

**一级演员**:张九妹、郝光、杜小珠、张寄蝶、王根兴、董金凤、竺小招、袁小云、陶泽如、王芳、王建伟、钱吟梅、杨明坤、惠兆龙

**一级编剧**:戴小权、王承刚、苏位东

**一级舞美设计**:姚呈远、徐克斌、马长山、陈正礼

**一级作曲**:王汉华、张铨

**文博研究馆员**:肖梦龙

**群文研究馆员**:刘蔚兰

## 1996年正高级职称人员名单

**一级导演**:徐康、刘志林

**一级演奏员**:卢小杰

**一级美术师**:卢星堂、黄鸿仪、傅二石、尚君砺、常进、陶铨、钱志林、许怀华、孙晓云、王勉、余克危、徐源绍、言公达、戚庆隆、蔡知新、洪炜、陈世光

**一级演员**:赵道英、高英、范继信、吴惠明、续丽雯、王彻、姚恭林、金丽生、赵丽芳、高中欣、顾国英、吴小英、魏云彩、王宗珍、朱桂香

**一级编剧**:陈允谦、陈小杭

**一级舞美设计**:张钮钜

**一级作曲**:汪人立、薛彪、戈弘

**图书研究馆员**:陈政、王学熙、叶瑞宝、倪延年、吉文辉

**文博研究馆员**:徐湖平

## 1997年正高级职称人员名单

**一级导演**:续正泰、韩毅君

**一级演奏员**:戴培德

**一级美术师**:徐纯原、章炳文、张伟、施永成、裘

国骥、穆棣、蔡廷辉、沈民义、周伟明、李平秋、汤德胜、阙长山、常厚锟、蒋义海

**一级演员**：梁同歧、万连宝、周传礼、胡慧兰、吴继静、蔡伟、裔晓萍、张克勤、黄素萍

**一级编剧**：张弘、成进森、袁振奇、蒋宏贵、朱秋华

**一级舞美设计**：朱维生

**一级作曲**：赵润、徐学法、孙柏华、吴旋

**研究馆员**：陈芳仪、宋庆余、魏正瑾、李万才

## 1998年正高级职称人员名单

**一级导演**：熊国栋、周世琮、俞克平、焦锋、徐耿、肖锋、葛晓英

**一级演奏员**：周义刚

**一级美术师**：徐乐乐、胡宁娜、周晓光、杨波、吴振立、李苇成、徐中、刘铁平、丁德邻、莫树滋、杨敬仲、丁乃武、沈遥

**一级演员**：王兆良、韩振华、唐诚志、殷桂兰、陈文生、黄霞芬、袁晓虹、杨丽娟、詹国治、黄凯良、龚苏萍、江燕、姚继荪、朱余兰、杨国柱、耿典夫、徐秀芳、李国先、梁尚义、吴志远、葛石柱、李宗华、赵时莺、尹国明、许虹、王苓芬、袁梦娅、殷延平、卜金宽、化敏

**一级编剧**：高舜英、陆伦章、陈其行、夏坚勇、萧孟铨、管昭林、陈政安

**一级指挥**：闵乐康

**一级舞美设计师**：赵志萍、吴继涛、王效忠

**一级作曲**：朱贵玉、吴忠良、周友良、朱新华

**研究馆员**：汤冬生、郑旗、徐艺乙、张敏、殷志强、车广锦、朱文杰、钱铁民、姚健、赵明奇、单殿元、张展舒

## 1999年正高级职称人员名单

**一级编剧**：王海清、褚明、王沂、贺毅武

**一级演员**：韩俊奎、王新农、李洁、范以程、陈旭慧、丁翠华、赵坚、徐明伟、周金星、廖荷珍、唐蓬、洪旭奎、范秋华、张毅燃、倪志新、周树林、蒋昌涌、侯长荣、缪勇、刘荣兰、吕少明、陶琪、崔龄童、徐明华、荣光辉、苗爱华、贾秀金、颜育、薛小飞、钱世娥、燕凌、张晓霞、周玉峰、姜华、韩兰成

**一级演奏员**：沈扬、曾明、吕军、吴维安、郭小明、高行素

**一级编导**：束中发、张晓苏、杨民麟、王言平

**一级作曲**：王爱康、冯石明、蒋婉求、王泓

**一级舞美设计**：方建国、唐正洁、徐霞英

**一级导演**：冯昌年、周建筠、汤纪颖、王庆昌、张文艺、王友理

**一级美术师**：徐善、武晓厉、张延、沈广耀、罗世平、桑作楷、罗勇来、张崇政、张淮、范石甫、言亢达、周俊炜、江可群、赵治平、臧科

**研究馆员**：谷建祥、房迎三、鲁力、杨鲜婷、许益民、顾风、金曾豪、钱公麟、徐国华、李银德、姚士宏、杨晓宁、黄镇伟、华人德

## 2000年正高级职称人员名单

**一级导演**：李智明、曹琳、陈韵强、邱龙泉、徐平欧

**一级演奏员**：芮小珠、黄铭发、邵荣久、王荣坤、郑文川、吴枕源、顾再欣

**一级美术师**：魏镇、金田、张兴来、刘之光、姜西、张尔宾、姚新峰、杨明义、刑少兰、梁元、王广明、吴永康、徐益群、唐雨堤

**一级演员**：徐宾、金国玮、王兵、管萍、陈小平、刘跃华、成卫秋、周丽霞、徐全心、吴碧华、范宗昆、孔爱萍、柯军、单晓明、王小坤、卞雁敏、许美霞、李菊、陈怡安、喻慧霞、范丽萍、居亦琴、赵慧兰、王春楼、曹金霞、李建林、李雪梅、戴海豹、杨同根、沈志凤、吴玲、徐万维、潘丽君

**一级编剧**：周长钟

**一级摄影师**：赵浏兰

**一级舞美设计**：任彪、王立庆、萧和

**一级作曲**：董瑞华、严克祺、何山

**一级指挥**：黄悦谷

**研究馆员**：高丹予、陈兆林、周裕兴、陈丽华、赵庚林、杨瑞庆、崔世莹、刘建国、王玉国、吴林森、丁大可、朱复成、沈传尧、姜汉卿

## 2001年正高级职称人员名单

**一级导演**：李忠信、熊晓明

**一级演奏员**：陈盘寿、王建伟、杨晓辉、甘本、马胜陵、王牛宝、王呈祥

**一级美术师**：喻慧、秦剑铭、王野翔、刘二刚、刘红沛、杨康乐、王同顺、顾扬、李鼎成、顾曾平、陆家衡、赵宗概、顾青蛟、储云、司马连义、丁德源、杨正伟、侯德剑、邱志新、王晓平

**一级演员**：刘滔、李莎、孙世鉴、董梅、李侃、李蓉、陈小楼、何春梅、杨莉莉、向如玉、戴辉、郭天运、章嘉禾、袁小良、盛小云、张美华、陶红珍、武丽、潘佩琼、陈秀兰、孟浩、毛尚科、王书龙、张素云、秦志高

**一级编剧**：杜庆桓

**一级编导**：李祝岗

**一级舞美设计**：戴金文、葛立堂

**一级作曲**：解华、史根源、赵震芳

**研究馆员**：许建业、彭飞、倪明、陈江、束有春、郑伟建、秦健民、董建成、曹培根、臧其梅、朱成山、陈晓丽、赵玉明、丁金龙、吴琴、牛小艾、夏刚草

## 2002年正高级职称人员名单

**一级导演**：韩林根、陈正文

**一级演奏员**：郁虹、彭康、蒋晓地、凌成

**一级美术师**：石迎晓、汤知辛、刘灿铭、谭以文、杨雨青、邵遐远、张晏、徐文藻

**一级演员**：郭海亭、罗连坤、张玲、李青青、林瑞成、李晴、张建霞、李映雪、於桂生、王维艰、顾湘、张建强、吴蕾、朱伏生、杨晓勇、周亚若、张碧华、高惠法、周希明、陈明华、刘平鸽、沈惠兰、邵美荣、黄建平

**一级编剧**：王茂龙

**一级舞美设计**：张海豹、张知二

**研究馆员**：吴林、徐忆农、周小平、林留根、龚良、谢建平、邹忠民、张智松、王正兴、陈万寅、王露明、夏梅珍、李久海、印志华、钱浚、邱永生、王厚宇、姚绍宏

## 2003年正高级职称人员名单

**一级导演**：沈晨

**一级演奏员**：余珑、孙维晃、祁坚达

**一级美术师**：张良、沈勤、秦卫东、徐雷、翁承豪、尹石、刘宇甲、黄廷海、车长森、蒋明君、薛元中、姚苠、周矩敏、郭亦栋、许惠南、叶鹏飞、朱建忠

**一级演员**：袁桂萍、储燕、宋宁邻、马军勤、黄耀兴、耿耿、周东亮、陈庆祥、宛励新、樊建萍、计玉堂、陆建华、赵文林、施斌、司马伟、陈云霞、黄静慧、李桂英、潘华、蒋立侠、张巧玲、陈云秋、许亚玲、倪爱德

**一级编剧**：顾晓群、吴双林

**一级舞美设计**：张艺

**研究馆员**：丁根度、全勤、陈蜜、严彬、王大妹、张天俊、严峰、易家胜、颜鸣、王勤金、徐良玉、仲伟行、于丽娟、武利华、沙凡

## 2004年正高级职称人员名单

**一级导演**：王勇、野人、廖寿儒、张琦

**一级演奏员**：郑义军、洪涛、富婉儿、王建农、潘中琦、奚文、王键、召唤、袁强、钱洪明、尤海秋

**一级美术师**：薛亮、夏晓龙、王国斌、晏明、罗邦泰、朱明、夏南、杜义民、袁峰、高德星、崔进、吴显林、陈忠南、姚苏、徐惠泉、王伟林、张伊凡、冯俭、王洋、花千红、钱志扬

**一级演员**：徐萍、袁颖峰、陈罕罕、滕爱弦、乔立生、王宇、杨晓苇、徐云秀、李鸿良、袁菊芬、陆根章、傅关松、杨惠荣、珠琳、夏红樱、邱学珍、马克、王传海、张燕燕、温业清、范乐新、李政成、吕福海、汤迟荪、吴静、王池良、陈庆琳、张唐兵、蔡九华、过之红、华金瑞、陆惠华、李先锋、马淑芬、邵建伟、强生、魏佳宁、曹阳

**一级艺术监督**：章剑华、晁岱健、吴顺顺、张农、杨企远、郑楚琪、邱敏舟、张春宁、邵凯洁、宋云祥

**一级录音师**：沈亚萍

**一级编剧**：刘旭东、孙玉亭、胡小元、傅菊蓉、陈利华、孙茂廷、陈明

**一级编导**：岳振忠

**一级舞美设计**：郁玮、俞辉、封保义、俞国康

**一级作曲**：何华平、杜小甦、郁洲萍、朱大龙、董明德

**研究馆员**：王兵、李民昌、程晓中、嵇亚林、张胜、吴东敏、谈春梅、周建屏、曹作华、张祖方、张铁宝、黄慧英、白宁、曹志君、徐苏、毛颖、闻惠芬、张永昌、谭亚新、乔新谔、章建军、梁勇、石景玲、朱林、仲跻敏、周谨

## 2005年正高级职称人员名单

**一级导演**：陈应歧、陈露依、费广生、薛燕

**一级演奏员**：颜洁、谢继群、张志刚

**一级美术师**：王飞飞、吴冠南、陈培光、庄重、王轶琼、阮礼荣、萧和、王长富、施正东、李强、陈超、杨雷、徐勤铭、蔡萌萌、方国新、谈惠娟、晁岱卫、陶明君、吴同椿

**一级演员**：石巍、于青、卞涛、周天、董源、龚隐雷、程敏、钱振荣、李黎燕、孙娜坚、张金华、于东江、马小宁、贺松寿、朱艺丹、郭贺军、华洁、朱蔺、李玲、付丽泉、王芸、汪韵芝、唐振华、田美兰、赵金声、朱树龙、王晓红、刘政、李水莲、张忠引、黄艳玲、陈澄、蔡兰秋、张志一

**一级艺术监督**：杨企鹏、栾虹、卞怀远、陈国富

**一级编剧**：刘俊鸿、周大功、孔祥瑜、徐新华、李晓东

**一级摄影师**：许景辉

**一级舞美设计**：原伟庆

**一级作曲**：王小平

**研究馆员**：龚德才、李则斌、戴珩、陆刚、郭太敏、何建新、李冠强、吴家驹、顾苏宁、王引、张晓旭、欧维柱、杨培杰、汪维寅

## 2006年正高级职称人员名单

**一级导演**：言人、郭晓峰、王咸俊

**一级演奏员**：蔡万军、李耀让、冯维箫

**一级美术师**：高云、王道云、吴维敏、潘高鹏、张杰、高建胜、孙铁生、端木宁肃、包信源、张锡庚、王勇、劳思、李庆、高洪啸、朱建辉、康荣

**一级演员**：王善平、许蓉、陈永健、王志、朱雅、严阵、李正华、李为群、吴美玉、张素珍、董云华、侯璇英、程伟平、叶庆林、江斌、单瑾、化勇、刘福栋、陆辰生、王桂珍、熊化滨、王保萃、徐棣琴、柏华、邵统勋、蒋抒华

**一级艺术监督**：王慧芬、刘云、赵如宝、高福民、朱建平、曹竹宝

**一级编剧**：胡学纯、孙丽华、陈闯、王盛云、卢冬红、高龙民、杨本生

**一级摄影师**：徐和平

**一级音响设计**：陈小东

**一级舞美设计**：刘艺萍

**一级作曲**：吴小平、冯成杰

**研究馆员**：王明发、孙迎春、杨岭雪、曹红军、欧阳宗俊、万俐、李永、王爱国、管若松、吴稌年、华国荣、尹晓华、陈学勤、严俭山、马庭顺、殷伯达、程广荣、杨炳辉、凌振荣、陈富平

## 2007年正高级职称人员名单

**一级导演**：李雪梅、李俊森、钱态、王平

**一级演奏员**：张冲林、周立新、刘菁、蒋定宜、刘琳

**一级美术师**：徐建明、赵晓钟、叶烂、宋新江、宋艺青、洪谷子、孙少斌、刘方明、卢卫星、张健钧、孙宽、张正忠、邵连、施作雄、丁立江、史国富、王本兴、施邦鹤

**一级演员**：王晓蓉、马玉林、单晓清、任宁、何俐、陈菊芳、魏小梅、惠娟艳、吴菊珍、赵芬、张丽华、陆月娥、徐惠、孙薇、万建焕、孟善荣、李春栋、陈明矿、李栋林、周德明、刘福生、万黎晖、盛海宁、吴莉燕、杨宁、袁晓君、陈小影、陈明华、姚剑定

**一级艺术监督**：俞江、刘锦芳、钱浩良、曹曙林、唐晓瑜、曹志龙、周莉

**一级编剧**：于道钦、习正

**一级音响设计**：邱跃东

**一级编导**：张俊

**一级舞美设计**：文林志、聂世明

**一级作曲**：霍守义、王安顺、王咏梅

**研究馆员**：方玮、刘谨胜、张金萍、陈同乐、陆建

芳、陈建国、许廷长、王志高、钱为民、王书敏、沈惠兰、王虹军、茅永宽、曹晓帆、张照根、庄铁声、高青、杨秀妹、耿建军、杨宏新、刘洪、黄少明、鞠俊武、曹宏、都平平、包平、周晓政、赵乃瑄、郦金花、相东升、陆宝益、刘莉、韩兵、李家珍、陈瑞农

### 2008年正高级职称人员名单

**一级导演**:查曼若、陶顺年、李明华、李路、翁舜和、张石玲、张敬森、谢景良

**一级演奏员**:徐季平、迟凌云、孙建安、季志良、郭军、郭兵、张正余

**一级美术师**:管峻、陆衡、杨建强、汤永炎、杨娌娅、李啸、曹钧、刘如生、朱培尔、成砺志、黄钟、陈海良、古强

**一级演员**:陈苏英、张黎明、殷敏、赵毅、张少良、褚云霞、陈露霖、潘安群、冯例、周洪武、葛瑞莲、孙爱民、董红、陈敏、季蓓、陈鹰、刘林林、杨全明、王树连、姚中文、刘维青、魏良召、毕春梅、邱小祥、王萍、吴培军

**一级艺术监督**:芦明、胡春田、刘兰荣、包建民、邵文林、王红、成从武、殷盘大、周慧中、闵建敏、刘中文

**一级编剧**:徐铮、刘葆元、袁成兰、马凯臻

**一级摄影师**:张朝阳、袁曾亭、周仁德

**一级音响设计**:张迅

**一级编导**:李坚、刘仲宝

**一级舞美设计**:李乐

**一级作曲**:谢寿宪、皇甫启林

**研究馆员**:陈伟、陈希亮、罗明兰、凌波、霍华、袁道俊、张小朋、吉龙生、朱军、李爱国、李丕仕、查贵庭、沙振江、崔淑萍、张志美、王雅戈、杨长进、刘阿多、朱登琮、倪志斌、王雅琴、金录明、汤文琴、原宏盛、陈瑞近、尹占群、沈建东、吴龙、徐昌安、周玉奇、汤承英、倪怡中、曹锦扬、韩培山、赵固平

### (二)1993~2008年江苏省作家协会文学创作正高级职称人员名单

**1993年文学创作一级**:赵本夫、黄蓓佳、范小青、周梅森、储福金、叶兆言、苏童、黄毓璜、顾潇

**1998年文学创作一级**:梁晴、费振钟

**2000年文学创作一级**:姜琍敏、傅晓红、谷传发、沈乔生、薛冰

**2003年文学创作一级**:肖元生、王明皓、毕飞宇、汪政

**2004年文学创作一级**:荆歌、张荣彩、金曾豪、陆永基、庞培、冯亦同、吴野、叶庆瑞、张国擎、龚德、朱剑、李有干

**2005年文学创作一级**:葛安荣、吴翼民、徐晓华、贾梦玮、韦明铧、庐山、赵践

**2006年文学创作一级**:王大进、傅宁军、袁瑞良、陈咏华、朱辉、赵翼如、罗望子

**2007年文学创作一级**:吴秀坤

**2008年文学创作一级**:高晶、徐明德、张茂龙

# 编纂始末



根据国务院《地方志工作条例》、省政府办公厅《关于做好新一轮地方志编纂工作的通知》，在江苏省地方志编纂委员会办公室的指导下，在江苏省文化和旅游厅、江苏省文学艺术界联合会、江苏省作家协会、江苏省演艺集团的共同努力下，历时7年，《江苏省志（1978～2008）·文化艺术志》的编纂工作终于完成了。

2013年10月30日，原江苏省文化厅召开了第一次《江苏省志（1978～2008）·文化艺术志》编纂委员会全体成员会议。会上印发了编纂工作方案和志书篇目，明确了志书编纂工作的指导思想、组织领导、主要任务、内容体例和编写要求，落实了组织人员和任务分工，成立了《文化艺术志》编纂委员会和编辑部。随后，又召开了编纂人员培训会议。该志上限起于1978年，下限断至2008年底。除《江苏文化遗产志》（专志）记述的物质和非物质文化遗产内容之外，入志范围为省文旅厅、省文联、省作协、省演艺集团业务主管范围。入志内容原则上以获得省级以上奖项为主。志书编辑部结合专家意见，对收录条目的标准、行文规范、奖项要求等作出明确规定。

2014年下半年，形成160余万字的稿件材料。2014年6月，志书编辑部派出指导小组，前往省文联、省作协、省文旅厅各直属单位和省内13个市进行现场答疑和指导，进一步精选志书稿件内容。

2015年初形成征求意见稿，经过不断修改，于2016年7月形成约60万字的第二稿。在此基础上，经过调整修改，于2017年3月形成了68万字、入选图片130余张的第三稿。季根章、姚志强、刘俊鸿、赵绪成、王慧芬、张王飞、嵇亚林、刘杰、吉祥、骆骅审阅了稿件，并提出了进一步修改的意见和建议。

2017年6月23日，原省文化厅党组会议研究决定：为进一步推动《文化艺术志》的编纂工作，同时鉴于人员退休、工作变动等因素，方标军、嵇亚林分别接替秦基春、晁岱健担任副主编，嵇亚林负责总统稿及日常编纂的组织协调工作。省文联、省作协、省演艺集团也调整了相关人员。

2017年7月28日，志书编纂委员会召开撰稿人会议。会议对志书的纲目进行了讨论，并对原定纲目进行了调整。原“社会文化”改为“群众文化”，原“图书馆”改为“公共图书馆”，原“文艺教育与文化科技”章中的“艺术职业教育”单独成章，将“文化科技”与“文化产业”合并为“文化科技与文化产业”，将“文艺研究与宣传”改为“文艺研究与期刊”。

2020年1月14日，省文旅厅组织召开《文化艺术志》专家复审会。季根章、柯军、徐晓林、丁浩、谈道纪、陈晶、尹石、周韫、谷峰、陈蜜、戴许、冯建民、王秀云、周云凤等专家出席。参会的复审领导和专家对《文化艺术志》送审稿予以充分肯定，认为志稿内容丰富、资料翔实、语言简练、结构合理，是一部基础相对较好的志稿。同时，与会专家对志稿的内容修改和文字调整提出了具体修改建议。编辑部根据复审专家的意见，对志稿进行了修改。

2020年4月22日，省地方志办公室组织召开了《文化艺术志》终审会。终审专家周世康、季根章、彭安玉、吴福林，省地方志办公室主任左健伟、副主任方亚光，省文旅厅副厅长方标军等参加会议。终审专家一致同意通过终审。根据终审专家的意见，编辑部随即组织编纂人员进行修改完善，最终形成82万余字、图片80余张的志稿。

《文化艺术志》的资料由原江苏省文化厅有关处室及直属单位、江苏省文联及各协会、江苏省作协、江苏省演艺集团、各市原文广新局等提供。参阅了《文化建设在江苏》、原江苏省文化厅档案卷宗、《江苏文化年鉴》《江苏省文化统计年鉴》等资料。

《文化艺术志》编纂人员如下：概述由秦基春、嵇亚林、李丹执笔，第一章由陈功执笔，第二章由方洪友、管若松、袁缨、许其兵、汪悦执笔，第三章由陈瑞、许其兵执笔，第四章由周韫、薛冰执笔，第五章由姚付祥执笔，第六章由耿忠执笔，第七章由张人健、何华平执笔，第八章由李革、于倩执笔，第九章由曹玲玲执笔，第十章由李丹执笔，第十一章由周云凤、丛业立执笔，大事年表、附录、编纂始末由顾海军、詹秋红、李丹、张晓钟、宋长善、付宛灵执笔，图片资料由张晓钟搜集整理编辑。

《文化艺术志》审稿人员如下：第一章姚志强，第二章刘俊鸿，第三章陈新建，第四章张王飞，第五章戴珩，第六章全勤，第七章何华平，第八章徐循华，第九章周文全，第十章张超，第十一章车宁，附录曹蕾。

《文化艺术志》责任编辑分工如下：邢欣欣负责第一章编辑工作，郭婧负责第二章、第八章、第九章编辑工作，徐亚慧负责第三章编辑工作，栾开印负责第四章、第七章、第十章编辑工作，周宇负责第五章编辑工作，陈娟娟负责第六章编辑工作，李想负责第十一章编辑工作。

《文化艺术志》的编纂工作，得到省地方志办公室、省档案馆、省文化和旅游厅、省文联、省作协、省演艺集团、各地市级文广新局等相关部门的大力支持和配合，苏启大、刘杰、朱茗、彭毅、陈建国、骆骅、王兵、刘云、王飚、赵治平、李芹、朱琰、金燕、罗周、徐可、徐开利、饶泽安、高燕、赵锋、韩如海、王玲玲、谢春林、沈红球、李振林、龚平、张金香、吴志明、胡向鲁、武依林、张益民、蒋山、颜金泉、黄兴钢、祁淑慧、朱运桃、周连锁、徐征、刘鸿林、曹洋、王卫国、陈浩等同志（排名不分先后），对志书的编纂给予了帮助并提供了资料。在此，谨向所有关心、帮助和支持《文化艺术志》编纂工作的同志，表示最诚挚的谢意。由于资料搜集困难和编撰水平所限，志稿虽经多次修改完善，但难免会出现疏漏和不足之处，敬请读者匡正。

《江苏省志（1978～2008）·文化艺术志》编纂委员会